KB163306

1. 확대판의 발행

1907년 5월 17일부터 발행된 확대판 《제국신문》은 기존 지면에 비해 판형 자체도 커졌을 뿐만 아니라, 단수 또한 4단에서 6단으로 늘어났다. 이로써 전체 지면에 실리는 기사와 광고의 분량도 크게 늘었다. 형식과 내용면에서 일신(一新)한 면모를 보였던 《제국신문》의 지면 확장은 같은 해 5월 23일에 국문판을 발간하기 시작한 《대한매일신보》를 염두에 둔 신문사 간 경쟁의 결과라고 할 수 있다.

2. 제국신문의 지면 구성

1면에는 주로 학문론·외보·소설이 게재되었고, 2~3면에는 논설·잡보·광고가 게재되었는데 잡보의 분량이 가장 많았다. 그리고 4면에는 거의 대부분 광고가 게재되었다.

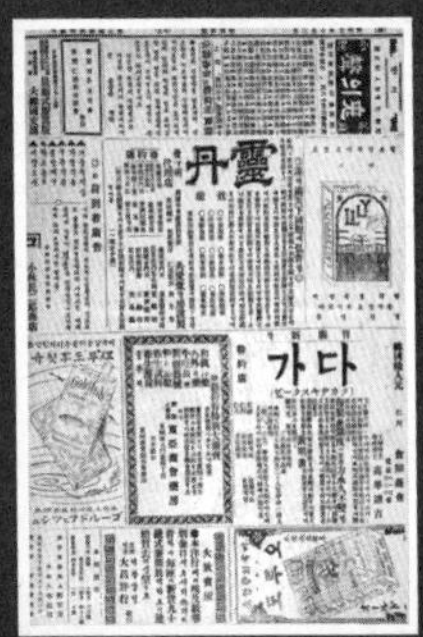

3. 제국신문의 논설

《제국신문》에 실린 논설은 크게 논설·사설·기서·별보 등의 표제로 나뉘어 게재되었다. 논설란은 이종일·정운복 등 신문사 내부 필진 외에도 반상(班常)과 남녀의 구별을 넘어 다양한 외부 필자들이 글을 실었다는 점에서 각계각층의 다양한 의견을 수렴하는 공론장으로서 기능했다고 할 수 있다.

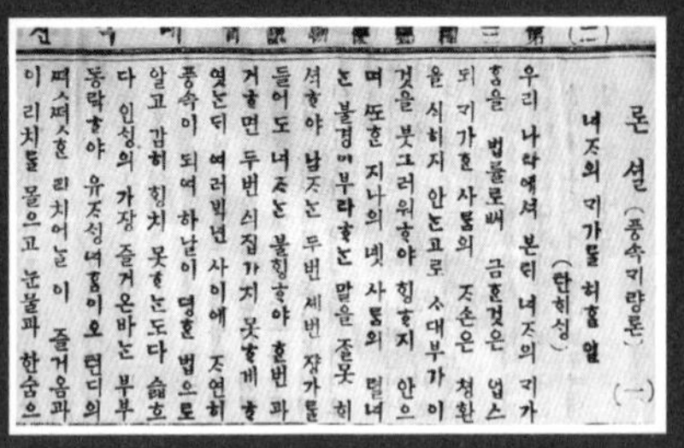

1) 논설: 연속 기획논설인 「풍속개량론」 제1편이 실린 제2516호(1907년 10월 10일자).

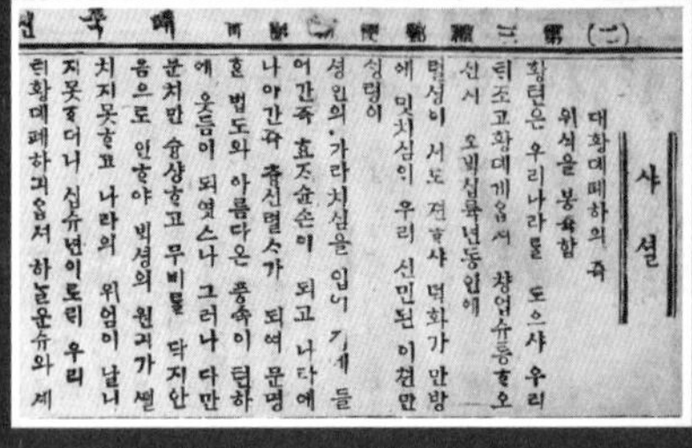

2) 사설: 순종황제의 즉위를 축하하는 내용의 제2491호(1907년 8월 27일자).

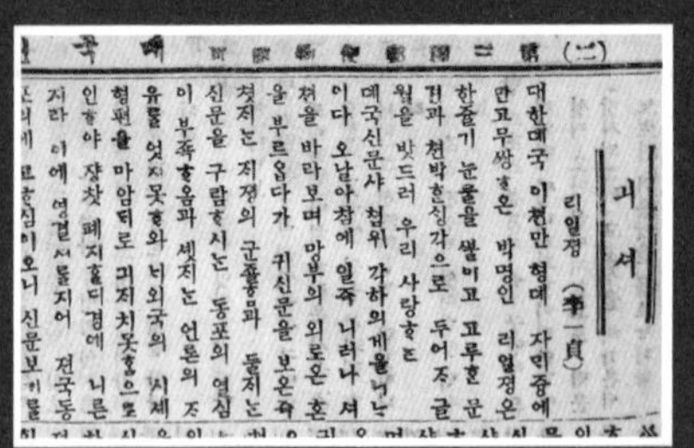

3) 기서: 이준 열사의 부인 이일정의 기서가 실린 제2501호(1907년 9월 11일자).

4) 별보: 《가정잡지》 6호에 게재되었던 변월당의 글을 옮겨 실은 제2752호(1908년 8월 4일자).

4. 학문론 및 소설의 연재

《제국신문》은 지면을 확장하면서 1면에 학문론과 소설을 주로 연재했다. 학문론의 연재는 근대초기신문 중 유일한 것이며, 동 시기의 잡지들이 국가학·정치학·법학·사회학 등을 다룬 것과도 대조를 이룬다. 아래 사진은 '가정학'과 「빈상설」이 동시에 실려 있는 제2583호(1908년 1월 5일자) 1면.

帝國新聞

5. 다양한 광고의 게재

사진에서도 알 수 있듯이 시각적인 효과를 고려한 그림 및 사진의 삽입 등 편집 방식의 다채로움이 돋보인다. 이러한 광고 지면의 구성은 《대한매일신보》나 《황성신문》에서는 찾아보기 힘든 《제국신문》만의 특징이라고 할 수 있다.

1) 전면 광고

① 10주년 기념호에 실린 천만직물회사의 광목 판매 광고.

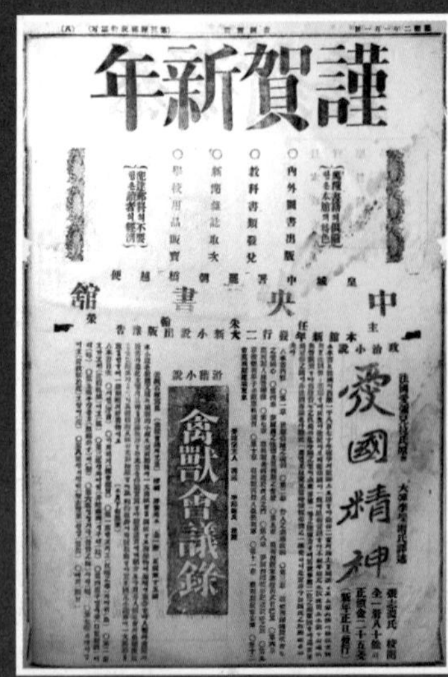

② 1908년 신년호에 실린 근대 초기의 출판사인 중앙서관의 도서 광고.

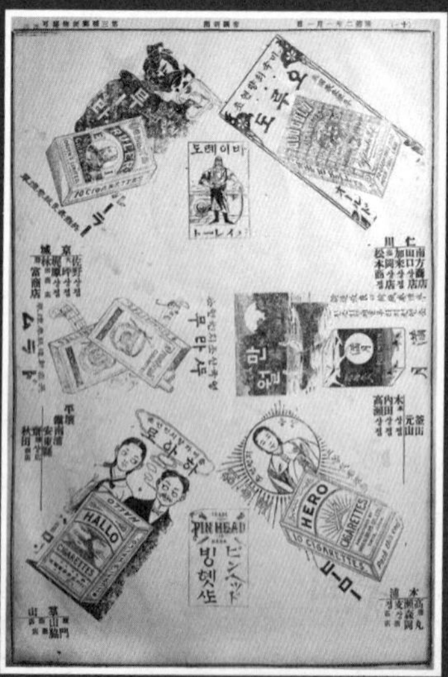

③ 1908년 신년호에 실린 지역별 판매소가 기재되어 있는 담배 광고.

2) 상업 광고

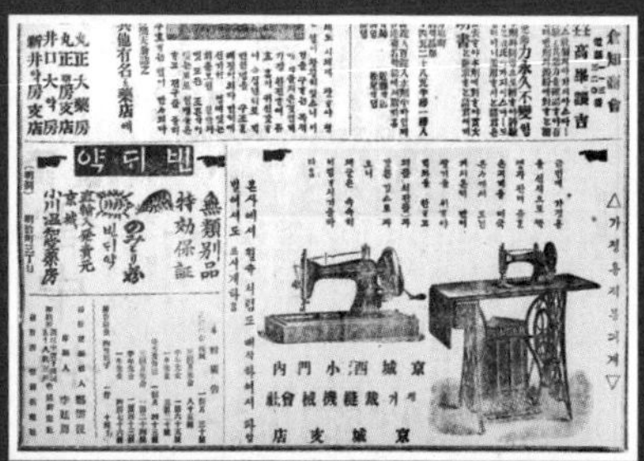

① 제2729호(1908년 7월 8일자) 4면에 실린 씽거(singer) 미싱 및 빈대약 광고.

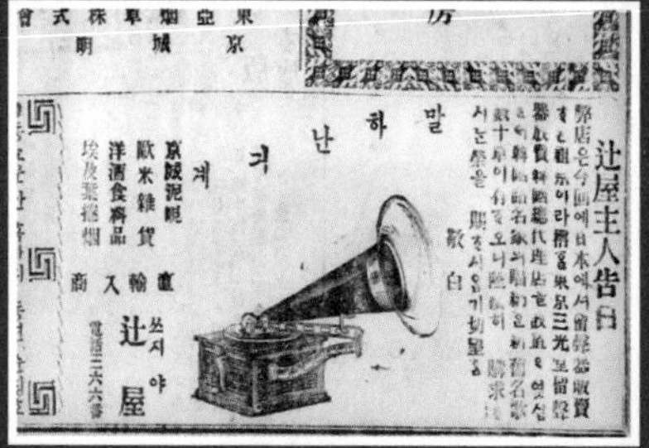

② 제2436호(1907년 6월 21일자) 4면에 실린 유성기 광고. 유성기를 '말하는 기계'로 홍보하고 있다.

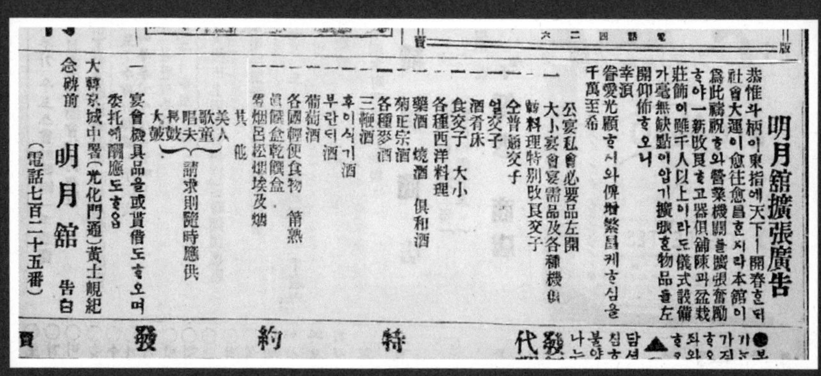

明月舘擴張廣告

恭惟와柄이東指에天下ㅣ開春혼뒤社會大運이愈往愈昌혼지라本舘이爲此稱祝호와營業機關을擴張奮勵호야一新改良호고器俱舖陳과盃栽莊飾이雖千人以上이라도儀式設備가毫無缺點이압기擴張혼物品을左開仰佈호오니幸須眷愛光顧호시와俾增繁昌케호심을千萬至希

一 公宴私會必要品左開
大小宴會宴需品及各種機俱
韓料理特別改良交子
全普節交子
열交子
酒肴床
食交子 大小
各種西洋料理
藥酒 燒酒 俱和酒
菊正宗酒
各種麥酒
三鞭酒
후이식기酒
부란듸酒
葡萄酒
各國輕便食物 箭熟
貴饌盒乾饌盒
雪烟呂松烟埃及烟
其他
美人 歌童 唱夫 長鼓 大鼓 請求則隨時應供

一 宴會機具品을或貰借도호오며委托에酬應도호옴

大韓京城中署(光化門通)黃土峴紀念碑前 明月舘 告白
(電話七百二十五番)

③ 제2598호(1908년 1월 24일자) 3면에 실린 명월관(유흥음식점) 확장 광고.

3) 비상업 광고

광고

뎨국신문

뎨국신문

① 제2739호(1908년 8월 6일자) 2면에 실린 10주년 기념호 발행을 예고하는 광고.

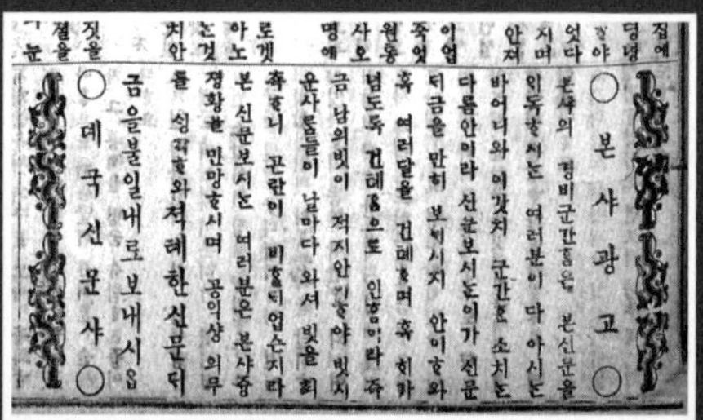
본사 광고

뎨국신문샤

② 제2605호(1908년 2월 6일자) 1면에 실린 본사 광고. 신문대금의 납부를 호소하고 있다.

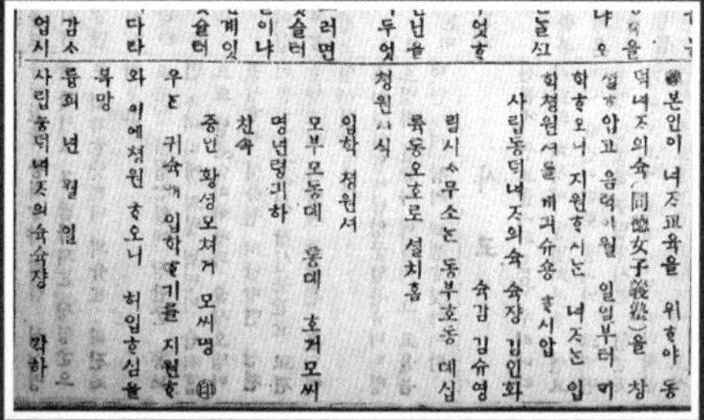

③ 제2625호(1908년 2월 29일자) 1면에 실린 동덕여자의숙 학도 모집 광고.

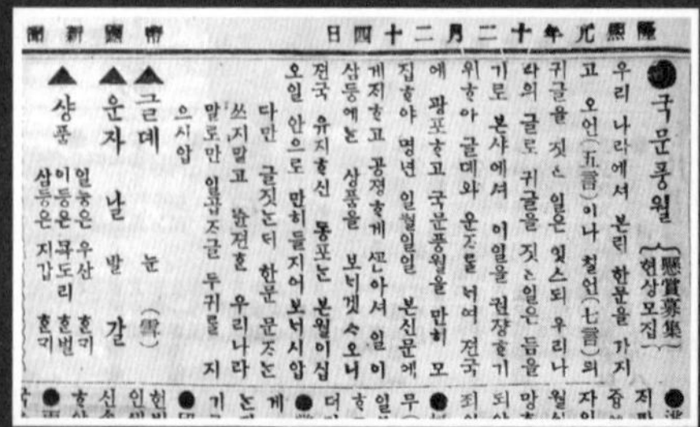
隆熙元年十二月二十四日

帝國新聞

국문풍월 (懸賞募集) 현상모집

④ 제2577호(1907년 12월 24일자) 3면에 실린 국문 풍월 현상 모집 광고. 독자 참여를 조장하는 데 목적이 있었다.

6. 창간 10주년 기념호

제2755호(1908년 8월 8일자)는 창간 10주년 기념호로 발행되었다. 총 12면 중 8면이 전면 광고였으며, 제3면에는 단편소설 「우마징공」이 실리는 등 특집호의 성격이 뚜렷하게 나타난다.

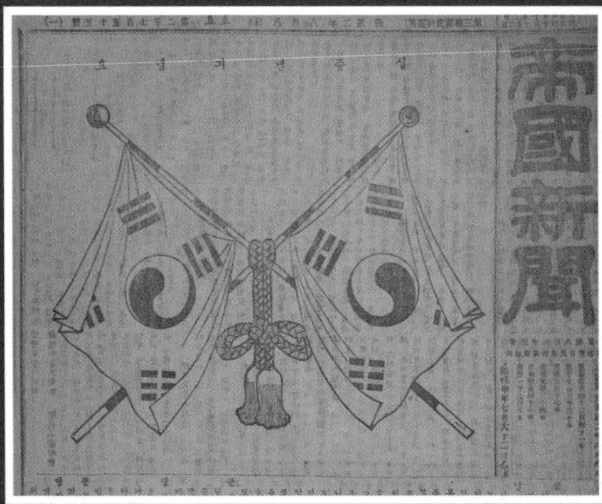
帝國新聞

1) 1면에 대형 태극기 그림을 삽입하고 전면을 붉은색으로 인쇄한 점이 이채롭다.

帝國新聞

2) 5면은 상단에 장효근(張孝根)의 축사를 게재함과 동시에 2단 크기의 한반도 전도(全圖)를 삽입하였다. '데국만셰'라고 쓰인 글귀가 두드러진다.

7. 검열로 인한 논설 및 기사의 삭제

1907년 신문지법의 시행으로 인해 검열이 강화되었다. 《제국신문》은 총 4회에 걸쳐 논설 전문(全文)의 삭제 조치를 당했다. 아래 사진은 논설이 삭제된 채 발행된 제2557호(1907년 11월 29일자) 2면.

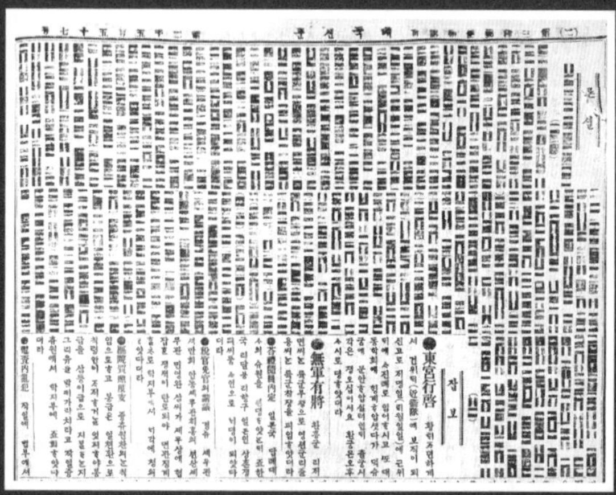

8. 부록과 호외

연세대 국학자료실에 소장되어 있는 미공개 《제국신문》 발행분에는 독자들에게 제공되었던 부록과 호외 등의 자료도 함께 포함되어 있다.

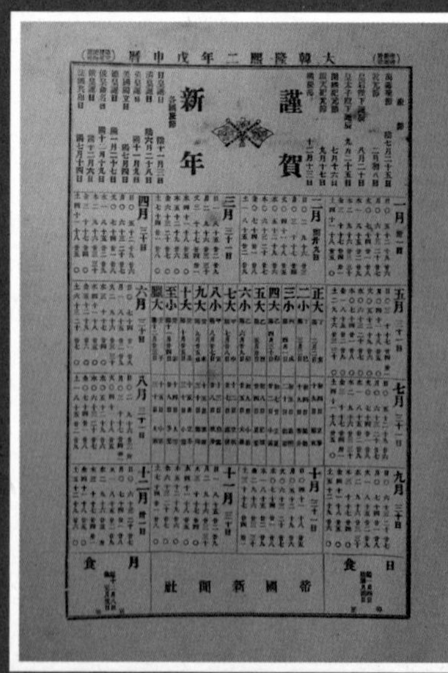

1) 1908년 1월 1일자 신년호의 부록으로 배포된 새해 달력.
2) 1908년 6월 27일자 호외. 특별 사고 형식으로 활자와 기계의 수리 및 정리를 위한 정간 사실을 알리고 있다.

제국신문 미공개 논설 자료집

1907.5.17~1909.2.28

제국신문 미공개 논설 자료집

1907.5.17~1909.2.28

편역

강현조

권두연

김기란

김복순

김현주

박애경

이대형

최기숙

현실문화

일러두기

1. 이 책은 1907년 5월 17일부터 1909년 2월 28일까지 《제국신문》에 게재된 논설류[기서(寄書) 및 별보(別報) 포함] 전문(全文)을 수록한 것이다.
2. 이 책에 실린 글은 가능한 한 원문 표기를 살렸지만, 가독성을 높이기 위해 띄어쓰기만은 현대어 표기에 따랐다. 다만 당대의 한글 표기가 통일되어 있지 않았고, 오늘날의 어법과 차이가 있어 표현의 통일성이 온전하게 구현되지 못한 부분이 있다.
3. 판독이 불가능한 어구는 '□'로 표시하였고, 원문에서 중복어휘임을 표시하기 위해 사용되었던 'ㅅ' 혹은 'ㄷ'은 가독성을 높이기 위해 모두 앞말과 똑같이 변환표기하였다. 다만 강조점이나 검열에 따른 표시인 '리완용' · '○○○○' 등의 기호는 모두 원문 그대로 표기하였다. 단락 구분 또한 원문과 동일하게 하였다. 다만 원문에는 들여쓰기 편집이 사용되지 않았지만 가독성을 높이기 위해 이를 사용하였다.
4. 논설 제목과 필자는 '/' 표시로 구분해 병기하였다. 기서와 별보 중 제목이 없는 경우는 '제목 없음'으로 표기하였고, 필자명이 없는 경우는 별도로 표기하지 않았다.
5. 색인을 대신해 전체 글의 제목 목록을 표로 실었으며, 각 글에는 연번을 달았다. 전반적인 발행 내역 또한 이 표를 참조하기 바란다.
6. 원문의 오기와 오류, 그리고 인물과 사건, 연도 등에 관한 설명이 필요하다고 판단된 부분에는 각주를 달아 밝혔다.
7. 이 책은 2차 저작물이므로 본문에 실린 글을 참조할 경우 기사 원문의 출처와 더불어 이 책에서 인용했음을 표기할 것을 바란다.

차례

책머리에 _ 6

해제 _ 12

논설 본문 _ 27

자료집 수록 논설 제목 목록(발간 호수 기준) _ 739

책머리에

당대에도 현재에도 《제국신문》은 여전히 '타자성'을 지니고 있다. 당대에는 실상과 달리 '부녀자 대상 계몽지'로 해석되어 '암신문'으로 규정되었으며, 또 현재에도 《제국신문》은 《독립신문》·《황성신문》·《대한매일신보》에 비해 기사의 수준을 비롯해, 필자나 독자 양면에서 질적 수준이 낮은 신문으로 평가받고 있다. 물론 다른 신문에 비해 부녀자들이 필자나 독자로 많이 참여했던 것은 사실이나 《제국신문》이 '부녀자' 신문인 것만은 아니다. 《제국신문》에는 부녀자를 비롯한 당대의 약자들, 즉 천민, 소상공인, 로인, 소사(召史), 첩, 기생, 의녀 등 당대의 남녀 소외계층이 상당수 필자와 독자, 기부자로 참여했다. 그런 점에서 《제국신문》은 당대의 다른 어느 신문보다도 오히려 '다원적 시민사회를 위한 구상'을 본격적으로 기획했던 신문이라 재평가할 수 있다.

《제국신문》에는 계몽과 관련해 또 하나의 '타자성'이 부여되어 있다. 《독립신문》이 '국가'에 착목하고, 《황성신문》이 '동양'을 재해석해 변통을 이끌어냈으며, 동시대의 《대한매일신보》가 '민족'을 발견했다면, 《제국신문》은 당대에 요구되는 역할을 제대로 수행해내지 못했다는 비판이 그것이다. 하지만 《제국신문》은 '정치개량보다 풍속개량'을 강조하면서 '법률과 풍속 개량'을 전제로 한 현실주의적 문명화론을 펴고 있었다. 법률의 공정한 시행과 풍속개량에 의한 민지개발을 토대로 국권회복이 가능하다고 믿고 있었다. 정치개량을 기획하지 않았다 하여 저급지로 해석하는 것은 곤란하다. 이는 일종의 담론화 작업에 해당한다.

《제국신문》은 단순히 서구 물질문명의 수용을 외치기보다, 수용에 따른 변화로서의 질서 및 윤리의 문란에 대해 '비판'을 늦추지 않았다. 심지어 서양풍속을 일방적으로 추수할 것이 아니라 '동양의 옛법과 우리의 인정습관을 참호(參互)하여 가장 적당하게' 적용해 '새 법'을 만들어야 한다고 역설하기까지 했다. 즉 《황성신문》이나 《대한매일신보》처럼 '국가', '동양', '민족' 등 거대담론을 외치기보다 풍속개량을 통한 실력양성이 국권 수호 및 국가발전의 원동력이라 보고 있었다. 물론 1907년 이후 '일상' 및 '풍속'의 차원으로 급선회하면서 순응화의 양상을 일부 드러내지만, 이는 다른 신문들에서도 일정 정도 나타났기 때문에 《제국신문》만 비판의 대상이 될 일은 아니라고 판단한다.

또 1907년 이후 《제국신문》이 '학문론' 강좌에 열중한 것도 여러 모로 주목할 필요가 있다. 당시 학문론은 주로 잡지에 게재되었는데, 신문 중 학문론을 내내적으로 연재한 것은 《제국신문》이 유일하다. 1907년 5월 17일 지면을 확장하는 등 새롭게 출발한 후 《제국신문》은 5월 20일부터 학문론을 대대적으로 기획·게재하기 시작한다. 동 시기의 《대한자강회월보》·《태극학보》·《소년 한반도》·《서우》 등이 주로 국가학·국제공법학·사회학·경제학·법률학·정치학 등을 다뤘다면, 《제국신문》은 역사학·가정학·윤리학을 특별히 강조했다. 《황성신문》·《대한매일신보》 등에 비해 《제국신문》의 학문론은 역사적 주체뿐 아니라 가정적 주체를 둘러싼 여러 문제, 윤리의 문제 등을 폭넓게 설파했다. 또 역사학에서는 '실학'이라는 방법적 틀에 의지해 학문개념의 변용을 시도한 바 있으며, 계몽의 관념성을 탈피하고 실천영역으로 확장해 가고 있었다. 실학 정신이 일부 협애화된 부분도 있으나, 그 키워드는 분명 당대 '현실'과 관련한 '실천'이었다.

위와 같은 내용을 고려할 때, 당대 또는 현재의 연구자들에 의해 지속적으로 재생산되고 있는 《제국신문》의 타자성은 '차이의 담론' 효과를 여실히 보여준다. 우리 연구팀은 《제국신문》을 '다시 보면서' 이러한 타자성을 분석·재해석하고자 했다. 이러한 타자성 창출에는 이 책에서 소개하는 1907년 이후의 발행분도 일정 역할을 한다고 판단한다. 1907년은 정치적·문화적·학술적으로 일종의 '역사적 위치'를 보여주는 해이다. 정치적으로 볼 때 이준의 헤이그 밀사 파견으로 고종이 강제 퇴위당한 해이며, 법령제정권, 행정권 및 일본 관리 임명권 등이 일본으로 넘어가는 것 등을 내용으로 한 정미 7조약이 강행된 해이다. 친일/항일의 갈림길이 본격적으로 시작되는 시점으로서, 정미 7조약에 이르러 우파적 분화현상이 일어났다고 본 것은 이 때문이다.

이를 기점으로 한편으로는 의병운동이 거세게 일어났으며, 《대한자강회월보》(1906)를 비롯해 속속 창간되기 시작한 학술지 성격의 잡지들은 지식장을 재점검하는 대대적인 운동을 벌였다. 학문 전반이 재편되면서 가히 '지식혁명'에 버금가는 대변화가 이루어진 것이다. 이러한 열기는 신·구학 논쟁으로 점화되어 1908년까지 지속된다. 이 논쟁은 학문의 '의미'뿐 아니라 향후 학문의 '방법'까지를 아우르는 것이었다. 이 시기에 연재된 《제국신문》의 학문론은 신·구학 논쟁에 대응한 제 나름대로의 '철학' 표명이다. 또 《제국신문》에서 다양한 소외계층이 필자로 다수 등장하는 것도 특히 1907년 이후의 이 시기라는 점에서, 《제국신문》은 이론만 외친 것이 아니라 그 나름의 철학을 '올곳이' '실천'해 보여주었다고 할 수 있다.

우리 연구팀이 《제국신문》을 읽기 시작한 것은 2004년이다. 꼼꼼히 읽다보니 벌써 10년이나 흘렀다. 당시는 한국여성문학학회의 세미나팀으로 출발했지만, 중간발표를 한 차례 하고 난 후부터는 팀이 개방되어, 일부 회원과는 석별하기도 하고 신규 회원이 참여하기도 하는 등 인적 구성에 변화가 있었다. 그 10년 동안 어떤 사람은 교수가 되어 학교에 자리 잡았고, 어떤 사람은 학위논문을 제출해 박사가 되었다.

《제국신문》에 대한 우리 팀의 열정과 성의는 이 모임의 바탕이 되었다. 창간호부터 시작해, 당시에는 영인되어 있지 않았던 1903년~1907년 5월 14일까지의 발행분 전체를 직접 찾아다니면서 《제국신문》 전체에 대한 밑그림을 다시 그리고자 했다. 그러던 차에 확보된 연세대 중앙도서관 국학자료실 소장 《제국신문》은 우리 팀 모두에게 벅찬 감격을 안겨주었다. 그렇게도 갈구하던 이 누락분을 드디어 접할 수 있게 된 것이다. 우리 팀은 원문을 직접 촬영한 후 갈무리한 자료를 소장기관에도 제공함으로써 장래에 다른 연구자와 일반인이 열람할 수 있는 길을 마련해 두었다. 향후 이러한 협력 방식이 그동안 접근 자체가 어려웠던 다양한 근대 초기의 문헌들에 대한 데이터베이스화 및 아카이브 구축 작업의 좋은 선례가 될 수 있기를 기대한다.

그러나 여러 가지 행정적·기술적 문제들로 인해 이 《제국신문》 발행분에 대한 열람은 여전히 제한되어 있는 상황이다. 이러한 제한이 단기간 내에 풀리기 어려운 것도 사실이다. 때문에 연구회는 자료를 직접 접하기 어려운 현실적인 제약을 감안해 《제국신문》 자료집의 편찬을 기획하게 되었고, 지난 2년간 원문 입력과 교열 작업을 진행했다. 이 자료집은 그러한 노력의 결실이다. 그럼에도 불구하고 여전히 부족한 점이 있을 것이다. 이 논설자료집 외에 논문집 2권을 비롯해, 잡보 및 학문론, 소설 등에 관해서도 책을 출판할 예정이다. 그러면 자료집 5권에 논문집 2권으로, 총 7권이 되는 셈이다. 새삼 감개무량하다.

이 책에 수록된 논설 전반에 대한 학적 고찰은 우리 공동 편자를 포함한 제반 분야의 연구자들의 몫인 동시에 향후의 과제이다. 이 책을 통해 근대 초기,

특히 융희 연간의 정치·사회·경제·문화·교육·여성 등에 대한 연구가 활성화되기를 기대한다.

원문 자료를 접할 수 있게 기회를 주신 연세대학교 학술정보원 국학자료실의 김영원 팀장님과 김명주 과장님, 출판을 허락해주신 도서출판 현실문화연구의 김수기 사장님을 비롯한 편집팀 등 관계자 분들께 감사드린다. 이 분들의 협조가 없었더라면 이 책은 세상을 보지 못했을 것이다. 이 자리를 빌려 진심어린 사의를 표한다.

공동 편자를 대신하여 김복순 씀

2014.8.

해제

강현조

1.

이 책은 지금까지 미공개 상태에 있던 1907년 5월 17일부터 1909년 2월 28일까지의 《제국신문》 발행분에 게재되었던 논설[1] 전문(全文)을 8명의 한국문학 연구자들이 공동으로 교열 · 편찬한 것이다.

《제국신문》은 1898년 8월 10일 창간되어 1910년 3월 31일까지 12년 동안 약 3,240호 정도를 발행한 것으로 알려져 있다.[2] 창간호부터 1902년 12월 29일까지의 발행분은 1986년 아세아문화사에서 영인본으로 출판된 바 있으나, 그 이후의 발행분은 20여 년이 넘도록 일반에 공개되지 않았었다. 다행스럽게도, 2011년에 1903년 1월 5일부터 1907년 5월 14일까지의 발행분이 청운출판사에서 영인본으로 출판되어 《제국신문》의 전체 발행분 중 80%에 가까운 지면을 접할 수 있게 되었다.

그럼에도 불구하고 1907년 5월 17일 이후부터 총 21개월간의 발행분은 아

1 기서(寄書) 및 별보(別報) 포함.

2 최기영, 『대한제국시기 신문연구』, 일조각, 1991, 60~63쪽 참조.

직까지 일반에 공개되어 있지 않다. 연세대학교 국학자료실이 소장하고 있는 이 발행분은 현전하는 《제국신문》 중 가장 후대의 것일 뿐만 아니라 국내 유일본이라는 점에서 그 가치가 매우 크다.[3]

이 발행분에는 이전 발행분과 다른 몇 가지 중요한 특징이 있다. 먼저 이 발행분은 그 이전까지의 《제국신문》 지면에 비해 판형이 약 1.5배 확대되었고, 단수(段數) 또한 4단에서 6단으로 늘어났다. 이처럼 기사 분량이 늘어날 수 있는 물리적 토대가 마련된 결과 기존의 잡보(雜報) 기사 및 광고 분량이 이전에 비해 대폭 확대되었고, 아울러 지면 배치에 있어서도 상당한 변화가 초래되었다. 우선 1면에 소설란[4]과 외보(外報)란이 새로 개설되었고, 기존에 1면에 게재되었던 논설은 2면으로 옮겨졌다. 또한 5월 20일부터는 1면에 학문론이 추가로 신설되었고, 약 1년 5개월여 동안 역사학 · 가정학 · 윤리학 등을 연재하게 된다. 이와 같은 학문론의 연재는 근대초기신문 중 유일한 것이며, 동 시기의 잡지들이 국가학 · 정치학 · 법학 · 사회학 등을 다룬 것과도 대조를 이룬다는 점에서 그 특징을 찾을 수 있다.[5] 이처럼 형식 및 내용면에서 일신(一新)한 면모를 보였던 《제국신문》의 지면 확장은 같은 해 5월 23일에 국문판을 발간하기 시작한 《대한매일신보》를 염두에 둔 신문사 간 경쟁의 결과라고 할 수 있다.

3 그 이후인 1909년 3월~1910년 3월말, 즉 폐간 직전까지의 지면은 현재까지 실물이 확인되지 않고 있다.

4 참고로 《제국신문》은 그 이전인 1906년 9월 18일부터 같은 해 11월 17일까지 약 2개월 동안 3면에 소설란을 개설하고 설화 및 야담 등으로부터 유래한 것으로 추정되는 단편 형식의 서사를 무기명으로 연재한 바 있다. 그러나 1907년 5월 17일 1면에 다시 개설된 소설란은 이인직과 이해조가 필자로 표기된 중편 분량 이상의 신소설을 장기간 연재했다는 점에서 그 이전의 소설란과 분명한 차별성이 있다.

5 김복순, 「《제국신문》 학문론의 실학적 변용과 학지(學知)의 타자성」, 《여성문학연구》 31, 한국여성문학학회, 2014, 7~44쪽 참조.

둘째, 이 발행분은 이인직과 이해조의 신소설 작품이 지속적으로 연재되었다는 점에서 한국문학 연구를 위한 자료로서의 가치 또한 작지 않다. 제국신문사는 지면 확장과 함께 당시 《만세보》 주필이자 「혈의루」·「귀의성」 등의 연재로 명성을 얻고 있던 이인직을 초빙하여 「혈의루」 하편을 연재했다. 이는 독자 확충을 위한 야심찬 기획의 일환이었지만, 이인직이 《대한신문》 사장으로 옮겨 가면서 이 하편의 연재는 2주 만인 6월 1일에 중단되었다. 갑작스러운 소설란의 공백에 따른 결과였는지 아니면 애초부터 예정된 순서였는지 정확히 알 수는 없으나, 6월 5일부터 이해조의 첫 번째 순국문 신소설 「고목화」가 연재되기 시작한다. 이후 이해조는 「빈상설」·「원앙도」·「구마검」·「홍도화」(상편)·「만월대」·「쌍옥적」·「모란병」 등을 연재하며 명실상부한 《제국신문》 전속 소설가로서 위상을 굳히게 된다. 이 발행분에는 해당 작품들의 발표 당시 원문은 물론 이 시기에 출판된 단행본 소설 등의 광고가 적지 않게 게재되어 있다는 점에서 근대 초기 서사문학 연구의 귀중한 자료가 아닐 수 없다.

셋째, 이 발행분을 살펴보면 《제국신문》이 1908년 3월 1일부터 관보(官報)의 기재를 중지하고 잡보란의 비중을 더욱 확대함과 동시에, 기사 제목 또한 한자로만 표기하던 방식에서 국문을 먼저 표기한 후 괄호 안에 한자를 부기하는 방식으로 변경하였음을 알 수 있다.[6] 이와 같은 방침에 따라 예컨대 "누가 겁닛나(誰曾畏怯)", "무슨 짓을 힛던구(行何不法)"[7] 등과 같은 순국문 기사 제목

6 「샤고(社告)」, 《제국신문》, 1908.2.29, 2면 6단 참조. 원문은 다음과 같다. "신문에 관보를 긔지ᄒᆞᆷ은 우리나라 샤회의 지식이 발달치 못ᄒᆞᆫ 연고이라 슈년 이ᄅᆡ로 풍긔가 크게 변ᄒᆞ야 신문을 구람ᄒᆞ시ᄂᆞᆫ 쳠군ᄌᆞ가 관보보다 론셜 잡보 기타 학문상에 필요ᄒᆞᆫ 것을 ᄉᆞ랑ᄒᆞ야 보시ᄂᆞᆫ 고로 본샤에셔 ᄉᆞᆷ월 일일부터 관보를 폐지ᄒᆞ고 약간 대관의 임면은 잡보로 긔지ᄒᆞᆯ 터이오며 또 이왕에ᄂᆞᆫ 긔ᄉᆞ의 뎨목을 한문 글ᄌᆞ로만 노앗거니와 죵금 이후로ᄂᆞᆫ 국문과 한문을 병용ᄒᆞ야 보시기 쉽게 ᄒᆞ랴 ᄒᆞ오니 쳠군ᄌᆞᄂᆞᆫ 죠량ᄒᆞ시오"

7 잡보, 《제국신문》, 1908.3.1, 2면 3단에서 인용.

이 등장하게 된다. 국문 신문을 표방하면서도 기사 제목을 표기할 때에는 한자 우선 방침을 유지해왔던 《제국신문》이 1908년 3월 1일을 기점으로 국문 우선 원칙을 수용했다는 사실은 이 발행분의 고찰 과정에서 새롭게 발견한 것이기에 이 지면을 통해 언급해둔다.

넷째, 이 자료집과 관련하여 지적해 둘 특징은 《제국신문》 논설란이 반상(班常)과 남녀의 구별을 넘어 각계각층의 다양한 의견을 수렴하는 공론장으로서 기능했다는 점이다. 물론 1907년 6월 8일부터 논설을 담당하는 주필이 이종일에서 정운복으로 교체되었고, 10월 3일부터는 사장직까지 맡았다는 점에서 이 발행분은 사실상 정운복의 주도로 발간된 《제국신문》이라고 할 수 있다. 실제로도 그가 쓴 논설이 전체 편수의 절반에 가까울 정도로 많은 게 사실이다. 그럼에도 불구하고 이 발행분에는 적지 않은 편수의 기서(奇書) 및 별보(別報)가 게재되었고, 여기에는 다양한 계층의 인물들이 필자로 참여하고 있다. 또한 근대초기에 발행되었던 여타의 신문에 비해 여성의 투고 편수 및 비율이 월등히 높았다는 사실[8]을 고려한다면 이 시기 《제국신문》의 논조를 결코 일개인의 정치적 성향이 표면화된 것으로 환원할 수는 없다고 본다. 실제로도 신문사 내부 필진이든 외부 투고 필자든 각 논설의 주제는 시기 혹은 쟁점에 따라 매우 다양한 편폭을 보였다. 이 점은 이 자료집을 통해 구체적으로 확인할 수 있을 것이다.

요컨대, 연세대학교 국학자료실 소장 미공개 《제국신문》 발행분은 1907년 5월 이후 해당 신문사의 사세 확장을 위한 야심찬 기획의 결과물들을 고스란히 담고 있을 뿐만 아니라, 정미 7조약 체결 및 고종의 강제 퇴위 등 격변하는 정세 속에서 《대한매일신보》·《황성신문》 등과 함께 이 시기 한인(韓人) 발행

8 김복순, 「《제국신문》의 힘: "여성의 감각"의 탄생」, 《민족문학사연구》 51, 민족문학사학회·민족문학사연구소, 2013, 343~385쪽 참조.

신문의 현실 대응 양상을 종합적으로 고찰하는 데 있어서도 필수불가결한 자료이다. 이에 근대초기매체연구회는 미공개《제국신문》발행분의 논설·학문론·잡보·외보·소설·광고 등 주요 항목별로 학술 연구자와 일반 독자가 다 같이 참조할 수 있는 자료집의 발간을 기획했고, 이 논설 자료집은 그 첫 번째 결과물이다.

2.

이 자료집에는 총 414호분의 지면에 게재된 334편의 논설을 수록하였다. 이 '414호분 334편의 논설'이란 표현의 의미는 다음과 같이 설명할 수 있다.

확대판《제국신문》은 제2407호(1907년 5월 17일자)부터 제2912호(1909년 2월 28일자)까지 총 506호분이 발행되었다.[9] 이 중 22호분은 유실되어 전하지 않는다. 따라서 현재 연세대학교 국학자료실에 실제로 소장되어 있는 것은 총 484호분이다. 그런데 현전하는 발행분 중 66호분에는 논설이 게재되지 않았고, 4호분은 검열로 인해 논설의 전문(全文)이 삭제된 채 발행되었다. 이 둘을 합한 70호분을 제외하면 실제 논설이 실린 발행분은 총 414호분이 된다. 이 414호분 중 1회 게재 논설은 277편이고, 2회 이상 연속 게재 논설은 57편(137호분)이므로 게재된 논설의 총 편수는 334편이 되는 것이다. 이상의 계수(計數) 결과를 알기 쉽도록 도표로 정리하면 [표1]과 같다.

아울러 이 자료집에는 논설 334편(414호분) 외에도 미공개《제국신문》발행분에 대한 독자들의 이해를 돕기 위해 3편의 글을 본문 맨 앞부분에 번외로 수록하였다. ① 1907년 5월 4일부터 게재되기 시작한 지면확장 광고, ② 5월 14일자 1면 잡보에 실린 확대판 발간 일정 연기 안내문,[10] ③ 5월 17일자 1면에

9 전체 발행 내역은 이 책 말미의 목록 참조.

[표1] 확대판 《제국신문》 발행 호수 및 게재 논설 통계

	총 발행 호수	유실분	현전 발행분	논설 미게재 발행분	논설 삭제 발행분	논설 게재 발행분	1회 게재 논설	연속 게재 논설	논설 총 편수
호수 및 편수	506	22[12]	484	66[13]	4[14]	414	277편	57편[15]	334편
				70			277호분	137호분	414호분

실린, 《제국신문》의 역사 및 확대판 발간의 취지를 설명하고 있는 「본보 력스와 사람의 열셩효력」[11] 등이 그것이다.

이 334편의 논설은 표제를 기준으로 할 때 다시 논설 · 사설 · 기서 · 별보 · 기타 등의 항목으로 세분화할 수 있다. 각 표제별 글의 편수는 논설 220편(251호분), 사설 9편(9호분), 기서 37편(46호분), 별보 65편(104호분), 기타 3편(4호분)이다. 이러한 항목별 분류 결과 및 통계를 도표로 정리하면 [표2]와 같다.

먼저 논설은 정운복이 필자로 표기된 것[16]이 146편으로 가장 많으며, 이 외

10 지면확장 광고에는 확대판의 발간 예정일이 5월 16일로 명시되어 있었으나, 신문사 내부 사정으로 인해 하루 지연되어 결국 5월 17일에 확대판이 처음 발행되었다. 해당 안내문은 이러한 사정을 독자들에게 설명하고 있다.

11 이종일이 쓴 글로 추정된다.

12 2461, 2472, 2473, 2485, 2522, 2581, 2588, 2601, 2602, 2649, 2667, 2679, 2706, 2740, 2743, 2747, 2773, 2820, 2821, 2831, 2865, 2908호.

13 2460, 2571, 2616, 2620, 2654, 2665, 2702, 2739, 2748, 2756, 2774, 2790, 2792, 2796, 2797, 2800, 2801, 2802, 2804, 2810, 2811, 2812, 2819, 2826, 2828, 2829, 2834, 2836, 2837, 2842, 2843, 2846, 2847, 2848, 2849, 2850, 2852, 2853, 2855, 2857, 2859, 2860, 2867, 2869, 2874, 2875, 2878~2881, 2883~2892, 2895, 2897, 2909~2912호.

14 2557, 2818, 2835, 2841호

15 2호 연속 43편(86호분), 3호 연속 10편(29호분), 4호 연속 1편, 5호 연속 1편, 6호 연속 1편, 7호 연속 1편임.(3호 연속 게재 논설 중 황희성(黃犧性)의 「려하뎡(呂荷亭)을 쥬는 일」은 제1회분(제2747호)이 유실되어 30호분이 아닌 29호분이 남아 있음)

[표2] 확대판 《제국신문》 논설 항목별 통계

	논설	사설	기서	별보	기타	합계
편수	220	9	37	65	3	334
비율	65.8%	2.7%	11.1%	19.5%	0.9%	
호수	251	9	46	104	4	414
비율	60.5%	2.2%	11.1%	25.1%	0.1%	

에도 윤효정 · 김낙수 · 이은우 · 우우생 · 종남산하 노구 등 실명 및 익명의 필자가 각각 1편의 논설을 게재하였다.[17] 또한 3편의 논설을 쓴 불혹생이라는 필자가 있는데, 이 글들은 모두 1909년 1~2월 사이에 게재되었다. 1870년생인 정운복이 이 해에 마흔 살이 된 사실을 감안하면 '불혹생'이 정운복의 또 다른 필명일 가능성을 배제할 수 없다. 반면 필자명이 표기되어 있지 않은 논설 66편 중 정운복의 주필 취임 이전인 1907년 5월 17일부터 6월 7일까지 게재된 13편은 이종일이 쓴 것으로 판단되며, 그 이후에 게재된 53편은 정운복이 썼을 가능성이 높지만 확언하기는 어렵다. 정리하자면 총 220편의 논설 중 필자명이 표기된 것이 154편이고 그렇지 않은 것이 66편인데, 정운복은 최소 146편~최대 202편을 집필했던 것으로 추정된다.[18]

둘째, 9편의 사설은 모두 필자명이 표기되지 않은 채 게재되었는데, 이는

16 참고로 정운복은 본명보다는 주로 '탄해생(呑海生)'이라는 필명으로 논설을 썼다.

17 다만 정운복 이외의 필자들이 《제국신문》 내부 필진은 아니라는 점에서 이들의 글이 원래는 기서 혹은 별보였을 가능성도 없지 않다. 예컨대 정운복이 쓴 글임에도 기서 또는 별보로 표기된 것이 있기 때문이다. 이러한 사례들은 발행 과정에서 빚어진 표기 오류의 결과일 수 있으나, 이 자료집에서는 명기된 표제를 기준으로 분류하였음을 밝혀둔다.

18 참고로 이대형은 정운복과 탄해생이라고 필자를 밝힌 논설의 편수를 총 179건으로 파악한 바 있다.(이대형, 「정운복의 《제국신문》 논설 연구」, 《대중서사연구》 제20권 1호, 대중서사학회, 2014, 217쪽 참조)

개인이 아닌 신문사의 입장을 표명하는 글로 간주했기 때문으로 볼 수 있다. 이 중 제2424호(1907년 6월 7일자) 「본샤의 힝복과 본 긔쟈의 히임」은 이종일이 쓴 것이 확실하며, 제2425호(1907년 6월 8일자) 「쳣인사」는 정운복이 쓴 것이다. 이러한 사실을 고려할 때 그 이후에 게재된 7편의 사설은 모두 정운복이 썼다고 보아도 무방할 듯하다.

셋째, 기서의 경우는 2편을 제외한 35편 모두 필자명이 표기되어 있다. 가장 많은 3편을 쓴 김유탁[19]은 평양 출신으로 박은식 · 김병도 등과 함께 서우학회(西友學會)를 발기한 12인 중 한 사람[20]이며, 제2640호(1908년 3월 19일자) 기서의 필자인 유만겸은 주지하다시피 유길준의 장남이다. 해외에서 투고한 독자도 적지 않은데, 정한경 · 포와생 · 현기운 · 리경직 · 김군화 · 재미국일농부 등이 이에 해당한다. 또한 여성 독자들의 참여도 눈에 띄는데, 헤이그 밀사 중 한 사람인 이준(李儁)의 부인 이일정(李一貞) 외에도 표준경 · 이지춘 · 북촌일과부 등이 필자로 이름을 올리고 있다. 심지어 자신을 11세 소아라고 밝힌 김태국이라는 필자의 글도 게재되었다. 마지막으로 필자들의 출신 및 거주 지역은 경성과 평안도, 그리고 하와이인 경우가 가장 많았다. 이처럼 연령 · 성별 · 지역 · 계층 등의 기준에 따라 기서의 필자들을 고찰해보면 각 항목별로 다양한 분포 양상을 보이면서도 동시에 일정한 경향성이 나타나고 있다는 점을 알 수 있다.

넷째, 별보[21]에는 사전적 의미만으로는 한정할 수 없는 다양한 성격의 글이 게재되었음을 알 수 있다. 특별한 사안을 다룬 논설 및 사건 보도 기사가 기본

---

19 제2505호(1907년 9월 15일자) 및 제2582호(1908년 1월 1일자)에는 '평양 김유탁'으로, 제2568호(1907년 12월 13일자)에는 '평양 김유택'으로 표기되어 있는데, 이 글들의 필자는 동일인으로 추정된다.

20 「서우학회취지서」, 《대한매일신보》, 1906.10.16, 3면 잡보 참조.

21 별도로 내는 특별한 보도.(표준국어대사전 참조)

적인 형태이긴 했지만, 이 외에도 일본 및 중국의 신문·잡지에 실렸던 글을 번역 등재하거나 국내 및 해외의 한인(韓人) 발행 매체에 실렸던 논설을 전재(轉載)하곤 했다. 아울러 단체 및 학교의 설립 취지서·건의서·경고서·연설문 등도 별보의 형식으로 게재되었다. 신문사 내부 필진 또한 별보에 글을 실었는데, 예컨대 확대판 발행 4개월 만에 정간(停刊) 위기에 처한 신문사의 열악한 상황을 개탄하고 있는 「엇지홀 슈 업ᄂᆞᆫ 일」[22]은 이종일이 쓴 것이고, 「평양유기(平壤遊記)」[23]는 정운복이 학무회(學務會) 총회 참석차 평양을 다녀오면서 그 여정을 7회에 걸쳐 연재한 것이다. 그런가 하면 당대의 유명 인사들인 유길준·황희성·유원표·윤효정 등의 논설 또한 별보 형식으로 게재되었고, 1908년 2월 25일부터는 한국 지식인들에게 많은 영향을 미친 인물인 양계초의 「가방관자문(呵傍觀者文)」[24]이 「방관ᄒᆞᄂᆞᆫ 쟈를 ᄭᅮ지즘」[25]이라는 제목으로 6회에 걸쳐 연재되기도 했다. 여성의 참여도 적지 않았는데, 윤효정의 딸이자 한국 최초의 여성 유럽 유학생으로 알려져 있는 윤정원의 논설 3편이 별보에 게재되었고, 북산 여자 변월당·한남여사 김씨 등의 여성이 별보에 글을 투고[26]하였다. 아울러 민영휘에게 토지를 강탈당한 평안도 안주 김희정의 부인 이소사(李召史)의 사연 또한 별보를 통해 3회에 걸쳐 연재된 바 있다.[27] 이 외에도 별보에는 기호흥학회 취지서·공립신보사 의연금 모집 취지서·대한협회 질의서/경고서/연설문 등 주요 단체 관련 문서가 여러 차례 게재되었고, 순종황제의 조칙과 새로 반포된 삼림법의 조문 등 정부 관련 문서가 전재되기도 했다. 이처럼 별

22 《제국신문》 제2497~2499호, 1907.9.5~7.

23 《제국신문》 제2633~2639호, 1908.3.10~18.

24 《청의보》 36호, 1900.

25 《제국신문》 제2621~2626호, 1908.2.25.~3.1.

26 투고문이라는 점에서 이들의 글은 실질적으로는 기서에 해당한다고 할 수 있다.

27 앞서 언급한 기서의 필자 중 김태국은 이소사의 아들이기도 하다.

보는 논설이나 잡보 등 기존의 신문지면에 개설되어 있던 항목으로는 구분하기 어려운 다양한 성격의 글이 실리는 지면으로서의 성격을 지니고 있었음을 알 수 있다.

마지막으로 기타 3편은 위의 분류 방식을 적용하기 어려운 글에 해당한다. 먼저 2회 연속 게재된 「ᄋᆞ히 어마니를 권면흠」은 제2613호(1908년 2월 15일자)에는 '논설'로 표기되었으나, 제2614호(1908년 2월 16일자)에는 '기서'로 표기되어 있어 기타 항목으로 분류하였다. 그리고 제2617호(1908년 2월 20일자)의 「계양학교 취지서」는 그 내용에 있어서는 사실상 별보에 해당하지만 잡보란에 게재되어 있어 역시 기타 항목에 포함시켰다. 이에 비해 제2822호(1908년 11월 4일자)에 게재된 글은 지면 일부가 찢어져 있어 표제 및 필자명 등의 표기 여부를 알 수 없다. 이 자료집에는 복원 가능한 부분을 수록하되 표제 미상인 관계로 역시 기타 항목에 포함시켰다.

요컨대 논설 · 사설 · 기서 · 별보 · 기타 등의 항목으로 세분화하여 334편의 논설을 살펴보면 비록 절반 정도의 글이 정운복에 의해 집필되긴 했지만, 기서와 별보 등을 중심으로 지역 · 계층 · 성별을 망라하여 다양한 인사 및 독자들의 글 또한 적지 않은 비중을 차지하고 있음을 알 수 있다. 이러한 논설 필자층의 다양성은 《제국신문》이 주로 표방하였던 담론 및 지향의 차별성을 형성해내는 주된 배경이 되었다고 할 수 있다. 이 시기 《제국신문》 논설의 주제는 대개 교육을 통한 자강과 여성 계몽의 강조, 풍속개량론과 국문론으로 대표되는 문화주의적 경향, 식산흥업을 통한 부국의 기치 표명 등으로 구분되는데, 이는 거대담론 혹은 정치담론 위주로 논설을 게재했던 《황성신문》이나 《대한매일신보》 등과는 구별되는 《제국신문》만의 특징인 동시에 필자층의 다양성과 밀접한 상관성이 있기 때문이다.

3.

《제국신문》의 지면 확장이 이루어진지 얼마 되지 않아 대한제국에서는 헤이그 특사 파견-고종의 강제 퇴위-순종의 즉위-정미 7조약 체결 등과 같은 일련의 정치적 사건이 발생한다. 이는 모두 1907년 6월~8월 사이의 일이다. 이 시기 《제국신문》의 논설은 노골화하기 시작한 일제의 식민 야욕에 대한 비판보다는 국가가 봉착한 위기에 대한 국민의 자성을 촉구함과 동시에 자강의 역량을 함양하기 위한 분발을 주문하는 경향을 더 강하게 드러내고 있다. 주로 정운복에 의해 집필된 이 시기 논설에서는 지식·힘·용기를 기르고,[28] 굳은 마음과 인내로[29] 교육과 식산에 힘써[30] 국민된 자로서 의무와 직책을 다할 것[31]을 촉구하고 있는 것이다.

그러나 거듭된 정변은 사회와 국민의 불안을 가중시켰고, 이러한 상황이 지속되다 보니 야심차게 추진되었던 《제국신문》의 지면 확장 또한 사세 및 독자의 확대로 이어지지는 못했던 듯하다. 이 시기의 논설에서는 여러 차례 신문사의 열악한 재정 상황에 대한 토로와 함께 국문 신문을 경시하는 풍조를 비판[32]하는 등 다양한 방법으로 신문 구독을 독려하는 목소리가 이어졌지만, 결국 확대판의 발행 4개월여 만인 9월 20일부터 10월 2일까지 2주간에 이르는 정간을 막을 수 없었던 것은 이러한 사정을 반영한 결과로 볼 수 있다.

이와 같은 정간 사태는 신문사로 하여금 독자 확보를 위한 전략 및 기획의 필요성을 더욱 절감하게 만들었을 수 있다. 10월 3일 속간 이후의 《제국신문》

28 「살기를 탓토는 시딕」, 《제국신문》 제2428호, 1907.6.12.

29 「홀 수 업다는 말을 하지 말 일」, 《제국신문》 제2430호, 1907.6.14.

30 「나라 흥망은 정부에 잇지 안코 빅셩의거 잇슴」, 《제국신문》 제2441호, 1907.6.27.

31 「락심하지 말 일」, 《제국신문》 제2467호, 1907.7.28.

32 「국문을 경히게 녁이는 시둙에 국셰가 부픽혼 리유」, 《제국신문》 제2506~7호, 1907.9.17~18.

이 미완인 채로 「고목화」의 연재를 중단하고 「빈상설」을 새로 연재한 사실, 그리고 정치개량보다 풍속개량이 더 중요하다는 주장[33]을 펼친 후 곧바로 10여 차례에 걸쳐 「풍속개량론」이라는 제목으로 논설을 연재한 사실은 이러한 전략 및 기획의 일환이었을 가능성이 높다. 「풍속개량론」에서는 먼저 여성의 개가를 허할 것, 내외하는 폐습을 고칠 것, 압제혼인의 폐풍을 고칠 것 등을 주장하며 주로 여성에 대한 질곡으로 작용하고 있던 인습의 타파에 논의의 초점을 맞추었고, 이후 위생 · 온돌 · 식습관 · 육아 등 여성과 관련된 일상의 문제를 다루면서 구습에서 벗어나 더 새롭고 효율적인 방법을 도입할 것을 촉구하였다. 이처럼 1907년 10월 이후의 《제국신문》은 정치적 사안에 대한 직접적인 비판이 어려워진 현실에서 여성 · 풍속 · 문화 · 교육 · 식산 등 다양한 논제를 통해 국가와 국민의 자강을 위한 계몽 담론의 설파에 주력하는 양상을 보이게 된다.

한편 《제국신문》은 논설을 통해 대한협회 · 서북학회 · 기호흥학회 등 여러 사회 단체들의 설립 취지를 홍보하고 각 단체의 계몽 활동에 대한 기대감을 피력하는 데 많은 지면을 할애하였다. 특히 1907년 11월에 설립된 대한협회와는 비교적 오랜 기간 동안 긴밀한 관계를 유지했던 것으로 보인다. 예컨대, 협회 설립 초기부터 지지 입장을 표명한 논설[34]과 함께 조직회의 상황을 자세히 전하는 별보[35]를 게재하는 등 높은 관심을 보였고, 1908년 9월에는 동양척식회사법 제정을 계기로 촉발된 정부의 국정운영 난맥상을 질타하는 협회 명의의 질문서 및 경고서 게재, 1909년 1월에는 순종의 어순 행차 때 벌어진 송병준과 어담의 폭력 시비에 대해 불경죄로 송병준의 처벌을 요구하는 경고서 게재, 2월에는 협회 주요 인사들의 연설문 연속 게재가 이어졌기 때문이다. 대한협회

33 「정치기량보담 풍속기량이 급홈」, 《제국신문》 제2515호, 1907.10.9.

34 「대한협회를 하례홈」, 《제국신문》 제2544호, 1907.11.14.

35 「대한협회 죠직회의 셩황」, 《제국신문》 제2548호, 1907.11.19.

의 기관지인《대한민보》가 1909년 6월에 창간된 사실을 감안하면,《제국신문》은《대한민보》의 창간 이전까지 사실상 대한협회의 기관지 역할을 담당했다고 해도 과언이 아니다.[36] 아울러 여성 단체에 대한 관심 또한 적지 않았다고 할 수 있는데, 여자교육회와 진명부인회 등 당시 대표적인 여성 단체들의 설립 상황과 주요 인사들의 발언을 소개함과 동시에 이 단체들을 통한 여성 계몽운동의 확대를 염원하는 논설이《제국신문》의 주요 부분을 차지하고 있다.

《제국신문》이 여성의 문제와 계몽의식을 지속적으로 환기해왔다는 점은 「풍속개량론」과 여성 단체 관련 논설 등의 게재에 국한되지 않는다.《제국신문》은 여성 독자들의 사연 혹은 주장을 직접 소개하는 방식을 통해 여성의 문제를 사회적 이슈로 부각시키기도 했다. 특히 1908년 3월 26일~28일까지 연재된 별보는 이와 같은《제국신문》의 특징을 잘 보여주는 글로서 주목할 만하다. 앞서 언급했듯이 민영휘의 토지 강탈 때문에 분사(憤死)한 평안도 안주 김희정의 미망인 이소사는 제국신문사를 직접 찾아와 남편의 억울한 죽음과 자신의 비통한 사연을 토로하였고, 정운복은 이에 크게 공감하여 3회에 걸쳐 상세하게 소개했던 것이다. 결국 이 사건은 소송으로까지 이어졌고, 이후 각 신문사에서는 지속적으로 사건의 추이를 보도한 바 있다. 이처럼 상당한 사회적 관심과 공분을 불러일으킨 이 사건은 확인 결과《대한매일신보》나《황성신문》에 앞서《제국신문》의 이 별보를 통해 최초로 보도된 것임을 알 수 있었다.

유사한 맥락에서 1908년 6월경에 게재되었던 일련의 논설들 역시 주목할 만한 측면이 있다. 먼저 20일에 정운복이 「녀ᄌᆞ의 ᄀᆡ가ᄂᆞᆫ 텬리의 썻썻홈」이라는 제목으로 「풍속개량론」의 논지를 다시금 환기하는 논설을 게재하자, 며칠 뒤인 23~24일에는 우우싱이 「청춘을 규즁에셔 늙지 말 일」이라는 제목으로

36 이는 정운복 역시 대한협회의 일원이라는 사실과 무관하지 않을 것이다.

과부의 개가 금지를 비판하는 기서를 투고하였고, 곧바로 25~26일에는 이 두 편의 논설을 읽고 크게 공명한 서울 북촌의 한 과부가 15세에 남편을 여의고 12년 동안 청상으로 살아온 자신의 삶의 애환을 진술하면서도 비탄한 어조로 서술한 「청샹의 졍샹」을 투고하였던 것이다. 이러한 일련의 논설 게재 과정은 신문사의 여론 형성 기도와 독자의 적극적인 호응이 맞물려 사회적 이슈를 생산해내는 오늘날의 언론 현실과도 크게 다르지 않을 뿐 아니라 '개인적 상황의 사회적 공유' 양상을 보여주고 있다는 점에서도 대단히 흥미로운 사실이 아닐 수 없다. 참고로 이 논설들이 게재된 지 한 달여 만에 개가 문제를 제재로 한 「홍도화」[37]가 '정치소설'이라는 표제를 달고 연재되기 시작하는데, 이를 우연의 일치로만 보기는 어려울 듯하다. 이처럼 여성 문제의 사회적 공론화 지향은 창간 이래로 《제국신문》이 지속적으로 견지해 온 태도인 동시에 당대의 여타 신문과 《제국신문》을 구별짓게 하는 중요한 특징이기도 하다.

이 외에도 확대판 《제국신문》에는 정치·경제·사회·문화·교육 등 제 분야에 걸쳐 다양한 주장을 담은 논설이 게재되었지만, 지면의 제약과 필자의 역량 부족으로 인해 이 해제를 통해 그 전체적인 면모를 온전히 설명하기는 어려울 것 같다. 그럼에도 불구하고 대체로 이 시기 《제국신문》의 논설 지면이 시기 및 사안별로 신문사 내·외부의 다양한 필자들이 참여하여 저마다의 의견과 주장을 표출하는 공론장의 역할을 수행하고 있었다는 점은 분명하다. 따라서 《제국신문》을 읽는 일은 그 역동적인 여론 형성의 과정을 포착하고 동시에 논설을 통해 표방된 담론과 지향을 엄밀히 분석하는 작업으로 승화될 필요가 있다. 이 글에서는 자료를 처음 접하는 독자들을 위해 미공개 《제국신문》 발행분을 간략히 소개하고 논설의 주요 특징을 개괄하는 것으로 그 소임을 마치고자 한다.

37 이해조, 「홍도화」, 《제국신문》, 1908. 7. 24~9. 17.

론셜

신문긔쟈 (탄히싱)

가을하날이 놉고 일긔가 심히 청명ᄒᆞ기로 아참에 일즉이 닐어나셔 셔지를 졍쇄히 쓸고 너외국 신문지를 좀심ᄒᆞ야 보는ᄃᆡ 엇더ᄒᆞᆫ 긱이와셔 한헌의 례를 필ᄒᆞᆫ후 긱이 본긔쟈의게 질문ᄒᆞ야 갈아ᄃᆡ 셰상에 싱업이 허다ᄒᆞᆫᄃᆡ 남이 뮈워ᄒᆞ고 슬혀ᄒᆞ는 신문긔쟈 노릇을 ᄒᆞᆷ은 무ᄉᆞᆷ연고이뇨 ᄒᆞ거날 본긔쟈가 옷깃을 바로ᄒᆞ고 ᄃᆡ답ᄒᆞ되 ᄃᆡ뎌 신문이라ᄒᆞᄂᆞᆫ 것은 샤회의 거울인즉 션ᄒᆞᆫ것과 악ᄒᆞᆫ것이며 졍ᄒᆞᆫ것과 츄ᄒᆞᆫ것이 ᄒᆞᆫ결갓치 비최이ᄂᆞᆫ지라 엇지 일졈ᄉᆞ졍이 잇스리오 그런고로 션ᄒᆞᆫ쟈ᄂᆞᆫ 포양ᄒᆞ며 악ᄒᆞᆫ쟈ᄂᆞᆫ 징계ᄒᆞ고 졍ᄒᆞᆫ쟈ᄂᆞᆫ 사랑ᄒᆞ며 츄ᄒᆞᆫ쟈ᄂᆞᆫ 뮈워ᄒᆞ거늘 누가 공연히 신문긔쟈를 뮈워ᄒᆞ리오 그뿐안이라 ᄐᆡ셔 문명ᄒᆞᆫ 나라에셔ᄂᆞᆫ 뎨왕이하 졍부대신과 밋 일반샤회가 신문긔쟈 ᄃᆡ졉ᄒᆞ기를 심히 졍즁히ᄒᆞ야 심지어 신문긔쟈ᄂᆞᆫ 관업ᄂᆞᆫ 지상이라ᄒᆞᄂᆞᆫ 속담이 잇스니 신문긔쟈의 디위와 덕힝이 남의게 공경ᄒᆞᆷ을 밧음이 져지안이ᄒᆞ도다 그러나 그직칙이 과연즁대ᄒᆞ야 심히괴롭고 근심되ᄂᆞᆫ 일이만ᄒᆞ셔 일년 삼ᄇᆡᆨ륙십오일에 잠시라도 쉬지못ᄒᆞ고 ᄯᆞᆷ을흘니며 신문을 긔록ᄒᆞᆯ새에 가만히 싱각ᄒᆞᆯ즉 사ᄅᆞᆷ이 다만의식만 구ᄒᆞ고져ᄒᆞ면 ᄒᆞᆯ일이 무슈ᄒᆞᆫᄃᆡ 웨 신문긔쟈가 되엿나뇨ᄒᆞᄂᆞᆫ 의문이 업ᄒᆞᆫ지 어ᄃᆡ사ᄂᆞᆫ지 몰오것마ᄂᆞᆫ 조연히 친밀ᄒᆞᆫ 졍의가 싱겨셔 긔회를엇어 맛나ᄂᆞᆫ 마당에 일면이 여구ᄒᆞ야 서로사랑ᄒᆞ며 셔로공경ᄒᆞ나니 세상에 이러케 쾌ᄒᆞᆫ일이 어ᄃᆡ 다시잇다ᄒᆞ리오ᄒᆞᆫᄃᆡ 긱이 ᄯᅩ 물어갈아ᄃᆡ 그ᄃᆡ의 말ᄀᆞᆺᄒᆞᆯ진ᄃᆡ 신문긔쟈의 싱업이 뎨일쾌ᄒᆞ고즐거울ᄯᅡ름이어늘 무엇이 괴롭고 근심된다ᄒᆞᄂᆞ뇨 본긔쟈 웃고 ᄃᆡ답ᄒᆞ되 그ᄃᆡᄂᆞᆫ 아즉신 … 되여보지 못ᄒᆞ엿스니 엇 … 자의 고락을 알니오 셔 … 의말에 인싱의 괴롭고 … 극도(極度)ᄂᆞᆫ 일국지상이 … 스니 과연올흔 말이로다 … 의 지상이 되여셔 그나 … 케다ᄉᆞ려야 부강ᄒᆞᆫ 나 … 그ᄇᆡᆨ셩을 엇더케다ᄉᆞ려야 … ᄇᆡᆨ셩이 되게ᄒᆞ리오ᄒᆞ야 … 경영ᄒᆞ고 ᄉᆞ려ᄒᆞᆯ새에 죠 … 치 못ᄒᆞ려니와 ᄒᆞᆫ번 니 … 면 물너가 ᄒᆞᆫ가ᄒᆞᆫ 셰월을 … 남의게 공경ᄒᆞᆷ을 밧음 … 신문긔쟈의 괴로옴과 근 … 상오담노 더심ᄒᆞᆫ쟈이 잇 … 문긔쟈ᄂᆞᆫ 갈니지안ᄂᆞᆫ … 련싱ᄒᆞᆫ 대신이라 신문긔 … 셕으로 분쥬히 왕ᄅᆡᄒᆞ며 졍치의 득실과 샤회의 졍형과 인심의 향비를 탐문ᄒᆞ며 ᄯᅩ한 죽일토록 눈살을 펴지못ᄒᆞ고 붓ᄃᆡ를 ᄲᅡᆯ며 무엇을 쓰기에 골몰ᄒᆞ야 다졍ᄒᆞᆫ 친구가 올지라도 말한마ᄃᆡ ᄃᆡ답ᄒᆞᆯ 겨를이업스며 어ᄃᆡ서 젼징이나면 시셕을 무릅쓰고 젼디에가셔 그 … ᄒᆞᆯᄂᆞᆫ지 무삼사ᄃᆡ에 긔록ᄒᆞᆯᄂᆞᆫ지 이말을 긔록ᄒᆞ면 국가와 인민의게 리가잇슬ᄂᆞᆫ지 ᄒᆡ가될ᄂᆞᆫ지 남의게 죠소나 안이들을ᄂᆞᆫ지 혹은 법률에 더촉이나 안이될ᄂᆞᆫ지 ᄇᆡᆨ쳔가지로 도라보고 념려ᄒᆞᆷ은 졍신의 괴로옴이라 신톄와 졍신이 ᄒᆞᆫ가지로 괴로옴을밧으되 일평싱을 면치못ᄒᆞᄂᆞᆫ쟈ᄂᆞᆫ 신문긔쟈밧게 다시업슬지로다 그러나 앗가 말 … 쟈가 날마다 늘 … 론이 공명졍대ᄒᆞᆫ … 쥴을알아서 그ᄃᆡ로 … 큰복이 될쥴로알 … 더ᄒᆞᆫ 괴로옴과 근 … 도 ᄉᆞ양치안이ᄒᆞ고 … 우스며 물너가기 … 긔록ᄒᆞ야 론셜을

잡보

… 잠시 귀국ᄒᆞ얏 … 증미 부통감의 일 … 고후 ᄉᆞ시경에 경인 … ᄒᆞ얏ᄂᆞᆫᄃᆡ 궁내부에 … 된환씨를 인천ᄭᆞ지 … 케ᄒᆞ얏고 총리대신 … 즁츄원 고문졔씨 … 며 기타 고등관리가 남문외 뎡거장에 나아가 영졉ᄒᆞ고 법부대신 죠즁응씨ᄂᆞᆫ 졍부ᄃᆡ표로 인천ᄭᆞ지 나려가 영졉ᄒᆞ얏ᄂᆞᆫᄃᆡ 일본편으로ᄂᆞᆫ 장곡천대장 이하 각 관리가 인쳔항과 각 뎡거장에 나아가 환영ᄒᆞ얏더라

●鏡察辭疏 함경북도 관찰ᄉᆞ 윤 …

… 는 려비를 이ᄇᆡᆨ원식 지불ᄒᆞ얏ᄂᆞ더라

●檢疫委員部組織 통ᄉᆞ텽 안에 검역위원부(괴질검사ᄒᆞᄂᆞᆫ쳐소)를 설치ᄒᆞ고 다슈ᄒᆞᆫ 위원을 죠직ᄒᆞ얏ᄂᆞᆫᄃᆡ 위원장에ᄂᆞᆫ 경시부감 구연슈씨오 위원부장에ᄂᆞᆫ 경시영뎐힝ᄐᆡ랑씨오 위원에ᄂᆞᆫ 자자목ᄉᆞ방지씨등 십인과 한셩부 참서관 김우현 경시텽경시 최ᄐᆡ현씨등 팔인이라더라

●統監陛見 이등통감과 증미부통감 량씨은 금일오후이시에 폐현ᄒᆞᆫ다더라

●意見書提出 ᄂᆡ부에셔 각국과쟝이 한일량국교졔의 현샹과 졍치에ᄃᆡᄒᆞᆫ 의견셔를 희부ᄎᆞ판 목ᄂᆡ씨에게 졔출ᄒᆞ얏다더라

●觀察不勤의所由 각디방군슈와 그아리 소속관리의 월봉을 삼ᄉᆞ삭이나 지발치안이ᄒᆞ야 경용이 대단곤난ᄒᆞᆫᄃᆡ 그ᄶᆡ둙은 디방에 셰납을 밧지못ᄒᆞ야 그런것도안이오 각히도관찰ᄉᆞ가 불근ᄒᆞ야 ᄌᆞ하로 폐단이 싱기ᄂᆞᆫ곡절이라더라

●法部奏本 작일법부에셔 의병괴슈로 피착ᄒᆞᆫ 경상북도 지판소에셔 심사ᄒᆞ야 죠률ᄒᆞᆫ 남ᄯᅩ팔 ᄇᆡᆨ남션 량인의 죠률안건을 쥬본ᄒᆞ얏ᄂᆞᆫᄃᆡ 남ᄯᅩ팔은 교에쳐ᄒᆞ고 ᄇᆡᆨ남션은 징역십년에 쳐ᄒᆞ얏다더라

●天一製鹽地勿認의照請 평양대동강 련안으로부터 삼화군 광량 …

… 셔 각뎨노에 범입된 디단갑을 됴사ᄒᆞ야 ᄌᆡ발ᄒᆞ기를 탁지부에 쳥구ᄒᆞ얏ᄂᆞᆫᄃᆡ 그ᄃᆡ단갑 도합이 구만이쳔칠ᄇᆡᆨ륙십환 삼십젼이오 외국인이 ᄉᆞ셔둔 뎐답갑은 미평에 삼환식 츌급ᄒᆞ기로 결뎡ᄒᆞ얏다더라

●漢城大淸潔 경시쳥에셔 작일부터 오셔ᄂᆡ 각방곡에 대쳥결을 시작ᄒᆞ야 각쳐 은구를 헐고 그속에 ᄊᆞ힌오예물을 소졔ᄒᆞ며 젼염병의 소독법으로 ᄇᆡ호에 셕회한말식 분급ᄒᆞᆫ다더라

●急電譯交의申飭 각 디방에셔 급ᄒᆞᆫ 뎐보가 ᄂᆡ부에 도착ᄒᆞ게ᄃᆞ면 즉시 그 뎐보를 번역ᄒᆞ야 경무국장 송뎡우씨에게 보닌후에 원보은 대신에게 뵈히게ᄒᆞ라고 하부대신이 각 관리에게 명령ᄒᆞ얏ᄂᆞ더라

●石炭酸水絶斷 근일 각쳐에 괴질이 류힝ᄒᆞ야 그 젼염을 예방ᄒᆞᆯ라ᄂᆞᆫ ᄶᆡ둙으로 셕탄산슈가 소독약으로 팔니여 한셩에 셕탄산슈가 졀종되얏다더라

●神勒寺被燒 지난달 이십팔일에 의병 략간명이 려쥬 신륵ᄉᆞ에 들어와서 밥을 지여먹고 갓ᄂᆞᆫᄃᆡ 일병이 그뒤로 와셔 그 졀에 츙화ᄒᆞ야 몃ᄇᆡᆨ년된 고찰이 일죠에 몰소가 되얏다더라

●政治的敎育 북셔계동 돈명의숙의 설립ᄒᆞᆷ은 이왕계지 ᄒᆞ얏거니와 본ᄃᆡ 희숙에 야학샌 이러니 근일에 크게 확장ᄒᆞ고 일년급은 … 기로 오날날 졍권을 하 … 에 졍치교슈ᄒᆞᄂᆞᆫ 하 … 창립이 되엿스니 비 … 의 열심을 감사ᄒᆞᆯ뿐 … 우리 국민을 위ᄒᆞ야 … 더라

●高麗磁器의日人硏… 거류ᄒᆞᄂᆞᆫ 일본인 졀 … 에서 일본션ᄇᆡ들이 뫼 … 제죠ᄒᆞᆫ 화학뎍 리치 … 더라

●忠州倅免官의報請 … 지은씨가 이료량ᄒᆞᆫ … 야 린장을 가지고 … 소혜소지에 가히그 … 즉 면관ᄒᆞ라고 희ᄃᆞ … 부에보고 ᄒᆞ엿다더 …

●洪川倅促送의道報 … 쳔군에 의병 칠ᄇᆡᆨ여 … 야 일병과 셔로 습 … 가 환임치 안이ᄒᆞ야 … ᄒᆞᆯ 방칙이 업다고 … 가 ᄂᆡ부에 보고ᄒᆞ고 … 일ᄂᆡ 최촉하송ᄒᆞ라

●忠北來信 츙북리 … 들은즉 음력본월십 … 칠ᄇᆡᆨ여명이 음셩군 … 리 부근에 류진ᄒᆞ … 명이 츄격ᄒᆞᆷ의 의 … ᄒᆞ얏고 일병이 그 … 를 츙화ᄒᆞ야 몰ᄉᆞ … 이 도로에 셔황ᄒᆞ … 졍황이 대단ᄒᆞ련 …

●靑年會特別演說

5월

번외 1907년 5월 4일(토) 제2398호 1면 특별고빅[1]

본보 확장ᄒᆞᄂᆞᆫ 일

본보를 창간ᄒᆞᆫ 지 십 년 동안에 본샤 샤원의 열셩이 쉬지 안이ᄒᆞ고 쳔신만고를 지나가면셔도 여일이 지팅홈은 여러분들의 ᄉᆞ랑ᄒᆞ시ᄂᆞᆫ 셩의로 인연홈이오나 지면이 협착ᄒᆞ야 학슐의 됴흔 의론과 관보와 외보 등을 마암ᄃᆡ로 계지치 못ᄒᆞ와 구람ᄒᆞ시ᄂᆞᆫ 이들의 뜻을 달ᄒᆞ지 못홈은 비록 ᄌᆡ졍이 군졸ᄒᆞᆫ 연고오나 지금 이ᄯᅢ를 당ᄒᆞ야 시국의 졍형과 학문상 됴흔 언론을 급급히 동포에게 알니지 안을 슈 업기로 간신이 긔계를 구득ᄒᆞ고 부족ᄒᆞᆫ 쥬ᄌᆞ를 쥰비ᄒᆞ야 방장 셜비즁이온즉 이달 십륙일부터ᄂᆞᆫ 지면을 널녀 신문 면목을 일신케 ᄒᆞ고 론셜과 소셜도 일층 쥬의ᄒᆞ야 샤회의 졍신을 ᄃᆡ표ᄒᆞ려니와 관보와 외보를 긔ᄌᆡᄒᆞ야 쳠군자의 ᄉᆞ랑ᄒᆞ시ᄂᆞᆫ 후의를 갑고져 ᄒᆞ오니 더욱 ᄉᆞ랑ᄒᆞ시기 바라오며

이 신문이 결단코 몃몃 샤원의 ᄉᆞᄉᆞᆺ일이 안이라 젼국샤회의 셩쇠에 큰 관계오니 유지ᄒᆞ신 동포들은 다 각기 남의 일노 ᄉᆡᆼ각들 말으시고 극력 찬셩ᄒᆞ시기 바라나이다

뎨국신문샤 고빅

---

1 5월 4일~13일까지 동일 광고 연속 게재됨.

번외 1907년 5월 14일(토) 제2406호 1면 잡보

本報 停刊과 延期[2]

본보 지면 확장ᄒᆞᄂᆞᆫ 일에 ᄃᆡᄒᆞ야 다소간 미비ᄒᆞᆫ ᄉᆞ를 인ᄒᆞ야 명일부터 잇흘 동안은 신문 발ᄒᆡᆼ을 뎡지ᄒᆞ고 십칠일부터 ᄀᆡ량ᄒᆞ야 발ᄒᆡᆼᄒᆞᆯ 터이오니 쳠군ᄌᆞᄂᆞᆫ 셔량ᄒᆞ시옵

번외 1907년 5월 17일(금) 제2407호 1면 잡보

본보 력ᄉᆞ와 사람의 열셩효력[3]

본 신문을 광무 이년에 창셜ᄒᆞᆫ 후 허다고란을 지ᄂᆡ가며 지우금 유지ᄒᆞᄂᆞᆫ 바ᄂᆞᆫ 셰상이 다 아시난 바어니와 쳐음에 신문명식이 업던 나나에 비록 ᄌᆡ경이 넉넉ᄒᆞ더ᄅᆡ도 당국자의 미워홈을 인ᄒᆞ야 한줄 글이나 한마ᄃᆡ 말을 마음ᄃᆡ로 못ᄒᆞᄂᆞᆫ 식ᄃᆡ라 본사원 즁에 여러 ᄒᆡ 구금을 당ᄒᆞᆫ 자도 잇고 역형을 당ᄒᆞᆫ 자도 잇고 심지어 죽은 자ᄭᆞ지 잇ᄂᆞᆫ 즁에 셜시ᄒᆞᆫ 이듬ᄒᆡ에 ᄯᅩ한 회록[4]을 당ᄒᆞ야 남은 것이 불과시 뎨국신문 네 글ᄌᆞ쓴이라 십여 년 이젼 졍형으로 돈 일푼 보조ᄒᆞᄂᆞᆫ 동포도 업고 본사원의 빈한ᄒᆞᆫ 졍셰로 거대한 ᄉᆞ업을 경긔ᄒᆞᆯ 슈 업슨즉 불가불 폐지ᄒᆞᆯ 슈밧게 업ᄂᆞᆫ지라 비록 그러ᄒᆞ나 졍셩이 지극ᄒᆞ면 하ᄂᆞᆯ이 감동ᄒᆞ시ᄂᆞᆫ 바라 슈삼샤원의 고심열셩으로 남의 가가방에 셰를 엇어 ᄉᆞ무소를 뎡ᄒᆞ고 달

2 이 기사에서 언급한 것처럼 예정보다 하루 늦은 17일부터 확대판이 발행됨.

3 신문사의 역사와 확대판 발행 취지를 설명한 글. 논설란에 실린 글은 아니지만 이해를 돕기 위해 함께 수록함.

4 회록(回祿): 화재(火災).

은 활판소에 위탁ᄒᆞ야 여젼이 발간ᄒᆞ니 그 곤란ᄒᆞ고 구차ᄒᆞᆫ 형상은 니로 측량ᄒᆞᆯ 슈 업ᄂᆞᆫ 즁에 ᄯᅩᄒᆞᆫ 신문폭원을 볼 지경이면 지금 신문의 륙분지일에 지ᄂᆞ지 못ᄒᆞᆫ즉 셜혹 언권의 ᄌᆞ유를 허ᄒᆞ더ᄅᆡ도 지면이 좁아셔 마암ᄃᆡ로 못ᄒᆞ니 더욱 쥬소민망히 넉이던 바이러니 과연 하날의 도으심으로 지금 거졉ᄒᆞᄂᆞᆫ 본샤 가옥과 긔계 쥬ᄌᆞ를 엇어 지면을 죠금 늘엿스나 달은 신문에 비ᄒᆞ면 ᄯᅩᄒᆞᆫ 뎨일 협소홈을 면치 못ᄒᆞ야 쥬야로 확장ᄒᆞ기를 도모ᄒᆞ나 ᄯᅩᄒᆞᆫ 힘이 부족홈으로 거대ᄒᆞᆫ 긔계를 마련ᄒᆞᆯ 슈 업셔 유지미취홈은 우리 신문 구람ᄒᆞ시ᄂᆞᆫ 쳠군ᄌᆞ의 다 아시ᄂᆞᆫ 바오 ᄯᅩᄒᆞᆫ 려러분들도 본보 확장ᄒᆞ기를 권고ᄒᆞ고 바라ᄂᆞᆫ 바이더니 유지자□ 경셩으로 긔계 ᄒᆞᆫ ᄃᆡ를 사셔 금일부터 지면을 널니오니 ᄉᆞᄉᆞ로 ᄉᆡᆼ각ᄒᆞ야도 만만 다ᄒᆡᆼᄒᆞᆫ 듯ᄒᆞ오나 긔계가 원ᄅᆡ 크지 못ᄒᆞ야 다만 이에셔ᄂᆞᆫ 죠금도 더 크게 박힐 슈 업ᄂᆞᆫ 고로 ᄯᅩᄒᆞᆫ 유감이 되ᄂᆞᆫ지라 다시 후일을 기다리려니와 이만치 늘니ᄂᆞᆫ 것도 그 경비의 증가홈을 의론ᄒᆞᆯ진ᄃᆡ ᄉᆞ무원 이하 직공의 증가홈과 지묵비의 과다홈이 젼일에 비ᄒᆞ야 거의 갑절에 갓가온지라 본샤 슈츌입을 교계ᄒᆞ건ᄃᆡ 젼일에ᄂᆞᆫ 신문ᄃᆡ금을 다 슈쇄ᄂᆞᆫ 못ᄒᆞ더ᄅᆡ도 문셔상에는 ᄃᆡ죠가 되더니 지금은 ᄉᆞ오 젼식 더 밧더ᄅᆡ도 문부상에 예산이 부족ᄒᆞ오니 본보 확장에 ᄃᆡᄒᆞ야 일변은 다ᄒᆡᆼᄒᆞ고 일변은 두렵고 민망홈을 익의지 못ᄒᆞᄂᆞᆫ 바라 그러ᄒᆞ나 이젼 시ᄃᆡ에 그 위험ᄒᆞᆫ 지경을 당ᄒᆞ야가며 긔계 쥬ᄌᆞ며 가옥이 업ᄂᆞᆫ ᄯᅢ에도 지우금 한거름식이라도 진보되얏고 퇴보ᄒᆞ지 안엇거늘 함을며 나라의 풍긔가 졈졈 열녀가고 신문 ᄉᆞ랑ᄒᆞ시ᄂᆞᆫ 동포가 졈졈 늘어가는 ᄯᅢ야 엇지 유지ᄒᆞ지 못홈을 근심ᄒᆞ오릿가 여러 ᄒᆡ 허다곤란을 격거가며 금일ᄭᆞ지 지ᄐᆡᆼᄒᆞᄂᆞᆫ 본의가 결단코 본사 샤원 몃몃 사름의 ᄉᆞᄉᆞᆺ 리익을 위홈이 안이오 여러 동포에게 시국 졍형을 날마다 보고ᄒᆞ야 국가의 큰 리익을 도모코져 홈이오니 여러분들은 통량ᄒᆞ시러니와 우리나라에 셜시ᄒᆞ얏다가 폐지ᄒᆞᆫ 신문이 허다ᄒᆞ지만은 본 신문이 이럿케 유지ᄒᆞᄂᆞᆫ 것은 우리 국문신문 구람ᄒᆞ시ᄂᆞᆫ 여러분의 열셩을 인ᄒᆞ야 본사 사원의 마음이 식지 안은 연고라고 안을 슈 업ᄉᆞ오니 바라건ᄃᆡ 여러분은 더욱 익독ᄒᆞ시와 본 신문이 셰계에 유명케 ᄒᆞ시기 바라오 본 신문이 셰계의 유명ᄒᆞ면 국가의 부강은 자직기즁이올시다

1 1907년 5월 17일(금) 제2407호 론셜[5]

시국의 변쳔홈을 탄식홈[6]

본보 뎨일면에도 딕강 말ᄒᆞ얏거니와 십 년 동안 지난 일을 감안이 헤아리건딕 사름이 다 그 사름이오 관국이 다 젼 관국이로딕 그간에 변ᄒᆞᆫ 일을 의론ᄒᆞᆯ진딕 가히 사름으로 ᄒᆞ야금 놀나고 통곡홈을 씨닷지 못ᄒᆞ깃도다 슯흐다 십 년 이젼 사름의 ᄉᆞ상으로 지금 ᄉᆞ름의 ᄉᆞ상을 비교하건딕 쳔양지간으로 변ᄒᆞ얏고 십 년 이젼 시국으로 십 년 이후 시국을 비교ᄒᆞ건딕 엇더케 되얏다 ᄒᆞ깃ᄂᆞᆫ가

십 년 이젼 사름으로 머리를 깍고 양복을 닙으라 ᄒᆞ면 능히 힝ᄒᆞᆯ 자 몃몃치며 이십 년 젼[7] 사름으로 국치보상금을 닉라 ᄒᆞ면 능히 몃십 원을 낸다 ᄒᆞ며 십 년 이젼 사름으로 관찰군슈를 가라 ᄒᆞ면 누가 마다고 ᄉᆞ양ᄒᆞᆯ 자 잇다 ᄒᆞ며 십 년 이젼 사름으로 나라일에 통분ᄒᆞ야 능히 ᄌᆞ결ᄒᆞ고 능히 단지ᄒᆞᆯ 자 잇깃스며 부인회니 녀학도니 ᄒᆞ야 부인녀ᄌᆞ가 언연이 얼골을 들어닉노코 셰상에 나셔리라 ᄒᆞ깃ᄂᆞᆫ가 쏘한 십 년 이젼 시국으로 동학당이 능히 나라에 종교라고 긔치를 셰우고 긔탄업시 횡힝ᄒᆞ깃ᄂᆞᆫ가 십 년 이젼 시국으로 쳐쳐에 사립학교를 셜시ᄒᆞ야 인민교육에 능히 열심ᄒᆞ깃ᄂᆞᆫ가 민회가 쳐쳐에 셜립되어 투표공션이니

5 5월 14일까지는 논설이 1면에 게재되었으나 이날부터 2면 게재로 바뀜(이하 같음).

6 저자명이 표기되어 있지 않으나 6월 7일까지는 이종일이 썼을 것으로 추정됨. 6월 8일부터 정운복이 논설 집필을 맡음.

7 원문 그대로 옮김(이하 같음). 문맥상 "십년 이젼"이 맞음.

ᄌᆞ유권이니 민권이니 ᄒᆞᄂᆞᆫ 언론을 감히 들어ᄂᆡ여 슈작ᄒᆞ깃ᄂᆞᆫ가 허다히 변쳔된 상황을 니로 다 론란ᄒᆞᆯ 슈 업거니와 ᄉᆞᄅᆞᆷ도 그ᄯᅢ ᄉᆞᄅᆞᆷ이오 정부도 그ᄯᅢ 정부로ᄃᆡ 그동안 그럿케 변ᄒᆞ얏스니 만일 오날날 형편을 그 십 년 젼 ᄉᆞᄅᆞᆷ러더[8] 힝ᄒᆞ라 ᄒᆞ거드면 놀나고 긔절ᄒᆞᆯ 일이언만 엇지ᄒᆞ야 십 년 젼에 못 ᄒᆞ던 일을 십 년 후에ᄂᆞᆫ 능히 힝ᄒᆞᄂᆞᆫ가 ᄉᆞᄅᆞᆷ은 변ᄒᆞᄂᆞᆫ 쥴을 알지 못ᄒᆞ되 텬도ᄂᆞᆫ 침침연 시시로 변ᄒᆞ고 날마다 변ᄒᆞ고 달달이 변ᄒᆞ고 ᄒᆡ마다 변ᄒᆞ야 츈하츄동 ᄉᆞ시의 슌환ᄒᆞᆷ이 곳 인ᄉᆞ의 변쳔ᄒᆞᆷ이로다 그러ᄒᆞᆫ즉 오날부터 ᄯᅩ한 십 년을 지ᄂᆡ거드면 사ᄅᆞᆷ의 ᄉᆞ상의 변ᄀᆡ됨과 시국의 변쳔됨이 언으 디경에 닐을는지 몰을 것은 확실이 아ᄂᆞᆫ 바라 엇지 가히 인력으로 시운을 거ᄉᆞ리고 구습을 직희고져 ᄒᆞᆫ들 엇지 될 슈 잇스리오 잘ᄒᆞ면 ᄅᆡ두 십 년 동안에 국가의 부강도 가히 닐을 것이오 잘못ᄒᆞ면 지금보다 쳔만칭 더 못되야 인죵이 소멸ᄒᆞᆯᄂᆞᆫ지도 몰으ᄂᆞᆫ 터인즉 그 잘되고 못되ᄂᆞᆫ 긍경이 어ᄃᆡ 잇나뇨 ᄒᆞ면 다만 국민이 시국을 짐작ᄒᆞ야 억지로 셰력에 부틱겨 변ᄒᆞ지 말고 져마다 미리 변ᄒᆞ야 이젼 고루ᄒᆞᆫ 소견을 용밍스럽게 버셔바리고 ᄉᆡ롭고 ᄯᅩ ᄉᆡ로온 ᄉᆞ상을 날노 ᄉᆡᆼ각ᄒᆞ면 부지즁 국가의 문명이 발달되야 금일 곤란ᄒᆞᆫ 상틔를 면ᄒᆞ고 셰계에 모든 강국들과 동등 ᄃᆡ졉도 밧고 우리의 ᄌᆞ손도 보젼ᄒᆞ려니와 만일 그럿치 안이ᄒᆞ고 오ᄇᆡᆨ 년 직혀오던 일을 업시ᄒᆞ고 ᄉᆡ법을 쥰힝ᄒᆞ리오 ᄒᆞ고 구습만 직희고져 ᄒᆞ면 아모리 ᄋᆡ를 뻐도 그젼 규모ᄂᆞᆫ 직희지도 못ᄒᆞ고 국가의 형셰ᄂᆞᆫ 날노 빈역ᄒᆞ야 전국 인죵의 소멸ᄒᆞᄂᆞᆫ 지경ᄭᅡ지 닐을 것은 지난 일을 츄측ᄒᆞ야 확실히 아ᄂᆞᆫ 바니 깁히깁히 ᄉᆡᆼ각들 ᄒᆞ시오

8 ‘ᄉᆞᄅᆞᆷ(사람)더러’의 오기(誤記).

사룸 기쳑이 시급훈 일

셰상에 무삼 일이던지 오릭되면 부핏후고 식로 싱긴 것은 신션후지 안은 것이 업는지라 일본에 가 잇는 모씨가 주릭로 농업에 쥬의후더니 십여 년 동안을 외국에 가셔도 농수에 착심후야 각종 농수 시찰도 후고 또 즘농 갓흔 것을 실디로 위업후는딕 작월 본사에 편지훈 닉기에 신문이 나라사룸의 이목을 열어 쥬는 것이 진황디 기쳑후는 모양이라 근일 농업후는 리치를 보건딕 오릭 갈어 먹어 진긔가 업는 토디는 걸음을 만이 후고 공부가 만이 들어야 곡식이 잘 되고 오릭 묵은 황무디는 슈숨 년 동안은 걸음을 잘 후지 안어도 곡식이 잘 되나니 우리나라 인종으로 말후면 소위 수대부란 사룸들은 오릭 경작후던 밧치오 그 다음 사룸들은 황무디 모양인데 황무디는 만코 이왕 경식[9]후던 밧츤 젹으니 불가불 그 허다훈 황무디를 기쳑훈 후에야 국가의 부강훌 주본이 될 터이니 귀 신문은 아모죠록 사룸 기쳑을 잘 식혀 나라이 잘 되게 후라 훈지라

오호라 이 말이여 지금 텬하 대셰가 모다 식로온 것을 취후고 묵은 것은 쓸딕가 업는 시딕에 우리나라 인민의 셩질로 의론후건딕 과연 오릭 걸음 안코 갈아먹은 밧 모양이라 원릭 아모리 고옥훈 토디라도 걸음 안이후고 김도 잘 믹지 안코 다만 심으기만 쥬장후고 가울에 츄슈만 바라면 엇지 됴흔 결과를 보리오 이졔 사룸의 걸음은 곳 교육인딕 우리나라 인민이 본딕 교육을 몰으는 바에 약간 빅혼다는 것은 봄에 심으는 일에셔 지닉지 안코 히마다 그 모양으로 지낸즉 짜이 삭아셔 토력이 아죠 업는 모양이라 이졔 약간 걸음과 약간 인력을 들여 김민야 빅양후야도 오릭 진황디 기쳑후야 토력이 실훈 것만 갓지 못훌 것은 뎡훈 리치라

9 '경작'의 오기인 듯함.

그런 고로 근일 졍부 샤회나 민간 각 사회 형편을 살피건ᄃᆡ 죠상 ᄯᅢ부터 벼살 잘ᄒᆞ고 셰력 부리던 자의 ᄌᆞ손들은 아모리 갈아치려 ᄒᆞ야도 잘 ᄇᆡ호지도 안이ᄒᆞ고 ᄯᅩ한 용진ᄒᆞᄂᆞᆫ 긔운이 업셔 민국간에 무삼 ᄉᆞ업을 ᄒᆞ랴ᄂᆞᆫ 의ᄉᆞ도 업스되 죠상 ᄯᅢ부터 벼살도 못 ᄒᆞ고 궁칩ᄒᆞ야 들어안잣던 사ᄅᆞᆷ의 ᄌᆞ손들은 ᄆᆡ양 춍쥰ᄒᆞᆫ 쟈도 만코 긔ᄀᆡ도 잇고 용진셩도 만어서 쳔빅ᄉᆞ위에 일홈이 들어난 쟈 만으니 이졔 그 확실ᄒᆞᆫ 증거를 말ᄒᆞ건ᄃᆡ 지금 각 샤회에 국가ᄉᆞ상이 잇다ᄂᆞᆫ 쟈ᄂᆞᆫ ᄐᆡ반이나 하방 미미ᄒᆞᆫ 사ᄅᆞᆷ이 안이면 이젼 아릐ᄃᆡ니 우ᄃᆡ니 ᄒᆞ던 사ᄅᆞᆷ의 후예오 각 학교 쳥년 즁에 춍명쥰슈ᄒᆞᆫ 쟈를 상고ᄒᆞ건ᄃᆡ 이젼 문벌이 혁혁ᄒᆞ던 쟈 별노 업고 이십일인 단지[10] 학싱[11]을 상고ᄒᆞ건ᄃᆡ ᄀᆡᄀᆡ이 량셔[12] 사ᄅᆞᆷ이오 경긔 사ᄅᆞᆷ이 다만 둘이며 외국에ᄭᅡ지 나가셔 회를 셜시ᄒᆞᆫ다 신문을 창간ᄒᆞᄂᆞᆫ 쟈들이 하방의 디쳬 됴치 안타던 사ᄅᆞᆷ들이 안인가

그러ᄒᆞᆫ즉 이왕 오릐 갈아먹은 밧 걸음 만이 ᄒᆞ야 리익 볼 ᄉᆡᆼ각 말고 진황지 디 긔간[13]ᄒᆞᄂᆞᆫ 것이 지금 시ᄃᆡ에 당연ᄒᆞᆫ 리치니 유지졔원들은 사ᄅᆞᆷ 기쳑들 시급히 ᄒᆞ기를 힘들 쓰시오

3 1907년 5월 20일(월) 제2409호 긔셔(寄書)

제목 없음 / 한남산인 신싱뎡

이 사ᄅᆞᆷ이 귀 신문을 구람ᄒᆞᆫ 이후로 ᄆᆡ양 아참 신문이 올 ᄯᅢ마다 반갑고 깃

10 단지(斷指).
11 일진회(一進會) 유학생 21인의 단지 사건(1907.1)을 가리킴.
12 양서(兩西): 황해도(海西) 지방과 평안도(關西) 지방을 가리킴.
13 '기간(개간, 開墾)'의 오기인 듯함.

부물 익의지 못ᄒᆞ오나 다만 지면이 협소ᄒᆞ야 고명ᄒᆞ신 뜻을 다ᄒᆞ지 못ᄒᆞᄂᆞᆫ 듯 또한 남의 신문보다 적은 것을 한탄이 넉이옵더니 이제 확장된 것을 보오니 과연 측량치 못ᄒᆞᆯ 것은 세상일이라 인ᄒᆞ야 ᄉᆡᆼ각ᄒᆞᆫ즉 근년 몃 ᄒᆡ에 ᄆᆡ양 츈하간에 비오지 안코 한긔가 심ᄒᆞ야 농가의 오오ᄒᆞᆫ 정상이 만터니 근일에ᄂᆞᆫ 엇지ᄒᆞ야 장마 ᄯᅢ갓치 비가 ᄌᆞ죠 오ᄂᆞᆫ지 참 알 슈 업ᄂᆞᆫ 일이오 ᄯᅩ한 비올 ᄯᅢ 정형을 보면 ᄒᆡ 구경ᄒᆞᆯ 것 갓지 안코 감을 ᄯᅢ ᄉᆡᆼ각ᄒᆞ면 비올 날이 잇슬 것 갓지 안이ᄒᆞ되 비오다가 감을다가 음쳥이 무상ᄒᆞ니 사ᄅᆞᆷ의 일도 ᄯᅩ한 그러ᄒᆞ야 ᄇᆞᆰ앗다가 어두엇다가 다ᄉᆞ렷다가 어즈러웟다가 치란흥망이 무상ᄒᆞᆫ즉 한 번 어듭고 한 번 ᄇᆞᆰ으며 한 번 어즈럽고 한 번 다ᄉᆞ리ᄂᆞᆫ 것은 뎡ᄒᆞᆫ 리치라 엇지 ᄆᆡ양 한 모양 되기를 밋고 잇스리오

슯흐다 우리 한국은 몃ᄇᆡᆨ 년 치평지셰로 지닐 줄만 알고 밤이 가ᄂᆞᆫ지 날이 ᄉᆡᄂᆞᆫ지 몰으고 인슌ᄒᆞ야 이젼 ᄉᆞ상만 ᄉᆡᆼ각ᄒᆞ고 죠금 어려온 일이라던지 이젼에 보고 듯고 ᄒᆡᆼᄒᆞ지 안턴 일은 비록 쉶에라도 ᄒᆡᆼᄒᆞ기를 슬혀ᄒᆞ고 남의 됴흔 것을 보아도 글으다 ᄒᆞ고 나의 글은 일이라도 올타 ᄒᆞ야 시비곡직을 분변ᄒᆞᆯ 쥴 몰낫스니 국민의 ᄉᆞ상이 그러ᄒᆞ고야 엇지 나라이 쇠픿홈을 면ᄒᆞ리오 그런 고로 몃십 년 이릭로 국셰민졍이 날노 침잔ᄒᆞ야 오날 이 지경에 닐은 것은 비록 삼쳑동ᄌᆞ라도 가히 짐작ᄒᆞᆯ 바어니와 다ᄒᆡᆼ히 귀 신문이 ᄉᆡᆼ긴 후로 십여 년 동안에 여러분이 혀가 달코 붓시 모즈라지도록 하로도 간단업시 젼국동포를 권유ᄒᆞ고 고동ᄒᆞ고 쟝려ᄒᆞ며 격동ᄒᆞᆫ 효력으로 근일에 닐으러셔ᄂᆞᆫ 젼국 인민의 ᄉᆞ상이 날노 변ᄒᆞ야 젼일 글은 일은 글으게 알고 남의 됴흔 일은 됴케 ᄉᆡᆼ각ᄒᆞ야 간신ᄒᆞᆫ 지경에 학교를 셜시ᄒᆞ며 민회를 셜립ᄒᆞᆫ다 실디상 농공상업을 일으킨다 허다ᄒᆞᆫ 장취지망이 귀 신문 업슬 ᄯᅢ에 비ᄒᆞ야 ᄇᆡᆨ비나 나은 것은 일반 셰인의 짐작ᄒᆞᄂᆞᆫ 바오 ᄯᅩ한 근일ᄉᆞ로 보더릭도 우리 인민이 국가ᄉᆞ상이 어ᄃᆡ셔 ᄉᆡᆼ겻깃소만은 귀 신문이 국칰보상ᄉᆞ를 쳐음으로 공포ᄒᆞᆷᄋᆡ 젼국이 향응ᄒᆞ야 젼국인민이 비록 부유동치라도 다만 한픈식이라도 ᄂᆡ지 안ᄂᆞᆫ 자 업스니 그 일노

궁구ᄒᆞ야 보건ᄃᆡ 셰상 사ᄅᆞᆷ이 다 우리나라 ᄉᆞ셰를 위ᄒᆞ야 근심ᄒᆞᄂᆞᆫ 자 만으되 이 사ᄅᆞᆷ은 ᄉᆡᆼ각ᄒᆞ기를 ᄌᆞ금 위시ᄒᆞ야ᄂᆞᆫ 비오던 날이 굴음이 것쳐셔 장ᄎᆞ 광명ᄒᆞᆫ 일월을 볼 줄노 확실이 밋ᄂᆞᆫ 바로소이다

귀사 신문이 폭원이 협소ᄒᆞ야 말이 젹을 ᄶᅵ에도 그 공효가 크고 크거늘 항을며[14] 근일 지면을 확장ᄒᆞ야 론셜 소셜 등의 긔이ᄒᆞᆫ 말과 ᄯᅩ 학리상 유익ᄒᆞᆫ 일을 무한히 계ᄌᆡᄒᆞ야 일반 동표[15]의 흉금을 열어주고 이젼 고루ᄒᆞᆫ 루습을 싯처바리게 ᄒᆞ니 귀 신문 보ᄂᆞᆫ 자 뉘 안이 ᄇᆰ아지며 ᄇᆰ아지ᄂᆞᆫ 자 만코 보면 나라이 엇지 ᄀᆡ명치 안이ᄒᆞ리오 이 사ᄅᆞᆷ의 이 말이 귀 신문을 찬양ᄒᆞᄂᆞᆫ 허식이 안이오라 근일 국가샤회의 풍긔가 이젼에 비ᄒᆞ건ᄃᆡ 과연 몃 ᄇᆡ가 열넛스니 그것이 어ᄃᆡ로조차 열넛다 ᄒᆞ오릿가 년ᄅᆡ 귀사에셔 무한고란을 지ᄂᆡ던 일 ᄉᆡᆼ각ᄒᆞ오면 오날 이갓치 확장될 쥴 엇지 알앗스며 ᄯᅩ한 귀사쳠원의 고심혈셩이 안이면 엇지 근일경형이 잇스리오 국가인민의 일도 귀샤를 모범ᄒᆞ야 확장될 쥴노 짐작ᄒᆞ야 두어 마ᄃᆡ 무식ᄒᆞᆫ 말을 올니오니 용셔ᄒᆞ시기 바라오

4 1907년 5월 21일(화) 제2410호 긔셔(寄書)

나라마다 ᄌᆞ국을 위ᄒᆞ난 혼이 잇ᄂᆞᆫ 일

나라이 크나 젹으나 그 토디구역 안에 거ᄉᆡᆼᄒᆞᄂᆞᆫ 인민이 만치 안음이 업나니 그 나라은 그 인민의 모듸음으로 된 것인즉 그 인민이 그 국가를 셩립ᄒᆞᆫ 근인이 어ᄃᆡ 잇나냐 ᄒᆞ면 사ᄅᆞᆷ 슈효 만은 ᄃᆡ 잇ᄂᆞᆫ 것이 안이오 다만 그 다슈한 인민의 혼이 갓흠이니 소위 혼이란 것은 곳 졍신과 갓흠이로다

14 '하물며'의 오기인 듯함.
15 '동포(同胞)'의 오기인 듯함.

만일 그 혼의 갓흠이 업슬진딕 아모리 다슈혼 인민이 살더릭도 단톄가 될 슈 업고 셜혹 단톄가 되더릭도 형식상으로 단톄가 되야 실디상 일 힝ᄒᆞᄂᆞᆫ 딕ᄂᆞᆫ 허여지기 용이ᄒᆞ거니와 다만 나라을 위ᄒᆞᄂᆞᆫ 혼이 사름마다 갓흘진딕 쥭던지 살던지 한덩어리가 되야셔 아모리 어려온 일이 잇더릭도 허여지ᄂᆞᆫ 폐가 업ᄂᆞ니 가량 영국사름이면 영국혼이 잇고 미국사름은 미국혼이 잇셔 나라마다 다 ᄌᆞ긔 ᄂᆞ라 ᄉᆡᆼ각ᄒᆞ고 위ᄒᆞᄂᆞᆫ 혼이 잇셔셔 지금 일본사름으로 말ᄒᆞ면 소위 딕화혼이란 것이 잇나니 딕화혼이란 것은 일본이 본딕 화국인 고로 나라 ᄉᆞ랑ᄒᆞᄂᆞᆫ 졍신을 딕화혼이라 ᄒᆞ나니 일본이 뎌럿케 부강혼 ᄶᅡ돏이 그 ᄂᆞ라 인민마다 딕화혼을 가진 연고라 ᄒᆞᄂᆞᆫ도다

만일 언으 나라 사름이던지 ᄌᆞ국을 위ᄒᆞᄂᆞᆫ 혼이 업슬진딕 비컨딕 일ᄀᆡ 우쥰혼 동물이나 남의 로예가 이리로 인도ᄒᆞ면 이리로 가고 뎌리로 지시ᄒᆞ면 뎌리로 가ᄂᆞᆫ 것 갓허셔 남의 나라 사름이 ᄌᆞ긔의 보빅를 쳥구ᄒᆞ야도 주고 남이 ᄌᆞ긔를 팔아도 감안이 잇고 심지어 남이 나를 쥭여도 혼마딕 소릭도 질으지 못ᄒᆞ고 나라의 권리가 무엇인지 모를 모양이오 ᄯᅩ한 그 마암이 업스면 남의 나라 물건을 쓰고 남의 것을 닙ᄂᆞᆫ 것이 국가흥망에 관계가 잇ᄂᆞᆫ지 업ᄂᆞᆫ지 나의 토디를 외국인에게 파ᄂᆞᆫ 것이 국가의 리히가 엇지 되ᄂᆞᆫ지 알지 못ᄒᆞ고 다만 ᄉᆡᆼ각ᄒᆞ기를 내 돈 쥬고 사 쓰ᄂᆞᆫ 딕야 닉외국 물화가 무삼 상관이며 나의 ᄉᆞ삿토디 파ᄂᆞᆫ 딕야 닉외국인간 뉘계 팔던지 상관이 무엇이 잇스리오 ᄒᆞ면 그 일을 ᄌᆞ긔 집안 일노 비유ᄒᆞ건딕 부ᄌᆞ형뎨가 각각 ᄌᆞ긔 일신상 의복을 버셔 팔던지 ᄌᆞ긔 픽물을 뉘계 양여ᄒᆞ며 ᄒᆞᄂᆞᆫ 말이 닉 의복 내가 엇더케 ᄒᆞ던지 집안일에 관계가 무엇이라 ᄒᆞ며 ᄌᆞ긔 집에셔ᄂᆞᆫ 필육 혼ᄌᆞ ᄶᅡ지 안코 기타 달은 별이 한푼 안코 남의 물건 사 쓰기만 됴화ᄒᆞᄂᆞᆫ 모양에셔 달음업ᄂᆞᆫ지라

비록 ᄌᆞ긔계 당혼 것을 ᄌᆞ긔가 팔더릭도 그 죵말에 히 되ᄂᆞᆫ 것은 ᄌᆞ긔 집안 일이오 ᄌᆞ긔의 ᄉᆞ쳔으로 사더릭도 그 나죵 영향은 ᄌᆞ긔 집인[16]으로 들어가나니 지금 나라일도 ᄯᅩ한 그와 갓허셔 뢰슈에 국가를 위ᄒᆞᄂᆞᆫ 혼이 업스면 네 것

ᄂᆡ 것의 구별을 몰으고 내 집 네 집의 분변이 업ᄂᆞᆫ 모양이라

그런즉 우리가 교육을 아모리 잘 ᄒᆞ야 텬하의 몰을 것이 업더ᄅᆡ도 죠션혼이 업스면 쓸ᄃᆡ업고 무삼 회를 아모리 잘 ᄒᆞ야 젼국 인민이 다 회원이라도 쓸 ᄃᆡ 업나니 ᄌᆞ녀뎨질을 학교에 보ᄂᆡ야 교육은 식히던지 이 나라 ᄉᆡᆼ각ᄒᆞᄂᆞᆫ 졍신만 ᄇᆡ양ᄒᆞ거드면 국권도 회복ᄒᆞᆯ 것이오 문명국도 되야볼 줄노 ᄉᆡᆼ각ᄒᆞᆯ지로다 알기 쉽게 말ᄒᆞ자면 셰상만물에 다 골ᄌᆞ가 잇나니 이 나라에ᄂᆞᆫ 한국이란 것이 곳 골ᄌᆞ라 젼국인민의 뢰슈마다 한국이란 혼이 잇거드면 맛치 실ᄀᆡ쳔이 모여 바다이 되ᄂᆞᆫ 모양이라 무엇이 겁나고 무엇이 되지 안커를[17] 근심ᄒᆞ리오

5 1907년 5월 22일(수) 제2411호 론셜

각 사회의 곤란한 상황

이젼에 우리나라 인민이 우물 속에 고기갓치 텬하 형편을 몰으고 다만 ᄌᆞ긔 집이나 ᄌᆞ긔 일신상 ᄉᆡᆼ계나 ᄉᆡᆼ각ᄒᆞ야 국가가 무엇인지 샤회가 무엇인지 몰으다가 근년에 외국 풍긔가 졈졈 사ᄅᆞᆷ을 견ᄃᆡ지 못ᄒᆞ게 ᄒᆞ야 소위 국가란 말도 ᄉᆡᆼ기고 소위 사회란 말도 잇고 실지상 각 샤회도 ᄉᆡᆼ겨셔 나라일을 ᄒᆞ나니 ᄇᆡᆨ셩의 일을 ᄒᆞ나니 ᄒᆞᆫ다 ᄒᆞ고 학문샤회도 무슈ᄒᆞ고 실업사회도 만히 ᄉᆡᆼ겨셔 약간 셰상에 츌입ᄒᆞᆫ다ᄂᆞᆫ 자 쳐 노코ᄂᆞᆫ ᄌᆞ연이 그 풍죠에 감안이 들어안ᄌᆞ 잇슬 슈 업ᄂᆞᆫ 시ᄃᆡ가 되얏도다

그러ᄒᆞ나 사ᄅᆞᆷ이 다 ᄌᆞ긔의 ᄇᆡ혼 소장을 ᄯᅡ라셔 정치샤회던지 교육샤회던지 실업샤회던지 ᄌᆞ긔 소장ᄃᆡ로 ᄯᅡ라가ᄂᆞᆫ 것이 가ᄒᆞᆯ 터인ᄃᆡ 지금 각 샤회ᄂᆞᆫ 그

16 '집안'의 오기인 듯함.

17 '안키를(않기를)'의 오기인 듯함.

럿치 안코 이 사ᄅᆞᆷ들이 각기 학문이니 ᄇᆡ화 졸업이나 ᄒᆞᆫ듯키 ᄌᆞ아시로 상업이나 공업ᄒᆞ던 자가 정치샤회에도 참여ᄒᆞ고 정치변에 츄축ᄒᆞ던 자가 상업이나 공업사회에도 츌셕ᄒᆞ고 심지어 로동자와 방ᄉᆞᄒᆞᆫ 자가 정치사회에 참여ᄒᆞ야 졔가 무엇을 아ᄂᆞᆫ 쳬ᄒᆞ고 무삼 일을 맛기면 못 ᄒᆞᆯ 일 업슬 것갓치 ᄒᆞ나니 무론 언으 사회던지 그 모힌 사ᄅᆞᆷ이 그 모양이 된 후에야 엇지 아ᄅᆞᆷ답게 잘 되기를 바라리오

그런 고로 언으 샤회던지 임원을 쵸션ᄒᆞᄂᆞᆫ ᄌᆞ리에 동졍을 살피건ᄃᆡ 참 요졀ᄒᆞᆯ 일이 만토다 가량 공텬이란 것은 그 샤회에 ᄉᆞ무를 능히 담당ᄒᆞᆯ 쟈를 쳔거ᄒᆞᆫ 후에야 그 사회가 능히 발달진보ᄒᆞᆯ 것은 뎡ᄒᆞᆫ 일이어늘 이 사ᄅᆞᆷ들은 샤회상 일 되고 안이 되ᄂᆞᆫ 것도 상관업고 그 사ᄅᆞᆷ의 ᄌᆞ격이 무엇에 합당ᄒᆞᆫ지도 몰으고 다만 ᄌᆞ긔와 친분이 잇다던지 ᄌᆞ긔 알기에 졈잔은 모양이면 남 먼져 나셔셔 쳔거ᄒᆞ야 달은 사ᄅᆞᆷ도 쳔거치 못ᄒᆞ게 ᄒᆞ야 샤회상 일을 낭ᄑᆡ식힐 ᄲᅮᆫ만 안이라 쓸ᄃᆡ업ᄂᆞᆫ 진담루셜로 시간을 허비ᄒᆞ고 샤회를 문란케 ᄒᆞᆫ즉 어언간 언으 샤회던지 일 잘 되야 젼진ᄒᆞᄂᆞᆫ 자ᄂᆞᆫ 보지 못ᄒᆞ깃고 시작ᄒᆞᆫ다ᄂᆞᆫ 말만 들엇고 결과가 잘 되얏단 말은 듯지 못ᄒᆞ얏스니 사회 일을 위ᄒᆞ야 크게 근심ᄒᆞᄂᆞᆫ 바오

ᄯᅩ한 근일ᄉᆞ로 보건ᄃᆡ 엇지ᄒᆞ야 무삼 샤회가 그리 만이 ᄉᆡᆼ겨셔 정치회도 허다ᄒᆞ고 교육회도 허다ᄒᆞ고 실업회도 허다호ᄃᆡ 언으 회에를 가던지 모히ᄂᆞᆫ 사ᄅᆞᆷ은 별별 ᄉᆡ 사ᄅᆞᆷ이 업고 십상팔구나 모다 그 사ᄅᆞᆷ인즉 사ᄅᆞᆷ은 그 사ᄅᆞᆷ이오 샤회ᄂᆞᆫ 각각이 되야 날마다 회오 밤마다 회니 그 사ᄅᆞᆷ들이 비록 ᄋᆞ모 일 보ᄂᆞᆫ 것이 업고 노ᄂᆞᆫ 자들이라도 그 여러 회를 다 참여ᄒᆞᆯ 슈 업ᄂᆞᆫ 터이어늘 함을며 근일에ᄂᆞᆫ 약간 일홈 잇다ᄂᆞᆫ 자ᄂᆞᆫ 모다 ᄆᆡ인 곳이 잇셔 시간을 엇을 슈 업ᄂᆞᆫ 고로 불가불 그 여러 회에 일일이 츌셕ᄒᆞᆯ 슈 업슨즉 ᄌᆞ연 모이ᄂᆞᆫ 일에 등한ᄒᆞ야 궐셕이 되고 궐셕이 된즉 모히지 안으면 되지 못ᄒᆞᄂᆞᆫ 회가 엇지 완젼하기를 바라리오

무릇 회라 ᄒᆞᄂᆞᆫ 것은 여러 사ᄅᆞᆷ의 지식을 교환ᄒᆞᆷ으로 필요ᄒᆞᆷ을 삼나니 만일

모이지 안이ᄒᆞ면 무삼 의견이 잇스며 그 회가 젼진ᄒᆞ기를 엇지 바라리오 그러ᄒᆞᆫ즉 지금 사회에 폐단은 회가 넘어 만은 것이 걱졍이오 ᄯᅩ한 무식ᄒᆞᆫ 사ᄅᆞᆷ이 아는 쳬ᄒᆞ고 함부로 나셔셔 써드는 것이 걱졍이라 만일 국가를 위ᄒᆞ야 일ᄒᆞ랴고 ᄉᆞ랑ᄒᆞ는 사상이 잇는 쟈면 정치사회나 실업사회나 교육사회가 각기 죵류ᄃᆡ로 합셜치 안이ᄒᆞ면 아름다온 결과를 보지 못ᄒᆞᆯ 줄노 짐작ᄒᆞ고 ᄯᅩ 그 회원들노 말ᄒᆞ야도 언으 회에던지 ᄌᆞ긔 장기ᄃᆡ로 한 곳에 참여ᄒᆞ야 정셩을 다ᄒᆞ고 조흔 결과를 도모ᄒᆞᆯ 것이오 마암을 헛허 각 사회의 곤란을 닐으키지 마는 것이 됴흘 듯ᄒᆞ도다

6 1907년 5월 23일(목) 제2412호 론셜

졍부대신의 젼명

나라을 흔들어 국권을 나머지 업시ᄒᆞ고 젼국 인민에계 무한ᄒᆞᆫ 욕셜과 원망을 취ᄒᆞ야가며 붓그러온 줄 ᄉᆡᆼ각지 안코 언연이 졍부에 쥰좌ᄒᆞ야 된 일 못된 일 마암ᄃᆡ로 ᄒᆡᆼᄒᆞ야가며 평ᄉᆡᆼ을 ᄂᆡ놋치 안코 ᄌᆞ긔네만 대신노릇을 ᄒᆞᆯ 쥴 알고 ᄯᅩ ᄌᆞ긔네 일평ᄉᆡᆼ뿐 안이라 ᄌᆞ긔네 ᄌᆞ여손이나 일가친쳑ᄭᆞ지 부귀을 눌일 쥴 알고 인민이 벼살을 ᄂᆡ노코 나가라는 글이 눈발 날니듯 ᄒᆞ고 심지어 암살ᄒᆞ기를 도모ᄒᆞ는 쟈 싄일 ᄉᆡ가 업것만은 슯흐다 벼살이 무엇이며 대신이 무엇인지 죵시 나갈 ᄉᆡᆼ각이 업던 각 부 대신들이 근일에 엇지ᄒᆞ야 ᄉᆞ직ᄒᆞ는 이가 잇스니 셰상에 열을 붉은 ᄭᅩᆺ이 업슴이로다

직작일 참졍대신이 먼져 이등통감에계 가셔 ᄉᆞ직ᄒᆞ깃다고 품ᄒᆞᆫ 후에 황상폐하ᄭᅴ ᄉᆞ직ᄒᆞ는 ᄉᆞ연을 상쥬ᄒᆞ고 나와셔 상소ᄒᆞ얏스니 이번에는 참졍대신이 갈닌 이상에는 머리 업는 졍부가 업는 바오 ᄯᅩ 이 졍부는 쳐음 ᄉᆡᆼ길 ᄯᅢ부터 각 대신이 한가지 들어가 조직된 졍부니 들어가도 한가지로 들어갈 것이오 나아

가도 함께 나갈 것은 ᄉᆞ실상이나 츄측상으로 일반 세인의 평론ᄒᆞᄂᆞᆫ 바이오 또 한 참정대신부터 필연 ᄉᆞ직ᄒᆞᄂᆞᆫ 리유가 잇슬 것이오 결단코 ᄌᆞ긔가 국ᄉᆞ가 ᄌᆞ긔 마암ᄃᆡ로 되지 못ᄒᆞᆫ다고 민망이 넉여 가고져 ᄒᆞᆷ도 안이오 ᄌᆞ긔 일신상 무삼 관계가 잇셔 가기를 구ᄒᆞᄂᆞᆫ 것도 안이오 각 대신들이 불합ᄒᆞ야 탄ᄒᆡᆨ을 당ᄒᆞ야 가기로 결심ᄒᆞᄂᆞᆫ 것도 안이오 다만 언으 편에셔 신다리를 눌으ᄂᆞᆫ 곳이 잇ᄂᆞᆫ 연고라고 안을 슈 업도다

ᄌᆞ고 이ᄅᆡ 력ᄉᆞ를 상고ᄒᆞ건ᄃᆡ 덕이 잇셔 그 혜ᄐᆡᆨ이 국민에게 끼친 쟈ᄂᆞᆫ 혹 십슈 년식 중요ᄒᆞᆫ ᄃᆡ위에 거ᄒᆞᄂᆞᆫ 자 잇스되 덕이 업고 인민에 원망을 끼치고 나라에 죄 지은 자 그 벼살에 오ᄅᆡ 잇ᄂᆞᆫ 쟈를 보지 못ᄒᆞ얏스니 이제 정부 각 대신으로 말ᄒᆞ면 인민에게 덕ᄐᆡᆨ을 닙혓다 ᄒᆞ깃ᄂᆞᆫ가 원망을 끼쳣다 ᄒᆞ깃ᄂᆞᆫ가 아마도 ᄌᆞ긔네더러 무러보아도 덕택은 젹고 원망은 만으리라 ᄒᆞᆯ 터이니 엇지 그 ᄃᆡ위를 장구히 보젼ᄒᆞ기를 바라리오

요ᄉᆡ이에 동정을 보건ᄃᆡ 정부 대신들이 황황분쥬ᄒᆞ야 정부회의도 자조 ᄒᆞ고 또 남산 밋흐로 ᄌᆞ조 가셔 쳐분도 기ᄃᆡ리고 그 ᄃᆡ위를 공고케 ᄒᆞ기로 간구ᄒᆞᄂᆞᆫ 모양이로ᄃᆡ 필경 세상ᄉᆞ가 뜻과 갓지 못ᄒᆞᆫ 쟈 십상팔구라 달이 가득히 차면 기우러지ᄂᆞᆫ 리치에 엇지ᄒᆞ리오

ᄉᆡᆼ각들 ᄒᆞ야 볼지어다 그 셰력이 흔텬동디ᄒᆞᆯ ᄊᆡ에도 ᄆᆡ양 두려온 마음이 잇셧거든 이졔 그 ᄃᆡ위를 바리고 우우량량ᄒᆞ게 지ᄂᆡ거드면 그 마암이 언으 디경에 닐을는지 필경 후회ᄂᆞᆫ 잇슬여니와 무릇 사ᄅᆞᆷ이 그 나라에 ᄉᆡᆼ겨나셔ᄂᆞᆫ 비록 평민으로 잇더ᄅᆡ도 나라의 국민된 직분을 다ᄒᆞ지 안을 슈 업ᄂᆞᆫᄃᆡ 함을며 국가의 귀즁ᄒᆞᆫ 록봉을 먹고 국가의 흥망을 담부ᄒᆞᆫ 쟈야 닐너 무엇ᄒᆞ리오 정부의 당국ᄌᆞ 노릇 ᄒᆞᄂᆞᆫ 자로 ᄒᆞ야곰 거울ᄒᆞ야 경계ᄒᆞᆯ진뎌

7 1907년 5월 25일(토) 제2413호 론셜

새 졍부의 임명과 장래

젼일에 말흔 바와 갓치 졍부 각 대신이 변동되얏는딕 대신 닐곱 즁에 ᄉ인이 갈니고 삼인은 아직 그져 잇스나 또 장ᄎ 갈닐는지도 알 슈 업고 그즁에 리완용 씨는 그 디위를 한 번 쒸여 슈상이 되얏스니 졍부를 통할ᄒ는 즁임을 당ᄒ얏도다 니졔 그 각 대신의 젼일젼ᄉ와 셰상평론을 거ᄒ건딕 식로 조직흔 졍부가 득인ᄒ얏다 홀는지 잘못 낫다 홀는지 몰으거니와 참졍대신은 을미년의 아공관으로 파쳔ᄒ실 ᄶ에 공이 잇다 ᄒ기도 ᄒ고 흠졀이 된다 ᄒ기도 ᄒ고 또 각 대신의 디위에 쳐흔 지 오릭되 그 ᄉ업을 의론ᄒ건딕 한 가지 국가에 효도가 잇다 홀는지 아모 일흔 것 업고 흔갓 국고금만 도젹ᄒ얏다 홀는지 셰상에 이목이 ᄌ직ᄒ려니와 이졔 슈셩도상의 디위에 쳐ᄒ야는 불가불 용진 잇셔야 홀 터이오 공평심도 잇셔야 홀 터이라 국가의 안위와 싱민의 효력이 슈상에게 달녓스니 용진공평ᄒ기를 젼국 인민의 옹망ᄒ고 츅슈ᄒ는 바오

닉부대신 임션쥰 씨는 본대 □부에 국장협판 흔번 지낸 일이 잇다가 셩균관장으로 츌각흔 지 오릭지 안이ᄒ야셔 소문도 업고 평론도 업고 그 학식과 ᄌ격이 엇던 쥴도 ᄋ는 자 업더니 졸디에 닉부대신을 피명ᄒ얏스니 일국인민이 놀날 만흔지라 장ᄎ 릭두ᄉ를 보면 알녀니와 임 씨는 원릭 참졍대신 리완용 씨와 사가간도 될 뿐더러 본딕 무삼 ᄌ능이 잇던지 리참졍이 극히 됴화ᄒ야 가위 당셰에 큰 인물노 안다더니 이번 졍부 죠직홀 ᄶ에 초쳔이 된 모양이라 ᄒ니 필경 믹ᄉ를 참졍대신과 부합이 될 터이라 ᄒ니 이는 츄측상으로 ᄒ는 말이어니와 닉부는 젼국 삼빅ᄉ십여 군 치안을 쥬관ᄒ야 슈령을 츌쳑ᄒ는 ᄌ리라 장ᄎ 슈령방빅을 닉는 일에 가히 그 힝동과 익긔를 짐작홀 바오

학부대신 리직곤 씨는 본딕 각부협판으로 리력도 잇거니와 본딕 셩망이 잇던 터인즉 응당 그 칙임을 진력홀 것이오

군부대신 리병무 씨는 본딕 외국에 나가 쳐음으로 무관을 졸업ᄒᆞ야 올 뿐더러 그 외에 ᄌᆞ격이 군부대신에 합당ᄒᆞ고 평론이 잇슨 지 오릭지라 가히 군부에 득인ᄒᆞ얏다 ᄒᆞᆯ 터인즉 다시 평론ᄒᆞᆯ 바 업거니와 대뎌 이번 식 정부는 모다 셰상 사ᄅᆞᆷ의 뜻ᄒᆞ지 안턴 바에셔 나왓스니 필경 민국ᄉᆞ를 쳐리ᄒᆞ야가는 도리에도 셰상 사ᄅᆞᆷ의 ᄉᆞ상밧계 일을 만이 힝ᄒᆞᆯ지니 그 셰상 사ᄅᆞᆷ의 ᄉᆞ상 밧계 나가는 일이 무엇이냐 ᄒᆞ면 국가의 문명부강을 하로 밧비 이르커 국권 회복ᄒᆞ는 일에셔 더 큼이 업슬지니 일반 우리 국민은 눈을 씻고 기ᄃᆡ려 봅시다

8 1907년 5월 27일(월) 제2414호 론셜

칙임졍부의 엇더ᄒᆞᆫ 일

이번에 졍부가 변동된 일은 이젼과 달나셔 일반 셰상에셔 모다 당황이 넉이고 놀나지 안는 자 업는지라 그 ᄉᆞ실은 말ᄒᆞ건ᄃᆡ 이젼에는 언으 대신이 혹 한두 사ᄅᆞᆷ이 갈니던지 갈니는 경우에는 누구누구가 피명ᄒᆞ리라고 평론도 만코 또 ᄉᆞ직상소를 ᄒᆞ야도 두세 번 만에야 톄임이 되고 또 식로 피명되는 사ᄅᆞᆷ이 미양 직위가 대감이라는 디위에 올은 자가 안이면 참여치 못ᄒᆞ더니 이번에는 부지불각에 각 대신이 일제히 ᄉᆞ직상소ᄒᆞ야 두 번 상소ᄒᆞᆯ 것 업시 쳣 번 상소에 갈니고 또 식로 피명ᄒᆞᆫ 대신이 또한 금관ᄌᆞ도 못 부치고 단옥관ᄌᆞ인즉 정삼품으로 대신은 이번에 쳐음이오 또한 셰상에 일홈도 들어나지 안이한 이가 우리나라에서 뎨일 귀ᄒᆞ계 넉이고 징두ᄒᆞ는 닉부대신을 ᄒᆞ얏스니 놀나고 당황이 넉이지 안이ᄒᆞ리오 이는 진실노 한신이가 대장이 되믹 일군이 □다[18] 놀남과 갓흔지라 이번 닉부대신도 능히 한신의 공을 셰을는지 몰으거니와 그즁에

18 '모다(모두)'로 추정되나 글자가 보이지 않아 정확한 판독 불능.

더욱 놀나고 국가에 쳐음 되는 일은 칙임경부라 ᄒᆞᄂᆞᆫ 것이라

무릇 칙임경부란 것은 일본갓치 립헌경치ᄒᆞᄂᆞᆫ 나라에셔 쓰ᄂᆞᆫ 것이니 님군이 총리대신 하나만 ᄂᆡ고 그 남어지 대신은 총리대신더러 조직ᄒᆞ라 ᄒᆞ면 총리대신이 ᄌᆞ긔와 합심되야 일홀 만ᄒᆞᆫ 사ᄅᆞᆷ을 보고 의견을 물어셔 허락을 밧아가지고 님군계 상쥬ᄒᆞ야 모모인으로 경부를 조직ᄒᆞᄂᆞᆫ 것인ᄃᆡ 이번 경부조직은 이등통감이 리완용 씨를 천거ᄒᆞ야 참정대신을 ᄂᆡ고 리완용 씨가 각 대신을 천거ᄒᆞ야 경부를 조직ᄒᆞ얏스니 이것이 곳 칙임경부의 쳣ᄌᆡ라 ᄒᆞᄂᆞᆫ 것이오 총리대신에게 칙임을 맛긴 이상에ᄂᆞᆫ 비록 션비라도 그 천거ᄒᆞᄂᆞᆫ ᄃᆡ로 각 대신을 임명ᄒᆞ시ᄂᆞᆫ 터인 고로 이번에 리참경은 임션쥰 씨로 ᄂᆡ부대신을 천거ᄒᆞ고 송병쥰 씨로 농상대신을 천거ᄒᆞ얏더니 송 씨ᄂᆞᆫ 일이 여의치 못ᄒᆞ얏다 ᄒᆞ더니 필경 농상대신이 되고 죠즁응 씨가 법부대신이 되얏스니 경삼품대신이 삼인이라 이번 경부조직ᄒᆞᆫ 일로 보건ᄃᆡ 우리나라에도 불과 몃 ᄒᆡ에 ᄇᆡᆨ두대신도 ᄉᆡᆼ길 것은 뎡ᄒᆞᆫ 일이오 또한 누구던지 참경대신으로 경부조직홀 것은 뎡식이 되얏도다

그러ᄒᆞ나 소위 칙임경부란 것은 다 츌쳐가 잇나니 그 나라에 민당의 권리가 잇셔셔 민당에셔 경부대신들을 반ᄃᆡᄒᆞ야 일졔히 나가라 ᄒᆞ면 나가고 또 경부를 조직ᄒᆞ야도 민당에셔 공론을 ᄡᅡ라 드러가거니와 지금 우리나라에ᄂᆞᆫ 민권도 업고 헌법도 시힝치 안ᄂᆞᆫ 나라에셔 이졔 리완용 씨가 경부칙임을 맛하 경부를 조직ᄒᆞ얏스니 이것은 헌법도 안이오 젼졔도 안이오 공화경치도 안이오 무삼 법이라 ᄒᆞᄂᆞᆫ지 셰계 만국에 쳐음으로 ᄉᆡᆼ기ᄂᆞᆫ 법이로다

그러ᄒᆞ나 근일시ᄃᆡᄂᆞᆫ ᄂᆡ경을 잘 쥬장ᄒᆞᆫ 후에야 국가의 문명이 젼진ᄒᆞ나니 달은 것은 완고로 유명ᄒᆞ나 경부조직에 ᄉᆡ 법 한 가지가 발명되얏스니 그도 또 희한ᄒᆞᆫ 일이오. 셰계에 일홈이 날이니 감사ᄒᆞ거니와 만일 이 신경부가 또 일을 잘 못ᄒᆞ야 갈닌 경부의 힝젹을 모본홀진ᄃᆡ ᄇᆡᆨ셩이 나가라ᄂᆞᆫ 일이 업지 못홀 것이오 만일 나가라ᄂᆞᆫ ᄯᅢ에ᄂᆞᆫ 또한 쥬뎌치 안코 나가ᄂᆞᆫ ᄉᆡ 법이 ᄉᆡᆼ겨셔 민권을

확장ᄒᆞ야 쥬기를 우리ᄂᆞᆫ 간졀이 바라노라

9 1907년 5월 28일(화) 제2415호 론셜

신정부 졔공에게 경고홈

신정부조직된 후 약간 형편은 루ᄎᆞ 말ᄒᆞ얏거니와 이번 졍부ᄂᆞᆫ 젼에 업던 일을 힝ᄒᆞ야 리완용 씨의 칙임졍부가 되얏고 ᄯᅩ 불차택용으로 대신들을 ᄂᆡ엿스니 졍부조직ᄒᆞ난 ᄃᆡ 일대 신 규모가 ᄉᆡᆼ긴 것은 얼마씀 다힝ᄒᆞ고 ᄯᅩ한 ᄉᆡ 법이 ᄉᆡᆼ기ᄂᆞᆫ 것을 대단이 깃버ᄒᆞ난 바어니와 이제 신졍부의 조직되ᄂᆞᆫ 리유난 작일에 말ᄒᆞᆫ 바와 갓치 참졍대신이 일쳬 대신을 다 ᄌᆞ긔와 의합ᄒᆞᆫ 쟈를 틱ᄒᆞ야 각부대신이 규각 업시 일심화동ᄒᆞᆫ 후에야 국ᄉᆞ가 진취될 것은 ᄉᆞ실상에 뎡ᄒᆞᆫ 바어늘 지금 신졍부 각 대신을 보건ᄃᆡ 일일히 참졍대신의 의항으로만 셔임된 것이 안이오 각 당파로 조직이 된 모양과 갓흐니 이난 본 긔자의 소견ᄲᅮᆫ 안이라 일반셰인의 다 말ᄒᆞ난 바로다

이제 그 각 대신의 츌쳐를 말ᄒᆞ건ᄃᆡ 참졍대신의 친밀ᄒᆞᆫ 이ᄂᆞᆫ ᄂᆡ부대신 학부대신이니 이ᄂᆞᆫ ᄌᆞ릐로 졍부당이라 홀만 ᄒᆞ고 탁지대신 고영희 씨ᄂᆞᆫ 졍부당이라 ᄒᆞ야도 가ᄒᆞ고 ᄯᅩ한 즁립당이라 ᄒᆞ야도 가ᄒᆞ고 농상대신 송병쥰 씨ᄂᆞᆫ 일진회 령슈요 법부대신 죠즁응 씨와 군부대신 리병무 씨ᄂᆞᆫ 졍부당이라 홀 슈도 업고 민회당이라 홀 슈도 업ᄂᆞᆫ 터인즉 그 여러 대신들의 지취와 국가방침이 일치되지 못홀 것은 확실ᄒᆞᆫ 일이오 그즁에 농상대신은 무삼 일에 급속히 나가기를 쥬장ᄒᆞ고 참졍대신은 과단셩이 ᄆᆡᆼ렬치 못ᄒᆞᆫ 바니 그런즉 ᄌᆞ연 범ᄉᆞ가 원만ᄒᆞ게 타결되기가 용이치 안을 것이오 ᄆᆡ양 졍부에 츙돌될 렴려가 십상팔구로다

그러ᄒᆞᆫ즉 이 졍부 조직이 원만ᄒᆞ게 잘 되얏다고 닐을 슈 업고 오ᄅᆡ지 안어셔 ᄯᅩ다시 변동될 재료을 작만ᄒᆞ얏다고 안을 슈 업ᄂᆞᆫ 바오 ᄯᅩ한 참졍대신으로

말ᄒᆞ건ᄃᆡ 갈닌 졍부에 오ᄅᆡ 잇셔 현뎌ᄒᆞᆫ 공젹이 업ᄂᆞᆫ 바어늘 ᄯᅩᄒᆞᆫ 신졍부에 령슈가 되얏스니 이번에ᄂᆞᆫ 무삼 신츌귀몰ᄒᆞᆫ 지식과 계칙을 ᄂᆡ여 젼일 험들을 씻고 됴흔 ᄉᆞ업을 만이 ᄒᆞᆯᄂᆞᆫ지 몰으거니와 농상대신과 법부대신과 의합ᄒᆞ리라고ᄂᆞᆫ 밋을 슈 업ᄂᆞᆫ 바라 그런즉 참졍대신의 ᄒᆡᆼ동은 이젼보다 신진ᄉᆞ상을 일층 ᄆᆡᆼ렬ᄒᆞᆫ ᄐᆡ도를 취ᄒᆞ지 안을 슈 업고 ᄯᅩᄒᆞᆫ 위험ᄒᆞᆫ 디위에 잇다고 안을 슈 업ᄂᆞᆫ 일이로다

우리가 신졍부에 ᄃᆡᄒᆞ야 권고ᄒᆞᆯ 것은 공ᄉᆞ를 즁히 넉이고 ᄉᆞᄉᆞ를 경히 ᄒᆞ야 셜혹 불합ᄒᆞᆫ ᄉᆞ상이 잇더ᄅᆡ도 렴파와 린상여의 ᄒᆡᆼ위[19]를 모본ᄒᆞ야 안으로 국가ᄉᆞ도 잘 ᄒᆞ려니와 밧그로 외국인의 비소흠을 면ᄒᆞᄂᆞᆫ 것이 가ᄒᆞᆯ 것이오 만치 안은 동관에 편당의 긔습을 버리고 일체 공평심으로 셔로 화츙ᄒᆞ야 이번 신졍부의 즁흥긔쵸를 셰워 텬하후셰에 일홈을 젼ᄒᆞ기를 권고ᄒᆞ고 바라ᄂᆞᆫ 바로다

10 1907년 5월 29일(수) 제2416호 론셜

녀ᄌᆞ샤회의 발동

근일 녀ᄌᆞ샤회가 점점 발뎐되야가ᄂᆞᆫ 것은 거의 다 알 듯ᄒᆞ지만은 작년일 ᄉᆡᆼ각ᄒᆞ고 금년일 ᄉᆡᆼ각ᄒᆞᆫ즉 셰상일의 변쳔되야가ᄂᆞᆫ 것을 이로 측량치 못ᄒᆞᆯ깃도다

년젼ᄉᆞ로 의론ᄒᆞ건ᄃᆡ 우리나라 사ᄅᆞᆷ들이 부인의 츌입을 엄금ᄒᆞ야 문밧글 나가지 못ᄒᆞᆯ ᄲᅮᆫ더러 남의 집 하인 외에ᄂᆞᆫ 얼골을 들고 일월을 보지 못ᄒᆞ게 ᄒᆞ

19 전국시대 조(趙) 나라 혜문왕(惠文王) 때의 명신 인상여(藺相如)와 장군 염파(廉頗)의 고사. 염파는 한때 인상여의 출세를 시기하여 그를 모욕하였으나, 인상여는 나라를 위하는 마음에 이를 끝까지 참았다. 이 모습에 감복한 염파는 인상여와 절친한 사이가 되었고, 두 사람은 함께 국사에 진력하였다고 한다.

고 비록 집안의 일가친쳑이라도 오륙촌만 되면 셔로 얼골을 상딕치 못ᄒᆞᄂᆞᆫ 법이오 녀ᄌᆞ의 교육이란 것은 지나가ᄂᆞᆫ 말도 들어보지 못ᄒᆞ고 미양 ᄒᆞᄂᆞᆫ 말이 계집들이 학문을 알면 방탕ᄒᆞ야 못쓴다 ᄒᆞ고 간신이 국문ᄌᆞ이나 갈아치ᄂᆞᆫ 쟈밧계 업ᄂᆞᆫ 것은 셰상이 다 아ᄂᆞᆫ 바어니와 혹 누가 녀ᄌᆞ의 교육일을 말ᄒᆞ면 큰 변괴로 알고 녀ᄌᆞ의 얼골을 들어닉노코 츌입ᄒᆞᆫ다ᄂᆞᆫ 일을 말ᄒᆞ면 그 말ᄒᆞᄂᆞᆫ 자를 오랑캐로 지목ᄒᆞ더니 셰계풍긔가 날노 변ᄒᆞ야 사ᄅᆞᆷ이 아모리 변치 안코져 ᄒᆞ야도 ᄌᆞ연즁 한 거름 두 거름식 젼진ᄒᆞ야 셔양으로 말ᄒᆞ야도 각 부 부원쳥의 셔긔 갓ᄒᆞᆫ 벼살단이ᄂᆞᆫ 것은 쟈치ᄒᆞ고 졍부에 들어가 나라일 의론ᄒᆞᄂᆞᆫ 의원도 되고 법률을 졸업ᄒᆞ야 법률학ᄉᆞ노릇ᄒᆞᄂᆞᆫ 부인도 싱겻ᄂᆞᆫ지라

셔양풍긔가 그럿케 변ᄒᆞ야 동으로 번친즉 아모리 완고ᄒᆞᆫ ᄉᆞ상으로 이젼갓치 녀ᄌᆞ를 가두고져 ᄒᆞᆫ들 엇지 그 뜻을 일우리오 그런 고로 지금 한셩닉 각 녀학교의 학도슈효가 륙칠빅 명에 갓갑고 또 각 디방에 혹 ᄉᆞ오십 명 혹 빅여 명 혹 슈십 명식 되ᄂᆞᆫ 딕가 무슈ᄒᆞᆫ즉 그 녀학도를 학교에 보닉ᄂᆞᆫ 부모가 또 엇지 이젼 구습만 직희고 갓친 모양이 되고져 ᄒᆞ리오 ᄌᆞ연 무슴 부인회도 셜시ᄒᆞ고 계도 모아 부인사회가 발달되기를 힘쓰나니 시험ᄒᆞ야볼지어다 향일 쟝츈단 녀ᄌᆞ 대운동회에 학도의 ᄒᆡᆼ동은 엇더ᄒᆞ며 부인들의 ᄒᆡᆼ동은 엇더ᄒᆞ던가 쳐음으로 보ᄂᆞᆫ 자ᄂᆞᆫ 응당 변고로 알고 놀닐 뜻ᄒᆞ거니와 남녀가 한딕 셕겨 연셜도 ᄒᆞ고 운동도 ᄒᆞᄂᆞᆫ딕 이젼 갓ᄒᆞ면 부인들의 붓그런 ᄐᆡ도가 잇슬 터인딕 기기히 슈괴지심이 업시 학도 안인 부인들이 달음질ᄒᆞ기를 다토어가며 상품들을 타가니 이ᄂᆞᆫ 우리나라 몃쳔 년에 쳐음되ᄂᆞᆫ 일이라

범ᄉᆞ가 시작이 극란인딕 슯흐다 녀ᄌᆞ샤회가 그 지경이 되얏슨즉 명년 그ᄯᆡ 가면 금년보다 몃십졀 늘어셔 금년 빅 명 나오던 부인이 명년은 슈쳔 명이 나셜 것은 확실ᄒᆞᆫ 일이로다 그러ᄒᆞᆫ즉 이ᄯᆡ를 당ᄒᆞ야 녀ᄌᆞ샤회의 발동ᄒᆞᄂᆞᆫ 것을 잘 됴제치 안이ᄒᆞ고 그딕로 맛겨두면 큰 폐단이 싱길 념려가 업지 안이ᄒᆞ니 시무의 유지ᄒᆞᆫ 자들이어나 졍부당국자들은 깁히 강구ᄒᆞ야 녀ᄌᆞ샤회의 젼뎡을

잘 인도ᄒᆞ야 션미ᄒᆞᆫ 결과를 보게 ᄒᆞᆯ 것이오 결단코 변고로 알고 막을 ᄉᆡᆼ각을 두지 마는 것이 가ᄒᆞ도다

11 1907년 5월 30일(목) 제2417호 론설

국치보상금 쳐리의 곤란할 일

우리가 ᄆᆡ양 국치보상에 대ᄒᆞ야 루루이 셜명ᄒᆞᆫ 바어니와 근일 도셩ᄂᆡ 각 신문사와 국치보상금 모집ᄒᆞᄂᆞᆫ 각 쳐 형편을 ᄃᆡ강 됴사ᄒᆞ건ᄃᆡ 팔구만 원에 지나지 못ᄒᆞ고 기타 각 디방에셔 셔울노 보ᄂᆡ지 안코 그 디방 농공은ᄒᆡᆼ 갓흔 ᄃᆡ 임치ᄒᆞ얏다ᄂᆞᆫ 슈효가 돈 만 원이나 되ᄂᆞᆫ 모양이니 통이론지ᄒᆞ야도 젼국에셔 지우금 모집된 것이 십만 원에 지나지 못ᄒᆞᆯ 터이니 그 일을 시작ᄒᆞᆫ 지가 발셔 넉 ᄃᆞᆯ이 되얏ᄂᆞᆫᄃᆡ 간신이 십만 원이 되얏슨즉 일쳔여만 원을 모집ᄒᆞ랴면 오십 년이나 되예야 될지니 언으 셰왈에 외국빗슬 쳥쟝ᄒᆞᆫ다 하리오

일젼에 언으 디방 친구가 올나와셔 국치보상의 형편을 뭇고 디방에셔 인민들이 그 돈을 ᄂᆡᆯ ᄯᅢ에 진심갈력ᄒᆞ야 잠시 의식은 궐ᄒᆞᆯ지언뎡 국치보상젼은 안이 ᄂᆡᆯ 슈 업다 ᄒᆞ며 막즁왕셰ᄂᆞᆫ 지완ᄒᆞᆯ지언뎡 이 돈은 쳔연히 ᄂᆡᆯ 슈 업다 ᄒᆞ고 젼방ᄇᆡᆨ계로 다만 일푼식이라도 긔어히 ᄂᆡ지 안은 자 업ᄂᆞᆫᄃᆡ 이졔 슈합된 슈효를 보건ᄃᆡ ᄇᆡᆨ분지일이 완젼치 못ᄒᆞᆫ즉 부족ᄒᆞᆫ 것도 분슈가 잇지 그럿케 과이 부족이 된즉 장ᄎᆞ 그 돈을 엇지 쳐치ᄒᆞ여야 가ᄒᆞᆯ깃나냐 만일 국치를 갑지 못ᄒᆞᄂᆞᆫ 날에ᄂᆞᆫ 그 돈 ᄂᆡ던 디방인민의 낙망지탄이 언으 디경에 닐을ᄂᆞᆫ지 알 슈 업도다 지금 디방민졍으로 말ᄒᆞ면 져마다 돈을 ᄂᆡ기만 ᄒᆞ면 국치ᄂᆞᆫ 갑ᄂᆞᆫ 것이오 구치[20]만 갑흐면 외국인이 다 물너가고 우리나라 사사끼리 ᄌᆞ미 잇게 산다 ᄒᆞ야

20 '국치(국채, 國債)'의 오기인 듯함.

우부우부가 다 그럿케 열심ᄒᆞᄂᆞᆫ 바인ᄃᆡ 이졔 국ᄎᆡ를 다 갑고 외국인만 나가지 안어도 원망이 창텬ᄒᆞᆯ 터인ᄃᆡ 함을며 국ᄎᆡ도 갑지 못ᄒᆞ고 인심만 소요케 ᄒᆞ면 그 인민의 ᄉᆞ상에 엇더ᄒᆞᆯ깃ᄂᆞᆫ가 ᄒᆞᄂᆞᆫ지라

슯흐다 국가인민의 ᄉᆞ상이여 우리가 쳐음에도 로로이 셜명ᄒᆞᆫ 바어니와 아모리 젼국이 써들고 잔전을 것어들여도 오십만 원을 모흐지 못ᄒᆞᆯ 것은 뎡ᄒᆞᆫ 일이라 엇더케 츄측ᄒᆞ나냐 ᄒᆞ면 십삼도에 분ᄒᆞ야 평균 ᄆᆡ도에 이만 원식 이십륙만 원ᄒᆞ고 경셩닉에 한 이십만 원을 가량ᄒᆞ얏거니와 디방 각도에 이만 원식 되기도 극란ᄒᆞ고 더구나 경셩에ᄂᆞᆫ 소위 고관대쟉과 ᄌᆡ상가들은 그 일에 ᄃᆡᄒᆞ야 쉼도 ᄲᅮ지 안이ᄒᆞ고 다만 ᄒᆞ등 사회에셔만 낸 사ᄅᆞᆷ의 슈효ᄂᆞᆫ 만으나 돈 슈효ᄂᆞᆫ 얼마가 되지 못ᄒᆞᆫ즉 비록 ᄇᆡᆨ 년을 것어도 국ᄎᆡ 갑흘 긔망은 묘연ᄒᆞ도다

그런즉 션후방침을 강구치 안이ᄒᆞ면 한갓 인민의 폐단만 닉고 실효가 업슬 ᄲᅮᆫ더러 안으로 금륭 곤란의 상ᄐᆡ와 밧그로 외인의 비소를 면치 못ᄒᆞᆯ지니 우리ᄂᆞᆫ 근일 국ᄎᆡ보상 연합소 ᄉᆞ무 쥬장ᄒᆞᄂᆞᆫ 졔씨에 ᄃᆡᄒᆞ야 지금 약간 금익 슈취방법도 강구ᄒᆞ려니와 장ᄅᆡ에 그 돈 쳐리ᄒᆞᆯ 방법을 미리 강구ᄒᆞᄂᆞᆫ 것이 필요ᄒᆞᆫ 쥴노 ᄉᆡᆼ각ᄒᆞ노라

12 1907년 5월 31일(금) 제2418호 론셜

학문으로 사ᄅᆞᆷ의 우렬을 말ᄒᆞᆷ이라

하늘이 사ᄅᆞᆷ을 ᄂᆡ시ᄆᆡ 인죵의 갓고 달음을 물론ᄒᆞ고 일뎡ᄒᆞᆫ 평등권이 잇셔 결단코 우렬이 업거늘 엇지ᄒᆞ야 누구ᄂᆞᆫ 우등인물이오 누구ᄂᆞᆫ 렬등인류라 지목ᄒᆞ나뇨 사ᄅᆞᆷ의 본질로 그러케 구별ᄒᆞᆷ인가 형상으로 그러케 평론ᄒᆞᆷ인가 그 션텬의 셩질은 각각 갓지 안임이 안이로ᄃᆡ 다만 톄격의 형상이 셔로 달은지라 그런 고로 황ᄉᆡᆨ인 ᄇᆡᆨᄉᆡᆨ인 죵ᄉᆡᆨ인 흑ᄉᆡᆨ인 홍ᄉᆡᆨ인의 구별이 잇스나 이것을 죳차

우렬의 명칭이 잇는 것이 안이라 갓흔 황식인 죵에도 혹 우등 혹 렬등이 잇고 갓흔 빅식인죵 즁에도 쏘한 혹 우등 혹 렬등이 잇나니 우리가 스실상으로 항상 목격ᄒᆞᆫ 빅라 그런즉 본질도 상관이 업고 형상도 상관이 업스면 필경 호ᄉᆞ자들이 리유는 궁구치 안이ᄒᆞ고 짐작으로 지어낸 말인가 엇지 그러ᄒᆞ리오 그러치 안은 리유를 두어 말노 씨치고져 ᄒᆞ노라 대뎌 하날이 품부ᄒᆞ신 형상은 갓고 달음을 물론ᄒᆞ고 그 명칭의 우렬은 다만 그 힝위의 엇더홈을 좃차 싱기나니 가량 실졔상 발표된 힝위가 규식에 뎍당ᄒᆞ고 리치에 틀니지 안이ᄒᆞ면 가히 우등이라 칭홀 것이오 실졔상 발표된 힝위가 규식에 맛지 안이ᄒᆞ고 리치에 상반되면 가히 렬등이라 닐을지니 규식이라 함은 인싱사회에 싱죤ᄒᆞ난 죠건을 보호ᄒᆞ난 것이오 리치라 홈은 인류싱죤에 업지 못홀 원리를 닐음이라 그러나 규식에 맛고 리치에 합케 홈은 별노 어려온 일이 안이라 곳 학문밧게 다시 업나니 학문이라 ᄒᆞ난 것은 사름으로 ᄒᆞ야금 능히 규식이 엇더ᄒᆞᆫ 물건인지 알게 ᄒᆞ며 리치가 엇더한 물건인지 분별케 ᄒᆞ난 힘이 잇게 ᄒᆞ야 학문이 잇는 사름은 상등이라 일컷고 학문이 업는 사름은 하등이라 일컷나니 이난 무타라 학문의 유무를 인연ᄒᆞ야 힝위의 달음이 잇난 연고이니 슯흐다 우리 딕한동포난 힝위가 규식에 뎍당ᄒᆞ며 리치의 틀니지 안이ᄒᆞᆫ 상등인이라 칭홀가 힝위가 규식에 맛지 안코 리치에 상반한 하등인이라 칭할가 쳥컨딕 기인기인이 평일 힝위를 싱각하야 볼지어다

6월

13 1907년 6월 1일(토) 제2419호 론셜

즁앙졍부관인이 션미ᄒᆞ야가는 모양

국가형셰가 오날날 상틱에 싸진 것은 즁앙졍부의 긔관이 부실ᄒᆞ야 범빅ᄉᆞ무를 ᄉᆞ졍만 쓰고 일호도 공심이 업고 또한 무식ᄒᆞᆫ 연고이더니 이번에 신졍부가 죠직된 후에 셰상공론이 불일ᄒᆞ야 졍부 일이 이러니 뎌러니 ᄒᆞ며 또한 각부협판 국쟝참셔관 이상과 일톄 디방관은 다 톄임이 된다 ᄒᆞᆯ뿐더러 향일 독립관 일진회 연셜 즁에 칙임졍부란 것은 졍부가 다시 죠직되는 날에는 디방관까지 일톄 다 기차된다 ᄒᆞ믹 일반셰인이 다 의아ᄒᆞ야 쟝ᄎᆞ 릭두결과를 기다리는 바이더니 작일에 홀연이 협판국쟝 관찰ᄉᆞ 몃몃 씨가 기차되앗는딕 그 식로이 피임ᄒᆞᆫ 사ᄅᆞᆷ을 상고ᄒᆞ건딕 모다 사회상에셔 칭도ᄒᆞ는 사ᄅᆞᆷ들이오 학식이 잇는 사ᄅᆞᆷ들이라 비록 유명히 명텰ᄒᆞᆫ 졍승으로 ᄒᆞ야금 그 벼살을 □라 ᄒᆞ더릭도 그 사ᄅᆞᆷ에셔 더 구ᄒᆞᆯ 슈 업고 셜혹 그즁에 한두 사ᄅᆞᆷ의 미흡ᄒᆞᆫ 자 잇다 ᄒᆞ더릭도 그는 혹 부득이ᄒᆞᆫ ᄉᆞ셰라 엇지 기기히 다 아ᄅᆞᆷ답기를 바라리오

이졔 그 식로 피임ᄒᆞᆫ 몃몃 사ᄅᆞᆷ의 디위를 론란ᄒᆞ건딕 닉부협판은 대신을 보자ᄒᆞ야 십삼도 관찰군슈의 시졍득실과 젼국싱령의 안령질셔를 맛고 또한 관찰군슈의 힝졍션악을 보아 포폄ᄒᆞ는 ᄌᆞ리인즉 가위 국가인민의 휴쳑을 젼관ᄒᆞᆫ 곳이라 이졔 강명ᄒᆞᆫ 대신 임션쥰 씨와 히사 공졍ᄒᆞᆫ 협판 유셩쥰 씨와 그와 갓흔 디방국장 현은 씨가 맛낫스니 이는 맛나기 어려온 긔회라 디방ᄉᆞ무가 잘

될 것은 확실이 밋는 바오 농상공부는 인민의 먹고 닙고 불쎄고 식산흥업에 긔관을 차지혼 곳이라 식산에 일홈 잇는 대신과 명예 잇는 류밍 씨가 맛낫스니 필경 국가의 직물근원이 차차 발달될 것이오

학무국장 윤치오 씨는 외국에 다년 유학ᄒᆞ야 학슐이 광박ᄒᆞ야 샤회에 일홈이 현뎌ᄒᆞ고 또한 대신이 의무교육을 긔어히 실시ᄒᆞ기로 결심ᄒᆞᄂᆞᆫ 바라 필경 교육의 대확장될 것은 뎡혼 바오

경긔관찰ᄉᆞ 최셕민 씨와 강원관찰 황텰 씨는 본ᄃᆡ 명예가 도뎌혼 바라 각기 직무상에 ᄃᆡᄒᆞ야 극력실힝ᄒᆞ야 언으 군슈던지 일호라도 잘못ᄒᆞᄂᆞᆫ 일 잇스면 용셔치 안을 것은 명약관화오 경무ᄉᆞ 김직풍 씨와 경무국장 권봉슈 씨도 또한 일홈 잇는 쳐디라 경찰의 붉을 것은 예탁ᄒᆞᄂᆞᆫ 바로다

이상 ᄉᆞ실이 그러혼즉 언으 관원이던지 각 대신 각 협판 각 국 과장 각 군슈를 그와 갓치 ᄂᆡ계 드면 국가의 문명진보를 어렵지 안케 회복홀지니 우리는 이 일에 ᄃᆡᄒᆞ야 치하ᄒᆞ기를 마지안이 ᄒᆞ노라

14 1907년 6월 3일(월) 제2420호 론셜

각식샤회를 급히 기량홀 일

근일 우리나라에 샤회명목이 각식으로 만아셔 비록 슈학션싱이라도 낫낫치 셰기가 어렵거니와 ᄃᆡ강 말ᄒᆞ건ᄃᆡ 뎨일 오ᄇᆡᆨ 년 인ᄇᆡᆨ힘 관직샤회니 이 샤회는 의리도 업고 렴치도 업시 영영축축혼 힝식으로 불 갓튼 욕심이 눈을 갈이워 업더지고 잡바짐을 분별치 못ᄒᆞ고 나라는 망커니 흥커니 죠금도 괘렴치 안코 ᄌᆞ기이 권리만 도득ᄒᆞ기루 담은 사ᄅᆞᆷ의 ᄆᆡ와 기노릇ᄒᆞᄂᆞᆫ 것을 달게 녁여 쥬인의 비를 도젹ᄒᆞ야 쥬고 그 속을 빌어먹는 것을 싱이로 알아셔 겻헤 사ᄅᆞᆷ이 욕을 ᄒᆞ거나 침을 빗거나 도모지 긔탄치 안이ᄒᆞᄂᆞᆫ 쟈이오 뎨이는 량반샤회니 이

샤회ᄂᆞᆫ 한 다리 한 팔이 업던지 한 눈 한 코가 업더ᄅᆡ도 이모대신에 자셔뎨질이 되던지 인아족쳑이 되던지 션현ᄌᆞ손이나 공신후예만 되면 릉참봉차함은 장즁취물노 알고 신진사상은 ᄭᅮᆷ에도 업셔 굴머 죽을지언뎡 열손가락을 ᄭᆞᆺᄃᆡ도 안이ᄒᆞ고 눈셥에 불이 붓허도 여ᄃᆞᆲ팔ᄌᆞ 거름으로 평ᄉᆡᆼ을 허송ᄒᆞ면셔 문밧게 눈이 오ᄂᆞᆫ지 비가 오ᄂᆞᆫ지 캄캄이 몰으고 시쵹이나 펴노코 계트림이나 ᄒᆞ며 교만ᄒᆞᆫ 긔운이나 다락다락 ᄒᆞᄂᆞᆫ 자이오 뎨삼은 학ᄌᆞ샤회니 이 샤회ᄂᆞᆫ 죽녕에 힝의나 입고 ᄯᅮᆯ어 안기나 공부ᄒᆞ며 긔운이 먼져니 리치가 먼져니 인물의 셩품이 갓트니 달으니 신학문이라면 텬쥬학이라 칭ᄒᆞ고 단발ᄒᆞᆫ 사ᄅᆞᆷ은 오랑ᄏᆡ로 지목ᄒᆞ야 부ᄑᆡᄒᆞᆫ ᄉᆞ상이 굿어셔 명나라 단년호만 쓰면 큰 의리로 알고 ᄂᆡ나라졍신은 조금도 업스며 그 흉인 소견에 큰 욕심덩이ᄂᆞᆫ 은일쵸션[21]에 남ᄃᆡ[22]산림이오 타인의 ᄌᆞ뎨를 몰아다가 자긔갓치 부ᄑᆡᄒᆞ라고 밤낫으로 애쓰ᄂᆞᆫ 자들이오 뎨ᄉᆞᄂᆞᆫ 술ᄀᆡᆨ샤회니 이 샤회ᄂᆞᆫ 여러 가지 명목이 잇스니 긔문둔갑[23]이라 륙뎡륙갑[24]이라 삼젼[25]이니 ᄉᆞ과[26]니 지나간 일 압일을 녁녁히 알

---

21 초선(抄選): 의정대신(議政大臣)과 이조 당상(吏曹堂上)이 모여 특별히 어떤 벼슬에 마땅한 사람을 가려 뽑는 일을 이르던 말.

22 남대(南臺): 학문과 덕이 뛰어나 이조(吏曹)에서 추천을 받아 사헌부의 대관(臺官)으로 뽑힌 사람. 주로 과거를 단념하고 초야에서 학문을 닦던 세칭 산림(山林)들에게 제수되었다.

23 기문둔갑(奇門遁甲): 마음대로 제 몸을 감추거나 다른 것으로 바꿀 수 있는 술법.

24 육정육갑(六丁六甲): 도교에서 받들고 있는 천제(天帝)가 부리는 신. 바람과 우레를 일으킬 수 있고 귀신을 제압할 수 있다. 육정은 정묘(丁卯), 정사(丁巳), 정미(丁未), 정유(丁酉), 정해(丁亥), 정축(丁丑)으로 음신(陰神)이고, 육갑은 갑자(甲子), 갑술(甲戌), 갑신(甲申), 갑오(甲午), 갑신(甲辰), 갑인(甲寅)으로 양신(陽神)이다.

25 삼전(三傳): 육임(六壬)으로 점을 칠 때, 사과(四科)로부터 비롯된 길흉의 변화 과정인 작용. 주객이 상응하는 동태변화를 나타낸다. 초전(初傳)은 일의 기미나 초기로 발단문(發達門)이라 하고, 중전(中傳)은 일의 중간 과정을 나타내므로 이역문(移易門)이라 하고, 말전(末傳)은 일의 결과를 보여주는 귀결문이라 한다.

26 사과(四科): 육임(六壬)으로 점을 칠 때, 길흉의 토대가 되는 체간(體幹). 점치는 당일의

아 피흉취길ᄒᆞᆫ다 산젼긔도도 ᄒᆞ고 신장부젹도 쌔셔 혹셰무민ᄒᆞᄂᆞᆫ 이인파도 잇고 지남텰쥬머니를 옷골음에 차고 무학이 비결이니 도션이 소졈이니 대디ᄂᆞᆫ 엇더ᄒᆞ고 명당은 엇더ᄒᆞ고 쥬룡은 이러ᄒᆞ고 ᄉᆞ격이 져러ᄒᆞ며 청룡ᄇᆡᆨ호가 함포도 ᄒᆞ고 ᄂᆡ외명당이 평원도 ᄒᆞ면 ᄃᆡᄃᆡ장상에 손셰가 넉넉ᄒᆞ다 ᄒᆞ야 남의 무덤을 파가지고 단이며 ᄌᆡ물 도덕질ᄒᆞᄂᆞᆫ 디관파도 잇고 뭇ᄭᅮ리니 푼염이니 ᄒᆞ야 계집이 남ᄌᆞ를 속이ᄂᆞᆫ 무녀파도 잇고 죠왕경[27]이니 룡신경[28]이니 닑어 눈감은 쟈가 눈뜬 놈 속이ᄂᆞᆫ 판슈도 잇고 뎨오ᄂᆞᆫ 잡기샤회니 이 샤회ᄂᆞᆫ 투젼이니 골ᄑᆡ니 화투니 표도 질으고 군호도 ᄒᆡ셔 유인ᄌᆞ뎨ᄒᆞ야 가권답권을 도젹질식혀 뎐당도 잡히고 팔아도 먹ᄂᆞᆫ 샤회오 뎨륙은 건달샤회니 이 샤회ᄂᆞᆫ 부쟈의 ᄌᆞ식과 시골사람을 쐬여다가 기ᄉᆡᆼ삼ᄑᆡ의 집에 모라늣코 ᄌᆡ산을 쌔아셔 ᄑᆡ가도 식이고 망신도 ᄒᆞᄂᆞᆫ 샤회오 뎨칠은 로동샤회니 이 샤회ᄂᆞᆫ 봉두돌빈[29]으로 인력거나 쓸고 지계나 지고 앗침 벌어 젼역 먹ᄂᆞᆫ 쟈인데 쥭도록 로동ᄒᆞ야 젼관젼ᄇᆡᆨ이 ᄉᆡᆼ기면 막걸니나 먹고 알 굴니ᄂᆞᆫ 곳에 ᄎᆞ자가 우산이나 시계를 욕심ᄂᆡ야 ᄀᆡ음싸 한입에 녓ᄂᆞᆫ 어리셕은 샤회도 잇스니 이 일곱 가지 즁 한가지만 ᄒᆞ야도 족히 국가를 망케 ᄒᆞ깃거날 지금 우리나라에ᄂᆞᆫ 고등샤회ᄂᆞᆫ 별노 업고 이 여러 가지를 갓초앗스니 엇지 국권의 회복홈을 바라리오 ᄉᆞ법경찰관리들은 현금정부가 일신ᄒᆞᆫ ᄯᆡ를 당ᄒᆞ야 응당 별로이 방침을 베푸러 일졀 엄금홀 것이오 ᄀᆡ명ᄒᆞᆫ 유지인들도 필경 뜻을 다ᄒᆞ고 혀가 달토록 권면ᄒᆞ야

간지를 기초로 하여 구성한다. 음양을 뜻하는 일간(日干)과 일지(日支)에서 사상(四象)을 뜻하는 사과로 분화된다. 주체를 뜻하는 일간은 일양과 일음으로, 일지는 진양(辰陽)과 진음(辰陰)으로 분화된다. 일양은 주체, 일음은 주체의 주변, 진양은 객체, 진음은 객체의 주변을 나타낸다.

27 조왕경(竈王經): [불교] 부엌에서 모든 길흉을 판단하는 조왕(竈王)의 공덕을 적어 놓은 경전.

28 용신경(龍神經): [민속] 용왕경(龍王經). 용제(龍祭) 때 읽는 경문.

29 봉두돌빈(蓬頭突鬢): 쑥대강이와 같이 마구 흐트러진 머리털.

활시위를 곳치고 슈레박휘를 밧구어 ᄉᆡ로온 정신을 뢰슈에 부어 쥬기을 옹축ᄒᆞ노라

15 1907년 6월 4일(화) 제2421호 론셜

정신 차릴 일

속담에 닐으기를 몰[30]에 ᄲᅡ져도 정신을 일치 말면 산다 ᄒᆞ나니 만일 정신을 차리지 안으면 쥭을 것은 확실ᄒᆞᆫ 일이로다

지금 우리가 당ᄒᆞᆫ 경우를 ᄉᆡᆼ각ᄒᆞ면 물에 ᄲᅡ젓다 ᄒᆞᆯ는지 쳔만장 구렁에 ᄲᅡ젓다 ᄒᆞᆯ는지 ᄉᆡᆼ각ᄒᆞ야 볼 일이로다 국세가 빈약ᄒᆞ야 ᄌᆞ쥬권이 업는 것은 오히려 헐ᄒᆞᆫ 말이오 그보다 당장에 급박ᄒᆞᆫ 사정이 여러 가지가 잇스니 쳣ᄌᆡ ᄉᆞ롬은 ᄉᆡᆼ명이 쥬장이라 먹지 못ᄒᆞ면 쥭는 것이오 닙지 못ᄒᆞ면 치운 것인ᄃᆡ 당장에 밥이 업셔져 가고 닙을 것이 졈졈 업셔져간즉 이는 고기가 물이 말나 들어오는 모양이로다

여러분들도 혹 ᄉᆡᆼ각이 계실 터이어니와 사ᄅᆞᆷᄉᆡᆼ활ᄒᆞ는 근본은 무엇이오 ᄉᆞ농공상 네 가지가 쥬장이 되깃는ᄃᆡ 우리나라에 션ᄇᆡ업소 션ᄇᆡ란 것은 놉흔 학문을 ᄇᆡ화 농업과 상업과 공업상에 필요ᄒᆞᆫ 방침을 연구ᄒᆞ야 그 농공업ᄒᆞ는 사ᄅᆞᆷ들노 ᄒᆞ야곰 산업이 증진ᄒᆞ도록 갈아치고 인도ᄒᆞ야 국가의 ᄒᆡᆼ복을 눌이도록 ᄒᆞ고 졍치법률을 ᄇᆡ화 농공상업ᄒᆞ는 ᄇᆡᆨ셩이 일호라도 원억ᄒᆞᆷ이 업도록 ᄒᆞ는 것이 션ᄇᆡ라 그런 고로 션ᄇᆡ ᄃᆡ졉ᄒᆞ기를 존즁히 ᄒᆞ야 ᄌᆞ긔 손으로 농공상엄[31]을 안이ᄒᆞ야도 의식이 ᄌᆞ직ᄒᆞ거늘 우리나라의 션ᄇᆡ란 자들의 ᄒᆡᆼ위는 여러

30 '물'의 오기.
31 '농공상업'의 오기

분들도 짐작ᄒᆞ시려니와 그놈들이 무엇으로 션ᄇᆡ라고 ᄒᆡᆼ셰하깃소 학문이란 것은 당초에 ᄉᆡᆼ각도 업고 썩은 학문ᄌᆞ나 ᄇᆡ혼 놈은 큰 션ᄇᆡ라 ᄌᆞ칭ᄒᆞ고 ᄯᅩ한 한문ᄌᆞ도 몰으ᄂᆞᆫ 놈들이 농공상간에 일ᄒᆞ지 안고 유의유식ᄒᆞᄂᆞᆫ 놈이면 션ᄇᆡ라 칭ᄒᆞ야 그 ᄒᆡᆼ위를 상고ᄒᆞ건ᄃᆡ 창ᄌᆞ에 가득ᄒᆞᆫ ᄉᆡᆼ각이 협잡이오 밤낫으로 궁리ᄒᆞᄂᆞᆫ 것은 농공상 실업ᄒᆞᄂᆞᆫ 양민의 ᄌᆡ산을 ᄲᆡ아ᄉᆞ 먹기로 골이몰라[32] 농공상을 지도권면ᄒᆞ기ᄂᆞᆫ 차치ᄒᆞ고 도로혀 농공상업ᄒᆞᄂᆞᆫ 사ᄅᆞᆷ이 안이면 씨가 업시 죽기를 면치 못ᄒᆞᆯ 터이니 과연 션ᄇᆡ명ᄉᆡᆨ은 업ᄂᆞᆫ 나라이오

그즁에 농업이 우리나라에 데일가ᄂᆞᆫ 실업인ᄃᆡ 우리나라 농업을 말ᄒᆞ자면 아쥬 쇠픠ᄒᆞ야 이젼 구식을 바리지 못ᄒᆞ고 ᄌᆞ긔네 이왕 ᄒᆡᆼᄒᆞ던 ᄃᆡ로만 ᄒᆞ니 각ᄉᆡᆨᄉᆞ업이 날노 진취ᄒᆞᄂᆞᆫ 오날날에 구습만 ᄒᆡᆼᄒᆞ면 남은 하로 갈 길을 우리ᄂᆞᆫ 십일이나 ᄇᆡᆨ 일에 갈쌘더러 ᄯᅩ한 그 방법이 아람답지 못ᄒᆞ야 소츌이 넉넉지 못ᄒᆞ고 만일 큰비가 오던지 극히 감으ᄂᆞᆫ ᄯᆡ를 당하면 방비ᄒᆞᄂᆞᆫ 계칙이 업ᄂᆞᆫ 고로 ᄆᆡ양 흉년을 당ᄒᆞ야 젼국이 긔황을 면치 못ᄒᆞᄂᆞᆫ 것은 구구히 론란치 안어도 다 아시ᄂᆞᆫ 바어니와 그ᄂᆞᆫ 다 지ᄂᆞᆫ 일이라 그만두고 ᄅᆡ두 형편을 좀 의론ᄒᆞ야 봅셰다 능히 살슈가 잇깃나 업깃나 (미완)

16 1907년 6월 5일(수) 제2422호 론설

정신 차릴 일 (속)

농업이란 것은 토디가 쥬장이라 만일 토디가 업스면 어ᄃᆡ 가 곡식을 심으고 어ᄃᆡ 가 슈목을 길너 밥먹고 옷닙고 불ᄯᆡ고 살 슈 잇깃ᄂᆞᆫ가 그것은 삼쳑동ᄌᆞ라도 다 짐작ᄒᆞᆯ 바어니와 지금 형편을 보건ᄃᆡ 소위 토디란 것이 금광이라 은광이

32 '골몰이라'의 오기.

라 ᄉᆞ금광이라 셕탄광이란 허다 광산을 허가ᄒᆞᄂᆞᆫ 관보가 날마다 업ᄂᆞᆫ ᄯᆡ가 업ᄂᆞᆫᄃᆡ 그 면적을 보건ᄃᆡ 혹 십만 평 혹 슈십만 평 혹 슈ᄇᆡᆨ만 평 심지어 오륙ᄇᆡᆨ만 평ᄭᆞ지 허가ᄒᆞᆯ 것이 잇고 ᄯᅩ 허가ᄒᆞᆫ 슈효가 ᄇᆡᆨ여 인에 달ᄒᆞ얏스니 그 토디ᄂᆞᆫ 비록 일홈은 토디라 ᄒᆞᆯ지나 ᄀᆡ광ᄒᆞᄂᆞᆫ ᄃᆡ로 그 토디난 다시 곡식도 심을 슈 업고 슈목도 ᄇᆡ양ᄒᆞᆯ 슈 업슬지니 토디의 줄어지ᄂᆞᆫ 것이 얼마나 된다 ᄒᆞ며 ᄯᅩ 그ᄲᅮᆫ 안이라 근일 외국인이 슈ᄆᆡᄒᆞ난 토디가 쳐쳐에 적지 안은 것은 고사ᄒᆞ고 황쥬 봉산 갓흔 ᄃᆡᄂᆞᆫ 왼고을이 거의 다 외국인의 소유가 되얏고 ᄯᅩ한 김뎨 만경 등디와 라쥬 령산 등디가 모다 그러ᄒᆞ고 기타 각항 부근에 외인의 토디된 것을 니로 다 계산ᄒᆞᆯ 슈 업스며 ᄯᅩ한 군용디라 텰도디단이라 농ᄉᆞ모범장이라 목장이라 삼림모범장이라 허다 명칭으로 농ᄉᆞ짓지 못ᄒᆞ게 된 토디가 얼마인지 ᄒᆞ로 계ᄉᆞ를 볼너 슈를 놋터ᄅᆡ도 잘 알 슈 업나니 젼국농부의 ᄉᆡᆼ업으로 말ᄒᆞᆯ진ᄃᆡ 토디 삼십 평이 업스면 농부 일 명의 농ᄉᆞ가 낭ᄑᆡ오 삼만 평이 업셔지면 ᄇᆡᆨ 명의 농업이 낭ᄑᆡ될 것이오 삼십만 평이 업스면 천 명의 농ᄉᆞ가 낭ᄑᆡ니 이졔 업셔진 토디를 계교ᄒᆞᆯ진ᄃᆡ 농부 몃만 명의 농ᄉᆞᄌᆞ리가 업셔젓ᄂᆞᆫ지 알 수 업ᄂᆞᆫ지라

그런즉 열 사ᄅᆞᆷ이 벌어먹던 식구가 칠팔 인이 벌면 그 양식이 부족ᄒᆞᆫ 것은 뎡ᄒᆞᆫ 리치라

엇지 그 집안이 안보ᄒᆞ기ᄅᆞᆯ 바라리오 그러ᄒᆞᆫ즉 이ᄂᆞᆫ 농민의 근심되ᄂᆞᆫ 바만 안이오 일반국민의 통동ᄒᆞᆫ 근심이니 나라를 근심ᄒᆞᄂᆞᆫ 쟈ᄂᆞᆫ 쳣ᄌᆡ 쥬의ᄒᆞᆯ 것이 여간 남어지 토디도 보젼ᄒᆞ려니와 ᄀᆡ간치 못ᄒᆞᆫ 황무디를 급히 ᄀᆡ간ᄒᆞ야 그 농민의 실ᄑᆡᄒᆞᆫ 토디ᄅᆞᆯ 보츙ᄒᆞᄂᆞᆫ 거시 큰 의무요 직분이라 ᄒᆞᆯ지로다 여러분들은 셰상일이 엇더케 되ᄂᆞᆫ지 아ᄂᆞᆫ지 몰으ᄂᆞᆫ지 근일 외국인의 동졍을 보건ᄃᆡ 언으 신문잡지에 죠션이 농업국이라 죠션에 농ᄉᆞ형편이라 죠션의 면화ᄌᆡᄇᆡ라 한국에 삼림경영이라 심지어 육축 길으고 왕골 심어 ᄌᆞ리ᄆᆡᄂᆞᆫ 일ᄭᆞ지 니야기 ᄒᆞ야가며 ᄆᆡ우 잘되ᄂᆞᆫ 곳인ᄃᆡ 죠션인민이 힘을 쓰지 안ᄂᆞᆫ다고 흉보고 웃셔가며 ᄌᆞ

긔들이 시험ᄒᆞ야 볼 모양으로 혹 회샤도 셜시ᄒᆞ고 혹 ᄌᆞ본도 구취ᄒᆞᄂᆞᆫ 쟈 직지 유지ᄒᆞ니 졍신들 차리지 안코 감안이 잇다가는 누어 즘잘 ᄡᅡ이나 남을 쥴들 아시오 그런 고로 본 긔쟈는 그일에 ᄃᆡᄒᆞ야 졍신차릴 일이라고 ᄒᆞᆫ 말이니 ᄉᆡᆼ각들 ᄒᆞ야보시오

17 1907년 6월 6일(목) 제2423호 론셜

졍신 차릴 일 (속)

작일은 농업을 힘ᄡᅥ 토디보호ᄒᆞᆯ 일을 ᄃᆡ강 말ᄒᆞ얏거니와 지금은 상업을 좀 의론ᄒᆞ야 봅세다

무릇 상업이란 것은 이곳 물건을 뎌곳으로 슈운ᄒᆞ고 뎌곳 물건을 이곳으로 슈운ᄒᆞ야 피ᄎᆞ에 업ᄂᆞᆫ 것을 보츙ᄒᆞ고 리익을 낭기ᄂᆞᆫ 것인ᄃᆡ 지금 우리나라 형편으로 말ᄒᆞ건ᄃᆡ 본국 물건이라고 무엇이 잇소 이젼에ᄂᆞᆫ 뎨일 큰 물건이 포목이더니 지금은 외국 포목이 업ᄂᆞᆫ 곳이 업슬ᄲᅮᆫ더러 모다 우리 것보다 나흔즉 본국 소산은 졈졈 누취ᄒᆞ야 가고 그 다음 죠히가 큰 물건인ᄃᆡ 근일 언으집 편지 한 장이나 봉투지 한 조각이라도 외국 물건 쓰지 안ᄂᆞᆫ 자 업고 그다음 ᄉᆞ금이라 북어 갓흔 것이 큰 물건인ᄃᆡ 지금 ᄉᆞ금 취굴ᄒᆞᄂᆞᆫ 자 ᄐᆡ반이나 외국인이 안이면 외국인의 소관이오 북어로 말ᄒᆞ야도 외국인이 권리를 차지ᄒᆞ야 언으 항구라던지 언으 장시에 가던지 본국인보다 외국인의 집에 북어가 더 만이 ᄡᅡ혀스니 그 여러 가지 즁대ᄒᆞᆫ 물건이 다 그러ᄒᆞ고 심지어 곡식 갓흔 것도 외국인의 무역이 본국인에 비ᄒᆞ면 오히려 더 만은지라

그런즉 이 나라 사름으로셔 ᄂᆡ나라 ᄉᆡᆼ장ᄒᆞ야 ᄂᆡ나라 물건도 그 ᄆᆡ매ᄒᆞᄂᆞᆫ 권리를 남에게 ᄲᅢ앗겻거늘 흠을며 외국물화야 닐너 무엇ᄒᆞ리오 소위 장ᄉᆞᄒᆞᆫ다ᄂᆞᆫ 것은 무엇이오 이젼에ᄂᆞᆫ 젼쥬 봉상ᄉᆡᆼ강[33]이라 단쳔 부쇠돌 곱을통[34] 담ᄇᆡᄃᆡ

갓흔 것도 ᄌᆞ본 업ᄂᆞᆫ 자의 밋쳔이라 ᄒᆞ더니 외국 ᄉᆡᆼ강이 만이 나오고 당셩량이 ᄉᆡᆼ기고 권연쵸라 허다ᄒᆞᆫ 용이ᄒᆞ고 갑 젹은 물건이 만은즉 그런 물건은 걸음ᄌᆞ[35]도 구경ᄒᆞᆯ 슈 업고 젼국 사ᄅᆞᆷ의 몸에 본국소산 필목 닙은 자 북포[36]도포 입은 자를 구경ᄒᆞᆯ 슈 업스니 폭목[37]장ᄉᆞ를 누가 ᄒᆞ오 상업명ᄉᆡᆨ은 부지즁에 불금이 ᄌᆞ금되얏고 장ᄉᆞ라고 ᄒᆞᄂᆞᆫ 모양을 보건ᄃᆡ 외국 비단 외국 포목이니 리익은 발셔 뎌 사ᄅᆞᆷ들이 다 낭기고 남어지라 언으 곳에 외국 장ᄉᆞ 업ᄂᆞᆫ ᄃᆡ가 업슨즉 뎌의 물건 뎌의가 파ᄂᆞᆫ 것과 남의 것 되먹이ᄒᆞᄂᆞᆫ 자의 영향이 엇더ᄒᆞᆯ깃ᄂᆞᆫ가 일 년이나 십 년이나 갑업시 남의 ᄉᆞ환노릇ᄒᆞᆯ ᄲᅮᆫ이오 기타 왜쪅 당셩냥 ᄉᆞ탕 지권연 등속을 가지고 장ᄉᆞ라고 단이ᄂᆞᆫ 형상을 보건ᄃᆡ 참 한심ᄒᆞ고 통곡ᄒᆞᆷ을 금치 못ᄒᆞᆯ깃도다

그런즉 나라에 상업이 잇다고ᄂᆞᆫ 말ᄒᆞᆯ 슈 업고 ᄯᅩ한 상업의 근본이 무엇이냐 말ᄒᆞᆯ 지경이면 공업이 발달되야 졔됴물이 잇슨 후에야 상업이 진보된다 ᄒᆞᆯ 터인ᄃᆡ 우리나라에 공업이 무엇 잇소 상업품 될 만ᄒᆞᆫ 졔됴물이라고ᄂᆞᆫ 니쑤시기나 집힝이 한 ᄀᆡ 업스니 장ᄉᆞᄂᆞᆫ 무엇으로 ᄒᆞ며 인민은 무엇으로 ᄉᆡᆼ활ᄒᆞ리오

젼후사셰를 ᄉᆡᆼ각ᄒᆞ면 ᄌᆡ물 업고 ᄯᅡᆼ 업ᄂᆞᆫ 곳에 살기를 도모ᄒᆞᆯ 슈 과연 극란ᄒᆞ도다

그러ᄒᆞ면 다 쥭ᄂᆞᆫ단 말이오 궁극 필변이라 ᄒᆞ니 필경 변ᄒᆞᄂᆞᆫ 도리가 잇슬지라 그 변ᄒᆞᄂᆞᆫ 도리ᄂᆞᆫ 어제도 말ᄒᆞ얏거니와 젼국 인민이 일심단톄되야 농ᄉᆞ에 힘쓰고 ᄌᆞ여데질 갈ᄋᆞ쳐 신지식 발달ᄒᆞᄂᆞᆫ 것이 변ᄒᆞᄂᆞᆫ 도리오 졍신ᄎᆞ리ᄂᆞᆫ 도리라 ᄒᆞᆯ깃소 농ᄉᆞ가 곡식농ᄉᆞᄲᅮᆫ 안이라 우마 길으ᄂᆞᆫ 농ᄉᆞ 슈목 길으ᄂᆞᆫ 농ᄉᆞ 과

---

33 전라북도 완주군 봉동면에서 나는 생강. 봉상은 봉동의 옛 이름.

34 고불통: 흙을 구워서 만든 담배통.

35 원문 표기 그대로 옮김. '그림자'를 가리키는 듯함.

36 북포(北布): 조선 시대, 함경도에서 나던 올이 가늘고 고운 베.

37 '포목'의 오기.

목 위업ᄒᆞᄂᆞᆫ 농ᄉᆞ가 뎨일 큰 농ᄉᆞ니 그것이야 상업갓치 못 ᄒᆞ게 될 리도 업고 리익이 큰 것이니 깁히 ᄉᆡᆼ각들 ᄒᆞ야보시오

18 1907년 6월 7일(금) 제2424호 샤셜

본샤의 ᄒᆡᆼ복과 본 긔쟈[38]의 ᄒᆡ임

광무 이년 팔월에 본 신문을 창간할 ᄶᅥᆨ에 리승만 류영셕 량씨와 본 긔쟈 리죵일 삼인이 동심합력ᄒᆞ야 ᄉᆞ무를 보더니 불과 일ᄀᆡ월에 리승만 씨ᄂᆞᆫ 민권회복ᄒᆞᄂᆞᆫ 일에 열심ᄒᆞ야 협회ᄉᆞ무에 진력ᄒᆞ다가 칠 년 감금을 당ᄒᆞ고 류영셕 씨ᄂᆞᆫ 신병이 잇셔 본사 ᄉᆞ무를 ᄌᆞ퇴ᄒᆞ고 다만 본 긔자 일인이 젹슈단신으로 탐보 겸 샤쟝 겸 긔쟈로 지ᄂᆡ다가 그 이듬ᄒᆡ 셧달에 회록지변을 당ᄒᆞ야 심상익 씨가 독ᄌᆞ판비ᄒᆞ얏던 긔계 쥬ᄌᆞ 등속이 몰슈 소화되고 다만 뎨국신문 네 글ᄌᆞ만 남은지라 그ᄶᅥᆨ 시국으로 말ᄒᆞ면 셰상 사ᄅᆞᆷ이 신문을 원슈갓치 녁일지언뎡 일푼 연죠ᄒᆞᄂᆞᆫ 사ᄅᆞᆷ을 보지 못ᄒᆞ고 다만 김효신 씨로 더부러 남의 젼방 슈간을 셰ᄂᆡ고 남의 활판에 셰를 주고 인쇄ᄒᆞ니 소위 사원 명식이 이 인이오 그즁에 당국자의 미음으로 법ᄉᆞ에 츄착이 빈삭ᄒᆞ야 무한ᄒᆞᆫ 곤란을 밧은 것슨 리로 다 말ᄒᆞᆯ 슈 업거니와 더구나 편즙에 곤란을 견ᄃᆡ지 못ᄒᆞ야 감금즁에 잇ᄂᆞᆫ 리승만 씨에게 비밀히 론셜을 부탁ᄒᆞ야 이십칠ᄀᆡ월 동안 괴로옴을 ᄭᅵ치ᄂᆞᆫᄃᆡ 신문구람자가 젹은즉 경비가 더욱 군졸ᄒᆞ고 남의 ᄎᆡ장이 쳔여 원의 달ᄒᆞᆫ즉 일시라도 신문을 유지ᄒᆞᆯ 방침이 업다가 다ᄒᆡᆼ이 ᄂᆡ탕젼 이쳔 원과 지금 잇ᄂᆞᆫ 본샤 긔계 가옥을 ᄂᆡ하ᄒᆞᆸ신지라 어시호 샤원 명목이 좀 늘엇스나 편즙 일관에 닐으러셔ᄂᆞᆫ 그 가합ᄒᆞᆫ 지목을 아모리 구ᄒᆞ야도 당초에 응ᄒᆞᄂᆞᆫ 사ᄅᆞᆷ도 업고 ᄯᅩᄒᆞᆫ 가히 담임

38 이종일(李鍾一).

ᄒᆞᆯ 만ᄒᆞᆫ ᄌᆞ격도 업ᄂᆞᆫ지라 원ᄅᆡ 우리나라에 국문을 슝상치 안은 고로 국문에 한슉ᄒᆞᆫ 쟈도 별로 듬을고 ᄯᅩ한 ᄂᆡ외국 형편과 ᄉᆞ물상에 등한ᄒᆞᆫ 연고로 가합ᄒᆞᆫ 사ᄅᆞᆷ을 구ᄒᆞ지 못ᄒᆞ야 이 불쵸한 위인이 샤쟝 겸 편즙 ᄉᆞ무를 담임ᄒᆞ야 지우금 십 년 동안을 지ᄂᆡᄂᆞᆫᄃᆡ 본ᄃᆡ 학식이 업ᄂᆞᆫ 용렬ᄒᆞᆫ ᄌᆞ격으로 감히 ᄀᆡ명발달에 션도쟈 되ᄂᆞᆫ ᄎᆡᆨ임을 당ᄒᆞ야 우수마발 갓흔 말[39]노 여러분의 고명ᄒᆞᆫ 안목을 더러이ᄂᆞᆫ 것이 ᄆᆡ양 붓그러온 바러니 다ᄒᆡᆼ이 본샤에 복셩이 빗치오고 본신문 구람ᄒᆞ시ᄂᆞᆫ 쳠군ᄌᆞ의 져바리지 안으시ᄂᆞᆫ 광영을 닙어 학식과 ᄌᆡ예가 각샤회에 거슈라고 ᄒᆞᆯ 만ᄒᆞᆫ 신ᄉᆞ 졍운복 씨가 ᄀᆡ연이 본샤 ᄉᆞ무의 곤란ᄒᆞᆷ을 ᄉᆡᆼ각ᄒᆞ야 편즙ᄉᆞ무를 담임ᄒᆞ기로 응락ᄒᆞ고 금일부터 시무ᄒᆞ게 되오니 이ᄂᆞᆫ 본샤 창셜ᄒᆞᆫ 지 십 년 만에 본 신문의 면목을 금일부터 다시 일신 ᄀᆡ량ᄒᆞᄂᆞᆫ ᄯᆡ라 론셜 소셜 긔ᄉᆞ 등의 유식ᄒᆞ고 ᄌᆞ미잇ᄂᆞᆫ 말과 ᄂᆡ외국 시ᄉᆞ의 변쳔되야 가ᄂᆞᆫ 상ᄐᆡ를 일일히 평판ᄒᆞ야 일반 졔인의 졍신을 ᄭᆡ치고 ᄯᅩ한 당국쟈의 잘잘못ᄒᆞᄂᆞᆫ 시졍득실을 낫낫치 긔탄 안코 친소와 ᄉᆞ졍업시 쾌쾌이 평론ᄒᆞ야 억울한 쟈의 한을 풀고 공 잇ᄂᆞᆫ 쟈로 ᄒᆞ야곰 더욱 표양ᄒᆞ게 될 것은 신임 편즙인의 본졍이오니 엇지 본샤에 다ᄒᆡᆼ이 안이며 본샤에 다ᄒᆡᆼ만 안이라 ᄯᅩ한 일반사회에 다ᄒᆡᆼ이온지라

그러ᄒᆞ나 본 긔자ᄂᆞᆫ 여러 ᄒᆡ를 여러분들과 ᄆᆡ일 상죵ᄒᆞ다가 이졔 ᄒᆡ임을 고ᄒᆞᆷ이 심이 챵연ᄒᆞ야 두어 말노 앙포ᄒᆞ거니와 소위 샤쟝의 직칙은 여젼이 보ᄂᆞᆫ 바오니 여러분들은 ᄉᆡ사람의 됴흔 학문과 언론을 일층 더 ᄉᆞ랑ᄒᆞ고 ᄌᆞ미잇게 만이 보아 문명진보의 실효가 잇도록 힘들 쓰시기 쳔만 바라옵ᄂᆡ다

39 우수는 질경이[車前草]의 별명이고 마발은 담자균류(擔子菌類)에 속하는 식물로, 매우 흔해 빠지고 값싼 약재이다. 자기 글이 별 쓸모없다고 겸손하게 표현한 것이다.

쳣인사

본 긔쟈[40]는 본릭 인품이 용렬ᄒᆞ고 학식이 쳔단홈으로 샤회샹에 ᄒᆞᆫ 버린 물건이 되여 앗가온 셰월을 허랑히 보니다가 외람히 본샤의 편즙ᄉᆞ무를 담입[41]ᄒᆞ게 되오니 등에 틱산을 진듯 ᄒᆞ와 두려온 ᄯᆞᆷ이 시암솟듯 ᄒᆞ오나 힘과 경셩을 다ᄒᆞ여 본 신문을 ᄉᆞ랑ᄒᆞ야 보시는 쳠군ᄌᆞ의 둣터온 ᄯᅳᆺ을 만분지일이라도 갑흐려 ᄒᆞ올 시 쳣인ᄉᆞ로 붓을 드러 두 번 절ᄒᆞ고 본 긔쟈의 흉금을 여러 우리 이쳔만 동포의게 고ᄒᆞ노이다

대뎌 우리나라는 녯젹브터 한문만 슝상ᄒᆞ고 국문을 쳔ᄒᆞ게 녀겨셔 한문은 진셔라 칭ᄒᆞ고 국문은 언문이니 반졀이니 ᄒᆞ는 쳔ᄒᆞᆫ 일홈으로 칭호ᄒᆞᆯ 섇 안이라 심지어 암글이라 지목ᄒᆞ야 부인의 셔ᄉᆞ 왕복과 쇼셜을 긔록ᄒᆞ는 딕 지나지 안은 고로 남의 나라의 글 한문은 아는 사름이 만흐되 국문 쓰는 법을 ᄌᆞ셰히 아는 ᄉᆞ름이 희귀ᄒᆞ니 엇지 한심치 안이ᄒᆞ리오 ᄯᅩᄒᆞᆫ 한문은 십 년을 빅호드릭도 아는 바가 얼마 되지 못ᄒᆞ고 국문은 아모리 노둔ᄒᆞᆫ 사름이라도 넉넉잡고 ᄒᆞᆫ 달 동안만 공부ᄒᆞ면 능통ᄒᆞᆯ지니 무삼 ᄭᆞ닭으로 이러케 쉬온 것을 바리고 뎌러케 어려온 것을 취ᄒᆞ나뇨 물읏 글이라 ᄒᆞ는 것은 사름의 싱각과 말을 긔록ᄒᆞ는 ᄒᆞᆫ 긔계인즉 엇더케 쓰는 방법도 ᄌᆞ셰히 아지 못ᄒᆞ는 남의 긔계를 비러 쓰는 것보담 손에 익은 닉 긔계를 쓰는 것이 편리홈은 삼쳑동ᄌᆞ라도 알 바이니 바라건딕 우리 동포는 아달 ᄯᆞᆯ을 나아셔 륙칠 셰 되거든 몬져 하날텬 ᄯᅡ디를 가라치지 말고 기윽니은을 가라쳐 국문으로ᄡᅥ 왼갓 말과 일을 긔록ᄒᆞᆯ 만ᄒᆞᆫ 연후에 한문을 가라치게 ᄒᆞ쇼셔 만일 그러치 안코 구투를 버리

40 정운복(鄭雲復).

41 '담임(擔任)'의 오기.

지 못ᄒᆞ야 한문으로 주인을 삼고 국문으로 ᄀᆡᆨ을 삼으면 주ᄀᆡᆨ의 디위가 밧고여 국민의 나라ᄉᆞ랑ᄒᆞᄂᆞᆫ 마음이 ᄉᆡᆼ기지 못ᄒᆞᆯ ᄯᅡ름이 안이오 문명ᄒᆞᆫ 시ᄃᆡ에 허다ᄒᆞᆫ 학문을 닥글 겨를이 업슬가 두려워ᄒᆞ노라 혹시 엇던 동포가 본 긔쟈의 언론을 보고 본 긔쟈를 지목ᄒᆞ되 한문을 업시코져 ᄒᆞᆫ다 ᄒᆞᆯ 듯ᄒᆞ나 결단코 그런 것이 안이라 다만 국문으로 쥬인을 삼고 한문으로 ᄀᆡᆨ을 삼으려 ᄒᆞᆷ이오니 사름으로ᄡᅥ 말을 폐ᄒᆞ지 마지고 본 긔자의 구구ᄒᆞᆫ 졍셩을 ᄉᆞᆲ히소셔 본 긔자가 십 년 젼에 영국 셔울 론돈에 잇슬 ᄯᅢ에 본 신문의 챵간ᄒᆞᆷ을 듯고 깃븜을 익의지 못ᄒᆞ야 니러나 춤추며 니르되 이 신문이 우리나라의 독립ᄒᆞᄂᆞᆫ 터가 되리라 ᄒᆞ엿더니 지금 십 년이 되도록 본 신문을 구람ᄒᆞ시ᄂᆞᆫ 이가 ᄇᆡᆨ분지일이 되지 못ᄒᆞ오니 엇지 ᄋᆡ닯지 안이ᄒᆞ리오 본 긔쟈의 어리석은 소견으로ᄡᅥ ᄉᆡᆼ각ᄒᆞᆯ진ᄃᆡ 우리 동포의 집집마다 본 신문을 분젼ᄒᆞ게 되여야 나라가 부강ᄒᆞ고 샤회가 발달ᄒᆞ야 남의 압제를 밧지 안코 ᄌᆞ주독립ᄒᆞᄂᆞᆫ 국민이 되리로다 세계 각국에 다른 나라ᄂᆞᆫ ᄎᆞ치ᄒᆞ고 우리나라와 뎨일 갓가온 일본도 ᄌᆞ고 이ᄅᆡ로 한문만 슝상ᄒᆞ다가 명치초년부터 국문 쓰기를 힘쓴 후에 인민의 지식이 크게 발달ᄒᆞ야 오날늘 구미각국과 동등권리를 엇ᄂᆞᆫ ᄃᆡ 니르럿스니 이것이 우리의 ᄇᆞᆰ은 거울이라 우리도 오날부터 시작ᄒᆞ야 국문 쓰기를 힘쓰면 ᄉᆞ십 년이나 오십 년 후에 큰 공효가 낫타남은 뎡녕코 의심이 업도다 본 긔쟈가 아모리 불ᄉᆞᄒᆞᆫ들 엇지 감히 망녕된 말을 들어셔 여러분 압헤 질언ᄒᆞ리오 필경은 밋ᄂᆞᆫ 바이 잇셔셔 그러ᄒᆞᆷ이오니 참마음으로ᄡᅥ 나라를 ᄉᆞ랑ᄒᆞ시ᄂᆞᆫ 동포ᄂᆞᆫ 서로 권ᄒᆞ고 서로 힘쓰시기를 쌍수를 드러 비ᄂᆞ이라

20 1907년 6월 9일(일) 제2426호 론셜

박ᄌᆡ(雹災) / 呑海生[42]

경샹북도 례천군슈 김병황 씨가 ᄂᆡ부에 보고ᄒᆞ되 오월 이십오일 오후 일시에 졸연히 사아나온 바ᄅᆞᆷ이 우박을 모라다가 퍼붓ᄂᆞᆫᄃᆡ 나모가지가 모다 부러지고 집웅이 벗겨지고 모ᄆᆡᆨ[43]이 ᄒᆞ나도 남지 안이ᄒᆞ고 밧헤 심은 셔속[44]두ᄐᆡ[45]와 모ᄌᆞ리가 몰수히 우박 속에 뭇쳐 푸른 싹이 업셔지고 힝인이 마져 넘어지고 나라가ᄂᆞᆫ ᄉᆡ가 써러지ᄂᆞᆫ ᄃᆡ경에 니르럿슴ᄋᆡ 일반인민의 호곡ᄒᆞᄂᆞᆫ 소ᄅᆡᄂᆞᆫ 참아 드를 수 업다 ᄒᆞ엿고 슈원에 잇ᄂᆞᆫ 권업모범쟝 기ᄉᆞ 일본인 궁원 씨가 청쥬 됴치원에 ᄂᆡ려가 됴ᄉᆞᄒᆞᆫ 보고를 본즉 오월 이십오일은 아츰에 일긔가 ᄆᆡ오 청명ᄒᆞ더니 오졍즘 되여셔ᄂᆞᆫ 동북방에 검은 구름이 니러나며 우박이 ᄂᆡ리기 시작ᄒᆞ야 삼십분 동안을 폭주ᄒᆞᄂᆞᆫᄃᆡ 우박의 적고 가비여온 것은 이삼푼 즁이오 크고 무거온 것은 륙칠푼 즁부터 ᄒᆞᆫ돈 즁에 달ᄒᆞ야 ᄉᆞ면에 모삭이 잇ᄂᆞᆫ 것이 두 치나 ᄊᆞ인지라 각ᄉᆡᆨᄎᆡ소와 셔속두ᄐᆡᄂᆞᆫ 싹도 업셔지고 밀 보리ᄂᆞᆫ 줄기와 입사귀가 모다 부셔졋스며 혹은 이삭이 써러진 것이 십분의 ᄉᆞ나 되고 기타 모ᄌᆞ리ᄂᆞᆫ 별노히 손희가 업스되 금년 농ᄉᆞᄂᆞᆫ 젹디가 되여 아모것도 바ᄅᆞᆯ 것이 업고 우박의 뎨일 심ᄒᆞᆫ 곳은 청쥬 젼의 연기 문의 디방이라 ᄒᆞ엿스니

슯흐다 우리 동포 몃만 명이 쟝찻 무엇을 먹고 일 년 동안을 지ᄂᆡ리오 가령 풍년이 드러 농ᄉᆞ를 잘 지을지라도 디방관의 힝졍이 공평치 못ᄒᆞ고 법률이 ᄇᆞᆰ지 못ᄒᆞ고 외국사ᄅᆞᆷ의 압제가 날노 심ᄒᆞ야 부지ᄒᆞ고 살수가 업셔셔 동셔로 류

---

42 탄해생(呑海生): 정운복의 필명. 원문 표기대로 옮김.(이하 같음)

43 모맥(牟麥): 밀과 보리

44 서속(黍粟): 기장과 조

45 두태(豆太): 콩과 팥.

리표박ᄒᆞᄂᆞᆫ 가련 ᄇᆡᆨ셩이 이 디경을 당ᄒᆞ엿스니 듯ᄂᆞᆫ 쟈ㅣ 비록 목셕간쟝인들 엇지 눈물이 흐르지 안으리오 싀골 우리 농ᄉᆞᄒᆞᄂᆞᆫ 동포의 경황을 ᄉᆡᆼ각ᄒᆞ건ᄃᆡ 작년에 농ᄉᆞ 지은 곡식은 겨울ᄂᆡ 봄ᄂᆡ 다 먹은 지가 이구ᄒᆞ고 지금은 되되말말히 부쟈의 집 량식을 취ᄒᆞ여 먹으며 망죵이 어ᄂᆡ 날인지 하지가 어ᄂᆡ 날인가 ᄒᆞ야 손가락을 곱아 기다리고 날마다 머리ᄅᆞᆯ 드러 보리고ᄀᆡᄅᆞᆯ 치어다보며 보리밧을 ᄂᆡ다 보고 갈아ᄃᆡ 어셔 하로밧비 보리가 누릇누릇ᄒᆞ면 풋바슴이라도 ᄒᆞ여셔 어린 ᄌᆞ식의 ᄇᆡᄅᆞᆯ 골니지 안으리라 ᄒᆞ야 하날갓치 바라ᄂᆞᆫ ᄶᆡ에 젼고에 업ᄂᆞᆫ 큰 ᄌᆡ앙이 ᄂᆡ려셔 기다리고 바라든 일이 일죠에 허ᄉᆞ가 되엿스니 늙은 부모ᄅᆞᆯ 엇더케 봉양ᄒᆞ며 어린 ᄌᆞ녀를 엇더케 기르리오 하날을 부르지즈며 통곡ᄒᆞᆯ ᄯᆞᄅᆞᆷ이로다 농ᄉᆞ 지을 여망이 아죠 ᄭᅳᆫ어젓슨즉 돈량이나 쌀되ᄅᆞᆯ 취ᄒᆞ여 쥬던 사ᄅᆞᆷ도 다시ᄂᆞᆫ 취ᄃᆡᄒᆞ여 쥬지 안으리니 이 ᄇᆡᆨ셩이 누구ᄅᆞᆯ 의지ᄒᆞ여 살니오 남의 나라와 갓흐면 의연금이라도 모집ᄒᆞ야 동포가 참혹ᄒᆞᆫ 디경에 ᄲᅡ진 것을 구원ᄒᆞ여 건지럿만은 우리 ᄇᆡᆨ셩의 현상은 동포의 불상ᄒᆞᆫ 것을 ᄂᆡ가 당ᄒᆞᆫ 쥴로 아라셔 돈을 ᄂᆡᆯ 사ᄅᆞᆷ도 젹거니와 대관절 ᄌᆡ졍이 곤난ᄒᆞ야 힘이 밋지 못ᄒᆞᄂᆞᆫᄃᆡ 엇지ᄒᆞᆯ고 다만 바라건ᄃᆡ 졍부 졔공이 우리

대황뎨폐하의 ᄇᆡᆨ셩ᄉᆞ랑ᄒᆞ시기를 젹ᄌᆞ갓치 ᄒᆞ시ᄂᆞᆫ 셩덕을 앙톄ᄒᆞ고 이 문뎨를 졍부회의에 뎨츌ᄒᆞᆫ 후 상당ᄒᆞᆫ 방칙을 뎡ᄒᆞ야 우에 긔록ᄒᆞᆫ 다삿 고을 ᄇᆡᆨ셩이 환산ᄒᆞᄂᆞᆫ 폐가 업게 ᄒᆞ쇼셔

만일 그러치 안으면 그 ᄇᆡᆨ셩이 남부녀ᄃᆡᄒᆞ고 각쳐로 희여져 ᄀᆡ걸[46]ᄒᆞ다가 구학[47]을 메우리로다 구휼ᄒᆞᆯ 방칙에 이르러ᄂᆞᆫ 여간 진휼이나 츈츄 등 호포를 감ᄒᆞ여 쥬ᄂᆞᆫ 것으로ᄂᆞᆫ 능히 져당치 못ᄒᆞᆯ지니 오작 우리 졍부 졔공은 세 번 ᄉᆡᆼ각하쇼셔[48]

---

46 개걸(丐乞): 남에게 밥 따위를 빌어먹음.

47 구학(溝壑): 땅이 움푹하게 팬 곳.

21 1907년 6월 11일(화) 제2427호 론셜

공립신보[49]로 모범을 삼을 일 / 呑海生

십슈 년 이릭로 우리 동포 즁에 미국으로 건너간 쟈ㅣ 이쳔칠빅여 명이니 당초에 부모와 쳐ᄌ를 리별ᄒ고 만리히외로 나아간 뜻은 문명ᄒ 학문을 닥가 국은의 만분지일을 갑흐려 ᄒ엿스나 우리나라 사ᄅᆷ의 형셰로 능히 학비를 계속ᄒᆯ 수 업ᄂ 고로 ᄉ방으로 흐여져 텰도 공쟝이나 농쟝이나 긔계챵에 가셔 품도 팔고 남의 집 하인노릇도 ᄒ야 돈을 버러 의식ᄒᄂ 길을 엇은 후 남은 시간에ᄂ 각기 학교에셔 공부ᄒᄂᄃ 혹은 낫에 일ᄒ고 밤에 공부ᄒ며 혹은 반나잘에 일ᄒ고 반나잘에 공부ᄒᆫ다 ᄒ니 그 수고로옴이 엇더타 ᄒ리오 기즁에 유지ᄒ신 몃몃 분이 미국에 류학ᄒᄂ 대한인이 단합지 못ᄒᆷ을 근심ᄒ야 광무 구년 ᄉ월 오일에 공립협회를 조직ᄒ고 ᄡ로 셔로 모혀 학슐로 토론도 ᄒ며 동포 즁에 우환질병이 잇스면 위로ᄒ고 구휼ᄒᆷ으로 목뎍을 삼으니 오릭지 안이ᄒ야 회원이 칠빅여 명에 달ᄒᆫ지라 이에 국민의 문명ᄉ샹을 발달케 ᄒ며 이국졍신을 비양ᄒᆯ 신문을 간힝ᄒ려 ᄒ나 ᄌ졍을 판비치 못ᄒ더니 일반회원이 ᄯᆷ흘니고 엇은 ᄌ물을 닷토어 의연ᄒ야 그 히 십일월 이십일일에 공립신보 뎨일호를 슌국문으로 챵간ᄒ고 그 후로 일쥬일에 ᄒᆫ 번식 발힝ᄒ나 활자와 긔계를 쥰비치 못ᄒ얏슴으로 여러 회원이 일ᄒ고 쉬ᄂ 겨를에 손으로 ᄡᅥ셔 셕판에 간츌ᄒ

---

48 6월 7일 이후부터 정기휴간일이 매주 일요일에서 월요일로 변경됨.

49 《공립신보(公立新報)》: 1905년 안창호를 중심으로 재미교포들이 조직한 한인공립협회의 기관지. 1905년 11월 20일 창간했으며 사장은 안창호, 편집겸 발행인[주필]은 송석준이었다. 창간 당시에는 활자를 갖추지 못해 붓으로 쓴 순국문체 석판인쇄로 발행했다. 월 2회 발행. 창간 때의 발행부수는 300부, 나중에는 5,000부까지 늘어났다. 1907년 6월 경 송석준이 사망하자 주필을 정재관이 맡았다. 1909년 2월 공립협회가 국민회로 바뀌자 《대동공보》와 통합하여 그해 2월 10일에 《신한민보》로 이름을 바꾸었다.

더니 일젼에 미국으로 조차오는 우편물 가온ᄃᆡ 넓고 큰 분홍 조희 ᄒᆞᆫ 쟝이 잇기로 놀나고 이샹히 녀겨 급히 ᄯᅦ여본즉 본년 ᄉᆞ월 이십륙일에 간츌ᄒᆞᆫ 공립신보 뎨이권 뎨일호인ᄃᆡ

그 활ᄌᆞ의 션명ᄒᆞᆷ과 인쇄의 졍미ᄒᆞᆷ이 ᄂᆡ디에셔 간ᄒᆡᆼᄒᆞᄂᆞᆫ 각 신문보담 십 ᄇᆡ나 나흔지라 본 긔쟈가 친 듯 취ᄒᆞᆫ 듯 ᄎᆡᆨ샹을 치고 크게 소ᄅᆡ질너 갈아ᄃᆡ 쟝ᄒᆞ도다 이 일이여 족히 나약ᄒᆞᆫ 쟈로 ᄒᆞ야곰 ᄯᅳᆺ을 세우게 ᄒᆞ리로다 녯젹 이ᄐᆡ리국 즁흥공신 즁에 마지니[50]라 ᄒᆞᄂᆞᆫ 사ᄅᆞᆷ이 셔반아국에 도망ᄒᆞ야 가 잇슬 ᄯᅢ에 ᄃᆡ쟝간에셔 품을 팔며 밤이면 ᄌᆞ긔 손으로 글 짓고 활ᄌᆞ 노아셔 쇼년이ᄐᆡ리라 ᄒᆞᄂᆞᆫ 잡지를 간ᄒᆡᆼᄒᆞ야 국민을 경셩[51]ᄒᆞ야 이ᄐᆡ리의 즁흥ᄒᆞᄂᆞᆫ 터를 ᄆᆡᆫ든 고로 후셰에 ᄉᆞ긔 짓ᄂᆞᆫ 사ᄅᆞᆷ들이 ᄆᆡ양 그 일을 칭찬ᄒᆞ더니 오늘놀 미국에 류학ᄒᆞᄂᆞᆫ 우리 동포 가온ᄃᆡ 몃ᄇᆡᆨ 명 「마지니」가 잇스니 엇지 나라일을 근십[52]ᄒᆞ리오 슯흐다 우리 ᄂᆡ디에 잇ᄂᆞᆫ 동포여 홍몽셰계에서 잠자지 말고 밤낫으로 부즈런히 일ᄒᆞ여 외양에 나아가 고ᄉᆡᆼᄒᆞᄂᆞᆫ 동포의 ᄯᅳᆺ을 십분지일이라도 본밧기를 쳔만축슈ᄒᆞ노라 ᄉᆡᆼ각ᄒᆞ여 볼지어다 낫이면 일하며 밤이면 공부ᄒᆞ고 쉬ᄂᆞᆫ 틈예 글짓고 활ᄌᆞ훌으고 긔계둘너셔 이갓흐[53] 신문을 박아ᄂᆡ나니 이 신문은 미국에 잇ᄂᆞᆫ 여러분의 ᄯᆞᆷ과 눈물과 피를 합ᄒᆞ여 간츌ᄒᆞᆫ 것이라 이 신문으로ᄡᅧ 모범을 삼고 일반국민이 일층분발ᄒᆞ야 공부ᄒᆞᄂᆞᆫ 사ᄅᆞᆷ이나 농ᄉᆞᄒᆞᄂᆞᆫ 사ᄅᆞᆷ이나 쟝ᄉᆞᄒᆞᄂᆞᆫ 사ᄅᆞᆷ이나 공쟝ᄒᆞᄂᆞᆫ 사ᄅᆞᆷ을 물론ᄒᆞ고 다만 ᄒᆞᆫ시 동안이라도 허송ᄒᆞ지 말고 무삼 일이든지 긔어히 남보담 낫게 ᄒᆞ랴면 텬하에 못 할 일이 어ᄃᆡ 잇스리오 지금 셰상은 편안히 안져셔 아모것도 ᄒᆞ지 안코 남북촌 셰력가로 단기며 벼살이

---

50 주세페 마치니(Giuseppe Mazzini, 1805~1872): 이탈리아의 혁명가·통일 운동 지도자.

51 경성(警醒): 정신을 차려 그릇된 행동을 하지 않도록 타일러 깨우침.

52 '근심'의 오기.

53 '이갓흔(이 같은)'의 오기.

나 구ᄒᆞ든지 협잡 구멍이나 파다가는 필경 첫ᄌᆡ는 몸 망ᄒᆞ고 둘ᄌᆡ는 집 망ᄒᆞ고 그 다음은 나라를 보존키 어려오리니 오날부터 정신차려셔 ᄒᆞᆫ마ᄋᆞᆷ ᄒᆞᆫ뜻으로 나아가면 명일이 금일보담 낫고 명년이 금나[54]보담 나아셔 불과 긔년에 국가가 ᄐᆡ산반셕갓치 편안ᄒᆞ고 인민이 ᄐᆡ편힝복을 엇을지로다 부질업시 빈 주먹으로 졍부득실이니 외국관계 의론ᄒᆞ지 말고 우리의 ᄒᆞᆯ 일만 ᄒᆞ여봅시다

22 1907년 6월 12일(수) 제2428호 론셜

살기를 닷토는 시ᄃᆡ / 탄ᄒᆡᄉᆡᆼ(呑海生)[55]

대뎌 텬디 사이에 잇는 동물은 다 각기 제 몸을 보호ᄒᆞ는 긔계와 권한이 잇ᄂᆞ니 비컨ᄃᆡ 말은 이가 잇셔 능히 무는 고로 쁠이 업고 소는 쁠이 잇셔 능히 씨르는 고로 이가 업고 ᄉᆡ는 날ᄀᆡ가 잇셔 나는 고로 발이 둘이 되엿도다 만일 호랑이로 ᄒᆞ야곰 쁠이 잇든지 날ᄀᆡ가 잇스면 모든 동물이 다 호랑의 밥이 되렷마는 조물쟈의 깁고 큰 ᄉᆡᆼ각과 무한ᄒᆞᆫ 권능으로 그 셰력을 평균히 ᄒᆞ야 서로 살기를 도모ᄒᆞ게 ᄒᆞ엿고 인류에 니르러는 특별히 신령ᄒᆞᆫ 지각을 주어 만물에 읏듬이 되게 ᄒᆞ엿스니 동양의 황인종이나 셔양의 ᄇᆡᆨ인종이나 아후리가의 흑인종이나 조물쟈의게셔 밧은 바 신령ᄒᆞᆫ 지각은 일반이어날 엇지ᄒᆞ야 ᄇᆡᆨ인종은 뎌러케 강셩ᄒᆞ고 황인종이나 흑인종은 이러케 쇠약ᄒᆞ뇨 이는 조물쟈의 공평치 못ᄒᆞᆷ이 안이오 인류의 ᄌᆞ작지얼[56]이라 ᄒᆞ노라 엇지ᄒᆞ야 그런고 ᄒᆞ면 샹고에는 인류가 희쇼ᄒᆞ야 서로 닷토는 폐단이 적엇스되 인종이 졈졈 번셩ᄒᆞᆷ을 ᄯᅡ

54 '금년'의 오기.

55 참고: 이 논설 이후 '탄해생'의 한자 병기가 사라짐.

56 자작지얼(自作之孽): 자기가 저지른 일 때문에 생긴 재앙.

라 지혜 잇ᄂᆞᆫ 쟈ᄂᆞᆫ 승ᄒᆞ고 어리석은 쟈ᄂᆞᆫ ᄑᆡᄒᆞ며 약ᄒᆞᆫ 쟈의 고기를 강ᄒᆞᆫ 쟈가 먹ᄂᆞᆫ ᄃᆡ 니르러 살기를 닷톰이 극도에 달ᄒᆞᆫ지라 ᄇᆡᆨ인종은 이 리치를 일즉이 ᄭᆡ닷고 다른 인종은 ᄭᆡ닷지 못ᄒᆞᆷ이라 그런즉 우리가 이 살기를 닷토ᄂᆞᆫ 시ᄃᆡ에 쳐ᄒᆞ야 엇지 녯법을 직희고 가만히 안졋스리오 불가불 지혜와 힘과 용ᄆᆡᆼ을 다ᄒᆞ야 크게 닷토어 살기를 도모ᄒᆞᆯ지로다

볼지어다 일본은 우리와 ᄀᆞᆺᄒᆞᆫ 인종이오 그 디방이 우리에셔 얼마 더 크지 못ᄒᆞ되 ᄉᆞ십 년 젼부터 이 리치를 ᄭᆡ닷고 일반국민이 힘을 아울너 닷톤 ᄭᆞ닭으로 오늘ᄂᆞᆯ ᄇᆡᆨ인종과 억기를 견주어 셰계에 황ᄒᆡᆼᄒᆞ며 ᄌᆞ긔의 권리를 확쟝ᄒᆞ거니와 우리ᄂᆞᆫ 그 닷토ᄂᆞᆫ 마당에 참여치 못ᄒᆞ고 졈졈 물너나오니 물너와 평안히 살 것 ᄀᆞᆺᄒᆞ면 다ᄒᆡᆼᄒᆞᆫ 일이나 그러나 결단코 물너와셔ᄂᆞᆫ 살기를 엇지 못ᄒᆞ리로다 우리의 목젼의 보ᄂᆞᆫ 증거를 말ᄒᆞᆯ진ᄃᆡ 인쳔항구를 셜시ᄒᆞ든 ᄯᆡᄂᆞᆫ 터진ᄀᆡ[57] 바닥에 대한 사ᄅᆞᆷ의 집이 가득ᄒᆞ엿더니 살기를 닷토ᄂᆞᆫ ᄃᆡ 힘과 지혜가 부족ᄒᆞ야 크게 ᄑᆡᄒᆞᆷ을 당ᄒᆞ고 ᄎᆞᄎᆞ ᄊᆞ리ᄌᆡ[58] 밧그로 ᄶᅩ겨나와 간신히 ᄉᆡᆼ명을 보존ᄒᆞ니 지금도 ᄭᆡ닷지 못ᄒᆞ고 힘써 닷토지 안으면 불과 긔년에 싸리ᄌᆡ에셔 ᄯᅩ ᄶᅩᆺ겨오리나 십리 밧그로 나갈 것은 뎡ᄒᆞᆫ 일이오 경셩으로 의론ᄒᆞᆯ지라도 남대문부터 종로ᄭᆞ지ᄂᆞᆫ 샹업의 즁심이라 칭ᄒᆞᆯ 만ᄒᆞᆫ ᄯᅡ인ᄃᆡ 년ᄅᆡ로 우리 동포의 집은 하나도 볼 수 업고 외국사ᄅᆞᆷ의 이층 삼층집이 반공에 소사잇스니 이갓치 ᄒᆞ기를 마지 안이ᄒᆞ면 필경은 우리 동포가 산밋이나 문외로 ᄶᅩᆺ겨나가리로다 우리를 ᄶᅩ차ᄂᆡᄂᆞᆫ 외국사ᄅᆞᆷ도 ᄶᅩ차ᄂᆡ고 십흔 마암이 잇셔 그런 것이 안이라 다만 그 ᄯᅡ히 쟝ᄉᆞᄒᆞ기에 편리ᄒᆞᆫ 고로 즁가를 주고 사ᄂᆞᆫᄃᆡ 우리 동포 즁에ᄂᆞᆫ 감히 닷토어 사ᄂᆞᆫ 쟈ㅣ 업고 파ᄂᆞᆫ 쟈ᄲᅮᆫ인즉 ᄌᆞ연히 그리 될 수밧게 업도다 가령 외국사ᄅᆞᆯ[59]

57 인천 중구 신포동(新浦洞)의 옛 이름.

58 오늘날의 인천 중구 경동(京洞)을 가리킴.

59 '사ᄅᆞᆷ(사람)'의 오기.

은 집 ᄒᆞᆫ ᄀᆡ에 만 원을 주고 사셔들면 그 집에셔 일 년에 몃만 원 리를 남기되 우리ᄂᆞᆫ 지식과 활동력이 부족ᄒᆞ야 리를 남기기ᄂᆞᆫ 고샤ᄒᆞ고 집갑의 변리를 엇지 못ᄒᆞ니 그런 갑 만흔 집을 직희고 잇ᄂᆞᆫ 것보담 차랄히 파라셔 죠고마ᄒᆞᆫ 집을 사고 남은 돈으로 장ᄉᆞ 밋쳔을 삼ᄂᆞᆫ 것이 목젼에 리익이 되나니 셔양속담에 일은바 오늘 계란이 ᄂᆡ일 황계보담 낫다 ᄒᆞᆷ과 갓흐니 엇지 한심치 안으리오 폐일언ᄒᆞ고 직금 시ᄃᆡᄂᆞᆫ 졔각금 살기를 닷토ᄂᆞᆫ 시ᄃᆡ인 쥴을 ᄭᆡ닷고 지식을 닥그며 힘을 기르며 용ᄆᆡᆼ을 발ᄒᆞᆫ 연후에야 우리의 ᄉᆡᆼ명도 보죤ᄒᆞ며 우리의 ᄌᆡ산도 슈호ᄒᆞ며 우리의 ᄉᆞ쳔여 년 젼ᄒᆞ야오ᄂᆞᆫ 강토도 유지ᄒᆞ리라 ᄒᆞ노라

23 1907년 6월 13일(목) 제2429호 론셜

종목[60]하기를 힘쓸 일

무릇 동물은 식물에셔 나ᄂᆞᆫ 산소(酸素)를 밧아 ᄉᆡᆼ장ᄒᆞ고 식물은 동물에셔 나ᄂᆞᆫ 탄소「炭素」를 밧아 무셩ᄒᆞᄂᆞᆫ지라 그 증거를 들어 의론ᄒᆞᆯ진ᄃᆡ 온갓 식 즘셩이 다 초목무셩ᄒᆞᆫ 곳에 거쳐ᄒᆞ기를 됴하ᄒᆞ고 사ᄅᆞᆷ으로 말ᄒᆞᆯ지라도 일은 아참에 슈목 만흔 곳에 가셔 청신ᄒᆞᆫ 공긔를 마시면 졍신이 상쾌ᄒᆞ여지며 각식 풀이나 나모ᄂᆞᆫ 동물의게셔 나오ᄂᆞᆫ 거름을 밧은 연후에야 수히 자라ᄂᆞ니 동물과 식물은 잠시라도 서로 ᄯᅥ나지 못ᄒᆞᆯ 관계가 잇ᄂᆞᆫ 즁에 더욱 사ᄅᆞᆷ은 집짓고 긔구 ᄆᆡᆫ들고 불 ᄯᅢ고 숫 굽ᄂᆞᆫ ᄃᆡ 모다 슈목을 쓰ᄂᆞᆫ 고로 녯 셩인의 말삼에 나모 버히기를 ᄯᅢ가 잇게 ᄒᆞ라 ᄒᆞ시고 ᄯᅩ 십 년의 계교ᄂᆞᆫ 나모를 심으ᄂᆞᆫ 이만 ᄀᆞᆺ지 못ᄒᆞ다 ᄒᆞ엿도다 대뎌 조물쟈가 산과 들을 ᄆᆡᆫ드러ᄂᆡᆯ ᄯᅢᄂᆞᆫ 산에ᄂᆞᆫ 초목을 심으고 들에ᄂᆞᆫ 논과 밧을 가라 농ᄉᆞ짓게 마련ᄒᆞᆷ이어ᄂᆞᆯ 우리나라 사ᄅᆞᆷ은 이 리치를[61] ᄉᆡᆼ

60 종목(種木): 나무 심기.

각지 아니ᄒᆞ고 수목을 심으기는 ᄉᆡ로여 버혀 업시ᄒᆞᆯ ᄯᆞ름인즉 경향을 물론ᄒᆞ고 산이라고 ᄉᆡᆼ긴 산에는 나모 ᄒᆞᆫ 쥬도 업고 돌과 흙ᄲᅮᆫ이니 이갓치 몃십 년을 지나가면 우리가 쟝찻 무엇으로 집을 지으며 무엇으로 긔구를 ᄆᆡᆫ들며 무엇으로 불을 ᄯᆡ며 무엇으로 숫을 구으리오 그ᄲᅮᆫ 안이라 산에 나무가 업슨즉 비 올 ᄯᆡ에 모ᄅᆡ가 ᄂᆡ려 밀녀 ᄀᆡ천이 머히며 비가 오는 ᄃᆡ로 나무 입사귀나 풀ᄲᅮ리에 머므를 곳이 업는 ᄭᆞᄃᆞᆰ으로 조곰 ᄒᆞ면 ᄀᆡ천에 챵슈가 나셔 사ᄅᆞᆷ의 집과 뎐장이 ᄒᆡ를 밧으며 ᄯᅩᄒᆞᆫ 슈목이 업스면 우ᄐᆡᆨ「雨澤」이 젹어지나니 우리나라에 년년히 한ᄌᆡ가 심ᄒᆞᆷ도 산에 슈목 업는 것이 ᄒᆞᆫ 원인이니 엇지 크게 ᄉᆞᆲ히지 안이ᄒᆞᆯ 바ㅣ리오 산에 나모를 심으는 것은 사ᄅᆞᆷ의 몸에 옷 닙히는 것과 갓흐니 몸에 옷을 닙을 쥴 아는 쟈는 산에 나모 심을 쥴을 알지어다 오날부터 우리 이쳔만 동포가 각기 한 쥬식 심을지라도 십 년 후에 됴흔 ᄌᆡ목 이쳔만 쥬가 ᄉᆡᆼ기리니 그 리익이 막ᄃᆡᄒᆞ다 ᄒᆞᆯ지로다 남의 나라 디경에 들어가 그 나라의 빈부와 강약을 알고져 ᄒᆞᆯ진ᄃᆡ 몬져 산에 나모 잇고 업는 것을 보라 ᄒᆞ는 학쟈의 말이 잇스니 이 말이 참 유리ᄒᆞ도다 하날이 쥬신 산과 들을 놀니지 안코 슈목을 금양ᄒᆞ야 무궁ᄒᆞᆫ 리익을 엇은즉 그 나라이 부ᄒᆞ며 강ᄒᆞ리니 ᄉᆞᆲ흐다 우리 동포여 우리가 학문 업고 지식 업셔셔 남과 갓칙[62] 긔긔묘묘ᄒᆞᆫ 긔계는 발명치 못ᄒᆞᆯ[63]지언정 손발 놀녀셔 부즈런히 심으기만 ᄒᆞ면 될 일야 무엇이 어려오리오 만일 우리가 하로 잇흘 지톄ᄒᆞ고 심으지 안으면 ᄌᆞ연히 외국사ᄅᆞᆷ이 심으리니 그ᄯᆡ에 가셔는 심으고져 ᄒᆞ야도 엇지 못ᄒᆞᆯ 것이오 집 ᄌᆡ목 ᄒᆞᆫ 쥬와 화목 ᄒᆞᆫ ᄀᆡ라도 남의게 즁가를 주고도 사기 어려올지니 ᄎᆞ쇼위 ᄲᅧ 주고 속 비러먹는 격이 아니뇨 ᄉᆡᆼ존경징이 심ᄒᆞᆫ 이 시ᄃᆡ에 쳐ᄒᆞ야 하날이 주시는 물건도 ᄎᆞ지ᄒᆞ지 못ᄒᆞ고 남을 ᄂᆡ

---

61 '리치ᄅᆞᆯ(이치를)'의 오기.

62 '갓치(같이)'의 오기.

63 '못ᄒᆞᆯ(못할)'의 오기.

여주고야 엇지 살기를 바라리오 필경 죽을 밧게는 슈가 업스리로다 우리나라 사름이 항용 말ᄒᆞ기를 오날 사랏스면 고만이지 릭일 일을 엇지 아느냐 ᄒᆞ니 오날만 살고 릭일 죽엇스면 관계치 안으려니와 죽지 안코 사라잇슨즉 불가불 먹기도 ᄒᆞ고 닙기도 ᄒᆞ여야 ᄒᆞᆯ 터이니 십 년이나 이십 년을 먼 것으로 알지 말고 오날부터 종목ᄒᆞ기를 힘써 십삼도 각군의 산마다 슈목이 울밀ᄒᆞ여지는 날이야 우리 대한이 셰계 즁에 ᄒᆞᆫ 부강ᄒᆞᆫ 나라이 되리니 슯흐다 동포여 이 말을 범연히 듯지 말고 힘쓸지어다

24 1907년 6월 14일(금) 제2430호 론셜

ᄒᆞᆯ 수 업다는 말을 ᄒᆞ지 말 일 / 탄히싱

우리나라 사름은 마암이 굿지 못ᄒᆞ고 참는 힘이 부족ᄒᆞ야 그러ᄒᆞᆫ지 무삼 어려온 일을 당ᄒᆞ면 언필칭 ᄒᆞᆯ 수 업다 ᄒᆞ니 이 말이 곳 나라를 망ᄒᆞ며 집을 망ᄒᆞ며 몸을 망ᄒᆞᆯ 말이로다 죠뎡에서 벼살ᄒᆞ는 사름이 틱평무사ᄒᆞᆫ 쎡에는 딕딕로 삼공륙경을 지닉여 부귀를 누리다가 나라에 무삼 변란이 나셔 난쳐ᄒᆞᆫ 일을 당ᄒᆞ면 ᄒᆞᆯ 수 업다 ᄒᆞ고 물너나와 ᄌᆞ긔의 일신과 쳐ᄌᆞ를 보존ᄒᆞ랴 ᄒᆞ나 나라이 망ᄒᆞᆫ 후에야 엇더케 일신을 보존ᄒᆞᆯ 도리가 잇스리오 이는 ᄒᆞᆯ 수 업다는 말로뼈 나라를 망ᄒᆞᆷ이오 장ᄉᆞᄒᆞ는 사름이 밋쳔을 만히 드려 무엇을 경영ᄒᆞ다가 불힝히 픽를 보면 ᄒᆞᆯ 수 업다 ᄒᆞ고 다시는 아모것도 경영치 안이ᄒᆞ니 이는 ᄒᆞᆯ 수 업다는 말로뼈 집을 망ᄒᆞᆷ이오 공부ᄒᆞ는 사름이 무삼 어려온 문뎨를 당ᄒᆞ던지 씩닷기 극난ᄒᆞᆫ 글을 보면 ᄒᆞᆯ 수 업다 ᄒᆞ고 칙을 닉던져 다시 연구치 안이ᄒᆞ니 이는 ᄒᆞᆯ 수 업다는 말로써 몸을 망ᄒᆞᆷ이라 셰상 텬하에 ᄒᆞᆯ 수 업는 일이 어딕 잇스리오 사름의 일 가온딕 죽는 것이 뎨일 ᄒᆞᆯ 수 업는 일이나 그러나 ᄌᆞ고이릭로 나라를 위ᄒᆞ거나 부모를 위ᄒᆞ거나 남편을 위ᄒᆞ거나 친구를 위ᄒᆞ야 죽은 쟈가

부지기수인즉 마암이 굿고 참음이 강ᄒᆞ면 결단코 ᄒᆞᆯ 수 업ᄂᆞᆫ 일이 업스리로다 년젼에 일본과 아라ᄉᆞ가 싸홀 ᄯᅢ 아라싸 쟝수 스테셀이 려슌구를 굿게 직희고 잇슬 젹에 탄환이 비 오듯 ᄒᆞ고 검극이 별 걸니듯 ᄒᆞ야 가히 범ᄒᆞᆯ 수 업스되 일본 ᄒᆡ군대장 동향팔랑의 굿은 마암과 강ᄒᆞᆫ 참음으로 ᄒᆞᆯ 수 업다ᄂᆞᆫ 말은 ᄒᆞᆫ 번도 안이ᄒᆞ고 십여 ᄎᆞᆨ을 싸와 마참ᄂᆡ 려슌구를 ᄲᅢ앗고 스테셀을 항복밧앗스니 만일 동향대쟝으로 ᄒᆞ야곰 몃 번을 싸호다가 즁간에 ᄒᆞᆯ 수 업다 ᄒᆞ고 물너갓스면 엇지 셰계에 혁혁ᄒᆞᆫ 큰 공을 세웟스리오 사ᄅᆞᆷ이 지극ᄒᆞᆫ 졍셩과 용감ᄒᆞᆫ 긔운으로 조금도 굴ᄒᆞ지 안코 나아가면 위망ᄒᆞᆫ 나라도 능히 붓들 것이오 도탄에 ᄲᅡ진 ᄇᆡᆨ셩도 능히 구원ᄒᆞᆯ 것이오 십만 대병도 능히 물니칠 것이오 뎐긔나 증긔도 발명ᄒᆞᆯ지니 슯흐다 우리 동포여 결단코 ᄒᆞᆯ 수 업다ᄂᆞᆫ 말 ᄒᆞ지 말고 무삼 어려온 일을 당ᄒᆞ던지 용밍스럽고 굿세게 나아갈지어다 만약 우리가 ᄒᆞᆯ 수 업다ᄂᆞᆫ 말을 다시 ᄒᆞ다가ᄂᆞᆫ ᄯᅡ에 ᄯᅥ러진 국권을 회복ᄒᆞ기ᄂᆞᆫ 고사물론ᄒᆞ고 우리의 ᄉᆡᆼ명도 보존치 못ᄒᆞ리로다 직금 형셰로 볼진ᄃᆡᆫ 벼살ᄒᆞ자 ᄒᆞ야도 남의 졀졔 ᄉᆞ둙에 ᄒᆞᆯ 수 업고 쟝ᄉᆞᄒᆞ자 ᄒᆞ야도 ᄌᆞ본 업고 권셰 업셔 ᄒᆞᆯ 수 업고 농ᄉᆞᄒᆞ자 ᄒᆞ야도 논밧 업고 힘드러 ᄒᆞᆯ 수 업고 공부ᄒᆞ자 ᄒᆞ야도 학비 업고 ᄌᆡ됴 업셔 ᄒᆞᆯ 수 업고 모군이나 인력거군 되고자 ᄒᆞ야도 긔운 부족ᄒᆞ고 지게나 인력거 살 슈 업셔 ᄒᆞᆯ 슈 업고 다만 ᄒᆞᆯ 슈 잇ᄂᆞᆫ 것은 낫잠 자고 담ᄇᆡ 먹고 한담셜화ᄒᆞᄂᆞᆫ 것ᄲᅮᆫ인즉 이러케 ᄒᆞᆯ 슈 잇ᄂᆞᆫ 일만 ᄒᆞ고 ᄒᆞᆯ 슈 업ᄂᆞᆫ 일은 하나도 착슈치 안이ᄒᆞ면 우리의 먹고 닙을 것이 하늘로조차 ᄂᆞ릴가 ᄯᅡ으로조차 소슬가 손 묵고 가만히 안졋다가 죽을 ᄲᅮᆫ이라 본 긔자의 말을 밋지 안을진ᄃᆡᆫ 시험ᄒᆞ야 ᄉᆡᆼ각ᄒᆞ소셔 바다에셔 고기 잡ᄂᆞᆫ 것과 산에셔 금은동텰 ᄏᆡᄂᆞᆫ 것과 장ᄉᆞᄒᆞᄂᆞᆫ 것과 농ᄉᆞᄒᆞᄂᆞᆫ 것이 그 권리난 다 외국사ᄅᆞᆷ의 쟝즁으로 드러가지 안이ᄒᆞ얏나뇨 그러나 우리가 오날부터 손에 춤 밧하 쥐고 졍신을 가다듬아 슈화와 부월[64]이라도 피치 안코 나아

64 부월(斧鉞): 작은 도끼와 큰 도끼. 여기서는 형륙(刑戮) · 중형(重刑)의 뜻.

가다가 셜혹 즁간에서 피 흘니고 넘어지ᄂᆞᆫ 동포가 잇슬지라도 겁ᄂᆡ거나 두려워ᄒᆞ지 말고 나아가기를 마지안이ᄒᆞ면 죵당은 ᄒᆞᆯ 슈 잇ᄂᆞᆫ ᄃᆡ경에 득달ᄒᆞᆯ지로다 비컨ᄃᆡ 우리가 무거온 짐을 지고 ᄐᆡ산쥰령을 넘어갈 ᄯᅢ에 ᄯᆞᆷ이 흐르고 긔운이 ᄉᆡ진ᄒᆞ야 ᄒᆞᆫ거름을 거를 슈 업슬 ᄯᅢ를 당ᄒᆞ여 ᄒᆞᆯ 슈 업다 ᄉᆡᆼ각ᄒᆞ고 짐을 버셔 버리면 이ᄯᅢᄭᆞ지 지고 올나온 젼공도 가셕ᄒᆞ려니와 가고져 ᄒᆞ든 ᄯᅡ에 가지 못ᄒᆞ리니 이런 리치를 깁히깁히 ᄉᆡᆼ각ᄒᆞ여 ᄒᆞᆯ 슈 업다ᄂᆞᆫ 말은 죽어도 말기를 바라노라

25 1907년 6월 15일(토) 제2431호 론셜

샹품진렬소ᄅᆞᆯ 보고 ᄒᆞᆫ탄ᄒᆞᆷ / 탄ᄒᆡᄉᆡᆼ

우리 한셩 안에 인구 이십여만이 잇스되 소위 샹업이라ᄂᆞᆫ 것은 심히 령셩ᄒᆞ야 보잘 것이 업ᄂᆞᆫ 즁 죵로에 잇ᄂᆞᆫ 륙주비젼[65]은

렬셩죠의 샹공을 권ᄒᆞ압시ᄂᆞᆫ 셩덕을 닙어 오날ᄂᆞᆯᄭᆞ지 오ᄇᆡᆨ여 년을 지팅ᄒᆞ야 ᄂᆡ려오며 샹업의 즁심을 웅거ᄒᆞ엿거니와 그 장ᄉᆞ하ᄂᆞᆫ 법은 조곰도 발달치 못ᄒᆞᆯ ᄲᅮᆫ 안이라 도로혀 녜젹만도 못ᄒᆞ고 졈졈 쇠ᄒᆞ여 가ᄂᆞᆫ 고로 ᄯᅳᆺ잇ᄂᆞᆫ 쟈ㅣ 항샹 근심ᄒᆞ더니 삼ᄉᆞ 년 이ᄅᆡ로 샹업가 즁에 유지ᄒᆞ신 몃몃 분이 졍부당국쟈와 협의ᄒᆞ야 은ᄒᆡᆼ 창고회샤 슈형조합 등을 셜시ᄒᆞ고 ᄒᆞᆫ편으로ᄂᆞᆫ 이젼 ᄇᆡᆨ목젼 도가ᄅᆞᆯ 헐고 이층 약옥을 광대ᄒᆞ게 지어 샹업회의소로 쓰게 ᄒᆞ고 겸ᄒᆞ야 상하층에 왼갓 샹품을 진렬ᄒᆞ야 ᄂᆡ외국인의게 구경도 식히고 ᄆᆡᄆᆡ도 ᄒᆞᆯ식 녯 풍속

65 육주비전(六注比廛): 조선 때, 서울 백각전(百各廛) 중 으뜸이 되는 여섯 전. 선전(縇廛), 면포전(綿布廛), 면주전(綿紬廛), 지전(紙廛), 저포전(紵布廛), 내외 어물전(內外魚物廛). = 육의전(六矣廛).

을 씻드리고 묘령녀ᄌᆞ로 ᄒᆞ야곰 물건 파ᄂᆞᆫ 소임을 감당케 ᄒᆞ엿ᄉᆞᆫ즉 우리나라 샹업계에 ᄒᆞᆫ번 크게 진보ᄒᆞᆷ이로다 본 긔쟈도 이 말을 드른 후에 심히 깃브고 다ᄒᆡᆼᄒᆞ게 녀겨 ᄒᆞᆫ ᄎᆞ례 구경ᄒᆞ고져 ᄒᆞᄂᆞᆫ 마ᄋᆞᆷ이 간절ᄒᆞ나 겨를을 엇지 못ᄒᆞ엿다가 ᄉᆞ오일 젼에 비로소 드러가 샹하층을 ᄌᆞ셰히 ᄉᆞᆲ혀본즉 버려노흔 것이 젼혀 외국물건ᄲᅮᆫ이오 우리나라 토디소산은 두세 가지에 지나지 못ᄒᆞᄂᆞᆫ지라 본 긔쟈ㅣ 긔가 막혀 ᄯᅡ를 두다려 통곡ᄒᆞ랴 ᄒᆞᄂᆞᆫ ᄎᆞ에 엇던 셔양사ᄅᆞᆷ 둘이 드러오기로 눈물을 거두고 그 뒤를 ᄯᅡ라가며 가만히 드른즉 두 사ᄅᆞᆷ이 서로 죠롱ᄒᆞ여 ᄀᆞᆯ아ᄃᆡ 이것을 일본인의 권공장이라 일홈ᄒᆞ면 가ᄒᆞ거니와 대한인의 샹품진렬소라 ᄒᆞᆷ은 불가ᄒᆞ도다 ᄒᆞ거날 본 긔쟈의 얼골이 ᄯᅳᆺᄯᅳᆺᄒᆞ야 오래 머무르지 못ᄒᆞ고 문밧게 나와 그 원인을 ᄉᆡᆼ각ᄒᆞ여 본즉 우리나라 사ᄅᆞᆷ의 어둡고 게으른 ᄃᆡ셔 나왓도다 남의 나라 사ᄅᆞᆷ의 장ᄉᆞᄒᆞᄂᆞᆫ 것을 보건ᄃᆡᆫ 부샹대고ᄂᆞᆫ 샹의물론ᄒᆞ고 환약 ᄒᆞᆫ ᄀᆡ를 지어 팔던지 ᄎᆡᆨ ᄒᆞᆫ 권을 간ᄒᆡᆼᄒᆞ던지 권연갑을 버려 놋코 팔지라도 쳣ᄌᆡᄂᆞᆫ 그 가가를 졍쇄히 ᄒᆞᆫ 후 현판 하나이라도 긔어히 남보담 낫게 ᄒᆞ며 수십 원 혹 수ᄇᆡᆨ 원의 돈을 들여 각 신문잡지에 광고를 ᄂᆡᄂᆞ니 이ᄂᆞᆫ 곳 물건 살 사ᄅᆞᆷ을 ᄭᅳ러 다리ᄂᆞᆫ 방법이라 그 민쳡ᄒᆞᆫ[66]고 근간ᄒᆞᆷ이 엇지 항복ᄒᆞᆯ 바ㅣ 안이리오 우리나라 사ᄅᆞᆷ의 장ᄉᆞᄒᆞᄂᆞᆫ 법을 볼진ᄃᆡᆫ 물건은 고간에 깁히 집어넛코 소위 여리군[67]이란 것이 느러셔셔 로샹에 왕ᄅᆡ하ᄂᆞᆫ 사ᄅᆞᆷ을 ᄃᆡᄒᆞ야 무엇 사료 무엇 사료 소ᄅᆡ를 질으니 이것이 몃ᄇᆡᆨ 년 젼부터 ᄂᆡ려오ᄂᆞᆫ 풍속인지 몰으되 이ᄂᆞᆫ 사ᄅᆞᆷ을 ᄭᅳ러 잡아다리ᄂᆞᆫ 방법이 안이오 도로혀 사ᄅᆞᆷ을 ᄶᅩᆺᄂᆞᆫ 소ᄅᆡ로다 본 긔쟈도 잇다금 종로를 지나다가 션 ᄇᆡᆨ목젼이나 동샹젼에 드러가 무엇을 사고 십흔 ᄉᆡᆼ각이 잇셔도 여리군의 거동을 보기 실혀 도로 나온 일이 만히 잇노라 지금은

66 '민쳡ᄒᆞ고(민첩하고)'의 오기.

67 여리꾼: 가게 앞에 서서 지나가는 사람을 끌어들여 물건을 사게 하고, 가게 주인으로부터 삯을 받는 사람.

녯적과 달나셔 무슴 일을 ᄒᆞ던지 경징ᄒᆞᄂᆞᆫ ᄆᆞ음으로 남보담 낫게 ᄒᆞ야 ᄒᆞᆯ 시ᄃᆡ인즉 바라건ᄃᆡ 샹업ᄒᆞ시ᄂᆞᆫ 여러 동포ᄂᆞᆫ ᄐᆡ고 텬황씨 적에 ᄒᆡᆼᄒᆞ던 습관은 버리고 신문이나 잡지에 광고도 ᄂᆡ며 텰도뎡거장이나 기타 사ᄅᆞᆷ 만히 ᄃᆞᆫ기ᄂᆞᆫ ᄧᅡ에 광고를 붓쳐 ᄌᆞ긔 젼방에 여ᄉᆞ여ᄉᆞ히 됴흔 물건이 잇ᄂᆞᆫᄃᆡ 갑이 ᄊᆞ고 품이 지극히 아름다온 것을 왼세상 사ᄅᆞᆷ이 다 알도록 힘쓰시고 ᄯᅩᄂᆞᆫ ᄒᆞᆫ달에 셰젼을 얼마 ᄂᆡᆯ지라도 ᄂᆡ 젼에 잇ᄂᆞᆫ 물건을 상품진열소에 만히 버려노흐쇼셔 무릇 사ᄅᆞᆷ의 ᄆᆞ음이라ᄂᆞᆫ 것은 이샹ᄒᆞ야 외오 잇셔ᄂᆞᆫ ᄉᆡᆼ각도 안이ᄒᆞ엿다가도 물건을 보면 사고 십흔 ᄉᆡᆼ각이 나ᄂᆞᆫ 법이니 ᄒᆞᆫ ᄃᆞᆯ에 수십 원을 허비ᄒᆞᆯ지라도 그런 사ᄅᆞᆷ 만히 드나드ᄂᆞᆫ 곳에 진렬ᄒᆞ야 여러 사ᄅᆞᆷ의 눈에 ᄂᆡ게 ᄒᆞ면 은연즁에 리익이 ᄉᆡᆼ길 것이오 ᄯᅩ 외국사ᄅᆞᆷ이 와셔 보드ᄅᆡ도 대한사ᄅᆞᆷ의 샹품진렬소라 칭찬ᄒᆞᆯ지니 그 명예가 엇더ᄒᆞ리오 감동된 바 두어 ᄆᆞᄃᆡ를 긔록ᄒᆞ야 샹업가 졔씨의게 경고ᄒᆞ노라

26 1907년 6월 16일(일) 제2432호 론셜

부즈런히 벌어셔 졀용ᄒᆞᆯ 일 / 탄ᄒᆡᄉᆡᆼ

녯적 유ᄐᆡ국 솔로몬왕이 갈아ᄃᆡ 「게으른 쟈여 ᄀᆡ암이를 보아 지혜를 엇으라 ᄀᆡ암이ᄂᆞᆫ 인군의 교화도 업고 관원의 명령도 업스되 여름 동안에 부즈런히 벌어 겨울 먹을 것을 쥰비하ᄂᆞᆫ도다 게으른 쟈여 너의가 어ᄂᆡ ᄣᆡᄭᆞ지 놀며 어ᄂᆡ ᄣᆡᄭᆞ지 잠자랴ᄂᆞ냐 ᄌᆞᆷ시 놀고 ᄌᆞᆷ시 ᄌᆞᆷ잘지라도 너의 가난ᄒᆞᆷ과 곤궁ᄒᆞᆷ이 부지불각에 오리라」 ᄒᆞ엿고 강ᄐᆡ공이 갈아ᄃᆡ 「공경ᄒᆞᆷ이 게으름을 익의ᄂᆞᆫ 쟈ᄂᆞᆫ 길ᄒᆞ고 게으름이 공경ᄒᆞᆷ을 익의ᄂᆞᆫ 쟈ᄂᆞᆫ 멸ᄒᆞᆫ다」 ᄒᆞ엿ᄉᆞ니 이 두 말은 다 만셰에 밧고지 못ᄒᆞᆯ 말이라 우리가 엇지 ᄌᆞᆷ시인들 편안ᄒᆞᆷ을 취ᄒᆞ리오 대뎌 사ᄅᆞᆷ이란 것은 수고롭게 벌 것이오 ᄯᅩ 그 버ᄂᆞᆫ 것이 다만 오날만 위ᄒᆞᆯ ᄲᅮᆫ 안이라 ᄅᆡ일을

위ᄒᆞᆯ지로다 만일 오ᄂᆞᆯ은 오날 일만 ᄒᆞ고 ᄅᆡ일은 ᄅᆡ일 일만 ᄒᆞ야 조곰도 영원ᄒᆞᆫ ᄉᆡᆼ각이 업스면 불ᄒᆡᆼ히 우환질병이 잇슬 ᄯᆡ에 엇지ᄒᆞ리오 엇던 셔양사ᄅᆞᆷ이 우리나라 사ᄅᆞᆷ을 평론ᄒᆞ야 갈아ᄃᆡ 대한국인민은 게으르고 교만ᄒᆞ야 수고럽게 일ᄒᆞ기ᄅᆞᆯ 실혀ᄒᆞᆯ ᄲᅮᆫ 안이라 일ᄒᆞ기를 붓그러워 ᄒᆞᆫ다 ᄒᆞ엿스니 이 사ᄅᆞᆷ이 우리 국민의 셩질을 잘 알엇도다 셰샹에 붓그러온 일은 남에게 돈을 취ᄒᆞ야 달나거나 밥을 비ᄂᆞᆫ ᄃᆡ셔 더 ᄒᆞᆯ 것이 업스련만은 우리나라 사ᄅᆞᆷ은 이것을 붓그러온 쥴로 아지 못ᄒᆞ고 다만 일시라도 편안히 놀다가 먹고 닙을 것이 업스면 남을 ᄃᆡᄒᆞ야 ᄋᆡ걸ᄒᆞ니 이 셩질로 말ᄆᆡ암아 오날날 나라가 이 디경에 닐으럿도다 우리의 쳐디로 말ᄒᆞᆯ진ᄃᆡᆫ 다른 나라 사ᄅᆞᆷ보담 십 ᄇᆡᄅᆞᆯ 부즈런히 ᄒᆞᆯ지라도 능히 ᄯᅡ르기가 어려올 것이어ᄂᆞᆯ 도로혀 십분지일을 ᄒᆞ지 못ᄒᆞ니 오날부터라도 크게 ᄭᆡ다르면 이어니와 그러치 안으면 쟝찻 지극히 슯흐고 지극히 괴로온 ᄯᅡ에 ᄲᅡ져셔 다시 닐어나지 못ᄒᆞᆯ가 두려워ᄒᆞ노라 밤에 즌고ᄀᆡ[68]ᄅᆞᆯ 들어가면 등쵹이 휘황ᄒᆞ야 낫보담 더 ᄇᆞᆰ고 남녀로쇼가 즘ᄌᆞ지 안코 물건을 ᄆᆡᄆᆡᄒᆞ다가 ᄌᆞ졍이나 되야 젼문을 닷치ᄂᆞᆫᄃᆡ 우리 경셩의 즁심된 죵로ᄅᆞᆯ 다다르면 ᄒᆡ ᄯᅥ러진 후로ᄂᆞᆫ 젼을 버린 사ᄅᆞᆷ이 하나도 업고 침침장야가 되여셔 인구 이십만이 사ᄂᆞᆫ 도회 갓지 안이ᄒᆞ니 이 밧분 시ᄃᆡ에 이러케 살 슈가 잇스리오 ᄎᆞᆷ 무셥고 겁나ᄂᆞᆫ 일이로다 이 무셥고 겁나ᄂᆞᆫ 것을 ᄭᆡ닷지 못ᄒᆞ면 녯사ᄅᆞᆷ의 일은바 집에 불이 나셔 들보와 기동에 밋쳣스되 졔비ᄂᆞᆫ 몰으고 지져귄다 ᄒᆞᆷ과 갓지 안이ᄒᆞ뇨 우리 동포가 온ᄃᆡ 셜령 돈량이나 가진 사ᄅᆞᆷ이 잇슬지라도 남의 나라 부쟈의게 비ᄒᆞ면 족히 ᄌᆞ랑ᄒᆞᆯ 여디가 업것만은 그 쇼년 ᄌᆞ질비ᄂᆞᆫ 돈이 어ᄃᆡ셔 ᄉᆡ암 솟듯 ᄒᆞᄂᆞᆫ 줄 알고 허랑방탕ᄒᆞ야 기ᄉᆡᆼ 더리고 놀너 단이기와 친구 쳥ᄒᆞ여 료리집에 가ᄂᆞᆫ 것을 승ᄉᆞ로 알어셔 돈 쓰기를 물 쓰듯 쓰기만 ᄒᆞ며 쓰ᄂᆞᆫ ᄃᆡ 졀조가 업스면 그

68 진고개: 당시 경성(京城)의 이현(泥峴)을 가리킴. 오늘날 서울의 충무로 및 운니동(雲泥洞) 인근 지역.

ᄌᆡ물이 몃날이나 지팅ᄒᆞ리오 ᄉᆡᆼ각ᄒᆞ여볼지어다 우리의 먹고 닙고 ᄉᆞᄂᆞᆫ 물건 가온ᄃᆡ 다만 텬연물이 우리나라 토디소산이오 기외에 허다ᄒᆞᆫ 일용지물이 모다 외국 사ᄅᆞᆷ의 손에셔 ᄉᆡᆼ긴 것인즉 무엇을 사든지 사ᄂᆞᆫ ᄃᆡ로 소위 돈이란 것은 외국 사ᄅᆞᆷ의 슈즁으로 드러갈 ᄲᅮᆫ이니 우리의 쓸 돈이 어ᄃᆡ셔 ᄉᆡᆼ기리오 한심ᄒᆞ도다 우리 일이여 모진 바람과 사오나온 물결이 텬지ᄅᆞᆯ 뒤집을 것ᄀᆞᆺ치 몰아오ᄂᆞᆫᄃᆡ 우리ᄂᆞᆫ 다 ᄊᆡ여진 ᄇᆡ 안에 누어셔 잠 자ᄂᆞᆫ 쟈도 잇고 노ᄅᆡᄒᆞ며 춤추ᄂᆞᆫ 쟈도 잇스니 우리가 담대ᄒᆞ여 그런가 어리셕어 그런가 셜혹 담대ᄒᆞ여 그럿타 ᄒᆞᆯ지라도 그 담대ᄒᆞᆷ은 담대ᄒᆞᆷ이 안이오 곳 텬치라 ᄒᆞᆯ지로다 이런 위급ᄒᆞᆫ 일을 당ᄒᆞ면 되든지 안 되든지 힘을 다ᄒᆞ야 살기ᄅᆞᆯ 도모ᄒᆞᄂᆞᆫ 것이 사ᄅᆞᆷ의 ᄯᅥᆺ덧ᄒᆞᆫ 의무일ᄲᅮᆫ더러 ᄌᆞ긔의 ᄉᆡᆼ명을 보존ᄒᆞ리니 ᄉᆡᆼ명이 소즁ᄒᆞᆫ 줄로 알거든 ᄯᆞᆷ 흘니ᄂᆞᆫ 것도 피치 말며 피 흘니ᄂᆞᆫ 것도 ᄉᆞ양치 말고 밤낫으로 부즈런히 벌어셔 졀용ᄒᆞᆯ지어다 일본사ᄅᆞᆷ의 속담에 ᄯᆞᆷ ᄒᆞᆫ 되에 쌀 ᄒᆞᆫ 되라 ᄒᆞᄂᆞᆫ 말이 잇스니 이 말이 족히 국민으로 ᄒᆞ야곰 부즈런케 ᄒᆞ리로라 사ᄅᆞᆷ이 ᄯᆞᆷ ᄒᆞᆫ 되ᄅᆞᆯ 흘녀야 겨오 쌀 ᄒᆞᆫ 되가 ᄉᆡᆼ기거든 함을며 쟝쟝하일에 열 손가락을 ᄭᅩᆼ작도 ᄭᅩᆷ직ᄒᆞ고 낫잠만 자면 처음에ᄂᆞᆫ 빗지고 나중에ᄂᆞᆫ 빌어먹을지라 빌어먹어도 우리 동포의게 빌어먹으면 됴흐렷만은 필경 외국 사ᄅᆞᆷ의게 빌어먹게 되리니 이 말을 과도ᄒᆞᆫ 말로 ᄉᆡᆼ각지 말고 능히 부즈런ᄒᆞ며 능히 졀용ᄒᆞ야 우리의 의식ᄒᆞᄂᆞᆫ 도ᄅᆞᆯ 넉넉ᄒᆞ게 ᄒᆞ기ᄅᆞᆯ 근졀히 바라노라 우리의 의식이 넉넉ᄒᆞ여 남의 힘을 빌지 안케 되여야 나라이 부강ᄒᆞ고 나라이 부강ᄒᆞ여야 남의 보호라든지 졀제ᄅᆞᆯ 밧ᄂᆞᆫ 붓그러옴을 씨스리로다

27 1907년 6월 18일(화) 제2433호 론셜

진명부인회[69]를 하례홈 / 탄히싱

본월 십오일은 음력 단오가졀이라 이날 진명부인회 긔회식을 장츙단에셔 셜힝ᄒᆞ엿ᄂᆞᆫᄃᆡ 오후 두시에 군악소ᄅᆡ가 ᄌᆞᄌᆞ진 가온ᄃᆡ 긔회ᄒᆞᆫ 후에 회쟝 신소당 씨ᄂᆞᆫ 긔회ᄒᆞᄂᆞᆫ 취지를 셜명ᄒᆞ고 춍무 박영ᄌᆞ 씨ᄂᆞᆫ 진명부인회의 챵셜ᄒᆞᆫ 근본과 쟝ᄅᆡ에 엇더케 지팅홀 방침을 연셜ᄒᆞ고 양규의숙[70] 녀학도 슈십 명은 창가ᄒᆞ고 ᄅᆡ빈즁에 유셩쥰 김동완 하부인 졔씨가 차례로 연셜ᄒᆞ고 나죵에 본 긔쟈도 두어 마ᄃᆡ 어리셕은 말로 여러분의 귀를 더럽게 ᄒᆞ얏거니와 다시금 감동된 바를 긔록ᄒᆞ야 우리 이쳔만 남녀동포에게 고ᄒᆞ노라

대뎌 우리나라ᄂᆞᆫ ᄌᆞ고이ᄅᆡ로 녀ᄌᆞ를 쳔ᄒᆞ게 ᄃᆡ졉ᄒᆞ야 규즁에 가두고 문밧게 나오지 못ᄒᆞ게 홀 ᄲᅮᆫ 안이라 가라치ᄂᆞᆫ 바ᄂᆞᆫ 반으질과 음식시ᄉᆡ 외에 지나지 못ᄒᆞ며 간혹 국문 ᄇᆡ화 군두목[71]으로 편지장이나 쓰고 삼국지 소대셩전이나 보면 그 부인은 유식ᄒᆞᆫ 부인이라 지목ᄒᆞ나 칭찬ᄒᆞᄂᆞᆫ 쟈ᄂᆞᆫ 젹고 죠롱ᄒᆞᄂᆞᆫ 쟈가 만핫스니 녀ᄌᆞ의 지식이 업스면 사ᄅᆞᆷ노릇을 홀 슈 업ᄂᆞᆫ 즁에 더욱 일평ᄉᆡᆼ을 옥에 갓친 사ᄅᆞᆷ과 갓치 셰상에 나와 보고 듯ᄂᆞᆫ 것이 업스니 그러케 어둡고 어리셕고야 ᄒᆞᆫ 집의 쥬부가 되여 가ᄉᆞ를 엇더케 규모 잇게 다ᄉᆞ리며 ᄌᆞ녀를 엇더케 법도 잇게 가라치리오 그런 고로 셔양각국에셔ᄂᆞᆫ 남ᄌᆞ와 녀ᄌᆞ를 등분업시 가

---

69 진명부인회(進明婦人會): 1900년대 초기에 설립된 여성 단체의 하나로 국채 보상 운동에 참여하고 여성 교육 기관을 후원함.

70 양규의숙(養閨義塾): 1906년 6월 진학신, 진학주, 김운곡 등이 여성 교육을 실현하기 위한 초등 교육 과정으로 설립했으나 무리한 개교식과 의연금 수합 과정의 사회적 의혹, 무계획적인 재정 운영 등으로 설립 5개월 만에 폐교함.

71 군두목(軍都目): 한자의 뜻과는 관계없이 음과 새김을 따서 물건의 이름을 적는 법. '괭이'를 '廣耳', '지갑(紙匣)'을 '地甲'으로, '등심'을 '背心', '콩팥'을 '豆太'로 적는 따위를 말한다.

라쳐 녀ᄌᆞ의 지식이 남ᄌᆞ만 못ᄒᆞ지 안이ᄒᆞ고 왼갓 일을 남ᄌᆞ ᄒᆞᄂᆞᆫ 것은 다 ᄒᆞᄂᆞ니 가령 사ᄅᆞᆷ 만 명이 잇스면 남녀를 물론ᄒᆞ고 다 각기 샹당ᄒᆞᆫ 지식이 잇스되 우리나라에셔ᄂᆞᆫ 남ᄌᆞ도 글 ᄇᆡ호ᄂᆞᆫ 사ᄅᆞᆷ은 열에 하나이 어렵고 여자ᄂᆞᆫ 도모지 업다 ᄒᆞ여도 가ᄒᆞ겟도다 그런즉 국민의 슈효가 이쳔만이라 ᄒᆞᆯ지라도 그 실샹은 일쳔구ᄇᆡᆨ만 명이 무식하고 유식ᄒᆞᆫ 쟈ᄂᆞᆫ 간신히 ᄇᆡᆨ만 명이 될 터이니 이러한 어리셕은 국민으로ᄡᅥ 엇지 지혜 잇ᄂᆞᆫ 국민을 ᄃᆡ뎍ᄒᆞ리오 우리의 ᄌᆞ쥬쟝ᄒᆞᄂᆞᆫ 권셰를 남의게 ᄲᅢ앗기고 무슨 일을 ᄆᆞ음ᄃᆡ로 ᄒᆡᆼᄒᆞ지 못ᄒᆞ니 엇지 한심치 안이ᄒᆞ뇨 다ᄒᆡᆼ히 우리나라 부인샤회에 지식 잇고 덕ᄒᆡᆼ 잇고 나라를 근심ᄒᆞᄂᆞᆫ 졍셩이 근졀ᄒᆞ신 신소당 박영ᄌᆞ 량씨와 여러 유지ᄒᆞ신 부인 몃몃 분이 이일을 ᄀᆡ탄ᄒᆞ며 ᄯᅩᄒᆞᆫ 우리 나라에 뎨일 귀ᄒᆞ고 아룸다온 양규의슉을 부지ᄒᆞᆯ 수 업ᄂᆞᆫ 일에 ᄃᆡᄒᆞ야 크게 ᄒᆞᆫ탄ᄒᆞ고 이에 사회샹에 ᄯᅳᆺ잇ᄂᆞᆫ 쟈와 서로 ᄭᅬᄒᆞ야 진명부인회를 조직ᄒᆞ엿스니 쟝ᄒᆞ도[72] 진명부인회여 아름답도다 진명부인회여 이 회가 능히 우리 샤회를 문명케 ᄒᆞ며 우리나라를 부강케 ᄒᆞ리로다 이 회가 잘 셩취ᄒᆞ면 양규의슉이 흥왕ᄒᆞ고 양규의슉이 잘 발달ᄒᆞ면 대한뎨국이 셰계에 난 일흠을 엇을지니 바라건ᄃᆡ 진명빗부인회[73] 회원 여러분이시여 쓰거온 마음과 깁흔 졍셩으로 진명부인회를 위ᄒᆞ야 힘쓰쇼셔 ᄯᅩ 이 회보담 몬져 셜립된 녀ᄌᆞ교육회[74]가 잇스니 두 회가 서로 ᄉᆞ랑ᄒᆞ며 서로 붓들며 서로 도아 부인사회가 남ᄌᆞ샤회보담 속히 발달ᄒᆞ기를 천만축슈ᄒᆞ노이다 슯흐다 우리 남ᄌᆞ 동포여 이 녀ᄌᆞ교육회와 진명부인회가 과연 우리나라의 ᄌᆞ쥬독립ᄒᆞᄂᆞᆫ 터가 된 줄 아시거든 힘으로도 돕고 ᄌᆡ물로도 돕고 마암으로도 도아 이 두 회가 아름다온 열ᄆᆡ를

72 종결 어미 '~다'가 누락됨.

73 원문 그대로 옮김. '진명부인회'의 오기인 듯함.

74 여자교육회(女子教育會): 1906년 조직된 여성 교육 단체로 여성 교육 기관인 양규의숙을 후원하기 위해 만들어졌으나, 1908년 대표적인 친일 여성 단체로 전환됨.

밋게 홀지어다 혹시 엇던 완고흔 사름의 마암으로 싱각홀진디 우리가 몃쳔 년 동안 녀즈학교 업셔도 살앗고 부인회 업셔도 살앗는디 지금은 셰상이 망후여 이런 변이 난다 홀 뜻후니 지금은 시디와 풍긔가 이젼과 달나서 이웃집에서는 남자와 녀즈가 갓치 빅호고 갓치 일후는디 우리집에셔만 안이후고 보면 우리는 외토리가 되여 살 슈 업슬 쑨 안이라 더 지혜 잇고 강흔 이웃사름의게 우리 션죠 이후로 젼릭후는 뎐답도 쎅앗기고 집도 쎅앗기고 필경은 이옷사름이 우리집 셰간산림[75]의 일동일졍을 모다 총찰후리니 싱각후고 싱각후야 녯풍속이 아모리 됴흘지라도 불가불 닉여 버리고 시 법을 취홈이 가후다 후노라

28 1907년 6월 19일(수) 제2434호 론셜

부인의 의복을 기량홀 일 / 탄히싱

근릭 우리나라 부인샤회의 풍긔가 크게 변후야 남즈와 교제도 후며 연회에도 참예후며 연셜 마당에 방청도 후며 녀즈교육회나 진명부인회에도 가며 예수교 례빅당에도 단기시는 이가 잇다금 잇스되 그 디위가 놉고 형셰 잇는 부인은 교군을 타고 그 다음은 쟝옷이나 치마를 쓰고야 나오며 혹 그러치 안이후면 양복이나 일복을 닙고 츌입후니 이 일이 참 기탄홀 바이로다 교군을 타자 흔즉 그 부비가 만하셔 이로 당홀 수 업슬쑨더러 이는 닉닉 녯젹 풍속으로 부인이 집에 잇셔도 갓치고 나와도 갓침인즉 불가불 폐지후고 인력거를 타든지 거러 단기든지 후여야 홀 터이나 그러나 인력거는 기싱이나 삼픽 외에 타는 사름이 업슨즉 귀부인은 탈 수 업고 거러 단기자 흔즉 부인의 약질로 능히 오릭 거를 수 업슬 쑨 안이라 무엇으로 얼골을 가려야 홀지라 연고로 싱각다 못후야 양복

75 '살림'의 오기인 듯함.

이나 일복을 닙는 풍속이 싱겻스나 양복이나 일복은 그 가음이 다 외국 소산이오 또흔 우리나라 사름의 손으로 짓지 못ᄒᆞ고 남의 나라 공쟝의게 부탁ᄒᆞ리니 부인이 ᄌᆞ긔 몸에 닙는 옷을 ᄌᆞ긔 손으로 ᄭᅮ여ᄆᆡ지 못ᄒᆞ고 공쟝에게 삭 주고 짓는 것도 불가ᄒᆞ려니와 그 가음의 갑시 대단히 만하셔 여름 옷으로 말ᄒᆞ면 모시나 베보담 여러 갑졀이 되고 겨울 옷으로 말ᄒᆞ면 면쥬나 무명보담 여러 갑졀이 되니 우리나라 사름의 형셰로 엇지 당홀 수 잇스리오 그런즉 부인이 츌입홀 ᄯᅢ에 교군 타는 것도 불가ᄒᆞ며 쟝옷이나 치마를 ᄡᅥ셔 광명흔 일월 아ᄅᆡ 얼골을 가리오는 것도 불가ᄒᆞ며 양복이나 일복을 닙는 것도 불가ᄒᆞ고 의복을 ᄀᆡ량ᄒᆞ야 거러 단겨도 관계치 안코 혹시 인력거를 타도 관계 안케 홈이 가홀지라 대뎌 의복이라는 것은 세 가지 긴요흔 바이 잇스니 쳣ᄌᆡ는 모양의 아름답고 흉흔 것을 보며 둘ᄌᆡ는 위싱에 리롭고 ᄒᆡ로온 것을 보며 셋ᄌᆡ는 돈이 적게 들고 만히 드는 것을 보아셔 모양이 아름답고 위싱에 리롭고 돈이 적게 드는 것으로 택홈이 가ᄒᆞ니 우리나라 부인의 의복을 볼진ᄃᆡ 지금 잇는 졔도에셔 조금만 ᄀᆡ량ᄒᆞ면 모양도 아름답고 위싱에도 리롭고 돈도 적게 드나니 굿히여 외국 졔도를 취홀 것이 업도다 그 ᄀᆡ량ᄒᆞ는 방법에 ᄃᆡᄒᆞ야는 여러 가지 의견이 잇슬 터이나 다만 본 긔쟈의 어리석은 소견을 들어 여러분의 평론ᄒᆞ심을 기다리노이다 젹오리나 젹삼은 읍뒤 셥을 조곰 길게 ᄒᆞ야 슈구와 도련에는 션을 두르거나 양복 모양으로 무엇을 아로삭여 달고 치마는 도랑치마로 ᄒᆞ되 외오 닙고 바로 닙는 폐단이 업시 통치마로 ᄆᆡᆫ드러셔 거름 거를 적에 치마자락이 버러지지 안케 ᄒᆞ고 신은 비단으로 짓는 풍속을 버리고 가족으로 지으되 양혜의 반혜「半鞋」 모양으로도 지어 발이 편ᄒᆞ며 질기게 ᄒᆞ고 머리는 이마를 지우고 밀과 기름으로 붓쳐셔 쪽지는 풍속을 폐ᄒᆞ고 셔양부인의 머리를 본밧아 우흐로 치그어 올니고 모ᄌᆞ랄 써야 홀 터이니 모ᄌᆞ는 우리나라에셔 져ᄒᆞ야오는 것이 업슨즉 부득불 식로 마련ᄒᆞ여야 홀 터인ᄃᆡ 이것이 뎨일 극난흔즉 아즉 셔양 부인의 모ᄌᆞ를 쓰되 얼굴 가리오는 그물은 버릴지며 이 졔도를 참작ᄒᆞ야 ᄎᆞᄎᆞ 우리나라 토디소산으로 우리나라 사름의 손으로 민들어 쓰게 ᄒᆞ면 그 의복이 양복보담 몸에 편ᄒᆞ고 보기 됴코 갑 적어 곳 세계에 뎨일가는 옷이 되리로다 기즁에 무식은 흰 것만 버리고 분홍이나 연두나 ᄌᆞ쥬나 람이나 초록이나 검은 것을 임의디로 ᄒᆞ되 다만 가음은 청국에셔 나오는 롱라금슈라든지 셔양에셔 나오는 각식 비단을 닙지 말고 아모됴록 갑 적은 것과 우리나라 토디소산을 닙게 ᄒᆞ소셔 부인이나 남ᄌᆞ이나 우리 대한신민된 쟈는 오날날이 ᄉᆞ치ᄒᆞ고 호강홀 시디가 안인즉 검소ᄒᆞ고 부즈런ᄒᆞᆫ 것으로 쥬장을 삼아 샹업과 공업이 발달ᄒᆞ야 나라이 부ᄒᆞ고 강ᄒᆞ야지거든 우리도 남과 갓치 됴흔 옷도 닙고 됴흔 음식도 먹으며 틱평ᄒᆞᆫ 복록을 무한히 누려봅시다

29 1907년 6월 20일(목) 제2435호 론셜

어린 아히 ᄀᆞ라치는 법도 / 탄히싱

텬하의 남의 부모 된 쟈는 누구던지 그 ᄌᆞ식을 나아 기를 젹에 두 가지 큰 욕심이 잇스니 쳣지는 병 업시 잘 잘아셔 오릭 사는 것이오 둘지는 문무겸젼ᄒᆞ야 부귀와 공명을 누리는 것이라 넷사름의 말과 갓치 왕후장상이 씨가 업슬진딘 이 욕심은 결단코 그른 욕심이 안이나 그러나 이 욕심을 달ᄒᆞ며 달치 못홈은 어린아히의게 잇지 안이ᄒᆞ고 그 부모의 잘 가라치고 못 가라침에 달녓ᄂᆞ니 남의 부모 된 자ㅣ 엇지 즘시인들 마암을 노흐리오 혹 □쇽 사름이 말ᄒᆞ기를 사름이 이 셰상에 나셔 잘 되고 못 되는 것은 팔ᄌᆞ와 운수에 잇고 지혜 잇고 어리셕은 것은 텬싱이라 ᄒᆞ나 이는 도모지 리치 업는 말이로다 비컨딕 우리가 뜰에 무슨 나무를 심으되 북도 도두어 쥬지 안코 가지도 쳐쥬지 안으면 그 나모가 아모러케나 잘아되 만일 씩씩로 북도두며 곗헤 곳은 나모를 세우고 아릭 우를 믹여두면 곳게 잘아고 가지를 이리 뎌리 휘여셔 취병을 틀면 방셕갓치 둥글게

잘아거든 함을며 텬디간에 지극히 신령흔 사름이야 일너 무엇ᄒᆞ리오 가리치고 인도ᄒᆞᄂᆞᆫ ᄃᆡ로 되ᄂᆞᆫ 것이 분명ᄒᆞ도다 그런즉 ᄌᆞ식 둔 사름은 ᄒᆞᆫ 번 웃고 ᄒᆞᆫ 번 셩ᄂᆡ며 ᄒᆞᆫ 번 ᄆᆞᆯᄒᆞ고 ᄒᆞᆫ 번 힝ᄒᆞᄂᆞᆫ 것을 츄호라도 경솔히 하지 말고 삼가고 조심ᄒᆞᆯ 거시어날 우리나라 사름의 ᄌᆞ식 기르ᄂᆞᆫ 풍속은 악습과 폐단이 하도 만하셔 이로 말ᄒᆞᆯ 슈 업스나 기즁에 큰 것을 들어 말ᄒᆞᆯ진ᄃᆡ 셰 가지 악풍이 잇스니 첫지ᄂᆞᆫ 음식먹이기를 ᄯᅦ업시 홈이오 둘ᄌᆡᄂᆞᆫ ᄭᅮ짓고 ᄯᅡ리기를 법도업시 홈이오 셋ᄌᆡᄂᆞᆫ 거즛말ᄒᆞ기를 례ᄉᆞ로히 녀김이라 대뎌 어린 ᄋᆞ히란 것은 몸이 어ᄃᆡ가 좀 앏하도 울고 의복이 몸에 맛지 안이ᄒᆞ야 거북ᄒᆞ여도 울고 좀 차든지 좀 더워도 울고 좀 ᄇᆡ불으든지 ᄇᆡ곱ᄒᆞ도 울것만은 어린 아희가 울거나 보ᄎᆡ기만 ᄒᆞ면 그 ᄭᅡ닭은 ᄉᆞᆲ히지 안이ᄒᆞ고 하로 몃ᄎᆞ례든지 불계ᄒᆞ고 각식 실과나 ᄯᅥᆨ이나 과ᄌᆞ나 사탕 등속을 잇ᄂᆞᆫ ᄃᆡ로 먹이며 심ᄒᆞᆫ 쟈ᄂᆞᆫ 권연을 먹이니 이것으로 인연ᄒᆞ야 톄증 챵긔 감질 각식 병이 들어셔 오ᄅᆡ 살지 못ᄒᆞ고 다ᄒᆡᆼ히 잘 잘알지라도 어려셔부터 든 병이 골슈에 들어 맛참ᄂᆡ 건강ᄒᆞᆫ 사름이 되지 못ᄒᆞ야 일평싱을 괴롭게 지ᄂᆡᄂᆞ니 이 폐단은 하등샤회보담 상등샤회가 더 심ᄒᆞ고 어린 아희가 위틱ᄒᆞᆫ 작난을 ᄒᆞ든지 ᄆᆞᆯ을 함부로 ᄒᆞ든지 집안에 잇ᄂᆞᆫ 긔명을 ᄭᆡ드리면 몽둥이나 담ᄇᆡᄃᆡ로 아모ᄃᆡ나 후려 ᄯᅡ리며 ᄭᅮ짓ᄂᆞᆫ ᄆᆞᆯ이 잡아 먹을 놈이니 죽일 놈이니 망ᄒᆞᆯ ᄌᆞ식이니 빌어먹을 년이니 경칠 년이니 주리ᄭᅦ를 안길 놈이니 왼갓 욕셜을 입에셔 나오ᄂᆞᆫ ᄃᆡ로 짓거리니 이것으로 인연ᄒᆞ야 은졍이 샹ᄒᆞᆯ ᄲᅮᆫ 안이라 맛참ᄂᆡ 부모의 말을 어렵게 녀기지 안ᄂᆞ니 이ᄂᆞᆫ 샹등샤회보담 하등샤회가 더 심ᄒᆞ고 어린 아희의 울음을 그치게 ᄒᆞ랴고 무셔온 호랑이나 허무ᄒᆞᆫ 귀신의 말로ᄡᅥ 놀나게 ᄒᆞ며 혹 됴흔 음식이나 됴흔 의복을 사다주마 ᄒᆞ고 ᄭᅬ이기도 ᄒᆞ며 죠롱ᄒᆞ노라고 너ᄂᆞᆫ 광통교다리 밋헤셔 엇어다 길넛다 너의 아버지ᄂᆞᆫ 날마다 소잡으러 단긴다 너의 어머니ᄂᆞᆫ 아모ᄃᆡ셔 ᄉᆞᆯ장ᄉᆞᄒᆞᆫ다 너ᄂᆞᆫ 불알 ᄒᆞᆫ쪽이 업다 어룬의 말 안들으면 칼로 ᄇᆡ 가르깃다 왼갓 거즛말을 귀가 앏흐도록 들니니 이것으로 인연ᄒᆞ야 부모와 어룬의 말을 밋지 안을 ᄲᅮᆫ 안이라 잘안 후에 거즛말ᄒᆞᄂᆞᆫ 습관이 싱겨셔 거즛말ᄒᆞᄂᆞᆫ 것이 조금도 붓그러온 줄 몰으ᄂᆞ니 이ᄂᆞᆫ 상즁ᄒᆞ를 물론ᄒᆞ고 통폐가 되엿슨즉 이러ᄒᆞ고야 엇지 미두에 말ᄒᆞᆫ 바 두 가지 욕심을 달ᄒᆞ리오 그 욕심을 달ᄒᆞ지 못ᄒᆞᆯ ᄲᅮᆫ 안이라 도로혀 ᄉᆞ랑ᄒᆞᄂᆞᆫ 아ᄃᆞᆯᄯᆞᆯ로 ᄒᆞ야곰 병신되고 어리셕고 쳔ᄒᆞᆫ 사ᄅᆞᆷ이 되게 ᄒᆞᆷ이니 참 한심ᄒᆞ고 기탄ᄒᆞᆯ 바이로다 이 일이 다만 ᄒᆞᆫ 사ᄅᆞᆷ이나 ᄒᆞᆫ집의 흥망에만 관계ᄒᆞᆯ ᄯᆞ름 안이오 나라 흥망 셩쇠에 영향이 크게 밋ᄂᆞᆫ 고로 이 세 가지 일에 ᄃᆡᄒᆞ야 고금셩현의 말삼과 학쟈의 의론을 들어 우리 ᄌᆞ녀 기르ᄂᆞᆫ 동포로 ᄒᆞ야곰 쥬의케 ᄒᆞ고져 ᄒᆞ노라 (미완)

30 1907년 6월 21일(금) 제2436호 론셜

어린 아ᄒᆡ 가라치ᄂᆞᆫ 법도 (속) / 탄ᄒᆡᄉᆡᆼ

무릇 사ᄅᆞᆷ을 가라치ᄂᆞᆫ 목뎍이 세 가지 잇스니 첫ᄌᆡᄂᆞᆫ 몸을 건장케 ᄒᆞᆷ이오 둘ᄌᆡᄂᆞᆫ 지식을 발달케 ᄒᆞᆷ이오 셋ᄌᆡᄂᆞᆫ 덕셩을 확츙케 ᄒᆞᆷ이니 이 세 가지를 다 온젼히 ᄒᆞ랴 ᄒᆞᆯ진ᄃᆡ 젼호에 의론ᄒᆞᆫ 바 세 가지 악습을 몬져 고쳐야 ᄒᆞ리로다 그런즉 어린 아ᄒᆡ가 갓 나셔 졋 먹을 ᄯᅢ부터 운다고 졋을 ᄯᅢ업시 먹이면 필시 잘 소하ᄒᆞ지 못ᄒᆞ고 ᄒᆞᆫ 번 톄ᄒᆞ고 두 번 톄ᄒᆞ야 여러 달이 지나고 여러 ᄒᆡ가 지나면 종시 고치지 못ᄒᆞᆯ 병인이 될지라 고로 셔양의학ᄉᆞ가 말ᄒᆞ되 어린 ᄋᆞᄒᆡ가 처음 나셔 졋 먹기 시작ᄒᆞ거든 낫이면 두 시간에 ᄒᆞᆫ 번식 먹이고 밤이면 세 시간이나 네 시간에 ᄒᆞᆫ 번식 먹이다가 밤 먹기 시작ᄒᆞᆫ 후에ᄂᆞᆫ 하로 동안에 네 번식에ᄂᆞᆫ 더 먹이지 말나 ᄒᆞ엿스니 이 말을 조차 졋 먹일 ᄯᅢ부터 일뎡ᄒᆞᆫ 시간이 잇셔셔 조곰도 억의지 말고 졋과 밥의 한량을 ᄒᆞᆫ결ᄀᆞᆺ게 ᄒᆞ면 결단코 먹ᄂᆞᆫ 것으로 병 날 리ᄂᆞᆫ 업슬 것이오 병이 업스면 ᄌᆞ연히 몸이 건장ᄒᆞ리니 인ᄉᆡᆼ의 ᄒᆡᆼ복이 이에셔 더 큰 것이 어ᄃᆡ 잇스리오 어린 아ᄒᆡ가 무엇을 좀 잘못ᄒᆞ엿다고 함부로 ᄭᅮ짓고 ᄯᅡ리면 그 ᄒᆡ가 아모 말도 안이ᄒᆞᄂᆞᆫ 것보담 심ᄒᆞᄂᆞ니 엇던 셔양철

학쟈가 말ᄒᆞ되 어린 아희가 무엇을 잘못ᄒᆞ거든 처음에ᄂᆞᆫ 은근히 불너 ᄉᆞ리로 타닐으고 두 번 범ᄒᆞ거든 방에 가두고 허물을 스ᄉᆞ로 ᄉᆡᆼ각ᄒᆞ게 ᄒᆞ며 세 번 범ᄒᆞ거든 ᄋᆞ희의 어머니나 아버니가 아희를 불너 세우고 눈물을 흘녀가며 두 ᄀᆡ나 세 ᄀᆡ 외에ᄂᆞᆫ ᄡᅡ리지 말나 ᄒᆞ엿스니 이 말을 조차 ᄭᅮ짓고 ᄡᅡ리기를 정당ᄒᆞ게 ᄒᆞ면 듯지 안ᄂᆞᆫ 아희가 어ᄃᆡ 잇스리오 우리나라 ᄋᆞ희들이 아버지의 말만 무셔워ᄒᆞ고 어머니의 ᄆᆞᆯ은 어렵지 안케 아ᄂᆞᆫ 것이 여긔셔 나왓도다 엇지ᄒᆞ야 그러냐 ᄒᆞ면 아버지ᄂᆞᆫ 잇다금 ᄭᅮ짓고 잇다금 ᄡᅡ림이오 어머니ᄂᆞᆫ 하로 동안에 몃 번을 젹은 일 큰일 업시 나물하고[76] 주여박ᄂᆞᆫ ᄶᅡ닭이 분명ᄒᆞ지 안이ᄒᆞ뇨 사ᄅᆞᆷ이 어려셔부터 거즛ᄆᆞᆯ만 듯고 거즛말만 ᄒᆞ야 버릇ᄒᆞ면 조곰도 붓그럽게 녀기지 안ᄂᆞᆫ지라 고로 ᄆᆡᆼᄌᆞ의 어머니ᄭᅴ셔 ᄆᆡᆼᄌᆞ를 업고 이웃집에 가셧더니 그 어머니ᄭᅴ 무르시되 뎌 도야지ᄂᆞᆫ 무엇에 쓰랴고 잡ᄂᆞ닛가 ᄆᆡᆼᄌᆞ의 어머니ᄭᅴ셔 무심즁에 ᄃᆡ답ᄒᆞ시되 너를 먹이랴고 잡는다 ᄒᆞ시고 도라와 ᄉᆡᆼ각ᄒᆞ신즉 어린 아희를 속인 모양이라 이에 그 도야지 고기를 사다가 먹이셧다 ᄒᆞ며 예수교 셩경에ᄂᆞᆫ 거즛말ᄒᆞᄂᆞᆫ 것이 사ᄅᆞᆷ의 큰죄라 ᄒᆞ엿스니 우리가 이 여러 셩인의 말을 ᄇᆡ화 어린 아희를 ᄃᆡᄒᆞ야ᄂᆞᆫ 털ᄭᅳᆺ맛치라도 속이지 안으면 그 아희가 필경 덕 잇ᄂᆞᆫ 군ᄌᆞ가 되리로다 이와 ᄀᆞᆺ치 ᄒᆞ야 건장ᄒᆞ고 지혜 잇고 덕 잇ᄂᆞᆫ 사ᄅᆞᆷ이 젼국에 가득ᄒᆞ면 그 가온ᄃᆡ 영웅호걸도 잇슬 것이오 명쟝량상[77]도 잇슬 것이오 현인군ᄌᆞ도 잇슬지니 그런 뒤에ᄂᆞᆫ 집 일이나 샤회의 일이나 나라의 일을 근심ᄒᆞᆯ 것 무엇 잇스리오 우리가 만일 이 악습과 폐단을 고치지 못ᄒᆞ고 이젼과 갓치 ᄒᆡᆼᄒᆞ면 이 다음 시대에 나ᄂᆞᆫ 사ᄅᆞᆷ도 ᄯᅩᄒᆞᆫ 우리와 달음이 업셔 몸은 약ᄒᆞ고 지혜 업고 덕 업ᄂᆞᆫ 사ᄅᆞᆷ만 ᄉᆡᆼ겨셔 이 위망ᄒᆞᆫ 나라를 붓들지 못ᄒᆞᆯ지니 슯흐다 여러분 동포여 나라를 근심ᄒᆞ며 나라를 사랑ᄒᆞ시거든 우리 집안에셔 ᄌᆞ식 가라치ᄂᆞᆫ

76 문맥상 '나무라고'의 뜻으로 볼 수 있음.

77 명장양상(名將良相): 훌륭한 장군과 어진 재상.

것을 법도 잇게 ᄒᆞ여야 가ᄒᆞ도다 즘싱이나 식삿기도 잘 가라치면 길이 들어 사ᄅᆞᆷ이 식히는 ᄃᆡ로 ᄒᆞ거늘 함을며 사ᄅᆞᆷ이란 것은 신령ᄒᆞᆫ 물건이라 잘 되러 들면 한량업시 큰 사ᄅᆞᆷ이 되고 못 되러 들면 한량업시 우둔ᄒᆞᆫ 물건이 되나니 조심ᄒᆞ고 삼갈지어다 이 일은 그다지 ᄒᆡᆼᄒᆞ기 어려오며 ᄇᆡᆨ호기 힘드지 안는 일이오 다만 우리의 ᄉᆞ랑ᄒᆞ고 앗기는 ᄌᆞ녀로 ᄒᆞ야곰 법도에 버셔나지 안케 밤낫으로 쥬의만 ᄒᆞ면 되리니 이 셰상의 아들ᄯᆞᆯ을 잘못 가라치고 나종에 후회ᄒᆞ며 ᄒᆞᆫ탄ᄒᆞ는 자ㅣ 하도 만키로 여러분이 지리ᄒᆞ게 녀기심을 도라보지 안이ᄒᆞ고 쟝황히 셜명ᄒᆞ엿ᄉᆞ오니 ᄒᆞᆫ번 시험ᄒᆞ야 보시기를 간졀히 바라노라

31 1907년 6월 22일(토) 제2437호 론셜

챵셜ᄒᆞᆷ이 귀ᄒᆞᆫ 것이 아니라 실시ᄒᆞᆷ이 귀ᄒᆞᆫ 일

향일 신정부를 조직ᄒᆞᆫ 후 일반세인이 쥬목ᄒᆞ기를 이번 신정부는 그 조직ᄒᆞᆫ 원인이 ᄎᆡᆨ임정부 톄격이라 우리나라에 처음되는 일인즉 필경 그 정부에셔 일ᄒᆞ는 것도 비상ᄒᆞᆫ 일이 만을 것이오 ᄯᅩ한 정부톄직가 외국 헌법을 모본ᄒᆞ얏슨즉 졔반 정치법률도 외국 헌법졔도를 ᄯᅡ라 ᄇᆡᆨ사 관리가 각각 그 직칙을 맛고 ᄯᅩ 그 일 ᄒᆡᆼᄒᆞ는 권리를 셔로 침범치 안코 가량 ᄂᆡ부에셔는 디방관 임면과 일쳬 ᄒᆡᆼ정경찰을 맛고 법부에셔는 ᄉᆞ법을 맛하셔 다 각각 그 맛흔 직칙을 위월ᄒᆞ지 안을 쥴노 밋엇고 ᄯᅩ 무삼 장졍규측이던지 ᄒᆡᆼᄒᆞ야 보다가 국가정치에 불편ᄒᆞ면 곳칠지언뎡 규측장뎡은 그ᄃᆡ로 두고 그 일ᄒᆞ는 것은 그 규측장뎡과 틀은 폐단이 업슬 쥴노 밋고 바라던 바이러니

슯흐다 근일 정부 ᄒᆡᆼ동을 보건ᄃᆡ 무삼 관졔ᄀᆡ졍과 각항장졍 반포ᄒᆞ는 일은 허다ᄒᆞ나 우리 일반인민이 불복ᄒᆞ는 바 무슈ᄒᆞ도다

나라일을 ᄀᆡ량ᄒᆞ는 ᄃᆡ 관졔ᄀᆡ졍ᄒᆞ는 일이 필요치 안은 바 안이로ᄃᆡ 신정부

를 조직흔 지 불과 긔일에 정부 일홈을 곳쳐 늬각이라 흐얏스니 이젼에는 그 일홈이 글너셔 국ᄉ가 이 지경 된 거이 안이오 또한 벼살 일흔[78]을 곳쳐 참찬은 셔긔관장이라 흐고 협관은 차판[79]이라 흐고 참셔관은 셔긔관이라 흐고 쥬ᄉ는 셔긔랑이라 흐얏스니 그젼 일홈으로 두면 국ᄉ가 잘 되지 안코 곳치면 잘 될 일이 잇셔 그리흐엿는가 이 밧분 시간에 글ᄌ 한 ᄌ이라도 더 마련흐야 공문상에 지완홀 섇인즉 우리는 그 의미를 알 슈 업는 바로다 그러흐나 그런 일은 오히려 평론홀 겨를이 업거니와 국가에 즁대ᄉ를 긔정흐는 ᄌ리에 젼국인민의 공론은 다 취홀 슈 업스나 즁츄원이란 마을이 업스면 이커니와 긔왕 셜시흐야 관원을 늬고 들이는 ᄌ리에 비록 관계가 크지 안은 일이라도 의례히 즁츄원 관졔를 ᄯ라 물어보지 안을 슈 업거늘 일국에 뎨일노 크고 뎨일노 긴즁흔 정부를 늬각이라 곳치고 각부 벼살 일홈을 곳치는 ᄌ리에 엇지 즁츄원에 ᄌ슌을 요구치 안이흐얏스며 ᄯ 디방관은 무론 언으 관원이던지 정부에서 직졉으로 츌쳑흐는 것이 안이오 각기 소장ᄃ로 관찰군슈는 늬부에셔 법관은 법부에셔 교관은 학부에셔 쥬관흐야 늬되 그즁에 관찰군슈는 늬부에서도 젼관흠이 안이오 젼고소를 셜시흐고 젼고위원을 늬여 관찰군슈간에 젼고위원회에셔 션택흐야 정부에 올니면 정부에셔 ᄯ흔 의론흐야 가흔 자면 셔임흐고 부흔 자면 물시하되 ᄯ흔 황상폐하쎄 ᄌ가를 봉승흔 후 시힝흐나니 이졔 그 규모가 아름답지 못흐다 흐면 젼고소 물시흐는 령칙을 늬고 ᄯ한 늬부에셔 틱인흠이 공평치 못흐량이면 차라리 늬부대신 협판을 공정흔 이로 늬는 것은 가흐거니와 이졔 관찰사를 두 번이나 늬는ᄃ 늬부는 알지도 못흐계 흐고 젼고소는 폐지흔단 말도 업시 은연즁 물시흔 것과 갓치 흐얏고 ᄯ 늬각 관졔와 직명 고치는ᄃ 즁츄원을 업는 것갓치 뭇지 안은지라 세상에 신용이 업고 나라이 망흐지 안는 자 어ᄃ

78 '일홈(이름)'의 오기.

79 '협판은 차관'의 오기인 듯함

잇스며 관졔를 닉고 실시치 안코 나라이 부지ᄒᆞᄂᆞᆫ 자 어ᄃᆡ 잇스리오

그런 고로 즁츄원에셔도 정부에 질문홈도 잇섯거니와 닉부협판 유셩쥰 디방국장 현은 량씨ᄂᆞᆫ 권리를 즁히 넉이고 관졔를 근본으로 아는 사름이라 ᄌᆞ긔의 직권을 직히지 못ᄒᆞ고 뎐연이 그 ᄌᆞ리에 잇셔 월급이나 먹을 슈 업ᄂᆞᆫ 고로 다 ᄉᆞ직소를 봉뎡ᄒᆞ얏슨즉 하회ᄂᆞᆫ 엇지 될ᄂᆞᆫ지 몰으거니와 우리ᄂᆞᆫ 신졍부의 ᄒᆡᆼ동에 ᄃᆡᄒᆞ야 국가일을 글읏치ᄂᆞᆫ 졍부라고 안을 슈가 업셔 두어 마ᄃᆡ 셜명홀 ᄲᅮᆫ이로다

32 1907년 6월 23일(일) 제2438호 론셜

민권과 신문의 권리

지금 셰계에 어닉 나라이던지 ᄇᆡᆨ셩의 권리가 업스면 그 나라의 권리가 ᄯᅩ한 업고 인민의 권리가 확실ᄒᆞ면 그 나라의 권리도 ᄯᅩ한 강ᄒᆞᆫ 것은 루루이 셜명홀 바 업거니와 근일 눈으로 보ᄂᆞᆫ 바로 말ᄒᆞ건ᄃᆡ 가히 우리나라 사름으로 ᄒᆞ야곰 놀나고 탄식홀 만ᄒᆞᆫ 일이 잇스니 곳 대한일보샤 ᄉᆞ건이라

대한일보ᄂᆞᆫ 일본사름이 일본글노 간ᄒᆡᆼᄒᆞᄂᆞᆫ 신문인ᄃᆡ 일젼에 그 신문 탐보원이 소문을 엇으랴고 경운궁닉 돈덕뎐에 입번ᄒᆞᆫ 일본 경시 호ᄌᆞ우일랑 씨에게 가셔 무삼 공문을 벗겨오ᄂᆞᆫ 일에 ᄃᆡᄒᆞ야 호ᄌᆞ경시가 실례ᄒᆞᆫ 무삼 일이 잇든지 그 익일 대한일보샤에셔 호ᄌᆞ경시의 젼후 불공ᄒᆞᆫ ᄒᆡᆼ젹을 들어 무여지ᄒᆞ게 론박ᄒᆞ얏ᄂᆞᆫ지라 호ᄌᆞ경시가 대한일보샤원을 걸어 일본리ᄉᆞ쳥[80]에 신소ᄒᆞ야 그 신보샤의 관리모욕죄를 징치ᄒᆞ야 달나 ᄒᆞᆫ지라 그 신보샤원이 리ᄉᆞ쳥에 가셔 일일히 변명ᄒᆞᄆᆡ 일호도 죄 줄 것이 업ᄂᆞᆫ 고로 무ᄉᆞ 타협이 되얏ᄂᆞᆫᄃᆡ 그 신

80 이사청(理事廳): 1905년 을사조약에 의해 통감부와 함께 설치되었던 지방통치를 위한 기관.

소ᄒᆞᆫ ᄉᆞ건에 ᄃᆡᄒᆞ야 환산고문이 무삼 관계가 잇던지 몰으거니와 대한일보ᄂᆞᆫ ᄯᅩ 환산고문ᄭᅡ지 무슈론박ᄒᆞ야 신문에 게ᄌᆡᄒᆞᆫ지라 리ᄉᆞ쳥에셔 대한일보 긔쟈가 치안에 방ᄒᆡᄒᆞᆫ다 ᄒᆞ고 네 사ᄅᆞᆷ을 일 년간 한국에 잇지 못ᄒᆞᄂᆞᆫ 명령을 나린지라 대한일보샤에셔 그 샤원들이 퇴한 당ᄒᆞᆫ 것을 더욱 분히 녁여 신문상에 더욱 ᄆᆡᆼ렬ᄒᆞᆫ 말노 폭ᄇᆡᆨᄒᆞ며 일변 신문긔자 될 사ᄅᆞᆷ을 구ᄒᆞ야 여젼이 발간ᄒᆞᄂᆞᆫᄃᆡ 호ᄌᆞ경사ᄂᆞᆫ 필경 견딜 슈 업셔 ᄉᆞ직쳥원ᄒᆞ얏고 환산고문도 거취를 ᄌᆞ뎌ᄒᆞᄂᆞᆫ 즁이란 말이 잇스나 그ᄂᆞᆫ 풍셜에 갓가온 일이어니와 대뎌 대한일보샤가 그 일을 당ᄒᆞᄆᆡ 일반 거류민들의 치위ᄒᆞᄂᆞᆫ 자 분분ᄒᆞ며 편지와 뎐보와 뎐화로 위로ᄒᆞ야 신보샤를 찬셩ᄒᆞᄂᆞᆫ 자 부지기슈라 그 신문샤원들이 비록 퇴한은 몃 번을 당ᄒᆞ던지 강경ᄒᆞᆫ ᄐᆡ도를 취ᄒᆞ라 권면ᄒᆞ며 아모조록 신보샤 권리가 회복되기를 바라고 츅슈들 ᄒᆞᄂᆞᆫ지라

슯흐다 일본관민과 대한일보샤 일을 가지고 우리나라 일에 ᄃᆡᄒᆞ야 보건ᄃᆡ 가히 눈물이 흘으ᄂᆞᆫ 쥴을 ᄭᆡ닷지 못ᄒᆞ깃도다 우리 신문으로 ᄒᆞ야곰 경무관리를 그럿케 망유긔극ᄒᆞ게 른박[81] ᄒᆞ얏스면 신문샤 졍형이 엇지 되얏슬ᄂᆞᆫ지 ᄯᅩ 신문샤에셔 그런 일을 당ᄒᆞ얏스면 누가 혹 위로ᄒᆞ고 권면ᄒᆞᆯ 쟈 몃 명이나 잇슬ᄂᆞᆫ지 경무관리가 그 ᄯᆡ문에 론박ᄒᆞᆷ을 인ᄒᆞ야 ᄉᆞ직 쳥원ᄒᆞ고 나갈 자 잇슬ᄂᆞᆫ지 셜명ᄒᆞ기를 장황히 안이ᄒᆞ야도 다 알너니와 우리ᄂᆞᆫ 그 신문샤 일에 ᄃᆡᄒᆞ야 동업의 감졍도 잇거니와 우리 신문도 장ᄎᆞ 그와 갓지 권리가 잇셔셔 한번 론박ᄒᆞ면 아모리 권리 잇는 관원이라도 감히 머리를 들지 못ᄒᆞ게 되기를 바라고 도모ᄒᆞᆯ 것은 일반 우리 신문 구람ᄒᆞ시ᄂᆞᆫ 여러분들의 동졍이 될 듯ᄒᆞ거니와 만일 인민이 암ᄆᆡᄒᆞ야 민권이 무엇인지 법률이 무엇인지 몰으면 바라ᄂᆞᆫ 것이 헛것이오 츅슈ᄒᆞᄂᆞᆫ 것이 허ᄉᆞ오 오작 일반 인민의 권리가 확장된 후에야 신문도 ᄌᆞ유를 엇어 당당이 할 말도 다 ᄒᆞ고 일반 국민이 밋기도 ᄒᆞᆯ 터이니 그런즉 근일 신

81 '론박(논박, 論駁)'의 오기.

문의 ᄌᆞ유 업다고 믈 ᄒᆞᆯ 것이 안이라 각기 ᄌᆞ긔의 ᄌᆞ유가 업ᄂᆞᆫ 것을 한탄ᄒᆞᆯ지로다 사ᄅᆞᆷ마다 ᄌᆞ유를 엇게 되면 탐관오리도 겁날 것 업고 병함대포도 겁날 것 업나니 우리도 남과 갓치 ᄌᆞ유권 싱기ᄂᆞᆫ 공부들 힘써 봅셰다

33 1907년 6월 25일(화) 제2439호 론셜

ᄀᆡ셩교육총회를 하례ᄒᆞᆷ / 탄ᄒᆡ싱

광무 십일년 륙월 이십일은 ᄀᆡ셩교육총회를 창셜ᄒᆞᆫ 일쥬년 긔념일이라 이날 경덕궁「敬德宮」ᄂᆡ에셔 셩대ᄒᆞᆫ 긔념식을 ᄒᆡᆼᄒᆞᆯ ᄉᆡ 회원 슈ᄇᆡᆨ 명과 보챵학교「普昌學校」ᄇᆡ의학고(培義學校)[82] 영창학교「永昌學校」광명학교「光明學校」강남학교「江南學校」츈우학당「春雨學堂」ᄀᆡ셩학당「開城學堂」졍화녀ᄌᆞ학교「精華女子學校」공립보통학교「公立普通學校」ᄆᆡᆼ동의슉「孟東義塾」슝명학교「崧明學校」한영서원「韓英書院」십이 학교의 학도 이쳔여 명과 ᄂᆡ외국 ᄅᆡ빈 샴쳔여 명이 회집ᄒᆞ야 각 학교 학도의 애국가로 ᄀᆡ최ᄒᆞ고 회쟝은 ᄀᆡ회의 취지를 셜명ᄒᆞ고 본 군슈ᄂᆞᆫ 교육칙어를 봉독ᄒᆞ고 회원과 ᄅᆡ빈이 ᄎᆞ데로 연셜ᄒᆞᆫ 후 폐회ᄒᆞ기를 림ᄒᆞ야 리동휘「李東暉」씨의 발셩으로 만셰를 부르ᄂᆞᆫᄃᆡ 일반회원과 학도와 ᄅᆡ빈이 일졔히 손을 들어 만셰를 부르되 부인 쳔여 명은 묵묵히 관광만 ᄒᆞ난지라 리동휘 씨가 소ᄅᆡ를 놉혀 갈아ᄃᆡ 나라와 인군을 위ᄒᆞᄂᆞᆫ 졍셩은 남녀가 일반이어늘 엇지 부인은 만세를 부르ᄂᆞᆫ 소ᄅᆡ가 업나뇨 ᄒᆞᆫ즉 이에 부인들도 일졔히 손을 들어 만셰를 부르니 그 소ᄅᆡ가 송악산을 움작이고 텬디신명이 감응ᄒᆞᄂᆞᆫ 듯ᄒᆞ더라

장ᄒᆞ도다 ᄀᆡ셩교육총회여 아름답도다 ᄀᆡ셩교육총회여 엇지ᄒᆞ야 셜립ᄒᆞᆫ

82 괄호 포함 원문 표기 그대로 옮김. 'ᄇᆡ의학교(배의학교)'의 오기.

지 겨오 일 년 동안에 뎌곳치 셩딕한 디경에 달ᄒᆞ얏나뇨 이는 회장 류원표「劉元杓」 회원 김용셩「金容聖」 윤응두「尹應斗」 김형식「金瀅植」 림규영(林圭永) 리면근「李冕根」 졔씨와 밋 유지인ᄉᆞ 졔씨의 열심과 리동휘 씨의 졍셩스러온 권면을 인홈이로다 원릭 기셩은 쳔년 고도로 거민이 ᄉᆞ만에 갓갑고 샹업을 힘□는 고로 부즈런ᄒᆞ며 검소ᄒᆞᆫ 풍속은 대한젼국에 뎨일이 되나 그러나 슈구ᄒᆞ는 셩품과 완고ᄒᆞᆫ 마음이 굿건ᄒᆞ야 졸연히 ᄭᆡ닷지 못하더니 쟉년 이릭로 유지ᄒᆞ신 여러분이 국가의 형셰가 가난ᄒᆞ며 약홈과 인민의 지식이 어리셕으며 어두온 것을 크게 기탄ᄒᆞ야 교육총회를 조직홈익 만셩인ᄉᆞ가 닷토어 ᄌᆡ물과 힘으로 도아 학교도 셜시ᄒᆞ며 ᄯᅩᄒᆞᆫ 톄육부(體育部)를 두어 일반 쳥년의 톄육을 권장ᄒᆞ는딕 녯적부터 젼ᄒᆞ야 오는 관덕뎡「觀德亭」 군ᄌᆞ뎡(君子亭) 명월뎡「明月亭」 호뎡「虎亭」 보션뎡「步仙亭」을 공원디로 뎡ᄒᆞ야 슈호ᄒᆞ며 관할ᄒᆞ야 셩닉 셩외의 쳥년ᄌᆞ뎨의 운동ᄒᆞ며 공차며 톄조ᄒᆞ며 활쏘는 터를 밀드럿스니 그 규모의 셰밀홈과 자취의 영원홈이 족히 사름으로 ᄒᆞ야곰 흠션케 ᄒᆞ는도다 그러나 지금도 셩닉 셩외의 소위 글방이란 것이 ᄉᆞ면에 잇셔셔 ᄉᆞ략이나 통감을 가라치는 소릭가 잇다금 들니니 슯흐다 교육총회원 제씨여 오날늘 귀회의 현샹을 만족히 아지 마시고 더욱 힘과 졍셩을 다ᄒᆞ야 각면 각동에 잇는 구습의 글방이 함나도 업게 ᄒᆞ고 문명ᄒᆞᆫ 학문을 가라치는 학교가 날마다 흥왕ᄒᆞ야 우리의 쳥년ᄌᆞ뎨로 ᄒᆞ야곰 지식과 덕힝을 닥가 우희로 종묘사직을 붓들고 아릭로 챵싱을 건지게 ᄒᆞ쇼셔 혹시 여러분의 졍셩이 부족ᄒᆞ든지 열심이 풀녀셔 아름다온 결과를 보지 못ᄒᆞ면 홀로 기셩의 불힝홈이 안이오 곳 대한젼국의 불힝홈인즉 엇지 조심ᄒᆞ고 공구할 바ㅣ 안이리오 만일 귀회를 딕ᄒᆞ야 반딕ᄒᆞ거나 져희ᄒᆞ는 쟈가 잇거든 여러분이 동심합력ᄒᆞ야 처음에는 간졀히 권유ᄒᆞ고 다음에는 밍렬히 방어ᄒᆞ다가 종당은 피 흘니는 일ᄭᆞ지라도 ᄉᆞ양치 안이ᄒᆞᆫ 연후에야 귀회의 일홈이 쳔지지하에 아름다옴을 젼ᄒᆞ라 ᄒᆞ노라 ᄌᆞ고 이릭로 군ᄌᆞ와 쇼인의 닷토는 일은 항샹 쇼인이 득셰ᄒᆞ나 필경은 군ᄌᆞ의 졍도가 힝ᄒᆞ는 것이

니 귀회는 곳 군주의 회라 엇지 쇼인빅의 일시 싀긔홈을 근심ᄒᆞ리오

오호-라 긔셩인ᄉᆞ여 ᄌᆞ질을 사랑ᄒᆞ시거든 ᄌᆞ질을 학교에 보ᄂᆡ고 긔셩을 샤랑ᄒᆞ시거든 교육총회를 도아주시고 나라를 사랑ᄒᆞ시거든 교육총회를 붓드러 타도 타군 샤름의 죠쇼를 취치 말지어다 ᄌᆞ질이 문명ᄒᆞᆫ 학문을 닥가야 집안을 보존ᄒᆞᆯ 것이오 교육총회가 잘 되여야 긔셩이 지팅ᄒᆞᆯ 것이오 교육총회가 셩취ᄒᆞ여야 ᄉᆞ쳔여 년 젼ᄒᆞ야 ᄂᆞ려오ᄂᆞᆫ ᄉᆞ만팔쳔방리의 강토를 남의게 쌔앗기지 안이ᄒᆞ리니 구구ᄒᆞᆫ 녯풍속과 습관을 직희다가 나라의 큰일을 그릇치지 안키를 쳔만 바라노이다

34 1907년 6월 26일(수) 제2440호 론셜

ᄒᆡ산 구원을 ᄉᆡᆼ슈[83]에 맛기지 못ᄒᆞᆯ 일 / 탄ᄒᆡᄉᆡᆼ

인구의 늘고 주ᄂᆞᆫ 것이 나라이 흥ᄒᆞ고 망홈에 큰 관계가 잇스니 동셔양을 물론ᄒᆞ고 부국강병을 쇠ᄒᆞᄂᆞᆫ 쟈ᄂᆞᆫ 항샹 인구가 번셩ᄒᆞ기를 힘쓰ᄂᆞᆫᄃᆡ 일 년 동안에 수십만 원의 국ᄌᆡ를 허비ᄒᆞ야 ᄐᆡ모와 산모를 구호ᄒᆞᄂᆞᆫ 긔관을 셜립ᄒᆞᄂᆞᆫ도다 그 젼례를 들어 말ᄒᆞᆯ진ᄃᆡ 삼십여 년 젼에 덕국과 법국이 기젼ᄒᆞ엿슬 ᄯᅢᄂᆞᆫ 덕국의 인구가 법국보담 대단히 젹엇스나 그 후에 덕국정부에셔 이 일을 크게 근심ᄒᆞ야 젼국에 산파학교「ᄒᆡ산 구원ᄒᆞᄂᆞᆫ 녀ᄌᆞ를 가라치ᄂᆞᆫ 학교」 십이긔를 챵셜ᄒᆞᆫ 효험으로 오날늘은 ᄒᆡ산으로 인연ᄒᆞ야 목숨을 일ᄂᆞᆫ 쟈ㅣ 쳔에 셋밧게 되지 안이ᄒᆞ고 법국에셔도 근ᄅᆡ ᄌᆞ식 삼남ᄆᆡ를 나ᄋᆞ 기르ᄂᆞᆫ 쟈의게ᄂᆞᆫ 호구셰를 밧지 안이ᄒᆞ고 산파학교를 쳐쳐에 셜시ᄒᆞ나 그러나 덕국보담 여러 ᄒᆡ 나종 시작ᄒᆞᆫ 고로 덕국의 인구ᄂᆞᆫ 륙쳔륙십만에 달ᄒᆞ엿스되 법구의 인구ᄂᆞᆫ 삼쳔팔

83 생수(生手): 어떤 일에 도무지 익숙하지 못한 사람.

빅륙십ᄉ만 일쳔에 지나지 못ᄒ며 인도국이나 유틱국과 근년으로 말ᄒ면 포와국[84]이 다 나라의 흥ᄒ고 망ᄒᄂ 본의를 몰으고 인구의 늘고 주ᄂ 것을 도라보지 안이ᄒ다가 필경은 나라를 망흔 자도 잇고 남의 속국이 되ᄂ 슯흔 디경에 싸진 쟈도 잇스니 이를 엇지 심샹히 알 바ㅣ리오 대뎌 잉틱ᄒ며 히산홈은 ᄌ연흔 리치라 사름의 힘으로 엇지홀 수 업스나 만일 학문 업ᄂ 싱슈에 맛겨셔 조곰 잘못ᄒ면 싱명을 하나만 일홀 ᄲᅮᆫ 안이라 산모와 유ᄋ가 흔가지로 참혹흔 변을 당홈이 죵죵 잇스며 다힝히 죽음을 면홀지라도 다시ᄂ 잉틱를 못 ᄒ거나 병신이 되여 일평싱을 편안치 못ᄒ게 지ᄂᆡᄂ 사름이 만토다 우리나라 부인의 틱즁에 지ᄂᆡᄂ 광경을 보건ᄃᆡ 동틱 루ᄃᆡ ᄌ림「틱즁에 오좀 소틱나ᄂ 증」ᄌ리「틱즁에 셜사나ᄂ 증」여러 가지 병으로 신고ᄒ다가 혹 락틱도 ᄒ며 혹 죽기도 ᄒ니 엇지 가련치 안으리오 증셰의 가븨여온 것은 산파가 손으로 주물너 능히 고칠 것이오 증셰의 무거온 것은 의원의 치료를 밧으면 어렵지 안케 나을지어날 무식ᄒ고 완고흔 사름의 소견으로 외국산파나 의원 보이기를 무셔워ᄒ기도 ᄒ며 붓그러워ᄒ기도 ᄒ야 남이 강권홀지라도 듯지 안이ᄒ고 몃칠을 지ᄂᆡ여 위급흔 디경을 당ᄒ면 무셔옴과 붓그러옴을 무릅쓰고 비로소 산파나 의원을 청ᄒ여 보이나 발셔 짐이 기우러 편작이라도 엇지홀 슈 업게 되니 흔편으로 싱각ᄒ면 불상흔 일이로다 ᄯᅩ흔 히산ᄒᄂ 모양을 보건ᄃᆡ 아무것도 몰으ᄂ 이웃집 로파나 일가친쳑의 집 늙은 부인으로 ᄒ야곰 아히를 밧게 ᄒ니 다힝히 슌산이나 ᄒ면 관계치 안으되 난산이나 도산을 흔다던지 후산을 못ᄒ면 엇지홀 쥴을 몰으고 약으로 말ᄒ면 불수산[85]이나 쓰고 그러치 안이ᄒ면 삼신의 탈이라 ᄒ야 메역국 흰밥으로 긔도나 홀 ᄯᅡ름이니 무슨 효험이 잇스리오 그ᄲᅮᆫ 안이

84 포와(布哇): 하와이를 가리킴.

85 불수산(佛手散): 해산(解産) 전후에 흔히 쓰는 탕약. 해산 전후의 여러 질환을 다스리며, 태반을 줄어들게 하여 아기를 쉽게 낳도록 한다. 천궁(川芎), 당귀(當歸)를 쓴다.

라 산모와 아ᄒᆡ의 몸을 도모지 씻지 안이ᄒᆞ고 더온 방바닥에 거젹을 펴셔 드러 온 것을 밧으며 여름이나 겨을이나 문을 겹겹으로 봉ᄒᆞ야 ᄉᆡ슷ᄒᆞᆫ 공긔는 죠금도 통치 못ᄒᆞ게 ᄒᆞ고 산모의 머리ᄂᆞᆫ 슈건으로 싸ᄆᆡ여 밧갓 긔운을 밧지 못ᄒᆞ게 ᄒᆞ고 ᄐᆡᄂᆞᆫ 삼 일 동안을 방안에 둔즉 일긔가 더운 ᄯᆡᄂᆞᆫ 썩어셔 ᄂᆡᆷ시가 흉악ᄒᆞ야 셩ᄒᆞᆫ 사ᄅᆞᆷ이라도 참아 맛흘 수 업거늘 산모와 유아로 ᄒᆞ야곰 맛게 ᄒᆞ니 엇지 산모의 무병ᄒᆞᆷ과 유아의 츙실ᄒᆞᆷ을 바라리오 이것이 비록 녯젹부터 젼ᄒᆞ야 오ᄂᆞᆫ 풍속이나 속히 버리고 남의 나라의 됴흔 풍속을 본밧음이 가ᄒᆞ다 ᄒᆞ노라 셔양의 학ᄉᆞ의 됴사ᄒᆞᆫ 바를 본즉 우리나라에셔 일 년 동안에 ᄒᆡ산ᄒᆞ다가 죽ᄂᆞᆫ 부인이 일만 팔쳔삼ᄇᆡᆨ륙십륙 명이오 구원을 잘못ᄒᆞ야 죽ᄂᆞᆫ 아ᄒᆡ가 륙만 팔쳔오ᄇᆡᆨ팔 명이라 ᄒᆞ엿스니 이것은 다만 우리나라 인구를 일쳔만으로 치고 가량ᄒᆞᆫ ᄆᆞᆯ이라 만일 우리의 항샹 ᄒᆞᄂᆞᆫ 말과 ᄀᆞᆺ치 이쳔만이 될진ᄃᆡᆫ 그 갑졀이 되리니 엇지 놀납고 두렵지 안으리오 년년히 인구가 늘어 가드ᄅᆡ도 셔양 각국은 ᄎᆞ치ᄒᆞ고 일본을 ᄯᆞ르기 어렵거든 함을며 ᄒᆡ마다 팔만 륙쳔팔ᄇᆡᆨ칠십ᄉᆞ 명의 인구를 일부러 죽이ᄂᆞᆫ 모양인즉 나라를 위ᄒᆞ야 통곡ᄒᆞᆯ 일이로다 슯흐다 우리 동포여 우리나라를 흥왕케 ᄒᆞ랴거든 하로 밧비 산파학교를 셜립ᄒᆞ야 산파를 양셩ᄒᆞ며 위션은 집안에 ᄐᆡ모가 있거든 외국 산파의게 부탁ᄒᆞ야 다시ᄂᆞᆫ 그런 위ᄐᆡᄒᆞ고 무셔온 일을 ᄒᆡᆼ치 ᄆᆞᆯ지어다

35 1907년 6월 27일(목) 제2441호 론셜

나라 흥망은 졍부에 잇지 안코 ᄇᆡᆨ셩의거[86] 잇슴 / 탄ᄒᆡᄉᆡᆼ

원ᄅᆡ 우리나라 졍부ᄂᆞᆫ 변동이 자로 되여 위에 오ᄅᆡ 거ᄒᆞᄂᆞᆫ 쟈는 수삭에 지

86 조사 '의게(에게)'의 오기인 듯함.

나지 못ᄒᆞ며 속히 갈니는 쟈는 수십 일이나 ᄉᆞ오 일에 지나지 못ᄒᆞ고 ᄯᅩᄒᆞᆫ 정부에 츌입ᄒᆞᄂᆞᆫ 쟈는 북촌의 모모씨와 남촌의 모모씨로 뎡ᄒᆞ여 두고 이 사ᄅᆞᆷ이 들어오면 뎌 사ᄅᆞᆷ이 나아가고 뎌 사ᄅᆞᆷ이 들어오면 이 사ᄅᆞᆷ이 나아가ᄂᆞᆫ 고로 나라이 망ᄒᆞ든지 흥ᄒᆞ든지 ᄇᆡᆨ셩이 쥭든지 살든지 ᄭᅮᆷ에도 ᄉᆡᆼ각지 안이ᄒᆞ고 다만 당파 싸홈과 셰력 닷톰으로 능ᄉᆞ를 삼아셔 ᄒᆞᆫ 번 디위와 권리를 엇으면 인ᄌᆡ의 션불션은 도라보지 안코 안으로ᄂᆞᆫ ᄌᆞ셔뎨질과 밧그로ᄂᆞᆫ 인친쳑당의 벼살을 쥬션ᄒᆞ기에 분쥬ᄒᆞ며 심ᄒᆞᆫ 쟈ᄂᆞᆫ 뢰물을 밧고 벼살을 식히며 쥭을 죄를 범ᄒᆞᆫ 쟈이라도 돈을 밧치면 법률을 피ᄒᆞ엿스니 정령의 ᄒᆡ이ᄒᆞᆷ과 법강의 문란ᄒᆞᆷ이 극도에 달ᄒᆞ엿ᄂᆞᆫ지라 이로 인ᄒᆞ야 나라의 ᄌᆞ쥬둑립[87]을 보젼치 못ᄒᆞ고 맛ᄎᆞᆷᄂᆡ 남의 보호를 밧는 디경에 이르럿스니 우리 대한신민된 쟈는 맛당히 정신을 가다듬어 쥭기로써 ᄆᆡᆼ셔ᄒᆞ고 나라를 븟들고자 ᄒᆞᆯ지라도 일죠일셕에 능히 ᄒᆞ지 못ᄒᆞᆯ 것이어늘 갈닌 정부의 제공이 이를 ᄉᆡᆼ각지 안코 시졍긔션이라ᄂᆞᆫ 아름다온 일홈을 빙자ᄒᆞ야 나라를 팔며 ᄇᆡᆨ셩을 괴롭게 ᄒᆞᆷ이 더욱 심ᄒᆞᆫ 고로 우희로 황상폐하의 신임ᄒᆞ심을 일코 아ᄅᆡ로 억됴창ᄉᆡᆼ의 원망ᄒᆞᄂᆞᆫ 소ᄅᆡ가 하늘에 사못친지라 ᄒᆞᆯ일업시 일제히 ᄉᆞ직ᄒᆞ고 물너나아간 후에 신ᄂᆡ각을 조직ᄒᆞᆯ ᄉᆡ 우리 셩텬ᄌᆞ의 넓으신 덕으로 ᄌᆞ격을 불구ᄒᆞ시고 인ᄌᆡ를 ᄲᆡ시샤 각기 직칙을 맛기시니 이ᄂᆞᆫ 일은바 ᄎᆡᆨ임ᄂᆡ각이라 이쳔만 국민이 손을 들어 이마에 언고 갈아ᄃᆡ 오날부터ᄂᆞᆫ 죠뎡 ᄇᆡᆨ집ᄉᆞ와 십ᄉᆞᆷ도 관찰군슈를 공정ᄒᆞ고 ᄌᆡ됴잇ᄂᆞᆫ 사ᄅᆞᆷ으로 쓸 것이오 젼국에 의무교육을 실시ᄒᆞ야 ᄇᆡᆨ셩의 지식이 날로 나아갈 것이오 농상공업이 발달ᄒᆞ야 ᄇᆡᆨ셩의 산업이 넉넉ᄒᆞ며 나라의 ᄌᆡ졍이 풍족ᄒᆞᆯ 것이오 화폐를 정리ᄒᆞ야 ᄇᆡᆨ동화에 병든 ᄇᆡᆨ셩을 구원ᄒᆞᆯ 것이오 법률을 공평히 ᄒᆞ야 ᄇᆡᆨ셩의 원망이 업게 ᄒᆞᆯ 것이오 ᄒᆡ군은 업슬만졍 륙군을 확장ᄒᆞ야 뎍국을 방어ᄒᆞ리라 ᄒᆞ더니 오날날 달이 넘으되 우리의 바라든 일이 다 허ᄉᆞ가 되고 다만 ᄒᆞ

87 '독립'의 오기.

ᄂᆞᆫ 일은 의정부를 고쳐 ᄂᆡ각이라 ᄒᆞ고 ᄎᆞᆷ정대신은 춍리대신으로 ᄒᆞ고 협판은 ᄎᆞ관으로 ᄒᆞ고 참찬은 셔긔관장으로 ᄒᆞ고 참셔관은 셔긔관으로 ᄒᆞ고 쥬ᄉᆞᄂᆞᆫ 셔긔랑으로 ᄒᆞᆯ ᄯᆞ름이오 인ᄌᆡ를 ᄲᆡ여 쓰ᄂᆞᆫ 것은 ᄂᆡ 당파나 ᄂᆡ 친구ᄲᅮᆫ이니 슯흐다 우리나라 일이여 장ᄎᆞ 어ᄂᆡ ᄣᆡ 엇던 사ᄅᆞᆷ을 기다려 ᄀᆡ혁ᄒᆞ리오 오날ᄭᆞ지 관제가 글너셔 나라일을 못ᄒᆞ엿든가 규측이나 법률이 업셔 못ᄒᆞ엿든가 신ᄂᆡ각의 ᄒᆞᄂᆞᆫ 일이 이에셔 더 지나지 못ᄒᆞᆯ진ᄃᆡᆫ 참 한심ᄒᆞ고 통곡ᄒᆞᆯ 일이로다 혹 신ᄂᆡ각을 두호하ᄂᆞᆫ 자 말ᄒᆞ되 이것이 곳 ᄀᆡ혁ᄒᆞᄂᆞᆫ 시쵸인즉 조곰 더 기다리고 보ᄂᆞᆫ 것이 가ᄒᆞ다 ᄒᆞ니 녯적에 공ᄌᆞᄂᆞᆫ 로나라 가 대ᄉᆞ구 벼살ᄒᆞ신 지 칠 일 만[88] 란신 쇼졍묘를 버히시고[89] 삼월 동안에 로국이 크게 다ᄉᆞ렷다 ᄒᆞ니 만일 신ᄂᆡ각 제공으로 ᄒᆞ야곰 평일에 국폐와 민막을 강구ᄒᆞᆫ 것이 잇스면 엇지 달이 넘도록 아모 단셔가 업스리오 가령 됴흔 단셔ᄂᆞᆫ 보이지 안을지라도 글은 것이나 업셔야 ᄒᆞᆯ 거시어ᄂᆞᆯ 벼살 일홈 고치ᄂᆞᆫ 것과 ᄂᆡ게 갓가온 사ᄅᆞᆷ을 등용ᄒᆞᄂᆞᆫ 것으로 일을 삼으니 다시ᄂᆞᆫ 아모 긔망도 업도다 그런즉 우리 이쳔만 동포ᄂᆞᆫ 하날이 쥬신 ᄌᆞ유권을 찻지 못ᄒᆞ고 남의 죵이 되여 이리 ᄭᅳᆯ니고 뎌리 ᄭᅳᆯ니다가 멸망ᄒᆞᄂᆞᆫ 외에 다른 도리가 업슬가 결단코 그러치 안이ᄒᆞ니 락심ᄒᆞ지 말고 십삼도 삼ᄇᆡᆨᄉᆞ십이군의 방방곡곡에 학교를 셜립ᄒᆞ야 청년ᄌᆞ뎨를 밤낫으로 부즈런히 가라치며 농업을 ᄀᆡ량ᄒᆞ며 공업을 연구ᄒᆞ며 상업을 흥왕케 ᄒᆞ야 ᄇᆡᆨ셩의 지식이 발달ᄒᆞ며 의식이 유족ᄒᆞ면 ᄌᆞ연히 민권이 확실ᄒᆞᆯ지니 민권이 확실ᄒᆞᆫ즉 정부가 글은 일을 ᄒᆡᆼ코져 ᄒᆞ야도 엇지 못ᄒᆞᆯ지라 우리 ᄇᆡᆨ셩된 자ᄂᆞᆫ 정부가 보호ᄒᆞ야 쥬기를 기다리며 바라지 말고 교육과 식산 두 가지에 힘과 정셩을 다ᄒᆞ야 국민의 의무를 다ᄒᆞᆯ지어다

88 문맥상 '칠 일 만에'로 추정되나 조사 '~에'가 누락되어 있음.

89 공자가 노나라의 대사구(大司寇, 형벌과 옥을 관장하는 벼슬)에 임명된 지 7일 만에 난신(亂臣)인 대부(大夫) 소정묘(少正卯)를 처형했다는 고사를 가리킴.

경셩샹업회의소와 및 한셩닉 샹업가 제씨의게 경고홈 / 탄히싱

즈릭로 우리 경셩 샹업계에 륙주비젼과 외타 각젼이 각기 도가라는 명식을 두고 잇다금 모혀셔 의론ᄒᆞ는 바난 나라에 진빅홀 물건을 마련ᄒᆞ는 것과 란젼을 치는 외에는 아모것도 업스며 여러 사름의 의견을 들어 샹업샹의 리히를 쇠홈이 안이오 다만 대힝슈나 령좌의 말이 ᄒᆞ번[90] 써러지면 그 아릭 좌셕에 잇는 사름은 감히 올코 글은 것을 말ᄒᆞ지 못ᄒᆞ엿스니 그 규모의 젹음은 고사물론ᄒᆞ고 문 닷고 혼쟈 살든 시딕에 힝ᄒᆞ던 어두온 일이로다 갑오경쟝 이릭로 황실에 진빅ᄒᆞ는 것을 폐지홈익 란젼 잡는 악풍이 업셔졋스나 그러나 공공ᄒᆞᆫ 단톄가 업고 졔각금 더럽고 좁은 집속에 안져셔 구구ᄒᆞᆫ 녯풍속을 직힐 ᄯᅡ름이오 셔양목 ᄒᆞᆫ 필과 셕유 ᄒᆞᆫ 통이라도 그 물건이 어딕셔 나며 시세가 얼마 가는 것을 젼연히 아지 못ᄒᆞ니 샹업의 발둘을 엇지 바라리오 직작년 졍부에셔 화폐를 졍리홀 식 빅동화 교환ᄒᆞ는 규측을 마련ᄒᆞᆫ 후로 한셩 샹업계에 큰 공황이 니러나셔 젼문을 닷치고 다라나는 쟈와 파산을 당ᄒᆞᆫ는 쟈ㅣ 십에 칠팔이 된지라 이에 샹업가 즁에 유지ᄒᆞ신 몃몃 분이 샹업회의소를 셜립ᄒᆞ엿스니 이는 우리나라에 처음 잇는 일이로되 경비가 군졸ᄒᆞ야 지팅홀 방침이 묘연ᄒᆞ든 ᄎᆞ에 우리

황상폐하의 셩덕으로 이 일을 특측ᄒᆞ압시고 닉탕젼 오만 원을 딕하ᄒᆞ옵셧스니 샹업회의소의 임원 되신 여러분이 힘과 졍셩을 다ᄒᆞ야 우흐로 셩은의 만분지일을 갑고 아릭로 샹업을 크게 발달케 ᄒᆞ여야 홀 것이어늘 오날늘 슴 년이 갓갑도록 긔초를 세우지 못ᄒᆞ엿스니 겻헤셔 보난 쟈는 불가불 샹업회의소 회두 이하 여러분 임원의 졍셩이 부족ᄒᆞ야 힘쓰지 안이홈을 말ᄒᆞ리로다 엇지ᄒᆞ야 긔초가 서지 못ᄒᆞ얏ᄂᆞ뇨 ᄒᆞ면 샹업회의소 셜립ᄒᆞ는 날로부터 회원을 다수

90 'ᄒᆞᆫ번(한번)'의 오기.

히 모집ᄒᆞ야 적을지라도 오ᄇᆡᆨ 인은 되여야 능히 그 경비를 슈렴ᄒᆞᆯ 도리가 잇슬지라 그러나 우리나라 사ᄅᆞᆷ들이 샹업회의소의 리히관계를 몰으는 ᄭᅡ닭에 ᄌᆞ원ᄒᆞ는 사ᄅᆞᆷ이 하나도 업슨즉 집마다 달ᄂᆡ고 사ᄅᆞᆷ마다 일으기도 ᄒᆞ며 혹 한셩ᄂᆡ에셔 샹업ᄒᆞ는 사ᄅᆞᆷ을 일제히 모흐고 연셜도 ᄒᆞ야 샹업회의소가 무엇인 줄을 알게 ᄒᆞ는 것이 여러분의 ᄎᆡᆨ임인ᄃᆡ 그를 힝ᄒᆞ지 안이ᄒᆞᆫ 고로 회원은 별로히 업고 다만 회두 이하에 졍의원 오십 인과 샹의원 십이 인ᄲᅮᆫ인즉 이는 비컨ᄃᆡ ᄇᆡᆨ셩 업는 졍부와 ᄀᆞᆺ도다 ᄒᆞᆫ 나라로 말ᄒᆞ면 ᄇᆡᆨ셩이 근본이오 ᄒᆞᆫ 회로 말ᄒᆞ면 회원이 근본이어늘 이제 여러분은 근본 업는 나모를 심으고 북도드며 물주어 길으고져 ᄒᆞ는 모양인즉 그 가지와 입사귀가 몃칠이나 잇다가 ᄆᆞᆯ으리오 이는 여러분도 일즉이 ᄉᆡᆼ각ᄒᆞ엿스되 인졍과 물틔를 헤아려 아즉 착슈치 안이홈이어니와 한셩ᄂᆡ 샹업가 졔씨는 엇지ᄒᆞ야 남이 권유ᄒᆞ기를 기다리고 샹업회의소에 참여치 아이[91] ᄒᆞ엿ᄂᆞ뇨 단지 ᄒᆞᆫ 달에 몃 원식 ᄂᆡ라는 것을 괴롭게 녀겨 그러홈인 듯ᄒᆞ나 지금은 시ᄃᆡ가 이젼과 달나셔 우리나라 십삼도는 이무가론이고 우리와 샹업샹에 큰 관계가 잇는 쳥국 일본 미국 여러 나라와 셰계각국의 물가의 오르고 ᄂᆡ리는 것과 귀ᄒᆞ고 쳔ᄒᆞᆫ 것을 일일히 안 연후에야 남과 닷토어가며 샹업을 경영ᄒᆞᆯ지나 이는 ᄒᆞᆫ 샤ᄅᆞᆷ의 힘으로 도뎌히 ᄒᆞ지 못ᄒᆞᆯ 바ㅣ라 연고로 샹업회의소라 ᄒᆞᆫ는[92] 긔관을 두어 여러 사ᄅᆞᆷ의 리히를 ᄀᆞᆺ히게 홈이니 엇지 일삭 동안에 몃 원식 ᄂᆡ는 것을 앗기리오 원ᄅᆡ 우리나라 사ᄅᆞᆷ은 눈압헤 보이는 리히만 알고 영원ᄒᆞᆫ 것을 아지 못ᄒᆞ며 ᄂᆡ ᄒᆞᆫ몸의 리히만 ᄉᆡᆼ각ᄒᆞ고 공공ᄒᆞᆫ 리히를 도라보지 안이ᄒᆞᆫ 고로 나라이 잇갓치 가난ᄒᆞ고 약ᄒᆞ야 만고에 씻지 못ᄒᆞᆯ 붓그러옴을 당ᄒᆞ엿스니 엇지 크게 ᄭᆡ닷지 못ᄒᆞ고 이갓치 어두오뇨 ᄉᆡᆼ각ᄒᆞᆯ사록 답답ᄒᆞ도다 ᄀᆞᆺ흐다 상업가 제씨여 경셩상업회의소가 흥왕ᄒᆞ면 경셩에 상업이

91 '아니'의 오기인 듯함.

92 'ᄒᆞ는(하는)'의 오기.

발달홀 것이오 경성의 상업이 발달ᄒᆞ면 젼국이 본을 밧아 나라이 부강ᄒᆞ리니 다만 ᄂᆡ 집안이나 ᄂᆡ 방안만 보지 말고 눈을 크게 ᄯᅥ셔 셰계형편을 도라보며 셰계형편은 못 볼지라도 인쳔이나 진고ᄀᆡ 가셔 남의 거동을 좀 보고 우리도 남과 갓치 ᄒᆞ랴거든 상업회의소를 ᄂᆡ 것으로 알고 힘ᄡᅥ 도을지어다

37 1907년 6월 29일(土) 제2443호 론셜

즁츄원 / 탄히싱

즁츄원은 본ᄅᆡ 외국의 츄밀원 제도를 모방ᄒᆞ야 셜시ᄒᆞ고 덕망과 학식이 구비ᄒᆞᆫ 사ᄅᆞᆷ을 ᄐᆡᆨᄒᆞ야 의쟝 이하에 칙쥬임의관 수십 인을 두어 우흐로 대황뎨폐하의 ᄌᆞ문ᄒᆞ심과 아ᄅᆡ로 졍부의 슌의ᄒᆞᄂᆞᆫ ᄉᆞ항을 의론ᄒᆞ야 가부를 결뎡케 ᄒᆞᆷ이니 그 직칙이 지극히 즁대ᄒᆞ나 그러나 무슐년 이ᄅᆡ로 즁츄원을 셜시ᄒᆞᆫ 본의ᄂᆞᆫ 다 어ᄃᆡ로 가고 의관 ᄆᆡᄆᆡᄒᆞ기를 져ᄌᆞ거리의 물건과 ᄀᆞᆺ치 ᄒᆞ야 쳥문이 ᄒᆡ괴ᄒᆞ더니 수 년 젼부터 그 관제를 고쳐 의관을 찬의라 ᄒᆞ고 중경대관이나 각 도 각 읍 선ᄇᆡ 즁에 나히 만코 덕이 놉흔 사ᄅᆞᆷ을 쳔망ᄒᆞ야 임명케 ᄒᆞ엿스니 그 ᄯᅳᆺ인즉 심히 아름다오나 실샹은 아모것도 ᄒᆞᄂᆞᆫ 일이 업고 찬의 졔씨의 잇다금 모혀 한담ᄒᆞ며 소일ᄒᆞᄂᆞᆫ 마당이 된 고로 졍부에셔도 즁츄원을 즁히 녀기지 안코 인민도 즁츄원을 심상히 아든 ᄎᆞ에 갈닌 졍부의 제공이 죠야의 인심을 슈습홀 ᄭᅬ로 부친의[93]라 ᄒᆞᄂᆞᆫ 명식을 가셜ᄒᆞ고 각 단톄 즁에셔 유지ᄒᆞᄃᆞᆫ 사ᄅᆞᆷ을 몃 명식 ᄲᅢ여 부찬의를 식혓다가 불과 긔일에 혹 면관된 쟈도 잇고 혹 ᄉᆞ면ᄒᆞᆫ 쟈도 잇스니 졍부에셔 힝ᄒᆞ랴든 졍략이 다 허ᄉᆞ가 되엿ᄂᆞᆫ지라 그 후로ᄂᆞᆫ 관찰ᄉᆞ나 군슈 즁에 탐도불법ᄒᆞᄂᆞᆫ 자와 각부 부원쳥 칙쥬임관 즁에 직임을 감당치 못

93 '부찬의(副贊議)'의 오기.

ᄒᆞᄂᆞᆫ 자ᄂᆞᆫ 의례히 즁츄원 찬의 부찬의로 써여 드리니 즁츄원은 곳 악관인을 잡아넛ᄂᆞᆫ 구렁이 되엿스니 즁츄원을 폐지ᄒᆞᄂᆞᆫ 것은 찰알히 가ᄒᆞ거니와 이ᄀᆞᆺ치 쳔ᄃᆡᄒᆞᆷ은 불가ᄒᆞ다 ᄒᆞ노라 신ᄂᆡ각 제공이 들에 잇슬 ᄊᆡ에 밤낫으로 졍부에셔 문구만 슝샹하는 폐단을 근심ᄒᆞ더니 엇지ᄒᆞ야 고치지 안이ᄒᆞ고 습용ᄒᆞ나뇨 참 한심ᄒᆞ고 가셕ᄒᆞᆫ 일이로다 관찰ᄉᆞ나 군슈로 잇슬 ᄊᆡ에 힝졍을 잘못ᄒᆞ든 사ᄅᆞᆷ이 언관이 되면 그 말을 사ᄅᆞᆷ이 밋지 안을 ᄲᆞᆫ 안이라 글은 사ᄅᆞᆷ의 마ᄋᆞᆷ에셔 올흔 말이 나올 수 업고 ᄯᅩ한 각부 부원쳥 ᄉᆞ무관으로 직임을 감당치 못ᄒᆞ든 사ᄅᆞᆷ이 무슴 됴흔 의견이 잇셔

대황뎨폐하의 ᄌᆞ문ᄒᆞᆷ심[94]과 졍부의 슌의ᄒᆞᄂᆞᆫ 일에 ᄃᆡᄒᆞ야 가부를 의결ᄒᆞᆯ 능력이 잇스리오 이ᄂᆞᆫ ᄂᆡ각 졔공도 익히 아시ᄂᆞᆫ 바이나 다만 벼살 단기든 사ᄅᆞᆷ을 면관식히면 안면에도 구ᄋᆡᄒᆞ고 그 사ᄅᆞᆷ의 젼뎡에도 방히롭다 ᄒᆞ야 그져 써여 먹기ᄂᆞᆫ 어렵고 ᄃᆞᆯ니ᄂᆞᆫ 구쳐ᄒᆞᆯ 도리가 업슨즉 불가불 공써러졋다 ᄆᆞᆯ이 업게 즁츄원으로 모라 너흐니 이것은 나라의 공긔를 가지고 형식과 문구로 쓰ᄂᆞᆫ 것이라 지금 ᄀᆡ혁ᄒᆞᄂᆞᆫ 시ᄃᆡ를 당ᄒᆞ야 신ᄂᆡ각 제공이 두 억기에 즁대ᄒᆞᆫ 칙임을 지고도 나라를 망ᄒᆞ든 형식과 문구를 습용ᄒᆞᆷ은 ᄯᅳᆺ잇ᄂᆞᆫ 쟈의 취ᄒᆞ지 안ᄂᆞᆫ 바ㅣ니 바라건ᄃᆡ ᄂᆡ각 졔공은 세 번 ᄉᆡᆼ각ᄒᆞ쇼셔 졍부에셔 관인을 츌쳑ᄒᆞᆯ ᄊᆡ에ᄂᆞᆫ ᄂᆡ 친속이라도 죄 잇스면 벌주고 ᄂᆡ 원슈라도 공 잇스면 샹 주ᄂᆞᆫ 것이 가ᄒᆞ거늘 우리나라에셔ᄂᆞᆫ ᄌᆞᄅᆡ로 그러치 못ᄒᆞ야 ᄂᆡ게 갓가온 사ᄅᆞᆷ이면 죄가 잇셔도 덥허주고 ᄂᆡ게 먼 사ᄅᆞᆷ이면 공이 잇셔도 포양치 안이ᄒᆞᆫ 고로 오ᄇᆡᆨ여 년 동안에 군ᄌᆞᄂᆞᆫ 감초이고 소인만 당로ᄒᆞ야 삼쳔리 강토 안의 이쳔만 민족을 어육을 ᄆᆡᆫ드럿ᄂᆞᆫ지라 이에 우리

셩텬ᄌᆞ의 춍명예지ᄒᆞ신 덕으로 즁흥대업을 일우고자 ᄒᆞ샤 군국대ᄉᆞ를 졔공의게 맛기샤 ᄇᆡᆨ반 폐졍을 ᄀᆡ혁케 ᄒᆞ시니 제공이 ᄒᆞᆫ번 그릇ᄒᆞ면 나라ᄂᆞᆫ 다시

94 ‘ᄒᆞ심(하심)’의 오기인 듯함.

여망이 업슬 뿐외라 졔공의 죄가 구졍부의 졔공보담 더욱 클 것이어날 졔공은 엇지 싱각지 안이ᄒᆞ시고 올치 못ᄒᆞᆫ 사ᄅᆞᆷ을 들어 나라에 가장 즁대ᄒᆞᆫ 직임을 맛기시나뇨 이ᄀᆞᆺ치 ᄒᆞ기를 마지 안이ᄒᆞᆯ진ᄃᆡ 즁츄원은 폐지ᄒᆞᄂᆞᆫ 것이 가ᄒᆞ고 만일 ᄀᆡ혁코자 ᄒᆞᆯ진ᄃᆡ 찬의와 부찬의를 일병도ᄐᆡᄒᆞ고 직언극간ᄒᆞᄂᆞᆫ 션비와 지덕이 겸비ᄒᆞᆫ 사ᄅᆞᆷ을 택용ᄒᆞ기를 간절히 신ᄂᆡ각 제공의게 바라노라

38 1907년 6월 30일(일) 제2444호 론셜

츄셰를 됴하홈은 나라를 망ᄒᆞᄂᆞᆫ 근인 / 탄희싱

권셰 잇ᄂᆞᆫ 사ᄅᆞᆷ을 츄앙하며 ᄌᆡ물 잇ᄂᆞᆫ 사ᄅᆞᆷ의게 아첨홈은 인졍의 떳떳홈이라 세계 만국 사ᄅᆞᆷ이 다 ᄀᆞᆺᄒᆞ나 그러나 우리나라 사ᄅᆞᆷ은 ᄀᆞ장 심ᄒᆞ야 이젼에 종실이나 쳑신 즁에 셰도ᄒᆞᄂᆞᆫ ᄌᆡ샹이 잇스면 그 ᄌᆡ샹의 집은 져자거리와 ᄀᆞᆺᄒᆞ야 ᄃᆡ여 들고 ᄃᆡ여 나아가ᄂᆞᆫ 사ᄅᆞᆷ이 하로도 몃쳔 명 몃ᄇᆡᆨ 명인ᄃᆡ 쥬인 ᄌᆡ샹의 덕힝이 엇더ᄒᆞ든지 치국치민을 엇더케 ᄒᆞ든지 마음으로 츄앙ᄒᆞ며 입으로 ᄋᆞ첨ᄒᆞᆯ 뿐 안이라 돈과 금은쥬옥과 릉라금슈와 기외에 허다ᄒᆞᆫ 물션을 닷토어 밧치고 아참 제녁으로 ᄃᆡ령ᄒᆞ야 량슈거지ᄒᆞ고 웃목에 우둑허니 섯다가 쥬인ᄌᆡ샹의 입에셔 무슨 ᄆᆞᆯ이 ᄒᆞᆫ번 ᄯᅥ러지면 사슴을 가라쳐 말이라 ᄒᆞ든지 콩을 가지고 보리라 ᄒᆞ든지 지당ᄒᆞ외다 젹당ᄒᆞ외다 ᄒᆞᄂᆞᆫ ᄃᆡ답이 ᄉᆞ면에셔 분쥬히 들어오니 그 쥬인된 ᄌᆡ샹은 하나 둘을 몰라도 관즁 제갈량이오 나라를 팔며 ᄇᆡᆨ셩을 어육을 ᄆᆡᆫ들어도 이윤[95] 쥬공[96]이라 그 ᄌᆡ조와 그 덕을 가지고 ᄒᆞ든 일이 무엇

95 이윤(伊尹): 이름은 '이'이고 '윤'은 관직명이다. 가노(家奴) 출신으로 상(商)나라 탕왕(湯王)에게 발탁되어 재상이 되고 하(夏)나라 걸왕(桀王)을 토벌하는 데 공헌했다.

96 주공(周公): 성은 희(姬), 이름은 단(旦). 주(周)나라 초기에 국가의 기반을 다졌다. 공자는

인고 귀와 입을 마조 다이고 수군숙덕ᄒᆞᆫ 말은 누구를 모함ᄒᆞ야 역젹을 민들고 누구로 무슨 벼살을 식힐 일이 안이면 남의 문벌의 낫고 놉흠과 형셰의 가난ᄒᆞ고 부흠을 의론ᄒᆞᆯ ᄯᆞ름이니 어ᄂᆡ 겨를에 나라와 ᄇᆡᆨ셩을 근심ᄒᆞ엿스리오 필경은 그 셰도라 ᄒᆞᆫ는 것이 우리나라 사ᄅᆞᆷ의 손에 잇지 안코 외국 공ᄉᆞ의게로 도라간지라 그 후로는 츄셰ᄒᆞ던 무리들이 청국 아라ᄉᆞ 미국 영국 일본 각 공관을 셰도의 즁심으로 알고 그 형셰의 강ᄒᆞ고 약흠과 셩ᄒᆞ고 쇠흠을 ᄉᆞᆲ혀 청국의 셰력이 강ᄒᆞ면 청공관으로 향ᄒᆞ고 아라ᄉᆞ의 셰력이 셩ᄒᆞ면 아공관으로 향ᄒᆞ야 나라를 팔기에 분주ᄒᆞ더니 맛참ᄂᆡ 외교권을 일코 남의게 보호를 밧는 디경에 일으럿스니 ᄒᆞᆫ번 크게 ᄭᆡ다를 것이어날 지금도 츄셰ᄒᆞ던 더러온 버릇이 그져 남아셔 남북촌으로 도라단이며 시국의 변쳔흠과 셰력의 셩쇠만 보다가 근일 일진회에셔 대신도 나고 국쟝도 나고 관찰ᄉᆞ도 나고 군슈도 나는 것을 보고 일진회원 즁에 셰력 잇는 사ᄅᆞᆷ을 차자보고 ᄒᆞᆫ는 말이 나도 참셔관이나 군슈를 식혀 주면 일진회에 들겟노라 ᄂᆡ가 본ᄃᆡ 샹토를 앗겨 일진회에 안 든 것이 아니라 ᄒᆞ고 만단으로 ᄉᆞ졍ᄒᆞ며 ᄋᆡ걸ᄒᆞᆫ다는 소문이 죵죵 들이니 비루ᄒᆞ도다 이 사ᄅᆞᆷ들이여 가련ᄒᆞ도다 이 사ᄅᆞᆷ들이여 일진회의 목뎍이 엇더ᄒᆞᆫ지 취지가 엇더ᄒᆞᆫ지 아지도 못ᄒᆞ고 풍셩학려로 오날날ᄭᆞ지 흉보고 욕ᄒᆞ다가 다만 벼살을 구ᄒᆞᆯ 더러온 욕심으로 갑작이 일진회에 투입ᄒᆞᆯ ᄉᆡᆼ각이 나셔 ᄉᆡᆼ명보담 즁ᄒᆞ게 알든 상토를 버혀 버리려 ᄒᆞ나 일진회는 우리나라에 처음 잇는 큰 졍당으로 ᄌᆞ거ᄒᆞ야 ᄉᆞ대강령을 들어 텬하에 공포ᄒᆞ엿스니 엇지 뎌갓ᄒᆞᆫ 츄셰만 됴하ᄒᆞᆫ는 자를 회원으로 삼으리오 가령 일진회가 졍당ᄂᆡ각을 죠직ᄒᆞ고 안으로는 각 대신 이하 ᄇᆡᆨ집ᄉᆞ와 밧그로는 관찰군슈를 모다 일진회원이 ᄒᆞᆯ지라도 션후지별이 잇슨즉 일진회를 조직ᄒᆞ던 날로부터 경향으로 단이며 애쓰고 공드린 사ᄅᆞᆷ이 하도 만ᄒᆞᆫ즉 그 사ᄅᆞᆷ들을 다 식히고야 ᄉᆡ로 들어오는 회원의 ᄎᆞ례에 갈지니

그를 후세에 모범으로 삼아야 할 인물로 격찬했다.

아마 여러 십 년을 기다려야 되리로다 일진회의 목뎍과 취지를 올케 녀겻스면 당쵸에 들지 안코 엇지 오날ᄭᆞ지 기다렷나뇨 이는 단지 츄세ᄒᆞᄂᆞᆫ ᄉᆡᆼ각에셔 나온 것인즉 쳣ᄌᆡᄂᆞᆫ 몸과 집을 망ᄒᆞ고 둘ᄌᆡᄂᆞᆫ 나라를 망하는 근인이니 오날부터는 이런 ᄉᆡᆼ각을 다시 두지 말고 벼살ᄒᆞᆯ ᄉᆡᆼ각이 잇거든 물너가 공부ᄒᆞ고 나히 만하셔 공부ᄒᆞᆯ 슈 업거든 지게를 지던지 인력거를 ᄭᅳᆯᄂᆞᆫ 것이 가ᄒᆞ고 그도 뎌도 못 ᄒᆞ겟거든 ᄌᆞ식이나 잘 가라쳐 이다음 셰상에ᄂᆞᆫ 츄셰를 슝상ᄒᆞᄂᆞᆫ 쟈가 하나도 업게 ᄒᆞᆯ지어다

1907년 6월

7월

39 1907년 7월 2일(화) 제2445호 샤셜

졍지홍[97] 씨의 ᄌ쳐ᄒᆞᆫ 본의ᄅᆞᆯ 오히ᄒᆞ지 말 일

지작일에 금릉위 박영효 씨를 환영ᄒᆞ기 위ᄒᆞ야 귀부인과 신ᄉᆞ 쳔여 명이 아참부터 농상소 안에 모혀 셩ᄃᆡᄒᆞᆫ 의식을 거ᄒᆡᆼᄒᆞᆯ ᄉᆡ 금릉위는 맛참 신병이 잇셔셔 참셕지 못ᄒᆞ고 금릉위와 여러 ᄒᆡ 동고ᄒᆞ든 안영즁 씨가 금릉위의 ᄃᆡ신으로 승좌ᄒᆞᆫ 후 졔반졀ᄎᆞᄅᆞᆯ ᄎᆞ뎨로 ᄒᆡᆼᄒᆞ야 쥬ᄀᆡᆨ이 서로 질거워ᄒᆞ든 ᄎᆞ에 난ᄃᆡ업는 일셩포향이 나며 엇던 사ᄅᆞᆷ 하나히 넘어져 소ᄅᆡᄅᆞᆯ 지르는 고로 경찰관리와 의원과 일반회원이 닷토어 달녀들어 신톄를 ᄉᆞᆲ혀본즉 왼편 갈비 밋헤 류혈이 랑ᄌᆞᄒᆞᆫ지라 즉시 대한젹십ᄌᆞ 병원으로 메여다 놋코 구호ᄒᆞ다가 오후 구시에 맛참ᄂᆡ 졀명이 되엿스니 이는 지ᄉᆞ 졍지홍(鄭在洪) 씨라[98]

ᄉᆞᆲ흐다 졍지홍 씨의 ᄌᆞ쳐ᄒᆞᆫ 일에 ᄃᆡᄒᆞ야 여러 가지 의심과 와언이 잇스나 그 사ᄅᆞᆷ의 평일 ᄒᆡᆼ젹과 유셔를 볼진ᄃᆡ 결단코 다른 뜻이 업고 나라ᄅᆞᆯ 위ᄒᆞ는 ᄯᅳ거온 피가 ᄭᅳᆯ는 것을 금치 못ᄒᆞ야 밧그로는 부귀공명의 욕심과 안으로는 부모쳐ᄌᆞ의 질거옴을 도라보지 안코 쳔금 ᄀᆞᆺᄒᆞᆫ 목숨을 버렷도다 졍지홍 씨는 본

97 정재홍(鄭在洪, ?~1907): 조선 말기의 애국지사. 이토 히로부미를 암살하려다 실패하자 자결한 것으로 알려져 있다.

98 원문의 강조 표기(오식 포함)를 그대로 옮김.

릭 뜻잇는 션비로 인쳔에 인명학교를 셜립ᄒᆞ고 그 교감이 되여 밤낫으로 쳥년 ᄌᆞ데를 교육ᄒᆞ기에 열심ᄒᆞ며 ᄒᆞᆫ편으로는 대한ᄌᆞ강회 인쳔지회장이 되여 샤회의 인심을 경셩ᄒᆞ더니 ᄌᆡ작일은 금릉위의 환영회에 참여ᄒᆞᆯ ᄎᆞ로 아참에 일즉이 동지 수인과 동힝ᄒᆞ야 경셩에 들어오ᄂᆞᆫ 길로 경셩고아원에 가셔 원쟝 리우션 씨를 보라 ᄒᆞ다가 맛참 리우션 씨가 업슴으로 편지를 써 놋코 바로 농상소로 ᄀᆞᆺ다가 오후 삼시에 립식을 됩ᄒᆞᆫ 후[99] 홀로 초연히 소나모 아릭 안져셔 ᄌᆞᄌᆡ ᄒᆞ엿ᄂᆞᆫᄃᆡ 유셔 네 벌이 잇스니 하나ᄂᆞᆫ 그 모부인씌 고ᄒᆞᄂᆞᆫ 것이오 하나ᄂᆞᆫ ᄌᆞ긔의 ᄉᆡᆼ각의 변ᄒᆞᆫ 바를 노릭로 지은 것이오 하나ᄂᆞᆫ 젼국 지ᄉᆞ의게 경고ᄒᆞᆫ 것이오 하나ᄂᆞᆫ 젼국 동포를 향ᄒᆞ야 ᄌᆞ긔의 아달 형데의 교육을 부탁홈이라 그 모부인씌 고ᄒᆞᆫ 바ᄂᆞᆫ 오인이 보지 못ᄒᆞ엿거니와 그 ᄉᆞ상팔변가(思想八變歌)ᄂᆞᆫ 얼는 본즉 누구를 쥭이랴고 경영홈과 ᄀᆞᆺᄒᆞ야 오히ᄒᆞ기 쉬우나 그 글을 ᄌᆞ셰히 본즉 과연 ᄌᆞ긔가 처음 ᄉᆡᆼ각에ᄂᆞᆫ 나라에 죄 만히 지은 사ᄅᆞᆷ을 ᄒᆞᆫ ᄆᆡ에 쳐 쥭이랴 ᄒᆞ얏고 두 번ᄌᆡ ᄉᆡᆼ각에ᄂᆞᆫ 잘못ᄒᆞ면 쥭일 사ᄅᆞᆷ도 쥭이지 못ᄒᆞ고 ᄌᆞ긔만 쥭을가 념려ᄒᆞ얏고 세 번ᄌᆡ ᄉᆡᆼ각에ᄂᆞᆫ 륙혈포로 얼는 놋코 도망ᄒᆞ리라 ᄒᆞ얏고 네 번ᄌᆡ ᄉᆡᆼ각에ᄂᆞᆫ 륙혈포를 샷고 다삿 번ᄌᆡ ᄉᆡᆼ각에ᄂᆞᆫ 남을 쥭이고 ᄌᆞ긔가 살고져 홈은 텬리에 어김이라 ᄒᆞ얏고 여삿 번ᄌᆡ ᄉᆡᆼ각에ᄂᆞᆫ 남을 쥭이고 나도 쥭으리라 ᄒᆞ얏고 일곱 번ᄌᆡ ᄉᆡᆼ각에ᄂᆞᆫ 사ᄅᆞᆷ 하나 쥭이고 ᄌᆞ긔 하나 쥭으면 그만이라 ᄒᆞ얏고 여ᄃᆞᆲ 번ᄌᆡ ᄉᆡᆼ각에ᄂᆞᆫ ᄌᆞ긔 한 사ᄅᆞᆷ만 쥭어셔 젼국동포를 경셩ᄒᆞ면 ᄌᆞ긔 몸에 영화되고 국가에 힝복이 되리라 ᄒᆞ엿스니 정ᄌᆡ홍 씨가 처음에ᄂᆞᆫ 츙분을 참지 못ᄒᆞ야 누구를 쥭이랴 ᄒᆞ야 여러 가지로 ᄉᆡᆼ각ᄒᆞ다가 필야에ᄂᆞᆫ ᄌᆞ긔 한몸만 쥭어셔 젼국 동포로 ᄒᆞ야곰 나라일에ᄂᆞᆫ ᄉᆡᆼ명을 앗기지 안케 홈이 분명ᄒᆞ며 경고문 ᄉᆞᆺ헤 갈아ᄃᆡ 「남으로 ᄒᆞ야곰 쥭여 나의 살 영화를 도으라 ᄒᆞ면 그 엇지 되리오」 ᄒᆞ엿슨즉 이 뜻은 남을 쥭여셔 ᄌᆞ긔의 영화를 구ᄒᆞ랴 ᄒᆞ면 되지 안으리라 홈이오 또

99 원문 표기 그대로 옮김. 의미 불명확.

츄후로 ᄌᆞ긔의 아들 형뎨의 교육홀 일을 국닉 동포에게 부탁ᄒᆞ엿스니 가령 정직홍 씨로 ᄒᆞ야곰 누구를 죽이랴고 경영ᄒᆞ엿스면 법률상에 죄인이 되리니 어닉 누가 동정을 표ᄒᆞ야 ᄌᆞ긔의 ᄋᆞ달을 도아쥴 쥴로 ᄉᆡᆼ각ᄒᆞ얏스리오 무엇으로 보든지 정직홍 씨의 ᄌᆞ쳐ᄒᆞᆫ 본의는 단단히 다른 ᄯᅳᆺ이 업고 ᄌᆞ긔의 ᄉᆡᆼ명을 버려 소위 지ᄉᆞ라 ᄒᆞᄂᆞᆫ 쟈로 ᄒᆞ야금 ᄌᆞ긔의 ᄌᆞ최를 본밧아 죽기를 두려워ᄒᆞ지 말게 홈인 쥴로 츄상홀 것이어늘 세상에셔 이런 쟝ᄒᆞᆫ 사ᄅᆞᆷ의 죽은 본의를 그릇 ᄉᆡᆼ각ᄒᆞᄂᆞᆫ 폐가 잇기로 두어 마ᄃᆡ어 ᄌᆞ초지종 긔록ᄒᆞ야 ᄡᅥ 젼국동포의게 고ᄒᆞ노라

40 1907년 7월 4일(목) 제2446호 론셜

단발에 ᄃᆡᄒᆞᆫ 의견 / 탄ᄒᆡᄉᆡᆼ

근ᄅᆡ 우리나라에 소위 ᄀᆡ화당과 완고당의 의견이 셔로 합ᄒᆞ지 못ᄒᆞ야 왼갓 일에 츙돌ᄒᆞᄂᆞᆫ 폐단이 만흔 즁에 가장 큰 문뎨는 단발 일관이라 ᄀᆡ화를 쥬장ᄒᆞᄂᆞᆫ ᄉᆞᄅᆞᆷ은 단발 안이ᄒᆞᆫ 사ᄅᆞᆷ을 보면 권ᄒᆞ기도 ᄒᆞ며 흉도 보며 욕도 ᄒᆞ고 완고를 쥬장ᄒᆞᄂᆞᆫ 사ᄅᆞᆷ은 단발ᄒᆞᆫ 사ᄅᆞᆷ을 맛나면 타국 사ᄅᆞᆷ이니 오랑캐갓치 녁여 ᄃᆡᄒᆞ야 말ᄒᆞ기를 실혀ᄒᆞ니 참 ᄀᆡ탄홀 바이로다 지금 우리나라의 형셰를 가지고 의론홀진ᄃᆡᆫ 무삼 일이던지 국민샹하가 일심으로 나아갈지라도 삼쳔리 강토와 이쳔만 민족을 보죤홀는지 못 홀는지 긔필키 어렵거던 함을며 이갓치 규각이 나고셔야 쟝찻 엇지ᄒᆞ리오 의관문물이라 ᄒᆞᄂᆞᆫ 것은 씨를 ᄯᆞ라 편리ᄒᆞᆫ 것으로 츼홀지어늘 굿히여 녯풍속을 직희고져 ᄒᆞᄂᆞᆫ 자는 그 문견이 고루ᄒᆞ야 오날늘 시국의 변쳔홈을 씌히지 못홈이니 족히 더부러 말홀 것 업거니와 근일 정부에셔 단발령을 발포ᄒᆞᆫ다는 풍셜이 젼파되야 경향의 인심이 크게 소동ᄒᆞᄂᆞᆫ 고로 두어 마ᄃᆡ 어리셕은 소견을 베풀어 젼국 동포의게 고ᄒᆞ노니 대져 머리터럭을 싹근즉 쳣지는 정신이 샹쾌ᄒᆞ고 둘지는 긔샹이 활발ᄒᆞ고 셋지는 모양이 션명

ᄒᆞ고 넷지는 ᄉᆞ상이 일신ᄒᆞ나니 부득불 ᄭᆡ가야 문명ᄒᆞᆫ 시ᄃᆡ에 대장부의 ᄌᆞ격을 일치 안을지라 그럼으로 졍부의 문무관리와 각 학교의 학도와 밋 사희[100]상의 ᄯᅳᆺ잇는 션ᄇᆡ가 ᄐᆡ반이나 단발ᄒᆞ얏시되 양복을 닙자 ᄒᆞᆫ즉 돈이 만이 들고 대한 옷에 모ᄌᆞ를 쓰자 ᄒᆞᆫ즉 일진회원과 ᄀᆞᆺ흠을 혐의ᄒᆞ야 의례히 탕건 우에 ᄀᆞᆺ을 쓰니 다만 샹토 ᄶᆞ며 망건 쓰는 폐단을 졔ᄒᆞᆯ ᄯᆞ름이라 엇지 완젼히 아름답다 ᄒᆞ리오 농샹공부에셔는 일젼부터 대신 이하 일반관리와 고원ᄉᆞ령ᄇᆡᄭᆞ지 일졔히 단발ᄒᆞ고 보리집 모ᄌᆞ를 쓰게 ᄒᆞ얏다 ᄒᆞ니 그 일이 심히 쟝쾌ᄒᆞ나 그러나 현금 우리나라 형편으로 의론ᄒᆞᆯ진ᄃᆡᆫ 과연 풍셜과 ᄀᆞᆺ치 일죠일셕에 단발령을 발포ᄒᆞ고 보리집 모ᄌᆞ를 쓰라 ᄒᆞ면 어리셕고 완고ᄒᆞᆫ 민심의 소요홈은 족히 근심ᄒᆞᆯ 바ㅣ 안이어니와 샹업과 ᄌᆡ졍샹의 영향이 크게 밋치리니 엇지 세 번 ᄉᆡᆼ각지 안으리오 본ᄅᆡ 우리나라 사ᄅᆞᆷ의 닙는 것과 기타 일용지물이 모다 외국 소산인 고로 ᄇᆡᆨ셩이 피폐ᄒᆞ고 나라가 빈약ᄒᆞ야 ᄯᅳᆯ쳐 니러나지 못ᄒᆞᆯ 디경에 이르럿는ᄃᆡ 더욱이 망건과 갓과 탕건을 폐지ᄒᆞ고 모ᄌᆞ를 쓰게 되면 그 쟝식이 모다 업을 일코 류리표박ᄒᆞᆯ ᄲᅮᆫ 안이라 우리나라 인구가 가령 이쳔만이면 남ᄌᆞ가 일쳔만이 될지오 기즁에 어린 아히를 졔ᄒᆞ고 쟝셩ᄒᆞᆫ 남ᄌᆞ만 칠지라도 륙ᄇᆡᆨ만은 넉넉ᄒᆞ리니 ᄆᆡ 일 명에 모ᄌᆞ갑을 평균 일 환으로 치면 곳 륙ᄇᆡᆨ만 환이라 이갓흔 거익이 우리 동포의 슈즁으로 드러갈 것 갓흐면 아모 샹관 업스려니와 이것이 젼혀 외국사ᄅᆞᆷ의게로 도라갈 터인즉 진실노 무셥고 두려온 일이로다 우리 졍부 졔공이 ᄀᆡ혁ᄒᆞ는 시ᄃᆡ를 당ᄒᆞ야 이러케 즁ᄃᆡᄒᆞᆫ 일을 경홀히 힝ᄒᆞᆯ 리가 만무ᄒᆞ니 바라건ᄃᆡ 우리 동포는 부질업시 경동ᄒᆞᆯ지 말지어다 그러나 조만간에 ᄒᆞᆫ 번은 크게 변ᄒᆞ리니 미리 쥰비치 안이치 못ᄒᆞᆯ지라 미리 쥰비ᄒᆞ고져 ᄒᆞ면 망건이나 탕건 쓰는 것을 ᄇᆡ호는 것보담 각식 모ᄌᆞ 졔조ᄒᆞ는 법을 ᄇᆡ호는 것이 필요ᄒᆞ다 ᄒᆞ노라

100 '사회'의 오기.

풍셜 / 탄히싱

풍셜이라 ᄒᆞᄂᆞᆫ 것은 곳 거짓말이라 어ᄂᆡ 시ᄃᆡ나 어ᄂᆡ 나라에 거짓말이 업스리오마는 오날놀 우리나라가 가쟝 심ᄒᆞ니 엇지ᄒᆞ야 거짓말이 이곳치 셩힝ᄒᆞ나뇨 인민의 지식이 발달치 못ᄒᆞ야 어리셕고 어두온 ᄃᆡ셔 나는도다 사ᄅᆞᆷ의 학문이 놉하 왼갓 ᄉᆞ물의 리치를 투쳘ᄒᆞ게 알면 감히 거짓말로써 속이지 못ᄒᆞ려니와 동셔를 몰으는 어린 ᄋᆞ희를 ᄃᆡᄒᆞ야는 콩을 가라쳐 팟이라 ᄒᆞ야도 그러히 녁이고 고양이를 가져 호랑이라 ᄒᆞ야도 무셔워 피ᄒᆞ고져 ᄒᆞᄂᆞᆫ지라 우리나라 사ᄅᆞᆷ은 ᄂᆡ남업시 침침쟝야에 잠을 ᄭᆡ지 못ᄒᆞ엿슨즉 어린 ᄋᆞ희와 무엇이 달으리오 연고로 나라의 졍ᄉᆞ도 거짓말로 ᄒᆞ얏고 학문도 거짓말로 ᄒᆞ얏고 농ᄉᆞ도 거짓말로 ᄒᆞ야 도모지 실샹이 업스니 형샹도 업고 그림ᄌᆞ도 업는 거짓말이 텬디간에 가득ᄒᆞ야 군ᄌᆞ가 쇼인도 되고 쇼인이 군ᄌᆞ도 되며 츙신이 역젹도 되고 역젹이 츙신도 되는 일이 ᄃᆞᆯ마다 날마다 긋치지 안이ᄒᆞ엿노라 그런즉 오ᄇᆡᆨ여년 동안의 군ᄌᆞ소인과 츙신역젹이 젼혀 당파ᄊᆞ홈과 셰력닷톰에셔 ᄉᆡᆼ기는 풍셜에 지나지 못ᄒᆞ다 ᄒᆞ야도 망녕된 ᄆᆞᆯ이 안이니 누가 능히 시비곡직을 분별ᄒᆞ리오 지금은 녯적과 달나 사ᄅᆞᆷ의 지식이 ᄇᆞᆰ을 ᄲᅮᆫ 안이라 신문이라는 것이 잇셔 날마다 셰상소문을 탐보ᄒᆞᆫ즉 거짓말이 업슬 ᄯᅳᆺᄒᆞ나 그러나 이젼보담 일층 심ᄒᆞ야 사ᄅᆞᆷ의 이목을 현황케 ᄒᆞ니 진실로 한심통곡ᄒᆞᆯ 바이라 이졔 그 풍셜의 나는 근인을 ᄉᆡᆼ각ᄒᆞᆯ진ᄃᆡ 혹은 인군의 춍ᄋᆡ를 엇을 계칙으로 ᄲᅮ리업는 ᄆᆞᆯ을 지어ᄂᆡ어 남을 죽을 ᄯᅡ에 ᄲᅡ칠지라도 도라보지 안이ᄒᆞ며 혹은 ᄌᆞ긔의 벼살과 셰력을 굿칠 ᄭᅬ로 허구ᄒᆞᆫ 풍셜을 젼파ᄒᆞ야 우희로 인군을 긔망ᄒᆞ고 아ᄅᆡ로 인심을 션동ᄒᆞ며 혹은 ᄂᆡ 당파의 권리를 확쟝ᄒᆞᆯ 비계로 다른 당파를 모함ᄒᆞ되 일본을 ᄇᆡ쳑ᄒᆞᆫ다 누구를 죽이랴고 결ᄉᆞᄃᆡ를 모앗다 무슨 운동으로 돈 몃만 원을 ᄉᆞ러ᄂᆡ여 아모아모를 어ᄃᆡ로 비밀히 보ᄂᆡ엿다 어ᄃᆡ셔는 아모가 의병을 니르킨다

빅 가지 쳔 가지로 거짓말을 꿈여니니 듯는 사룸의 싱각에는 불 찍지 안은 굴독에셔 엇지 연기가 나리오 ᄒᆞ야 반신반의ᄒᆞᄂᆞᆫ 즁에 열 사룸이면 열 사룸이 모다 와셔 그 말을 젼ᄒᆞᆫ즉 과연 그런 쥴노 밋고 어졔ᄭᆞ지 사랑ᄒᆞ고 밋던 사룸을 뮈워ᄒᆞ고 의심ᄒᆞ며 ᄯᅩᄒᆞᆫ 공교히 풍셜과 방불ᄒᆞᆫ 일이 싱기게 되면 그 ᄆᆞᆯ을 지어니던 사룸은 ᄌᆞ긔의 공을 ᄌᆞ랑ᄒᆞᆯ ᄲᅮᆫ 안이라 스ᄉᆞ로 싱각ᄒᆞ되 쟝ᄌᆞ방 졔갈량이라도 이예셔 더 긔묘ᄒᆞᆫ ᄭᅬ를 니지 못ᄒᆞ리라 ᄒᆞ야 의긔가 양양ᄒᆞ나 지식 잇는 쟈의 눈으로 보면 이런 무리는 오릭지 안이ᄒᆞ야 몸과 집을 망ᄒᆞ고 종당은 나라를 망ᄒᆞ리니 그 죄악은 텬디간에 용납지 못ᄒᆞᆯ지오 그 정경은 지극히 불상ᄒᆞ도다

슯흐다 우리 동포여 우리의 죠상부터 ᄉᆞ쳔여 년을 이 나라에셔 갓치 살앗스니 우리가 셔로 사랑ᄒᆞ고 셔로 두호ᄒᆞᆯ 것이어늘 엇지 감히 남을 모함ᄒᆞ거나 리간 붓치는 일을 힝ᄒᆞ리오 함을며 오날은 시셰와 인심이 크게 변ᄒᆞ야 삼국 젹에 쓰던 고륙계나 련환계를 쓰든지 남을 얼거 익명셔를 ᄒᆞ거나 풍셜을 지어니여 셰상을 속이려 ᄒᆞ야도 속는 사룸이 업슬 것이오 셜령 ᄒᆞᆫ찍는 속을지라도 필경은 탄로되여 올코 글은 것이 ᄌᆞ연히 들어날지니 삼가고 죠심ᄒᆞ야 풍셜이라 ᄒᆞᄂᆞᆫ 것은 결단코 귀담아 듯지도 말며 입 밧게 니지도 ᄆᆞᆯ지어다

42 1907년 7월 6일(토) 제2448호 론셜

근릭에 처음 듯는 희소식 / 탄히싱

녀ᄌᆞ교육회 회쟝 김운곡 씨 등이 우리나라의 의관제도가 졈졈 변ᄒᆞ야감을 보고 깁히 근심ᄒᆞᄂᆞᆫ 바이 잇셔셔 초립 제조ᄒᆞᄂᆞᆫ 풀로 모ᄌᆞ의 모본을 만들어 농상공부에 쳥원ᄒᆞ되 남녀의 쓰는 모ᄌᆞ를 우리나라 소산지물로 제조ᄒᆞ야 팔겟슨즉 특별히 인허ᄒᆞ라 ᄒᆞ얏는ᄃᆡ 다만 쵸립 제조ᄒᆞᄂᆞᆫ 풀ᄲᅮᆫ 안이라 말총과 ᄃᆡ로도 제조ᄒᆞᆫ다 ᄒᆞ니 깃부도다 이 소식이여 이 일이 비록 적은 일인 듯ᄒᆞ나 그 실

상은 젼국 지졍상에 큰 관계가 잇스니 엇지 하례치 안으리오

대뎌 우리 대한은 산쳔의 아름다옴과 긔후의 뎍당홈이 텬하에 몃직로 가지 안이ᄒᆞ야 사ᄅᆞᆷ의 먹고 닙고 쓰는 물건이 안이 나는 것이 업스되 오쟉 사ᄅᆞᆷ의 지식이 부족ᄒᆞ고 셩질이 게을너셔 하늘이 주신 바 모든 됴흔 물건을 ᄇᆞ려버리고 하나도 리ᄒᆞ게 쓰지 못ᄒᆞᄂᆞᆫ 고로 ᄌᆞ연히 외국 물건이 셰력을 엇어 본국 물건은 날로 멸망ᄒᆞ니 뜻잇ᄂᆞᆫ 션비의 크게 근심ᄒᆞ고 두려워ᄒᆞᄂᆞᆫ 바이라 초립 제조ᄒᆞᄂᆞᆫ 풀로 말ᄒᆞᆯ진ᄃᆡ 송도에셔 나는 것인ᄃᆡ 사ᄅᆞᆷ의 힘으로 심으고 각구어 길으지 안코 졔졀로 나셔 졔졀로 자라ᄂᆞᆫ 것인즉 만일 맛당ᄒᆞᆫ ᄯᅡᆼ을 갈희여 심으고 거름도 주며 기음도 ᄆᆡ면 필연 그젼보답[101] 갑졀이나 무셩ᄒᆞᆯ ᄲᅮᆫ 안이라 만히 나셔 능히 젼국 사ᄅᆞᆷ이 쓰고 남을지니 그 남ᄂᆞᆫ 것으로 외국에 슈츌ᄒᆞ면 그 리익이 엇더ᄒᆞ리오 ᄯᅩᄒᆞᆫ 외국에셔ᄂᆞᆫ 밀집 보리집으로 남녀의 모ᄌᆞ를 졔죠ᄒᆞ야 쓰ᄂᆞᆫᄃᆡ 우리나라에셔ᄂᆞᆫ 불 ᄯᆡᄂᆞᆫ ᄃᆡ로 다 들어가ᄂᆞᆫ지라 이럼으로 일본사ᄅᆞᆷ 약림이 보리집회샤를 셜시ᄒᆞ고 ᄌᆞ본금 이ᄇᆡᆨ만 환을 들여 삼남 등디로 나려가셔 보리집을 사셔 모흐ᄂᆞᆫᄃᆡ 일 년 동안에 리익이 칠팔십만 환이 될 예산이라 ᄒᆞ니 이갓흔 큰 리익을 우리나라 사ᄅᆞᆷ이 엇지 못ᄒᆞ고 남의 슈즁으로 돌녀보ᄂᆡ니 엇지 앗갑지 안으리오 무론 어ᄂᆡ 나라이든지 모ᄌᆞ ᄀᆞᆺ흔 것을 제조홈은 녀ᄌᆞ의 직업이니 우리나라 부인샤회에셔도 유지ᄒᆞ신 몃몃 분이 이 일을 창도ᄒᆞ엿슨즉 진실로 다ᄒᆡᆼᄒᆞ나 그러나 초립풀과 밋 보리집 등속을 사셔 모흐ᄂᆞᆫ 일이라든지 제조ᄒᆞᆫ 물건을 ᄆᆡᄆᆡ홈은 남ᄌᆞ가 안이면 부인의 힘으로ᄂᆞᆫ 능히 ᄒᆞ지 못ᄒᆞ리니 바라건ᄃᆡ 젼국 ᄌᆡ산가와 유지지ᄉᆞᄂᆞᆫ 부잘업시 나라 망ᄒᆞᄂᆞᆫ 일을 ᄒᆞᆫ탄ᄒᆞ지 말고 실샹시럽고 리익 잇ᄂᆞᆫ 일을 힝ᄒᆞ야 젼국동포 즁에 한 사ᄅᆞᆷ이라도 놀고 먹으며 놀고 닙ᄂᆞᆫ 사ᄅᆞᆷ이 업게 ᄒᆞᆯ지어다 다만 근심되ᄂᆞᆫ 바ᄂᆞᆫ 우리나라 사ᄅᆞᆷ이 항샹 처음에ᄂᆞᆫ 무슨 ᄉᆡᆼ각으로 무슨 일을 경영ᄒᆞ엿다가 ᄒᆞ로 잇흘 지ᄂᆡ여 보아 별로

101 '그젼보담(그 전보다)'의 오기인 듯함.

히 신통치 안으면 그만두고 다시는 도라보지 안는 폐단이 잇슴이로다 그러나 녀ᄌᆞ교육회 졔씨는 긔위 시작ᄒᆞᆫ 일을 즁도에 폐지ᄒᆞᆯ 리가 만무ᄒᆞ니 오날 제조ᄒᆞᆫ 물건이 좀 잘못된 듯ᄒᆞ거든 ᄅᆡ일은 ᄯᅩ 다른 의ᄉᆞ와 방법으로 제조ᄒᆞ야 십 년이나 이십 년을 연구ᄒᆞ고 ᄯᅩ 연구ᄒᆞ면 필경은 텬하에 뎨일 가는 물건을 제조ᄒᆞᆯ지오 모ᄌᆞ 한 가지라도 텬하에 뎨일가는 날은 우리나라이 부강ᄒᆞ야 결단코 남의 졀졔를 밧지 안으리니 힘쓰고 힘쓰기를 간졀히 바라노라 년젼에 구라파 신문을 본즉 덕국에셔 례ᄇᆡ당 하나를 짓는ᄃᆡ 시작ᄒᆞᆫ 지 오ᄇᆡᆨ 년 만에 락셩이 되엿다 ᄒᆞ니 이 일로써 족히 구라파사ᄅᆞᆷ의 셜질[102]을 알지로다 우리도 오늘부터는 목젼의 리히를 ᄉᆡᆼ각지 말고 영원ᄒᆞᆫ ᄉᆡᆼ각과 견실ᄒᆞᆫ ᄆᆞ음으로 무슨 일이든지 시작ᄒᆞ거든 긔어히 ᄭᅳᆺ을 보기로 작뎡ᄒᆞ면 못ᄒᆞᆯ 일이 업스리라 ᄒᆞ노라

43 1907년 7월 7일(일) 제2449호 긔셔(寄書)

패가한 래력 / 한텬민

ᄂᆡ집이 본ᄅᆡ 문벌은 혁혁지 못ᄒᆞ나 단군 ᄯᅥᆨ부터 ᄃᆡᄃᆡ로 서로 젼ᄒᆞ야 오는ᄃᆡ 즁간에 침톄ᄒᆞᆫ ᄉᆡ듥으로 ᄌᆞ손의 수효가 번셩치 못ᄒᆞ고 겨오 이ᄇᆡᆨ여 호가 ᄌᆞ작일촌ᄒᆞ야 밧갈아 먹고 우물 파셔 마시는 고로 별로히 셰샹사ᄅᆞᆷ과 샹관이 업시 잘 살더니 ᄇᆡᆨ여 년 젼부터 우리나라의 졍치가 ᄇᆰ지 못ᄒᆞ고 법률이 공평치 못ᄒᆞ야 원 감ᄉᆞ의 학졍을 견될 수 업는 ᄎᆞ에 우리집 근쳐에 셔울셔 락향ᄒᆞ야 사는 김판셔ᄃᆡᆨ이 잇는ᄃᆡ 그 셰력이 원 감ᄉᆞ보담 더 나흔지라 부득이ᄒᆞ야 그ᄃᆡᆨ 하인 텽에 일홈을 입록ᄒᆞᆫ 후 ᄒᆡ마다 면쥬필과 쌀셤을 밧치고 그 그늘에 의지ᄒᆞ야 살며 농ᄉᆞ지어 ᄇᆡ부르게 먹고 질삼ᄒᆞ야 더웁게 닙으니 무엇이 그릴[103] 것이 잇셔

102 '셩질(성질, 性質)'의 오기인 듯함.

스리오 쳔만 뜻밧게 셰상이 크게 변ᄒᆞ야 근동에 사ᄂᆞᆫ 샹한 즁에 임대슈라 ᄒᆞᄂᆞᆫ 사ᄅᆞᆷ이 ᄌᆡ물을 만히 모하가지고 벼살을 사셔 임참판이 되여 량반노릇을 ᄒᆞ나 그러나 누가 ᄀᆡ화량반을 대수럽게 넉엿스리오 ᄂᆡ ᄌᆞ식 여러 형뎨 즁에 ᄒᆞᆫ두 놈이 임참판의 아달과 샹죵ᄒᆞᄂᆞᆫ 쟈가 잇셔셔 죵죵 나다려 말ᄒᆞ기를 임ᄎᆞᆷ판의 집은 어ᄂᆡ 량반의게 등ᄃᆡ지 안코도 잘 사ᄂᆞᆫᄃᆡ 우리ᄂᆞᆫ 일홈이 김판셔ᄃᆡᆨ 하인텽 안칙에 잇슨즉 심히 붓그러온 바이라 우리도 김판셔ᄃᆡᆨ을 ᄇᆡ반ᄒᆞ고 ᄌᆞ유로 살자 ᄒᆞ나 ᄂᆡ ᄉᆡᆼ각에ᄂᆞᆫ 오날날ᄭᆞ지 의지ᄒᆞ엿던 샹뎐을 ᄇᆡ반ᄒᆞᄂᆞᆫ 것은 의리에도 올치 안코 ᄯᅩᄒᆞᆫ 그 ᄃᆡᆨ에셔 노여워ᄒᆞᆯ가 두려워 그 말ᄒᆞᄂᆞᆫ ᄌᆞ식을 ᄭᅮ지져 ᄂᆡ여 ᄶᅩᆺ고 다시ᄂᆞᆫ 그런 말을 못 ᄒᆞ게 ᄒᆞ여도 그 ᄌᆞ식들이 죵시 ᄂᆡ ᄆᆞᆯ을 듯지 안터니 우리집 일로 인연ᄒᆞ야 김판셔ᄃᆡᆨ과 임참판의 집 사이에 큰 시비가 나셔 서로 ᄊᆞ호ᄂᆞᆫ지라 우리ᄂᆞᆫ 겻헤셔 구경만 ᄒᆞ다가 김판셔가 익의거든 김판셔의게 부치고 임참판이 익이거든 임참판의게 의지ᄒᆞᆯ 계교로 가만히 동졍을 ᄉᆞᆲ히ᄂᆞᆫᄃᆡ 김판셔ᄂᆞᆫ 완고ᄒᆞᆫ 량반이라 맛참ᄂᆡ 임참판을 당치 못ᄒᆞ고 린근동에 큰 우음을 ᄎᆔᄒᆞᆫ지라 우리ᄂᆞᆫ ᄒᆞᆯ일업시 임참판의 말ᄃᆡ로 김판셔집 하인텽 안칙에셔 일홈을 버혀 버리고 김판셔의 아달과 ᄂᆡ 아달이 벗ᄒᆞ게 되엿스되 ᄂᆡ ᄆᆞ음에 항샹 미안ᄒᆞᆯ ᄲᅮᆫ 안이라 임참판의 말이 밋업지 못ᄒᆞ야 다시 튼튼ᄒᆞᆫ 샹뎐을 엇으려 ᄒᆞ나 맛당ᄒᆞᆫ 곳이 업셔 심히 근심ᄒᆞ엿더니 우리 고을에셔 수ᄇᆡᆨ리 샹거나 되ᄂᆞᆫ ᄯᅡ에 로병ᄉᆞ집이 잇ᄂᆞᆫᄃᆡ 그 집은 형셰도 부쟈요 ᄃᆡᄃᆡ로 쟝신 지ᄂᆡᆫ 집이라 그 권셰가 경향에 덥혀 감히 당ᄒᆞᆯ 쟈ㅣ 업다ᄂᆞᆫ 소문을 듯고 ᄂᆡ 큰ᄌᆞ식을 보ᄂᆡ여 로병ᄉᆞ와 언약ᄒᆞ고 우리집을 로병ᄉᆞ의게 의탁ᄒᆞ랴 ᄒᆞ얏더니 임ᄎᆞᆷ판이 이 일을 알고 크게 분ᄒᆞ여 ᄒᆞ나 로병ᄉᆞ의 셰력을 무셔워ᄒᆞ야 아모 말도 못 ᄒᆞ고 다만 속으로만 뮈워ᄒᆞ며 무슨 흔단나기를 기다리다가 우리집 셔편 모퉁이에 잇ᄂᆞᆫ 룡바위 압련못 뒤[104] 로병ᄉᆞ집에셔 뎡ᄌᆞ를 짓겟다 ᄒᆞ기로 의심업시 빌녓더니[105] 임참판

103 문맥상 '꺼릴(혹은 거리낌)'의 의미로 추정됨.

의 ᄉᆡᆼ각에 로병ᄉᆞ가 뎌러케 한텬민의 ᄯᅡᆼ을 ᄲᅢ아슬 젹에ᄂᆞᆫ 필경 ᄂᆡ ᄯᅡᆼ도 침범ᄒᆞ리라 ᄒᆞ야 로병ᄉᆞ와 시비를 ᄒᆞ기에ᄂᆞᆫ[106] ᄂᆡ 짐작에 임참판이 아모리 영악ᄒᆞᆯ지라도 로병ᄉᆞᄂᆞᆫ 못 당ᄒᆞᆯ 쥴 알고 왼갓 일을 로병ᄉᆞ의게 비밀히 부탁ᄒᆞ얏더니 뎌 로병ᄉᆞ가 임참판의게 여디업시 망신을 당ᄒᆞᆫ 후에ᄂᆞᆫ 우리도 ᄉᆡᆼ각다 못ᄒᆞ야 임참판과 약됴ᄒᆞ고 우리 뒤를 보아달나 ᄒᆞ얏ᄂᆞᆫᄃᆡ 임참판이 여러 아달과 ᄎᆞ인을 보ᄂᆡ여 우리집 뎐장과 돈과 셔ᄉᆞ왕복과 하인츌납을 모도 춍찰ᄒᆞ야 나ᄂᆞᆫ 참견도 못 ᄒᆞ게 ᄒᆞ니 여러 ᄇᆡᆨᄃᆡ를 젼ᄒᆞ야 오ᄂᆞᆫ 가셩이 ᄭᅳᆫ어질 ᄲᅮᆫ 안이라 필경은 아달 ᄯᆞᆯ 압세우고 빌어먹으러 나가게 되엿스니 이런 분통ᄒᆞᆫ 일이 어ᄃᆡ 잇스리오 엇지ᄒᆞ여야 집을 보존ᄒᆞ고 ᄌᆞ녀를 굼기지 안을ᄂᆞᆫ지 ᄇᆡᆨ 가지로 ᄉᆡᆼ각ᄒᆞ야도 묘칙이 업기로 두어 쥴 글월을 올녀 고명ᄒᆞ신 의견을 듯고져 ᄒᆞ오니 아모리 밧부실지라도 슈고를 앗기시지 말고 ᄇᆞᆰ히 가라쳐 쥬시기를 쳔만 바라ᄂᆞ이다

44 1907년 7월 9일(화) 제2450호 ᄀᆡ셔(寄書)

한텬민의게 ᄃᆡ답함 / 락텬ᄉᆡᆼ

일젼 뎨국신문에서 한텬민의 ᄑᆡ가ᄒᆞᆫ ᄅᆡ력을 보다가 ᄎᆡᆨ샹을 치고 크게 소ᄅᆡ질너 갈아ᄃᆡ 슯흐다 한텬민이여 어리석다 한텬민이여 엇지 녯글을 보지 못ᄒᆞ엿나뇨 ᄆᆡᆼᄌᆞ의 말삼에 사ᄅᆞᆷ이 제 몸을 제가 스ᄉᆞ로 업시녁인 후에 남이 업시녁이고 제 집을 제가 스ᄉᆞ로 헌 후에 남이 헐고 제 나라ᄅᆞᆯ 제가 스ᄉᆞ로 친 후에 남이 친다 ᄒᆞ셧스니 한텬민의 ᄑᆡ가ᄒᆞᆷ은 김판셔나 임대슈의 허물이 안이오 곳 한

104 문맥상 '뒤에'의 의미로 추정됨.

105 문맥상 '빌려줬더니'의 의미로 추정됨.

106 문맥상 '하기에(하므로)'의 의미로 추정됨.

텬민이 ᄌᆞ긔의 집을 ᄌᆞ긔 손으로 망케 ᄒᆞᆷ이라 무슨 낫으로 이갓치 붓그러온 말을 쟝황히 긔록ᄒᆞ야 세상 사ᄅᆞᆷ의게 고ᄒᆞ얏ᄂᆞᆫ고 공연히 분ᄒᆞᆫ 마암이 나셔 한텬민을 보면 욕ᄒᆞ리라 ᄒᆞ엿더니 조금 잇다가 다시 ᄉᆡᆼ각ᄒᆞᆫ즉 한텬민도 우리 사랑ᄒᆞᄂᆞᆫ 동포 즁의 ᄒᆞᆫ 사ᄅᆞᆷ일ᄲᅮᆫ더러 이러케 불샹ᄒᆞ고 원통ᄒᆞᆫ 디위에 쳐ᄒᆞ야 엇지 ᄒᆞᆯ 계칙을 몰으ᄂᆞᆫ 모양이니 사ᄅᆞᆷ이 목셕간장이 안이면 엇지 한텬민을 위ᄒᆞ야 ᄒᆞᆫ 줄기 눈물을 흘니지 안으리오 이에 두어 마ᄃᆡ 우직ᄒᆞᆫ 말로 한텬민의게 ᄃᆡ답ᄒᆞ노니 나를 주제넘다 말고 ᄌᆞ세히 들을지어다

대뎌 사ᄅᆞᆷ의 ᄌᆞ유권리ᄂᆞᆫ 하늘이 주신 바이라 사ᄅᆞᆷ마다 가젓스되 이것을 보존ᄒᆞ며 보존치 못ᄒᆞᆷ은 그 사ᄅᆞᆷ의 지식 잇고 업ᄂᆞᆫ ᄃᆡ 달녓ᄂᆞ니 그ᄃᆡᄂᆞᆫ 부잘업시 임참판을 원망치 ᄆᆞᆯ고 몬져 그 지식의 엇더ᄒᆞᆷ을 비교ᄒᆞ야 보라 임참판은 슈십년 젼부터 그 아달과 손ᄌᆞ를 셔양각국으로 보ᄂᆡ여 문명ᄒᆞᆫ 학문을 ᄇᆡ호게 ᄒᆞᆫ 고로 농ᄉᆞ를 ᄒᆞ든지 장ᄉᆞ를 ᄒᆞ든지 남보담 낫게 ᄒᆞ고 그ᄃᆡᄂᆞᆫ 문 닷고 가만히 안져셔 조샹이 물녀쥰 ᄯᅡᆼ에셔 곡식셤이나 나면 그것만 파먹을 ᄯᆞ름이오 아달 손ᄌᆞ를 글 ᄒᆞᆫ ᄌᆞ 안이 가라친 ᄭᆞᄃᆞᆰ으로 신문 ᄒᆞᆫ 장을 ᄯᅩᆨᄯᅩᆨ이 보지 못ᄒᆞ니 셰계 각국의 형편은 고샤물론ᄒᆞ고 ᄂᆡ 나라에셔 ᄉᆡᆼ기ᄂᆞᆫ 일도 도모지 아지 못ᄒᆞ야 침침쟝야에 ᄌᆞᆷ을 ᄭᆡ지 못ᄒᆞᆯ ᄲᅮᆫ 안이라 심히 게을너셔 됴흔 논과 밧을 ᄐᆡ반이나 묵이며 산에 나모 ᄒᆞᆫ 슈를 안이 심으고 버히기만 ᄒᆞ고 그ᄃᆡ의 집을 그ᄃᆡ가 다ᄉᆞ리지 못ᄒᆞ야 김판셔와 로병ᄉᆞ의게 의탁ᄒᆞ엿스니 오날ᄂᆞᆯ 임참판이 그ᄃᆡ의 집에 와셔 왼갓 일을 지휘ᄒᆞ고 졀제호ᄃᆡ 그ᄃᆡᄂᆞᆫ 막을 권리도 업고 스ᄉᆞ로 다ᄉᆞ릴 힘도 업스니 참 ᄋᆡᄃᆞᆲ은 일이로다 그러나 지나간 일은 의론ᄒᆞ여 쓸ᄃᆡ업고 쟝ᄅᆡ 엇더케 ᄒᆞ여야 조업을 일치 안코 집을 다시 닐으킬 도리를 ᄉᆡᆼ각ᄒᆞᆯ지니 뎨일은 남의 힘을 빌어 임ᄎᆞᆷ판의 셰력을 막으려 ᄒᆞ지 ᄆᆞᆯ나 만일 ᄯᅩ 엇던 권셰 잇ᄂᆞᆫ 사ᄅᆞᆷ의 도음을 엇고져 ᄒᆞ면 그 사ᄅᆞᆷ은 임판참보담 십 ᄇᆡ나 더 심ᄒᆞ게 그ᄃᆡ를 압졔ᄒᆞ리니 이런 일은 ᄭᅮᆷ에도 ᄉᆡᆼ각지 말고 그ᄃᆡ의 지혜와 힘을 길너 남의 굴네를 벗게 ᄒᆞᆯ지오 뎨이ᄂᆞᆫ 그ᄃᆡ의 ᄌᆞ녀 즁에 어린 사ᄅᆞᆷ은 몰슈히 학교에 보ᄂᆡ여 여러

가지 학문을 힘써 빅호게 ᄒᆞ고 쟝셩ᄒᆞᆫ 사ᄅᆞᆷ은 신문 잡지를 만히 보여 그 문견이 늘게 ᄒᆞ며 각기 농ᄉᆞ나 장사를 부즈런히 ᄒᆞ야 결단코 놀지 못ᄒᆞ게 ᄒᆞᆯ지오 뎨삼은 가족이 극히 화목ᄒᆞ야 서로 원망ᄒᆞ거나 경알[107] ᄒᆞᄂᆞᆫ 폐단이 업게 ᄒᆞᆯ지로다 이 세 가지를 명심불망ᄒᆞ야 힝ᄒᆞ게 되면 그ᄃᆡ의 집이 아조 멸망치 안으려니와 그러치 안이ᄒᆞ면 그ᄃᆡ의 지산과 권리를 보존치 못ᄒᆞᆯ ᄲᅮᆫ 안이라 필경 그ᄃᆡ의 몸이 죽어셔 뭇칠 ᄶᅡ이 업스리니 깁히 ᄉᆡᆼ각ᄒᆞᆯ지어다 이밧게도 ᄒᆞᆯ 말이 무궁ᄒᆞ나 일필로 다 긔록ᄒᆞ기 어렵고 ᄯᅩᄒᆞᆫ 서로 ᄃᆡ면ᄒᆞᆯ 긔약이 수히 잇슬가 ᄒᆞ야 대강 젹노라

긔쟈ㅣ 왈 한텬민의 픽가ᄒᆞᆫ 리력과 락텬싱의 ᄃᆡ답ᄒᆞᆫ 글은 그 의ᄉᆞ가 무궁ᄒᆞ야 사ᄅᆞᆷ으로 ᄒᆞ야곰 감동ᄒᆞ며 ᄭᆡ닷게 ᄒᆞᆷ이 적지 안은 고로 일일히 긔지ᄒᆞ야 써 허랑방탕ᄒᆞ거나 무지몽미ᄒᆞ야 조상의 유젼ᄒᆞᆫ 지산을 직희지 못ᄒᆞ고 남의게 ᄆᆡ여 지ᄂᆡᄂᆞᆫ 쟈를 징계ᄒᆞ노라

45 1907년 7월 10일(수) 제2451호 론셜

만셰보를 위ᄒᆞ야 ᄒᆞᆫ번 통곡ᄒᆞᆷ / 탄히싱

만셰보라 ᄒᆞᄂᆞᆫ 신문은 유지신ᄉᆞ 모모 씨의 발긔로 작년 여름부터 챵간ᄒᆞᆫ 바인ᄃᆡ 그 국한문 활ᄌᆞ의 구비ᄒᆞᆷ과 기계의 완젼ᄒᆞᆷ과 인쇄의 션명ᄒᆞᆷ이 우리나라 각 신문샤 즁에 뎨일 초등ᄒᆞ고 그 언론의 졍대ᄒᆞᆷ과 탐보의 민속ᄒᆞᆷ과 긔쟈의 고명ᄒᆞᆷ이 다른 신문에 양두치 안을 ᄲᅮᆫ 안이라 한문 엽헤 국문을 노아 무식ᄒᆞᆫ 부인과 어린 아희들ᄭᆞ지 것침업시 보게 ᄒᆞ엿스니 이 신문이 우리나라 사ᄅᆞᆷ의 지식을 발달케 ᄒᆞᄂᆞᆫ 공이 심히 큰 고로 우리 동업쟈ᄂᆞᆫ 고샤물론ᄒᆞ고 일반 유지지

107 경알(輕訐): 남의 잘못을 직언(直言)하여 들추어냄.

ᄉᆞ로 ᄒᆞ야곰 이 신문을 사랑ᄒᆞ야 보게 ᄒᆞ며 ᄯᅩᄒᆞᆫ 그 일홈과 갓치 만셰에 젼ᄒᆞ야 날마다 흥왕ᄒᆞ기를 바랏더니 뎨일호로부터 이빅구십삼호ᄭᅡ지 간힝ᄒᆞ고 긔계를 슈리ᄒᆞ기 위ᄒᆞ야 일시 뎡간ᄒᆞᆫ다는 광고를 보고 ᄒᆞᆫᄌᆞ 탄식ᄒᆞ되 이 신문샤에셔 신문 박는 긔계가 병난 것이 안이오 돈이라ᄂᆞᆫ 긔계를 슈리ᄒᆞᄂᆞᆫ 줄노 짐작ᄒᆞ엿스나 필야에ᄂᆞᆫ 엇던 ᄯᅳᆺ잇ᄂᆞᆫ 션빅의 도음을 닙어 여젼히 발힝ᄒᆞ기를 간졀히 희망ᄒᆞ고 깁히 밋어셔 ᄆᆡ일 아ᄎᆞᆷ이면 만셰보 오기를 기다리ᄂᆞᆫ ᄆᆞ음이 큰 감을에 비 기다리ᄂᆞᆫ 것보담 십 빅나 더ᄒᆞᆫ ᄎᆞ에 어졔 오날 각 신문의 젼ᄒᆞᄂᆞᆫ 바를 보건ᄃᆡ 경비를 뎌당치 못ᄒᆞ야 그동안에 빗진 것이 불쇼ᄒᆞᆷ으로 부득이ᄒᆞ야 그 가옥과 활ᄌᆞ와 긔계를 몰수히 팔앗다 ᄒᆞ니 이 말이 과연 진뎍ᄒᆞ면 우리ᄂᆞᆫ 한 됴흔 친구를 일흘 ᄲᅮᆫ 안이라 나라의 문명진보ᄒᆞᄂᆞᆫ 긔관을 일헛스니 엇지 ᄒᆞᆫ 번 위ᄒᆞ야 통곡지 안으이리오 대뎌 오날놀 구미각국 즁의 문명부강ᄒᆞ다ᄂᆞᆫ 나라와 동양의 일본을 볼진ᄃᆡ 경향각쳐의 신문잡지가 몃쳔몃만 죵이 잇셔셔 혹 ᄆᆡ일 발힝ᄒᆞ며 혹 아참에만 발힝ᄒᆞᄂᆞᆫ 것이 부족ᄒᆞ야 져녁마다 발힝ᄒᆞ며 혹 일쥬일 동안에 ᄒᆞᆫ 번식 발힝ᄒᆞ며 혹 한 달에 ᄒᆞᆫ 번식 발힝ᄒᆞᄂᆞᆫᄃᆡ 텬하각국에셔 무슨 일이 ᄉᆡᆼ기게 되면 몃십 원 몃빅 원의 뎐보비를 앗기지 안코 닷토어 가며 긔직ᄒᆞ니 이ᄂᆞᆫ 일반국민으로 ᄒᆞ야곰 그 보고 듯ᄂᆞᆫ 것을 넓게 ᄒᆞ고져 ᄒᆞᆷ이라 녯사ᄅᆞᆷ의 말에 문견이 넓어야 지혜가 더옥 붉다 ᄒᆞ엿ᄂᆞ니 사ᄅᆞᆷ이 엇지 텬하를 도라단기며 왼갓 일을 슯히리오 집에 안졋슬지라도 신문지만 보면 각국의 졍치득실과 농상공업의 셩쇠를 무불통지ᄒᆞ리니 이갓치 긴요ᄒᆞᆫ 물건이 어ᄃᆡ 다시 잇스리오 연고로 외국사ᄅᆞᆷ은 왕공귀인으로부터 쳔역ᄒᆞᄂᆞᆫ 사ᄅᆞᆷ과 부인 유ᄋᆞᄭᅡ지 신문보지 안ᄂᆞᆫ 사ᄅᆞᆷ이 업거니와 우리나라에셔ᄂᆞᆫ 죠졍대관도 신문이라면 남의 험담ᄒᆞᄂᆞᆫ 괴악ᄒᆞᆫ 물건으로 알아 도모지 보지 안코 한문 만히 일근 션비ᄂᆞᆫ 신문이 오랑캐의 물건으로 알아 안이 보고 즁등 이하의 사ᄅᆞᆷ은 글을 ᄇᆡ호지 못ᄒᆞᆫ ᄭᅡᄃᆞᆰ으로 신문이 무엇인지 몰나 못 보고 다만 보ᄂᆞᆫ 쟈ᄂᆞᆫ 신학문에 류의ᄒᆞᄂᆞᆫ 청년 몃쳔 명에 지나지 못ᄒᆞ니 참 한심ᄒᆞᆫ 일이로다 기즁애 엇던 사ᄅᆞᆷ은 신문을

보랴고 사는 것이 안이라 남의 권에 익의지 못ᄒᆞ거나 면치례로 신문을 사기는 사되 평싱에 들여다보는 법도 업고 ᄯᅩᄒᆞᆫ 신문이라는 것은 그져 ᄡᅡ기는 물건으로 알고 신문갑을 몃 달 혹 몃 ᄒᆡ식 안이 ᄂᆡ니 신문사가 엇지 지탱ᄒᆞ리오 이럼으로 지금 우리 경셩에서 우리나라 사ᄅᆞᆷ의 손으로 발힝ᄒᆞ는 신문이 삼ᄉᆞ 죵에 지나지 못ᄒᆞ며 그 팔니는 슈효가 통이계지ᄒᆞᆯ지라도 만 장이 넘지 못ᄒᆞ리니 그 경비의 군졸ᄒᆞᆷ은 피ᄎᆞ 일반이라 만셰보도 필연 이로 인연ᄒᆞ야 폐간ᄒᆞ엿스리로다 슯흐다 우리 동포여 한 달에 삼십 젼이나 ᄉᆞ십 젼을 ᄂᆡ고 무등ᄒᆞᆫ 지식을 엇는 신문갑은 앗겨도 술 먹고 노는 ᄃᆡ는 몃십 량 몃ᄇᆡᆨ 량도 앗기지 안으니 그러ᄒᆞ고야 엇지 문명진보ᄒᆞ기를 기다리고 바라리오 만셰보의 폐간ᄒᆞᆷ은 ᄒᆡ보 긔쟈의 허물이 안이오 곳 우리 동포의 지식이 고루ᄒᆞᆫ 죄라 ᄒᆞᆯ지라 붓을 더지고 통곡ᄒᆞ다가 날을 바를 아지 못ᄒᆞ노라

46 1907년 7월 11일(목) 제2452호 긔셔(寄書)

박쟝현 씨의 힝쟝 / 졍한경

북미합즁국에서 유학ᄒᆞ는 졍한경은 가셕ᄒᆞ고 졀통ᄒᆞᆫ 부음을 본국 동포의게 젼ᄒᆞ고져 ᄒᆞ야 두어 마ᄃᆡ 글을 신문상에 부치노라

우리나라이 외국과 통샹ᄒᆞᆫ 이후로 외국에 유학ᄒᆞ는 쟈ㅣ 만히 잇스나 그러나 ᄐᆡ반은 일본에셔 공부ᄒᆞ고 구미각국으로 가는 사ᄅᆞᆷ은 듬으더니 십여 년 젼부터 일본에셔 ᄉᆞ오 년 유학ᄒᆞ던 우리 사랑ᄒᆞ는 친구 박쟝현(朴長鉉) 씨가 미국에 유학ᄒᆞᆯ 목뎍으로 일본을 ᄯᅥ나 미국으로 건너오니 그 ᄯᆡ는 본국인이 지금과 갓치 만치 안이ᄒᆞᆫ ᄯᆡ라 쳣지는 말을 몰으고 풍속에 서투르며 본국 사ᄅᆞᆷ이라고는 맛나 보기가 어려오니 이것이 참 ᄉᆞ고무친에 ᄉᆡᆼ면강산이라 엇더케 ᄒᆞᆯ 방향을 아지 못ᄒᆞ던 ᄎᆞ에 맛참 화셩돈[108]에 우리나라 젼권공ᄉᆞ로 계시던 셔광범

씨가 모든 것을 다 지도ᄒᆞ야 대학교로 보ᄂᆡ여 공부ᄒᆞ게 ᄒᆞ니 이 ᄯᆡ는 어ᄂᆡ ᄯᆡ뇨 우리나라에셔 독립협회를 시작ᄒᆞ던 ᄯᆡ라 그 후에 셔광범 씨가 공ᄉᆞ를 갈녀 몃 달 동안을 한가지로 거쳐ᄒᆞᆷᄋᆡ 씨의 가라침도 밧고 ᄯᅩᄒᆞᆫ 씨의 항샹 나라를 위ᄒᆞ야 근심ᄒᆞᆷ을 ᄆᆡ양 감탄ᄒᆞ더니 하로는 씨가 민츙졍공 영환 씨와 밋 기외 몃 사ᄅᆞᆷ을 ᄃᆡᄒᆞ야 나라일을 말ᄒᆞ다가 문득 쥼억으로 ᄯᅡ를 치며 갈아ᄃᆡ 나는 역젹이 되여 나라에 들어가지 못ᄒᆞ니 ᄒᆞᆯ일업거니와 그ᄃᆡ는 무삼 일로 못 ᄒᆞᄂᆞ냐 ᄒᆞ며 인ᄒᆞ야 피 토ᄒᆞᆷ을 마지안타가 긔졀ᄒᆞ니 이는 곳 울화로 ᄉᆡᆼ긴 병이라 엇지 고칠 수 잇스리오 맛참ᄂᆡ 화셩돈 셩 밧게 쟝ᄉᆞ지ᄂᆡ엿는지라 이런 광경을 목도ᄒᆞᆫ 박쟝현 씨가 나라일의 위급ᄒᆞᆷ을 ᄉᆡᆼ각ᄒᆞ고 하로라도 밧비 귀국ᄒᆞ야 잠든 동포를 ᄭᆡ우며 졍치졔도를 ᄀᆡ량ᄒᆞᆯ 목뎍으로 ᄌᆞ긔의 공부도 완젼히 맛치지 못ᄒᆞ고 ᄇᆡ머리를 동으로 향ᄒᆞ야 노흐니 이 ᄯᅢ는 우리 졍부에셔 외국 갓다오는 사ᄅᆞᆷ은 모도 다 잡아 죽이기로 큰 일을 삼으며 각 항구의 경무관이나 감리ᄉᆞ는 외국으로 조차오는 사ᄅᆞᆷ 하나만 붓들어도 고관대작을 엇는 ᄭᅡ닭으로 힘과 졍셩을 다ᄒᆞ야 긔어히 형착ᄒᆞ니 박쟝현 씨의 몸은 밋쳐 본국 디경에 일으지 못ᄒᆞ야셔 잡으라는 령칙이 몬져 낫는지라 이에 ᄒᆞᆯ일업시 목숨을 도망ᄒᆞ야 풍찬로숙ᄒᆞ여 가며 벽항궁촌으로 류리ᄀᆡ걸ᄒᆞᆯ ᄉᆡ 고ᄉᆡᆼ과 슯흠이 한이 업스나 박씨 마암은 조금도 변ᄀᆡ치 안이ᄒᆞ더라

셰월이 여류ᄒᆞ야 나라의 풍긔가 졈졈 열녀감애 외국에 단겨온 사ᄅᆞᆷ을 포박ᄒᆞ는 령칙이 혹독치 안은지라 이에 씨가 쳐음 가젓던 목뎍을 변치 안코 평안남도 슌쳔군으로 가셔 학교를 셜립ᄒᆞ니 일홈은 시무학교라 무슈ᄒᆞᆫ 반ᄃᆡ와 비방을 물니치고 밤낫으로 쳥년ᄌᆞ뎨를 열심으로 교육ᄒᆞ니 학교가 날마다 흥왕ᄒᆞ야 학도 십여 명은 외국에 유학ᄎᆞ로 가고 슈십여 명은 여젼히 공부ᄒᆞ더니 년젼에 일본과 아라ᄉᆞ 사이에 젼ᄌᆡᆼ이 니러낫다가 미국에셔 평화담판을 ᄀᆡ시ᄒᆞᆷ을

108 화성돈(華盛頓): 워싱턴 디시(Washington, D.C).

듯고 씨의 싱각엔 그 담판이 우리나라에 큰 관계가 잇슨즉 가셔 구경ᄒᆞ리라 ᄒᆞ고 즉시 발뎡ᄒᆞ야 상항[109]에 도착ᄒᆞ얏스나 슯흐다 사ᄅᆞᆷ의 일이 ᄯᅳᆺ과 갓지 못ᄒᆞ야 하륙ᄒᆞ기 젼에 평화담판이 ᄭᅳᆺ낫ᄂᆞᆫ지라 ᄌᆞ긔의 ᄯᅳᆺ 일으지 못ᄒᆞᆷ을 한탄ᄒᆞ고 분히 녁여 상항에서 본국인 십여 명을 더불고 미국 즁앙 네ᄇᆡ왜스카도컨[110]이라 ᄒᆞᄂᆞᆫ 곳에 가셔 각 학교와 각 례ᄇᆡ당으로 ᄃᆞᆼ기며 연셜도 ᄒᆞ고 교졔도 ᄒᆞ야 우리한국 학ᄉᆡᆼ의 한 근거디를 졍ᄒᆞ엿스니 지금ᄭᆞ지 그곳에셔 여름이면 로동ᄒᆞ고 겨을이면 공부ᄒᆞᄂᆞᆫ 동포가 슈십 명이러라

인ᄒᆞ야 씨가 화셩돈으로 들어가 그 젼에 아던 친구와 밋 리승만 씨를 심방ᄒᆞᆫ 후 미국 원로원 의장을 차자보고 우리나라 형편과 한미통상됴약에 관계됨을 일일히 셜명ᄒᆞᆫ즉 그 원로원 의쟝이 됴흔 말로ᄡᅥ 씨를 위로ᄒᆞ고 갈ᄋᆞᄃᆡ 한국은 몬져 교육을 발달케 ᄒᆞ야 ᄇᆡᆨ셩으로 ᄒᆞ야곰 보통지식을 엇게ᄒᆞᆫ 후 상업을 확쟝ᄒᆞ야 셰계 만국으로 더부러 통상을 실힝ᄒᆞ면 한국의 독립이 ᄌᆞ연히 공고ᄒᆞ리라 ᄒᆞ더라 (未完)

47 1907년 7월 12일(금) 제2453호 긔셔(寄書)

박쟝현 씨의 힝쟝 (속) / 졍한경

화셩돈에셔 ᄯᅥ나 젼의 잇던 학교와 밋 여러 곳을 일일히 심방ᄒᆞᆫ 후 홀노 안져 기연ᄒᆞᆫ 눈물을 흘니며 탄식ᄒᆞ여 갈ᄋᆞᄃᆡ 남의 나라ᄂᆞᆫ ᄒᆡ마다 몃ᄇᆡᆨ ᄇᆡ식 발달이 되ᄂᆞᆫᄃᆡ 우리나라ᄂᆞᆫ ᄒᆡ마다 쥴어 가니 이를 장차 엇지ᄒᆞ리오 ᄒᆞ더라 그 후에 커나[111]로 다시 돌아와 우리 학ᄉᆡᆼ의 방침을 지도ᄒᆞ며 ᄆᆡᄉᆞ를 뎡돈ᄒᆞᆫ 후에 묵셔

109 상항(桑港): 샌프란시스코(San Francisco).

110 미국 중부 네브래스카 주(State of Nebraska)의 도시 중 하나인 커니(Kearney).

가[112]에 잇ᄂᆞᆫ 우리 한인을 시찰ᄒᆞᆯ 차로 이르러 탐지ᄒᆞᆫ즉 과연 듯던 말과 ᄀᆞᆺᄒᆞᆫ지라 이에 묵셔가 경셩에 들어가 각 대관을 차자 보고 묵셔가에 잇ᄂᆞᆫ 한인을 미국으로 옴기고져 ᄒᆞ야 ᄇᆡᆨ반 운동ᄒᆞ나 ᄉᆞ 년 됴약을 ᄆᆡ졋슨즉 ᄉᆞ 년 젼에ᄂᆞᆫ 엇지 ᄒᆞᆯ 수 업ᄂᆞᆫ지라 그ᄯᆡ에 맛참 한인 이명이 그 곳에셔 도망ᄒᆞ야 묵셔가 경셩에 와 잇슴을 보고 한가지로 더불고 미국으로 건너 오고져 ᄒᆞ나 미국 관리들이 쳥인인가 의심ᄒᆞ야 밧지 안ᄂᆞᆫ지라 여러 친구의게 쳥쵹도 만히 ᄒᆞ고 힘도 만히 써셔 그 두 사ᄅᆞᆷ을 미국 ᄯᅡ에 들어오게 ᄒᆞ니 그 두 사ᄅᆞᆷ은 유구우 리봉수 량씨러라 몃날이 못 되여 우리나라와 일본 사이에 신됴약이 됨을 듯고 고ᄉᆡᆼ과 근심으로 강건치 못ᄒᆞ던 몸에 병이 쳠즁ᄒᆞ야 자리에 누어 니지 못ᄒᆞ다가 스ᄉᆞ로 ᄉᆡᆼ각ᄒᆞ되 이곳에셔ᄂᆞᆫ 쥭고져 ᄒᆞ야도 쥭을 곳이 업고 ᄯᅩᄒᆞᆫ 쥭어도 소용업스니 찰ᄒᆞ리 몸을 보젼ᄒᆞ야 우리나라 쳥년을 가라치고 권면ᄒᆞ야 일후 어ᄂᆡ날이든지 긔회가 잇ᄂᆞᆫ ᄯᆡ에 ᄒᆞᆫ번 크게 소ᄅᆡ 질너 우리의 일흔 바 ᄌᆞ쥬독립을 다시 회복ᄒᆞ리라 ᄒᆞ고 강잉ᄒᆞ야 슯흠을 억제ᄒᆞ고 여러 날을 치료ᄒᆞ여 적이 나흔 후에 ᄯᅦᆫ버[113]라 ᄒᆞ난 곳으로 가셔 집을 뎡ᄒᆞ고 한인을 인도ᄒᆞᆯ ᄉᆡ 텰도회샤와 약됴ᄒᆞ고 우리 동포 즁에 ᄯᅩ 벌기를 원ᄒᆞᄂᆞᆫ 사ᄅᆞᆷ은 돈벌게 ᄒᆞ며 공부ᄒᆞ기를 원ᄒᆞᄂᆞᆫ 사ᄅᆞᆷ은 공부ᄒᆞᆯ 방침을 쥬션ᄒᆞ여 쥬고 금번 국치보상ᄒᆞᄂᆞᆫ 일에 ᄃᆡᄒᆞ야 ᄉᆞ면에 권고문을 보ᄂᆡ고 보상금을 모집ᄒᆞᄂᆞᆫᄃᆡ 아직도 몸이 쾌복지 못ᄒᆞᆫ 즁에 낫이면 ᄌᆞ긔의 ᄉᆞ무와 밋 각쳐 통신이며 우리 쳥년들을 힘ᄃᆡ로 권면ᄒᆞ고 밤이면 글보기와 왼갓 걱정과 ᄉᆡᆼ각으로 잠을 일우지 못ᄒᆞ니 이난 일은바 식쇼ᄉᆞ번[114]이라 혹 엇던 사ᄅᆞᆷ이 ᄆᆞᆯᄒᆞ되 그러케 심력을 과히 허비ᄒᆞ난 것이 위ᄉᆡᆼ에 ᄃᆡ단히 ᄒᆡ로

111 커니(Kearney)를 가리킴.

112 묵서가(墨西哥): 멕시코.

113 덴버(Denver): 미국 서부 콜로라도 주의 주도(州都).

114 식소사번(食少事煩): 먹는 것은 적은데 하는 일은 많음. 중국 삼국 시대 위나라의 사마의(司馬懿)가 제갈량(諸葛亮)을 두고 한 말에서 유래한다. ≒식소사분(食少事奔)

오니 몸을 죠심ᄒᆞ라 ᄒᆞᆫᄃᆡ 씨가 우스며 ᄃᆡ답ᄒᆞ야 왈 우리가 지금 나라이 거의 망ᄒᆞ고 민족이 장차 멸ᄒᆞᆯ 디경을 당ᄒᆞ엿스니 어ᄂᆡ 겨를에 몸을 도라보리오 ᄒᆞ고 항샹 스ᄉᆞ로 탄식ᄒᆞ기를 국권을 회복ᄒᆞ자 ᄒᆞ면 젼국인민의 지식이 크게 발달ᄒᆞ여야 ᄒᆞᆯ 터인ᄃᆡ 아직도 묘연ᄒᆞ니 엇지 민망ᄒᆞᆫ 일이 안이리오 ᄒᆞ며 학ᄉᆡᆼ을 ᄃᆡᄒᆞ면 문득 말ᄒᆞ기를 그ᄃᆡ네 학ᄉᆡᆼ들의 ᄒᆞᆯ 일은 공부밧게 업스니 어셔 공부ᄒᆞ여 속히 셩취ᄒᆞ기를 도모ᄒᆞ라 ᄒᆞ며 몸의 로고ᄒᆞᆫ 거슬 견ᄃᆡ고 참아가며 잠시를 쉬지 안코 우리 한국 독립긔쵸의 씨를 ᄲᅮ리더니 슯흐다 텬도가 무심ᄒᆞ고 한운이 불ᄒᆡᆼᄒᆞ여 ᄃᆡ한 광무 십일년 륙월 구일에 니르러 우리 ᄃᆡ한 유신당의 션진 박쟝현 씨가 이 세상을 영원히 ᄯᅥ나니 이날은 곳 ᄇᆡᆨ일이 무광ᄒᆞ고 쳥텬이 암흑ᄒᆞᆫ 듯ᄒᆞ도다 이왕부터 씨와 셔로 친ᄒᆞ던 셔양목ᄉᆞ들이 각쳐에셔 불원쳔리ᄒᆞ고 조상ᄒᆞ러 가ᄂᆞᆫ 사ᄅᆞᆷ이 만히 잇ᄂᆞᆫᄃᆡ 쟝사 여부ᄂᆞᆫ 아직 자셔히 아지 못ᄒᆞ기로 이만 긋치노라

씨의 나흔 지금 불과 삼십칠이오 본ᄃᆡᆨ은 지금도 평안남도 순쳔군에 잇ᄂᆞᆫᄃᆡ ᄃᆡ단히 빈한ᄒᆞ여 볼셩 모양이며 소ᄉᆡᆼ은 미셩ᄒᆞᆫ 아희들분이더라 슯흐다 세상에 사ᄅᆞᆷ이 ᄒᆞᆫ번 낫다가 졔 나라 ᄇᆡᆨ셩을 위ᄒᆞ여 큰 사업이나 적은 사업 간에 ᄒᆞ나도 일우지 못ᄒᆞ고 죽으면 죽어도 눈을 감지 못ᄒᆞᆯ 일이라 엇지 스럽고 불상ᄒᆞᆫ 죽엄이 안이리요 앗갑도다 박쟝현 씨여 수십여 년을 나라를 위ᄒᆞ야 힘쓰다가 맛참ᄂᆡ ᄯᅳᆺ을 일우지 못ᄒᆞ고 이 셰상을 ᄯᅥ낫스니 슯흐고도 불상ᄒᆞ도다

만일 우리 동포들이 힘쓰고 힘ᄡᅥ 일후 어ᄂᆡ ᄯᅢ든지 씨의 일우지 못ᄒᆞᆫ즉 목뎍을 일우면 죽은 박쟝현 씨가 무덤 가온ᄃᆡ셔라도 니러나 춤츌지니 엇지 우리가 씨의 만리고혼을 위로할 ᄇᆡ 안이리요 (완)

1907년 7월

48 1907년 7월 13일(토) 제2454호 론셜

새벽 쇠북 한 소래 / 탄ᄒᆡᄉᆡᆼ[115]

삼쳔리 강산에 밤이 깁허셔 동셔남북을 분변키 어러오며 만물의 아름다온 빗이 모다 본ᄉᆡᆨ을 일허 옷과 갓치 검고 들네ᄂᆞᆫ 소ᄅᆡ가 하나도 업시 잠겨 료료 젹젹ᄒᆞᆫ 가온ᄃᆡ 이쳔만 민족이 잠을 굿게 들어 국가의 흥망이 무엇인지 ᄉᆡᆼ존경ᄌᆡᆼ이 무엇인지 교육이 무엇인지 식산이 무엇인지 도모지 아지 못ᄒᆞ고 잇다금 급ᄒᆞᆫ 소ᄅᆡ를 크게 질너 좀 ᄭᆡ여 닐어나라고 공동ᄒᆞᄂᆞᆫ 쟈ㅣ 잇스면 잠ᄭᅩᄃᆡ로 ᄃᆡ답ᄒᆞᆯ ᄯᅡ름이니 이 일을 쟝찻 엇지ᄒᆞ리오 나라를 근심ᄒᆞ고 동포를 사랑ᄒᆞᄂᆞᆫ 션ᄇᆡ의 항샹 한심통곡ᄒᆞᄂᆞᆫ 바이러니 근일 각 신문에셔

동경 류학ᄉᆡᆼ 제씨의 신문발긔회 취지셔를 본즉 그 조국을 ᄉᆡᆼ각ᄒᆞᄂᆞᆫ 졍셩과 동포를 권면ᄒᆞᄂᆞᆫ 열심이 지극ᄒᆞ고 간절ᄒᆞ야 사름으로 ᄒᆞ야곰 감동ᄒᆞᄂᆞᆫ 눈물이 흐름을 ᄭᆡ닷지 못ᄒᆞ게 ᄒᆞᄂᆞᆫ도다 슯흐다 뎌 류학ᄉᆡᆼ 제씨도 침침쟝야 잠자ᄂᆞᆫ 가온ᄃᆡ셔 ᄉᆡᆼ쟝ᄒᆞ엿것마ᄂᆞᆫ 엇지ᄒᆞ야 뎌러케 쟝ᄒᆞᆫ 일을 ᄒᆡᆼᄒᆞᄂᆞ뇨 이ᄂᆞᆫ 다른 연고가 안이라 문명ᄒᆞᆫ 학슐을 ᄇᆡ홀 목뎍으로 부모쳐ᄌᆞ를 리별ᄒᆞ고 표연히 만리 ᄒᆡ외에 건너가 쳔신만고를 격그며 밤낫으로 공부ᄒᆞᄂᆞᆫ 즁에 고국을 멀니 바라보고 시국을 슯힌즉 우희로 졍치법률의 졔도가 어즈럽고 아ᄅᆡ로 ᄉᆞ농공샹의 산업이 죠잔ᄒᆞ야 위급ᄒᆞᆫ 화ᄉᆡᆨ이 박두ᄒᆞᆯ ᄲᅮᆫ 안이라

외인의 ᄋᆞᆸ제가 날로 심ᄒᆞ야 인민의 ᄉᆡᆼ명ᄌᆡ산을 보호ᄒᆞᆯ 도리가 만무ᄒᆞᆫ지라 그 근원을 궁구ᄒᆞᆯ진ᄃᆡᆫ 여러 가지가 잇스되 첫ᄌᆡᄂᆞᆫ 일반국민의 지식이 몽ᄆᆡᄒᆞᆫ 연고인즉 지식을 발달코져 ᄒᆞᆯ진ᄃᆡᆫ 교육이 가장 급ᄒᆞᆫ 일이나 교육이 셰 가지 잇

115 신종(晨鍾): 두보(杜甫)의 오언율시 「유용문봉선사(遊龍門奉先寺)」의 구절에서 인용한 표현으로 추정됨. "欲覺聞晨鍾 令人發深省(욕각문신종 영인발심성; 새벽의 쇠북 소리 깨우침이 있어, 나에게 깊은 감명을 주네)."

스니 가뎡괴육[116]과 학교교육과 샤회교육이라 우리나라의 현금 정형으로는 ᄎᆞ셔 잇는 교육은 베풀기 어렵고 위션 힘쓸 바는 샤회교육인ᄃᆡ 샤회교육에 긔관은 도셔관도 가ᄒᆞ고 연셜회도 가ᄒᆞ고 토론회도 가호ᄃᆡ 기즁에 규모가 크고 방법이 편리ᄒᆞᆫ 것은 신문에 지나는 쟈ㅣ 업다 ᄒᆞ야 이에 신문샤를 챵셜ᄒᆞ기로 결뎡ᄒᆞ고 각기 의연금을 모집ᄒᆞᆯ ᄉᆡ 혹 슈쳔 원 혹 슈ᄇᆡᆨ 원 슈십 원 오륙 원 삼ᄉᆞ 원 ᄂᆡ지 일 원ᄭᆞ지 슈합ᄒᆞᆫ 금익이 칠쳔여 원에 달ᄒᆞᆫ지라 하긔방학ᄒᆞ는 ᄯᅢ를 타 셔 총ᄃᆡ위원 십여 명을 파송ᄒᆞ야 각 디방으로 단기며 권유ᄒᆞᆫ다 ᄒᆞ니 이는 일은 바 식벽 쇠북 한 소ᄅᆡ라 우리 ᄂᆡ디에 잇는 여러 인ᄉᆞ여 뎌 청년 졔씨의 젼ᄒᆞ는 바 쇠북 소ᄅᆡ에 곤ᄒᆞᆫ 즘 얼는 ᄭᆡ여 눈 부뷔고 경신찰여 깁히 ᄉᆡᆼ각ᄒᆞ고 류학ᄉᆡᆼ 제씨의 큰 경영을 완젼히 일우게 ᄒᆞᆯ지어다 이 일이 완젼히 셩취ᄒᆞ면 나라의 부강ᄒᆞᆯ 터가 되고 인민의 안락ᄒᆞᆯ 근본이 되리니 이 일에 ᄃᆡᄒᆞ야는 힘도 앗기지 말고 ᄌᆡ물도 앗기지 말고 경셩도 앗기지 말고 도아쥼이 가ᄒᆞ다 ᄒᆞ노라 만일 그러치 안으면 청년의 애국ᄒᆞ는 경셩을 져바릴 ᄲᅮᆫ 안이오 우리의 의무를 다ᄒᆞ지 못ᄒᆞᆷ이로다 이 쇠북 소ᄅᆡ가 한번 ᄶᅥ러진 후에 ᄎᆞᄎᆞ 동방이 ᄇᆞᆰ아오며 ᄐᆡ양이 소사 올으면 만물이 청황젹ᄇᆡᆨ흑의 오ᄉᆡᆨ을 낫하ᄂᆡ여 령롱찬란ᄒᆞ며 금슈곤츙과 밋 쵸목이 왼갓 소ᄅᆡ로 각기 질거워ᄒᆞᆯ지니 이것이 ᄐᆡ평셩ᄃᆡ의 문명ᄒᆞᆫ 긔상이라 앗가 캄캄ᄒᆞᆫ 밤에 즘잘 ᄯᅢ와 엇더ᄒᆞ리오 비로소 인셰의 ᄒᆡᆼ복을 어뎟다 ᄒᆞ리로다 그러나 우리가 이 쇠복 소ᄅᆡ를 듯고도 ᄭᆡ여 닐어나지 안코 뎌 만물의 고흔 빗과 긔묘ᄒᆞᆫ 소ᄅᆡ를 보고 듯지 못ᄒᆞ면 이 셰상에 낫던 보람이 업슴은 고샤ᄒᆞ고 모든 물건을 다 다른 사ᄅᆞᆷ이 취ᄒᆞ여 갈 터인즉 오졍이 지난 후에는 아모리 ᄋᆡ를 쓰고 구ᄒᆞ여도 엇지 못ᄒᆞᆯ가 두려워ᄒᆞ노라 본 긔쟈가 향일에 만셰보의 폐간ᄒᆞᆷ을 듯고 한번 통곡ᄒᆞ야 전국동포의게 고ᄒᆞ엿더니 몃날이 지나지 안이ᄒᆞ야 이ᄀᆞᆺᄒᆞᆫ 희소식을 들으니 반갑고 깃븜을 엇지 형용ᄒᆞ야 말ᄒᆞ리오 이에 약

116 '교육'의 오기.

훈 팔로 류학싱 졔씨의 치는 쇠북을 한번 더 쳐셔 대한텬디의 사름이 모다 듯게 ᄒᆞ고져 ᄒᆞ노니 우리 동포는 귀를 기우려 남보담 몬져 들으쇼셔 폐일언ᄒᆞ고 이 소릐는 우리가 어두온 ᄃᆡ셔 붉은 ᄃᆡ로 나아가며 쥭을 짜에셔 살 곳으로 향ᄒᆞ는 소릐라 ᄒᆞ노라

49 1907년 7월 14일(일) 제2455호 긔셔(寄書)

남을 원망ᄒᆞ지 말고 ᄂᆡ 허물을 ᄉᆡᆼ각ᄒᆞ야 고칠 일 / 현지명

뭇노니 여보 우리 동포시여 년ᄂᆡ로 우리가 잘 ᄒᆞ엿나 못 ᄒᆞ엿나 ᄉᆡᆼ각ᄒᆞ여 보시오 아마도 우리가 잘못ᄒᆞ엿길ᄂᆡ 오날놀 이 피가 쓸코 쳔만고에 비치 못훌 슈치가 형형식식으로 귀에 들니고 눈에 보이니 이를 엇지 훈단 말이오 원통ᄒᆞ여 쥭을 슈밧게 업소구려 우리가 쥭즈 ᄒᆞ나 우리 대한 오ᄇᆡᆨ 년 죵ᄉᆞ와 삼쳔리 옥토를 다 엇지ᄒᆞ잔 말이요 가련ᄒᆞ다 우리 이쳔만 동포여 쳔만고에 씻지 못훌 남에 노레가 되여 쳔ᄒᆞ 만국에 ᄒᆞ등인물이 됨을 ᄉᆡᆼ각ᄒᆞ니 피눈물이 두 눈에 ᄉᆡ암 솟듯 ᄒᆞ는구려 야속ᄒᆞ고 야속ᄒᆞ오 쳔지만물 지으신 하ᄂᆞ림이시여 만물을 창죠ᄒᆞ실 ᄶᅥᆨ에 ᄒᆞ필 우리 대한에만 이다지 오날놀 이 시ᄃᆡ에 이갓치 야속ᄒᆞ오 이거시 다 뉘탓이요 모다 우리 탓이지요 엇지 우리 탓이라고만 ᄒᆞ느냐 우리 좀 ᄉᆡᆼ각ᄒᆞ여 봅시다 갑오경징[117] 이젼은 다 그만두고 이후로만 ᄉᆡᆼ각ᄒᆞ야 봅시다 갑오년 일쳥젼징에 일본이 우리 한국을 쳥국에 굴네 벗겨 쥬고 우리 동양 삼국이 솟발에 형셰를 이루어셔 셔양 ᄃᆡ세가 동양에 무인지경갓치 들어옴을 일본이 몬져 알고 한쳥 량국에 통긔ᄒᆞ여 이러셔라 ᄒᆞ여도 도리여 일본이 우리 죠션을 기화식힌다지 아국이 엇지 훈다 영미가 이리 훈다 법덕이 져리 훈다 별별

117 '경장(更張)'의 오기.

소동으로 금일 일파가 명일 아당이요 금일 아당이 명일 일파가 되여 ᄎᆞ소위 양에 붓고 쳔엽에 붓터 남에게 의뢰홈과 아첨ᄒᆞ기로 졔일 지혜와 ᄌᆡ죠로 알고 눈이 벌기셔 권리가 엇지ᄒᆞ면 튼튼ᄒᆞ여 북악산 갓튼 ᄯᅥᆨ메로 쳐도 ᄭᆡ지지 안을가 엇지ᄒᆞ면 임군을 속여 ᄆᆡ관ᄆᆡ작이며 엇지ᄒᆞ면 ᄂᆡ에 친ᄒᆞᆫ 식구를 쳔도ᄒᆞᆯ가 ᄒᆞ며 동셔로 분쥬이 날치며 피인을 ᄃᆡᄒᆞ면 가장 학식이 잇ᄂᆞᆫ 쳬ᄒᆞ고 아쳠ᄒᆞ기만 졔일 능사로 ᄒᆞ고 지어ᄇᆡᆨ셩ᄒᆞ여ᄂᆞᆫ 졍부만 원망ᄒᆞ고 유의유식ᄒᆞ기와 쥬ᄉᆡᆨ잡기로 셰월만 허송ᄒᆞ며 혹 나라를 근심ᄒᆞ여 말 마ᄃᆡ로 권고ᄒᆞᄂᆞᆫ 친구가 잇스면 도리여 비웃고 흉보ᄂᆞᆫ 말이 져 사ᄅᆞᆷ이 져리 ᄒᆞ여도 쓸ᄃᆡ 잇나 그리ᄒᆞ엿스면 죠치마ᄂᆞᆫ 우리 죠션은 아모리 ᄒᆞ여도 되지 아니ᄒᆞ지 어허 져 사ᄅᆞᆷ 연셜군 갓고 졔나 ᄂᆡ나 오날 버러 ᄅᆡ일 밥지어 먹을 ᄉᆡᆼ각이나 ᄒᆞ지 참 일업ᄂᆞᆫ 사ᄅᆞᆷ이로구 ᄒᆞ며 이갓치 금갓튼 셰월을 쉼속에 다 보ᄂᆡ다가 년젼에 일아가 교셥됨ᄋᆡ 그 일이 엇지됨을 몰나 졍신업시 지ᄂᆡ다가 불ᄒᆡᆼ이 동양천지에 ᄃᆡ포소ᄅᆡ가 ᄒᆞᆫ 번 남ᄋᆡ ᄃᆡ포에 연긔ᄂᆞᆫ ᄇᆡᆨ일을 가리고 사ᄅᆞᆷ에 피ᄂᆞᆫ 흘너 황ᄒᆡ를 넘치닛가 그 ᄯᅢ에야 가셔 두눈이 휘둥구러져셔 졍신업ᄂᆞᆫ 사ᄅᆞᆷ쳐럼 지ᄂᆡ다가 그리ᄒᆞ여도 남에게 의뢰ᄒᆞᄂᆞᆫ 마암을 곳치지 못ᄒᆞ고 ᄎᆞ국이 승ᄒᆞ면 ᄎᆞ국에 의뢰ᄒᆞ고 피국이 승ᄒᆞ면 피국에 의뢰ᄒᆞ지 ᄒᆞ고 지ᄂᆡ다가 다ᄒᆡᆼ이 일본이 승젼ᄒᆞ여 동양에 평화가 영원ᄒᆞᆯ 쥴노 바라든 마암이 ᄎᆡ 식지 아니ᄒᆞ여 우리 ᄃᆡ한 독립 두 ᄌᆞ가 광풍에 갈닙갓치 ᄯᅥ 다라나고 남에 보호홈를 바드니 이 아니 원통ᄒᆞ오 (未完)

50 1907년 7월 16일(화) 제2456호 긔셔(寄書)

남을 원망ᄒᆞ지 말고 ᄂᆡ 허물을 ᄉᆡᆼ각ᄒᆞ여 고칠 일 (속) / 현ᄌᆡ명

여보 남을 넘어 밋고 의뢰ᄒᆞ여 ᄇᆡᆨ셩을 고기덩리[118]와 ᄉᆡᆼ금 나ᄂᆞᆫ ᄉᆡ암갓치 알고 별별명목으로 일홈ᄒᆞ여 불상ᄒᆞᆫ 뎌 ᄇᆡᆨ셩이 한셔[119]를 무릅쓰고 ᄋᆡ써 번 돈을 각ᄉᆡᆨ슈단으로 ᄲᅢ셔다가 아ᄅᆡ관원은 웃관원에 입을 씻기고 웃관원은 그 웃ᄃᆡ관에 무릅을 괴이고 그 ᄃᆡ관은 외국사ᄅᆞᆷ에 턱을 괴여셔 그 ᄌᆞ리를 견고ᄒᆞ게 ᄒᆞ고 ᄯᅩ ᄇᆡᆨ셩으로 ᄆᆞᆯ ᄒᆞᆯ진ᄃᆡ 상탁ᄒᆞ부졍[120]이라 ᄒᆞ니 우리 ᄇᆡᆨ셩이 아모리 ᄒᆞ여도 쓸ᄃᆡ 잇나 ᄒᆞ니 여보 우리 ᄉᆡᆼ각ᄒᆞ여 봅셰다 웃물이 부졍ᄒᆞ면 아ᄅᆡ물을 말게 ᄒᆞᆯ 방칙을 ᄉᆡᆼ각ᄒᆞᆯ진ᄃᆡ 엇지ᄒᆞ면 말게 ᄒᆞᆯ고 ᄒᆞ면 아마도 그 흐린 웅덩이 아ᄅᆡ다가 한 웅덩이를 크게 파셔 그 흐린 것을 다 가라안게 되면 그 아ᄅᆡ물은 ᄌᆞ연이 말거질 거시니 그 웅덩이ᄂᆞᆫ 무엇신고 ᄒᆞ니 우리가 다 구습을 바리고 문명ᄒᆞᆫ ᄉᆡ학문을 닥가 말근 물이 ᄂᆞ오기를 ᄉᆡᆼ각지 안코 남을 원망ᄒᆞ고 남을 시비ᄒᆞ며 남을 미워ᄒᆞ고 남을 ᄉᆡ긔ᄒᆞ니 엇지 이 지경이 아니되고 무엇이 되엿쓰릿가 참 분ᄒᆞ고 지원[121] ᄒᆞ다 십사 년을 우리에 지낸 일을 ᄉᆡᆼ각ᄒᆞᆯᄉᆞ록 지원극통ᄒᆞᆫ 일이 만으니 엇지 누구를 원망ᄒᆞ리오 하날도 야속ᄒᆞ다 못ᄒᆞ고 뎌를 원망ᄒᆞᆯ가 이갓치 알뜰이 망ᄒᆞᆯ 징죠를 관민이 ᄒᆞ여 놋코 져를 원망ᄒᆞ여도 쓸ᄃᆡ 업고 져를 욕ᄒᆞ여도 소용 업고 아모리 ᄒᆞ여도 ᄒᆞᆯ 슈 업소 여보 우리 이쳔만 동포님네 이과지ᄉᆞ[122]ᄂᆞᆫ 다 고만두고 ᄂᆡ두지ᄉᆞ[123]를 ᄉᆡᆼ각ᄒᆞ여 뎌 사ᄅᆞᆷ 원망ᄒᆞ고 욕ᄒᆞᆷ을 일층만층 분ᄒᆞᆷ을 더 ᄉᆡᆼ각ᄒᆞ야 우리에 ᄒᆞᆫ 험을를 ᄉᆡᆼ각ᄒᆞ야 곳치고 쳔만 번 힘을 합ᄒᆞ야 나아감을 ᄉᆡᆼ각ᄒᆞ여 봅셰다 우리가 ᄉᆡᆼ각지 아니ᄒᆞ고 젼과 ᄀᆞᆺ치 지ᄂᆡ면 이 압헤 오ᄂᆞᆫ 일이 더 참혹ᄒᆞ고 더 쥭을 일이 압헤 졈졈 갈ᄉᆞ록 심ᄒᆞᆯ 터이니 더 심ᄒᆞ면 ᄉᆞ라도 살 ᄯᅡᆼ이 업고 쥭어도 뭇칠 ᄯᅡᆼ이 업슬 터이요 겸ᄒᆞ여 인죵이 멸망ᄒᆞᆯ

118 '덩어리'의 오기인 듯함.

119 한서(寒暑): 추위와 더위.

120 상탁하부정(上濁下不淨): 윗물이 흐리면 아랫물도 깨끗하지 못하다는 뜻으로, 윗사람이 부패하면 아랫사람도 부패하게 됨을 이르는 말.

121 지원(至冤): '지원극통(至冤極痛)'의 준말. 지극히 원통함.

122 이과지사(已過之事): 이미 지나간 과거의 일. =이왕지사.

123 내두지사(來頭之事): 앞으로 닥칠 일.

지경에 이르러셔ᄂᆞᆫ 긋ᄯᆡ 가셔ᄂᆞᆫ 아모리 ᄒᆞ여도 엇지 ᄒᆞᆯ 슈 업소 혹들 말ᄒᆞ기를 인져ᄂᆞᆫ 우리 한국이 뎌 일본사ᄅᆞᆷ에게 ᄂᆡ외권을 다 ᄲᆡ앗기고 웬갓 것을 다 ᄲᆡᆺ겻쓰니 ᄒᆞᆯ 슈 업소 ᄒᆞ니 ᄒᆞᆯ 슈 업단 말이 참 병이요 아즉도 우리에 여망이 좀 남엇쓰니 ᄯᆡ를 일치 말고 우리 대한 이쳔만 인구가 다 각기 나라이 엇지 되엿쓰며 우리 ᄇᆡᆨ셩이 엇지ᄒᆞ면 직분을 다 ᄒᆞ야 우리 사ᄂᆞᆫ ᄯᅡᆼ을 엇지ᄒᆞ면 보젼ᄒᆞᆷ을 ᄉᆡᆼ각ᄒᆞ여 ᄯᆡ를 ᄯᅡ라 녯 완고ᄒᆞᆫ 풍속을 변ᄒᆞ여 남에 뎌 신션ᄒᆞᆫ ᄉᆡ 공긔를 마셔 구습을 일죠에 다 바리고 다 각기 힘 ᄌᆞ라ᄂᆞᆫ ᄃᆡ로 혹 학교를 촌촌면면이 셰워 총쥰자제에 교육에 열심ᄒᆞ며 혹 외국에 유학식여 문명ᄒᆞᆫ 풍속과 인정물죵이며 각ᄉᆡᆨ 기녜[124]에 공장을 본바다 우리나라에 졍치를 쇄신ᄒᆞ고 농공상업을 크게 확장ᄒᆞ여 일용ᄉᆞ물을 다 우리에 걸노 ᄒᆞ고 남에 물건을 쓰지 말면 ᄌᆞ연이 부ᄒᆞ고 부ᄒᆞ면 강ᄒᆞ여질 터이니 강ᄒᆞ면 남에 노예도 버셔ᄂᆞ고 국권도 회복ᄒᆞᆯ 쥴노 ᄉᆡᆼ각ᄒᆞ오

ᄉᆡᆼ은 번ᄃᆡ 준준무식ᄒᆞ여 말에 션후를 분간치 못ᄒᆞ고 망녕되이 우리 동포에게 업ᄃᆡ여 고ᄒᆞ오니 무식ᄒᆞᆷ을 용셔ᄒᆞ옵소셔

51 1907년 7월 17일(수) 제2457호 론셜

권리와 의무의 ᄎᆞᆷ뜻을 알 일 / 운졍(雲庭)[125]

우리가 어려셔 글을 닑을 ᄯᆡ에 텬자 동몽션습 사략 통감 사셔ᄉᆞᆷ경을 다 닑

124 기예(技藝).

125 윤효정(尹孝定, 1858~1939): 호는 운정(雲庭). 조선 말기의 애국지사. 딸 정원(貞媛)은 한국 최초의 유럽 여자 유학생이다. 1898년 독립협회 간부로 활동할 때 고종양위음모사건에 관련되어 일본 거류지에 숨어 있다가 일본으로 망명하였다. 귀국하여 1905년 이준(李準)·양한묵(梁漢默) 등과 헌정연구회(憲政硏究會)를 조직하였고, 1906년에는 장지연(張

도록 ᄒᆞᆫ 번도 보고 듯지 못ᄒᆞ던 문ᄌᆞ가 십수 년 ᄅᆡ로 이 셰샹에 출ᄉᆡᆼᄒᆞ야 지금은 남녀와 로소와 완고와 ᄀᆡ화와 귀쳔과 경향과 ᄌᆞᆯ난 이와 못난 이를 물론ᄒᆞ고 입이 잇고 벙어리 되지 아니ᄒᆞᆫ 사ᄅᆞᆷ은 날마다 몃 번식 ᄆᆞᆯᄒᆞᄂᆞᆫ 거시니 그것은 무삼 문자인고 ᄒᆞ면 권리라 의무라 ᄒᆞᄂᆞᆫ 네 글자인ᄃᆡ 이것은 본ᄅᆡ ᄐᆡ셔 문명국에셔 쓰ᄂᆞᆫ 말이니 그 뜻을 동에셔 한문으로 번역ᄒᆞ야 권리 의무라ᄂᆞᆫ 네 글자가 된 거신ᄃᆡ

이 권리라 의무라 ᄒᆞᄂᆞᆫ 뜻을 본뜻ᄃᆡ로 잘 풀러볼 지경이면 과연 남녀로소 완고 ᄀᆡ화 귀쳔 경향 잘난 이 못난 이를 물론ᄒᆞ고 사ᄅᆞᆷ이 셰샹에셔 사ᄂᆞᆫ 데 경위를 분셕ᄒᆞᄂᆞᆫ 붉은[126] 거울이 되야 하로 동안에 몃 가지 일을 당ᄒᆞ던지 번번이 이 네 글자로 분셕ᄒᆞ면 ᄆᆡ오 유익ᄒᆞᆫ 일도 만코 ᄀᆡ명ᄒᆞᆫ 지경에 나아가기도 쉬울 터인ᄃᆡ 우리나라 사ᄅᆞᆷ은 ᄆᆡ양 권리 의무의 뜻을 잘못 아라셔 권리라 ᄒᆞᄂᆞᆫ 것은 강ᄒᆞᆫ 자가 약ᄒᆞᆫ 쟈를 압제ᄒᆞᄂᆞᆫ 데 쓰ᄂᆞᆫ 권리로 알고 의무라 ᄒᆞᄂᆞᆫ 것은 약ᄒᆞᆫ 쟈가 강ᄒᆞᆫ 쟈의게 ᄋᆞᆸ제를 밧ᄂᆞᆫ 데 쓰ᄂᆞᆫ 의무로 아라셔 그 문쟈의 본의와 상거가 쳑리ᄲᅮᆫ 아니라 이를 인ᄒᆞ야 경위의 분셕이 모호ᄒᆞ고 지식의 졍도가 ᄯᅥ러져 인권을 진보ᄒᆞᄂᆞᆫ ᄃᆡ 크게 방ᄒᆡ되ᄂᆞᆫ 고로 이 아ᄅᆡ 략간 권리 의무의 참뜻을 ᄆᆞᆯᄒᆞ고 ᄒᆞᆫ두 가지 실상 젼례를 드러 말ᄒᆞ노라

대뎌 권리라 ᄒᆞᄂᆞᆫ 것이 영어의 뜻은 졍당ᄒᆞ다ᄂᆞᆫ 말이니 졍당ᄒᆞ다 함은 텬디나 귀신이나 셩현에게 질문ᄒᆞᆯ지다도[127] 조곰도 틀닐 것 업시 졍당ᄒᆞᆫ 거이오 의

志淵) 등과 헌정연구회를 토대로 대한자강회(大韓自强會)를 조직하였다. 1907년 일제에 의해 고종이 퇴위당하자 반대 운동을 전개하다가 해산당하였다. 이에 장지연·오세창(吳世昌)·권동진(權東鎭)·유근(柳瑾) 등과 대한협회(大韓協會)를 조직하여 대한자강회 사업을 계승하였다. 대한협회의 총무로서 이 회의 기관지인 《대한협회회보》·《대한민보》를 간행하여 일제의 통감정치와 친일매국단체인 일진회(一進會)를 규탄, 공격하였다.

126 '밝은'의 오기인 듯함.

127 조사 '~라도'의 오기인 듯함.

무라 ᄒᆞᄂᆞᆫ 것이 영어의 뜻은 칙임이라 홈이니 즉 소위 담부라 담부라 ᄒᆞᄂᆞᆫ 것은 공연이 오는 것이 아니라 반다시 ᄂᆡ 몸에 그 담부가 오는 ᄭᆞᄃᆞᆰ이 잇ᄂᆞ니

비유컨ᄃᆡ 부모ᄂᆞᆫ 자식을 양휵ᄒᆞᄂᆞᆫ 고로 자식은 부모의 은혜를 밧은 자인즉 부모에게 은혜를 갑흘 만ᄒᆞᆫ 칙임이 잇고 담부가 잇슴으로 부모ᄂᆞᆫ 자식의 갑ᄂᆞᆫ 것을 밧음이 정당ᄒᆞᆫ지라 그런 고로 자식은 부모의게 은혜를 갑흘 의무가 ᄉᆡᆼ기고 부모ᄂᆞᆫ 자식의게 갑흠을 밧을 권리가 ᄉᆡᆼ기니 자식의 의무ᄂᆞᆫ 소위 효양이오 부모의 권리ᄂᆞᆫ 소위 도리라 변ᄒᆞ여 말ᄒᆞᆯ지면 부모ᄂᆞᆫ 자식의게 갑흠을 밧ᄂᆞᆫ 도리가 잇스며 자식은 부모의게 효양ᄒᆞᆯ 의리가 잇슴이라 이러케 볼 지경이면 권리니 의무니 말ᄒᆞᄂᆞᆫ 것니 도의(道義) 두 글자에 버서질 거시 업도다

동양은 녯젹부터 말ᄒᆞ기를 부모가 자식을 사랑ᄒᆞ고 자식이 부모의게 효양ᄒᆞᄂᆞᆫ 것은 사ᄅᆞᆷ의 텬셩에셔 자연이 동ᄒᆞᄂᆞᆫ 양심이라 ᄒᆞ야 일졀 권리라 의무라 ᄒᆞᄂᆞᆫ 문자를 붓쳐 말ᄒᆞ지 안이ᄒᆞ나 틔셔 사ᄅᆞᆷ의 말에ᄂᆞᆫ 부모의 사랑과 자식의 효양이 비록 자연ᄒᆞᆫ 텬셩이라 ᄒᆞ나 다만 텬셩으로만 ᄆᆞᆯᄒᆞ면 만일 그 텬셩ᄒᆞᆫ 양심을 일코 사랑치 안이ᄒᆞ며 효양치 안이ᄒᆞᄂᆞᆫ 자가 잇스면 국가ᄂᆞᆫ 이런 사ᄅᆞᆷ을 엇더케 쳐판ᄒᆞᆯ 방법이 업ᄂᆞᆫ 고로 부모의 갑흠 밧ᄂᆞᆫ 것을 권리라 일홈ᄒᆞ고 자식의 효양ᄒᆞᄂᆞᆫ 것을 의무라 일홈ᄒᆞ니 권리와 의무ᄂᆞᆫ 즉 민법을 셩립ᄒᆞᄂᆞᆫ 원소라 고로 부모와 자식 사이에 권리 의무를 힝치 안이ᄒᆞᄂᆞᆫ 자ᄂᆞᆫ 민법으로써 쳐판ᄒᆞᄂᆞᆫ 일이 ᄉᆡᆼ기며 (미완)

52 1907년 7월 18일(목) 제2458호 론셜

권리와 의무의 춤뜻을 알 일 (젼호속) / 운졍(雲庭)

돈을 ᄭᅱ이고 ᄭᅮᄂᆞᆫ 일로 ᄆᆞᆯᄒᆞᆯ진ᄃᆡ ᄭᅱ인 자ᄂᆞᆫ 계약ᄒᆞᆫ 날에 당ᄒᆞ야 돈을 밧을 권리가 잇고 ᄭᅮ어쓴 자ᄂᆞᆫ 계약ᄒᆞᆫ 날에 당ᄒᆞ야 돈을 갑흘 의무가 잇스되 한 경

ᄒᆞᆫ 일자 이젼에ᄂᆞᆫ 아모리 쉬인 사ᄅᆞᆷ이라도 돈을 ᄌᆡ촉ᄒᆞᆯ 권리가 업고 ᄭᅮ어쓴 사ᄅᆞᆷ이라도 돈을 갑흘 의무가 업스며 인력거를 타ᄂᆞᆫ 지경이면 인력거군은 그 가자 ᄒᆞᄂᆞᆫ 곳ᄭᅡ지 ᄭᅳ러주ᄂᆞᆫ 의무가 잇ᄂᆞᆫ 고로 그 의무를 다ᄒᆞᆫ 후에ᄂᆞᆫ 즉시 삭젼을 밧ᄂᆞᆫ 권리가 잇스며 인력를[128] 타ᄂᆞᆫ 자로 ᄆᆞᆯᄒᆞᆯ진ᄃᆡ 가고시분 곳ᄭᅡ지 타고 가ᄂᆞᆫ 권리가 잇ᄂᆞᆫ ᄭᅡ닭에 다 간 후에ᄂᆞᆫ 반다시 삭젼을 주ᄂᆞᆫ 의무가 즉시 ᄉᆡᆼ기ᄂᆞ니라

국가 사회를 조직ᄒᆞᆫ 후에ᄂᆞᆫ 국가가 인민을 보호ᄒᆞ야 ᄒᆡᆼ복을 누리도록 ᄒᆞᄂᆞᆫ 의무가 잇ᄂᆞᆫ 고로 그 의무를 ᄒᆡᆼᄒᆞᄂᆞᆫ ᄃᆡ 방히를 업시ᄒᆞᆯ 만ᄒᆞᆫ 권리가 잇ᄂᆞ니 가사 일ᄀᆡ인은 누구던지 타인이 가옥이나 토디를 팔고져 아니ᄒᆞᄂᆞᆫ 것을 억지로 사ᄂᆞᆫ 권리가 결단코 업스나 국가가 공변되게 유익ᄒᆞᆫ 일을 위ᄒᆞ야 텰도를 부셜ᄒᆞ던지 운하를 ᄀᆡ착ᄒᆞ던지 이러ᄒᆞᆫ 경우에ᄂᆞᆫ 혹 엇더ᄒᆞᆫ 사ᄅᆞᆷ이 자긔의 가옥이나 토디를 안이 팔깃다 ᄒᆞᆷ을 허락지 아니ᄒᆞ고 국가ᄂᆞᆫ 그 샹당ᄒᆞᆫ 갑을 쥰 후에 강제로 사ᄂᆞᆫ 권리가 잇스니 이것은 즉 국가의 권리라 말ᄒᆞᆯ지며 ᄯᅩ 인민의 국가의 법률명령을 복종ᄒᆞᄂᆞᆫ 의무가 잇고 국셰를 밧치ᄂᆞᆫ 의무가 잇ᄂᆞᆫ 그 ᄃᆡ신으로 자긔의 ᄉᆡᆼ명ᄌᆡ산에 ᄒᆡ롭게 ᄒᆞ고져 ᄒᆞᄂᆞᆫ 자가 잇스면 국가로 ᄒᆞ여곰 검지[129]케 ᄒᆞᄂᆞᆫ 권리가 잇ᄂᆞᆫ지라 그런 고로 ᄂᆡ게 돈을 ᄭᅮ어 쓴 자가 긔한에 갑지 안이ᄒᆞ면 재판으로써 국가의 강제를 청ᄒᆞ야 돈을 밧ᄂᆞᆫ 권리가 잇스며 ᄂᆡ집 가족의게 위험ᄒᆞᆫ 일을 ᄒᆡᆼ코자 ᄒᆞᄂᆞᆫ ᄌᆞ가 잇스면 국가로 하여곰 주야로 ᄂᆡ집을 보호케 ᄒᆞᄂᆞᆫ 권리가 잇스되 국가ᄂᆞᆫ 이목과 수족이 업ᄂᆞᆫ 고로 국가의 긔관되ᄂᆞᆫ 관리로 하여곰 그 ᄉᆞ무를 ᄃᆡ판ᄒᆞᄂᆞ니라

그러ᄒᆞᆫ즉 권리라 ᄒᆞᄂᆞᆫ 것은 부귀ᄒᆞᆫ 사ᄅᆞᆷ이나 정부에만 잇셔셔 빈쳔ᄒᆞᆫ 사ᄅᆞᆷ이나 인민을 압제ᄒᆞᄂᆞᆫ 것이 아니며 의무라 ᄒᆞᄂᆞᆫ 것은 빈쳔ᄒᆞᆫ 사ᄅᆞᆷ이나 인민의

---

128 '인력거를'의 오기.

129 '금지(禁止)'의 오기인 듯함.

게만 잇셔셔 부귀ᄒᆞᆫ 사ᄅᆞᆷ이나 졍부의 압졔를 밧는 것이 아니라 빈부귀쳔과 인민졍부를 물론ᄒᆞ고 셔로 요만ᄒᆞᆫ 의무를 ᄒᆡᆼᄒᆞᆫ 이상에는 요만ᄒᆞᆫ 권리가 곳 ᄉᆡᆼ기고 이만ᄒᆞᆫ 권리를 가진 이상에는 이만ᄒᆞᆫ 의무가 곳 ᄉᆡᆼ기ᄂᆞ니 권리에 ᄯᅡ라셔 의무가 오고 의무에 ᄯᅡ라셔 권리가 오기를 물건을 ᄯᅡ라셔 거림자 ᄉᆡᆼ기듯 ᄒᆞᄂᆞᆫ 거신ᄃᆡ

우리나라의 졍부나 부귀ᄒᆞᆫ ᄉᆞ람은 권리라 ᄒᆞᄂᆞᆫ 것이 의무를 ᄒᆡᆼᄒᆞ노라고 엇은 것인 쥴 모르고 다만 자긔게는 하나님이 무한ᄒᆞᆫ 권리를 주어셔 빈쳔ᄒᆞᆫ 자와 인민을 압졔ᄒᆞ라 ᄒᆞ신 쥴노 ᄉᆡᆼ각ᄒᆞᄂᆞᆫ 고로 관리나 부귀자의 사회에는 압졔 권리만 잇는 듯ᄒᆞ고 인민이나 빈쳔ᄒᆞᆫ 자의 사회에는 복종 의무만 잇는 듯ᄒᆞ야 오날날 이러ᄒᆞᆫ 국셰를 일우엇도다

53 1907년 7월 19일(금) 제2459호 론셜

간험ᄒᆞᆫ 자의 심장 / 운졍(雲庭)

산보다 긔험ᄒᆞ고 물보다 위ᄐᆡᄒᆞ고 호랑이보다 사오납고 사갈보다 독ᄒᆞ야 갓가이 ᄒᆞ기도 어렵고 멀니 ᄒᆞ기도 어렵고 인졍도 업고 의리도 업셔셔 맛나는 자가 반다시 상ᄒᆞ고 닥드리는 자가 반다시 죽어 사ᄅᆞᆷ의 ᄉᆡᆼ명ᄌᆡ산을 보젼치 못ᄒᆞ게 ᄒᆞ며 사ᄅᆞᆷ의 언어ᄒᆡᆼ동을 자유치 못ᄒᆞ게 ᄒᆞ야 텬지간에 무상ᄒᆞᆫ ᄃᆡ죄악을 지여서 자긔 일신의 ᄒᆡᆼ복을 구ᄒᆞ고져 ᄒᆞᄂᆞᆫ 것은 무엇이뇨 즉 간험ᄒᆞᆫ 자의 십장[130]이라

우리나라를 통계ᄒᆞ면 이러한 간험ᄒᆞᆫ 소인이 ᄃᆡ긔 남의 나라보다 많은ᄃᆡ ᄯᅩ 젼국 즁에는 경셩에 이러ᄒᆞᆫ 종자가 더 만은 모양이니 오날늘 경셩에셔 사는 우

130 '심장(心腸)'의 오기.

리들은 이러훈 인종이 만이 싱기는 까둙과 이러훈 곳에셔 사라갈 일을 깁히 싱각지 안이치 못홀지니

딕져 우리나라이 수빅 년 이릭로 로론소론이니 남인북인이니 ㅎ는 사식의 당파로 각각 타식의게 딕ㅎ야 원수와 갓치 시긔ㅎ고 미워ㅎ는 싱각으로 셔로 공격ㅎ며 셔로 살히ㅎ되 빅지 무근지셜을 주츌ㅎ야 혹 사문의 란젹도 믿들고 혹 셩딕의 역젹도 믿드러 그 사룸을 쥭이고 그 집을 못 파고 그 셩을 씨앗고 그 자손을 딕딕로 폐족 믿드러 남의 집을 폭 망훈 연휴에야 마음에 쾌ㅎ니 이것은 츄호라도 나라이나 빅셩을 위ㅎ야 이러훈 젼징을 극력히 ㅎ는 것이 안이라 다만 각각 자긔의 셰력을 확장ㅎ고 부귀를 도모ㅎ는 쯧으로 허다훈 사룸이 검부나 포쳥에셔 일흔두 가지 악형을 당ㅎ고 허다훈 사룸이 군긔교나 셔소문 밧게셔 능지육시를 당ㅎ고 허다훈 사룸이 고금도나 흑산도에 가시울타리 속에 원통훈 쥭엄을 ㅎ엿느뇨 이상에 긔록훈 것은 당파의 싸홈이라 오히려 일홈이나 잇건이와 수십 년 이릭로는 인심이 더옥 간휼ㅎ고 부픽ㅎ야 각각 흉험훈 싱각으로써 벼살과 직리를 경영ㅎ되 혹 임오군병의 여당을 수식ㅎ며 혹 갑신긔혁의 여파를 탐정ㅎ며 혹 독립협회의 뒤끗과 혹 망명자의 소식을 추구ㅎ야 엇더훈 간웅이 □츌ㅎ면 반다시 그찌의 관리를 체결ㅎ며 허다훈 간인을 련락ㅎ야 훈 가지 일을 고발ㅎ야 마음과 갓치 셩공ㅎ는 날에는 동모ㅎ던 자들이 반다시 부귀쌍젼ㅎ는 영화를 엇으니 이것은 가위 거짓말밧헤 셰력을 시무며 고발이란 나무에 벼살이 열님과 갓흔지라 이러훈 리익이 금젼의 자본도 업시 다만 셰치 되는 혀끗홀 잘 공교히 놀니기에 잇스니 그런 고로 사람을 무함ㅎ는 습관이 년릭에 더옥 심ㅎ엿더라

이것은 다른 까둙이 안이라 문란훈 졍치와 부픽훈 법률과 악독훈 인심과 압제ㅎ는 권리 이 네 가지가 합ㅎ야 되는 일이니 졍치가 문란훈 고로 인민이 항산이 업고 사룸마다 허공 즁에셔 싱활ㅎ는 부귀를 구ㅎ며 법률이 부픽훈 고로 인민의 죄지유무와 곡직션악을 분변치 안이ㅎ며 인심이 악독홈으로 남을 무

죄히 힉ᄒᆞ고라도 닉가 잘되고져 ᄒᆞᄂᆞᆫ ᄉᆡᆼ각이 잇스며 압제가 심ᄒᆞᆫ 고로 억울ᄒᆞᆫ 일을 당ᄒᆞᆫ 사ᄅᆞᆷ이 그 원통ᄒᆞᆫ 것을 셜원ᄒᆞ야 무고자의게 반좌률을 시힝치 못ᄒᆞᄂᆞᆫ 연고라 (미완)[131]

54 1907년 7월 23일(화) 제2462호 론셜

젼국 동포에게 경고ᄒᆞᆷ / 탄히싱

오늘늘 우리 대한 신민된 쟈의 쳐디ᄂᆞᆫ 하날을 부르지즈며 싸를 두다리고 통곡ᄒᆞ야도 가ᄒᆞ고 칼과 총을 무릅쓰고 싸호다가 죽어도 가ᄒᆞ고 피를 흘녀 삼쳔리 강산초목에 ᄲᅮ려도 가ᄒᆞᆫ지라 무엇을 다시 도라보고 희망ᄒᆞᆯ 여디가 잇다 ᄒᆞ리오 연고로 근일 도하에 인심이 물 끌틋 ᄒᆞ야 죵로 대도샹에 포셩이 그치지 안이ᄒᆞ고 검극이 삼렬ᄒᆞ야 닉외국인 즁에 죽고 상ᄒᆞᆫ 쟈 이삼십여 명에 달ᄒᆞ고 총리대신 리완용 씨의 ᄉᆞ뎨[132]에 불을 질너 몰쇼케 ᄒᆞ엿스니 이 일이 가히 통쾌ᄒᆞ다 ᄒᆞᆯ지나 그러나 무릇 사ᄅᆞᆷ의 일이라 ᄒᆞᄂᆞᆫ 것은 분ᄒᆞᆷ을 ᄎᆞᆷ지 못ᄒᆞ야 목젼의 쾌ᄒᆞᆫ 일을 보고져 ᄒᆞ면 필경 영원한 큰 ᄉᆞ업을 일우지 못ᄒᆞᄂᆞᆫ지라 이럼으로 동양으로 말ᄒᆞ면 월왕 구쳔이 오왕에게 픽ᄒᆞᆫ 바 되야 셥헤 누어 씰기를 맛보아 비상ᄒᆞᆫ 욕과 비상ᄒᆞᆫ 괴로옴을 ᄎᆞᆷ을 ᄉᆡ 죵의 옷을 닙고 소을 치ᄂᆞᆫ 일ᄭᅡ지 당ᄒᆞ면서 셔셔히 실력을 양셩ᄒᆞ야 필경 붓그럼을 씻고 텬하에 픽업을 이루엇시며 셔양으로 말ᄒᆞ면 보로사[133]가 법국에게 셩ᄒᆞ에 ᄆᆡᆼ셔를 ᄒᆞ야 셰계의 큰 욕을 당

---

131 참고: 제2460호(1907년 7월 20일자)는 고종황제의 "황위대리조칙"(양위관련기사) 등이 게재된 때문인지 논설이 실리지 않았고, 제2461호(7월 21일자)는 유실되어 전하지 않음. 이 유실분에 제2459호(7월 19일자) 논설의 속편이 실려 있었을 가능성이 있음.

132 문맥상 '사저(私邸)'의 의미로 추정됨.

133 보로사(普魯士): 프로이센을 가리킴.

ᄒᆞ얏스나 분격ᄒᆞᆷ을 억제ᄒᆞ고 ᄉᆞ십 년을 교육에 힘을 뻐셔 법국을 크게 익의고 국권을 회복ᄒᆞ얏스니 슯흐다 우리 동포여 이 두 나라로 붉은 거울을 삼고 근일 도ᄒᆞ의 위급ᄒᆞᆫ 경형을 돌아볼지어다 각식 젼문을 닷아 장ᄉᆞ의 ᄆᆡᄆᆡ가 슷치고 화폐를 융통ᄒᆞᄂᆞᆫ 취ᄃᆡ의 길이 막히여 물정이 더욱 흉흉ᄒᆞᆫ 즁 ᄉᆡᆼ명의 뎨일 급ᄒᆞᆫ 물건은 시량[134] 갓흔 것이 업ᄂᆞᆫᄃᆡ 셩즁의 져츅ᄒᆞ얏던 것은 졈졈 업셔져 가고 다시 계속ᄒᆞ야 들어오지 안이ᄒᆞᆷ으로 시가가 날노 올으니 넉넉지 못ᄒᆞᆫ 동포들이 무엇을 먹고 살니오 물 말으ᄂᆞᆫ 웅덩이에 모여 잇ᄂᆞᆫ 고기 형셰를 면키 어려옴은 뎡ᄒᆞᆫ 일이라 엇지 두 번 ᄉᆡᆼ각ᄒᆞᆯ 바 안이리오 현금 ᄂᆡ각 졔공을 츙신이라 ᄒᆞᆯᄂᆞᆫ지 역신이라 ᄒᆞᆯᄂᆞᆫ지 그 두 가지의 분별은 후셰 츈츄필법을 가진 자의 평론을 기ᄃᆡ릴 것이라 우리의 말ᄒᆞᆯ 바 안이어니와 오즉 우리 인민의 직칙은 분ᄒᆞᆷ을 머금고 압흠을 참아 장ᄉᆞᄒᆞ시ᄂᆞᆫ 동포ᄂᆞᆫ ᄒᆞ로 밧비 젼문을 열고 ᄇᆡᆨ 번 천 번이나 열심ᄒᆞ야 ᄆᆡᄆᆡᄒᆞᄂᆞᆫ 길을 흥왕케 열고 공업ᄒᆞ시ᄂᆞᆫ 동포ᄂᆞᆫ 좀시 놀지 말고 ᄇᆡᆨ 번 쳔 번나 부지런히 물건을 졔조ᄒᆞ야 일용물품의 군식ᄒᆞᆷ이 업도록 쥬의ᄒᆞ고 교육ᄒᆞ시ᄂᆞᆫ 동포ᄂᆞᆫ 더욱 촌만ᄒᆞᆫ 그늘을 다토아 됴흔 셔적도 편슐ᄒᆞ고 뎍당ᄒᆞᆫ 졔구도 쥰비ᄒᆞ야 쳥년ᄌᆞ뎨를 열심으로 인도ᄒᆞ시면 지극히 공번되고 사심이 업스신 상졔가 소소히 굽어 림ᄒᆞ사 션악을 심판ᄒᆞ시ᄂᆞᆫ 날에 우리 오날날 당ᄒᆞᆫ 지원극통ᄒᆞᆫ 분과 욕을 결단코 씨쳐 볼 ᄯᅢ가 잇스리라 ᄒᆞ노니 ᄉᆡᆼ각ᄒᆞᆯ지어다 여러 동포여

55 1907년 7월 24일(수) 제2463호 론셜

피란가ᄂᆞᆫ 쟈를 위ᄒᆞ야 흔탄ᄒᆞᆷ / 탄히ᄉᆡᆼ

근일 한양셩즁에 살긔가 가득ᄒᆞ야 사ᄅᆞᆷ의 마암이 잠시도 편안치 못ᄒᆞᆫ 즁에

134 시량(柴糧): 땔나무와 먹을 양식.

싀골로 피란가는 사름이 허다ᄒᆞ기로 기탄홈을 익의지 못ᄒᆞ야 두어 마듸 어리셕은 말로 권고ᄒᆞ노니

슯흐다 우리 동포여 피란가는 곳이 어ᄃᆡ뇨 졍감록의 일은바 십승지디[135]도 다 헛말이 될 샌 안이라 녯말에 일으기를 업허진 보금자리 아릭는 온젼ᄒᆞᆫ 알이 업다 ᄒᆞ엿스니 우리의 오날늘 졍경이 곳 업허진 보곰자리 아릭의 식알이라 엇지 온젼ᄒᆞ게 살기를 바라리오 그런즉 셔울이나 싀골이나 대로변이나 산즁이 도모지 일반이어늘 어ᄃᆡ로 향ᄒᆞ야 늙은 부모와 유약ᄒᆞᆫ 쳐ᄌᆞ를 잇슬고 황망히 가고져 ᄒᆞ나뇨 이는 살기를 도모홈이 안이라 도로혀 멸망을 ᄌᆞ취홈이로다 셔울셔 살든 사름이 갑작의 싀골로 ᄂᆡ려가면 챳지[136]는 물졍에 섯투르고 둘지는 풍속에 셕기지 못ᄒᆞ야 살 수 업는 고로 몃칠을 사지 못ᄒᆞ고 도로 셔울로 올나온죽 여간 쓰든 셰간 긔명은 로ᄌᆞ 작만ᄒᆞ노라고 뎐당 잡히거나 팔아셔 하나도 남지 안코 가며 오는 부비가 막ᄃᆡᄒᆞ야 가산이 젹픽되니 다시 무엇을 가지고 살니오 이는 우리가 ᄒᆞᆫ두 번 격근 일이 안이오 병인년 이ᄅᆡ로 수십 ᄎᆞ를 지ᄂᆡ여 본 바이니 엇지 ᄭᆡ닷지 못ᄒᆞ고 업드러진 수레박휘를 다시 밥나뇨 사름의 죽고 사는 일은 하늘에 ᄃᆞᆯ녓ᄂᆞ니 싀골로 가셔 살 목숨은 셔울 잇셔도 관계치 안을 것이오 셔울 잇다가 죽을 인싱은 싀골 가도 편안홈을 엇지 못훌지로다 슈일 이ᄅᆡ로 려항간의 쓴 소문을 들은즉 혹은 일본군ᄉᆞ 몃만 명이 나와 쟝안을 도륙ᄒᆞᆫ다 ᄒᆞ며 혹은 평양군ᄉᆞ 몃쳔 명이 올나와 일병과 크게 싸혼다 ᄒᆞ며 혹은 남산에 걸어 노흔 대포를 오날 밤에 터친다 ᄒᆞ며 혹은 우리

ᄐᆡ샹 황뎨폐하ᄭᅴ압셔 일본으로 힝힝ᄒᆞ신다 ᄒᆞ며 혹은 미국군ᄉᆞ 여러 빅 명이 어졔 져녁에 입셩ᄒᆞ얏다 ᄒᆞ야 형샹도 업고 그림ᄌᆞ도 업는 것즛말이 ᄒᆞᆫ 사름

135 십승지지(十勝之地): 『성삼독』에 언급된, 전쟁이나 천재가 일어나도 안심하고 살 수 있는 열 곳의 피난처를 가리킴.

136 '첫지(첫째)'의 오기.

두 사름 건너가는 딕로 보틱여 가며 와젼훈즉 지식 잇는 사름이 듯게 되면 웃고 말지어니와 규즁에 갓쳐 잇셔 신문 훈 쟝도 안이 보는 부인네는 이런 말을 들은즉 참으로 그러히 녁여셔 무셥고 겁나는 마음을 진정치 못후고 남편이나 부모룰 딕후야 피란가기룰 간청후니 그 부모나 남편 된 사름이 닉외국의 형편을 조곰이라도 짐작훌 것 궃흐면 그 안히나 주녀룰 위로후고 안심케 훌지로딕 침침쟝야에 좀자든 사름이라 동닉 로파와 집안 권속의 혼동후는 말을 듯고 의심후고 두려워후야 압뒤룰 도라보지 안코 셰간을 슈습후야 가지고 지향업시 다라나니 셰상에 이궃치 어리셕은 일이 어딕 다시 잇스리오 뎌 나라와 빅셩의게 죄 만히 지은 졍부관리는 주연히 두렵고 놀나온 마음이 업지 못후려니와 우리 일반인민이야 무슨 죄가 잇셔셔 그다지 공겁후나뇨 이 셰샹사름의 힝후는 일은 하나도 공평한 것이 업스되 하느님의 지공무수후신 도는 반다시 죄잇는 쟈룰 죽이고 죄업는 쟈룰 살니시나니 부딕 겁닉지 말고 각기 업을 직희며 집을 다수려 후회가 나지 말게 훌지어다

56 1907년 7월 25일(목) 제2464호 론셜

내각 제공은 홀로 그 칙망이 업슬가 / 탄히싱

현금 우리 정부 졔공은 수삭 젼에 틱황데폐하의 명을 밧주와 신닉각을 조직훈 후 칙임닉각으로 주거후고 일반 인민도 쏘훈 칙임닉각으로 밋고 바라는 바인즉 닉각 졔공이 우의로

셩텬주룰 돕고 아릭로 도탄에 든 빅셩을 다수려 국가룰 틱산반셕궃치 편안케 후며 인민이 문명힝복을 누리게 후면 그 공이 쳔츄만셰에 유젼후려니와 만일 그러치 못후야 나라이 위틱후고 빅셩이 어즈러올진딘 그 칙망이 적지 안을지로다 어닉 나라이든지 군쥬는 정치의 대권만 잡고 각부 대신으로 하야곰 각

각 그 직칙을 맛기면 각부 대신은 빅집ᄉᆞ를 명ᄒᆞ야 빅반ᄉᆞ무를 맛하 다ᄉᆞ리게 ᄒᆞᄂᆞ니 이ᄂᆞᆫ 삼쳑동ᄌᆞ이라도 다 아ᄂᆞᆫ 바이라 근일 우리

틱황뎨폐하쎄압셔 츈츄가 놉흐샤 만긔를 친쳥ᄒᆞ시기 어려오심으로 황틱ᄌᆞ뎐하의게 보위를 젼ᄒᆞ샤 국가 즁흥대업을 일우시고 인민을 문명ᄒᆞᆫ 디경으로 도솔ᄒᆞ시게 ᄒᆞ압시니 일반 신민이 만셰를 부르고 쒸놀며 질겨ᄒᆞᆯ 것이어날 쳔만 뜻밧게 병뎡과 인민이 란포ᄒᆞᆫ 힝위로 인명을 살히ᄒᆞ며 가옥에 츙화ᄒᆞ야 인심의 흉흉홈이 젼장 가온ᄃᆡ 잇ᄂᆞᆫ 것과 갓치 되엿스니 병뎡의 방종홈은 ᄒᆡᄃᆡ 령위관의 칙망도 업지 안커니와 큰 칙망의 도라가ᄂᆞᆫ 바ᄂᆞᆫ 곳 군부대신이오 인민의 힝픠를 금즙지 못홈은 경무ᄉᆞ나 한셩부윤의 칙망도 업지 안커니와 큰 칙망의 도라가ᄂᆞᆫ 바ᄂᆞᆫ 곳 ᄂᆡ부대신이오 그 여러 칙망의 도라가ᄂᆞᆫ 바ᄂᆞᆫ 춍리대신이니 이ᄂᆞᆫ 녯말에 닐은바 칙직원슈[137]라 그러나 우리 ᄂᆡ각 졔공은 이 뜻을 몰으시ᄂᆞᆫ지 다만 군ᄃᆡ의 령위관 몃 명과 경무ᄉᆞ 한셩부윤을 론경ᄒᆞᆯ ᄲᆞᆫ이니 이러ᄒᆞ고셔야 엇지

황상폐하의 신임ᄒᆞ심과 억죠창ᄉᆡᆼ의 의앙ᄒᆞᄂᆞᆫ 즁대ᄒᆞᆫ 칙임을 진 ᄂᆡ각이라 ᄒᆞ리오 남을 칙망ᄒᆞᄂᆞᆫ ᄃᆡᄂᆞᆫ 붉고 ᄂᆡ 몸을 칙망하ᄂᆞᆫ ᄃᆡᄂᆞᆫ 어두옴은 사ᄅᆞᆷ의 통폐나 그러나 오날놀 졔공과 갓치 심ᄒᆞᆫ 쟈ㅣ 어ᄃᆡ 잇스리오 졔공이 들에 계실 ᄯᅢ에 항상 졍부관리의 칙임 업슴을 통론ᄒᆞ시더니 당로ᄒᆞᆫ 후로ᄂᆞᆫ 아릭 관원의 칙임만 의론ᄒᆞ시고 각부 쥬무대신이나 ᄂᆡ각의 슈규된 춍리대신의 칙임은 뭇지 안으시니 말과 힝ᄒᆞᄂᆞᆫ 일이 엇지 이갓치 어긋나나뇨 뎨일은 졔공과 뎨이ᄂᆞᆫ 국가와 뎨삼은 인민을 위ᄒᆞ야 ᄒᆞᆫ번 탄식지 안이치 못ᄒᆞᆯ 바이로다 슯흐다 졔공이시여 국죠 오빅 년에 쳐음으로 잇ᄂᆞᆫ 칙임ᄂᆡ각을 조직ᄒᆞ시고 이갓치 칙임 업ᄂᆞᆫ 일을 힝ᄒᆞ시면 후폐소관이 엇더타 ᄒᆞ리오 연고로 감히 외람홈을 무릅쓰고 졔공의 칙임을 뭇고져 ᄒᆞ오니 고요ᄒᆞᆫ 밤에 좀 업슬 ᄯᅢ 세 번 ᄉᆡᆼ각ᄒᆞ쇼셔 만일 졔

137 책재원수(責在元帥): 가장 높은 지위에 있는 사람에게 책임이 있음.

공으로 ᄒᆞ야곰 구습에 져진 완고파 갓ᄒᆞ면 족히 ᄎᆡᆨ망ᄒᆞᆯ 것이 업스려니와 제공은 문명국의 정치를 모방ᄒᆞ야 국정을 ᄀᆡ혁코져 ᄒᆞ시ᄂᆞᆫ 대정치가인즉 제공이 ᄒᆞᆫ번 그릇ᄒᆞᆫ즉 이 나라와 이 ᄇᆡᆨ셩을 다시 뉘게 부탁ᄒᆞ리오 제공의 쳐ᄒᆞ신 바 시ᄃᆡᄂᆞᆫ 가위 쳔ᄌᆡ일시오 지신 바 ᄎᆡᆨ임은 ᄐᆡ산보담 무거온지라 엇지 두렵고 조심되지 안으리오 바라건ᄃᆡ 제공은 ᄎᆡᆨ임이라 ᄒᆞᄂᆞᆫ 두 글ᄌᆞ가 단지 ᄎᆞ관 이하의 관원을 위ᄒᆞ야 ᄆᆡᆫ든 것이 안이오 곳 각부 쥬무대신과 밋 총리대신의게도 쓰ᄂᆞᆫ 쥴로 생각ᄒᆞ쇼셔

57 1907년 7월 26일(금) 제2465호 론셜

민심 슈습ᄒᆞ기를 힘쓸 일 / 탄히싱

녯글에 갈아ᄃᆡ ᄇᆡᆨ셩은 오작 나라의 근본이니 근본이 굿어야 나라이 편안ᄒᆞ다 ᄒᆞ엿스며 ᄯᅩ 갈아ᄃᆡ 인군은 ᄇᆡᆨ셩으로ᄡᅥ 하날을 ᄉᆞᆷ고 ᄇᆡᆨ셩은 먹ᄂᆞᆫ 것으로ᄡᅥ 하늘을 삼ᄂᆞᆫ다 ᄒᆞ엿스니 이 두 말은 진실로 만고에 밧고지 못ᄒᆞᆯ 금옥 갓ᄒᆞᆫ 말이라 엇더ᄒᆞᆫ 셩인이던지 엇더ᄒᆞᆫ 정치가던지 나라를 다ᄉᆞ리고져 ᄒᆞᄂᆞᆫ 쟈ᄂᆞᆫ 이 말을 직희지 안이치 못ᄒᆞᆯ지로다 나라이 아모리 크고 됴흘지라도 ᄇᆡᆨ셩이 업스면 비유컨ᄃᆡ 고루거각을 굉쟝ᄒᆞ게 지어놋코 그 가온ᄃᆡ 거졉ᄒᆞᆯ 사ᄅᆞᆷ이 업ᄂᆞᆫ 것과 갓ᄒᆞ니 그 집을 누가 슈호ᄒᆞ며 무엇에 쓰리오 그런 고로 지금 셰계에 문명이니 부강이니 ᄌᆞ랑ᄒᆞᄂᆞᆫ 나라들은 그 나라 정부의 관리된 사ᄅᆞᆷ이 밤낫으로 ᄇᆡᆨ셩의게 편ᄒᆞᆯ 것과 리ᄒᆞᆯ 것을 강구ᄒᆞᄂᆞᆫ 외에 다른 것이 업ᄂᆞ니 정부ᄂᆞᆫ 곳 ᄇᆡᆨ셩의 일을 맛하 ᄒᆞᄂᆞᆫ 품군에 지나지 못ᄒᆞᄂᆞᆫ지라 연고로 헌법을 쓰ᄂᆞᆫ 나라의 정부 대신이 직칙을 다ᄒᆞ지 못ᄒᆞ면 국회에셔 ᄂᆡ각을 신임치 안ᄂᆞᆫ 문뎨를 뎨츌ᄒᆞ고 그 문뎨가 뎨츌된 후에ᄂᆞᆫ ᄂᆡ각이 다 ᄉᆞ직ᄒᆞ고 나가ᄂᆞᆫ 법이니 이ᄂᆞᆫ 곳 품군을 사셔 일을 식히다가 일을 잘 못ᄒᆞ면 ᄂᆡ여 보ᄂᆡ고 다른 품군을 구ᄒᆞᆷ과 갓도다

그런즉 ᄇᆡᆨ셩은 나라의 근본이오 인군의 하늘일 ᄲᅮᆫ더라 지극히 어리셕고도 지극히 신령ᄒᆞ야 졍부관리의 션악과 득실을 민쳡ᄒᆞ게 아ᄂᆞᆫ지라 요슌의 ᄇᆡᆨ셩이나 걸쥬의 ᄇᆡᆨ셩이 ᄇᆡᆨ셩은 일반이로ᄃᆡ 요슌 ᄯᅢ에ᄂᆞᆫ 션량ᄒᆞ고 걸쥬 ᄯᅢ에ᄂᆞᆫ 완악ᄒᆞ니 이 일로 가지고 볼지라도 ᄇᆡᆨ셩의 션량홈과 완악홈이 젼혀 그 졍부 관리의 션악에 ᄃᆞᆯ님이 분명ᄒᆞ도다 우리 대한 이쳔만 민족은 본ᄅᆡ 신셩ᄒᆞᆫ 후예로

렬셩죠의 어지신 덕화를 닙어 효뎨츙신과 인의례지를 몰오ᄂᆞᆫ 쟈ㅣ 업스니 셰계에 쌍이 업시 슌ᄒᆞ고 착ᄒᆞᆫ ᄇᆡᆨ셩이어ᄂᆞᆯ 엇지ᄒᆞ야 근ᄅᆡ에 졸연히 완악ᄒᆞ야져셔 졍부의 명령을 슌종치 안ᄂᆞᆫ 쟈ㅣ 만ᄒᆞ뇨 어리셕은 소견으로ᄡᅥ ᄉᆡᆼ각홀진ᄃᆡᆫ 이ᄂᆞᆫ ᄇᆡᆨ셩의 죄가 안이오 졍부 졔공이 다ᄉᆞ리ᄂᆞᆫ 도를 엇지 못홈이라 ᄒᆞ리로다 혹쟈ㅣ 말ᄒᆞ되 우리나라 ᄇᆡᆨ셩은 교육이 업슴으로 심히 어리셕어 아모것도 몰으고 공연히 풍셩학려[138]로 ᄯᅥ들기만 ᄒᆞᆫ다 ᄒᆞ야 치지도외ᄒᆞ거나 압졔력으로 금지홀 ᄲᅮᆫ인즉 이ᄂᆞᆫ 나라의 근본으로 아ᄂᆞᆫ 것이 안이오 졍부관리의 부리ᄂᆞᆫ 우마돈견으로 아ᄂᆞᆫ 것이니 이리 ᄒᆞ고셔야 엇지 나라를 다ᄉᆞ려 문명부강에 달ᄒᆞ게 ᄒᆞ리오 바라건ᄃᆡ 졍부 졔공은 이 ᄇᆡᆨ셩을 우쥰ᄒᆞᆫ 물건으로 아지 마시고 그 마암을 편안케 홀 도리를 ᄉᆡᆼ각ᄒᆞ쇼셔 민심을 슈습지 못ᄒᆞ면 우리

셩텬ᄌᆞ의 즁흥대업을 보필ᄒᆞᄂᆞᆫ 큰 공을 셰우기 어려울지니 불상ᄒᆞ고 잔인ᄒᆞᆫ ᄇᆡᆨ셩을 구제ᄒᆞ며 보호ᄒᆞ야 먹고 닙을 것이 넉넉ᄒᆞᆫ ᄃᆡ경에 일으면 결단코 망녕되이 움작이ᄂᆞᆫ 폐단이 업스리로다 셩인의 말삼에 ᄇᆡᆨ셩을 어린 아ᄒᆡ 보젼ᄒᆞ듯 ᄒᆞ라 ᄒᆞ셧스니 ᄇᆡᆨ셩은 참 어린 아ᄒᆡ와 갓ᄒᆞ야 먹을 것을 잘 쥬고 됴흔말로 달ᄂᆡ면 질거워 놀고 ᄇᆡ가 곱흐던지 몸이 편치 못ᄒᆞ면 울며 ᄯᅦ를 쓰ᄂᆞᆫᄃᆡ 만일 어룬이 ᄯᅡ리고 ᄭᅮ지진즉 ᄯᅦ쓰며 울기를 마지 안이ᄒᆞ나니 어룬된 사ᄅᆞᆷ의 마음

---

138 풍셩학려(風聲鶴唳): 겁을 먹은 사람이 하찮은 일에도 놀람을 이르는 말. 전진(前秦) 때 진왕(秦王) 부견(苻堅)이 비수(淝水)에서 크게 패하고 바람 소리와 학의 울음소리를 듣고도 적군이 쫓아오는 것이 아닌가 하고 놀랐다는 데서 유래한다.

에 엇지 익쳐럽지 안으리오 부득불 품에 안고 달닉며 입에 맛는 물건을 쥬어 먹게 하는 것이 상칙이라 ᄒᆞ노라 그런즉 정부 졔공은 우리 빅셩을 어린 아희로 알으셔 그 마암을 거ᄉᆞ리지 말고 슌습ᄒᆞ기로 힘쓰시기를 쳔만츅슈ᄒᆞ노이다

58 1907년 7월 27일(토) 제2466호 론셜

신협약에 ᄃᆡᄒᆞᆫ 의견 / 탄히싱

대뎌 나라와 나라 사이에 됴약을 밋는 것은 각기 권셰와 리익을 보호ᄒᆞ고져 홈이나 만일 한 나라는 강ᄒᆞ고 한 나라는 약ᄒᆞ면 강ᄒᆞᆫ 나라에셔는 약도를 시힝홀지라도 약ᄒᆞᆫ 나라에셔는 약됴를 직힐 수 업ᄂᆞ니 지금 일본과 우리나라 사이에는 됴약을 톄결홀 필요가 업도다 엇지ᄒᆞ야 그러뇨 ᄒᆞ면 우리는 심히 가난ᄒᆞ고 약홀 ᄲᅮᆫ 안이라 일반 국민의 지식이 발달치 못ᄒᆞ야 우흐로 정부의 왼갓 경무와 아릐로 민간의 범빅 ᄉᆞ업을 모다 외국사름의 가라침과 인도홈을 밧게 되엿슨즉 설령 됴약이 업슬지라도 일본이 우리를 가라치고 인도ᄒᆞᆫ다는 아름다온 일홈을 가지고 모든 일을 임의로 힝홀지니 무엇을 긔탄ᄒᆞ야 구구히 됴약을 밋고져 ᄒᆞ리오마는 됴약이 업슨즉 일을 힝ᄒᆞ여 나가는 ᄃᆡ 각금 방ᄒᆡ가 ᄉᆡᆼ기고 ᄯᅩᄒᆞᆫ 렬국에 ᄃᆡᄒᆞ야 셩명[139] 홀 빙거가 업슴으로 소위 됴약이라 ᄒᆞ는 것을 ᄆᆡᄌᆞ나 기실인즉 일본의 한국을 ᄃᆡᄒᆞ는 방침을 뎡홈에 지나지 안으니 이를 일본이 쟝ᄅᆡ 한국에셔 엇지엇지 ᄒᆞ겟다 ᄒᆞ는 됴건이라 ᄒᆞ면 가커니와 엇지 나라와 나라가 서로 권리를 보호ᄒᆞ는 됴약이라 칭ᄒᆞ리오 그러나 광무 십일년 칠월 이십ᄉᆞ일의 한국 ᄂᆡ각 총리대신 리완용 씨와 일본 통감 후작 이등방문 씨가 각기 정부의 위임을 밧아 한일신협약(韓日新協約) 칠됴목을 ᄆᆡ졋슨즉 이 신협약에

139 '셜명(설명)'의 오기인 듯함.

ᄃᆡ하야 엇지 일언반ᄉᆞ가 업스리오 어리셕은 소견으로ᄡᅥ 의론ᄒᆞᆯ진ᄃᆡ 신협약 뎨일됴에 갈ᄋᆞᄃᆡ 한국 졍부ᄂᆞᆫ 시졍ᄀᆡ션에 ᄃᆡᄒᆞ야 통감의 지도ᄅᆞᆯ 밧을 ᄉᆞ라 ᄒᆞ얏스니 이ᄂᆞᆫ 이왕 됴약에 명문은 업스되 ᄉᆞ실샹으로 ᄒᆡᆼᄒᆞ여 오든 일이니 족히 놀날 것이 업고 뎨이됴에 갈ᄋᆞᄃᆡ 한국 졍부의 법령을 제뎡ᄒᆞᆷ과 및 ᄒᆡᆼ졍샹의 즁요ᄒᆞᆫ 쳐분은 미리 통감의 승인을 밧을 ᄉᆞ라 ᄒᆞ엿스니 이ᄂᆞᆫ 통감의 권한이 우리 ᄂᆡ각 총리대신보다 좀 더ᄒᆞ다 ᄒᆞ겟스나 우리 ᄂᆡ각 대신이 ᄒᆞᆰ이나 나모로 ᄆᆡᆫ든 허수아비ᄀᆞᆺ치 아모것도 안이ᄒᆞ고 안졋슨즉 통감이 이것을 총찰코져 ᄒᆞᆷ이라 누구ᄅᆞᆯ 원망ᄒᆞ리오 뎨삼됴에 갈ᄋᆞᄃᆡ 한국의 ᄉᆞ법ᄉᆞ무ᄂᆞᆫ 보통 ᄒᆡᆼ졍ᄉᆞ무와 구별ᄒᆞᆯ ᄉᆞ라 ᄒᆞ엿스니 이 됴목은 가쟝 모호ᄒᆞ도다 뎨이됴엔 한국 법령의 제뎡과 ᄒᆡᆼ졍샹의 중요ᄒᆞᆫ 쳐분은 통감의 승인을 밧ᄂᆞᆫ다 ᄒᆞ엿슨즉 통감이 뎨일됴의 지도ᄒᆞᄂᆞᆫ 권한을 가지고 ᄉᆞ법권의 독립을 제뎡ᄒᆞ기에 조금도 구ᄋᆡᄒᆞᆷ이 업거ᄂᆞᆯ 특별히 됴약 가온ᄃᆡ 뎡ᄒᆞᆷ이 심히 의심되고 ᄯᅩᄒᆞᆫ ᄉᆞ법권의 독립은 우리 졍부를 지도ᄒᆞ야 ᄒᆡᆼ케 ᄒᆞᆷ은 가커니와 두 나라 사이에 됴약으로 뎡ᄒᆞᆷ은 그 곡절을 알기 어렵고 뎨ᄉᆞ됴에 갈아ᄃᆡ 한국 고등관리의 임면은 통감의 동의로ᄡᅥ ᄒᆡᆼᄒᆞᆯ ᄉᆞ라 ᄒᆞ엿스니 이ᄂᆞᆫ 우리 졍부대신이 사ᄅᆞᆷ 쓰기를 공평히 안이ᄒᆞ고 뢰물과 쳥촉이 안이면 사ᄅᆞᆷ이야 되엿든지 안 되엿든지 ᄂᆡ 친쳑과 ᄂᆡ 당파ᄅᆞᆯ 슈용ᄒᆞ기에 분쥬ᄒᆞ니 이런 일 ᄉᆡᆼ기ᄂᆞᆫ 것이 당연ᄒᆞ고 뎨오됴에 갈아ᄃᆡ 한국 졍부ᄂᆞᆫ 통감의 쳔거ᄒᆞᆫ 일본인을 한국 관리로 임명ᄒᆞᆯ ᄉᆞ라 ᄒᆞ엿스니 이ᄂᆞᆫ 두 나라ᄅᆞᆯ 위ᄒᆞ야 다 아ᄅᆞᆷ답지 못ᄒᆞᆫ 일이로다 한국으로 ᄆᆞᆯᄒᆞ면 아모리 사ᄅᆞᆷ이 업다 ᄒᆞᆫ들 외국 사ᄅᆞᆷ의 고문 보자관이 잇스면 족ᄒᆞ거날 외국 사ᄅᆞᆷ을 ᄂᆡ 죠뎡에 세움이 극히 한심ᄒᆞᆫ 일이오 일본으로 말ᄒᆞ면 각 부 부원텽과 디방 각쳐에 일본 관인이 모다 실권을 잡앗ᄂᆞᆫᄃᆡ 무슨 ᄶᅡᄃᆞᆰ으로 이런 됴약을 뎡ᄒᆞ엿ᄂᆞᆫ지 알 수 업고 뎨륙됴에 갈ᄋᆞᄃᆡ 한국 졍부ᄂᆞᆫ 통감의 동의가 업시ᄂᆞᆫ 다른 외국사ᄅᆞᆷ을 빙용치 못ᄒᆞᆯ ᄉᆞ라 ᄒᆞ엿스니 이ᄂᆞᆫ 잇셔도 관계치 안으며 업셔도 관계치 안코 뎨칠됴에 갈아ᄃᆡ 광무 팔년 팔월 이십이일에 됴인ᄒᆞᆫ 한일협약 뎨일항을 폐지ᄒᆞᆯ ᄉᆞ라 ᄒᆞ엿스니 이ᄂᆞᆫ 탁지

고문을 두는 일이 이왕 두 번 됴약에 다 잇는 고로 폐지홈이니 의론홀 가치가 업도다 작금 량일에 이 일곱 가지 됴약에 디흔 우리 동포의 긔식을 숣힌즉 모다 락심천만ᄒ야 아모 경항이 업는 모양이니 명일에는 다시 우리의 힝홀 일을 의론코져 ᄒ노라

59 1907년 7월 28일(일) 제2467호 론셜

락심하지 말 일 / 탄히싱

녯말에 갈ᄋ디 큰집이 쟝찻 기우러지는디 한 기 나모로 지팅ᄒ기 어렵다 ᄒ엿스니 오날놀 우리나라 형셰는 쟝찻 기우러지는 집쁜 안이라 임의 문허지고 터도 변변히 남지 못ᄒ엿슨즉 셜령 지혜 잇고 힘잇는 사름이 몃기가 잇다 흔들 엇지 잡아 도리킬 도리가 잇스리오 우즁지 소위 졍부대관의 힝ᄒ는 바 일을 보건디 마음으로는 나라일이 놀마다 글너가는 것을 흔탄ᄒ면셔도 월급픈에 팔녀셔 단기는 사름도 잇고 텬동인지 디동인지 몰으고 억기춤이 나셔 동셔로 도라단기며 아첨이나 ᄒ는 사름도 잇고 쥬판지셰[140]로 엇지홀 슈 업셔셔 렴치를 불고ᄒ고 된 일 안 된 일 들어닥치는 디로 힝ᄒ는 사름도 잇고 셰력에 눌니고 공명에 쎄여셔 빅셩이 원망을 ᄒ든지 욕을 ᄒ든지 불계ᄒ고 남이 ᄒ르는 디로 명령이 써러지기가 무셥게 거힝ᄒ는 사름도 잇고 스ᄉ로 밋기를 왼나라 사름이 다 어리셕고 어두온즉 나혼자 쥭젹기질[141]을 홀지라도 감히 닉다라 막을 사름이 업다 ᄒ야 겻헤 사름이 업는 것과 깃치 무소불위ᄒ는 사름쁜이오 하나이

---

140 주판지세(走坂之勢): 가파른 산비탈을 내리닫는 형세라는 뜻으로, 어찌할 도리가 없어 되어 가는 대로 내버려 둘 수밖에 없는 형세를 비유적으로 이르는 말. ≒하산지세.

141 의미 불명.

라도 지극히 공변되고 가쟝 경셩시러온 마암으로 엇지ᄒᆞ면 오ᄇᆡᆨ 년 죵묘샤직을 보젼ᄒᆞ며 이쳔만 ᄉᆡᆼ령을 슈화 가온ᄃᆡ셔 건지리오 ᄒᆞ야 밤낫으로 동동쵹쵹ᄒᆞᄂᆞᆫ 사ᄅᆞᆷ은 아직ᄭᆞ지 보이지 안이ᄒᆞ니 ᄎᆞᆷ 통곡ᄒᆞᆯ 바이로다 그런 고로 ᄯᅳᆺ잇ᄂᆞᆫ 션비ᄂᆞᆫ 비분강ᄀᆡ홈을 금치 못ᄒᆞ야 격졀ᄒᆞᆫ 말로 연셜도 ᄒᆞ며 통쾌ᄒᆞᆫ 글로 론셜도 지어 일반 동포를 경셩ᄒᆞ기에 진력ᄒᆞ더니 본월 이십ᄉᆞ일 신협약이 셩립된 후에 인심의 ᄂᆡ용을 ᄉᆞᆲ힌즉 젼일에 강ᄀᆡᄒᆞ던 사ᄅᆞᆷ이 모다 락담상혼이 되여 아모 경영도 업고 아모 희망도 ᄭᅳᆫ쳐진 쥴로 ᄉᆡᆼ각ᄒᆞ야 속담에 일은바 ᄆᆡᆨ이 풀녓슨즉 국민의 원긔가 이갓치 져상ᄒᆞ고셔야 나라이니 ᄇᆡᆨ셩이니 의론ᄒᆞᆯ 여디가 어ᄃᆡ 잇스리오 일젼에 니러ᄂᆞᆫ 바 폭동과 갓흔 것은 나라와 ᄇᆡᆨ셩의게 츄호도 리ᄂᆞᆫ 업고 ᄒᆡ만 ᄭᅵ칠 ᄯᆞ름이니 이런 일이 다시 ᄉᆡᆼ겨셔ᄂᆞᆫ 만만불가ᄒᆞ거니와 락심실망ᄒᆞ야 만ᄉᆞ에 경황이 업ᄂᆞᆫ 사ᄅᆞᆷ도 심히 올치 못ᄒᆞ니 바라건ᄃᆡ 우리 동포ᄂᆞᆫ 각기 졍신을 가다듬고 긔상을 활발히 ᄒᆞ야 영원ᄒᆞᆫ ᄉᆞ업을 경영ᄒᆞᆯ지어다 대뎌 사ᄅᆞᆷ의 일은 망ᄒᆞᆯ ᄯᅢ에 일은 후에 흥ᄒᆞ고 쥭을 ᄯᅢ에 ᄲᅡ진 후에 사ᄂᆞ니 현금 망ᄒᆞ며 쥭을 디경에 ᄲᅥ러졋다고 죠곰이라도 무셔워ᄒᆞ거나 겁ᄂᆡ지 말고 이젼보담 ᄇᆡᆨ 비나 쳔 비를 분발ᄒᆞ고 용진ᄒᆞᆯ 긔셰와 ᄉᆞ상으로 나아가되 결단코 경죠ᄒᆞ고 망동ᄒᆞᄂᆞᆫ 폐단이 업시 우리의 하ᄂᆞᆯ이 쥬신 의무와 직칙을 다홈이 가ᄒᆞ다 ᄒᆞ노라 셰상만ᄉᆞ가 극진ᄒᆞᆫ 디경에 달ᄒᆞ면 필경 변통이 잇ᄂᆞᆫ지라 우리 졍부대신의 학문과 지식과 용단으로 우리를 디진두[142]에 쳐ᄒᆞ게 ᄒᆞ엿스니 이ᄂᆞᆫ 변통ᄒᆞᆯ 시ᄃᆡ라 그 변통ᄒᆞᄂᆞᆫ 도ᄂᆞᆫ 국가가 무엇인지 인민이 무엇인지 ᄭᅮᆷ에도 ᄉᆡᆼ각지 안ᄂᆞᆫ 졍부관리의게 부탁ᄒᆞᆯ 슈 업고 다만 우리 인민의게 달녓ᄂᆞ니 우리의 직칙이 즁ᄒᆞ고 크도다 이 즁대ᄒᆞᆫ 직칙을 가진 바에ᄂᆞᆫ 어려온 일을 당ᄒᆞ엿슬지라도 락심ᄒᆞ지 말기를 간졀히 바라노라

142 지진두(地盡頭): ① 여지가 없이 된 판국. ② 시기가 절박하게 된 상태.

농상공부대신 송병쥰 씨의 담화

본월 이십칠일에 발힝ᄒᆞᆫ 일본 대판죠일신문을 본즉 히샤 특파원이 농상공부대신 송병쥰 씨를 방문ᄒᆞ고 씨의 담화를 들어 긔직ᄒᆞ엿ᄂᆞᆫᄃᆡ 씨의 포부와 의견을 짐작ᄒᆞᆯ 만ᄒᆞ기로 원문ᄃᆡ로 번역ᄒᆞ야 일반 셰인이 보게 ᄒᆞ노라

신협약을 부지불각에 셩립케 ᄒᆞᆫ 지금 ᄂᆡ각 대신 즁에 뎨일 유공ᄒᆞᆫ 송병쥰을 그 ᄉᆞ뎨로 차자간즉 문젼에ᄂᆞᆫ 우리 보초병이 총 읏헤 칼을 ᄶᅵ여 들고 섯스며 문ᄂᆡ에ᄂᆞᆫ 일한 량국 슌사 헌병이 칼과 총을 가지고 경계홈이 가쟝 엄ᄒᆞᆫ지라 명편을 드려 보ᄂᆡ고 조곰 잇슨즉 일본 옷(유가다)을 닙은 송농샹이 유연히 나와 마즈며 곳 입을 열어 갈아ᄃᆡ

이번에 ᄉᆡ로 ᄆᆡ진 협약의 본의ᄂᆞᆫ ᄂᆡ가 십 년 젼부터 쥬쟝ᄒᆞᆫ 바인ᄃᆡ 한국의 독립을 확실히 보젼ᄒᆞ고 황실의 번영을 ᄭᅬᄒᆞ랴 ᄒᆞ면 일본의 힘을 빌지 안이치 못ᄒᆞᆯ 것이오 우리나라 졍치샹에 ᄊᆞ인 폐단을 쓰러바리고 대혁신을 힝ᄒᆞ랴 ᄒᆞ면 칼을 쓰지 안이치 못ᄒᆞᆯ 것은 임의 셰계 렬국이 다 아ᄂᆞᆫ 바이나 우리나라 사름들은 부졀업시 구습을 직혀 의론으로만 일을 삼고 능히 실힝치 못ᄒᆞ니 이갓치 ᄒᆞ면 맛ᄎᆞᆷᄂᆡ 국가를 위틱케 ᄒᆞᄂᆞᆫ 쟈이라 일을지라 이번 협약에 대ᄒᆞ여셔도 나의 잡은 바ᄂᆞᆫ 이 츄지에 지나지 안이ᄒᆞ고 결단 잇ᄂᆞᆫ 처치를 힝ᄒᆞ야 어지러온 졍ᄉᆞ를 일신케 홈에 잇도다 그런ᄃᆡ 신협약의 졍신된 일본인을 한국 관리로 임명홈은 우리나라 사름의 큰 버릇이 된 ᄇᆡ외ᄉᆞ상으로 볼진ᄃᆡ 심히 놀날 ᄯᅳᆺᄒᆞ고 반ᄃᆡᄒᆞᄂᆞᆫ 쟈가 ᄉᆡᆼ길 것은 면치 못ᄒᆞᆯ 일이나 그러나 우리나라 력ᄉᆞ를 보면 결단코 족히 놀날 것이 업도다 녯젹부터 지나인과 죠션인이 셔로 즁신된 젼례가 젹지 안으며 근ᄅᆡ 이십 년 젼ᄭᆞ지도 그런 젼례가 잇섯ᄂᆞᆫ지라 이러ᄒᆞᆫ 의론은 나의 도라보지 안ᄂᆞᆫ 바이로라 이번의 협약은 이동통감과 림외상과 우리 무리 ᄂᆡ각 대신밧게ᄂᆞᆫ 의론에 참예ᄒᆞᆫ 쟈ㅣ 업슴으로ᄡᅥ 다힝히 신속ᄒᆞ게 됴인이 되엿ᄂᆞᆫ

ᄃᆡ 우리 무리 ᄂᆡ각 대신은 이 집에서 니러낫다 누엇다 ᄒᆞ며 동심합력으로 한몸 ᄀᆞᆺ치 활발ᄒᆞ게 ᄒᆡᆼ동ᄒᆞ고

황뎨의 ᄌᆡ가를 ᄆᆞᆺ는 방법에 ᄃᆡᄒᆞ야셔도 미리 이의가 업도록 슈단을 베푸럿ᄉᆞᆫ즉 만ᄉᆞ가 거침업시 잘 되엿ᄂᆞᆫ지라 협약을 실ᄒᆡᆼᄒᆞᄂᆞᆫ 방법에 ᄃᆡᄒᆞ야ᄂᆞᆫ 아직 뎡산이 업스나 아모됴록 ᄲᆞᆯ니 ᄒᆡᆼ정과 ᄉᆞ법을 구별ᄒᆞ기로 ᄡᅬᄒᆞᆯ 것이오 관찰ᄉᆞᄂᆞᆫ 아직 그냥 두고 그 아ᄅᆡ ᄉᆞ무관은 일본인을 등용ᄒᆞ야 ᄉᆞ무를 보ᄉᆞᆲ히게 ᄒᆞ려하노라 불평ᄒᆞᆫ 군인 등의 도망ᄒᆞᆷ도 미리 헤아린 바인즉 이것도 ᄯᅩ한 ᄉᆡ로 편셩ᄒᆞᆯ 방침이 뎡ᄒᆞ엿스며 ᄉᆡ 정ᄉᆞ를 베푸ᄂᆞᆫ ᄃᆡ 필요ᄒᆞᆫ 관졔를 ᄀᆡ혁ᄒᆞᄂᆞᆫ 결과로 ᄌᆡ졍의 곤난이 얼마큼 잇슬지나 이것도 역시 뎡ᄒᆞᆫ 바 량칙이 잇스며 ᄀᆡ혁을 실시ᄒᆞᄂᆞᆫ 비용이 일쳔만 원이나 될지나 이ᄂᆞᆫ 일본에 차관ᄒᆞ고 ᄯᅩ 황실ᄌᆡ산 팔ᄇᆡᆨ만 원을 변경ᄒᆞ야 ᄌᆡ물의 근원을 츙실케 ᄒᆞᆯ지로다

말이 가고 말이 오ᄂᆞᆫᄃᆡ 그 의긔가 심히 헌앙ᄒᆞ더라[143]

61 1907년 7월 31일(수) 제2469호 별보

신협약에 관ᄒᆞᆫ 일본 외무대신 림동 씨[144]의 말

인쳔에셔 발ᄒᆡᆼᄒᆞᄂᆞᆫ 죠션신보 긔쟈가 본월 이십칠일에 외무대신 림동 씨를 방문ᄒᆞ고 그 말ᄒᆞᆫ 바를 들어 작일 ᄒᆡ신문에 긔ᄌᆡᄒᆞ엿ᄂᆞᆫᄃᆡ 금번 ᄉᆞ건의 ᄅᆡ력과 신협약의 ᄂᆡ용을 쇼샹히 ᄒᆡ셕ᄒᆞ엿기로 번역ᄒᆞ야 자에 긔ᄌᆡᄒᆞ노라

금번의 교셥담판은 다만 ᄒᆡ아에 밀ᄉᆞ를 파견ᄒᆞᆫ 한 가지 일을 바로잡기 위ᄒᆞ

143 헌앙(軒昂)하다=헌거(軒擧)하다: ① 풍채가 좋고 의기가 당당하다. ② 너그럽고 인색하지 아니하다.

144 하야시 다다스(林董, 1850~1913): 일본의 외교관.

야 뎨긔ᄒᆞᆫ 바이 안이어ᄂᆞᆯ 셰상의 소견이 엿흔 사ᄅᆞᆷ들은 이 일을 크게 칙망ᄒᆞ야 뭇는 것이 가ᄒᆞ다 ᄒᆞ나 이는 외교 당국쟈와 소견이 갓지 안토다 한황폐하가 작년 이릭로 비밀히 일본의 ᄒᆞ는 일을 반ᄃᆡᄒᆞ기로 쇠흠이 한 번 두 번 안이라 명치 삼십구년 겨을에 ᄆᆡ진 협약에 ᄃᆡᄒᆞ야셔도 일본이 그ᄯᆡ 졍부의 대신을 협박ᄒᆞ야 됴인케 ᄒᆞ얏다고도 ᄒᆞ며 짐은 도모지 아지 못ᄒᆞ는 바이라고도 ᄒᆞ야 여러 가지 계칙을 힝ᄒᆞ다가 이번에 일으러는 일한 량국의 관계를 근본부터 뒤집어 업흐려 ᄒᆞ얏스니 그 일은 쎳쎳ᄒᆞᆫ 지식이 업는 어린 아희의 일갓흐ᄂᆞ 결단코 심상히 보지 못ᄒᆞᆯ지라 만일 이갓치 ᄒᆞ기를 마지 안으면 통감의 지셩으로 간ᄒᆞ는 츙언도 아모 공이 업슬지니 부득불 신협약을 ᄆᆡᆺ기로 교셥을 시쟉ᄒᆞᆫ 바이라 이 취지는 담판을 ᄀᆡ시ᄒᆞᆯ 젹에 여러 번 셜명ᄒᆞ고 공식으로 뎨츌ᄒᆞ는 교셥안에도 이 ᄯᅳᆺ을 긔록ᄒᆞ엿고 이번에 ᄆᆡ진 협약을 의지ᄒᆞ야 궁즁의 즁요ᄒᆞᆫ 관직이라도 필요가 잇스면 일본인을 ᄌᆞ유로 임명ᄒᆞ는 권이 잇슨즉 화근을 ᄭᅳᆫ코 황실의 존엄을 보젼ᄒᆞᆯ 쥴로 밋노라

대뎌 ᄂᆡ가 칙령을 밧드러 경셩에 옴은 우리 텬황폐하의 셩의와 동경 졍부의 결의를 통감의게 젼흠에 지ᄂᆞ지 안는도다 이등통감은 국가의 원훈이오 ᄂᆡ외국의 명망이 놉흘 ᄲᅮᆫ 안이라 최쵸부터 통감으로 한국에 와셔 한국의 ᄉᆞ졍을 명찰흠으로ᄡᅥ 졍부에셔 의결ᄒᆞᆫ 됴건은 다만 통감의 참쟉거리로 보일 ᄲᅮᆫ이오 ᄯᅩ한 그 취ᄒᆞ며 버림은 통감의게 젼임ᄒᆞ라시는 칙명이 잇셧슨즉 통감의 위임은 젼권의 젼권을 겸흠이라 그 칙임이 지극히 즁ᄒᆞ고 크도다 그런ᄃᆡ 졍부의 됴건과 통감의 의견이 대동쇼이ᄒᆞ야 거진 일치ᄒᆞ엿스니 그 결과가 폐하의 셩의에 흡만ᄒᆞ심은 이무가론이고 ᄂᆡ각 동료도 다 경츅ᄒᆞᆯ 바이오 일반국민도 별로히 부족히 녁이지 안을 쥴로 밋노라 이제 신협약의 됴목을 의론ᄒᆞᆯ진ᄃᆡ 외면으로 얼는 보면 온당ᄒᆞ고 아름다올 ᄯᆞ름이나 그 권리의 도라온 바는 심히 광대ᄒᆞ다 ᄒᆞᆯ지라 뎨일됴에 한국 시졍ᄀᆡ션은 통감의 지도를 밧을 ᄉᆞ라 ᄒᆞ엿스니 지도라 ᄒᆞ는 글ᄌᆞ는 일로 강화됴약 뎨이됴와 일영대협약 뎨숨됴에 일본국이 한국에

셔 졍치상 군ᄉ상과 밋 경제상의 탁월ᄒᆞᆫ 리익을 가짐을 승인ᄒᆞ고 일본뎨국 졍부가 한국에셔 필요로 아는 지도보호와 밋 감리ᄒᆞᄂᆞᆫ 쳐치를 ᄒᆡᇰᄒᆞᆯ ᄯᅢ에 이를 방희ᄒᆞ거나 간셥지 안키를 약뎡ᄒᆞ엿ᄂᆞᆫ지라 이왕 됴약에ᄂᆞᆫ 다만 일본이 한국 시졍기션에 ᄃᆡᄒᆞ야 츙고ᄒᆞᆫ다 ᄒᆞ엿스니 츙고라 ᄒᆞᆷ은 그 듯고 듯지 안음이 한국의 ᄌᆞ유에 잇셧스나 이번 협약에ᄂᆞᆫ 통감이 지휘명령ᄒᆞᄂᆞᆫ 권리를 당연히 가지고 뎨이됴에 한국의 립법과 밋 ᄒᆡᇰ졍샹의 즁요ᄒᆞᆫ 쳐분은 미리 통감의 승인을 밧을 ᄉᆞ라 ᄒᆞ엿스니 이ᄂᆞᆫ 다만 우리가 명령ᄒᆞ야 ᄒᆡᇰ케 ᄒᆞᆯ ᄲᅮᆫ 안이라 한국 졍부의 ᄒᆡᇰᄒᆞ고져 ᄒᆞᄂᆞᆫ 바도 엇던 일은 못ᄒᆞ게 ᄒᆞᄂᆞᆫ 권이 잇도다 이 두 됴목은 곳 협약의 졍신인ᄃᆡ 립법샹 ᄒᆡᇰ졍샹의 쳐분이 이 됴목에 드지 안은 것이 업고 뎨오됴를 의지ᄒᆞ야 궁즁부즁과 문관무관을 물론ᄒᆞ고 일본인을 ᄌᆞ유로 한국 관리로 임명케 ᄒᆞ엿스니 무릇 졍치의 실권은 이 협약으로 인ᄒᆞ야 다 도라왓도다 위션 ᄉᆞ법 관리와 ᄀᆞᆺ흔 것은 한국인에 뎍당ᄒᆞᆫ 인ᄌᆡ가 업슨즉 일본인을 임명ᄒᆞᆯ밧게 업고 기타 군ᄉᆞ샹 ᄌᆡ졍샹의 시셜과 혹은 경찰과 교육의 ᄀᆡ혁이라도 이 지도권으로 못ᄒᆞᆯ 것이 업ᄂᆞᆫ지라 연고로 외국 사ᄅᆞᆷ들이 ᄆᆞᆯᄒᆞ되 이번 협약을 의지ᄒᆞ야 이등 통감은 면류관 업ᄂᆞᆫ 왕이라 평ᄒᆞᄂᆞᆫ도다 영국 타임스 신문은 일본이 한국의 실권을 엇ᄂᆞᆫᄃᆡ 신즁ᄒᆞ게 ᄒᆞᆷ이 가ᄒᆞ다고 경고ᄒᆞ엿스나

그 실권이 여긔ᄭᆞ지만 나아간 것은 일즉이 식쟈가 다 필요로 아ᄂᆞᆫ 바이오 환시ᄒᆞᄂᆞᆫ 렬국이 모다 그러히 녁이ᄂᆞᆫ 바인 고로 나ᄂᆞᆫ 이번 협약에 ᄃᆡᄒᆞ야 셰계 각국이 이론ᄒᆞᆯ 쟈ㅣ 업슴으로 확실히 밋으며 ᄯᅩ 영국이 ᄋᆡ급에셔 ᄒᆡᇰᄒᆞᆫ 것과 갓치 보호의 아름다온 공을 셰계 렬국에 빗ᄂᆡ며 한국민의 문명과 ᄒᆡᇰ복이 ᄂᆞᆯ로 나아가기를 간졀히 희망ᄒᆞ노니 이ᄂᆞᆫ 다만 졍부 당국쟈의 능히 ᄒᆞᆯ 바ㅣ 안이오 일반 국민이 일치ᄒᆞ기를 밋고 바라노라

1907년 7월

8월

62 1907년 8월 1일(목) 제2470호 론셜

당파의 리히 / 탄히싱

무릇 당파라 ᄒᆞᄂᆞᆫ 것은 어ᄂᆡ 시ᄃᆡ에든지 어ᄂᆡ 나라에든지 업슬 수 업고 당파가 잇스면 그 목뎍과 취지가 각각 달나셔 서로 닷토ᄂᆞᆫ 폐단이 업지 못ᄒᆞ되 그 닷토ᄂᆞᆫ 일이 ᄉᆞᄉᆞ 리익을 엇고져 ᄒᆞ든지 권셰를 쌔앗고져 ᄒᆞ면 이ᄂᆞᆫ 일은바 쇼인의 당이라 쇼인의 당의 히ᄂᆞᆫ 적으면 몸과 집을 망ᄒᆞ고 크면 나라와 민족을 멸ᄒᆞᄂᆞ니 심히 무셥고 두려온 것은 쇼인의 당이오 그 닷토ᄂᆞᆫ 일이 공변된 리익을 도모코져 ᄒᆞ든지 국가를 위ᄒᆞ고져 ᄒᆞ면 이ᄂᆞᆫ 일은바 군ᄌᆞ의 당이라 군ᄌᆞ의 당의 리ᄂᆞᆫ 적으면 샤회가 진보ᄒᆞ고 크면 나라의 위엄을 ᄂᆞᆯ니ᄂᆞ니 가쟝 아름답고 쟝ᄒᆞᆫ 것은 군ᄌᆞ의 당이라 연고로 흥왕ᄒᆞᄂᆞᆫ 나라에ᄂᆞᆫ 군ᄌᆞ의 당이 셩ᄒᆞ고 쇠망ᄒᆞᄂᆞᆫ 나라에ᄂᆞᆫ 쇼인의 당이 셩ᄒᆞᄂᆞᆫ도다 혹쟈ㅣ 말호ᄃᆡ 군ᄌᆞ와 쇼인을 물론ᄒᆞ고 당파가 잇스면 폐단이 만흔즉 업□이만 못ᄒᆞ다 ᄒᆞ나 이ᄂᆞᆫ ᄒᆞᆫ 가지만 ᄉᆡᆼ각ᄒᆞ고 두 가지ᄂᆞᆫ ᄉᆡᆼ각지 안ᄂᆞᆫ 말이니 엇지 족히 취ᄒᆞ리오 텬디 간에 잇ᄂᆞᆫ 모든 동물이 다 무리를 지어 셔로 닷토ᄂᆞᆫᄃᆡ 뎨일 심ᄒᆞᆷ 것은 사ᄅᆞᆷ이 만일 당파가 업스면 닷토미 업고 닷토미 업스면 죵교나 정치나 농상공업이나 학문이나 기타 왼갓 일이 도모지 불달치 못ᄒᆞ리니 사ᄅᆞᆷ의게 가쟝 긴요ᄒᆞᆫ 일은 마암과 ᄯᅳᆺ 갓흔 쟈가 서로 합ᄒᆞ야 당파를 죠직ᄒᆞᆷ이라 ᄒᆞ노라 그런즉 군ᄌᆞ의 당이나 소인의 당이나 당파ᄂᆞᆫ 일반이어늘 무엇으로써 시비와 션악을 의론ᄒᆞᄂᆞ뇨 갈아ᄃᆡ 군ᄌᆞ

는 심계가 공명정대한 고로 비록 잡은 바 목뎍이 달나셔 당파는 난호엿슬지라도 셔로 사랑ᄒᆞ며 두호ᄒᆞ야 일을 의론홀 ᄯᅢ에는 칼을 들어 ᄊᆡ를 듯ᄒᆞ다가도 물너나와 ᄉᆞ셕에 안즈면 앗가 닷토던 일은 죠금도 념두에 두지 안코 우스며 말ᄒᆞ는ᄃᆡ 츄호의 간격이 업ᄂᆞ니 빅쳔 당파가 잇셔도 국가샤회에 화평한 긔상이 가득ᄒᆞ거니와 소인은 심ᄉᆞ가 음험 교쾌한 고로 비록 즘시 의견이 갓하셔 한 당파를 지엇슬지라도 셔로 속이며 싀긔ᄒᆞ야 죠고마한 일이라도 일신상에 리ᄒᆡ관계가 잇스면 쓴코 보지 안키를 례ᄉᆞ로히 ᄒᆞ며 우즁지 반ᄃᆡᄒᆞ는 당파가 잇스면 국가의 공익여부는 털쯧만치도 ᄉᆡᆼ각지 안코 궁흉극악한 말로 참소도 ᄒᆞ며 모함도 ᄒᆞ야 긔어히 ᄊᆡ를 업시ᄒᆞ고 나 혼자만 디위와 셰력을 보젼ᄒᆞ려 ᄒᆞ니 엇지 텬도가 무심ᄒᆞ리오 필야에 권셰를 일는 날에는 오늘날ᄭᆞ지 원슈되엿던 당파가 분을 씻고 한을 풀고져 ᄒᆞ야 가진 계칙으로 모히홀 ᄲᅮᆫ 안이라 텬리의 보복이 소연ᄒᆞ야 몸과 집이 일죠에 멸망ᄒᆞ는 화를 당한들 누구를 원망ᄒᆞ리오 ᄉᆡᆼ각ᄒᆞ여 볼지어다 우리나라에 소위 ᄉᆞ식이라 ᄒᆞ는 당파가 잇셔셔 나라의 정권을 ᄉᆞᄉᆞ사름의 물건으로 알고 셔로 닷토고 ᄲᅢ앗는ᄃᆡ 몸을 쥭이고 집을 망케 한 쟈 ㅣ 몃쳔빅 명이뇨 비단 몸을 쥭이고 집을 망케 홀 ᄲᅮᆫ 안이라 종당은 나라가 오날늘 디경에 일으게 ᄒᆞ엿스니 크게 쇼힐 바이어날 지금도 오히려 업드러진 수레박휘를 발바셔[145] ᄂᆡ 일신의 영화와 ᄂᆡ 당파의 권셰를 지팅코져 ᄒᆞ야 츄호라도 나를 반ᄃᆡᄒᆞ는 쟈가 잇스면 흉츰ᄒᆞ고 괴악한 말로 모함ᄒᆞ야 쥭을 ᄶᅡ에 ᄲᅡ치려 ᄒᆞ니 이런 사름은 필경 큰 화히를 당ᄒᆞ고 말지라 동포를 사랑ᄒᆞ는 마암으로 깁히 ᄉᆡᆼ각ᄒᆞ면 참 불상한 사름이로다 녯 셩현의 말삼에 사름이 요순이 안이면 엇지 ᄆᆡᄉᆞ를 다 잘ᄒᆞ리오 ᄒᆞ셧스니 ᄂᆡ 당파이나 다른 당파를 물론ᄒᆞ고 악한 것

145 복차지계(覆車之戒, 혹은 복거지계): 앞의 수레가 넘어져 엎어지는 것을 보고 뒤의 수레는 미리 경계한다는 뜻으로, 앞사람의 실패를 거울삼아 뒷사람은 실패하지 말라는 훈계의 말. 따라서 '업드러진 수레박휘를 발바셔'는 '복차지계를 무시하고'의 의미임.

1907년 8월

은 숨기고 션흔 것만 날녀셔 서로 붓들고 나아가 이 나라와 이 빅셩의게 문명 힝복을 누리게 흐기를 간절히 바라노라

63 1907년 8월 2일(금) 제2471호 론셜

해산한 군인의게 고함 / 탄히싱

대뎌 나라의 군스를 기르는 목뎍은 어딕 잇느뇨 흐면 틱평무스흔 쎡라도 풍우한셔를 물론흐고 날마다 교련흐야 졍흔 것을 기르고 늘카온 것을 져츅흐엿다가 일죠에 외국의 침범홈이 잇스면 나아가 물니쳐셔 국토를 보젼흐며 국권을 호위흐는 고로 나라의 간셩이니 인군의 복심이니 칭흐거니와 우리나라의 군스는 이젼으로 말흐면 오영문[146] 쟝신[147]과 근릭로 말흐면 군부대신 이하 각딕 장령위관의 호스거리로 두고 부리기를 하인굿치 흐며 먹이고 닙히고 가라치는 것은 하나도 쥬의치 안이흐엿스니 녯장슈의 일은바 스졸로 더브러 달고 쓴 것을 굿치 흔다는 말이 다 헛말이로다 그런 고로 오늘놀 나라에 씻지 못홀 붓그러옴이 싱겨도 손을 묵거 기다릴 싸름이니 군스를 두어 무엇에 쓰리오 이에 우리

황상폐하씌옵셔 작일 죠칙을 나리샤 시위병 흔 대딕만 남기고 그 남어지 각대 병뎡을 일체히 히산케 흐옵시니 우리 신민된 쟈의 쥭고져 흐야도 쥭을 싸이 업슴이라 엇지 통분홈을 참으리오 흔번 피를 흘녀 나라 은혜의 만분지일이라도 갑는 것이 가흐나 그러나 깁히 싱각흐야 보건딕 우리는 지식도 업고 직물도 업고 병긔도 업스니 빈 주먹으로 엇지 대포나 군함을 막으리오 혹 망녕되히 움

146 오영문(五營門): 조선 시대, 임진왜란 이후 오위를 개편하여 둔 다섯 군영.

147 장신(將臣): 서울 안의 각 군영의 우두머리 장수.=대장.

작이거나 부잘업시 쇼요ᄒᆞ면 죽는 쟈는 불샹ᄒᆞ고 가긍ᄒᆞᆫ 우리 동포ᄲᅮᆫ이라 진실로 세 번 ᄉᆡᆼ각ᄒᆞᆯ 바이로다 슯흐다 우리 군인 되엿든 여러 동포시여 나라가 이 디경에 일은 것은 군젹에 일홈을 둔 쟝령위관과 및 정부관리의 죄라 ᄒᆞ면 가커니와 결단코 우리 군인의 허물은 안이니 여러분은 츙분의 마암을 십분 억졔ᄒᆞ고 오날부터 각기 집에 도라가 농ᄉᆞ를 ᄒᆞ든지 장ᄉᆞ를 ᄒᆞ든지 공쟝을 ᄒᆞ든지 학문을 ᄒᆞ든지 힘과 졍셩을 다ᄒᆞ야 우의로 늙은 부모를 봉양ᄒᆞ며 아릐로 어린 ᄌᆞ녀를 교육ᄒᆞ야 우리의 지식과 ᄌᆡ력이 넉넉ᄒᆞ면 필경 텬운이 도라오는 ᄯᅢ에 국권을 회복ᄒᆞᆯ 도리가 잇스려니와 만일 여러분이 분격홈을 금치 못ᄒᆞ고 슐이나 먹고 셰월을 헛도히 보ᄂᆡ든지 무리를 지어 가련ᄒᆞᆫ 동포를 괴롭게 ᄒᆞ면 우리 무죄ᄒᆞᆫ 이쳔만 ᄉᆡᆼ령이 도탄에 ᄲᅡ져 다시는 ᄯᅥᆯ칠 긔운이 업슬 ᄲᅮᆫ 안이라 젼뎡이 만리ᄀᆞᆺ흔 여러 쳥년이 란민이라는 말을 면치 못ᄒᆞ리니 부ᄃᆡ 분울ᄒᆞᆫ 긔운을 진졍ᄒᆞ고 각각 업을 닥가 ᄂᆡ 일신을 잘 안보ᄒᆞ고 ᄂᆡ 일신을 잘 안보ᄒᆞᆫ 연후에야 집과 나라를 ᄎᆞ례로 다ᄉᆞ리리로다 혹쟈ㅣ 말ᄒᆞ되 나라이 망ᄒᆞ엿는ᄃᆡ 일신을 안보ᄒᆞ야 무엇ᄒᆞ리오 ᄒᆞ나 우리가 모다 ᄉᆡᆼ명을 버려셔 나라가 잘 될 것ᄀᆞᆺ흐면 ᄇᆡᆨ 번 죽어도 앗갑지 안으려니와 일반국민과 여러 군인이 죽으면 죽을 ᄲᅡ름이오 나라일에는 츄호도 리가 업고 민족이 멸망ᄒᆞᆯ가 두려워ᄒᆞ노라 작일 훈련원에셔 각 군ᄃᆡ의 ᄒᆡᄃᆡ식을 거ᄒᆡᆼᄒᆞᆯ ᄉᆡ 시위 뎨일련일대 병뎡이 슌죵치 안이ᄒᆞ고 항거홈으로 포셩이 련속ᄒᆞ야 나며 ᄂᆡ외국인 몃 명을 살샹ᄒᆞ엿다 ᄒᆞ니 이 일로 인연ᄒᆞ야 도하의 인심이 흉흉ᄒᆞ야 만ᄉᆞ에 경황이 업게 ᄒᆞ니 이것이 나라와 ᄇᆡᆨ셩의게 무엇이 유익ᄒᆞ뇨 바라건ᄃᆡ 우리 군인 동포는 우리 황샹폐하의 죠칙ᄉᆞ의를 몸밧아 각기 업에 나아가 허물 업기를 간졀히 바라노라[148]

1907년
8월

148 제2472~2473호(8월 3~4일자)는 유실됨. 8월 5일(월)은 정기휴간일임.

상당훈 권리룸[150] 보존코져 ᄒᆞ면 상당훈 지식이 필요홈

현금 우리나라는 외교권을 일허셔 렬국 경징ᄒᆞ는 마당에 나아가지 못훌 섇 안이라 닋졍의 대쇼ᄉᆞ를 물론ᄒᆞ고 모도 남의 간셥을 밧게 되야 안지며 서며 힝ᄒᆞ며 그침에 하나도 ᄌᆞ유를 엇지 못홈이 엇짐이뇨 남은 강호ᄃᆡ 우리는 약ᄒᆞ고 남은 부호ᄃᆡ 우리는 가난ᄒᆞ고 남은 지혜 잇스ᄃᆡ 우리는 어리셕은 연고이니라 그런즉 나라가 닋졍 외교의 모든 권리를 일흔 ᄍᆞ닭으로 우리 인민도 싱명과 ᄌᆡ산의 ᄌᆞ유 권리를 보존치 못훌가 갈아ᄃᆡ 인민과 나라는 본시 두 물건이 안이오 인민이 곳 나라이며 나라이 곳 인민인즉 인민의 지식이 나져셔 남의 나라 인민보담 약ᄒᆞ고 가난ᄒᆞ면 나라도 ᄯᅩ훈 그럴지니 다시 일너 무엇ᄒᆞ리오 그러나 녯사룸의 말에 삼군의 쟝슈는 가히 죽일지언뎡 필부의 ᄯᅳᆺ은 가히 ᄲᅦ앗지 못훈다 ᄒᆞ엿고 하날이 사룸의게 주신 바 싱명과 ᄌᆡ산의 ᄌᆞ유 권리는 귀쳔과 강약과 현불쵸[151]가 일반이라 가난훈 사룸의 훈두 푼이나 부쟈의 빅만량이나 그 권리는 ᄀᆞᆺ흔 고로 부쟈가 능히 가난훈 쟈의 ᄌᆡ산을 ᄲᅦ앗지 못ᄒᆞ고 왕공귀인이나 필부필부가 그 귀쳔은 다를지라도 그 싱명의 소즁홈은 ᄀᆞᆺ흔 고로 귀훈 쟈가 능히 쳔훈 쟈의 싱명을 ᄲᅦ앗지 못ᄒᆞ는도다 그러면 나라와 나라는 빈부와 강약으로 인ᄒᆞ야 남의 나라의 권리를 ᄲᅦ앗는 쟈도 잇스며 졔 나라의 권리를 ᄲᅦ앗기는 쟈도 잇스려니와 훈 기 사룸의 권리야 누가 ᄲᅦ아스리오 리치는 비록 그러나 사룸의 지식이 부족ᄒᆞ면 능히 그 권리를 보존치 못ᄒᆞ고 남의게 속아셔 일허버리는 줄 몰으고 일는 자도 잇스며 일허버리는 것

149 연호가 '광무 11년'에서 '융희 원년'으로 바뀜.

150 조사 '~를(를)'의 오기인 듯함.

151 현불초(賢不肖): 어질고 사리에 밝은 사람과 못나고 어리석은 사람.

이 원통ᄒᆞᆫ 줄 아되 강ᄒᆞᆫ 쟈의 위엄과 긔셰ᄅᆞᆯ 더당치 못ᄒᆞ야 일ᄂᆞᆫ 쟈도 잇ᄂᆞ니 우리의 상당ᄒᆞᆫ 권리ᄅᆞᆯ 보존코져 ᄒᆞ면 상당ᄒᆞᆫ 지식이 필요ᄒᆞ다 ᄒᆞ노라 대뎌 지금은 셰샹이 녜와 달나셔 농ᄉᆞᄅᆞᆯ 지을지라도 토디의 셩질이 엇더ᄒᆞᆷ과 긔후가 엇더ᄒᆞᆷ과 거름 ᄆᆡᆫ드ᄂᆞᆫ 법과 종ᄌᆞ 갈희ᄂᆞᆫ 법과 버러지의 리됨과 ᄒᆡ되ᄂᆞᆫ 것과 기타 ᄇᆡᆨ쳔 가지에 모다 학문이 잇슨즉 그 학문을 닥근 쟈ᄂᆞᆫ 남보담 ᄌᆡ력을 적게 들이고도 엇ᄂᆞᆫ 바 츄슈ᄂᆞᆫ 만흘지며 쟝사ᄅᆞᆯ ᄒᆞᆯ지라도 물품 나ᄂᆞᆫ ᄯᅡ의 디리가 엇더ᄒᆞᆷ과 텬하각국의 시셰가 엇더ᄒᆞᆷ과 산슐과 부긔와 인심의 도라가ᄂᆞᆫ 바와 시긔의 변ᄒᆞᄂᆞᆫ 바ᄅᆞᆯ 잘 ᄉᆞᆲ히ᄂᆞᆫ 학문과 지식이 잇셔야 남의게 지지 안을 것이오 공쟝노릇을 ᄒᆞᆯ지라도 긔계의 졍ᄒᆞ며 츄ᄒᆞᆫ 것과 물리학의 엇더ᄒᆞᆷ과 화학의 엇더ᄒᆞᆷ과 기타 허다ᄒᆞᆫ 학문을 ᄇᆡ혼 연후에야 그 공교ᄒᆞᆷ과 졍ᄒᆞᆷ이 남의 나라의 물건보담 낫게 졔조ᄒᆞᆯ 것이오 그 밧게 인력거ᄅᆞᆯ 쓸며 지게ᄅᆞᆯ 지ᄂᆞᆫ ᄃᆡ도 지식 잇ᄂᆞᆫ 쟈ᄂᆞᆫ 힘은 젹게 들이고 엇ᄂᆞᆫ 것은 만흐며 어리셕은 쟈ᄂᆞᆫ 힘은 만히 들이고 엇ᄂᆞᆫ 것은 적으리니 지식이라 ᄒᆞᄂᆞᆫ 것이 곳 사ᄅᆞᆷ의 강약과 빈부ᄅᆞᆯ 판단ᄒᆞᄂᆞᆫ 길이 될 ᄲᅮᆫ 안이라 심ᄒᆞ게 말ᄒᆞ자면 사ᄅᆞᆷ의 죽고 ᄉᆞᄂᆞᆫ 긔관이라 ᄒᆞᆯ지로다 우리의 오날늘 급히 힘쓸 일은 지식의 구ᄒᆞᄂᆞᆫ ᄃᆡ 잇고 지식을 구ᄒᆞᄂᆞᆫ 도ᄂᆞᆫ 학문을 닥ᄂᆞᆫ ᄃᆡ 잇스니 바라건ᄃᆡ 우리 동포ᄂᆞᆫ 힘과 졍셩을 다ᄒᆞ야 ᄌᆞ녀ᄅᆞᆯ 학교에 보ᄂᆡ여 밤낫으로 가라치쇼셔 우리의 ᄌᆞ녀ᄅᆞᆯ 잘 가라쳐 샹당ᄒᆞᆫ 지식이 잇스면 일헛든 권리ᄅᆞᆯ 도로 차질 것이오 우리의 권리ᄅᆞᆯ 차지면 나라의 권리도 회복ᄒᆞ기 어렵지 안으려니와 만일 이ᄅᆞᆯ ᄭᆡ닷지 못ᄒᆞ고 구습을 버리지 못ᄒᆞ야 ᄌᆞ녀ᄅᆞᆯ 가라치ᄂᆞᆫ ᄃᆡ 힘쓰지 안이ᄒᆞ거나 셜혹 가라칠지라도 한문만 슝샹ᄒᆞ야 셰계 만국에 통ᄒᆡᆼᄒᆞᄂᆞᆫ 왼갓 학문을 연구치 안으면 우리ᄂᆞᆫ 오날보담 더 무셥고 두려온 ᄯᅡ에 ᄲᅡ질가 두려워ᄒᆞ노라

경셩박람회(京城博覽會)에 츌품(出品)ᄒᆞ기를 권홈

오날늘 우리나라가 위틱ᄒᆞ고 급ᄒᆞ야 슈습홀 수 업ᄂᆞᆫ 디경에 ᄲᅡ짐은 사름마다 근심ᄒᆞᄂᆞᆫ 바이나 그러나 다만 근심홀 ᄯᅡ름이오 구졔홀 방칙을 강구치 안으면 필경은 국가가 빈 터이 되고 민족이 멸망ᄒᆞᄂᆞᆫ 큰 화를 면치 못홀지라 연고로 경향을 물론ᄒᆞ고 적이 ᄯᅳᆺ잇ᄂᆞᆫ 션비ᄂᆞᆫ 언필칭 교육이라 ᄒᆞ야 학교를 셜시ᄒᆞ기에 급급ᄒᆞ니 그 일이 아름답고 쟝ᄒᆞ지 안은 것은 안이로ᄃᆡ 만일 우리의 먹고 닙을 것이 넉넉지 못ᄒᆞ면 무엇으로ᄡᅥ ᄌᆞ녀의 교육비를 다이며 학교를 유지ᄒᆞ야 가리오 녯사름의 ᄆᆞᆯ에 의식이 족ᄒᆞ여야 례졀을 안다 ᄒᆞ엿스니 인민의 의식을 족ᄒᆞ게 ᄒᆞ고져 홀진ᄃᆡ 농샹공업을 크게 ᄇᆞᆯ달ᄒᆞᄂᆞᆫ밧게 다른 도가 업도다 이에 한일량국의 관민간 유지ᄒᆞ신 몃몃 분이 발긔ᄒᆞ야 경셩에 박람회를 셜시ᄒᆞ고 ᄂᆡ외국의 텬연물과 인죠물을 버려 놋코 구월 일일부터 십일월 십오일ᄭᅡ지 일반인민이 임의로 구경케 ᄒᆞ엿스니 그 규모ᄂᆞᆫ 외국 박람회에 비ᄒᆞ야 심히 적으나 우리나라에ᄂᆞᆫ ᄀᆡ벽 이ᄅᆡ로 처음 잇ᄂᆞᆫ 셩ᄉᆞ인즉 젼국 동포 즁에 농샹공업에 ᄯᅳᆺ이 잇ᄂᆞᆫ 쟈ᄂᆞᆫ 경셩박람회 규측을 ᄌᆞ셰히 안 후에 무슨 물건이든지 박람회로 보ᄂᆡ여 ᄂᆡ외국 샤름의게 구경도 식히고 팔기도 ᄒᆞ면 그 엇ᄂᆞᆫ 바 리익이 클 ᄲᅮᆫ 안이라 금핑나 은핑의 샹핑를 타면 그 명예가 쥬ᄉᆞ 츔봉은 샹의라 물론ᄒᆞ고 금관ᄌᆞ 옥관ᄌᆞ보담 몃 ᄇᆡ가 되리니 하로 밧비 츌품ᄒᆞ기를 바라노라 그러나 우리나라 인민의 지직[152]이 심히 어두어 박람회가 무엇인지 일홈도 ᄌᆞ셰히 몰으ᄂᆞᆫ 쟈ㅣ 만흐니 엇지 츌품ᄒᆞᄂᆞᆫ 사름이 만키를 바라리오 필시 이번 박람회에 츌품ᄒᆞᄂᆞᆫ 사름은 외국인이 십에 칠팔이 넘고 본국인은 몃 명이 되지 못홀 터인즉 쳣직ᄂᆞᆫ 나라의 농샹공업이 방달치 못홀 것이오 둘직ᄂᆞᆫ 나라의 큰 붓그러옴이

152 '지식'의 오기인 듯함.

되리니 바라건딕 삼빅스십삼군 군슈는 각기 힉디방의 유력훈 쟈와 협의호야 그 디방 소산물에셔 훈 가지식만 츌품호게 호면 곳 삼빅스십슴 죵이 될 것이오 기외에 경셩 샹업가 졔씨가 닷토어 츌품훈즉 적을지라도 스오빅죵은 되리로다 쏘 박람회 스무를 쥬관호는 임원들도 아모쬬록 츌품을 만히 모집호고 구경오는 사름이 만키를 위호야 텰도관리국과 교섭호야 박람회에 츌품호는 물건은 챠비를 다른 물건에 비호야 반졀만 밧고 박람회를 구경호러 오는 사름의게는 챠비 십분의 슴을 감호고 밧게 호엿슨즉 그 용의의 쥬밀홈과 아름다옴을 헤아려 서로 권호며 서로 힘쓸지어다 농상공업이 불달훈 나라갓흐면 남이 권호기 젼에 졔각금 닷토어 가며 츌품도 호고 구경도 호렷만은 아즉 우리 동포는 그 리히관계의 엇더홈을 몰으는 터인즉 디방관리와 밋 유지호신 션비가 힘써 권유호고 인도호지 안으면 됴흔 결과를 엇지 못홀가 두려워호노라 이번 박람회는 훈 시험거리에 지나지 안는 고로 그 규모가 변변치 못호나 시험의 결과가 심히 아름다오면 이 다음에는 더 광대훈 박람회를 셜시홀 것이오 차차로 진보고[153] 확장호야 경셩에 만국대박람회를 셜시호는 날이야 우리도 남과 갓흔 국민이 되리니 깁히 싱각호야 농상공업의 발달호는 터를 닥글지어다

66 1907년 8월 8일(목) 제2476호 론셜

신문지법을 평론함

상월 이십스일에 졍부에셔 신문지법 삼십팔됴를 반포호엿는딕 그 후로 일반샤회의 언론을 들은즉 신문지라 호는 것은 닉외국의 소문을 긔록훌 쁜 안이라 션훈 사름을 포장호고 악훈 사름을 징계홈이 위쥬어날 제[154] 뎌러케 싸

153 '진보호고(진보하고)'의 오기인 듯함.

다라온 법을 마련ᄒᆞ엿스니 신문이 엇지 졍부관리의 득실과 일반 인민의 션악을 의론ᄒᆞ리오 이졔는 신문긔쟈 노릇홀 슈도 업슬 것이오 신문이라고 볼 것도 업스리라 ᄒᆞ야 심히 락심ᄒᆞᄂᆞᆫ 쟈ㅣ 만키로 신문지법의 셩질을 대강 평론코져 ᄒᆞ노라

대뎌 사ᄅᆞᆷ이 ᄆᆞᆯ을 ᄒᆞ던지 글을 지을 ᄯᅢ에 혀 도라가ᄂᆞᆫ ᄃᆡ로 된 말 안 된 말을 함부로 ᄒᆞ거나 붓 도라가ᄂᆞᆫ ᄃᆡ로 홀 말 못 홀 말을 방ᄌᆞ히 긔록ᄒᆞ면 나라마다 상당ᄒᆞᆫ 법률이 잇서 죄범을 밧을지니 셜령 이 신문지법이 업슬지라도 우리ᄂᆞᆫ 맛당히 입과 붓을 숨가셔 놀닐 것이오 부잘업시 남을 시비ᄒᆞ거나 원망ᄒᆞ면 신문을 무ᄉᆞ히 간힝키 어어려온[155] 고로 항상 쥬의ᄒᆞ야 됴리 잇고 법도 잇ᄂᆞᆫ ᄆᆞᆯ로ᄡᅥ 쟝황히 셜명ᄒᆞ야 혹 졍부에 권고도 ᄒᆞ며 인민을 경셩도 ᄒᆞ얏스니 신문지법의 잇고 업ᄂᆞᆫ 것이 신문샤나 신문구람쟈에게 무삼 샹관이 잇스리오 그 실샹을 의론홀진ᄃᆡ 신문지법이 업슬 ᄯᅢ에ᄂᆞᆫ 방한이 업셔셔 무슨 말이 법률에 뎌쵹이 될ᄂᆞᆫ지 안 될ᄂᆞᆫ지 몰나셔 붓을 들고 무한히 ᄌᆞ져ᄒᆞᆫ 일이 만핫거니와 이졔ᄂᆞᆫ 일뎡ᄒᆞᆫ 법률이 ᄉᆡᆼ겨셔 엇던 말을 ᄒᆞ면 엇던 벌이 잇고 엇던 일을 긔ᄌᆡᄒᆞ면 엇던 죄를 벌홈이 쇼쇼명ᄇᆡᆨᄒᆞᆫ즉 도로혀 신문을 간힝ᄒᆞ기에 편리타 ᄒᆞ면 가하려니와 츄호도 불편홈은 업도다 원ᄅᆡ 이 신문지법은 일본에셔 힝ᄒᆞᄂᆞᆫ 신문됴례를 모방ᄒᆞ야 얼마간 가감ᄒᆞᆫ 것인ᄃᆡ 보증금과 벌금은 일본에 비ᄒᆞ야 대단히 경ᄒᆞᆫ즉 이ᄂᆞᆫ 우리나라 신문계의 졍형을 짐작홈이오 그 밧게 뎨일됴로부터 뎨십됴ᄭᆞ지ᄂᆞᆫ 각국에 통힝ᄒᆞᄂᆞᆫ 규측이오 뎨십일됴로부터 뎨이십일됴ᄭᆞ지ᄂᆞᆫ 신문지를 단속ᄒᆞ야 샤회의 안녕질셔를 보젼ᄒᆞ며 아름답게 ᄒᆞ고져 ᄒᆞᄂᆞᆫ 법측이오 뎨이십이됴로부터 삼십팔됴ᄭᆞ지ᄂᆞᆫ 이샹 법측을 범ᄒᆞ면 엇지 엇지 쳐단ᄒᆞᆫ다ᄂᆞᆫ 벌측인즉 우리 신문의 붓을 든 쟈ᄂᆞᆫ 그 규측을 직히고 그 벌측을 거울ᄒᆞ야 법

154 '이졔(이제)'의 오기인 듯함.

155 '어려온(어려운)'의 오기인 듯함.

률 범위 안에서만 힝동ᄒᆞ면 조곰이라도 거리낄 것이 업고 경위 업시 남을 욕ᄒᆞ거나 비방ᄒᆞ며 근거 업고 형적 업는 거짓말로 인심을 격동ᄒᆞ거나 세샹을 쇼요케 ᄒᆞ는 신문을 보는 것보담 법률 범위 안에셔 정당ᄒᆞᆫ 언론과 공평ᄒᆞᆫ 필법으로 관리의 득실을 ᄉᆞ경업시 론평ᄒᆞ며 확실ᄒᆞᆫ 잡보와 유익ᄒᆞᆫ 학문으로 간졀히 긔도ᄒᆞ는 신문을 보아셔 덕셩과 지식을 길으는 것이 몃 ᄇᆡ나 나흐리니 신문지법의 반포됨을 조곰도 혐의치 말고 신문을 발힝ᄒᆞ는 쟈는 더욱더욱 힘쓰고 쥬의ᄒᆞ야 정치 죵교 경졔 문학 기타 샤회의 여러 가지 일을 실상 잇고 바르게 보도ᄒᆞᆯ지며 신문을 구람ᄒᆞ는 쟈는 ᄂᆡ외국인의 신문지를 만히 보아셔 문견을 넓히며 지식을 발달케 ᄒᆞᆯ지어다

67 1907년 8월 9일(금) 제2477호 론셜

황티자 칙봉하압심을 봉츅함

륭희 원년 팔월 칠일에 우리

대황뎨폐하께압셔 영왕뎐하로

황티ᄌᆞ를 칙봉ᄒᆞ압시니 일로 조차 우리

틔조 고황뎨의 긔업이 억만년 무강ᄒᆞᆫ 디경에 젼ᄒᆞᆯ지오 우리 이쳔만 신민이 틔평안락의 복을 영원히 누릴지로다 업ᄃᆡ여 싱각ᄒᆞ압건ᄃᆡ 우리

황티ᄌᆞ뎐하는 뎡유 구월 이십오일 ᄒᆡ시에 경운궁ᄂᆡ 숙옹직에 탄강ᄒᆞ샤

틔황뎨폐하의 ᄌᆞ익ᄒᆞ심과

대황뎨폐하의 우익ᄒᆞ심을 닙으샤 예덕이 날로 나아가시는 고로 ᄂᆡ외국 신민이 흠송치 안는 쟈ㅣ 업더니 맛참ᄂᆡ 져궁에 올으샤 우리

황실의 신셩ᄒᆞ옵신

황통을 이으시게 되시니 진실로 국가의 큰 경ᄉᆞ오 신민의 큰 힝복이라 노ᄅᆡ

ᄒᆞ며 춤추어 질기ᄂᆞᆫ 소ᄅᆡ가 텬하에 가득ᄒᆞ도다 이에 구구ᄒᆞᆫ 적은 츙셩으로 업ᄃᆡ여 바라압ᄂᆞᆫ 바ᄂᆞᆫ 넷적 셩뎨명왕의 큰 도와 우리

렬셩죠의 먼 규모ᄅᆞᆯ 법밧으샤 시강원첨ᄉᆞ 부첨ᄉᆞ와 및 시강시독은 문벌과 ᄅᆡ력을 보지 말고 다만 공평정직ᄒᆞ며 덕힝 잇ᄂᆞᆫ 션비ᄅᆞᆯ ᄲᅢ샤 우리

황ᄐᆡᄌᆞ의 자우에 두샤 우리

져궁 뎐하로 ᄒᆞ야금 ᄇᆞᆯ은 말ᄉᆞᆷ을 들으시고 ᄇᆞᆯ은 도ᄅᆞᆯ 힝ᄒᆞ시게 ᄒᆞ압시고 츈츄가 셩년에 달ᄒᆞ압시거든 ᄂᆡ국 각 디방과 및 문명외국에 넓히 유람ᄒᆞ시샤 쳣ᄌᆡᄂᆞᆫ 문명ᄒᆞᆫ 학문을 닥그시압고 둘ᄌᆡᄂᆞᆫ ᄂᆡ외국의 인정물ᄐᆡᄅᆞᆯ ᄇᆞᆰ히 아압시게 ᄒᆞ시도록 우리 ᄂᆡ각졔공과 및 궁ᄂᆡ대신이 상쥬ᄒᆞ와

셩지ᄅᆞᆯ 밧으소셔 구라파로 말ᄒᆞ면 아라사 피득황뎨가 졀문 ᄯᅢ에 각국으로 도라단이며 무한ᄒᆞᆫ 고초ᄅᆞᆯ 격고 여러 가지 학문을 닥근 후 고국에 도라와 왼갓 폐졍을 ᄀᆡ혁ᄒᆞ고 즁흥대업을 일우어 오날ᄂᆞᆯ 셰계에 부강ᄒᆞᆫ 나라이 되엿고 일본으로 ᄆᆞᆯᄒᆞ면 황ᄐᆡᄌᆞ가 어리실 ᄯᅢ부터 학습원에 나아가샤 일반 귀족의 ᄌᆞ질과 ᄀᆞᆺ치 공부ᄒᆞ신 후 륙군소자로부터 차차 승임ᄒᆞ야 지금은 소쟝의 위에 잇스나 필경은 륙ᄒᆡ군 대원슈로 만긔ᄅᆞᆯ 친ᄌᆡ케 ᄒᆞᆷ이니 그 규모의 아름다옴이 죡히 본밧을 만ᄒᆞᆫ 바이오 ᄯᅩ한

션왕죠의 젼ᄅᆡᄒᆞ압신 등록과 외국의 졔□ᄅᆞᆯ 참작하야

황실 뎐범을 졔뎡ᄒᆞ야 텬하만셰의 법이 되면 우리

황실의 존엄ᄒᆞ심이 텬디로 더부러 무궁ᄒᆞᆯ지오 우리 신민도 만셰 일계의

황통을 머리우에 이고 텬하에 ᄌᆞ랑ᄒᆞ리니 엇지 아름답고 쟝ᄒᆞ지 안으리오

대한뎨국만셰

대한황실만셰

만셰만셰만만셰

단셩사(團成社)를 평론홈 / 탄히싱

대뎌 연극(演劇)이라 ᄒᆞᄂᆞᆫ 것은 업ᄂᆞᆫ 나라이 업스되 우리나라에ᄂᆞᆫ 다만 광ᄃᆡ가 잇셔셔 녯젹 쇼셜을 가지고 타량ᄒᆞ며 춤추ᄂᆞᆫ ᄃᆡ 지나지 못ᄒᆞ더니 년젼에 엇던 사ᄅᆞᆷ이 협률샤를 셜시ᄒᆞ고 기ᄉᆡᆼ과 과ᄃᆡ[156]를 모하셔 츈향가 심청젼 화룡도 홍문연 등속을 연희(演戲)ᄒᆞᄂᆞᆫᄃᆡ 셩외셩ᄂᆡ의 청년비들이 슐먹고 기ᄉᆡᆼ 보기를 위ᄒᆞ야 날마다 닷토어 구경ᄒᆞ며 돈 쓰기를 물 쓰듯 ᄒᆞ야 방탕사치홈이 한량이 업ᄂᆞᆫ 고로 일반샤회의 시비가 분분ᄒᆞ야 혹 신문에 론박도 ᄒᆞ며 혹 연셜로 공격도 ᄒᆞ야 맛참ᄂᆡ 폐지ᄒᆞᆫ 후 다시ᄂᆞᆫ 이와 ᄀᆞᆺ흔 물건이 보이지 안터니 월젼부터 한일 량국 사ᄅᆞᆷ이 합동ᄒᆞ야 단셩샤라 ᄒᆞᄂᆞᆫ 것을 셜시ᄒᆞ엿다 ᄒᆞ기로 슈일 젼에 그 연희ᄒᆞᄂᆞᆫ 실디를 잠간 본즉 참 ᄀᆡ탄ᄒᆞᆯ 바이 만흔지라 부득이 두어 마ᄃᆡ 어리셕은 말로써 단셩샤를 쥬관ᄒᆞᄂᆞᆫ 사ᄅᆞᆷ과 밋 구경 단이ᄂᆞᆫ 여러 쳥년의게 경고ᄒᆞ노라 무릇 풍류와 춤과 연극은 나라의 하로도 업지 못ᄒᆞᆯ 물건이라 엇지ᄒᆞ야 그러뇨 ᄒᆞ면 사ᄅᆞᆷ의 마암은 심히 약ᄒᆞ야 근심과 걱정은 항상 만코 질거옴과 깃븜은 항상 젹은즉 무엇으로써 위로ᄒᆞ고 쇼창ᄒᆞ리오 이럼으로 셩인이 나라를 다ᄉᆞ릴 ᄯᅢ에 반다시 례와 악을 먼져 마련ᄒᆞ나니 진실로 심상히 알 바ㅣ 안이로다 그러나 우리ᄂᆞᆫ 즁고 이후로 음악이나 가무ᄂᆞᆫ 광ᄃᆡ와 챵기ᄇᆡ의 쳔ᄒᆞᆫ 일로 돌녀 보ᄂᆡ고 소위 ᄉᆞ대부ᄂᆞᆫ 남녀를 물론ᄒᆞ고 붓그럽게 녁여 ᄇᆡ호ᄂᆞᆫ 자도 업고 힝ᄒᆞᄂᆞᆫ 자도 업셔셔 ᄯᅳᆺ잇ᄂᆞᆫ 션ᄇᆡ의 근심ᄒᆞᄂᆞᆫ 일이라 사ᄅᆞᆷ이 벼살을 ᄒᆞ던지 장사를 ᄒᆞ던지 로동을 ᄒᆞ던지 죵일토록 애쓰며 슈고ᄒᆞ다가 오후 네 시나 다삿 시에 집에 돌아와 밥 먹은 후에 풍악을 듯거나 노ᄅᆡ를 부르거나 춤을 추거나 ᄒᆞ야 이 셰상의 괴로온 것을 니져바리고 ᄒᆞᆫ번 쾌락ᄒᆞ게 놀아야 졍신이 상활ᄒᆞ

156 ‘광ᄃᆡ(광대)’의 오기인 듯함.

고 긔운이 활블ᄒᆞ야 ᄅᆡ일에 ᄯᅩ 부즈런히 일홀 여디가 잇것만은 우리나라 사ᄅᆞᆷ은 그러치 안이ᄒᆞ야 힝세ᄒᆞᆫ다는 사ᄅᆞᆷ은 마ᄋᆞᆷ이 잔졸ᄒᆞ고 셩품이 괴벽ᄒᆞ여 ᄭᅮᆷ에도 질겁게 노ᄂᆞᆫ 마당에ᄂᆞᆫ 참예도 안이ᄒᆞ고 ᄯᅩᄒᆞᆫ 참예코져 ᄒᆞ야도 막대ᄒᆞᆫ 지물을 허비치 안으면 놀지 못ᄒᆞ며 방탕ᄒᆞᆫ 사ᄅᆞᆷ은 기악에 몸이 ᄲᅡ져셔 몸과 집을 망ᄒᆞ니 이ᄂᆞᆫ 일은바 과불급[157]이로다 외국의 풍속을 보건ᄃᆡ 곳곳마다 공원을 ᄆᆡᆫ들어 일반인민의 산보ᄒᆞ며 노ᄂᆞᆫ 마당을 삼고 간간히 연극과 니약이 ᄒᆞᄂᆞᆫ 집과 음악회 등속이 잇셔셔 사ᄅᆞᆷ의 마ᄋᆞᆷ을 질겁게 ᄒᆞ니 참 아름다온 풍속이라 홀지라 그런즉 무삼 연고로 단셩사를 시비ᄒᆞ고 론박코져 ᄒᆞ나뇨 나ᄂᆞᆫ 단셩샤 그 물건을 시비홈이 안이오 단셩샤 안에셔 힝ᄒᆞᄂᆞᆫ 바 연희를 시비ᄒᆞ노라 ᄉᆡᆲ흐다 연희라 ᄒᆞᄂᆞᆫ 것은 녯적 영웅렬사와 명장현상과 기타 유명ᄒᆞᆫ 사ᄅᆞᆷ의 힝적을 그 모양ᄃᆡ로 연희ᄒᆞ야 셰인의 마암을 감블케 ᄒᆞ며 흥긔케 홈이 그 목뎍이어날 이졔 단셩샤ᄂᆞᆫ 그러치 안이하야 단지 음담픽셜과 괴ᄉᆞ악힝으로 쳥년남녀의 마암을 허랑방탕ᄒᆞᆫ ᄃᆡ로 유인ᄒᆞᄂᆞᆫ 즁믹가 되엿스니 이런 연극은 잇ᄂᆞᆫ 것이 업ᄂᆞᆫ 것만 ᄀᆞᆺ지 못홀 ᄲᅮᆫ 안이라 도로혀 인심을 부픠케 ᄒᆞ며 풍속을 괴란케 홈이니 단셩샤를 챵셜ᄒᆞᆫ 쟈와 밋 구경 단이ᄂᆞᆫ 쳥년동포ᄂᆞᆫ 셰 번 ᄉᆡᆼ각할지어다

69 1907년 8월 11일(일) 제2479호 론셜

동경 고학ᄉᆡᆼ의게 권고홈

근년 이ᄅᆡ로 우리나라의 풍긔가 크게 변ᄒᆞ야 경향의 쳥년들이 외국에 류학ᄒᆞ고져 ᄒᆞᄂᆞᆫ ᄉᆡᆼ각이 만흐나 가셰가 넉넉지 못ᄒᆞ야 로슈와 밋 학비를 판비치 못ᄒᆞᄂᆞᆫ 쟈도 잇고 몃ᄇᆡᆨ 원 몃쳔 원을 변통ᄒᆞ기에 별로히 어렵지 안은 사ᄅᆞᆷ은 그

157 과불급(過不及).=과유불급(過猶不及).

부형이 심히 완고ᄒᆞ야 ᄌᆞ질의 뜻을 일우지 못ᄒᆞ게 ᄒᆞᄂᆞᆫ 쟈도 잇ᄂᆞᆫ 고로 부형을 속이고 약간 젼량을 구쳐ᄒᆞ여 가지고 도망ᄒᆞ야 일본이나 미국으로 가ᄂᆞᆫ 사ᄅᆞᆷ이 만흔지라 ᄉᆞ고무친쳑ᄒᆞᆫ 만리타국에 건너간 후 몃칠을 지ᄂᆡ지 못ᄒᆞ여 주머니에 돈 한푼이 업슨즉 무엇을 먹고 닙고 공부ᄒᆞ리오 동경에 류학ᄒᆞᄂᆞᆫ 우리 쳥년 이십삼 명이 학비를 계속ᄒᆞᆯ 도리가 만무ᄒᆞ야 부득불 귀국ᄒᆞ게 되엿ᄂᆞᆫ지라 이에 이십삼인이 동ᄆᆡᆼᄒᆞ고 긔어히 공부ᄒᆞ야 업을 맛친 후에 고국에 도라와 국은의 만분지일을 갑기로 결뎡ᄒᆞ엿다 ᄒᆞ니 쟝ᄒᆞ도다 그 뜻이여 만일 그 뜻을 변치 안이ᄒᆞ고 엇더ᄒᆞᆫ 고쵸를 격든지 엇더ᄒᆞᆫ 곤난을 당ᄒᆞ든지 참고 견ᄃᆡ여 시죵이 여일ᄒᆞ면 그 이십삼인이 족히 우리나라의 긔쵸와 동량이 되여 조국의 위틱홈과 동포의 질고를 건질 쥴로 밋고 쌍슈를 들어 츅슈ᄒᆞ고 바랏더니 근일 신문 샹에서 륙학ᄉᆡᆼ[158] 감독 신희영 씨가 학부에 질품[159]ᄒᆞᆫ 바를 본즉 질품셔 데이호 고학ᄉᆡᆼ ᄉᆞ건에 관ᄒᆞᆫ 지령을 샹월 삼십일에 밧ᄌᆞ와 즉시 ᄒᆡ학ᄉᆡᆼ 등의게 젼포ᄒᆞ옵고 죵금 이후로ᄂᆞᆫ ᄂᆡ하젼 일만 원에 ᄃᆡᄒᆞ야 희긔ᄒᆞᄂᆞᆫ ᄉᆡᆼ각을 다시 두지 믈고 각각 거취를 결단홈이 합당ᄒᆞᆫ 뜻으로 간졀히 효유ᄒᆞ온 바 그 잇흔날 ᄒᆡ학ᄉᆡᆼ 등 이십삼 명이 본 감독부 ᄒᆞᆫ편 모퉁이에 와셔 거졉ᄒᆞ고 밥 먹으며 거쳐ᄒᆞ기를 젼혀 의뢰ᄒᆞ고 오히려 상부 쳐분을 기ᄃᆡ리옵기 이에 그 ᄉᆞ실을 들어 질품ᄒᆞ노이다 하엿ᄂᆞᆫ지라 슯흐다 고학ᄉᆡᆼ 제씨여 당쵸에 ᄆᆡᆼ셔ᄒᆞᆫ 뜻과 오ᄂᆞᆯ날 ᄒᆡᆼᄒᆞᄂᆞᆫ 일을 보건ᄃᆡ 엇지 그리 모슌ᄒᆞ뇨 대뎌 고학ᄉᆡᆼ이라고 ᄌᆞ거ᄒᆞᆫ 이상에ᄂᆞᆫ 글ᄌᆞ 뜻과 갓치 고ᄉᆡᆼᄒᆞ며 ᄇᆡ호ᄂᆞᆫ 것이 가ᄒᆞ거날 엇지ᄒᆞ야 남을 의뢰코져 ᄒᆞᄂᆞᆫ고 ᄂᆡ하젼 나리기를 기다리ᄂᆞᆫ 것도 의뢰심에셔 나온 것이오 ᄂᆡ디 동포의 의연금을 기리ᄂᆞᆫ[160] 것도 의뢰심에셔 나옴이니 여러분 쳥년의 장ᄒᆞᆫ 뜻으로 엇지 나라 망ᄒᆞ던

158 '유학ᄉᆡᆼ(유학생)'의 오기인 듯함.

159 질품(質稟): 해야 할 일을 상관에게 물어봄. 상관에게 묻다.

160 '기다리ᄂᆞᆫ(기다리는)'의 오기인 듯함.

더러온 버릇을 다시 힝ᄒᆞ리오 이는 여러분의 뜻이 약ᄒᆞᆫ 연고이니 그윽히 연러분[161]을 위ᄒᆞ야 취치 안는 바이로라 여러분 가온ᄃᆡ 혹시 말ᄒᆞ기를 집이 심히 가난ᄒᆞ야 학비를 다일 수 업슨즉 정부나 민간 유지쟈의 도음을 닙지 안으면 공부ᄒᆞᆯ 수 업고 또ᄒᆞᆫ 품을 팔던지 남의 하인이 되여셔 공부ᄒᆞ자 ᄒᆞᆫ즉 시간이 업다ᄒᆞᆯ 뜻ᄒᆞ나 이는 결단코 그러치 안토다 ᄌᆞ고로 큰 ᄉᆞ업을 일운 쟈는 지극히 어렵고 지극히 괴로온 ᄃᆡ셔 ᄉᆡᆼ기는 법이니 지금 여러분의 쳐디는 진실로 다힝ᄒᆞᆫ 긔회를 맛낫다 ᄒᆞᆯ지언뎡 조곰이라도 불상ᄒᆞ다든지 가련ᄒᆞ다 ᄒᆞᆯ 것은 업스니 여러분은 각기 굿은 마암과 확실ᄒᆞᆫ 뜻으로 남의게 의뢰치 말고 ᄯᆞᆷ 흘니며 힘들여 먹으며 공부ᄒᆞ기를 간졀히 바라노라

70 1907년 8월 13일(화) 제2480호 론셜

우리나라 각 황족과 ᄉᆞ대부의 집 규모를 기혁ᄒᆞᆯ 일

지금 우리나라 형세가 심히 위급ᄒᆞᆫ 고로 국민의 샹하 남녀를 물론ᄒᆞ고 나라일을 근심치 안는 쟈ㅣ 업스니 이 근심을 풀고져 ᄒᆞᆯ진ᄃᆡ 우리나라 각 황족과 밋 ᄉᆞ대부의 집 치산ᄒᆞ는 규모를 크게 기혁ᄒᆞ야 샤회의 풍긔가 ᄒᆞᆫ 번 변ᄒᆞᆫ 후에 셔긔지망[162]이 잇슬 터인 고로 쳔박ᄒᆞᆫ 소견을 들어 대방가[163]의 평론을 기다리노라

대뎌 우리나라의 녯풍속으로 볼진ᄃᆡ 황족과 ᄉᆞ대부는 벼살이 몸에 ᄯᅥ나지 안코 셰력이 가쟝 만흔 고로 아모 노릇도 안이ᄒᆞ되 먹고 닙을 것이 한량업시

161 '여러분'의 오기.

162 서기지망(庶幾之望): 거의 이루어질 듯한 희망.

163 대방가(大方家): 문장이나 학술이 뛰어난 사람. 대가(大家). 대방(大方).

ᄉᆡᆼ겨셔 ᄌᆞ연히 큰 부쟈가 되엿거니와 오날ᄂᆞᆯ은 인심과 셰ᄐᆡ가 이젼과 달나 갓다주ᄂᆞᆫ 사ᄅᆞᆷ은 하나도 업고 쓰ᄂᆞᆫ 솜씨ᄂᆞᆫ 젼과 갓흐니 엇지 오ᄅᆡ 지팅ᄒᆞᆯ 도리가 잇스리오 필경은 츄슈셤이나 ᄒᆞᄂᆞᆫ 뎐답을 다 팔고 긔한을 면치 못ᄒᆞᄂᆞᆫ 참혹ᄒᆞᆫ ᄃᆡ경에 일으리로다 만일 나라의 귀족이 빈한ᄒᆞ게 되면 그 아ᄅᆡ층 사ᄅᆞᆷ이야 닐너 무엇ᄒᆞ리오 일반국민이 이ᄀᆞᆺ치 가난ᄒᆞ고 약ᄒᆞ면 나라도 ᄌᆞ연히 망ᄒᆞᆯ 수밧게 업슬지라 이에 두어 줄 눈물을 ᄲᅮ려 간곡히 말ᄒᆞ오니 오ᄂᆞᆯ ᄅᆡ일 지톄ᄒᆞ지 말고 시각으로 ᄀᆡ혁에 착슈ᄒᆞ쇼셔 그 ᄀᆡ혁ᄒᆞᄂᆞᆫ 방법을 의론ᄒᆞ고져 ᄒᆞ면 뎨일은 먹고 닙ᄂᆞᆫ 것을 검소ᄒᆞ게 ᄒᆞ야 이젼에 ᄇᆡᆨ량 쓰든 것을 줄여셔 ᄒᆞᆫ 량이나 닷돈만 쓸 일이오 뎨이ᄂᆞᆫ 집안에 쓸ᄃᆡ 업ᄂᆞᆫ 식구를 모다 ᄂᆡ여 보ᄂᆡ여 각각 제가 벌어 제가 먹게 ᄒᆞᆯ 일이오 뎨삼은 가옥을 곳쳐 집안 식구의 거쳐ᄒᆞᆯ 만치만 두고 남어지ᄂᆞᆫ 헐어버리든지 ᄢᅦ여 팔든지 ᄒᆞᆯ 일이라 ᄒᆞ노라 혹쟈ㅣ 말ᄒᆞ되 비단것만 닙든 몸에 갑작이 무명 것 닙을 슈 업고 고기반찬에 잘 먹어도 구미가 업셔 약 먹든 입에 졸연히 나물 먹을 슈 업슨즉 힝치 못ᄒᆞᆯ 일이오 남노녀비와 문ᄀᆡᆨ 청직이와 기타 여러 명ᄉᆡᆨ의 하인이 슈십 명 혹 슈ᄇᆡᆨ 명이 잇셔도 집안 일이 하나도 취셔가 못 되ᄂᆞᆫᄃᆡ 졸디에 식구를 쥴이면 쳣ᄌᆡᄂᆞᆫ 그 사ᄅᆞᆷ들이 모다 갈 바이 업스리니 인졍에 참아 못ᄒᆞᆯ 바이오 둘ᄌᆡᄂᆞᆫ 집안이 젹젹ᄒᆞ야 견ᄃᆡ지 못ᄒᆞᆯ 바이오 셋ᄌᆡᄂᆞᆫ 집안일을 간셥ᄒᆞᆯ 사ᄅᆞᆷ이 부족ᄒᆞᆯ 터인즉 힝치 못ᄒᆞᆯ 일이오 슈십간 혹 슈ᄇᆡᆨ간 집도 항상 좁음을 탄식ᄒᆞ던 터에 거연히 집을 졸이면[164] 슈다ᄒᆞᆫ 식솔과 셰간 둘 ᄃᆡ가 업슨즉 힝치 못ᄒᆞᆯ 일이라 ᄒᆞ니 이ᄂᆞᆫ 종시 구습에 ᄲᅡ져셔 헤여나지 못ᄒᆞᄂᆞᆫ 쟈의 말이로다 무릇 사ᄅᆞᆷ이 넷것을 됴화ᄒᆞ고 ᄉᆡ 것을 불편케 녁임은 ᄯᅥᆺᄯᅥᆺᄒᆞᆫ ᄆᆞ음이어니와 금일 우리가 편ᄒᆞᆷ을 힝ᄒᆞ기 어려올ᄲᅮᆫ더러 속담에 일으되 들고 치면 안이 맛ᄂᆞᆫ 쟈 업다 ᄒᆞ엿스니 몃칠이 지나지 못ᄒᆞ야 량식과 돈을 남의 집으로 취ᄒᆞ러 갈 ᄯᅢ에ᄂᆞᆫ 편ᄒᆞ니 불편ᄒᆞ니 말ᄒᆞᆯ 여디가 업스면

164 '줄이면'의 오기인 듯함.

쟝찻 어지롤고 연즉 지금 크게 씨닷지 못ᄒᆞ면 타일에 후회ᄒᆞ야도 쓸ᄃᆡ 업슬지로다 우리나라 귀족의 치산ᄒᆞᄂᆞᆫ 습관을 보건ᄃᆡ 쥬인은 셰샹물졍을 잘 슯히지 못ᄒᆞᄂᆞᆫ 고로 아ᄅᆡ 도리에 잇ᄂᆞᆫ 사ᄅᆞᆷ이 모다 뎌의 낭탁[165]을 취오고 실샹 쥬인의게ᄂᆞᆫ 십분의 일이 들어가지 못ᄒᆞᄂᆞ니 이 풍속을 밀우어 나라도 그와 ᄀᆞᆺ치 다ᄉᆞ리다가 맛ᄎᆞᆷᄂᆡ 쥬장ᄒᆞᄂᆞᆫ 권셰가 남의 손으로 들어갓스니 슯흐다 여러분 귀족 동포시여 여러분의 집규모를 기혁ᄒᆞ야 바로잡히면 나라도 바랄 것이 잇스려니와 하로 잇흘 금년 명년을 지금 모양ᄃᆡ로 지ᄂᆡ가면 여러분의 집과 국가가 ᄒᆞᆫ가지로 아조 멸망ᄒᆞ리니 슯히실지어다

71 1907년 8월 14일(수) 제2481호 론셜

만죠보(萬朝報)[166]의 론셜을 론박홈

일본 동경에서 간ᄒᆡᆼᄒᆞᄂᆞᆫ 만죠보라 ᄒᆞᄂᆞᆫ 신문은 본월 팔일 ᄒᆡ신문 뎨오쳔십칠호에 ᄃᆡ한류견을 비홈(對韓謬見을 排홈)이라 뎨목ᄒᆞ고 론셜 일편을 쟝황히 긔록ᄒᆞ엿ᄂᆞᆫᄃᆡ 그 가온ᄃᆡ 심히 무식ᄒᆞᆫ 말 ᄒᆞᆫ 구졀이 잇기로 몬져 원문을 번역ᄒᆞ야 이 아ᄅᆡ 긔록ᄒᆞ고 그 다음에 어리셕은 소견으로써 론박ᄒᆞ고져 ᄒᆞ노라

(한국 ᄇᆡᆨ셩을 지도ᄒᆞᄂᆞᆫ ᄎᆡᆨ임으로 한국의 교육을 크게 권쟝홈이 가ᄒᆞ다 말ᄒᆞᄂᆞᆫ 쟈ㅣ 잇고 심ᄒᆞᆫ 쟈ᄂᆞᆫ 경셩에 대학교를 셜립홈이 가ᄒᆞ다 말ᄒᆞᄂᆞᆫ 쟈ㅣ 잇ᄂᆞᆫ지라 한국 ᄇᆡᆨ셩을 교육홈은 아모던지 이론이 업스나 그러나 한국 ᄇᆡᆨ셩과 ᄀᆞᆺ치 열니지 못ᄒᆞᆫ 국민을 교육ᄒᆞᄂᆞᆫ ᄃᆡᄂᆞᆫ 우리 국민을 교육홈과 갓흔 방법을 쓰지 못홀 것은 명ᄇᆡᆨ홈인즉 깁히 ᄉᆡᆼ각ᄒᆞ고 쥬의ᄒᆞ야 써 교육을 베풀지 안이ᄒᆞ면 도로

165 낭탁(囊橐): 주머니.

166 《만조보(萬朝報)》: 일본 신문. 1892년 11월 1일 창간되어 1940년 10월 1일에 폐간됨.

혀 교육으로 인연ᄒᆞ야 한국 ᄇᆡᆨ셩을 위틱ᄒᆞᆫ ᄶᅡ에 ᄲᆞ칠 일이 잇스리로다 구쥬졔국이 그 령토나 보호국 ᄇᆡᆨ셩의게 ᄃᆡᄒᆞ야 교육ᄒᆞᄂᆞᆫ 방법을 다르게 홈은 연고 업슴이 안이라 영국과 갓흔 나라ᄂᆞᆫ 인도에 대학교를 두엇슬지라도 그 학과ᄂᆞᆫ 인도의 고뎐(古典)을 가라칠 ᄲᅮᆫ이오 다른 고등학과나 젼문학과를 가라치지 안코 만일 고등이나 젼문을 ᄇᆡ호고져 ᄒᆞᄂᆞᆫ 쟈ㅣ 잇스면 영국에 가셔 ᄇᆡ호게 ᄒᆞᄂᆞᆫ도다 교육함을 인ᄒᆞ야 이를 밧ᄂᆞᆫ 국민의 ᄌᆞ강심(自强心)이 잘아셔 잇다금 심ᄒᆞᆫ 허물에 ᄲᅡ지ᄂᆞᆫ 폐단이 잇스니 뎍당ᄒᆞᆫ 슈ᄃᆞᆫ을 ᄲᅧ셔 ᄎᆞᄎᆞ로 한국 ᄇᆡᆨ셩을 교육홈은 가호ᄃᆡ 우리 국민을 교육ᄒᆞᄂᆞᆫ 것과 ᄀᆞᆺ흔 방법으로ᄡᅥ 한국의 교육을 권쟝홈은 한국 ᄇᆡᆨ셩을 리롭게 ᄒᆞ랴다가 도로혀 ᄒᆡ롭게 홀 바이 잇스리라)

ᄒᆞ엿스니 슯흐다 만죠보 긔쟈여 이와 갓치 글은 소견으로 엇지 남의 글은 소견을 ᄇᆡ쳑코져 ᄒᆞᄂᆞ뇨 대뎌 만죠보 긔쟈의 말을 간단히 셜명홀진ᄃᆡ 한국 ᄇᆡᆨ셩의게ᄂᆞᆫ 영국이 인도 ᄇᆡᆨ셩 가라침을 본밧아 ᄡᅥᆨ고 픠ᄒᆞᆫ 녯학문은 가라칠지라도 신학문의 고등과와 젼문과ᄂᆞᆫ 가라칠 필요가 업다 홈이니 이 말은 인류(人類)를 무시(無視)ᄒᆞ고 동양의 불달과 평화를 방히ᄒᆞᄂᆞᆫ 큰 죄의 말이로다 한국 ᄇᆡᆨ셩을 교육ᄒᆞᄂᆞᆫ ᄃᆡᄂᆞᆫ 우리 국민을 교육ᄒᆞᄂᆞᆫ 것과 갓흔 방법을 쓰지 못홈이 명ᄇᆡᆨᄒᆞᆫ즉 깁히 ᄉᆡᆼ각ᄒᆞ고 쥬의홀 바이라 홈은 만일 한국 ᄇᆡᆨ셩이 교육을 일본 ᄇᆡᆨ셩과 갓치 밧아 우희로 졍치법률과 아ᄅᆡ로 농샹공업이 불달ᄒᆞ면 일본의 지도를 밧지 안을가 두려온 고로 진시황의 검슈(黔首)[167]를 어리셕게 ᄒᆞ든 졍칙을 ᄡᅥ셔 한국 ᄇᆡᆨ셩으로 ᄒᆞ야곰 조곰도 진보ᄒᆞ지 못ᄒᆞ고 영원히 일본인의 노례 되기를 바람이니 이ᄂᆞᆫ 히보 긔쟈의 소견이 적고 좁아셔 나온 말이로ᄃᆡ 깁히 ᄉᆡᆼ각ᄒᆞᆫ즉 곳 인류를 무시홈이오 ᄯᅩ 갈아ᄃᆡ 교육으로 인ᄒᆞ야 국민의 ᄌᆞ강심이 잘아면 잇다금 심히 글은 ᄶᅡ에 ᄲᅡ진다 홈은 한국 ᄇᆡᆨ셩이 만일 문명ᄒᆞᆫ 교육을 밧게 되

167 검수(黔首): 머리에 아무것도 쓰지 않은 검은 맨머리라는 뜻으로, 관직에 있지 않은 일반 백성을 비유적으로 이르는 말. 서민. 여민(黎民).

면 ᄌᆞ강심이 ᄉᆡᆼ겨셔 일본의 보호ᄅᆞᆯ 버셔ᄂᆞᆯ가 념려ᄒᆞᆷ이니 히보 긔쟈의 ᄉᆡᆼ각지 못ᄒᆞᆷ이 엇지 이갓치 심ᄒᆞ뇨 가령 한국으로 ᄒᆞ야곰 일본의 보호국이 되엿든지 속국이 되엿든지 그 ᄇᆡᆨ셩의 지식과 권리가 일본 ᄇᆡᆨ셩으로 더부러 차등이 업슨 후에야 두 나라 ᄇᆡᆨ셩이 영원히 친밀ᄒᆞ야 동양의 평화ᄅᆞᆯ 보젼ᄒᆞᆯ 것이어ᄂᆞᆯ 만약 히보 긔쟈의 말과 갓흘진ᄃᆡᆫ 한국 ᄇᆡᆨ셩의 지식이 ᄇᆞᆯ달ᄒᆞᆷ과 동양의 평화ᄅᆞᆯ 방히 ᄒᆞᄂᆞᆫ 쟈이로다 일본사ᄅᆞᆷ의 입과 붓에셔 왕왕 이런 말이 나ᄂᆞᆫ 고로 한국 사ᄅᆞᆷ이 의심ᄒᆞ고 두려워ᄒᆞᄂᆞ니 두 나라 ᄇᆡᆨ셩의 감졍이 샹ᄒᆞ지 안코 더욱 친밀히 지ᄂᆡ 고져 ᄒᆞ거든 이런 무식ᄒᆞ고 소견업ᄂᆞᆫ 말을 ᄂᆡ지 말지어다

72 1907년 8월 15일(목) 제2482호 논설

반ᄃᆡᄒᆞᄂᆞᆫ 쟈ᄅᆞᆯ 뮈워ᄒᆞ지 말 일 / 탄히ᄉᆡᆼ

녯말에 갈아ᄃᆡ 사ᄅᆞᆷ의 마암 갓지 안은 것이 사ᄅᆞᆷ의 얼골 갓지 안이ᄒᆞᆷ과 일반이라 ᄒᆞ엿스니 사ᄅᆞᆷ의 마암이 엇지 갓기ᄅᆞᆯ 바라리오 사ᄅᆞᆷ의 ᄆᆞ암이 갓지 안이ᄒᆞᆫ즉 왼갓 일에 ᄃᆡᄒᆞ야 의견이 셔로 다름은 뎡ᄒᆞᆫ 리치라 ᄒᆞᆯ지오 의견이 다른즉 나ᄂᆞᆫ 올케 녁이ᄂᆞᆫ 일이라도 다른 사ᄅᆞᆷ은 글으게 알아셔 반ᄃᆡᄒᆞᆷ이 ᄯᅩᄒᆞᆫ 례ᄉᆞ라 ᄒᆞᆯ지로다 그런즉 일의 올코 글은 것을 무엇으로ᄡᅥ 질뎡ᄒᆞ리오 다만 수효의 만코 적음으로 판단ᄒᆞᄂᆞᆫ 밧게ᄂᆞᆫ 다른 도리가 업ᄂᆞᆫ 고로 지금 문명 각국에셔ᄂᆞᆫ 나라의 졍치 법률과 민간의 쳔만 가지 일을 모다 회의법(모혀 의론ᄒᆞᄂᆞᆫ 법)으로 결뎡ᄒᆞᄂᆞᆫᄃᆡ 아모리 ᄂᆡ 의견이 고명ᄒᆞ며 일이 졍대ᄒᆞᆫ 쥴로 ᄉᆡᆼ각ᄒᆞ야 어ᄃᆡᄭᆞ지든지 시힝코져 ᄒᆞ엿슬지라도 가부ᄅᆞᆯ 뭇ᄂᆞᆫ 마당에 ᄂᆡ 의견을 반ᄃᆡᄒᆞᄂᆞᆫ 쟈의 슈효가 ᄒᆞᆫ 명이라도 만흐면 필경 시힝치 못ᄒᆞ되 그 일로 인ᄒᆞ야 반ᄃᆡᄒᆞᄂᆞᆫ 쟈ᄅᆞᆯ 뮈워ᄒᆞᆫ다거나 원망ᄒᆞᄂᆞᆫ 쟈ㅣ 잇슴을 듯지 못ᄒᆞ엿거니와 우리나라 사ᄅᆞᆷ은 구습을 버셔나지 못ᄒᆞ야 졍부에셔든지 민간샤회에셔든지 나ᄅᆞᆯ 반ᄃᆡᄒᆞᄂᆞᆫ 쟈가

잇스면 원슈갓치 뮈워ᄒᆞ며 원망ᄒᆞ야 긔어히 씨룰 업시코져 ᄒᆞᄂᆞᆫ 고로 년젼에 아라ᄉᆞ의 셰력이 강ᄃᆡᄒᆞᆯ ᄶᅢ에ᄂᆞᆫ 일본이나 영미국에 불만 들여 노은 사ᄅᆞᆷ이라도 잡아 가도며 구양 보ᄂᆡ며 죽이기로 일을 삼더니 근쟈에ᄂᆞᆫ 졍부를 비방ᄒᆞᆫ다 일본을 빅쳑ᄒᆞᆫ다 여러 가지 명목으로 의옥(疑獄)의 긔일 눌이 업셔셔 일반 인심이 의심ᄒᆞ고 두려워ᄒᆞ니 뜻잇ᄂᆞᆫ 션ᄇᆡ의 한심히 녁이ᄂᆞᆫ 바이로다 대뎌 오ᄂᆞᆯ날 우리 졍부로 말ᄒᆞ면 칙임ᄂᆡ각과 유신원훈(維新元勳)으로 ᄌᆞ거ᄒᆞ시ᄂᆞᆫ 졔공이 위에 계시나 그러나 아즉ᄶᅡ지ᄂᆞᆫ 국가와 인민을 편안케 ᄒᆞᆫ 공이 들어나지 못ᄒᆞ엿슨즉 무식ᄒᆞ고 어리셕은 ᄇᆡᆨ셩이 쟝ᄅᆡ에 엇더ᄒᆞᆯ 것은 ᄉᆡᆼ각지 못ᄒᆞ고 목젼에 보이ᄂᆞᆫ 일만 가지고 혹 비방ᄒᆞᄂᆞᆫ 쟈도 잇스며 혹 불복ᄒᆞᄂᆞᆫ 쟈도 잇슴이니 족히 긔의ᄒᆞᆯ 일이 안이오 더옥 우리나라ᄂᆞᆫ 남의 나라와 갓치 헌법이 업셔셔 민론을 좃치 안코 무삼 일이든지 졍부 졔공의 ᄉᆡᆼ각ᄃᆡ로 ᄒᆡᆼᄒᆞ야도 감히 막ᄂᆞᆫ 쟈ㅣ 업거날 긔탄ᄒᆞᆯ 바ㅣ 무엇이 잇스며 ᄯᅩ 일진회로 말ᄒᆞ면 우리나라의 민권당과 ᄀᆡ혁당으로 ᄌᆞ거ᄒᆞ엿슨즉 나라 가온ᄃᆡ 반ᄃᆡᄒᆞᄂᆞᆫ 당파나 반ᄃᆡᄒᆞᄂᆞᆫ 사ᄅᆞᆷ이 잇거든 더옥이 힘쓰고 졍셩들여 반ᄃᆡᄒᆞᄂᆞᆫ 쟈의 슈효가 적어지도록 ᄒᆞᆯ 것이어날 다만 ᄂᆡ 당파만 올코 다른 당파나 사ᄅᆞᆷ은 모다 글을 쥴로 ᄉᆡᆼ각ᄒᆞ야 서로 용납지 못ᄒᆞᄂᆞᆫ 모양이 보이니 이러ᄒᆞ고셔야 엇지 국졍을 ᄀᆡ혁ᄒᆞ며 국민을 도솔ᄒᆞᆯ 도량이 잇다 ᄒᆞ리오 이ᄂᆞᆫ 오인(吾人)의 취치 안ᄂᆞᆫ 바이오 일본으로 말ᄒᆞ면 우리나라와 관계가 심히 크고 깁허 잠시라도 서로 ᄯᅥ나지 못ᄒᆞᆯ 쥴은 삼쳑동ᄌᆞ이라도 아ᄂᆞᆫ 바이어날 대한 신민 가온ᄃᆡ 일본을 빅쳑코져 ᄒᆞᄂᆞᆫ 쟈ㅣ 어ᄃᆡ 잇스리오 다만 일본 졍부의 ᄒᆡᆼᄒᆞᄂᆞᆫ 바 일에 ᄃᆡᄒᆞ야 올코 글음을 의론ᄒᆞᄂᆞᆫ ᄃᆡ 지나지 못호ᄃᆡ 일본이 잘못ᄒᆞᆫ다 말ᄒᆞ면 곳 일본을 빅쳑ᄒᆞᆫ다 지목ᄒᆞ니 가령 일본 국ᄂᆡ에셔 일본 국민이 지금 졍부나 혹 통감부의 ᄒᆡᆼᄒᆞᄂᆞᆫ 일에 ᄃᆡᄒᆞ야 시비를 평론ᄒᆞ야도 일본을 빅쳑ᄒᆞᆫ다 지목ᄒᆞᆯ가 어ᄂᆡ 시ᄃᆡ에 엇던 사ᄅᆞᆷ이 위에 잇든지 여러 ᄇᆡᆨ셩의 마음과 지ᄉᆞ의 뜻을 흡족케 ᄒᆞᆯ 수ᄂᆞᆫ 업ᄂᆞ니 바라건ᄃᆡ 우리 졍부졔공과 ᄌᆡ야졍당(在野政黨)과 밋 일본 당국쟈ᄂᆞᆫ 셔로 죠심ᄒᆞ고 쥬의ᄒᆞ야 반ᄃᆡᄒᆞᄂᆞᆫ 쟈를 뮈워ᄒᆞ지 말고 무식ᄒᆞᆫ 쟈는 가라치며 어리셕은 쟈는 ᄭᆡ닷게 ᄒᆞ야 샹하인심이 의심ᄒᆞ며 두려워ᄒᆞᄂᆞᆫ 폐단이 업게 홈을 간절히 바라오며 ᄯᅩᄒᆞᆫ 일본인과 밋 대한동포에게 경고ᄒᆞᆯ 바는 셔로 사랑ᄒᆞ며 셔로 친호ᄃᆡ 일본인은 한인을 ᄃᆡᄒᆞ야 빅일(排日)이라는 말을 ᄒᆞ지 말지며 한인은 동포 즁에 일본인과 친ᄒᆞᆫ 쟈이 잇슬지라도 뎌 사ᄅᆞᆷ은 왜놈 다 되엿다는 말을 ᄒᆞ지 말지어다

73 1907년 8월 16일(금) 제2483호 론셜

쟝사ᄒᆞᄂᆞᆫ 사ᄅᆞᆷ은 공손홈을 위쥬ᄒᆞᆯ 일 / 탄히싱

무릇 사ᄅᆞᆷ은 엇던 사ᄅᆞᆷ이든지 공손치 안이ᄒᆞ고 교만ᄒᆞ면 큰 ᄒᆡ가 잇ᄂᆞᆫ지라 고로 녯말에 갈아ᄃᆡ 인군이 교만ᄒᆞ면 그 나라를 일코 대부가 교만ᄒᆞ면 그 집을 일코 ᄉᆞ셔인[168]이 교만ᄒᆞ면 그 몸을 망ᄒᆞᆫ다 ᄒᆞ엿스니 사ᄅᆞᆷ이 엇지 감히 교만ᄒᆞᆫ 마암을 가지리오 그러나 우리나라는 사ᄅᆞᆷ의 층등이 만흔 ᄭᆞ닭으로 인ᄒᆞ야 그 층등을 ᄯᅡ라가며 각기 아ᄅᆡ층의 사ᄅᆞᆷ의게 교만히 구는 것이 셩습이 되여 보고 듯기에 가증ᄒᆞ고 히괴ᄒᆞᆫ 일이 만흔 즁에 더욱 공손ᄒᆞᆯ 바 쟝사ᄒᆞᄂᆞᆫ 사ᄅᆞᆷ이 공손치 안이ᄒᆞ야 젼국 상업상에 큰 관계가 잇기로 두어 마ᄃᆡ 경고ᄒᆞ노니 바라건ᄃᆡ 우리 쟝사ᄒᆞᄂᆞᆫ 동포난 깁히 ᄉᆡᆼ각ᄒᆞᆯ지어다

대뎌 쟝사ᄒᆞᄂᆞᆫ 목뎍은 어ᄃᆡ 잇나뇨 쳣지는 부즈런ᄒᆞ고 둘지는 신실ᄒᆞ야 물건을 만히 팔아 돈을 만히 남기는 ᄃᆡ 잇다 ᄒᆞᆯ지라 물건을 만히 팔고져 ᄒᆞᆯ진ᄃᆡ 물건 사러 온 사ᄅᆞᆷ을 공손ᄒᆞᆫ 말로ᄡᅥ 잘 ᄃᆡ졉ᄒᆞ여야 그 사ᄅᆞᆷ이 참아 그져 가지 못ᄒᆞ고 다만 얼마어치라도 사갈 것인즉 공손홈이 곳 쟝사ᄒᆞᄂᆞᆫ 사ᄅᆞᆷ의 본식이라 ᄒᆞ야도 가ᄒᆞ거늘 우리나라 장사ᄒᆞᄂᆞᆫ 사ᄅᆞᆷ의 거동을 보건ᄃᆡ 심히 교만ᄒᆞ야

168 사서인(士庶人): 사인(士人, 벼슬 없는 양반)과 서인(庶人, 평민).

물건 사러 왓던 사ᄅᆞᆷ으로 ᄒᆞ야곰 감정이 나셔 물건을 샤라 갓다가 말기도 ᄒᆞ며 셜혹 살지라도 다시ᄂᆞᆫ 그 뎐에 안이 가게 ᄒᆞ니 그 ᄒᆡ를 밧ᄂᆞᆫ 사ᄅᆞᆷ은 누구뇨 싀골사ᄅᆞᆷ이나 낫 몰으ᄂᆞᆫ 사ᄅᆞᆷ이 가면 언ᄉᆞ가 교만ᄒᆞ며 쏘한 물건의 품이 나진 것으로만 보이니 그 사ᄅᆞᆷ이 가령 물정을 몰나셔 사갈지라도 몰으ᄂᆞᆫ 사ᄅᆞᆷ을 속이ᄂᆞᆫ 죄가 클 ᄲᅮᆫ 안이라 한 번 속은 후에ᄂᆞᆫ 다시ᄂᆞᆫ 속지 안을지니 엇지 길게 속으리오 다만 쟝ᄉᆞᄒᆞᄂᆞᆫ 사ᄅᆞᆷ의 명예가 업셔질 ᄯᆞᄅᆞᆷ이로다 엇던 ᄯᆡ에 죵로를 지나가며 본즉 시골 골아리[169] ᄉᆡᆼ원님이나 하나 맛나면 이 젼 뎌 젼에셔 졀문 ᄉᆞᄅᆞᆷ들이 닷토어 나와 조롱ᄒᆞ며 희학ᄒᆞᆷ이 ᄌᆞ심ᄒᆞ야 변동 밋친 사ᄅᆞᆷ을 ᄆᆡᆫ드니 괴악ᄒᆞ도다 이 풍속이여 이 풍속을 그져 두고ᄂᆞᆫ 상업은 영원히 불달ᄒᆞᆯ ᄂᆞᆯ이 업스리라 ᄒᆞ노라 사ᄅᆞᆷ이야 시골 사든지 셔울 사든지 잘낫단지 못낫든지 친ᄒᆞ든지 셔어ᄒᆞ든지[170] 돈 가지고 와셔 ᄂᆡ 물건 사가기ᄂᆞᆫ 일반인ᄃᆡ 엇던 사ᄅᆞᆷ의게ᄂᆞᆫ 공손ᄒᆞᆫ 말로 됴흔 물건을 팔고 엇던 사ᄅᆞᆷ의게ᄂᆞᆫ 교만ᄒᆞᆫ 말노 나즌 물건을 파니 한심ᄒᆞ도다 이 일이 비록 적은 일이나 급히 고치지 안으면 나라와 ᄇᆡᆨ셩의게 영향이 크게 밋칠지로다 오날ᄂᆞᆯ 셔양각국이나 일본사ᄅᆞᆷ의 쟝사ᄒᆞᄂᆞᆫ 풍속을 보건ᄃᆡ 왕공귀인이나 하등천역ᄒᆞᄂᆞᆫ 쟈를 물론ᄒᆞ고 ᄌᆞ긔 져자에 물건을 사러 오면 공손ᄒᆞᆫ 말과 공경ᄒᆞᄂᆞᆫ ᄐᆡ도로 영졉ᄒᆞᆫ 후 왼갓 물건을 찻ᄂᆞᆫ ᄃᆡ로 보이고 혹 손님이 오ᄅᆡ 안졋스면 다과도 ᄃᆡ졉ᄒᆞ며 업ᄂᆞᆫ 졍이 잇ᄂᆞᆫ 다시[171] ᄒᆞᆫ즉 그 사ᄅᆞᆷ이 긔어히 무삼 물건이든지 사고야 말며 물건을 팔고 돈을 밧을 ᄯᆡ에ᄂᆞᆫ 반다시 고ᄆᆞᆸ삽니다 감샤ᄒᆞ외다 ᄒᆞᄂᆞᆫ 말로 무수히 치샤ᄒᆞ니 그 손된 사ᄅᆞᆷ의 마암에 엇지 깃부지 안으리오 그런즉 장사의 근본은 밋쳔이나 신용보담도 공손함이 뎨일 긴요ᄒᆞᆫ 바이라 여러분 장사ᄒᆞ시ᄂᆞᆫ 동포들은 이 말을 허수히 아시지 ᄆᆞᆯ고 각기

169 고라리: 아주 어리석고 고집 센 시골 사람을 얕잡아 이르는 말.

170 서어(齟齬 · 鉏鋙)하다: ① 의견이 맞지 않아 서먹하다. ② 익숙지 않아 서름서름하다.

171 '드시(듯이)'의 의미임.

니 져자에 물건 사러 온 손님은 경향이나 귀쳔을 구별치 말고 일톄로 공손ᄒᆞ게 ᄃᆡ졉ᄒᆞ며 물건의 품을 속이거나 물건 갑에 외누리를 대단히 ᄒᆞᄂᆞᆫ 풍속이 ᄒᆞᆫ번 변ᄒᆞ야 샹업이 ᄂᆞᆯ로 나아가기를 간졀히 바라노라 이ᄂᆞᆫ 다만 여러분 샹업가를 위ᄒᆞᄂᆞᆫ 말ᄲᅮᆫ 안이라 우리나라의 흥망관계가 샹업의 떨치고 떨치지 못ᄒᆞᄂᆞᆫ ᄃᆡ 잇기로 루루히 셜명ᄒᆞᆫ 바이오니 말ᄒᆞᄂᆞᆫ 쟈를 어리셕다 마시고 ᄒᆞᆫ번 시험ᄒᆞ야 보쇼셔

74 1907년 8월 17일(토) 제2484호 론셜

봉독(奉讀) 셩죠(聖詔) / 탄히싱

륭희 원년 팔월 십오일에 우리 셩신문무(聖神文武)ᄒᆞᆫ압신

대황뎨폐하ᄭᅦ압셔 죠칙을 나리샤 갈아샤ᄃᆡ

인ᄉᆡᆼ이 삼십에 안ᄒᆡ를 두며 이십에 ᄉᆡ집감은 녯젹 삼ᄃᆡ의 셩ᄒᆞᆫ 법이거ᄂᆞᆯ 근ᄅᆡ에 일즉 혼인ᄒᆞᄂᆞᆫ 폐가 국민의 병원(病源)이 ᄆᆡᆨ심ᄒᆞᆫ 고로 년젼에 금령을 반포ᄒᆞ엿스되 지금ᄭᆞ지 실시치 못ᄒᆞ엿스니 엇지 유ᄉᆞ(有司)의 허물이 안이리오 이제 유신(維新)ᄒᆞᄂᆞᆫ ᄯᅢ를 당ᄒᆞ야 풍속을 ᄀᆡ량(改良)ᄒᆞᆷ이 가쟝 급히 힘쓸 바이라 부득불 녯법과 지금 풍속을 참작(參酌)ᄒᆞ야 남ᄌᆞ의 나히 만 십칠 세(滿十七歲)와 녀ᄌᆞ의 나히 만 십오 세(滿十五歲) 이샹으로 비로소 가취(嫁娶)ᄒᆞ되 각별히 쥰힝ᄒᆞ야 어김이 업게 ᄒᆞ라

ᄒᆞ옵셧스니 지극ᄒᆞ도다

셩인의 말삼이여 오날ᄂᆞᆯ 이 죠칙이 우리 대한뎨국의 즁흥(中興)ᄒᆞᄂᆞᆫ 터가 되리니 우리 이천만 신민된 쟈ᄂᆞᆫ 맛당히

하ᄂᆞᆯ이 명ᄒᆞ신 바와 갓치 츄호라도 억의지 믈지로다 만일 남ᄌᆞ나 녀ᄌᆞ의 나를 모년(冒年)[172]ᄒᆞ든지 혹 관보에 반포ᄒᆞ기 젼이라 ᄒᆞ야 오ᄂᆞᆯ ᄅᆡ일에 불복일

힝례를 ᄒᆞᄂᆞᆫ 쟈ㅣ 잇스면 이ᄂᆞᆫ 왕명을 봉힝치 안ᄂᆞᆫ 역신일ᄲᆞᆫ더러 국가샤회(國家社會)의 큰 죄인이라 ᄒᆞ노라 슯흐다 우리 동포여 오날날 우리 대한 인민의 원긔가 쇠ᄒᆞ고 약ᄒᆞ야 능히 ᄯᅥᆯ쳐 닐어나지 못ᄒᆞᆷ은 그 원인(原因)이 여러 가지 잇스되 혼인을 일즉이 지ᄂᆡᄂᆞᆫ 것이 ᄒᆞᆫ 가지 큰 병의 근원인 고로 나라를 근심ᄒᆞᄂᆞᆫ 션ᄇᆡ가 혹 문쟝을 지어 신문과 잡지에도 긔ᄌᆡᄒᆞ며 혹 연셜도 ᄒᆞ고 엇던 ᄯᆡ에셔ᄂᆞᆫ 졍부에 헌의(獻議)도 ᄒᆞ되 죵시 시힝이 되지 못ᄒᆞ야 항상 한 되ᄂᆞᆫ 바이러니 이졔 우리 셩텬ᄌᆞ의 ᄇᆞᆰ으신 덕으로 동양의 녯법과 셔양의 현힝ᄒᆞᄂᆞᆫ 풍쇽과 우리나라의 인졍습관을 참호(參互)ᄒᆞ샤 가쟝 뎍당ᄒᆞ게 마련ᄒᆞ심이라 그러나 이 일을 실힝ᄒᆞ며 못ᄒᆞᆷ은 졍부 졔공의 ᄎᆡᆨ임도 즁ᄒᆞ거니와 우리 인민의 질겨 힝ᄒᆞᆯ 바인즉 굿히여 루루히 셜명ᄒᆞᆯ 필요가 업스나 간혹 어리셕고 완악ᄒᆞᆫ 무리가

셩인의 넓으신 뜻을 ᄭᆡ닷지 못ᄒᆞ야 구습을 버리지 못ᄒᆞ고 의연히 긔군망샹의 죄를 범ᄒᆞᄂᆞᆫ 쟈ㅣ 잇슬가 두려워ᄒᆞ야 사ᄅᆞᆷ의 년치(年齒) 셰이ᄂᆞᆫ 법을 말ᄒᆞ노라 본ᄃᆡ 우리나라 사ᄅᆞᆷ은 작년 십이월 삼십일일에 난 아ᄒᆡ라도 셰만 쇠면 일월 일일부터 두 살로 힝셰ᄒᆞ거니와 ᄐᆡ셔각국과 밋 일본사ᄅᆞᆷ의 년치 셰이ᄂᆞᆫ 법을 보건ᄃᆡ 난 지 일쥬년이 되지 안으면 한 살이라 칭ᄒᆞ지 안ᄂᆞᆫ 고로 호젹이나 기타 다른 공ᄉᆞ문부에 년령을 긔록ᄒᆞᆯ ᄣᆡ에 긔년 긔ᄀᆡ월(幾年幾個月)이라 긔록ᄒᆞᄂᆞ니 이번 죠칙 가운ᄃᆡ 만 십칠 셰 만 십오 셰라 ᄒᆞ심은 다만 ᄒᆡ슈만 계산ᄒᆞᆷ이 아니오 달수와 날수를 계산케 ᄒᆞ심인즉 가령 지나간 계ᄉᆞ년 십이월에 난 사ᄅᆞᆷ이 지금 십오 셰라 칭ᄒᆞᆯ 터이나 기실은 금년 십이월에 겨오 만 십ᄉᆞ 셰가 되고 명년 십이월에야 만 십오 셰가 되ᄂᆞ니 만 십칠 셰가 되랴면 십팔 셰 되ᄂᆞᆫ ᄒᆡ ᄉᆡᆼ일을 지ᄂᆡ야 ᄒᆞ고 만 십오 셰가 되랴면 십륙 셰 되ᄂᆞᆫ ᄒᆡ ᄉᆡᆼ일을 지ᄂᆡ야 ᄒᆞ리니 이 년치 셰이ᄂᆞᆫ 법을 몬져 분명히 안 후에 죠칙 사의를 금셕갓치 직힐지어다[173]

1907년 8월

---

172 모년(冒年): 나이를 속임.

75 1907년 8월 20일(화) 제2486호 논설

농업을 개량홀 일 / 탄히싱

무릇 나라의 근본은 빅셩이오 빅셩의 근본은 의식이니 의식을 넉넉ᄒᆞ게 ᄒᆞ고져 홀진ᄃᆡ 반ᄃᆞ시 농업과 샹업과 공업을 힘쓸 것은 지혜 잇ᄂᆞᆫ 쟈를 기다리지 안코 알 바이라 오날날 셰계에 문명ᄒᆞ다 부강ᄒᆞ다 ᄌᆞ랑ᄒᆞᄂᆞᆫ 나라를 ᄉᆞᆲ히건ᄃᆡ 샹업과 공업을 쥬장ᄒᆞ야 힘쓰ᄂᆞᆫ 나라ᄂᆞᆫ 만코 농업을 힘쓰ᄂᆞᆫ 나라ᄂᆞᆫ 적으니 이ᄂᆞᆫ 농업의 리익이 샹공업만 갓지 못홀 ᄲᅮᆫ 안이라 사ᄅᆞᆷ의 지식이 진보홈을 ᄯᆞ라 각ᄉᆡᆨ 긔계를 발명ᄒᆞ야 인ᄉᆡᆼ의게 편리홀 왼갓 물품을 제죠ᄒᆞ고 ᄯᅩᄒᆞᆫ 바다에ᄂᆞᆫ 화륜션과 륙디에ᄂᆞᆫ 화륜거가 락역부졀ᄒᆞ야 녯적의 닐은바 쳔리 만리의 먼길을 아참에 ᄯᅥ나 졔녁에 득달ᄒᆞ게 되엿ᄂᆞᆫ 고로 샹업이 크게 발달ᄒᆞ야 슈고를 만히 허비ᄒᆞ고 리익이 적은 농업을 경영ᄒᆞᄂᆞᆫ 쟈ㅣ 적으나 그러나 우리나라ᄂᆞᆫ ᄌᆞ리로 농ᄉᆞᄂᆞᆫ 텬하의 큰 근본이라ᄂᆞᆫ 말이 잇셔셔 샹공업은 쳔이 녁일지라도 농ᄉᆞᄂᆞᆫ 소즁히 녁여 소위 량반이라ᄂᆞᆫ 사ᄅᆞᆷ도 가난ᄒᆞ면 농ᄉᆞᄒᆞ기를 붓그러워 ᄒᆞ지 안으며 긔후와 토디가 역시 농업에 뎍당ᄒᆞ고 ᄀᆡ국ᄒᆞᆫ 지 슈쳔 년 동안에 외국과 교통ᄒᆞᆫ 일이 업ᄂᆞᆫ 고로 일반 인민의 셩질이 문밧게 나아가기를 슬혀ᄒᆞ야 외국과 통샹됴약을 ᄆᆡᆺ고 항구를 연지 삼십여 년이로되 외국에 가셔 장사ᄒᆞᄂᆞᆫ 사ᄅᆞᆷ을 ᄒᆞᆫ아도 보지 못ᄒᆞ엿슨즉 빅셩의 셩질과 습관이 농업을 슝샹홈은 분명ᄒᆞ도다 그러나 농업에 쓰ᄂᆞᆫ 긔계로 말ᄒᆞ면 황뎨헌원 씨의 ᄆᆡᆫ든 바 쟝기를 조곰도 ᄀᆡ량치 못ᄒᆞ고 오날ᄭᆞ지 젼ᄒᆞ야 오며 거름ᄒᆞᄂᆞᆫ 법으로 말ᄒᆞ면 사ᄅᆞᆷ의 대쇼변과 풀을 버혀 썩이거나 ᄐᆡ와셔 ᄌᆡ를 ᄆᆡᆫ들 ᄯᆞ름이오 물 다이ᄂᆞᆫ 법으로 말ᄒᆞ면 여간 보를 막은 곳이 잇스되 슈륜(水輪)이나 풍륜(風輪)의 리ᄒᆞᆫ 긔계를 쓰지 못홈으로 다만 하늘에셔 ᄯᅥ러지ᄂᆞᆫ 비를 기다리다가 조곰만 한ᄌᆡ가 잇스면 흉년

173 제2485호(8월 18일자) 유실됨. 8월 19일은 정기휴간일임.

을 면치 못ᄒᆞ야 참혹ᄒᆞᆫ 광경이 ᄉᆡᆼ기고 황무지디(荒蕪之地)가 ᄉᆞ면에 널녓스되 지식과 ᄌᆡ력이 부족ᄒᆞ야 ᄒᆞᆫ아도 ᄀᆡ간치 못ᄒᆞ고 필경 남의 손을 빌게 되엿스니 참 한탄ᄒᆞᆯ 바이라 그런즉 쳣ᄌᆡ는 농긔를 ᄀᆡ량ᄒᆞ야 갈고 심으기를 편ᄒᆞ고 쉽게 ᄒᆞ며 둘ᄌᆡ는 거름 ᄆᆡᆫ드는 법을 ᄇᆡ화 ᄯᅡᆼ을 살지게 ᄒᆞ며 셋ᄌᆡ는 물 다이는 법을 발들ᄒᆞ야 슈ᄌᆡ와 한ᄌᆡ를 방비ᄒᆞ며 넷ᄌᆡ는 황무디를 닷토어 ᄀᆡ간ᄒᆞ면 젼국ᄂᆡ에 곡식 나는 슈효가 지금보다 삼 ᄇᆡ는 념려 업시 늘겟다는 외국학쟈의 말이 잇스니 바라건ᄃᆡ 우리나라에 농업을 경영ᄒᆞ시는 여러 동포들은 일심젼력ᄒᆞ야 농업을 ᄀᆡ량ᄒᆞ기로 각각 쥬의ᄒᆞ실지어다 본샤에셔도 농업샹에 십분 쥬의ᄒᆞ와 농업 ᄀᆡ량에 관ᄒᆞᆫ 여러 가지 학문을 강구ᄒᆞ야 쟝찻 본 신문에 날마다 긔ᄌᆡ코져 ᄒᆞ오니 본샤의 더러온 졍셩을 져바리지 마시고 시험ᄒᆞ며 연구ᄒᆞ야 우리나라의 농업이 크게 발달ᄒᆞ면 우리 동포의 의식이 넉넉ᄒᆞᆯ지오 의식이 넉넉ᄒᆞ면 ᄌᆞ연히 나라의 권셰를 회복ᄒᆞ야 ᄐᆡ평안락의 무궁ᄒᆞᆫ 복을 누리리라 ᄒᆞ노라

76 1907년 8월 21일(수) 제2487호 론셜

동포들 ᄉᆡᆼ각ᄒᆞ야 보시오

슈십 년 이ᄅᆡ로 소위 션각쟈라 유지자라 ᄒᆞ는 사ᄅᆞᆷ들이 시국의 변ᄒᆞ는 ᄉᆞ셰와 압흐로 나아가지 안이ᄒᆞ면 나라이 업셔질 ᄲᅮᆫ 안이라 장ᄎᆞ 젼국 인죵이 소멸ᄒᆞ리라고 무삼 문ᄌᆞ상이나 연셜ᄒᆞ는 마당에 피가 ᄭᅳᆯ어셔 아모죠록 동포들이 깁히 든 잠 ᄭᆡ기를 경고ᄒᆞ고 여러 신문샤회에셔도 ᄆᆡ양 파란[174]이니 유ᄐᆡ국이니 ᄋᆡ급이니 인도국의 증거를 말ᄒᆞ얏더니 어언간 세월이 덧업셔 불과 몃 ᄒᆡ에 오늘날 형셰를 당ᄒᆞᄆᆡ 지금은 비록 쟝량 진평이나 졔갈공명으로 이쳔만 인구

174 파란(波蘭): 폴란드의 음역(音譯).

를 칙우더릭도 엇지홀 슈 업시 되얏고 다만 졔 각기 목숨보젼이나 ᄒᆞ여야 홀 터이오 이젼에 소위 문명이니 부강이니 ᄒᆞ던 일은 경영ᄒᆞ야도 쓸ᄃᆡ업고 쏘한 경영홀 슈도 업ᄂᆞᆫ지라

여러분들 만이 ᄉᆡᆼ각ᄒᆞ야 보시오 게을으고 ᄌᆡ조업ᄂᆞᆫ 놈 픽가ᄒᆞ고 부즐언ᄒᆞ고 ᄌᆡ조잇ᄂᆞᆫ 쟈 잘 사ᄂᆞᆫ 것은 리치에 버셔나지 뭇[175]ᄒᆞᄂᆞᆫ 바라 우리나라의 근실ᄒᆞ기가 남의 나라 사름과 갓다 ᄒᆞ며 지식과 ᄌᆡ조가 남의 나라 사름과 갓다 ᄒᆞᆫ깃ᄂᆞᆫ가 속담에 감나무 밋헤 들어누엇셔도 삿갓 구멍을 뚤어 입에 ᄃᆡ여야 된다 ᄒᆞ나니 아모리 복이 잇고 하날이 도아쥰다 ᄒᆞᆫ들 감안이 놀아 아모것도 안ᄂᆞᆫ 놈을 엇지ᄒᆞ리오

셰상에 누구던지 ᄂᆡ가 잘못ᄒᆞ고 남을 칭원ᄒᆞ야 쓸ᄃᆡ업고 학문지식 한픈어치 업시 나라에 무슴 일 잇스면 공연히 우쥰ᄒᆞᆫ ᄉᆡᆼ각으로 의병이니 무엇이니 ᄒᆞ고 가장 의리나 잇ᄂᆞᆫ 듯키 닐어나셔 써들다가 필경에ᄂᆞᆫ 잡혀 쥭ᄂᆞᆫ 쟈에 춍에 맛자 쥭ᄂᆞᆫ 쟈에 갓득 살 슈 업ᄂᆞᆫ 잔민들의 젼곡이나 륵탈ᄒᆞ야 그렁더렁 모다 살 슈가 업시 만드니 그 안이 가셕ᄒᆞᆫ가 지극히 어리셕은 쟈라도 감안이 ᄉᆡᆼ각ᄒᆞ야 볼지로다 아모리 용력이 잇다 ᄒᆞ야도 춍 한 방이면 그만이오 슈효가 빅만 명이라도 대포 한 방이면 함몰이라 군긔가 졍예ᄒᆞ니 군긔을 밋깃나 젼곡이 넉넉ᄒᆞ니 젼곡을 밋깃나 기예를 ᄇᆡ왓스니 기예를 밋깃나 소위 의병이라고 닐어나ᄂᆞᆫ 쟈들은 모다 놀고 먹고 놀고 닙고 ᄌᆡ산 업셔 빈한ᄒᆞᆫ 자들이라 부인쥬먹[176]으로 인민을 션동ᄒᆞ야 간신이 사ᄂᆞᆫ 잔민들만 못살게 홀 ᄯᅡ름이오 자긔들의 쥭고 사ᄂᆞᆫ 것은 차치막론ᄒᆞ고 그 사름도 필경 쳐ᄌᆞ권속이 잇슬 것이니 그 안이 불상ᄒᆞᆫ가 필경에ᄂᆞᆫ 굴엉치움을 면치 못홀지니 인죵이 묵셔가 갓흔 ᄃᆡ로 가셔 업셔지고 의병이니 비도노릇ᄒᆞ다가 쥭고 그 쳐ᄌᆞ권속이 굴엉치임ᄒᆞ야 업셔지

175 '못'의 오기.

176 '빈주먹'의 오기인 듯함.

고 그렁뎌렁 인죵만 쥴여 업시 ᄒᆞ자ᄂᆞᆫ 본의인가 원슈니 미우니 ᄒᆞ야도 우리 한국 ᄯᅡ에 몃십ᄃᆡ 사던 사ᄅᆞᆷ의 ᄅᆡ력을 궁구ᄒᆞ면 혈ᄆᆡᆨ이 셔로 련락되지 안은 사ᄅᆞᆷ이 업슨즉 언으 누가 동포형뎨가 안인가 그런즉 무론 상하귀쳔ᄒᆞ고 우리 동포형뎨가 안임이 안인지라 엇지 외국인의 비ᄒᆞ리오 셔로 ᄉᆞ랑ᄒᆞ고 서로 구호ᄒᆞ야 잇기지 안코 붓들지 안이ᄒᆞ면 사ᄅᆞᆷ의 씨를 보젼홀 슈 업나니 아모죠록 망녕도이 동ᄒᆞ지 말고 나타ᄒᆞᆫ 구습 버리고 각기 ᄉᆡᆼ업ᄃᆡ로 무엇이던지 부즐언이 벌고 이젼 구습 버리고 비록 벌거벗고 평량ᄌᆞ[177] 갓을 쓰고 단이더ᄅᆡ도 한 가지식이라도 식 것 ᄇᆡ호고 연구ᄒᆞ야 남이 두 가지 ᄒᆞ거든 다만 한 가지라도 한 후에야 인죵을 보젼홀 것이오 후일 여망도 기ᄃᆡ릴 터이지 만일 그럿치 안으면 비록 명일 ᄯᅩ한 됴흔 긔회가 잇더ᄅᆡ도 엇지홀 슈 업슬지니 깁히 ᄉᆡᆼ각들 ᄒᆞ시오 위틔ᄒᆞ고 무셔운 ᄯᅢ로다

77 1907년 8월 22일(목) 제2488호 론셜

락심ᄒᆞ지 말고 힘들 쓸 일

셰상일의 변ᄒᆞ야 가ᄂᆞᆫ 것이 츈하츄동 변ᄒᆞᄂᆞᆫ 것 갓흔지라 엇그졔 더위를 견ᄃᆡ지 못ᄒᆞ더니 오날날 가울 졀후를 당ᄒᆞ야 죠셕으로 찬긔운이 완연ᄒᆞ니 몃날이 지나지 안이ᄒᆞ야 ᄯᅩ한 치위를 괴로이 녁일 것은 뎡ᄒᆞᆫ 일이라 더운 ᄯᅢ에 보면 엇지 치울 날이 잇슬 쥴 ᄉᆡᆼ각ᄒᆞ며 엄동셜한 ᄯᅢ에 엇지 더운 ᄂᆞᆯ이 당홀 쥴 ᄉᆡᆼ각ᄒᆞ리오 텬도도 잠간 ᄉᆞ이에 더웟다 치웟다 ᄒᆞᄂᆞᆫᄃᆡ 함을며 사ᄅᆞᆷ의 일이리오

슯흐다 지금 우리나라 형셰된 것을 슯히건ᄃᆡ 인죵이 소멸홀 참혹ᄒᆞᆫ ᄃᆡ경에 ᄲᅡ졋ᄂᆞᆫ지라 다시 바랄 것도 업고 아모리 쥬션을 잘ᄒᆞ야도 머리를 들 슈 업시

177 평량자(平凉子): 옛날에 신분이 낮은 사람이나 상제가 쓰던 갓.=패랭이.

되얏ᄂᆞᆫ지라 누가 락심치 안으리오 그런 고로 작일에도 ᄃᆡ강 말ᄒᆞ얏거니와 지금 우리가 ᄒᆡᆼᄒᆞᆯ 것은 침묵ᄒᆞᆫ ᄐᆡ도를 가지고 지식을 늘니고 식산흥업을 힘쓸 것이오 결단코 망녕되이 동ᄒᆞ야 치안에 방ᄒᆡ라던지 외국인의 감졍을 ᄭᅵ치지 안ᄂᆞᆫ 것이 장ᄎᆞ 국권을 회복ᄒᆞᆯ 긔본이라 만일 지각업시 근일 ᄒᆡᆼ동갓치 얼는 ᄒᆞ면 동ᄒᆞ야 우쥰ᄒᆞᆫ 일이나 ᄒᆡᆼᄒᆞ고 나ᄐᆡᄒᆞᆫ 구습과 완고ᄒᆞᆫ 셩졍을 바리지 안타가ᄂᆞᆫ 우리 조상의 나라와 우리 조상의 강토가 남의 차지가 되고 우리 ᄌᆞ손이 소멸ᄒᆞᄂᆞᆫ 환을 면치 못ᄒᆞᆯ지로다

다 말ᄒᆞ기를 이졔ᄂᆞᆫ 일이 글읏되얏스니 엇지ᄒᆞᆯ 슈 업다 ᄒᆞ나 확실이 그럿치 안은 것을 셜명ᄒᆞ오리다 쳥국지ᄉᆞ 량계쵸 씨의 문ᄌᆞ를 보건ᄃᆡ 근년에 텬하일 변ᄒᆞᄂᆞᆫ 것이 이젼 셰상 ᄇᆡᆨ 년 변ᄒᆞᆫ 것보다 속ᄒᆞ다 ᄒᆞ나니 근일 셰상ᄉᆞ를 보건ᄃᆡ 과연 날마다 변ᄒᆞ고 달마다 변ᄒᆞ고 ᄒᆡ마다 변ᄒᆞᄂᆞᆫ 상ᄐᆡ가 가위 ᄲᅡᆯ은 살 갓흔지라 우리나라 형셰로 보더ᄅᆡ로 몃 ᄒᆡ 동안에 변ᄒᆞᆫ 것이 엇더ᄒᆞ며 외국으로 보더ᄅᆡ도 졍치졔도와 국졔상 교섭ᄒᆞᄂᆞᆫ 일이 날마다 변ᄒᆞ야 아모리 지각잇ᄂᆞᆫ 쟈라도 과연 측량치 못ᄒᆞ깃도다

향자에도 말ᄒᆞ얏거니와 법국 군부대신이 공즁에셔 ᄊᆞ호자ᄂᆞᆫ 의론이 잇셧스니 일후 젼쟝이 잇ᄂᆞᆫ ᄯᆡ에ᄂᆞᆫ 경긔구를 타고 공즁에셔 ᄊᆞ호ᄂᆞᆫ 일이 잇고야 말지니 기타 인ᄉᆞ의 변ᄒᆞᄂᆞᆫ 것을 엇지 리로 측량ᄒᆞ리오 그런즉 지금은 젼쟝이 되야도 한 나라ᄭᅵ리 ᄊᆞ호거니와 몃 ᄒᆡ 후에ᄂᆞᆫ 몃 나라이 합ᄒᆞ야 ᄊᆞ호ᄂᆞᆫ 일도 잇슬 것이오 ᄯᅩ 사ᄅᆞᆷ 죽이ᄂᆞᆫ 것으로 말ᄒᆞ야도 법국셔부터 죽이ᄂᆞᆫ 형벌을 업시ᄒᆞ얏스니 필경 셰계 각국이 ᄎᆞᄎᆞ 그 모양 될 것이오 그 일을 밀우워 보면 젼장에 춍이나 대포 가지고 사ᄅᆞᆷ 죽이ᄂᆞᆫ 일이 업셔질는지도 알 슈 업나니 그럿케 변ᄒᆞᄂᆞᆫ ᄌᆞ리에 우리나라인들 엇지 됴흔 긔회가 업스리오 장ᄎᆞ ᄋᆡ급 인도 갓흔 ᄃᆡ도 남의 나라 굴네를 버셔 독립이 될는지도 몰으깃고 비률빈[178] 갓흔 ᄃᆡ도 독립운

178 비율빈(比律賓): 필리핀의 음역(音譯).

동이 잇나니 셰상ᄉᆞ가 한번 글읏되얏다고 락심홀 일이 안이로다 사ᄅᆞᆷ의 병이 아모리 고항[179]에 들어 거의 쥭계 되엿더ᄅᆡ도 버려 두면 아조 쥭는 것이오 지셩으로 구료ᄒᆞ면 회ᄉᆡᆼᄒᆞᄂᆞᆫ 쟈 업지 안이ᄒᆞ니 우리 전국 동포들은 나라 형셰가 할 슈 업시 되얏다고 락심들 말고 아모죠록 이젼보다 ᄇᆡᆨ ᄇᆡ나 더 힘을 ᄡᅧ셔 거의 쥭계 된 병셰를 회복ᄒᆞ기를 힘쓰시오

78 1907년 8월 23일(금) 제2489호 론셜

ᄌᆞ강 동우 량회의 ᄒᆡ산을 ᄋᆡ셕홈 / 탄ᄒᆡᄉᆡᆼ

근ᄅᆡ 우리나라 샤회에 단톄(團體)라는 명ᄉᆡᆨ이 만히 잇스되 기즁에 졍당(政黨)이라 칭홀 쟈는 일진회와 ᄌᆞ강회 둘이 잇셔셔 그 목뎍과 취지는 얼마간 다를지라도 쇠약ᄒᆞᆫ 민심을 ᄯᅳᆯ쳐 닐으켜 국가를 보젼코져 ᄒᆞᄂᆞᆫ ᄯᅳᆺ은 일반이어늘 소견이 편협ᄒᆞ고 구습을 버리지 못ᄒᆞᆫ 사ᄅᆞᆷ들은 각기 ᄂᆡ 회를 편벽되히 사랑ᄒᆞ며 남의 회를 편벽되히 뮈워ᄒᆞ야 싀긔ᄒᆞᄂᆞᆫ 폐단과 경알ᄒᆞᄂᆞᆫ 루습이 업지 안키로 ᄯᅳᆺ잇는 션비의 항샹 ᄋᆡ돏게 녁이는 바이라 그러나 사ᄅᆞᆷ의 일은 반ᄃᆡᄒᆞᄂᆞᆫ 쟈가 업스면 경ᄌᆡᆼᄒᆞᄂᆞᆫ 힘이 부족ᄒᆞ야 도모지 진보불달홀 수 업ᄂᆞ니 지금 셰계 각국에 다른 나라는 고샤물론ᄒᆞ고 우리와 큰 관계가 잇는 일본으로 말홀진뒨 진보당 ᄌᆞ유당 뎨국당 기외에 허다ᄒᆞᆫ 당파가 각각 문호를 난호아 셔로 반ᄃᆡᄒᆞ되 그 쥬지가 나라를 위홈에 잇고 ᄉᆞᄉᆞ원망이나 ᄉᆞᄉᆞ은혜를 의론치 안음으로 오날날 인민의 지식이 크게 발달ᄒᆞ야 동양의 ᄑᆡ권을 잡고 셔양의 모든 강ᄒᆞᆫ 나라와 억기를 견쥬어 져울ᄃᆡ를 닷토는 ᄃᆡ 닐으럿스니 국가를 진흥케 ᄒᆞ랴면 민간

---

179 고황(膏肓): 심장과 횡격막의 사이. 이 부위에 병이 생기면 낫기 어렵다고 함. 예) 고황에 들다(관용구): 병이 몸속 깊이 들어 고치기 어렵게 되다.

에 단톄가 만히 싱겨야 홀지어날 쳔만 뜻밧게 본월 십구일에 닉부대신이 ᄌ강회와 밋 동우회에 딕ᄒ야 치안(治安)에 방ᄒ(妨害)가 잇다 ᄒ야 ᄒ산ᄒ라는 명령을 나렷스니 동우회로 말ᄒ면 향일 우리

틱황뎨폐하쎄옵셔 황틱ᄌ쎄

보위를 젼ᄒ시는 일에 딕ᄒ야 폭동을 닐으켜 ᄂ외국 인명을 다슈히 살ᄒᄒ고 국가에 큰 화를 씨쳣슨즉 치안을 방ᄒ홀 쑨 안이라 나라의 법을 범홈이라 ᄒ산의 명령을 밧을지라도 감히 말홀 슈 업스려니와 ᄌ강회로 말ᄒ면 셜립한지 일쥬년이 넘엇는딕 별로히 졍치상의 힝동이 업고 다만 교육과 식산에 쥬의ᄒ야 열심히 연구ᄒ는 고로 일반 국민의게 동경을 엇어 사름마다 그 회에 딕ᄒ야 바라는 바이 크더니 졸디에 이 디경을 당ᄒ얏스나 국민된 의무에 졍부명령을 거역지 못ᄒ야 디방 각 지회에 통지셔(通知書)까지 발ᄒ얏다 ᄒ니 애셕ᄒ도다 이 일이여 쳣직는 ᄌ강회원 졔씨를 위ᄒ야 ᄒ허ᄒ며 둘직는 나라를 위ᄒ야 ᄒ허ᄒ며 셋직는 각단톄를 위ᄒ야 ᄒ허ᄒ노라 년젼에 우리나라의 뜻잇는 션ᄇ 몃몃분이 독립협회를 셜시ᄒ고 졍부의 득실을 통쾌히 언론ᄒ야 민권의 ᄌ유를 회복ᄒ려 ᄒ다가 졍부관리의 사아나온 슈듣으로 그 회를 타파(打破)ᄒ고 회원을 잡아가두며 구양보닉며 쥭인 후에는 다시 민단이 닐어나지 못ᄒ고 셰상이 침침장야 가온딕 싸져셔 맛참닉 나라를 참혹흔 디경에 닐으게 ᄒ고 ᄇ셩을 어육을 만드럿는지라 이에 일본과 아라ᄉ ᄉ이에 큰 젼징이 낫스니 기실은 우리나라에셔 그 싸홈을 붓친 것이니 엇지 민국이 평안ᄒ기를 바라리오 갑진[180] 이릭로 국가에 ᄉ변이 층싱홈이 민심이 또흔 크게 변ᄒ야 일진과 ᄌ강이 ᄎ례로 닐어나 언론의 ᄌ유를 엇기로 대한텬디에 실낫만흔 싱긔가 도라온 쥴로 밋엇더니 ᄌ강회가 동립[181] 협회의 ᄌ최를 볼바셔 오릭 지팅치 못ᄒ고 즁도

---

180 갑진년(甲辰年): 1904년(광무 8년).

181 '독립'의 오기.

에 희산ᄒᆞ게 되니 국ᄉᆞ의 젼도를 가히 밀우어 알지로다 그러나 ᄌᆞ강회원 되셧던 여러분은 죠곰이라도 락심ᄒᆞ거나 분격ᄒᆞ지 말고 각각 ᄌᆞ강회의 목뎍ᄒᆞ엿던 바 교육과 식산 두 가지에 힘과 졍셩을 다ᄒᆞ야 쉬지 말고 압흐로 나아가면 나라와 ᄇᆡᆨ셩의게 쳔만다ᄒᆡᆼ일가 ᄒᆞ노라

79 1907년 8월 24일(토) 제2490호 론셜

디방 인민은 부동산 증명에 쥬의ᄒᆞᆯ 일

토디 가옥 부동산 증명 규측은 여러 가지 규측 즁에 뎨일 긴요ᄒᆞᆫ 것이라 이젼에도 루루이 말ᄒᆞ엿거니와 이젼 우리나라 사ᄅᆞᆷ기리 살 ᄯᅢ에ᄂᆞᆫ 어두은 셰상이라 소위 토디 가옥 ᄆᆡᄆᆡ 문권이란 것을 보건ᄃᆡ 불과시 ᄇᆡᆨ지에 ᄆᆡᄆᆡᄒᆞᆫ다ᄂᆞᆫ ᄉᆞ연을 긔록ᄒᆞ고 도장도 업시 슈결이라고 되ᄂᆞᆫ ᄃᆡ로 그리되 당쟈도 별노 상관업고 다만 집필ᄒᆞᄂᆞᆫ 쟈가 당쟈의 셩명 밋헤 이리 뎌리 그릴 ᄯᆞᄅᆞᆷ인즉 아모라도 뉘집 뎐장이던지 ᄉᆞ호복슈[182]만 알면 그 문권을 만들기 어렵지 안이ᄒᆞ고 ᄯᅩ 오란문권[183]이란 것은 젹셩권쥭[184]ᄒᆞ야 짐으로 지게 되얏스나 불과시 그 죠희빗치 검을 ᄯᆞᄅᆞᆷ이니 간교ᄒᆞᆫ 쟈들은 ᄯᅩ한 검게 ᄒᆞᄂᆞᆫ 슈단이 잇ᄂᆞᆫ지라 엇지 진위를 분변ᄒᆞ리오

그런 고로 위죠 문권의 협잡이 죵죵 ᄉᆡᆼ겨 뎐토와 가옥을 일어버리ᄂᆞᆫ 쟈가 죵죵 잇ᄂᆞᆫ 것은 다 아ᄂᆞᆫ 바이니와 각 샤회와 당국쟈 간에 그 일을 근심ᄒᆞ야 작년 겨을부터 그 규측을 반포ᄒᆞ되 그 증명ᄒᆞᄂᆞᆫ 졀ᄎᆞ를 졍미케 ᄒᆞ야 호젹지갓치

182 의미 불명.
183 의미 불명.
184 적성권축(積成卷軸): 문서나 장부 따위가 무더기로 많이 쌓임, 무더기로 많이 쌓이다.

1907년 8월

인찰ᄒᆞ야 각 도 각 군으로 다슈히 하송ᄒᆞ야 각 면장에게 분파ᄒᆞ야 인민으로 ᄒᆞ야곰 일일히 토디 가옥 잇ᄂᆞᆫ ᄃᆡ로 증명ᄒᆞ되 그 뎐답의 두락슈와 동셔ᄉᆞ표와 빅미슈와 쟝광쳑슈랄 일일히 긔록ᄒᆞ고 ᄆᆡ매쥬의 셩명 인쟝과 통슈 동쟝의 증명을 맛고 나죵에 관쟝의 증명을 맛게 홈이라

지금 본국에 잇ᄂᆞᆫ 외국사ᄅᆞᆷ들은 그 령이 반포된 후에 시각을 머믈으지 안코 이젼에 샷던 것도 증명ᄒᆞ거니와 지금 ᄆᆡ매ᄒᆞ야 증명ᄒᆞᄂᆞᆫ 것이 날마다 답지ᄒᆞᄂᆞᆫ 고로 법부에셔 ᄂᆡ려보낸 증명 인찰지가 핍졀되얏다고 통감부에셔 졍부로 죠회ᄶᆞ지 온 것은 일젼 잡보 즁 말ᄒᆞᆫ 바어니와

슯흐다 우리나라 인민들의 토디 증명이 무엇인지 몰을 ᄲᅮᆫ 안이라 소위 디방관들이 ᄯᅩ한 그러ᄒᆞ야 즁앙 졍부에셔 직산을 허비ᄒᆞ야 각죵 셔젹을 인간ᄒᆞ야 보낸 것을 관쳥에 ᄊᆞ아두고 실시ᄒᆞᆯ 의ᄉᆞ도 업고 혹 엇던 군슈ᄂᆞᆫ 각 면장에게 분급ᄒᆞ야 실시ᄒᆞ라 ᄒᆞ나 원릭 군슈란 사ᄅᆞᆷ들도 그 규측과 그 인찰지를 보고도 엇더케 ᄒᆞᄂᆞᆫ 것인지 알지 못ᄒᆞ야 실시치 못ᄒᆞᄂᆞᆫ 쟈가 무슈ᄒᆞᆫ지라 그런즉 그 규측 반포된 후에 외국인에게만 효력이 ᄉᆡᆼ기고 우리 본국인에게ᄂᆞᆫ 효력이 업나니 그 효력업ᄂᆞᆫ 일에 ᄃᆡᄒᆞ야 릭두 리히를 ᄉᆡᆼ각ᄒᆞ건ᄃᆡ 본국인의 위죠증권으로 폐단나ᄂᆞᆫ 것은 유속 헐후ᄒᆞ고 지금 외국인이 젼국에 편만ᄒᆞ얏ᄂᆞᆫᄃᆡ 본국인즁 부랑핏류들이 일가 친쳑의 토디라던지 근쳐 친지간의 뎐토를 위죠문권으로 외국인에게 도ᄆᆡ[185]ᄒᆞᄂᆞᆫ 폐단이 업슬이라고 질언ᄒᆞᆯ 슈 업고 ᄯᅩ 그런 경우를 당ᄒᆞᆫ 이상에 어리셕은 인민이 능히 변명ᄒᆞᆯ 슈 잇깃는가 년젼에 엇던 널은 들을 위죠문권으로 외국인에게 일어바린 젼감[186]이 소연[187]ᄒᆞ고 셜혹 그런 일이 업더ᄅᆡ도 증명 업고 구실 업ᄂᆞᆫ 쵸평 갓흔 것은 아모 사ᄅᆞᆷ이 긔간ᄒᆞ더ᄅᆡ도 ᄂᆡ 것

185 도매(盜賣): 남의 물건을 훔쳐 팖. 투매.

186 전감(前鑑): 지난 일을 거울삼아 비춰 보는 일. 또는 본받을 만한 지난날의 일.

187 소연(昭然): 밝고 뚜렷함.

이라고 탄홀 증거가 업는지라

필경 쌔앗기는 날에는 후회ᄒᆞ야도 쓸ᄃᆡ업슬 것을 분명이 짐작ᄒᆞᄂᆞᆫ 바라 엇지 가셕지 안으리오 그런즉 불가불 실시ᄒᆞᆫ 후에야 민국에 큰 리익을 보젼홀 터이오 그 실시ᄒᆞᄂᆞᆫ 일은 디방관의 열심이 안이면 공을 일울 슈 업나니 졍부에셔ᄂᆞᆫ 군슈을의 칙젹[188] 그 일노 보아 아모죠록 졍부 명령이 ᄯᅡ에 ᄯᅥ러지지 안케 홈이 가ᄒᆞᆫ 듯ᄒᆞ도다[189]

80 1907년 8월 27일(화) 제2491호 샤셜

대황뎨폐하의 즉위식을 봉축함

황텬은 우리나라를 도으샤 우리 ᄐᆡ조 고황뎨게ᄋᆞᆸ셔 챵업슈통ᄒᆞ오신 지 오ᄇᆡᆨ십륙 년 동안에

렬셩이 서로 젼ᄒᆞ샤 덕화가 만방에 밋치심ᄋᆡ 우리 신민된 이쳔만 ᄉᆡᆼ령이

셩인의 가라치심을 입어 집에 들어간즉 효ᄌᆞ슌손이 되고 나라에 나아간즉 츙신렬ᄉᆞ가 되여 문명ᄒᆞᆫ 법도와 아름다온 풍속이 텬하에 웃듬이 되엿스나 그러나 다만 문치만 슝샹ᄒᆞ고 무비를 닥지 안음으로 인ᄒᆞ야 ᄇᆡᆨ셩의 원긔가 ᄯᅥᆯ치지 못ᄒᆞ고 나라의 위엄이 날니지 못ᄒᆞ더니 십슈 년이로ᄅᆡ 우리

ᄐᆡ황뎨폐하긔ᄋᆞᆸ셔 하늘 운슈와 셰계 형셰의 크게 변홈을 숣히시고 국졍을 ᄀᆡ혁코자 ᄒᆞ샤 밤과 낫으로 근심ᄒᆞ시나 보필ᄒᆞᄂᆞᆫ 신하에 그 사름이 업슴으로 국가는 졈졈 위급ᄒᆞᆫ ᄃᆡ경에 일으고

ᄐᆡ황뎨폐하의 츈츄는 놉흐샤 만긔를 친히 들으시기 어려오신지라 이에

188 해석 불능 어구.

189 8월 25~26일은 임시 및 정기휴간.

황티ᄌᆞ긔 위를 젼ᄒᆞ시샤 륭희 원년 팔월 이십칠일에 즉위식을 거힝ᄒᆞ압시니 진실로 국가의 큰 경ᄉᆞ오 신민의 큰 복이라 집마다 국긔를 놉히 달고 사름마다 노릐 불으며 춤추어 경축ᄒᆞᄂᆞᆫ 정셩을 표ᄒᆞ며 만세를 불으ᄂᆞᆫ 소릐에 삼쳔리 강산초목이 모다 즐겨ᄒᆞᄂᆞᆫ도다 그러나 우리 신민된 쟈가

셩텬ᄌᆞ의 지극ᄒᆞ오신 뜻을 몸밧아 우리나라의 독립을 회복ᄒᆞ야 문명부강ᄒᆞᆫ 디경에 일으게 ᄒᆞ고져 홀진딘 오날날 만셰를 불으며 즐겨ᄒᆞᄂᆞᆫ 것으로ᄂᆞᆫ 우리의 의무를 다ᄒᆞ엿다 홀 수 업고 우리 신민의 두 억기에 진 짐이 틱산보담 더 무거오니 엇지 두렵고 무셥지 안으리오 녯 말에 갈아딕 편안홀 쎄에 위틱홈을 닛지 말나 ᄒᆞ엿거든 하믈며 우리ᄂᆞᆫ 편안ᄒᆞᆫ ᄯᅢ에 쳐ᄒᆞ지 못ᄒᆞ엿스니 잠시라도 마암을 놋치 못ᄒᆞ리로다 그런즉 우리 대한신민된 쟈ᄂᆞᆫ 우희로 공경디부로부터 아릭로 ᄉᆞ셔인에 일으기ᄭᆞ지 각각 츙군ᄋᆡ국ᄒᆞᄂᆞᆫ 정셩을 다ᄒᆞ야 벼살에 올나 셩인의 죠뎡에 서거든 츙직ᄒᆞᆫ 직분을 다ᄒᆞ고 들에 잇셔 ᄉᆞ농공상에 빅셩이 되얏거든 근간ᄒᆞᆫ 직업을 다ᄒᆞ야 하날ᄀᆞᆺ흔 우리 대황뎨 셩덕을 딕양ᄒᆞ고 반셕 갓흔 우리 국가 권리를 확립ᄒᆞ야 쳔셰만셰로 무궁홈에 이릅시다 만셰만셰만만셰[190]

81 1907년 8월 29일(목) 제2492호 별보

한국통치의 근본쥬의(韓國統治의 根本主義)

본월 이십륙일 일본 대판죠일신문[191]에 론셜 일편이 잇ᄂᆞᆫ딕 현금 우리나라와 일본의 관계를 긔탄업시 의론ᄒᆞ엿기로 그 젼문을 번역ᄒᆞ야 자에 긔직ᄒᆞ노라

190 8월 28일은 임시휴간일임.

191 《오사카아사히신문(大阪朝日新聞)》을 가리킴.

본월 이십이일 동경 샹야공원 졍양헌(上野公園 靜養軒)에 긔ᄒᆞᆫ 즁의원 의원의 이등통감 환영회ᄂᆞᆫ 통감이 그 답ᄉᆞ 가온ᄃᆡ 말ᄒᆞᆫ 바와 갓치 우리나라에 처음으로 잇ᄂᆞᆫ 쟝ᄒᆞᆫ 일이로다 우리가 지금 즁의원을 ᄃᆡᄒᆞ야 공경ᄒᆞᄂᆞᆫ 뜻은 업스나 그러나 일국 즁의원 의원이 당파의 구별이 업시 ᄒᆞᆫ 단톄가 되여 일기 관리를 위ᄒᆞ야 위로ᄒᆞᄂᆞᆫ 잔치를 베풀고 그 셩공홈을 찬송ᄒᆞ엿스니 이것을 밧은 쟈의 명예ᄂᆞᆫ 가장 크다 홀지라 고로 이등후가 몃 번을 반복ᄒᆞ야 감샤ᄒᆞ다 말홈은 실로 즁심에 깃븜이 잇슴이라 졍치가ᄂᆞᆫ 잇다금 이ᄀᆞᆺ치 쾌ᄒᆞᆫ 일이 잇슨즉 다른 사름보다 슈고ᄒᆞ고 졍셩들이기를 십 ᄇᆡ나 더ᄒᆞ여야 가ᄒᆞ다 ᄒᆞ노라

이등후ᄂᆞᆫ 이 답ᄉᆞ에 ᄌᆞ긔가 지금 통감의 직임을 ᄉᆞ면치 못홀 일과 신협약을 톄결ᄒᆞᆫ 후의 모든 일은 스ᄉᆞ로 담당홀 일과 립법샹(立法上)에 관ᄒᆞᆫ 일은 즁의원의 도음을 바란다고 말ᄒᆞ얏ᄂᆞᆫ지라 향ᄌᆞ에 우리가 미리 통감의 ᄉᆞ직홈을 반ᄃᆡᄒᆞ고 또 신협약에 ᄃᆡᄒᆞᆫ 이등후의 ᄎᆡᆨ임이 즁대홈을 의론ᄒᆞ야 경고ᄒᆞᆫ 바이 잇슨즉 지금 이등후가 나아가 신협약을 실힝코져 홈을 들음애 가장 만족히 녁이ᄂᆞᆫ 바이나 이등후가 동양 졍치가의 례투로써 현금 형편이 ᄉᆞ직ᄒᆞ기 어렵다 겸손홈은 쓸ᄃᆡ업ᄂᆞᆫ 톄면의 말이라 맛당히 한국의 일이 심이 큰즉 ᄂᆡ 비록 늙엇슬지라도 분발ᄒᆞ야 이 소임을 감당ᄒᆞ랴 ᄒᆞ노니 졔군은 나를 도아 이 갈등을 풀게 ᄒᆞ라 ᄒᆞᄂᆞᆫ 것이 올타 ᄒᆞ노라 통감의 말 가온ᄃᆡ 립법에 도음을 바란다 홈은 필시 필요ᄒᆞᆫ 경비를 지츌ᄒᆞ고져 ᄒᆞᄂᆞᆫ 일인 듯ᄒᆞ나 오인(吾人)은 이 일에 ᄃᆡᄒᆞ야 평론ᄒᆞ기 젼에 이등통감과 밋 즁의원 의원을 ᄃᆡᄒᆞ야 한국경영의 근본쥬의(韓國經營의 根本主義)를 일층 명빅히 홈을 쳥치 안이치 못홀지로다 지금 한국은 군ᄃᆡ를 ᄒᆡ산ᄒᆞᆫ 후로부터 각 디방에 폭도가 닐어나ᄂᆞᆫᄃᆡ 경긔 츙쳥 젼라 강원 졔도가 우심ᄒᆞ고 그 폭도의 셩질은 ᄃᆡ만의 토비(臺灣의 土匪)와 흡사ᄒᆞ야 동셤셔홀[192]에 모히고 헤여짐이 무샹ᄒᆞᆫ즉 례ᄉᆞ 슈단으로써 토멸홀 슈 업스며 군ᄃᆡ도

192 동섬서홀(東閃西忽): 동쪽에서 번쩍, 서쪽에서 번쩍 나타났다 사라진다는 뜻으로, 재빠

오히려 곤난흔 모양이라 이 형세가 만일 오릭 가면 작은 항만(港灣)이 만흔 한국 바다가에 병긔와 탄약을 비밀히 슈입ᄒᆞᄂᆞᆫ 쟈가 싱겨셔 토멸ᄒᆞ기 더욱 곤난홀지라 혹은 텰도션로에 방히롤 더ᄒᆞ야 교통이 불편케 ᄒᆞ며 각 디방에 헤여져 잇ᄂᆞᆫ 우리 동포도 왕왕 살상ᄒᆞᄂᆞᆫ 화를 입어 그 업을 편안히 ᄒᆞ게 못홀ᄂᆞᆫ지도 아지 못ᄒᆞ겟스니 이ᄂᆞᆫ 크게 근심ᄒᆞ고 념려홀 바이라

본릭 이번의 폭도ᄂᆞᆫ 히산흔 군딕에셔 나아간 불평흔 무리와 무뢰빅에 지나지 안은즉 그 활동ᄒᆞᄂᆞᆫ 힘의 만코 적음은 가히 알지나 그러나 불힝히 한국인민 가온딕 우리 일본사름을 딕ᄒᆞ야 불쾌흔 싱각을 품은 쟈 만흔 고로 불평당의 션동홈과 협박홈은 셩공ᄒᆞ기 용이ᄒᆞ야 량민이 변ᄒᆞ야 비도가 되고 일본인을 구슈[193]로 아ᄂᆞᆫ 쟈의 수가 극히 만흘지라 한국이 비록 젹으나 그 인민이 일쳔만에 나리지 안코 토디의 면젹은 우리나라의 졀반이나 되ᄂᆞᆫ딕 ᄌᆞ포ᄌᆞ기(自暴自棄)ᄒᆞᄂᆞᆫ 무리가 젼국 각 디방에셔 련속ᄒᆞ야 닐어나면 이것을 소탕ᄒᆞ기에 심히 괴로올지오 그 비용이 과연 얼마나 될지 도뎌히 츄측지 못ᄒᆞ리로다 (미완)

82 1907년 8월 30일(금) 제2493호 별보

한국통치의 근본쥬의(韓國統治의 根本主義) (속)

오인(吾人)으로 ᄒᆞ야곰 이롤 쇼히진딘 오늘날 가쟝 급히 힘쓸 바ᄂᆞᆫ 몬져 한국 빅셩의 션악을 분간ᄒᆞ야 그 량민으로 ᄒᆞ야곰 우리를 깁히 밋게 홈에 잇ᄂᆞᆫ지라 그와 뎍당흔 젼례롤 말ᄒᆞ자면 뎌 딕만에셔 아옥춍독(兒玉總督)이 젼 사름의 실픽흔 뒤를 밧아 식 졍ᄉᆞ롤 베풀고져 홀 식 소견이 엿흔 쟈의 시비홈을 도라

르게 이리저리 왔다 갔다 함을 이르는 말.

193 구수(仇讎): 원수.

보지 안코 위션 뎨일 토비(土匪)에 디흔 졍칙을 실힝호디 비도와 량민을 난호아 그 련락왕릭홈을 끈코 량민 디졉ᄒᆞ기를 츄호도 일본인과 다르지 안케 흔즉 디만 빅셩이 처음으로 일본인의 친홀 만홈과 밋을 만홈을 씨다라 알고 ᄎᆞ뎨로 그 마암을 편안히 ᄒᆞ야 우리의게 슌죵ᄒᆞᄂᆞᆫ지라 이에 ᄎᆞ뎨로 비도의 큰 자를 토멸ᄒᆞ고 맛참ᄂᆡ 디만젼도를 평졍ᄒᆞ엿ᄂᆞ니 지금 한국의 졍권을 잡은 쟈도 이 쥬의와 이 방침을 취치 안이치 못홀지라 곳 그 인민의 션악을 분별ᄒᆞ야 량민 보기를 ᄌᆞ식과 갓치ᄒᆞ며 쏘 비도와 교통홈을 엄히 금ᄒᆞ야 비도로 ᄒᆞ야금 숨길 짜이 업게 홈이 가장 긴급ᄒᆞ다 ᄒᆞ노라

셰상사름이 잇다감 말호디 한국 빅셩은 다 놀고 게을너셔 돈견(豚犬)과 갓다 ᄒᆞ며 오인도 쏘한 그런 쥴로 아나 그러나 그 놀고 게으름은 뎌의 무리의 텬셩이 안이오 비상히 사아나온 졍치의 결과로 그러케 됨을 오인은 깁히 밋노니 만일 뎌의 무리로 ᄒᆞ야곰 부즈런ᄒᆞ고 힘쓴 효험을 넉넉히 엇게 ᄒᆞ면 뎌의 무리의 마암 가온디 바라는 바이 클지라 바라는 바이 임의 싱기면 이를 인도ᄒᆞ야 문명흔 국민이 되게 홈은 용이홀 쑨 안이라 이 도야지 갓흔 일쳔만의 한국 빅셩을 구졔ᄒᆞ야 우리 국민과 갓게 홈은 호을로 한국의 리익이 될 싸름이 안이오 쏘한 우리나라의 리익인즉 우리나라의 졍치가는 부잘업시 풍공(豊公, 卽豊臣秀吉)의 한국을 치던 일을 쑴꾸지 말며 지혜 업는 한국 빅셩이 우리 인민을 슬혀ᄒᆞ고 뮈워ᄒᆞ며 우리 군디를 원슈갓치 녁임을 분ᄒᆞ게 알지 말고 뎌의 무리를 징계ᄒᆞᄂᆞᆫ 슈단으로써 사랑ᄒᆞ며 무마홈을 힘쓸이 가ᄒᆞ도다 대뎌 한국은 일기 뎨국이오 그 뎨실도 쏘흔 엄연히 잇스나 그러나 그 황실과 인민의 리히가 일치ᄒᆞ지 못ᄒᆞ엿스니 그 국민이 우리게 복죵치 안코야 엇지 소싱홈을 엇으리오

이등통감이 즁의원 의원(衆議院議員)을 디ᄒᆞ야 은근히 경비의 지츌을 구ᄒᆞ엿스나 통감이 그 평일의 쥬장홈과 갓치 졍셩스러온 쯧과 사랑ᄒᆞᄂᆞᆫ 마암으로써 한국 빅셩을 도솔ᄒᆞ면 뎌의 무리가 ᄌᆞ연히 우리의 은덕을 알고 우리의게 도라오기를 닷토게 되리니 일시에 거익의 경비를 어디다 쓰리오 쏘 통감부의 경

비를 줄임은 ᄉᆞ긔의 형편으로 볼지라도 반닷시 잇슬 것이어날 이등통감이 막딕ᄒᆞᆫ 금익을 명년도 예산에 너어 셰상 사ᄅᆞᆷ을 놀나지 안케 ᄒᆞ기를 긔약ᄒᆞ고 기다리며 신협약에 딕ᄒᆞ야 면치 못ᄒᆞᆯ 경비에 일으러셔ᄂᆞᆫ 우리 국민이 연고업시 지츌ᄒᆞ기를 거절ᄒᆞᆯ 쟈ㅣ 업슬 쥴로 밋노라

긔쟈ㅣ 갈아딕 작금 량일에 본 신문에 긔직ᄒᆞᆫ 바 대판 죠일신문의 론셜을 익히 보고 깁히 ᄉᆡᆼ각ᄒᆞ면 일본사ᄅᆞᆷ의 우리나라에 딕ᄒᆞᆫ 참뜻을 거의 짐작ᄒᆞ리니 우리 동포ᄂᆞᆫ 셰 번 ᄉᆡᆼ각ᄒᆞᆯ지어다 (완)

83 1907년 8월 31일(토) 제2494호 별보

박람회를 구경ᄒᆞᆯ 일 / 탄히ᄉᆡᆼ

무릇 사ᄅᆞᆷ의 몸이 먹지 안으면 주림을 견딕지 못ᄒᆞ고 닙지 안으면 추음을 참지 못ᄒᆞ나니 옷과 밥은 사ᄅᆞᆷ의게 잠시라도 써나지 못ᄒᆞᆯ 소즁ᄒᆞᆫ 물건이라 이ᄀᆞᆺ치 소즁ᄒᆞᆫ 물건을 무엇으로 인ᄒᆞ야 엇으리오 농업과 샹업과 공업 셰 가지밧게 다른 도가 업ᄂᆞᆫ 고로 오날 셰계에 문명부강으로써 ᄌᆞ랑ᄒᆞᄂᆞᆫ 나라ᄂᆞᆫ 다 이 셰 가지를 발달케 ᄒᆞᄂᆞᆫ 딕 힘쓰지 안는 쟈이 업도다 우리나라ᄂᆞᆫ 이것을 힘쓰지 안이ᄒᆞᆫ ᄶᆞ닭으로 빅셩이 가난ᄒᆞ고 나라이 약ᄒᆞ야 참아 말ᄒᆞᆯ 슈 업ᄂᆞᆫ 디경에 ᄲᅡ졋스니 우리 국민된 쟈가 부잘업시 분긔ᄒᆞ야 피눈물을 흘닐지라도 쓸딕업고 챵과 칼을 들고 나와 뮈운 쟈를 치고져 ᄒᆞ야도 남의 군함과 대포를 딕뎍ᄒᆞᆯ 슈 업스리니 우리도 남과 갓치 사ᄅᆞᆷ노릇ᄒᆞ고 우리나라도 남의 나라와 갓치 나라노릇ᄒᆞ랴 ᄒᆞ면 불가불 국민상하가 ᄒᆞᆫ 마암 ᄒᆞᆫ 뜻으로 농샹공업을 부즈런히 ᄒᆞ야 우리의 먹고 닙을 것이 넉넉ᄒᆞᆫ 후에야 가히 군함도 짓고 대포도 만드러 우리의 ᄌᆞ유권리를 침범ᄒᆞᄂᆞᆫ 쟈ㅣ 잇스면 나아가 쳐 물니칠지니 우리의 몸과 집과 나라를 편안히 보존코져 ᄒᆞ면 이젼과 갓치 셰력이나 돈을 가지고 벼살ᄒᆞᆯ 수

도 업스며 셜령 벼살을 홀지라도 쏘흔 빅셩의 기름과 피를 쌜 수 업고 협잡ᄒᆞ는 길과 운동ᄒᆞ는 구멍이 모도 막혓거늘 오히려 ᄭᆡ닷지 못ᄒᆞ고 녯버릇을 고치지 안으면 필경은 멸망ᄒᆞ는 큰 화을 면키 어려오리로다 그러나 농샹공업도 이젼과 갓치 ᄒᆞ여셔는 남의게 권리를 쌔앗기고 웁흐로 발달홀 긔망이 업스니 크게 긔량치 안이치 못홀지라 그 긔량ᄒᆞ는 도는 문명흔 나라에셔 가라치는 모든 학문을 빅홈이 가쟝 필요ᄒᆞ도다 그러나 학문을 빅호고져 ᄒᆞ면 일죠일셕에 되지 못ᄒᆞ고 허다흔 셰월을 허비ᄒᆞᄂᆞ니 엇지 목젼에 급흠을 구원하며 쏘흔 일반 국민을 모다 가라치기 어려온 고로 구미각국과 및 일본에셔 몃히에 흔 번식 박람회(博覽會)를 셜시ᄒᆞ고 닉외국의 농샹공업에 관흔 물건을 만히 벌여 일반인민으로 ᄒᆞ야곰 구경케 ᄒᆞ야 그 지식을 넓히게 ᄒᆞ니 이는 참 아름다온 법이라 가히 모본ᄒᆞ야 농샹공업의 지식을 발달흠이 우리의게 뎨일 긴급흔 문뎨라 이에 한일량국 당국쟈가 협의ᄒᆞ고 경셩박람회를 셜시ᄒᆞ야 일본과 우리나라의 왼갓 물건을 벌여놋코 명일부터 닉외국인의게 구경케 ᄒᆞ니 이는 우리나라에 처음 잇는 셩ᄉᆞ일섇더러 우리의 먹고 닙고 사는 ᄃᆡ 큰 관계가 잇ᄂᆞ니 바라건ᄃᆡ 우리 동포는 남녀로쇼를 물론ᄒᆞ고 흔번 구경홀지어다 녯말에 갈아ᄃᆡ 듯고 보는 것이 넓어야 지혜가 더욱 볽다 ᄒᆞ엿스니 듯고 보기를 넓게 ᄒᆞ랴면 박람회를 구경ᄒᆞ는 ᄃᆡ 지날 것이 업다ᄒᆞ노라 쏘 이번에 셜시흔 박람회는 일본 관헌의 힘을 빌엇스며 츌품흔 물건도 역시 일본인의 물건이 만코 우리나라 사름의 츌품흔 것은 심히 령셩ᄒᆞ니 참 붓그럽고 한심흔 일이라 우리 관민 상하가 이 박람회를 구경흔 후에 박람회가 나라와 빅셩의게 엇더케 관계됨을 ᄭᆡ닷고 이삼 년이나 ᄉᆞ오 년 후에는 온젼히 우리의 힘과 우리나라의 소산 물품으로 대박람회를 셜립ᄒᆞ야 셰계 각국에 ᄃᆡᄒᆞ야 ᄌᆞ랑ᄒᆞ게 ᄒᆞ기를 지극히 바라노이다

9월

84 1907년 9월 1일(일) 제2495호 별보

이등통감의 공로

샹월 이십륙일 일본 동경에셔 발힝ᄒᆞᄂᆞᆫ 시ᄉᆞ신보(時事新報)[194]ᄂᆞᆫ 「이등통감의 공로」라 뎨목ᄒᆞ고 일본이 우리나라에 ᄃᆡᄒᆞᄂᆞᆫ 방침의 긔왕과 쟝ᄅᆡ를 쟝황히 의론ᄒᆞ엿기로 젼문을 번역ᄒᆞ야 자에 게ᄌᆡᄒᆞ노니 우리 일반 동포ᄂᆞᆫ 익히 보고 깁히 ᄉᆡᆼ각홀지어다

이등통감이 신협약의 큰 공을 일우고 귀국홈애 텬황폐하긔셔ᄂᆞᆫ 륭슝ᄒᆞᆫ 죠칙을 나리샤 그 공로를 포양ᄒᆞ시고 민간에셔ᄂᆞᆫ 즁의원 의원의 ᄃᆡ표쟈의 환영으로부터 환영 뒤에 ᄯᅩ 환영이 잇셔셔 그 명망이 죠야에 덥혓스니 환영을 밧ᄂᆞᆫ 그 사ᄅᆞᆷ이 도로혀 놀날 터이라 대뎌 일한신협약의 셩공을 하례홈은 만 사ᄅᆞᆷ이면 만 사ᄅᆞᆷ이 감히 다른 말을 ᄒᆞ지 못홀 바인ᄃᆡ 협약을 톄결ᄒᆞᄂᆞᆫ 난국(難局)에 당ᄒᆞ엿던 통감의게 ᄃᆡᄒᆞ야 샤례홈은 족히 괴히 녁일 것이 업도다 물읏 정치가의 공명은 ᄒᆞᆫ 편에 찬송ᄒᆞᄂᆞᆫ 사ᄅᆞᆷ이 잇스면 ᄒᆞᆫ 편에 비방ᄒᆞᄂᆞᆫ 사ᄅᆞᆷ이 업지 못ᄒᆞ나 이번과 갓치 일반 국민이 ᄒᆞᆫ가지로 찬송ᄒᆞ고 비방ᄒᆞᄂᆞᆫ 쟈이 ᄒᆞᆫ아도 업슴은 참 희귀ᄒᆞᆫ 바이니 이등후의 흡족히 녁임을 밀우어 짐작ᄒᆞ겟고 우리도 ᄯᅩᄒᆞᆫ

194 《시사신보(時事新報)》: 1882년 3월에 후쿠자와 유키치(福澤諭吉)가 창간한 일간신문. 1936년 폐간, 《도쿄일일신문(東京日日新聞)》에 병합됨.

통감의 공로를 지극히 찬송ᄒᆞ나 우리 나라의 형셰의 발달됨을 도라보건ᄃᆡ 진실로 몽상(夢想) 밧기라 ᄒᆞ리로다 시험ᄒᆞ야 일한량국관계의 력ᄉᆞ를 본즉 명치 십칠년(甲申)[195]에 경셩에서 변란이 닐어난 후 그 뒤를 잘 죠처ᄒᆞ기 위ᄒᆞ야 지금 이등통감이 젼권 판리대ᄉᆞ로 청국에 건너가 리홍쟝과 여러 번 교섭ᄒᆞ고 담판ᄒᆞᆫ 결과로 소위 텬진됴약(天津條約)이라ᄂᆞᆫ 것을 톄결ᄒᆞ야 일청량국이 ᄒᆞᆫ가지로 한국에셔 군ᄉᆞ 것기를 언약ᄒᆞ엿스나 그 후에 청국 정부가 한국일에 간셥ᄒᆞᆷ이 더욱 심ᄒᆞ야 한국을 속방(屬邦)으로 ᄃᆡ졉ᄒᆞ고 우리나라ᄂᆞᆫ 다만 겻헤셔 구경ᄒᆞᆯ ᄯᆞ름이니 그ᄢᅵ에 누가 능히 오날날 일을 미리 ᄉᆡᆼ각ᄒᆞ엿스리오 ᄯᅩ 일쳥젼징 후에 우리 외교관의 실슈로 인ᄒᆞ야 한국에셔 우리 셰력이 ᄯᅡ에 ᄯᅥ러져 젼징ᄒᆞᆫ 효험이 아조 업셔지고 우즁지 북쳥ᄉᆞ변(北淸事變)으로 인ᄒᆞ야 로국이 만쥬를 뎜령ᄒᆞ고 남은 위엄이 한국에ᄭᆞ지 밋쳐셔 그 령토의 보젼이 위ᄐᆡᄒᆞ게 된 ᄢᅵ에 이등후가 구라파에 만유ᄒᆞᆯ ᄉᆡ 아라ᄉᆞ 셔울에 일으러 아국 당로쟈와 교섭ᄒᆞ야 한국에 관ᄒᆞᆫ 협약을 ᄆᆡᆺ고져 ᄒᆞ얏더니 맛참 일영협약이 셩립됨으로 즁지ᄒᆞ엿스니 그ᄢᅵ에 누가 ᄯᅩᄒᆞᆫ 오날날 일을 짐작ᄒᆞ엿스리오 텬진됴약이나 일로협샹이나 오날 ᄉᆡᆼ각ᄒᆞ여 보면 평론ᄒᆞᆯ 말이 업지 안이ᄒᆞ나 당시의 형셰로ᄂᆞᆫ 우리나라의 디위와 동양의 평화를 보존ᄒᆞᄂᆞᆫ ᄃᆡ 뎨일 상칙이 되엿스리니 엇던 사ᄅᆞᆷ이 그 일을 당ᄒᆞ엿든지 별노히 됴흔 방칙이 업셧슬지라 텬진됴약을 ᄆᆡᆺ고 일로협약을 톄결코져 ᄒᆞ던 이등후가 이번에 일한협약의 공을 일우엇스니 이등후의 지혜와 슈단이 ᄂᆞᆫ 것이 안이오 우리 나라의 힘이 ᄇᆞᆯ달ᄒᆞᆫ 결과로 이ᄀᆞᆺ치 셩공ᄒᆞᆷ인즉 일반 국민이 다 그 공이 잇스되 기즁에 유식ᄒᆞᆫ 학쟈와 유력ᄒᆞᆫ 정치가의 권쟝ᄒᆞ며 도솔ᄒᆞᆫ 힘이 크다 ᄒᆞᆯ지니 이등통감도 다른 정치가와 갓치 그 영광이 가쟝 들어난 사ᄅᆞᆷ이나 그러나 ᄒᆞᆫ편으로 ᄉᆡᆼ각ᄒᆞ면 일한의 관계ᄂᆞᆫ 슈십 년 동안의 정부가 여러 번 변ᄒᆞᆷ이 일뎡ᄒᆞᆫ 방침이 업고 도로혀 잇다금 실쳑ᄒᆞᆷ이 잇스

195 1884년에 일어난 갑신정변을 가리킴.

되 우리 국민은 항상 용밍스럽게 나아가 상공업으로뻐 외교의 부족흔 곳을 기워 한국에셔 우리나라의 세력을 붓든 바는 소실이 안이라 홀 슈 업스되 긔왕 지나간 일에 잘잘못을 의론홀 필요가 업거니와 슈십 년 동안의 동양의 형세가 변ᄒᆞ고 일로젼징을 격근 후에 신국면(新局面)을 열게 됨은 일언이폐ᄒᆞ고 우리 국력(國力)의 발달흔 결과이니 국가를 위ᄒᆞ야 크게 하례홀 바이로다 (미완)[196]

85 1907년 9월 4일(수) 제2496호 별보

이등통감의 공로 (일본 번역 속)

그런즉 이번의 일한협약은 당연히 되여가는 일이니 뎌 히아의 밀ᄉᆞ ᄉᆞ건은 다만 그 긔회를 얼마간 빠르게 홈에 지나지 못ᄒᆞᄂᆞᆫ도다 원릭 셩ᄉᆞᄒᆞᄂᆞᆫ 디ᄂᆞᆫ 그 사름의 슈단과 경험이 엇더홈을 인ᄒᆞ야 잘잘못과 쉽고 어려온 것의 ᄎᆞ등은 업지 못홀지니 비컨디 빈암쟝어 빈를 갈으ᄂᆞᆫ 것 ᄀᆞᆺᄒᆞ야 손에 익은 쟈ᄂᆞᆫ 쳔쳔히 도마 우에 옴겨 놋코 칼등으로 흔 번 가뷔엽게 친 후 송곳으로 귀셜미 ᄯᅮ이기를 목슈가 디픽로 나모 밀듯 ᄒᆞ야 츄호도 서슴지 안으되 익지 못흔 쟈ᄂᆞᆫ 잡앗다 놋치기를 몃 번식 ᄒᆞ야도 용이히 손에 붓들니지 안을ᄲᅮᆫ더러 곳게 갈으지 못ᄒᆞ고 가로 버히ᄂᆞᆫ 째가 만ᄒᆞ니 잘잘못과 쉽고 어려옴을 가히 알지라 그러나 임의 도마에 올은 빈암장어ᄂᆞᆫ 필경 ᄉᆞᆺ창이에 ᄯᅮ임을 면치 못ᄒᆞᄂᆞ니 이등통감의 로련흔 슈단과 륭슝흔 명망으로 한국에셔 신협약을 톄결홈은 션슈가 잘 드ᄂᆞᆫ 식칼로 빈암장어를 갈음과 달으지 안커니와 달은 사름으로 ᄒᆞ야곰 이 소임을 맛기면 비록 도마에 올은 고기라도 허다흔 심력을 허비ᄒᆞ엿스리로다 긔틀을 ᄉᆞᆲ히고 ᄯᅢ를 타셔 흔번에 남의 발목을 잡고 용이ᄒᆞ게 목뎍을 달홈은 달은 사름

196 9월 2~3일은 정기 및 임시휴간.

의 ᄒᆡᆼ치 못ᄒᆞᆯ 바이라 그 공로ᄅᆞᆯ 엇지 심샹타 ᄒᆞ리오 연고로 외국 사ᄅᆞᆷ이 모다 칭송ᄒᆞ며 우리도 ᄯᅩᄒᆞᆫ 갓치 칭송ᄒᆞ나 그러나 ᄉᆡᆼ각건ᄃᆡ 신협약의 셩립ᄒᆞᆷ은 일한 관계의 일부분을 결말ᄒᆞᆷ이로다 즁의원 의원의 환영회에셔 이등통감의 연셜에 갈아ᄃᆡ 일본국이 한국에 ᄃᆡᄒᆞ야 쟝ᄅᆡ에 경영ᄒᆞᆯ 모든 ᄉᆞ업 가온ᄃᆡ 아즉 미뎡ᄒᆞᆫ 문뎨가 만코 그 결국ᄒᆞᄂᆞᆫ ᄎᆡᆨ임은 온젼히 통감의 억ᄀᆡ에 달녓다 ᄒᆞ고 ᄯᅩ 갈아ᄃᆡ 나ᄂᆞᆫ 일한 관계가 ᄉᆞᆺ나도록 감당ᄒᆞᆯ 수 업스며 ᄎᆞᄎᆞ 후진 즁에 쥰슈ᄒᆞᆫ 인ᄌᆡ가 나면 그 사ᄅᆞᆷ의게 부탁ᄒᆞᆯ밧게 업스나 그러나 오날ᄂᆞᆯ은 ᄉᆞ직코져 ᄒᆞ야도 엇지 못ᄒᆞ리니 협약의 됴목을 실시ᄒᆞᄂᆞᆫ 단셔ᄂᆞᆫ 열어노을 터이라 ᄒᆞ엿ᄂᆞᆫ지라 대뎌 이등후ᄂᆞᆫ 공을 일우고 일홈이 놉하셔 본국의 졍치샹에ᄂᆞᆫ 조곰도 야심이 업스되 국가ᄅᆞᆯ 위ᄒᆞ야 수고로음을 도라보지 안코 열심과 지셩으로ᄡᅥ 협약의 실시ᄒᆞᄂᆞᆫ 효험을 보고져 ᄒᆞᆷ은 일반 국민이 ᄒᆞᆫ가지로 하례ᄒᆞ며 ᄯᅩᄒᆞᆫ 단셔ᄅᆞᆯ 열 ᄲᅮᆫ 안이오 마암과 긔력이 쇠ᄒᆞ기ᄭᆞ지ᄂᆞᆫ 힘쓰기ᄅᆞᆯ 바라노라 소위 쟝ᄅᆡ의 경영ᄒᆞᆯ ᄉᆞ업은 통감의 흉즁에 ᄌᆞ직ᄒᆞ려니와 무릇 일본이 한국을 ᄂᆡ 셰력 아ᄅᆡ 두기로 목뎍을 삼고 ᄯᅩ 각국에셔 그 목뎍의 실ᄒᆡᆼᄒᆞᆷ을 당연ᄒᆞᆫ 일로 아ᄂᆞᆫ 리유ᄂᆞᆫ 일한량국의 텬연ᄒᆞᆫ 관계가 일본 국ᄂᆡ에 남ᄂᆞᆫ 인구ᄅᆞᆯ 한국에 이식(利殖)ᄒᆞ며 그 부원(富源)을 ᄀᆡ발ᄒᆞ야 우리나라 ᄇᆡᆨ셩의 먹을 것이 부족ᄒᆞᆷ을 보용ᄒᆞᆷ은 국민의 ᄉᆡᆼ존경ᄌᆡᆼ에 부득이ᄒᆞᆫ 바이로다 한국의 면젹은 팔만 이쳔 방리로ᄃᆡ 그 인구ᄂᆞᆫ 일쳔만이 못 되고 일본은 면젹이 십ᄉᆞ만 칠쳔륙ᄇᆡᆨ오십오 방리에 인구ᄂᆞᆫ ᄉᆞ쳔팔ᄇᆡᆨ만이 넘고 ᄒᆡ마다 인구의 느ᄂᆞᆫ 것이 ᄉᆞ오십만이 됨ᄋᆡ 국ᄂᆡ에셔 나ᄂᆞᆫ 물건이 이 ᄇᆡᆨ셩을 먹이기에 년년히 부족ᄒᆞᆫ즉 우리나라의 남ᄂᆞᆫ 인구ᄅᆞᆯ 한국으로 옴기고 농업을 ᄀᆡ량ᄒᆞ야 츄슈ᄒᆞᄂᆞᆫ 곡식을 우리나라로 슈입ᄒᆞ면 인구와 식물(食物)이 ᄌᆞ연히 평균ᄒᆞ야져셔 우리나라와 뎌 나라가 ᄒᆞᆫ가지로 ᄒᆡᆼ복을 밧으리니 이ᄂᆞᆫ 우리가 한국에 ᄃᆡᄒᆞᄂᆞᆫ 대방침이라 이 목뎍을 달ᄒᆞ랴면 허다ᄒᆞᆫ 셰월이 될 터이라 오날날 경영ᄒᆞᆯ 것이 만타 ᄒᆞ나 필경은 이 대방침을 ᄒᆡᆼᄒᆞ야 나아가ᄂᆞᆫ 쥰비이니 이등후의 닐은바 협약의 실시ᄒᆞᄂᆞᆫ 단셔ᄅᆞᆯ 열겟다 ᄒᆞᄂᆞᆫ 말은 득당ᄒᆞ다

홀 수 업고 결국 ᄒᆞᄂᆞᆫ 일은 후진 즁에 쥰슈ᄒᆞᆫ 인ᄌᆡ를 기다린다 ᄒᆞ엿스나 우리의 바라ᄂᆞᆫ 바ᄂᆞᆫ 통감이 늙을ᄉᆞ록 더욱 쟝ᄒᆞ야 오ᄅᆡ 그 직임을 맛하셔 아조 공을 셰움이니 셰인이 닷토어 환영ᄒᆞᄂᆞᆫ ᄲᅢ를 당ᄒᆞ야 두어 마ᄃᆡ 말로 통감의 공로를 칭송ᄒᆞ며 쟝ᄅᆡ의 희망ᄒᆞᄂᆞᆫ 바를 베프노라

긔ᄌᆡ ㅣ 갈아ᄃᆡ 셰계 각국에 어ᄂᆡ 나라이든지 교육과 식산이 불달ᄒᆞ면 ᄌᆞ연히 인구가 늘고 인구가 늘면 먹을 것이 부족ᄒᆞᆫ 고로 어ᄃᆡ든지 약ᄒᆞ고 열니지 못ᄒᆞᆫ 나라를 취ᄒᆞ야 ᄂᆡ ᄇᆡᆨ셩을 옴겨심으ᄂᆞᆫ 법이니 일본의 대방침도 과연 시ᄉᆞ신보의 론셜과 갓다 ᄒᆞ노라 (완)

86 1907년 9월 5일(목) 제2497호 별보

엇지홀 슈 업ᄂᆞᆫ 일[197]

본일 론셜 문뎨를 엇지홀 슈 업ᄂᆞᆫ 일이라고 ᄒᆞ얏스니 처음으로 문뎨만 보시ᄂᆞᆫ 이ᄂᆞᆫ 그 의미를 알지 못ᄒᆞ고 무엇을 엇지홀 슈 업ᄂᆞᆫ 일인지 궁금이 녁일 듯ᄒᆞ거니와 이 엇지홀 슈 업다ᄂᆞᆫ 문뎨 속에 여러 가지 깁흔 ᄯᅳᆺ이 포함ᄒᆞ얏스니 ᄌᆞ세히 보시고 깁히 ᄉᆡᆼ각ᄒᆞ면 죠금이라도 지각이 잇ᄂᆞᆫ 동포ᄂᆞᆫ 눈물 흘님을 ᄭᆡ닷지 못ᄒᆞ깃도다

소위 엇지홀 슈 업다ᄂᆞᆫ 일로 론란ᄒᆞ자면 우리 대한 젼국ᄂᆡ 쳔만 ᄉᆞ위가 모다 엇지홀 슈 업거니와 그즁에 더욱 한심ᄒᆞ고 답답ᄒᆞ고 야속ᄒᆞᆫ 일은 달은 일 말홀 결을 업시 위션 우리 신문계오 ᄯᅩ 신문 구람ᄒᆞᄂᆞᆫ 동포들이로다

197 3회 연속 게재된 이 글은 이종일이 쓴 것이다. 정운복이 쓴 제 2500호(9월 10일자) 논설의 "본샤 샤쟝이 지셩측달ᄒᆞᆫ 말로 본샤의 젼후ᄅᆡ력과 현금의 지팅키 어려온 ᄉᆞ실을 들어 련ᄒᆞ야 삼일간을 의론ᄒᆞ엿스되"라는 구절 참조.

국가의 신문 관계가 엇더ᄒᆞᆫ 것은 이왕에도 무슈히 말ᄒᆞ고 ᄯᅩ 여러분의 대강 아실 바어니와 지금 나라일을 근심ᄒᆞ고 나라일의 엇더케 된 것을 짐작ᄒᆞᄂᆞᆫ 지각이 어ᄃᆡ셔 ᄉᆡᆼ겻나뇨 ᄒᆞ면 신문의 공효가 업다고 ᄒᆞᆯ 슈 업ᄂᆞᆫ 바오 ᄯᅩᄒᆞᆫ 지금 문명국 현상으로 보건ᄃᆡ 그 나라에 뎨일 힘쓰고 뎨일 만은 물건이 무엇이냐 ᄒᆞ면 죠희 셰계라 ᄒᆞ나니 죠희 셰계란 ᄆᆞᆯ은 그 나라 안에 동리마다 신문 잡지라 그 나라 인민이 밥은 몃 ᄭᅴ를 굴물지언뎡 신문 잡지ᄂᆞᆫ 안이 보지 못ᄒᆞ고 사ᄅᆞᆷ마다 신문 ᄉᆞ랑ᄒᆞ기를 셰계에 뎨일 가ᄂᆞᆫ 보픠나 됴흔 친구나 어진 션ᄉᆡᆼ을 ᄃᆡᄒᆞᆫ 듯 ᄒᆞ나니 무릇 인민이 신문을 그럿케 ᄉᆞ랑ᄒᆞᄂᆞᆫ ᄭᅡᄃᆞᆰ은 그 신문 보ᄂᆞᆫ 가온ᄃᆡ셔 지각이 ᄉᆡᆼ기고 학식과 문견이 늘어셔 ᄌᆞ긔의 ᄌᆞ유와 ᄌᆡ산을 보호ᄒᆞᆯ 긔틀이 ᄉᆡᆼ기ᄂᆞᆫ 연고로다

그런 고로 신문 보ᄂᆞᆫ 죵류가 다 각각이니 가량 농민은 농ᄉᆞ신문을 보고 상민은 샹업신문을 보고 교인은 죵교신문을 보고 졍치가ᄂᆞᆫ 졍치신문을 보아 각각 ᄌᆞ긔의 소장을 ᄯᅡ라 보아셔 ᄌᆞ긔 ᄉᆡᆼ업의 유조ᄒᆞᆯ 학식을 취ᄒᆞᄂᆞᆫ 고로 신문 보ᄂᆞᆫ 법부터 죵용ᄒᆞᆷ을 타셔 읍뒤일을 ᄉᆡᆼ각ᄒᆞ야가며 그 말의 엇더ᄒᆞᆫ 뜻을 알고야 말되 혹 미흡ᄒᆞᆫ 곳이 잇스면 고명ᄒᆞᆫ 쟈에게 물어셔라도 긔어히 알고 ᄯᅩ 알아노은 후에ᄂᆞᆫ 그ᄃᆡ로 시ᄒᆡᆼᄒᆞ야 긔어히 신문 본 효력을 엇고 ᄯᅩ 신문 만드ᄂᆞᆫ 사ᄅᆞᆷ으로 말ᄒᆞ면 구람ᄒᆞᄂᆞᆫ 사ᄅᆞᆷ이 만은즉 ᄌᆡ졍의 군졸ᄒᆞᆫ 폐단이 업고 도로혀 리익이 잇ᄂᆞᆫ 고로 경비를 앗기지 안코 셰계의 신긔ᄒᆞᆫ 학문과 ᄉᆡ로이 발명된 됴흔 일을 아모죠록 ᄎᆡ탐ᄒᆞ야 신문 보ᄂᆞᆫ 사ᄅᆞᆷ의 의견과 지식이 늘도록 ᄒᆞ야 ᄉᆞ농공상을 물론ᄒᆞ고 젼국 인민이 다 그 신문의 효력을 보도록 힘쓰나니 그런 고로 비록 벽항궁촌이라도 신문 업시ᄂᆞᆫ 살 슈 업ᄂᆞᆫ 쥴노 ᄉᆡᆼ각ᄒᆞᄂᆞᆫ지라

우리가 이왕에도 루ᄎᆞ 말ᄒᆞ얏거니와 지금 우리 한국 ᄂᆡ에 일인의 신문이 가위 어ᄃᆡ 업ᄂᆞᆫ ᄃᆡ가 업시 각 항구와 장시에 다 신문이 잇셔셔 도합 열오륙 쳐가 되나니 그 인구로 말ᄒᆞ면 팔구만 명에 지나지 안이ᄒᆞᆫᄃᆡ 십여 쳐 신문샤가 능히 유지ᄒᆞᆯ 분만 안이라 도로혀 리익이 잇ᄂᆞᆫ ᄃᆡ가 잇ᄂᆞᆫ지라 뎌 문명국 사ᄅᆞᆷ의 신문

1907년
9월

ᄉᆞ랑ᄒᆞᄂᆞᆫ 것을 가히 알깃고 또ᄒᆞᆫ 인민이 신문 ᄉᆞ랑ᄒᆞ고 안는 것을 의론ᄒᆞ건ᄃᆡ 만일 신문샤에셔 정부의 무리ᄒᆞᆫ 압제를 당ᄒᆞᆫ다던지 ᄌᆡ졍이 곤란ᄒᆞ야 폐지ᄒᆞᆯ 경우에ᄂᆞᆫ 일체 인민이 분별심을 ᄂᆡ여 정부의 무리ᄒᆞᆷ을 변명ᄒᆞ고 ᄌᆡ졍으로 연죠ᄒᆞ야 긔어히 유지ᄒᆞ도록 ᄒᆞ나니 이ᄂᆞᆫ 신문샤ᄂᆞᆫ 곳 인민 ᄌᆞ유의 ᄃᆡ표쟈요 식산흥업의 션ᄉᆡᆼ이라 신문의 ᄌᆞ유를 보젼치 못ᄒᆞ면 일쳬 인민의 ᄌᆞ유가 다 멸망을 당ᄒᆞᄂᆞᆫ 연고로다 (미완)

87 1907년 9월 6일(금) 제2498호 별보

엇지ᄒᆞᆯ 슈 업ᄂᆞᆫ 일 (젼호속)

어졔ᄂᆞᆫ 남의 잘ᄒᆞᄂᆞᆫ 리약이를 말ᄒᆞ얏거니와 금일은 우리나라 ᄉᆞ졍을 ᄃᆡ강ᄒᆞᆯ 터인ᄃᆡ 아모리ᄒᆡ ᄉᆡᆼ각ᄒᆞ야도 과연 엇지ᄒᆞᆯ 슈 업도다 쳣ᄌᆡ 인민이 ᄌᆞ유를 보젼ᄒᆞᆯ 쥴을 몰으니 지금 시ᄃᆡ에 ᄌᆞ유를 보젼ᄒᆞᆯ 줄을 몰으ᄂᆞᆫ 국민이 무삼 일을 ᄒᆞ깃스며 둘ᄌᆡᄂᆞᆫ 국민이 지식을 늘일 ᄉᆡᆼ각이 업스니 지식 늘일 ᄉᆡᆼ각 업ᄂᆞᆫ 국민이 무엇을 ᄒᆞ깃스며 셰ᄌᆡᄂᆞᆫ 인민이 ᄌᆡ산을 늘일 줄 몰으니 ᄌᆡ산 늘일 줄 몰으ᄂᆞᆫ 국민이 무엇을 ᄒᆞᆫ다 ᄒᆞ리오

엇지ᄒᆞ야 그러ᄒᆞ뇨 신문은 지식을 늘이고 ᄌᆞ유를 보젼ᄒᆞ고 산업의 증진을 지도ᄒᆞᄂᆞᆫ 큰 긔관이라 ᄌᆞ셰히 보고 깁히 ᄉᆡᆼ각ᄒᆞ면 지금 셰상에 신문밧게 볼 것이 업거ᄂᆞᆯ 우리나라 이쳔만 명이 신문을 구람ᄒᆞᄂᆞᆫ 쟈 오쳔 명이 지나지 안이ᄒᆞ고 또 그 신문 보ᄂᆞᆫ 본의를 보건ᄃᆡ 지식을 늘이쟈거나 ᄌᆞ유를 보젼ᄒᆞ쟈거나 ᄌᆡ산 늘이ᄂᆞᆫ 방침을 엇고져 ᄒᆞᆷ이 안이오 다만 시국이 분요ᄒᆞᆷ을 인ᄒᆞ야 어ᄃᆡ셔 의병이 닐어나ᄂᆞᆫ가 일병이 들어오ᄂᆞᆫ가 어ᄃᆡ를 부슈엇나 언으 큼즉ᄒᆞᆫ 관원이 죽엇나 나라 팔아먹ᄂᆞᆫ 놈의 동졍이 엇더ᄒᆞᆫ가 언으 미운 외국인을 흠담ᄒᆞ고 쑤지졋ᄂᆞᆫ가 정부 당국쟈들을 무여지ᄒᆞ게 릉욕이나 ᄒᆞ얏ᄂᆞᆫ가 언으 미운 놈이 졀노

쥭엇는가 일일히 ᄌᆞ긔네 보고 알아셔 쓸ᄃᆡ업ᄂᆞᆫ 것만 됴타 ᄒᆞ얏지 일호라도 ᄌᆞ긔네 식산흥업에라던지 지식 늘이고 ᄌᆞ유 보젼ᄒᆞᆯ 말은 ᄌᆞ미 업다 볼 것 업다 ᄒᆞ고 신문 보ᄂᆞᆫ 것을 소경 팔왕경 닑듯 쥴쥴 ᄂᆡ리보고 툭 ᄂᆡ던지고 그럿치 안으면 치레본이나 ᄒᆡᆼ셰본으로 신문 청구ᄂᆞᆫ ᄒᆞ야 날마다 오ᄂᆞᆫ 신문을 문간 하인이나 시골손들이 보ᄂᆞᆫ 쳬ᄒᆞ다가 만일 그 쥬인의 말이 계ᄌᆡ된 것이나 잇스면 쥬인에게 말ᄒᆞ야 그 쥴거리만 보고 던질 ᄯᆞ름이니 귀ᄒᆞᆫ 돈 쥬고 신문 보아 무엇ᄒᆞ나 ᄉᆞᆲ흐다 국민의 ᄒᆡᆼ동이 그러ᄒᆞ니 그 나라일이 엇지 취셔[198]되기를 바라리오 과연 엇지ᄒᆞᆯ 슈 업고 ᄯᅩ한 우리나라에 와 잇ᄂᆞᆫ 일인의 슈효와 그 사ᄅᆞᆷ들의 발간ᄒᆞᄂᆞᆫ 신문 십오륙 쳐를 가지고 우리 이쳔만 명에 불과 슈삼 죵 신문을 비교ᄒᆞ건ᄃᆡ 쳔분지일에 지나지 안이ᄒᆞ니 우리 국민의 지식도 뎌 사ᄅᆞᆷ들의 비ᄒᆞ야 쳔분지일에 지나지 안을 터이니 학식과 ᄌᆡ능이 남보다 일이분을 지더ᄅᆡ도 실디상 일에 견ᄃᆡᆯ 슈 업슬 터인ᄃᆡ 쳔분에 구ᄇᆡᆨ구십구분이 부족ᄒᆞᆫ즉 엇지 남의 로례되기를 면ᄒᆞ리오 이것이 ᄯᅩ한 엇지ᄒᆞᆯ 슈 업ᄂᆞᆫ 일이오

ᄯᅩ 한 가지 못쓸 셩품은 나라 사랑ᄒᆞᄂᆞᆫ 셩품이 업셔셔 쳔ᄇᆡᆨ ᄉᆞ위에 ᄂᆡ 나라 것은 경홀이 넉이고 남의 것을 됴화ᄒᆞ나니 남의 나라 사ᄅᆞᆷ은 한 푼ᄌᆞ리 물건을 사더ᄅᆡ도 ᄌᆞ긔 나라 것을 사고 남의 것을 됴화 안이ᄒᆞ거늘 우리 국민은 ᄂᆡ 것은 슬혀ᄒᆞ고 남의 것 쓰기를 됴화ᄒᆞ야 심지어 신문 갓흔 것을 보더ᄅᆡ도 ᄂᆡ 나라 것은 거졀ᄒᆞ고 남의 나라 사ᄅᆞᆷ이 쥬관ᄒᆞᄂᆞᆫ 것을 만이 보아 그 형향이 국가에 엇더케 되ᄂᆞᆫ 쥴을 ᄉᆡᆼ각지 못ᄒᆞ니 그럿케 어리셕고 나라이 어ᄃᆡ로 조ᄎᆞ 부지ᄒᆞ리오 이것이 ᄯᅩ한 엇지ᄒᆞᆯ 슈 업ᄂᆞᆫ 일이라 그 허다히 엇지ᄒᆞᆯ 슈 업ᄂᆞᆫ 일은 리로 말ᄒᆞᆯ 슈 업거니와 명일은 본샤 ᄉᆞ세가 ᄯᅩᄒᆞᆫ 엇지ᄒᆞᆯ 슈 업ᄂᆞᆫ 리유를 셜명ᄒᆞ오리다 (미완)

198 취서(就緖): 일을 처음 시작함.

엇지ᄒᆞᆯ 슈 업ᄂᆞᆫ 일 (젼호쇽)

본 신문은 광무 이년 팔월에 창간ᄒᆞ야 지우금 십 년을 유지ᄒᆞᄂᆞᆫ 동안에 가옥과 긔계를 소화ᄒᆞ야 남의 가가방을 셰ᄂᆡ여 지ᄂᆡ며 남의 활판에 셰를 주고 인쇄ᄒᆞ던 ᄉᆞ정과 본샤 ᄉᆞ무원이 졍부에 압제를 당ᄒᆞ야 오ᄅᆡ 갓치기도 ᄒᆞ고 여러히 징역도 당ᄒᆞ야 보고 외국인의 셰력으로 몃 달 뎡간도 ᄒᆞ야본 ᄉᆞ졍은 니로다 말ᄒᆞᆯ 슈도 업고 ᄯᅩᄒᆞᆫ ᄌᆞ셰히 알으시ᄂᆞᆫ 동포도 만커니와 본샤 샤원의 소경력을 ᄉᆡᆼ각ᄒᆞ고 그동안 신문을 여일히 츌판ᄒᆞ야 오던 ᄉᆞ셰를 ᄉᆡᆼ각ᄒᆞ건ᄃᆡ 그 본의가 어ᄃᆡ 잇나냐 ᄒᆞ깃ᄂᆞᆫ가 이 신문을 발간ᄒᆞᄂᆞᆫ ᄃᆡ 리익이 만어셔 부자가 되고져 ᄒᆞᆷ이라 ᄒᆞ깃ᄂᆞᆫ가 잡혀 갓치고 징역ᄒᆞᄂᆞᆫ 것을 큰 공명으로 알고 ᄆᆡ양 ᄌᆡ졍의 군졸ᄒᆞᆷ을 됴히 넉여 십 년 동안이나 붓잡고 잇다 ᄒᆞ깃ᄂᆞᆫ가 열니지 안은 나라에 신문 ᄉᆞ업ᄒᆞᄂᆞᆫ 쟈 리익 보지 못ᄒᆞᆯ 것은 뎡ᄒᆞᆫ 일이오 욕보고 고ᄉᆡᆼᄒᆞᄂᆞᆫ 것은 례ᄉᆞ니 그 무엇을 취ᄒᆞ야 졍부에 미음밧고 외국인에 눈의 가싀 노릇ᄒᆞ야 가며 긔어히 유지코져 ᄒᆞᆫ다 ᄒᆞ깃ᄂᆞᆫ가 참 어리셕고 우슬 만ᄒᆞᆫ 일이로다 비록 그러ᄒᆞ나 반울구멍만치라도 ᄂᆡ다보ᄂᆞᆫ 일이 잇ᄂᆞᆫ 고로 지금 세상에ᄂᆞᆫ 소위 나라명ᄉᆡᆨᄒᆞ고ᄂᆞᆫ 신문이 안이고ᄂᆞᆫ 캄캄ᄒᆞᆫ 밤즁 셰계가 되야 눈 ᄇᆞᆰ은 쟈에 굴네를 면치 못ᄒᆞᆯ 것을 짐작ᄒᆞ고 그 허다ᄒᆞᆫ 고초와 간신ᄒᆞᆫ ᄌᆡ졍으로 십 년이 되도록 ᄭᅳᆯ어 나려오기ᄂᆞᆫ 다ᄒᆡᆼ이 우리 동포들이 ᄋᆡ국ᄉᆞ상도 ᄉᆡᆼ기고 ᄌᆞ유권리를 ᄎᆞ즐 줄도 알고 식산흥업의 요령도 알아셔 ᄉᆞ쳔 년 직혀 나려오던 조상의 나라을 보젼ᄒᆞ야 비록 한 덩이 흙과 한 죠각 돌이라도 남의계 ᄲᅢ앗기지 안코 우리 ᄌᆞ손으로 ᄒᆞ야곰 억만ᄃᆡ ᄌᆞ유를 눌일가 바람이러니 슯흐다 시운이 불길ᄒᆞᆷ인지 국민의 박복ᄒᆞᆷ인지 국셰가 이 지경이 된지라 맛당이 더욱 분불ᄒᆞ야 힘쓸 터이로ᄃᆡ 본샤 샤원의 셩력도 긔진ᄒᆞ고 신문 구람ᄒᆞ시ᄂᆞᆫ 여러분들의 셩의도 ᄒᆡ이ᄒᆞ야 본국 신문 명ᄉᆡᆨ이라고ᄂᆞᆫ ᄉᆞ랑ᄒᆞᄂᆞᆫ 이 젹고 신문 ᄃᆡ금의 건톄[199]ᄂᆞᆫ 날노 더ᄒᆞ야 치

쟝[200]이 산갓치 ᄊᆞ이ᄆᆡ 아모리 ᄉᆡᆼ각ᄒᆞ야도 신문을 계속ᄒᆞ야 발간ᄒᆞᆯ 도리도 극란ᄒᆞᆯᄲᅳᆫ더러 본 샤쟝은 이 신문으로 인연ᄒᆞ야 십 년 동안에 쳥츈이 ᄇᆡᆨ발이 되얏스니 ᄋᆡ쓰던 공효도 보지 못ᄒᆞ고 속졀 업시 셰월만 보ᄂᆡᆯ진ᄃᆡ ᄎᆞ라리 붓을 던지고 산곡간에 들어가 구름에 밧갈고 달 아ᄅᆡ 낙시질ᄒᆞᄂᆞᆫ 것만 갓지 못ᄒᆞ깃도다 비록 그러ᄒᆞ나 시국을 ᄉᆡᆼ각ᄒᆞ고 여러 ᄒᆡ 고심혈셩ᄒᆞ던 졍셩을 ᄉᆡᆼ각ᄒᆞᆫ즉 참아 못 ᄒᆞᆯ 바라 ᄂᆞᆯ마다 ᄉᆡᆼ각ᄒᆞ기를 명일은 그만두리라 ᄯᅩ 명일은 그만두리라 ᄒᆞ기를 마지 안이ᄒᆞ나 참아 못 ᄒᆞᄂᆞᆫ ᄉᆡᆼ각이 졈졈 깁허 오날날ᄶᅡ지 지ᄂᆡ거니와 붓을 던지고 안이 던지ᄂᆞᆫ 긔관이 어ᄃᆡ 잇나냐 ᄒᆞ면 여러 동포에게 달녓도다 이 뎨국신문이 유지ᄒᆞ야 쓸ᄃᆡ업다 ᄒᆞᆯ 지경이면 당쟝에 그만둘 터이오 만일 뎨국신문이 잇셔야 ᄒᆞ깃다고 찬죠ᄒᆞ면 비록 간뢰도디[201] ᄒᆞ야도 긔어히 나죵을 볼 터인ᄃᆡ 이 말을 허소이 ᄉᆡᆼ각ᄒᆞ면 우스운 말인 듯ᄒᆞ나 신문은 곳 ᄉᆞᄉᆞ가 안이오 국민을 위ᄒᆞ야 발간ᄒᆞᄂᆞᆫ 것인즉 신문의 존망을 동포에게 질문ᄒᆞ야도 망발이 안이로다 혹 신문의 쥭고 사ᄂᆞᆫ 관계와 뎨국신문 네 글ᄌᆞ의 명의를 ᄉᆡᆼ각ᄒᆞᄂᆞᆫ 이 계실ᄂᆞᆫ지 (완)[202]

89 1907년 9월 10일(화) 제2500호 론셜

붓을 들고 통곡ᄒᆞᆷ / 졍운복

본 신문을 챵간ᄒᆞᆫ 지 십 년 동안에 허다ᄒᆞᆫ 곤욕과 무수ᄒᆞᆫ 간험[203]을 격그며

---

199 건체(愆滯): 이행해야 할 채무나 납세 따위를 정해진 기한이 지나도록 지체함.

200 채장(債帳): 빚진 돈의 액수를 적는 장부.

201 간뇌도지(肝腦塗地): 참혹한 죽음을 당하여 간과 뇌가 으깨어졌다는 뜻으로, 나라를 위하여 목숨을 돌보지 않고 힘을 다함을 이르는 말.

202 9월 8~9일은 임시 및 정기휴간.

오날날ᄭᅡ지 부지ᄒᆞ야 실낫 갓흔 목숨이 ᄭᅳᆫ치지 안이ᄒᆞᆷ은 첫ᄌᆡᄂᆞᆫ 본샤 샤쟝 리죵일 씨와 밋 여러 샤원의 고심혈셩이라 ᄒᆞ겟고 둘ᄌᆡᄂᆞᆫ 유지ᄒᆞ신 동포의 사랑ᄒᆞ심과 챤죠ᄒᆞ심이라 ᄒᆞᆯ지라 본 긔쟈도 역시 본 신문을 사랑ᄒᆞ던 ᄒᆞᆫ 사ᄅᆞᆷ으로 수월 젼부터 본 신문의 붓을 잡아 어리셕은 소견을 날마다 쟝황히 베푸러 대한국의 신민된 의무ᄅᆞᆯ 만분지일이라도 다ᄒᆞ자 ᄒᆞ엿삽더니 슯흐다 본샤의 경비가 군졸ᄒᆞ야 능히 지탱ᄒᆞᆯ 수 업ᄂᆞᆫ 가온ᄃᆡ 경셩과 밋 십삼도 각군의 신문갑이 셩실히 슈입되지 못ᄒᆞ오니 무엇으로ᄡᅥ ᄆᆡ일 쓰ᄂᆞᆫ 지필묵가와 여러 샤원의 신슈비[204]를 지츌ᄒᆞ리오 부득불 본 신문을 폐지ᄒᆞᆯ ᄃᆡ경인 고로 본샤 샤쟝이 지셩측달ᄒᆞᆫ 말로 본샤의 젼후ᄅᆡ력과 현금의 지탱키 어려온 ᄉᆞ실을 들어 련ᄒᆞ야 삼일간을 의론ᄒᆞ엿스되 이쳔만 동포에 ᄒᆞᆫ 사ᄅᆞᆷ도 ᄒᆞᆫ 줄기 눈물을 ᄲᅮ려 동졍을 표ᄒᆞᄂᆞᆫ 이가 업스니 슯흐고 분ᄒᆞ고 ᄋᆡᄃᆲ은 마암을 금치 못ᄒᆞ야 붓을 들어 여러분 ᄋᆞᆸ헤 폭ᄇᆡᆨ[205]ᄒᆞ고져 ᄒᆞᆯ ᄉᆡ 실셩통곡ᄒᆞᆷ을 ᄭᆡ닷지 못ᄒᆞ고 반향이나 인ᄉᆞᄅᆞᆯ 차리지 못ᄒᆞ엿다가 다시금 눈물을 거두고 졍신을 슈습ᄒᆞ야 두어 줄 영결셔ᄅᆞᆯ 긔록ᄒᆞ야 여러 동포의 ᄋᆞᆸ헤 업다려 고ᄒᆞ노라

이 영결셔ᄂᆞᆫ 본 긔쟈가 ᄉᆡᆼ명을 버려 여러분과 영결ᄒᆞᆷ이 아니오 뎨국신문을 ᄃᆡ신ᄒᆞ야 영결ᄒᆞᆷ이오나[206] 그러나 뎨국신문이 망ᄒᆞ야 업셔지면 본 긔쟈의 ᄉᆡᆼ명인들 얼마나 오ᄅᆡ 보젼ᄒᆞ오릿가 본 신문의 망ᄒᆞᄂᆞᆫ 것과 본 긔쟈의 죽ᄂᆞᆫ 것은 족히 앗갑지 안이ᄒᆞ오나 다만 두려워ᄒᆞ건ᄃᆡ 본 신문이 망ᄒᆞ고 본 긔쟈가 죽은 후에ᄂᆞᆫ 여러분도 ᄯᅩᄒᆞᆫ 금의옥식을 편안히 누리지 못ᄒᆞᆯ가 ᄒᆞ노이다

ᄒᆞᆫ동안 본 신문이 대ᄃᆞᆫ히 확쟝되여 경향 각쳐로 나가ᄂᆞᆫ 슈효가 ᄉᆞᆷ쳔쟝이 넘

203 간험(艱險): 몹시 험난함.

204 신수비(薪水費): 봉급.

205 폭백(暴白): 억울하고 분한 사정을 성을 내며 말함. 혹은 죄나 잘못 따위가 없음을 변명하여 말함.

206 원문 표기 그대로 옮김.

어 ᄉᆞ쳔장에 갓갑삽더니 ᄉᆞ오삭 이리로 신문 나가는 슈효가 늘마다 쥴어 이쳔 장이 지나지 못ᄒᆞ오니 이 모양으로 줄어가면 쟝찻 어ᄂᆡ 디경에 일을는지 몰을 ᄲᅮᆫ 안이라 나가는 신문의 갑도 슈합홀 도리가 만무ᄒᆞ온즉 아모리 ᄋᆡ를 쓰고 경영ᄒᆞᆫ들 엇지ᄒᆞ리오 도로켜 ᄉᆡᆼ각ᄒᆞ건ᄃᆡ 신문의 나가는 수효가 주는 것은 그 허물이 본사에 잇다 ᄒᆞ리로다 엇지ᄒᆞ야 그러뇨 ᄒᆞ면 신문의 톄지가 아름답지 못ᄒᆞ고 긔ᄉᆞ가 민속지 못ᄒᆞ고 론셜이 고루ᄒᆞᆫ 연고이라 그러나 동포의 사랑ᄒᆞ는 졍으로 부족ᄒᆞᆫ 일이 잇스면 ᄎᆡᆨ망ᄒᆞ야 고치게 홈은 가ᄒᆞ거니와 안져셔 우스며 그 망ᄒᆞ는 것을 기다림은 여러분의 허물이 안이라 홀 수 업다 홈노이다

여러분 가온ᄃᆡ 누구시던지 본 신문이 나라와 ᄇᆡᆨ셩의게 츄호도 리익이 업다 ᄒᆞ시면 본 신문은 명일부터라도 폐간ᄒᆞ기를 앗기지 안컷ᄉᆞ오나 만일 털쯧만치라도 어국어민에 유죠홈이 잇다 ᄒᆞ시면 다만 몃날 동안이라도 더 지탕ᄒᆞ겟ᄉᆞ오니 바라건ᄃᆡ 여러분은 조곰도 은휘치 마시고 ᄇᆞᆰ히 가라치쇼셔 본샤의 여러 샤원은 힘과 졍셩을 다ᄒᆞ고 지금은 ᄇᆡᆨ쳑간두에 올나셔 ᄒᆞᆫ 거름을 나갈 수도 업고 물너갈 수도 업ᄉᆞ와 ᄒᆞᆫ 번 여러분의게 질문홈이오니 슯흐다 여러분이여 계속ᄒᆞ여 서로 볼는지 과연 영결이 될는지오

90 1907년 9월 11일(수) 제2501호 긔셔

제목 없음 / 리일졍(李一貞)[207]

대한뎨국 이쳔만 형뎨자ᄆᆡ 즁에 만고무쌍ᄒᆞ온 박명인 리일졍은 한쥴기 눈물을 ᄲᅮ리고 고루ᄒᆞᆫ 문견과 쳔박ᄒᆞᆫ ᄉᆡᆼ각으로 두어 ᄌᆞ 글월을 밧드러 우리 사랑ᄒᆞ는

207 이일정(李一貞): 헤이그 밀사 중 한 사람인 이준(李儁)의 부인.

뎨국신문샤 쳠위 각하의게 올니└이다 오날 아참에 일즉 니러나 셔쳔을 바라보며 망부의 외로온 혼을 부르옵다가 귀 신문을 보온즉 쳣직는 직졍의 군졸홈과 둘직는 신문을 구람ᄒᆞ시는 동포의 열심이 부족ᄒᆞ옴과 셋직는 언론의 ᄌᆞ유를 엇지 못ᄒᆞ와 닉외국의 시셰 형편을 마암딕로 긔직치 못홈으로 인ᄒᆞ야 쟝찻 폐지홀 디경에 니른지라 이에 영결셔를 지어 젼국 동포의게 고ᄒᆞ심이오니 신문 보기를 맛치지 못ᄒᆞ압고 졍신이 비월ᄒᆞ야 쳥텬빅일에 두 눈이 캄캄ᄒᆞ와 지쳑을 분변홀 슈 업삽기로 어린 ᄯᆞᆯᄌᆞ식의 무릅을 의지ᄒᆞ야 일쟝 통곡ᄒᆞ압다가 다시금 싱각ᄒᆞ온즉 우리 대한 뎨국신문이 업셔지면 우리 이쳔만인의 귀와 눈이 업셔지옴이라 미망인 일졍의 셩붕지통[208]은 고금에 ᄶᆞᆨ이 업ᄉᆞ온지라 쟝찻 ᄉᆞ싱을 알 슈 업ᄉᆞ오나 혹시 부지ᄒᆞ오면 몸과 ᄯᅳᆺ을

대한뎨국에 의지ᄒᆞ야 우리 강토의 보젼홈과 인민의 ᄌᆞ유권을 회복홈과 ᄌᆞ유독립ᄒᆞ는 날을 볼가 ᄒᆞ옵고 아참 젹녁[209]으로 실낫 갓흔 목숨을 간신히 지팅ᄒᆞ옵더니 이졔 뎨국신문의 지팅키 어려옴을 싱각ᄒᆞ옴이 흉격이 막히고 심신이 흣허져 일시를 보젼치 못ᄒᆞ겟ᄉᆞ오니 바라압건딕

귀샤 쳠위 각하쎄오셔 쳔 가지 어려옴과 만 가지 불편ᄒᆞ심을 강인[210]ᄒᆞ시와 우리 이쳔만 동포의 귀와 눈을 막지 마시고 날마다 식롭게 ᄒᆞ여쥬시면 이 잔인ᄒᆞ고 박힝ᄒᆞ온 인싱도 명이 다ᄒᆞ도록 우리 지공무ᄉᆞᄒᆞ시고 텬디만물의 대쥬직되신

샹뎨아바지 압헤 일심으로 긔도ᄒᆞ오리니 우리

샹뎨아바지쎄셔는 무소불능ᄒᆞ시며 무소부지ᄒᆞ시는 권능이 계시온지라 엇지

208 셩붕지통(城崩之痛): 남편의 죽음을 슬퍼하며 성이 무너질 듯 크게 우는 아내의 울음.

209 '저녁'의 오기.

210 강인(强忍): 억지로 참음.

귀샤를 사랑ᄒᆞ샤 도으시지 안으오릿가 ᄯᅩᄒᆞᆫ 우리 형뎨쟈미께셔는 쳣지는 나라를 ᄉᆡᆼ각ᄒᆞ시고 둘지는 뎨국신문을 사랑ᄒᆞ시고 셋지는 일졍을 불샹히 녁이샤 뎨국신문을 닷토어 보시며 아모조록 뎨국신문의 군졸ᄒᆞᆫ ᄌᆡ졍을 도으샤 대한국민의 일분ᄌᆞ된 일졍의 말을 져바리시지 안으시면 국가에 다ᄒᆡᆼ홈이오 인민에 다ᄒᆡᆼ홈이라 ᄒᆞ노이다 알외을 말삼이 무궁ᄒᆞ오나 졍신이 어즈러워 문리와 말삼의 두셔를 몰으옵고 두어 마ᄃᆡ 젹ᄉᆞ오니 구구ᄒᆞ온 졍셩을 숣히쇼셔

긔쟈 갈아ᄃᆡ 리일졍 씨는 진실로 박명ᄒᆞᆫ 일부인이로ᄃᆡ 본 신문의 폐지됨을 이갓치 간졀히 ᄉᆡᆼ각ᄒᆞ야 강ᄀᆡ격졀ᄒᆞᆫ 말로ᄡᅥ 우리를 권면ᄒᆞ시니 엇지 힘과 졍셩을 다ᄒᆞ지 안으리오 젼국 동포가 다 리일졍 씨와 ᄀᆞᆺ흐면 본 신문의 유지는 이무가론이고 ᄯᅡ에 ᄯᅥ러진 국권과 도탄에 ᄲᅡ진 동포를 구원ᄒᆞ기 어렵지 안으리라 ᄒᆞ노라

91 1907년 9월 12일(목) 제2502호 론셜

놀기를 됴화ᄒᆞ는 것은 멸망을 ᄌᆞ취홈

우리가 슈일 이릭에 본샤 ᄉᆞ졍의 엇지홀 슈 업는 리유를 셜명ᄒᆞᆫ 것은 부득이ᄒᆞᆫ ᄉᆞ셰어니와 본 신문을 구람ᄒᆞ시는 동포 즁 혹 엇던 사ᄅᆞᆷ은 날마다 신문샤 리약이만 ᄒᆞᆫ다고 보기 슬혀셔 지리케 ᄉᆡᆼ각ᄒᆞ실 이도 잇슬 터이오 혹 유지ᄒᆞᆫ 이는 형셰의 엇지홀 슈 업는 일과 마암에 답답ᄒᆞᆫ 모양은 차라리 안이 듯고 안이 보는이만 갓지 못ᄒᆞ게 ᄉᆡᆼ각ᄒᆞ실 듯ᄒᆞ거니와

무릇 신문이란 것은 국가의 셩쇠를 ᄯᅡ라셔 국가가 문명부강ᄒᆞ면 신문의 셰력도 잇고 ᄌᆡ졍도 풍족ᄒᆞ거니와 국가가 미약ᄒᆞ면 신문의 셰력도 업고 ᄌᆡ졍도 군졸ᄒᆞ고 나라이 아조 결단나면 신문을 영영 유지ᄒᆞ지 못ᄒᆞ는 것은 근일 셰계의 통ᄒᆡᆼᄒᆞ는 젼례라

뎌 인도국이나 안남[211] 면뎐[212]국에 무삼 신문이 졔법 흥왕훈단 말을 들엇는가 신문의 ᄌᆞ유가 업슨즉 구람ᄒᆞᄂᆞᆫ 쟈가 젹은 고로 신문은 ᄌᆞ연 쇠미ᄒᆞ나니 신문의 셩쇠ᄂᆞᆫ 곳 국가의 셩쇠흥망을 함긔홈이라 그런 고로 작일에도 본 신문의 죽음은 곳 나라의 죽음과 갓치 말흔 바어니와

슯흐다 이 일 뎌 일은 다 그만두고 이제 우리가 인죵이나 부지홀 도리밧게ᄂᆞᆫ 궁구홀 것이 업나니 ᄉᆡᆼ각들 ᄒᆞ야 보시오 소위 상등이라던 사름이 이젼과 갓치 나라일을 말ᄒᆞ야 본다 ᄒᆞ깃ᄂᆞᆫ가 이젼갓치 나라일이라고 써들다가ᄂᆞᆫ 보안법 뎨일죠에 의ᄒᆞ야 죠률셜고도 업시 원악디[213] 구양이니 국가일이라고ᄂᆞᆫ 언론도 ᄒᆞ야 볼 슈 업고 벼살이라고 ᄒᆞ자 흔즉 외국 가셔 학문 졸업흔 사름도 차례에 돌아오지 안을ᄲᅳᆫ더러 외국인이 다 홀 터이니 벼살ᄒᆞ기ᄂᆞᆫ 란상텬될 터이오

장ᄉᆞ를 ᄒᆞ자 ᄒᆞ니 상업 학문을 ᄇᆡ흔 사름도 업슬ᄲᅳᆫ더러 장ᄉᆞᄒᆞ라ᄂᆞᆫ 것은 본국에셔 물건을 졔죠ᄒᆞ야 장ᄉᆞ의 물품을 쟉만흔 후에야 리익도 ᄉᆡᆼ기고 장ᄉᆞ의 길노 열리ᄂᆞᆫ 것인ᄃᆡ 우리나라에 소위 졔죠물이란 것이 무엇 잇나 다만 권연초 당셕량 한 ᄀᆡ라도 외국 것 안이면 상품이 업스니 리익은 뎌 사름□ 먼져 다 먹고 우리ᄂᆞᆫ 돈 ᄉᆡᆼ기ᄂᆞᆫ 구셕 업시 사기만 흔즉 장ᄉᆞ하야 리익을 어ᄃᆡ셔 구ᄒᆞ며 ᄯᅩ 공업은 ᄌᆞ리로 업ᄂᆞᆫ 곳인즉 론란ᄒᆞ야 쓸 ᄃᆡ 업고 로동자노릇으로 막버리나 ᄒᆞ자 흔들 텬로[214]륜션에 고ᄶᅡ가 헐흔즉 ᄐᆡ젼질홀 사름 업고 길가에셔 쥬막 ᄉᆡᆼ업을 ᄒᆞ자 ᄒᆞ나 텰로륜션으로 인연ᄒᆞ야 ᄒᆡᆼᄀᆡᆨ이 희소홀ᄲᅳᆫ더러 화젹이 횡ᄒᆡᆼᄒᆞ야 지졉ᄒᆞ기 말유ᄒᆞ고 이젼에 언필칭 학식 업스면 인력거도 끌지 못흔다 ᄒᆞ더

211 안남(安南): 오늘날의 베트남을 가리킴.

212 면전(緬甸): 오늘날의 미얀마를 가리킴.

213 원악지(遠惡地): 서울에서 멀리 떨어져 있고 살기가 어려운 장소.

214 '텰로(철로, 鐵路)'의 오기.

니 직물이 졈졈 말나 돈 구경홀 슈가 업슨즉 인력거 타는 자가 그 누군가 인력거를 아모리 쓸고 십허도 홀 슈 업는지라

그런즉 엇지ᄒᆞ여야 싱명이나 보젼홀가 아모것도 홀 것 업고 우리 한국 동포의 인죵을 보젼ᄒᆞ고 후일 젼뎡을 바랄 것은 농업 한가지로다 슯흐다 지금 비록 외국 사름이 토디를 만이 사고 황무지디를 인허ᄒᆞ얏더ᄅᆡ도 텬하에셔 지목ᄒᆞ기를 한국은 농업국이라 ᄒᆞ고 ᄯᅩᄒᆞᆫ 남은 토디가 넉넉ᄒᆞ니 우리 이쳔만 인구가 다 각기 농ᄉᆞ에 쥬의ᄒᆞ고 농ᄉᆞ의 리치를 연구ᄒᆞ고 외국인의 편리ᄒᆞᆫ 긔계와 농ᄉᆞᄒᆞᄂᆞᆫ 학문을 ᄇᆡ와 가며 근실이만 ᄒᆞ거드면 직산이 날노 늘어 영미국의 부셩홈을 부러워 안을지니 직산이 부셩ᄒᆞᆫ 후에 텬하에 안이 되는 일이 어ᄃᆡ 잇스리오 아모것도 안이 ᄒᆞ고는 다 멸망홀 줄 분명이 아는 바오 (미완)

92 1907년 9월 13일(금) 제2503호 론셜

놀기를 됴화ᄒᆞᄂᆞᆫ 것은 멸망을 ᄌᆞ취홈 (젼호속)

슯흐다 지금 우리나라 형셰가 이 지경에 닐은 것은 무삼 ᄭᆞ닭이며 장ᄅᆡ에 우리가 경영ᄒᆞ고 힘쓸 것은 무엇이냐 ᄒᆞ면 사름마다 쥬견이 달나셔 졍치를 잘 못ᄒᆞ야 이 지경이라 인민의 ᄌᆞ유가 업셔 이 지경이라 인민의 지식이 업셔 이 지경이라 장ᄅᆡ ᄉᆞᄂᆞᆫ 교육을 힘뻐야 ᄒᆞ깃다 졍치 법률을 공평이 뻐야 ᄒᆞ깃다 ᄒᆞ며 여러 가지 론란이 만커니와 그는 다 형용만 알고 리허는 싱각지 안음이로다

지금 세계 렬강국 형편을 슯혀 보건ᄃᆡ 엇던 것을 강ᄒᆞ다 ᄒᆞ며 엇던 것을 문명이라 ᄒᆞ는가 아모 ᄭᆞ닭 업고 다만 직물이 만은 나라은 문명ᄒᆞ다 강ᄒᆞ다 ᄒᆞ고 직물 업는 나라은 야ᄆᆡᄒᆞ다 약ᄒᆞ다 ᄒᆞ나니 그런즉 나라에 뎨일 힘쓰고 먼져 경영홀 것은 곳 시불이오 ᄯᅩ 지금 시ᄃᆡ에 직물의 긴요ᄒᆞᆫ 것을 의론홀진ᄃᆡ 직물만 만케 되면 비록 일기인이라도 군ᄉᆞ라던지 군함 ᄒᆞᆫ 쳑 가지고 ᄊᆞ홈홀 것 업시

ᄃᆡ만 비률빈 포와도 ᄀᆞᆺ흔 셤나라 갓흔 것이라도 능히 돈을 쥬고 살 슈가 잇고 ᄯᅩ한 그런 셤나라ᄲᅮᆫ 안이라 슌연ᄒᆞᆫ 나라이라도 쟈관으로도 ᄲᅦ앗고 토디를 사기도 ᄒᆞ야 남의 나라을 능히 ᄲᅦ아슬 슈 잇나니 이ᄂᆞᆫ 밀우어 ᄉᆡᆼ각홈이 안이오 셰계의 그러케 망ᄒᆞᆫ 나라의 젼감이 소연ᄒᆞᆫ즉 구틔여 로로이 변론ᄒᆞᆯ 바 안이어니와 당장에 우리가 ᄒᆡᆼᄒᆞᆯ 일로 의론ᄒᆞ야도 과연 ᄌᆡ물이 업셔셔 참 엇지ᄒᆞᆯ 슈 업나니 방금 국ᄂᆡ에 유지지ᄉᆞ들이 교육에 급션무됨을 알고 쳐쳐에셔 학교를 셜시ᄒᆞ고 인ᄌᆡ를 양셩코져 ᄒᆞ나 열이면 열 ᄇᆡᆨ이면 ᄇᆡᆨ 곳이 다 ᄌᆡ졍이 군간ᄒᆞ야 쳐음 셜시만 잇고 나죵 결과ᄂᆞᆫ 보기가 극란ᄒᆞ고 외국에 유학이나 식히고져 ᄒᆞ나 ᄯᅩ한 학ᄌᆞ금은 고ᄉᆞᄒᆞ고 위션 로ᄌᆞ 판비ᄒᆞ기가 말유ᄒᆞ야 경영은 잇고도 실ᄒᆡᆼ은 못ᄒᆞ고 기타 민국에 유익ᄒᆞᆫ 소소 ᄉᆞ업을 시작코져 ᄒᆞ되 ᄌᆡ졍이 업셔 못ᄒᆞᄂᆞᆫ 쟈 부지기슈니 그 유지ᄒᆞ야 일 경영ᄒᆞᄂᆞᆫ 사ᄅᆞᆷ만 돈이 업ᄂᆞᆫ 것이 안이라 젼국 인민이 일쳬로 빈궁ᄒᆞ야 교육 갓흔 것을 못 ᄒᆞᆫ즉 나라은 졈졈 어두어가고 식산ᄒᆞᆯ 됴흔 일을 ᄒᆡᆼᄒᆞ지 못ᄒᆞᆫ즉 나라이 졈졈 빈익ᄒᆞ야 필경 망ᄒᆞᄂᆞᆫ 지경에 닐을 것은 ᄌᆞ연ᄒᆞᆫ 형셰로다 셰상일은 근본을 먼져 ᄒᆞ고 ᄭᅳᆺ흘 나죵에 ᄒᆞ지 안이ᄒᆞ면 일이 닐우ᄂᆞᆫ 자 업나니 지금 우리 한국에서 먼저 ᄒᆞᆯ 일이 무엇이라 ᄒᆞ깃ᄂᆞᆫ가 ᄒᆞ면 ᄌᆡ물 버ᄂᆞᆫ 일을 힘쓸 것이오 그 ᄌᆡ물 벌 도리ᄂᆞᆫ 쳣ᄌᆡ 이쳔만 인구가 한명이라도 놀지 말고 일ᄒᆞᄂᆞᆫ 것이 쥬장이오 그 일ᄒᆞᆫ다ᄂᆞᆫ 것은 무엇이 쥬쟝이 되리오 ᄒᆞ면 사ᄅᆞᆷ마다 허메[215] 광이 갈ᄋᆡ들 들고 ᄯᅡᆼ 파ᄂᆞᆫ 것이 근본이로다 달은 ᄉᆞ업은 학식도 업고 ᄌᆞ본도 업셔 엇지 ᄒᆞᆯ 슈 업거니와 농ᄉᆞ란 것은 근간만 ᄒᆞ고 힘만 들이면 되ᄂᆞᆫ 바니 이쳔만 인구가 ᄆᆡ명 ᄆᆡ년 한 셤 곡식만 벌게 드면 일본 농ᄉᆞ보다 ᄇᆡ승ᄒᆞᆯ 거이니 교육의 실시와 상업 발달이 무엇이 어려오며 교육과 상공업이 ᄇᆞᆯ달되면 국권회복이 ᄯᅩ한 어렵지 안을지니 부인쥬먹만 쥐고 공연이 입에 븟흔 말노 나라 걱정ᄒᆞ며 일 년에 한푼버리도 못 ᄒᆞ고 경향간 왓다

215 호미.

ᄀᆞᆺ다 ᄒᆞ며 나라에 좀노릇들 그만ᄒᆞ고 힘ᄡᅥ 버리들 ᄒᆞ시기 바라오 만일 그러치 안이ᄒᆞ면 그런 유의유식ᄒᆞᄂᆞᆫ 자들노 인연ᄒᆞ야 젼국 인죵이 소멸ᄒᆞᄂᆞᆫ 환을 당ᄒᆞᆯ지니 깁히 ᄉᆡᆼ각들 ᄒᆡ보시오

93 1907년 9월 14일(토) 제2504호 론셜

죽ᄂᆞᆫ 것이 맛당ᄒᆞᆫ 일

그 덥던 삼복이 다 지나고 가을졀이 반이 되야 팔월 초ᄉᆡᆼ달 구름 속에 빗츨 일코 ᄉᆡ벽 ᄇᆞ름 찬 ᄀᆡ운은 졍신을 놀ᄂᆡᄂᆞᆫ 듯 져기나 유지ᄒᆞᆫ 쟈 ᄌᆞᆷ 일우기 극란ᄒᆞ다 젼젼불ᄆᆡ 잠 못 들어 경경고촉 벗을 삼고 지ᄂᆞᆫ 일 ᄉᆡᆼ각ᄒᆞ며 오ᄂᆞᆫ 일 궁구ᄒᆞ니 셰상일이 망창ᄒᆞ야 지향ᄒᆞᆯ 길 바이 업다 ᄎᆡᆨ상에 ᄊᆞ인 셔ᄎᆡᆨ 이것 보고 뎌것 보니 귀귀절절 보ᄂᆞᆫ 것이 모도 다 상심쳐오 외국 셔젹 여긔 뎌긔 말말이 통곡쳐라

슯흐고 슯흐도다 셩현의 말ᄉᆞᆷ에 ᄉᆞ름이 붓그러ᄒᆞᄂᆞᆫ 것이 업스면 엇지ᄒᆞ야 죽지 안나뇨 ᄒᆞ얏ᄂᆞᆫᄃᆡ 이젼 몃ᄒᆡ 젼에도 외국 셔ᄎᆡᆨ이나 신문을 보게 드면 우리 나라 일에 ᄃᆡᄒᆞ야 졍부일도 탄ᄒᆡᆨᄒᆞ고 졍부 관인도 남으ᄅᆡᆨ고 우리 인민도 남으ᄅᆡᆺ거니와 근일에 닐으려셔는 우리를 ᄃᆡᄒᆞ야 여간 흉을 보ᄂᆞᆫ 것이 안이라 한국을 슯허ᄒᆞᄂᆞᆫ 론셜이라 한국 멸망론이라 여러 가지 허다ᄒᆞᆫ 말 즁에 한국 인죵은 ᄀᆡ 도야지갓다 한국에ᄂᆞᆫ ᄉᆞ름이 업다 ᄒᆞ고 허다ᄒᆞᆫ 욕설도 잇고 무슈ᄒᆞᆫ 됴롱도 잇스니 그런 글을 보지 안은 ᄉᆞ름으로 말ᄒᆞ면 아모 관계가 업거니와 그 글을 보고 그 ᄉᆞ실을 들은 쟈ᄂᆞᆫ 참 마암이 ᄯᅥᆯ니고 가슴이 터지ᄂᆞᆫ 듯 엇지ᄒᆞᆯ 쥴을 몰을지로다 그러ᄒᆞ나 이왕 잘못된 일은 후회ᄒᆞᆯ 것 업고 ᄅᆡ두ᄉᆞ나 잘ᄒᆞ야 그 슈치와 릉욕을 싯ᄂᆞᆫ 것이 ᄉᆞ름의 도리라 ᄒᆞᆯ 터이오 그 잘ᄒᆞᆯ 도리ᄂᆞᆫ 어ᄃᆡ 잇나뇨 ᄒᆞ면 우리 한국인민 쳐노코ᄂᆞᆫ 무론 상하ᄒᆞ고 이왕 썩은 구습을 바리고 ᄉᆡ 것을

강구ᄒᆞ야 놀마다 압흐로 나아가는 것이 붓그런 쥴을 아는 모양이오 남에게 욕먹는 것을 분히 녁이는 모양이라 홀 터이어늘

이 국셰 급업ᄒᆞ고 이천만 인민의 씨가 업셔지는 익회에 빠진 인종들이 털억만치도 ᄀᆡ과쳔션홀 ᄉᆡᆼ각은 업고 나라 망ᄒᆞ고 집안 결단ᄂᆡ던 구습을 그져 직혀 혹 어리셕은 인민을 션동ᄒᆞ야 디방을 소요케 ᄒᆞ는 쟈에 벼살에 눈이 희여셔 권문셰가에 분쥬불가ᄒᆞ며 아유구용[216]ᄒᆞ는 쟈에 뢰물을 들이고 군슈를 도득ᄒᆞ랴는 쟈에 쳥젼[217]을 ᄂᆡ고 슈조관[218]이니 봉셰관[219]이니 둔토 마름이니 각궁 도장 갓흔 것을 엇어 ᄒᆞ랴는 놈에 허다 힝위가 모다 이젼 망국ᄒᆞ던 힝위를 발바가고 기타 조신ᄒᆞ다는 쟈들은 ᄌᆞ여데질 학교에 보ᄂᆡ는 것을 큰 변괴로 알고 무삼 일을 ᄉᆡ 법으로 ᄀᆡ량ᄒᆞ는 것을 보면 코를 외로 돌니고 웃기만 홀쌘더러 도로혀 쳔빅 가지로 져희ᄒᆞ야 달은 사ᄅᆞᆷ의 일ᄭᆞ지 방히ᄒᆞ니 그 사ᄅᆞᆷ으로 ᄒᆞ야곰 남이 릉욕ᄒᆞ고 흉보는 것을 알고도 그 모양이라 ᄒᆞ깃는가 물나셔 그럿타 ᄒᆞ깃는가 분명이 알고도 분한 줄도 몰으고 붓그런 줄도 몰음이로다 당장에 당ᄒᆞ는 일을 ᄉᆡᆼ각ᄒᆞ면 분ᄒᆞ지 안타 홀 슈 업고 ○○○○○○○○[220] 다 알 터인즉 엇지 붓그러온 ᄉᆡᆼ각이 업다 ᄒᆞ리오

그런즉 분흔 줄도 알고 슈치되는 줄도 알면서 그 분흔 일이 ᄉᆡᆼ기고 슈치되는 일이 ᄉᆡᆼ긴 근인되는 완고심과 히타심 협잡심을 바리지 안이ᄒᆞ는 것은 욕되고 슈치되는 것을 욕과 슈치로 안이 아는 인죵이로다 공밍ᄌᆞ의 도를 슝상흔다는 쟈들이여 엇지 붓그럼이 업스면 엇지 속히 쥭지 안이ᄒᆞ나뇨 ᄒᆞ신 말삼을 시힝치 안이ᄒᆞ는가 두렵고 무셥도다

216 아유구용(阿諛苟容): 남에게 아첨하여 구차스럽게 굶. 또는 그 모양.
217 청전(請錢): 어떤 일을 부탁할 때 뇌물로 쓰는 돈.
218 수조관(收租官): 예전에, 궁방에 딸린 논밭의 추수를 보러 가는 관리를 이르던 말.
219 봉세관(封稅官): 세금 거두는 일을 담당하는 관리.
220 원문 표기 그대로 옮김.

제목 없음/ 평양 김유탁

여보시오 뎨국신문 긔쟈 족하여 그것이 무슴 말삼이오 그것이 무삼 말삼이오 속담에 닐넛스되 하날이 문허져도 소사날 구녕이 잇다 ᄒᆞ얏거든 아모리 박결ᄒᆞᆫ 경우에 림ᄒᆞ엿다 ᄒᆞ기로 영결이란 말삼이 무삼 말삼이오 귀 신문은 곳 우리 대한 정신이라 일홈이 뎨국신문이오 글이 우리 대한 나라 국문이오 ᄯᅩ 우리나라는 농업국인ᄃᆡ 농업을 발달코져 ᄒᆞ여 농리긴요를 차뎨로 긔ᄌᆡᄒᆞ니 농산물이 ᄎᆞᄎᆞ 불달되겟고 ᄂᆡ외국 ᄉᆞ졍과 론셜 잡보가 다른 신문보다 ᄌᆞ미잇고 부인과 무식ᄒᆞᆫ 로동쟈ᄭᆞ지 보기 쉬운 신문이니 국민의 지식을 ᄀᆡ발ᄒᆞ는 ᄃᆡ 뎨일 필요ᄒᆞᆫ지라 귀 신문을 졉ᄒᆞᆯ ᄯᅢ마다 뎨국 두 글ᄌᆞ를 잠시도 니즐 수 업고 ᄌᆞ국 국문을 보는 고로 ᄌᆞ국 졍신을 ᄇᆡ양홈이 지극히 만흔지라 만일 불힝ᄒᆞ여 뎡간될 경우이면 귀샤 ᄉᆞ졍만 ᄋᆡ셕ᄒᆞᆯ ᄲᅮᆫ 안이라 대한뎨국 국혼을 니르키는 ᄃᆡ 큰 방히가 될 터이니 엇지 통곡ᄋᆡ셕지 안이ᄒᆞ리오 귀 신문 지샤 샤원은 신문갑을 속히 독쵹ᄒᆞ여 쳥쟝ᄒᆞᆯ 터이오 유지신ᄉᆞ들은 각쳐 친구의게 구람ᄒᆞ기를 권면ᄒᆞ고 각 동ᄂᆡ에셔 ᄒᆞᆫ 쟝식만 보게 ᄒᆞ여 그 동ᄂᆡ 사ᄅᆞᆷ이 모혀 안져 잘 듯고 보앗스면 셰샹 형편과 농업 발달에 대단히 유익ᄒᆞ깃고 신문샤도 유지ᄒᆞᆯ지며 일반 인민의 지식이 ᄌᆞ연ᄀᆡ발되여 뎨국 일홈이 일층 빗나리로다 지금은 구타여 분격한 말만 죠화ᄒᆞ지 말고 실력 양셩ᄒᆞᆯ 방침을 강구ᄒᆞᆯ 시ᄃᆡ라 일시 금젼으로 몃ᄇᆡᆨ 원 몃십 원식 긔부ᄒᆞ는 것도 됴커니와 몃 사ᄅᆞᆷ 몃 동리식 신문 구람ᄒᆞ기를 권면ᄒᆞ는 것이 됴흘 듯ᄒᆞ옵기 본인은 엇던 친구의게 권면ᄒᆞ야 긔어히 구람케 ᄒᆞ깃삽기 츙졍을 폭ᄇᆡᆨᄒᆞ여 한 번 더 위로ᄒᆞ오니 아직 ᄒᆞ회를 기다리시고 본인의게는 ᄆᆡ일 십쟝식 위션 보ᄂᆡ시기를 쳔만 바라옵ᄂᆡ다

긔쟈ㅣ 갈아ᄃᆡ 본샤의 졍황으로 말ᄒᆞ면 일시를 ᄋᆡ과[221] ᄒᆞ기 어려오나 여러 유지ᄒᆞ신 동포의 간졀ᄒᆞ신 권면과 풍부ᄒᆞ신 긔부를 밧ᄉᆞ와 오날 ᄅᆡ일을 지팅

ᄒᆞ오며 본 긔쟈 등도 힘과 졍셩이 밋는 ᄃᆡᄭᆞ지는 붓을 놋치 안으려 ᄒᆞ오나 셰상의 가쟝 어려 것은[222] 지경이라 엇지 영원히 유지ᄒᆞ기를 긔필ᄒᆞᆯ 슈 잇스리오 다만 하날을 울어러 츅슈ᄒᆞᆯ ᄯᆞ름이로라

95 1907년 9월 17일(화) 제2506호 론셜

국문을 경ᄒᆞ게 녁이는 ᄭᆞᄃᆞᆰ에 국셰가 부픠ᄒᆞᆫ 리유

우리가 국문 신문을 발간ᄒᆞᆫ 지 십여 년에 본 신문 구람ᄒᆞ는 사ᄅᆞᆷ들을 상고ᄒᆞ건ᄃᆡ 소위 상등샤회 사ᄅᆞᆷ이라고는 보는 이가 젹고 모다 무식ᄒᆞ거나 하등샤회에셔 만이 보는지라 혹 상등인류란 사ᄅᆞᆷ들더러 신문 보기를 권면ᄒᆞ면 모다 말ᄒᆞ기를 국문 신문은 볼 슈가 업셔 안이 본다는 쟈도 잇고 엇던 쟈는 말ᄒᆞ기를 국문이 무삼 글 될 것 잇나 ᄒᆞ며 보지 안코 각 군 군슈 갓흔 사ᄅᆞᆷ들은 ᄆᆞ지못ᄒᆞ야 신문을 밧으되 한 쟝도 보지 안코 도착되는 ᄃᆡ로 피봉도 ᄯᅳᆺ지 안코 그ᄃᆡ로 ᄡᆞ아 두엇다가 슈지로 ᄡᅳᆯ ᄯᆞ름이니 우리나라의 소위 원 단이는 쟈들은 사ᄅᆞᆷ이라고 말ᄒᆞ기 란즁ᄒᆞ거니와 국문의 관계가 엇더ᄒᆞᆫ지 글이란 거시 엇더케 된 것인지 아지 못ᄒᆞ고 다만 리약이칙이나 만드는 언문이오 계집들이나 볼 거시라 ᄒᆞ며 한문만 글노 알고 어린아희들 초학부터 한문을 갈아치니 아희들이 비호기에 곤란ᄒᆞᆯ ᄲᅮᆫ만 안이라 여러 가지 나라 망ᄒᆞ는 큰 근인이 되나니 엇지 두렵고 삼가지 안이ᄒᆞᆯ 바리오

대뎌 나라 디경이 난위여 이 나라 뎌 나라 일홈이 달은 경우에는 나라마다 말이 다 각각 달으고 말이 달은 이상에는 그 말을 ᄯᆞ라 글이 ᄯᅩ한 달은 거슨 지

221 애과(捱過): 간신히 지냄.

222 원문 표기 그대로 옮김. '어려운' 의 어미 '~운' 누락됨.

금 셰계 만국에 소연ᄒᆞᆫ 일이로다

ᄉᆡᆼ각ᄒᆞ야 볼지어다 영국에ᄂᆞᆫ 영문이 잇고 덕국에ᄂᆞᆫ 덕국글이 잇고 아라ᄉᆞ에ᄂᆞᆫ 아국글이 잇고 법국에ᄂᆞᆫ 법국글이 잇고 즁원에ᄂᆞᆫ 한문이 잇나니 한문이란 말은 즁원을 한나라 싸이라 ᄒᆞ야 칭왈 한문이라 ᄒᆞ니 한문이 우리나라이나 일본글이 안인 것은 확실ᄒᆞ고 미국말은 영국과 ᄀᆞᆺ흔 고로 글이 ᄯᅩ한 갓흐니 말을 싸라 글된 것이 분명치 안이ᄒᆞᆫ가

일본셔도 몃ᄇᆡᆨ 년 젼부터 가나라 ᄒᆞᄂᆞᆫ 글을 만들어 쓰ᄂᆞᆫᄃᆡ 그 글을 보건ᄃᆡ ᄯᅩ한 그 나라 어음을 싸라셔 만든 것이 분명ᄒᆞ고 우리나라로 말ᄒᆞ면 ᄌᆞᄅᆡ로 글이 업다가 셰죵대왕ᄶᆡ 국문이 ᄉᆡᆼ긴 후에 경셔의 언히와 소셜 등 ᄎᆡᆨᄌᆞᄂᆞᆫ 국문을 쓰되 그 글을 갈아치ᄂᆞᆫ 학교도 업고 ᄯᅩ ᄇᆡ호고져 ᄒᆞᄂᆞᆫ 사ᄅᆞᆷ도 업셔셔 당쵸에 국문 만들어 ᄂᆡ던 본의를 다 일어셔 국문 반졀 스물여ᄃᆞᆲ ᄌᆞ 즁에 삼ᄉᆞ 글ᄌᆞᄂᆞᆫ 음을 일어바려셔 그째에 무삼 음으로 만들엇던 것을 몰으ᄂᆞᆫ 고로 ᄌᆞ연이 그 삼ᄉᆞ ᄌᆞᄂᆞᆫ 쓸 ᄃᆡ 업ᄂᆞᆫ 글ᄌᆞ가 되얏스니 가셕ᄒᆞᆫ 일일ᄲᅮᆫ더러 졔 나라 글을 슝샹ᄒᆞ지 안이ᄒᆞ고 남의 나라 글을 ᄇᆡ호되 졔 나라에 글이 업ᄂᆞᆫ 고로 인민 ᄉᆡᆼ활상에 뎨일 필요되ᄂᆞᆫ ᄂᆡ 나라 력ᄃᆡ ᄉᆞ젹이 업셔셔 즁원 력ᄉᆞ부터 갈아치고 ᄇᆡ혼즉 어려쓸 ᄶᆡ부터 텬황씨 디황씨를 공부식히니 텬황씨 디황씨가 본ᄃᆡ 잇ᄂᆞᆫ 것인지 업ᄂᆞᆫ 것인지 몰으ᄂᆞᆫ 즁 더구나 즁원 일이오 그 아라 청국ᄭᅡ지 즁원 ᄉᆞ젹을 공부ᄒᆞᆫ즉 아희 ᄶᆡ부터 두뢰에나 오장에 가독찬 것이 즁원 일이오 즁원의 셩현 군ᄌᆞ나 영웅호걸은 다 우리나라 사ᄅᆞᆷ갓치 ᄉᆡᆼ각ᄒᆞ아 ᄆᆡ양 ᄉᆞ모ᄒᆞ고 존ᄃᆡᄒᆞ며 말ᄒᆞᆫ 마ᄃᆡ라도 그 나라 녯사ᄅᆞᆷ을 홀ᄃᆡᄒᆞ지 못ᄒᆞ고 누가 업슈히 넉이ᄂᆞᆫ 자 잇스면 ᄌᆞ긔 조상이나 후욕ᄒᆞᄂᆞᆫ 것갓치 ᄒᆞ고 ᄌᆞ긔 나라에ᄂᆞᆫ 현인군ᄌᆞ와 영웅호걸이 잇셧던지 업셧던지 ᄉᆡᆼ각도 업고 명현달ᄉᆞ가 무슈ᄒᆞ얏것만 ᄉᆡᆼ각ᄒᆞ기를 즁원 사ᄅᆞᆷ에 비ᄒᆞ야 하등인 줄만 ᄉᆡᆼ각ᄒᆞ야 존슝ᄒᆞ고 ᄉᆞ모ᄒᆞᄂᆞᆫ 쟈 업스니 그런 고로 ᄌᆞ긔 나라은 소홀이 알고 남의 나라 위ᄒᆞᄂᆞᆫ ᄉᆞ상이 팽챵ᄒᆞ야 사ᄅᆞᆷ마다 독립 ᄉᆞ상이 업고 의뢰심만 만어셔 남의게 의뢰ᄒᆞ기를 됴화ᄒᆞ다가 오날날 이 지경이

된 것은 확실ᄒᆞᆫ ᄉᆞ실이로다 (미완)

96 1907년 9월 18일(수) 제2507호 론셜

국문을 경ᄒᆞ게 녁이는 ᄭᆡ닭에 국셰가 부피ᄒᆞᆫ 리유 (젼호속)

우리나라이 ᄌᆞᄅᆡ로 한문만 슝상ᄒᆞ기 ᄭᅡ닭에 력ᄃᆡ ᄉᆞ긔도 즁원일만 알고 인졍 풍토도 즁원일만 알고 ᄌᆞ긔 나라 졍신은 일호도 업ᄂᆞᆫ 고로 이 지경이 된 것은 이무가론이어니와 국문은 글이 안이라고 소홀히 아ᄂᆞᆫ 쟈 만ᄒᆞ니 그 글뜻을 좀 론난합세다

무릇 글이란 것은 말을 ᄉᆞ진 박히ᄂᆞᆫ 긔계라 말ᄒᆞᆯ ᄯᆡ 글노도 쓰고 글 쓸 ᄯᆡ 말노도 ᄒᆞ나니 그런 고로 말이 달으면 글이 달은 것은 작일에 말ᄒᆞᆫ 바어니와 글이란 것은 무삼 일을 긔록ᄒᆞ야 알기 위ᄒᆞ야 만든 것이오 독슈를 들여가며 한 가지를 쳔만독식 닑어셔 소용이 업ᄂᆞᆫ 일이로다 혹 완고ᄒᆞᆫ 쟈들은 글은 독슈를 들여 만이 닑어야 문리가 나셔 글을 ᄒᆞᆫ다 ᄒᆞ니 슯흐도다 어리셕음이여 그 글에 뻐노은 일을 한 가지도 시힝치 안이ᄒᆞ면 비록 만 권 셔칙을 무불통달ᄒᆞᆫ들 무엇에 소용이 잇스리오

넷적 글 만드던 근본을 상고ᄒᆞ건ᄃᆡ 즁원으로 말ᄒᆞ야도 ᄐᆡ고적에 글이 업슬 ᄯᆡ에ᄂᆞᆫ 사ᄅᆞᆷ 사ᄅᆞᆷ기리 직졍 거ᄅᆡ가 되더ᄅᆡ도 치부가 업슨즉 리루 갓흔 자의 춍명이라도 이로 긔억ᄒᆞᆯ 슈 업고 피ᄎᆞ간에 소식을 통ᄒᆞ고져 ᄒᆞ나 ᄯᅩ한 엇지ᄒᆞᆯ 슈 업ᄂᆞᆫ지라 처음에ᄂᆞᆫ 노ᄭᅳᆫ을 가지고 큰일이면 크게 ᄆᆡᆺ고 젹은 일이면 젹게 ᄆᆡᆺ더니 ᄐᆡ호복희 씨가 처음으로 글을 ᄂᆡᆯᄯᆡ에 형용으로 쥬장을 삼아 가량 사ᄅᆞᆷ 인ᄌᆞᄂᆞᆫ 사ᄅᆞᆷ을 그리고 하날 텬ᄌᆞᄂᆞᆫ 사ᄅᆞᆷ 우에 큰 것이 덥혓다 ᄒᆞ야 그린 사ᄅᆞᆷ 인ᄌᆞ 우에 한 획을 건너 긋고 눈 목ᄌᆞᄂᆞᆫ 눈을 그리고 ᄉᆡ 죠ᄌᆞᄂᆞᆫ ᄉᆡ을 그리고 팟 두ᄌᆞᄂᆞᆫ 뎜한 뎜ᄲᅮᆫ이니 무삼 일을 긔록ᄒᆞᄂᆞᆫ ᄯᆡ에ᄂᆞᆫ 다 그 형용을 그려셔 니져 바리지 말고

져 홈이더니 그 후에 차차 글ᄌᆞ를 ᄀᆡ량ᄒᆞ야 편리ᄒᆞ도록 만들어 오날날 한문이 되얏거니와 녯젹에 학식잇는 현인군ᄌᆞ들이 무삼 됴흔 일이 잇스면 긔록ᄒᆞ고 ᄯᅩ한 됴흔 의견이 잇스면 긔록ᄒᆞ야 후세 사ᄅᆞᆷ으로 ᄒᆞ야금 그 긔록ᄒᆞᆫ 것을 보아셔 그ᄃᆡ로 시힝ᄒᆞ도록 홈인즉 글이란 것은 닑기만 ᄒᆞ야 필요가 업고 글ᄃᆡ로 시힝ᄒᆞ는 것이 근본이오 ᄯᅩ한 그ᄲᅮᆫ 안이라 무삼 일을 무삼 글노 긔록ᄒᆞ얏던지 그 일만 알아셔 시힝ᄒᆞ는 것이 쥬장이라 하필 한문으로 알아야 쓰고 국문으로 안 것은 쓸 ᄃᆡ가 업깃는가 가량 부모에게 효도ᄒᆞ되 혼뎡신셩[223] ᄒᆞ랴 ᄒᆞ면 한문으로 공부ᄒᆞ면 시힝하고 국문으로 ᄇᆡ화 쓰면 시힝이 안이 되며 가량 법률노 말ᄒᆞ더ᄅᆡ도 무삼 죄에 징역 얼마라 틔 몃ᄀᆡ라 ᄒᆞ는 것을 국문으로 긔록ᄒᆞ야 노코 시힝ᄒᆞ면 징역을 안이ᄒᆞ며 틔를 맛지 안켓는가 그런즉 아모쬬록 ᄇᆡ호기 쉽고 알기 용이ᄒᆞᆫ 글을 슝상ᄒᆞ는 것이 가ᄒᆞ거늘 평싱을 ᄇᆡ와도 긋치 업시 다 ᄇᆡ홀 슈도 업고 ᄯᅩ한 국문이란 것은 언으 나라이던지 졔 나라 말인 고로 ᄇᆡ호기 용이ᄒᆞ거니와 남의 나라 글은 말이 달은 고로 셰미ᄒᆞ고 ᄌᆞ셰한 말은 긔록홀 슈도 업고 음과 ᄯᅳᆺ이 분명치 못ᄒᆞ야 ᄇᆡ호기 극난ᄒᆞᆫ지라 뎌 쳥인들을 보라 그 말ᄒᆞ는 어음니 거ᄀᆡ 한문이라 그런 고로 즁원사ᄅᆞᆷ은 글을 잘ᄒᆞ고 우리나라사ᄅᆞᆷ이나 일본사ᄅᆞᆷ은 아모리 문장이라도 즁원사ᄅᆞᆷ만 못ᄒᆞᆫ 것이 그 ᄭᅡ닭이니라 말이 장황ᄒᆞ야 근치거니와 나라을 ᄉᆞ랑ᄒᆞ는 사ᄅᆞᆷ은 국문을 슝상ᄒᆞ고 소즁히 녁일지니라

97 1907년 9월 19일(목) 제2508호 론셜

법규와 풍속의 관계 / 탄히싱

근ᄅᆡ 우리 졍부에셔 아름다온 법과 됴흔 규측을 마련홈이 심히 만흐되 하나

223 혼정신성(昏定晨省): 아침저녁으로 부모의 안부를 물어서 살핌.

도 실힝되지 못홈은 엇지 홈이뇨 혹쟈ㅣ 말ᄒᆞ되 졍부의 위신이 ᄯᅡ에 ᄯᅥ러져 맛참ᄂᆡ 고려 공ᄉᆞ 사흘[224]이란 속담을 면치 못ᄒᆞᆫ다 ᄒᆞ나 그러나 이ᄂᆞᆫ 다만 졍부 당국쟈의 칙임ᄲᅮᆫ이 안이라 우리 일반 인민의 풍속이 퇴픽ᄒᆞᆫ 연고이로다 기즁에 갓가온 젼례의 두세 가지를 들어 말ᄒᆞᆯ진ᄃᆡ 토디 가옥 증명 규측을 마련ᄒᆞᆫ 본의ᄂᆞᆫ 우리나라 사ᄅᆞᆷ의 소위 집문셔라 ᄯᅡᆼ문셔라 ᄒᆞᄂᆞᆫ 것이 심히 모호ᄒᆞ야 부랑픽류의 ᄌᆞ질이나 친쳑이 위죠 문권으로 투믹ᄒᆞᄂᆞᆫ 폐단이 ᄌᆞ릭로 만히 잇고 우즁지 근릭ᄂᆞᆫ 외국사ᄅᆞᆷ과 샹관이 만하셔 누어 자다가 집과 뎐답을 남의게 ᄲᅢᆺ앗기ᄂᆞᆫ 폐단이 비일비ᄌᆡ홈으로 이 폐단을 막고져 ᄒᆞ야 이에 이 규즉[225]을 반포ᄒᆞᆫ 지가 반년이 넘어 일 년이 갓가오되 우리나라 사ᄅᆞᆷ은 시힝ᄒᆞᄂᆞᆫ 이가 별로히 업스니 이것은 무슨 ᄭᅡ닭인고 ᄒᆞ면 우리의 풍속이 완고ᄒᆞ고 부픽ᄒᆞ야 이젼에 힝ᄒᆞ던 일만 힝ᄒᆞᆯ 줄 알고 도모지 압흐로 나아가ᄂᆞᆫ ᄉᆞ샹이 업시 의례히 빅지 반졀에 우명문ᄉᆞ단[226]을 긔록ᄒᆞᆯ ᄯᆞᄅᆞᆷ이며 광업도례(礦業條例)와 국유미간디ᄀᆡ간규즉(國有未墾地開墾規則)이 다 우리 빅셩으로 ᄒᆞ야곰 하날이 주신 리익을 버리지 말고 온젼히 거두어 산업을 풍부케 ᄒᆞ고져 홈이라 외국 사ᄅᆞᆷ들은 이 규측을 의지ᄒᆞ야 금은동텰의 광산과 황무디의 ᄀᆡ간ᄒᆞᄂᆞᆫ 인허을 엇은 쟈ㅣ 부지기수로ᄃᆡ 우리 동포ᄂᆞᆫ 가쟝 령셩ᄒᆞ야[227] 빅에 ᄒᆞᆫ둘이 되지 못ᄒᆞ니 이도 ᄯᅩᄒᆞᆫ 지금 셰샹의 ᄉᆡᆼ존경ᄌᆡᆼᄒᆞᄂᆞᆫ 도를 ᄭᆡ닷지 못ᄒᆞ고 농ᄉᆞ나 되나 안 되나 지여 밥쥭간에 하로 두 ᄭᅴ 먹으면 족ᄒᆞ고 무엇을 엇더케 ᄒᆞ면 리ᄒᆞᆯᄂᆞᆫ지 엇더케 ᄒᆞ면 ᄒᆡᄒᆞᆯᄂᆞᆫ지 ᄉᆡᆼ각지 안이ᄒᆞ야 토굴 갓ᄒᆞᆫ 방구셕에셔 먹고 자며 녯풍속을 바리지 못

224 고려공사삼일(高麗公事三日): 고려의 정책이나 법령은 사흘 만에 바뀐다는 뜻으로, 한번 시작한 일이 오래 계속되지 못함을 비유적으로 이르는 말.

225 '규측(규칙)'의 오기인 듯함.

226 우명문사단(右明文事段): 조선 시대 토지 매매 문서 등을 가리키는 명문(明文)의 서두에 기입하던 관용어구.

227 영성하다: (무엇이) 수효가 적어서 가치가 없고 하찮다.

홈이오 남녀간에 일즉이 쟝가들이고 싀집보닉는 것이 국가와 인민의게 큰 히가 되는 고로 우리 대황뎨폐하께압셔 죠칙을 나리샤 남주는 만 칠십[228] 세 녀주는 만 십오 세가 된후에야 비로소 혼인후라 후셧스나 그 후에 불목일로 힝레후는 쟈도 잇고 또 밤에 몰닉 혼인 지닉는 쟈가 허다후얏스니 이는 나라와 빅셩의게 리롭고 히로온 것은 불계후고 아달 쫄 나우셔 여돏 아홉 살만 되면 며나리 보기와 사외 엇는 것으로써 무한훈 주미와 지극훈 즐거움으로 알던 녯 풍속을 바리지 못홈이오 또 우리 대황뎨폐하께압셔 셰계의 대셰를 붉히 숣히샤 인민의 활블훈 긔상을 길으시며 위싱과 경제에 유익케 후고져 후샤 몬져 머리를 싹그시고 죠칙을 나리샤 일톄 신민이 단발후라 후압셧스나 머리터럭 싹는 것을 싱명보담 소즁히 넉여 도망후는 쟈도 잇고 오날날싸지 앗기고 사랑후던 금관주 옥관주를 쎠여버리는 쟈도 잇셔셔 죠령이 시힝되지 못후니 이것도 역시 구구훈 녯 풍속에 얽믹여 됴턴지 그르던지 그냥 직히려 홈이라

그런즉 졍부에셔 쳔 가지 법과 만 가지 규측을 마련홀지라도 빅셩의 풍속이 몬져 식롭지 못후면 도뎌히 시힝홀 슈 업고 다만 졍부와 빅셩이 셔로 번거홈을 한탄홀 쁜이로다 비유후야 말후건딕 법규는 집 갓고 풍속은 그 집에 들어 사는 사룸 갓흐니 여긔 어진 쟝인이 고딕광실을 지어놋코 화계에 왼갓 긔화이쵸를 심으고 방안에 문방졔구와 가진 셰간을 치레후야 작만후엿슬지라도 그 쥬인이 규모가 업셔셔 화쵸등속도 잘 갓고지 안을 쁜 안이라 도로혀 썩거버리며 셰간긔명도 졍셩스럽게 간슈후지 안코 여긔 뎌긔 함부로 닉던져셔 씻치고 샹후게 후면 엇지 되리오 법규와 풍속의 관계가 이에셔 죠곰도 달으지 안으니 졍부의 당국쟈와 밋 인민이 각기 이 리치를 싱각후야 법규를 졔졍후는 것보담 샤회의 풍속를 기량홈이 뎨일 긴급훈 일이라 후노라

228 '십칠'의 오기.

붓을 던져 신문 ᄉᆞ랑ᄒᆞᄂᆞᆫ 여러 동포에게 쟉별을 고홈

본 신문샤 ᄉᆞ졍의 엇지홀 슈 업ᄂᆞᆫ 일은 일젼에 루루히 말삼ᄒᆞ얏거니와 금일은 부득불 우리 신문 사랑ᄒᆞ시던 슈쳔 동포에게 작별을 고ᄒᆞ나이다

향일에도 말삼ᄒᆞ얏거니와 신문이란 것은 나라에 문명을 ᄯᅡ라 흥ᄒᆞ고 쇠ᄒᆞᄂᆞᆫ 것이라 나라이 문명ᄒᆞ야 인민의 언론 ᄌᆞ유가 투쳘ᄒᆞᆫ 후에야 신문 보ᄂᆞᆫ 쟈의 마암도 쾌락ᄒᆞ야 보고 십흔 ᄉᆡᆼ각도 나고 ᄯᅩ한 사름마다 희망ᄒᆞᄂᆞᆫ 목뎍이 잇셔셔 나라일이 ᄎᆞᄎᆞ 취셔가 되ᄂᆞᆫ가 인민의 산업이 졈졈 늘어갈 도리가 잇ᄂᆞᆫ가 여러 가지로 긔어히 볼 ᄉᆡᆼ각이 잇슬 것이오 신문샤로 말ᄒᆞ야도 ᄯᅩ한 희망졈이 잇셔셔 긔어히 잘못ᄒᆞᄂᆞᆫ 자를 공격홀 ᄉᆡᆼ각도 잇고 잘ᄒᆞᄂᆞᆫ 쟈를 포장홀 ᄉᆡᆼ각도 잇고 ᄌᆡ졍이 군식ᄒᆞ더ᄅᆡ도 비록 ᄆᆡ두몰신을 ᄒᆞ야 가며셔도 긔어히 유지홀 ᄉᆡᆼ각도 잇고 고본을 모집ᄒᆞ던지 의연금을 쳥구ᄒᆞ야도 긔운이 활발ᄒᆞ야 계칙이 ᄒᆡᆼᄒᆞ거니와 지금 이 지경이 되야셔ᄂᆞᆫ 이 우에 말ᄒᆞᆫ 바와ᄂᆞᆫ 모다 상반이 되야 한 가지도 계칙이 맛지 안이ᄒᆞ니 아모리 슈단이 잇고 국가의 문명을 돕고져 ᄒᆞᆫ들 엇지ᄒᆞ리오

지금 본샤에 ᄎᆡ장이 쳔여 원이라 ᄒᆞ나 밧을 것이 ᄯᅩ 그 슈효가 넉넉ᄒᆞᆫ지라 무삼 근심홀 ᄇᆡ리오만은 금년 봄만 갓허도 샤회의 유지ᄒᆞ신 이들이며 우리 신문 ᄉᆞ랑ᄒᆞ시ᄂᆞᆫ 동포들이 이 군졸홈을 본샤 샤원에게만 맛겨두지 안을 것은 뎡ᄒᆞᆫ 일이러니 그동안 죠금 남앗던 국ᄆᆡᆨ이 아주 ᄭᅳᆫ어져셔 본국 인민의 희망졈이 ᄭᅳᆫ어지고 넉시 ᄶᅥ러져셔 아모 일을 경영ᄒᆞ기도 슬코 경영ᄒᆞ야도 될 리도 업슨즉 아모리 국가를 ᄉᆞ랑ᄒᆞ야 공익을 위ᄒᆞ고져 ᄒᆞᆫ들 엇지ᄒᆞ며 ᄯᅩ한 그 ᄲᅮᆫ이 안이라 신문조례를 반포ᄒᆞᆫ 지 두 달이라 본월 이십ᄉᆞ일 ᄂᆡ로ᄂᆞᆫ 보증금 삼ᄇᆡᆨ 원을 ᄂᆡ부에 밧치지 안이ᄒᆞ면 ᄯᅩ한 신문을 발ᄒᆡᆼᄒᆞ지 못홀 경우인즉 본샤의 지묵비도 군간ᄒᆞᆫ 즁 더구나 삼ᄇᆡᆨ 원 금익을 어ᄃᆡ셔 판츌ᄒᆞ리오

슯흐도다 본 신문 챵간흔 지가 금일까지 거연이 삼쳔삼빅슴십일이라 이 삼쳔삼빅삼십일에 풍우무론ᄒᆞ고 ᄆᆡ일 상숑ᄒᆞ던 우리 신문 ᄉᆞ랑ᄒᆞ시던 여러분에게 붓을 던지고 리별을 고ᄒᆞ오ᄆᆡ 눈물이 흘으는 줄 ᄭᆡ닷지 못ᄒᆞ깃도다 이 눈물이 무엇을 위ᄒᆞ야 흘으나냐 ᄒᆞ면 여러분을 보지 못ᄒᆞ야 그런 것도 안이오 신문지에 리익을 위흠도 안이오 다만 국셰가 이 지경됨을 통곡흠이로다 비록 그러ᄒᆞ나 나라을 ᄌᆞ긔 몸을 ᄉᆞ랑ᄒᆞ듯 ᄒᆞ고 공익 위ᄒᆞ기를 ᄉᆞ亽 리익보다 낫게 ᄒᆞ고 직물 앳기지 안는 큰 보살이 잇스면 속히 다시 반가이 맛나 볼 날이 잇슬 듯[229]

229 9월 21일~10월 2일까지 정간(停刊)됨.

10월

99 1907년 10월 3일(목) 제2510호 론셜

본 신문 쇽간하난 일

붓을 들어 여러분에게 작별훈 ᄉᆞ실은 그ᄯᅢ에 ᄌᆞ셰히 셜명ᄒᆞ얏거니와 오날날 다시 여러분을 ᄃᆡᄒᆞᄂᆞᆫ 일에 ᄃᆡᄒᆞ야 여러 가지 소회가 업지 못ᄒᆞ야 두어 ᄆᆞᄃᆡ 말노 여러 유지 둥포[230]에게 폭ᄇᆡᆨᄒᆞ고져 ᄒᆞ거니와 무릇 셰상일이 힝ᄒᆞ다가 그만두어도 상쾌훈 일이 잇고 그ᄃᆡ로 힝ᄒᆞ야 가도 걱경되ᄂᆞᆫ 일이 잇나니 지금 우리 신문 속간에 ᄃᆡᄒᆞ야 깃부게 ᄉᆡᆼ각훈다 ᄒᆞ깃ᄂᆞᆫ가 걱경되게 ᄉᆡᆼ각훈다 ᄒᆞ깃ᄂᆞᆫ가 결단코 깃부게 ᄉᆡᆼ각홀 슈 업고 근심으로 ᄉᆡᆼ각홀 슈밧게 업도다

당쵸에 뎡간훈 ᄉᆞ실은 당쟝에 죠희나 먹이 업셔 그만둔 것도 안이오 치쥬의 독쵹이 심ᄒᆞ야 그만둔 것도 안이오 뎨일 근심되고 두려온 것은 신문 ᄉᆞ랑ᄒᆞ시ᄂᆞᆫ 동포가 젹어셔 비록 문셔상으로라도 슈입이 슈츌에 ᄃᆡᄒᆞ야 부족훈즉 남의 치관이나 연죠를 밧아도 진소위 밋 업ᄂᆞᆫ 실우에 물 붓ᄂᆞᆫ 모양이라 쟝ᄎᆞ 무엇으로 지탱훈다 ᄒᆞ며 ᄯᅩ한 시급훈 ᄉᆞ경은 보증금 삼ᄇᆡᆨ 원이라 졸디에 판납키 말유ᄒᆞ야 부득이 붓을 던지고 제군ᄌᆞ에게 작별을 고홈이러니 그동안 십여 일에 샤회의 유지ᄒᆞ신 신ᄉᆞ 신상들과 귀부인들이 본 신문 뎡간된 일을 ᄀᆡ탄이 녁이ᄉᆞ ᄉᆞ오 원으로 슈십 원식 연조ᄒᆞ시ᄂᆞᆫ 이도 잇고 ᄯᅩ한 신문을 속간ᄒᆞᄂᆞᆫ 날에ᄂᆞᆫ 영

230 '동포'의 오기.

구이 구람ᄒᆞ시깃다ᄂᆞᆫ 이도 만코 ᄌᆞ긔들이 의연금을 은근이 모집ᄒᆞᄂᆞᆫ 이도 잇고 신문에 광고ᄒᆞ야 연조금을 모집ᄒᆞᄂᆞᆫ 부인샤회도 잇고 이왕 달니 쓰랴고 모집ᄒᆞ얏던 금ᄋᆡᆨ을 본샤로 긔부ᄒᆞ자고 운동ᄒᆞᄂᆞᆫ 샤회도 잇ᄂᆞᆫ지라

슯흐다 본샤 샤장은 그 일에 ᄃᆡᄒᆞ야 깃부고 슯흔 ᄉᆡᆼ각이 교즙ᄒᆞ야 엇지ᄒᆞᆯ 쥴을 ᄭᆡ닷지 못ᄒᆞ깃도다 우리 신문 창간ᄒᆞ던 이듬ᄒᆡ에 회록을 당ᄒᆞ야 긔계 가옥이 몰슈히 소화되고 다만 뎨국신문 네 글ᄌᆞ만 남은 ᄯᆡ에 남의 가가방에 셰를 들고 남의 활판에 셰를 쥬고 인쇄ᄒᆞᆫ즉 그 정경이 오작ᄒᆞ리오만은 젼국 동포에 의연금 일푼 긔부ᄒᆞᄂᆞᆫ 이 업고 다만 권유치 씨의 이십 젼 보조밧게 업셧더니 오날ᄂᆞᆯ 당ᄒᆞ야셔ᄂᆞᆫ 본샤 형편이 그ᄯᆡ보다 ᄇᆡᆨ ᄇᆡ나 부셩ᄒᆞ것만 여러 동포들의 ᄋᆡ셕히 녁이ᄂᆞᆫ ᄉᆡᆼ각과 이 신문은 긔어히 유지ᄒᆞ여야 되깃다ᄂᆞᆫ 열셩이 비등ᄒᆞ니 젼후ᄉᆞ를 츄구ᄒᆞ건ᄃᆡ 그동안 십 년간에 우리 동포의 식견이 는 것을 무슈치하ᄒᆞᄂᆞᆫ 바오 ᄯᅩ한 근일 문명국 ᄉᆞ상으로 비교ᄒᆞ건ᄃᆡ 먼 ᄃᆡ 일본이나 셔양은 챠치ᄒᆞ고 금일 우리나라에셔 ᄇᆞᆯ간ᄒᆞᄂᆞᆫ 죠션신보와 죠션일일신보와 대한일보 갓흔 것이 다 ᄉᆞ쳔여 장 이쳔 장에 ᄀᆞᆺ가와스니 뎌 일본 거류민의 슈효 보고 그 신문 장슈 나가ᄂᆞᆫ 것 보면 ᄆᆡ명이 한 장식 보아도 신문이 남을 것 갓흐되 그 신문이 일본 ᄂᆡ디ᄭᅡ지 만이 가셔 그럿케 다슈히 발간되니 그런 신문샤에셔ᄂᆞᆫ 남의 긔부금이나 챠관 안이라도 리익이 남아가거늘 우리 이쳔만 동포로 우리나라 사ᄅᆞᆷ의 ᄌᆞ유로 ᄇᆞᆯᄒᆡᆼᄒᆞᄂᆞᆫ 것은 삼쳔 장이 넘어가지 못ᄒᆞ니 국가의 문명부강을 신문의 셩쇠로 짐작ᄒᆞᄂᆞᆫ 이ᄯᆡ에 엇지 눈물 흘니고 통곡지 안이ᄒᆞᆯ 바리오

오호라 본샤 샤원들이 이 신문ᄉᆞ가 안이면 살 슈가 업셔 이 무슈ᄒᆞᆫ 곤란을 당ᄒᆞ야 가며 ᄋᆡ쓰ᄂᆞᆫ 것이 안이라 단ᄃᆞᆫ 혈셩이 동포의 이목을 열어 소경이나 귀먹어리 셰상이 되지 안코 국가의 문명을 바람인즉 여러 동포들도 우리의 외로온 정셩을 져바리지 말으시면 필경 우리의 목뎍을 달ᄒᆞ야 남의 노례노릇을 면ᄒᆞᆯ가 바람이오 신문은 구람치 안코 쳔ᄇᆡᆨ 원식 연조ᄒᆞᄂᆞᆫ 것을 원ᄒᆞᄂᆞᆫ 바 안이로다 젼후의 간신ᄒᆞᆫ ᄉᆞ상을 헤아리면 아조 그만두ᄂᆞᆫ 것이 본샤원에게 다ᄒᆡᆼ이나

샤회 유지 쳠군ᄌᆞ의 셩의를 져바릴 슈 업셔 다시 붓을 들어 여러분을 ᄃᆡᄒᆞ오니 일변은 감샤ᄒᆞᆫ 듯ᄒᆞ나 명일이라도 젼과 갓치 본 신문을 ᄉᆞ랑ᄒᆞᄂᆞᆫ 이가 젹으면 그졔ᄂᆞᆫ 뎨국 두 글ᄌᆞ의 명의가 영영 쥭어 업셔질 터이오니 본샤 인원들은 뎨국 신문의 ᄉᆡᆼᄉᆞ존망을 여러 동포에게 위탁ᄒᆞᆯ ᄯᆞᄅᆞᆷ이오 다슈 보조를 구ᄒᆞ지 안ᄂᆞᆫ 바오니 깁히 ᄉᆡᆼ각들 ᄒᆞ시기 바라압ᄂᆞ이다

100 1907년 10월 4일(금) 제2511호 론셜

나보담 나흔 쟈를 슬혀ᄒᆞᄂᆞᆫ 마암 / 탄히ᄉᆡᆼ

나보담 나흔 쟈를 슬혀ᄒᆞᄂᆞᆫ 마암은 동셔와 고금을 물론ᄒᆞ고 사ᄅᆞᆷ의 통폐가 되여 국가 샤회에 큰 화근이 되ᄂᆞᆫ 고로 ᄯᅳᆺ잇ᄂᆞᆫ 션ᄇᆡ의 항샹 근심ᄒᆞᄂᆞᆫ 바어니와 우리나라 사ᄅᆞᆷ은 이 마암이 가쟝 만ᄒᆞ셔 남의 학문이 나보담 낫든지 디위가 나보담 놉든지 명예가 나보담 쟝ᄒᆞ든지 ᄌᆡ산이 나보담 만흔 것을 보면 싀긔ᄒᆞ고 믜워ᄒᆞ야 긔어히 ᄇᆡᆨ 가지로 참쇼ᄒᆞ고 쳔 가지로 훼방ᄒᆞ야 그 망ᄒᆞᄂᆞᆫ 것을 본 연후에야 쾌ᄒᆞ게 녁이니 엇지 탄식ᄒᆞᆯ 바ㅣ 안이리오 무론 엇던 사ᄅᆞᆷ이든지 그 학문과 지식이 놉ᄒᆞ셔 샤회의 션각이 될 만ᄒᆞ거든 공경ᄒᆞ고 사랑ᄒᆞ야 그 사ᄅᆞᆷ으로 ᄒᆞ야곰 더옥 힘쓰게 ᄒᆞᆷ이 가ᄒᆞ거날 그러치 안코 취모역ᄌᆞ(吹毛覓疵)[231]를 ᄒᆞ야 가며 잇ᄂᆞᆫ 일 업ᄂᆞᆫ 일을 궁흉극악ᄒᆞ게 얽어 말ᄒᆞ야 셰상에 용납지 못ᄒᆞ도록 ᄒᆡᄒᆞ기로 능ᄉᆞ를 삼아 ᄆᆡᆼᄌᆞ의 말삼의 사ᄅᆞᆷ이 요슌이 안이면 엇지 ᄆᆡᄉᆞ를 다 잘ᄒᆞ리오 ᄒᆞ신 바를 츄호도 ᄉᆡᆼ각지 안이ᄒᆞᄂᆞᆫ도다

대뎌 사ᄅᆞᆷ의 마암과 셩품이란 것이 이샹ᄒᆞ야 남의게 무던ᄒᆞᆫ 사ᄅᆞᆷ이라든지

231 취모멱자(吹毛覓疵): 흠을 찾으려고 털을 불어 헤친다는 뜻으로, 억지로 남의 작은 허물을 들추어냄을 비유적으로 이르는 말. 출전은 『한비자(韓非子)』의 「대체편(大體篇)」이다.

어진 사름이라는 칭찬을 들으면 ᄌᆞ긔의 엇은 바 명예를 손상훌가 두려워ᄒᆞ야 힝혀 잘못ᄒᆞᄂᆞᆫ 일이 잇슬가 ᄒᆞ야 범빅ᄉᆞ의 죠심이 극진ᄒᆞ고 한 번 샤회에셔 괴악ᄒᆞᆫ 놈이라든지 안이된 놈이라는 칭호를 엇으면 죠곰도 긔탄ᄒᆞ고 두려워ᄒᆞᄂᆞᆫ 마암이 업셔져셔 ᄂᆡ가 아모리 잘ᄒᆞ기로 누가 칭찬ᄒᆞ랴 ᄒᆞ야 졈졈 악ᄒᆞᆫ 일만 힝ᄒᆞᄂᆞᆫ 법이니 우리 동포로 ᄒᆞ야곰 녯풍속을 고치고 문명ᄒᆞᆫ ᄉᆞ상을 두어 세계의 션량ᄒᆞᆫ 국민이 되게 ᄒᆞ랴면 가량 우리 가온ᄃᆡ 젹이 미흡ᄒᆞᆫ 사름이 잇슬지라도 결든코 망녕도히 평론ᄒᆞ야 못쓸 사름이라 ᄒᆞ지 말기를 바라노라 나라와 빅셩의게 큰 죄를 지어 텬디지간에 셔지 못훌 사름은 츈츄의 필법도 잇고 국가의 법률도 잇고 셰인의 공론도 잇스려니와 기외에 여간 쇼쇼ᄒᆞᆫ 허물이야 누가 업스리오 또ᄒᆞᆫ 이 셰상에 사름 모혀잇는 것이 비유컨ᄃᆡ 화계에 화쵸 심은 것과 갓ᄒᆞ니 솔나모와 참ᄃᆡᄂᆞᆫ ᄉᆞ시에 푸르러 졀긔를 변치 안는 귀ᄒᆞᆫ 식물이나 그러나 화계 우에 다른 ᄭᅩᆺ나모는 아모것도 업고 단지 솔나모와 참ᄃᆡ만 심으면 무슴 운치가 잇스리오 아참에 퓌엿다가 져녁에 지ᄂᆞᆫ ᄭᅩᆺ도 심으고 ᄉᆞ시쟝쳥ᄒᆞᄂᆞᆫ 송쥭도 심으고 심지어 완악ᄒᆞᆫ 괴셕ᄭᅡ지라도 버려노흔 후에야 그 화계가 아름다올지니 인류의 샤회도 이와 ᄀᆞᆺᄒᆞ야 만일 왼셰상이 다 졍직ᄒᆞᆫ 군ᄌᆞ뿐이면 아죠 몰미훌지로다 그런즉 사름을 택ᄒᆞ고져 훌진ᄃᆡ 각각 그 쟝쳐만 취ᄒᆞ고 단쳐는 버리면 한아도 쓰지 못훌 사름이 업스리니 웨 굿히여 쟝쳐는 버리고 단쳐만 취ᄒᆞ야 인류 사회의 아름다온 경광을 업시코져 ᄒᆞᄂᆞ뇨 녯말에 남을 칙망ᄒᆞ기는 붉히 ᄒᆞ고 나를 칙망ᄒᆞ기는 어둡게 ᄒᆞᆫ다 ᄒᆞ엿스니 항상 남을 칙망ᄒᆞᄂᆞᆫ 마음으로 ᄂᆡ 몸을 칙망ᄒᆞ며 ᄂᆡ 몸을 용셔ᄒᆞᄂᆞᆫ 마음으로 남을 용셔ᄒᆞ야 남을 모히ᄒᆞ거나 싀긔ᄒᆞ거나 질투ᄒᆞ거나 ᄒᆞᄂᆞᆫ 마암을 일졀 바리고 남의 션ᄒᆞᆫ 것은 포양ᄒᆞ며 남의 악ᄒᆞᆫ 것은 숨겨셔 털긋만치라도 나보담 나흔 것이 잇거든 아모죠록 ᄉᆞ모ᄒᆞ고 힘써 공부ᄒᆞ야 그 사름갓기를 긔약ᄒᆞ고 쑴에라도 슬혀ᄒᆞᄂᆞᆫ 마암은 두지 말지어다

1907년 10월

신문긔쟈 / 탄히ᄉᆡᆼ

가을 하날이 놉고 일긔가 심히 청명ᄒᆞ기로 아참에 일즉이 닐어나셔 셔ᄌᆡ를 정쇄히 쓸고 ᄂᆡ외국 신문지를 ᄌᆞᆷ심ᄒᆞ야 보ᄂᆞᆫᄃᆡ 엇더ᄒᆞᆫ ᄀᆡᆨ이 와셔 한헌의 례를 필ᄒᆞᆫ 후 ᄀᆡᆨ이 본 긔쟈의게 질문ᄒᆞ야 갈아ᄃᆡ 셰샹에 ᄉᆡᆼ업이 허다ᄒᆞᆫᄃᆡ 남이 뮈워ᄒᆞ고 ᄉᆞᆯ혀ᄒᆞᄂᆞᆫ 신문긔쟈노릇을 ᄒᆞᆷ은 무ᄉᆞᆷ 연고이뇨 ᄒᆞ거날 본 긔쟈가 옷깃을 바로 ᄒᆞ고 ᄃᆡ답ᄒᆞ되 대뎌 신문이라 ᄒᆞᄂᆞᆫ 것은 샤회의 거울인즉 션ᄒᆞᆫ 것과 악ᄒᆞᆫ 것이며 정ᄒᆞᆫ 것과 츄ᄒᆞᆫ 것이 ᄒᆞᆫ결갓치 비최이ᄂᆞᆫ지라 엇지 일졈 ᄉᆞ정이 잇스리오 그런 고로 션ᄒᆞᆫ 쟈ᄂᆞᆫ 포양ᄒᆞ며 악ᄒᆞᆫ 쟈ᄂᆞᆫ 징계ᄒᆞ고 정ᄒᆞᆫ 쟈ᄂᆞᆫ 사랑ᄒᆞ며 츄ᄒᆞᆫ 쟈ᄂᆞᆫ 뮈워ᄒᆞ거ᄂᆞᆯ 누가 공연히 신문긔쟈를 뮈워ᄒᆞ리오 그ᄲᅮᆫ 안이라 ᄐᆡᆨ셔 문명ᄒᆞᆫ 나라에셔ᄂᆞᆫ 뎨왕 이하 정부대신과 밋 일반샤회가 신문긔쟈 ᄃᆡ졉ᄒᆞ기를 심히 정즁히 ᄒᆞ야 심지어 신문긔쟈ᄂᆞᆫ 관 업ᄂᆞᆫ ᄌᆡ샹이라 ᄒᆞᄂᆞᆫ 속담이 잇스니 신문긔쟈의 디위와 덕ᄒᆡᆼ이 남의게 공경ᄒᆞᆷ을 밧음이 젹지 안이ᄒᆞ도다 그러나 그 직칙이 과연 즁대ᄒᆞ야 심히 괴롭고 근심되ᄂᆞᆫ 일이 만ᄒᆞ셔 일 년 삼ᄇᆡᆨ륙십오일에 잠시라도 쉬지 못ᄒᆞ고 ᄯᆞᆷ을 ᄒᆞᆯ니며 신문을 긔록ᄒᆞᆯ ᄯᅢ에 가만히 ᄉᆡᆼ각ᄒᆞᆫ즉 사ᄅᆞᆷ이 다만 의식만 구ᄒᆞ고져 ᄒᆞ면 ᄒᆞᆯ 일이 무슈ᄒᆞᆫᄃᆡ 웨 신문긔쟈가 되엿나뇨 ᄒᆞᄂᆞᆫ 의문이 업지 안이ᄒᆞ되 ᄒᆞᆫ편으로 ᄉᆡᆼ각ᄒᆞ면 이갓치 괴롭고 근심ᄒᆞᄂᆞᆫ ᄃᆡ신에 엇ᄂᆞᆫ 바 보슈가 가장 크도다 보슈ᄂᆞᆫ 무엇이요 ᄂᆞᆯ마다 셔로 ᄃᆡᄒᆞ야 친밀ᄒᆞᆫ 교졔를 가진 몃쳔 몃만의 ᄋᆡ독쟈를 엇ᄂᆞᆫ 것이라 신문을 ᄋᆡ독ᄒᆞᄂᆞᆫ 쟈ᄂᆞᆫ 긔쟈의 얼골이 엇더ᄒᆞᆫ지 어ᄃᆡ 사ᄂᆞᆫ지 몰오것마ᄂᆞᆫ ᄌᆞ연히 친밀ᄒᆞᆫ 정의가 ᄉᆡᆼ겨셔 긔회를 엇어 맛나ᄂᆞᆫ 마당에 일면이 여구ᄒᆞ야 서로 샤랑ᄒᆞ며 셔로 공경ᄒᆞ나니 셰샹에 이러케 쾌ᄒᆞᆫ 일이 어ᄃᆡ 다시 잇다 ᄒᆞ리오 ᄒᆞᆫᄃᆡ ᄀᆡᆨ이 ᄯᅩ 물어 갈아ᄃᆡ 그ᄃᆡ의 말 ᄀᆞᆺᄒᆞᆯ진ᄃᆡ 신문긔쟈의 ᄉᆡᆼ업이 뎨일 쾌ᄒᆞ고 즐거올 ᄯᆞ름이어ᄂᆞᆯ 무엇이 괴롭고 근심된다 ᄒᆞᄂᆞ뇨 본 긔쟈 웃고 ᄃᆡ답ᄒᆞ되 그ᄃᆡᄂᆞᆫ 아즉 신문긔쟈가 되어 보지 못ᄒᆞ

엿스니 엇지 신문긔쟈의 고락을 알니오 셔양 졍치가의 말에 인싱의 괴롭고 근심ᄒᆞᄂᆞᆫ 극도(極度)ᄂᆞᆫ 일국 직상이라 ᄒᆞ얏스니 과연 올흔 말이로다 ᄒᆞᆫ 나라의 직상이 되어셔 그 나라를 엇더케 다ᄉᆞ려야 부강ᄒᆞᆫ 나라가 되며 그 ᄇᆡᆨ셩을 엇더케 다ᄉᆞ려야 문명ᄒᆞᆫ ᄇᆡᆨ셩이 되게 ᄒᆞ리오 ᄒᆞ야 밤낫으로 경영ᄒᆞ고 ᄉᆞ려ᄒᆞᆯ 씨에 죠곰도 편안치 못ᄒᆞ려니와 ᄒᆞᆫ 번 ᄂᆡ각이 갈니면 물너가 한가ᄒᆞᆫ 셰월을 보ᄂᆡ며 남의게 공경ᄒᆞᆷ을 밧을 ᄲᅮᆫ이로ᄃᆡ 신문긔쟈의 괴로옴과 근심됨은 직상보담도 더 심ᄒᆞᆫ 쟈이 잇슨즉 신문긔쟈ᄂᆞᆫ 갈니지 안ᄂᆞᆫ 직상이오 텬싱ᄒᆞᆫ 대신이라 신문긔쟈ᄂᆞᆫ 죠셕으로 분쥬히 왕ᄅᆡᄒᆞ며 졍치의 득실과 샤회의 졍형과 인심의 향ᄇᆡ를 탐문ᄒᆞ며 ᄯᅩ한 죵일토록 눈살을 펴지 못ᄒᆞ고 붓ᄃᆡ를 ᄲᅢᆯ며 무엇을 쓰기에 골몰ᄒᆞ야 다졍ᄒᆞᆫ 친구가 올지라도 말 한 마ᄃᆡ ᄃᆡ답ᄒᆞᆯ 결을이 업스니 어ᄃᆡ셔 젼징이 나면 시셕[232]을 무릅쓰고 젼디에 가셔 그 실상을 탐보ᄒᆞ며 바람이 불던지 비가 오던지 안ᄂᆞᆫ 자리가 ᄯᅡ뜻ᄒᆞ지 못ᄒᆞᆷ도 다 괴롭다 ᄒᆞ나 그것은 다 신톄의 괴롬이라 능히 참고 견ᄃᆡ려니와 그 가온ᄃᆡ ᄯᅩ 무형ᄒᆞᆫ 괴로옴이 잇스니 붓을 들고 여러 가지 일을 긔록ᄒᆞᆯ 젹에 엇더ᄒᆞᆫ 일을 긔록ᄒᆞᆯᄂᆞᆫ지 무삼 ᄶᅡ닭에 긔록ᄒᆞᆯᄂᆞᆫ지 이 말을 긔록ᄒᆞ면 국가와 인민의게 리가 잇슬ᄂᆞᆫ지 ᄒᆡ가 될ᄂᆞᆫ지 남의게 죠소나 안이 들을ᄂᆞᆫ지 혹은 법률에 뎌쵹이나 안이 될ᄂᆞᆫ지 ᄇᆡᆨ쳔 가지로 도라보고 념려ᄒᆞᆷ은 졍신의 괴로옴이라 신톄와 졍신이 한가지로 괴로옴을 밧으되 일평싱을 면치 못ᄒᆞᄂᆞᆫ 쟈ᄂᆞᆫ 신문긔쟈밧게 다시 업슬지로다 그러나 앗가 말ᄒᆞᆫ 바와 ᄀᆞᆺ치 익독쟈가 놀마다 늘어셔 긔쟈의 의론이 공명졍대ᄒᆞᆫ 심ᄉᆞ에셔 나온 쥴을 알아셔 그ᄃᆡ로 힝ᄒᆞ면 샤회에 큰 복이 될 쥴로 알면 본 긔쟈ᄂᆞᆫ 엇더ᄒᆞᆫ 괴로옴과 근심을 당ᄒᆞᆯ지라도 ᄉᆞ양치 안이ᄒᆞ고져 ᄒᆞ노라 ᄀᆡᆨ이 우스며 물너가기로 슈답ᄒᆞᆫ 말을 긔록ᄒᆞ야 론셜을 ᄃᆡ신ᄒᆞ노라

1907년
10월

232 시석(矢石): 예전에, 전쟁에서 무기로 쓰던 화살과 돌.

ᄂᆡ 졍신은 ᄂᆡ가 차릴 일 / 탄ᄒᆡ싱

셰상사ᄅᆞᆷ이 ᄉᆡᆼ각ᄒᆞᄂᆞᆫ ᄃᆡ로 ᄉᆡᆼ각ᄒᆞ고 셰상사ᄅᆞᆷ이 말ᄒᆞᄂᆞᆫ ᄃᆡ로 말ᄒᆞ고 셰상사ᄅᆞᆷ이 ᄒᆡᆼᄒᆞᄂᆞᆫ ᄃᆡ로 ᄒᆡᆼᄒᆞ야 나의 일신을 셰상사ᄅᆞᆷ의게 부탁ᄒᆞᄂᆞᆫ 것도 ᄯᅩᄒᆞᆫ 셰상에 쳐ᄒᆞᄂᆞᆫ 아ᄅᆞᆷ다온 법이라 이ᄀᆞᆺ치 ᄒᆞ면 ᄂᆡ 몸에 괴로옴도 업고 남의게 뮈음밧을 것도 업슬지나 그러나 ᄂᆡ 졍신은 온젼히 일코 남의 졍신에 사ᄂᆞᆫ 것이니 엇지 셰상에 시비와 곡직이 잇스리오

임의 ᄂᆡ라 ᄒᆞᄂᆞᆫ 한 사ᄅᆞᆷ이 잇슨즉 나의 졍신이 특별히 업지 안이ᄒᆞᆯ지로다 일본 속담에 한 치 되ᄂᆞᆫ 버러지의게도 닷분되ᄂᆞᆫ 혼이 잇다 ᄒᆞ니 오쳑이나 되ᄂᆞᆫ 사ᄅᆞᆷ의 몸에 ᄌᆞ쥬쟝ᄒᆞᄂᆞᆫ 졍신이 일뎜도 업스면 무엇으로ᄡᅥ 만물 가온ᄃᆡ 가쟝 신령ᄒᆞ다 자랑홈올 엇으리오 귀쳔과 빈부를 물론ᄒᆞ고 ᄌᆞ긔의 소견으로 ᄉᆡᆼ각ᄒᆞ며 말ᄒᆞ며 ᄒᆡᆼᄒᆞᄂᆞᆫ 것이 하ᄂᆞᆯ이 쥬신 사ᄅᆞᆷ의 직분을 다홈이라 사ᄅᆞᆷ이 이 셰상에 날 ᄯᅢ에 셰상사ᄅᆞᆷ의게 노예 되라ᄂᆞᆫ 약죠도 업고 ᄯᅩ한 셰상사ᄅᆞᆷ과 닷토라ᄂᆞᆫ 의무도 업슨즉 사ᄅᆞᆷ마다 각각 ᄌᆞ긔의 졍신과 ᄌᆞ긔의 소견을 직희여 셔로 사랑ᄒᆞ며 셔로 화합ᄒᆞᆫ즉 그 ᄉᆞ랑과 그 화합을 오ᄅᆡ 보존ᄒᆞ려니와 만일 ᄌᆞ긔의 졍신을 일코 남의 졍신에 ᄭᅳ을녀 지ᄂᆡ면 셜혹 사랑홈과 화합홈이 잇슬지라도 필경은 원슈가 되여 헤여지고 말지니 사ᄅᆞᆷ이 몸을 셰워 셰상에 쳐호ᄃᆡ 가쟝 경계ᄒᆞᆯ 바ᄂᆞᆫ 가뷔엽게 밋으며 가뷔엽게 의심홈이라 셰상 사ᄅᆞᆷ이 말ᄒᆞ기를 아모ᄂᆞᆫ 군ᄌᆞ라 아모ᄂᆞᆫ 쇼인이라 ᄒᆞᆯ지라도 ᄂᆡ 졍신으로ᄡᅥ 그 사ᄅᆞᆷ의 마암 가지ᄂᆞᆫ 것과 일 ᄒᆡᆼᄒᆞᄂᆞᆫ 것을 ᄉᆞᆲ히지 못ᄒᆞ엿거든 결단코 의심ᄒᆞ지도 말며 밋지도 말지어다 셰상사ᄅᆞᆷ이 군ᄌᆞ라고 ᄯᅥ드ᄂᆞᆫ 사ᄅᆞᆷ의 ᄂᆡ용을 ᄌᆞ셰히 본즉 도로혀 지극히 간악ᄒᆞᆫ 사ᄅᆞᆷ이 만코 셰상사ᄅᆞᆷ이 쇼인이라 지목ᄒᆞᄂᆞᆫ 사ᄅᆞᆷ 가온ᄃᆡ도 졍직ᄒᆞᆫ 군ᄌᆞ가 업지 안이ᄒᆞ니 엇지 셰샹사ᄅᆞᆷ의 평론을 밋으리오 가히 밋을 바도 ᄌᆞ긔의 소견이오 가히 의심ᄒᆞᆯ 바도 ᄌᆞ긔의 소견이니 밋음과 의심홈을 ᄌᆞ긔의 소견으로 판단치 안

이ᄒᆞ면 나종에 후회ᄒᆞᄂᆞᆫ 폐단이 만토다 ᄇᆡᆨ락텬(白樂天)[233]이 갈아ᄃᆡ 쥬공[234] 갓흔 셩인도 관슉치슉[235]의 참쇼ᄒᆞᄂᆞᆫ 말을 들을 ᄯᅢ에 두려워ᄒᆞ얏고 왕망[236] 갓은 역신도 션비를 ᄃᆡ접ᄒᆞᆯ ᄯᅢ에 겸손ᄒᆞ며 공손ᄒᆞ얏다 ᄒᆞ엿스니 사ᄅᆞᆷ의 일시ᄒᆡᆼ동과 언어를 가지고 그 군ᄌᆞ 쇼인을 판단키 어려옴은 명ᄇᆡᆨᄒᆞ도다 그러나 이 말이 셰상사ᄅᆞᆷ의 ᄒᆡᆼᄒᆞᄂᆞᆫ 바와 말ᄒᆞᄂᆞᆫ 바ᄂᆞᆫ 무삼 일이든지 다 반ᄃᆡᄒᆞ라 ᄒᆞᆷ이 안이오 셰상사ᄅᆞᆷ이 다 올타 ᄒᆞᆯ지라도 ᄂᆡ가 올흔 것을 본 연후에 올타 ᄒᆞ며 셰샹사ᄅᆞᆷ이 다 글으다 ᄒᆞᆯ지라도 ᄂᆡ가 글은 것을 본 연후에 글으다 ᄒᆞ고 풍셩학려(風聲鶴唳)로 남의 말을 경션히 밋거나 경션히 의심치 말기를 바라ᄂᆞᆫᄃᆡ 지나지 안이ᄒᆞᆷ이니 무삼 물건을 보든지 엇던 사ᄅᆞᆷ을 ᄃᆡᄒᆞ든지 ᄂᆡ 정신으로 연구ᄒᆞ고 ᄯᅩ 연구ᄒᆞ야 그 션악과 시비를 갈희게 ᄒᆞ고져 ᄒᆞᆷ이로라 우리나라 사ᄅᆞᆷ은 특별히 셰력의 징탈과 당파의 알륵으로 인ᄒᆞ야 남의 당파를 모히ᄒᆞ고 ᄂᆡ 셰력을 보젼ᄒᆞᆯ ᄭᅬ로 풍셜과 참언이 ᄒᆞ로도 몃ᄇᆡᆨ 몃쳔 가지로 셰상에 도라단기니 만약 ᄂᆡ 정신을 ᄂᆡ가 ᄎᆞ리지 안으면 쟝찻 어ᄂᆡ 디경에 일을는지 예탁ᄒᆞᆯ 수 업기로 본 긔쟈의 밋는 바 소견을 대강 긔록ᄒᆞ야 젼국 유지ᄒᆞ신 동포의 놉흐신 평론을 기다리노라

103 1907년 10월 8일(화) 제2514호 론셜

아편을 엄금ᄒᆞᆯ 일 / 탄히싱

대뎌 아편이라 ᄒᆞᄂᆞᆫ 물건은 사ᄅᆞᆷ을 쥭이ᄂᆞᆫ 독ᄒᆞᆫ 약이엇마ᄂᆞᆫ 우연히 ᄒᆞᆫ 번

233 백락천(白樂天): 중국 당나라의 시인 백거이(白居易)의 자(字).

234 주공(周公): 주나라 무왕의 동생. 이름은 단(旦).

235 관숙(管叔)과 채숙(蔡叔): 주공의 형과 아우.

236 왕망(王莽): 중국의 단명한 나라인 신(新: 9~25)의 창시자. 시호는 가황제(假皇帝) · 섭황제(攝皇帝). 중국 역사에서는 '찬탈자'로 알려져 있다.

먹기 시작ᄒᆞ야 소위 인이라는 것이 박히면 ᄭᅳᆫ코져 ᄒᆞ야도 ᄭᅳᆫ키 어려온 고로 맛참ᄂᆡ 몸과 집과 나라를 멸망케 ᄒᆞ나니 이 셰상에 가장 무셥고 두려온 물건이로다 볼지어다 (支那)[237]는 ᄋᆞ셰아쥬의 뎨일 큰 나라로 ᄉᆞ억 만의 인구를 두엇스되 아편의 독ᄒᆞᆫ 연긔가 ᄒᆞᆫ 번 퍼진 후로부터 국민이 칩침[238]장야에 취ᄒᆞᆫ ᄭᅮᆷ을 ᄭᆡ지 못ᄒᆞ고 오날날 셰계 각국의 릉모와 ᄋᆸ박을 밧으니 이것이 엇지 우리의 ᄇᆰ은 거울이 안이리오 우리나라는 지나와 디경이 셔로 졉흠으로 인ᄒᆞ야 불식부지즁에 뎌 무셥고 두려온 아편이 들어와 의쥬 평양 ᄀᆡ셩 경셩 등 각 도회와 밋각 항구에 미만ᄒᆞ야 아편연을 마시는 쟈ㅣ 삼십만이오 아편으로 인ᄒᆞ야 쥭은 쟈가 삼만여 명에 달ᄒᆞ엿다 ᄒᆞ니 무셥도다 이 일이여 두렵도다 이 일이여 이갓치 몃 ᄒᆡ를 그ᄃᆡ로 버려두면 외국의 압제가 업셔도 스ᄉᆞ로 멸망ᄒᆞᄂᆞᆫ ᄯᅡ에 ᄲᅡ질 것이오 졍치를 아모리 ᄀᆡ혁ᄒᆞᆯ지라도 문명부강에 나아갈 긔약이 업슬지니 엇지 통곡ᄒᆞᆯ 바ㅣ 안이뇨 그러나 졍부 당국쟈가 이 일을 근심ᄒᆞ야 엄금ᄒᆞᄂᆞᆫ 법령을 반포흠을 보지 못ᄒᆞ얏고 들에 잇는 유지지ᄉᆞ가 문쟝이나 연셜로 이 일을 의론흠을 듯지 못ᄒᆞ얏스니 이는 속담에 일은 바 손톱 곰기는 줄은 알아도 염통에 쉬[239]쓰는 줄은 몰옴이로다 우리나라에도 ᄌᆞ릭로 아편을 금ᄒᆞᄂᆞᆫ 법이 업는 것은 안이로ᄃᆡ 지샹공문[240]이 되여셔 실힝치 못ᄒᆞᆯ ᄲᅮᆫ 안이라 뎌 쳥인이 ᄌᆞ긔의 나라 망ᄒᆞ든 독ᄒᆞᆫ 물건을 ᄂᆞᆯ마다 슈입ᄒᆞ야 료리집과 계집의 집에셔 무란히 먹으며 ᄯᅩᄒᆞᆫ 아편의 원료 양귀비ᄭᅩᆺ을 ᄇᆡ양ᄒᆞᄂᆞᆫ 쟈가 잇도다 본 긔쟈가 년젼에 목포를 지나다가 쳥인의 양귀비ᄭᅩᆺ 농ᄉᆞ짓는 것을 보고 분흠을 익의지 못ᄒᆞ야 손에 들엇든 단쟝으로 반일경이나 되는 밧헤 심은 것을 모다 ᄯᅮ다려 부수온 일이

---

237 원문 표기 그대로 옮김. '지나(支那)', 곧 중국을 가리킴.

238 '침침(沈沈)'의 오기.

239 쉬: 파리의 알.

240 지상공문(紙上空文): 아무런 결과도 기대할 수 없거나 실행이 불가능한 헛된 글. 공문(空文).

잇스니 이 일로 밀우어 볼진딘 금ᄒᆞ기는 고샤ᄒᆞ고 공변도히[241] 허락ᄒᆞ엿다 ᄒᆞ여도 망언이 안일 듯ᄒᆞ도다 이왕 지나간 일은 의론ᄒᆞᆯ 것 업거니와 릐두에는 법률을 엄ᄒᆞ게 직희여 디위 잇고 셰력 잇는 사ᄅᆞᆷ이라도 츄호도 용ᄃᆡ치 말고 즁ᄒᆞᆫ 형벌로 다ᄉᆞ려 전국의 큰 화근을 끈케 ᄒᆞ기를 정부 당로쟈의게 바라노라 정부 당로쟈 즁에 특별히 경시총감이 이 일에 깁히 쥬의ᄒᆞ야 우리 이천만 ᄉᆡᆼ령이 참혹ᄒᆞᆫ 화를 면케 ᄒᆞ면 가커니와 그러치 안으면 이 물건이 침침연히 일본사ᄅᆞᆷ의게 전염되여 필경은 동양의 황ᄉᆡᆨ[242]인죵이 젼멸ᄒᆞ는 대화를 당ᄒᆞ리로다 우리 나라에셔 가쟝 금ᄒᆞ기 어려온 일은 경찰 관리된 별슌검 가온ᄃᆡ 계집의 셔방이 만코 아편 먹는 소굴은 계집의 집인 고로 빅쥬에 ᄂᆡ여놋코 먹을지라도 잡을 사ᄅᆞᆷ이 업스며 ᄯᅩ한 셩외 셩ᄂᆡ의 누구누구라 칭ᄒᆞ는 부ᄌᆞ와 셰력 잇는 ᄌᆡ상의 ᄌᆞ질이 만흔즉 슌검이 볼지라도 감히 잡지 못ᄒᆞ는 폐단이 비일비ᄌᆡᄒᆞ니 바라건ᄃᆡ 경시총감은 폐단의 잇는 바를 ᄌᆞ셰히 ᄎᆡ탐ᄒᆞ야 엄뎡ᄒᆞᆫ 법률과 ᄆᆡᆼ렬ᄒᆞᆫ 슈단으로 위션 아편 먹는 쟈를 엄금ᄒᆞ고 ᄯᅩ 한편으로는 각 항구에 신칙ᄒᆞ야 아편 슈입ᄒᆞ는 길을 엄밀히 막아셔 다시는 슈입이 되지 못ᄒᆞ게 ᄒᆞ소셔 그러치 안으면 본사에셔 경셩 ᄂᆡ외와 디방 각쳐의 아편 먹는 쟈의 셩명을 일일히 적발ᄒᆞ야 날카온 필봉으로 ᄉᆞ정 업시 버히려 ᄒᆞ노라 ᄯᅩ 바라건ᄃᆡ 전국 가온ᄃᆡ 나라를 근심ᄒᆞ시는 유지ᄒᆞ신 동포는 우리 불상ᄒᆞ고 어리셕은 형데가 아편을 먹는 쟈가 잇거든 처음에는 됴흔 말로 츙고ᄒᆞ야 듯지 안이ᄒᆞ거든 두 번ᄌᆡ는 쥰졀ᄒᆞᆫ 말로 ᄎᆡᆨ망ᄒᆞ고 그랴도 듯지 안커든 법ᄉᆞ에 고발ᄒᆞ야 긔어히 먹지 못ᄒᆞ도록 ᄒᆞ소셔 뎌 사납고 독ᄒᆞᆫ 연긔가 업셔지지 안으면 국권회복이니 민권ᄌᆞ유이니 천만 번을 써드러도 다 허ᄉᆞ가 되겟기로 구구ᄒᆞᆫ 경셩을 베푸러 ᄡᅥ 정부 당로쟈와 밋 전국 유지 동포의게 이갓치 경고ᄒᆞ노라

1907년 10월

---

241 공변되다: (일 처리나 행동이)어느 한쪽으로 치우치거나 사사롭지 않고 공평하다.

242 '황식(황색)'의 오기.

졍치긔량보담 풍속긔량이 급홈 / 탄히싱

대뎌 풍속이라 ᄒᆞᄂᆞᆫ 것은 녯적부터 젼ᄒᆞ야 나려오ᄂᆞᆫ 습관인 고로 오날날 세계 만국의 풍속이 셔로 갓지 안이ᄒᆞ야 이 나라 사ᄅᆞᆷ은 뎌 나라 풍속을 흉보고 뎌 나라 사ᄅᆞᆷ은 이 나라 풍속을 흉보아 언의 나라의 풍속이 됴흔지 알 슈 업스되 ᄂᆡ 것과 남의 것을 비교ᄒᆞ야 공평ᄒᆞᆫ 마암으로 판단ᄒᆞ면 됴코 글은 것이 ᄌᆞ연히 들어날지라 남의 나라 풍속이라도 됴흔 것이 잇거든 취ᄒᆞ야 ᄂᆡ 것을 삼으면 곳 ᄂᆡ 나라 풍속이 되리니 엇지 ᄂᆡ 것만 올타고 편벽도히 직희기를 힘쓰리오 그러나 녯사ᄅᆞᆷ의 말에 평상ᄒᆞᆫ 사ᄅᆞᆷ은 녯풍속을 편안히 녁인다 ᄒᆞ엿스니 이 말은 고금이 일반이로다 무릇 사ᄅᆞᆷ이 보고 들은 것이 만하셔 지식이 쵸등ᄒᆞ면 범ᄉᆞ의 됴코 글은 것을 비교ᄒᆞᆯ 슈 잇스되 평상ᄒᆞᆫ 사ᄅᆞᆷ은 문견이 심히 좁은 ᄭᆞ닭으로 단지 ᄂᆡ 것이 세상에 뎨일인 쥴로 ᄉᆡᆼ각홈은 썻썻ᄒᆞᆫ 일이라 무엇을 족히 괴히 녁이리오 이왕으로 말ᄒᆞ면 우리의 듯고 보ᄂᆞᆫ 바가 쳥국에 지나지 못ᄒᆞᆫ 고로 례악 법도와 기타 샤회의 풍속ᄭᆞ지라도 쳥국을 모방ᄒᆞ얏거니와 지금은 셰계 각국이 죠셕으로 왕릭ᄒᆞᄂᆞᆫᄃᆡ 언의 나라던지 우리의 션ᄉᆡᆼ이 될 만ᄒᆞ면 ᄇᆡ호ᄂᆞᆫ 것이 올흔 쥴은 누구던지 다 아ᄂᆞᆫ 바인즉 굿히여 셜명ᄒᆞᆯ 필요가 업스되 근일 우리나라의 ᄯᅳᆺ잇ᄂᆞᆫ 션ᄇᆡᄂᆞᆫ 항상 졍치 긔량을 말ᄒᆞ고 쇠ᄒᆞ니 이ᄂᆞᆫ 근본을 버리고 ᄭᅳᆺ을 취홈이로다 졍부에셔 ᄇᆡᆨ 가지 아름다온 법도와 쳔 가지 됴흔 규측을 마련ᄒᆞ얏슬지라도 그 인민의 풍속이 괴악ᄒᆞ야 실상으로 ᄒᆡᆼᄒᆞ지 안이ᄒᆞ면 필경은 지상공문이 될 ᄲᅮᆫ이라 근일에 우리가 목도ᄒᆞᆫ 바로 말ᄒᆞᆯ지라도 우리 졍부에셔

대황뎨폐하의 죠칙을 밧드러 죠혼을 금ᄒᆞᄂᆞᆫ 령을 반포ᄒᆞ영[243]스니 그 법이 가장 됴코 아름답것마ᄂᆞᆫ 일반 인민은 고샤ᄒᆞ고 대관 즁에도 범법ᄒᆞᆫ 쟈가 잇스

243 어미 '~엿(였)'의 오기.

니 이는 인민이나 대관의 죄가 안이오 곳 풍속의 죄라 홀지오 부인이 문밧게 나갈 쩍에 교군을 타거나 쟝옷[244]을 쓰는 것이 심히 괴로올 섇 안이오 돈이 만히 드는 고로 사룸마다 흔탄흐며 외국 사룸의 죠소흐는 바인 쥴을 알 것마는 일죠일셕에 버리지 못홈은 풍속을 버셔나지 못홈이니 몬져 풍속을 기량치 안으면 졍치의 기량이 실시되기 어려옴은 분명흐도다 풍속을 기량흐는 도는 엇더흔고 졍부대관과 밋 지식 잇는 션비가 몬져 힝홈에 잇는지라 몬져 힝코자 홀진딘 남이 흉을 보든지 욕을 흐든지 나의 밋는 바가 잇거든 결단코 도라보지 안는 것이 가흐다 흐노라 머리 깍는 일ᄉ로 보더린도 처음에 쯧잇는 션빈 흔두 사룸이 깍글 쩍에는 죠롱흐고 시비흐는 사룸이 만터니 지금은 ᄎᄎ로 풍속이 되여 깍지 안은 사룸이 도로혀 시비를 당흐고 죠쇼를 밧게 되엿슨즉 몃빅 년 젼흐야 오던 풍속을 씨치고 시 풍속을 닉고져 흐는 사룸이 엇지 평샹한 사룸의 물의를 도라보리오 졍치가는 졍령을 베풀 쩍에 그 나라의 풍속과 인졍을 혀아려 아모죠록 인심이 슌종케 흐기를 쇠흐거니와 지ᄉ는 그러치 안이흐야 쩍에 합당치 안코 시속 사룸의게 시비를 들을지라도 나의 잡은 바 의견을 굿게 직희여 후셰 사룸의 법이 되기를 긔약홀지로다 우리나라 풍속 가온딕 남의 나라 풍속과 비교흐야 보면 기량홀 일에 하도 만키로 두어 마듸 어리셕은 의견을 베풀고 명일부터는 우리 풍속 즁의 기량홀 만흔 것을 츅일론란코져 흐노라

105 1907년 10월 10일(목) 제2516호 론셜

(풍속기량론) (一) 녀ᄌ의 기가를 허홀 일 / 탄히싱

우리나라에서 본린 녀ᄌ의 기가홈을 법률로써 금흔 것은 업스되 기가흔 사

244 '장옷'의 오기.

ᄅᆞᆷ의 ᄌᆞ손은 쳥환[245]을 식히지 안ᄂᆞᆫ 고로 ᄉᆞ대부가 이것을 붓그러워ᄒᆞ야 ᄒᆡᆼᄒᆞ지 안으며 ᄯᅩᄒᆞᆫ 지나의 녯사ᄅᆞᆷ의 렬녀ᄂᆞᆫ 불경이부라 ᄒᆞᄂᆞᆫ 말을 줄못 ᄒᆡ셕ᄒᆞ야 남ᄌᆞᄂᆞᆫ 두 번 셰 번 쟝가를 들어도 녀ᄌᆞᄂᆞᆫ 불ᄒᆡᆼᄒᆞ야 ᄒᆞᆫ 번 과거ᄒᆞ면 두 번 ᄉᆡ집가지 못ᄒᆞ게 ᄒᆞ엿ᄂᆞᆫᄃᆡ 여러 ᄇᆡᆨ년 사이에 ᄌᆞ연히 풍속이 되여 하날이 뎡ᄒᆞᆫ 법으로 알고 감히 ᄒᆡᆼ치 못ᄒᆞᄂᆞᆫ도다 슯흐다 인ᄉᆡᆼ의 가장 즐거온 바ᄂᆞᆫ 부부동락ᄒᆞ야 유ᄌᆞᄉᆡᆼ녀ᄒᆞᆷ이오 텬디의 썻썻한 리치어ᄂᆞᆯ 이 즐거옴과 이 리치ᄅᆞᆯ 몰으고 눈물과 한숨으로 무졍ᄒᆞᆫ 셰월을 보ᄂᆡᄂᆞᆫ 사ᄅᆞᆷ이 우리나라 가온ᄃᆡ 몃쳔 몃만 명이뇨 그 졍경을 깁히 ᄉᆡᆼ각ᄒᆞᆯ진ᄃᆡᆫ 목셕간쟝이라도 ᄒᆞᆫ 쥴기 눈물을 ᄲᆡ리지 안을 수 업도다 우즁지 우리나라에셔 혼인을 넘어 일즉이 지ᄂᆡᄂᆞᆫ 고로 남ᄌᆞ가 텬영을 온젼히 못ᄒᆞ고 질에 죽ᄂᆞᆫ 쟈ㅣ 허다ᄒᆞᆫ즉 죽ᄂᆞᆫ 쟈도 불샹ᄒᆞ거니와 살아잇ᄂᆞᆫ 안ᄒᆡᄂᆞᆫ 십삼ᄉᆞ 셰부터 과거ᄒᆞ야 ᄎᆞᆷ혹ᄒᆞᆫ 졍셰와 가련ᄒᆞᆫ 신세로 셰샹에 낫던 보람이 업스며 심ᄒᆞᆫ 쟈ᄂᆞᆫ 쵸례ᄅᆞᆯ 맛친 후에 즉시 과거ᄒᆞᆫ 쟈도 잇고 남편의 얼골이 엇더케 ᄉᆡᆼ겻ᄂᆞᆫ지 몰으고 과거ᄒᆞᆫ 쟈도 잇스되 일톄 슈졀ᄒᆞᄂᆞᆫ 풍속을 버셔나지 못ᄒᆞ야 젹만ᄒᆞᆫ 공방에 자나ᄭᆡ나 슯흠이오 ᄉᆡ 짐ᄉᆡᆼ의 쌍쌍이 노ᄂᆞᆫ 것을 보아도 한탄이며 비바ᄅᆞᆷ의 텬긔가 음침ᄒᆞ야도 원망이며 봄날에 ᄇᆡᆨ화가 만발ᄒᆞ야 텬디간의 만물이 모다 즐기되 이 인ᄉᆡᆼ은 홀로 슈심이며 겨울밤에 락엽소ᄅᆡ 바ᄅᆞᆷ 소ᄅᆡᄅᆞᆯ 들어도 잠을 일우지 못ᄒᆞ고 긴 ᄒᆞᆫ숨 ᄶᆞ른 탄식으로 어셔 죽지 안임을 한ᄒᆞᆯ ᄯᆞ름이니 사회와 국가의 화긔ᄅᆞᆯ 감샹ᄒᆞᆷ이 이에셔 더 큰 것이 어ᄃᆡ 잇스리오 그런 고로 녯젹 현인 군ᄌᆞ들도 이 일을 근심ᄒᆞ야 샹소ᄒᆞᆫ 일이 여러 번 잇고 ᄯᅩ 갑오경쟝ᄒᆞᆯ ᄯᆡ에 ᄀᆡ가ᄅᆞᆯ 트라ᄂᆞᆫ 졍부 명령이 잇셧스되 조곰도 변ᄒᆞ지 못ᄒᆞ고 오날ᄂᆞᆯᄭᆞ지 구습을 직희여 ᄒᆞᆫ아도 실샹으로 ᄒᆡᆼᄒᆞᄂᆞᆫ 쟈 잇슴을 듯고 보지 못ᄒᆞ

245 청환(淸宦): 조선 시대, 학식과 문벌이 높은 사람에게 시키던 규장각(奎章閣), 홍문관(弘文館), 선전관청(宣傳官廳) 등의 벼슬. 지위와 봉록은 높지 않으나 뒷날에 높이 될 자리였다.

엿스니 이는 달음 안이라 여러 빅년 젼릭ᄒᆞ던 풍속을 ᄭᅵ치지 못ᄒᆞᆷ이니 참 ᄀᆡ탄ᄒᆞᆯ 바이로다 이 풍속을 버리고 인싱의 ᄒᆡᆼ복을 엇고져 ᄒᆞᆯ진ᄃᆡᆫ 샤회의 션각자와 ᄉᆞ대부의 집에셔 몬져 ᄒᆡᆼᄒᆞᄂᆞᆫ 밧게 다른 도가 업슬지니 그 ᄒᆡᆼᄒᆞᄂᆞᆫ 례졀은 남ᄌᆞ가 ᄌᆡ취ᄒᆞᆷ과 갓치 녀ᄌᆞ의 ᄌᆡ가도 륙례를 갓초와 ᄒᆡᆼᄒᆞᆷ이 가ᄒᆞ다 ᄒᆞ노라 혹쟈ㅣ 말호ᄃᆡ 륙례를 갓초와 싀집가고져 ᄒᆞ나 누가 쟝가들기를 즐겨ᄒᆞ리오 ᄒᆞ나 그ᄂᆞᆫ 결단코 그러치 안토다 그 년긔와 디벌을 ᄯᅡ라가며 ᄌᆡ취ᄒᆞᄂᆞᆫ 남ᄌᆞ와 ᄌᆡ가ᄒᆞᄂᆞᆫ 녀ᄌᆞ가 셔로 혼인ᄒᆞᄂᆞᆫ 사ᄅᆞᆷ도 잇슬 것이오 ᄯᅩ 죠혼을 금ᄒᆞᄂᆞᆫ 졍부의 명령이 잇셧슨즉 종금 이후로ᄂᆞᆫ 남ᄌᆞ가 이십여 셰 혹 삼십 셰에 장가들 사ᄅᆞᆷ이 잇슬지라 그러면 남ᄌᆞ가 안ᄒᆡ를 ᄐᆡᆨᄒᆞᆯ 젹에 나이 어린 녀ᄌᆞ를 취ᄒᆞ지 안코 지각이 나셔 ᄒᆞᆫ 집의 쥬궤[246] 노릇ᄒᆞᆯ 만ᄒᆞᆫ 여자를 갈희리니 그런 녀ᄌᆞᄂᆞᆫ ᄌᆡ가ᄒᆞᄂᆞᆫ 녀ᄌᆞ 즁에 만흘지라 무엇을 ᄭᅥ려 취쳐치 안으리오 만일 남ᄌᆞ나 녀ᄌᆞ가 음란ᄒᆞᆫ ᄒᆡᆼ실로 ᄉᆞᄉᆞ로히 합ᄒᆞ야 부부라 칭ᄒᆞᆯ지라도 륙례를 갓초지 안이ᄒᆞ엿거든 그 사이에셔 나ᄂᆞᆫ ᄌᆞ식은 남녀를 물론ᄒᆞ고 ᄉᆞ싱자(私生子)라 칭ᄒᆞ야 샤회에셔 쳔ᄒᆞ게 ᄃᆡ졉ᄒᆞ야 인류의 명분을 바르게 ᄒᆞᆷ이 가ᄒᆞ니 우리나라의 이왕부터 잇던 혼인법과 오날늘 셰계 각국의 ᄒᆡᆼᄒᆞᄂᆞᆫ 혼인법을 참작ᄒᆞ야 ᄒᆞᆫ 법규를 졔뎡ᄒᆞ야 즁외에 반포ᄒᆞ야 이십셰긔(二十世記) 텬하의 아름다온 풍속을 일우기를 간졀히 바라노라

106 1907년 10월 11일(금) 제2517호 론셜

(풍속ᄀᆡ량론) (二) ᄂᆡ외ᄒᆞᄂᆞᆫ 폐습을 곳칠 일 / 탄히싱

우리나라에셔 남여가 ᄂᆡ외ᄒᆞ고 셔로 보지 안ᄂᆞᆫ 풍속은 언의ᄯᅢ 무엇으로 인

246 주궤(主饋): 집안 살림에 있어서 특히 음식에 관한 일을 책임지는 여자.

ᄒᆞ야 ᄉᆡᆼ겻ᄂᆞᆫ지 ᄌᆞ세히 알 슈 업스되 필시 지나의 녯사ᄅᆞᆷ의 말에 남녀가 일곱살이 되거든 자리ᄅᆞᆯ ᄀᆞᆺ치 ᄒᆞ지 말나 ᄒᆞ며 남ᄌᆞᄂᆞᆫ 밧게 거ᄒᆞ야 안을 말ᄒᆞ지 말고 녀ᄌᆞᄂᆞᆫ 안에 거ᄒᆞ야 밧겻을 말ᄒᆞ지 말나ᄂᆞᆫ 것을 오날ᄂᆞᆯᄭᆞ지 고지식ᄒᆞ게 직희ᄂᆞᆫ도다 ᄉᆡᆼ각건ᄃᆡ 상고에ᄂᆞᆫ 사ᄅᆞᆷ의 도덕심이 발달치 못ᄒᆞ야 남ᄌᆞ와 녀ᄌᆞ가 셔로 맛나면 그 음란ᄒᆞᆫ ᄒᆡᆼ동이 금슈와 달으지 안은 고로 셩인군ᄌᆞ들이 이 일을 크게 근심ᄒᆞ야 엇지ᄒᆞ면 인륜이 어즈럽지 안이ᄒᆞ며 샤회의 질셔ᄅᆞᆯ 편안히 ᄒᆞᆯ고 ᄒᆞ야 이에 집을 지으되 안과 밧글 구별ᄒᆞ야 셔로 보지 안케 ᄒᆞᆷ이니 그 시ᄃᆡ에ᄂᆞᆫ 이것이 가쟝 아름다온 풍속이 되엿스나 수쳔 년 후 오날ᄂᆞᆯ을 당ᄒᆞ야ᄂᆞᆫ 시ᄃᆡ가 ᄀᆞᆺ지 안을 ᄲᅮᆫ 안이라 사ᄅᆞᆷ의 도덕심이 크게 불달ᄒᆞ얏거ᄂᆞᆯ 오히려 녯 풍속을 굿게 직희여 변ᄒᆞᆯ 쥴 몰으니 이러ᄒᆞ고셔ᄂᆞᆫ 범ᄇᆡᆨᄉᆞ의 진보ᄒᆞ거나 발달ᄒᆞᆯ ᄀᆡ약이 업스리로다 지금 셰계 각국의 풍속을 ᄉᆞᆲ히건ᄃᆡᆫ ᄂᆡ외ᄒᆞᄂᆞᆫ 풍속을 그ᄃᆡ로 직희ᄂᆞᆫ 나라ᄂᆞᆫ 우리 한국과 쳥국 안남 면뎐 토이기[247] ᄲᅮᆫ이오 기외에 구미 졔국과 및 일본은 다 이 풍속이 업스니 ᄂᆡ외ᄒᆞᄂᆞᆫ 나라ᄂᆞᆫ 모다 가난ᄒᆞ고 약ᄒᆞ야 남의게 릉모밧ᄂᆞᆫ 나라오 ᄂᆡ외를 안이 ᄒᆞᄂᆞᆫ 나라ᄂᆞᆫ 다 부ᄒᆞ고 강ᄒᆞ야 셰계에 횡ᄒᆡᆼᄒᆞᄂᆞᆫ 일등국인즉 이 일로 밀우어 볼지라도 그 리ᄒᆡ의 엇더ᄒᆞᆷ을 가히 알지오 ᄯᅩ 즉금 시ᄃᆡᄂᆞᆫ ᄉᆡᆼ존의 경ᄌᆡᆼ이 심ᄒᆞᆫ 셰상이라 남ᄌᆞ와 녀ᄌᆞ가 갓치 ᄇᆡ고호[248] ᄀᆞᆺ치 벌지라도 남의게 지기 쉽거ᄂᆞᆯ 함을며 녀ᄌᆞᄂᆞᆫ 가라치지도 안이ᄒᆞ야 규즁에 가도어 두고 남ᄌᆞ만 교육을 밧아셔 셰상일을 다ᄉᆞ리게 ᄒᆞ면 우리나라로 말ᄒᆞ여도 젼국 인구 이쳔만 가온ᄃᆡ 일쳔만은 사ᄅᆞᆷ노릇을 못ᄒᆞ고 겨오 일쳔만이 활동ᄒᆞᆯ지니 엇지 남의게 지지 안키를 바라리오 이런 고로 샤회의 션각쟈 된 사ᄅᆞᆷ들이 항상 ᄂᆡ외법을 폐ᄒᆞ자고 의론ᄒᆞ되 ᄒᆞᆫ아도 쳥종ᄒᆞᄂᆞᆫ 사ᄅᆞᆷ이 업고 부인이 문밧게 나아가랴면 의례히 교군을 타거나 쟝옷을 ᄡᅥ셔 광명ᄒᆞᆫ 텬디에 얼골을 감

247 토이기(土耳其): 오늘날의 터키를 가리킴.

248 'ᄇᆡ호고(배우고)'의 오기.

초고 단기니 춤 기탄홀 바이로다 또훈 사름의 마암이란 것은 이상훈야 남의 비밀훈 것은 더옥 알고 십고 감초는 것은 더옥 보고 십흔지라 녀주가 얼골을 갈여 숨기고져 홀수록 남주의 마음에 더옥 보고 십허셔 쟝옷을 쓰든지 교군을 타고 가는 녀주가 잇스면 훈 번 볼 것을 두 번식 치어다 보거니와 만일 들어닉여 놋코 단기면 별노히 보고져 ᄒᆞ는 싱각이 나지 안을지니 훈 번 싱각홀 바이오 또 우리의 항샹 목도ᄒᆞ는 일로뼈 믈홀진딘 혹시 외긱이 집안에 들어오든지 문밧게 지나가면 부인이 문을 닷치고 문틈으로 엿보거나 되창문에 조고마훈 류리를 치고 훈 눈만 류리에 다이고 닉여다 보는 폐풍이 만흐니 이것이 문을 열고 완연히 보는 것보담 도로혀 괴악지 안으뇨 이는 보고 십흔 마암은 간졀ᄒᆞ되 풍속을 ᄭᅥ려 것흐로 감초고 속으로 보는 것이니 군주의 취ᄒᆞ지 안는 일이라 ᄒᆞ노라 이밧게도 폐되는 일이 허다ᄒᆞ나 그만 그치고 구폐홀 도리를 강구코져 ᄒᆞ노니

현금 우리나라 사름의 뎡도로 닉외법을 방한 업시 터노으면 문란훈 폐단이 업스리라고 질언ᄒᆞ기 어려오니 고금을 참쟉ᄒᆞ야 아름다온 풍속을 일우고져 홀진딘 녀주가 문밧게 나아갈 ᄯᅢ에 미가녀주는 부모형뎨나 절근훈 친쳑이나 신임ᄒᆞ는 하인의 동힝이 업스면 나아가지 믈고 츌가훈 부인은 친뎡과 밋 싀집의 부모형뎨나 남편이나 졀근훈 친쳑이나 신임ᄒᆞ는 하인의 동힝이 업스면 나아가지 말되 나아가는 경우에는 결단코 교주를 타든지 쟝옷을 쓰는 폐단은 젼폐ᄒᆞ고 집에 손님이 올 ᄯᅢ에 남편이 잇거든 닉실과 샤랑을 물론ᄒᆞ고 쳥ᄒᆞ여 들여 셔로 딕ᄒᆞ야 웃고 말ᄒᆞ며 만약 남편이 업는 ᄯᅢ어든 차자간 손도 당에 올으지 못ᄒᆞ려니와 쥬인된 부인도 감히 영졉지 못ᄒᆞ야 례졀을 일치 말고 추셔를 어즈럽게 ᄒᆞ지 안으면 국가 샤회의 큰 힝복이 되리라 ᄒᆞ노라

1907년
10월

107 1907년 10월 12일(토) 제2518호 론셜

(풍속기량론) (三) 압제혼인의 폐풍을 곳칠 일 / 탄히싱

농스에는 무엇이 근본이냐 ᄒᆞ면 그 종ᄌᆞ를 실ᄒᆞᆫ 것으로 취택홀 것이오 사름은 무엇이 쥬쟝이냐 ᄒᆞ면 혼인을 남녀 ᄌᆞ유에 맛겨 늣게 홀 일이라 무룻 혼인 일즉ᄒᆞᄂᆞᆫ 폐단은 이왕에도 무슈히 말ᄒᆞᆫ 바어니와 나라마다 남녀의 혼인ᄒᆞᄂᆞᆫ 년한이 잇셔셔 그 년한 안에는 혼인을 못ᄒᆞᄂᆞᆫ 법률이 잇나니 이졔 각국의 혼인ᄒᆞᄂᆞᆫ 년한을 상고ᄒᆞ건ᄃᆡ 일본 남ᄌᆞᄂᆞᆫ 슴을두 살 열 달 녀ᄌᆞᄂᆞᆫ 열아홉 살 넉 달 아라ᄉᆞ 남ᄌᆞᄂᆞᆫ 슴을다삿 살 두 달 녀ᄌᆞᄂᆞᆫ 슴을한 살 다삿 달 영국 남ᄌᆞᄂᆞᆫ 이십팔 셰 닐곱 달 녀ᄌᆞᄂᆞᆫ 이십오 셰 다삿 달 법국 남ᄌᆞᄂᆞᆫ 숨십 셰 두 돌 녀ᄌᆞᄂᆞᆫ 이십ᄉᆞ 셰 아홉 달 미국 남ᄌᆞᄂᆞᆫ 숨십 셰 아홉 달 녀ᄌᆞᄂᆞᆫ 만 이십팔 셰 셔ᄉᆞ국 남ᄌᆞᄂᆞᆫ 삼십 셰 한 달 녀ᄌᆞᄂᆞᆫ 이십팔 셰 셕 달이라

이상 년한을 상고ᄒᆞ건ᄃᆡ 셰계 각국 즁에 뎨일 혼인 일즉ᄒᆞᄂᆞᆫ 나라이 일본이라 문명국에셔들은 오히려 폐되ᄂᆞᆫ 일을 론평ᄒᆞ거든 함을며 우리나라굿흔 ᄃᆡ셔ᄂᆞᆫ 십오 셰만 되면 혼인이 늣즌 양으로 ᄉᆡᆼ각ᄒᆞ고 팔구 세에 혼인ᄒᆞᄂᆞᆫ 자 무슈ᄒᆞ니 이십이 셰 혼인도 죠혼이라 ᄒᆞᄂᆞᆫᄃᆡ 십 셰 ᄂᆡ외에 혼인이야 닐너 무엇ᄒᆞ리오

여물지 안은 열ᄆᆡ를 심으면 삭이 부실ᄒᆞ지 안을 것은 ᄉᆞ실상에 확실ᄒᆞᆫ 일이오 혈긔가 쟝셩치 안은 남녀가 ᄌᆞ식을 나으면 션텬이 부족홀 것은 뎡ᄒᆞᆫ 리치로다

그런 고로 우리나라 사름들은 십ᄉᆞ오 셰부터 ᄉᆡᆼ산ᄒᆞ기를 시작ᄒᆞ야 ᄒᆡ산은 만이 ᄒᆞᄂᆞᆫ 듯ᄒᆞ나 쥭ᄂᆞᆫ 쟈가 만어셔 ᄌᆞ식 업ᄂᆞᆫ 쟈 무슈ᄒᆞ고 뎌 사름들은 삼십에 쟝가들어 우리나라 사름갓흐면 손ᄌᆞ를 밋진다고 홀 터이나 ᄌᆞ식을 낫ᄂᆞᆫ ᄃᆡ로 쥭지 안코 즐 길으ᄂᆞᆫ 까듥에 인죵이 늘노 늘어갈 ᄲᅮᆫ만 안이라 사름마다 원긔가 츙실ᄒᆞ고 졍신이 돌올[249]ᄒᆞ야 범ᄇᆡᆨ영위에 안이 되ᄂᆞᆫ 일이 업나니 혼인을 일즉 ᄒᆞ고 늣게 ᄒᆞᄂᆞᆫ 관계가 엇더ᄒᆞ다 ᄒᆞ리오

이졔 그 혼인을 일즉 ᄒᆞ고 늣계 ᄒᆞᄂᆞᆫ 근인이 어ᄃᆡ 잇나냐 궁구ᄒᆞ건ᄃᆡ 읍졔 혼인ᄒᆞᄂᆞᆫ ᄃᆡ 잇나니 소위 압졔혼인이란 것은 누가 억지로 혼인ᄒᆞᆫ다는 말이 안이라 그 부모되ᄂᆞᆫ 사ᄅᆞᆷ들이 그 ᄌᆞ녀를 ᄉᆞ랑ᄒᆞᆫ다고 십 셰 너외부터 결혼ᄒᆞ야 아희 둘의 연약ᄒᆞᆫ 골격으로 ᄒᆞ야곰 쇠삭케 ᄒᆞᆯ ᄲᅮᆫ만 안이라 남녀 평ᄉᆡᆼ에 ᄇᆡ필되고 집안에 흥망이 달닌 부부들 그 부부되ᄂᆞᆫ 자들의 의향은 하여ᄒᆞ던지 그 인물의 션불션과 ᄒᆡᆼ실의 션악은 상관치 안코 다만 문벌만 취ᄒᆞ야 아희가 셰상에 나오지 안코 그 어미의 ᄇᆡ 속에 잇슬 ᄯᅢ부터 면약ᄒᆞ야 그 아희가 셰상에 나오면 잘낫던지 못낫던지 한 번 뎡ᄒᆞᆫ 후에ᄂᆞᆫ 의례히 결혼ᄒᆞᄂᆞᆫ 것이 아름다온 풍속이라 ᄒᆞ고 그 신랑 신부되난 쟈의 마암에ᄂᆞᆫ 아모리 불합ᄒᆞ고 원슈로 ᄉᆡᆼ각ᄒᆞ야도 부모가 뎡ᄒᆞ야쥰 부부라 엇지ᄒᆞᆯ 슈 업다 ᄒᆞ야 부부간 평ᄉᆡᆼ에 한 집에셔도 얼골을 ᄃᆡᄒᆞ지 안코 언어슈작이 업나니 사ᄅᆞᆷ의 근본되고 집 안에 흥망이 달닌 부부 ᄉᆞ이에 그럿케 불화ᄒᆞ고야 엇지 그 집안이 잘되기를 바라며 나라 사ᄅᆞᆷ의 집일이 그러ᄒᆞᆫ즉 그 나라일이 잘되기를 바라리오 명일은 외국 사ᄅᆞᆷ들의 ᄌᆞ유 혼인ᄒᆞᄂᆞᆫ 규모와 졀ᄎᆞ를 말ᄒᆞᆯ 터이니 ᄌᆞ셰히들 보시오

108 1907년 10월 13일(일) 제2519호 론셜

(풍속ᄀᆡ량론) (四) 압제혼인의 폐풍을 곳칠 일(젼호속) / 탄히ᄉᆡᆼ

사ᄅᆞᆷ마다 혼인은 인륜대ᄉᆞ라 ᄒᆞ나니 ᄌᆡ물이 만히 들어 대ᄉᆞ란 것도 안이오 결혼ᄒᆞᆯ 곳이 업셔 큰일이란 것도 안이오 한 번 혼인ᄒᆞᄂᆞᆫ ᄃᆡ 집안 흥망셩쇠가 달닌 고로 인륜의 큰일이라 ᄒᆞ거늘 그 어미 ᄇᆡ속에 잇슬 ᄯᅢ부터 면약ᄒᆞ거나 십 셰 너외에 결혼ᄒᆞᄂᆞᆫ 쟈야 엇지 그 신랑 신부의 덕셩을 짐작ᄒᆞ리오 사ᄅᆞᆷ의 덕셩

249 돌올(突兀)하다: ① 높이 솟아 우뚝하다. ② 두드러지게 뛰어나다.

이란 것은 그 사름의 년긔가 장셩ᄒᆞ야 범ᄇᆡᆨᄉᆞ위의 ᄒᆡᆼ동을 ᄌᆞ유로 ᄒᆞ게 된 후에야 짐작홀 것이오 어려셔 십 세 ᄂᆡ외에는 알지 못홀 바오 ᄯᅩ한 사름의 셩품이 다 달은 고로 셜혹 그 부모의 마암에는 다 합ᄒᆞᆫ 듯ᄒᆞᆫ 사름이라도 그 신랑 신부의 마암에는 불합ᄒᆞ는 폐가 잇거날 뎌의 ᄇᆡᆨ 년 ᄇᆡ필될 쟈의 의향은 다 여하ᄒᆞ던지 부모된 쟈가 억지로 ᄶᅡᆨ을 지여 맛긴즉 그 부부되는 쟈의 의합ᄒᆞ기를 엇지 바라리오 이졔 남의 일 보아 ᄂᆡ 일을 참고ᄒᆞ기 위ᄒᆞ야 뎌 셔양 사름들의 혼인ᄒᆞ는 거둥을 ᄃᆡ강 상고ᄒᆞ건ᄃᆡ 그 부모된 사름의 직칙은 ᄌᆞ녀를 나아셔 졋 먹을 ᄯᅢ부터 가뎡교육을 힘ᄡᅥ 교육ᄒᆞ고 나이 륙칠 셰 되면 학교 교육에 힘을 ᄡᅥ셔 이십여 셰ᄭᆞ지 그 ᄌᆞ식 교육을 식히는 것으로 남의 부모된 의무를 삼고 그 ᄌᆞ녀된 쟈들은 이십셰 이상 교육을 밧은 후에는 골격이 츙실ᄒᆞ고 지각이 장셩ᄒᆞᆫ지라 이 세상의 사름의 ᄒᆡᆼᄒᆞ는 일을 못홀 것이 업슨즉 그 부모의 ᄌᆡ산이 아모리 만ᄒᆞ도 ᄆᆡ양 그 은혜를 밧아 놀고 먹고 놀고 입고 부모의 힘들여 쥬션ᄒᆞ는 것만 바라는 것은 하날이 사름을 ᄂᆡ인 은혜를 져바림이라 ᄒᆞ야 ᄌᆞ긔의 쥬션으로 무슴 ᄉᆞ업을 ᄒᆞ던지 가옥도 작만ᄒᆞ고 세간도 마련ᄒᆞᆫ 후에야 비로소 결혼ᄒᆞ되 각각 그 나라 법률의 뎡ᄒᆞᆫ 년한을 좃차 그 달슈가 찬 후에야 결혼ᄒᆞ고 ᄯᅩ 그 뎡혼ᄒᆞ는 규모는 신랑 신부될 쟈들이 다 학식이 잇는지라 피ᄎᆞ간에 학문으로 시험ᄒᆞ던지 ᄒᆡᆼ동 쳐ᄉᆞ로 시험ᄒᆞ던지 피ᄎᆞ간에 지긔가 상합ᄒᆞ고 ᄒᆡᆼ실이 아름다와 일호라도 미흡ᄒᆞᆫ 곳이 업슨 후에야 결혼ᄒᆞ는ᄃᆡ 남ᄌᆞ가 신부의 위인을 시험ᄒᆞ기는 이무가론이어니와 녀ᄌᆞ가 더옥 쥬의ᄒᆞ는 것은 한 번 남의 집에 들어갓다가 그 가장의 셩미가 불합ᄒᆞ던지 ᄒᆡᆼ동 쳐ᄉᆞ가 광픽ᄒᆞ거나 나ᄐᆡᄒᆞ거나 긔질이 미약ᄒᆞ야 무슴 병이 잇셔 가ᄉᆞ를 잘 다ᄉᆞ리지 못ᄒᆞ면 리혼(離婚)ᄒᆞ야 갈니기 쉬운즉 녀ᄌᆞ의 평ᄉᆡᆼ 신세는 남ᄌᆞ와 달은지라 엇지 조심ᄒᆞ야 숨가지 안을 바리오 그런 고로 쳥혼ᄒᆞ는 남ᄌᆞ가 잇스면 그 신랑의 용모도 보려니와 ᄒᆡᆼ동 쳐ᄉᆞ와 셩품의 엇더ᄒᆞᆫ 것을 보기 위ᄒᆞ야 혹 노리장으로도 인도ᄒᆞ고 혹 료리집으로도 인도ᄒᆞ야 각항 일을 다 시험ᄒᆞ야 본 후에야 결혼ᄒᆞ기를 허락ᄒᆞ나니 그럿케 ᄒᆞ야 결혼ᄒᆞᆫ 남녀ᄂᆞᆫ 평ᄉᆡᆼ에 소박ᄒᆞᆯ 리유도 업슬 것이오 피ᄎᆞ간 죠금이라도 불화ᄒᆞᆯ 리유도 업고 평ᄉᆡᆼ에 집안이 화락ᄒᆞᆯ 것이오 ᄯᅩ한 집안일을 다ᄉᆞ려 가ᄂᆞᆫ ᄃᆡ 군ᄉᆡᆨᄒᆞᆷ이 업슬 것은 황연[250] ᄒᆞᆫ 일이어니와 그럿치 안이ᄒᆞ고 그 부모의 쥬장으로 문벌만 취ᄒᆞ야 엇어 맛긴 부부로 말ᄒᆞ면 그 남녀의 평ᄉᆡᆼ 원슈되고 그 집안 가ᄉᆞ의 쇠삭ᄒᆞᆷ은 차치ᄒᆞ고 밀우어 국가ᄉᆞ를 ᄉᆡᆼ각ᄒᆞ면 인죵이 늘지 못ᄒᆞᄂᆞᆫ 폐단과 ᄌᆡ산이 부족ᄒᆞᆫ 폐단과 문명이 불달치 못ᄒᆞᄂᆞᆫ 폐단과 나라의 리ᄒᆡ 관계가 허다ᄒᆞᆫ지라 그런즉 압제 혼인은 나라을 멸망ᄒᆞᄂᆞᆫ 근본이라 ᄒᆞ야도 망불이 안이라 ᄒᆞᆯ지로다

비록 그러ᄒᆞ나 지금 우리나라 인민의 뎡도로 관찰ᄒᆞ건ᄃᆡ 지금 남ᄌᆞ 십칠 셰 녀ᄌᆞ 십오 셰 혼인ᄒᆞ라신 죠칙도 문구가 될 ᄲᅮᆫ이오 졍부의 당국쟈들부터 시ᄒᆡᆼ치 안이ᄒᆞ니 ᄌᆞ유 혼인을 긔필ᄒᆞᆯ 슈 업거니와 만일 국가를 ᄉᆞ랑ᄒᆞ고 ᄌᆞ긔 집의 젼진을 ᄉᆡᆼ각ᄒᆞᄂᆞᆫ 대군ᄌᆞ가 잇스면 본 긔자의 이 말을 춤고ᄒᆞ실듯 (완)

109 1907년 10월 15일(화) 제2520호 론셜

(풍속ᄀᆡ량론) (五) 턱일ᄒᆞᄂᆞᆫ 폐풍을 버릴 일 / 탄ᄒᆡᄉᆡᆼ

우리나라 사름은 ᄂᆡ 손으로 부즈런히 벌어셔 먹고 닙고 살기를 도모ᄒᆞ지 안코 여러 가지 귀신의게 빌어서 엇기를 쥬장ᄒᆞᄂᆞᆫ 고로 ᄌᆞ식을 나으면 위션 ᄉᆞ쥬를 잡아셔 그 평ᄉᆡᆼ의 화복이 엇더ᄒᆞᆯ 것과 명의 길고 ᄶᅡ를 것을 뎜치며 그 다음은 관샹을 보아 슈복을 알고져 ᄒᆞ며 가다가 무삼 병이 들면 의원을 쳥ᄒᆞ야 약 쓸 ᄉᆡᆼ각은 안이ᄒᆞ고 무당을 쳥ᄒᆞ야 굿ᄒᆞ거나 장님을 불너 경 닑거나 ᄒᆞ며 그 아ᄒᆡ가 잘아셔 장가를 들게 되면 궁합을 본다 쥬당[251] 을 숣힌다 ᄒᆞ야 범ᄇᆡᆨᄉᆞ에

---

250 황연(晃然): ① 환하게 밝은 모양. ② 환하게 깨닫는 모양.

ᄉᆞ의[252] 안이ᄒᆞᄂᆞᆫ 일이 업고 길흉을 미리 뎜치며 잘되기를 긔도ᄒᆞ지 안는 쟈ㅣ 업스니 이 풍속이 우리나라 사ᄅᆞᆷ으로 ᄒᆞ야곰 원긔를 일허바리고 나약ᄒᆞ고 게으른 ᄃᆡ ᄲᆞ지게 ᄒᆞ엿도다 기즁에 가쟝 심ᄒᆞᆫ 것은 틱일ᄒᆞᄂᆞᆫ 풍속이니 관례를 ᄒᆞ든지 혼인을 지ᄂᆡ든지 긔도를 ᄒᆞ든지 장ᄉᆞ를 지ᄂᆡ든지 이사를 ᄒᆞ든지 먼 길을 ᄯᅥ나든지 집 짓ᄂᆞᆫᄃᆡ 샹량을 ᄒᆞ든지 집을 잇든지 방을 쓰더 고치든지 빅쳔 가지 일에 사ᄅᆞᆷ이 ᄉᆞᆷ젹ᄒᆞ랴면 위션 칙력과 텬긔대요(天機大要)[253]를 ᄂᆡ여 놋코 날을 갈희ᄂᆞᆫᄃᆡ 혹은 ᄉᆡᆼ긔복덕을 보고 혹은 대공망일을 보고 혹은 오힝의 샹ᄉᆡᆼ 샹극을 보며 기외에 허다ᄒᆞᆫ 택일법이 잇스니 긔문틱일 ᄉᆞᆷ젼틱일 별별 법이 한이 업도다 그런즉 일 년 삼빅륙십오일 동안에 일ᄒᆞᆯ 늘니 몃날이나 잇스리오 ᄀᆡ벽ᄒᆞᆫ 지 삼쳔여 년 동안에 이것만 슝샹ᄒᆞ다가 오날늘은 젼국 동포가 모다 쥭을 ᄶᅡ에 ᄲᅡ져셔 맛참ᄂᆡ 밥 먹ᄂᆞᆫ ᄃᆡ 틱일을 ᄒᆞ게 되엿스니 참 한심ᄒᆞᆫ 일이로다 이 폐풍을 버리지 안으면 필경은 쥭을 날을 밧으러 가기가 쉬올가 두려워ᄒᆞ노라

대뎌 음양슐슈라 ᄒᆞᄂᆞᆫ 것이 모다 허황ᄒᆞ야 ᄒᆞᆫ아도 쥰신[254]ᄒᆞᆯ 것이 업것마ᄂᆞᆫ 사ᄅᆞᆷ의 학문이 업고 지식이 업ᄂᆞᆫ ᄶᅡ닭으로 샹고 미ᄀᆡᄒᆞᆫ 시ᄃᆡ의 쓰던 풍속을 이십셰긔에 일으기ᄭᆞ지 변ᄒᆞᆷ이 업스니 외국 사ᄅᆞᆷ의 보ᄂᆞᆫ 바에 붓그러온 일이로다 무릇 날이란 것은 우리의 사ᄂᆞᆫ 디구가 ᄒᆞᆫ 번 움작여 ᄒᆡ를 ᄃᆡᄒᆞ면 낫이 되고 ᄒᆡ를 등지면 밤이 되여 몃쳔 년 몃만 년을 가도 도모지 변치 안코 이십ᄉᆞ 시간에 ᄒᆞᆫ 번식 날이 밧괴여 어졔 돗던 ᄒᆡ나 오늘 돗ᄂᆞᆫ ᄒᆡ나 몃쳔 년 젼의 ᄒᆡ나 몃쳔 년 후의 ᄒᆡ나 일반이어늘 무엇이 됴코 무엇이 언ᄶᅵ안으리오 뎌 구미 각국이나

251 주당(周堂): [민속] 혼인이나 장례, 굿과 같은 의례에서 꺼리는 귀신.

252 사의(私議): ① 사사로이 하는 의논. ② 남몰래 논의하고 비평함. ③ 사사로운 개인의 의견.

253 『천기대요(天機大要)』: 음양오행설(陰陽五行說)에 의거하여 관혼상제를 비롯하여 일상생활의 거의 모든 분야에서의 길흉을 가리는 방법을 기술한 책.

254 준신(準信): 어떤 기준에 비추어 보고 믿음.

일본 사름들도 녯적에는 사름의 소견이 어둡고 학문이 불달치 못ᄒᆞ야 다 이 풍속이 잇셧스나 이삼빅 년 이릭로는 텬디만물의 리치를 몰으는 것이 업게 된 고로 이런 야만 시딕의 쓰던 풍속은 버리고 무삼 일을 ᄒᆞ든지 택일ᄒᆞ는 법이 업슴으로 그 빅셩이 부ᄒᆞ고 그 나라이 강ᄒᆞ야 텬하에 횡힝ᄒᆞ거니와 우리는 틱고적에 든 잠을 오날ᄭᆞ지 ᄭᅢ지 못ᄒᆞ야 남의 나라의 이삼빅 년 젼의 풍속이 그져 잇스니 엇지 문명ᄒᆞᆫ 나라 사름과 억긔를 견주어 동등의 권리를 보젼ᄒᆞ리오 가령 졍부에 어진 직샹이 잇셔셔 우희로

셩텬ᄌᆞ를 도아 아름다온 법도와 됴흔 규측을 날마나 시마다 졔뎡ᄒᆞᆯ지라도 우리 빅셩이 이갓치 어리셕고 어둡고셔는 문명ᄒᆞᆫ 디경에 나아갈 긔약이 업스리니 바라건딕 우리 남녀 동포는 세 번 싱각ᄒᆞᆯ지어다

110 1907년 10월 16일(수) 제2521호 론셜

(풍속기량론) (六) 위싱에 쥬의ᄒᆞᆯ 일 / 탄히싱

대뎌 위싱이 나라와 빅셩의게 큰 관계가 잇는 고로 오날놀 세계 각국에셔 졍부 당국쟈나 일반 인민을 물론ᄒᆞ고 각각 위싱ᄒᆞ는 도를 강구ᄒᆞ야 쳣지는 날마다 목욕ᄒᆞ며 의복을 졍ᄒᆞ게 ᄒᆞ야 일신의 위싱을 ᄭᅬᄒᆞ고 둘지는 집을 ᄭᅵᆺ긋ᄒᆞ게 쓸며 더러온 물건을 멀니 치여 일가의 위싱을 ᄭᅬᄒᆞ고 셋지는 산림을 빅양ᄒᆞ며 천틱[255]을 소통ᄒᆞ며 도로를 평탄히 ᄒᆞ며 각 도회에 공원을 셜립ᄒᆞ야 공긔를 청결케 ᄒᆞ야 일국의 위싱을 ᄭᅬᄒᆞᄂᆞ니 이는 사름의 가쟝 불힝ᄒᆞ고 괴로온 바 질병을 나기 젼에 예방ᄒᆞ야 일신이나 일가이나 일국이 틱평안락을 누리게 ᄒᆞ고져 홈이라 엇지 삼가고 죠심ᄒᆞᆯ 바ㅣ 안이리오 사름의 몸에 병이 한번 든즉 의

255 천택(川澤): 내와 못.

약을 쓰노라고 직물을 허비홀 뿐 안이라 혹 불힝훈 일이 잇스면 부모와 쳐주의게 무한히 슯흠을 씨치는 일이 싱겨셔 및참닉 국가 샤회에 영향을 밋치게 ᄒ는도다 우리나라 사룸이 항용 말ᄒ기를 사룸의 죽고 사는 것은 하놀에 달녓ᄂ니 아모리 위싱에 힘을 쓴들 죽을 사룸이 살며 병들 사룸이 안이 들가 또한 우리의 죠상은 위싱이란 말도 몰낫셔도 칠팔십을 살엇스니 다 쓸딕 업다 ᄒ나 그러나 이는 참 완고훈 사룸의 싱각지 못ᄒ는 말이로다 위싱을 힘쓴다고 죽을 사룸이 살거나 병든 사룸이 낫는다는 것이 안이라 사룸의 몸에 병이 젹을지오 병이 젹은즉 주연히 오릭 살지라 녯젹에는 위싱이 무엇인지 몰나셔 못ᄒ엿거니와 지금은 알엇슨즉 부득불 힝홀 슈밧게 업고 또한 우리 죠상의 칠팔십식 산 사룸으로 말홀지라도 위싱에 쥬의ᄒ엿더면 칠팔십 년 동안에 아모 병도 업시 고싱 안이ᄒ고 평안히 살엇슬 것을 위싱을 몰음으로 신음ᄒ고 고통훈 날이 만핫슬 터이니 부잘업시 녯사룸을 빙주ᄒ지 믈고 아모됴록 의가의 믈을 신용ᄒ야 우리와 밋 우리의 주손의게 무궁훈 복을 밧게 홈이 가ᄒ다 ᄒ노라 그런즉 우리가 쳣직 힘쓸 바는 각기 일신의 위싱이라 일신의 위싱을 쇠ᄒ고져 ᄒ면 몬져 잠자며 밥 먹으며 일ᄒ며 운동ᄒ며 쉬는 딕 시간을 일뎡ᄒ야 조곰도 억의지 믈지오 그 다음은 항상 ᄉ지를 운동ᄒ야 혈믹이 잘 류통케 홀지오 그 다음은 음식을 죠심ᄒ야 슐을 과히 마시거나 잡음식을 과히 먹지 말며 시간 외에 먹는 것을 더옥 삼갈지오 거쳐ᄒ는 쳐소는 공긔가 잘 들어오게 홀지오 몸은 항상 목욕ᄒ야 씩가 짬구멍을 막지 안케 홀지오 씩씩로 공긔 됴흔 동산이나 들 밧게 산보ᄒ야 신션훈 공긔를 마실지로다 이곳치 ᄒ면 신톄가 강건ᄒ고 졍신이 활발ᄒ야 범빅ᄉ위에 민쳡ᄒ고 근간ᄒ야 남보담 십 빅나 더홀지니 엇지 우리의 힝복이 안이뇨 둘직는 일가의 위싱을 쇠ᄒ고져 ᄒ면 몬져 뒤간과 시궁발치를 씨긋ᄒ게 ᄒ야 괴악훈 님식와 더러온 긔운이 집안에 들어오지 안케 홀지오 그 다음은 굴독을 놉히 쌋아올녀 불 씨는 연긔가 집안에셔 돌지 못ᄒ게 홀지오 방이나 대텽이나 뜰을 주로[256] 쓸어셔 몬지나 더러온 물건이 썩지 말게 홀지오 날이 감을 ᄯᅢ에는 문안과 문밧게 ᄯᅢᄯᅢ로 물을 ᄲᅮ려 틔ᄭᅳᆯ이 사ᄅᆞᆷ의 코에 들어가지 못ᄒᆞ게 홀지오 담밋과 ᄯᅳᆯ 가온ᄃᆡ는 나무와 화쵸등속을 심어셔 쳥신ᄒᆞᆫ 공긔를 밧게 홀지로다 그러나 그 가온ᄃᆡ 한 가지 깁히 쥬의홀 바는 ᄂᆡ 몸이나 ᄂᆡ 집의 위ᄉᆡᆼ을 즁히 녁임과 ᄀᆞᆺ치 남의 몸과 남의 집의 위ᄉᆡᆼ을 즁히 녁일 것이라 우리나라 사ᄅᆞᆷ은 공익(公益)을 도라보는 ᄉᆡᆼ각이 젹어셔 ᄂᆡ 집안의 더러온 물건을 가져다가 남의 집 압헤 버리거나 ᄀᆡ쳔과 길가에 버리기를 례ᄉᆞ로 아나니 이 버릇을 고치지 못ᄒᆞ면 ᄇᆡᆨ 번을 쓸어 버려도 도로 ᄂᆡ게 오는 것이니 좀 슈고롭고 힘들지라도 특별히 ᄉᆡᆼ각ᄒᆞ야 눈압헤 보이는 일만 힝ᄒᆞ지 말고 공익을 ᄡᅬ홀지어다 일국의 위ᄉᆡᆼ에 일으러는 졍부 당로쟈의 직칙이기로 아즉 붓을 멈으로고 대강 셜명ᄒᆞ노라[257]

111 1907년 10월 18일(금) 제2523호 론셜

(풍속ᄀᆡ량론) (七) 샹업게의 폐풍을 고칠 일 / 탄ᄒᆡᄉᆡᆼ

오날늘 셰계 각국을 도라보건ᄃᆡ 문명 부강을 자랑ᄒᆞ는 나라는 모다 샹업이 크게 발달홈은 누구든지 다 아는 바어니와 우리나라에셔는 본ᄅᆡ 샹업ᄒᆞ는 사ᄅᆞᆷ을 시졍ᄇᆡ(市井輩)라 칭ᄒᆞ야 쳔히 녁이고 ᄯᅩ ᄉᆞ농공샹(士農工商)이라 ᄒᆞ야 ᄉᆞ민(四民)의 최하등이 되엿스니 엇지 블달홀 도리가 잇셧스리오 연고로 지금 ᄇᆡᆨ셩이 가난ᄒᆞ고 나라가 약ᄒᆞ야 스ᄉᆞ로 서지 못ᄒᆞ고 남의 졀졔를 밧는 ᄃᆡ 일으럿도다 그런즉 오날부터는 졍부 당로쟈나 일반 인민이 상업 발달홀 도를 부즈런히 강구ᄒᆞ야 압흐로 나아가기를 마지 안이홀지라도 다른 나라 사ᄅᆞᆷ을 ᄯᅡ라가

256 자로: 자주의 옛말.
257 제2522호(10월 17일자) 유실됨.

기 어려올 것이어날 이ᄅᆞᆯ ᄭᆡ닷지 못ᄒᆞ고 오히려 구구ᄒᆞᆫ 녯풍속을 직희여 도모지 젼진ᄒᆞᄂᆞᆫ 형셰가 보이지 안으니 국가 샤회에 ᄃᆡᄒᆞ야 가쟝 큰 문뎨가 되엿도다 이졔 우리나라 샹업계의 폐풍을 들어 의론ᄒᆞᆯ진ᄃᆡ 붓이 다를 터인 고로 기즁에 우심ᄒᆞᆫ 쟈 세 가지ᄅᆞᆯ 대강 셜명코져 ᄒᆞ노니 쳣ᄌᆡᄂᆞᆫ 외누리ᄒᆞᄂᆞᆫ 악습이라 대뎌 샹업가ᄂᆞᆫ 무삼 물건을 얼마에 사셔 얼마 밧고 팔면 리익이 얼마 될 것을 예산ᄒᆞ야 친소원근을 물론ᄒᆞ고 더 밧ᄂᆞᆫ 폐도 업고 들 밧ᄂᆞᆫ 폐도 업셔야 샤회의 신용을 엇어셔 샹업이 날노 번창ᄒᆞᆯ 것이어ᄂᆞᆯ 우리나라 장ᄉᆞᄒᆞᄂᆞᆫ 사ᄅᆞᆷ들은 그러치 안이ᄒᆞ야 친ᄒᆞᆫ 사ᄅᆞᆷ의게ᄂᆞᆫ ᄊᆞ게 팔고 친치 못ᄒᆞᆫ 사ᄅᆞᆷ의게ᄂᆞᆫ 월슈히 만히 밧으려 ᄒᆞ야 물건 살 사ᄅᆞᆷ이 ᄒᆞᆫ아 들어오면 위션 우아릐를 치훌고 나리 훌터본 후에 셔울 사ᄂᆞᆫ 사ᄅᆞᆷ이거나 낫 아ᄂᆞᆫ 사ᄅᆞᆷ이면 샹당ᄒᆞᆫ 갑을 부르되 만일 언어동지와 의관이 츄솔[258] ᄒᆞ야 싀골쓰기로 알면 열 량 밧을 물건을 슈무 량이나 슈물닷 량을 ᄂᆡ라 ᄒᆞᆫ즉 싀골 사ᄅᆞᆷ도 소견이 잇ᄂᆞᆫ지라 엇지 과다ᄒᆞᆫ 갑을 쥬리오 긔가 막혀셔 얼너보지도 안코 가거나 그러치 안으면 닷 량이나 셕 량을 밧으라 ᄒᆞ니 필경은 흥셩이 되지 못ᄒᆞᆯ ᄲᅮᆫ 안이라 피ᄎᆞ에 감졍이 나셔 ᄊᆞ홈ᄒᆞᆫ 사ᄅᆞᆷ 갓흐니 이것은 ᄂᆡ 젼에 왓던 사ᄅᆞᆷ은 다시 오지 몰나ᄂᆞᆫ 말과 달음이 업도다 무릇 장ᄉᆞ라 ᄒᆞᄂᆞᆫ 것은 리ᄂᆞᆫ 젹을지라도 물건을 만히 팔어야 ᄒᆞᆯ지니 물건을 만히 팔고져 ᄒᆞ면 사ᄅᆞᆷ을 만히 사괴여 남의 젼으로 가지 못ᄒᆞ게 ᄒᆞᄂᆞᆫ 졍칙을 ᄡᅥ셔 ᄒᆞᆫ 번 왓던 사ᄅᆞᆷ은 나를 닛지 안코 항상 차ᄌᆞ 오게 ᄒᆞᆷ이 가ᄒᆞᆫ지라 바라건ᄃᆡ 경향의 상업ᄒᆞᄂᆞᆫ 동포ᄂᆞᆫ 구습을 버리고 ᄉᆡ로히 아름다온 풍속을 일우어 무삼 물건에든지 상당ᄒᆞᆫ 밧을 갑을 ᄡᅥ셔 부치고 셰 살 먹은 어린 ᄋᆞ히든지 싀골 텬치라도 속이지 말면 물건 사ᄂᆞᆫ 사ᄅᆞᆷ도 심히 편리ᄒᆞ고 장ᄉᆞᄒᆞᄂᆞᆫ 사ᄅᆞᆷ도 리익이 만흘지오 둘ᄌᆡᄂᆞᆫ 물건을 감쵸ᄂᆞᆫ 악습이라 남의 쟝ᄉᆞᄒᆞᄂᆞᆫ 규모를 보건ᄃᆡ 젼방을 헌창ᄒᆞ게 ᄭᅮᆷ이고 모양잇게 벌여 노아셔 오고 가ᄂᆞᆫ 사ᄅᆞᆷ이 임의로 구경ᄒᆞ게 ᄒᆞ엿

258 추솔(麤率)하다: 투박함. 변변치 않음.

거니와 우리나라 사ᄅᆞᆷ의 져ᄌᆞᄂᆞᆫ 려염집보담도 으슥ᄒᆞ야 몰으ᄂᆞᆫ 사ᄅᆞᆷ은 들어가기도 셤억셤억ᄒᆞᆯᄲᅮᆫ더러 물건을 고간에 감쵸어 두엇슨즉 무삼 물건이 잇ᄂᆞᆫ지 알 슈도 업스며 그것도 ᄯᅩ한 친소를 갈희여 안면 잇ᄂᆞᆫ 사ᄅᆞᆷ이면 됴흔 물건을 ᄂᆡ여 보이고 ᄉᆡᆼ소ᄒᆞᆫ 사ᄅᆞᆷ이면 나진 물건을 보이니 역시 상업의 본의가 안이라 ᄒᆞᆯ지오 셋ᄌᆡᄂᆞᆫ ᄒᆡ만 지면 젼문을 닷치ᄂᆞᆫ 게으른 버릇이라 즌고ᄀᆡ를 건너가셔 일본인의 샹업ᄒᆞᆷ을 볼진된 ᄌᆞ졍을 쳐야 젼문을 닷치고 죵일 ᄆᆡᄆᆡᄒᆞᆫ 문셔를 됴사ᄒᆞ야 회계를 ᄆᆞᆰ힌 후에야 비로소 잠을 자거ᄂᆞᆯ 우리나라 샹업가들은 젼방을 각 관텽과 갓치 녁여셔 지금으로 말ᄒᆞ면 오후 네 시나 다삿 시에 젼문을 닷치니 급ᄒᆞᆫ 일이 잇셔 밤에 물건을 사고져 ᄒᆞᄂᆞᆫ 사ᄅᆞᆷ은 엇지ᄒᆞᆯ 수 업시 사지 못ᄒᆞ니 이ᄀᆞᆺ치 불편ᄒᆞᆫ 일이 어ᄃᆡ 잇스며 샹업가의 손ᄒᆡ가 엇더타 ᄒᆞ리오 우리나라의 죠잔ᄒᆞᆫ 샹업을 ᄯᅥᆯ쳐 닐으켜 젼국의 모범이 되고져 ᄒᆞᄂᆞᆫ 동포가 잇거든 이샹의 의론ᄒᆞᆫ 바 세 가지 악습을 고치기를 간졀히 바라노라

112 1907년 10월 19일(토) 제2524호 론셜

(풍속ᄀᆡ량론) (八) 온돌을 폐지ᄒᆞᆯ 일 / 탄ᄒᆡᄉᆡᆼ

우리나라 가옥 졔도 즁에 온돌 놋ᄂᆞᆫ 습관은 언의ᄯᅢ부터 시작ᄒᆞ엿ᄂᆞᆫ지 증거ᄒᆞᆯ 문헌이 업스나 녯 늙은이의 젼ᄒᆞ야 오ᄂᆞᆫ 말을 들은즉 온돌은 본ᄅᆡ 만쥬의 풍속인ᄃᆡ 언의ᄯᅢ 우리나라에 건너왓ᄂᆞᆫ지 몰으되 이ᄇᆡᆨ여 년 젼ᄭᆞ지ᄂᆞᆫ 셰도ᄒᆞᄂᆞᆫ ᄌᆡ샹의 집이나 싀골로 말ᄒᆞ면 큰 부쟈의 집에 ᄒᆞᆫ두 간의 온돌을 두어 로인과 어린 아ᄒᆡ와 밋 병인을 거쳐케 ᄒᆞ더니 셰샹 풍속이 ᄎᆞᄎᆞ 사치ᄒᆞ여짐을 ᄯᆞ라 집마다 방마다 온돌 안이 노은 ᄃᆡ가 업게 되엿다 ᄒᆞ니 이 말이 가쟝 근ᄉᆞᄒᆞᆫ 듯ᄒᆞ도다 그런즉 수ᄇᆡᆨ 년 사이에 ᄌᆞ연히 습관이 되어 온돌이 안이면 남녀로쇼를 물론ᄒᆞ고 겨울에 동ᄉᆞᄒᆞᄂᆞᆫ 폐가 잇스[259] 줄 아나 그러나 우리나라에 와 사ᄂᆞᆫ

구미 각국 사름이나 일본 사름은 온돌이 업시 지닉되 우리보담 도로혀 몸이 건강ᄒᆞ야 병이 적으니 이것으로 밀우어 볼진된 온돌이 업셔도 지닉기 어렵지 안이홀 것은 의심이 업도다 방바닥을 돌로 만들고 불을 ᄯᅢ지 안으면 참 치워셔 견될 수 업거니와 늘쪽[260]으로 마로를 ᄭᆞᆯ고 그 우에 일본 사름의 다다미(두텁게 만든 자리)를 모방ᄒᆞ야 ᄭᆞᆯ든지 그러치 안이면 요나 방석을 만들어 펴고 지닉면 과히 어렵지 안을 줄로 확실히 밋노라 대뎌 사름의 몸에 병이 나는 것은 주리며 빅부르며 칩고 더운 것 네 가지로 인ᄒᆞ야 싱기는지라 엄동셜한에 온돌방에셔 ᄯᆞᆷ을 흘니며 자다가 아참에 닐어나 찬 바름을 쏘이면 감긔 들기가 쉽고 ᄯᅩᄒᆞᆫ 불을 죠곰 더 ᄯᅵ고 들 ᄯᅵ는 ᄯᅵ 방의 온도(溫度)가 대단히 틀닌즉 하로 밤은 더웁게 자고 하로 밤은 칩게 자고야 엇지 병 업기를 바라리오 그쁜 안이라 아참 저녁에 불 ᄯᅵ는 연긔가 집안에 가득ᄒᆞ야 집 지은 지 삼 년만 지나면 쳔쟝과 벽이 먹갓치 검게 걸어셔 보기에 더러오며 간혹 불이 잘 들이지 안을 ᄯᅵ는 부억에셔 밥짓는 사름이 졍신을 차리지 못ᄒᆞ고 눈물만 흘니나니 허다ᄒᆞᆫ 셰월에 이것을 엇지 견ᄃᆡ리오 그런즉 온돌을 그져 두고는 도뎌히 위싱을 잘홀 슈 업스리로다 고로 온돌을 폐지홀 필요가 ᄒᆞᆫ 가지오 우리나라의 산림이 동탁ᄒᆞ야[261] 도쳐에 쟈산[262]쁜인즉 그 원인이 어ᄃᆡ 잇나뇨 ᄒᆞ면 나모를 버히기만 ᄒᆞ고 심으지 안는 ᄃᆡ 잇다 ᄒᆞ려니와 큰 원인은 온돌이라 홀지로다 무릇 슈목은 그 입ᄉᆞ귀가 ᄯᅥ러져 그 나모의 걸음이 되고 ᄯᅩ 산에 각쉭 풀이 무셩하야 그 풀ᄲᅮ리가 셔로 얽히여 산의 겁질이 된 후에야 사틱 나리는 폐단이 업슬 것이어날 온돌이 잇슴으로 인ᄒᆞ야 나모를 버혀 ᄯᅵ는 것은 이무가론이고 가을에 락엽이 지면 ᄒᆞᆫ

259 '잇슬(있을)'의 오기인 듯함.

260 널쪽: 넓고 판판하게 켠 나뭇조각에서 떨어져 나온 작은 부분.

261 동탁(童濯)하다: ① 산에 나무나 풀이 없다. ② 씻은 듯이 깨끗하다.

262 자산(赭山): 나무가 없어서 바닥이 붉게 드러난 산.

아도 남기지 안코 소위 갈키라 ᄒᆞᄂᆞᆫ 물건으로 산을 박박 글거버리며 풀 ᄒᆞᆫ ᄀᆡ를 그져 두지 안코 말갓케 버혀 업시 ᄒᆞ니 슈목이 엇지 무셩ᄒᆞ리오 연고로 슈빅 년 ᄉᆞ이에 산에 남은 것은 돌과 흙ᄲᅮᆫ이오 쵸목은 도모지 업다 ᄒᆞ야도 망발이 안일 디경에 일으럿스니 우리가 만일 산에 슈목을 길너셔 남의 나라와 갓치 부강코져 ᄒᆞᆯ진ᄃᆡᆫ 온돌을 그져 두고는 도뎌히 엇지 못ᄒᆞᆯ 바ㅣ라 이것이 온돌을 폐지ᄒᆞᆯ 필요의 두 가지라 이 두 가지의 필요가 잇슨즉 본 긔쟈ᄂᆞᆫ 부득불 폐지치 안이치 못ᄒᆞᆯ 쥴로 ᄉᆡᆼ각ᄒᆞ거니와 젼국 유지ᄒᆞ신 군ᄌᆞ 가온ᄃᆡ 이 문뎨를 연구ᄒᆞ신 이가 잇거든 본 긔쟈의 언론을 찬셩ᄒᆞ시든지 반ᄃᆡᄒᆞ시든지 의견셔를 본샤로 보ᄂᆡ시기를 바라노라

113 1907년 10월 20일(일) 제2525호 론셜

(풍속기량론) (九) 음식 먹ᄂᆞᆫ 습관을 고칠 일 / 탄히싱

우리나라ᄂᆞᆫ ᄌᆞ고로 관민상하가 한가ᄒᆞ고 편안ᄒᆞᆷ을 슝샹ᄒᆞᆫ 고로 낫에ᄂᆞᆫ 별로히 ᄒᆞᄂᆞᆫ 일이 업고 친구의 샤랑으로 도라단이며 한담ᄒᆞ거나 담ᄇᆡ 먹ᄂᆞᆫ 것이 일이오 밤이면 친구를 모화 가지고 쥬ᄉᆞ쳥루에 단기거나 그러치 안으면 쟝긔 바독 골픠 화투 등속으로 쇼일을 ᄒᆞ다가 밤이 거진 실 ᄶᅵ에야 잠자기를 시작ᄒᆞ야 날이 오졍이나 되여야 닐어나셔 아참밥과 점심을 겸ᄒᆞ야 밥을 먹으되 진슈셩찬을 작만ᄒᆞ노라고 여러 시간을 허비ᄒᆞ니 언의 결을에 일을 ᄒᆞ든지 공부를 ᄒᆞ리오 이 습관을 고치지 안으면 아모 일도 되지 안으리로다 뎌 외국 사ᄅᆞᆷ들은 지금으로 말ᄒᆞᆯ지라도 아참밥을 일곱 시나 느져도 여ᄃᆞᆲ 시에ᄂᆞᆫ 먹고 벼살ᄒᆞᄂᆞᆫ 사ᄅᆞᆷ과 장ᄉᆞᄒᆞᄂᆞᆫ 사ᄅᆞᆷ을 물론ᄒᆞ고 ᄒᆞᆫ결갓치 활동ᄒᆞᄂᆞᆫᄃᆡ 우리나라 사ᄅᆞᆷ들은 셜혹 일즉이 닐어나ᄂᆞᆫ 사ᄅᆞᆷ이라도 머리 빗고 분단장ᄒᆞ고 반착 작만ᄒᆞ기에 두세 시간을 허송ᄒᆞ고 오졍에 밥을 먹으면 대단히 일즉 먹ᄂᆞᆫ 밥이니 이러ᄒᆞ고셔

는 먹는 것으로 셰월을 보닐 ᄯᆞ름이로다 그런 고로 외국 사ᄅᆞᆷ들은 친구ᄅᆞᆯ 청ᄒᆞ야 ᄃᆡ졉ᄒᆞ야도 만찬이오 집안ᄭᅵ리 먹어도 져녁밥이 아참밥보담 낫게 ᄒᆞᄂᆞᆫᄃᆡ 우리는 뒤집어 되여셔 잔치를 ᄒᆞ야도 아츰이오 거상에도 아참밥은 치례ᄒᆞ고 져녁밥은 변변치 안케 ᄒᆞ며 심지어 가난ᄒᆞᆫ 사ᄅᆞᆷ이라도 죠반셕쥭이라는 문ᄌᆞ가 잇셔셔 아참에는 밥 먹고 져녁에는 쥭 먹으니 이 풍속은 젼혀 한가ᄒᆞᆫ ᄃᆡ셔 나왓도다 오날늘 시ᄃᆡ는 녯젹과 갓치 한가ᄒᆞ며 편안ᄒᆞᆫ ᄯᅵ가 안이오 심히 밧부고 괴로온 ᄯᅵ인즉 불가불 아참과 져녁을 밧구어 아참에는 일즉이 먹고 져녁에는 반찬도 잘 차리며 혹은 친구ᄅᆞᆯ 청ᄒᆞ야 ᄃᆡ졉ᄒᆞᆷ이 가ᄒᆞ다 ᄒᆞ노라 ᄯᅩᄒᆞᆫ 우리나라 사ᄅᆞᆷ들은 가뎡에도 등급이 만ᄒᆞ셔 늙은이는 몬져 먹고 그 다음에는 졀문이 먹고 그 다음에는 녀편네들과 아희들 먹고 그 다음에는 하인이 먹으니 식구 만흔 집에셔는 밥을 치루자면 두셰 시간을 가져야 되ᄂᆞ니 다른 일은 아모것도 말고 먹는 일만 잇스면 관계치 안으되 ᄉᆞ농공상 즁에 업이라고 잇슨즉 이런 악풍은 긔어히 고쳐야 ᄒᆞ겟고 그ᄲᅮᆫ 안이라 ᄒᆞᆫ 집안의 부모 형뎨 쳐ᄌᆞ가 모다 ᄒᆞᆫ 방에 모혀 웃고 리약이ᄒᆞ여 가며 밥을 먹으면 그 즐거옴이 엇더ᄒᆞ리오 연고로 셔양 사ᄅᆞᆷ들은 식당이라 ᄒᆞ는 방을 ᄯᅡ로 뎡ᄒᆞ고 집안 식구를 가량ᄒᆞ야 큰 상을 가온ᄃᆡ 놋코 ᄉᆞ방으로 교의를 버려노은 후 밥ᄯᅵ가 되면 집안 식구의 남녀로쇼를 물론ᄒᆞ고 ᄎᆞ뎨로 늘어 안즈며 혹시 손이 오면 손ᄭᆞ지라도 모다 ᄒᆞᆫ 샹에 도라안져셔 서로 권ᄒᆞ며 서로 먹을 ᄲᅮᆫ 안이라 ᄌᆞ미잇고 깃분 말로 희희락락ᄒᆞ니 참 아ᄅᆞᆷ다온 풍속이라 ᄒᆞᆯ지라 대뎌 나라는 여러 집의 모힌 것인즉 집마다 이 갓치 화긔가 잇슨 후에야 일국에 화긔가 츙만ᄒᆞ야 ᄐᆡ평힝복을 밧을 것이어늘 우리나라 사ᄅᆞᆷ의 집은 일 년 삼ᄇᆡᆨ륙십일에 ᄂᆡ외 ᄡᅡ홈이나 고부 ᄡᅡ홈 안이ᄒᆞ는 날이 업셔셔 집마다 불평ᄒᆞᆫ 긔운ᄲᅮᆫ인즉 엇지 젼국 동포가 화합ᄒᆞ기를 바라리오 이샹의 의론ᄒᆞᆫ 바 두 가지의 리ᄒᆡᄅᆞᆯ 교계ᄒᆞ면 불가불 음식 먹는 습관을 고쳐셔 쳣지는 부즈런ᄒᆞ게 ᄒᆞ고 둘지는 화락ᄒᆞ게 ᄒᆞ기를 젼국 동포의게 권고ᄒᆞ노라

청국 지ᄉᆞ의게 권고ᄒᆞᆷ / 탄히싱

본월 십칠일에 일본 동경 신뎐구 금휘관(神田區 錦輝館)에 청국 사ᄅᆞᆷ들이 졍담연셜회(政談演說會)를 열엇다가 변ᄉᆞ 량계쵸(梁啓超) 씨와 방쳥쟈 사이에 풍파가 닐어나셔 심히 쇼요ᄒᆞ엿다ᄂᆞᆫᄃᆡ 그 리허인즉 량계쵸 씨 등의 립헌파(立憲派)ᄂᆞᆫ 이 연셜회에 혁명파(革命派)가 방히ᄒᆞᆯ 줄로 미리 짐작ᄒᆞ고 량계쵸 씨가 횡빈[263]으로셔 동경에 들어갈 ᄯᅢ에 보호 삼십 명을 더불고 갓ᄂᆞᆫ지라 연셜이 시작된 후 일본 명ᄉᆞ 긔포(箕浦) 견양(犬養) 량씨가 연셜ᄒᆞᆫ 후에 량씨가 연단에 올나서셔 청국말로ᄡᅥ 립헌론(立憲論)을 웅변으로 챵도ᄒᆞᄂᆞᆫᄃᆡ 방쳥ᄒᆞ던 장계(張繼) 송교인(宋敎仁) 외의 십일 명 혁명파가 량씨를 죠롱ᄒᆞ며 말의 올치 안은 것을 론박ᄒᆞ니 회셕이 쇼동ᄒᆞᆯ 즈음에 엇더ᄒᆞᆫ 청국사ᄅᆞᆷ 일 명이 연단에 ᄯᅱ여올나 량씨를 붓들냐 ᄒᆞᄂᆞᆫᄃᆡ 형셰가 심히 위름[264]ᄒᆞᆫ 고로 량씨가 연단에셔 몸을 피ᄒᆞ여 보호ᄒᆞ던 사ᄅᆞᆷ과 갓치 도망ᄒᆞ니 회셕이 물끌 듯ᄒᆞ거날 혁명파의 장계씨가 연단에 언연히 올나서셔 쇼요를 금지ᄒᆞ고 량씨의 립헌론을 공격ᄒᆞ며 ᄯᅩ 량씨가 북경에셔 위급ᄒᆞᆷ을 당ᄒᆞᆯ ᄯᅢ에 혁명당의 구원ᄒᆞᆷ을 엇어 목숨이 살엇거ᄂᆞᆯ 지금은 의리를 ᄉᆡᆼ각지 안이ᄒᆞ고 도로혀 우리를 반ᄃᆡᄒᆞ야 것흐로 립헌론을 챵도ᄒᆞ고 속으로 졍부와 암통ᄒᆞᆷ은 가통ᄒᆞᆫ 일이라 ᄒᆞᄂᆞᆫ ᄯᅳᆺ으로 통쾌히 셜명ᄒᆞᆫ즉 일쳔오ᄇᆡᆨ여 명의 청국사ᄅᆞᆷ이 박슈갈치ᄒᆞ엿ᄂᆞᆫᄃᆡ 오히려 혁명파ᄂᆞᆫ 이 긔틀을 타셔 다시 대연셜회를 열고 청국사ᄅᆞᆷ 사이에 혁명쥬의를 고동ᄒᆞ려 ᄒᆞᆫ다고 일본언의 신문에 긔지ᄒᆞ엿기로 본 긔쟈가 이 신문 보기를 맛치지 못ᄒᆞ고 ᄒᆞᆫ 쥴기 눈물을 ᄲᅳ리다가 감동되ᄂᆞᆫ 바를 긔록ᄒᆞ야ᄡᅥ 청국 지ᄉᆞ의게 권고ᄒᆞ며 ᄯᅩᄒᆞᆫ 우

263 횡빈(橫濱): 일본 요코하마 시.

264 위름(危懍): 몹시 두려워함.

리 동포로 ᄒᆞ야곰 거울케 ᄒᆞ고져 ᄒᆞ노라

대뎌 청국의 광대ᄒᆞᆫ 판도와 풍부ᄒᆞᆫ 물산으로 가난ᄒᆞ고 약ᄒᆞᆫ ᄃᆡ 빠져셔 렬강국의 릉모를 밧음은 그 원인이 여러 가지 잇스되 쳣ᄌᆡ는 인민의 단톄력이 부족ᄒᆞᆷ이라 ᄒᆞᆯ지어늘 오날날도 ᄭᆡ닷지 못ᄒᆞ고 각기 당파를 세워 서로 닷토면 쟝찻 엇지 되리오 참 한심통곡ᄒᆞᆯ 바이로다 강유위(康有爲) 량계쵸 씨 등은 무술졍변(戊戌政變) 이ᄅᆡ로 외국에 망명ᄒᆞ야 십 년간을 풍샹을 물읍쓰고 잡지를 발간ᄒᆞᆫ다 셔칙을 져술ᄒᆞ야 부픠ᄒᆞᆫ 인심을 경동ᄒᆞ는 효력이 적지 안이ᄒᆞ니 이는 일은바 립헌파라 그 쥬의는 만쥬 황실을 영원히 존봉ᄒᆞ야 만인이니 한인이니 ᄒᆞ는 폐단이 업시 군민이 합심ᄒᆞ야 청국의 폐졍을 ᄀᆡ혁ᄒᆞ려 ᄒᆞᆷ이오 손일션(孫逸仙) 씨는 홍슈젼(洪秀全)의 여당으로 일즉이부터 외국에 유학ᄒᆞ야 영어를 능통ᄒᆞ며 의학이 고명ᄒᆞ고 긔기가 산악 ᄀᆞᆺ흔 쇼년 영물이라 혁명파의 슈령이 되어 ᄒᆡ외 각국에 허여져 잇는 청인을 련합ᄒᆞ야 그 셰력이 굉쟝ᄒᆞᆫᄃᆡ 그 쥬의인즉 만쥬 졍부를 젼복ᄒᆞ고 명나라 후려의 대통을 회복ᄒᆞ랴 ᄒᆞᆷ이니 강씨와 손씨의 쥬의는 비록 달을지라도 업더러져 가는 청국을 붓들어 ᄒᆞᆫ번 싀롭게 ᄒᆞ고져 ᄒᆞ는 큰 뜻은 일반이어날 무슴 ᄭᆞᄃᆞᆰ으로 서로 ᄒᆡ코져 ᄒᆞᄂᆞ뇨 오호라 청국 지ᄉᆞ여

115 1907년 10월 23일(수) 제2527호 별보

몸을 밧치는 졍신[265] / 윤졍원(尹貞媛)

윤졍원 씨는 윤효뎡 씨의 쟝녀인ᄃᆡ 슈십 년 젼부터 일본에 류학ᄒᆞ야 그 지

265 《태극학보》 제7호(1907.2) 논설란에 「獻身的 精神(헌신적 정신)」이란 제목으로 게재되었던 글을 옮긴 것임.

식과 학문이 남ᄌᆞ에 지지 안는 고로 일본 동경 귀부인과 및 신ᄉᆞ 샤회에서 윤씨의 놉흔 일홈을 몰으는 쟈ㅣ 업고 지금은 구라파 ᄇᆡᆨ리의(白耳義)[266]국에 류학ᄒᆞᄂᆞᆫ 즁인ᄃᆡ 일본 동경에 잇는 한국 류학ᄉᆡᆼ이 간ᄒᆡᆼᄒᆞᄂᆞᆫ ᄐᆡ극학보(太極學報)에 윤씨의 론셜이 일편이 잇기로 그 젼문을 등ᄌᆡᄒᆞ야 젼국 동포의게 소ᄀᆡᄒᆞ노라

대뎌 문명뎡도가 극진ᄒᆞ ᄃᆡ 일은[267] 오날늘은 무삼 셰계뇨 ᄒᆞ면 한편으로 셕탄셰계라 ᄒᆞ여도 됴흘지라 오날늘 문명ᄒᆞᄂᆞᆫ ᄃᆡ 뎨일 리ᄒᆞᆫ 그릇으로 아는 긔챠와 륜션과 ᄯᅩ 허다ᄒᆞᆫ 졔죠창에 만일 셕탄이 업스면 한치와 한픈이라도 움작일 슈 업슬지니 만일 한날이라도 이갓흔 날이 잇슬 지경이면 문명셰계가 변ᄒᆞ야 캄캄ᄒᆞᆫ 셰계가 되리니 엇지 셕탄이 귀즁ᄒᆞᆫ 물건이 안이라 ᄒᆞ리오 그런즉 이런 문명의 근본이라 ᄒᆞᆯ 만ᄒᆞᆫ 귀즁ᄒᆞᆫ 셕탄은 엇지ᄒᆞ야 ᄉᆡᆼ긴 것인고 ᄒᆞ면 이는 보통지식 잇는 쟈는 누구던지 아는 바니 상고에 왕셩ᄒᆞ던 식물이 ᄯᅡ속에 뭇치여 슈쳔만 년 동안을 눌니어 돌이 된 거시 곳 오날늘 셕탄이라

만일 샹고에 식물이 그 ᄉᆡᆼ명을 바리고 ᄯᅡ에 뭇치지 안이ᄒᆞ엿더면 엇지 오날늘 우리 사름의 ᄒᆡᆼ복을 일울 수 잇스리오 그런즉 오날늘 이 셰계에 이 문명의 근본되는 셕탄은 녯젹 식물이 ᄉᆡᆼ명을 바린 결과라 ᄒᆞ여도 됴흐리로다 ᄯᅩ 무릇 무숨 곡식이던지 봄과 녀름에 뎐답에셔 퍼럿케 자랄 ᄯᅢ에 ᄒᆞᆫ 포긔를 ᄲᅩᆸ아보면 반다시 그 씨가 썩고 말나셔 형용만 남어 잇슬지니 그 연고는 싹이 나온 고로 그 씨는 쥭은 것이라 만일 ᄒᆞᆫ낫 묵은 씨가 쥭지 아이ᄒᆞ엿스면 엇지 수십 개나 수ᄇᆡᆨ 개 되는 ᄉᆡ 씨가 날 슈 잇스리오 ᄯᅩ 이 셰샹 나라에 동셔남북을 물론ᄒᆞ고 사름의 어미된 쟈는 그 ᄌᆞ녀를 기르기 위ᄒᆞ야 일평ᄉᆡᆼ에 그 몸을 바린다 ᄒᆞ여도 됴흘지니 아희가 ᄐᆡ즁에 잇슬 ᄯᅢ에는 그 어마니가 ᄐᆡ즁 아희를 보호ᄒᆞ기 위ᄒᆞ야 잠시라도 일동일졍을 임의로 못 ᄒᆞ고 아희가 어릴 ᄯᅢ에는 그 어마니가 츌입

266 백이의(白耳義): 오늘날의 벨기에를 가리킴.

267 '극진ᄒᆞᆫ ᄃᆡ 일은(극진한 데 이른)'의 오기.

을 마암대로 못 ᄒᆞ며 아ᄒᆡ가 병이 잇슬 ᄯᅢ에ᄂᆞᆫ 그 어ᄆᆞ이가 더울 ᄯᅢ에나 치울 ᄯᅢ나 쥬야를 불계ᄒᆞ고 잠을 달게 못 자고 병을 보며 ᄌᆞ녀를 먼 디방에 보낸 어마니ᄂᆞᆫ 텬디와 귀신의게 먼 ᄃᆡ 잇ᄂᆞᆫ ᄌᆞ녀를 무ᄉᆞᄒᆞ게 ᄒᆞ여 달나고 츅원ᄒᆞ고 됴흔 날과 명졀을 당ᄒᆞ면 그 ᄌᆞ녀의 멀니 잇ᄂᆞᆫ 졍을 ᄉᆡᆼ각ᄒᆞ고 눈물을 흘리ᄂᆞ니

이로 보면 어머니 된 이ᄂᆞᆫ ᄌᆞ긔 일신의 즐겁고 슯흔 거슬 도라보지 안이ᄒᆞ고 다만 그 ᄌᆞ녀를 위ᄒᆞ여 산다 ᄒᆞ여도 과ᄒᆞᆫ 말이 안이로다 그런 고로 동셔남북을 분변치 못ᄒᆞᄂᆞᆫ 아ᄒᆡ들이 무ᄉᆞ히 ᄉᆡᆼ쟝ᄒᆞ여 허다ᄒᆞᆫ ᄒᆡᆼ복을 누리고 지ᄂᆡᄂᆞᆫ 그 근본은 엇지 다 그 어머니의 혈심열셩에셔 난 바가 안이리오

ᄯᅩ 예수 긔독이 하ᄂᆞ님의 아달되시ᄂᆞᆫ 영광을 바리시고 이 셰상에 ᄂᆞ려오샤 우리 창ᄉᆡᆼ을 위ᄒᆞ야 천츄에 썩지 안이ᄒᆞᄂᆞᆫ 도를 널니 젼파ᄒᆞ시다가 우리 인죵의 죄악을 인ᄒᆞ야 십ᄌᆞ가에 피를 흘니심과 셕가여릭께셔 인도국 왕ᄌᆞ의 부귀를 바리시고 숨셰계 즁ᄉᆡᆼ을 구졔ᄒᆞ기 위ᄒᆞ야 젹막ᄒᆞ고 고독ᄒᆞᆫ 즁이 되심과 공ᄌᆞ게셔 셰샹 영광을 초ᄀᆡ갓치 녁이시고 허다ᄒᆞᆫ 풍샹과 간고를 지ᄂᆡ시며 삼천 뎨ᄌᆞ로 더부러 착ᄒᆞᆫ 도를 강론ᄒᆞ심이 다 몸을 밧치ᄂᆞᆫ 졍신과 다시 나ᄂᆞᆫ ᄉᆞ업을 귀ᄒᆞ게 녁이ᄂᆞᆫ 거시오 이외에 고금과 동셔에 남을 위ᄒᆞ야 ᄂᆡ 몸을 바린 쟈가 그 수를 일일히 긔록ᄒᆞᆯ 수도 업고 ᄯᅩ 요긴ᄒᆞᆯ 거시 업슬 듯ᄒᆞ기로 고만 두노라 들은즉 근일에 우리나라 유지ᄒᆞᆫ 졔씨들이 혈셩으로 부인학회를 셜시ᄒᆞ엿다 ᄒᆞ니 그 조직ᄒᆞᆷ과 형편은 ᄌᆞ셰히 알지 못ᄒᆞ나 엇지ᄒᆞ엿던지 오날날 우리나라 녀ᄌᆞ 샤회에ᄂᆞᆫ 극히 긴요ᄒᆞ고 아름다온 일이로다 (미완)

116 1907년 10월 25일(금) 제2528호 별보

몸을 밧치ᄂᆞᆫ 졍신 (젼호속) / 윤정원(尹貞媛)

그러나 대톄 무숨 일이던지 그 목뎍이 아름다올ᄉᆞ록 만일 불ᄒᆡᆼᄒᆞ여 그 결과

가 여의치 못ᄒᆞ면 달은 심상ᄒᆞᆫ 일보다 ᄇᆡᆨ ᄇᆡ나 더 불미ᄒᆞ게 보이ᄂᆞᆫ지라 그런 고로 우리 부인학회를 아모죠록 일홈과 실상이 갓치 아람답게 ᄒᆞ고져 ᄒᆞ면 이ᄂᆞᆫ 각각 회원이 진심갈력ᄒᆞ야 그 목뎍에 득달ᄒᆞ게 ᄒᆞᆯ밧게 슈 업스나 대뎌 우리 한국 녀ᄌᆞ의 ᄌᆞ릭 습관이 다만 ᄌᆞ긔의 좁은 집 안방에셔 셰월을 보ᄂᆡ고 사ᄅᆞᆷ 열 명이라도 모힌 ᄃᆡ 나셔셔 교졔ᄒᆞᆫ 일이 업ᄂᆞᆫ지라

그런ᄃᆡ ᄌᆞᆷ디에 크나 젹으나 일기 단톄에 들어가 보면 난쳐ᄒᆞᆫ 일도 만흘 터이오 ᄯᅩ 엇지ᄒᆞ면 회를 위ᄒᆞ야 실노 유익ᄒᆞᆯ지도 몰으시ᄂᆞᆫ 이가 만흘 듯ᄒᆞ니 뎨일 단톄에 든 쟈의게 긴요ᄒᆞ고 아람다온 덕은 몸을 밧치ᄂᆞᆫ 졍신이라 ᄒᆞ리로다 무릇 무삼 회에던지 들어가면 ᄌᆞ긔ᄂᆞᆫ 그 회나 그 학교에 일분ᄌᆞ가 되ᄂᆞᆫ지라 ᄌᆞ긔의 말과 ᄒᆡᆼ실이 그 회와 학교에 직졉으로 ᄃᆡ표가 되고 ᄯᅩ 명예의 셩ᄒᆞ고 쇠ᄒᆞᄂᆞᆫ 것을 ᄭᅮᆷ에라도 잇지 말고 무삼 일을 ᄒᆞ던지 자긔로 즁심을 삼지 말고 그 단톄로 즁심을 삼어야 ᄒᆞᆯ지라 그런 고로 비록 ᄌᆞ긔에게ᄂᆞᆫ 괴롭고 ᄒᆡ가 되ᄂᆞᆫ 일이라도 온 단톄를 위ᄒᆞ여야 될 일이면 ᄌᆞ긔를 니져바리고 ᄒᆞᄂᆞᆫ 슈도 잇슬 터이오 ᄆᆞᆯ 한 마ᄃᆡ와 기침 한 번이라도 달은 사ᄅᆞᆷ의게 ᄒᆡ로올 것은 ᄒᆞ고져 ᄒᆞᄂᆞᆫ 것을 못 ᄒᆞᄂᆞᆫ ᄯᅢ도 잇슬 터이라

이ᄂᆞᆫ 극히 젹은 일인 듯ᄒᆞ나 그 결과ᄂᆞᆫ 실로 큰 고로 만일 명심ᄒᆞ고 쥬의치 안이ᄒᆞ면 젼톄에 큰 ᄒᆡ가 되ᄂᆞᆫ지라 외국 대학교에셔ᄂᆞᆫ 슈ᄇᆡᆨ 명 학도가 ᄒᆞᆫ 방에셔 공부를 ᄒᆞ야도 그 방문 밧게셔 드르면 사ᄅᆞᆷ ᄒᆞ나도 업ᄂᆞᆫ 것갓치 죵용ᄒᆞᆫ 거슬 명예로 숨나니 이ᄂᆞᆫ 잠간 드르면 거즛말 갓흐나 심히 어려운 일이 안이오 다만 각각 죠심ᄒᆞ여 칙장을 뒤치ᄂᆞᆫ ᄃᆡ라도 소릭가 나지 안이케 ᄒᆞ고 잡담 ᄒᆞᆫ 마ᄃᆡ라도 ᄒᆞ지 안이ᄒᆞ면 ᄌᆞ긔의 공부도 되고 남의게 방ᄒᆡ도 안이 될 거시오 ᄯᅩ ᄒᆞᆫ 학교의 아름다온 풍속도 될지니 이거시 젹흔[268] 듯ᄒᆞᆫ 일이나 그 결과을 보면 엇지 즁대ᄒᆞᆫ 일이 안이리오

268 '젹은(적은)'의 오기인 듯함.

그러나 혹 그즁 ᄒᆞᆫ 사ᄅᆞᆷ이라도 이 규측을 가배ᄋᆸ게 녁이고 쓸ᄃᆡ업다 ᄒᆞ야 ᄌᆞ긔의 ᄒᆞ고져 ᄒᆞᄂᆞᆫ ᄃᆡ로만 ᄒᆞ면 곳 슈ᄇᆡᆨ 명의게 ᄒᆡ가 되고 ᄌᆞ긔ᄂᆞᆫ 그즁에 용납지 못ᄒᆞᆯ 사람이 될지라 엇지 가셕ᄒᆞᆫ 일이 안이리오 이 근인을 알고져 ᄒᆞᆯ진ᄃᆡ 남을 위ᄒᆞ고 ᄌᆞ긔를 니져 바리고 몸을 밧치ᄂᆞᆫ 졍신이 업ᄂᆞᆫ 연고로다 이갓치 미루워 ᄉᆡᆼ각ᄒᆞ면 혹 ᄒᆞᆫ 집안에 사ᄂᆞᆫ 혼솔[269]이 다 각각 크나 젹으나 ᄂᆡ 몸보다 남을 위ᄒᆞ야 셔로 ᄉᆞ랑ᄒᆞ여 지ᄂᆡ면 ᄌᆞ연히 집에 화긔가 가득ᄒᆞᆯ 터이오 ᄒᆞᆫ 나라의 졍부와 샤회에 남녀로소가 다 각각 ᄌᆞ긔의 몸은 비록 쥭을지라도 국가와 샤회를 위ᄒᆞ야 ᄆᆡᄉᆞ를 결심ᄒᆞ야 ᄒᆡᆼᄒᆞ면 그 나라의 긔쵸가 확실ᄒᆞ여 요동치 안이ᄒᆞ리라 이제 우리나라 국민된 쟈ᄂᆞᆫ 이거슬 ᄉᆡᆼ각ᄒᆞ면 비록 힘이 약ᄒᆞ나 엇지 활동치 못ᄒᆞ리오 그러나 무삼 일이던지 ᄒᆞ고져 ᄒᆞᄂᆞᆫ 졍신은 비록 텰셕갓치 단단ᄒᆞ나 실상으로 ᄒᆡᆼ코져 ᄒᆞ면 극히 어려온 일인 고로 혹 쉼에라도 갓흔 사ᄅᆞᆷ과 갓흔 국민이 되여 남은 다 ᄆᆞ암ᄃᆡ로 ᄒᆞ고 편ᄒᆞᆫ 일만 ᄒᆞᄂᆞᆫᄃᆡ 나만 홀노 쳔신만고ᄒᆞᄂᆞᆫ 거슨 실노 ᄌᆞ미도 업고 원통ᄒᆞᆫ 일이라 ᄒᆞᄂᆞᆫ ᄉᆡᆼ각이 잇거든 그ᄯᆡᄂᆞᆫ 혹 예슈교를 밋ᄂᆞᆫ 자어든 예슈긔독의 평ᄉᆡᆼᄒᆞ신 일을 ᄉᆡᆼ각ᄒᆞ여 스ᄉᆞ로 위로ᄒᆞ고 불교를 밋난 쟈어든 셕가여ᄅᆡ의 몸이 되여 ᄉᆡᆼ각ᄒᆞ고 유교를 밋ᄂᆞᆫ 쟈어든 공ᄌᆞ의 ᄉᆞ업을 ᄉᆡᆼ각ᄒᆞ며 혹 이 셰 가지를 다 모로ᄂᆞᆫ 쟈어든 그 어마니가 ᄌᆞ긔를 양육ᄒᆞ시면[270] ᄋᆡ졍을 ᄉᆡᆼ각ᄒᆞ여 대뎌 이 셰상에 남이라 ᄒᆞᄂᆞᆫ 거슨 결단코 업□ 쥴노 ᄉᆡᆼ각ᄒᆞ면 ᄉᆞᄒᆡ 안에 사ᄅᆞᆷ이 다 형뎨라 ᄒᆞ난 말을 깁히깁히 ᄉᆡᆼ각ᄒᆞ여 더욱더욱 힘써 압흐로 나아갈지어다 비록 금은보ᄑᆡ와 릉라금슈와 진슈셩찬이 잇슬지라도 집이 업스면 어ᄃᆡ셔 그 영화와 부귀를 누릴 수 잇스며 비록 집이 잇슬지라도 그 긔디가 남의 손에 드러 잇스면 엇지 ᄒᆞ론들 안심ᄒᆞ고 지내리오 지금 우리나라 ᄉᆞ셰ᄂᆞᆫ 잠간이라도 방심만 ᄒᆞ면 집과 긔디가 업셔지고져 ᄒᆞᄂᆞᆫ 시ᄃᆡ

269 혼솔(渾率): 온 식구.

270 '양육ᄒᆞ시던(양육하시던)'의 오기인 듯함.

라 만일 조긔도 한국 인민이라는 소상이 죠곰이라도 잇는 쟈어든 그 소소 싱각은 니져 바리고 국가 젼톄의 시급훈 근심을 구원호여야 호깃다는 싱각이 잇슬지라 호믈며 쥬야로 국가의 셩호고 쇠호는 거슬 싱각호고 념려호야 닛지 말며 이쳔만 동포의 편안호고 위틱훈 거슬 근심호야 눈물을 흘니고 기리 탄식호난 우리 동지되는 쟈여 엇지 국가와 동포를 위호야 몸만 리롭게 호는 정신을 바리기가 어렵다 호리오 (완)

117 1907년 10월 26일(토) 제2529호 론셜

림피군[271]으로 모범을 삼을 일 / 탄히싱

가을비가 처음으로 기인 후 하늘이 놉고 바름이 차며 남방으로 향호는 기럭이 소리가 조로 귀를 놀니니 불평훈 션비의 회포가 일층 더 강기호야 부잘업시 나라 근심호는 눈물을 색리는 촌에 우편 톄젼부가 훈 봉 글월을 젼호거늘 황망히 써여본즉 젼라북도 림피군슈 림진셥(臨陂郡守 林震燮) 씨의 공함[272]이라 그 공함 소의에 갈아디

경계쟈 대뎌 신문이라 호는 것은 인민의 이목이라 닉외국의 형편을 일일히 보도호야 지식을 발달호는 효력이 가쟝 크도다 구월 칠일 귀 신문 별보 즁에 경비가 군졸홈을 인호야 부득이 뎡간훌 디경에 일으럿다는 믈을 보고 마음이 썰니며 담이 써러져 흔탄홈을 마지 안이호엿노라 귀 신문은 우리 국문으로 간힝호는 고로 남녀로쇼를 물론호고 한문을 몰으는 쟈라도 거침이 업시 볼 섄더라 겻헤셔 듯는 쟈싸지라도 모다 알아듯는 즁 더옥 농리와 물리 화학에 일으러

271 대한제국 시기 전라북도에 소재했던 행정구역. 오늘날 군산시에 통합된 지역.

272 공함(公函): 공적인 일에 관하여 주고받던 편지. 공찰(公札).

셔ᄂᆞᆫ 귀ᄅᆞᆯ 기우려 ᄌᆞ미잇게 듯ᄂᆞᆫ 쟈ㅣ 만흐니 어리셕은 ᄇᆡᆨ셩의 지혜ᄅᆞᆯ ᄀᆡ도ᄒᆞᆷ은 이에셔 더 지나ᄂᆞᆫ 것이 업ᄂᆞᆫ 쥴로 밋엇다가 뎡간ᄒᆞᄂᆞᆫ 소식을 들은 후로 무엇을 일흔 것 갓ᄒᆞ야 마음이 일시도 편안치 못ᄒᆞ엿도다 무릇 ᄌᆡ졍은 ᄇᆡᆨ셩과 나라의 기름과 피요 신문은 귀와 눈이라 김름과 피가 임의 말으고 귀와 눈이 마자 어두오면 엇지 능히 살기ᄅᆞᆯ 바라리오 답답ᄒᆞ고 민망ᄒᆞᆷ을 익의지 못ᄒᆞ더니 다ᄒᆡᆼ히 유지ᄒᆞ신 동포의 혈셩을 힘닙어 다시 간ᄒᆡᆼ케 되엿다 ᄒᆞ오니 우리 대한 신민된 쟈야 누가 감샤ᄒᆞᆫ 뜻으로 치하치 안으리오 본군 군슈ᄉᆞ와 각면 면쟝이 귀 신문의 계속 간ᄒᆡᆼᄒᆞᆷ을 듯고 략쇼ᄒᆞᆫ 금ᄋᆡᆨ을 모화 본군슈로 ᄒᆞ야곰 귀샤에 보ᄂᆡ고 ᄯᅩ 신문 구람쟈 삼십 명의 셩명을 록송ᄒᆞ오니 사슈ᄒᆞ신 후 신문을 ᄆᆡ일 삼십 쟝식 보ᄂᆡ쥬시오며 현금 시ᄃᆡ의 ᄇᆡᆨ셩의 가쟝 힘쓸 바ᄂᆞᆫ 농상공업이온즉 농ᄉᆞ상에 관ᄒᆞᆫ 말을 만히 긔ᄌᆡᄒᆞ시와 국민의 산업이 흥왕케 ᄒᆞ심을 쳔만 바라압ᄂᆞ이다

ᄒᆞ엿ᄂᆞᆫ지라 본 긔쟈가 이 공함을 보다가 깃분 마암을 익의지 못ᄒᆞ야 닐어나 남방을 향ᄒᆞ야 졀ᄒᆞ고 샤례ᄒᆞ엿노라 본 신문에 물리학 화학 등의 문답과 농학의 긴요ᄒᆞᆫ 쟈를 번역ᄒᆞ야 츅일긔ᄌᆡᄒᆞᆷ은 ᄉᆡᆼ각ᄒᆞᆫ 바이 잇셔셔 그러ᄒᆞ것마ᄂᆞᆫ 이 쳔만 동포 즁에 이 뜻을 아시ᄂᆞᆫ 이가 드문 고로 항상 탄식ᄒᆞᆯ ᄯᆞ름이러니 림피군의 유지ᄒᆞ신 졔군ᄌᆞ가 본샤의 더러온 졍셩을 통찰ᄒᆞ여 쥬시니 이ᄀᆞᆺ치 쾌ᄒᆞ고 즐거온 일은 본 긔쟈가 ᄉᆞ십 평ᄉᆡᆼ에 쳐음이로다 녯사ᄅᆞᆷ의 말에 션ᄇᆡᄂᆞᆫ 지긔ᄒᆞᄂᆞᆫ 쟈를 위ᄒᆞ야 죽는다 ᄒᆞ엿스니 죠금이라도 포부 잇ᄂᆞᆫ 션ᄇᆡᄂᆞᆫ 그 뜻을 알아쥬ᄂᆞᆫ 일에셔 더 곰아온 것이 업ᄂᆞᆫ지라 이졔 본 긔쟈가 이갓치 곰아온 일을 보앗슨즉 죽지ᄂᆞᆫ 못ᄒᆞᆯ망뎡 힘과 졍셩을 다ᄒᆞ야 죽기로 한ᄒᆞ고 졔군ᄌᆞ의 두터온 뜻을 갑흐려 ᄒᆞ오며 ᄯᅩᄒᆞᆫ 십삼도 각군의 군슈와 인민이 모다 림피군으로 모범을 삼아 닷토어 지식을 늘이여 산업 발달에 쥬의ᄒᆞ시기를 쌍슈를 들어 비나이다

(풍속기량론) (十) 아희 길으는 방법 / 틱극학회원 김락슈

아희 기르는 딕 셰 가지 요긴흔 거시 잇스니

일 몸을 건장흐게 기를 것 대뎌 아희들은 즈라는 도슈가 심히 빨나 정신과 몸이 항상 활동흐는 고로 비록 조고마흔 거리김이 잇살지라도 욥흔 쥴을 아지 못흐고 자조 뛰놀기를 됴화흐며 무삼 물건이던지 손으로 움키기와 입으로 쓰으러 너흐랴 흐나니 그 나히 만일 륙칠 셰 된 아희면 우리나라 풍속에 어려셔 번잡흔 쟈는 장셩흐여도 역시 한가지라 이는 량반의 집안을 그릇되게 흐고 졈지 않은 부모를 욕보일 놈이라 흐여 부친된 이는 눈을 부릅쓰고 쵸달[273]을 친다 머리를 싸리고 모친된 이도 혹 칙망과 모진 욕셜을 긋치지 안이흐여 믹로 울녀 놋코 다시 믹로 긋치게 흐니 가이 업는 일이로다 사름의 평싱 활동되는 거시 전혀 어려셔 활동흐고 못흔 딕 달녓거늘 압졔의 위엄과 형벌의 교훈으로 훈도를 밧으니 그 당시엔 완픽흠이 업고 공슌흔 것은 됴흐나 그 셩질에 활동력이 젹어져셔 장셩흔 후에라도 다 쥭어가는 형상으로 병신 일흠을 면흐지 못흐고 어쳔만스에 담긔가 업는 거산 엇지흐리오 쏘 무삼 일이나 물건을 그릇되게 홀 씨는 슌슌히 일너 가라치는 일은 업고 즈긔게로 도로가는 욕셜과 괴악흔 손버릇으로 톡톡 싸리니 그 후에 셜혹 잘못흔 일이 잇슬지라도 부모를 속이고 거즛말노 모면흐기를 배홀 터인즉 이는 즈식의게 방탕흔 것과 악흔 거슬 가라쳐 줌이라 그런 고로 만일 잘못흔 일이 잇거든 쥰졀이 가라쳐 스스로 붓그러음을 씨닷고 다시 힝치 안이흐게 흐는 거시 됴흐며 쏘 음식 먹이는 거슬 보면 참 가소러온 일이 잇스니 난 지 몃 달이 되지 못흔 아희의게 졋은 잇셔도 먹이지 안

273 초달(楚撻): 어버이나 스승이 자식이나 제자의 잘못을 꾸짖기 위해 회초리로 볼기나 종아리를 때림.

이ᄒᆞ고 밥과 고기 갓흔 기름진 음식을 먹이되 어룬의 음식본으로 큼직ᄒᆞᆫ 숣에 가득히 써셔 밋쳐 삼키기도 젼에 ᄯᅩ 너허 먹이나니 엇지 어리셕음이 이갓흔고 대ᄀᆡ 아ᄒᆡ들은 그 몸에 모든 긔관이 연약ᄒᆞᆫ 고로 기름진 음식은 삭이지 못ᄒᆞ고 만히 먹도록 ᄇᆡ는 점점 커가며 살은 점점 말나셔 필경은 죽ᄂᆞᆫ 일도 잇나니 그런 고로 음식은 샹당ᄒᆞ게 먹이고 어린 아ᄒᆡ면 가만히 한 반시 동안 뉘워셔 먹은 음식이 자리를 잡은 후에 안아도 쥬고 드러도 쥬ᄃᆡ 업을 ᄯᅵᄂᆞᆫ 됴심ᄒᆞ여 ᄒᆞᆯ 거시니 우리나라 사ᄅᆞᆷ은 어려셔부터 업ᄂᆞᆫ 것을 뎨일 됴흔 것으로 알아 약ᄒᆞᆫ 다리를 업ᄂᆞᆫ 사ᄅᆞᆷ의 허리에 다이고 ᄯᅴ로 단단ᄒᆞ게 ᄆᆡ여 기라ᄆᆡ 그 다리가 활모양과 갓치 굽어지니 그 관졀이 어그러지고 힘쥴도 온젼치 못ᄒᆞ엿슬지라 그 몸이 엇지 튼튼ᄒᆞ리오 그런 고로 업ᄂᆞᆫ 것은 쥬의ᄒᆞ시오 방 안에 쟉난가음을 만다라 ᄯᅴᄯᅴ로 동모를 모호아 졔 임의ᄃᆡ로 놀게 ᄒᆞ면 그 몸이 점점 건장ᄒᆞᆯ 거시라 (미완)

119 1907년 10월 29일(화) 제2531호 론셜

(풍속ᄀᆡ량론) (十二)[274] 아ᄒᆡ 길으ᄂᆞᆫ 방법 (련속) / ᄐᆡ극학회원 김락슈

이 마암과 의긔를 발달식혀쥴 것 아ᄒᆡ들의 심신은 본ᄅᆡ 연약ᄒᆞ니 부모된 이ᄂᆞᆫ 그 ᄌᆞ식의 나에 상당ᄒᆞᆫ 지혜와 감졍과 의ᄉᆞ 이 셰 가지를 잘 붓드러 인도ᄒᆞ고 달ᄂᆡ여 가라칠 거시니 그 나히 륙칠 셰 되기ᄭᅡ지ᄂᆞᆫ 힝용 알기 쉬온 것 밉고 고흔 것과 달고 쓴 것과 션ᄒᆞ고 악ᄒᆞᆫ 것 갓흔 것들을 분별ᄒᆞ기와 늘마다 그 몸에 닷치ᄂᆞᆫ 것으로 가라치며 산술과 글ᄌᆞ 갓흔 것들을 학당에 다니기 젼에 가라치ᄂᆞᆫ 것이 예비가 될가 ᄒᆞ여 가라치ᄂᆞᆫ 이도 잇ᄉᆞ나 이ᄂᆞᆫ 리롬이 업살 ᄲᅮᆫ만 안이라 이것으로 인ᄒᆞ여 다란 교훈식지라도 한입으로 다란 소ᄅᆡ를 ᄇᆡ앗아 졍신

---

274 11회 없이 10회→12회가 게재됨. 횟수표기 오류임(누락 없음).

치 안이홀 터히니 효용이 업슬 것이오 됴흔 긔회를 타셔 지식을 가라칠 쎡라도 지루ᄒᆞ게 ᄒᆞ지 말며 친밀ᄒᆞ고 ᄉᆞ랑의 말노 가라치되 부ᄃᆡ 욕셜은 일졀 업시ᄒᆞ며 학교에 다닐 쌔에는 그 ᄇᆡ호아 오는 공부를 뎡녕ᄒᆞ게 가라치며 항상 잘ᄒᆞᆫ다고 칭찬ᄒᆞ여 마음과 졍신이 ᄌᆞ연 활블ᄒᆞᆫ 것으로 습관이 되게 홀 거시며 감졍은 몬져 션ᄒᆞᆫ 일에는 됴화ᄒᆞ는 감동이 되게 ᄒᆞ고 악ᄒᆞᆫ 일에는 슬혀ᄒᆞ는 감동이 되게 ᄒᆞ며 그즁에 동졍의 감졍과 ᄉᆞ모의 감졍을 기를 것이오 의ᄉᆞ는 무삼 일에던지 말만 ᄒᆞ지 말고 씃ᄭᆞ지 힝ᄒᆞ는 습관을 기라시ᄃᆡ 쓸ᄃᆡ업는 ᄉᆡᆼ각과 시긔와 원망과 무셔온 것들에는 감졍이 닐지 안케 ᄒᆞ는 거시 됴흔ᄃᆡ 더욱 쥬의홀 거슨 거즛말과 뷘 것을 무셔워ᄒᆞ게 홈이니 우리나라 풍속에 아희가 울 쎡에는 우름긋치는 것과 공연히 무셔워 숨기랴 ᄒᆞ는 것을 한 자미로 알아 돗갑이 호랑이갓흔 말을 ᄒᆞ여 아희의 셩졍을 약ᄒᆞ게 ᄒᆞ고 긔운을 썩겨지게 ᄒᆞ니 이는 뎨일 급히 곳쳐야 홀지라

삼 장셩ᄒᆞᆫ 후에 스ᄉᆞ로 셔로 지닐 거슬 쥰비홀 것 여긔 ᄃᆡᄒᆞ여는 두 가지 필요가 잇ᄉᆞ니 (일)은 학교 교휵이오 (이)는 기예(ᄌᆡ됴) 교휵이라 학교 교휵은 이 셰상 ᄉᆞ는 동안에 보통 사ᄅᆞᆷ이 되어 몸을 셰우고 일홈을 날니는 ᄃᆡ 가히 업지 못홀 것이오 긔예 교휵은 몸에 루거만금 ᄌᆡ산이 잇스나 ᄌᆡ물은 잇다가도 업셔지기 쉬오니 족히 밋을 것이 못 되는 것이라 기예를 ᄇᆡ호앗스면 여간 픽산을 당홀지라도 한 항산으로 삼아 그 항심을 회복ᄒᆞ면 아모 걱졍이 업슬 터히니 ᄌᆞ녀를 ᄉᆞ랑ᄒᆞ거든 교휵을 잘 식히오 이 우에 긔록ᄒᆞᆫ 셰 가지를 만일 발달식혀 쥬지 못ᄒᆞ여 그 ᄌᆞ녀로 쟝ᄅᆡ 샤회에 한 병인이 되게 ᄒᆞ면 이는 텬셩의 친분을 어그러짐이오 그 ᄌᆞ손을 나아 가라는[275] 본의가 안이니 어린 아희를 둔 부모와 아즉 두지 못ᄒᆞᆫ 부모들이여 녯습관을 속히 바리시고 문명상에 진보ᄒᆞ시오 (완)

275 문맥상 '나아 기라는(낳아 기르는)'의 오기인 듯함.

츄풍일진 (十三)[276] / 윤정원(尹貞媛)

눈을 들어 우쥬만물을 보면 그 크기ᄂᆞᆫ 무극ᄒᆞᆫ 공간에 통ᄒᆞ고 멀기ᄂᆞᆫ 북두셩신에 달ᄒᆞ며 젹기ᄂᆞᆫ 현미경이 안이면 볼 슈 업고 갓갑기ᄂᆞᆫ 안젼 목엽곤츙에 일으도록 상합됴화ᄒᆞ야 찬연ᄒᆞᆫ 광치를 ᄉᆞ실을 좃차 텬디에 가득케 ᄒᆞ니 고금을 물론ᄒᆞ고 시ᄉᆞ가인은 이를 위ᄒᆞ여 시 지으며 문인화공은 이를 위ᄒᆞ여 그리고 악슈령인은 이를 위ᄒᆞ여 노ᄅᆡᄒᆞ여 한 번이라도 이 죠화지력을 쇠ᄒᆞ거나 파ᄒᆞᆫ 일이 업스나 다만 여ᄎᆞ히 완연히 죠화ᄒᆞ고 미묘냥냥ᄒᆞᆫ 류악 즁에셔 불쾌ᄒᆞᆫ 얼골과 불평ᄒᆞᆫ 마암으로 쥬야방황ᄒᆞᄂᆞᆫ 것은 엇지 사ᄅᆞᆷᄲᅮᆫ이 안이리오 ᄌᆞ고로 츄월츈화가 스ᄉᆞ로 한탄ᄒᆞᆫ 일은 업스나 한탄ᄒᆞᄂᆞᆫ 자ᄂᆞᆫ 다만 이를 보ᄂᆞᆫ 사ᄅᆞᆷᄲᅮᆫ이오 츄풍락엽이 스ᄉᆞ로 슯허ᄒᆞᆫ 일은 업스나 이를 보고 쳥삼을 젹시ᄂᆞᆫ 쟈ᄂᆞᆫ ᄯᅩᄒᆞᆫ 사ᄅᆞᆷᄲᅮᆫ이라 연즉 텬디만물은 질거워 노ᄅᆡᄒᆞᄂᆞᆫᄃᆡ 무삼 연고로 사ᄅᆞᆷ은 혼ᄌᆞ ᄌᆞ탄ᄒᆞ며 텬디ᄉᆞ방은 안연ᄌᆞ약ᄒᆞᄂᆞᆫᄃᆡ 하고로 다만 사ᄅᆞᆷ은 방황부지ᄒᆞ나뇨

이ᄂᆞᆫ 다름 안이라 사ᄅᆞᆷ마다 심즁에 량인(션악)지쥬가 잇슴이라 착ᄒᆞᆫ 쥬인이 하고져 ᄒᆞᄂᆞᆫ 바ᄂᆞᆫ 악ᄒᆞᆫ 쟈ㅣ 못ᄒᆞ게 ᄒᆞ고 악ᄒᆞᆫ 쟈ㅣ ᄒᆞ고져 ᄒᆞᄂᆞᆫ 바ᄂᆞᆫ 착ᄒᆞᆫ 쟈ㅣ 허락지 안이ᄒᆞ여 일인의 심즁이 션악 량인에 젼장이 되여 몽ᄆᆡ 즁에라도 쉬지 안이ᄒᆞ니 엇지 그 사ᄅᆞᆷ이 일시라도 평화를 엇을 길이 잇스리오 이럼으로 일가도 평화를 부득ᄒᆞ고 일국도 평화를 부득ᄒᆞ고 지어텬하도 평화를 부득ᄒᆞ여 스ᄉᆞ로 텬상명월이 참담ᄒᆞᆫ 것ᄀᆞᆺ치 보이고 텬하츄풍이 소슬ᄒᆞᆫ 것 갓흐나 연이나 텬상텬하에 ᄌᆞ연셰계ᄂᆞᆫ ᄐᆡ극지쵸부터 한 번도 그 률례됴화를 변ᄒᆞᆫ 일이 업고 오작 인간셰계만 이 ᄎᆞᆷ담ᄒᆞᆫ 형셰를 현츌ᄒᆞᄂᆞᆫ도다 나라와 나라ᄂᆞᆫ 항상 호

276 연재되었던 <풍속개량론>과 무관하나 원문에 일련번호 13이 표기되어 있음. 이 글 또한 《태극학보》 제3호(1906.10)에 게재되었던 기서(寄書)임.

표갓치 싸호고 붕우 친쳑 형뎨ᄂᆞᆫ 어름갓치 ᄅᆡᆼᄅᆡᆼᄒᆞ여 경히 인ᄉᆡᆼ세계ᄂᆞᆫ 불평곤궁에 젼장이 됨을 면치 못ᄒᆞᄂᆞᆫ도다

이럼으로 ᄌᆞ고로 허다ᄒᆞᆫ 셩인군ᄌᆞ와 학쟈가 이 곤궁올 졔ᄒᆞᆯ 방법을 연구ᄒᆞ야 왈 죵교 도덕 미슐 쳘학이라 ᄒᆞ나 죵교의 셰력은 미약불셩ᄒᆞ고 도덕의 광치ᄂᆞᆫ 암연불명ᄒᆞ며 미슐과 쳘학의 ᄉᆞ샹은 아즉 유지부족ᄒᆞᆷ을 엇지ᄒᆞ리오 연고로 죵교가ᄂᆞᆫ 열심히 젼도ᄒᆞ고 셩현은 열심히 가라치며 학쟈ᄂᆞᆫ 열심으로 연구ᄒᆞ나 오즉 이 가온ᄃᆡ셔 몸으로 실ᄒᆡᆼᄒᆞᄂᆞᆫ 쟈ᄂᆞᆫ 다만 녀ᄌᆞᄲᅮᆫ이라 쟈션 교휵 간병 젼도 위셕[277] 면려 등 ᄉᆞ업은 녀ᄌᆞ의 본분이라 ᄎᆞ등 ᄉᆞ업의 목뎍을 십분 득달케 ᄒᆞᄂᆞᆫ 쟈ᄂᆞᆫ 엇지 녀ᄌᆞ가 안이리오 녀ᄌᆞᄂᆞᆫ 억지로 힘쓰지 아니ᄒᆞ드ᄅᆡ도 텬ᄉᆡᆼ으로 여ᄎᆞᄒᆞᆫ 아름다온 셩질을 가진 쟈ㅣ라 예수가 쟝ᄎᆞ 이 셰샹을 바리시지 안이치 못ᄒᆞ실 림시에 그 뎨일 귀즁ᄒᆞᆫ 머리털노 그 발을 씻슨 ᄌᆞ와 십이인 졔ᄌᆞᄂᆞᆫ 다 각각 그 ᄉᆡᆼ명을 보젼코져 ᄒᆞ여 동셔남북에 몸을 감초고 다만 일인도 그 뒤를 싸르지 아니ᄒᆞᄂᆞᆫ ᄯᆡ를 당ᄒᆞ여셔도 십ᄌᆞ가 하에 업ᄃᆡ여 락루요요ᄒᆞᆫ 쟈ᄂᆞᆫ 엇지 녀ᄌᆞ가 안이리오 만국 사막(沙漠)에 물을 주고 가난 곳마다 황홀ᄒᆞᆫ 향긔로 텬하를 빗ᄂᆞ게 ᄒᆞᄂᆞᆫ 쟈ᄂᆞᆫ 엇지 녀ᄌᆞ가 안이리오 텰학쟈의 만권셔가 추호무공ᄒᆞ고 궁리의론이 조곰도 인심을 위로치 못ᄒᆞᄂᆞᆫ ᄯᆡ 깁흔 농졍[278]의 한 마ᄃᆡ 말노 능히 우려를 흣허지게 ᄒᆞ고 가련ᄋᆡ원ᄒᆞᄂᆞᆫ 눈물로 능히 환란징투를 화합게 ᄒᆞᆷ도 엇지 녀ᄌᆞ가 안이리오 이를 비컨ᄃᆡ 남ᄌᆞᄂᆞᆫ 젼심진력ᄒᆞ여 발연명구ᄒᆞᄂᆞᆫ 쟈ㅣ오 녀ᄌᆞᄂᆞᆫ 직각실ᄒᆡᆼᄒᆞᄂᆞᆫ 쟈ㅣ라 연고로 뎨일 뎍당착실케 그 본분을 ᄭᆡ닷고 직희ᄂᆞᆫ 쟈ᄂᆞᆫ 녀ᄌᆞ라 ᄒᆞ고 뎨일 바르게 그 길을 ᄇᆞᆰ게 ᄒᆞᄂᆞᆫ 것을 녀학이라 ᄒᆞ고 이 길을 좃ᄎᆞ 가르치ᄂᆞᆫ 것을 녀ᄌᆞ 교휵이라 ᄒᆞᆫ다 ᄒᆞ노라

277 위석(慰釋): 위로하여 근심을 풀어 줌.

278 문맥상 '동졍(동정, 同情)'의 오기인 듯함.

121 1907년 10월 31일(목) 제2533호 별보

공겸의 정신(恭謙의 精神)[279] / 윤정원(尹貞媛)

외인이 왈 죠션 부인은 실로 교만불공ᄒᆞ여 남을 안하무인케 ᄉᆡᆼ각ᄒᆞᄂᆞᆫ 곳이 잇다ᄂᆞᆫ 말을 ᄶᅥᆨᄶᅥᆨ로 드른 일이 잇ᄂᆞᆫ 즁에 겸ᄒᆞ여 작일에 긔록ᄒᆞᆫ 바를 잠간 볼지경이면 실노 녀ᄌᆞ가 안이면 사ᄅᆞᆷ이 안이오 녀ᄌᆞ가 안이면 일시라도 ᄉᆡᆼ활ᄒᆞᆯ 슈가 업ᄂᆞᆫ 드시 ᄉᆡᆼ각ᄒᆞ시ᄂᆞᆫ 이도 업지 안이ᄒᆞᆯ 듯ᄒᆞ나 이ᄂᆞᆫ 깁히 ᄉᆡᆼ각ᄒᆞ여야 ᄒᆞᆯ 바이로다 비록 녀ᄌᆞᄂᆞᆫ 샤회의 ᄭᅩᆺ치라ᄂᆞᆫ 말을 쳔호만호ᄒᆞ기로 실로 녀ᄌᆞ의 심신이 ᄭᅩᆺ과 갓치 아람답게 되기 젼에야 누가 이 소ᄅᆡ에 귀를 돌녀 듯ᄂᆞᆫ 쟈 잇스며 ᄯᅩ 녀ᄌᆞᄂᆞᆫ 텬ᄉᆡᆼ으로 아람다온 셩질이 잇노라고 쳔인만인이 말만 ᄒᆞ기로 실로 이를 발표ᄒᆞ기 젼에야 참 아람답고 귀ᄒᆞ게 녁이며 샤회에 무삼 효험이 잇스리요 이러ᄒᆞᆫ 고로 실로 바라ᄂᆞᆫ 바ᄂᆞᆫ 비록 이ᄀᆞᆺ흔 말을 안이ᄒᆞ더ᄅᆡ도 ᄌᆞ연히 그 형용은 인류의 ᄭᅩᆺ이 되고 그 ᄉᆞ업은 감을에 우로와 갓치 되ᄂᆞᆫ ᄃᆡ 잇스나 지금 본국 졍셰로 말ᄒᆞ면 녀ᄌᆞ가 ᄌᆞ긔의 직분을 젹당히 ᄭᆡ닷지 못ᄒᆞ고 그 실력이 잇기만 ᄒᆞ면 얼마즘 쓸 곳이 잇ᄂᆞᆫ 쥴도 아지 못ᄒᆞᄂᆞᆫ 고로 부득이ᄒᆞ여 ᄒᆞ고 십지 안은 말ᄭᆞ지 ᄒᆞᆫ ᄇᆡ로다

대뎌 나라의 동셔와 사ᄅᆞᆷ의 남녀를 물론ᄒᆞ고 이 샤회에 쳐ᄒᆞ며 일긔 국민이 되여 안온무ᄉᆞᄒᆞ게 셰월을 보ᄂᆡ고져 ᄒᆞ며 가뎡을 화락게 ᄒᆞ고 붕우친쳑과 교졔를 깁히 ᄒᆞ고져 ᄒᆞ면 부득불 직희지 안이치 못ᄒᆞᆯ 바ᄂᆞᆫ 국민뎍(國民的) 도덕이라 이 국민뎍 도덕을 남ᄌᆞ의 편으로 보면 남ᄌᆞ의 도덕이요 녀ᄌᆞ의 편으로 관찰ᄒᆞ면 녀ᄌᆞ의 도덕이 될지라 대뎌 부인의 도덕이라 ᄒᆞᄂᆞᆫ 것은 엇더ᄒᆞᆫ 도덕인고 ᄒᆞᄂᆞᆫ 의심이 잇슬 듯ᄒᆞ나 이ᄂᆞᆫ 결단코 남ᄌᆞ의게ᄂᆞᆫ 쓸ᄃᆡ업스나 녀ᄌᆞ의게만 필요되ᄂᆞᆫ 특별ᄒᆞᆫ 도덕이라 ᄒᆞᄂᆞᆫ 것이 안이라 남ᄌᆞ의게도 필요ᄂᆞᆫ 잇스나 특별

279 《태극학보》 제4호(1906.11)에 게재되었던 논설임.

히 녀ᄌᆞ는 불가불 깁흔 소양이 잇서야 ᄒᆞᆯ 도덕을 ᄆᆞᆯᄒᆞᆯ ᄇᆡ라 지금 이를 일일히 ᄆᆞᆯᄒᆞᆯ 지경이면 실로 ᄒᆞᆫ두 가지가 안이라 부지기슈일 듯ᄒᆞ나 본인도 역시 쳔학 협식ᄒᆞ여 그 십분지일도 아지 못ᄒᆞ나 다만 평일 연구ᄒᆞ던 즁 뎨일 우리 ᄆᆡ형의게 필요로 ᄉᆡᆼ각ᄒᆞᄂᆞᆫ 바ᄂᆞᆫ 공겸(恭謙)의 졍신일 듯 공겸이라 홈은 그 글ᄌᆞ와 갓치 공경ᄒᆞ고 겸손ᄒᆞ라는 말인즉 ᄌᆞ긔의 지지 학식 문벌 ᄌᆡ산을 염두에 두지 안이ᄒᆞ고 타인을 혈심으로 공경ᄒᆞ고 ᄌᆞ긔를 겸손ᄒᆞ라는 뜻이라

대뎌 녀ᄌᆞ가 녀ᄌᆞ갓치 아람답게 보이ᄂᆞᆫ 바ᄂᆞᆫ 이 졍신이 잇슴을 인홈이라 고금 동셔를 불문ᄒᆞ고 녀ᄌᆞ의 도덕 즁에 공겸 두 글ᄌᆞ를 ᄆᆞᆯ 안이ᄒᆞᆯ 곳이 업스니 잠간 ᄉᆡᆼ각ᄒᆞ면 공겸과 졀죠(節操)ᄂᆞᆫ 녀ᄌᆞ의 젼문 도덕 갓흐나 결단코 그런 것이 안이라 다만 특별히 이 두 가지가 남ᄌᆞ보담 녀ᄌᆞ의게ᄂᆞᆫ 즁대홈으로 인연홈이라 (미완)

1907년
10월

11월

122 1907년 11월 2일(토) 제2534호 별보

공겸의 정신(恭謙의 精神)[280] / 윤정원(尹貞媛)

만일 힝동거지와 언어응답이 어딕까지라도 요죠슉녀갓치 양셩코져 ᄒᆞ면 다만 표면 형식의 례의례식뿐으로는 일평싱을 공부ᄒᆞ여도 무익ᄒᆞᆯ지요 반다시 마암 속에 틔글 하나 업는 구실갓치 찬란령롱ᄒᆞᆫ 공겸지덕을 감쵸아 둔 연후에 그 지휘를 응ᄒᆞ여 진퇴응답ᄒᆞ여야 쳐음으로 그 언어가 화려ᄒᆞ고 그 힝동이 요죠ᄒᆞᆯ 바는 빅만ᄉᆞ가 다 마암이 근원이요 힝ᄉᆞ는 이를 좃ᄎᆞ 발ᄒᆞᆷ을 인ᄒᆞᆷ이라 공겸의 반딕는 말ᄒᆞᆯ 것 업시 교만이니 교만이라 ᄒᆞᆷ은 ᄌᆞ긔의 직지 학식과 위치 부귀를 현어ᄉᆞ식ᄒᆞ여 타인을 틔글갓치 가뷔엽게 보고 텬하에 ᄌᆞ긔 이외에는 놉흔 직 업는 듯시 싱각ᄒᆞ여 무삼 일에 관계ᄒᆞ던지 ᄌᆞ긔를 몬져 압헤 셰우고져 ᄒᆞ는 쟈를 닐음이나 여ᄎᆞᄒᆞᆫ 쟈는 비록 남ᄌᆞ라도 용셔ᄒᆞᆯ 슈 업는 품힝이라 하물며 녀ᄌᆞ가 교만지심이 츄호만치라도 심즁에 밍동ᄒᆞ여셔는 원만무결ᄒᆞᆫ 가뎡과 화긔만만ᄒᆞᆫ 샤회에 일시라도 용납ᄒᆞᆯ 슈 업슬 섇 안이라 필경은 남의게 슬혀ᄒᆞᆫ 빅 되고 우슴걸이가 되여 일평싱을 불힝즁에 보닉는 운명이 되리로다 그러나 또 녀ᄌᆞ가 삼가야 ᄒᆞᆯ 바는 은인(隱忍)이라 ᄒᆞ는 것일듯 은인이라 ᄒᆞᆷ은 즉 것흐로 겸손ᄒᆞᆫ 듯ᄒᆞ게 보이고 속으로는 교만ᄒᆞ다는 뜻이라 그 심즁으로 ᄌᆞ긔는 놉

280 연속 게재되었으나 '전호속(前號續)' 표기는 없음.

흔 문벌과 슈만금 지산을 가진 우에 츌즁훈 용모와 텬하무쌍훈 학식이 잇다는 싱각을 실상은 몽미에도 잇지 안이ᄒ면셔 외면으로만 겸손훈 듯ᄒ게 보이는 이가 특별히 녀ᄌ 샤회에 만타 ᄒ나 이는 실로 젹지 안은 도덕상의 죄인이라 ᄒ여도 과훈 ᄆᆞᆯ이 안인 고로 깁히 깁히 쥬의ᄒ여야 훌 빅나 또 그럿타고 아모 분별도 업시 젼후좌우를 도라보지 안이ᄒ고 누구의게든지 머리를 숙히라는 말은 결단코 안이라 이는 겸손을 과ᄒ여 비굴훈 졍신이라 오직 공경훌 만훈 쟈를 어ᄃᆡᄭᆞ지라도 공경ᄒ고 ᄌ긔를 겸손ᄒ는 즁에라도 능히 범훌 슈 업는 품격(品格)을 일치 말고 ᄌ긔의 위엄을 보젼ᄒ여 사ᄅᆞᆷ으로 ᄒ여곰 스ᄉ로 가히 놉힐 만ᄒ고 친훌 만훈 사ᄅᆞᆷ이라는 감탄지셩을 발ᄒ도록 심신을 닥기에 그 목뎍은 잇ᄉ나 이는 말로 ᄒ면 대단히 쉬운 듯ᄒ여도 실힝키 지극히 어려온 바이라 오직 다 각각 마암을 놋치 ᄆᆞᆯ고 이 셰상을 바리는 ᄂᆞᆯᄭᆞ지 일시라도 닛지 안이 ᄒ도록 힘써야 훌 일일듯 만일 무삼 ᄭᅩᆺ이던지 참 아름답게 픠기만 ᄒ면 닉 ᄭᅩᆺ은 이갓치 곱다고 ᄌ랑 안이ᄒ여도 스ᄉ로 보는 이마다 듯기 슬토록 층찬홈을 마지 안이훌 터이오 또 그 향긔가 실로 황홀무쌍훌 디경이면 가만히 안져 잇드릭도 바ᄅᆞᆷ을 인연ᄒ여 ᄉ방에 흣터질지라 그런 고로 업는 ᄭᅩᆺ빗과 향긔를 잇는 쳬ᄒ다가 도로혀 남의 슈치를 밧지 ᄆᆞᆯ고 다만 힘쓰는 바는 실로 ᄌ긔의 ᄭᅩᆺ을 아모죠록 곱게 픠도록 ᄒ고 그 향긔를 죠곰이라도 더ᄒ게 ᄒ는 ᄃᆡ 잇게 훌지어다 (완)

123 1907년 11월 3일(일) 제2535호 긔셔

식산론(殖産論) / 포와싱

ᄃᆡ져 식산이란 거산 졀노 싱긴 텬연 물산이 안이오 사농공샹이 각기 일부분을 난호아 그 직분으로 텬연물을 리용ᄒ야 리익을 확장ᄒᄂᆞ니 자유의 사상이

이에 잇스며 싱명의 보호가 이에 잇스며 직졍의 부요홈이 이에 잇셔 주쥬독립의 한 긔관이 될지로다 이럼으로 고금에 셩군 현신이 셔로 졔회하야 텬하를 편안히 다ᄉᆞ리며 외모를 엄숙히 막을 ᄯᅵ에 무삼 특별ᄒᆞᆫ 방볍이 잇슴이 안이오 다만 이에 주의ᄒᆞ야 졍칙을 힝ᄒᆞᄂᆞᆫ 고로 긔질의 쳥탁과 자격의 우렬을 ᄯᅡ라 학문으로 교육ᄒᆞ며 농업으로 경작ᄒᆞ며 공예로 졔조ᄒᆞ며 상무로 통화ᄒᆞ야 권장ᄒᆞᄂᆞᆫ 은혜를 넓히 베풀고 증계ᄒᆞᄂᆞᆫ 형벌을 고로 힝ᄒᆞ야 그 직업상에 태만ᄒᆞᆫ ᄯᅳᆺ을 못 두게 ᄒᆞ며 참람ᄒᆞᆫ 마암을 열지 못ᄒᆞ게 ᄒᆞ야 각각 조리를 ᄯᅡ라 점점 진취ᄒᆞᄂᆞ니 이ᄂᆞᆫ 요순셩ᄃᆡ의 치국ᄒᆞ던 졍칙이오 구미렬방의 졔셰ᄒᆞᄂᆞᆫ 경졔로다 일노 볼진ᄃᆡ 국민의 화복이 다만 식산에 관계가 즁ᄃᆡᄒᆞ거늘 엇지ᄒᆞ야 우리 한국은 이에 ᄭᆡ닷지 못ᄒᆞ고 몽연히 잠드러 스ᄉᆞ로 망코자 ᄒᆞᄂᆞ뇨 그 원인을 궁구홀진ᄃᆡ 졍부ᄂᆞᆫ 젼졔 졍칙으로 인민의 시랑[281]이 되고 인민은 나태 셩질노 졍부의 노례가 되야 셔로 히롭게 홈이 구수갓치 ᄒᆞ니 그 폐단을 자셰히 들어 말ᄒᆞ기 어렵거니와 션비라 ᄒᆞᄂᆞᆫ 것은 문묵의 졍화를 취ᄒᆞ며 례졀의 허의를 슝상ᄒᆞ야 밧그로 공밍의 일홈을 빌며 안으로 이젹의 마암을 품어 쟈긔 직분에 ᄌᆞ직ᄒᆞᆫ 리익을 바리고 더러온 힝위로 화단[282]을 일으키며 만일 몸이 쳥운에 올나 권셰가 잇스면 망녕도히 스ᄉᆞ로 존ᄃᆡ하야 인민을 노례갓치 압졔하며 박탈홈이 더욱 심하니 일노 좃차 농공상 삼업이 날노 폐하여 농업으로 믈홀지라도 젼국 구만 방리에 기름진 ᄯᅡ이 잇스나 민력이 넉넉지 못하고 긔계가 갓초지 못하여 ᄀᆡ간 경죵홈이 겨우 절반에 지나지 못ᄒᆞ고 그 남어지난 일톄로 황무하여 바려두엇다가 맛참ᄂᆡ 외인의 광산 어치 실업사회로 븟치니 엇지 가셕지 아니하며 공예난 건축 긔구에 필요하고 국민의 리익이 불소하거날 부귀호족이 임의 억탈노

281 시랑(豺狼): ① 승냥이와 이리. ② 지나치게 욕심이 많고 모질고 무자비한 사람을 비유적으로 이르는 말.

282 화단(禍端): 재앙이나 화가 일어날 조짐이나 실마리.

ᄉᆞ용하야 공업이 확장치 못ᄒᆞ고 ᄉᆡᆼ활을 보젼치 못ᄒᆞ기로 민족 즁에 그 디위가 지극히 쳔ᄒᆞ고 ᄯᅩᄒᆞᆫ 자긔도 그 괴로옴을 이긔지 못ᄒᆞ여 공교ᄒᆞᆫ 수단을 바리고 다른 ᄉᆞ업에 죵ᄉᆞᄒᆞ니 국ᄂᆡ에 인조 물산이 엇지 통ᄒᆡᆼᄒᆞ리오 일노 인ᄒᆞ여 통상구안[283]에 수츌하난 물품이 수입하난 물품에 비하면 십분지일이 되지 못하여 ᄌᆡ졍이 탕갈하고 교역이 넓지 못한즉 샹업에 쇠잔ᄒᆞᆷ은 다시 물을 것이 업고 국민의 위박ᄒᆞᆷ이 ᄯᅡ라 일을지라 엇지 ᄐᆞᆫ식통한치 아니하리오 슬푸다 오늘 한국이 쟈유의 힘을 능히 용납하기 어려우며 ᄑᆡ망이 장차 일을 듯하나 지공하신 하날이 엇지 편벽도히 우리 한국에만 화ᄋᆡᆨ을 씻치리오 그러하나 하늘이 주신 자유권을 다시 찻고 더러온 일홈을 씻고자 ᄒᆞᆯ진ᄃᆡ 국민이 일톄단합ᄒᆞ야 의무에 열심ᄒᆞ고 나ᄐᆡᄒᆞᆫ 셩질을 바린 후에야 가히 독립긔초를 셰우며 ᄉᆞ민의 직업에 젹당ᄒᆞᆷ을 일치 안으리라 ᄒᆞ노라

124 1907년 11월 5일(화) 제2536호 론셜

(풍속ᄀᆡ량론) (十一)[284] 아ᄒᆡ들의 운동을 힘쓸 일

오날늘 셰계 각국이 닷토어 부강을 ᄭᅬᄒᆞ야 남의 나라보담 낫게 ᄒᆞ고져 ᄒᆞᄂᆞ니 이ᄯᅢ를 당ᄒᆞ야 그 사이에 서셔 나라의 독립과 인민의 ᄌᆞ유를 엇으랴 ᄒᆞᆯ진ᄃᆡ 몬져 그 ᄇᆡᆨ셩의 톄격과 정신을 강ᄒᆞ게 ᄒᆞᆯ지며 그 톄격이 건장ᄒᆞ고 정신이 활발케 ᄒᆞ랴 ᄒᆞᆯ진ᄃᆡ 반다시 어렷슬 ᄯᅢ부터 잘 보호ᄒᆞ야 길으고 가라칠지니 대뎌 어린아ᄒᆡ의 몸이 강건ᄒᆞᆷ은 곳 나라의 부강ᄒᆞᆫ 터이라 ᄒᆞᆯ지로다 그런즉 우리가 어

283 통상구안(通商口岸): 개항지(開港地)를 가리킴.

284 제2530호(10월 27일자) 「풍속개량론 (十)」의 후속 논설이었던 것으로 추정됨. 별보가 연속 게재되면서 일련번호 표기에서 오류가 발생한 듯함.

린 아희를 길으고 가라침은 부모된 의무가 잇슬 쁜 안이라 국민된 분슈의 썻썻홈이라 무릇 사름이 이 셰상에 나셔 가쟝 몬져 구ᄒᆞᄂᆞᆫ 바ᄂᆞᆫ 일신이 병 업시 오릭 사ᄂᆞᆫ 것과 직물이 넉넉ᄒᆞ야 의식에 구ᄎᆞ홈이 업ᄂᆞᆫ 것과 ᄌᆞ손이 번창ᄒᆞ야 쳔빅셰를 상젼홈이니 ᄒᆞᆫ 나라로 말ᄒᆞ든지 ᄒᆞᆫ 집으로 보든지 아희들의 몸을 건강케 홈이 뎨일 긴요홈은 누구든지 알 바이라 그러나 우리나라 사름의 어린아희 길으ᄂᆞᆫ 풍속을 보건ᄃᆡ 상등샤회와 하등샤회가 셔로 갓지 안이ᄒᆞ야 지나고 밋지 못홈이 심ᄒᆞ도다 소위 상등샤회에셔ᄂᆞᆫ 어린 아희가 나면 곱게 닙히고 졍ᄒᆞ게 놀니ᄂᆞᆫ 것으로 쥬장을 삼아셔 만일 문밧게 나아가 무슴 작난을 ᄒᆞ면 그 부모나 션싱이 ᄭᅮ짓고 싸려 함부로 뛰놀지 못ᄒᆞ게 ᄒᆞ고 가만히 안져셔 글이나 닑고 글시나 쓰게 ᄒᆞᆯ 쁜인즉 그 아희의 몸이 튼튼치 못ᄒᆞ야 항샹 병으로 지ᄂᆡ다가 요졀(夭折)ᄒᆞᄂᆞᆫ 폐단이 만흐니 이것이 엇지 국가 샤회의 대불힝이 안이리오 하둥[285]샤회에셔ᄂᆞᆫ 의복과 음식을 ᄯᅢ에 쥬지 못ᄒᆞᆯ 쁜 안이라 머리 빗고 셰슈ᄒᆞᄂᆞᆫ 것도 가라쳐 인도ᄒᆞ지 안이ᄒᆞ며 다른 아희와 ᄊᆞ홈을 ᄒᆞ다가 다가리가 터질지라도 도라보지 안으며 부모된 사름이 ᄒᆞᆫ 번도 경계ᄒᆞ며 교훈ᄒᆞᄂᆞᆫ 말이 업ᄂᆞᆫ 고로 그 아희가 맛참ᄂᆡ 텬셩을 일코 회복지 못ᄒᆞ며 혹시 위틱ᄒᆞᆫ 작난을 ᄒᆞ다가 병신이 되여 일평싱을 곤궁ᄒᆞ게 지ᄂᆡ나니 이ᄂᆞᆫ 그 아희의 죄나 팔ᄌᆞ가 안이오 곳 부모의 허물이니 엇지 깁히 싱각지 안으리오 그런즉 우리가 오날부터ᄂᆞᆫ 빈부귀쳔과 상하를 물론ᄒᆞ고 어린 아희들을 과도히 속박ᄒᆞ야 몸과 긔운이 잔약ᄒᆞ게 ᄒᆞ지 말고 각기 학교에 보ᄂᆡ여 법도 잇ᄂᆞᆫ 톄조도 빅호게 ᄒᆞ며 간혹 일긔 쳥명ᄒᆞᆫ ᄯᅢ에 산이나 들에 ᄂᆡ여보ᄂᆡ여 쳥신ᄒᆞᆫ 공긔를 마시고 활발ᄒᆞᆫ 긔상을 길으게 ᄒᆞ되 글 닑고 글시 쓰ᄂᆞᆫ 것보담 운동ᄒᆞᄂᆞᆫ ᄃᆡ 쥬의ᄒᆞ야 집에셔 놀 ᄯᅢ라도 ᄯᅳᆯ도 쓸니며 마루 걸네질도 치게 ᄒᆞᆫ즉 그 아희가 잘아셔 몸도 건장ᄒᆞ며 무삼 일에든지 몸을 앗기지 안코 남보담 용밍스럽게 나아가리니 전국 동포가 모다

285 '하둥'의 오기.

이 갓흐면 그 늘에는 가히 나라의 독립도 쇠홀 터이오 인민의 ㅈ유도 회복ᄒᆞ리로다 우리나라의 완고ᄒᆞᆫ 학쟈로 ᄒᆞ야곰 이 말을 들으면 이적지도라고 듯지 안을 쯧ᄒᆞ나 그러나 동양의 셩현도 이 법을 뻐셔 례악샤어셔슈(禮樂射御書數) 여삿 가지 ᄌᆡ조를 가라칠 젹에 활 쏘고 말 달님은 곳 신톄의 강건을 쇠흠이오 영가무도(詠歌舞蹈)를 가라치든지 쇄소응ᄃᆡ 진퇴지졀(灑掃應對 進退之節)을 가라침도 역시 신톄의 강건을 보젼코져 홈이어늘 후세의 셰상에 아당ᄒᆞᄂᆞᆫ 션ᄇᆡ가 녯젹 셩현의 참뜻을 아지 못ᄒᆞ고 사름을 멸망ᄒᆞᄂᆞᆫ 쌰의 싸지게 ᄒᆞ엿스니 이갓흔 학쟈는 셩현의 뎨ᄌᆞ가 안이라 곳 셩현의 죄인이니 바라건ᄃᆡ 우리 동포ᄂᆞᆫ 그런 무식쟈의 말에 귀를 기우리지 말고 ᄌᆞ녀의 운동을 힘뻐 가라쳐 그 신톄를 강건케 홀지어다

125 1907년 11월 6일(수) 제2537호 론셜

경무 당국쟈의게 경고홈 / 탄히싱

우리나라에 녯젹부터 좌우 포도텽이라 ᄒᆞᄂᆞᆫ 것을 두어 션ᄒᆞᆫ ᄇᆡᆨ셩을 보호ᄒᆞ고 악ᄒᆞᆫ ᄇᆡᆨ셩을 징치케 ᄒᆞ엿스나 후셰에 폐단이 만히 싱겨 맛참ᄂᆡ 셰력 잇ᄂᆞᆫ 사름의 ᄉᆞᄉᆞ 물건이 되어 ᄇᆡᆨ셩 잡아 가두고 죽이기를 례ᄉᆞ로 알앗스니 슈ᄇᆡᆨ 년 동안에 원통ᄒᆞᆫ 죽엄을 당ᄒᆞᆫ 쟈ㅣ 몃쳔ᄇᆡᆨ 명이리오 그런 고로 지나간 갑오년에 우리 졍부에셔 문명 각국의 경찰 제도를 모범ᄒᆞ야 좌우 포도텽을 폐지ᄒᆞ고 경무텽을 셜시ᄒᆞ엿더니 그 후에 경무텽 관리된 사름들이 구습을 버리지 안코 경찰의 권셰를 범람ᄒᆞ게 뻐셔 ᄇᆡᆨ셩의 기름과 피를 ᄈᆡᄂᆞᆫ ᄀᆡ판을 삼앗스니 이젼의 포도텽과 조곰도 다름이 업셧ᄂᆞᆫ지라 이로 인ᄒᆞ야 나라 졍ᄉᆞ가 날로 어즈러워 형용ᄒᆞ야 말홀 수 업ᄂᆞᆫ 디경에 일으럿노나 수년 이ᄅᆡ로 외국의 고명ᄒᆞᆫ 션비를 고빙ᄒᆞ야 경무의 고문을 두고 구폐를 씨슨 것ᄀᆞᆺ치 버리고 ᄉᆞ법(司法) ᄒᆡᆼ졍(行

政) 위싱(衛生) 등의 구별을 분명히 ᄒᆞ야 거의 문명ᄒᆞᆫ 나라의 졔도ᄅᆞᆯ ᄯᅡ라가게 되ᄂᆞᆫ 고로 일반 인민이 모다 이마에 손을 언고 기다리더니 근일에 소문을 들은 즉 경시텽에 갓친 죄인이 륙십여 명인ᄃᆡ 오ᄅᆡᆫ 쟈ᄂᆞᆫ 삼ᄉᆞ삭 젹은 쟈ᄂᆞᆫ 수십일 혹 수일을 별로히 신문도 안이ᄒᆞ고 다만 가두어 둘 ᄯᅡᄅᆞᆷ이라 ᄒᆞ니 이 소문이 과연이면 엇지 우리

셩텬ᄌᆞ의 ᄂᆡ각 졔공을 명ᄒᆞ샤 셔졍(庶政)을 ᄀᆡ혁케 ᄒᆞ옵신 본의라 ᄒᆞ리오 경시텽의 규측으로 볼진ᄃᆡᆫ 엇더ᄒᆞᆫ 죄인이든지 잡은 지 이십ᄉᆞ시간을 넘기지 안코 한셩직판소나 평리원으로 압이(押移)케 ᄒᆞ엿거날 무삼 ᄭᅡ돍으로 수삭 혹 수십 일을 경시쳥에 가두어 두나뇨 이ᄂᆞᆫ 경시텽의 관리가 그 직칙을 다ᄒᆞ지 안이홀 ᄲᅮᆫ 안이라 졍부에셔 졔뎡ᄒᆞᆫ 법규ᄅᆞᆯ 문란케 홈이라 무릇 국졍의 부픽ᄒᆞᄂᆞᆫ 근본은 법규ᄅᆞᆯ 직희지 안ᄂᆞᆫ ᄃᆡ셔부터 시죽ᄒᆞᄂᆞᆫ지라 우리나라에셔도 녯젹에 우희로

셩인 인군이 계시고 아ᄅᆡ로 어진 ᄌᆡ상이 잇슬 ᄶᅵᆨ에 아름다온 법과 됴흔 규측을 마련치 안은 것은 안이로ᄃᆡ 후셰 사ᄅᆞᆷ이 실상으로 힝치 안이홈으로 인ᄒᆞ야 나라와 ᄇᆡᆨ셩을 편안히 보젼치 못ᄒᆞ엿거ᄂᆞᆯ 지금 ᄀᆡ혁ᄒᆞᄂᆞᆫ 시ᄃᆡᄅᆞᆯ 당ᄒᆞ야 졍령(政令)이 츄상갓ᄒᆞ야 삼엄ᄒᆞ고 공평홀지라도 부픽ᄒᆞᆫ 인심을 잡아 도리키기가 극난ᄒᆞ려든 함을며 졍부 당국쟈가 직칙을 일커나 법규ᄅᆞᆯ 어즈럽게 ᄒᆞ고셔야 무엇으로ᄡᅥ ᄇᆡᆨ셩을 인도ᄒᆞ야 가라치리오 경시텽 관리가 이 일을 심상히 알고 그ᄃᆡ로 지ᄂᆡ여가면 오날ᄂᆞᆯ ᄂᆡ각 졔공이 몃ᄇᆡᆨ 년이라도 졍부에 계시면 다른 폐단은 안이 싱길ᄂᆞᆫ지 몰으되 이후에 당로[286]ᄒᆞᄂᆞᆫ 사ᄅᆞᆷ이 오ᄂᆞᆯ날 ᄂᆡ각 졔공과 갓지 못ᄒᆞ야 츄호라도 ᄉᆞ심이 잇고 보면 ᄯᅩ 경찰의 권리ᄅᆞᆯ 범람ᄒᆞ게 ᄡᅥ셔 ᄇᆡᆨ셩을 보호ᄒᆞ기ᄂᆞᆫ 고샤ᄒᆞ고 ᄇᆡᆨ셩을 못살게 ᄒᆞᄂᆞᆫ 폐막이 닐어날ᄂᆞᆫ지 알 슈 업스니 바라건ᄃᆡ 경무 당국자ᄂᆞᆫ 크게 ᄭᆡ쳐 법규ᄅᆞᆯ 엄명ᄒᆞ게 직희소셔

286 당로(當路): ① 정권을 잡음. ② 중요한 지위나 직분에 있음.

지판소 관리의게 경고홈 / 탄히싱

이왕 우리나라에 민법(民法)과 형법(刑法)의 구별이 업고 대뎐통편(大典通編) 대뎐회통(大典會通) 대명률(大明律) 무원록(無寃錄) 흠흠심셔(欽欽心書) 등을 가지고 몃빅 년 동안 나라를 다스려 나려오며 별로히 직판소라 ᄒᆞ는 것이 업고 셔울로 말ᄒᆞ면 의금부 형죠 한셩부 좌우 포도텽 오부(五部) 등과 디방으로 말ᄒᆞ면 현감 현령 군슈 부스 목스 병스 슈스 감스가 모다 직판관의 ᄌᆞ격으로 빅셩을 임의디로 잡고 마암디로 쥭엿스니 속담에 일은바 뒤쥭박쥭이라 빅셩이 하늘에 사뭇치는 원통홈이 잇슬지라도 직물이나 셰력이 업스면 호소홀 곳이 업셔셔 원억홈을 품고 펴지 못ᄒᆞ엿스며 그뿐 안이라 셔울셔는 남북촌 문무직상의 집과 싀골셔는 토호의 집에 각기 포도텽과 직판소를 ᄉᆞᄉᆞ로히 셜시ᄒᆞ고 잔피ᄒᆞᆫ 빅셩의 피와 기름을 빠라먹엇스니 오날놀 빅셩이 가난ᄒᆞ고 나라가 쇠약ᄒᆞ얏슨들 누구를 한ᄒᆞ며 누구를 원망ᄒᆞ리오 왕스를 싱각ᄒᆞ면 흉격이 막히고 심신이 비월ᄒᆞ거니와 지금으로 말ᄒᆞ면 우리

대황뎨폐하의 하늘갓흐신 셩덕으로 억됴신민을 도탄 가온디셔 건지샤 즁흥대업을 일우고져 ᄒᆞ샤 례악법도를 기혁ᄒᆞ실 싀 위션 인민의 원굴홈을 펴게 ᄒᆞ고져 ᄒᆞ샤 정부로 ᄒᆞ야금 형법대뎐을 반포케 ᄒᆞ압시고 평리원 한셩직판소와 밋 각 디방직판소를 셜시케 ᄒᆞ압시고 공평ᄒᆞᆫ 법률과 정직ᄒᆞᆫ 직판을 힝ᄒᆞ야 우희로 셩은을 보답ᄒᆞ며 아릭로 민원을 신셜케 ᄒᆞ는 것이 직판관된 쟈의 직분이오 의무이거날 직판ᄒᆞ는 결과를 본즉 미양 셰력 잇고 돈 만흔 쟈는 득송ᄒᆞ고 가난ᄒᆞ고 무셰ᄒᆞᆫ 쟈는 락송ᄒᆞ야 빅셩의 원망ᄒᆞ는 눈물의 말을 날이 업스니 참 한심통곡홀 바이로다 근일ᄉᆞ로 볼지라도 엇던 직판관이 뢰물을 밧고 법을 그르쳣다는 말이 신문에 남이 그 신문의 발힝인을 직판소에셔 억지로 잡아 가두엇다 ᄒᆞ야 사회의 일대 문뎨가 되엿스니 그 일의 시비곡직은 본 긔쟈가 ᄌᆞ셰히

몰으되 쳥문이 이러ᄒᆞ고셔야 언의 ᄇᆡᆨ셩이 법률을 두려워ᄒᆞ며 직판관을 공경ᄒᆞ리오 또 직작일에 본 긔쟈가 죵로를 지나가며 본즉 나이 칠십 갓가온 싀골노인이 길 가온ᄃᆡ 업ᄃᆡ여 하날을 불으지즈며 통곡ᄒᆞ되 위죠 문권을 만다러 남의 ᄯᅡᆼ을 ᄲᅢᆺ앗는 놈은 득송ᄒᆞ고 증□가 분명ᄒᆞ고 문권이 ᄌᆞ직ᄒᆞᆫ 놈은 락송ᄒᆞ니 셰상에 이러ᄒᆞᆫ 법률이 어ᄃᆡ 잇소 이는 법률이 글은 것이 안이라 직판관이 법률을 희롱ᄒᆞ는 것이라 명명ᄒᆞᆫ 하ᄂᆞ님을 ᄉᆞᆲ히소셔 ᄒᆞ며 그 ᄒᆡᆼ동이 밋친 사ᄅᆞᆷ갓기로 갓가히 가셔 거쥬셩명을 물은즉 평안북도 의쥬 ᄯᅡ에 사는 쟝아모라 ᄒᆞ는지라 본 긔쟈가 불상ᄒᆞ고 측은ᄒᆞᆫ 마암을 금치 못ᄒᆞ야 됴흔 말로 위로ᄒᆞ여 보ᄂᆡ엿거니와 이러ᄒᆞᆫ 일이 ᄒᆞᆫ 번 두 번ᄲᅮᆫ 안이라 젼국 가온ᄃᆡ 날ᄆᆞ다 몃십 번 몃ᄇᆡᆨ 번식 잇스니 가련ᄒᆞ다 우리 동포여 불상ᄒᆞ다 우리 동포여 누구를 의지ᄒᆞ야 ᄉᆡᆼ명과 직산을 보존ᄒᆞ리오 뎌 직판관도 벼살이 갈니면 일기 ᄇᆡᆨ셩이니 ᄇᆡᆨ셩되는 늘에 남이 당ᄒᆞ던 일을 당ᄒᆞ면 그 ᄯᅢ에 그 마암이 엇더ᄒᆞᆯ고 깁히 ᄉᆡᆼ각ᄒᆞᆯ지어다

127 1907년 11월 8일(금) 제2539호 론셜

밤에 젼문을 닷치지 말 일 / 탄히싱

우리나라에 농상공업이 발달되지 못ᄒᆞᆷ은 사ᄅᆞᆷ마다 근심ᄒᆞ며 한탄ᄒᆞ는 바어니와 셰상에 무삼 일이든지 다만 근심ᄒᆞ고 한탄ᄒᆞᆯ ᄲᅮᆫ으로는 셩취ᄒᆞᆯ 도리가 ᄉᆡᆼ기지 안을지니 위션 ᄒᆞᆫ 가지식이라도 연구ᄒᆞ야 기량ᄒᆞ난 것이 가쟝 필요ᄒᆞ도다 이왕에도 본 긔쟈가 우리나라 상업계에 ᄃᆡᄒᆞ야 기량ᄒᆞᆯ 바 여러 가지 일을 혀가 달토록 의론ᄒᆞ엿스되 오날ᄭᅡ지 실ᄒᆡᆼᄒᆞ는 쟈를 ᄒᆞᆫ 사ᄅᆞᆷ도 보지 못ᄒᆞ엿슨즉 ᄇᆡᆨ 번 ᄆᆞᆯᄒᆞ고 쳔 번 달ᄂᆡ는 것이 츄호도 효험 업슬 줄은 아나 그러나 보난 바에 참아 묵묵히 지ᄂᆡ갈 수 업기로 또 두어 마ᄃᆡ 권고ᄒᆞ오니 우리 상업에 종ᄉᆞᄒᆞ시는 동포는 셰 번 ᄉᆡᆼ각ᄒᆞ소셔

대뎌 우리 경셩으로 말ᄒᆞ면 인구 이십여 만이 사ᄂᆞᆫ 도회인즉 적은 도회ᄂᆞᆫ 안이로ᄃᆡ ᄒᆡ만 ᄶᅥ러지면 침침쟝야가 되여 지쳑을 분변ᄒᆞᆯ 수 업고 근ᄅᆡ 소위 가등이라 ᄒᆞᄂᆞᆫ 것을 문압마다 세웟스나 등피도 오ᄅᆡ 닥지 안코 불도 심히 적어셔 조곰도 붉은 빗을 발ᄒᆞ지 못ᄒᆞ니 이런 물건은 차랄히 업ᄂᆞᆫ 것이 나흘 ᄯᅳᆺᄒᆞ도다 ᄯᅩᄒᆞᆫ 오날ᄂᆞᆯ 세계ᄂᆞᆫ 녯적과 달나셔 사ᄅᆞᆷ이 밤낫으로 부즈런히 벌지라도 오히려 ᄉᆡᆼ명을 보존키 어려올 것이어ᄂᆞᆯ 우리나라 샹업가ᄂᆞᆫ 오히려 녯 규모ᄅᆞᆯ 직희여 ᄒᆡ가 지기 젼부터 젼문을 닷치고 물건을 ᄆᆡᄆᆡᄒᆞ지 안으니 그리ᄒᆞ고셔야 이 ᄉᆡᆼ존경ᄌᆡᆼ이 극심ᄒᆞᆫ 시ᄃᆡ에 엇지 남과 ᄀᆞᆺ치 살 도리가 잇스리오 녯적으로 말ᄒᆞ면 그러케 심ᄒᆞ게 벌지 안을지라도 먹고 닙고 살앗스며 ᄯᅩ 나라에 경찰 졔도가 엄밀치 못ᄒᆞ야 도셩 안에 도적이 그치지 안은 고로 셜혹 밤에 젼문을 열고져 ᄒᆞ야도 위ᄐᆡ히 녁이고 무셔워ᄒᆞ얏거니와 지금은 경찰이 이젼보담 적이 나아지고 긔챠와 긔션으을[287] 인ᄒᆞ야 ᄂᆡ외국인의 왕ᄅᆡ가 ᄂᆞᆯ로 더ᄒᆞ니 밤에 젼문을 열어 노으면 낫보담 만히 팔닐 ᄯᅳᆺᄒᆞ고 ᄯᅩ ᄒᆞᆫ두 젼에셔만 문을 열면 도적의 념려가 잇슬지라도 젼마다 모다 열고 뎐긔등 ᄭᅡ스등 셕유등을 별갓치 달아셔 속담에 일은바 밤이 낫 ᄀᆞᆺᄒᆞ면 왕ᄅᆡᄒᆞᄂᆞᆫ 사ᄅᆞᆷ도 인셩마셩ᄒᆞᆯ 것이오 길에 사ᄅᆞᆷ이 그치지 안으면 도적도 감히 ᄒᆡᆼᄒᆞ지 못ᄒᆞᆯ지며 물건 ᄆᆡᄆᆡ로 말ᄒᆞᆯ지라도 밤에 파ᄂᆞᆫ 사ᄅᆞᆷ이 잇스면 살 사ᄅᆞᆷ도 ᄌᆞ연히 잇슬 ᄲᅮᆫ 안이라 우리나라에셔ᄂᆞᆫ 부인의 츌입이 항샹 밤에 잇슨즉 밤에 젼문을 열게 되면 부인네가 만히 흥셩ᄒᆞ러 올 쥴로 밋노라 뎌 즌고ᄀᆡᄅᆞᆯ 건너가셔 일본 사ᄅᆞᆷ의 쟝사ᄒᆞᄂᆞᆫ 모양을 보건ᄃᆡ 밤이라도 젼문을 닷치지 안코 열두 졈이 지난 후에야 닷치니 그 부즈런홈도 본밧을 것이오 길거리가 명랑ᄒᆞ야 ᄇᆡᆨ쥬와 갓치 죠요ᄒᆞᆫ 것도 본밧을 만ᄒᆞᆫ지라 다른 일은 다 못 ᄒᆞᆯ지라도 위션 이 ᄒᆞᆫ 가지ᄅᆞᆯ ᄒᆡᆼᄒᆞ야 우리 셔울도 사ᄅᆞᆷ 사ᄂᆞᆫ ᄃᆡ갓치 ᄒᆞ면 엇지 다ᄒᆡᆼ치 안으리오 혹쟈ㅣ 말ᄒᆞ기ᄅᆞᆯ 이갓치 ᄒᆞ랴면 등유와 셕탄 목탄 등

1907년
11월

287 '긔션을(기선을)'의 오기인 듯함.

속의 부비가 호대ᄒᆞ니 변변치 안은 가가를 버린 사ᄅᆞᆷ이 엇지 그 부비를 감당ᄒᆞ리오 ᄒᆞᆯ ᄯᅳᆺᄒᆞ나 그는 결단코 그러치 안은 것이 ᄒᆞᆫ 달 동안을 밤마다 버려셔 엇지 등유 시탄의 갑을 ᄲᅢ지 못ᄒᆞ리오 본 긔쟈의 밋는 바는 필시 리익이 잇스리라 ᄒᆞ노라

이 일을 힝코져 ᄒᆞ면 샹업회의소에셔 블론ᄒᆞ야 일반 회원의게 져져히 지휘ᄒᆞ야 ᄒᆞᆫ 사ᄅᆞᆷ이라도 루락치 말고 긔어히 힝ᄒᆞ기로 작뎡ᄒᆞ면 과도히 어려온 일이 안이리니 샹업회의소 졔씨는 본 긔쟈의 구구ᄒᆞᆫ 졍셩을 져바리지 말고 시험삼아 힝ᄒᆞ야 보시면 됴흘 ᄯᅳᆺ

128 1907년 11월 9일(토) 제2540호 별보

신문의 관계

뎌 미국 령디 포와에 가 잇는 우리 동포들이 ᄒᆞᆫ 단톄를 조직ᄒᆞ야 합셩협회(合成協會)라 일흠ᄒᆞ고 합셩신보(合成新報)[288]라 ᄒᆞ는 신문 뎨 일호를 샹월 이십이일에 챵간ᄒᆞ엿는ᄃᆡ 그 샤셜 가온ᄃᆡ 신문의 관계를 의론ᄒᆞᆷ이 가장 격졀ᄒᆞ기로 이 아ᄅᆡ 등ᄌᆡᄒᆞ노라

ᄇᆡᆨ셩으로 근본이 되야 나라를 셩립ᄒᆞᆷ은 사ᄅᆞᆷ마다 아는 바요 신문으로 말ᄆᆡ암아 사회를 발달ᄒᆞᆷ도 사ᄅᆞᆷ마다 아난 바라 나라라 ᄒᆞᆷ은 ᄇᆡᆨ셩의 ᄃᆡ표쟈가 되야

288 《한인합성신보(韓人合成新報)》: 1907년 10월 15일에 창간되었던 미국 하와이거주 교민단체의 주간신문. 《합성신보(合成新報)》라고도 불린다. 하와이의 모든 24개 한인단체를 통합하여 1907년 9월 2일 조직된 한인합성협회(韓人合成協會)가 같은 해 10월 15일 기관지로 창간하였다. 초대회장은 임정수(林正洙), 주필은 김성권(金聲權)이었다. 1909년 샌프란시스코의 공립협회(共立協會)와 한인합성협회가 통합되어 국민회로 이름을 바꾸자, 제호를 《신한국보(新韓國報)》로 바꾸게 되어 1909년 1월 25일자(제60호)로 종간되었다.

법률 긔관으로 ᄇᆡᆨ셩을 지휘ᄒᆞ난 쟈이니 법률은 하쳐로부터 ᄉᆡᆼ겻ᄂᆞ뇨 다만 교육상 학문으로부터 츌ᄅᆡᄒᆞᆷ이로다

그런 고로 교육을 ᄇᆞᆯ달ᄒᆞ난 나라ᄂᆞᆫ 법률이 공졍ᄒᆞ야 그 나라이 문명에 진보ᄒᆞ고 교육을 멸시ᄒᆞᄂᆞᆫ 나라난 법률이 문란ᄒᆞ야 나라이 야만에 불과ᄒᆞᄂᆞᆫ지라

나라란 것은 세계상 상등 긔관이라 일ᄀᆡ인마다 각각 마암 가온ᄃᆡ 한 나라를 포함ᄒᆞᆯ 슈 업스나 차등으로 말ᄒᆞ면 곳 한 집과 한 샤회와 갓흔지라 그런 고로 대소ᄂᆞᆫ 다를지언뎡 자치 졔도ᄂᆞᆫ 동일ᄒᆞ야 한 집에 가뎡 교육이 업스면 그 식구ᄂᆞᆫ 허랑방탕ᄒᆞ야 이웃 시비를 막을 슈 업다가 필경은 그 집을 경파ᄒᆞ고 한 사회에 단톄 교육이 업스면 그 회원은 ᄌᆞ힝ᄌᆞ지ᄒᆞ야 즁인의 치소를 면치 못ᄒᆞ다가 필경은 그 회를 ᄒᆡ산ᄒᆞᄂᆞᆫ지라 이럼으로 합셩협회 유지졔군이 슉사원려ᄒᆞ야 본보를 셜립ᄒᆞᆷ은 ᄃᆞᆫ합을 교육ᄒᆞᄂᆞᆫ 한 긔관이 되엿도다

본 긔자도 역시 한국 동포 즁 일ᄀᆡ 분자요 합셩협회 즁 일ᄀᆡ 분원이라 본회 목뎍을 셩취ᄒᆞᄂᆞᆫ 것과 본보 ᄉᆞ의를 편즙ᄒᆞᄂᆞᆫ 일에 엇지 등한간과ᄒᆞ며 엇지 심상치지ᄒᆞ리오만은 다만 문견이 고루ᄒᆞ고 지식이 쳔박ᄒᆞ야 능히 상쾌ᄒᆞᆫ 언론과 신션ᄒᆞᆫ 문ᄌᆞ로 구람ᄒᆞ시ᄂᆞᆫ 쳠군자의 고명ᄒᆞᆫ 정신을 ᄉᆡ롭게 ᄒᆞ기 어렵도다

그러나 ᄋᆡ독 졔씨의 관ᄃᆡᄒᆞ신 용셔를 특망ᄒᆞ고 단필을 들어 신문 젼톄의 ᄃᆡ지를 먼쳠 셜명ᄒᆞ노니 론셜 샤셜 긔셔 등은 상고와 당금과 미ᄅᆡᄒᆞᆫ ᄉᆞ상을 포함ᄒᆞ야 혹 긔념ᄒᆞ며 혹 셜명ᄒᆞ며 혹 모본ᄒᆞ며 혹 권유ᄒᆞ며 혹 평론ᄒᆞ며 혹 비유ᄒᆞ며 혹 츙고ᄒᆞ며 혹 롱락ᄒᆞ야 구람 졔공의 정신을 쇄락ᄒᆞ게 ᄒᆞᄂᆞᆫ 것이요

뎐보 외보 별보 등은 수만 리 외의 긴급한 일과 만국의 즁대한 ᄉᆞ건과 목젼에 특별ᄒᆞᆫ 문뎨요

잡보 소셜 광고 등은 길흉션악 모든 일과 고금력ᄃᆡ의 자미잇ᄂᆞᆫ 니야기와 각ᄉᆡᆨᄉᆞ업과 물품 츌입과 륜션 발착과 사름 찻ᄂᆞᆫ 모든 일을 안자셔 구경하ᄂᆞᆫ 요건이요

본국 소문 회록 등은 여러 사름의 고향 소식과 정부 형편과 각 디방회 ᄆᆡᆨ락

이니

이상 모든 것은 사름의 싱활에 일용하는 식 음식 식 의복과 ᄀᆞᆺ한지라 사름이 싱활ᄒᆞ랴면 한 번 먹고 한 번 닙은 것으로 평싱을 지닉지 못ᄒᆞᄂᆞ니 엇지ᄒᆞ야 이젼 학식으로만 평싱 의식을 삼으리오

대뎌 사름의 몸을 양셩ᄒᆞᄂᆞᆫ 딕ᄂᆞᆫ 금의옥식에 더ᄒᆞᆫ 것이 업스딕 만일 비단옷을 닙고 씌를 씌지 아니ᄒᆞ면 그 모양은 창피홀 것이오 옥식을 먹고 찬을 먹지 아니ᄒᆞ면 그 음식은 소찬이라 홀지니 씌 업ᄂᆞᆫ 옷으로 몸을 더웁게 ᄒᆞᆫ들 엇지 힝셰에 록록지 아니ᄒᆞ며 찬 업ᄂᆞᆫ 밥으로 빅를 부르게 ᄒᆞᆫ들 엇지 싱활에 넉넉다 ᄒᆞ리오 그 사름의 처디를 의론컨딕 션빅호아 롱민호아 공인호아 상민호아 다만 긔자ᄂᆞᆫ ᄒᆞᆫ 붓으로 작명ᄒᆞ노니 강구연월 격양가로 함포고북ᄒᆞ던 틱평셩딕 일로옹이라 ᄒᆞ노라

오호라 동포여 텬장디구[289]에 물환셩이[290]ᄒᆞ야 시세와 인심이 죠셕이 다르도다 그런 고로 작년에 본 것이 잇셔도 금년 것을 보지 못ᄒᆞ면 힝셰홀 수 업스니 씌 업ᄂᆞᆫ 옷과 ᄀᆞᆺ고 어졔 들은 것이 잇셔도 오날 듯지 못ᄒᆞ면 싱활홀 수 업스니 찬 업ᄂᆞᆫ 밥과 갓도다

그런즉 동포 졔군이여 이젼 학문과 이젼 지식으로 싱애를 삼지 믈고 신문보기를 식 의식과 갓치 ᄒᆞ야 오딕양 신공긔로 졍신을 빅양ᄒᆞ며 륙딕쥬 신소식을 이목에 관입ᄒᆞ야 십인이 션각커든 빅인을 가라치고 빅인이 션각커든 쳔인을 가라치고 쳔인이 션각커든 이쳔만을 인도ᄒᆞ야 문명뎡도가 일신우일신ᄒᆞ고 단합속력이 젼진우젼진홀지어다

289 천장지구(天長地久): 하늘과 땅은 영구히 변함이 없음.

290 물환성이(物換星移): 만물이 바뀌고 세월이 흘러감.

샤회에 나아가 ᄌᆞ존치 말 일

대기 ᄌᆞ존이라 홈은 교만ᄒᆞᆫ 마암으로 좇ᄎᆞ나오ᄂᆞ니 교믄ᄒᆞᆫ ᄉᆞ상을 버리지 못ᄒᆞ고셔야 엇지 문명ᄒᆞᆫ 시ᄃᆡ에 ᄉᆞ업 셩취ᄒᆞᆯ 싸히 잇스리오 이럼으로 동양 격언에 일넛스되 인군이 교만ᄒᆞ면 그 나라를 일코 대부가 교만ᄒᆞ면 그 집을 일코 ᄉᆞ셔인이 교만ᄒᆞ면 그 몸을 일ᄂᆞᆫ다 ᄒᆞ엿스니 엇지 두렵고 겁나지 안이리오 우리나라의 침륜지경에 이른 원인을 ᄉᆡᆼ각ᄒᆞ야 볼지ᄃᆡ 다른 ᄃᆡ 잇지 안이ᄒᆞ고 다만 교만홈애 잇다 ᄒᆞ노니 문임대가라든지 무장대가라든지 량반 교만으로 문벌이 부족ᄒᆞᆫ 쟈를 ᄃᆡᄒᆞ면 ᄌᆞ죤ᄒᆞᄂᆞᆫ 마암이 나셔 그 사ᄅᆞᆷ은 지식의 유무를 불계ᄒᆞ고 ᄒᆞ시ᄒᆞᄂᆞᆫ 것이 젹당홈으로 알고 동렬되기를 창피히 넉이며 과문ᄌᆞ이나 셔ᄉᆞ장이나 능히 ᄒᆞᄂᆞᆫ 사ᄅᆞᆷ은 문필 교만으로 ᄒᆞᆫ문이 부족ᄒᆞᆫ 쟈를 ᄃᆡᄒᆞ면 ᄌᆞ죤ᄒᆞᄂᆞᆫ ᄆᆞ음이 나셔 그 사ᄅᆞᆷ은 ᄒᆡᆼ실의 션악을 물론ᄒᆞ고 멸시ᄒᆞᄂᆞᆫ 것이 젼례로 알고 문답ᄒᆞ기를 괴로히 녁이며 뎐토라든지 젼직가 죡슈족ᄒᆞᆯ 만ᄒᆞᆫ 사ᄅᆞᆷ은 부ᄌᆞ 교만으로 빈ᄒᆞᆫ무의ᄒᆞᆫ 션ᄇᆡ를 ᄃᆡᄒᆞ면 그 사ᄅᆞᆷ 신용의 엇더홈을 불고ᄒᆞ고 교셥 안이ᄒᆞᄂᆞᆫ 것이 능ᄉᆞ로 알고 ᄂᆡᆼᄃᆡᄒᆞ기를 쥬장을 삼으며 그 외에 쳐디를 싸라 크면 큰 ᄃᆡ로 ᄌᆞ존코ᄌᆞ 젹으면 젹은 ᄃᆡ로 ᄌᆞ죤코ᄌᆞ ᄒᆞ야 쳔만 인구의 남녀로소를 물론ᄒᆞ고 교만ᄒᆞᆫ 마암이 업ᄂᆞᆫ 쟈가 업셔 ᄒᆞᆫ 가지 말과 ᄒᆞᆫ 가지 일이라도 ᄃᆞᆫ합지 못ᄒᆞ고 졈졈 어그러짐으로 ᄉᆞᄇᆡᆨ 년을 낙낙난합ᄒᆞ야 집과 나라의 큰 리익이 밋칠 바라도 ᄂᆡᆼᄑᆡᄂᆞᆫ 될지언졍 나의 ᄌᆞ죤ᄒᆞᆫ 마암은 버리지 안이코져 ᄒᆞ다가 필경 오날날을 당ᄒᆞ얏스니 가히 슯흐지 안이ᄒᆞ리오 그런즉 지금 우리 샹ᄒᆞ가 단합ᄒᆞ야 이민과 국가의 큰 리익을 도모ᄒᆞ랴면 부픠ᄒᆞᆫ 젼일 ᄉᆞ상을 버리고 다만 공손ᄒᆞ고 ᄉᆞ랑홈으로 쥬지를 삼아도 골슈의 깁히 든 병과 갓하 졸연히 소복키 이렵거늘 금일 우리나라 각 샤회의 유지ᄒᆞ다ᄂᆞᆫ 쟈를 보건ᄃᆡ 혹 외국믈마ᄃᆡ나 ᄒᆡ득ᄒᆞ면 경텬위디ᄒᆞᆯ 큰 포부나 가진 듯시 ᄌᆞ죤ᄒᆞᄂᆞᆫ 마음이 나고 법률 경졔 한

가지 과학만 속성 졸업을 ᄒᆞ면 졔셰티민홀 도량이나 품은 듯시 ᄌᆞ존ᄒᆞᄂᆞᆫ 마암이 나셔 샤회상과 교육계의 경알ᄒᆞᄂᆞᆫ 일이 죵죵 이러나 죠곰도 불달될 여망이 업도록 ᄒᆞᄂᆞᆫ 창괴라 ᄒᆞ야도 과도ᄒᆞᆫ 말이라 못 홀지니 엇지ᄒᆞ야 두 번 ᄉᆡᆼ각지 못ᄒᆞ나뇨 부강ᄒᆞᆫ 국민이라도 교만ᄒᆞ면 위험홈이 이를지어늘 함을며 우리갓치 빈약ᄒᆞᆫ 국민이리오 슯흐다 우리 샤회의 유지쟈여 오ᄆᆡ간이라도 공익을 먼져 ᄒᆞ고 ᄉᆞ익을 뒤에 ᄒᆞ야 몸을 낫치고 가삼을 뷔이게 ᄒᆞ야 겸손홈으로 교만홈을 밧구어 사름 놉힘을 ᄌᆞ존홈에 지나게 ᄒᆞ야 구시의 악풍과 근일의 ᄑᆡ습을 일쳬로 씨셔버려 우리 동포로 함게 문명ᄒᆞᆫ 디경에 이르기를 바라노라

130 1907년 11월 12일(화) 제2542호 론셜

영웅호걸이 업슬가 / 탄히싱

오날늘 우리나라의 형셰를 의론홀진딘 우희로 졍부의 ᄀᆡ션ᄒᆞᄂᆞᆫ 졍령이 힝치 못ᄒᆞ고 아릭로 ᄇᆡᆨ셩의 마암이 지향홀 바를 아지 못ᄒᆞ야 풍셜과 와언이 ᄇᆡᆨ가지로 나며 쇼동과 분란이 쉬일 날이 업스니 이것을 바로잡고져 ᄒᆞ면 밧닷히 영웅호걸이 나셔 우희로

셩텬ᄌᆞ를 돕고 아릭로 익됴창싱을 도솔ᄒᆞ여야 홀 것은 누구든지 알고 기다리ᄂᆞᆫ 바어니와 원로 졔공이나 ᄂᆡ각 졔공이나 외국에 류학ᄒᆞ야 문명ᄒᆞᆫ 학문을 닥근 쟈이나 바위 구멍에 숨어셔 왕픽지도(王覇之道)를 담론(談論)ᄒᆞᄂᆞᆫ 션비 즁에 텬하창싱으로써 ᄌᆞ긔의 소임을 삼는 쟤 ㅣ ᄒᆞᆫ아도 업다 ᄒᆞᄂᆞᆫ 사름이 만흐나 그러나 본 긔쟈의 어리셕은 소견으로써 ᄉᆡᆼ각ᄒᆞ야 보건딘 녯말에 갈아딘 열 집되는 고을에 반닷히 츙신이 잇다 ᄒᆞ엿스니 우리나라 삼쳔리 강산의 아름다온 긔운과 특이ᄒᆞᆫ 신령으로 엇지 영웅호걸의 션비가 끈어지며 또 셔양 션비의 말에 시셰가 능히 영웅을 만달며 영웅이 능히 시셰를 만단다 ᄒᆞ엿스니 현금의

시셰ᄂᆞᆫ 족히 영웅을 만달지오 영웅이 잇스면 족히 시셰를 만달 만ᄒᆞᆫ ᄯᅴ어날 엇지 그 사ᄅᆞᆷ이 업스리오 필연코 그 사ᄅᆞᆷ은 잇것마ᄂᆞᆫ 그 사ᄅᆞᆷ을 아ᄂᆞᆫ 사ᄅᆞᆷ이 업다 ᄒᆞ노라 그런즉 그 사ᄅᆞᆷ이 어ᄃᆡ 잇ᄂᆞ뇨 죠뎡에 잇슬가 들에 잇슬가 참 알기 어렵도다 ᄌᆞ고로 동양의 영웅호걸은 뜻을 엇지 못ᄒᆞ면 산림 가온ᄃᆡ 숨어 구름 속에 밧 갈기와 달 아ᄅᆡ 고기 낙기로 셰월을 보ᄂᆡ다가 어진 사ᄅᆞᆷ의 공손ᄒᆞᆫ 말과 두터온 폐ᄇᆡᆨ을 밧은 후에야 비로소 산문 밧게 나와셔 뎨왕의 스승이 되여 ᄇᆡᆨ셩을 건지고 나라를 붓드럿다 ᄒᆞᄂᆞᆫ 말이 ᄉᆞ긔 가온ᄃᆡ 만히 잇셧스나 지금은 시ᄃᆡ가 달을 ᄲᅢᆫ 안이라 우리나라의 소위 암혈지ᄉᆞ(巖穴士之)라 ᄒᆞᄂᆞᆫ 것은 다만 공ᄆᆡᆼ의 글을 닑어 심셩리긔(心性理氣)를 강론ᄒᆞᆯ ᄯᆞ름이오 셰계 렬국의 치란형편과 만물의 리용후ᄉᆡᆼ(利用厚生)ᄒᆞᄂᆞᆫ 도를 입으로ᄂᆞᆫ 말ᄒᆞᆯ지라도 실샹은 물리화학(物理化學)의 쳔근ᄒᆞᆫ 것이라도 ᄇᆡ호지 못ᄒᆞ엿스니 그런 션ᄇᆡᄂᆞᆫ 거ᄌᆡ두량(車載斗量)으로 잇슬지라도 나라에 리롭기ᄂᆞᆫ 고샤ᄒᆞ고 ᄇᆡᆨ셩의게 ᄒᆡ가 밋츠니 그 가온ᄃᆡᄂᆞᆫ 그 사ᄅᆞᆷ이 업다고 질언ᄒᆞᆯ지오 불가불 동셔고금의 력ᄉᆞ와 법률 제도와 인졍 물ᄐᆡ와 산쳔 도로와 농샹공업의 엇더케 발달ᄒᆞᆷ과 교육의 엇더케 확장됨과 륙ᄒᆡ군의 실력이 엇더ᄒᆞᆷ을 낫낫치 안 연후에야 ᄂᆡ 나라를 엇더케 다ᄉᆞ리며 ᄂᆡ ᄇᆡᆨ셩을 엇더케 건질 방칙이 ᄂᆞᆯ지니 그런 사ᄅᆞᆷ은 외국에 류학ᄒᆞᆫ 션ᄇᆡ 가온ᄃᆡ 잇스리로다 혹쟈ㅣ 말ᄒᆞ되 슈십 년 이ᄅᆡ로 외국에 류학ᄒᆞᆫ 사ᄅᆞᆷ이 슈쳔ᄇᆡᆨ 명이로ᄃᆡ 그 ᄒᆡᆼᄒᆞᄂᆞᆫ 일과 가지ᄂᆞᆫ 마암을 보건ᄃᆡ 엇던 사ᄅᆞᆷ은 권문셰가에 츌입ᄒᆞ야 아당ᄒᆞᄂᆞᆫ 말과 비루ᄒᆞᆫ ᄒᆡᆼ실로 협잡에 종ᄉᆞᄒᆞ며 엇던 사ᄅᆞᆷ은 외인을 의뢰ᄒᆞ야 ᄂᆡ 나라를 팔며 ᄂᆡ 동포를 모함ᄒᆞ며 ᄯᅩ 엇던 사ᄅᆞᆷ은 망녕도히 스ᄉᆞ로 존대ᄒᆞ야 안하무인(眼下無人)으로 녁일 ᄲᅢᆫ인즉 족히 취ᄒᆞᆯ 것이 업다 ᄒᆞ되 이ᄂᆞᆫ ᄒᆞᆫ두 사ᄅᆞᆷ만 시험ᄒᆞ고 ᄒᆞᄂᆞᆫ ᄆᆞᆯ이로다 대뎌 영웅호걸이라 ᄒᆞᄂᆞᆫ 것은 만혼 것이 안이오 ᄒᆞᆫ 시ᄃᆡ ᄒᆞᆫ 나라에 ᄒᆞᆫ 사ᄅᆞᆷ이나 두 사ᄅᆞᆷ에 지나지 못ᄒᆞ거날 엇지 ᄒᆞᆫ두 사ᄅᆞᆷ을 보고 일빈을 평론ᄒᆞᆯ 슈 잇스리오 아마도 그 사ᄅᆞᆷ은 신학문을 닥근 쳥년 가온ᄃᆡ 잇슬 쥴로 확실히 밋노니 슯흐다 젼국의 신진 쳥년이여 ᄌᆞ포ᄌᆞ기(自暴

自棄)ᄒᆞ지 말고 각기 힘과 정셩을 다ᄒᆞ야 오ᄇᆡᆨ여 년 종샤를 위난(危難)ᄒᆞᆫ ᄃᆡ셔 붓들고 이쳔만 동포를 도탄 가온ᄃᆡ셔 건질지어다

131 1907년 11월 13일(수) 제2543호 론셜

젼국 쳥년에게 경고ᄒᆞᆷ / 탄히싱

슯흐다 젼국의 쳥년 동포여 우리가 다ᄒᆡᆼᄒᆞᆷ인지 불ᄒᆡᆼᄒᆞᆷ인지 이십셰긔 신시ᄃᆡ(二十世紀 新時代)에 낫슨즉 불가불 녯풍속을 버리고 ᄉᆡ 풍속을 일우며 녯ᄉᆞ샹(思想)을 버리고 ᄉᆡ ᄉᆞ샹을 기르며 녯습관(習慣)을 버리고 ᄉᆡ 습관을 ᄇᆡ호며 녯학문을 버리고 ᄉᆡ 학문을 닥가야 신시ᄃᆡ에 활동(活動)ᄒᆞᄂᆞᆫ 대인물(大人物)이 될지라 엇지 크게 ᄭᆡ닷고 깁히 슯히지 안으리오 혹쟈ㅣ 말ᄒᆞ되 녯것이 업스면 엇지 ᄉᆡ 것이 잇스리오 녯것을 잘 직희고 ᄉᆡ 것을 즐 ᄇᆡ호ᄂᆞᆫ 것이 올커날 무삼 ᄭᆞ닭으로 녯것은 모다 버리라 ᄒᆞ야 젼국 쳥년으로 ᄒᆞ야곰 방향을 그릇치게 ᄒᆞᄂᆞ뇨 이ᄂᆞᆫ 외국 학문에 병든 무지몰각ᄒᆞᆫ ᄌᆞ의 경망ᄒᆞᆫ 말이라 ᄒᆞ나 이ᄂᆞᆫ 썩은 구습에 져져셔 녯것과 ᄉᆡ 것을 구별ᄒᆞᆯ 쥴 몰으ᄂᆞᆫ 완고싱원님의 고집ᄒᆞᄂᆞᆫ 말이니 무엇을 도라보리오 이런 사ᄅᆞᆷ들은 ᄇᆡᆨ 번을 효유ᄒᆞ고 쳔 번을 셜명ᄒᆞ야도 ᄭᆡ닷지 못ᄒᆞᆯ지니 부잘업시 혀나 붓을 달녀 무엇ᄒᆞ리오 이에 ᄉᆡ 셰샹에 ᄉᆡ 사ᄅᆞᆷ 노릇ᄒᆞᆯ 쳥년을 향ᄒᆞ야 두어 마ᄃᆡ 경고ᄒᆞ고져 ᄒᆞ노라 대뎌 사ᄅᆞᆷ이라 ᄒᆞᄂᆞᆫ 것은 하날 리치를 조차 사ᄂᆞᆫ 것이라 하늘 리치를 보건ᄃᆡ 봄이 가면 여름이 오고 여름이 가면 가을이 오고 가을이 가면 겨을이 오고 겨을이 가면 봄이 다시 도라와 항샹 변쳔ᄒᆞᄂᆞ니 엄동셜한에 치위를 방어ᄒᆞ기 위ᄒᆞ야 솜옷 여러 겹을 닙엇다가 잇음히 여름이 되여 더위가 ᄶᅵᄂᆞᆫ 듯ᄒᆞᆯ지라도 녯것이 됴타 ᄒᆞ야 버슬 줄을 몰으면 그 사ᄅᆞᆷ을 지혜 잇ᄂᆞᆫ 사ᄅᆞᆷ이라 ᄒᆞᆯ가 어리셕은 사ᄅᆞᆷ이라 ᄒᆞᆯ가 만일 남은 다 버셔도 나ᄂᆞᆫ 녯것을 닙겟다 ᄒᆞ고 종시 벗지 안으면 필경은 더위에 병이 들

어 죽을지라 ᄒᆞᆫ편으로 ᄉᆡᆼ각ᄒᆞ면 우습고 ᄒᆞᆫ편으로 ᄉᆡᆼ각ᄒᆞ면 가련ᄒᆞ도다 지금 우리나라에셔 언필칭 녯것을 쥬장ᄒᆞᄂᆞᆫ 사ᄅᆞᆷ이야 엇지 이 사ᄅᆞᆷ과 다르리오 그런즉 우리 쳥년된 쟈ᄂᆞᆫ 이런 어리셕은 사ᄅᆞᆷ이 되지 말고 각각 활발ᄒᆞᆫ 긔샹과 용ᄆᆡᆼᄒᆞᆫ 졍신으로 남의 시비와 평론을 도라보지 ᄆᆞᆯ고 압흐로만 나아갈지어다 엇던 지ᄉᆞ(志士)가 말ᄒᆞ기를 새 것을 과도히 취ᄒᆞᆫ즉 ᄂᆡ 나라에 젼ᄅᆡᄒᆞᄂᆞᆫ 아름다온 풍속도 조차 업셔질 터인즉 신구를 참작ᄒᆞ야 됴흔 것은 취ᄒᆞ고 글은 것은 버리게 ᄒᆞᆷ이 올타 ᄒᆞ나 사ᄅᆞᆷ의 습관이라 ᄒᆞᄂᆞᆫ 것이 좀쳐럼 버리기 어려온 고로 왼갓 것을 다 버리고져 ᄒᆞ야도 필경은 못 다 버릴지어늘 지금부터 얼ᄆᆞᄂᆞᆫ 버리고 얼마ᄂᆞᆫ 그져 두자 ᄒᆞ면 죵당에 한 가지도 못 버리고 속담에 일은바 도로목이 될지라 바라건ᄃᆡ 젼국 쳥년은 그런 ᄆᆞᆯ에 귀를 기우리지 말고 무엇이든지 녯것은 모다 버리기로 작뎡ᄒᆞᆷ이 가ᄒᆞ다 ᄒᆞ노라 비유컨ᄃᆡ 우리의 사ᄂᆞᆫ 집이 지은지 오ᄅᆡ셔 거진 문허지게 되엿ᄂᆞᆫᄃᆡ 녯것을 버리기 앗가온 ᄉᆡᆼ각으로 고칠 경영을 ᄒᆞ되 기동 셕가ᄅᆡ 몃 ᄀᆡ를 갈고 바로잡은 후에 이만ᄒᆞ면 족ᄒᆞ다 ᄒᆞᆯ지라도 고ᄃᆡ광실은 되지 못ᄒᆞᆯ지오 그 집을 왼통 헐고 ᄉᆡ ᄌᆡ목으로 다시 크고 놉게 지어야 웅쟝ᄒᆞ고 ᄊᆡᆨᄉᆞᆺᄒᆞ리니 이 리치를 ᄉᆡᆼ각ᄒᆞ야 결단코 구챠히 고치지 말고 일신ᄒᆞ게 고쳐셔 우리도 남과 갓치 됴흔 집에셔 유여ᄒᆞ게 살님ᄒᆞ기를 희망ᄒᆞ노니 이 고치ᄂᆞᆫ 직칙은 우리 일반 쳥년의게 잇다 ᄒᆞ노라

132 1907년 11월 14일(목) 제2544호 론셜

대한협회[291]를 하례ᄒᆞᆷ / 탄ᄒᆡᄉᆡᆼ

우리나라의 졍당(政黨)의 력ᄉᆞ를 샹고ᄒᆞ건ᄃᆡ 녯적에 ᄉᆞᄉᆡᆨ(四色)이라 ᄒᆞᄂᆞᆫ

291 대한협회(大韓協會): 1907년 11월 서울에서 조직된 계몽단체. 대한 자강회가 일제 통감

것이 각기 편당을 난호아 죠뎡의 득실을 의론ᄒᆞ다가 ᄆᆞᆺ참ᄂᆡ 셰력을 닷토기로 일을 삼아 나라의 정ᄉᆞ를 어즈럽게 ᄒᆞ엿스니 족히 의론ᄒᆞᆯ 것이 업거니와 소위 셰도라 ᄒᆞᄂᆞᆫ 것이 종실(宗室)과 쳑신(戚臣)의 집으로 옴긴 후로ᄂᆞᆫ ᄉᆞᄉᆡᆨ 편당이 다만 디벌과 벼살을 자랑ᄒᆞᆯ ᄯᆞ름이오 나라와 ᄇᆡᆨ셩은 조곰도 근심치 안이ᄒᆞ고 ᄇᆡᆨ셩을 압졔ᄒᆞ며 그 기름과 피를 ᄲᆞ라셔 몸을 살지게 ᄒᆞᄂᆞᆫ 고로 지나간 무슐년에 모모 ᄯᅳᆺ잇ᄂᆞᆫ 션ᄇᆡ들이 독립협회를 챵셜ᄒᆞ야 민권을 확장ᄒᆞ고 졍치를 ᄀᆡ혁ᄒᆞ랴 ᄒᆞ엿스나 더 포학ᄒᆞᆫ 정부 관리가 독립협회 뮈워ᄒᆞ기를 ᄉᆞ갈(蛇蝎)갓치 ᄒᆞ야 ᄇᆡᆨ방으로 슈단을 부려 져희ᄒᆞ다가 필경은 부샹의 방망이를 빌어 ᄯᅮ다려 업시 ᄒᆞ고 회원 즁에 말 마ᄃᆡ나 ᄒᆞ던 사ᄅᆞᆷ은 죽이고 귀양 보ᄂᆡ여 움도 싹도 못나게 ᄒᆞ엿스나 시세가 ᄒᆞᆫ 번 변ᄒᆞ야 일로젼ᄌᆡᆼ이 닐어난 후에 일진회, 공진회, 헌졍연구회, 대한ᄌᆞ강회 등이 ᄎᆞ례로 닐어낫스나 공진회와 헌졍연구회ᄂᆞᆫ 운명이 길지 못ᄒᆞ고 다만 일진회와 대한ᄌᆞ강회가 서로 ᄃᆡ항ᄒᆞ더니 대한ᄌᆞ강회ᄂᆞᆫ 치안에 방ᄒᆡ가 된다 ᄒᆞ여 ᄂᆡ부에셔 ᄒᆡ산ᄒᆞ라ᄂᆞᆫ 명령을 나린 후로 일진회가 호올로 섯스니 언의 나라이든지 언의 시ᄃᆡ이든지 졍당이 업스면이어니와 잇슬진된 엇지 ᄒᆞᆫ 졍당만 잇셔셔 나라일을 의론ᄒᆞ리오 대뎌 사ᄅᆞᆷ이라 ᄒᆞᄂᆞᆫ 것은 쳔 사ᄅᆞᆷ이나 만 사ᄅᆞᆷ이 마암이 각각 다르고 의견이 서로 갓지 못ᄒᆞᆫ즉 ᄒᆡᆼᄒᆞᄂᆞᆫ 바 일이 엇지 갓흐리오 ᄯᅩᄒᆞᆫ 사ᄅᆞᆷ의 일은 반ᄃᆡᄒᆞᄂᆞᆫ 쟈이 업스면 교만ᄒᆞ고 범람ᄒᆞᆫ ᄃᆡ ᄲᅡ져셔 큰 ᄉᆞ업을 일우지 못ᄒᆞᄂᆞ니 일진회로 말ᄒᆞᆯ지라도 반ᄃᆡ당이 업고 ᄒᆞᆫ쟈만 섯스면 스ᄉᆞ로 말ᄒᆞ기를 국민을 ᄃᆡ표ᄒᆞ엿다 ᄒᆞ나 그 실샹인즉 형세가 심히 외로오니 엇지 ᄀᆡ탄치 안으리오 이 일로ᄡᅥ ᄯᅳᆺ잇ᄂᆞᆫ 션ᄇᆡ들이 항샹 근심ᄒᆞ고 탄식ᄒᆞ더니 근일에 모모 유지ᄒᆞᆫ 션ᄇᆡ들이 대한협회를 셜립ᄒᆞ고 그 츼지와 강

부에 의해 강제 해산당하자, 그 후신으로 남궁억, 오세창, 장지연, 지석영 등이 조직했다. 국력 배양을 위해 정치·산업·교육을 발전시키고, 근면 저축 실행, 권리·의무·책임·복종 등 국민 의식 고취를 목적으로 했다.

령을 발표ᄒᆞ엿ᄂᆞᆫᄃᆡ 그 ᄯᅳᆺ이 가쟝 아름다온지라 나라와 ᄇᆡᆨ셩을 위ᄒᆞ야 깃부고 다ᄒᆡᆼᄒᆞᆷ을 익의지 못ᄒᆞ겟도다 그러나 대한협회ᄅᆞᆯ 조직ᄒᆞ시ᄂᆞᆫ 졔씨ᄂᆞᆫ 지나간 일을 거울삼아 회에 단기시ᄂᆞᆫ 것을 쇼일거리로 알지 말고 몸을 회에 밧쳐 힘과 졍셩을 다ᄒᆞ야 잡은 바 강령을 실ᄒᆡᆼ케 ᄒᆞᆯ지어다 녯말에 처음은 업지 안컷만은 능히 나종 잇ᄂᆞᆫ 쟈ᄂᆞᆫ 듬을다 ᄒᆞ엿스니 오날ᄂᆞᆯ 시쟉과 갓치 ᄊᆡᆨᄊᆡᆨᄒᆞᆫ 졍신과 굿건ᄒᆞᆫ ᄯᅳᆺ으로 ᄇᆡᆨ 번 후여도 ᄭᅥᆨ거지지 ᄆᆞᆯ고 젼국의 유지쟈ᄅᆞᆯ 금을질ᄒᆞ야 우희로 졍치ᄅᆞᆯ ᄀᆡ션ᄒᆞ며 아ᄅᆡ로 풍속을 ᄀᆡ량ᄒᆞ야 우리 이쳔만 창ᄉᆡᆼ으로 ᄒᆞ야곰 ᄐᆡ평을 누리게 ᄒᆞ소셔 만일 졔군의 졍셩이 부족ᄒᆞ야 ᄒᆞᆫ 번 실슈ᄒᆞ면 이 나라ᄅᆞᆯ 엇지ᄒᆞ며 이 ᄇᆡᆨ셩을 엇지ᄒᆞᆯ고 졔군의 진바짐이 ᄐᆡ산보담 더 무거오니 슯흐다 졔군과 밋 젼국의 나라ᄅᆞᆯ 근심ᄒᆞ시ᄂᆞᆫ 동포여 이 긔회ᄅᆞᆯ 쳔ᄌᆡ일시로 알고 열심과 용긔로 분발ᄒᆞ야 ᄋᆞᆸ흐로 나아가며 국가의 다ᄒᆡᆼ이오 인민의 다ᄒᆡᆼ일가 ᄒᆞ노라

133 1907년 11월 15일(금) 제2545호 별보

청년회관의 샹량식 셩황

황셩 긔독청년회관에셔 ᄌᆞᆨ일 오후 두시부터 샹량식을 ᄒᆡᆼᄒᆞ엿ᄂᆞᆫᄃᆡ 아참에 우의가 잇ᄂᆞᆫ 고로 회쟝 이하 일반 임원이 모다 근심ᄒᆞ더니 오졍 ᄊᆡᆨ부터 구름이 것치고 ᄐᆡ양이 즁텬에 올나와 일긔가 심히 온화ᄒᆞ야 ᄂᆡ외국 귀부인 신ᄉᆞ가 구름 모히듯 ᄒᆞᆫᄃᆡ

황ᄐᆡᄌᆞ뎐하께셔 ᄒᆡᆼ계ᄒᆞᄋᆞᆸ신 후 목ᄉᆞ 최병헌 씨의 긔도로 ᄀᆡ회ᄒᆞ고 회장 터너 씨[292]가 ᄀᆡ회ᄒᆞᄂᆞᆫ 대지를 연셜ᄒᆞᆫ 후 목ᄉᆞ 긔일[293] 씨가 대한말로 번역ᄒᆞ고

292 아더 B. 터너(Arthur Beresford Turner, 1862~1910): 영국성공회 선교사. 제2대 한국 주교 및 제2대 YMCA회장 역임. 한국명 단아덕(端雅德).

시간이 됨애 샹량례식을 힝ᄒᆞᆯ시

황ᄐᆡᄌᆞ뎐하와 이등통감이 돌을 밧아노코 흙손으로 회를 씩어 바르□ 후에 다시 어좌에 안즈샤 예비ᄒᆞ엿던 지필묵을 명ᄒᆞ샤 일쳔구ᄇᆡᆨ칠년(一千九百七年) 여삿 ᄌᆞ를 대ᄌᆞ로 황황(煌煌)ᄒᆞ게 가루 쓰신지라 총리대신 리완용 씨가 밧ᄌᆞ와 쌍슈로 놉히 들고 일반 ᄅᆡ빈에게 보이니 박슈갈ᄎᆡᄒᆞᄂᆞᆫ 소ᄅᆡ가 텬디를 진동ᄒᆞ엿고 그 다음에 궁ᄂᆡ대신 리윤용 씨가 황ᄐᆡᄌᆞ뎐하의 명을 밧ᄌᆞ와 금화 일만환을 회쟝 터너 씨의게 젼ᄒᆞ니 회장이 윤치호 씨를 쳥ᄒᆞ야 봉ᄒᆞᆫ 바 금화를 쌍슈로 밧드러 일반 ᄅᆡ빈의게 보이니 박슈갈ᄎᆡᄒᆞᄂᆞᆫ 소ᄅᆡ가 젼과 갓고 그 후에 이등통감이 일어로 연셜ᄒᆞ되 「본일 긔독쳥년회관 샹량식에 ᄂᆡ가 황ᄐᆡᄌᆞ뎐하를 모시고 이곳에 림ᄒᆞᆷ은 가장 영광으로 ᄉᆡᆼ각ᄒᆞᄂᆞᆫ 바이오 예수교의 덕화가 이 셰계에 덥혀 오날ᄂᆞᆯ 한국 쳥년의게ᄶᅡ지 밋치니 엇지 감샤치 안으리오 바라건ᄃᆡ 한국 쳥년졔군은 톄육(體育)과 지육(智育)과 덕육(德育)을 밧아 젼도에 무궁ᄒᆞᆫ ᄒᆡᆼ복을 누리게 ᄒᆞᆯ지어다」ᄒᆞ엿ᄂᆞᆫᄃᆡ 셔울푸레쓰신문[294] 샤장 두본원졍(頭本元貞) 씨가 영어로 번역ᄒᆞ엿고 리상ᄌᆡ(李商在) 씨가 하나님의 뜻은 평화를 쥬장ᄒᆞ신즉 오날ᄂᆞᆯ 쳥년회관 샹량식에

황타ᄌᆞ[295]뎐하와 이등통감과 밋 ᄂᆡ외국 귀부인 신ᄉᆞ가 이ᄀᆞᆺ치 오심은 한국의 평화와 동양의 평화와 셰계의 평화를 영원히 보젼ᄒᆞᆯ 됴짐이라 ᄒᆞ난 뜻으로 답ᄉᆞ를 베풀고 그 다음에 미국 총령ᄉᆞ가 쳥년회관 건축ᄒᆞᄂᆞᆫ ᄃᆡ 팔만 환을 긔부ᄒᆞᆫ 미국 젼 톄신대신 원아메커 씨[296]의 ᄃᆡ표로 연셜ᄒᆞ얏ᄂᆞᆫᄃᆡ 윤치호 씨가 대한

293 게일(James Scarth Gale, 1863~1937): 한국에서 활동한 캐나다 출신의 미국 장로교 선교사. 한국명 기일(奇一).

294 《서울 프레스(Seoul Press)》: 1905년에 창간했던 영문판 주간신문. 일제강점기에 반일논조의 전 영자지(英字紙)들에 대항하기 위해 통감부가 발행한 신문.

295 'ᄐᆡ(태)'의 오기인 듯함.

296 존 워너메이커(John Wanamaker, 1838~1922): 미국 최초의 백화점 설립자(1875). 1888

말로 번역ᄒᆞᆫ 후에 황태ᄌᆞ뎐하께셔 환어ᄒᆞ압심ᄋᆡ 그 뒤에 이등통감과 정부 각 대신과 일반 릭빈이 황태ᄌᆞ뎐하의 학가를 지송ᄒᆞ고 태반 허여져 간 후 회장이 다시 ᄃᆡ에 올나 긔도ᄒᆞ고 폐회ᄒᆞ엿스니 이ᄂᆞᆫ 우리나라 ᄀᆡ국 이후에 쳐음 잇난 셩뎐이라 청년회를 위ᄒᆞ야 축하ᄒᆞ기를 마지 안이ᄒᆞ거니와 우리 청년된 쟈ᄂᆞᆫ

황틔ᄌᆞ뎐하의 예덕을 몸밧아 지식과 도덕을 겸비ᄒᆞ게 닥가셔 우리나라의 동량과 긔쵸가 되여 나라집을 견고케 지어 억만 년 무궁ᄒᆞᆫ 복록을 밧게 ᄒᆞ심을 간절히 비노라

134 1907년 11월 16일(토) 제2546호 론셜

빅셩의 밋음이 업스면 서지 못홈 / 탄히싱

녯말에 갈아ᄃᆡ 빅셩은 오작 나라의 근본이라 ᄒᆞ엿스니 참 만고에 밧고지 못 홀 말이로다 나라 싸이야 크든지 작든지 빅셩이 업스면 젹막ᄒᆞᆫ 산쳔쁜이리니 무엇이 귀ᄒᆞ다 ᄒᆞ리오 연고로 나라를 다ᄉᆞ리고져 ᄒᆞᄂᆞᆫ 쟈ᄂᆞᆫ 몬져 민심의 엇더 ᄒᆞᆫ 것을 숣혀 빅셩의 됴하ᄒᆞᄂᆞᆫ 바를 됴하ᄒᆞ며 빅셩의 뮈워ᄒᆞᄂᆞᆫ 바를 뮈워홀지라 만일 졍부 당국쟈가 빅셩의 ᄆᆞ암이 엇더홈은 도라보지 안코 일신의 셰력과 리익만 ᄶᅬᄒᆞ면 빅셩이 졍부를 밋지 안을 것이오 빅셩이 졍부를 밋지 안으면 법률과 규측을 하로 동안에 몃만 가지식 만달지라도 시힝홀 슈 업셔셔 필경은 국시(國是)를 뎡ᄒᆞ지 못ᄒᆞ고 민속(民俗)을 화ᄒᆞ지 못ᄒᆞ야 셰상에 셔지 못홀지라 공ᄌᆞ에 뎨ᄌᆞ ᄌᆞ공이 공ᄌᆞ씌 졍ᄉᆞᄒᆞᄂᆞᆫ 도를 뭇ᄌᆞ온ᄃᆡ 공ᄌᆞㅣ 갈아샤ᄃᆡ 먹을 것이 족ᄒᆞ고 군ᄉᆞ가 족ᄒᆞ면 빅셩이 밋ᄂᆞ니라 ᄌᆞ공이 갈아ᄃᆡ 반ᄃᆞᆺ히 부득이 홀 일이 잇셔셔 이 셰 가지 즁에 한 가지를 버리고져 홀진ᄃᆡ 무엇을 몬져 버리오릿

년부터 1893년까지 미국 체신장관 역임.

가 ᄒᆞᆫᄃᆡ 공ᄌᆞㅣ 갈아샤ᄃᆡ 군ᄉᆞ를 버릴지니라 ᄌᆞ공이 ᄯᅩ 갈아ᄃᆡ 반ᄃᆞᆺ히 부득이 ᄒᆞᆯ 일이 잇셔셔 이 두 가지 즁에 한 가지를 버리고져 ᄒᆞᆯ진ᄃᆡ 무엇을 몬져 버리오릿가 ᄒᆞᆫᄃᆡ 공ᄌᆞㅣ 갈아샤ᄃᆡ 먹을 것을 버릴지니라 네로부터 다 쥭는 것이 잇거니와 ᄇᆡᆨ셩이 밋음이 업스면 셔지 못ᄒᆞᄂᆞ니라 ᄒᆞ셧스니 공ᄌᆞ의 이 말삼을 ᄉᆡᆼ각건ᄃᆡ 먹을 것이 업셔 쥭을지언뎡 신은 일치 말나 ᄒᆞ심이 안이뇨 대뎌 졍부는 ᄇᆡᆨ셩의 신용(信用)으로 터를 삼고 그 우에 션 것이니 한 번 신용을 일흐면 만ᄉᆞ가 다 그릇되여 문허지기 쉬올지로다 한 은힝이나 한 상뎜이라도 신용을 일흐면 망ᄒᆞᆯ 것이어늘 함을며 ᄇᆡᆨ셩의 신용으로 긔쵸를 삼은 졍부가 신이 업고셔야 엇지 하로 동안인들 편안히 서리오 졍부가 ᄇᆡᆨ셩을 다ᄉᆞ릴 젹에 위력(威力)을 쓰는 쟈ㅣ 만흐나 그러나 신용의 힘은 위력보탐 여러 십갑졀이 크도다 졍부의 신용은 무엇으로 조차오나뇨 ᄒᆞ면 쳣ᄌᆡ는 견고홈이오 둘ᄌᆡ는 확실홈이라 졍부의 디위가 견고ᄒᆞ야 흔들니지 안으며 졍부의 ᄒᆡᆼᄒᆞ는 바 일이 확실ᄒᆞ야 변ᄀᆡ홈이 업스면 ᄇᆡᆨ셩다려 밋지 말나 ᄒᆞ야도 ᄌᆞ연히 밋으리라 ᄒᆞ노라 ᄇᆡᆨ셩이라 ᄒᆞ는 것은 지극히 어리셕은 듯ᄒᆞ야도 지극히 신령ᄒᆞᆫ 것이오 지극히 협착ᄒᆞᆫ 듯ᄒᆞ야도 지극히 광대ᄒᆞᆫ 것이라 한아 둘을 분변치 못ᄒᆞ는 어리셕은 마암으로도 능히 졍부 관리의 시비션악을 명ᄇᆡᆨ히 판단ᄒᆞ며 ᄂᆡ 몸이나 ᄂᆡ 집일 외에는 ᄒᆞᆫ 동ᄂᆡ와 ᄒᆞᆫ 고을 일을 도라보지 안는 협착ᄒᆞᆫ 소견으로도 졍부 관리의 ᄒᆡᆼᄒᆞ는 일이 ᄇᆡᆨ 번을 잘못ᄒᆞ다가 ᄒᆞᆫ 번 잘ᄒᆞ는 것을 보면 이젼의 잘못ᄒᆞᆫ 일은 다 용셔ᄒᆞ고 ᄒᆞᆫ 가지 잘ᄒᆞᆫ 일만 칭송ᄒᆞᄂᆞ니 텬디만물 가온ᄃᆡ ᄇᆡᆨ셩갓치 어거ᄒᆞ기[297] 쉬운 것이 업다 ᄒᆞ야도 망녕된 말이 안일 뜻ᄒᆞ도다 우황 우리나라 ᄇᆡᆨ셩은

렬셩죠의 덕화를 닙어셔 졍부의 명령이 ᄒᆞᆫ번 ᄯᅥ러지면 슈화라도 피치 안코 닷토어 나가며 심ᄒᆞᆫ 쟈는 ᄉᆡᆼ명과 ᄌᆡ산을 ᄲᅢ앗겨도 아모 말이 업스니 지금 이십셰긔 텬하에 이러ᄒᆞᆫ ᄇᆡᆨ셩이 ᄯᅩ 어ᄃᆡ 잇스리오 그러나 근일에 민심이 쇼란ᄒᆞ야

297 어거(馭車)하다: (사람이 소나 말을) 부리어 몰다.

향홀 바를 아지 못ᄒᆞ고 스ᄉᆞ로 도탄에 ᄲᅡ짐은 엇짐이뇨 이는 다름 안이라 정부에서 ᄇᆡᆨ셩의게 신을 일흔 연고이니 슯흐다 정부 당국쟈는 민심을 슌ᄒᆞ게 ᄒᆞ야 신을 일치 말지어다

135 1907년 11월 17일(일) 제2547호 론셜

비를 무셔워ᄒᆞ지 말 일 / 탄히싱

우리나라 사름은 비만 오면 감히 문밧게 나아가지 못ᄒᆞ고 집안에 들어 낫잠이나 자는 고로 외국사름들이 대한사름은 죠희 사름이라 ᄒᆞ는 별명을 지어 우리를 죠롱ᄒᆞ되 우리는 일향 게으른 버릇을 고치지 못ᄒᆞ고 비를 무셔워ᄒᆞ야 비가 오게 되면 벼살ᄒᆞ는 사름은 사진[298]ᄒᆞ기를 ᄭᅳ리고 공부ᄒᆞ는 사름은 샹학ᄒᆞ기를 슬혀ᄒᆞ고 막벌이ᄒᆞ는 사름은 로동ᄒᆞ기를 즐겨ᄒᆞ지 안코 농ᄉᆞᄒᆞ는 사름은 논밧에 가기를 긔탄ᄒᆞ고 쟝사ᄒᆞ는 사름은 져자 벌니기를 됴하ᄒᆞ지 안이ᄒᆞ야 비오는 늘은 죵로 대로샹에도 힝인이 희쇼ᄒᆞ니 이 밧분 셰샹에 이러ᄒᆞ고셔야 엇지 먹고 닙을 것을 벌며 엇지 싱명을 보존ᄒᆞ리오 우리는 습관이 되야 아모런 쥴을 몰으고 지닉되 외국사름의 눈으로 볼진딘 진실로 가련타 ᄒᆞ리로다 남의 나라 사름들을 보건딕 비가 오든지 바람이 부든지 눈이 오든지 볼일은 보고 홀 일은 ᄒᆞ는딕 우리는 호을로 비를 무셔워ᄒᆞ기를 호랑이갓치 ᄒᆞ며 무엇으로ᄡᅥ 남과 싱존을 경징홀고 이는 우리나라 사름의 셩질이 본릭 나약ᄒᆞ고 게을너셔 그런 것이 안이오 머리에 쓰는 물건과 몸에 닙는 물건과 발에 신는 물건이 모다 일긔 됴흔 늘에만 츌입ᄒᆞ고 눈비오는 날에는 츌입ᄒᆞ지 못ᄒᆞ게 만단 연고이라 소위 갓이라 ᄒᆞ는 것은 비를 ᄒᆞᆫ 번 마지면 못쓰게 되

298 사진(仕進): 벼슬아치가 정해진 시각에 근무지로 출근함.

ᄂᆞᆫ 고로 ᄀᆞᆺ모라 ᄒᆞᄂᆞᆫ 텬하에 업ᄂᆞᆫ 물건을 만다러 갓을 보호ᄒᆞ되 만일 갓모가 업스면 비오ᄂᆞᆫ ᄯᆡᄂᆞᆫ 결박ᄒᆞ야 가둔 사ᄅᆞᆷ 갓고 옷이라 ᄒᆞᄂᆞᆫ 것은 풀을 먹여 다듬은 고로 비만 한 번 마지면 다시 ᄲᅡ라 다듬어야 닙게 되고 ᄯᅩ 신발이라 ᄒᆞᄂᆞᆫ 것도 비단이나 가족으로 지엇스되 진 ᄯᅡ에 신으면 버리게 되ᄂᆞᆫ 고로 나무신과 진신[299]을 만다럿스나 나모신과 진신은 심히 무거워 멀니 ᄒᆡᆼᄒᆞᆯ 슈가 업스니 엇지 이것을 신고 활동ᄒᆞ리오 그런즉 우리도 남과 갓치 용감(勇敢)ᄒᆞᆫ 국민이 되여 ᄉᆡᆼ존을 셔로 닷토고져 ᄒᆞᆯ진ᄃᆡ 부득불 비ᄅᆞᆯ 무셔워ᄒᆞ지 안이ᄒᆞ여야 ᄒᆞᆯ지오 비ᄅᆞᆯ 무셔워ᄒᆞ지 안코져 ᄒᆞ면 몬져 의관과 신발을 고쳐야 ᄒᆞᆯ지라 우리나라의 의관문물이 졔도ᄂᆞᆫ 심히 아름□와 고칠 것이 업스되 그 만다ᄂᆞᆫ 가음은 변통치 안이ᄒᆞᆯ 슈 업도다 갓으로 말ᄒᆞ면 ᄃᆡ실을 얽어셔 풀로 붓쳣슨즉 이ᄂᆞᆫ ᄐᆡ평셩ᄃᆡ에ᄂᆞᆫ 관계치 안을지 몰으거니와 무엇이든지 비ᄅᆞᆯ 마져도 상ᄒᆞ지 안코 물에 너어도 관계치 안을 것으로 졔죠ᄒᆞ고 옷가음으로 말ᄒᆞ면 면쥬나 비단 갓흔 얇고 고흔 물건으로 짓지 말고 털신이나 무명실로 두텁고 튼튼ᄒᆞ게 ᄶᅡ셔 입고 신발로 ᄆᆞᆯᄒᆞ면 양혜[300] 짓ᄂᆞᆫ 가족 갓흔 것으로 울이 놉고 발이 편ᄒᆞ게 지어 비오ᄂᆞᆫ 진 길에 나아가도 죠금도 걸닐 것이 업게 ᄒᆞᆷ이 가ᄒᆞ도다 만일 이젼과 갓치 잠쟈리ᄂᆞᆯ기 갓흔 물건으로 옷을 지어 닙고 비ᄃᆞᆫ으로 ᄐᆡᄉᆞ혜[301]을 지어 신고 통령셰립을 쓰고ᄂᆞᆫ ᄒᆡᆼ셰ᄒᆞ지 못ᄒᆞᆯ 쥴로 ᄉᆡᆼ각ᄒᆞ야 나ᄐᆡᄒᆞᆫ 것이 변ᄒᆞ야 용감ᄒᆞ게 되ᄂᆞᆫ ᄂᆞᆯ은 우리도 남과 억기ᄅᆞᆯ 견쥬여 셰계에 횡ᄒᆡᆼᄒᆞᆯ지니 슯흐다 동포여 깁히 ᄉᆡᆼ각ᄒᆞ고 깁히 연구ᄒᆞ야 각각 비ᄅᆞᆯ 무셔워ᄒᆞ지 안을 방칙을 엇을지어다

299 진신: 진 땅에서 신어도 물이 스며들거나 진흙이 묻지 않도록 기름에 절여 만든 가죽신.

300 양혜(洋鞋): 주로 가죽을 재료로 하여 만든 서양식 신. =구두.

301 태사혜(太史鞋): 예전에, 사대부나 양반의 남자들이 평상시에 신던 마른신으로 헝겊이나 가죽으로 울을 하고 코와 뒤축에 흰 줄무늬를 새겼다.

대한협회 죠직회의 셩황

대한협회의 죠직회는 예뎡훈 바와 갓치 직작일 오후 일시부터 흥화문 압 관인구락부(官人俱樂部) 젼 협률사(協律社)에셔 기회후엿는딕 발긔인 졔씨는 아참부터 모혀 기회를 쥰비후고 시간이 림훔애 일반 회원 일빅칠십여 인이 렬셕후야 림시 회장은 오셰창(吳世昌) 씨로 션뎡후고 윤효뎡(尹孝定) 씨는 취지셔를 랑독후고 장지연(張志淵) 씨는 규측을 랑독훈 후에 위션 춍직를 션거훌 식 츄쳔위원(推薦委員) 오인을 회쟝이 즈벽후야 본회 춍직에 합당훈 즈격 잇는 사름 솜인을 츄쳔후라 훔애 츄쳔위원이 민영휘(閔泳徽) 윤용구(尹用求) 김학진(金鶴鎭) 삼씨를 츄쳔훈지라 이에 일반 회원이 무긔명(無記名)으로 투표훈즉 민영휘 씨가 최다슈가 되엿거늘 만쟝이 박슈갈치로 환영후고 그 다음에 회쟝을 션거훌 식 역시 춍직를 션거후던 방법으로 츄쳔훈즉 장박(張博) 리용직(李容稙) 리즁하(李重夏) 삼씨가 츄쳔되엿는딕 투표훈 결과로 장박 씨가 피션후고 부회장을 션거훌 식 의론이 분분후야 일뎡치 못후는 추에 엇던 회원이 닐어셔셔 회장을 부르고 회즁을 향후야 갈아딕 이 일로 시간만 허비훌 것이 안이라 본인이 부회쟝될 즈격이 넉넉훈 사름을 호쳔훌 터인즉 여러분 즁에 한 분이라도 이의가 잇스면 그만두고 그러치 안으면 즉시 결뎡후자 후고 오셰창 씨를 호쳔훔익 일반 회원이 박슈갈치로 가결후고 총무원도 이와 갓치 엇던 회원이 윤효뎡 씨를 호쳔훔애 만쟝이 일치로 가결후고 그 후에 평의원 십오인은 장지연, 오상규, 류원표, 려병현, 리우영, 졍운복, 홍필쥬, 졍교, 리죵일, 남궁쥰, 류근, 현은, 권동진, 제씨가 피션후고 셰측위원과 춍직와 회쟝의게 파견훌 춍딕위원을 추데로 션뎡후고 춍회 일주는 오는 일요일 오후 일시로 뎡후고 인후야 폐회후니 오후 칠시러라 대뎌 본회의 챵립은 여러 지스의 열셩에셔 나온 것인즉 국가와 인민을 위후야 그 목뎍을 달훔은 의심이 업거니와 여러 회원 즁에 일인이라도 급진쥬의(急進主義)를 가지거나 경거망동(輕擧妄動)이 잇스면 도탄에 든 동포를 건지는 큰 칙임을 담당치 못ᄒᆞ리니 십분쥬의ᄒᆞ고 빅반진력ᄒᆞ야 첫지는 왼갓 일을 원대ᄒᆞ게 경영ᄒᆞ며 둘지는 신즁ᄒᆞ게 힝동ᄒᆞ야 일반 동포의 바라고 기다리는 마암을 져바리지 말지어다 본회 춍직 이하 임원 졔씨는 나라를 근심ᄒᆞ는 지ᄉᆞ인즉 그 우국ᄒᆞ는 졍셩을 뷔지 안케 ᄒᆞ고 지ᄉᆞ의 일홈을 완젼케 ᄒᆞ고져 홀진뒨 데일에 버릴 바는 ᄂᆡ 권리와 ᄂᆡ 명예를 위ᄒᆞ는 ᄉᆞ심이라 ᄒᆞ는 것이오 데이에 버릴 바는 남을 의심ᄒᆞ며 남을 싀긔ᄒᆞ는 싀의지심이라 ᄉᆞ심과 싀의지심이 업스면 텬하에 무삼 일이 어려오리오 지극히 공평ᄒᆞ고 지극히 ᄉᆞ랑ᄒᆞ는 마암으로써 안으로는 회원을 단속ᄒᆞ며 밧그로는 다른 당파를 교졔ᄒᆞ야 셔로 갈등이 업시 나라일을 바로잡기를 쳔만축슈ᄒᆞ노라

137 1907년 11월 20일(수) 제2549호 론셜

리쳔군슈 리쳘영(利川郡守 李喆榮) 씨의게 경고홈 / 탄히싱

본 신문이 경비의 군졸홈을 인ᄒᆞ야 붓을 던지고 통곡ᄒᆞᆫ 후에 부득이 뎡간ᄒᆞ엿더니 경향 각 쳐의 지ᄉᆞ의 후의를 힘닙어 계속 발간ᄒᆞᆫ 후로 구람ᄒᆞ시는 군ᄌᆞ가 늘로 느는 즁에 쟝단군슈 죠즁은(趙重恩) 림피군슈 림진셥(林震셥) 벽동군슈 박린옥(朴麟玉) 강동군슈 김명쥰(金明濬) 홍양군슈 리룡상(李龍相) 귀셩군슈 윤셕필(尹錫弼) 창셩군슈 김상범(金相範) 졔씨는 각기 인민의 지식을 계발ᄒᆞ며 산업을 흥왕케 홀 목뎍으로 본 신문을 슴십 쟝 혹 ᄉᆞ십 쟝식 쳥구ᄒᆞ야 각면 각동에 보게 ᄒᆞ엿스니 그 고을 각면 각동의 부로들이 져녁에 모혀 안져 잡담으로 시간을 허비치 안코 신문을 보면 우희로 졍치득실과 아릭로 젼국 각 디방의 졍형이며 텬하 각국의 형편과 농업기량의 필요ᄒᆞᆫ 지식과 기타 여러 가지 유익ᄒᆞᆫ 말을 듯ᄂᆞ니 이는 우리 동포를 문명으로 인도ᄒᆞ는 쳡경인 고로 본 긔쟈의 바라

는 바는 십삼도 각 군슈가 모다 이상 제 군슈와 갓치 열심으로 빅셩을 지도ᄒᆞ야 문명ᄒᆞᆫ 국민이 되게 ᄒᆞ고져 ᄒᆞᆷ이라 어제 아참에 ᄂᆞᆯ이 음링ᄒᆞᆫ 고로 화로를 씨고 론셜 문데를 ᄉᆡᆼ각ᄒᆞᄂᆞᆫ ᄎᆞ에 우톄 톄젼부가 ᄒᆞᆫ 봉 글월을 젼ᄒᆞ거ᄂᆞᆯ 황망히 밧아셔 것봉을 ᄉᆞᆲ혀본즉 리쳔군슈의 공함이라 마암 가온ᄃᆡ 스ᄉᆞ로 ᄉᆡᆼ각ᄒᆞ되 신문을 청구ᄒᆞᆷ이라 ᄒᆞ야 깃부고 반가온 마음으로 써여보니 그 ᄉᆞ리의 몽ᄆᆡᄒᆞᆷ과 격식의 무례ᄒᆞᆷ이 진실로 쳔만뜻밧기라 이제 그 공함의 젼문을 번역지 안코 그ᄃᆡ로 긔록ᄒᆞ건ᄃᆡ

公函

本郡이 向自 經擾以後邑事民情이 日日煩劇ᄒᆞ야 無他情況은 世所共知이너니와 自 貴社所來新聞은 每每諺文細刊이니 此不過是女子之所用이라 有事方劇未暇閒良이요 不啻眼之莫過라 且新聞代金이 萬無報酬之資從玆以後ᄂᆞᆫ 貴新聞致送을 一切停止若何如是仰告後에 付送新聞은 代金을 一分도 更無所關이오니 以此照亮ᄒᆞ심을 爲要

隆熙元年十一月十六日

利川郡守

帝國新聞社長 座下

라 ᄒᆞ엿스니 그 뜻을 대강 말ᄒᆞᆯ 량이면 본 신문은 언문으로 가늘게 간ᄒᆡᆼᄒᆞᆫ즉 녀ᄌᆞ의 소용에 지나지 못ᄒᆞᆫ다 ᄒᆞ엿스니 ᄉᆞᆲ흐다 리쳔군슈여 군슈의 말과 갓치 언문은 녀ᄌᆞ만 ᄇᆡ호고 남ᄌᆞᄂᆞᆫ ᄇᆡ호지 안을 것이라 ᄒᆞᆷ인가 녀ᄌᆞᄂᆞᆫ 언문을 아라도 남ᄌᆞᄂᆞᆫ 몰은다 ᄒᆞᆷ인가 만일 남자는 언문을 ᄇᆡ호지도 안이ᄒᆞ여 몰을 것 갓ᄒᆞ면 군슈는 무삼 ᄭᆞ닭으로 공함 가온ᄃᆡ 국문과 한문을 석거썻ᄂᆞ뇨 그 공함을 볼진ᄃᆡ 리쳘영 씨ᄂᆞᆫ 국문도 몰으고 한문 몰으ᄂᆞᆫ 무식지ᄇᆡ라 ᄒᆞ리로다 엇지ᄒᆞ야 그러뇨 ᄒᆞ면 이어니와 쓸 것을 「이너니와」 썻스니 언문의 밧침도 똑똑히 ᄒᆞ지 못ᄒᆞᆷ을 가히 알겟고 또 한문으로 「有事方劇未暇閒良이요 不啻眼之莫過」라 ᄒᆞ엿스니 ᄌᆞ긔의 ᄉᆡᆼ각에ᄂᆞᆫ 일이 만하셔 한가ᄒᆞᆫ 틈을 엇을 슈 업고 눈이 신문에

1907년
11월

지나지 못ᄒᆞᆯ ᄲᅮᆫ 안이라 ᄒᆞᆷ인 듯ᄒᆞ나 누가 그 글을 보고 분명히 ᄒᆡ셕ᄒᆞ리오 이 갓치 무식ᄒᆞ면 우리 신문을 만히 보아셔 국문이나 더 공부ᄒᆞ야 무식을 면ᄒᆞᆷ이 가ᄒᆞ거날 그러치 안코 신문을 안이 보겟노라 ᄒᆞ엿스니 리군슈ᄂᆞᆫ 언의날이나 ᄉᆞᆱ을 ᄭᆡ여 지식을 엇으리오 참 가셕ᄒᆞ고도 가련ᄒᆞ도다 리군슈만 가련ᄒᆞᆯ ᄯᆞ름이 안이오 그 고을 인민이 소요ᄅᆞᆯ 격근 남어지에 이런 군슈ᄅᆞᆯ 두고ᄂᆞᆫ 지ᄐᆡᆼᄒᆞᆯ 도리가 만무ᄒᆞ리니 불상ᄒᆞ기가 한량업도다 ᄯᅩ 공함 ᄉᆞᆺ헤 갈아ᄃᆡ 이 공함을 ᄒᆞᆫ 뒤에 신문을 다시 보ᄂᆡ면 신문갑은 한 픈도 상관 안이ᄒᆞ겟다 ᄒᆞ엿스니 이ᄂᆞᆫ 어린 아ᄒᆡ들이 셔로 닷톨 ᄯᆡ에 그러면 나ᄂᆞᆫ 몰나 ᄒᆞᄂᆞᆫ 말과 갓ᄒᆞ니 죡히 ᄎᆡᆨ망ᄒᆞᆯ 것이 업고 함을며 본샤ᄂᆞᆫ 리군슈의게셔 신문갑을 밧지 안이ᄒᆞ여도 관계치 안으니 바라건ᄃᆡ 리군슈ᄂᆞᆫ 신문갑을 걱정말고 신문을 만히 보아 지각이 좀 나게 ᄒᆞᆯ지어다 ᄯᅩ 연월일 아ᄅᆡ 리쳔군슈라 쓰고 리쳔군슈 지쟝이라 ᄒᆞᄂᆞᆫ 도쟝만 ᄶᅵᆨ엇스니 리쳔군슈ᄂᆞᆫ 셩명이 업ᄂᆞᆫ가 본샤에 편지ᄒᆞᄂᆞᆫ ᄃᆡ 셩명 쓰기가 창피ᄒᆞ야 안 씻ᄂᆞᆫ가 가위 무례망상ᄒᆞᆷ이라 그러나 본 긔쟈ᄂᆞᆫ 너그럽게 용납ᄒᆞ고 두어 마ᄃᆡ 경고ᄒᆞ노니 고요ᄒᆞᆫ 밤잠 업슬 ᄯᆡ에 세 번 ᄉᆡᆼ각ᄒᆞᆯ지어다

138 1907년 11월 21일(목) 제2550호 론셜

리쳔군슈 리쳘영 씨의게 두 번 경고ᄒᆞᆷ / 탄ᄒᆡ싱

대뎌 사ᄅᆞᆷ이 요슌이 안이면 엇지 ᄆᆡᄉᆞᄅᆞᆯ 다 잘ᄒᆞ리오 셜혹 허물이 잇슬지라도 고쳐 션ᄒᆞᆫ ᄃᆡ로 옴기ᄂᆞᆫ 것이 셩인의 귀히 녁이ᄂᆞᆫ 바이니 바라건ᄃᆡ 리군슈ᄂᆞᆫ 작일 본 긔쟈의 말을 보고 다시 보아 본 긔쟈의 츙셩스러온 ᄯᅳᆺ을 ᄭᆡ다를지어다 리군슈의 일은바 언문은 우리

셰죵대왕ᄭᅴ압셔 ᄇᆡᆨ셩을 넓히 가라치고져 ᄒᆞ압시ᄂᆞᆫ 지극ᄒᆞ신 셩덕으로 챵죠ᄒᆞ옵신 후 훈민졍음(訓民正音)을 지으샤 즁외에 반포ᄒᆞ압셧스니 우리 신민

된 쟈가 억만셰ᄭᆞ지라도 셩의를 밧드러 국문을 힘ᄡᅥ 가라칠 것이어날 후셰의 션ᄇᆡ가 국문의 소즁ᄒᆞᆷ을 ᄭᆡ닷지 못ᄒᆞ고 한문만 슝상ᄒᆞᆫ ᄭᆞ닭으로 오날늘 나라의 학문이 열니지 못ᄒᆞ고 민지가 발달치 못ᄒᆞ야 이쳔만 동포가 모다 비참ᄒᆞᆫ ᄃᆡ경에 ᄲᅡ졋도다 국문과 한문의 리ᄒᆡ를 대강 셜명ᄒᆞ리니 리군슈ᄂᆞᆫ 잠간 들을지어다 한문이라ᄂᆞᆫ 것은 지나사ᄅᆞᆷ의 글인 고로 지나사ᄅᆞᆷ은 그 글을 ᄇᆡ호기도 어렵지 안코 ᄯᅩ한 그 글로 무슴 말이든지 ᄆᆞ암ᄃᆡ로 긔록ᄒᆞ거니와 우리나라 사ᄅᆞᆷ은 한문을 ᄇᆡ호랴면 어렷슬 ᄯᆡ부터 하날텬 ᄯᅡ디를 가라치ᄂᆞ니 일곱 살이나 여ᄃᆞᆲ 살 먹은 아희가 혹시 하날과 ᄯᅡ은 알지라도 감을 현부터ᄂᆞᆫ 무삼 말인지 몰으며 아든지 몰으든지 불가ᄒᆞ고 잇기 야[302]에 일은즉 ᄇᆡ호ᄂᆞᆫ 아희ᄂᆞᆫ 고샤ᄒᆞ고 션ᄉᆡᆼ도 무삼 ᄭᆞ닭으로 잇기 야라 ᄒᆞᄂᆞᆫ지 분명치 못ᄒᆞᆯ지오 리군슈도 아마 엇지 ᄒᆞ야 잇기 야라 ᄒᆞᄂᆞᆫ지 ᄃᆡ답지 못ᄒᆞ리로다 그ᄲᅮᆫ 안이라 그 다음에 항용 동몽션습이라 ᄒᆞᄂᆞᆫ ᄎᆡᆨ을 가라치되 글ᄌᆞ음 부치ᄂᆞᆫ 법과 토와 ᄉᆡᆨ임을 가라치니 사ᄅᆞᆷ이 특별ᄒᆞᆫ 춍명이 업스면 익의여 긔억ᄒᆞᆯ 슈 업고 셜혹 츌즁ᄒᆞᆫ ᄌᆡ죠가 잇슬지라도 십 년을 부즈런히 공부ᄒᆞᆫ 연후에야 겨오 글ᄌᆞ를 알 ᄯᆞ름이니 언의 결을에 학문을 ᄇᆡ호리오 우리나라에셔 이왕은 한문의 글ᄌᆞ만 알아도 유식ᄒᆞ다 ᄒᆞ엿거니와 지금 시ᄃᆡ에ᄂᆞᆫ 과학(科學)의 죵류가 허다ᄒᆞᆫ지라 그 과학의 대강은 다 짐작ᄒᆞ여야 면무식이 될지니 글ᄌᆞ ᄇᆡ호기에 십여 년을 허비ᄒᆞ고 언제 과학을 닷그리오 그런 고로 우리나라의 소위 학쟈라 ᄌᆞ칭ᄒᆞᄂᆞᆫ 사ᄅᆞᆷ의 지식이 외국 심상소학교의 학도의게 밋지 못ᄒᆞ니 무엇으로ᄡᅥ 남의게 슈치를 밧지 안으며 무엇으로ᄡᅥ 압제를 면ᄒᆞ리오 국문으로 말ᄒᆞ면 남녀와 지우[303]를 물론ᄒᆞ고 슈십 일 혹 슈삭 동안만 잘 가라치고 보면 왼갓 것을 다 긔록ᄒᆞ야 무슴 과학을 가라치든지 쉽게 ᄭᆡ다라셔 넉넉잡고 십 년만 ᄇᆡ호면 남의 나라의 학ᄉᆞ 박ᄉᆞ를 부러워ᄒᆞ지

302 천자문의 마지막 글자 '야(也)'를 가리킴.

303 지우(智愚): 슬기로움과 어리석음.

안을지라 세상 텬하에 닉 나라 글을 바리고 남의 나라 글을 빅호며 쉬온 것을 바리고 어려온 것을 취ᄒᆞᄂᆞᆫ 나라가 우리 대한 외에 어딕 또 잇스리오 우리 동포를 지도ᄒᆞ야 문명ᄒᆞᆫ 디경에 나아가게 ᄒᆞ랴면 국문을 슝상치 안코는 도뎌히 되지 못ᄒᆞᆯ 것은 누구든지 다 아ᄂᆞᆫ 바이라 연고로 본샤에셔 국문으로 신문을 간힝ᄒᆞ야 일반 동포의 지식을 계발코져 ᄒᆞᆷ이어날 리군슈ᄂᆞᆫ 태고 텬황씨 시딕의 숢을 씨지 못ᄒᆞ고 국문을 가라쳐 언문이라 ᄒᆞ며 또한 녀ᄌᆞ의 소용에셔 지나지 못ᄒᆞᆫ다 ᄒᆞ엿스니 리군슈ᄂᆞᆫ 곳 문명의 도젹이라 엇지 한 고을 목민지관이 되리오 쳥컨딕 리군슈ᄂᆞᆫ 감당치 못ᄒᆞᆯ 소임을 닉여놋코 물너가 국문을 만히 공부ᄒᆞ면 본 긔쟈의 츙언을 씨다르리라 ᄒᆞ노라

139 1907년 11월 22일(금) 제2551호 긔셔

뎨국신문에 딕ᄒᆞᆫ 의견 / 미국 포와도에 잇ᄂᆞᆫ 현기운

미국 포와에 가셔 로동ᄒᆞᄂᆞᆫ 동포 즁에 현기운 박영하 김상욱 신긔셩 방달문 박릭형 빅락현 최홍화 김영남 한션복 졔씨가 본샤의 직졍이 군졸ᄒᆞᆷ을 신문상으로 보고 각기 의연금을 닉여 미화 륙 불 이십오 젼(신화 십이 원 오십 젼)을 은힝으로 환송ᄒᆞ고 서신 일쟝과 뎨국신문에 딕ᄒᆞᆫ 의견이라 뎨목ᄒᆞᆫ 현기운씨의 론셜 일편이 왓기로 다 이 아릭 긔록ᄒᆞ노라

셔신

경계쟈 본인 등은 만리 히외에 외로히 잇셔 다만 싱애에 골몰ᄒᆞᆯ ᄲᅮᆫ이옵더니 귀샤 신문을 구람ᄒᆞ온 지 몃 달에 식로온 졍신이 늘로 더ᄒᆞ와 동양에셔 오는 션편을 기다리고 바라ᄂᆞᆫ ᄎᆞ에 졸디에 귀샤가 직졍의 군졸함을 인ᄒᆞ와 영결ᄒᆞ신다ᄂᆞᆫ 구절이 잇기로 동텬을 향ᄒᆞ야 한 쥴기 눈물을 ᄲᅮ리압고 한탄ᄒᆞ기를 마

지 안이ᄒᆞ엿삽더니 다힝히 귀샤 샤원 졔씨의 고심혈셩과 유지 동포의 두터온 뜻으로 계속 발간ᄒᆞ시와 뎨국신문 네 글ᄌᆞ를 다시 보오니 깃분 마암이 큰 감을에 비를 맛난 듯ᄒᆞ온지라 이에 우리 몃 사ᄅᆞᆷ이 약소ᄒᆞᆫ 금익을 모집ᄒᆞ와 귀샤의 지필치를 보용케 ᄒᆞ고져 ᄒᆞ오니 물니치시지 마암소셔

긔셔

포와도의 외로온 ᄀᆡᆨ 현기운은 뎨국신문을 사랑ᄒᆞ시ᄂᆞᆫ 여러 동포를 ᄃᆡᄒᆞ와 고루ᄒᆞ온 말 두어 마ᄃᆡ를 우러러 고ᄒᆞ압ᄂᆞ이다

대뎌 ᄇᆡᆨ셩으로 근본을 삼아 나라를 셩립ᄒᆞᆷ은 고금의 썻썻ᄒᆞᆫ 리치압고 신문으로 말미암아 샤회를 반달[304]케 ᄒᆞᆷ은 셰계가 다갓치 힝ᄒᆞᄂᆞᆫ 바이라 그런 고로 뜻잇ᄂᆞᆫ 션비가 ᄇᆡᆨ 가지 괴로옴과 쳔 가지 어려옴을 무릅쓰고 신문의 붓을 잡아 쥬야로 고심혈셩을 다ᄒᆞ야 츙신렬ᄉᆞ를 포양ᄒᆞ며 간젹 소인을 사정 업시 공격ᄒᆞ고 ᄯᅩ한 농상공업의 발달될 바를 연구ᄒᆞ고 셜명ᄒᆞ야 유의유식ᄒᆞᄂᆞᆫ 쟈를 권면ᄒᆞ며 지도ᄒᆞ야 바른 길로 가게 ᄒᆞ온즉 우리 일반 국민이 문명부강에 나아가고져 ᄒᆞᆯ진ᄃᆡ 신문이 안이면 되지 못ᄒᆞᆯ 쥴은 삼쳑동ᄌᆞ이라도 다 아□ 바이라 불힝히 ᄌᆡ졍의 군박ᄒᆞᆷ을 당ᄒᆞ야 뎡간ᄒᆞᄂᆞᆫ ᄃᆡ경에 일으럿스니 구ᄒᆞ기 어려온 바ᄂᆞᆫ 돈이라 고로 슈만리 졀역에셔 밤낫으로 ᄯᆞᆷ을 흘니고 버리ᄒᆞᄂᆞᆫ 인ᄉᆡᆼ들도 신문 업셔지ᄂᆞᆫ 것을 ᄋᆡ셕ᄒᆞ고 원통히 녁여 다시 발간되기를 암츅ᄒᆞ엿삽더니 샤회의 유지ᄒᆞ신 여러 귀부인 신사의 애국ᄒᆞ시ᄂᆞᆫ 뜻으로 다소를 불게ᄒᆞ시고 힘ᄃᆡ로 의연ᄒᆞ심을 보오니 상쾌ᄒᆞ온 마암을 비ᄒᆞᆯ 곳 업삽거니와 우리가 ᄆᆡ일 이곳에셔 듯고 보ᄂᆞᆫ 바 동셔양 각국 사ᄅᆞᆷ이 구름갓치 모혀 사ᄂᆞᆫ 터에 각각 그 업을 ᄯᅡ라 로동ᄒᆞᄂᆞᆫ 즁 유지ᄒᆞᆫ 사ᄅᆞᆷ들은 나라와 민족을 문명에 인도ᄒᆞ고져 ᄒᆞ야 하고 만흔 일을 다 바리고 남의게 뮈음을 밧아 가면셔도 반셕 갓흔 굿은 마암

304 '발달'의 오기인 듯함.

으로 잠시도 붓딕를 놋치 안코 자나씨나 ᄌᆞ긔 나라 ᄇᆡᆨ셩이 남의 나라 ᄇᆡᆨ셩보담 ᄇᆡᆨ 비 쳔 ᄇᆡ나 압흐로 나아가기를 힘쓰ᄂᆞ니 동포 형뎨된 쟈들은 ᄌᆡ졍을 앗기지 안코 날마다 버ᄂᆞᆫ 돈으로 의례히 각 신문의 ᄃᆡ가를 지츌ᄒᆞ며 ᄯᅩ한 외국신문ᄭᅡ지라도 구람ᄒᆞ고 혹 엇던 사ᄅᆞᆷ은 일ᄌᆞ무식이라도 신문 보기를 위ᄒᆞ야 글을 ᄇᆡ호며 심지어 길을 가든지 잠잘 ᄯᅢ라도 신문을 손에 들고 보ᄂᆞᆫ지라 연고로 신문이 불달되여 그 권리와 ᄌᆡ졍이 넉넉ᄒᆞ야 샤회의 이목이라 칭ᄒᆞ니 신문 ᄉᆞ업의 큼이 엇더타 ᄒᆞ리오 ᄂᆡ국과 밋 ᄒᆡ외에 잇ᄂᆞᆫ 동포들은 각기 신문 보기를 힘쓰며 ᄯᅩ 다른 사ᄅᆞᆷ을 권면ᄒᆞ야 우리 뎨국신문이 ᄆᆡ일 이쳔만 쟝식 간츌ᄒᆞ게 되면 우리의 지식과 권리가 남과 갓흘지오 뎨국신문 네 글ᄌᆞ가 만셰에 영원히 젼ᄒᆞ야 나라 일홈을 빗ᄂᆡ리니 슯흐다 동포여

140 1907년 11월 23일(토) 제2552호 론셜

한의(漢醫)와 양의(洋醫)를 의론홈 / 탄ᄒᆡ싱

대뎌 사ᄅᆞᆷ의 몸은 다른 동물에 비ᄒᆞ면 지극히 약ᄒᆞ야 치위와 더위와 ᄇᆡ부름과 쥬림을 익의지 못ᄒᆞ고 병이 나셔 고통ᄒᆞ며 혹은 텬명을 보젼치 못ᄒᆞ니 엇지 불상치 안으리오 연고로 녯적 셩인이 의약(醫藥)을 만다러 창싱을 건지고져 홈은 동셔양이 일반이나 동양의 소위 의약은 별로히 진보치 못ᄒᆞ고 오날늘ᄭᆞ지 황뎨 헌원씨의 방문을 그ᄃᆡ로 직희여 오ᄂᆞᆫ 즁 더옥 우리나라에셔ᄂᆞᆫ 의셔가 변변치 못ᄒᆞ고 의학입문(醫學入門) 동의보감(東醫寶鑑)이 뎨일 소상ᄒᆞ다 칭ᄒᆞ나 근일 경향 각쳐에셔 의원이라 ᄒᆡᆼ셰ᄒᆞᄂᆞᆫ 쟈가 의학입문이나 동의보감 한 권도 들여다보지 안코 다만 의방활투[305]를 ᄎᆡᆨ상에 놋코 누가 와셔 병을 말ᄒᆞ면 증세를 ᄯᅡ라가

305 『의방활투(醫方活套)』: 1869년에 간행된 황도연(黃度淵)이 쓴 의서(醫書).

며 칙을 펴보고 약을 지어쥬니 그 약을 먹고 엇지 병이 나으리오 그뿐 안이라 사ᄅᆞᆷ의 몸이 엇더케 ᄉᆡᆼ겻ᄂᆞᆫ지 도모지 몰으고 단지 음양오ᄒᆡᆼ(陰陽五行)의 리치를 밀우어 오장륙부의 경락과 병증을 의론ᄒᆞ니 이ᄂᆞᆫ 실디의 엇더ᄒᆞᆫ 것은 도모지 ᄉᆞᆲ히지 안코 녯사ᄅᆞᆷ의 긔록ᄒᆞᆫ 바 글을 빙거ᄒᆞ야 깁흔 물 건너듯 ᄒᆞᆫ즉 참 모호밍랑ᄒᆞᆫ 일이오 ᄯᅩ 약 ᄌᆡ료로 말ᄒᆞ면 풀ᄲᅮ리와 나모겁질을 말니여 흙과 모ᄅᆡ를 씃지도 못ᄒᆞ고 그냥 살마 먹이며 만일 급ᄒᆞᆫ 병이 잇스면 약 다리ᄂᆞᆫ 시간에 사ᄅᆞᆷ은 블셔 쥭을지라 이러ᄒᆞᆫ 의원과 이러ᄒᆞᆫ 약을 가지고 사ᄅᆞᆷ의 병을 고치고져 ᄒᆞᆷ은 어리셕은 일이로다 셔양 의슐은 슈쳔 년 동안에 연구ᄒᆞ고 ᄯᅩ 연구ᄒᆞ야 크게 블달ᄒᆞᆯ ᄲᅮᆫ 안이라 의원 노릇을 ᄒᆞ랴면 보통학을 졸업ᄒᆞᆫ 후에ᄂᆞᆫ 젼문(專門)으로 공부ᄒᆞ야 칠팔 년 혹 십여 년 만에 업을 ᄆᆞᆺ친 후 ᄂᆡ부에셔 시험ᄒᆞ야 보고야 의원 노릇ᄒᆞ기를 허가ᄒᆞᄂᆞ니 의학을 소즁히 녁임이 이갓치 신즁ᄒᆞ고 ᄯᅩ 약으로 말ᄒᆞᆯ지라도 물약과 가루약과 환약 고약 등속을 물론ᄒᆞ고 화학(化學)과 물리학(物理學)으로ᄡᅥ 졍ᄒᆞ고 아름답게 지엇스니 한의와 양의 학문과 한약과 양약의 경죠를 의론ᄒᆞᆯ진ᄃᆡᆫ 텬양지판(天壤之判)ᄲᅮᆫ 안이엇마ᄂᆞᆫ 우리나라의 완고ᄒᆞᆫ 사ᄅᆞᆷ은 녯풍속만 됴흔 것으로 ᄉᆡᆼ각ᄒᆞ고 병이 들어 쥭게 될지라도 셔양 의원이나 일본 의원의게 보이기를 슬혀ᄒᆞ며 항용 말ᄒᆞ기를 셔양 의약이 외치에ᄂᆞᆫ 신통ᄒᆞ나 ᄂᆡ치에ᄂᆞᆫ 맛지 안ᄂᆞᆫ다 ᄒᆞ니 의학에 외과(外科)와 ᄂᆡ과(內科)의 구별이 잇셔 각기 다ᄉᆞ리ᄂᆞᆫ 법이 지졍지묘ᄒᆞ거ᄂᆞᆯ 엇지 외치만 잘ᄒᆞ고 ᄂᆡ치ᄂᆞᆫ 못ᄒᆞᆯ 리치가 잇스리오 혹쟈ㅣ 말ᄒᆞ되 셔양 사ᄅᆞᆷ과 우리나라 사ᄅᆞᆷ의 품긔도 다르고 거쳐와 음식이 갓지 안이ᄒᆞ야 약이 맛지 안ᄂᆞᆫ다 ᄒᆞ니 이ᄂᆞᆫ 샹각지 안ᄂᆞᆫ 말이로다 의원이 사ᄅᆞᆷ의 병을 볼 ᄯᅢᄂᆞᆫ 몬져 그 사ᄅᆞᆷ의 품긔의 강약과 거쳐의 엇더ᄒᆞᆷ과 음식의 엇더ᄒᆞᆷ을 ᄉᆞᆲ히나니 그것으로 인ᄒᆞ야 약이 맛지 안이ᄒᆞᆯ 리ᄂᆞᆫ 업슴이 명ᄇᆡᆨᄒᆞ니 바라건ᄃᆡ 우리 남녀 동포ᄂᆞᆫ 몸에 병이 나거든 의심ᄒᆞ며 지톄ᄒᆞ지 말고 셔양 사ᄅᆞᆷ이나 일본 사ᄅᆞᆷ이나 본국 사ᄅᆞᆷ을 물론ᄒᆞ고 셔양 의학을 공부ᄒᆞᆫ 사ᄅᆞᆷ이 안이어든 병을 보이지 말지어다

1907년 11월

141 1907년 11월 24일(일) 제2553호 론셜

션비의 긔운이 썰치지 못홈을 한탄홈 / 탄히싱

대뎌 션비라 ᄒᆞᄂᆞᆫ 것은 엇더ᄒᆞᆫ 나라에 낫든지 엇더ᄒᆞᆫ 시ᄃᆡ에 쳐ᄒᆞ엿든지 그 지식이 탁월ᄒᆞ고 심지가 고상ᄒᆞ고 긔ᄀᆡ가 견확ᄒᆞ야 시속 사ᄅᆞᆷ과 의견이 갓지 못ᄒᆞᆫ 고로 항상 ᄯᅳᆺ을 엇지 못ᄒᆞ고 불평강ᄀᆡ홈으로 일평ᄉᆡᆼ을 보ᄂᆡᄂᆞ니 동셔고금 ᄉᆞ긔 가온ᄃᆡ 그런 사ᄅᆞᆷ이 몃쳔 몃만이리오 ᄯᅳᆺ잇ᄂᆞᆫ 쟈의 ᄆᆡ양 눈물을 흘니ᄂᆞᆫ 바이나 그러나 그런 션ᄇᆡ가 업스면 셰도가 쇠퇴ᄒᆞ고 인심이 부픽ᄒᆞ야 ᄆᆞᆺᄎᆞᆷᄂᆡ 나라가 멸망ᄒᆞ며 민족이 보죤치 못ᄒᆞᄂᆞᆫ ᄃᆡ경에 ᄲᅡ지ᄂᆞᆫ지라 연고로 션ᄇᆡᄂᆞᆫ 나라의 쥴기라 ᄒᆞᄂᆞᆫ 녯말이 잇도다 우리나라에도 녯적에ᄂᆞᆫ 그런 션ᄇᆡ가 만히 잇셔셔 뎨왕이나 쟝상이라도 잘못ᄒᆞᄂᆞᆫ 일이 잇스면 츈츄필법으로 글도 지으며 강직ᄒᆞᆫ 혀로 말도 ᄒᆞ다가 쥭고 귀향갈지라도 ᄯᅳᆺ을 변ᄀᆡ치 안이ᄒᆞ더니 여러 번 ᄉᆞ화(士禍)에 참혹ᄒᆞᆫ 일을 당ᄒᆞ고 쳑신과 죵실이 셰도ᄅᆞᆯ ᄒᆞᆫ 후로부터ᄂᆞᆫ 압졔에 눌니고 권력에 굴복ᄒᆞ야 션ᄇᆡ의 긔운이 ᄯᅳᆯ치지 못ᄒᆞ엿스니 그 결과ᄂᆞᆫ 오날놀 나라이 남의 보호ᄅᆞᆯ 밧고 인민이 남의 모욕을 밧ᄂᆞᆫᄃᆡ 일으럿도다 십슈 년 이ᄅᆡ로 션ᄇᆡ의 긔운이 ᄊᆡᆨ이 나셔 혹 공졍ᄒᆞᆫ 븟으로 신문상에 론셜도 짓고 혹 통쾌ᄒᆞᆫ 언론으로 회셕에 연셜도 잇기로 이 긔운이 날마다 즈아고 달마다 ᄯᅳᆯ쳐셔 국가와 인민을 븟들가 ᄒᆞ엿더니 근일 졍부에셔 신장졍을 실시ᄒᆞᆯ 쥬의로 보안법(保安法)과 신문지법(新聞紙法)을 반포ᄒᆞ야 션ᄇᆡ의 ᄒᆡᆼ동과 언론의 ᄌᆞ유ᄅᆞᆯ 구속ᄒᆞᆫ 후로ᄂᆞᆫ 션ᄇᆡ의 긔운이 ᄶᅡ에 ᄯᅥ러져 졍부 관리의 득실과 셰력잇ᄂᆞᆫ 쟈ᄅᆞᆯ ᄃᆡᄒᆞ야ᄂᆞᆫ 감히 ᄒᆞᆫ 말과 ᄒᆞᆫ 글을 발보이지 못ᄒᆞ니 이러ᄒᆞ고셔야 무엇으로ᄡᅥ 나라ᄅᆞᆯ 븟들며 ᄇᆡᆨ셩을 건지리오 참 통곡긔졀ᄒᆞᆯ 바이로다 가령 지금 우리 졍부 졔공이 ᄆᆡᄉᆞ에 진츙갈력ᄒᆞ야 죠곰도 실슈홈이 업슬지라도 션ᄇᆡ의 마음에ᄂᆞᆫ 흡족지 못ᄒᆞ야 그 우에 더 잘ᄒᆞ고 십흘 것이오 더 잘ᄒᆞ고 십흘진ᄃᆡ 론평도 잇고 시비도 잇슬 것이어ᄂᆞᆯ 텬하의 션ᄇᆡ가 모다 함구불셜ᄒᆞ니 이ᄂᆞᆫ 달음 안이오 쥭고 귀향가기를 무셔워홈이라 죽고 귀향가기를 무셔워ᄒᆞ야 홀 말을 못ᄒᆞ고 홀 일을 못 ᄒᆞᄂᆞᆫ 것이야 엇지 션ᄇᆡ라 칭ᄒᆞ리오 이등공작은 일본의 원훈이오 동양의 대정치가로 통감의 디위를 가지고 우리 정부 제공을 지도ᄒᆞ야 셔졍을 기션ᄒᆞ기에 진력ᄒᆞ나 그러나 이등공작도 요슌이 안이어든 엇지 ᄆᆡᄉᆞ를 다 잘ᄒᆞ리오 쳔에 한 가지 만에 한 가지라도 잘못ᄒᆞᄂᆞᆫ 일이 잇고 보면 우리 국가와 인민의게 리히관게가 잇슨즉 우리나라 션ᄇᆡ가 정대ᄒᆞᆫ 말과 공평ᄒᆞᆫ 뜻으로 이등공작의게 말ᄒᆞ면 이등공작이 반닷히 깃버 용납ᄒᆞ리라 ᄒᆞ노라 이등공작은 일본의 헌법(憲法)을 마련ᄒᆞ야 국회(國會)를 열어 일반 인민의게 참졍권(參政權)을 쥬엇슨즉 지금 우리를 지도ᄒᆞ야 문명부강에 나아가게 ᄒᆞ고져 홀진된 민권을 확쟝ᄒᆞ고 언론의 ᄌᆞ유를 허ᄒᆞ야 필경은 헌법ᄭᅡ지라도 마련ᄒᆞ야 우리의게 참졍권을 쥴 것은 본 긔쟈의 확실이 밋ᄂᆞᆫ 바이오 젼졔국(專制國)의 압제정칙을 쓰기ᄂᆞᆫ 만무ᄒᆞ리니 엇지 ᄭᅳ리고 두려워ᄒᆞ야 정대ᄒᆞᆫ 언론과 공평ᄒᆞᆫ 의견을 발보이지 못ᄒᆞ리오 다만 비밀ᄒᆞᆫ 운동과 계칙은 이십세긔 텬하에 용납지 못ᄒᆞᄂᆞᆫ 물건인즉 광풍제월 ᄀᆞᆺ흔 힝ᄉᆞ와 틱산교악 갓흔 긔상으로 ᄯᅳᆯ치고 다시 ᄯᅳᆯ쳐 용밍스럽게 나아가기를 젼국 션ᄇᆡ의게 바라노라

142 1907년 11월 26일(화) 제2554호 론셜

귀부인 샤회에 경고홈 / 탄히싱

우리나라 귀부인 샤회의 외양을 볼진된 남편의 작위를 ᄯᅡ라 정부인이나 경경부인의 직쳡이 잇고 ᄯᅩᄒᆞᆫ ᄌᆡ산이 넉넉ᄒᆞᆫ 고로 별로히 구간ᄒᆞᆫ 것을 몰으고 금의옥식으로 한가히 지ᄂᆡ며 부인의 맛당히 힝홀 바 침션과 음식시식ᄭᅡ지라도 침모[306] 반비[307] 차집[308] 등속이 좌우에 몃 명식 시힝ᄒᆞ며 일가친쳑의 집에 나들이나 ᄒᆞ랴면 ᄉᆞ인교[309]나 쟝독교[310]에 잉무 갓흔 죵이 둘식 셋식 늘어서셔 단

기니 그 위의와 톄통이 가쟝 호강스럽고 존즁ᄒᆞ야 사ᄅᆞᆷ으로 ᄒᆞ야곰 치어다보고 부러워ᄒᆞ게 되엿스나 그 ᄂᆡ용을 ᄉᆞᆲ혀보건ᄃᆡ 혹은 싀모의게 고임을 엇지 못ᄒᆞ야 ᄒᆞ로도 마암이 편치 못ᄒᆞ고 눈물로 셰월을 보ᄂᆡ며 혹은 남편의게 사랑홈을 밧지 못ᄒᆞ야 시앗을 보고 일평ᄉᆡᆼ을 한탄으로 지ᄂᆡ며 혹은 ᄌᆞ녀 간에 ᄉᆡᆼ산을 못ᄒᆞ야 산쳔긔도와 무당판수의게 뭇구리ᄒᆞ기와 약 먹기로 일을 삼아 부귀영화를 귀치 안케 녁이ᄂᆞᆫ 쟈ㅣ 열에 일곱 여ᄃᆞᆲ이 될지니 외양과 ᄂᆡ용은 텬양지판이라 ᄒᆞ리로다 그런즉 소위 귀부인 샤회ᄂᆞᆫ 몸에 비단옷을 겹겹으로 닙고 고량진미ᄅᆞᆯ ᄉᆞᆯ혀 말지라도 즐거옴이라고ᄂᆞᆫ ᄒᆞᆫ 가지도 업스니 무엇으로ᄡᅥ ᄌᆞ미ᄅᆞᆯ 부치리오 봄 사이 일긔가 온화ᄒᆞ고 ᄭᅩᆺ이 픠면 음식올 갓초 작만ᄒᆞ야 가지고 노리 가ᄂᆞᆫ 일과 약물터에 물 마지러 가ᄂᆞᆫ 일과 친뎡에 나들이 가ᄂᆞᆫ 일과 담배 먹ᄂᆞᆫ 일과 셰칙 ᄂᆡ여다 보ᄂᆞᆫ 밧게ᄂᆞᆫ 일도 업고 락도 업ᄂᆞ니 셰샹 사ᄅᆞᆷ이다 부러워ᄒᆞ고 존즁히 알지라도 나ᄂᆞᆫ 호올로 불ᄉᆡᆼᄒᆞ고 가련ᄒᆞᆫ ᄉᆡᆼ이라 ᄒᆞ노라 사ᄅᆞᆷ이 마암 가온ᄃᆡ 락이 업스면 디위가 왕공귀인이라도 귀치 안코 먹고 닙을 것이 산갓치 싸엿셔도 쓸 ᄃᆡ가 업ᄂᆞᆫ지라 우리나라의 국문으로 지은 쇼셜칙이라 ᄒᆞᄂᆞᆫ 것이 부녀ᄌᆞ의 마암을 ᄉᆞᆲ흐게도 ᄒᆞ고 혹 위로도 ᄒᆞ나 그러나 만에 ᄒᆞᆫ 가지도 유익ᄒᆞᆫ 말이 업ᄉᆞᆫ즉 바라건ᄃᆡ 우리 귀부인 샤회에셔ᄂᆞᆫ 이런 무익ᄒᆞᆫ 물건으로 류슈 ᄀᆞᄐᆞᆫ 셰월을 허비치 말고 신문지ᄅᆞᆯ 사셔 보면 ᄂᆡ외국의 형편과 각 디방의 ᄉᆞ졍과 경셩ᄂᆡ의 모든 일을 ᄌᆞ셰히 알지니 그 유익홈이 엇더타 ᄒᆞ리오 쳣지ᄂᆞᆫ 물졍을 알아셔 남과 슈쟉ᄒᆞᆯ ᄯᅵ에 어리셕음을 면ᄒᆞᆯ 것이오 둘지ᄂᆞᆫ 젹막ᄒᆞᆫ 마암

306　침모(針母): 남의 집에서 바느질을 해 주고 품삯을 받는 여자.

307　반비(飯婢): 밥하는 일을 맡아보는 여자 종.

308　차집: 부유한 집에서 음식 장만 등의 잡일을 맡아보는 여자.

309　사인교(四人轎): 앞뒤에 둘씩 모두 네 사람이 메는 가마.

310　장독교(帳獨轎): 가마의 하나. 앞쪽에는 들창처럼 된 문이 있고, 양 옆으로 창을 냈으며, 뚜껑은 둥그스름하고 네 귀는 추녀처럼 생겼다. 전체가 붙박이로 되어 있다.

을 위로ᄒᆞ야 수심 가온ᄃᆡ 락을 엇을 것이오 솃ᄌᆡ 공연ᄒᆞᆫ 거짓말을 밋고 걱정ᄒᆞ며 놀나는 폐단이 업슬 것이오 넷ᄌᆡ는 아달 ᄯᆞᆯ을 나아 길으고 가라치는 ᄃᆡ 대단히 유죠ᄒᆞ리니 이것이 엇지 쇼셜칙보담 빅 빅나 쳔 빅가 낫지 안이ᄒᆞ뇨 근일 우리나라에 국문으로 간힝ᄒᆞ는 신문이 우리 뎨국신문과 대한미일신보와 대한신문 셰 가지가 잇스되 귀부인 샤회에셔는 보시는 이가 별로히 업고 다만 남ᄌᆞ 샤회ᄲᅮᆫ이니 이것으로 말미암아 보면 우리나라의 부인 샤회의 부픿홈을 가히 알지라 엇지 한심치 안으리오 무릇 나라이 ᄀᆡ명ᄒᆞ랴면 부인의 지식이 몬져 열녀야 ᄒᆞᆯ 것은 ᄯᅳᆺ잇는 션비의 모다 말ᄒᆞ는 바이니 그 연유는 사름이 ᄌᆞ녀를 나아 길을 젹에 열 살 안에는 온젼히 모친의 교육을 밧는 고로 모친의게 학문과 지식이 업스면 ᄌᆞ녀를 법도 업시 가라쳐 필경 집과 나라에 큰 힉가 싱기는 ᄭᅡ닭이라 본 긔쟈는 우리나라 귀부인 샤회가 닷토어 문명에 나아가기를 바라고 구구ᄒᆞᆫ 졍셩을 펴셔 경고ᄒᆞ노이다

143 1907년 11월 27일(수) 제2555호 론셜

졍부 졔공의 칙임을 뭇고져 홈 / 탄히싱

근일 각 디방의 소식을 들을진ᄃᆡ 의병이 쳐쳐에 벌 닐어나듯 ᄒᆞ야 닉외국인의 싱명을 살히홈과 ᄌᆡ산을 략탈홈과 가옥을 쇼화홈이 비일비ᄌᆡ라 인인군ᄌᆞ의 ᄎᆞᆷ아 듯고 참아 보지 못ᄒᆞᆯ 바이어늘 졍부 졔공은 진졍ᄒᆞᆯ 방칙을 츄호도 강구치 안이ᄒᆞ고 금의옥식으로 편안히 거ᄒᆞ야 연회로 일을 삼고 다만 외국 군ᄉᆞ의 힘을 빌어 소탕코져 ᄒᆞ다가 거진 반년이 되도록 아모 공효도 업슴에 ᄌᆞ위단[311]이라 ᄒᆞ는 명식을 조직ᄒᆞ야 각 디방에 임원을 파견ᄒᆞ엿다 ᄒᆞ니 이 엇진

311 자위단(自衛團): 일본군과 함께 의병토벌을 할 목적으로 일진회원이 중심이 되어 조직한

말이뇨 당쵸에 우리

대황뎨폐하의 칙명을 봉승훈 션유ᄉᆞ[312]의 힘으로도 능히 션유ᄒᆞ야 히산ᄒᆞ게 ᄒᆞ지 못ᄒᆞ고 발셔 엇더훈 션유ᄉᆞ는 부잘업시 국고의 ᄌᆡ물만 허비ᄒᆞ고 무료히 도라왓는ᄃᆡ 이졔 뉘 힘으로 능히 귀슌케 ᄒᆞ리오 이는 귀슌케 ᄒᆞ지 못홀 ᄲᅮᆫ 안이라 도로혀 량민의 마암을 의심ᄒᆞ고 두려워ᄒᆞ게 홀지로다 슯흐다 ᄂᆡ각 졔공이여 깁히 ᄉᆡᆼ각ᄒᆞ야 보실지어다 삼ᄉᆞ 년 이ᄅᆡ로 국가에 변란이 ᄎᆞᆼᄉᆡᆼ쳡츌ᄒᆞ야 ᄇᆡᆨ셩이 지향홀 바를 아지 못ᄒᆞ고 스ᄉᆞ로 쇼요를 닐으키되 의병이라 칭ᄒᆞ고 황명이나 졍부의 명령을 거역홈은 업더니 현 ᄂᆡ각 졔공이 죠뎡에 선 후로 ᄇᆡᆨ셩이 쥭기를 도라보지 안코 닷토어 닐어나셔 비단 우리나라이라 리웃나라에ᄭᅡ지 큰 화를 ᄭᅵ치계 홈은 이는 졔공의 허물이 안이라 홀 슈 업고 혹시 졔공을 두호ᄒᆞ는 쟈ㅣ 말ᄒᆞ기를 ᄇᆡᆨ셩이 어리셕어셔 졔공의 ᄯᅳᆺ을 오ᄒᆡ(誤解)홈이라 홀지나 ᄇᆡᆨ셩을 가라치지 못ᄒᆞ야 어리셕고 오ᄒᆡ케 홈이 졔공의 허물이 안이라 홀 슈 업고 ᄯᅩ 말ᄒᆞ는 쟈ㅣ 갈아ᄃᆡ 졔공은 아모 권리도 업고 다만 남의 지휘를 밧는 터에 무엇을 마음ᄃᆡ로 ᄒᆞ리오 강ᄌᆞ아[313]와 졔갈량이 부ᄉᆡᆼ홀지라도 계칙이 업다 홀지나 ᄂᆡ 권셰를 ᄂᆡ여 버리고 남의 지휘만 기다리는 것도 졔공의 허물이 안이라 홀 슈 업고 ᄯᅩ훈 남의 지휘라도 잘 밧아셔 직칙을 다ᄒᆞ랴고 쥬야로 동동쵹쵹ᄒᆞ엿스면 그러홀 리치가 만무ᄒᆞ리니 남의 지휘를 잘 밧지 못홈이 역시 졔공의 허물이 안이라 홀 슈 업도다 그런즉 당쵸에 졔공이 신ᄂᆡ각을 조직홀 ᄯᅢ에 스ᄉᆞ로 칙임ᄂᆡ각이라 일컷고 우희로

셩텬ᄌᆞ를 보필ᄒᆞ며 아ᄅᆡ로 도탄에든 창ᄉᆡᆼ을 건지겟다 ᄒᆞ며 여러 가지 폐졍

무장단체. 1907년 11월 19일에 결성식을 가짐.

312 선유사(宣諭使): 나라에 병란이 있을 때, 임금의 명령을 받들어 백성을 훈유하는 임시 벼슬이나 그런 벼슬아치를 이르던 말.

313 강자아(姜子牙), 곧 강태공(姜太公)을 가리킴.

을 ᄀᆡ혁ᄒᆞ랴 ᄒᆞᄂᆞᆫ 고로 ᄂᆡ외국인이 모다 이마에 손을 언고 기다리고 바랏더니 신ᄂᆡ각을 조직ᄒᆞᆫ 지 불과 긔일에 인심이 그 젼보다 더옥 쇼요ᄒᆞ야 분란이 닐어날 싹이 보이ᄂᆞᆫ지라 조급ᄒᆞᆫ 셩품을 가진 쟈ᄂᆞᆫ 이것을 보고 ᄂᆡ각 제공을 론박ᄒᆞ엿스나 본 긔쟈ᄂᆞᆫ 스ᄉᆞ로 밋기를 오ᄇᆡᆨ 년 폐졍을 ᄀᆡ혁ᄒᆞᆯ ᄯᅢ에 엇지 분란이 업스리오 이 분란이 우리나라의 즁흥ᄒᆞᆯ 됴짐이라 ᄒᆞ여 ᄅᆡ두에 큰 희망을 두엇더니 오ᄂᆞᆯ날 ᄀᆡ혁ᄒᆞᄂᆞᆫ 일은 쳔에 ᄒᆞᆫ아이나 만에 ᄒᆞᆫ아이 실ᄒᆡᆼ되지 못ᄒᆞ고 다만 인민을 참혹ᄒᆞᆫ ᄯᅡ에 ᄲᅡ지게 ᄒᆞᆯ ᄯᆞ름이라 희망ᄒᆞ던 바이 다 뷔엿스니 엇지 ᄒᆞᆫ 번 제공의 ᄎᆡᆨ임을 뭇지 안이ᄒᆞ리오 제공이 만일 말ᄉᆞᆷᄒᆞ되 우리ᄂᆞᆫ ᄎᆡᆨ임을 다ᄒᆞ엿것마ᄂᆞᆫ ᄇᆡᆨ셩이 잘못ᄒᆞ엿다 ᄒᆞ면 ᄆᆡᆼᄌᆞ의 말ᄉᆞᆷ에 사ᄅᆞᆷ을 질너 쥭이고 말ᄒᆞ기를 ᄂᆡ가 쥭인 것이 안이오 칼이 쥭엿다 ᄒᆞᆷ과 갓흠이니 더옥 ᄀᆡ탄ᄒᆞᆯ 바이로다 바라건ᄃᆡ 제공은 이젼의 허물을 고쳐셔 텬하ᄇᆡᆨ셩의게 샤례ᄒᆞ면 ᄇᆡᆨ셩이 ᄯᅩᄒᆞᆫ 제공의 허물을 용셔ᄒᆞ고 제공의 명령에 잘 복죵ᄒᆞ야 물너가 그 업을 편안이 ᄒᆞ리라 ᄒᆞ노라

144 1907년 11월 28일(목) 제2556호 론셜

일본 당로쟈의게 질문ᄒᆞᆷ / 탄ᄒᆡᄉᆡᆼ

우리나라이 심히 가난ᄒᆞ고 약ᄒᆞ야 능히 스ᄉᆞ로 서지 못ᄒᆞᄂᆞᆫ 고로 일본이 동양의 평화를 위ᄒᆞᆷ인지 ᄌᆞ긔 나라의 리익을 위ᄒᆞᆷ인지 우리를 불상히 녁임인지 몰으거니와 엇더ᄒᆞᆫ든지 우리를 보호ᄒᆞ야 쥬랴고 약도를 뎡ᄒᆞ엿스니 일본이 우리를 잘 보호ᄒᆞ야 쥬면 우리가 감샤히 녁일 것이오 우리를 잘 보호ᄒᆞ야 쥬지 안으면 우리가 원망ᄒᆞᆯ ᄲᅮᆫ 안이라 겻헤셔 보ᄂᆞᆫ 사ᄅᆞᆷ이 시비ᄒᆞ리니 일본의 ᄎᆡᆨ임이 엇지 즁ᄒᆞ지 안으리오 그러나 일본이 우리를 보호ᄒᆞᆫ 후로 규측과 법령은 ᄂᆞᆯ마다 비오듯 ᄒᆞ되 실상은 열에 한 가지도 우리의게 리롭지 못ᄒᆞ며 졈졈 도탄에

ᄲᅡ져셔 ᄉᆡᆼ명을 보존키 어려온 디경에 일으럿스니 이ᄂᆞᆫ 일본 당로쟈의 허물이라 ᄒᆞᆯ지로다 비유컨ᄃᆡ 어린 ᄋᆞ히ᄅᆞᆯ 보호ᄒᆞᄂᆞᆫ 유모가 실슈ᄒᆞ야 물에나 불로 긔여들어가면 그 ᄎᆡᆨ망이 어린 ᄋᆞ히의게 잇나뇨 유모의게 잇ᄂᆞ뇨 오날ᄂᆞᆯ 일본은 우리의 유모ᄲᅮᆫ 안이라 우리를 무셥게 ᄒᆞᄂᆞᆫ 칼과 춍을 가졋스며 우리의 먹고 닙고 사ᄂᆞᆫ ᄌᆡ졍을 가졋스며 우리ᄅᆞᆯ 지도ᄒᆞᄂᆞᆫ 권셰와 졍령을 가졋스며 우리의 통신ᄒᆞᄂᆞᆫ 긔관을 가졋거ᄂᆞᆯ 무삼 ᄭᅡᄃᆞᆰ으로 우리ᄅᆞᆯ 슈화 가온ᄃᆡ로 긔여들어가게 ᄒᆞᄂᆞ뇨 이ᄂᆞᆫ 달음 안이라 일본 당로쟈가 소위 졍부 대신이라 ᄒᆞᄂᆞᆫ 사ᄅᆞᆷ을 ᄐᆡᆨᄒᆞᆯ 젹에 그 인품의 엇더ᄒᆞᆷ과 ᄅᆡ력의 엇더ᄒᆞᆷ과 민망의 엇더ᄒᆞᆷ은 도라보지 안코 다만 일본 당로쟈의 명령에 잘 복죵ᄒᆞ야 부리기에 편ᄒᆞᆫ 쟈만 취ᄒᆞᄂᆞᆫ 연고이라 우리ᄅᆞᆯ 보호ᄒᆞᄂᆞᆫ 디위에 잇셔셔 우리가 사랑ᄒᆞᄂᆞᆫ 사ᄅᆞᆷ은 ᄂᆡ여쫏고 우리가 슬혀ᄒᆞᄂᆞᆫ 사ᄅᆞᆷ만 올녀 쓰니 이것이 질문코져 ᄒᆞᄂᆞᆫ 바의 한 가지오 털ᄭᅳᆺ만치라도 일본 당로쟈의 시비ᄅᆞᆯ 평론ᄒᆞᄂᆞᆫ 쟈 잇스면 곳 ᄇᆡ일당(排日黨)이라 지목ᄒᆞ나 그러나 일로젼ᄌᆡᆼ 젼에ᄂᆞᆫ 아라사의 셰력이 강대ᄒᆞᆷ으로 ᄇᆡ아당(排俄黨)이라 ᄒᆞᄂᆞᆫ 지목을 밧아 잡혀 갓치고 귀향갓던 사ᄅᆞᆷ인즉 이ᄂᆞᆫ ᄌᆞ국졍신(自國精神)이 잇ᄂᆞᆫ 사ᄅᆞᆷ이어날 일본당로쟈가 이ᄅᆞᆯ ᄉᆞᆲ히지 안코 이젼에 아라사의 죠아(爪牙)[314]가 되여 우리 황상을 아라사 공관으로 모셔가던 사ᄅᆞᆷ의 무리만 친일당(親日黨)으로 아ᄂᆞᆫ 것은 엇짐이뇨 이ᄂᆞᆫ 질문코져 ᄒᆞᄂᆞᆫ 바의 두 가지오 나라ᄅᆞᆯ 다ᄉᆞ리ᄂᆞᆫ 법은 ᄇᆡᆨ셩으로 근본을 삼아 ᄇᆡᆨ셩의 됴히 녁이ᄂᆞᆫ 바ᄅᆞᆯ 됴히 녁이며 ᄇᆡᆨ셩의 슬혀ᄒᆞᄂᆞᆫ 바ᄅᆞᆯ 슬혀ᄒᆞᆯ 것이어날 이제 일본 당로쟈ᄂᆞᆫ 우리의 됴히 녁이ᄂᆞᆫ 바ᄂᆞᆫ 슬혀ᄒᆞ며 우리의 슬혀ᄒᆞᄂᆞᆫ 바ᄂᆞᆫ 됴히 녁여셔 ᄇᆡᆨ셩이야 무엇이라 ᄒᆞ든지 졍부 당국쟈의 말만 밋음은 엇짐이뇨 이ᄂᆞᆫ 질문코져 ᄒᆞᄂᆞᆫ 바의 셰 가지오 법률과 규측은 죽은 물건이라 그 사ᄅᆞᆷ이 업스면 능히 살게 쓰지 못ᄒᆞᄂᆞᆫ 것이어날 이제 일본 당로쟈ᄂᆞᆫ 법률과 규측을 졔뎡ᄒᆞ며 관졔ᄅᆞᆯ 변경ᄒᆞᄂᆞᆫ 것으로 일을 삼고 당ᄉᆞ쟈ᄂᆞᆫ ᄌᆞ긔

314 조아(爪牙): 손톱과 엄니. (악인의) 앞잡이. 수하. 부하.

가 법을 닉고 법을 범ᄒᆞᄂᆞᆫ 무리만 쓰는 것은 엇짐이뇨 이는 질문코져 ᄒᆞᄂᆞᆫ 바의 네 가지오 보호를 밧는 어린 ᄋᆞ희가 날마다 잘알고[315] 달마다 커셔 제 발로 걸어단기게 되여야 보호ᄒᆞᄂᆞᆫ 쟈의 ᄌᆞ미도 잇고 일본말로 셰와(世話)[316]가 업슬 지어날 이졔 일본 당로쟈는 우리 즁에 젹이 긔거나 것고져 ᄒᆞᄂᆞᆫ 쟈가 잇스면 쥬져넘다 괘씸ᄒᆞ다 ᄒᆞ야 도모지 거두를 못ᄒᆞ게 ᄒᆞᆷ은 엇짐이뇨 이는 질문코져 ᄒᆞᄂᆞᆫ 바의 다삿 가지라 이 밧게도 여러 가지가 잇스되 지리ᄒᆞᆷ을 혐의ᄒᆞ야 기즁 크고 즁ᄒᆞᆫ 것을 들어 질문ᄒᆞ노니 바라건ᄃᆡ 일본 당로쟈는 허심(虛心)ᄒᆞ고 들을 지어다 우리의 리익은 일본의 리익이 되며 일본의 리익은 동양의 리익이 되리라 ᄒᆞ노라[317]

145 1907년 11월 30일(토) 제2558호 론셜

한인이 일본을 의심ᄒᆞᄂᆞᆫ 원인 / 탄히싱

대뎌 우리나라와 일본은 인죵이 ᄀᆞᆺ고 풍속이 방불ᄒᆞ고 쓰는 글이 갓고 나라의 디경이 셔로 갓가와셔 녜로붓터 셔로 왕ᄅᆡᄒᆞ엿스니 력ᄉᆞ상으로 보든지 디리상으로 보든지 그 친밀ᄒᆞᆫ 관계가 다른 나라에 비ᄒᆞᆯ 바이 안이오 더옥 오날늘은 그 관계의 크고 깁흠이 슌치(脣齒)와 보거(輔車)ᄯᅳᆫ 안이라 한국이 망ᄒᆞ면 일본이 보죤키 어렵고 일본이 업스면 우리나라이 문명부강에 나아가지 못ᄒᆞᆯ지니 맛당히 셔로 친ᄒᆞ고 사랑ᄒᆞᆯ 것이어늘 도로혀 셔로 의심ᄒᆞ고 원망ᄒᆞᆷ은 엇짐

---

315 '잘아고(자라고)'의 오기인 듯함.

316 셰와(世話, 일본어): 수고, 폐, 신세.

317 제2557호(11월 29일자) 논설은 검열로 인해 전문 삭제됨(활자를 뒤집어 찍는, 이른바 '벽돌 처리'가 되어 있음).

이뇨 경치상의 허다훈 ᄉ졍은 고샤 물론ᄒ고 근릭 일본사ᄅᆞᆷ이 다슈히 건너와 경향 각쳐에 편만ᄒ얏는ᄃᆡ 그 사ᄅᆞᆷ들이 모다 상등샤회의 학문잇는 사ᄅᆞᆷ ᄀᆞᆺᄒ면 우리 한인과 교졔ᄒ는 마당에 신의를 쥬쟝ᄒ렷마는 일본에셔 밥을 엇어먹지 못ᄒ는 무뢰빈가 열에 일곱 여ᄃᆞᆲ이나 되는지라 그 사ᄅᆞᆷ들의 학문과 지식이 우리나라 사ᄅᆞᆷ에셔 얼마 놉지 못ᄒ나 그러나 그 나라의 부강ᄒᆞᆫ 형셰를 밋고 우리나라 사ᄅᆞᆷ을 보면 언ᄉ가 교만ᄒ고 힝위가 당돌ᄒ야 우리나라 사ᄅᆞᆷ 업슈히 녁이기를 돈견과 갓치 ᄒ니 우리나라 사ᄅᆞᆷ이 아모리 못싱겻슨들 속담에 닐은 바 디룡이도 드ᄃᆡ면 ᄭᅮᆷ틀ᄒᆞᆫ다는ᄃᆡ 엇지 감안이 잇스리오 이에 피ᄎ간에 츙돌이 나셔 감정을 상ᄒ고 ᄯᅩ 일본 사ᄅᆞᆷ 즁에 간사ᄒᆞᆫ 지혜를 가지고 우리나라 사ᄅᆞᆷ을 속여셔 토디와 가옥을 억탈ᄒ며 혹은 방탕ᄒᆞᆫ 소년을 유인ᄒ야 위죠문권이나 위죠표를 밧고 돈을 얼마 준 후에 그 돈을 그 부형의게 밧을 젹에 무슈ᄒᆞᆫ 힝픽가 잇슴은 우리가 날마다 몃 번식 듯는 바이라 그런 일로 인ᄒ야 우리나라 사ᄅᆞᆷ이 억울ᄒ고 분홈을 참지 못ᄒ야 일본 리ᄉ쳥이나 경찰셔에 정ᄒᆞᆫ즉 일본 관리는 공평ᄒ게 결쳐ᄒᆞᆯ 마암이 잇슬지라도 언어를 불통ᄒ는 ᄭᅡ닭으로 우리나라 사ᄅᆞᆷ의 말은 잘 알아듯지 못ᄒᆞᆯ ᄲᅮᆫ 안이라 일본사ᄅᆞᆷ은 법률을 대강 아는 고로 빅반으로 핑계ᄒ야 죄를 면하ᄂ니 그 일의 근본인즉 ᄀ인과 ᄀ인 사이에 죠고마ᄒᆞᆫ 일이나 필경은 나라와 나라 사이에 영향이 밋치는도다 이런 일이 허다ᄒ야 익의여 말ᄒᆞᆯ 슈 업스나 기즁에 두어 가지 증거를 말ᄒᆞᆯ진ᄃᆡ 작년에 뎐미우위문(烟彌右衛門)이라 ᄒ는 일인이 룡산에(龍山)에[318] 기싱의 집 짓는 터를 사고 그 뒤에 잇는 무덤 슈빅장을 하로밤에 파ᄂᆡ여 히골을 모다 셕유궤에 너엇스니 이런 흉악ᄒᆞᆫ 인물이 텬하에 어ᄃᆡ 잇스리오 우리나라 녯법으로 말ᄒ면 분묘 한 장만 팟슬지라도 여살인동죄[319]로 의론ᄒ고 근릭 형법대뎐으로 말ᄒᆞᆯ지

318 조사 '~에'가 중복 표기됨.
319 여살인동죄(如殺人同罪): 살인죄와 같은 죄.

라도 징역이나 귀향가고 일본의 형법으로 말홀지라도 형법 뎨 일빅륙십오됴에 분묘름 파셔 관곽이나 시톄를 들어낸 쟈는 이기월(二個月) 이상 이 년 이하의 즁금고(重禁錮)에 쳐ᄒᆞ고 삼 원 이상 삼십 원 이하의 별금을 부가ᄒᆞ며 시톄를 상ᄒᆞ거나 ᄂᆡ여버린 쟈는 숨기월 이상 삼 년 이하의 즁고금에 쳐ᄒᆞ고 오 원 이상 오십 원 이하의 벌금을 부가ᄒᆞᆫ다 ᄒᆞ엿스니 뎐미우위문 갓흔 쟈는 쟝찻 무삼 형벌에 쳐ᄒᆞ여야 젹당ᄒᆞ리오 무덤을 파인 슈쳔 명 남녀로소가 하늘을 부르지지며 통곡ᄒᆞ엿스니 그 무덤 파인 것은 룡산에 사는 리가 김가ᄲᅮᆫ 안이라 젼국 이쳔만 동포가 갓치 당ᄒᆞᆫ 것이니 한인된 쟈야 누가 뎐미우위문의 고기를 씹고져 안이홀가 여러 ᄇᆡᆨ셩이 피눈물을 ᄲᅮ리며 관ᄉᆞ에 졍ᄒᆞ엿더니 한일 량국 관헌이 셔로 교셥ᄒᆞ다가 필경은 무덤 님쟈의게 돈 몃 원식을 난호어 쥬고 뎐미우위문은 아모 형벌도 안이 당ᄒᆞ엿스니 슯흐다 이 일이 젹은 듯ᄒᆞ나 그 영향의 밋는 바는 국가 문뎨가 되는도다 ᄶᅡ을 밧구어 우리나라 사름 즁에 일인의 분묘 팔빅여 장을 파버린 쟈 잇스면 ᄲᅧ도 남지 못ᄒᆞ고 마져 쥭엇슬지어늘 우리나라 사름은 셩질이 유약ᄒᆞ야 그런 거죠를 ᄂᆡ지 못ᄒᆞ엿도다 (미완)

1907년
11월

12월

146 1907년 12월 1일(일) 제2559호 론셜

한인이 일본을 의심ᄒᆞᄂᆞᆫ 원인 (속) / 탄ᄒᆡᄉᆡᆼ

또 엇던 일인은 평양셩의 대동문을 ᄌᆞ긔의 ᄉᆞᄉᆞ물건갓치 취ᄒᆞ야 료리집을 ᄂᆡ엿스니 대뎌 대동문은 넘어지고 썩어져셔 풀이 길길히 나고 ᄀᆡᄯᅩᆼ밧이 되여 아모 ᄃᆡ도 쓸ᄃᆡ업ᄂᆞᆫ 물건이 되엿슨즉 허러 업시 ᄒᆞᄂᆞᆫ 것이 가ᄒᆞ지마ᄂᆞᆫ 단군긔ᄌᆞ 이후로 오날ᄭᆞ지 젼ᄒᆞ야 오든 물건이 일조에 외국사ᄅᆞᆷ의 슈즁에 들어가니 평양 사ᄂᆞᆫ ᄇᆡᆨ셩은 이무가론이고 십ᄉᆞᆷ도 인민이 이 말을 듯ᄂᆞᆫ 쟈ㅣ 누가 마암에 원통히 녁이지 안으리오 이런 일이 인구젼파ᄒᆞ야 젼국에 편만ᄒᆞᆫ즉 사ᄅᆞᆷ사ᄅᆞᆷ이 의심ᄒᆞ고 두려워ᄒᆞ야 셔로 경계ᄒᆞ고 셔로 말ᄒᆞ되 일본사ᄅᆞᆷ은 무셥다 일본사ᄅᆞᆷ은 흉악ᄒᆞ다 ᄒᆞ야 도모지 상죵을 안이ᄒᆞ랴 ᄒᆞ고 여간 상죵ᄒᆞᄂᆞᆫ 쟈ᄂᆞᆫ 일본말 마ᄃᆡ나 ᄒᆞᄂᆞᆫ 통역ᄇᆡ와 ᄃᆡ위와 셰력을 보죤코져 ᄋᆡ쓰ᄂᆞᆫ 약간 관인에 지나지 못ᄒᆞ니 일본사ᄅᆞᆷ이 참졍신 가진 한인은 보지 못ᄒᆞ고 항상 말ᄒᆞ기를 죠션사ᄅᆞᆷ은 신의가 업다 ᄒᆞ며 한인도 역시 몃ᄀᆡ 일인의 ᄑᆡ악ᄒᆞᆫ ᄒᆡᆼ동을 보고ᄂᆞᆫ 일본사ᄅᆞᆷ은 사ᄅᆞᆷ마다 그러ᄒᆞᆯ 줄로 알며 맛ᄎᆞᆷᄂᆡᄂᆞᆫ 일본 나라를 의심ᄒᆞ되 일본이 우리나라를 병탄ᄒᆞ고 우리 민족을 노례를 만ᄃᆞᆯ고져 ᄒᆞᆫ다 ᄒᆞ야 강ᄀᆡᄒᆞᆫ 의ᄉᆞ와 격졀ᄒᆞᆫ 언ᄉᆞ가 잇슨즉 일본인은 그 사ᄅᆞᆷ의 참ᄯᅳᆺ을 알지 못ᄒᆞ고 곳 일본에 반ᄃᆡᄒᆞᆫ다 지목ᄒᆞ야 그 사ᄅᆞᆷ으로 ᄒᆞ야곰 ᄌᆞ유ᄒᆡᆼ동을 ᄒᆞ지 못ᄒᆞ게 ᄒᆞ니 이 일을 듯고 보ᄂᆞᆫ 쟈의 ᄉᆡᆼ각에ᄂᆞᆫ 일본이 뎌런 유지ᄒᆞᆫ 션비를 뮈워ᄒᆞ고 이런 됴흔 일을 방히ᄒᆞᆯ 젹에는 우리를 보호홈이 안이오 우리를 못살게 홈이라 ᄒᆞ야 의심이 더욱 깁고 두려옴이 갈ᄉᆞ록 간절ᄒᆞᆫ지라 일반 국민의 마음이 이갓ᄒᆞᆫ 이상에는 정치가가 아모리 ᄋᆡ를 쓰고 각식 슈단을 부릴지라도 셩공ᄒᆞ기 어려올가 ᄒᆞ노라 만일 한일 량국이 셔로 친목치 못ᄒᆞᆫ즉 한국에도 유익지 못ᄒᆞ고 일본에도 유익지 못ᄒᆞ리니 죵당은 동양의 평화를 보존치 못ᄒᆞ야 구라파나 미쥬(米洲)의 타식인죵의게 큰 화를 밧을지라 지금 일본사ᄅᆞᆷ이 목젼에 보이는 사소ᄒᆞᆫ 리익을 위ᄒᆞ야 우리를 압박ᄒᆞ고 쳔ᄃᆡ홀지라도 타일에 황인죵과 ᄇᆡᆨ인죵이 셔로 닷토는 마당에는 우리 손목을 잡아다리며 일비지력을 도으라 ᄒᆞ리니 오날부터 우리로 ᄒᆞ야곰 지식과 실력을 ᄌᆞ유로 양셩ᄒᆞ게 ᄒᆞ야 일본의 튼튼ᄒᆞᆫ 팔이 되게 홀 것이오 우리 한인으로 말ᄒᆞ면 일본이 우리의 션진국(先進國)ᄲᅮᆫ 안이라 우희로 정치상의 모든 일에 일본의 지도를 밧으며 아ᄅᆡ로 민간ᄉᆞ업의 허다ᄒᆞᆫ 일에 일본의 죠력을 밧게 되엿슨즉 우리가 하로밧비 어셔 줄아셔 그 지도와 그 죠력을 밧지 안코 스ᄉᆞ로 서셔 ᄯᅡ에 ᄯᅥ러진 국권을 회복코져 홀진ᄃᆡ 부득불 일본과 친밀ᄒᆞ게 사괴여야 홀지니 바라건ᄃᆡ 일본사ᄅᆞᆷ은 동양의 평화를 영원히 보존ᄒᆞ고 한일 량국이 동아 텬디에셔 억기를 견쥬어 횡힝코져 ᄒᆞ거든 도량을 넓게 가지고 ᄉᆡᆼ각을 멀니ᄒᆞ야 한인을 릉모ᄒᆞ거나 압졔ᄒᆞ지 말지어다 본 긔쟈가 남의게 뮈움을 밧아가며 붓을 들어 이런 ᄆᆞᆯ을 쓰고 습지 안으나 그 관계가 심히 큰 고로 련일 악악(諤諤)[320] ᄒᆞᆫ 혀를 놀녓거니와 일본 집정대신이 소위 ᄃᆡ한방침(對韓方針)이란 것을 명ᄇᆡᆨ히 들어ᄂᆡ여 무엇부터 무엇ᄭᅡ지 힝홀 것을 량국 인민의게 보이고 변ᄀᆡ홈이 업스면 우리도 일본의 참ᄯᅳᆺ을 알고 의십[321] 치 안이홀 것이어늘 무삼 ᄭᅡᄃᆞᆰ으로 금년에 한 가지 됴약을 톄결ᄒᆞ고 명년에 ᄯᅩ 한 가지 됴약을 톄결ᄒᆞ야 한뎡이 업는 것갓치 ᄒᆞᄂᆞ뇨 본 긔쟈의 언론이 힝치 못홀 쥴은 아나 그러나 국

320 악악(諤諤): 거리낌 없이 바른말을 함.

321 '의심'의 오기.

1907년 12월

민된 의무에 묵묵히 지나갈 슈 업셔셔 구구흔 졍셩을 루루히 베푸노라

147 1907년 12월 3일(화) 제2560호 사설

본샤의 졍형

슯흐다 본샤는 긔본금의 젹치홈과 고금의 모집으로 셩립됨이 안이라 셜립흔 지 십일 년에 젼슈히 구람흐는 졔씨의 스랑흐심을 입어 오날날짜지 유지흐온바 미양 경비의 군졸을 인흐야 붓을 더지고 탄식홀 짜에 이름이 한두 번이 안이로딕 무슈흔 공격과 비상흔 곤난을 무릅쓰고 공졍흔 붓을 굿게 잡아 뎨국신문의 일루 명운을 끈치지 안이홈은 한편으로는 일반동포의 지식을 계발코즈 흐며 한편으로는 애독 쳠군즈의 후의를 만분지일이라도 슈답코즈 홈이러니 긔즈의 졍셩이 부죡홈을 인홈이런지 샤회의 졍도가 열니지 못홈이런지 침침히 금년 칠월에 당흐야 본샤가 비참흔 디경에 싸져 피눈물을 흘니고 젼국동포에게 영결을 고흐기에 이르니 그 참담흐고 비량흔 경상이 비홀 딕 업더니 국닉의 유지흐신 귀부인 신스가 다슈흔 금익을 앗기지 안이흐고 연죠도 흐시며 외국의 쳬직흐신 익국동포가 힘을 다흐야 젹지 안이 긔부흐심을 입어 젹젹히 닷앗던 본샤의 문을 다시 열엇스나 그러나 그 연죠와 긔부는 본샤를 향흐야 듯터온 뜻으로 힘을 다흐신 바로 일시에 급홈을 구홈이오 영원 유지홀 경비는 도져히 되지 못홈은 뎡흔 스셰라 그리고 보면 그 연죠와 긔부는 루루히 잇기 어려온 일이오 셜혹 잇다 흐더릭도 본샤는 무삼 렴치로 마암에 달게 바드리오 본샤의 유지홀 방침은 다른 도리는 업고 한갓 본보 애독흐시는 쳠군즈의 본보 딕금을 젹체치 안이흐심에 잇스니 여러분은 싱각흐야 보실지어다 소갓치 털 만은 즘싱이라도 늘마다 한 기식 쌔이고 다시 나지 안으면 필경 가죽뿐만 남을 것이오 바다갓치 깁흔 물이라도 늘마다 퍼닉고 들어오는 근원이 업스면 죵릭

에 륙디가 되야 마르고 말지라 함을며 박약흔 직졍으로 근근히 발힝ᄒᆞᄂᆞᆫ 본보의 늘로 지츌만 잇고 슈입이 업스면 무엇으로 호대흔 경비를 져당ᄒᆞ야 하로 잇흘 지팅홀 도리가 잇스리오 두어 마ᄃᆡ 본샤의 츙졍을 들어 본보를 구람ᄒᆞ시ᄂᆞᆫ 셩ᄂᆡ 렬위 귀부인 신ᄉᆞ와 십숌도 각군 쳠군ᄌᆞ에게 고ᄒᆞ노니 본샤가 국민지식을 긔발ᄒᆞ노라 ᄌᆞ담홈이 안이라 한낫 고심혈셩은 그 의무가 안이라 홀 슈 업스니 애국ᄒᆞ시ᄂᆞᆫ ᄉᆞ상으로 국민 긔발홈을 먼져 ᄒᆞ시고 국민 긔블홀 취지로 본샤 유지홈을 도으사 황무흔 두어 말을 등한홈에 돌니지 말으시고 젹쳬흔 본보 ᄃᆡ금을 사속히 슈송ᄒᆞ오셔 본샤로 ᄒᆞ야곰 슯흔 영향에 밋치지 안이케 ᄒᆞ심을 바라오니 두 번 ᄉᆡᆼ각ᄒᆞ실지어다 구람ᄒᆞ시ᄂᆞᆫ 졔씨여

148 1907년 12월 4일(수) 제2561호 론셜

의병의게 권고함 (一) / 탄ᄒᆡ싱

슯흐다 우리나라ᄂᆞᆫ 단군긔ᄌᆞ 이ᄅᆡ로 오날ᄂᆞᆯᄭᆞ지 ᄉᆞ쳔이ᄇᆡᆨᄉᆞ십 년 동안에 치란과 셩쇠가 무상ᄒᆞ엿스나 지금갓치 어즈럽고 쇠흔 ᄯᅢᄂᆞᆫ 업셧도다 이졔 그 원인을 궁구ᄒᆞ건ᄃᆡ 졍권(政權)이 한 번 쳑신(戚臣)과 죵실(宗室)에 옴겨간 후로 소인의 무리가 졍부에 가득ᄒᆞ야 우희로 인군의 일월갓치 ᄇᆞᆰ음을 갈이오고 아ᄅᆡ로 ᄇᆡᆨ셩의 기름과 피를 ᄲᆞᄂᆞᆫ 것으로 능ᄉᆞ를 삼아 죠곰도 긔탄이 업다가 병ᄌᆞ 이후에 일본과 밋 구미렬국(歐米列國)으로 더부러 통상됴약을 톄결ᄒᆞ고 외교를(外交)를[322] 시작ᄒᆞ엿스니 당로쟈가 지셩스러온 마암으로ᄡᅥ 외국을 교졔ᄒᆞ야 그 나라의 문명흔 졍치법도와 발달된 농상공업을 슈입ᄒᆞ야 우리나라를 븟들고 우리 ᄇᆡᆨ셩을 가라치고져 ᄒᆞ엿더면 오날ᄂᆞᆯ 일본을 부러워ᄒᆞ지 안코 셰계

322 조사 '~를(를)' 중복 표기됨.

렬강과 억기를 견주어 횡힝ᄒᆞ얏스럿마는 그러치 안코 소위 졍부대관이라 ᄒᆞᄂᆞᆫ 사ᄅᆞᆷ들이 국가가 엇더케 되든지 챵싱이 엇더케 되든지 다만 ᄌᆞ긔 일신의 영귀와 셰력을 엇고져 ᄒᆞ야 처음은 청국에 아부(阿附)ᄒᆞ고져 ᄒᆞ야 빅방으로 간칙(奸策)을 희롱ᄒᆞ야 죵말은 나라를 팔고져 ᄒᆞ니 외교의 권형(權衡)[323]이 평평치 못ᄒᆞᆫ지라 일청젼징이 닐어나셔 일 년을 갓가히 싸호다가 마관(馬關)[324]에셔 평화됴약을 톄결ᄒᆞᆯ 적에 죠션의 독립을 승인(承認)ᄒᆞᆫ다ᄂᆞᆫ 됴목이 잇스니 대뎌 독립이라 ᄒᆞᄂᆞᆫ 것은 ᄌᆡ물이 넉넉ᄒᆞ고 군ᄉᆞ가 강ᄒᆞ야 스ᄉᆞ로 서셔 남의 침로와 졀졔를 밧지 안이ᄒᆞᆷ이어ᄂᆞᆯ 청국과 일본이 엇지 우리나라의 독립을 승인ᄒᆞ며 안이ᄒᆞᆷ이 잇스리오 그 두 나라이 승인치 안을지라도 우리의 실력(實力)이 강대ᄒᆞ야 그 남의 간셥을 밧지 안을 것갓흐면 독립국이 될지오 그 두 나라ᄂᆞᆫ 고샤ᄒᆞ고 셰계 만국이 회동ᄒᆞ야 승인ᄒᆞ엿슬지라도 우리가 가난ᄒᆞ고 약ᄒᆞ야 힝동을 ᄌᆞ유로 ᄒᆞ지 못ᄒᆞ면 독립국이 되지 못ᄒᆞᆯ지로다 그러나 뎌러나 한 번 됴흔 긔회를 맛낫슨즉 우리나라의 군신상하가 한마암 한뜻으로 국졍을 ᄀᆡ혁ᄒᆞ야 금일ᄭᆞ지 십여 년을 나아가고 ᄯᅩ 나아갓스면 일아젼징도 안이나고 독립의 긔쵸(基礎)도 거의 굿엇슬 터이어ᄂᆞᆯ 뎌 불평ᄒᆞᆫ 무리들이 스ᄉᆞ로 완고당(頑固黨)인 쳬ᄒᆞ고 시 졍ᄉᆞ를 그르다 ᄒᆞ며 아라사에 의지ᄒᆞ야 나라를 팔 계칙으로 일본을 빅쳑ᄒᆞᄂᆞᆫ 것으로 대의(大義)를 삼아 일본에 관계 잇ᄂᆞᆫ 사ᄅᆞᆷ을 쥭이고 귀향보님이 몃빅 명에 달ᄒᆞ엿스니 외교의 권형이 ᄯᅩ 평평치 못ᄒᆞᆫ지라 일본과 아라사가 셔로 원슈갓치 ᄒᆞ다가 필경은 셰계의 대젼징을 닐으켯스니 이 허물이 뉘게 잇ᄂᆞ뇨 우리나라 역신의 무리가 두 나라 사이에 서셔 셰력을 닷토노라고 ᄊᆞ홈을 붓친 것이로다 (미완)

---

323 권형(權衡): (저울추와 저울대. 곧, 저울이라는 뜻으로) ① 사물의 경중(輕重)을 재는 척도나 기준. ② 사물의 균형.

324 일본 시모노세키 시(市).

149 1907년 12월 5일(목) 제2562호 론셜

의병의게 권고함 (二) / 탄ᄒᆡᄉᆡᆼ

인쳔 항구 밧게셔 일본함ᄃᆡ와 아라사함ᄃᆡ가 셔로 ᄊᆞ와셔 대포소ᄅᆡ가 나던 ᄂᆞᆯ에 나라일을 참으로 근심ᄒᆞᄂᆞᆫ 션ᄇᆡᄂᆞᆫ 아라사가 익의여도 우리의 독립은 보존키 어렵고 일본이 익의여도 우리의 독립은 지탱키 어려올 줄로 ᄉᆡᆼ각ᄒᆞ고 눈물을 흘녓것만ᄂᆞᆫ 벼살과 셰력에 눈이 어두온 무리들은 혹 아라사에 납쳠(納諂)ᄒᆞ며 혹 일본에 헌미(獻媚)ᄒᆞ야 외국의 강대ᄒᆞᆫ 셰력을 빙ᄌᆞᄒᆞ고 더욱 긔탄ᄒᆞᆷ이 업셔져셔 ᄇᆡᆨ셩을 압졔ᄒᆞᆷ이 이젼보다 심ᄒᆞ엿스니 나라이 엇지 망치 안으리오 이에 쳔고에 씻지 못ᄒᆞᆯ 븟그러옴을 당ᄒᆞᆫ지라 우리 대한신민된 쟈야 누가 ᄒᆞᆫ 번 목숨을 버려 나라 은혜를 갑고져 ᄒᆞ지 안으리오 그러나 부잘업시 죽을 싸름으로ᄂᆞᆫ 능히 국권을 회복지 못ᄒᆞ리니 깁히 ᄉᆡᆼ각ᄒᆞᆯ 바이로다 오날이라도 우리 졍부 졔공이 나라를 근심ᄒᆞ며 ᄇᆡᆨ셩을 사랑ᄒᆞᄂᆞᆫ 마암으로 폐졍을 ᄀᆡ혁ᄒᆞ고 인민의 ᄉᆡᆼ명ᄌᆡ산을 안젼히 보호ᄒᆞ야 주고 가라치며 인도ᄒᆞ야 지식이 발달ᄒᆞ고 산업이 풍족케 ᄒᆞ면 얼마간 바랄 것이 잇슬 것이어ᄂᆞᆯ 그러치 안코 실ᄒᆡᆼ치 못ᄒᆞᄂᆞᆫ 법률 규측을 마련ᄒᆞᄂᆞᆫ 것과 관졔를 변경ᄒᆞᄂᆞᆫ 것과 연회ᄒᆞᄂᆞᆫ 것으로 일을 삼고 ᄇᆡᆨ셩의 질고ᄂᆞᆫ 도모지 도라보지 안ᄂᆞᆫ 고로 의병이 쳐쳐에 닐어나셔 거진 반년이 되도록 진졍치 못ᄒᆞᆫ지라 이졔 의병의 ᄂᆡ용을 의론컨ᄃᆡ 혹은 나라이 망ᄒᆞᆷ을 한탄ᄒᆞᄂᆞᆫ 분긔ᄒᆞᆫ 마암으로 동지(同志)를 규합(糾合)ᄒᆞ야 현 졍부와 및 일본에 반항ᄒᆞ랴 ᄒᆞᄂᆞᆫ 쟈도 잇고 혹은 화젹의 무리가 의병이라 ᄌᆞ칭ᄒᆞ고 량민의 ᄌᆡ산을 로략질ᄒᆞ며 인명을 살상ᄒᆞ며 가옥을 쇼화ᄒᆞᄂᆞᆫ 폐단이 긋칠 날이 업셔셔 젼국 ᄇᆡᆨ셩이 늙은이를 븟들며 어린 ᄋᆞᄒᆡ를 잇글고 동셔로 류리표박ᄒᆞ야 어러 죽고 굴머 죽ᄂᆞᆫ다ᄂᆞᆫ 소문이 도쳐에 랑ᄌᆞᄒᆞ니 엇지 참아 보고 참아 들으리오 이에 ᄒᆞᆫ 쥴기 눈물을 ᄲᅮ려 의병을 닐으키ᄂᆞᆫ 여러 동포의게 권고ᄒᆞ노니 깁히 ᄉᆡᆼ각ᄒᆞᆯ 지어다 대뎌 군ᄉᆞ를 닐으켜 남과 싸호고져 ᄒᆞ면 몬져 남의 일과 ᄂᆡ 일을 잘 알어야 쓸지라 고로 병셔에 갈아ᄃᆡ 남을 알고 나를 알면 ᄇᆡᆨ 번 싸와도 ᄇᆡᆨ 번 익의고 남을 몰으고 나만 알면 승ᄑᆡ가 샹반ᄒᆞ고 남도 몰으고 나도 몰으면 반ᄃᆞᆺ히 ᄑᆡᄒᆞᆫ다 ᄒᆞ엿ᄂᆞᆫ지라 오날ᄂᆞᆯ 우리나라와 일본의 형셰의 강약과 허실을 의론ᄒᆞᆯ진ᄃᆡ 텬양지판이니 가히 비교ᄒᆞᆯ 수 업슬 ᄲᅮᆫ 안이라 ᄊᆞ홈에 가장 필요ᄒᆞᆫ 것은 병긔라 지금 우리 대한사ᄅᆞᆷ의 슈즁에 춍이 얼마나 잇고 칼이 얼마나 잇나뇨 의병이 닐어난 뒤로 우리나라 사ᄅᆞᆷ의 집에 잇ᄂᆞᆫ 화승총 자로와 환도 ᄀᆞ라도 몰슈히 경시텽에셔 거두어 가고 다만 남은 것은 의병의 슈즁에 잇ᄂᆞᆫ 몃 ᄀᆡ 총검에셔 지나지 못ᄒᆞ며 또 물건이 졍ᄒᆞ고 날컨온 것이 안이라 총으로 말ᄒᆞ면 지금 셰샹에ᄂᆞᆫ 총이라고 일홈 지을 슈 업ᄂᆞᆫ 화승총이오 여간 양총이 잇다 ᄒᆞᆯ지라도 샹ᄒᆞ여 쓰지 못ᄒᆞᆯ 것이오 칼로 말ᄒᆞ면 동록[325]이 켜켜로 안즌 환도ᄲᅮᆫ일지니 이러ᄒᆞᆫ 병긔로 엇지 일본 군ᄉᆞ의 속샤포와 날카온 칼을 당ᄒᆞ리오 연고로 의병은 ᄇᆡᆨ 명이 잇슬지라도 일병 다ᄉᆞᆺ이나 열의게 ᄑᆡᄒᆞ여 쫏겨 가ᄂᆞᆫ도다 혹쟈ㅣ 말ᄒᆞ되 오날ᄭᆞ지 의병은 ᄒᆞᆫ 명도 쥭지 안이ᄒᆞ엿다 ᄒᆞ니 밋업지 못ᄒᆞᆫ 말이어니와 가량 ᄒᆞᆫ 명도 안 쥭엇스면 이ᄂᆞᆫ 잘 도망ᄒᆞᄂᆞᆫ 연고라 ᄒᆞᆯ지라 어ᄃᆡ셔든지 일병을 맛나면 졉젼치 안코 다라나ᄂᆞᆫ 것으로 샹칙을 삼으면 아직ᄭᆞ지ᄂᆞᆫ 다라나ᄂᆞᆫ 곳에셔 동포의 쌀을 쌔앗셔 먹ᄂᆞᆫ다 ᄒᆞ려니와 (미완)

150 1907년 12월 7일(토) 제2563호 론셜

의병의게 권고함 (三) / 탄ᄒᆡᄉᆡᆼ

필경은 의병과 안졋ᄂᆞᆫ ᄇᆡᆨ셩이 모도 먹기가 나셔 불과 몃 달에 량식이 ᄭᅳᆫ어

325 동록(銅綠): 구리나 구리 합금의 표면에 녹이 슬어서 생기는 푸른빛의 물질.

질지오 그뿐 안이라 현금 형편과 갓치 의병과 일병이 번가라 단이며 옥셕을 불분ᄒᆞ고 집을 불지르고 사름 죽이기를 마지 안이ᄒᆞ면 명년 봄에 농ᄉᆞ 지을 빅셩이 ᄒᆞᆫ아도 업스리니 가련ᄒᆞ다 우리 동포가 춍알과 칼에 마져 죽기는 고샤ᄒᆞ고 먹을 것이 업셔셔 씨가 업셔질가 ᄒᆞ노라 이는 의병을 닐으키는 여러 동포가 닉 일도 몰으고 남의 일도 몰음이니 엇지 익의기를 바라리오 익의지 못홈은 차치물론ᄒᆞ고 나라를 사랑ᄒᆞ며 동포를 불상히 녁이는 마암으로써 도로혀 나라와 동포를 영영히 멸망ᄒᆞ는 짜에 집어너어셔 다시는 움도 싹도 나지 못ᄒᆞ게 홈이니 이것이 의병을 위ᄒᆞ야 가셕히 녁이는 바의 ᄒᆞᆫ 가지오

오날늘 이쳔만 남녀동포가 ᄒᆞᆫ 마암 ᄒᆞᆫ 뜻으로 일본 군ᄉᆞ를 쳐셔 물니친다 홀지라도 우리가 가난ᄒᆞ고 약ᄒᆞ야 스ᄉᆞ로 셔지 못ᄒᆞ면 엇던 나라이던지 또 와셔 우리를 압졔ᄒᆞ고 우리 일에 간셥홀 것은 뎡ᄒᆞᆫ 일이니 이는 이 샹뎐을 보닉고 뎌 샹뎐을 마즐 싸름이나 무엇이 나라와 빅셩의게 유익ᄒᆞ리오 혹쟈ㅣ 말ᄒᆞ기를 ᄉᆞ담[326]에 닐은 바 쵸당삼간은 다 탈지라도 빈딕가 죽으면 싀원ᄒᆞ다 홈과 갓치 우리는 망홀지언뎡 일본의 간셥은 밧지 안켓다 ᄒᆞ나 그러나 빈딕가 셩ᄒᆞ야 괴롭거든 자조 바르며 정ᄒᆞ게 쓸고 가진 방법을 연구ᄒᆞ야 빈딕가 져절로 업셔지게 홈은 가커니와 빈딕 죽이기를 위ᄒᆞ야 집에 불을 놋는 것은 춤 어리셕은 일이 안이뇨 그뿐 안이라 오날늘 형셰로는 불을 노으면 집만 탈 싸름이오 빈딕는 ᄒᆞᆫ 마리도 죽지 안을지니 진실로 셰 번 ᄉᆡᆼ각홀 바이로다 의병을 닐으키는 동포 가온딕 우리나라와 일본의 형셰도 잘 알고 밋 텬하 대셰를 짐작ᄒᆞ는 쟈ㅣ 잇셔 말ᄒᆞ되 오날 의병을 닐으켜 일본을 쳐 물니치지 못홀 쥴은 아나 그러나 조만간에 일미젼징이나 혹은 일아젼징이 다시 나리니 그씩에 강대ᄒᆞᆫ 나라의 힘을 빌어 일본을 빅쳑ᄒᆞ리라 ᄒᆞ면 이는 더옥 만만불가ᄒᆞ도다 우리나라가 이디경 된 것은 닉 힘을 길으지 안코 남을 의지코져 ᄒᆞ던 결과이거날 이제 또 남

326 '속담'의 오기.

의 도음을 엇으려 ᄒᆞ면 혹시 엇을는지ᄂᆞᆫ 몰으되 도아쥬ᄂᆞᆫ 그 나라이 ᄯᅩ 우리를 ᄌᆞ긔의 노례로 ᄃᆡ접ᄒᆞ리니 비유컨ᄃᆡ 굴네를 벗고 털망을 씀이로다 ᄯᅩ 츙분ᄒᆞᆫ 마암과 ᄆᆡᆼ렬ᄒᆞᆫ 긔운으로 말ᄒᆞᄂᆞᆫ 쟈 잇셔 갈ᄋᆞᄃᆡ 화식이 박두ᄒᆞ야 우리가 죠셕을 보존키 어렵거든 언의 결을에 지식을 발달ᄒᆞ고 실력을 길으리오 ᄒᆞᆫ 번 닐어나셔 싸호다가 쥭ᄂᆞᆫ 것이 맛당ᄒᆞ다 ᄒᆞ니 그 말인즉 당당ᄒᆞᆫ 의ᄉᆞ의 말이라 감히 글으다 ᄒᆞᆯ 슈 업스나 그러나 무릇 사ᄅᆞᆷ의 일은 ᄋᆞᆸ뒤를 헤아리고 ᄉᆡᆼ각ᄒᆞ야 국가와 인민의게 리ᄒᆞᆯ 바를 취ᄒᆞᆯ지니 우리의 오ᄂᆞᆯ날 ᄒᆡᆼᄒᆞᆯ 바ᄂᆞᆫ 월왕구쳔(越王句踐)의 와신샹담(臥薪嘗膽)ᄒᆞ던 일을 본밧아셔 분ᄒᆞᆷ을 먹음으며 압ᄒᆞᆷ을 참고 ᄉᆞ민(四民)이 각각 업을 닥가 우리의 먹을 것이 넉넉ᄒᆞ고 우리의 힘이 강ᄒᆞᄂᆞᆫ 날을 기다려 우리 손으로 춍도 만달고 대포도 만달 줄을 안 연후에 동으로 일본을 쳐 물니치고 북으로 아라사의 광대ᄒᆞᆫ 토디를 졈령ᄒᆞ고 셔으로 쳥국이 감히 엿보지 못ᄒᆞ게 ᄒᆞ고 대한뎨국의 놉흔 일홈을 셰계에 빗나게 ᄒᆞᆯ지로다 쳔박ᄒᆞᆫ 소견과 급조ᄒᆞᆫ 마암으로 망녕도히 움작이지 말고 쳔쳔히 도모ᄒᆞ면 갓가온즉 오십 년이오 먼즉 ᄇᆡᆨ 년 후에ᄂᆞᆫ 반닷히 우리 가온ᄃᆡ에셔 와싱톤도 ᄂᆞᆯ지오 후링클린도 날 거시어날 이졔 젹슈공권(赤手空拳)으로 일본의 강ᄃᆡᄒᆞᆫ 병력을 항거ᄒᆞ려 ᄒᆞ니 이ᄂᆞᆫ 의병을 위ᄒᆞ야 애셕히 녁이ᄂᆞᆫ 바의 두 가지오 (미완)

151 1907년 12월 8일(일) 제2564호 론셜

의병의게 권고함 (四) / 탄ᄒᆡᄉᆡᆼ

녯사ᄅᆞᆷ이 말ᄒᆞ되 륙국(六國)을 멸ᄒᆞᆫ 쟈ᄂᆞᆫ 진나라(秦)이 안이오 륙국이 스ᄉᆞ로 멸ᄒᆞᆷ이라 ᄒᆞ엿스니 과연 그러ᄒᆞ도다 진나라이 아모리 강대ᄒᆞᆯ지라도 륙국이 동심합력ᄒᆞ야 안으로 각각 어진 졍ᄉᆞᄅᆞᆯ 닥고 밧그로 ᄆᆡᆼ셔ᄅᆞᆯ 굿게 직희여 진나라의 침로ᄒᆞᆷ을 막엇스면 진나라이 엇지 감히 륙국을 쳐 멸ᄒᆞ엿스리오마ᄂᆞᆫ

륙국 즁에 강흔 진나라를 의뢰ᄒᆞ고져 ᄒᆞ야 밍셰를 져바린 쟈 잇슴으로 인ᄒᆞ야 필경은 갓치 멸망을 당ᄒᆞ엿ᄂᆞᆫ지라 후셰 사ᄅᆞᆷ인들 누가 륙국을 불샹히 녁이며 진나라를 글으다 ᄒᆞ리오 ᄯᅩ 녯믈에 갈ᄋᆞᄃᆡ 나라ᄂᆞᆫ 반닷히 스ᄉᆞ로 친 후에 남이 친다 ᄒᆞ엿ᄂᆞ니 우리나라가 오늘늘 남의게 압박(壓迫)과 릉모(陵侮)를 당홈은 수십 년 ᄅᆡ로 정부에 츌입ᄒᆞ던 무리가 스ᄉᆞ로 멸ᄒᆞ며 스ᄉᆞ로 치며 스ᄉᆞ로 판 연고어날 누구를 원망ᄒᆞ며 누구를 허물ᄒᆞ리오 대뎌 ᄒᆞᆫ 나라의 ᄌᆞ쥬독립홈도 ᄂᆡ게 달닌 것이오 멸망홈도 ᄂᆡ게 달닌지라 남을 의뢰ᄒᆞ야 독립ᄒᆞᆫ 쟈도 업고 남을 인연ᄒᆞ야 멸망ᄒᆞᆫ 쟈도 업ᄂᆞ니 ○○○ ○○○○○ ○○○ ○○○ ○○ ○○○○[327] 우리의 어리셕음에셔 나온 것이오 일본이 우리를 업수히 녁이고 우리의 ᄌᆞ유를 속박ᄒᆞ나 그러나 업수히 녁임과 ᄌᆞ유의 속박을 밧ᄂᆞᆫ 것도 우리의 실력(實力) 업ᄂᆞᆫ ᄃᆡ셔 ᄉᆡᆼ긴 것이라 ᄒᆞ노라 우리의 ᄌᆞ유를 회복ᄒᆞ며 우리의 독립을 완젼케 ᄒᆞ고져 ᄒᆞ면 남의 힘은 츄호도 빌지 안코 우리의 지혜와 우리의 힘을 단결(團結)ᄒᆞ야 일본과 피를 흘니고 싸와셔 승쳡(勝捷)을 엇은 후에야 될 것이어늘 이졔 의병은 부잘업시 남을 원망ᄒᆞ며 남을 의뢰홀 마음으로 영원ᄒᆞᆫ 계칙을 ᄒᆡᆼ치 안코 다만 도탄에 ᄲᅡ진 동포로 ᄒᆞ야곰 괴롭게 홀 ᄊᆞ홈이니 이ᄂᆞᆫ 의병을 위ᄒᆞ야 가셕히 녁이ᄂᆞᆫ 바의 셰 가지오 ᄃᆡ방에셔 ᄃᆞᆫ이며 장사ᄒᆞᄂᆞᆫ 일본 사ᄅᆞᆷ 한두 명을 보면 살ᄒᆡᄒᆞ엿다ᄂᆞᆫ 소문이 랑자ᄒᆞ니 참 온당치 못ᄒᆞᆫ ᄒᆡᆼ동이로다 나라와 나라 사이ᄂᆞᆫ 원슈가 되어 셔로 ᄊᆞ홀지라도 병들고 샹ᄒᆞᆫ 군ᄉᆞ가 잇스면 젹십ᄌᆞ샤원(赤十字社員)이 셔로 구호홈은 오날늘 문명각국에셔 통ᄒᆡᆼᄒᆞᄂᆞᆫ 아름다온 풍속이어늘 이졔 의병은 아모 힘도 업ᄂᆞᆫ 일이ᄀᆡ의 일본인을 죽이니 무엇이 마음에 쾌ᄒᆞ며 일에 유익ᄒᆞ리오 ᄯᅩ 일진회원의 집에 불 노으며 일진회원을 맛ᄂᆞᆫ즉 죽이려 ᄒᆞᆫ다 ᄒᆞ니 일진회가 국가와 동포의게 큰 죄를 지엇슬지라도 역시 우리의 사랑ᄒᆞᄂᆞᆫ 동포인즉 맛당히 권유ᄒᆞ고 지도ᄒᆞ야 젼의 허물을 곳

1907년 12월

327 원문 표기 그대로 옮김. 검열로 인한 삭제로 추정됨.

치고 량심을 회복ᄒᆞ야 나라에 진츙케 ᄒᆞ거나 그 회로 ᄒᆞ야곰 셰력을 부리지 못ᄒᆞ게 홈이 우리의 의무라고도 ᄒᆞ겟고 직칙이라고도 ᄒᆞ겟거늘 그러치 안코 그 집을 불지르며 그 사ᄅᆞᆷ을 죽임은 동포로ᄡᅥ 동포를 잔히(殘害)홈이니 인인군ᄌᆞ(仁人君子)의 엇지 참아 홀 바ㅣ리오 이는 의병을 위ᄒᆞ야 가셕히 녁이는 바의 네 가지라 이 네 가지의 가셕ᄒᆞᆫ 바를 보고셔는 묵묵히 지나갈 슈 업기로 츙곡에 잇는 말을 들어ᄂᆡ여 의병 닐으키는 여러 동포의게 울며 권고ᄒᆞ노니 깁히 ᄉᆡᆼ각ᄒᆞ고 크게 ᄭᆡ다라 국가와 인민의 영원ᄒᆞᆫ 리익을 ᄭᅬᄒᆞ소셔 간단히 말ᄒᆞ자 ᄒᆞ면 의병은 나라를 사랑ᄒᆞ는 츙분의 마암으로ᄡᅥ 나라를 히롭게 홈이라 홀지니 바라건ᄃᆡ 여러분은 본 긔쟈의 말을 록록(碌碌)다[328] 말으시고 리히를 교계ᄒᆞ야 힝ᄒᆞ기를 쳔만 츅슈ᄒᆞ노라 (완)

152 1907년 12월 10일(일) 제2565호 론셜

엇지ᄒᆞ면 살가 / 탄히싱

대뎌 사ᄅᆞᆷ이 셰상에 나셔 살기를 됴하ᄒᆞ고 죽기를 슬혀홈은 ᄯᅥᆺᄯᅥᆺᄒᆞᆫ 일이라 그런즉 일긔인이 밤낫으로 ᄯᆞᆷ을 흘니며 애쓰고 버는 것도 살기를 위홈이오 남과 시비ᄒᆞ며 닷토는 것도 살기를 위홈이오 기타 천만ᄉᆞ가 살기를 위ᄒᆞ지 안음은 업스며 한 나라이 ᄌᆞ쥬독립을 ᄒᆞ고져 ᄒᆞ는 것도 살기를 위홈이오 다른 나라와 큰 젼ᄌᆡᆼ을 닐으켜 ᄌᆡ물을 허비ᄒᆞ며 인명을 손실ᄒᆞ는 것도 살기를 위홈이라 텬하에 무슨 일이 살기를 위ᄒᆞ지 안는 일이 잇스리오 오날늘 우리나라 일반 인민은 죽고 사는 큰 문뎨가 압헤 잇스되 잠이 들엇는지 취ᄒᆞ엿는지 도모지 ᄭᆡ닷

328 녹록(碌碌)하다: ① 평범하고 보잘것없다. ② (주로 뒤에 부정어와 함께 쓰여) 만만하고 호락호락하다.

지 못ᄒᆞ고 엇더ᄒᆞᆫ 쟈는 벼살에 눈이 어둡고 셰력에 졍신이 업셔셔 동인지 셔인지 몰으고 함부로 덤븨며 엇더ᄒᆞᆫ 쟈는 남이야 죽든지 살든지 나만 살엇스면 그만이라 ᄒᆞᄂᆞᆫ ᄉᆡᆼ각으로 변변치 안은 ᄌᆡ물과 실상 업ᄂᆞᆫ ᄃᆡ위를 ᄐᆡ산갓치 밋고 속담에 닐은바 장비야 ᄂᆡ ᄇᆡ 닷칠나 ᄒᆞ며 ᄯᅩ 엇더ᄒᆞᆫ 쟈는 쳐ᄌᆞ가 굴머죽고 얼어죽을 디경이 되엿슬지라도 손톱의 물 토기고 그린듯히 안져셔 먹고 닙고 사ᄂᆞᆫ 물건이 져졀로 ᄉᆡᆼ기기를 바라니 이갓치 ᄒᆞ기를 마지 안이ᄒᆞ면 슌샤 헌병을 젼후자우에 늘어 셰오고 인력거나 마챠로 호긔 잇게 단이ᄂᆞᆫ 사ᄅᆞᆷ이나 동셔남북에 량뎐미ᄐᆡᆨ(良田美宅)을 두고 젼곡의 구간ᄒᆞᆷ을 몰으고 부쟈로라 ᄌᆞ칭ᄒᆞᄂᆞᆫ 사ᄅᆞᆷ이나 몃ᄇᆡᆨ 몃십 명이 ᄯᅦ를 지어 의병이라 닐컷고 동셤셔홀(東閃西忽)ᄒᆞᄂᆞᆫ 사ᄅᆞᆷ이나 교군을 메든지 인력거를 ᄭᅳᆯ고 쥬야로 로동ᄒᆞᄂᆞᆫ 사ᄅᆞᆷ이 모다 갓치 죽을 일이 당두ᄒᆞ엿스니 이 일은 홍슈(洪水)보다 무셥고 ᄆᆡᆼ슈(猛獸)보다 두렵도다 이 일이 무신 일이뇨 졍치법률의 부ᄑᆡᄒᆞᆷ도 안이오 외국군ᄉᆞ의 춍검도 안이오 다만 돈이라 ᄒᆞ노라 돈이라 ᄒᆞᄂᆞᆫ 것은 ᄒᆞᆫ 사ᄅᆞᆷ이나 ᄒᆞᆫ 집이나 ᄒᆞᆫ 나라의 ᄉᆡᆼ존ᄒᆞᄂᆞᆫ 긔관이어ᄂᆞᆯ 근일 우리나라 가온ᄃᆡ 도라단이ᄂᆞᆫ 돈을 ᄉᆡᆷ혀 보건ᄃᆡ 통히 몃푼이 되지 못ᄒᆞ야 오륙월 큰 감을에 근원 업ᄂᆞᆫ 물 말으듯 ᄒᆞ니 쟝찻 우리가 무엇을 가지고 ᄉᆡᆼ명을 보젼ᄒᆞ리오 비유컨ᄃᆡ 논에 물이 말으기 시작ᄒᆞᆯ ᄯᅢ에 송사리ᄯᅦ가 오목ᄒᆞᆫ 곳으로 모혀들어 오굴오굴 ᄭᅳᆯ타가 필경은 말나 죽ᄂᆞᆫ 것과 갓도다 우리나라의 나라를 근심ᄒᆞᄂᆞᆫ 션ᄇᆡ들이 다만 졍치상 문뎨를 의론ᄒᆞ야 일본의 릉모와 압박을 분긔히 녁이니 이ᄂᆞᆫ 근본을 버리고 ᄭᅳᆺ을 강구ᄒᆞᆷ이로다 엇지ᄒᆞ야 그러뇨 셜ᄉᆞ 일본으로 통감부와 군ᄉᆞ령부를 것어가고 졍치상에ᄂᆞᆫ 츄호도 간셥이 업시 우리의 ᄌᆞ유로 ᄒᆞ게 ᄒᆞᆯ지라도 일본인의 상민과 농민만 남어 잇스면 ᄉᆡᆼ존경ᄌᆡᆼᄒᆞᄂᆞᆫ 마당에 우승렬ᄑᆡ(優勝劣敗)ᄒᆞᄂᆞᆫ 리치로 우리ᄂᆞᆫ 멸망ᄒᆞᆷ을 면치 못ᄒᆞᆯ지니 엇지 두렵고 무셥지 안으뇨 ᄉᆡᆼ각ᄒᆞ야 볼지어다 경셩 안에 잇ᄂᆞᆫ 일본인의 인구ᄂᆞᆫ 겨오 만여 명에 지나지 못ᄒᆞ고 우리 인구ᄂᆞᆫ 이십 만이 넘은즉 일본사ᄅᆞᆷ의 슈즁에 돈 만 원이 잇스면 우리나라 사ᄅᆞᆷ의 슈즁에ᄂᆞᆫ 이십만 원이 잇셔야 그 셰력이 평균홀 것이어늘 도로혀 뒤집혀 경셩 오셔니에 잇는 한인의 직경이 즌고기 일인의 직경의 빅분지일이 되지 못하니 무엇을 가지고 그 사름들과 셰력을 닷토리오 (미완)

153 1907년 12월 11일(수) 제2566호 론셜

엇지ᄒᆞ면 살가 (속) / 탄히싱

이제 직경의 경갈ᄒᆞᄂᆞᆫ 원인을 궁구홀진되 직작년 이릭로 경부에셔 화폐(貨幣)를 경리(整理)ᄒᆞᄂᆞᆫ 결과로 빅통화와 엽젼을 것우어 들이고 신화ᄂᆞᆫ 아직 통힝이 되지 못ᄒᆞᆫ 까둙이라 홀지나 그러나 도대톄로 물ᄒᆞ자면 우리나라 사름은 돈을 벌 쥴은 몰으고 쓸 줄만 아ᄂᆞ니 돈이 아모리 흔흔들 흙과 갓치 파 다이거나 물과 갓치 길어 다이ᄂᆞᆫ 것이 안이어든 엇지 항상 용지불갈홀 도리가 잇스리오 우리나라의 소위 직경이라 ᄒᆞᄂᆞᆫ 것은 농상공업으로 인ᄒᆞ야 싱기ᄂᆞᆫ 것이 안이오 몃빅 년 동안에 공돈만 가지고 살엇도다 그 공돈의 죵류가 여러 가지가 잇스니 쳣지ᄂᆞᆫ 각읍에셔 밧ᄂᆞᆫ 상납 돈을 밧ᄂᆞᆫ 딕로 국고에 밧치지 안코 군슈와 관찰ᄉᆞ들이 ᄉᆞᄉᆞ 리익을 꾀ᄒᆞ노라고 ᄎᆞ인을 ᄂᆡ여 맛겨 쟝ᄉᆞ를 식혓스니 그 돈이 디방에셔도 얼마 융통(融通)이 되고 셔울로 올나와셔도 이리 뎌리 도라든이다가 경부에 들어가ᄂᆞᆫ 쟈도 잇스려니와 틱반이나 범포[329]가 나고 들어가지 안ᄂᆞᆫ 고로 그 돈을 가지고 부귀를 누리ᄂᆞᆫ 쟈가 만히 잇셧스니 이것이 공돈의 한 가지오 죠뎡에셔 벼살 팔기를 져자거리의 물건 믹믹와 갓치 ᄒᆞᆫ 고로 싀골 부쟈들이 돈을 몃쳔 원 혹은 몃만 원식 환을 붓쳐 가지고 셔울로 올나와 각쳐에 운동홀 적에 군슈쥬본이 한번 들면 상납이니 즁비니 ᄒᆞᄂᆞᆫ 돈이 다슈히 허여졋스

329 범포(犯逋): 국고(國庫)에 바칠 돈이나 곡식을 써 버림.

니 이ᄂᆞᆫ 공돈의 두 가지오 경무청과 평한 량 ᄌᆡ판소에 ᄌᆡ판ᄒᆞᆯ 일이 잇ᄂᆞᆫ 사ᄅᆞᆷ들이 청젼을 가지고 권문셰가로 단이면서 뢰물을 밧쳣스니 이것이 공돈의 셰 가지오 우의로 우리 황상의 춍명을 갈이오고 명산대쳔에 긔도를 ᄒᆞᆫ다 무ᄉᆞᆫ 운동을 ᄒᆞᆫ다 칭ᄒᆞ고 몃만 원 혹 몃십만 원의 ᄂᆡ하젼을 물어 ᄂᆡ엿스니 이것이 공돈의 네 가지오 남의 청년ᄌᆞ뎨를 유인ᄒᆞ야 노름을 ᄒᆞ고 논문셔나 밧문셔를 잡혀셔 몃쳔 원 몃ᄇᆡᆨ 원의 빗을 ᄂᆡ여쥰 후에 십일됴나 십이됴의 구문을 쎄여먹엇스니 이것이 공돈의 다삿 가지오 기타 ᄇᆡᆨ쳔만ᄉᆞ가 협잡 안인 것이 업스며 협잡붓ᄒᆞᆫ 일에ᄂᆞᆫ 공돈 업ᄂᆞᆫ 일이 업스니 소위 졍부대관이라 ᄒᆞᄂᆞᆫ 쟈들은 공돈 먹ᄂᆞᆫ 괴슈오 그 아ᄅᆡ 일반 국민이 모다 공돈으로 사ᄂᆞᆫ ᄭᆞ닭에 돈이 업슬 ᄯᆡᄂᆞᆫ 의복과 셰간 긔명과 집문셔 논문셔를 뎐당을 잡히고 빗을 ᄂᆡ여 굴무며 먹으며 ᄒᆞ다가도 ᄉᆡᆼ슈가 나셔 공돈이 한 번 ᄉᆡᆼ기면 뎐당 잡혓던 물건도 찻고 먹고 쓰기를 속담에 닐은바 ᄌᆞ룡이 헌 창 쓰듯 ᄒᆞ다가 일죠일셕에 허다ᄒᆞᆫ 공돈 길이 모다 막히고 다소간 남어 잇ᄂᆞᆫ 것은 벼살 파ᄂᆞᆫ 길과 ᄌᆡ판소의 청쵹ᄒᆞᄂᆞᆫ 길과 산쳔긔도ᄒᆞᄂᆞᆫ 길ᄲᅮᆫ 니[330] 무엇을 가지고 이젼과 ᄀᆞᆺ치 쓰리오 이에 빗 ᄂᆡᄂᆞᆫ 도리밧게 업스나 빗을 ᄂᆡ려 ᄒᆞᆫ즉 뎐당이 업시ᄂᆞᆫ 안 되ᄂᆞᆫ 고로 집안의 물건은 잇ᄂᆞᆫ ᄃᆡ로 뎐당을 잡혀 ᄒᆞᆫ동안은 지ᄂᆡ엿스되 도금 ᄒᆞ야ᄂᆞᆫ 뎐당 잡힌 것을 찻기ᄂᆞᆫ 고샤ᄒᆞ고 다시ᄂᆞᆫ 잡힐 것이 업스니 돈이 어ᄃᆡ셔 나셔 먹고 닙고 살니오 그런 고로 경셩 ᄂᆡ의 집문셔ᄂᆞᆫ 십의 칠팔이 즌고ᄀᆡ 뎐당집에 가 잇슴으로 가옥의 ᄆᆡᄆᆡ가 아죠 ᄭᅳᆫ쳣도다 한심ᄒᆞ다 이 일이여 필경은 모다 집을 ᄲᅢ앗기고 거지가 되여 이젼에 호강시럽게 지ᄂᆡ던 일을 ᄭᅮᆷ결갓치 녁이리니 누구를 원망ᄒᆞ며 누구를 허물ᄒᆞ리오 이ᄂᆞᆫ 소위 상등샤회의 형편이어니와 (미완)

---

330 원문 그대로 옮김. '쌘이니(뿐이니)'로 추정되나 '~이'가 누락되어 있음.

엇지ᄒᆞ면 살가 (속) / 탄히싱

하등샤회ᄂᆞᆫ 언의 나라에든지 언의 시ᄃᆡ에든지 불량ᄒᆞᆫ 도젹놈의 무리ᄅᆞᆯ 졔ᄒᆞ고ᄂᆞᆫ 모다 힘써 버러셔 먹고 살것마ᄂᆞᆫ 우리나라의 하등샤회ᄂᆞᆫ 상등샤회의 물이 들어셔 역시 공돈으로 사ᄂᆞᆫᄃᆡ 그 죵류ᄅᆞᆯ 의론ᄒᆞᆯ진ᄃᆡ 기싱 슘픽와 밋 무당 싀쥬가의 셔방이 ᄒᆞᆫ 가지오 노름군의 츅이 두 가지오 마도위[331]의 류가 셰 가지오 죵로의 여립군이 네 가지오 ᄯᅮ쟝이 등속이 다삿 가지오 그 다음에ᄂᆞᆫ 남의 집 하인비도 공돈 바라고 사ᄂᆞᆫ 인싱이오 교군을 메이거나 인력거ᄅᆞᆯ 쓰ᄂᆞᆫ 사ᄅᆞᆷ은 ᄯᆞᆷ 흘녀셔 버러먹ᄂᆞᆫ 듯ᄒᆞ되 역시 공돈을 바라ᄂᆞᆫ 마ᄋᆞᆷ으로 죵일토록 병문에 모혀 안져셔 욕셜과 상담이 안이면 쥬정ᄒᆞ거나 낫잠 자ᄂᆞᆫ 것으로 일을 삼다가 교군이나 인력거 탈 사ᄅᆞᆷ을 맛나면 월슈ᄒᆞᆫ 삭을 밧으려 ᄒᆞ며 각싀 쟝사ᄒᆞᄂᆞᆫ 사ᄅᆞᆷ들은 물건이 쳔ᄒᆞᆯ 젹에 사셔 귀ᄒᆞᆯ 젹에 팔며 이 디방에 물건을 사셔 뎌 디방에 파ᄂᆞ니 그것은 정당ᄒᆞᆫ 리익을 가지고 사ᄂᆞᆫ 듯ᄒᆞ되 그 사ᄅᆞᆷ들도 풍속을 버셔나지 못ᄒᆞ야 공돈을 바라ᄂᆞᆫ 마ᄋᆞᆷ으로 아참부터 져녁ᄭᆞ지 흥졍 ᄒᆞᆫ 가지ᄅᆞᆯ 못 ᄒᆞ고 우둑ᄒᆞ니 안졋다가 엇더ᄒᆞᆫ 싀골 사ᄅᆞᆷ이나 한아 맛나면 열 량 자리를 수무 량이나 설흔 량을 밧으려 ᄒᆞ니 우의로 공경대부나 아릐로 우부우부(愚夫愚婦)의 마암 가온ᄃᆡ 공돈이 가득ᄒᆞ고 오작 싀골셔 농ᄉᆞ 짓ᄂᆞᆫ 동포ᄂᆞᆫ 한셔와 풍우ᄅᆞᆯ 물론ᄒᆞ고 슌실ᄒᆞᆫ 마ᄋᆞᆷ으로 ᄊᆞᆼ만 팔 ᄯᆞ름이나 그러나 젼후자우에 공돈 바라ᄂᆞᆫ 무리가 벌ᄯᅦ갓치 늘어섯스니 필경은 이리 뎌리 다 ᄲᅢ앗기고 긔한을 못 면ᄒᆞ니 가쟝 불상ᄒᆞ고 측은ᄒᆞᆫ 바ᄂᆞᆫ 농ᄉᆞ 짓ᄂᆞᆫ 동포이로다 이왕에ᄂᆞᆫ 우리가 모도 공돈을 가지고 살엇거니와 지금 세상은 밤이 낫 갓ᄒᆞ야 공돈이 날 곳이 업셔지ᄂᆞ니 만일 이 공돈 바라ᄂᆞᆫ 마암을 버리지 못ᄒᆞ면 죽을 밧게ᄂᆞᆫ 다른 도리가 업스리로

331 마도위: 말을 사고 팔 때 흥정을 붙이는 사람.

다 그러나 쟝사를 ᄒᆞ자 ᄒᆞ야도 ᄌᆞ본 업고 공업을 ᄒᆞ자 ᄒᆞ야도 빅혼 ᄌᆡ됴 업고 농ᄉᆞ를 ᄒᆞ자 ᄒᆞ야도 몸이 약홀 ᄲᅮᆫ 안이라 뎐답이 업ᄂᆞᆫ 고로 감안이 안져셔 죽ᄂᆞᆫ 날만 기다리니 이러ᄒᆞ고셔야 ᄇᆡᆨ셩이 엇지 ᄇᆡᆨ셩노릇을 ᄒᆞ며 나라이 엇지 나라노릇을 ᄒᆞ리오 근일ᄉᆞ로 볼지라도 각 관쳥에셔 날마다 집을 지으되 그 도급을 맛ᄂᆞᆫ 쟈ᄂᆞᆫ 일본사름ᄲᅮᆫ이오 우리 동포ᄂᆞᆫ 흙이나 돌을 져 나르ᄂᆞᆫ 모군ᄲᅮᆫ이며 텰도 역ᄉᆞ나 슈도 역ᄉᆞ에도 기ᄉᆞ(技師)ᄂᆞᆫ 챠치ᄒᆞ고 기슈(技手)나 감독ᄒᆞᄂᆞᆫ 쟈ᄂᆞᆫ 모다 외국사름이오 우리 형뎨ᄂᆞᆫ 광이를 들고 ᄯᅡᆼ 파ᄂᆞᆫ 잡이 외에ᄂᆞᆫ 지나지 못ᄒᆞ니 무엇에셔 돈이 나셔 우리 목숨을 보젼ᄒᆞ리오 더고나 금년에ᄂᆞᆫ 디방 각쳐에 의병이 창궐ᄒᆞ야 츄슈도 올녀오지 못ᄒᆞ고 강원도 근쳐에셔 오ᄂᆞᆫ 나모와 슛이 한아도 들어오지 안으니 치운 겨을에 얼어 죽고 굴머 쥭을지라 오날늘 우리나라의 뎨일 큰 문뎨ᄂᆞᆫ 이 문뎨로다 본 긔쟈의 어리셕은 소견으로 쟝릭ᄉᆞ를 츄측ᄒᆞ건ᄃᆡ 뎨일 몬져 죽을 쟈ᄂᆞᆫ 대감이니 곳감이니 ᄒᆞᄂᆞᆫ 공돈 먹든 괴슈오 그 다음은 ᄎᆞ례로 우리의게ᄭᅡ지 밋쳐 오리니 바라건ᄃᆡ 우리 동포ᄂᆞᆫ 이왕에 부귀ᄒᆞ던 무리와 갓치 죽지 말고 오날부터 ᄉᆡ 졍신 ᄉᆡ 마암으로 ᄉᆞᆱ에라도 공돈은 ᄉᆡᆼ각지 말고 ᄯᆞᆷ을 흘니지 안으면 돈이 업ᄂᆞᆫ 줄로 분명히 알기를 간졀히 바라노라 (완)

155 1907년 12월 13일(금) 제2568호 긔셔

제목 없음 / 평양 김유턱

부귀ᄒᆞ기를 됴와ᄒᆞ고 빈쳔ᄒᆞ기를 슬혀홈은 ᄀᆡ인의 욕심이오 부강ᄒᆞ기를 됴하ᄒᆞ고 빈약ᄒᆞ기를 슬혀홈은 국민의 희망이라 홀지라 그러나 부귀ᄒᆞᆫ 사름도 힘드려 벌어야 되고 부강ᄒᆞᆫ 나라도 힘써야 되ᄂᆞᆫ지라 아모리 ᄂᆡ 힘 드리지 안코 감안히 안젓다가 부쟈도 되고 부국도 되려 ᄒᆞ여도 ᄌᆞ연히 될 리치ᄂᆞᆫ 만무

ᄒᆞ도다 지금에 우리나라가 독립국 된 것과 황뎨국 된 것이 우리는 별노 힘썻다 ᄒᆞᆯ 슈 업스나 그 일 될 ᄯᅢ에 군ᄉᆞ의 ᄉᆡᆼ명을 얼마나 죽엿스며 ᄌᆡ졍을 얼마나 허비ᄒᆞ얏ᄂᆞᆫ지 짐작ᄒᆞᆯ지로다 여러분은 ᄉᆡᆼ각ᄒᆞ야 보시오 졍부에 츙직ᄒᆞᆫ 대신이 잇소 샤회에 특별ᄒᆞᆫ 지ᄉᆞ가 잇소 학교에 대즁학교 졸업ᄒᆞᆫ 학ᄉᆡᆼ이 만소 농업 공업 상업이 블달되엿소 텰도를 노흐려 ᄒᆞ여도 긔관슈 한 사ᄅᆞᆷ 업고 병함을 짓기ᄂᆞᆫ 고샤ᄒᆞ고 부릴 쥴 아는 함쟝 ᄌᆡ목도 업고 군ᄉᆞ를 확쟝코져 ᄒᆞ여도 륙히군 대쟝감 ᄒᆞᆫ아토 업고 국권 회복ᄒᆞ고 독립 만셰를 부르랴 ᄒᆞ야도 례복 지을 사ᄅᆞᆷ도 업고 삼편쥬 슐은커녕 잔 한 ᄀᆡ 만들 사ᄅᆞᆷ도 업고 경츅ᄒᆞ랴 ᄒᆞ야도 국긔 한 ᄀᆡ 만다ᄂᆞᆫ 쟈 업고 우리나라 소산과 공작품이 외국으로 나가기ᄂᆞᆫ 고샤ᄒᆞ고 ᄂᆡ 나라에셔도 쓸 것을 만달지 못ᄒᆞᄂᆞᆫ ᄇᆡᆨ셩들이 여간ᄒᆞᆫ ᄉᆞ약이 문쟈 죠각이나 드럿노라고 콩이야 팟이야 ᄒᆞ며 너 ᄶᅢ돍에 나라이 망ᄒᆞ엿다 나 ᄶᅢ돍에 망ᄒᆞ얏다 ᄒᆞ나 상하 인심이 이 모양 되고야 보호국 된 것도 하나님의 은혜 감샤ᄒᆞ오 국민을 모라다가 북빙양 무인 졀도에 버리면 문삼[332] 방비ᄒᆞᆯ 묘칙과 실력 잇소 이제라도 ᄀᆞᆺ치 살고 평안히 지ᄂᆡ랴 ᄒᆞ거든 량반의 가문 ᄂᆡ여 버리고 서 푼자리 쟝사라도 ᄒᆞ여 슈다 식솔 굼지 말게 ᄒᆞ고 쟈본가들은 나 먹으리만치 ᄂᆡ여놋코 그 남아지ᄂᆞᆫ 실업을 발달ᄒᆞᄂᆞᆫ ᄌᆞ본으로 ᄡᅧ여쥬고 일반 동포들은 진심 진력ᄒᆞ야 학교를 셜립ᄒᆞ야 쳥년 ᄌᆞ뎨를 교육ᄒᆞ며 무론 남녀로소ᄒᆞ고 이 나라이 업셔지면 ᄂᆡ 몸은 남의 로례 되고 ᄂᆡ 집과 ᄂᆡ ᄯᅡᆼ은 다른 사ᄅᆞᆷ의 물건 되ᄂᆞᆫ 쥴 ᄭᆡ다라 나라일이라면 몸과 ᄌᆡ물을 앗기지 안이ᄒᆞᆫ 연후에야 될 터이니 이졔부터 한 십년 힘 써도 될동말동ᄒᆞᆫᄃᆡ 눈 잇셔도 보지 못ᄒᆞ고 귀 잇셔도 듯지 못ᄒᆞᄂᆞᆫ 톄ᄒᆞ다가 아죠 죽게 된 후에ᄂᆞᆫ 요동ᄒᆞ고져 ᄒᆞ야도 블셔 결박될 터이오 번연히 알고 밤낫 애쓰ᄂᆞᆫ 신문 긔쟈 죡하를 위ᄒᆞ야 셜월미창에 하로밤 슈고를 ᄃᆡ신ᄒᆞ나이다

332 '무삼(무ᄉᆞᆫ)'의 오기인 듯함.

리치원(李致遠) 씨의 부인의 신의를 감샤함 / 탄히싱

의쥬 챵령촌(義州 昌領村)에 사는 리치원 씨는 본릭 가난훈 션비로딕 본 신문을 창간훈 후로부터 사랑ᄒᆞ야 보더니 불힝히 금년 봄에 이 세상을 써낫다 ᄒᆞ는 소문을 듯고 이셕홈을 마지 안이ᄒᆞ야 젹톄훈 신문 딕금을 감히 청구치 안이ᄒᆞ고 신문 발송만 뎡지ᄒᆞ엿더니 리치원 씨의 부인이 망부(亡夫)의 사랑ᄒᆞ야 보던 바 신문의 딕금을 갑지 안을 슈 업다는 놉흔 의로 침션과 방젹으로 픈픈히 돈을 모와 광무 구년 팔원[333] 일일부터 광무 십년 십이월 삼십일일ᄭᆞ지 젹톄훈 신문 딕금 륙 환 ᄉᆞ십륙 젼을 신편에 올녀보닉엿는지라 본사에셔 그 돈을 령슈홀 젹에 리치원 씨를 위ᄒᆞ야 훈 번 다시 슯흔 눈물을 ᄲᅮ릴 ᄲᅮᆫ 안이라 그 부인의 신의를 탄복ᄒᆞ엿도다 대뎌 우리나라의 현금 형편이 남ᄌᆞ라도 신문이 국가와 인민의게 무슨 관계가 잇는지 몰으고 심훈 쟈는 소위 디방관이라 ᄒᆞ는 사름들도 간혹 신문을 환송ᄒᆞ거나 신문 딕금을 몃 히식 젹톄ᄒᆞ고 보닉지 안으니 향곡에 사는 부인으로 리치원 씨의 부인 갓흐신 이가 어딕 다시 잇스리오 셜혹 신문이라 ᄒᆞ는 것이 업셔셔는 못 쓸 줄 아는 이가 잇슬지라도 가쟝 업는 부인의 몸으로 침션과 방젹을 힘써셔 간신히 지닉여 가는딕 언의 결을에 신문 딕금을 싱각ᄒᆞ리오 그 돈 륙 환여각은 다른 돈 륙쳔 환이나 륙만 환보담 나은 고로 특별히 닛지 안키를 위ᄒᆞ야 우편국에 맛기고 영영히 범용치 안이ᄒᆞ기로 뎡ᄒᆞ얏노라 본사에셔 아모리 지졍이 군졸홀지라도 이 돈은 쓰지 안코 몃십 년 몃빅 년 동안을 늘이면 필경은 본 신문을 만셰가 되도록 유지홀 긔본(基本)이 되리니 엇지 아름답지 안이ᄒᆞ뇨 ᄯᅩ 금일부터는 리치원 씨의 부인의게로 신문을 련속 발송ᄒᆞ되 결단코 딕금을 령슈치 안으려 ᄒᆞ며 다만 그 부인의 싱젼ᄲᅮᆫ 안이라

333 '팔월'의 오기.

몃히 후 ㅈ손의게 닐으기까지 셔로 신의를 직희려 ᄒ노이다 본샤의 졍형은 루ᄎ 셜명ᄒ야 일반 동포의 다 아시ᄂ 바어니와 도뎌히 지팅키 어려온 고로 엇지 ᄒ면 됴흘는지 몰낫더니 이졔 리치원 씨의 부인의 셩력으로 인ᄒ야 영원히 지팅ᄒ야 우리나라 문명의 터가 될 쥴을 스ᄉ로 긔약ᄒ노라

157 1907년 12월 15일(일) 제2570호 론셜

합ᄒᄂ 것이 귀흠이라 / 탄희싱

텬하 만ᄉ가 합ᄒ면 되고 허여지면 되지 안ᄂ 것은 리치에 면치 못ᄒᆯ 바라 그런 고로 나라를 다ᄉ리ᄂ 쟈 몬져 인심의 합ᄒ기를 힘쓰지 안ᄂ 쟈 업스되 다만 그 졍ᄉᄒᄂ ᄃᆡ 인민의 마음을 열복케 안이ᄒ고 졔 슈단을 힝ᄒ야 억지로 합ᄒ고져 ᄒᄂ 것은 셜혹 잠시간 합ᄒ드ᄅᆡ도 시간을 머물지 안코 즉시 허여지리니 허여지ᄂ 씨에ᄂ 나라이 망ᄒ지 안ᄂ 쟈 업도다 그런 고로 덕화로써 인민을 감복케 ᄒ야 그 ᄇᆡᆨ셩으로 ᄒ야곰 오ᄅᆡ도록 마음이 변치 안케 ᄒᄂ 것이 가위 셩현의 도라 ᄒᆯ지라 근일 뎌 문명국이란 나라 ᄇᆡᆨ셩들의 동졍을 볼지어다 그 나라 인민 즁에 언의 ᄇᆡᆨ셩이 나라 ᄉ랑ᄒᄂ 마암이 혹 업ᄂ가 비록 숌쳑동ᄌ라도 졔 나라일이라면 욕되게 ᄒᄂ 일이 업고 심지어 졔 나라 검불이라도 ᄉ랑ᄒ야 만일 외국사름이 졔 나라 것을 나무라고 타박ᄒ면 긔가 나셔 졔 나라 것이 낫다 ᄒ나니 그런 말은 합심되ᄂ ᄃᆡ 상관이 업ᄂ 듯ᄒ나 합심되ᄂ 것을 무엇을 쥬쟝ᄒ겟ᄂ가 필경 님군을 위ᄒ야 츙심만 잇고 원망ᄒ고 ᄇᆡ반ᄒᆯ 마암이 업슬 ᄯᅡ름이니 녯젹 사름의 님군 ᄉ랑ᄒ던 마암이나 지금 사름의 나라 ᄉ랑ᄒᄂ 것은 일홈은 비록 다르나 그 의리ᄂ 일반이오 ᄯᅩ한 ᄉ실상으로 의론ᄒ건ᄃᆡ 나라를 ᄉ랑ᄒ야 국가가 ᄐᆡ산반셕 우에 잇슬진ᄃᆡ 님군은 ᄌ지기즁 ᄐᆡ평안락ᄒᆯ 것이오 님군만 ᄉ랑ᄒ고 나라를 ᄉ랑치 안이ᄒ야 국가가 위ᄐᆡᄒᄂ 디경이면 필

경은 님군도 욕을 보고 ᄯᅡ라셔 젼국 강토가 업셔지ᄂᆞᆫ 환을 면치 못ᄒᆞᆯ지니 나라 ᄉᆞ랑ᄒᆞᄂᆞᆫ 것과 님군 ᄉᆞ랑ᄒᆞᄂᆞᆫ 사이의 관계가 엇더타 ᄒᆞ겟ᄂᆞᆫ가 비록 그러ᄒᆞ나 대개 인민의 마암이 합ᄒᆞᆫ 연후에야 될 일이오 사ᄅᆞᆷ마다 각심되야 이쳔만 명의 마음이 이쳔만이 될진ᄃᆡ 입으로 아모리 츙군 애국을 말ᄒᆞ더ᄅᆡ도 도뎌히 국가의 쇠ᄑᆡᄒᆞᆫ 운명을 회복ᄒᆞᆯ 슈 업슬지로다

슯흐다 지금 우리 한국 인민의 마암이 합ᄒᆞ얏ᄂᆞᆫ가 결단코 합ᄒᆞ얏다 ᄒᆞᆯ 슈 업고 리산ᄒᆞ얏다 ᄒᆞᆯ지로다 무릇 합ᄒᆞᆫ다 ᄒᆞᄂᆞᆫ 것은 사ᄅᆞᆷ마다 슌연ᄒᆞᆫ 셩질로 즁심에셔 소ᄉᆞ나ᄂᆞᆫ 것을 닐음이오 일호 반졈이라도 강작[334] ᄒᆞᄂᆞᆫ 것은 안이니 지금 우리나라 사ᄅᆞᆷ들을 낫낫히 모아놋코 그 심셩경을 ᄀᆡᄀᆡ이 론란ᄒᆞ야 봅세다

본 긔자에게 죠마경[335]이 잇스니 그 거울을 사ᄅᆞᆷ의 오장에 빗치면 능히 그 마암의 착ᄒᆞᆫ 것과 악ᄒᆞᆫ 것과 로둔ᄒᆞᆫ 것과 영리ᄒᆞᆫ 것과 완고ᄒᆞᆫ 것과 ᄀᆡ명ᄒᆞᆫ 것을 황연히 아나니 아모리 속히고 은휘코져 ᄒᆞ야도 엇지ᄒᆞᆯ 슈 업ᄂᆞᆫ지라 금일은 일력이 진ᄒᆞ얏스니 ᄎᆞ호부터 시작ᄒᆞ야 낫낫히 시험ᄒᆞᆯ 것이니 여러분들은 ᄌᆞ셰히 보시오[336]

158 1907년 12월 18일(수) 제2572호 론셜

거울을 달고 물건을 비쵸임 / 탄ᄒᆡᄉᆡᆼ

일젼에 미진ᄒᆞᆫ 말을 다시 련속ᄒᆞ거니와 대뎌 이 죠마경은 츄호도 ᄉᆞ정이 업

334 강작(强作): 억지로 지어서 함.

335 조마경(照魔鏡): ① 마귀의 본성도 비추어 보인다는 신통한 거울 ② 사회의 숨겨진 본체를 비추어 드러내는 일.=조요경(照妖鏡).

336 제2571호(12월 17일자) 논설 미게재.

셔셔 왼갓 물건의 형용이 비초이는 딕로 말ᄒᆞ려 ᄒᆞᆫ즉 혹시 셰상 사ᄅᆞᆷ의 싀긔지심을 인ᄒᆞ야 그 거울을 ᄭᅢ칠가 념려ᄒᆞ나 지금은 이왕 시딕와 달나셔 ᄉᆡᆼ명과 ᄌᆡ산을 잘 보호ᄒᆞ야 쥬는 졍부가 잇슴으로 남의 긔물을 능히 손힘치 못ᄒᆞᆯ지라 아모것도 긔탄ᄒᆞᆯ 바이 업도다 그러나 다슈ᄒᆞᆫ 사ᄅᆞᆷ과 허다ᄒᆞᆫ 물건의 셩질을 평론코져 ᄒᆞ면 지리ᄒᆞᆷ을 면치 못ᄒᆞ겟기로 다만 두어 가지만 시험ᄒᆞ야 비초여 보노라

엇더ᄒᆞᆫ 나라에든지 엇더ᄒᆞᆫ 시딕에든지 상등샤회라 칭ᄒᆞ는 것은 돈 만코 위놉흔 쟈ᄅᆞᆯ 지목ᄒᆞᆷ이어니와 특별히 우리나라의 상등샤회는 벼살ᄒᆞ는 사ᄅᆞᆷ뿐이라 엇지ᄒᆞ야 그러뇨 한 번 벼살을 ᄒᆞᆫ즉 어졔게ᄭᆞ지 집 한 간 업던 사ᄅᆞᆷ도 고딕광실에 남노녀비와 문긱 쳥직이가 들셕들셕ᄒᆞ고 츌입ᄒᆞᆯ ᄯᅢ면 헌병 슌검이 젼후자우로 옹위ᄒᆞ야 풍우갓치 몰아가니 이젼에 형이야 아오야 ᄒᆞ고 갓치 노던 친구라도 감히 치어다 볼 슈 업는 연고ㅣ라 이졔 우리나라의 대신 지닉는 사ᄅᆞᆷ들을 ᄉᆞᆲ혀볼진딕 그 용모는 형형ᄉᆡᆨᄉᆡᆨ으로 갓지 안이ᄒᆞ야도 그 마암과 ᄒᆡᆼᄉᆞ는 균일ᄒᆞ야 죠곰도 달음이 업스니 가장 괴이ᄒᆞ도다 속에는 쥬쟝ᄒᆞᆫ 소견이 한아도 업고 아라사의 셰력이 강대ᄒᆞ면 아라사당이 되고 일본의 셰력이 강대ᄒᆞ면 일본의 당이 되여 셰력의 도는 긔틀을 보기에 민쳡ᄒᆞ며 ᄌᆞ긔의 의ᄉᆞ라든지 언론은 ᄒᆞᆫ 가지도 시ᄒᆡᆼᄒᆞᆯ ᄉᆡᆼ각이 업고 남이 이리 ᄒᆞ라 ᄒᆞ면 이리 ᄒᆞ고 뎌리 ᄒᆞ라 ᄒᆞ면 뎌리 ᄒᆞ야 나라이 엇지 되든지 ᄇᆡᆨ셩이 엇지 되든지 도라보지 안코 ᄌᆞ긔의 셰력과 디위ᄅᆞᆯ 굿치기에 골몰ᄒᆞ며 가옥을 엇지ᄒᆞ면 굉걸케 지으며 의복을 엇지ᄒᆞ면 화려케 닙으며 음식을 엇지ᄒᆞ면 아름답게 ᄒᆞ며 비쳡을 엇지ᄒᆞ면 에엿쁜 것을 둘고 ᄒᆞ야 밤낫으로 경영ᄒᆞ고 ᄉᆡᆼ각ᄒᆞ며 인민은 어육이 되고 국가는 멸망ᄒᆞᆯ지라도 닉외국의 손님을 쳥ᄒᆞ야 기악과 가무로 질탕ᄒᆞ게 연락ᄒᆞ며 이젼에 나ᄅᆞᆯ 원망ᄒᆞ거나 훼방ᄒᆞ던 쟈가 잇스면 그 사ᄅᆞᆷ이야 올튼지 글으든지 긔어히 싀긔ᄒᆞ고 모함ᄒᆞ야 쳔층 디옥으로 ᄲᅡ치고져 ᄒᆞ며 ᄌᆡ목이야 되엿든지 안 되엿든지 닉 식구와 닉 친쳑이면 ᄇᆡᆨ방으로 쥬션ᄒᆞ야 즁앙 졍부의 요임이나 디방

관 즁의 됴흔 것을 식히노라고 분쥬ᄒᆞ며 음모(陰謀)와 비계(秘計)를 희롱ᄒᆞ야 우희로 인군을 긔망ᄒᆞ며 밧그로 외국사ᄅᆞᆷ을 달닉고 안으로 ᄇᆡᆨ셩을 속이는 것으로 장기를 삼으며 정의(正義)와 직언으로 간징(諫諍)ᄒᆞᄂᆞᆫ 사ᄅᆞᆷ을 뮈워ᄒᆞ고 교언령식(巧言令色)으로 아쳠ᄒᆞᄂᆞᆫ 무리를 사랑ᄒᆞ며 하늘 텬 ᄶᅡ 디를 몰으면셔도 텬하대셰와 동셔고금의 력ᄉᆞ를 의론ᄒᆞᄂᆞᆫ 마당을 맛나면 고담쥰론으로 아는 톄ᄒᆞ야 남이 흉보는 쥴을 ᄭᆡ닷지 못ᄒᆞ니 이는 벼살ᄒᆞᄂᆞᆫ 사ᄅᆞᆷ의 오장륙부라 천이면 천 만이면 만이 다 갓ᄒᆞ야 ᄌᆞ웅을 분변키 어렵고 (미완)

159 1907년 12월 19일(목) 제2573호 론셜

거울을 달고 물건을 비초임[337] / 탄히싱

작일 우리 거울에 비초인 바는 벼살ᄒᆞᄂᆞᆫ 사ᄅᆞᆷ의 오쟝 륙부인ᄃᆡ 첫ᄌᆡ는 셰력 도라가는 긔틀을 잘 숣힘이오 둘ᄌᆡ는 ᄌᆞ긔의 쥬장ᄒᆞᆫ 소견이 업고 남의 명령졀제에 달게 복죵홈이오 셋ᄌᆡ는 ᄌᆞ녀옥ᄇᆡᆨ(子女玉帛)을 사치ᄒᆞ고져 홈이오 넷ᄌᆡ는 나라와 ᄇᆡᆨ셩이 엇지 되든지 불고ᄒᆞ고 놀마다 연락홈이오 다삿ᄌᆡ는 ᄉᆞᄉᆞ 원망 잇는 사ᄅᆞᆷ이면 긔어히 모힘ᄒᆞ야 업시코져 홈이오 여삿ᄌᆡ는 인ᄌᆡ의 엇더홈을 숣히지 안코 소위 식구나 친쳑을 등용(登用)홈이오 일곱ᄌᆡ는 음모휼계(陰謀譎計)로 긔군망민(欺君罔民)ᄒᆞ며 외국을 결련ᄒᆞ야 셰력과 디위를 지팅코져 홈이오 여듧ᄌᆡ는 군ᄌᆞ를 뮈워ᄒᆞ고 쇼인을 사랑홈이오 아홉ᄌᆡ는 텬동 디동을 몰으면셔 망령도히 스ᄉᆞ로 아는 톄 홈이라 이 밧게도 무슈ᄒᆞᆫ 흠뎜이 만을지나 보기에 넘어 흉악ᄒᆞᆫ 고로 다시금 거울을 둘너 다른 방면으로 다인즉 소위 지ᄉᆞ(志士)라 ᄒᆞᄂᆞᆫ 무리가 보이는지라 위션 반가온 마암으로 ᄉᆡᆼ각ᄒᆞ되 뎌 사ᄅᆞᆷ들

337 연속 게재되었으나 '전호속' 표기는 없음.

즁에는 혹 여러 히 동안 외국에 류학ᄒᆞ야 문명ᄒᆞᆫ 학문을 닥근 쟈도 잇고 혹 한문을 만히 닑어셔 고금동셔(古今東西)의 흥망승쇠를 흉즁에 품어 붓을 던지면 웅혼(雄渾)ᄒᆞᆫ 문장이 셰상을 경동ᄒᆞᄂᆞᆫ 쟈도 잇스니 작일에 보던 바와는 크게 달나셔 가히 보옴즉ᄒᆞᆫ 것이 잇스리라 ᄒᆞ고 눈을 씻고 거울을 닥근 후에 셰셰히 ᄉᆞᆲ혀본즉 ᄉᆡᆼ각ᄒᆞ엿던 바와 실디가 대상부동[338]이로다 이제 그 지ᄉᆞ의 심장과 ᄒᆡᆼᄉᆞ를 평론ᄒᆞᆯ진ᄃᆡᆫ 입으로ᄂᆞᆫ 민권의 ᄌᆞ유를 쥬장ᄒᆞ고 졍부의 악졍(惡政)을 론박ᄒᆞ면셔도 남북촌 셰력가에 남 몰으게 밤이면 츌입ᄒᆞ야 ᄇᆡᆨ가지로 아쳠ᄒᆞ야 무솜 벼살을 엇어 붓들면 이젼의 쥬장ᄒᆞ던 바와 언론ᄒᆞ던 바ᄂᆞᆫ 어ᄃᆡ로 다 다라나고 소위 무식ᄒᆞ다 완고ᄒᆞ다 ᄒᆞᄂᆞᆫ 사ᄅᆞᆷ보다 협잡은 더 잘ᄒᆞ고 압졔ᄂᆞᆫ 더 심ᄒᆞ며 것흐로 보면 학쟈도 갓고 군쟈도 갓ᄒᆞ야 인의례지와 효뎨츙신을 말마다 닐커르되 그 ᄒᆡᆼᄒᆞᄂᆞᆫ 일을 보면 이젹금슈(夷狄禽獸)와 달음이 업셔셔 동포를 잔ᄒᆡ(殘害)ᄒᆞ고 국가를 복멸(覆滅)케 ᄒᆞᄂᆞᆫ 일이라도 긔탄업시 ᄒᆡᆼᄒᆞ며 ᄒᆡᆼ동이 활블ᄒᆞ고 언어가 강ᄀᆡᄒᆞ야 당셰의 모범이 될 듯ᄒᆞᆫ 쟈도 디위 놉고 권셰 잇ᄂᆞᆫ 사ᄅᆞᆷ을 맛나면 긔운이 져상(沮喪)[339]ᄒᆞ야 아모 말도 못 ᄒᆞ고 ᄉᆞᄉᆞ 리익을 엇으면 압뒤를 도라보지 안코 졀ᄀᆡ를 굽히ᄂᆞᆫ지라 쳣번에 보이ᄂᆞᆫ 것이 이갓치 흉ᄒᆞᆫ 것ᄲᅮᆫ인즉 더 볼 마음이 업도다 이에 텰퇴를 들어 거울을 ᄭᆡ치고 하날을 울어러 ᄒᆞᆫ번 통곡ᄒᆞ엿노라 대뎌 나라라 ᄒᆞᄂᆞᆫ 것은 죠졍에 어진 ᄌᆡ상이 잇고 들에 어진 션비가 잇셔야 다ᄉᆞ릴 것이어날 이제 우리나라ᄂᆞᆫ 죠뎡의 ᄌᆡ샹이 뎌러ᄒᆞ고 들의 션비가 이러ᄒᆞ니 쟝찻 뉘게 부탁ᄒᆞ야 도탄에 든 창ᄉᆡᆼ을 건지고 ᄯᅡ에 ᄯᅥ러진 국권을 회복ᄒᆞ리오 지금 잇ᄂᆞᆫ 사ᄅᆞᆷ으로ᄂᆞᆫ 능히 우리의 바다ᄂᆞᆫ[340] ᄃᆡ로 될 수 업스니 불가불 우리의 쳥년 ᄌᆞ뎨를 부즈런히 교육ᄒᆞ야 신시ᄃᆡ(新時代)의 신국

338 대상부동(大相不同): 조금도 비슷하지 않고 서로 아주 다름.
339 저상(沮喪): 기력이 꺾이어 기운을 잃음.
340 '바라ᄂᆞᆫ(바라는)'의 오기.

민(新國民)을 만달 수밧게 다른 도리는 업다 ᄒᆞ노라 ᄒᆞᆸᄂᆞ이다

160 1907년 12월 20일(금) 제2574호 긔셔

계연론(誡烟論) / 포와류[341] 리경직

무릇 아편이란 것은 마취제(痲醉劑) 약물(藥物)이오 식물(食物)은 안인ᄃᆡ 지각 업ᄂᆞᆫ 사ᄅᆞᆷ들은 이것으로 식물을 삼아 눈만 ᄯᅳ면 손에 잡고 입에 ᄃᆡ여 연창연통에 써놀 식가 업스니 과연 문명 인ᄉᆞ의 ᄒᆞᆯ 바가 안이오 ᄯᅩ한 아편의 은(癮)이 나면 두통 지졀 복통이 비ᄒᆞᆯ ᄃᆡ 업고 눈물 코물이 실음 업시 흘으며 진익이 고갈ᄒᆞ야 얼골에 창ᄇᆡᆨ식을 ᄯᅴ우나니 만약 이 빌미로 병이 나면 ᄇᆡᆨ약이 무효ᄒᆞ고 편작도 란의라 그런 고로 포아부 가와도[342] 엘리밀리 병원에셔 수 년 동안 ᄉᆞ망쟈의 리유를 됴사ᄒᆞᆫ즉 십상팔구ᄂᆞᆫ 아편 은으로 말ᄆᆡ암음이니 그 가련ᄒᆞᆫ ᄉᆞ졍은 일필란긔어니와 결단코 위싱학쟈의 ᄒᆞᆯ ᄇᆡ가 안이오

그ᄲᅮᆫ 안이라 ᄉᆞ오 ᄃᆡ에 취ᄒᆞ야 누으면 불셩인ᄉᆞᄒᆞ야 사ᄅᆞᆷ이 드ᄂᆞᆫ지 나ᄂᆞᆫ지 젼연 부지ᄒᆞ고 엽헤셔 쳔병만마가 들썰코 제 목을 베혀 간다 ᄒᆞᆯ지라도 시약 심상히 녁이니 젼국 민족이 다 이와 갓흘진ᄃᆡ 그 나라의 토디를 보존ᄒᆞᆯ 슈가 잇스며 국권을 만회ᄒᆞᆯ 슈가 잇스며 샤회를 ᄇᆞᆯ달ᄒᆞᆯ 슈가 잇스리오 우승열픠ᄒᆞᄂᆞᆫ 시ᄃᆡ에 남의 노례를 면치 못ᄒᆞᆯ 터이니 싱죤경징을 ᄯᅳᆺᄒᆞᄂᆞᆫ 군ᄌᆞᄂᆞᆫ 참아 못 먹을 ᄇᆡ라

오호 통직라 이와 갓흔 ᄉᆞ약을 가지고 ᄇᆡᆨ병통치라 ᄒᆞ야 목에 침이 ᄆᆞᆯ나셔 남을 권ᄒᆞ야 먹게 ᄒᆞ니 이와 갓흔 사ᄅᆞᆷ의 심ᄉᆞᄂᆞᆫ 그 악ᄒᆞᆫ 것을 이로 형언ᄒᆞᆯ 슈

341 포와류(布哇留), 즉 하와이 교민이라는 뜻.

342 카우아이(Kauai)섬.

1907년 12월

업도다

아편의 약셩을 간략히 말ᄒᆞ면 셜ᄉᆞ를 막으며 이질을 거두ᄂᆞᆫ 작용이오 운동신경과 지각신경을 마취ᄒᆞᄂᆞᆫ 효릉이 잇ᄂᆞᆫ 고로 잠을 들여 압흔 것을 이져바리게 ᄒᆞᄂᆞᆫ 것이니 의학박ᄉᆞ의 대증 투졔ᄒᆞᄂᆞᆫ 법과 약셩의 극량(極量)을 좃ᄎᆞ 쓸 것이오 함부로 먹을 것은 안이라 그런즉 아편을 음식 삼아 쥬칙 업시 먹ᄂᆞᆫ ᄉᆞᄅᆞᆷ은 죠물쥬(造物主)의 본의를 억읨이니 하ᄂᆞ님께 큰 죄를 엇ᄂᆞᆫ 것이오 남을 권ᄒᆞ야 먹게 ᄒᆞᄂᆞᆫ ᄉᆞᄅᆞᆷ은 예슈 말삼과 갓치 ᄆᆡ돌을 그 목에 달고 바다에 ᄲᅡ지ᄂᆞᆫ 것이 오히려 나흐리라 그 앙화를 어ᄃᆡ 가셔 피ᄒᆞ리오

그런 고로 아편은 ᄉᆡᆼ명을 촉슈ᄒᆞᄂᆞᆫ 독약이오 가산을 탕진ᄒᆞᄂᆞᆫ 원인이오 민족을 소멸ᄒᆞ며 샤회를 쇠잔ᄒᆞ며 국가를 멸망ᄒᆞᄂᆞᆫ 긔관이라 ᄌᆞ에 경고ᄒᆞ오니 친애ᄒᆞᆫ 우리 동포들은 쳔ᄉᆞ만렴ᄒᆞ야 아편 침륜의 버셔나셔 텬리를 슌죵ᄒᆞ며 의무를 극진히 ᄒᆞ야 문명 지역에 진보ᄒᆞ기를 바라오

그러나 밋친 ᄉᆞᄅᆞᆷ 외에ᄂᆞᆫ 아편 피ᄒᆞ기를 염병갓치 ᄒᆞ려니와 긔위 아편 은에 걸녀 죽게 된 ᄉᆞᄅᆞᆷ들을 위ᄒᆞ야 계연 방법을 연구ᄒᆞ더니 맛참ᄂᆡ 하ᄂᆞ님이 도으샤 한 방문을 엇어 누시 누험ᄒᆞ니 져사위한[343] ᄒᆞ고 계연코져 ᄒᆞᄂᆞᆫ ᄉᆞᄅᆞᆷ의게ᄂᆞᆫ ᄇᆡᆨ불ᄇᆡᆨ즁이라

이 약은 즁국 ᄉᆞᄅᆞᆷ들이 아랑죠를 엇어 흥즁죠라 ᄒᆞᆷ과 갓치 흥한 계연탕이라 ᄒᆞ고 자에 긔ᄌᆡᄒᆞ오니 유지 애국 군ᄌᆞᄂᆞᆫ 이를 널니 젼ᄒᆞ고 열심 권면ᄒᆞ야 광졔창ᄉᆡᆼᄒᆞ옵시다

興韓戒烟湯

鳥梅二兩 橘皮 陳皮 生薑 天門冬 麥門冬 甘草 各五戔

이 약 일쳡을 두병(麥酒瓶) 반 물에 달여 두 병즘 되면 짜셔 두 병에 난어 너은 후에 아편ᄌᆡ 五戔 즁을 한 병에 풀어 너코 ᄆᆡ양 은이 블홀 ᄯᅢ마다 아편 ᄌᆡ물

343 저사위한(抵死爲限): 죽음을 각오하고 굳세게 저항함.

한 슈가락(隨其量)식 마신 후에 번번히 달은 병에 약물을 먹으니 만큼 옴겨 치우나니 이럿케 ᄒᆞ야 두 병 약을 다 먹은 후에는 의심 업시 계연되오니 경히 녁여 바리지 말고 시험ᄒᆞ야 보시옵

161 1907년 12월 21일(토) 제2575호 긔서

문견이 잇셔야 지식이 잇슴 / 기셩 리면근

대뎌 문견이라 ᄒᆞᄂᆞᆫ 것은 사ᄅᆞᆷ의 지식을 ᄀᆡ발ᄒᆞᄂᆞᆫ 바라 어진 쟈와 어리셕은 쟈가 잇스니 문견이 만은 사ᄅᆞᆷ은 어진 쟈이오 그러치 못ᄒᆞᆫ 사ᄅᆞᆷ은 어리셕은 쟈이라 금번 우리나라 황틱ᄌᆞ뎐하게오셔 일본으로 유학ᄒᆞ러 가심은 일반 동포의 다 아는 바어니와 젼혀 아지 못ᄒᆞᄂᆞᆫ 사ᄅᆞᆷ도 혹시 잇는 즁 젼ᄒᆞᄂᆞᆫ 말을 드른즉 우리 동포 즁에 혹 일본사ᄅᆞᆷ을 ᄃᆡᄒᆞ야 뭇되 이번 우리나라 황틱ᄌᆞ뎐하게오셔 귀국에 엇지ᄒᆞ야 가셧ᄂᆞᆫ지 공은 ᄉᆞ긔를 ᄌᆞ셰히 알지라 ᄒᆞ니 ᄉᆡᆼ각ᄒᆞ야 보건ᄃᆡ 세상에 이와 갓치 어리셕은 사ᄅᆞᆷ이 ᄯᅩ 어ᄃᆡ 잇스리오 ᄂᆡ 집 일을 남다려 물으니 엇지 한심치 안이ᄒᆞ며 슯흐지 안이ᄒᆞ리오 ᄎᆞ라히 아지 못ᄒᆞᄂᆞᆫ 일이면 우리나라 동포의게 뭇ᄂᆞᆫ 것은 가커니와 외국 사ᄅᆞᆷ을 ᄃᆡᄒᆞ야 뭇ᄂᆞᆫ 것은 슈치를 ᄌᆞ취홈이니 이ᄂᆞᆫ 다름이 안이라 다만 무식ᄒᆞ고 문견이 업ᄂᆞᆫ ᄶᆞ닭이라 현금 세계 렬국으로 의론ᄒᆞ면 어진 사ᄅᆞᆷ이 만은 나라ᄂᆞᆫ 부강ᄒᆞ고 어리셕은 사ᄅᆞᆷ이 만은 나라ᄂᆞᆫ 빈약ᄒᆞ도다 이러홈으로 남ᄌᆞ와 녀ᄌᆞ가 일졔히 교육에 열심ᄒᆞ야 지식을 ᄀᆡ발ᄒᆞ야 ᄌᆞ긔 나라의 일은 이무가론이고 각국 셰셰 형편ᄭᆞ지라도 아는 나라ᄂᆞᆫ ᄌᆞ연히 부강ᄒᆞ고 놀고 먹기나 됴와ᄒᆞ며 쥬식잡기에 침혹ᄒᆞ야 남의 나라 형편은 고사ᄒᆞ고 ᄂᆡ 나라 형편도 아지 못ᄒᆞᄂᆞᆫ 사ᄅᆞᆷ이 만은 나라ᄂᆞᆫ ᄌᆞ연히 빈약ᄒᆞᆫ지라 슯흐다 본인의 발삼이 과노홈이 안이오 격분의 소발이라 ᄂᆡ게 관계되ᄂᆞᆫ 일을 남의게 물어셔 ᄂᆡ 몸이 ᄶᅥ러지고 ᄂᆡ가 슈치를 당ᄒᆞᄂᆞᆫ 것을 가량 돈으

1907년 12월

로 비ᄒᆞ야 말ᄒᆞᄌᆞ면 잠간 십 분이나 이십 분 동안에 몃빅 원 몃쳔 원 몃만 원이 되올지니 ᄂᆡ 몸을 이 시간과 갓치 부즈런히 ᄒᆞ야 신문 한 장만 볼 디경이면 다만 신문 ᄃᆡ금 일이 젼이 손히인 듯ᄒᆞ나 그 리히를 말ᄒᆞ면 언의 것이 리로올지 ᄌᆞ연히 아실 바이오 한 사름의 ᄉᆞ상이 이갓고 한 집 ᄉᆞ상이 이갓고 한 고을 ᄉᆞ상이 이갓고 한 나라 ᄉᆞ상이 이갓ᄒᆞ야 큰 것을 니러바리고 젹은 것을 엇으려 ᄒᆞ니 ᄉᆡᆼ각ᄒᆞ야 봅시다 각 신문긔쟈는 시간을 앗기여 잠을 안이 자고 열셩으로 셰계 각국 탐보와 우리나라 형편을 셰셰히 졍탐ᄒᆞ야 우리 동포의 귀와 눈에 듯고 보게 ᄒᆞᄂᆞᆫ 졍셩과 마음을 엇지 측량ᄒᆞ리오 그러나 각 신문 즁에 우리나라 뎨국신문은 슌국문으로 만다러 단문ᄒᆞᆫ 남ᄌᆞ와 부인의 보기에 편리ᄒᆞ야 지식을 넓히고ᄌᆞ 홈이니 우리나라 이쳔만 동포 형뎨ᄌᆞᄆᆡᄂᆞᆫ 어셔 어셔 급히급히 쳥년ᄌᆞ뎨를 학교에 보ᄂᆡ여 교육ᄒᆞ며 문명ᄒᆞᆫ 외국에도 보ᄂᆡ여 유학케 ᄒᆞ고 부인을 권고ᄒᆞ야 신문을 만히 보아 우리나라가 문명에 젼진ᄒᆞ야 셰계상에 뎨일 부강되기를 희망ᄒᆞᄂᆞᆫ 바이로라

162 1907년 12월 22일(일) 제2576호 론셜

공립신보(共立新報)와 대동공보(大同公報)[344]를 위ᄒᆞ야 하례홈 / 탄ᄒᆞᄉᆡᆼ

뎌 미국에 건너가 류학ᄒᆞᄂᆞᆫ 슈쳔 명 우리 쳥년 동포ᄂᆞᆫ 본ᄅᆡ 부귀ᄒᆞᆫ 사름의 ᄌᆞ손이 안이오 경향 각쳐의 가난ᄒᆞᆫ 션ᄇᆡ쌘인 고로 학ᄌᆞ금이 넉넉지 못ᄒᆞᆫ지라

344 《대동공보(大同公報)》: 1907년에 창간되었던 재미교포단체신문. 미주 거주 동포의 교육 진흥을 목표로 1907년 3월 2일 샌프란시스코에서 발족한 대동보국회(大同保國會)가 그해 10월 3일 기관지로 창간하였다. 초대사장은 문양목(文讓穆), 주필은 최영만(崔英萬)이었다. 처음에는 석판인쇄(石版印刷)로 발행되다가, 1907년 11월 21일자부터는 국문활자로 제작되었다.

이에 농장이나 공장이나 텰도에 가셔 죵일토록 쌈을 흘니고 로동ᄒᆞ고 밤이면 공부ᄒᆞᄂᆞᆫ 쟈도 잇스며 상뎜이나 학교나 혹 일긔인의 ᄉᆞᄉᆞ집에 가셔 반일은 로동ᄒᆞ고 반일은 공부ᄒᆞᄂᆞᆫ 쟈도 잇스니 만리 히외 ᄉᆞ고무친ᄒᆞᆫ 싸에 그 고싱과 그 슈고로옴이 엇더타 ᄒᆞ리오 그러나 죠국을 ᄉᆡᆼ각ᄒᆞᄂᆞᆫ 고심혈셩으로 신문을 블간ᄒᆞ야 일반 동포의 지식을 계발ᄒᆞ니

ᄒᆞᆫ아ᄂᆞᆫ

공립신보오

ᄒᆞᆫ아ᄂᆞᆫ

대동공보라

공립신보가 쳐음 발간될 ᄯᅢᄂᆞᆫ ᄌᆞ본이 업슴으로 활판을 구비치 못ᄒᆞ고 여러 유지ᄒᆞᆫ 동포가 낫이면 쌈 흘니고 밤이면 눈물 흘녀가며 손으로 뻐셔 셕판에 박아ᄂᆡ더니 불과 긔일에 미국에 잇ᄂᆞᆫ 여러 동포가 젼젼 픈픈히 모흔 돈을 닷토어 의연ᄒᆞ야 일본셔 우리 국문의 활ᄌᆞ를 사들여 톄지(體裁)가 션명ᄒᆞ고 긔ᄉᆞ(記事)가 소상ᄒᆞ야 보ᄂᆞᆫ 사ᄅᆞᆷ으로 ᄒᆞ야곰 무릅을 치고 탄복ᄒᆞ게 ᄒᆞ더니 근일에 ᄯᅩ 다시 지면(紙面)을 크게 확쟝ᄒᆞ엿스니 그 신문은 우리나라에 뎨일가ᄂᆞᆫ 큰 신문ᄲᅮᆫ 안이라 곳 동양 텬디에 몃지 가지 안이ᄒᆞ며

대동공보도 블간 이후로 지금ᄭᅡ지 셕판에 인쇄ᄒᆞ더니 ᄯᅩ한 활ᄌᆞ를 사들여 완젼ᄒᆞᆫ 신문을 간츌ᄒᆞ엿스니

크도다 그 ᄉᆞ업이여

장하도다 그 ᄯᅳᆺ이여

아름답도다 그 일이여

그 ᄉᆞ업과 그 ᄯᅳᆺ과 그 일에 우리 대한국민의 원긔를 회복ᄒᆞ고 문명을 인도ᄒᆞᄂᆞᆫ 터이 될 쥴로 확실히 밋노라 ᄂᆡ디에 잇셔셔 틱고 ᄯᅢ에 든 잠을 ᄭᆡ지 못ᄒᆞ야 취ᄒᆞᆫ 늣 어린 듯ᄒᆞ지 말고 외국에 나아가 잇ᄂᆞᆫ 뎌 동포의 ᄯᅳᆺ과 일을 본밧아 형셰가 가난ᄒᆞ거든 낫이면 일ᄒᆞ고 밤이면 공부ᄒᆞ야 쳣지ᄂᆞᆫ 먹을 것을 남의게

의뢰치 말고 둘ᄌᆡᄂᆞᆫ 지식을 닥가셔 ᄂᆡ외국의 시셰형편을 ᄭᆡ닷고 셋ᄌᆡᄂᆞᆫ 공익(公益)을 위ᄒᆞ야 의연금도 ᄂᆡᆯ지어다 우리가 만일 오날ᄂᆞᆯ ᄭᆡ닷지 못ᄒᆞ면 가난ᄒᆞᆫ 쟈ᄂᆞᆫ 이무가론이고 부귀ᄒᆞᆫ 쟈도 필경 그 ᄌᆡ물을 직히지 못ᄒᆞ리니

ᄭᆡ다를지어다 동포여

삼갈지어다 동포여

학교에 가셔 공부ᄒᆞᆯ 슈 업거든 신문이라도 사셔 보아 어셔 어셔 나아가시오

163 1907년 12월 24일(화) 제2577호 론셜

진남군슈 권즁찬(鎭南郡守 權重瓚) 씨ᄅᆞᆯ 위ᄒᆞ야 한번 통곡ᄒᆞᆷ

본 신문을 각군 군슈의게 한 쟝식 발송ᄒᆞᆷ은 여러 동포의 다 아시ᄂᆞᆫ 바어니와 디방관 즁에 잇다금 본 신문을 언문 신문이라고 쳔히 녁여 안 보겟다 ᄒᆞᄂᆞᆫ 쟈가 잇ᄂᆞᆫ 고로 본 긔쟈가 항상 론박ᄒᆞ야 지극히 어리석고 지극히 완악ᄒᆞᆫ 무리의 소견을 열고져 ᄒᆞᆷ이러니 이제 ᄯᅩ 진남군슈 권즁찬 씨가 본 신문을 보ᄂᆡ지 말나고 공함ᄒᆞ얏ᄂᆞᆫᄃᆡ 그 공함 ᄉᆞ의가 가쟝 이상ᄒᆞ고 모호ᄒᆞᆫ 고로 부득불 앗가온 죠희ᄅᆞᆯ 허비ᄒᆞ고 ᄭᆡ긋ᄒᆞᆫ 붓을 더럽게 ᄒᆞ야 텬하의 공론을 기다리노라 권즁찬 씨의 공함을 번역지 안코 그ᄃᆡ로 긔록ᄒᆞ건ᄃᆡ

公函

敬啓者新聞之發刊이 寔出於見聞之發達이요 智慮之融開이온즉 其所裨益은 難以盡述이오나 各社之刊發이 至爲五六張而此記彼記가 乃是一辭雷同이오니 以此思料컨ᄃᆡ 某某社之一二新聞이 足矣요 且許多價金이 亦係難辦이오니 二年度一月ᄲᅮ터 更勿送交ᄒᆞ심이 恐合於購覽上故로 玆에 鏡告ᄒᆞ오니

照亮後發送을 停止ᄒᆞ시믈 敬要

再已覽代金을 何處에 送納ᄒᆞ올지 指的敎復ᄒᆞ시압

隆熙 元年 十二月 十六日

慶尙南道 鎭南郡 守權重瓚 ㊞

帝國新聞社長 座下

라 ᄒᆞ얏스니 그 뜻을 간단ᄒᆞ게 번역ᄒᆞ면 신문이라 ᄒᆞᄂᆞᆫ 것은 문견을 발달ᄒᆞ며 지식을 ᄀᆡ진케 ᄒᆞᆷ인즉 그 유익ᄒᆞᆷ은 이로 말ᄒᆞᆯ 슈 업스나 각 샤에셔 간ᄒᆡᆼᄒᆞᄂᆞᆫ 바가 오륙 쟝이 되ᄂᆞᆫᄃᆡ 이 신문의 긔록ᄒᆞᆫ ᄇᆡ와 뎌 신문의 긔록ᄒᆞᆫ 바가 ᄒᆞᆫ결갓ᄒᆞ야 틀님이 업스니 이 일로ᄡᅥ ᄉᆡᆼ각ᄒᆞ건ᄃᆡ 모모샤의 ᄒᆞᆫ두 가지 신문이 족ᄒᆞ고 또 허다ᄒᆞᆫ 신문지갑을 판츌키 어려오니 명년 일월부터ᄂᆞᆫ 다시 보ᄂᆡ지 마ᄂᆞᆫ 것이 신문 구람ᄒᆞᄂᆞᆫ ᄃᆡ 합당ᄒᆞᆯ 뜻ᄒᆞ온 고로 이에 울어러 고ᄒᆞ오니

죠량ᄒᆞ신 후 발송을 뎡지ᄒᆞ심을 바라오며 또 임의 본 ᄃᆡ금을 어ᄃᆡ로 보ᄂᆡ여 드리올ᄂᆞᆫ지 분명히 가라쳐 답쟝ᄒᆞ소셔 ᄒᆞᆷ이라 권즁찬 씨를 ᄃᆡᄒᆞ야 질문코져 ᄒᆞᄂᆞᆫ 바ᄂᆞᆫ 오륙 쟝 신문의 긔록ᄒᆞᆫ 바가 다 갓흔즉 모모샤의 한두 가지 신문이 족ᄒᆞ다 ᄒᆞ얏스니 신문 가온ᄃᆡ 혹시 갓흔 소문을 긔록ᄒᆞᆫ 바도 업지 안으려니와 론셜 잡보와 기타 여러 가지가 뢰동될 리ᄂᆞᆫ 만무ᄒᆞ거ᄂᆞᆯ 권즁찬 씨의 말이 뢰동난다 ᄒᆞ니 이ᄂᆞᆫ 신문을 보지 안코 ᄂᆡᆷ식만 맛ᄂᆞᆫ 사ᄅᆞᆷ의 말이오 또 셜ᄉᆞ 갓다 ᄒᆞᆯ지라도 모모샤ᄂᆞᆫ 언의 샤를 가라친 ᄆᆞᆯ이며 ᄒᆞᆫ두 가지 신문은 언의 신문을 지목ᄒᆞᆷ이뇨 이갓치 무지몰각ᄒᆞᆫ 인ᄉᆞ로 국문이나 더 ᄇᆡ흘 것이어ᄂᆞᆯ 하필 본 신문을 안 보겟노라 ᄒᆞ니 이ᄂᆞᆫ 속담에 닐은바 안 된 송아치 응덩이에셔 ᄲᅮᆯ 나ᄂᆞᆫ 모양이오 또 허다ᄒᆞᆫ 신문갑이라 ᄒᆞ엿스니 신문 오륙 쟝의 갑이 이 원에 차지 못ᄒᆞ거ᄂᆞᆯ 엇지 허다ᄒᆞ다 ᄒᆞ리오 이ᄂᆞᆫ ᄒᆞᆫ둘을 몰으ᄂᆞᆫ 텬치의 말이오 또 명년 일월부터ᄂᆞᆫ 보ᄂᆡ지 마ᄂᆞᆫ 것이 구람ᄒᆞᆷ에 합당ᄒᆞᆯ 뜻ᄒᆞ다 ᄒᆞ얏스니 보ᄂᆡ지 말면 무엇을 구람ᄒᆞ랴 ᄒᆞ나뇨 이ᄂᆞᆫ 속담에 닐은바 호도속 셰음이오 또 이람ᄃᆡ금(已覽代金)을 어ᄃᆡ로 보ᄂᆡ랴 ᄒᆞ얏스니 이것이 무삼 말이뇨 참 불상ᄒᆞᆫ 인ᄉᆡᆼ이로다 또 「부터」라 쓸 것을 「ᄲᅮ터」라 ᄒᆞ얏스니 셰상에 ᄲᅮ터라 ᄒᆞᄂᆞᆫ 말도 잇ᄂᆞᆫ가 슯흐다 권즁찬 씨여 부잘업시 나라의 공긔를 더레혀 ᄇᆡᆨ셩을 못살게 ᄒᆞ지 말고 물너가 국

1907년 12월

문이나 공부홀지어다

164 1907년 12월 25일(수) 제2578호 론셜

동업쟈의 필젼을 혼탄홈 / 탄히싱

우리나라에 신문이라 ᄒᆞᄂᆞᆫ 명식이 몃 가지가 되지 못ᄒᆞ고 오작 뎨국신문 황셩신문 대한ᄆᆡ일신보 국민신보 대한신문 닷삿이 근근히 지팅ᄒᆞ야 각기 주쟝ᄒᆞᆫ ᄯᅳᆺ으로 일반 동포의 지식을 발달케 ᄒᆞ고져 ᄒᆞ나 우리나라 사ᄅᆞᆷ은 언론의 ᄌᆞ유가 업ᄂᆞᆫ 탓으로 속에 잇ᄂᆞᆫ 말을 마암ᄃᆡ로 발포ᄒᆞ지 못ᄒᆞᆫ즉 서로 사랑ᄒᆞ고 서로 앗겨서 민권을 확쟝홈이 우리의 직칙이어ᄂᆞᆯ 근일에 대한ᄆᆡ일신보와 대한신문이 필젼을 시작ᄒᆞ야 쟝황ᄒᆞ고 지리ᄒᆞ게 서로 ᄭᅮ짓고 서로 욕ᄒᆞ니 동업쟈 된 본 긔쟈ᄂᆞᆫ ᄋᆡ셕홈을 익의지 못ᄒᆞ야 강화ᄒᆞ기를 즁지코져 ᄒᆞ노니 슯흐다 량신문 긔쟈ᄂᆞᆫ 평심셔긔[345]ᄒᆞ고 우직ᄒᆞᆫ 말을 용납ᄒᆞ야 부잘업ᄂᆞᆫ 말로 닷토지 말지어다

대뎌 사ᄅᆞᆷ이 세상에 쳐홈애 각기 당파가 난호여 ᄂᆡ 당파를 사랑ᄒᆞ고 남의 당파를 뮈워홈은 쩟쩟ᄒᆞᆫ 일이오 ᄯᅩᄒᆞᆫ 서로 경징홈으로 인ᄒᆞ야 진보ᄒᆞᄂᆞ니 당파의 ᄊᆞ홈을 엇지 근심ᄒᆞ리오 다만 그 ᄊᆞ홈이 공변되지 못ᄒᆞ고 ᄉᆞᄉᆞ 리익을 위ᄒᆞ면 국가 샤회에 큰 화가 밋ᄂᆞᆫ도다 지금 시ᄃᆡ에 나라마다 당파의 명목이 허다ᄒᆞ나 큰 부분을 말ᄒᆞ면 졍부당과 민권당이라 우리나라에도 근ᄅᆡ 인민의 지식이 점점 발달ᄒᆞ야 졍부관리의 압졔를 밧지 안으랴 ᄒᆞ야 민권을 쥬쟝ᄒᆞ나 그러나 아즉도 민권은 약ᄒᆞ고 관권은 강ᄒᆞ야 ᄯᅳᆺ잇ᄂᆞᆫ 션비의 항샹 ᄒᆞᆫ탄ᄒᆞᄂᆞᆫ 바이러니 근ᄅᆡ 졍부대신이 민론의 점점 셩홈을 고긔ᄒᆞ야[346] 긔관 신문을 간힝케 ᄒᆞ니

---

345 평심서기(平心舒氣): 마음을 평온히 가짐. 또는 그 평온한 마음.

대한신문이 곳 이것이라 그런즉 대한신문은 졍부에셔 글은 일을 힝ᄒᆞ든지 올은 일을 힝ᄒᆞ든지 칭찬ᄒᆞ고 송덕홈이 그 의무오 직칙이며 대한ᄆᆡ일신보ᄂᆞᆫ 외국 사름의 일홈으로 발힝ᄒᆞᆫ즉 그 쥬의와 목뎍은 ᄌᆞ셰히 아지 못ᄒᆞ되 졍부를 ᄃᆡᄒᆞ야 반ᄃᆡᄒᆞᄂᆞᆫ 고로 얼마큼 민당의 동졍을 엇ᄂᆞᆫ지라 그런즉 이 두 신문은 그 셩질과 쥬의가 현슈ᄒᆞ야 졍부대신과 밋 졍부를 찬셩ᄒᆞᄂᆞᆫ 당파의 눈으로 보면 대한신문이 올코 졍부를 뮈워ᄒᆞ고 부잘업시 분기ᄒᆞᄂᆞᆫ 쟈의 눈으로 보면 대한ᄆᆡ일신보가 올을지니 천츄 후의 츈츄필법으로 판단ᄒᆞᄂᆞᆫ 쟈가 잇기 젼에ᄂᆞᆫ 그 시비ᄂᆞᆫ 뎡ᄒᆞ기 어려온 것이어날 이졔 두 신문이 각각 ᄌᆞ긔의 주쟝이 올타고 긔고만쟝ᄒᆞ야 서로 지지 안으려 ᄒᆞ니 우리 동업쟈로 ᄒᆞ야곰 불힝홈을 흔탄케 ᄒᆞᄂᆞᆫ도다 현금 우리나라 형편에 ᄇᆡᆨ셩을 가라치고 지도ᄒᆞ야 샤회의 악풍을 ᄀᆡ량ᄒᆞ며 농샹공업의 블달홀 도를 강구ᄒᆞ야 동포의 의식이 넉넉ᄒᆞ게 ᄒᆞ며 간혹 졍치의 득실을 공평졍대ᄒᆞ게 의론ᄒᆞ야 졍부대신을 경셩홈이 우리 일반 동업쟈의 당당ᄒᆞᆫ 직칙이어날 이것은 힝치 안코 마귀(魔鬼)이니 화ᄐᆡ(禍胎)[347]이니 대한신문이 ᄒᆞᆫ번 쓰면 대한ᄆᆡ일신보ᄂᆞᆫ 붓을 다듬아 그 의론의 긋나기를 기다려 일일히 박론ᄒᆞ고 대한ᄆᆡ일신보의 박론이 긋나면 대한신문이 ᄯᅩ 아편(鴉片)이니 무엇이니 ᄒᆞ니 대한ᄆᆡ일신보가 엇지 ᄃᆡ답ᄒᆞᄂᆞᆫ 믈이 업스리오 이ᄂᆞᆫ ᄇᆡᆨ 번 쳔번을 ᄊᆞ홀지라도 국가와 인민의게 츄호도 리익이 업ᄂᆞ니 바라건ᄃᆡ 두 신문 긔쟈ᄂᆞᆫ 쳣ᄌᆡᄂᆞᆫ 동업쟈를 사랑ᄒᆞ며 둘ᄌᆡᄂᆞᆫ 각기 직칙을 다ᄒᆞ기 위ᄒᆞ야 필젼을 그만 그칠지어다

346 고기(顧忌)하다: (사람이 뒷일을) 염려하고 꺼리다.

347 화태(禍胎): 재앙의 근원.

165 1907년 12월 26일(목) 제2579호 론셜

사회와 신문 / 탄히싱

대뎌 신문지는 사회의 붉은 거울이 되엿슨즉 고은 것과 츄흔 것이 다 비초일지라 만일 샤회의 죄악과 기인의 불법힝위를 긔록ᄒᆞᄂᆞᆫ 것으로써 신문지의 본ᄉᆡᆨ이라 ᄒᆞ면 이는 그릇 ᄉᆡᆼ각홈이라 그러나 셰계 각국에 그러흔 신문지가 허다홈은 본 긔자의 신문지를 위ᄒᆞ야 ᄋᆡ셕히 녁이는 바이로다 이제 흔두 가지의 젼례를 들어 말흘진ᄃᆡ 미국에 황ᄉᆡᆨ신문(黃色新聞)이라 ᄒᆞᄂᆞᆫ 신문이 잇ᄂᆞᆫᄃᆡ 살인(殺人) 강도(强盜) 간음(姦淫) 등ᄉᆞ와 밋 샤회의 왼갓 죄악을 비밀히 졍탐ᄒᆞ야 날마다 몃쳔 몃빅 가지를 긔록ᄒᆞ야 셰상 사름의 남의 악흔 일 듯기 됴하ᄒᆞᄂᆞᆫ 마음을 사며 법국의 션졍신문(煽情新聞)은 샤회의 소란을 닐으키는 근본이 되엿스며 영국과 갓치 샤회의 졔지력(制裁力)이 엄즁흔 나라에도 쏘한 이러흔 신문의 죵류가 업지 안이ᄒᆞ니 엇지 기탄치 안으리오 무릇 이 셰상의 사름은 마암 가온ᄃᆡ 죄악이 만히 잇는 고로 다른 사름의 죄악과 과실을 들어ᄂᆡ기는 즐거워ᄒᆞ고 션흔 힝실과 아름다온 말은 싀긔ᄒᆞᄂᆞᆫ지라 신문의 붓을 잡은 쟈는 아모됴록 악흔 것은 숨기고 션흔 것은 날녀야 흘지나 신문을 만히 팔기 위ᄒᆞ야 이런 일을 긔록ᄒᆞ기로 쥬장ᄒᆞᄂᆞᆫ 신문은 샤회의 악풍을 기량코져 홈이 안이오 도로혀 샤회의 죄악을 빅양홈이로다 근일 우리나라의 신문계를 도라보건ᄃᆡ 별로히 그런 신문이 업스되 신문을 보는 일반 샤회의 인심을 숣히건ᄃᆡ 쏘한 악풍이 업지 안이ᄒᆞ야 유익흔 론셜이라든지 학문상의 말을 보기는 슬혀ᄒᆞ고 권셰 잇고 디위 잇는 사름을 욕ᄒᆞ며 시비흔 말을 보면 쾌ᄒᆞ게 녁여 언필칭 신문이라고 볼 것이 잇셔야 ᄒᆞ지 무셔워셔 아모 말도 못 흔다 ᄒᆞ니 이는 신문의 본ᄉᆡᆨ과 국가 현상의 완급(緩急)을 아지 못ᄒᆞᄂᆞᆫ 말이로다 우리가 비록 언론의 ᄌᆞ유는 업다 흘지라도 쏘흔 법률범위(法律範圍) 안의 ᄌᆞ유는 가졋ᄂᆞᆫ지라 졍부대신이나 우리를 보호흔다는 일본이라도 잘못ᄒᆞᄂᆞᆫ 일이 잇스면 졍ᄃᆡ흔 일과 공평흔 뜻으로 경셩ᄒᆞ고 박론ᄒᆞ면 누가 감히 우리의 ᄌᆞ유를 방히ᄒᆞ지 못ᄒᆞᆯ ᄲᅮᆫ 안이라 필의 효력이 잇스려니와 만일 늘마다 ᄊᆞ홈 싸호듯 ᄒᆞ야 욕ᄒᆞ고 훼방ᄒᆞ기를 마지 안으면 듯는 사ᄅᆞᆷ이 쳐음에 ᄒᆞᆫ두 번은 긔탄ᄒᆞ야 죠심ᄒᆞ다가 나죵에는 도로혀 격동이 되여 원슈갓치 알고 무슴 말을 ᄒᆞ든지 귀에 들어가지 안ᄂᆞ니 무삼 효험이 잇스리오 연고로 본 신문은 가뎡(家庭)의 교육과 밋 농업에 ᄃᆡᄒᆞᆫ 학문을 연구ᄒᆞ야 날마다 긔지ᄒᆞ며 ᄯᅩᄒᆞᆫ 풍속 가온ᄃᆡ 개량ᄒᆞᆯ 것을 쟝황히 의론ᄒᆞ야 일반 동포가 문명ᄒᆞᆫ 디경에 나아가기를 권유ᄒᆞ며 간혹 정치상에 큰 문데가 잇스면 무편무당(無偏無黨)ᄒᆞ고 공평정대ᄒᆞᆫ 필법으로 ᄉᆞ졍이 업시 의론ᄒᆞ야 신문지의 본ᄉᆡᆨ을 일치 안으랴 ᄒᆞ압고 쥬야로 동동쵹쵹(洞洞燭燭)ᄒᆞ오니 바라건ᄃᆡ 우리 일반 동포는 부잘업시 남의 악ᄒᆡᆼ(惡行)이나 츄셜(醜說)을 긔지ᄒᆞ는 것이 신문지의 본ᄉᆡᆨ이 안인 쥴로 아시고 밤낫으로 쳥년ᄌᆞ질을 교육ᄒᆞ며 농상공업을 발달케 ᄒᆞ야 완젼ᄒᆞᆫ 샤회를 일운 후에야 국가를 회복ᄒᆞ리라 ᄒᆞ노라

166 1907년 12월 27일(금) 제2580호 론셜

국민의 ᄌᆞ신력이 업슴을 한탄ᄒᆞᆷ / 탄히싱

□□ 국가의 큰 근심은 국민의 ᄌᆞ신력이 업슴이라 오날늘 우리나라가 위급ᄒᆞᆫ ᄯᅢ를 당ᄒᆞ야 한 번 잘못ᄒᆞ면 영영히 멸망ᄒᆞᆯ지오 한 번 잘ᄒᆞ면 즁흥ᄒᆞ는 긔회가 업지 안을지어늘 우리 국민의 현상(現狀)을 ᄉᆞᆲ히건ᄃᆡ 국가의 위급ᄒᆞᆷ을 젼혀 아지 못ᄒᆞ는 쟈도 잇고 알지라도 남의 일 보듯ᄒᆞ야 상관치 안는 쟈도 잇고 밤낫으로 근심ᄒᆞ고 걱졍ᄒᆞ야 죵묘샤직을 붓들고 도탄에 ᄲᅡ진 동포를 건지고져 ᄒᆞ는 마음은 간졀ᄒᆞ나 지혜와 힘의 부족ᄒᆞᆷ을 한탄ᄒᆞ야 눈물만 흘니고 락망ᄒᆞ는 쟈도 잇고 부잘업시 강긔ᄒᆞ고 비분ᄒᆞ야 나라이 망ᄒᆞ얏다 민족이 노례가 되얏다 ᄒᆞ는 쟈도 잇고 압뒤를 ᄉᆡᆼ각지 안코 도당을 소집(嘯集)ᄒᆞ야 디방을 소

요케 ᄒᆞ는 쟈도 잇스니 이는 다 ᄌᆞ신력이 업슴이니 엇지 큰 근심이 안이리오 ᄌᆞ신력 잇는 쟈로 ᄒᆞ야곰 말ᄒᆞᆯ진ᄃᆡ 나라의 흥망셩쇠는 ᄂᆡ게 잇는 것이라 국가가 흥ᄒᆞ는지 망ᄒᆞ는지 도모지 몰으고 무릉도원의 쑴을 쑤는 쟈는 족히 국민이라 칭ᄒᆞᆯ 슈 업는 인죵이니 가히 의론ᄒᆞᆯ 바ㅣ 안이어니와 나라이 엇지 되얏는지 ᄇᆡᆨ셩이 엇지 되얏는지 알면서도 ᄂᆡ게는 상관이 업다 ᄒᆞ야 월나라의 일이나 초나라의 일로 아는 쟈는 죽여도 앗갑지 안은 인ᄉᆡᆼ이라 그 죄가 가쟝 크고 나라를 근심ᄒᆞ며 동포를 사랑ᄒᆞ는 마암과 경셩은 간졀ᄒᆞ나 지력이 밋지 못ᄒᆞ야 락담실망(落膽失望)ᄒᆞ는 쟈와 시셰를 분히 녁이고 국ᄉᆞ를 슯흐게 ᄉᆡᆼ각ᄒᆞ야 언ᄉᆞ나 문쟝으로ᄡᅥ 나라이 터가 되고 민족이 노례가 되얏다 ᄒᆞ는 쟈와 ᄉᆡᆼᄉᆞ를 도라보지 안이ᄒᆞ고 ᄒᆞᆫ번 나아가 싸호려 ᄒᆞ는 쟈는 다 스ᄉᆞ로 밋는 마암이 업셔 그러ᄒᆞ□다 엇지ᄒᆞ야 그러뇨 ᄒᆞ면 우리가 비록 약ᄒᆞ고 가난ᄒᆞ나 단군 긔ᄌᆞ 이ᄅᆡ로 ᄉᆞ천여 년을 상젼ᄒᆞ는 나라도 이쳔만 신셩ᄒᆞᆫ 민족이 잇스니 만일 한마암 한ᄯᅳᆺ으로 용ᄆᆡᆼ스럽게 나아가면 누가 감히 우리의 강토를 침탈ᄒᆞ며 우리의 ᄌᆞ유를 속박ᄒᆞ야 노례를 삼으리오 우리가 각기 ᄉᆡᆼ각ᄒᆞ기를 ᄂᆡ가 잇는ᄃᆡ 누가 ᄂᆡ 나라를 침로ᄒᆞ며 ᄂᆡ가 잇는ᄃᆡ 누가 우리의 권리를 ᄲᅢ아스리오 ᄒᆞ야 ᄌᆞ신력이 확실ᄒᆞ면 나라를 붓들며 ᄇᆡᆨ셩을 건지기가 죠곰도 어렵지 안토다 그러나 이 ᄌᆞ신력은 어ᄃᆡ로죠차 ᄉᆡᆼ기나뇨 먹고 닙을 것이 풍족ᄒᆞ고 지식이 넉넉ᄒᆞ여야 될지라 그런즉 의식과 지식은 어ᄃᆡ로죠차 나ᄂᆞ뇨 다만 가라치는 밧게 다른 도리는 업도다 그러나 근ᄅᆡ 우리나라 경향 각쳐의 형편을 보면 학교를 셜시ᄒᆞ고 신학문을 가라치고져 ᄒᆞ는 쟈는 몃 ᄀᆡ가 되지 못하고 십분의 구분 이상은 학교라 ᄒᆞ면 오랑캐의 도를 ᄇᆡ호는 쥴로 짐작ᄒᆞ야 피ᄒᆞ기를 범과 갓치 ᄒᆞ니 이 풍긔가 ᄒᆞᆫ번 크게 변ᄒᆞ지 안으면 나라는 도뎌히 회복키 어렵고 ᄇᆡᆨ셩은 언의 디경에 ᄲᅡ질는지 헤아리기 어려오니 바라건ᄃᆡ 우리 동포는 ᄉᆡᆼ명과 ᄌᆡ산과 권리를 보죤코져 ᄒᆞ거든 ᄒᆞᆫ편으로는 농상공업올 ᄀᆡ량ᄒᆞ야 우리 ᄯᅡ에셔 나는 물산을 남의게 ᄲᅢ앗기지 말고 한편으로는 아달 ᄯᆞᆯ을 부즈런히 가라쳐 지식이 남의게 지지 안을 ᄆᆞᆫ ᄒᆞ여야 ᄌᆞ신력이 ᄉᆡᆼ길지오 ᄌᆞ신력이 ᄉᆡᆼ기면 우리의 바라ᄂᆞᆫ ᄃᆡ를 맛쳐셔 우리의 ᄌᆞ손으로 ᄒᆞ야곰 ᄌᆞ유텬디에 ᄐᆡ평안락의 무궁ᄒᆞᆫ 복을 누리게 ᄒᆞ리니 슯흐다 우리 동포여 ᄌᆞ신력 길으기를 급급히 ᄒᆞᆯ지어다[348]

348 第2581호 유실됨. 아마도 12월 28일에 발간한 후, 29~31일은 연말 임시휴간(정기휴간일 포함)한 듯함.

1907년 12월

1월

167 1908년 1월 1일 제2582호 긔서(제5면)

안과 밧기 서로 힘쓸 일 / 평양 김유탁

나라는 곳 혼집과 갓흔지라 그 집이 잘 되고져 흐면 쥬장흐는 가장이 잇셔 범수를 지휘흐고 그 지추에는 가쟝의 지휘를 젼흐는 사름이 잇고 그 아릭는 실디로 힝흐는 사름이 잇셔 안에셔는 안가도를 잘흐고 밧게셔는 밧겻일을 잘 보숣힌 후에야 도젹의 환과 수화의 직앙이 업시 그 집 식구가 다 틱평안락을 누릴지라 그런즉 비유로 말흘진딘 그 국닉에셔 실업을 힘쓰는 사름은 안가도를 잘 보는 이와 갓고 사회에 나션 사름은 밧겻일을 보는 이와 갓흔지라 안에 잇는 이와 밧게 잇는 이가 다 한집 식구인딘 안가도 보는 이만 먹고 살고 밧게 일 보는 이는 안에 잇는 스름의 싱극에 굴머 죽던지 어러 쥭던지 불고흐면 누가 밧게 일흐기를 죠화흐리요 그러나 불가불 밧게 일을 안이보면 집안에 잇는 스람과 직산이 일죠에 도젹과 수화의 직앙을 당흐야 업셔지는 경우를 면치 못흐깃기로 풍우한셔를 무릅쓰고 밧게 잇는 일을 보고져 흐는지라 지금에 우리나라 형셰로 말흐면 각식 직앙이 모다 침노흐야 죠셕을 보젼치 못흘 뜻흐기로 유지흐고 시계를 씌다른 션비들이 밧갓일 보기에 졔일 주의흐야 혹 회를 죠직흔다 학교를 셜립흔다 흐며 닉 몸이 괴롭고 닉 마음이 상흐는 것을 불고흐고 밤낫 쉬지 안이흐는 것이 다만 나 혼자 살고져 흐는 것은 안이라 여러 한집안 식구를 직앙 업시 살니고져 흠이여늘 야속흔 직산가와 실업가에셔는 이런 사람은 한 밋친 사람으로 돌니여 젼곡간 도와주기는 고사ᄒᆞ고 뎐당 물건 가지고도 빗 ᄂᆡ 쓰지도 못ᄒᆞ야 아모 ᄉᆡᆼ업도 할 수 업는 고로 신셰가 락막ᄒᆞ여 아모리 나라 근심이 ᄐᆡ산갓타여 쥬야 렬심ᄒᆞ다가 집에 드러감의 당상에 부모와 슬하에 쳐ᄌᆞ가 긔한이 도골ᄒᆞᆫ 경상을 볼 ᄶᅴ에 누가 ᄂᆡᆼ심되지 안이ᄒᆞ리오 여보시오 여러분 ᄌᆞ본가 쳠군ᄌᆞ의게 질문ᄒᆞᆯ ᄆᆞᆯ숨 잇스니 ᄃᆡ답ᄒᆞ여 쥬시오 엇던 회나 엇던 학교에 렬심ᄒᆞ는 사름이 무의무신ᄒᆞ고 픠역불량ᄒᆞᆫ 사름 잇삽ᄂᆡᆺ가 그 사름의게 ᄌᆞ본금 ᄃᆡ여주어 무삼 업이던지 ᄒᆞ여 ᄉᆡᆼ의ᄒᆞ며 나라일 보도록 ᄒᆞ엿삽ᄂᆡᆺ가 모모 웅변가의게 려비량이라도 보ᄂᆡ여주어 각쳐로 도라단이며 어듭고 몽ᄆᆡᄒᆞᆫ 동포를 ᄭᆡ우도록 ᄒᆞ엿삽ᄂᆡᆺ가 엇던 유지ᄒᆞᆫ 사름이 무삼 물건을 졔죠ᄒᆞ여 ᄂᆡ 나라 소산을 쓰고져 ᄒᆞ나 자본 ᄃᆡ여 쥬엇삽ᄂᆡᆺ가 부자는 이런 일에 연구ᄒᆞ는 일이 업고 유지ᄒᆞᆫ 사름이 ᄆᆡ양 ᄒᆞ려 ᄒᆞ나 ᄯᅳᆺ만 잇셧지 ᄌᆞ본이 업셔 실ᄒᆡᆼ치 못ᄒᆞ여 ᄂᆡ 나라 졔죠품으로 닙고 먹고 쓰다가 죽기는 바라도 못볼 일이외다 샤회와 학교는 ᄆᆡ양 도회쳐와 셩시에 만흔ᄃᆡ 그곳에 상업과 공업을 광셜ᄒᆞ고 확쟝ᄒᆞ야 유지인ᄉᆞ로 ᄒᆞ야곰 하로에 몃 시라도 ᄉᆞ무 보고 월급량이던지 리익량을 엇어셔 ᄉᆡᆼ의는 이여가게 ᄒᆞᆫ 후에야 이왕 렬심이 ᄂᆡᆼ심되지 안이ᄒᆞ깃고 가셰가 빈ᄒᆞᆫ ᄒᆞᆫ 학ᄉᆡᆼ으로 ᄒᆞ야곰 결을 잇는 ᄶᅴ 일을 ᄒᆞ야 여간 삭젼을 엇어 지필비와 긱비를 보ᄐᆡ게 ᄒᆞᆫ 후에야 샤회가 완젼ᄒᆞ고 학무가 발달되고 물산이 풍족ᄒᆞ고 간곤한 ᄉᆞ름이 업셔 온젼ᄒᆞᆫ 나라집을 일우깃기로 ᄂᆡ가 보는 소견을 드러 ᄃᆡ강 긔록ᄒᆞ나이다[349]

1908년 1월

349 1월 2~4일 임시휴간.

새해에 바라난 바 / 탄히싱

무릇 사름이 세상에 난즉 그 부모가 사랑ᄒᆞ야 길을 젹에 ᄒᆞᆫ 살 되면 두 살 되기를 바라고 두 살 되면 셰 살 되기를 기다리되 그 밧부고 급ᄒᆞᆫ 마암이 ᄒᆞᆫ ᄒᆡ에 두 살식 먹엿스면 됴흘 뜻ᄒᆞ다가 언의듯 잘아셔 열 살이 갓가오면 그 부모ᄂᆞᆫ 다 길은 쥴로 알고 젹이 안심ᄒᆞ나 당쟈의 마음이 대단이 급ᄒᆞ야 일 년이 거진 가고 셰밑이 되면 손가락을 곱아가며 ᄉᆡᄒᆡ 되기를 쥬야로 고ᄃᆡᄒᆞᄂᆞ니 이ᄂᆞᆫ 셰 가지의 원인(原因)이 잇도다 쳣지ᄂᆞᆫ 신톄가 어셔 쟝대ᄒᆞ고 지식이 어셔 발달ᄒᆞ야 남과 갓흔 사름 되기를 바람이오 둘지ᄂᆞᆫ ᄉᆡᄒᆡ에ᄂᆞᆫ 고은 옷 닙고 됴흔 음식 먹기를 바람이오 셋지ᄂᆞᆫ 공부를 하든지 농ᄉᆞ를 ᄒᆞ든지 세초에ᄂᆞᆫ 몃늘 동안 잘 놀기를 바람이라 그러나 셰월이 흐르ᄂᆞᆫ 물 갓ᄒᆞ야 어언간 숨십이 넘은즉 ᄒᆡ가 가고 ᄒᆡ가 올 ᄯᅢ에 반갑게 기다리ᄂᆞᆫ 마암은 츄호도 업고 도로혀 한탄ᄒᆞ며 근심ᄒᆞ나니 이졔 그 연고를 궁구ᄒᆞᆯ진ᄃᆡ 여러 가지가 잇스되 기즁 긴요ᄒᆞᆫ 졈을 들어 말ᄒᆞ면 어렷슬 ᄯᅢ에 기다리고 바라던 바와 갓치 커셔 본즉 별로히 신통ᄒᆞᆫ 것은 업고 우의로 부모를 봉양ᄒᆞ며 아릭로 쳐ᄌᆞ를 무육ᄒᆞᄂᆞᆫ 괴로옴이 잇고 ᄯᅩᄒᆞᆫ 나이 만흔즉 죽ᄂᆞᆫ 것을 두려워ᄒᆞᆷ이라 진실로 인졍의 썻썻ᄒᆞᆷ이나 그러나 깁히 ᄉᆡᆼ각ᄒᆞ면 이ᄂᆞᆫ 학문과 지식이 부족ᄒᆞ야 그러ᄒᆞᆷ이로다 사름이 이 세상에 쳐ᄒᆞ야 ᄉᆞ농공상간에 무삼 업을 가졋든지 연구ᄒᆞ고 ᄯᅩ 연구ᄒᆞ야 작년에 아지 못ᄒᆞ던 바를 금년에 알고 금년에 ᄭᆡ닷지 못ᄒᆞᆫ 바를 명년에 ᄭᆡ다르면 삼십 ᄉᆞ십은 고샤 물론ᄒᆞ고 칠십 팔십 ᄇᆡᆨ세가 되기ᄭᆞ지라도 즐겁고 깃분 뜻으로 ᄉᆡᄒᆡ를 마즐지로다 함을며 우리 일반 동포ᄂᆞᆫ 외국 사름의게 비ᄒᆞ면 학문과 지식이 어린 아ᄒᆡ와 갓흐니 비록 ᄇᆡᆨ셰 로인이라도 늙엇다 한탄치 말고 금년에ᄂᆞᆫ 식 학문과 식 지식을 엇을 마암으로 깃버ᄒᆞ고 즐거워하기를 바라고 츅슈ᄒᆞ노라

169 1908년 1월 7일(화) 제2584호 론셜

미쥬에 ᄌᆡ류ᄒᆞᄂᆞᆫ 동포의게 권고ᄒᆞᆷ / 탄ᄒᆡᄉᆡᆼ

현금 우리나라의 형세를 의론ᄒᆞᆯ진ᄃᆡ 국민 상하가 한마ᄋᆞᆷ 한ᄯᅳᆺ으로 합ᄒᆞ면 셔긔지망이 잇거니와 만일 각기 허여지면 국가를 보존ᄒᆞ기ᄂᆞᆫ 고샤ᄒᆞ고 민족이 멸망ᄒᆞᆯ 것은 누구든지 다 아ᄂᆞᆫ 바이오 항상 말ᄒᆞᄂᆞᆫ 바이나 그러나 ᄂᆡ디에 잇ᄂᆞᆫ 동포들은 아즉도 ᄐᆡ고 시ᄃᆡ에 든 잠을 ᄭᆡ지 못ᄒᆞ야 혹은 졍계상의 디위와 셰력을 닷토노라고 각각 당파를 난호아 셔로 모함ᄒᆞ며 셔로 방ᄒᆡᄒᆞ야 보기를 구슈갓치 ᄒᆞ고 혹은 ᄉᆞᄉᆞ 리익을 도모ᄒᆞ기 위ᄒᆞ야 힘 자라ᄂᆞᆫ ᄃᆡ로 동포를 ᄒᆡ롭게 ᄒᆞ다가 필경은 외국 사ᄅᆞᆷ을 의뢰ᄒᆞ야셔라도 남을 ᄒᆡᄒᆞ고야 마ᄂᆞᆫ 폐단이 비일비ᄌᆡ인 고로 ᄯᅳᆺ잇ᄂᆞᆫ 션ᄇᆡ의 가쟝 근심ᄒᆞᄂᆞᆫ 바이라 오날ᄂᆞᆯ 우리 대한국민의 의무를 ᄉᆡᆼ각ᄒᆞ면 우리 동포 사이에ᄂᆞᆫ 비록 살부지슈가 잇슬지라도 손을 마죠 잡고 나라를 갓치 붓드ᄂᆞᆫ 것이 가ᄒᆞ거늘 오히려 구습을 고치지 안코 동포 보기를 쵸월[350]갓치 ᄒᆞ면 누구로 더부러 이 나라와 이 챵ᄉᆡᆼ을 건지리오

슯흐다 뎌 미쥬에 건너가 잇ᄂᆞᆫ 슈쳔 명 우리 동포가 고심혈셩으로 공립신보와 대동공보를 간ᄒᆡᆼᄒᆞᆷ은 ᄂᆡ디에 잇ᄂᆞᆫ 일반 동포가 모다 감샤히 녁이ᄂᆞᆫ 바이오 본 긔쟈도 그 두 신문을 밧아 볼 젹마다 감격ᄒᆞᆫ 눈물을 금치 못ᄒᆞ나 다만 한 되ᄂᆞᆫ 바 한 가지가 잇기로 외람ᄒᆞᆷ을 무릅쓰고 어리셕은 졍셩을 펴셔 두어 ᄆᆞᄃᆡ 권고ᄒᆞ노니 바라건ᄃᆡ 여러 동포ᄂᆞᆫ 두터히 용납ᄒᆞ쇼셔

대뎌 공립협회와 대동보국회가 그 가진 바 목뎍이 다를진ᄃᆡᆫ 셔로 당파를 난호ᄂᆞᆫ 것도 무방ᄒᆞ거니와 죠국을 사랑ᄒᆞ고 동포를 불상히 녁이ᄂᆞᆫ 목뎍이 갓흔즉 굿ᄒᆡ여 각기 회를 셜시ᄒᆞ야 각기 신문을 발ᄒᆡᆼᄒᆞᆷ은 엇지이뇨 그 ᄂᆡ용은 ᄌᆞ셰히 아지 못ᄒᆞ되 본 긔쟈의 츄측으로ᄂᆞᆫ 불과시 ᄉᆞᄉᆞ 의견이 합ᄒᆞ지 못ᄒᆞᄂᆞᆫ ᄃᆡ

350 초월(楚越): 전국(戰國) 시대의 초나라와 월나라처럼 서로 떨어져서 상관이 없는 사이.

지나지 안으리니 누가 잘ᄒᆞ고 누가 잘못ᄒᆞᄂᆞᆫ 것을 갈회여 어ᄃᆡ 쓰리오 셜ᄉᆞ ᄒᆞᆫ 사ᄅᆞᆷ이 잘ᄒᆞ야 나라를 붓들면 우리 이천만 동포의 영광이오 한 사ᄅᆞᆷ이 잘못ᄒᆞ야 나라이 망ᄒᆞ면 우리 이천만 동포의 ᄎᆡᆨ망인즉 원슈라도 나라에 유익ᄒᆞᆯ 일을 ᄒᆞ거든 힘과 정셩을 다ᄒᆞ야 찬죠ᄒᆞᆷ이 가ᄒᆞ다 ᄒᆞ노라

공립협회와 대동보국회가 셔로 합ᄒᆞ야 한 회를 만달면 힘이 커질 것이오 또한 신문도 한아만 발간ᄒᆞ면 경비ᄂᆞᆫ 반감ᄒᆞ고 공효ᄂᆞᆫ 갓흘지라 무삼 ᄶᅡ닭으로 경비를 갑절식 쓰면서 유익지 안은 일을 힝ᄒᆞ야 ᄂᆡ디 동포의 바라고 기다리ᄂᆞᆫ 마음을 져바리ᄂᆞ뇨 그 회명에 닐으러ᄂᆞᆫ 공립협회를 업시 ᄒᆞ고 대동보국회로 합ᄒᆞ든지 대동보국회를 업시 ᄒᆞ고 공립협회로 합ᄒᆞ든지 츄호도 국가와 인민의게 관계가 업슬지니 셰 번 ᄉᆡᆼ각ᄒᆞ실지어다 우리 미쥬에 잇ᄂᆞᆫ 동포여

170 1908년 1월 8일(수) 제2585호 론셜

셔북 량 학회의 합동을 하례ᄒᆞᆷ / 탄히싱

녯말에 갈아ᄃᆡ 갓흔 소ᄅᆡ가 셔로 응ᄒᆞ며 ᄀᆺ흔 죵류가 셔로 구ᄒᆞᆫ다 ᄒᆞ얏고 또 갈아ᄃᆡ 갓치 병든 쟈이 셔로 불상히 녁인다 ᄒᆞ얏스니 우리나라의 셔북 사ᄅᆞᆷ은 곳 갓흔 소ᄅᆡ오 갓흔 종류오 갓치 병든 쟈이니 엇지 셔로 응ᄒᆞ며 셔로 구ᄒᆞ며 셔로 불상히 녁이지 안으리오 연고로 직작년에 셔도 인ᄉᆞ들이 량셔의 교육을 확쟝ᄒᆞ기 위ᄒᆞ야 셔우학회(西友學會)를 챵셜ᄒᆞ고 월보(月報)를 발힝ᄒᆞ야 일반 동포의 문명ᄒᆞᆫ 경신을 ᄯᅳᆯ쳐 닐으키고져 ᄒᆞᆷ이 이에 북도 션비들이 한북흥학회를 셜립ᄒᆞ고 학교를 셜시ᄒᆞ야 ᄎᆞᆼ쥰ᄌᆞ뎨의 교육을 힘쓰더니 금년에 닐으러ᄂᆞᆫ 셔우학회와 한북흥학회가 합동ᄒᆞ야 셔북학회(西北學會)라 일홈ᄒᆞ고 학교와 월보를 확쟝ᄒᆞᆫ다 ᄒᆞ니 쟝ᄒᆞ고 아름답도다 이 일이여 참 가히 하례ᄒᆞᆯ 바이로다 혹쟈ㅣ 말ᄒᆞ되 학회를 셜립ᄒᆞ야 교육을 힘쓰고져 ᄒᆞᆯ진ᄃᆡᆫ 엇지 반ᄃᆞ시 셔북

사름만 모혀 회를 죠직ᄒᆞ나뇨 ᄒᆞ나 대뎌 사름의 일은 몬져 한 몸을 닥고 그 다음은 집을 다ᄉᆞ리고 그 다음은 한 고을과 한 도와 한 나라를 다ᄉᆞ리고 필경은 텬하를 평뎡ᄒᆞᆯ 도를 강구ᄒᆞᄂᆞ니 이제 셔북 사름들이 ᄌᆞ긔의 고을과 도의 교육을 몬져 힘쓰고져 홈은 썻썻ᄒᆞᆫ 일이라 엇지 그 규모의 크고 적음을 의론ᄒᆞ리오 ᄯᅩ한 셔북학회로 인ᄒᆞ야 경긔와 삼남과 강원도가 각각 학회를 죠직ᄒᆞ야 경징ᄒᆞᄂᆞᆫ 마음으로 닷토어 학문을 힘쓰면 대한학회를 죠직ᄒᆞᆯ 날이 업지 안으리라 ᄒᆞ노라 그러나 셔북인ᄉᆞ를 ᄃᆡᄒᆞ야 한 마ᄃᆡ 어리셕은 말을 경고ᄒᆞ노니 슯흐다 셔도ᄂᆞᆫ 단군 긔ᄌᆞ 이ᄅᆡ로 문화(文化)가 가쟝 몬져 열니고 ᄯᅩ 그 인민의 셩질이 지혜와 용ᄆᆡᆼ이 겸비ᄒᆞ얏스며 북도ᄂᆞᆫ 우리

태죠 고황뎨의 룡흥(龍興)ᄒᆞ옵신 ᄯᅡ으로 인물이 쥰슈ᄒᆞ고 긔상이 활발ᄒᆞ야 대한국민의 모범(模範)이 될 만ᄒᆞ나 슈ᄇᆡᆨ 년 이ᄅᆡ로 학문을 힘쓰지 안은 ᄭᅡ둙으로 국민의 ᄌᆞ격(資格)을 일코 오날날ᄭᅡ지 남의 쳔ᄃᆡ를 면치 못ᄒᆞ얏거니와 지금은 시셰가 한 번 크게 변ᄒᆞᄂᆞᆫ ᄯᅢ를 당ᄒᆞ엿스니 이ᄯᅢ에 크게 ᄭᆡ닷고 힘과 졍셩을 다ᄒᆞ야 ᄋᆞ달과 ᄯᆞᆯ을 부즈런히 가라치면 쟝ᄅᆡ에ᄂᆞᆫ 셔북 사름이 국가의 쥬셕이 되고 문명의 근본이 되여 남과 갓흔 ᄌᆞ격과 권리를 보존ᄒᆞ려니와 만일 츄호라도 범연히 ᄉᆡᆼ각ᄒᆞ면 쟝ᄅᆡ에도 ᄯᅩ한 셔북 사름이라ᄂᆞᆫ 쳔ᄃᆡ를 면치 못ᄒᆞ리니 슯흐다 셔북 동포여 셔북학회의 흥ᄒᆞ고 쇠ᄒᆞᄂᆞᆫ 것이 곳 셔북 사름의 쥭고 사ᄂᆞᆫ 긔관으로 알고 각기 힘과 졍셩을 다ᄒᆞᆯ지어다

171 1908년 1월 9일(목) 제2586호 긔셔

제목 없음

미국에 잇ᄂᆞᆫ

우리 동포 즁에 정긔한 씨 등 십오 인이 본샤의 직졍이 군졸ᄒᆞ야 폐지ᄒᆞᆯ 경

우라 ᄒᆞᄂᆞᆫ 말을 듯고 ᄯᅡᆷ 흘니고 모흔 돈을 각기 의연ᄒᆞ야 미국 돈으로 ᄉᆞ십ᄉᆞ 원 오십 젼(신화 ᄇᆡᆨ 원 가량)을 긔부ᄒᆞᆷ은 작보에 긔ᄌᆡᄒᆞ얏거니와 본샤에셔ᄂᆞᆫ 감샤ᄒᆞᆫ 마ᄋᆞᆷ보담 불안ᄒᆞᆫ 마암이 압서셔 무삼 말로씨[351] 사례ᄒᆞᆯᄂᆞᆫ지 몰으며 이졔 그 편지ᄅᆞᆯ 자에 긔록ᄒᆞ노라

대기 신문이라 ᄒᆞᄂᆞᆫ 것은 공변된 붓으로 졍치의 득실을 의론ᄒᆞ며 ᄂᆡ외국의 시셰ᄅᆞᆯ 긔록ᄒᆞᄂᆞᆫ 바인즉 나라에 업지 못ᄒᆞᆯ 것이오 인민의 보지 안을 슈 업ᄂᆞᆫ 것인ᄃᆡ 이제 들은즉 귀사 신문이 폐지ᄒᆞ게 되엿다 □오니 그 곡졀을 ᄌᆞ셰히 아지 못ᄒᆞ오나 멀니 ᄉᆡᆼ각ᄒᆞ온즉 졍부의 속박이 심ᄒᆞ야 언론의 ᄌᆞ유ᄅᆞᆯ 엇지 못ᄒᆞ며 신문 구람쟈의 슈효가 ᄆᆞᆫ치 못ᄒᆞ야 ᄌᆡ졍이 곤난ᄒᆞᆷ인 듯ᄒᆞ오니 우리 대한국민 된 쟈야 엇지 ᄒᆞᆫ번 ᄉᆡᆼ각지 안으리오 고로 국ᄂᆡ의 귀부인 신ᄉᆞ가 응당 열심히 도으시려니와 만리 ᄒᆡ외에 류락ᄒᆞᆫ 우리들도 일반 국민이라 엇지 못 들은 테ᄒᆞ리오 이에 낫으로 일ᄒᆞ고 밤으로 공부ᄒᆞ며 젼젼 푼푼히 모아 두엇던 돈을 각기 의연ᄒᆞ야 미국 금화 ᄉᆞ십ᄉᆞ 원 오십 젼을 우편으로 보ᄂᆡ오니 약소타 ᄆᆞᆯ으시고 츄심ᄒᆞ압셔 만분지일이라도 보용ᄒᆞ압시고 속박과 압제ᄅᆞᆯ 당ᄒᆞᆯ지라도 공졍ᄒᆞᆫ 필법과 고명ᄒᆞᆫ 지식으로 우리 이쳔만 동포의 이목을 열어 대한뎨국 네 글ᄌᆞᄅᆞᆯ 텬디와 갓치 영원ᄒᆞ며 뎨국신문 네 글ᄌᆞ가 일월과 ᄀᆞᆺ치 ᄇᆞᆰ게 ᄒᆞ심을 축슈하고 바라ᄂᆞ이다

172 1908년 1월 10일(금) 제2587호 긔셔[352]

졍부 명령이 밋업지 안음을 한탄ᄒᆞᆷ / 탄ᄒᆡᄉᆡᆼ

대뎌 법률과 규측은 마련ᄒᆞ기가 어려온 것이 안이라 실시ᄒᆞ기가 어려온지

351 '말로써'의 오기.

라 그런 고로 언의 나라이든지 아름다온 법률과 됴흔 규측이 업셔셔 망ᄒᆞᄂᆞᆫ 것이 안이오 다만 집정대신의 실힝ᄒᆞ고 실힝치 못홈에 달님은 지혜 잇ᄂᆞᆫ 쟈를 기다리지 안코도 능히 알 바이로다 우리나라가 오날늘 이 디경에 일은 것은 법률이 글으고 규측이 됴치 못홈이 안이오 죠정에 셧ᄂᆞᆫ 공경대부가 법률 규측을 모다 문구로 돌녀보낸 연고ㅣ라 우리

황상폐하긔옵셔 이 일을 근심ᄒᆞ샤 현 정부의 제공을 명ᄒᆞ샤 칙임내각(責任內閣)을 죠직케 ᄒᆞ압셧스니 닉각 졔공의 칙임이 진실로 크도다 만일 졔공이 ᄒᆞᆫ번 잘못ᄒᆞ야 우희로

셩텬ᄌᆞ를 포필치 못ᄒᆞ고 아릭로 도탄에 든 챵싱을 건지지 못ᄒᆞ면 졔공이 쟝찻 무삼 낫으로 텬하 사름을 딕ᄒᆞ리오 그러나 제공이 닉각을 죠직ᄒᆞᆫ 후로 법률 규측을 마련ᄒᆞᆫ 것은 허다ᄒᆞ나 ᄒᆞᆫ 가지도 실시가 되지 못ᄒᆞ야 빅셩이 편안ᄒᆞ기ᄂᆞᆫ 고샤ᄒᆞ고 이젼보담 더욱 소란ᄒᆞ야 향홀 바를 아지 못ᄒᆞ니 이ᄂᆞᆫ 제공의 칙임이 안이라 ᄒᆞᆯ 슈 업스며 그 원인이 여러 가지가 잇스나 그러나 실상은 정부의 명령이 밋업지 못ᄒᆞᆫ 딕셔 나왓다 ᄒᆞᆯ지로다 이제 그 젼례의 두셰 가지를 들어 말ᄒᆞᆯ진딕 첫직ᄂᆞᆫ 죠혼을 금지ᄒᆞᄂᆞᆫ 법령이라 사름이 쟝가 들고 싀집 가기를 일즉이 ᄒᆞᄂᆞᆫ 것은 비유컨딕 나모 슌이 바야흐로 돗아 나올 적에 씩ᄂᆞᆫ 것 갓ᄒᆞ야 어렷슬 씩ᄂᆞᆫ 쏙쏙ᄒᆞ고 츙실ᄒᆞ던 아희도 혼인을 지낸 후에ᄂᆞᆫ 죠졉이 들어 병이 자죠 나ᄂᆞᆫ 고로 요사ᄒᆞᄂᆞᆫ 폐단이 만흐며 ᄯᅩᄒᆞᆫ 혈긔가 아즉 쟝셩치 못ᄒᆞᆫ 씩에 남녀의 교졉을 시작ᄒᆞ야 아희를 나은즉 그 아희 엇지 츙실ᄒᆞ기를 바라리오 우리나라 사름으로 볼지라도 인죵이 졈졈 쥴어 녯사람보담 적고 약ᄒᆞ니 가히 경계ᄒᆞᆯ 바이오 그뿐 안이라 열 살 안팟게 혼인을 지닉면 녀ᄌᆞ의 나이 남ᄌᆞ보담 두셰 살 우희가 례ᄉᆞ로 되니 쳐음에ᄂᆞᆫ 아모것도 몰나셔 닉외라고 다정스럽게 지닉다가 남ᄌᆞ의 나이 이십이 갓가와진즉 안히와 졍이 업셔셔 금슬의 화합지

352 정운복이 쓴 글임에도 '긔셔'로 표기되어 있음. 오기인 듯함.

못흔 일이 싱겨 인륜이 무상ᄒᆞ고 화긔가 감상ᄒᆞ니 엇지 삼갈 바이 안이뇨 이 풍속을 고치고져 ᄒᆞ야 정부에서 법령을 반포ᄒᆞ엿스면 어ᄃᆡᄁᆞ지든지 밋업게 ᄒᆞ야 금셕갓치 시힝홈이 가ᄒᆞ거늘 어리셕은 ᄇᆡᆨ셩은 고샤 물론ᄒᆞ고 정부의 당로쟈들도 법령을 범ᄒᆞᄂᆞᆫ 고로 일반 인민이 쳐음에ᄂᆞᆫ 밤이면 남몰으게 지ᄂᆡ더니 근일에ᄂᆞᆫ ᄇᆡᆨ쥬대도상에 어린 신랑 어린 신부가 혼인ᄒᆞ기를 죠곰도 긔탄업시 ᄒᆞ니 이것이 엇지 정부의 명령이라 ᄒᆞ리오 (미완)[353]

173 1908년 1월 12일(일) 제2589호 론셜

뎐긔회샤의 불법 힝동을 통론홈 / 탄히싱

한미뎐긔회샤(韓美電氣會社)가 십 년 이릐로 경셩 중앙에 뎐긔텰도를 부셜ᄒᆞ고 경셩 시민의 교통을 편리케 ᄒᆞ엿스니 가히 문명흔 긔관이라 홀지라 그러나 가쟝 험 되ᄂᆞᆫ 바ᄂᆞᆫ 그 챠의 제죠가 심히 츄루ᄒᆞ며 협챡ᄒᆞ고 ᄯᅩ흔 챠의 슈효가 젹어셔 가고 오ᄂᆞᆫ 것이 드믄 고로 엇더흔 ᄯᅢᄂᆞᆫ 뎐챠 오기를 기다리랴 ᄒᆞ면 수삼십분 이상을 허비ᄒᆞ야 걸어가ᄂᆞᆫ 것이 도로혀 속흔 ᄯᅢ가 만토다 뎐긔회샤ᄂᆞᆫ 이런 일을 기량ᄒᆞ야 릭왕ᄒᆞᄂᆞᆫ 힝인의 편리를 ᄭᅬ홀 것이어늘 이ᄂᆞᆫ 힝치 안이ᄒᆞ고 졸연히 임금(賃金)을 갑졀로 올녓노라 ᄒᆞ야 각 식문에 광고ᄒᆞ고 본년 일월 일일부터 실힝ᄒᆞ니 슯흐다 뎐긔회샤여 경셩 시민을 무시홈이 엇지 이ᄀᆞᆺ치 심ᄒᆞ뇨 뎌 뎐긔회샤가 우리나라 사름의 슈즁에 잇셔셔 이갓흔 일을 힝ᄒᆞ얏스면 경셩 시민이 크게 격앙ᄒᆞ야 원망ᄒᆞᄂᆞᆫ 소릭가 길에 가득ᄒᆞ얏스렷마ᄂᆞᆫ 우리나라 사름의 셩질이 외국사름 무셔워ᄒᆞ기를 범ᄀᆞᆺ치 ᄒᆞᄂᆞᆫ 즁에 더욱 미국사름

353 제2588호(1월 11일자) 유실됨. 제2587호(1월 10일자) 게재 논설의 속편이 실려 있었을 것으로 추정됨.

이라면 과도히 존딕ᄒᆞ고 과도히 두려워ᄒᆞ야 감히 한 말을 발ᄒᆞ지 못ᄒᆞ고 묵묵히 슌종ᄒᆞ니 가련ᄒᆞ도다 우리 동포여 년릭에 외국의 릉모와 압졔를 만히 밧은 연고로 이갓치 유약홈이라 년젼에 일본 동경에셔 뎐긔텰도회샤가 졸디에 임금을 올닌 짜둙으로 동경시민이 크게 격앙ᄒᆞ야 뎐긔회샤와 시민 사이에 큰 츙돌이 닐어나셔 동경이 일시 소요홈은 우리가 다 아는 바이라 오날놀 우리가 그런 란포ᄒᆞᆫ ᄒᆡᆼ동을 ᄒᆡᆼ홈은 만만불ᄀᆞᄒᆞ거니와 졍당ᄒᆞᆫ 리유로써 그 회샤에 교섭ᄒᆞ야 임금을 이젼과 갓치 밧게 홈은 우리 한셩 시민의 권리오 직칙이라 ᄒᆞ노라 일젼에 경셩상업회의소(京城商業會議所)에셔 닉부대신의게 ᄀᆡ신(開申)ᄒᆞᆫ ᄉᆞ의를 보건ᄃᆡ 지극히 온당ᄒᆞ고 졍대ᄒᆞ니 바라건ᄃᆡ 상업회의소의 졔씨는 긔어히 그 목뎍을 관쳘ᄒᆞ야 한편으로는 뎐긔회샤의 불법 ᄒᆡᆼ동을 금지ᄒᆞ고 한편으로는 우리 일반 시민의 교통긔관(交通機關)을 령통(靈通)케 홀지어다 미국사름이나 영국사름이나 일본사름을 물론ᄒᆞ고 우리의게 리히관계가 잇스면 우리가 졍대ᄒᆞᆫ 언론과 온당ᄒᆞᆫ ᄒᆡᆼ동으로뼈 방어홈이 쩟쩟ᄒᆞᆫ 일이어늘 엇지 반닷시 미국사름이라 ᄒᆞ야 안셔ᄒᆞ며 일본사름이라 ᄒᆞ야 굴복ᄒᆞ리오 우리의 권리는 하날이 쥬신 바이라 엇더ᄒᆞᆫ 나라 사름이든지 우리의 권리를 침히ᄒᆞ는 쟈가 잇거든 법률범위(法律範圍) 안의 ᄒᆡᆼ위로 어ᄃᆡ까지든지 쥬장ᄒᆞ야 츄호라도 쎅앗기지 안키를 긔약ᄒᆞ고 기다리노니 만일 뎐긔회샤가 임금을 복구치 안으면 이는 경칭ᄒᆞ는 쟈이 업슴을 보고 리익을 롱단(壟斷)홈이니 엇지 심상히 지나가리오 근일 형편을 보건ᄃᆡ 빗사면 안 타는 것이 뎨일이라 ᄒᆞ야 뎐차를 타는 쟈ㅣ 희소ᄒᆞ니 이는 대단히 용렬ᄒᆞᆫ ᄉᆡᆼ각이로다 무슴 짜둙으로 편리ᄒᆞᆫ 긔관을 두고 타지 안으리오 타기는 탈지라도 임금을 쳔ᄌᆞ히 올니고 닉리지 못ᄒᆞ게 홈이 가ᄒᆞ다 ᄒᆞ노라

1908년
1월

노름군의 큰 와쥬[354] / 탄히싱

대뎌 언의 나라이든지 졍령이 히이ᄒᆞ고 풍속이 퇴핍ᄒᆞ야 ᄉᆞ농공상이 각각 그 업을 엇지 못ᄒᆞ야 놀고 먹으며 놀고 닙는 쟈ㅣ 만흔즉 사ᄅᆞᆷ을 속이고 ᄌᆡ물을 쎽앗는 악풍이 셩힝ᄒᆞᄂᆞᆫ지라 근ᄅᆡ 우리나라에 졍령이 ᄇᆰ지 못ᄒᆞ고 풍속이 어즈러워 관민상하가 모다 협잡으로써 ᄉᆡᆼ애를 삼는 즁에 업을 일코 동셔로 도라단기며 소년ᄌᆞ뎨를 유인ᄒᆞ야 쥬ᄉᆞ청루이나 노름판으로 ᄭᅳᆯ고 가셔 눈을 감기고 돈을 쎽앗는 일이 무슈부지ᄒᆞ니 엇지 한심치 안으리오 요사이 젼ᄒᆞᄂᆞᆫ 소문을 들은즉 ᄉᆞ동과 안현과 경동 대궐 압과 식문 밧과 동구 안 등디에 셔양사ᄅᆞᆷ이 큰 집을 셰ᄂᆡ여 가지고 쥬야로 노름판을 부치ᄂᆞᆫᄃᆡ 문표 한 쟝에 십 원식을 밧고 ᄯᅩ 방셰로 낫에 슴십 원 밤에 삼십 원을 밧으며 가옥이나 뎐답 문셔를 뎐당잡고 노름 분을 노으면 대돈변을 밧은즉 그 돈은 모다 와쥬의게로 들어가고 말것마는 뎌 픽류들과 무지몰각ᄒᆞᆫ 소년ᄇᆡᄂᆞᆫ 밤낫으로 구름갓치 모혀 한 집에 여러 픽를 벌니고 ᄒᆞ로 동안에 소비ᄒᆞᄂᆞᆫ 돈이 여러 만 원 여러 쳔 원이 된다 ᄒᆞ니 이것이 젹은 일인 듯ᄒᆞ나 국가에 영향 밋침이 심히 크기로 두어 마ᄃᆡ 경고ᄒᆞ노라 뎌 불픽뎐 불외디ᄒᆞᄂᆞᆫ 픽류들은 사ᄅᆞᆷ의 슈에 칠 슈 업슨즉 족히 의론ᄒᆞᆯ 것이 업거니와 그 픽류의 ᄭᅬ임에 ᄲᅡ져 쳣ᄌᆡᄂᆞᆫ 몸을 망ᄒᆞ고 둘ᄌᆡᄂᆞᆫ 집을 망ᄒᆞᄂᆞᆫ 쳥년들이여 사ᄅᆞᆷ이 이 셰상에 나셔 부모의 유업이 업슬지라도 아모죠록 부즈런히 공부ᄒᆞ고 부즈런히 일ᄒᆞ야 뎨일은 몸을 바로 가지고 뎨이ᄂᆞᆫ 집을 닐으켜 남부럽지 안케 사ᄂᆞᆫ 것이 집의 효ᄌᆞ슌손이 되고 나라의 량민이 될지며 ᄯᅩ한 우리나라의 흥ᄒᆞ고 망ᄒᆞᄂᆞᆫ 것이 여러 쳥년의게 달녓거ᄂᆞᆯ 만일 우리 쳥년동포 즁에 이런 일을 ᄉᆡᆼ각지 안코 픽류와 츄축ᄒᆞ야 앗가온 ᄌᆡ물을 ᄂᆡ여버릴 ᄲᅮᆫ이

354 와주(窩主): 도둑이나 노름꾼의 우두머리. 또는 그들의 뒤를 봐주는 사람.

안이라 두 번 오지 못ᄒᆞᄂᆞᆫ 쳥츈을 허송ᄒᆞ고 공부를 힘쓰지 안이ᄒᆞ야 국민의 의무를 다ᄒᆞ지 못ᄒᆞ면 멸망ᄒᆞ야 가ᄂᆞᆫ 우리 국가와 죽어 가ᄂᆞᆫ 우리 동포를 누구로 더부러 건지리오 뎌 셔양사ᄅᆞᆷ은 그 셩명이 무엇인지 몰으거니와 문명ᄒᆞᆫ 나라의 사ᄅᆞᆷ으로 우리나라 사ᄅᆞᆷ의 몽ᄆᆡᄒᆞᆷ을 업슈히 넉이며 치외법권(治外法權)을 밋고 이갓흔 도젹의 일을 ᄒᆡᆼᄒᆞ야 ᄇᆡᆨ쥬의 노름판을 벌이고 엄연히 돈을 ᄯᅦ아스되 우리나라 경찰관리가 아모 말을 못ᄒᆞ고 다만 구경ᄒᆞᆯ ᄯᆞ름인즉 엇지 가통치 안이뇨 바라건ᄃᆡ 우리 졍부 당국쟈ᄂᆞᆫ ᄒᆡ국 령ᄉᆞ와 교셥ᄒᆞ야 이 노름군의 큰 와쥬를 축출ᄒᆞᆷ이 가ᄒᆞ고 만일 그러치 안으면 그 양인의 집 근쳐에 경찰관을 파견ᄒᆞ야 츌입ᄒᆞᄂᆞᆫ 사ᄅᆞᆷ을 일일히 됴사ᄒᆞ야 경시쳥에 잡아 가두고 엄ᄒᆞᆫ 형벌로 다ᄉᆞ려 크게 증계ᄒᆞ기를 바라노라

175 1908년 1월 15일(수) 제2591호 론셜

뎐긔회샤의 무샹ᄒᆞᆷ을 다시 의론ᄒᆞᆷ / 탄ᄒᆡ싱

뎌 뎐긔회샤가 우리 경셩 시민의 리해를 무시하고 임금(賃金)을 올닌 일에 ᄃᆡᄒᆞ야 그 불법ᄒᆡᆼ동을 대강 의론ᄒᆞ얏스되 죠곰도 동념치 안이ᄒᆞ고 여젼히 신화 오 젼식을 밧으며 다만 일본 거류민 단쟝과 교셥ᄒᆞ야 일을 타결코져 ᄒᆞ니 뎐긔회샤의 ᄒᆡᆼ동이 더욱 무샹하도다 경셩 오셔ᄂᆡ의 인구를 비교ᄒᆞ건ᄃᆡ 우리 대한사ᄅᆞᆷ은 이십만이오 일본인은 만 명에 지나지 못ᄒᆞᆫ즉 뎐챠 타ᄂᆞᆫ 사ᄅᆞᆷ으로 교계ᄒᆞᆯ지라도 우리가 일본인보담 이십 ᄇᆡ가 될 것이어날 한인을 ᄃᆡ하야ᄂᆞᆫ 일언반ᄉᆞ가 업고 일인의 거류민단을 ᄃᆡᄒᆞ야 변명셔도 보ᄂᆡ고 엇지엇지 ᄒᆞ쟈ᄂᆞᆫ 됴건도 의론ᄒᆞ니 이ᄂᆞᆫ 무삼 연고이뇨 뎌 일본인은 리해에 ᄇᆞᆰ은 고로 죠션일일신문이 과격ᄒᆞᆫ 반ᄃᆡ 론셜을 게ᄌᆡᄒᆞ얏다가 뎡간을 당ᄒᆞ고 ᄯᅩ 연셜회를 열엇다가 뎡회를 당ᄒᆞ얏스며 ᄯᅩ 대한일보가 반ᄃᆡᄒᆞᄂᆞᆫ 의견을 가져 일치로 ᄒᆡᆼ동ᄒᆞᄂᆞᆫ 고

로 뎌 뎐긔회샤가 긔탄ᄒᆞ야 무ᄉᆞ히 타결코져 ᄒᆞᆷ이오 우리 한인은 뎐긔회샤의 엿흔 ᄭᅬ에 빠져셔 리해를 ᄭᆡ닷지 못ᄒᆞ야 잠을 자고 잇ᄂᆞᆫ 연고로다 뎐긔회샤쟝 골불안[355] 씨가 일본 민단쟝의게 보낸 바 변명셔를 보건대 근본은 한국 ᄇᆡᆨ동화도 일본 화폐의 ᄇᆡᆨ동 오 젼과 갑이 갓흔 고로 일구(一區)에 오 젼식을 밧앗거니와 지금은 한국 ᄇᆡᆨ동화가 이젼 오 리에 지나지 못ᄒᆞᄂᆞᆫ 고로 불가불 신화 오 젼을 밧지 안으면 회샤의 허다ᄒᆞᆫ 경비를 지출키 어렵다 ᄒᆞ얏스니 얼는 ᄉᆡᆼ각ᄒᆞ면 혹 그럴ᄯᅳᆺᄒᆞᆫ 말이나 우리나라의 ᄇᆡᆨ동화의 가ᄋᆡᆨ이 심히 ᄯᅥ러져 이젼 이ᄉᆞᆷ 리에 지나지 못ᄒᆞᆯ ᄯᆡ도 일구에 ᄇᆡᆨ동화 한 ᄀᆡ식을 밧다가 지금은 ᄇᆡᆨ동화의 가ᄋᆡᆨ이 이젼 오 리ᄭᆞ지 올낫ᄂᆞᆫᄃᆡ 임금을 올니니 이ᄂᆞᆫ 둔ᄉᆞ로 변명코져 ᄒᆞᆷ이오 ᄯᅩ 이젼에ᄂᆞᆫ 동대문과 ᄉᆡ문 사이를 이구(二區)로 난호아 일구에 구화 오 젼을 밧다가 지금은 일구를 만달고 신화 오 젼을 밧은즉 이젼과 죠곰도 다름이 업다 ᄒᆞ엿스니 이ᄂᆞᆫ 뎐긔회샤가 죠삼모ᄉᆞ(朝三暮四)의 ᄭᅬ로써 우리를 속이ᄂᆞᆫ 말이로다 동대문에셔 ᄉᆡ문ᄭᆞ지 직ᄒᆡᆼᄒᆞᄂᆞᆫ 사ᄅᆞᆷ은 일반이라 ᄒᆞ려니와 죵로ᄂᆞᆫ 우리 경셩의 즁심인 고로 동대문이나 ᄉᆡ문에셔 오ᄂᆞᆫ 사ᄅᆞᆷ이 열에 아홉은 죵로에 ᄂᆞ리고 ᄯᅩ한 죵로로조차 동대문이나 새문으로 가난 사람이 열에 아홉인즉 엇지 죠곰도 가감이 업노라 발명하리오 가령 갓흘 디경이면 무삼 ᄭᆞ닭으로 이구를 일구로 만달고 신화 오 젼을 밧나뇨 뎌 셔양사ᄅᆞᆷ이 우리를 어리셕게 보고 이갓흔 ᄭᅬ로 우리를 롱락ᄒᆞ랴 ᄒᆞ니 ᄉᆡᆼ각ᄒᆞᆯᄉᆞ록 통분ᄒᆞ도다 ᄉᆡᆼ각ᄒᆞ야 볼지어다 뎌 뎐긔회샤가 우리 시민의 통ᄒᆡᆼᄒᆞᄂᆞᆫ 도로를 아모 갑도 업시 쓸 ᄲᅮᆫ 안이라 뎐차로 인ᄒᆞ야 우리 동포가 일 년 동안에 몃 명이나 죽고 몃 명이나 샹ᄒᆞ나뇨 이런 일을 ᄉᆡᆼ각지 안코 방ᄌᆞ히 우리를 압시ᄒᆞ야 뎌의 마암ᄃᆡ로 임금을 올니고 ᄂᆡ리니 우리가 엇지 목묵히[356] 지나가리오 뎐긔회샤에 ᄃᆡᄒᆞ야 요구ᄒᆞᆯ 바ᄂᆞᆫ 명일에 다시 긔록ᄒᆞ랴 ᄒᆞ고 이에 붓을 멈으르노라

---

355 헨리 콜브란(Henry Collbran): 미국인 사업가. 한국명 고불안(高佛安).

356 '묵묵히'의 오기인 듯함.

제목 없음 / 경셩 남셔 후동 류흥쥬

귀샤 신문으로 인연ᄒᆞ와 졔공의 존셩 대명을 드른 지 오릭오나 한 번도 친견치 못ᄒᆞ와 번뇌ᄒᆞ압든 ᄎᆞ에 송구영신 ᄒᆞ옴애 셰비ᄎᆞ로 와 뵈오니 츈몽을 ᄭᆡ온 듯ᄒᆞ옵기는 항상 심즁에 귀샤 신문 ᄉᆞ연이 졍묘ᄒᆞ와 이쳔만 동포의 지식 발달되기를 열심으로 권고ᄒᆞ오며 이쳔만 ᄉᆡᆼ령을 위ᄒᆞ와 역ᄃᆡ 뎨왕의 고금 치란흥망을 낫낫히 쟝상 명쥬갓치 아시고 진심갈력ᄒᆞ와 동포의 농상공업을 흥왕케 ᄒᆞ기를 쳔만 희망ᄒᆞ시고 동지야 긴긴밤을 단야 ᄉᆡ듯 ᄒᆞ옵시니 시국형편에 불힝 즁 다힝이 되는 바는 신문도 업셧든들 캄캄ᄒᆞᆫ 속에셔 날 갓흔 우믹ᄒᆞ온 인ᄉᆡᆼ이야 엇지 동셔남북을 분간ᄒᆞ엿스리오 공경ᄒᆞ온 신문을 일과로 폐치 안이ᄒᆞ옵고 ᄋᆡ독ᄒᆞ옵는 고로 젼국이 소요ᄒᆞᆫ 쥴노 아옵고 경향 각쳐에 이쳔만 동포가 믱인의 ᄌᆞ계식ᄒᆞ는 모양으로 악젼ᄒᆞ와 살ᄉᆡᆼ이 비일비ᄌᆡᄒᆞ온 것도 아옵고 ᄂᆡ외국 인민 간에 인명이 만히 상ᄒᆞ오니 참혹ᄒᆞ기 측량 업ᄉᆞ오며 일본 상민으로 말ᄒᆞᆯ지라도 월타국 이타관ᄒᆞ여 유하 ᄌᆞ녀를 ᄭᅳᆯ고 경향 각쳐로 단기며 근근 보명ᄒᆞ는 인ᄉᆡᆼ을 살히ᄒᆞᆫ다 ᄒᆞ오니 자우쪽 형편이 참혹ᄒᆞ기 한량 업ᄉᆞ외다 대뎌 호ᄉᆡᆼ지덕[357]이 뎨일이오 일쳬즁ᄉᆡᆼ에 인ᄉᆡᆼ이 최귀라 ᄒᆞᆸ흐다 이 일을 ᄉᆡᆼ각ᄒᆞ온즉 텬디가 아득ᄒᆞ온 즁에 단지 ᄉᆡᆼ각이 소진 쟝의 범슈 ᄎᆡ틱의 일을 의론ᄒᆞ올진ᄃᆡᆫ 본인이 구변은 부족ᄒᆞ오나 젹슈 단신으로 한 번 나아가 각 진 즁에 단기며 불셕신명[358]ᄒᆞ옵고 시찰션유 진무안민ᄒᆞ와 우흐로 황상폐하의 근심을 들고 아릭로 한일 량국 인민이 돈목안락ᄒᆞ여 강구연월에 격양가를 부르기를

357 효생지덕(好生之德): 사형에 처할 죄인을 특별히 살려 주는 제왕의 덕.

358 불석신명(不惜身命): (불교에서) 불도 수행·교화·보시 등을 위해 몸이나 생명을 아끼지 않고 바침.

쳔만 츅슈ᄒᆞ옵ᄂᆞᆫ 마음으로 졍부에 쳥원코자 ᄒᆞ오나 본인이 일ᄀᆡ 무명 소인으로 가장 보국안민지슐이나 가진듯히 쳥원ᄒᆞ옵기 황송ᄒᆞ옵고 말ᄌᆞ ᄒᆞ오니 도쳐에 풍진이 요란ᄒᆞ야 젼국에 살긔가 등등ᄒᆞ오니 신민지도리에 목불인견이라 엇지 죠고마ᄒᆞᆫ 일을 ᄉᆡᆼ각ᄒᆞ야 대ᄉᆞ를 글읏치리오 소진이 륙국을 달닐 ᄯᅢ에 긔병솔군ᄒᆞᆫ 일 업고 필마단긔로 속ᄅᆡ속게ᄒᆞ엿고 쟝ᄌᆞ방이 계명산 츄야월에 옥통소 일곡으로 픽왕의 팔쳔병을 일시에 히산케 ᄒᆞᆷ은 일단 회심ᄒᆞ게 ᄒᆞᆫ 리치라 비컨ᄃᆡ 말 잘ᄒᆞᄂᆞᆫ 사ᄅᆞᆷ이 일쟝 언파에 슐 한잔 쥬어 밋친 회포가 봄눈 풀니듯 ᄒᆞᄂᆞᆫ 리치나 그러나 이런 말삼을 고문 대가에 가셔 안견셜곡코져 ᄒᆞ오되 당돌무례ᄒᆞ옵기로 귀 신문에 앙고ᄒᆞ압나이다 지식이 쳔단ᄒᆞ와 두셔를 몰으고 쟝황히 ᄆᆞᆯ삼ᄒᆞ오니 원컨ᄃᆡ 무식ᄒᆞᆷ을 용셔ᄒᆞ옵소셔[359]

177 1908년 1월 18일(토) 제2593호 별보

긔호흥학회[360] 취지셔

오작 우리 경긔 츙쳥도ᄂᆞᆫ 나라의 즁심된 곳이라 젼국에셔 의지ᄒᆞᄂᆞᆫ 바오 인민의 표쥰이니 이젼 일을 소고ᄒᆞ건ᄃᆡ 인물의 번셩ᄒᆞᆷ이 찬연ᄒᆞ야 가히 볼 만ᄒᆞ도다 도를 의론ᄒᆞ고 나라를 경영ᄒᆞ야 황실의 묘칙을 돕ᄂᆞᆫ 쟈도 이곳에셔 ᄉᆡᆼ기고 초토에 뭇쳐셔 셰상에 법식이 되ᄂᆞᆫ 쟈도 이곳에 모이니 이럼으로 나라에ᄂᆞᆫ ᄐᆡ학이 잇고 시골에ᄂᆞᆫ 향교가 잇셔셔 집집마다 공부ᄒᆞ니 션비의 공론이 잇다 ᄒᆞᆷ이 이 ᄶᅡ닭이라 이갓치 ᄒᆞ야 나아가기를 마지 안엇스면 반다시 오날 이 지경

---

359 1월 17일은 임시휴간함.

360 기호흥학회(畿湖興學會): 1908년 1월 민족자강을 위한 교육계몽운동을 목적으로 서울에서 조직되었던 애국계몽단체.

이 업셔슬 것을 오릴스록 폐단이 싱겨셔 이 지경이 되얏스니 그 원인을 궁구ᄒᆞᆫ 건ᄃᆡ 누가 그 칙망을 맛허야 ᄒᆞᆯ고 농ᄉᆞ도 안코 장ᄉᆞ도 안코 쌋닷ᄒᆞᆫ ᄌᆞ리에 안ᄭᅩ 빗는 병풍에 의지ᄒᆞ야 보ᄇᆡ가 상ᄌᆞ에 가득ᄒᆞ고 뎐장이 무슈ᄒᆞᆫ 쟈 긔호 사ᄅᆞᆷ이 안이냐 불학무식ᄒᆞ고 고관대작ᄒᆞ야 비단이 몸에 둘니고 고기 먹는 쟈 긔호 사ᄅᆞᆷ이 안이냐 나가면 인민의 ᄌᆡ물을 토식ᄒᆞ고 들어오면 님군을 속히고 권셰를 잡는 쟈 긔호 사ᄅᆞᆷ이 안이냐 셰력을 빙ᄌᆞᄒᆞ야 향곡에 토호ᄒᆞ는 쟈 긔호 사ᄅᆞᆷ이 안이냐 ᄌᆞ뎨를 교육식히지 안코 남의 문필을 비는 쟈 긔호 사ᄅᆞᆷ이 안이냐 륙대쥬 위치의 엇더ᄒᆞᆷ은 고ᄉᆞ물론ᄒᆞ고 ᄂᆡ 나라의 거리와 광협을 망연히 알지 못ᄒᆞ고 만국력ᄉᆞ의 엇더ᄒᆞᆫ 것은 고ᄉᆞᄒᆞ고 ᄌᆞ긔 나라의 ᄀᆡ국 원년을 젼연히 몰으며 농업이란 것은 지졍지미ᄒᆞᆫ 학문이어늘 지극히 어리셕은 ᄇᆡᆨ셩에게 맛겨 연구ᄒᆞᆯ 쥴 몰으며 공업은 권장을 잘ᄒᆞᆫ 후에 진보ᄒᆞᆯ ᄇᆡ어늘 만일 졍묘ᄒᆞ고 긔교ᄒᆞᆫ 물건을 졔죠ᄒᆞ는 쟈 잇스면 도로혀 토식ᄒᆞ기를 마지 안이ᄒᆞ며 상업은 륭통ᄒᆞ기를 잘ᄒᆞᆫ 후에야 흥왕ᄒᆞᆯ 것이어날 ᄆᆡ매ᄒᆞ는 상고의 물건을 가지고 관가에셔는 지뎡ᄒᆞ야 쥬는 갑이 잇고 호강ᄒᆞᆫ 쟈는 외상이니 이것이 다 긔호 사ᄅᆞᆷ의 죄라 고요히 ᄉᆡᆼ각ᄒᆞᆷ애 쳐음에는 슯흐고 둘ᄌᆡ는 두렵고 나죵에는 분ᄒᆞ도다 우리의 죄는 우리가 당ᄒᆞ고 우리의 악ᄒᆞᆫ 것은 우리가 고칠지니 엇지 별사ᄅᆞᆷ이 ᄃᆡ신으로 그 험을을 고치리오 슯흐다 우리 형뎨여 하날과 ᄯᅡᆼ에 ᄆᆡᆼ셔ᄒᆞ야 긔왕 죄를 뉘우쳐 고칠지니 고치는 것은 무엇인고 맛당히 분별ᄒᆞ고 ᄉᆡ 것을 힘씀이니 (미완)

178 1908년 1월 19일(일) 제2594호 별보

긔호흥학회 취지셔 (속)

지금부터는 나라 ᄉᆞ랑ᄒᆞ기를 ᄇᆡᆨ빅곳치 ᄒᆞ고 동포 ᄉᆞ랑ᄒᆞ기를 ᄉᆞ지갓치 ᄒᆞ야 공익 잇는 쥴을 알고 ᄉᆞ익 잇는 쥴은 몰나셔 도덕으로 귀ᄒᆞᆷ을 삼고 ᄌᆡ물을 경히 녁인즉 셔칙을 가히 널니 펴며 학교ᄅᆞᆯ 가히 널니 셜시ᄒᆞᆯ 것이오 실업을 가히 흥왕케 ᄒᆞᆯ 것이오 지식을 가히 열지니 ᄉᆡ로온 정신으로 ᄉᆡ로온 ᄉᆞ상을 발ᄒᆞ야 나라 ᄉᆞ랑ᄒᆞᄂᆞᆫ 특셩이 한 단톄가 되면 이왕 하ᄂᆞᆯ에 가득히 찻든 죄ᄅᆞᆯ 면ᄒᆞ고 속ᄒᆞ야 우리 젼국 동포에게 보답ᄒᆞᆯ지니 오작 우리 긔호 사ᄅᆞᆷ들은 어셔 닐어ᄂᆞᆯ지어다 ᄆᆡᆼ연히 ᄉᆞᆲ힐지어다 셔양 사ᄅᆞᆷ이 교육ᄒᆞᄂᆞᆫ ᄃᆡ한 학교가 잇스면 한 회가 잇셔 학교가 뎌럿틋 셩ᄒᆞ니 이것이 문명진보의 근본이어날 지금 우리 한국에 국가 ᄉᆞ상이 잇ᄂᆞᆫ 쟈ㅣ 히륙군의 방어ᄒᆞᆯ 것이 업ᄂᆞᆫ 것과 텰도 륜션의 리용ᄒᆞᆯ 것이 업ᄂᆞᆫ 것과 금은동텰의 후ᄉᆡᆼ될 것이 업ᄂᆞᆫ 것을 통한히 녁이지 안ᄂᆞᆫ 쟈 업스나 누가 그 아죠 업ᄂᆞᆫ 쟈와 뎨일 근심되ᄂᆞᆫ 쟈가 학문 한 가진 쥴 알니오 진실로 그러ᄒᆞ면 ᄇᆡᆨ공 기예가 스ᄉᆞ로 가히 쟝취되야 벼리가 들니면 금을코이 들니고 칼을 마ᄌᆞ ᄃᆡ족이 ᄭᆡ여지듯 ᄒᆞᆯ지라 우리 동방 풍긔에 셔북 량도가 가쟝 몬져 진보됨은 모다 아ᄂᆞᆫ 바어니와 근일 다시 학회ᄅᆞᆯ 창셜ᄒᆞ며 유학ᄉᆡᆼ을 파송ᄒᆞ야 그 분발ᄒᆞᆷ이 막은 ᄀᆡ천을 터친 듯ᄒᆞ고 그 용진셩이 큰 칼과 큰 독긔 갓흐니 이ᄂᆞᆫ 우리들의 옷깃을 ᄯᅥᆯ고 눈을 싯고 깃버셔 능히 잠을 자지 못ᄒᆞᆯ 쟈라 경긔 호즁 인ᄉᆞ들은 긴- 밤 큰 ᄭᅮᆷ을 ᄭᆡ나냐 못 ᄭᆡ나냐 공론을 발ᄒᆞᄂᆞᆫ 바에 만구일담으로 본회ᄅᆞᆯ 셜시ᄒᆞ고 긔호흥학회라 일홈ᄒᆞ고 쟝ᄎᆞ 학교ᄅᆞᆯ 건셜ᄒᆞ고 인ᄌᆡᄅᆞᆯ 양셩ᄒᆞ야 십삼도에 파견ᄒᆞ야 젼국 쳥년을 교육ᄒᆞ기로 ᄒᆞ노니 무릇 우리 여긔셔 ᄉᆡᆼ쟝ᄒᆞᆫ 쟈ㅣ 다 ᄌᆞ긔의 일이라 금슈 루ᄃᆡ의 남의 로예가 되고 량뎐미토가 남의 쥬머니로 들어감은 보통 인졍에 원치 안을 바니 힘써 몸을 나라일에 밧쳐 일체 담당ᄒᆞ야 국ᄆᆡᆨ을 돌녀 ᄐᆡ산반셕에 두기ᄅᆞᆯ 간졀히 바라고 축슈ᄒᆞᆷ

발긔인 졍영ᄐᆡᆨ 리우규

리ᄌᆡ익 리응죵

젼셩욱 박치상

리죵셩 김문연

리긔찬 리원ᄉᆡᆼ

농업을 연구ᄒᆞᄂᆞᆫ 말 / 김지간

ᄯᅢ의 고금과 ᄯᅡ의 동셔를 물론ᄒᆞ고 인류 ᄉᆡᆼ활상에 일일이라도 업지 못ᄒᆞᆯ 것은 근본되ᄂᆞᆫ 농업이 즁하고 큼은 지혜 잇ᄂᆞᆫ 쟈를 기ᄃᆞ리지 안이ᄒᆞ야도 붉히 알지라 그러나 우리ᄂᆞᆫ 근본되ᄂᆞᆫ 농업에 ᄃᆡᄒᆞ야 깁히 연구ᄒᆞᆯ 필요가 잇슴으로 쳔단ᄒᆞᆫ 지식을 불구ᄒᆞ고 이에 두어 말을 감히 베푸로라 현금에 농업 학문의 범위가 광대ᄒᆞ야 그 부분이 각각 잇스니 곳 농업과(農業科) 삼림과(森林科) 슈의과(獸醫科)라 이 셰 가지 과목이 다 농학에 속ᄒᆞ야 각각 전문으로 연구ᄒᆞᆯ 필요가 잇스나 나ᄂᆞᆫ 연구ᄒᆞᆫ 것이 농업과에 지나지 못ᄒᆞᆷ으로 농업과의 죵류를 대강 말ᄒᆞ노니 농업과에ᄂᆞᆫ 각죵 부분이 심히 만흔 즁 가쟝 즁대ᄒᆞᆫ 부분은 뎨일 작물과(作物科) 뎨이 원료과(園料科) 뎨삼 목츅과(牧畜科)라 작물과ᄂᆞᆫ 오곡과 취소 등 심으ᄂᆞᆫ 것이오 원료과ᄂᆞᆫ 과목과 화초 등 심으ᄂᆞᆫ 것이오 목츅과ᄂᆞᆫ 륙츅 기르ᄂᆞᆫ 것이라 이 외에도 거름ᄒᆞᄂᆞᆫ 것과 농ᄉᆞ 졔구 작만ᄒᆞᄂᆞᆫ 것과 양잠ᄒᆞᄂᆞᆫ 것 등 류를 낫낫치 드러 믈ᄒᆞᆯ 슈 업도다 그런ᄃᆡ 현금 우리나라 농업 현상을 살혀보건ᄃᆡ 한갓 작물 농업에 지나지 못ᄒᆞ야 원예와 목츅 등 농업은 무슨 물건인지 일홈도 아지 못ᄒᆞ고 작물 농업도 초창ᄒᆞᆫ 녯 규모만 직히고 한 가지도 ᄉᆡ로 발달치 못ᄒᆞ야 그 리익을 십분에 일밧게 엇지 못ᄒᆞ니 이와 갓치 한 가지 완젼치 못ᄒᆞᆫ 농업으로 엇지 ᄉᆡᆼ활상에 식물을 지공ᄒᆞ며 농업상에 경졔를 융통ᄒᆞ리오 슯흐다 동반도 삼쳔리의 토디가 비옥ᄒᆞ고 긔후가 젹당ᄒᆞ야 농업에 리익이 잇슴은 셰계상에셔 찬양ᄒᆞᄂᆞᆫ 바이어날 엇지 ᄒᆞᆷ으로 우리 동포ᄂᆞᆫ 농업의 발달은 고사ᄒᆞ고 도쳐 옥토를 외국사ᄅᆞᆷ에게 방ᄆᆡᄒᆞ야 필경 편토가 업슬 디경이니 ᄉᆡᆼ각이 이에 밋침애 모골이 송연ᄒᆞ도다 금젼은 비록 엇기 쉬오나 토디ᄂᆞᆫ 엇기 어려올지라 엇기 어려온 토디를 모다 업시고 농업을 언으 곳에 가 경영ᄒᆞ며 농업을 경영치 못ᄒᆞ면 무엇으로 호구ᄒᆞ고 ᄉᆡᆼ활ᄒᆞ리오 ᄉᆡᆼ활ᄒᆞᆯ 길이 업스면 한갓 죽ᄂᆞᆫ 밧

게 획칙이 업나니 부모쳐ᄌ를 잇끌고 만쥬로나 향ᄒ야 가 볼가 만쥬에도 일본 사름이 농업을 션착편ᄒ엿도다 포와로나 향ᄒ야 가 볼가 포와에도 한인죵의 로동쟈를 빅쳑ᄒ니 ᄉ면으로 도라 보아도 우리 동포의 싱활홀 토디는 한 죠각도 업도다 토디가 잇셔야 국가도 잇고 인민도 잇고 농업도 잇슬 것이니 깁히 헤아릴지어다 머리를 죠아 애걸ᄒ노니 쳔 가지 어려옴과 만 가지 어려옴을 무릅쓰고 닉 나라의 토디를 외국사름에게 팔지 물고 농업을 발달ᄒ야 농업으로 일엇던 국권을 만회ᄒ야 봅시다 농업의 필요훈 실디 방법은 본보의 게직ᄒ는 농업 ᄀ료에 소상ᄒ기로 다시 긔록지 안이ᄒ노라

180 1908년 1월 22일(수) 제2596호 별보

미국 상항 한인 공립신보샤 의연금 모집 취지셔

경계쟈 우리는 녀인이라 특별훈 지식은 업스나 다만 집안에 평안히 잇는 쟈가 되야 슈만리 히외에 손 된 쟈의 고싱홈을 싱각ᄒ고 기리 탄식타가 눈물을 씻고 붓을 잡아 두어 쥴을 긔록ᄒ야 이쳔만 동포의게 고ᄒ노니 이쳔만 남녀 동포아 슈만리 태평양을 건너 북미합즁국에 거류ᄒ는 쳔여 명 동포가 발간ᄒ는 공립신보를 아시나뇨 신대륙 문명훈 공긔 속에 표연히 독립ᄒ니 언론이 ᄌ유ᄒ고 닉디의 동포가 신망ᄒ는 싸에 완젼히 셜치되엿스니 디위가 죤즁ᄒ도다

장ᄒ다 공립신보여 쾌ᄒ다 공립신보여 샹셜 갓흔 필봉을 두루치는 곳에 우는 ᄉᄌ와 독훈 호랑이 도망홀 곳이 업고 벽력 굿흔 칙망이 발ᄒ는 곳에 란신젹ᄌ가 혼빅을 일허바리고 츈풍 갓흔 권면이 니르는 곳에 나약훈 쟈가 서며 완악훈 쟈가 쳥렴ᄒ여지고 대한에 감우굿흔 위로가 밋는 곳에 시들고 마른 쵸목갓치 절망된 인민의 희망셩을 환긔ᄒ는 공립신보를 아나뇨 이쳔만 동포아 이러훈 공립신보의 릭력을 아나뇨 우리의 미루워 싱각훈 바를 대강 고ᄒ노니 슯

흐다 쳔여 명 동포들이 외국의 문명을 슈입ᄒᆞ야 ᄌᆞ국의 부강을 도모ᄒᆞᆯ 목뎍으로 리친쳑 기분묘ᄒᆞ고 죠국산쳔을 ᄯᅥ날 ᄯᆡ에 부모 쳐ᄌᆞ 동ᄉᆡᆼ의 련련ᄒᆞᆫ ᄉᆞ정을 듯지 안코 친쳑 친구의 은근ᄒᆞᆫ 만류를 거절ᄒᆞ고 ᄒᆞᆫ 쥴 눈물노 리별을 고ᄒᆞ고 ᄐᆡ평양을 건너갈 ᄯᆡ에 심즁에 품은 목뎍도 샹쾌ᄒᆞ거니와 ᄉᆡᆼ각외 민망ᄒᆞᆫ ᄉᆞ정인들 여간 만흐리오마ᄂᆞᆫ 마암을 일층 더 굿게 작뎡ᄒᆞ고 북미쥬에 득달ᄒᆞ야 뷘손을 맛잡고 하륙ᄒᆞ야 두루두루 숣혀볼 졔 텬디도 위치를 변ᄒᆞ엿스니 돌과 물이 다 ᄉᆡᆼ소ᄒᆞ고 쥬야가 밧괴니 일월도 죠국과 ᄒᆞᆫ가지로 죠림치 못ᄒᆞ고 인죵이 다르니 언어도 불통되고 풍속이 다르니 교졔가 난편ᄒᆞ고 디경이 슨허지고 길이 다ᄒᆞ니 돌아갈 곳이 아득ᄒᆞ고 ᄂᆞᆯ이 ᄯᅥ러지고 황혼이 되ᄆᆡ 부모 고향이 어ᄃᆡ뇨 쌍쌍ᄒᆞᆫ 아동들은 셔로 좃차 조롱ᄒᆞ며 남녀로소들은 셔로 경쥬ᄒᆞ야 비웃ᄂᆞᆫ 듯ᄒᆞᆯ 졔 그 동포를 위ᄒᆞᆯ 쟈 누구며 그 동포의 품은 목뎍을 누가 알고 어ᄃᆡ 가자고 어ᄃᆡ 가 먹을 곳이 만무ᄒᆞ야 가샹에셔 방황ᄒᆞᆯ ᄯᆡ에 부모 고국에셔 셔로 ᄉᆞ랑ᄒᆞ고 셔로 위로ᄒᆞ든 정황이 노슈에 두셰 번 ᄅᆡ왕ᄒᆞ야 ᄀᆡᆨ회를 일층 더 간절케 ᄒᆞ니 ᄉᆡᆼ각이 업ᄂᆞᆫ 듯시 정신이 업ᄂᆞᆫ 듯시 창연히 서셔 ᄉᆞ면을 바라보든 쳐량ᄒᆞᆫ 정황을 ᄂᆡ디에 잇ᄂᆞᆫ 동포들은 아는가 모로ᄂᆞᆫ가 그런 즁 공ᄉᆞ와 령ᄉᆞ의 보호ᄒᆞᆷ이 업고 션진쟈의 인도ᄒᆞᆷ이 업스니 바람이 슨허지고 의탁이 난쳐ᄒᆞ야 자보ᄒᆞᆯ 방ᄎᆡᆨ으로 로동에 착슈코져 렴치를 무릅쓰고 벙어리의 말 못ᄒᆞᄂᆞᆫ 형상으로 손즛과 입즛을 다ᄒᆞ야 알아듯ᄂᆞᆫ ᄃᆡ로 동셔ᄉᆞ방으로 쥬류ᄒᆞ야 단길 ᄯᆡ에 외로온 죵적이 위험ᄒᆞᆫ 텰도역쟝에도 드러가며 쳐량ᄒᆞᆫ ᄒᆡᆼ식이 황무ᄒᆞᆫ 산곡에도 밋쳣스니 그간에 풍찬로숙의 괴로옴과 강가에셔 슈심ᄒᆞ고 달 아ᄅᆡ 눈물 흘니ᄂᆞᆫ 쳐량ᄒᆞᆫ 심ᄉᆞ도 만핫겟고 려관 찬 등불에 고국을 ᄉᆡᆼ각ᄒᆞᄂᆞᆫ ᄭᅮᆷ이 지리ᄒᆞ며 죵일 역쟝에 로력ᄒᆞᄂᆞᆫ 고ᄉᆡᆼ이 얼마나 심ᄒᆞᆫ 즁 잇다금 본국으로 좃차오ᄂᆞᆫ 흉험ᄒᆞᆫ 소식이 노슈에 드러오면 정신이 착란ᄒᆞ며 셩졍이 발광ᄒᆞ야 괴로온 우에 애통을 더ᄒᆞ야 ᄆᆡᆼ지소죠ᄒᆞ녀 하ᄂᆞᆯ을 부르고 ᄯᅡ을 누다리며 ᄋᆡ쓰든 동포들을 ᄉᆡᆼ각ᄒᆞ나뇨 못ᄒᆞ나뇨 (미완)

181 1908년 1월 23일(목) 제2597호 별보

미국 상항 한인공립신보샤 의연금 모집 취지셔 (속)

상쾌ᄒᆞ다 쳔여 명 동포들이 일신도 보호키 극난ᄒᆞ거날 오히려 ᄉᆞ쳔 년 례의 구방의 국권이 타락됨을 눈물노 바라보며 이천만 동포의 ᄉᆡᆼ명이 참담ᄒᆞᆫ ᄃᆡ경에 빠짐을 한심으로 ᄉᆡᆼ각ᄒᆞ고 엇던 동포는 몸을 밧치며 엇던 동포는 ᄯᆞᆷ 흘닌 돈을 밧쳐 합ᄒᆞ야 한 신문을 일우웟스니 이것은 천여 명 동포가 이천만 국민을 ᄉᆞ랑ᄒᆞᄂᆞᆫ 졍신으로 된 공립신보라 챵간된 지 이 년 ᄉᆞ이에 두세 번 변ᄒᆞ야 뎌만치 확쟝되ᄂᆞᆫ ᄃᆡ경에 나아갈 ᄶᅥᆨ 편치 못ᄒᆞᆫ 경우와 부족ᄒᆞᆫ 경비로 한 거름에 두셰 번식 넘어지며 한 번 나아가ᄂᆞᆫ ᄃᆡ 쳔만 번식 신고ᄒᆞ되 ᄇᆡᆨ졀불회[361] ᄒᆞᄂᆞᆫ 용ᄆᆡᆼ으로 한갈 갓치 나아가니 과연 우리나라의 일션 명ᄆᆡᆨ이라 일편 지면에 붉은 졍셩이 가득ᄒᆞ고 슈쳔 글ᄌᆞ에 ᄯᆞᆷ 흔젹이 탄로ᄒᆞ야 사ᄅᆞᆷ으로 ᄒᆞ야곰 눈물을 흘녀 ᄒᆞᆸ흐게 ᄒᆞ며 졍셩을 다ᄒᆞ야 찬셩ᄒᆞᆯ 마암을 일으키게 ᄒᆞᄂᆞᆫ 공립신보를 아나뇨

오날놀 큰 집이 걱구러지ᄂᆞᆫ ᄯᅢ를 당ᄒᆞ야 누가 큰 근심 업ᄂᆞᆫ 사ᄅᆞᆷ이 잇스리오마ᄂᆞᆫ 아직도 ᄂᆡ디에 잇ᄂᆞᆫ 동포ᄂᆞᆫ ᄂᆡ 강산에셔 ᄂᆡ 동포로 더부러 갓치 살아 집이 잇고 곡간이 잇스니 먹고 자ᄂᆞᆫ 것이 편ᄒᆞ며 부모와 동ᄉᆡᆼ 친쳑 친구가 잇스니 셔로 위로홈은 넉넉ᄒᆞ니 만일 ᄉᆞ상이 업ᄂᆞᆫ 목셕이 안이고 혈긔가 업ᄂᆞᆫ 송쟝이 안이어든 쳐량ᄒᆞᆫ 쟈의게 위로ᄒᆞᆯ 슈도 잇고 불상ᄒᆞᆫ 쟈를 도라볼 슈도 잇고 연약ᄒᆞᆫ 쟈를 도아쥴 슈도 잇고 슈고ᄒᆞᄂᆞᆫ 쟈의게 감샤ᄒᆞᆯ 슈도 잇것마ᄂᆞᆫ 귀를 막으며 눈을 감고 모르ᄂᆞᆫ 듯이 틱연히 안져셔 뭇지도 안코 듯지도 안이ᄒᆞ니 엇지 인졍이 잇다 ᄒᆞ리오

뎌 공립신보가 시작된 지 슈 년 동안에 허다ᄒᆞᆫ 신고와 곤난은 고샤ᄒᆞ고 슈

361 백절불요(百折不撓): 백 번 꺾여도 굽히지 않음.

만 원 ᄌᆡ졍이 츌입ᄒᆞ엿지마ᄂᆞᆫ ᄂᆡ디에 잇ᄂᆞᆫ 동포의 찬셩은 일푼이 잇단 ᄆᆞᆯ은 지금ᄭᅡ지 못 들엇스니 엇지 한 죠상의 피로 된 동죵의 ᄉᆞ랑ᄒᆞᄂᆞᆫ 의무가 이ᄀᆞᆺ치 업스리오

슯흐다 이쳔만 동포여 한 번 졍신을 차려 ᄉᆡᆼ각ᄒᆞᆯ지어다 뎌 미국에 잇ᄂᆞᆫ 쳔여 명 동포가 이쳔만 인을 ᄉᆞ랑ᄒᆞᄂᆞᆫ 의무ᄂᆞᆫ 엇지 이갓치 과다ᄒᆞ며 이쳔만 인이 쳔여 명을 ᄉᆞ랑ᄒᆞᄂᆞᆫ 의무ᄂᆞᆫ 엇지 이갓치 박ᄒᆞ뇨 만일 이쳔만 인의 동포 ᄉᆞ랑ᄒᆞᄂᆞᆫ 의무가 미국에 잇ᄂᆞᆫ 쳔여 명과 갓흐면 무엇을 못 일우며 무엇을 못 익의리오 ᄉᆡᆼ각이 이에 밋츠ᄆᆡ 민망ᄒᆞᆷ을 ᄭᆡ닷지 못ᄒᆞ겟도다 그럼으로 우리가 약소ᄒᆞᆫ ᄌᆡ졍을 모집ᄒᆞ야 쳔여 명 동포의 로심로력ᄒᆞᄂᆞᆫ 셩의ᄅᆞᆯ 만분의 일이라도 감샤코져 발긔ᄒᆞ오니 남녀와 로소ᄅᆞᆯ 물론ᄒᆞ고 한국 국민된 사ᄅᆞᆷ은 각각 의무ᄅᆞᆯ 다ᄒᆞ며 졍셩을 다ᄒᆞ야 ᄒᆞᆫ 사ᄅᆞᆷ이 부르ᄂᆞᆫ ᄃᆡ 만 사ᄅᆞᆷ식 응ᄒᆞ며 동에셔 발긔ᄒᆞᄂᆞᆫ ᄃᆡ 셔에셔 화답ᄒᆞ야 소ᄅᆡᄅᆞᆯ ᄀᆞᆺ치 ᄒᆞ며 ᄯᅳᆺ을 합ᄒᆞ야 한가지로 찬셩ᄒᆞ면 공립신보가 ᄆᆞᆫ셰나 견고ᄒᆞ고 이쳔만 동포가 만셰나 ᄒᆡᆼ복될 쥴 아옵나니 이쳔만 동포여 공립신보ᄅᆞᆯ 이쳔만 동포여 공립신보ᄅᆞᆯ

의연금 모집소ᄂᆞᆫ 경셩 뎨국 신문샤로 뎡ᄒᆞᆷ

륭희 원년 십이월 ᄉᆞᆷ십일

발긔인 평양 박긔셕 모친

박긔셕 실인 셕챵셔 모친

최예항 실인 최관슈 실인

김응죠 실인 리면희 실인

로두호 김소ᄉᆞ

182 1908년 1월 24일(금) 제2598호 론셜

나ᄂᆞᆫ 한국 사람[362]

일본 동경에 류학ᄒᆞᄂᆞᆫ 우리 동포가 발힝ᄒᆞᄂᆞᆫ 락동친목회보(洛東親睦會報)라 ᄒᆞᄂᆞᆫ 잡지 가온ᄃᆡ 리은우(李恩雨) 씨의 「나ᄂᆞᆫ 한국 사ᄅᆞᆷ」이라 뎨목ᄒᆞᆫ 론셜 일편이 잇ᄂᆞᆫᄃᆡ 그 글은 길지 안으나 그 ᄯᅳᆺ은 깁고 먼 고로 이에 그 젼문을 번역ᄒᆞ야 일반 동포가 보시게 ᄒᆞ노라

나ᄂᆞᆫ 엇더ᄒᆞᆫ 사ᄅᆞᆷ이뇨 나ᄂᆞᆫ 한국 사ᄅᆞᆷ이로라 나ᄂᆞᆫ 한국에셔 나고 한국에셔 잘앗스며 나의 부죠와 뎨형이 한국 사ᄅᆞᆷ이오 나의 군ᄉᆞ와 붕우가 한국 사ᄅᆞᆷ이니 살아셔도 한국 사ᄅᆞᆷ이오 쥭어셔도 한국 사ᄅᆞᆷ이며 디구의 극단ᄭᆞ지 다라ᄂᆞᆯ지라도 나ᄂᆞᆫ 한국 사ᄅᆞᆷ이오 억만 년 후에 하ᄂᆞᆯ과 ᄯᅡ이 변ᄀᆡᄒᆞᆯ ᄯᅢᄭᆞ지 나ᄂᆞᆫ 한국 사ᄅᆞᆷ이며 셰계 각국 사ᄅᆞᆷ이 업시녁이고 흉볼지라도 나ᄂᆞᆫ 한국 사ᄅᆞᆷ이오 텬디와 귀신이 노ᄒᆞ야 ᄭᅮ지질지라도 나ᄂᆞᆫ 한국 사ᄅᆞᆷ이라 그런즉 나의 한국사ᄅᆞᆷ 됨은 가히 ᄡᅥ 속이지 못ᄒᆞᆯ지오 몰음직이 분변ᄒᆞᆯ 것이 업도다 이에 부득불 우리 한국 사ᄅᆞᆷ의 오날ᄂᆞᆯ 쳐ᄒᆞᆫ 바 디위ᄅᆞᆯ 강구ᄒᆞ노니 텬하 각국이 모다 인ᄉᆡᆼ의 ᄌᆞ유ᄅᆞᆯ 쥬쟝ᄒᆞ야도 오작 한국 사ᄅᆞᆷ은 ᄌᆞ유가 무엇인지 아지 못ᄒᆞ며 만국의 법률이 다 노례ᄅᆞᆯ 폐ᄒᆞ얏스되 오작 한국 사ᄅᆞᆷ은 노례ᄅᆞᆯ 면치 못ᄒᆞ며 사ᄅᆞᆷ의 ᄉᆡᆼ명은 지극히 귀ᄒᆞ고 즁ᄒᆞ야 침노ᄒᆞᆯ 쟈ㅣ 업거ᄂᆞᆯ 한국 사ᄅᆞᆷ은 ᄉᆡᆼ명도 간혹 위ᄐᆡᄒᆞ며 사ᄅᆞᆷ의 ᄌᆡ산은 리롭게 ᄡᅥ셔 살기ᄅᆞᆯ ᄌᆞ뢰ᄒᆞᄂᆞᆫ 바어날 한국 사ᄅᆞᆷ은 ᄌᆡ산도 날마다 쇠삭ᄒᆞ야 ᄇᆡᆨ셩이 급홈을 구원치 못ᄒᆞ고 나라가 스ᄉᆞ로 셔지 못ᄒᆞᆯ ᄉᆡ 뭇사ᄅᆞᆷ의 릉모가 ᄂᆡ 몸에 모도이고 ᄉᆞ면으로 젹국을 밧으니 슯흐다 한국 사ᄅᆞᆷ 되기ᄅᆞᆯ 엇

362 《낙동친목회보(洛東親睦會報)》 제3호(1907.12)에 게재된 이은우(李恩雨)의 국한문 논설 「我는 朝鮮人」을 순국문으로 옮겨 적은 것임(《낙동친목회보》는 최근 『아단문고 미공개 자료 총서 2012』 제2권(소명출판, 2012)에 영인됨).

지 가히 견ᄃᆡ며 한국 사ᄅᆞᆷ도 가히 사ᄅᆞᆷ이라 칭ᄒᆞᆯ가 그러나 오날날 이갓치 비참ᄒᆞ고 가난ᄒᆞᆫ ᄃᆡ경에 ᄲᅡ짐이 다 이 사ᄅᆞᆷ의 ᄌᆞ작지얼인즉 녯사ᄅᆞᆷ의 일은바 스ᄉᆞ로 치며 스ᄉᆞ로 업시녁임이라 다시 누구를 원망ᄒᆞ리오 이 사ᄅᆞᆷ으로 ᄒᆞ야곰 일즉이 한국을 영미의 부강과 갓치 ᄒᆞ얏스면 영미의 사ᄅᆞᆷ이 엇지 감히 우리보다 먼져 텬하에 횡힝ᄒᆞ며 한국을 일아의 문명과 ᄀᆞᆺ치 ᄒᆞ얏스면 일아의 사ᄅᆞᆷ이 엇지 능히 우리를 ᄂᆡ아노코 동방에 위엄을 베풀니오 고로 한국의 오ᄂᆞᆯ날 위미퇴축ᄒᆞᆷ도 이 사ᄅᆞᆷ의 ᄎᆡᆨ망이오 한국의 쟝ᄅᆡ 독립홍복[363] ᄒᆞᆷ도 이 사ᄅᆞᆷ의 ᄎᆡᆨ임이니 그런즉 이 사ᄅᆞᆷ이라ᄂᆞᆫ 쟈ᄂᆞᆫ 진실노 가히 한국을 ᄯᅥ나 호올노 잇슬 슈 업고 한국이라ᄂᆞᆫ 쟈도 ᄯᅩ한 이 사ᄅᆞᆷ을 말ᄆᆡ암아 홍망[364] ᄒᆞ리니 이 사람이여 이 사람이여 ᄇᆡᆨ두산의 아ᄅᆡ와 현ᄒᆡ의 셔편에 머리가 둥글며 발이 모지고 옷 입고 갓 쓴 쟈가 모다 이 사람이로다 이 사람이 오ᄂᆞᆯᄂᆞᆯ의 한국을 편안히 녁일 ᄃᆡ경이면 이무가론이어니와 그러치 안이ᄒᆞ고 문명부강의 한국 사람이 되고자 ᄒᆞᆯ지면 쳥컨ᄃᆡ 나ᄂᆞᆫ 한국 사람이라ᄂᆞᆫ 여삿 ᄌᆞ로 마암과 간에 ᄉᆡᆨ이여 자나 ᄁᆡ나 잠시간이라도 반닷히 가라ᄃᆡ 나ᄂᆞᆫ 한국 사람이라 ᄒᆞ면 한국은 그 셔긔ᄒᆞᆯ진뎌 무릇 한국의 나를 ᄂᆡ심은 나로ᄡᅥ 한국을 빗나게 ᄒᆞ고자 ᄒᆞᆷ이라 ᄂᆡ가 그 사ᄅᆞᆷ이 되야셔 비록 하로라도 한국으로 ᄒᆞ야곰 야ᄆᆡᄒᆞ야 퇴축ᄒᆞᆷ에 이르게 ᄒᆞᆷ이 불가ᄒᆞ니 나의 한 가지 착ᄒᆞᆫ 것이 곳 한국의 착ᄒᆞᆫ 것이오 나의 한 가지 악ᄒᆞᆫ 것이 곳 한국의 악ᄒᆞᆫ 것이라 분려ᄒᆞ야 쉬지 안이ᄒᆞ고 각각 그 직분을 다ᄒᆞ면 한국의 광복은 우리가 안이오 누가 ᄒᆞ리오 녯적 ᄉᆞᆷ학ᄉᆞ도 우리 한국 사람이오 지금 칠츙신도 우리 한국 사람이라 이 사람을 이어 본밧을 우리가 가히 힘쓰지 안이ᄒᆞ며 가히 두렵지 안이ᄒᆞᆯ가 현금 외양 사람들은 ᄆᆡ양 우리를 가라쳐 가라ᄃᆡ 젼진ᄒᆞ기를 겁ᄂᆡ기와 유시무죵[365] ᄒᆞ기ᄂᆞᆫ 한국 사람의 특셩이라 ᄒᆞ나니 가히 무셥고 가히

363 '흥복(興復 혹은 興福)'의 오기인 듯함.

364 '흥망(興亡)'의 오기.

붓그럽지 안이혼가 이는 나의 노노번잡홈을 불고ᄒᆞ고 나는 한국 사람 여삿 ᄌᆞ로 이천만 한국 사람 동포에게 고ᄒᆞ나이다

183 1908년 1월 25일(토) 제2599호 별보

기ᄋᆞ(棄兒) 슈양

경셩 고ᄋᆞ원쥬 리우션(李愚璿) 씨가 우리나라 풍속 가온ᄃᆡ 아히를 나아셔 부득이혼 ᄉᆞ졍이 잇스면 다리 구멍이나 혹 길거리에 닉여다 버리는 변괴가 잇슴을 측은히 녁여셔 그런 아히가 잇스면 거두어 길으랴는 목뎍으로 취지셔를 지어 각 방곡에 게시ᄒᆞ엿는ᄃᆡ 리씨의 ᄌᆞ션ᄉᆞ업을 찬죠코져 ᄒᆞ야 그 젼문을 자에 게직ᄒᆞ노라

대뎌 텬디는 호싱으로 덕을 삼고 교틱로 만물을 싱ᄒᆞ는지라 그런 고로 동지에 일양이 싱ᄒᆞ고 립츈에 텬긔는 하강ᄒᆞ며 디긔는 상승ᄒᆞ니 닐은바 교틱ᄒᆞ는 리치오 텬기가 교틱혼 후에 인온혼 긔운으로 만물이 발싱ᄒᆞ니 닐은바 호싱의 덕이라 사룸과 금슈와 초목이 다 텬디의 긔운을 밧아 텬디간에 싱ᄒᆞ니 곳 교틱의 리치와 싱휵ᄒᆞ는 도가 잇는지라 연이나 사룸의 몸은 피와 긔운으로 형질이 된 고로 ᄉᆞ욕이 업지 못ᄒᆞ니 입에 맛난 것과 코에 향긔로옴과 눈에 고흔 것과 귀에 즐거온 소릭와 ᄉᆞ지에 편안코ᄌᆞ 홈이 다 사룸의 욕심이로ᄃᆡ 기즁에 더욱 심혼 것이 음양의 욕심이라 고로 셩인이 례를 지으ᄉᆞ 남녀를 유별케 ᄒᆞ야 그 ᄉᆞ욕이 나기 젼에 근본을 방알[366]ᄒᆞ신 바이오 우리나라는 더욱 례의를 슝상ᄒᆞ

365 유시무종(有始無終): 시작은 있으나 끝이 없음. 곧 어떤 일을 시작은 하였으나 끝을 맺지 못함을 이르는 말.

366 방알(防遏)=방색(防塞): ① 사람이나 동물을 들어오지 못하게 막음. 또는 틀어막거나 가

야 청년에 과거ᄒᆞᆫ 이라도 ᄀᆡ가를 허치 안이ᄒᆞᆫ 고로 이팔청춘에 례절을 쥰힝ᄒᆞ고 ᄉᆞ욕을 금지ᄒᆞ야 절ᄀᆡ를 곳치지 안이ᄒᆞ니 인인렬녀오 호호정부라 칭ᄒᆞᆯ지로다 연이나 억죠 창ᄉᆡᆼ에 엇지 사ᄅᆞᆷ마다 온젼ᄒᆞᆫ 절ᄀᆡ로 ᄎᆡᆨ망ᄒᆞ리오 대뎌 츈정을 익의지 못ᄒᆞ야 례절을 훼파ᄒᆞᆷ이 혹 업지 못ᄒᆞᆯ지라 녯젹 츈츄시절에도 사ᄎᆡᆨ에 이갓흔 일을 이로 다 혜아리지 못ᄒᆞᆯ지오 기즁에 간음ᄒᆞᆫ 소ᄉᆡᆼ도 명쳘코 현숙ᄒᆞᆫ 사ᄅᆞᆷ이 ᄉᆞᄎᆡᆨ에 누누ᄒᆞᆫ 것만은 시ᄃᆡ에 고속ᄒᆞ여 례절을 고렴ᄒᆞ고 양심이 회복ᄒᆞ면 슈치심이 ᄆᆡᆼ동ᄒᆞ고 심지어 슈ᄐᆡᄒᆞ여 십삭 후 탄ᄉᆡᆼᄒᆞ면 륜긔를 단절ᄒᆞ여 야반 무인지경 가로상에 ᄂᆡ여바리니 모ᄌᆞ의 ᄌᆞᄋᆡ정은 인륜간 지극히 간절ᄒᆞᆫ 것이라 무지ᄒᆞᆫ 금슈를 볼지라도 ᄌᆞ식을 애호ᄒᆞᆷ에 타물이 침노ᄒᆞ면 ᄉᆞᄉᆡᆼ을 불고커든 슯흐다 ᄂᆡ 혈육을 버리ᄂᆞᆫ 뎌 부인의 ᄌᆞ애심이 부족지ᄂᆞᆫ 안컷만은 시ᄃᆡ의 례법으로 신셰를 ᄉᆡᆼ각ᄒᆞᆷ애 오륜에 득죄ᄒᆞ고 가문예 무ᄉᆡᆨ이라 유아를 도라보니 고고히 우ᄂᆞᆫ 소ᄅᆡ 불상코 가련ᄒᆞ다 남이나 쥬ᄌᆞ ᄒᆞᆫ들 부탁ᄒᆞᆯ 곳 바이 업고 언의 곳 활셰불이 ᄂᆡ 정경 아라쥬어 소ᄅᆡ 업시 다려다가 ᄉᆡᆼ명을 보호케 ᄒᆞ면 결쵸보은ᄒᆞ렷만은 이 ᄂᆡ 정경을 호소ᄒᆞᆯ 곳 바이 업스니 차랄히 은정을 ᄭᅳᆫ어 바려 ᄌᆞ최를 업시ᄒᆞᆯ 밧게 다른 계칙 젼혀 업도다 이ᄣᆡ애 이 부인의 구곡간장에 츈셜이 살아지고 일편 흉즁에 뇌고가 진동이라 텬디간 화긔도 손상이오 셰계상 풍화의 소관이라 복[367]이 고아원에 직ᄎᆡᆨ을 담임ᄒᆞ여 동포의 외로온 아ᄒᆡ를 교양발달ᄒᆞ기 위ᄒᆞ야 여ᄎᆞ 광포ᄒᆞ오니 ᄌᆞ금 이후로 이 정경을 당ᄒᆞ온 부인네 잇숩거든 유아를 즁셔 죵로 광이골 십일통 륙호 경셩고아원으로 보ᄂᆡ오면 극력 양육ᄒᆞ여 인ᄌᆡ를 셩취케 ᄒᆞᆯ 것이오 만약 이목이 번다ᄒᆞᆫ 념려 잇ᄉᆞ오면 복의 집이 광화문 대궐 셔십ᄌᆞ각 월궁동 ᄉᆞ십칠통 칠호이오니 복의 집으로 보ᄂᆡ시면 비밀이 밧아 양육ᄒᆞᆯ 것이오 혹 만삭ᄒᆞ여 산실을 뎡치 못ᄒᆞ얏거든 복의

려서 막음. ② 무엇을 하지 못하게 막음. ③ 남의 청 따위를 받아들이지 않고 막음.

367 복(僕): 문어체에서 겸손한 뜻으로 자신을 가리키는 말.

집으로 추주 오시면 정결ᄒᆞ고 유벽ᄒᆞᆫ 곳에 편ᄒᆞ도록 산실을 뎡ᄒᆞ고 유아는 복이 맛하 양육ᄒᆞ고 ᄉᆞ긔를 지극히 비밀히 ᄒᆞ여 루셜치 안이ᄒᆞᆯ 터이오니 일호라도 념려치 마시오 창텬이 죠림ᄒᆞ시고 시명이 ᄌᆡ방이라 만일 말과 일이 갓지 안이ᄒᆞ면 다만 고아원이 무신ᄒᆞᆯ ᄲᅮᆫ 안이라 텬디신명과 셰계상에 득죄ᄒᆞ올지니 이 광포ᄒᆞ는 뜻을 져바리지 마압소셔

184 1908년 1월 26일(일) 제2600호 별보[368]

긔호흥학회를 하례ᄒᆞᆷ / 탄히싱

대뎌 나라를 다ᄉᆞ리고져 ᄒᆞ는 쟈는 반닷히 그 ᄇᆡᆨ셩을 가라쳐 ᄉᆞ농공상이 각각 그 업을 엇게 ᄒᆞ는 것이 가쟝 긴요ᄒᆞᆷ은 누구든지 다 아는 바어니와 우리나라는 안으로 즁앙 정부와 밧그로 디방 관리가 ᄇᆡᆨ셩을 가라쳐 인도ᄒᆞ기는 고샤ᄒᆞ고 ᄇᆡᆨ셩의 기름과 피를 ᄲᅡ라 ᄌᆞ긔의 ᄇᆡ를 부르게 ᄒᆞ고 ᄌᆞ긔의 등을 더웁게 ᄒᆞ기로 능ᄉᆞ를 삼은 결과로 오늘늘 나라와 ᄇᆡᆨ셩이 말ᄒᆞᆯ 슈 업는 디경에 ᄲᅡ졋도다 그런즉 정치의 부ᄑᆡᄒᆞᆷ과 문학의 퇴폐ᄒᆞᆷ과 농업의 유치ᄒᆞᆷ과 상공업의 발달치 못ᄒᆞᆫ 원인은 다 교육이 업슴이라 ᄒᆞᆯ지로다 혹쟈ㅣ 말ᄒᆞ되 근일에 소위 뜻잇다 ᄒᆞ는 션ᄇᆡ가 언필칭 교육 교육이라 ᄒᆞ나 그러나 교육을 힘쓰고져 ᄒᆞᆯ진ᄃᆡᆫ 반닷히 상당ᄒᆞᆫ ᄌᆡ졍이 잇셔야 ᄒᆞᆯ 터인즉 교육보담 실업을 힘씀이 가ᄒᆞ다 ᄒᆞ나 이는 하나만 알고 둘은 몰으는 ᄆᆞᆯ이로다 ᄉᆡᆼ각ᄒᆞ야 볼지어다 농업을 ᄀᆡ량코져 ᄒᆞ야도 농학을 ᄇᆡ온 쟈가 안이면 ᄒᆞᆯ 슈 업고 상업을 경영코져 ᄒᆞ야도 상업을 ᄇᆡ흔 쟈가 안이면 불가ᄒᆞ고 공업을 닐으키고져 ᄒᆞ야도 공학을 ᄇᆡ혼 쟈가 안이면 무가ᄂᆡ하오 정치를 ᄀᆡ션코져 ᄒᆞ야도 정치학을 ᄇᆡ혼 쟈가

368 제2587호(1월 10일자)와 마찬가지로 정운복의 글임에도 '별보'로 표기되어 있음.

안이면 도뎌히 안 될지오 기타 빅쳔만 가지가 모다 학문이 업스면 진보ᄒᆞ거나 기량홀 도리는 만무ᄒᆞᆫ즉 불가불 학교를 만히 셜립ᄒᆞ야 춍쥰ᄌᆞ데로 ᄒᆞ야곰 여러 가지의 학문을 각각 힘쓰게 ᄒᆞ는 것이 가쟝 힘쓸 바이라 ᄒᆞ노라 연고로 근릭 셔북학회니 흥ᄉᆞ단이니 대동학회니 ᄀᆞ각 단톄를 죠직ᄒᆞ야 교육긔관이 늘마다 닐어나니 우리나라의 일션 싱믹이 이 교육 단톄의 달녓다 ᄒᆞ야도 망발이 안이로다

근일에 쏘 긔호의 유지ᄒᆞᆫ 션비가 크게 분발ᄒᆞ야 긔호흥학회를 죠직ᄒᆞ고 작일 쳥년회관에셔 뎨 일회 춍회를 열고 젼진홀 방칙을 강구ᄒᆞ엿다 ᄒᆞ니 엇지 크게 하례홀 바이 안이리오 혹시 말ᄒᆞ는 쟈ㅣ 잇셔 갈ᄋᆞ딕 교육을 위ᄒᆞ기는 일반이어늘 굿히여 문호를 난호어 셔북학회니 긔호흥학회니 홀 필요가 무엇이뇨 부잘업시 당파를 난홀 싸름이라 ᄒᆞ니 이는 싱각지 안인 말이로다 무릇 사름의 일은 경징이 업스면 진보홀 슈 업ᄂᆞ니 긔호흥학회는 셔북학회보담 낫게 ᄒᆞ기를 밤낫으로 힘쓰고 셔북학회는 긔호흥학회보담 낫게 ᄒᆞ기를 힘뻐셔 셔북학회에셔 학교 하나를 셜립ᄒᆞ거든 긔호흥학회에셔는 둘을 셜립ᄒᆞ야 닷토어 나아가면 무엇이 나라와 빅셩의게 히롭다 ᄒᆞ리오 본 긔쟈의 어리셕은 소견으로는 금일에 긔호흥학회가 닐어나고 명일에 호남학회가 닐어나고 쏘 명일에 교남학회가 닐어나고 쏘 명일에 관동학회가 닐어나 각각 ᄌᆞ긔의 집과 ᄌᆞ긔의 동리와 ᄌᆞ긔의 고을과 ᄌᆞ긔의 도의 교육을 확쟝ᄒᆞ야 젼국 쳥년이 문명ᄒᆞᆫ 교육을 밧지 안은 쟈ㅣ 업스면 필경에는 젼국이 통일ᄒᆞ야 대한학회나 뎨국학회를 죠직홀 날이 잇슬지라 이에 손을 들어 긔호흥학회의 만셰를 부르노라[369]

1908년
1월

369 제2601~2602호(1월 28~29일자) 유실됨.

ᄌᆞ신보(自新報)[370]의 시작 / 박일삼

미국령디 포와도 막가웰리[371]라 하ᄂᆞᆫ 짜에 건너가 잇ᄂᆞᆫ 우리 동포 즁에셔 우리 국민이 한문믄 슝상ᄒᆞ고 국문을 등한히 아ᄂᆞᆫ 고로 학문이 발ᄃᆞᆯ되지 못ᄒᆞᆷ을 ᄒᆞᆫ탄ᄒᆞ야 ᄌᆞ신보라 ᄒᆞᄂᆞᆫ 잡지를 발ᄒᆡᆼᄒᆞ야 여러 가지 과뎡을 마련ᄒᆞ고 쳔근ᄒᆞ고 간단ᄒᆞᆫ 말로ᄡᅧ 무식ᄒᆞᆫ 사ᄅᆞᆷ이라도 ᄒᆞᆫ번 보면 알게 ᄒᆞ엿스니 쟝ᄒᆞ도다 이 일이여 한문을 아지 못ᄒᆞᄂᆞᆫ 남녀동포ᄂᆞᆫ 이 잡지를 닷토어 보면 지식이 ᄂᆞᆯ마다 진보ᄒᆞ야 이십셰긔 텬하에 문명ᄒᆞᆫ 국민이 되리니 바라건ᄃᆡ ᄂᆡ디에셔 ᄐᆡ고시ᄃᆡ에 든 잠을 ᄭᆡ지 못ᄒᆞᆫ 동포들은 ᄌᆞ신보를 보고 졍신을 차릴지어다 이에 ᄌᆞ신보의 발간ᄒᆞᄂᆞᆫ 취지셔를 자에 게ᄌᆡᄒᆞ노라

ᄉᆡᆼ각ᄒᆞ오 ᄉᆡᆼ각ᄒᆞ오 우리 대한 동포시여 거구죵신 ᄉᆡᆼ각ᄒᆞ오 셰계 만국 지은 후에 오ᄉᆡᆨ 인죵 ᄉᆡᆼ겨나고 글과 말이 ᄉᆡᆼ긴 후에 학문과 지식이 ᄂᆞᆯ노 발달ᄒᆞ야 ᄉᆡᆼ존경ᄌᆡᆼ 오날이니 삼천리 금슈강산에 샤ᄂᆞᆫ 이쳔만 형뎨자ᄆᆡᄂᆞᆫ 상고 젹과 시국 형편 ᄒᆞᆫ번 다시 도라보오 무론상하ᄒᆞ고 한문의 병이 고항에 들어셔 신학문상 교육에도 한문으로 긔관을 삼아 불가승슈 잡지 월보 슌국문은 ᄡᆞᆯ의 뉘[372]라 완고인듯 슯흐도다 화려ᄒᆞ든 뎌 강토와 영웅 갓ᄒᆞᆫ 우리 동포 남의게 무슈ᄒᆞᆫ 학ᄃᆡ를 밧아 ᄉᆞ쳔년ᄅᆡ 독립졍신 부지불각 업셔지고 한문 슝상 뎌 인ᄉᆞᄂᆞᆫ 쥭자 ᄒᆞ

370 《자신보(自新報)》: 1907년에 창간되었던 하와이거주 한인단체의 기관지. 자강회(自强會)에서 발행한 월간잡지로, 1907년 9월 30일에 창간하였다. 자강회는 한인동포들의 실력양성과 교육장려를 목적으로 하와이의 카우아이(Kauai)섬 마카웰리(Makaweli)에서 송건·홍종표·고석주 등의 발기로 1906년 6월 4일 발족된 단체임.

371 하와이의 카우아이(Kauai)섬 마카웰리(Makaweli).

372 뉘: 찧지 않아서 겉껍질이 벗겨지지 않은 채, 쌀 속에 섞여 있는 벼 알갱이. 여기서는 찾아보기 힘들다는 뜻.

니 춍 아릐오 사자 ᄒᆞ니 발 밋치라 한문인들 바릴가만 실디상에 힘썻던들 국문 불달 발셔 되야 반상무론 귀쳔업시 남녀로소 교육 밧아 ᄉᆞ농공상 직업ᄃᆡ로 사룸마다 ᄀᆡ명되야 텬리인륜 공법상에 실슈 업시 다히 가면 일등 독립 대한이오 상등 인ᄉᆞ 우리로다 하여보세 하여보셰 교육 ᄒᆞᆫ번 하여보세 십 년에도 못 맛치난 한문 슝상 뒤에 두고 알기 쉬울 국문 몬져 일 년 만에 통달ᄒᆞ여 텬리 학문 공부ᄒᆞ여 인륜 공법 ᄇᆡ호면셔 여러 가지 학문으로 애국 졍신 차자 ᄂᆡ여 교육상의 실력으로 담대ᄒᆞ게 밧은 마암 국혼 ᄒᆞᆫ 번 부를 ᄯᅦ에 태극긔를 놉히 들고 문명 발달 우리 동포 동립[373]대한 만만셰에 지공무ᄉᆞ 하ᄂᆞ님ᄭᅦ 감사무디ᄒᆞ고 보면 쳔츄만ᄃᆡ 귀히 볼 것 국문밧게 업겟기로 본 월보를 츌판ᄒᆞᆯ 졔 되지 못ᄒᆞᆫ 쳔견으로 신학문을 번역ᄒᆞ야 남녀로소 물론ᄒᆞ고 이 ᄎᆡᆨ ᄒᆞᆫ 번 펴셔 보면 교육졍신 발달되야 국혼 ᄒᆞᆫ 번 부름으로 삼쳔리에 이쳔만이 셰계상에 일등이라 엇지 안이 장ᄒᆞ리오 공부 과졍 작뎡ᄒᆞ야 학문 산슐 디지 력ᄉᆞ 위싱이며 박남이며 여러 가지 리학으로 륙 일 동안 분ᄇᆡᄒᆞ야 한 달 동안 네 쥬일노 시간 작뎡ᄒᆞ엿ᄉᆞ니 ᄂᆡ디 외디 동포ᄭᅦ셔 무론 남녀ᄒᆞ고 부즈런히 쥬경야독ᄒᆞ실 ᄯᅦ에 ᄉᆡᆼ각ᄒᆞ오 ᄉᆡᆼ각ᄒᆞ오 이 ᄉᆡᆼ각은 무엇이뇨 우리의 졍신과 마암을 우리가 스ᄉᆞ로 ᄉᆡ롭게 홈이라 ᄒᆞ노라

186 1908년 1월 31일(금) 제2604호 론셜

과세[374]를 두 번 ᄒᆞ는 악풍

대뎌 셰샹의 풍쇽이라 ᄒᆞ는 것은 시ᄃᆡ를 ᄯᅡ라 항샹 변ᄒᆞᄂᆞ니 그 변ᄒᆞ는 연

373 '독립'의 오기.

374 과세(過歲): 설을 쇰.

고ᄂᆞᆫ 사ᄅᆞᆷ의 지식이 발달되ᄂᆞᆫ ᄃᆡ로 편ᄒᆞ고 리ᄒᆞᆫ 것을 취ᄒᆞᆷ이라 그런즉 우리 나라에셔 몃쳔 년 몃ᄇᆡᆨ 년 젼ᄒᆞ야 오던 풍속이라도 오날ᄂᆞᆯ 우리가 ᄒᆡᆼᄒᆞ기에 편리치 못ᄒᆞ면 반닷히 버리고 남의 됴흔 것을 취ᄒᆞ야 쓴 연후에야 우리도 문명ᄒᆞᆫ 나라의 ᄇᆡᆨ셩이 되여 남의 릉모ᄅᆞᆯ 밧지 안을 것이어날 우리 동포들은 그러치 안고 녯것만 됴흔 쥴로 알고 ᄉᆡ 것을 ᄇᆡ호고 ᄒᆡᆼᄒᆞᆯ 쥴은 아지 못ᄒᆞ니 엇지 한심치 안으리오 이ᄀᆞᆺ치 ᄒᆞ기ᄅᆞᆯ 마지 안으면 언의 ᄯᆡ까지든지 야만이라 ᄒᆞᄂᆞᆫ 일홈을 면치 못ᄒᆞᆯ지오 야만을 면치 못ᄒᆞᆫ즉 국가의 독립을 영영히 회복키 어려올지니 엇지 크게 ᄭᆡ닷지 안으리오 지금 ᄎᆡᆨ력 일ᄉᆞ로 의론ᄒᆞᆯ지라도 ᄐᆡ고 시ᄃᆡ에ᄂᆞᆫ 디구의 운ᄒᆡᆼᄒᆞᄂᆞᆫ 리치ᄅᆞᆯ 몰으고 다만 달의 둥글고 이지러지ᄂᆞᆫ 것을 보아 일 년 열두 달을 마련ᄒᆞ엿스되 쥬텬 삼ᄇᆡᆨ륙십오도(周天三百六十五度)ᄅᆞᆯ 마촐 수가 업ᄂᆞᆫ 고로 삼 년에 윤달 하나와 오 년에 윤달 둘을 두엇슨즉 셔젼에 일은바 긔년은 삼ᄇᆡᆨ륙십륙일이라ᄒᆞᆫ 뜻이 어ᄃᆡ 잇ᄂᆞ뇨 가량 우리의 ᄉᆡᆼ일이나 졔일로 말ᄒᆞ야도 실샹은 긔년이 되지 못ᄒᆞ얏스니 ᄐᆡ음력(太陰曆)을 엇지 완젼ᄒᆞᆫ ᄎᆡᆨ력이라 ᄒᆞ리오 현금 텬하 각국이 통용ᄒᆞᄂᆞᆫ ᄐᆡ양력(太陽曆)은 분명히 삼ᄇᆡᆨ륙십오일로 일 년을 삼고 도수(度數)의 남ᄂᆞᆫ 것을 모와 ᄉᆞ 년이나 혹 오 년에 윤일(閏日)을 두어 평년(平年)에ᄂᆞᆫ 이월이 이십팔일이오 윤일을 두ᄂᆞᆫ ᄒᆡ에ᄂᆞᆫ 이월이 이십구일이 되여 만셰에 밧고이지 안이ᄒᆞ며 쉽게 말ᄒᆞ자면 ᄐᆡ음력은 달을 마초고 ᄐᆡ양력은 ᄒᆡᄅᆞᆯ 맛초엇스니 ᄐᆡ음력보담 ᄐᆡ양력이 완젼ᄒᆞ도다 그런 고로 우리나라에셔 십여 년부터 ᄐᆡ양력을 ᄎᆡ용ᄒᆞ얏스되 ᄯᅩᄒᆞᆫ 문구로 돌녀보ᄂᆡ고 다만 관각문ᄌᆞ에만 쓰더니 륭희 원년부터 우리 대황데폐하긔옵셔 ᄇᆡᆨ도를 유신케 ᄒᆞ실 ᄉᆡ ᄐᆡ음력은 영히 폐지ᄒᆞ고 ᄐᆡ양력만 쓰게 ᄒᆞ압셧스니 우리 신민된 쟈ᄂᆞᆫ

셩인의 깁흐신 뜻을 몸밧아 ᄒᆡᆼᄒᆞᆷ이 가ᄒᆞ거ᄂᆞᆯ 죵시 녯풍속을 버리지 못ᄒᆞ야 근일 셩ᄂᆡ의 졍형을 ᄉᆞᆲ혀보건ᄃᆡ 양력 명일에ᄂᆞᆫ 셰가 가는지 오는지 몰으겟더니 음력 셰말을 당ᄒᆞᆫ즉 송구영신에 분쥬히 지ᄂᆡ니 이 일이 심상ᄒᆞᆫ 일이 안이오

우리 국가 샤회의 큰 문뎨인즉 일반 동포는 깁히 싱각홀지어다[375]

375 2월 1~5일 임시휴간.

1908년 1월

2월

187 1908년 2월 6일(목) 제2605호 긔셔

녀학ᄉᆡᆼ 제군의게 권고ᄒᆞᆷ / 김영구

우리 귀즁ᄒᆞᆫ 녀학ᄉᆡᆼ 졔군이시여 여러분의 기간 나라와 집안을 위ᄒᆞ야 슈고ᄒᆞ신 것을 감샤ᄒᆞ오며 겸ᄒᆞ야 젼진의 더욱 분불ᄒᆞ시기를 간절히 희망ᄒᆞ옵ᄂᆞᆫ 바 여러분 즁에 아즉도 진졍ᄒᆞᆫ ᄀᆡ명의 본의를 ᄭᆡ닷지 못ᄒᆞ야 늘로 외국 사ᄅᆞᆷ의 우슴을 밧ᄂᆞᆫ 쟈ㅣ 업지 안이ᄒᆞ기로 진실로 ᄀᆡ탄치 안이치 못ᄒᆞ야 당돌ᄒᆞᆷ을 도라 보지 안코 두어 마ᄃᆡ 권고ᄒᆞ노니 곳 머리나 놉히 쪽찌고 양복이나 화려히 닙고 살쪽 안경[376]에 양우산이나 밧고 녀ᄌᆞ 샤회와 및 남ᄌᆞ 샤회에 참예ᄒᆞ야 녀ᄌᆞ의 ᄌᆞ유론이나 애국의 시ᄉᆞ를 론란ᄒᆞ되 그 실상은 업슬 ᄲᅮᆫ만 안이라 심지어 료리집 연희쟝ᄭᆞ지 츌입ᄒᆞ야 공부ᄂᆞᆫ 힘쓰지 안코 도로혀 샤회의 질셔를 문란케 ᄒᆞ며 풍속을 퇴픠케 ᄒᆞ야 다른 녀학ᄉᆡᆼ의 명예ᄭᆞ지 손상케 ᄒᆞᄂᆞᆫ 폐단이 왕왕 잇스니 이 엇지 문명ᄒᆞᆫ ᄌᆞ의 ᄒᆡᆼᄒᆞᆯ 바ㅣ라 ᄒᆞ리오 문 밧게도 나오지 못ᄒᆞ고 갓치여 잇든 악풍을 겨오 면ᄒᆞ고 이 셰상에 나아와 남ᄌᆞ와 동등 권리의 자리에 안자 큰 샤업을 일우고져 ᄒᆞᄂᆞᆫ 녀ᄌᆞ의 본의라 ᄒᆞᆯ 슈 업도다

슯흐다 녀ᄌᆞ 즁 몸 가지기를 법도 업게 ᄒᆞ시ᄂᆞᆫ 여러분이시여 여러분은 언의 나라 녀ᄌᆞ이오닛가 나의 츙고에 혐의를 두지 마시오 여러분은 한국 녀ᄌᆞ이시오

376 살쪽 안경=샐쭉경: 예전에, 안경알이 가로로 갸름한 안경을 이르던 말.

나도 한국 사름 즁 하나이니 여러분은 즉 나의 누의님이시고 나는 여러분의 아오가 되온지라 그러면 아오라 ᄒᆞ는 쟈ㅣ 엇지 누의님을 그룻 인도ᄒᆞ거나 무근ᄒᆞᆫ ᄉᆞ실을 가지고 공연히 론박ᄒᆞ올 리가 잇ᄉᆞ오며 누의님 되신 이가 아오의 말이라도 올흐면 들어쥬지 안이치 못ᄒᆞ는 것이 원측이온 고로 이 아ᄅᆡ 셔너 가지의 쥬의건을 ᄆᆞᆯ삼ᄒᆞ오니 이것을 보시고 깁히 ᄉᆡᆼ각ᄒᆞ야 곳 곳치셔야 적게 말삼ᄒᆞ오면 누의님 일신상의 복이 될 것이오 크게 말삼ᄒᆞ오면 한 나라의 다ᄒᆡᆼ이 되리라 ᄒᆞ노이다

(녀학ᄉᆡᆼ의 쥬의건)

一. 다ᄒᆡᆼᄒᆞᆫ 긔회를 엇엇스니 이ᄯᅢ에 아모됴록 속히 신셩ᄒᆞᆫ 도덕으로 쥬심을 잡아 가지고 각죵 됴흔 학문을 만히 공부ᄒᆞ야 각각 가정 교육의 졔도를 실시ᄒᆞᆯ 것과 가족 샤회의 쾌락을 유지케 ᄒᆞ실 일

一. 집안에 잇든지 학교에 단이기 위ᄒᆞ야 도로에 왕ᄅᆡᄒᆞ실 ᄯᅢ에 몸 가지기를 지극히 단졍히 ᄒᆞ야 몬져 부즈런ᄒᆞ야 온유 겸손ᄒᆞ며 죤졀 금박ᄒᆞᆷ이 가ᄒᆞ고 이 외에 슈신상 육익ᄒᆞᆫ 션ᄉᆡᆼ의 교훈과 부모의 훈계를 복죵ᄒᆞ실 일

一. 공부를 ᄒᆞᆫ다 ᄒᆞ되 쟝ᄅᆡ 셩취ᄒᆞᆯ 소망은 업고 도로혀 사름만 버릴 듯ᄒᆞᆫ 증죠를 ᄭᆡ닷거든 번그러옴을 ᄉᆞ양ᄒᆞ고 다시 죵용히 쳐ᄒᆞ야 젼일의 셩실히 젼문으로 ᄇᆡ호든 바누질과 ᄲᆞᆯᄂᆡ 다듬이 ᄒᆞ는 법과 음식 ᄆᆡᆫ드는 법을 온젼히 공부ᄒᆞ야 가면셔 여가에 우리나라의 훌늉ᄒᆞᆫ 글 국문을 잘 ᄒᆡ득ᄒᆞ야 이러ᄒᆞᆫ 됴흔 뎨국신문 갓흔 신문과 가뎡잡지 ᄀᆞᆺ흔 셔젹을 만히 보셔셔 밧갓으로는 세상일도 ᄉᆞᆲ히고 안으로는 집안을 잘 다ᄉᆞ릴 일

이 우에 몃 가지 말삼의 올흔 줄이야 누구든지 다 알 듯ᄒᆞ의다만은 다만 알 ᄲᅮᆫ으로는 안이 되겟ᄉᆞ오니 날마다 보시고 외오셔셔 실ᄒᆡᆼᄒᆞ실진ᄃᆡ 곳 큰 효력이 ᄉᆡᆼ길 터이며 그 효력이 즉 여러분의 복이오 한 집 한 나라의 다ᄒᆡᆼ이 될 듯ᄒᆞ와 언ᄉᆞ의 무례ᄒᆞᆷ을 불교ᄒᆞ오니 바라건ᄃᆡ 여러분 누의님들은 들어 쥬시옵소서 ᄯᅩ 들어 쥬실 ᄲᅮᆫ만 안이라 실ᄒᆡᆼᄒᆞ야 쥬시와 이 사름의 ᄆᆞᆯ이 헛된 ᄃᆡ 도라가지 안이ᄒᆞ게 ᄒᆞ시압소셔

1908년
2월

싀히에 신슈 졈치는 악풍 / 탄히싱

대뎌 사룸의 길흉화복은 하늘이 뎡호신 바인즉 사룸의 힘으로 엇지홀 슈 업고 쏘한 사룸의 지혜로 능히 미리 알 슈 업는 것이어날 우리나라 사룸들은 학문과 지식이 발달치 못호야 헛된 것을 밋고 실상을 힘쓰지 안이호는 싸둙으로 오날놀 나라가 이갓치 약호고 인민이 이갓치 가난호야 외국 사룸의 핍박과 릉모가 늘로 심호야 우리의 싱명과 지산을 보젼치 못호게 되엿스되 오히려 씨닷지 못호야 복을 빌고 화를 피홀 싱각으로 혹은 부모의 빅골을 파가지고 이리뎌리 이쟝호며 혹은 관상이나 손금을 보아 일평싱을 미리 알고져 호며 혹은 산쳔이나 부쳐나 미럭이나 싱황당 등속에 긔도호며 혹은 졈치며 혹은 경을 닑는 것이 모다 쓸딕 업는 밋친 일이라 이런 일을 힝호야 지물을 허비호고 복을 구호고져 호면 복이 어딕로죳차 오리오 참 어리석고 밍랑훈 풍속이라 몃빅 년이나 몃쳔 년 젼에는 사룸의 지식이 어두온 고로 나라마다 이 갓흔 어리셕은 일을 힝치 안이훈 나라이 업셧거니와 오날놀 이십셰긔를 당호야는 이런 뷘 것을 밋는 나라는 모다 픽호고 망호얏스니 엇지 크게 씨다를 바ㅣ 안이리오 그러나 이 사이 음력 과셰를 호고 졍월 쵸싱이 됨익 경셩 닉외의 녀즈들이 로소를 물론호고 삼삼오오히 쎄를 지어 남산 국스당[377]과 동셔남북의 관묘[378]와 장님 무당의 집에 츌입호며 혹은 졈치고 혹은 긔도호야 일 년 동안의 길흉을 판단호며 화복을 분간코져 호야 돈과 쌀과 왼갓 물건을 무슈히 허비호니 진실로 한탄홀 일이로다 만일 쓰고 남는 지물이 잇거든 혹 학교에 긔부도 호며 병원이나 고우

377 국사당(國師堂): 조선 태조가 한양에 도읍을 정한 후 서울의 수호 신사(守護神祠)로서 지은 사당. 북악산과 남산 꼭대기에 두었다.

378 관묘=관왕묘(關王廟): 중국 삼국 시대의 촉한(蜀漢)의 장수 관우(關羽)의 영을 모신 사당.

원에 의연도 ᄒᆞ고 ᄋᆞ달 ᄯᆞᆯ의 교육비로 ᄊᆞ게 되면 금년ᄲᅮᆫ 안이라 몃십 년 후는 고샤물론ᄒᆞ고 일평ᄉᆡᆼ에 복을 밧으려니와 이갓흔 허탄ᄒᆞᆫ 일을 ᄒᆡᆼᄒᆞ면 복이 오다가도 도로 가고 ᄌᆡ앙이 비 퍼붓듯히 나려셔 쳣ᄌᆡ는 몸을 망ᄒᆞ고 둘ᄌᆡ는 집을 망ᄒᆞ고 필경은 나라를 망케 ᄒᆞ리니 슯흐다 우리 녀ᄌᆞ 동포여 무릇 사ᄅᆞᆷ의 일은 힘과 졍셩을 다ᄒᆞ야 부즈런히 벌면 복도 오고 ᄌᆡ물도 ᄉᆡᆼ길 것이어늘 구ᄐᆡ여 돈을 들여 물어볼 것이 무엇이 잇나뇨 ᄇᆡᆨ 번을 점치고 쳔 번을 긔도ᄒᆞᆯ지라도 가만히 안져셔 금의옥식으로 한가히 놀고 학문도 힘ᄊᆞ지 안으며 ᄉᆡᆼ업도 경영치 안으면 오날늘은 셜혹 부형의 덕이나 일가친쳑의 도음으로 먹고 닙을 것이 잇다 ᄒᆞ야도 몃 날이 지나지 못ᄒᆞ야 긔한을 면치 못ᄒᆞᆯ지니 깁히 깁히 ᄉᆡᆼ각ᄒᆞᆯ지어다 만일 본 긔쟈의 말을 밋지 안을진ᄃᆡᆫ 지나간 일을 ᄉᆡᆼ각ᄒᆞ야 오는 것이 올타 ᄒᆞ노라 작년 졍월 쵸ᄉᆡᆼ에도 이 사이와 갓치 졈치고 긔도ᄒᆞ엿것만은 기즁에 병들고 쥭은 쟈도 잇스며 비상ᄒᆞᆫ 화픽를 당ᄒᆞᆫ 쟈가 무슈ᄒᆞᆫ지라 집일이나 나라일이 무엇이 유익ᄒᆞ엿나뇨 사ᄅᆞᆷ이 아모리 무식ᄒᆞ고 어리셕은들 몃ᄇᆡᆨ 년 젼부터 항상 속는 일을 ᄭᆡ닷지 못ᄒᆞ고 속는 쟈ㅣ 어ᄃᆡ 잇스리오 근일에 보고 듯는 ᄇᆡ 이 하도 ᄒᆡ괴ᄒᆞ고 망측ᄒᆞ기로 감히 우직ᄒᆞᆫ 의견을 간단히 셜명ᄒᆞ야 ᄡᅥ 셰상의 어리셕은 쟈를 경셩ᄒᆞ노라

189 1908년 2월 8일(토) 제2607호 론셜

졍부 당로쟈의게 경고ᄒᆞᆷ / 탄ᄒᆡᄉᆡᆼ

무릇 졍부라 ᄒᆞ는 것은 그 나라의 ᄇᆡᆨ셩을 ᄃᆡ표(代表)ᄒᆞ야 션 것인즉 그 ᄇᆡᆨ셩의 문학과 밋 농공상업이 발달ᄒᆞ야 문명ᄒᆞᆫ ᄃᆡ경에 ᄌᆞ유ᄒᆡᆼ복(自由幸福)을 누리ᄂᆞᆫ 졍부에ᄂᆞᆫ 비록 사오나온 사ᄅᆞᆷ이 잇슬지라도 필경은 ᄇᆡᆨ셩의 뎡도(程度)와 갓치 문명ᄒᆞᆫ 졍치를 ᄒᆡᆼᄒᆞ는 ᄃᆡ 나아갈지오 만일 ᄇᆡᆨ셩이 어리셕고 어두으며 완악

ᄒᆞ고 사오나오면 졍부에ᄂᆞᆫ 비록 어질고 ᄇᆞᆰ은 사ᄅᆞᆷ이 잇슬지라도 죵당은 ᄇᆡᆨ셩의 졍도와 ᄀᆞᆺ치 ᄯᅥ러져 악ᄒᆞᆫ 졍치ᄅᆞᆯ ᄒᆡᆼᄒᆞᄂᆞᆫ ᄃᆡ 일은다 ᄒᆞᆷ은 셔양 졍치가의 법언(法言)일 ᄲᅮᆫ 안이라 오날ᄂᆞᆯ 이십세긔의 통측(通則)이 되여 가히 밧고지 못ᄒᆞᆯ 바이어ᄂᆞᆯ 근일 우리나라 졍부 제공의 ᄒᆡᆼᄒᆞᄂᆞᆫ 바ᄅᆞᆯ 보며 말ᄒᆞᄂᆞᆫ 바ᄅᆞᆯ 들을진ᄃᆡ ᄌᆞ긔의 학문과 지식과 도덕이 뎨일 놉흔 쥴로 망녕도히 스ᄉᆞ로 밋고 안하무인으로 ᄇᆡᆨ셩을 무시ᄒᆞ야 ᄇᆡᆨ셩 가온ᄃᆡ셔 무삼 ᄉᆞ업을 경영ᄒᆞᄂᆞᆫ 쟈ㅣ 잇스면 권쟝ᄒᆞ거나 찬셩ᄒᆞ기ᄂᆞᆫ 고샤물론ᄒᆞ고 도로혀 싀긔ᄒᆞ고 방ᄒᆡᄒᆞᄂᆞᆫ 폐단이 업지 안은 고로 ᄇᆡᆨ셩은 졍부 보기ᄅᆞᆯ 구슈갓치 ᄒᆞ고 졍부ᄂᆞᆫ ᄇᆡᆨ셩 ᄃᆡ졉ᄒᆞ기ᄅᆞᆯ 쵸나라 사ᄅᆞᆷ이나 월나라 사ᄅᆞᆷ갓치 ᄒᆞ야 졍부의 위신(威信)이 ᄯᅡ에 ᄯᅥ러지고 ᄇᆡᆨ셩의 ᄌᆞ유권리(自由權利)가 속박(束縛)을 당ᄒᆞ야 국시(國是)ᄅᆞᆯ 뎡ᄒᆞᆯ 긔약이 묘연ᄒᆞ고 민심을 통일ᄒᆞᆯ 여망이 업스니 무엇으로ᄡᅥ 우리

대황뎨폐하의 셩의ᄅᆞᆯ 밧들어 유신졍치(維新政治)ᄅᆞᆯ ᄒᆡᆼᄒᆞ며 국가의 ᄌᆞ립(自立)ᄒᆞᄂᆞᆫ 대업(大業)을 일우리오 ᄇᆞ라건ᄃᆡ 졍부제공이시여 우리나라 속담에 일은바 벼살은 놉하갈ᄉᆞ록 ᄯᅳᆺ은 낫쵸라 ᄒᆞᄂᆞᆫ 말을 폐부에 삭이고 뎌 쥰쥰ᄒᆞᆫ[379] ᄇᆡᆨ셩의 무리가 다 나보담 나은 쥴로 ᄉᆡᆼ각ᄒᆞ야 무셥고 두렵게 녁이소셔 ᄯᅩᄒᆞᆫ 제공의 일신을 위ᄒᆞᆫ야[380] ᄉᆡᆼ각ᄒᆞᆯ지라도 오날날 제공의 가진 바 대신의 위ᄂᆞᆫ 하ᄂᆞᆯ이 졔공을 위ᄒᆞ야 영원무궁히 쥰 것이 안인즉 필경 언의 ᄯᅢ든지 ᄂᆡ여놋코 들에 물너가면 졔공도 우리 대한 ᄇᆡᆨ셩의 한 ᄀᆡ가 될지라 후일을 ᄉᆡᆼ각지 안코 목젼에 대신의 위ᄅᆞᆯ 가졋노라고 ᄇᆡᆨ셩을 압졔ᄒᆞ다가 타일에 다른 사ᄅᆞᆷ의 압졔ᄅᆞᆯ 밧을 ᄯᅵ에 졔공의 마암이 엇더ᄒᆞ다 ᄒᆞ리오 그ᄲᅮᆫ 안이라 지금과 갓치 민심을 슈습지 못ᄒᆞ고 원망ᄒᆞᄂᆞᆫ 소ᄅᆡ가 하ᄂᆞᆯ에 사못치면 졔공이 들에 물너가ᄂᆞᆫ 날에 독부(獨夫)가 되여 셔로 ᄃᆡᄒᆞ야 말ᄒᆞᆯ 사ᄅᆞᆷ이 업스리니 쟝찻 누구

379 준준(蠢蠢)하다: ①(벌레가) 꾸물꾸물 느리다. ②(사람이) 어리석고 둔하다.
380 '위ᄒᆞ야(위하여)'의 오기.

로 더부러 리웃ᄒᆞ려 ᄒᆞ나뇨 셜ᄉᆞ 제공의 지식이 일반 인민보단 낫다 ᄒᆞᆯ지라도 외국 사ᄅᆞᆷ으로 ᄒᆞ야곰 보면 역시 대한 사ᄅᆞᆷ 즁의 ᄒᆞᆫ ᄀᆡ이오 일본 사ᄅᆞᆷ이나 쳥국 사ᄅᆞᆷ은 안인즉 무엇이 낫다고 ᄌᆞ랑ᄒᆞ리오 폐일언ᄒᆞ고 쉽게 말ᄒᆞ자면 제공이 항상 존귀ᄒᆞᆫ 대신인 쥴로 ᄉᆡᆼ각지 말고 무지몽ᄆᆡᄒᆞᆫ ᄇᆡᆨ셩 즁의 ᄒᆞᆫ 사ᄅᆞᆷ인 쥴을 잠시도 잇지 마옵소셔

190 1908년 2월 9일(일) 제2608호 론셜

ᄂᆡ 몸이 곳 나라오 나라가 곳 ᄂᆡ 몸 / 탄히ᄉᆡᆼ

대뎌 디구샹에 허다ᄒᆞᆫ 나라이 잇스니 그 대쇼와 강약은 비록 다를지라도 그 치란흥망의 도ᄂᆞᆫ 일반이라 녯말에 갈ᄋᆞᄃᆡ 나라의 근본은 집에 잇고 집의 근본은 몸에 잇다 ᄒᆞ얏스니 이ᄂᆞᆫ 동셔와 고금의 법언이 되엿도다 그런즉 나라의 흥망은 온젼히 ᄀᆡ인의 몸에 잇다 ᄒᆞᆯ지라 고로 이 나라이 잇슨즉 이 몸이 잇슬지오 이 나라이 업슨즉 이 몸이 업슬지로다 이 나라가 잇ᄂᆞᆫ 고로 이 몸이 잇스니 나라가 엇지 몸의 근본이 안이며 이 몸이 잇ᄂᆞᆫ 고로 이 나라이 잇스니 몸이 엇지 나라의 근본이 안이뇨 여러 몸이 모혀 ᄒᆞᆫ 집이 되고 여러 집이 모혀 한 나라이 되엿ᄂᆞ니 나라ᄂᆞᆫ 다른 사ᄅᆞᆷ의 나라이 안이오 곳 이 몸의 나라이라 나라이 망ᄒᆞ고 몸이 잇고자 ᄒᆞ면 죽기를 구ᄒᆞ지 안이ᄒᆞ야도 죽ᄂᆞᆫ 것이 ᄌᆞ연히 이르고 몸이 망ᄒᆞ고 나라히 잇고ᄌᆞ ᄒᆞ면 흥ᄒᆞ기를 기다리지 안이ᄒᆞ야도 흥ᄒᆞᄂᆞᆫ 것이 ᄌᆞ연히 이를지니 ᄂᆡ 몸은 비록 ᄇᆡᆨ 번 망ᄒᆞᆯ지라도 나라ᄂᆞᆫ 가히 맛치 못ᄒᆞᆯ 것이오 ᄂᆡ 몸은 비록 쳔 번 멸ᄒᆞᆯ지라도 나라ᄂᆞᆫ 가히 멸치 못ᄒᆞᆯ 바이라 연즉 ᄂᆡ 몸을 사랑ᄒᆞᆷ은 곳 나라를 사랑ᄒᆞᆷ이오 나라를 사랑ᄒᆞᆷ은 곳 ᄂᆡ 몸을 사랑ᄒᆞᆷ이라 고로 나라를 잘 사랑ᄒᆞᄂᆞᆫ 자ᄂᆞᆫ 몬저 그 몸을 닥고 몸을 잘 사랑ᄒᆞᄂᆞᆫ 쟈ᄂᆞᆫ 몬져 그 나라를 다ᄉᆞ리게 ᄒᆞᄂᆞᆫ도다 나라와 몸의 관계가 이갓치 밀졉(密接)ᄒᆞ야 잠시라도

1908년 2월

셔로 ᄯᅥ나지 못ᄒᆞᆯ 것이어ᄂᆞᆯ 우리나라 사ᄅᆞᆷ들은 이 리치ᄅᆞᆯ ᄭᆡᄃᆞᆺ지 못ᄒᆞ고 나라ᄂᆞᆫ 망ᄒᆞᆯ지라도 ᄂᆡ 몸은 흥ᄒᆞ고져 ᄒᆞ며 나라ᄂᆞᆫ 멸ᄒᆞᆯ지라도 ᄂᆡ 몸은 살고져 ᄒᆞ니 아모리 ᄋᆡᄅᆞᆯ 쓰고 힘을 들인들 무엇으로써 흥ᄒᆞ고 살기를 엇으리오 필경에ᄂᆞᆫ 나라와 갓치 망ᄒᆞ고 멸ᄒᆞᆯ ᄯᆞ름이로다 슯흐다 우리 동포여 ᄎᆞᆷ으로 ᄂᆡ 몸을 사랑ᄒᆞ거든 나라ᄅᆞᆯ ᄆᆞᆫ져 ᄒᆞ야 ᄂᆡ 몸에ᄂᆞᆫ 비록 ᄒᆡ가 잇슬지라도 나라에 리가 □ᄂᆞᆫ 일이어든 쥬져치 말고 ᄒᆡᆼᄒᆞᆯ지며 ᄂᆡ 몸에ᄂᆞᆫ 리가 잇슬지라도 나라에 ᄒᆡ가 밋칠 일이어든 ᄉᆡᆼ명을 버리며 ᄌᆡ산을 소탕ᄒᆞᆯ지언뎡 ᄒᆡᆼ치 안이ᄒᆞᆫ 연후에야 이 나라ᄅᆞᆯ 보젼ᄒᆞ야 우리의 ᄌᆞ손으로 ᄒᆞ야곰 이 나라에셔 ᄌᆞ유권리를 회복ᄒᆞ야 안녕ᄒᆡᆼ복을 억만셰에 누리게 ᄒᆞ리니 깁히 깁히 ᄉᆡᆼ각ᄒᆞᆯ지어다 만일 이 ᄯᅥᆺᄯᅥᆺᄒᆞᆫ 길을 밥지 안이ᄒᆞ고 눈압헤 보이ᄂᆞᆫ 구구ᄒᆞᆫ 젹은 부귀ᄅᆞᆯ 도모코져 ᄒᆞ다가ᄂᆞᆫ 부귀도 엇지 못ᄒᆞ고 나라와 몸이 함게 망ᄒᆞ야 살아도 죄인이오 죽어도 죄인이오 다만 이 시ᄃᆡ의 죄인이 될 ᄲᅮᆫ 안이라 쳔ᄇᆡᆨ셰 후에도 죄인이 될가 두려워ᄒᆞ노라 녯셩인이 갈ᄋᆞ샤ᄃᆡ 삼군(三軍)의 쟝슈ᄂᆞᆫ 가히 ᄲᆡ아슬지라도 필부(匹夫)의 ᄯᅳᆺ은 가히 ᄲᆡ앗지 못ᄒᆞᆫ다 ᄒᆞ얏스니 우리 이쳔만 동포가 ᄒᆞᆫᄯᅳᆺ으로 나라ᄅᆞᆯ 사랑ᄒᆞ야 ᄂᆡ 몸의 리ᄒᆡᄅᆞᆯ 도라보지 안코 굿건ᄒᆞ게 나아가면 우리의 ᄯᅳᆺ을 ᄊᆞ은 셩은 텬하의 폭발약을 모다 한곳에 모화 ᄊᆞᆺ고 불을 지를지라도 문허지지 안으리니 죠곰도 겁ᄂᆡ거나 두려워ᄒᆞ지 말고 공부ᄅᆞᆯ ᄒᆞ드라도 나라ᄅᆞᆯ 사랑ᄒᆞᄂᆞᆫ ᄯᅳᆺ으로 ᄒᆞ고 농ᄉᆞᄅᆞᆯ 지을지라도 나라ᄅᆞᆯ 사랑ᄒᆞᄂᆞᆫ ᄯᅳᆺ으로 짓고 쟝사ᄅᆞᆯ ᄒᆞ야도 나라ᄅᆞᆯ 사랑ᄒᆞᄂᆞᆫ ᄯᅳᆺ으로 ᄒᆞ고 잠을 잘지라도 나라ᄅᆞᆯ 사랑ᄒᆞ고 밥을 먹을지라도 나라를 사랑하고 옷을 닙을지라도 나라를 사랑ᄒᆞ며 ᄇᆡᆨ쳔만ᄉᆞ에 일동일졍을 모다 나라 사랑ᄒᆞᄂᆞᆫ ᄯᅳᆺ으로 ᄒᆡᆼᄒᆞ면 그 결과ᄂᆞᆫ 나라와 ᄂᆡ 몸이 일반으로 영광을 밧아셔 이 나라이 부강ᄒᆞ고 이 몸이 안락ᄒᆞ리라 ᄒᆞ노라

191 1908년 2월 11일(화) 제2609호 기서

우리 동포의게 경고홈 / 슈표교 리용셥

경계ᄌᆞ 본인은 지식이 쳔단ᄒᆞ올 ᄲᅮᆫ 안이라 년천 ᄆᆡᆨᄉᆞ홈을 도라보지 안코 감히 입을 여러 우리 동포 졔군의 압헤 업ᄃᆡ여 앙달ᄒᆞ옵나이다

대뎌 사ᄅᆞᆷ이 셰상에 나셔 무엇이 당당ᄒᆞᆫ 일이뇨 ᄒᆞ면 쳣ᄌᆡ는 ᄌᆞ녀를 물론ᄒᆞ고 가뎡교육을 힘쓸 것이오 가뎡교육을 식힌 후에는 소학교에 보ᄂᆡ여 공부식히고 고등과로 즁학교와 ᄉᆞ범학교며 지어 외국 어학ᄭᆞ지 보ᄂᆡ여 졸업이 되거든 문명ᄒᆞᆫ 나라에 보ᄂᆡ여 농상공 셰 가지 즁 한 가지라도 ᄇᆡ혼 연후에야 비로소 그 부모의 깃분 일이오 ᄌᆞ긔 신상에도 유익ᄒᆞᆫ 일이라 그 셰 가지 즁에 한 가지를 부즈런히 공부홈은 사ᄅᆞᆷ의 자녀된 쟈의 직분이라 홀지로다 엇지ᄒᆞ야 그러ᄒᆞ뇨 ᄒᆞ면 문명ᄒᆞᆫ 나라에 가셔 한 가지라도 ᄇᆡ와 가지고 와셔 몰으는 동포를 가라쳐 쥬는 것이 깃부고 다ᄒᆡᆼᄒᆞᆫ 일이오 이ᄀᆞᆺ치 넓히 교육을 베푼 후에는 ᄉᆡᆼ지지도를 강구ᄒᆞ야 ᄂᆡ 몸과 밋 나라의 리익을 도모ᄒᆞ며 그 부모를 봉양ᄒᆞ고 쳐ᄌᆞ를 무육홈이 사ᄅᆞᆷ의 의무이니 전국 동포가 그 은ᄐᆡᆨ을 닙음이 엇더ᄒᆞ리오 그러나 근ᄅᆡ 우리나라 사ᄅᆞᆷ의 외국에 나아가셔 공부ᄒᆞᆫ 사ᄅᆞᆷ을 ᄉᆞᆲ혀본즉 농상공 셰 가지 즁에 한 가지라도 ᄇᆡ혼 사ᄅᆞᆷ은 젹고 졸업ᄒᆞᆫ 것은 법률학과 졍치학이 만흐니 이는 벼살ᄒᆞ랴는 욕심에셔 나옴이라 귀국ᄒᆞᆫ 후에는 모부 쥬ᄉᆞ니 모지판소판ᄉᆞ니 ᄒᆞ는 헛된 일홈만 빙ᄌᆞᄒᆞ고 사ᄅᆞᆷ을 ᄃᆡᄒᆞ면 언ᄉᆞ가 과격ᄒᆞ고 길에 나셔면 단발양복에 살죽경이나 쓰고 단쟝 집고 상품 권연이나 먹으면 셰상에 난 듯십게 아는 쟈ㅣ 다슈ᄒᆞ니 엇지 그러ᄒᆞᆫ 사ᄅᆞᆷ을 ᄃᆡᄒᆞ야 한 번 경고치 안으리오 이십셰긔 무셔운 셰상에 나셔 두 번 오지 못ᄒᆞ는 쳥츈을 허송ᄒᆞ니 엇지 ᄉᆞᆲ흐고 통한치 안으리오 ᄯᅩ 근일ᄉᆞ로 보드ᄅᆡ도 더욱 졀즁ᄒᆞ고 ᄋᆡ셕ᄒᆞᆫ일이 잇도다 소위 부쟈라는 사ᄅᆞᆷ의 봄가짐을 볼진된 몸에는 금의옥식이오 나아가면 친구를 츄축ᄒᆞ여 갈 지ᄌᆞ 거름으로 금일은 뎨일루 명일은 군영루 ᄌᆡ명일은 단셩ᄉᆞ 연

희쟝이라 ᄒᆞ니 엇지 듯고 가만히 잇스리오 언으 유지ᄒᆞᆫ 사ᄅᆞᆷ이 와셔 학교에 보죠나 ᄒᆞ라 ᄒᆞ면 마지못ᄒᆞ여 몃 원을 쥬어 보낸 후 츄후 공론이 지금 다 된 셰상에 학교ᄂᆞᆫ 무엇에 쓰리오 ᄒᆞ니 이 엇지 답답지 안으리오 그러ᄒᆞᆫ 사ᄅᆞᆷ들은 당쟝 몃 원 손히 ᄉᆡᆼ각만 ᄒᆞᆯ ᄲᅢᆫ이오 몃 ᄒᆡ 후 공익은 도모지 몰으ᄂᆞᆫ 사ᄅᆞᆷ이라 ᄒᆞ여도 말이 되깃고 이러ᄒᆞᆫ 사ᄅᆞᆷ으로 물ᄆᆡ암아 그러치 안은 ᄉᆞᄅᆞᆷᄭᅡ지 ᄭᅳ을녀 드러가게 ᄒᆞ니 참 슯흐고 분한 일이로다 근일 각 신문 광고를 보건ᄃᆡ 별로히 깃분 일은 업고 부형 몰ᄂᆡ 집문셔 잡히여 먹기와 션ᄃᆡ로 나려오던 위토를 위죠 문권ᄒᆞ여 가지고 부랑ᄑᆡ류와 부동ᄒᆞ여 외국인에게 뎐집[381] ᄒᆞ기로 능ᄉᆞ를 삼으니 잠잠히 듯고 잇기 어렵도다 근일 각 신문에 외국인이 우리나라 가옥 뎐토 ᄆᆡ득ᄒᆞᆫ 것을 됴사ᄒᆞᆫ 바를 본즉 됴흔 ᄯᅡ은 모도 외국인의 손에 들어가고 나머지ᄂᆞᆫ 변변치 안은 ᄯᅡᆼ이며 ᄯᅩᄒᆞᆫ 몃 ᄒᆡ 후에은 우리 동포의 ᄯᅡᆼ이라고 업슬 모양이니 엇지 무셥고 두렵지 안으리요 뎌 ᄋᆡ급 파란 월남 등 국을 볼지어다 우리에게 가히 거울ᄒᆞᆯ ᄇᆡ라 ᄒᆞ노라 본인은 지식이 친단[382] ᄒᆞ옵고 문견니 고루ᄒᆞᆫ ᄉᆞᄅᆞᆷ으로 감히 이갓치 여러 동포의게 앙달ᄒᆞ오니 더럽다 ᄆᆞ시고 시힝ᄒᆞ여 쥬시기를 바라압나이다 우리 동포 졔군이시여 이런 ᄒᆡᆼ실을 곳치시면 일신샹의 리익ᄲᅢᆫ 안이라 국권회복이 자ᄌᆡ기즁이라 ᄒᆞ노라

긔쟈 족하여 이 지식이 쳔ᄃᆞᆫᄒᆞᆫ 사ᄅᆞᆷ의 말이나 신문 지면에 광포ᄒᆞ여 쥬시기를 간졀히 업ᄃᆡ여 비압나이다

381 뎐집(典執): 물건을 전당 잡힘.

382 천단(淺短)의 오기.

안셩군슈 곽찬은 엇던 쟈이뇨 / 탄히싱

슯흐다 사름이 셰상에 나셔 글을 몰으면 엇지 사름의 직분을 다ᄒ리오 그런 고로 고금을 물론ᄒ고 나라를 다ᄉ리고져 ᄒᄂ 쟈는 반닷히 학교를 넓히 베푸러 빅셩을 가라치ᄂ지라 우리 나라에셔도 녯풍속과 및 셔양 각국의 문명ᄒ 법도를 취ᄒ야 학교를 셜립ᄒ기에 진력ᄒ야 쳥년ᄌ데로 ᄒ야곰 무지몽미홈을 면케 ᄒ고져 홈이라 뎌 디방관리된 쟈는 우희로 우리

대황뎨폐하의 교육칙어를 봉승ᄒ고 아릭로 일반 인민의 지식을 계발홈이 당연ᄒ 직무이오 그 직무를 다ᄒ고져 ᄒ면 ᄌ긔가 몬져 학문을 닥가야 홀지로다 안셩군슈 곽찬은 엇더ᄒ 쟈인지 몰으거니와 슈월 젼부터 본 신문을 보지 안이ᄒ겟노라고 두 번이나 공함ᄒ고 신문을 뎡지ᄒ라 ᄒ얏스나 본사에셔는 곽군슈의 기과쳔션홈을 기다리고 신문을 련속 발송ᄒ얏더니 지난날 숨십일에 곽군슈가 다시 공함ᄒ야 갈아듸

公函

敬啓者ᄂ 本人이 未解國文ᄒ와

貴社 新聞停送之意 再次函告이오되

一向 送致ᄒ시오니 不勝訝惑ᄒ와

一月以後 到着件을 一一賚還ᄒ오니

恕亮停止ᄒ심을 爲要

隆熙 二年 一月 三十日 安城郡守 郭璨

帝國新聞 社長 座下

라 ᄒ얏스니 이 일이 심상ᄒ 일이 안이라 국가와 샤회에 큰 영향이 잇기로 부늑불 붓을 늘어 곽찬을 텬하의 소기ᄒ노라 곽군슈의 공함 ᄉ의가 우에 등직ᄒ 바와 갓치 본인은 국문을 아지 못ᄒ와 귀샤 신문을 도로 보닉노라 ᄒ얏슨즉

곽찬이 향곡에 뭇쳐 농ᄉᆞᄒᆞᄂᆞᆫ ᄇᆡᆨ셩이라든지 셔울셔라도 모군을 셔든지 교군을 단기는 쟈갓흐면 깁히 의론ᄒᆞᆯ 여디가 업거니와 우리

셩텬ᄌᆞ의 근심을 난호어 디방 인민을 다ᄉᆞ리고져 ᄒᆞᄂᆞᆫ 당당ᄒᆞᆫ 군슈로 국문을 몰으면 무엇으로ᄡᅥ 공ᄉᆞ문부를 왕복ᄒᆞ며 엇지 감히 사ᄅᆞᆷ이라 칭ᄒᆞ리오 우리 졍부에셔 유신시ᄃᆡ를 당ᄒᆞ야 디방관을 ᄐᆡᆨ용ᄒᆞᆯ ᄶᅢ에 엇지 이갓치 쥰쥰무식ᄒᆞ야 국문 한 ᄌᆞ도 물으는 무리를 시취ᄒᆞ얏나뇨 이는 곽찬의 허물이 안이라 곳 졍부 졔공의 ᄇᆞᆰ지 못ᄒᆞᆷ이니 바라건ᄃᆡ 졍부에셔는 이러ᄒᆞᆫ 무식ᄒᆞᆫ 쟈를 디방관으로 두지 말고 즉일로 면관ᄒᆞᆫ 후에 국문ᄌᆞ이라도 아는 사ᄅᆞᆷ으로 ᄐᆡᆨ용ᄒᆞ소셔 근ᄅᆡ 우리 죠졍에 일본 사ᄅᆞᆷ을 만히 등용ᄒᆞᆫ즉 곽찬이도 일본 사ᄅᆞᆷ이면 국문을 몰으기도 례ᄉᆞ어니와 그 셩명을 보건ᄃᆡ 셩은 셩곽휘라 ᄒᆞᄂᆞᆫ 곽ᄌᆞ이오 일홈은 구슬이라 ᄒᆞᄂᆞᆫ 찬ᄌᆞ이니 분명ᄒᆞᆫ 한국사ᄅᆞᆷ인ᄃᆡ 국문을 아지 못ᄒᆞ니 뭇지 안이ᄒᆞ고 보지 안이ᄒᆞ야도 최하등 인물이라 최하등인물을 엇지 인민의 웃자리에 두리오 이는 녯말에 일은바 불가ᄉᆞ문어린국(不可使聞於隣國)[383]인 고로 두어 마ᄃᆡ 어리셕은 말을 베푸러 졍부 당로쟈의게 경고ᄒᆞ노라

193 1908년 2월 13일(목) 제2611호 론셜

청년의게 비단옷을 닙히지 말 일 / 탄히싱

녯말에 갈아ᄃᆡ 검소ᄒᆞᆫ ᄃᆡ로 말ᄆᆡ암아 사치ᄒᆞᆫ ᄃᆡ 들어가기는 쉽고 사치ᄒᆞᆫ ᄃᆡ로 말ᄆᆡ암아 검소ᄒᆞᆫ ᄃᆡ 들어가기는 어렵다 ᄒᆞ얏스니 이는 만고의 법밧을 말이라 사ᄅᆞᆷ이 어렷슬 ᄯᅢ부터 몸에 비단옷을 닙고 입에 고량진미를 먹기 시작ᄒᆞ야

383 불가사문어린국(不可使聞於隣國): (사건이 너무 수치스러워) 이웃 나라에 들리게 할 수 없음.

버릇이 되면 맛참닉 고치기 어려올 섇 안이라 방탕ᄒᆞᆫ ᄃᆡ 싸져셔 몸과 집을 망ᄒᆞᆷ이 십상팔구이니 엇지 크게 삼갈 바ㅣ 안이리오 근릭 우리나라의 풍속을 보건ᄃᆡ 외구[384] 문명의 실상은 한 가지도 업고 다만 외화만 흉닉를 닉는 폐단이 허다ᄒᆞᆫ 고로 뜻잇는 션비의 항상 한탄ᄒᆞ는 바이어니와 기즁에 가쟝 가증ᄒᆞᆫ 쟈는 ᄌᆞ녀의게 비단옷 닙히는 일이라 대뎌 어린 아ᄒᆡ는 지각이 부족ᄒᆞ고 도덕심이 츙만치 못ᄒᆞᆫ 고로 부모된 쟈와 밋 향당(鄕黨)의 어룬된 쟈이 권면ᄒᆞ고 인도ᄒᆞ야 졍도를 힝ᄒᆞ게 ᄒᆞ여야 타일 쟝셩ᄒᆞᆫ 뒤에 몸을 닥그며 집을 간즈런케[385] ᄒᆞ며 나라를 다ᄉᆞ리는 큰 ᄌᆡ목이 될 것이어날 이는 ᄉᆡᆼ각지 안코 눈웁헤 사랑ᄒᆞ고 귀ᄒᆞ는 마암으로 음식을 량에 지나게 만히 먹이며 의복을 분슈에 지나게 사치히 닙히니 이것은 ᄌᆞ녀를 귀즁히 녁이는 본의가 안이오 도로혀 ᄌᆞ녀로 ᄒᆞ야곰 함졍에 싸지게 ᄒᆞᆷ이니 진실로 무셥고 두려온 바이로다 어린 아ᄒᆡ가 몸에 고은 옷을 닙은즉 쳣지는 교만ᄒᆞᆫ 마암이 ᄉᆡᆼ겨셔 보병옷 닙은 쟈를 보면 쳔히 녁이며 졔가 가쟝 놉흔 사ᄅᆞᆷ인 쥴로 ᄉᆡᆼ각ᄒᆞ나니 이는 쟝취ᄒᆞ는 길을 막음이오 둘지는 옷을 잇기는 마음으로 몸 가지기를 나약ᄒᆞ게 ᄒᆞ야 활발ᄒᆞᆫ 긔상이 업셔지ᄂᆞ니 이는 유약ᄒᆞᆫ ᄃᆡ 싸지게 ᄒᆞᆷ이오 셋지는 방ᄌᆞᄒᆞᆫ 마암으로 먹고 닙는 것이 귀ᄒᆞᆫ 쥴을 아지 못ᄒᆞᄂᆞ니 이는 허랑ᄒᆞᆫ 버릇을 길너 부모의 유업이 만히 잇슬지라도 직희지 못ᄒᆞ게 ᄒᆞᆷ이라 이 셰 가지 밧게도 허다ᄒᆞᆫ 폐단이 잇도다 남의 부모가 되어 닉 집의 후ᄉᆞ를 이을 ᄌᆞ식과 나라의 뎨이셰국민(第二世國民)이 될 쟈를 길을 젹에 엇지 이갓치 올치 안은 도로써 가라치고 지도ᄒᆞ리오 함을며 오늘늘 우리나라 국민이 모다 업을 일코 ᄉᆡᆼ명을 보존키 어려온ᄃᆡ 어ᄃᆡ셔 돈이 ᄉᆡᆼ겨셔 우리의 ᄌᆞ녀의게 비단옷을 닙히려 ᄒᆞᄂᆞ뇨 혹쟈 말ᄒᆞ되 그는 가난ᄒᆞᆫ 사ᄅᆞᆷ의 말이지 디위가 놉고 형셰가 부요ᄒᆞᆫ 사ᄅᆞᆷ이야 아달 ᄯᆞᆯ의 옷감에 무엇이 군식ᄒᆞ

384 '외국'의 오기.

385 문맥상 '가즈런케(가지런하게)'의 의미로 추정됨.

리오 홀 뜻ᄒᆞ나 본 긔쟈의 눈으로 보고 귀로 들을진ᄃᆡ 우리나라에ᄂᆞᆫ 디위 놉흔 쟈도 업고 형세 부요ᄒᆞᆫ 쟈도 업다 ᄒᆞ노라 엇지ᄒᆞ야 그러뇨 ᄒᆞ면 지금 우리나라의 디위 놉흔 사ᄅᆞᆷ은 대신이라 ᄒᆞᆯ지나 그 대신이 일홈은 대신이라도 실상은

한 심부름군이니 무엇이 놉다 ᄒᆞ며 ᄯᅩ 형셰 부요ᄒᆞᆫ 사ᄅᆞᆷ은 경향간의 츄슈 몃쳔 셕 혹 몃만 셕 ᄒᆞᆫ다ᄂᆞᆫ 사ᄅᆞᆷ이나 그러나 그 가진 바 ᄌᆡ산을 모다 파라셔 한ᄃᆡ 합ᄒᆞ면 실상 몃만 원이 되지 못ᄒᆞ니 외국의 부쟈와ᄂᆞᆫ 비교ᄒᆞᆯ 슈도 업도다 이러ᄒᆞᆫ 디위와 이러ᄒᆞᆫ ᄌᆡ산으로 먹고 닙ᄂᆞᆫ 물건을 남과 ᄀᆞᆺ치 ᄒᆞ다가ᄂᆞᆫ 몃 ᄒᆡ가 지나지 못ᄒᆞ야 필경 탕진ᄒᆞ리니 바라건ᄃᆡ 우리 동포ᄂᆞᆫ 사치ᄒᆞᆫ 풍속을 금ᄒᆞᄂᆞᆫ 즁에 더욱 학교에 보ᄂᆡᄂᆞᆫ 쳥년ᄌᆞ녀의 비단옷을 엄금ᄒᆞᆯ지어다

194 1908년 2월 14일(금) 제2612호 긔셔

열셩이 업스면 합ᄒᆞ지 못홈 / ᄌᆡ미국 김군화

나라이라 ᄒᆞᄂᆞᆫ 것은 만경창파에 화륜션 ᄒᆡᆼᄒᆞᄂᆞᆫ 것과 갓흐니 ᄇᆡ 졔도의 대소ᄂᆞᆫ 다르나 ᄒᆡᆼᄒᆞᄂᆞᆫ ᄃᆡ 지속은 긔계의 운동ᄒᆞᄂᆞᆫ 속력에 잇고 긔계의 운동은 증긔 다소의 잇ᄂᆞ니 나라의 운동ᄒᆞᄂᆞᆫ 긔계ᄂᆞᆫ ᄇᆡᆨ셩이오 ᄇᆡᆨ셩의 증긔ᄂᆞᆫ 졍신이라 그런즉 ᄇᆡᆨ셩의 졍신이 활동ᄒᆞ여야 가히 풍속을 ᄀᆡ혁ᄒᆞ며 졍치ᄅᆞᆯ 유신ᄒᆞ야 국가ᄅᆞᆯ 진흥케 ᄒᆞ리니 지혜로 경징ᄒᆞᄂᆞᆫ 금일에 ᄇᆡᆨ셩의 졍신이 부픽ᄒᆞ고야 국가이 문명ᄒᆞᆫ 디경에 진취ᄒᆞ기ᄅᆞᆯ 엇지 바라리오 셰계 만국에 ᄉᆡᆼ존경징ᄒᆞᄂᆞᆫ 풍죠가 도도ᄒᆞ야 대한국 ᄉᆞ쳔 년 죵샤가 침몰ᄒᆞᆯ 디경이니 각기 열셩을 분발ᄒᆞ야 만셰 평화ᄅᆞᆯ 슈운ᄒᆞᆯ지어다 나의 사랑ᄒᆞᄂᆞᆫ 동포여 금일에 쳐ᄒᆞ야 경징ᄒᆞᄂᆞᆫ 실력이 완젼치 못ᄒᆞᆫ즉 독립ᄒᆞᄂᆞᆫ 졍신을 셰우지 못ᄒᆞᆯ 것이오 ᄌᆞ유ᄒᆞᄂᆞᆫ 권리ᄅᆞᆯ 회복지 못ᄒᆞ리니 실로 그러ᄒᆞᆫ즉 타인의 압졔ᄅᆞᆯ 밧으며 학ᄃᆡᄅᆞᆯ 당ᄒᆞᄂᆞᆫ 것이 곳 ᄂᆡ의 ᄌᆞ취라 누구ᄅᆞᆯ 원망ᄒᆞ리오 경징력을 일은즉 일신을 ᄉᆡᆼ존키 불능ᄒᆞ리니 하□에 국가

를 유지ᄒᆞ리오 소위 경징이라 ᄒᆞᄂᆞᆫ 것은 남의 업ᄂᆞᆫ 허물을 구허늘무[386] ᄒᆞ야 쳔인깅참에 몰아 너흐며 타인을 희ᄒᆞ야 ᄂᆡ가 리ᄒᆞ고져 홈이 안이라 남이 ᄇᆡᆨ 보를 나아가거든 나ᄂᆞᆫ 이ᄇᆡᆨ 보를 나아가고 남이 쳔 근을 들거든 나ᄂᆞᆫ 이쳔 근을 들되 ᄉᆞᄉᆞᄂᆞᆫ 도모지 말고 공공ᄒᆞᆫ 쥬의로 국가를 위ᄒᆞ야 셔로 활동ᄒᆞ며 셔로 경의ᄒᆞ며 셔로 ᄉᆞ모ᄒᆞ야 한가지로 목뎍디에 나아간즉 이ᄂᆞᆫ 경징력으로 말ᄆᆡ암아 ᄀᆡ인 ᄀᆡ인의 단합력이 발싱ᄒᆞ며 샤회 샤회의 단합력이 확실ᄒᆞ야 국가의 유익홈이 신톄의 슈족과 가옥의 동량갓ᄒᆞ야 ᄆᆞᆫ셰에 힝복이 되려니와 경징ᄒᆞᄂᆞᆫ 실력이 업고 허탄ᄒᆞᆫ ᄉᆞ상으로 ᄆᆞᆯ로만 셩명ᄒᆞ고 ᄯᅩ 말로만 젼파ᄒᆞ야 말로만 합ᄒᆞᆫ즉 증긔 업ᄂᆞᆫ 긔계를 부리려 ᄒᆞᄂᆞᆫ 것과 방불ᄒᆞ니 엇지 활동ᄒᆞ기를 바라리오 동포여 우리의 금일 최급무ᄂᆞᆫ 일심 단톄라 ᄀᆡ인이 합ᄒᆞ야 일톄가 되고 샤회가 합ᄒᆞ야 일심이 되어야 위티ᄒᆞᆫ 나라를 구ᄒᆞᆯ지니 합ᄒᆞ고져 ᄒᆞᆯ진ᄃᆡᆫ 경징을 연구ᄒᆞ고 경징을 연구ᄒᆞ고져 ᄒᆞᆯ진ᄃᆡᆫ ᄉᆞ랑ᄒᆞᄂᆞᆫ 마암을 가질지어다 만일 ᄉᆞ랑ᄒᆞᄂᆞᆫ 마암이 업고 몬져 합ᄒᆞᆫ즉 이ᄂᆞᆫ 얼음을 싸아 산을 만들며 아교로 붓쳐 ᄇᆡ를 지음이니 만일의 공을 바라지 못ᄒᆞᆯ지라 진실로 합ᄒᆞ고져 ᄒᆞ거든 더옥 ᄉᆞ랑ᄒᆞᄂᆞᆫ 열셩으로써 합ᄒᆞᆫ즉 모든 긔운이 셔로 응ᄒᆞ야 대양을 슌셥ᄒᆞ리라 ᄒᆞ노라

195 1908년 2월 15일(토) 제2613호 긔셔

ᄋᆞ히 어마니를 권면홈

대ᄀᆡ 하나님ᄭᅴ셔 죠셩ᄒᆞ야 ᄂᆡ신 바 만물 가온ᄃᆡ 뎨일 귀ᄒᆞᆫ 것은 사ᄅᆞᆷ이라 사ᄅᆞᆷ을 ᄌᆞ긔 모양으로 ᄂᆡ시고 복을 만히 베푸시ᄂᆞᆫ지라 하로 동안에 퓌엿다가 잠간 마르ᄂᆞᆫ ᄭᅩᆺ과 갓치 만들지 안이ᄒᆞ시고 다만 죽지 못ᄒᆞᄂᆞᆫ 령혼을 쥬신지라

386 구허날무(構虛捏無): 터무니없는 말을 만들어 냄.

그런 고로 사름이 혹 칠십 년 혹 팔십 년을 이 셰상에셔 살다가 또 다른 셰상에 가셔 영원히 사나니라 다만 이 셰상에 사는 것은 영원훈 셰상에 드러감을 위호야 비호는 학당이니라

어린 으히 날 째에 그 부모의 마암이 열니고 즈긔 아기를 위호야 그 마음이 사랑홈으로 왕셩호나니라 대기 어린 으히는 하나님씌셔 쥬시는 례물이라 무론 남녀호고 하나님이 다 즈긔 모양디로 사는 령혼을 쥬셧나니 그런 고로 하나님 압헤 둘이 다 귀훈 거시라 부모 된 쟈ㅣ 엇지 즐겁고 감샤치 안이호리오 그러나 이 셰상을 보면 남즈는 녀즈보다 더 사랑호고 녀즈가 나면 셥셥히 알고 근심호야 무거온 짐 진 것갓치 녁이는 나라들이 잇나니 대기 보건디 남녀를 다 갓치 동등으로 디졉호는 나라들은 뎨일 크고 녀즈를 남즈보다 낫게 디졉호는 나라들은 젹어지나니 이런 나라는 커질 슈 업나니라 부모가 으히 기를 씨에 다만 사랑호기만 홀 쓴 안이라 또한 즈긔에게 담당홀 직분이 잇는 것을 만히 싱각홀지니라 특별히 그 부모의게 아희를 담당홀 직분이 두 가지 잇스니 쳣지는 아희 몸을 줄 보호호는 것이오 둘지는 량심을 잘 길너쥬는 것이니라

이 아릐는 아희 기르는 디강 말만 호노니 이것을 보면 각기 홀 것을 씨달을 듯호오

아희 어머니가 아희 늘 씨부터만 사랑호고 보호호기를 시작홀 쓴 안이라 오직 낫키 젼부터 오기를 예비홀지니 틱모의 힝호는 디로 아기가 리히를 밧는 것이니 그런 고로 모든 일을 죠심호야 힝홀지라 가량 글을 알거든 됴흔 칙을 공부홀 것이오 몰으거든 아는 사름의게 가셔 됴흔 뜻을 만히 빅호며 아름다온 싱각을 두며 량슌훈 음셩으로 말호며 분심을 품지 말며 칙망호지 말며 닷토지 말며 마암에 디졉호기를 예비홀지니 대기 디졉과 틱즁 교육을 잘 밧은 아희는 후에 어진 사름 되기가 쉬오니라 (미완)

ᄋᆞᄒᆡ 어마니를 권면ᄒᆞᆷ (속)

마암에 ᄃᆡ접ᄒᆞ기ᄅᆞᆯ 예비ᄒᆞᆯ진ᄃᆡ 아ᄒᆡ에게 긴ᄒᆞᆫ 의복과 쓸 것을 예비ᄒᆞᆯ지니 가령 져고리와 몸을 잘 싸ᄆᆡᄂᆞᆫ ᄇᆡ 두렁이와 기져귀와 이불과 보션 등속이니라 아모리 가난ᄒᆞᆫ 어머니라도 옷과 덥흘 것을 두 벌식 예비ᄒᆞ고 기져귀ᄂᆞᆫ 불가불 열 벌은 잇셔야 ᄒᆞᆯ 것이며 돈이 만흐면 마음ᄃᆡ로 ᄒᆞᆯ 슈 잇나니라 ᄯᅩᄒᆞᆫ 기름과 가루ᄅᆞᆯ 예비ᄒᆞᆯ지니 기름은 외국 ᄈᆡ살인[388]이라ᄂᆞᆫ 기름이 죠커니와 ᄉᆡᆨ긋ᄒᆞᆫ 도야지 기름도 됴코 가루ᄂᆞᆫ 여러 가지 잇스나 모밀가루가 됴흐니 셩긘 슈건에 싸ᄆᆡ여 두고 날마다 아기ᄅᆞᆯ 위ᄒᆞ야 몸에 문질너 쥴지니라

아기 올 ᄯᅢ에 하나님ᄭᅴ셔 쥬시ᄂᆞᆫ 례물로 알고 감샤ᄒᆞᆫ 마암으로 잘 밧으며 ᄯᅩ한 아ᄒᆡ 올 ᄯᅢ에 큰 직분도 함ᄭᅴ 오ᄂᆞᆫ 쥴을 알고 삼가 잘 직희여야 즐거오신 쥴을 ᄉᆡᆼ각ᄒᆞ고 ᄯᅩ 아ᄒᆡ 교육ᄒᆞᄂᆞᆫ ᄃᆡ ᄃᆡᄒᆞ야 두어 마ᄃᆡ 속담이 잇스니 잘 ᄇᆡ호시오 이 속담은 모든 것을 둘 곳이 잇스니 그곳에 모든 것을 두리라 모든 것을 ᄒᆞᆯ ᄯᅢ가 잇스니 그ᄯᅢ에 모든 것을 ᄒᆞ리라 ᄒᆞᆫ 말이니라 아기의게 날마다 ᄭᅳ렷다가 식힌 물을 한 슈ᄉᆞᆯ식 먹이면 입병이 흔히 나지 안이ᄒᆞ며 먹이ᄂᆞᆫ 것은 어마니의 졋이 뎨일 됴흐며 졋이 업스면 유모ᄅᆞᆯ ᄐᆡᆨ용ᄒᆞᄂᆞᆫ 것이 됴코 유모도 ᄐᆡᆨᄒᆞ지 못ᄒᆞᆯ 더이어든 셔양에서 아기 위ᄒᆞ야 만든 졋이 잇스니 이 졋을 사먹일 슈 잇거니와 그 갑이 유모보다 더 만코 그 졋으로 아기가 살기 어려오니라 아ᄒᆡ 먹이ᄂᆞᆫ 것은 ᄯᅢᄅᆞᆯ 뎡ᄒᆞ고 먹일지니 삼삭ᄭᆞ지ᄂᆞᆫ 두 시 동안에 한 번식 먹이고 삼삭부터 팔삭ᄭᆞ지ᄂᆞᆫ 셰 시 동안에 한 번식 먹일 것이며 한 돌 후에ᄂᆞᆫ 하로에 다

387 전호 'ᄀᆡ셔(寄書)'의 연속이나 '론셜(論說)'로 표기됨.

388 바세린(Vaseline)으로 추정됨. 1870년대부터 미국에서 판매되기 시작하여 1880년대에는 전 세계적으로 보급되었다고 함.

셧 번식 먹이고 밤에ᄂᆞᆫ 아ᄒᆡ를 오ᄅᆡ ᄌᆞᆯ 자게 ᄒᆞᆯ 것이오 아기가 어금니 나기 젼에ᄂᆞᆫ 다른 음식을 먹이지 말지니 어금니 나는 것은 음식 먹ᄂᆞᆫ 표니라 셰 살 젼에 음식 먹이기를 시작ᄒᆞᆫ즉 ᄆᆡ우 죠심ᄒᆞᆯ 것은 단단ᄒᆞᆫ 무와 ᄇᆡ치 등속을 먹이지 말지니 연약ᄒᆞᆫ 쟝위가 단단ᄒᆞᆫ 것을 능히 소화ᄒᆞ지 못ᄒᆞᆷ이라 그런 고로 먹이면 병이 나고 ᄒᆡ를 밧기가 쉬오며 ᄯᅩᄒᆞᆫ 사탕을 넘어 과도히 먹이ᄂᆞᆫ 것이 ᄒᆡ로오니라 아ᄒᆡ의게 뎨일 됴흔 음식은 반슉ᄒᆞᆫ 계란과 죽과 고기국과 잘 ᄉᆞᆱ은 ᄃᆞᆰ고기가 ᄆᆡ오 힘이 만코 유익ᄒᆞ며 그 외에 여러 가지 됴흔 것이 만흐나 죠심ᄒᆞ야 먹일지오 두 살 후에ᄂᆞᆫ 날마다 실과를 죠곰식 먹이ᄂᆞᆫ 것이 됴흐니라

197 1908년 2월 18일(화) 제2615호 론셜

직셩ᄒᆡᆼ년[389]의 악풍 / 탄ᄒᆡᄉᆡᆼ

우리나라 사ᄅᆞᆷ의 지식이 몽ᄆᆡᄒᆞ야 사ᄅᆞᆷ의 맛당히 ᄒᆡᆼᄒᆞᆯ 의무ᄂᆞᆫ ᄒᆡᆼ치 안이ᄒᆞ고 망녕도히 밋지 안이ᄒᆞᆯ 사슐을 밋ᄂᆞᆫ 폐단이 허다ᄒᆞ야 국가 샤회에 밋ᄂᆞᆫ 바 영향이 심히 큰 고로 본 긔쟈의 천견박식으로써 여러 번 의론ᄒᆞ엿거니와 근일에 도로상으로 단이며 본즉 집흐로 사ᄅᆞᆷ의 모양을 만드러 길 가온ᄃᆡ ᄂᆡ여 버린 쟈도 잇고 흰 죠희나 붉은 죠희를 둥글게 버혀 집웅에 ᄭᅩ진 쟈도 잇고 보션본을 만다러 ᄭᅩ진 쟈도 잇스니 이것이 무엇을 위ᄒᆞᆷ이뇨 소위 직셩ᄒᆡᆼ년이라 ᄒᆞᄂᆞᆫ 거즛 것을 밋고 일 년 동안에 오ᄂᆞᆫ ᄌᆡ앙을 예방코져 ᄒᆞᆷ이라 이 법은 언의 ᄯᆡ에

389 참고: 『직성행년편람(直星行年便覽)』: 1913년 서울 신구서림(新舊書林)에서 간행된, 신수(身數)를 풀이한 책. 1책 26장. 목판본. 사람의 나이에 따라 직성행년으로 점을 쳐서 1년의 신수를 풀이하고 있다. 1890년대 프랑스에 유학중이던 홍종우(洪鍾宇)가 이 책을 불역(佛譯)한 사실이 있다. 이로 보아 그 이전부터 민간에 보급되어 있었음을 알 수 있다.

엇더한 사름이 마련하얏는지 자셰히 몰으거니와 셰상을 혹하게 하며 사름을 속이는 사특한 술법으로써 어리셕은 빅셩을 유인하야 진물을 쎅앗고져 하는 도젹의 힝스이로다 티고시디에 인민의 지혜가 열니지 못하얏슬 쩍는 이러한 어리셕은 일로뻐 사름을 속일 슈 잇스나 오날늘 시디에야 텬하 만국에 이런 일을 밋는 쟈ㅣ 우리나라 사름밧게 쏘 어디 잇스리오 싱각하야 볼지어다 뎌 힝년법을 쓰는 쟈의 말과 갓치 하늘에 잇는 별이 사름의 명슈를 맛핫다 하면 엇지 아홉 별이 련하야 번가라 가며 맛흐리오 그 별 일홈을 상고하건디 일라(一羅) 이토(二土) 삼슈(三水) 스금(四金) 오일(五日) 륙화(六火) 칠셩(七星) 팔월(八月) 구목(九木)이라 하니 하늘에 허다한 셩신 가온디 엇지 뎌 구셩이 사름의 길흉화복을 맛핫다 하며 셜혹 맛핫스면 죠희 죠각을 이리 뎌리 버혀셔 집웅에 셰오든지 졔웅을 만다러 길거리에 버린다고 면할 도리가 어디 잇스리오 우리나라 사름의 지졍이 군졸하야 의식이 어렵다 하면셔도 음력 과셰한 후로 부잘업시 허비한 돈이 부지기슈이로다 이졔 대강을 들어 말할진딘 무당이나 쟝님의 집에 가셔 점친 돈을 경셩닉 스만 호에 평균 분빅하면 젹을지라도 미 호에 이십 젼가량은 넉넉하리니 곳 팔쳔 원의 거익이 될지오 쏘 그밧게 동서남북 스묘와 밋 각쳐 부군당 셩황당에 긔도하며 오강에 룡의 밥 쥬는 것과 어부심에 쓰는 쌀과 돈이 젹을지라도 슈쳔 원은 넘을지라 그런즉 오는 익을 예방하기는 고사하고 우리 갓흔 가난한 형셰에 발셔 만여 원의 큰 돈을 공연히 닉여 버렷스니 참 한심 통곡할 바이로다 우리가 만일 학교를 셜립하거나 신문을 간힝하는 일에 디하야 의연금을 모집하면 한 푼 닉기를 슬혀할지라 이러한 허탄하고 괴악한 일에 디하야는 남녀로쇼를 물론하고 진물 쓰기를 앗기지 안이하니 이러하고셔야 무엇으로써 우리의 자손을 교육하야 넘어져 가는 나라와 도탄에 싸진 동포를 구원하리오 싱각하야 볼스록 몸에 소름이 씨치는 무셥코 두려온 일이로다 슯흐다 우리 남녀동포여 깁히 깁히 싱각하야 이갓치 허황밍랑한 일을 힝치 말고 각기 힘과 정셩을 다하야 부즈런히 벌고 위싱에 주의하면 힝년은 보지

1908년 2월

안이ᄒᆞ야도 먹고 닙을 것이 잇스며 무병히 일 년을 지ᄂᆡ리라 ᄒᆞ노라[390]

198 1908년 2월 20일(목) 제2617호 잡보[391]

계양학교 취지셔

부평군 유지신ᄉᆞ 리규룡, 박희병, 조룡빅, 박빈병, 공면쥬, 박졔병, 졍힝원 졔씨와 각면 면쟝 졔씨가 국민교육에 시급홈을 ᄭᆡ다라 계양학교를 창립ᄒᆞ고 의연금 모집이 오쳔여 원에 달ᄒᆞ야 가히 교육 기본이 되겟다는ᄃᆡ 그 취지셔가 자와 여ᄒᆞ니

그윽히 ᄉᆡᆼ각ᄒᆞ건ᄃᆡ 졍략상에 아름다온 방법과 샤회상에 활동ᄒᆞ는 일이 모다 근본이 잇슨 연후에야 결실이 되나니 근본이 업고 결실됨과 근본이 잇고 결실치 못홈은 이는 변괴오 원칙은 안이라 현금 셰계 렬방이 국가로 반셕과 ᄐᆡ산 갓치 ᄒᆞ고 민심으로 확연독립ᄒᆞ야 권리를 직희게 ᄒᆞ니 이것이 엇지 ᄌᆞ연뎍으로 될 쟈리오 ᄯᅩᄒᆞᆫ 근본이 잇셔 결실이 뎌갓치 된 것이니 그 근본은 무엇을 가라침이뇨 곳 학교라 홀지라 대뎌 학교라 ᄒᆞ는 쟈는 인민의 ᄀᆡ진ᄒᆞ는 문이오 국가의 슈용ᄒᆞ는 긔관이라 나라를 붓들고 인민을 거지며[392] 물리를 연구ᄒᆞ고 긔계를 발달ᄒᆞ는 여러 가지 일이 모다 이로 좃차 놀나니 학교의 효험이 진실로 즁대ᄒᆞ도다 오작 우리 대한이 ᄀᆡ국ᄒᆞᆫ 지 오ᄇᆡᆨ십칠 년이오 통상ᄒᆞᆫ 지 삼십여 년 이로ᄃᆡ 문화의 열니지 못홈이 오희려 만코 형셰를 오히홈이 퍼그나 잇셔 국가의 흥망을 흔갓 ᄌᆞ연히 되는 쥴로 넉이고 이ᄀᆞᆺ치 즁대ᄒᆞᆫ 효력의 발ᄉᆡᆼᄒᆞ는 근본

---

390 제2616호(2월 19일자) 논설 미게재.

391 「계양학교 취지셔」는 잡보란에 게재되어 있으나 사실상 별보에 해당한다고 간주해 수록함.

392 '건지며'의 오기인 듯함.

에 이르러는 등한흔 일로 아는 고로 지금까지 위미부진ᄒᆞ니 진실로 기탄홀 쟈이로다 우리

대황뎨폐하게압셔 시의를 쇼히ᄉᆞ 교육을 권면ᄒᆞ심에 근ᄌᆞᄒᆞ압신 죠칙을 계속ᄒᆞ야 나리심으로 공ᄉᆞ립한교[393]가 이에 울연히 이러나니 리두의 셩젹이 가히 렬강국으로 더부러 비견ᄒᆞ려니와 슯흐다 우리 부평군은 겨오 십오 면에 불가 삼쳔 호로딕 쏘흔 국민의 일부분이라 솟과 가마도 오히려 귀가 잇거던 흠을며 국민된 쟈가 렬방의 부강과 인지의 발달흔 근본이 학교에 잇는 쥴을 엇지 듯지 못ᄒᆞ며

죠칙의 지극ᄒᆞ신 셩의에 딕ᄒᆞ야 감발기오ᄒᆞ는 쯧이 업스리오 이럼으로뻐 우리 동지인ᄉᆞ가 학교를 셜립ᄒᆞ기를 의론흠이 일경이 향응ᄒᆞ야 넉넉지 못흔 직산을 기우려 각각 스ᄉᆞ로 의연ᄒᆞ야 긔본금을 셰우고 한교[394] 일홈을 계양(桂陽)이라 ᄒᆞ며 임원을 죠직ᄒᆞ고 교ᄉᆞ를 연빙ᄒᆞ야 총쥰ᄌᆞ데를 셩심으로 교육ᄒᆞ야 장찻 크게 쓰일 그릇을 작만코ᄌᆞ ᄒᆞ노니 이는 비독[395] 흔 고을의 다힝흠이 안이라 실로 국가를 위ᄒᆞ야 다힝ᄒᆞ다 ᄒᆞ노라 ᄒᆞ엿더라

긔쟈왈 학교를 위ᄒᆞ야 찬셩흠이 엇지 부평 계양학교ᄲᅮᆫ이리오 그러나 관공립은 말홀 것 업시 각쳐 ᄉᆞ립으로 발긔흔 학교가 날로 각 신문에 뷔일 늘이 업시 게직ᄒᆞ는딕 혹 한두 사름에 힘이나 그러치 안이면 디방관의 강졔로 마지 못ᄒᆞ야 셜립됨으로 쥬장ᄒᆞ던 사름의 힘이 부죡ᄒᆞ던가 디방관이 쳬임이 되면 셜립ᄒᆞ얏던 바 학교는 몰겁흠[396]갓치 사라져 비참흔 광경이 잇거날 호을로 계양학교는 일군유지신ᄉᆞ 제씨가 텬하대셰를 일즉 쇼히고 동심합력ᄒᆞ야 인민기발

1908년 2월

393 '학교'의 오기.
394 '학교'의 오기.
395 '비록'의 오기.
396 '물겁흠(물거품)'의 오기인 듯함.

ᄒᆞ기로 쥰뎍을 삼아 불소ᄒᆞᆫ 금익을 닷토아 모집ᄒᆞ얏다 ᄒᆞ니 이 압 몃빅 년 몃쳔 년을 영원히 유지ᄒᆞ야 우리나라의 큰 근본이 될 쥴로 확실히 밋고 바라노라

199 1908년 2월 21일(금) 제2618호 론셜

로동 동포의 야학을 권면ᄒᆞᆷ / 황셩신문 론셜[397]을 등지ᄒᆞᆷ

근일 각군 각동에 초동 목슈의 야학과 셔북학회ᄂᆡ에 물장ᄉᆞ의 야학을 셜시ᄒᆞᆫ 뎨이 여러 번 신문에 게직된지라 무릇 샤회즁 평론이 다 갈ᄋᆞᄃᆡ 이는 우리 한국 보통 기명에 가쟝 됴흔 소식이라 ᄒᆞᄂᆞᆫᄃᆡ 본 긔쟈는 이 일에 ᄃᆡᄒᆞ야 특별ᄒᆞᆫ 희망이 잇슴으로 이갓치 권면ᄒᆞ노라 대기 녯 력ᄉᆞ상에 영웅호걸이 초등ᄒᆞᆫ 학식과 졀륜ᄒᆞᆫ 지력으로 비상ᄒᆞᆫ ᄉᆞ업을 발표ᄒᆞᆫ 쟈는 반ᄃᆞ시 부귀혁혁ᄒᆞᆫ 집에셔 ᄉᆡᆼ장ᄒᆞᆫ 것은 안이오 빈고미쳔ᄒᆞᆫ 가온ᄃᆡ에셔 만히 나오는 것은 엇짐이뇨 대기 부귀가에 나셔 비단옷을 입고 ᄌᆞ란 아희는 ᄇᆡ부르고 편안ᄒᆞᆫ 가온ᄃᆡ에셔 힝습이 되야 그 근골이 연약ᄒᆞ고 지긔가 희틱ᄒᆞ야 ᄌᆞ쥬독립의 졍신과 견인ᄒᆞ야 ᄲᅦ힐 슈 업는 셩질이 완젼치 못ᄒᆞᆫ즉 엇지 간고ᄒᆞᆷ을 물니치며 위험ᄒᆞᆷ을 무릅ᄡᅥ 비상ᄒᆞᆫ 공업을 셰우리오 이는 양츈삼월에 잉도와 살구 오얏나모와 갓ᄒᆞ셔 일쳔 산 치식 안기와 일만 나모 붉은 눈빗이 아람다온즉 아람답다 홀지로ᄃᆡ 일즉 픠고 몬져 여위는 탄식을 면치 못ᄒᆞ리로다 만일 그 빈고미쳔ᄒᆞᆫ 가온ᄃᆡ에셔 ᄉᆡᆼ쟝ᄒᆞᆫ 쟈로 의론ᄒᆞ면 그 경력의 신고ᄒᆞᆷ이 그 마암을 격동ᄒᆞ며 그 졍디의 졀박ᄒᆞᆷ이 그 몸을 츙동ᄒᆞ야 ᄌᆞ쥬독립의 졍신과 견인ᄒᆞ야 ᄲᅦ힐 슈 업는 셩질을 양셩ᄒᆞᆫ지라 그런 고로 풍랑을 무릅쓰고 히상에 달니는 ᄇᆡ를 타며 반셕을 ᄡᅳᄂᆞᆫ 리로온

397 「권면노동동포야학(勸勉勞動同胞夜學)」, 《황성신문》 논설(국한문), 1908.2.20, 2면 1단 참조.

칼날을 잡아 긔이훈 공과 위대훈 성젹의 쏫다옴이 빅셰에 유젼훈 쟈ㅣ 왕왕 잇스니 이는 륭동셜한에 무지렁 소나모와 굿센 잣나모가 울울히 푸른 빗을 먹음고 올연 독립후야 운소에 소스잇고 쳥풍을 썰치후는 쟈와 갓도다 쳥컨딕 녯젹 영웅호걸의 력스를 대강 들어 증거후노니

지나 고딕에 이윤 갓흔 이는 몸소 밧 가는 가온딕로셔부터 이러낫고 강틱공은 고기 파는 져즈 가온딕로셔 이러낫고 부열[398]의 담 싸은 것과 빅리히[399]의 소를 목양홈이 가쟝 들어난 쟈이오 틱셔각국의 근셰 스긔로 보건딕 셔욕셔스[400]라는 사름은 영국인이라 근본 셕탄광 역부의 아달로 그 어렷슬 쩍에 야장의 고용이 되야 풀무 부는 쟈의 업을 보죠후다가 증긔긔계(蒸汽器械)의 졔죠후는 지식을 엇은지라 십팔 셰에 비로소 야학교에 들어가 글을 닑으며 산슐을 빅오고 또 로동후는 여가에는 긔계 만드는 일을 빅오더니 그 후에 화륜거를 졔죠후며 텰노를 창셜홈으로 영국 졍부에셔 동씨의 공덕을 보슈코즈 후야 관작을 쥬어 화족 반렬에 동츰커[401] 후되 씨는 이러훈 뷔힌 일홈은 죠곰도 싱각지 안이후야 그 관작을 고스블슈후얏고 각납스급[402]이라는 사름은 근본 빅사공의

398 부열(傅說): 중국 상(商)나라의 재상. 원래 성을 쌓는 일을 맡은 노예 출신이나 상의 군주 무정(武丁)은 그를 임용해 상 왕조의 중흥을 완수했다.

399 백리해(百里奚): 춘추 시대 때 사람. 우(虞)나라의 대부(大夫)로 있다가 진헌공(晉獻公)이 우나라를 멸망시키자 포로가 되어 진나라에 들어왔다. 진(晉)나라가 목희(穆姬)를 진(秦)나라에 시집보낼 때 배신(陪臣)으로 따라갔다가 초(楚)나라 완(宛) 땅으로 달아났다는데 초나라 사람에게 잡혔다. 진목공(秦穆公)이 소식을 듣고 오고양피(五羖羊皮, 검은 양 다섯 마리의 가죽)을 주고 사 와서 국정을 맡겼다. 일설에는 본래 초나라 비인(鄙人)인데 진목공이 현명하다는 말을 듣고 자신을 진나라에 팔아 소를 키우다가 목공의 눈에 띄었다고도 한다.

400 세계 최초의 여객 철도용 기관차 '로커모션 호'의 발명자인 조지 스티븐슨(George Stephenson)을 가리킴.

401 '동츰케(동참하게)'의 오기인 듯함.

402 《황성신문》 원문 표기로는 '각납사급(刼拉斯及)'임.(어떤 인물인지 확인하지 못함)

아달로 그 아비가 빗을 지고 옥에 갓침애 동씨가 호구ᄒᆞ야 ᄉᆡᆼ활ᄒᆞᆯ 일에 분쥬ᄒᆞ야 신 짓는 쟝ᄉᆡᆨ의 집에 몸을 붓쳐 각항 일에 근가히 ᄒᆞ다가 임의 ᄃᆡ언인의 셔긔도 되고 혹 신문 탐보도 되야 그 직업을 쳐리ᄒᆞᆫ 여가에는 셔젹을 져슐ᄒᆞ기에 죵ᄉᆞᄒᆞ야 ᄉᆞ상이 고묘ᄒᆞ고 져슐홈이 극히 아람다와 일시 문단에 셩명을 넓히엇고 또 미국 대통령으로 남북젼징을 진정ᄒᆞᆫ 림긍[403]이라는 사름은 근본 농부의 신분으로 이러나고 쳘학ᄉᆞ 겸 졍치가 부란구린[404]은 활판공쟝에서 나왓스니

이졔 우리 한국 로동ᄒᆞ는 동포 즁에도 엇지 몃 ᄀᆡ 인물이 업다 ᄒᆞ리오 더 쇼동 목슈와 물쟝ᄉᆞ가 그런 경우의 미쳔홈과 ᄉᆡᆼ활의 곤난이 그 근력을 괴롭게 ᄒᆞ며 그 심지를 격동ᄒᆞᆫ 쟈ㅣ 만흐리니 이로 말ᄆᆡ암아 그 ᄌᆞ쥬독립의 졍신과 견인불발ᄒᆞᆯ 셩질을 단련ᄒᆞ고 양셩홈이 그 부귀안락ᄒᆞ는 쟈의게 가히 비교ᄒᆞᆯ 바 안이라 쟝ᄅᆡ에 그 간고를 익의고 비상ᄒᆞᆫ ᄉᆞ업을 셰울 쥴로 간졀히 바라노니 슯흐다 우리 로동ᄒᆞ는 동포여

200 1908년 2월 22일(토) 제2619호 론셜

샹등샤회에 경고홈 / 탄ᄒᆡ싱

근일에 소문을 들은즉 북셔 계동에 사는 유지 신ᄉᆞ 졔씨가 회의ᄒᆞ고 의무교육을 실시코져 ᄒᆞ야 일동 인ᄉᆞ가 각각 형셰의 유무와 봉급의 다소를 ᄯᅡ라가며 돈을 슈렴ᄒᆞ야 계산학교를 영원히 유지케 ᄒᆞᆫ다 홈에 듯는 쟈ㅣ 칭찬치 안는 이 업슬 ᄲᅮᆫ 안이라 경셩 ᄂᆡ 각 동과 밋 각 디방이 계동의 아름다온 일을 본밧아 의

403 에이브러햄 링컨(Abraham Lincoln).
404 벤자민 프랭클린(Benjamin Franklin).

무교육이 ᄎᆞ뎨로 실시되기를 기다리고 바라더니 쳔만 뜻밧게 의양군 리ᄌᆡ각[405] 씨가 돈 ᄂᆡ기를 거절ᄒᆞ얏다 ᄒᆞ니 이 말이 과연이면 국가 샤회에 관계됨이 불쇼ᄒᆞᆫ 고로 어리셕은 졍셩을 들어ᄂᆡ여 우리나라의 소위 샹등샤회라 ᄌᆞ칭ᄒᆞᄂᆞᆫ 여러 동포의게 경고ᄒᆞ노니 평심 셔긔ᄒᆞ고 들어주소셔 대뎌 우리나라의 샹등샤회를 말ᄒᆞ자 ᄒᆞ면 쳣ᄌᆡᄂᆞᆫ 황족이오 둘ᄌᆡᄂᆞᆫ 귀족이오 셋ᄌᆡᄂᆞᆫ 부쟈라 ᄒᆞᆯ지라 이 사ᄅᆞᆷ들은 모다 나라 은혜와 인군의 춍애를 편벽도히 만히 닙어 ᄃᆡᄃᆡ로 부귀영화를 누렷ᄉᆞᆫ즉 나라를 사랑ᄒᆞᄂᆞᆫ 졍셩과 인군의게 츙셩을 다ᄒᆞ고져 ᄒᆞᄂᆞᆫ 마암이 즁등 이하의 샤회보담 십 ᄇᆡ나 ᄇᆡᆨ ᄇᆡ가 더ᄒᆞ야 오날ᄂᆞᆯ 국가의 위ᄐᆡᄒᆞᆷ과 인민의 도탄이 지극ᄒᆞᆫ ᄃᆡ경에 ᄲᅡ진 것을 보면 ᄉᆡᆼ명의 즁ᄒᆞᆷ과 ᄌᆡ산의 귀ᄒᆞᆷ을 도라볼 여가이 업슬지나 그러나 금의옥식으로 ᄇᆡ부르게 먹고 등 더웁게 닙어 스ᄉᆞ로 교만ᄒᆞ며 ᄒᆡᄐᆡᄒᆞ던 습관을 버리지 못ᄒᆞ야 나라가 멸망ᄒᆞ든지 ᄇᆡᆨ셩이 함몰ᄒᆞ든지 나ᄂᆞᆫ 관계가 업ᄂᆞᆫ 양으로 짐작ᄒᆞ니 이러ᄒᆞ고셔야 엇지 감히 상등샤회라 ᄌᆞ칭ᄒᆞ며 삼쳔리 강토와 이쳔만 ᄉᆡᆼ령과 오ᄇᆡᆨ 년 종샤를 뉘게 부탁ᄒᆞ랴 ᄒᆞᄂᆞ뇨 참 한심 통곡ᄒᆞᆯ 바이로다 지금 우리나라 사ᄅᆞᆷ의 가쟝 힘쓸 ᄇᆞᄂᆞᆫ 다만 교육 한 가지ᄲᅮᆫ이라 고로 젼국의 뜻잇ᄂᆞᆫ ᄇᆡ션가[406] 간난과 시비를 무릅쓰고 학교를 셜립ᄒᆞ기로 위쥬ᄒᆞᆫ즉 황족이나 귀족이나 부쟈ᄂᆞᆫ 다른 사ᄅᆞᆷ보다 몬져 나셔셔 셜립 방법과 유지 방침을 도뎌히 강구ᄒᆞᆯ지로다 슯흐다 의양군 리ᄌᆡ각 씨ᄂᆞᆫ 당당ᄒᆞᆫ 황실 의친으로 형세가 넉넉지ᄂᆞᆫ 못ᄒᆞᆯ지라도 의식에 군간ᄒᆞᆷ은 업슬지어늘 ᄒᆞᆫ 달에 얼마식 ᄂᆡᄂᆞᆫ 것을 거절ᄒᆞ야 샤회의 평론이 ᄌᆞᄌᆞᄒᆞ게 ᄒᆞ니 진실로 가셕ᄒᆞ도다 이제 그 원인을 궁구ᄒᆞ야 보건ᄃᆡ 우리나라 상등샤회 사ᄅᆞᆷ들은 ᄌᆞ긔로 위권과 지위를 빙ᄌᆞᄒᆞ고 동ᄂᆡ 사ᄅᆞᆷ들이 무삼 일에 돈을 슈렴ᄒᆞᆯ지라

405 의양군 이재각(義陽君 李載覺, 1874~1935): 조선 후기의 문신이자 왕족. 장조(사도세자)의 3남 은전군의 증손.

406 '션ᄇᆡ가(선비가)'의 오기인 듯함.

도 감히 닉라는 사름도 업고 셜혹 닉라 ᄒᆞ는 쟈가 잇스면 호령ᄒᆞ야 물니치되 올타 그르다 평론ᄒᆞ는 쟈ㅣ 업셧스니 이 습관이 오날ᄂᆞᆯᄭᆞ지 남어셔 학교에 쓰는 의무금도 닉지 안으랴 ᄒᆞ니 여러분 귀족동포여 ᄉᆡᆼ각ᄒᆞ야 볼지어다 여러분의 ᄌᆡ산이 어ᄃᆡ셔 ᄉᆡᆼ겨셔 뎌 부귀를 누리나뇨 오날이라도 크게 ᄭᆡ닷고 공익ᄉᆞ업에 진심진력ᄒᆞ기를 바라노이다[407]

201 1908년 2월 25일(화) 제2621호 별보

방관ᄒᆞ는 쟈를 ᄭᅮ지즘

이는 쳥국 션ᄇᆡ의 지은 글[408]인ᄃᆡ 그 의론이 죡히 우리나라 사름의 거울이 될 만ᄒᆞ기로 번역ᄒᆞ야 등ᄌᆡ홈

대뎌 방관쟈라 ᄒᆞ는 것은 동편에 서셔 셔편에 붓는 불을 보고 그 화광을 쾌ᄒᆞ게 보는 것과 갓흐며 이 ᄇᆡ를 타고 뎌 ᄇᆡ가 파션ᄒᆞ는 것을 보고 그 ᄲᅡ지는 것을 ᄌᆞ미잇게 보는 것과 갓흐니 이러ᄒᆞᆫ 쟈는 음험타 ᄒᆞᆯ 슈도 업고 랑독다 ᄒᆞᆯ 슈도 업슨즉 무엇이라 일홈할 슈 업슴으로 지명ᄒᆞ야 갈아ᄃᆡ 혈셩이 업슨 물건이라 ᄒᆞ노니 슯흐다 혈셩이란 것은 인류가 이것으로 사는 바이오 셰계가 이것으로 셩립ᄒᆞᆫ 바이니 혈셩이 업슨즉 이는 인류도 업겟고 셰계도 업겟는 고로 방관쟈는 인류의 좀도젹이오 셰계의 원슈라 ᄒᆞ노라

인ᄉᆡᆼ이 하날과 ᄯᅡ 사이에 잇셔 각각 그 ᄎᆡᆨ임이 잇ᄂᆞ니 그 ᄎᆡᆨ임을 아는 쟈는 대장부의 쳐음 일이오 그 ᄎᆡᆨ임을 ᄒᆡᆼᄒᆞ는 쟈는 대장부의 나죵 일이라 스ᄉᆞ로 그 ᄎᆡᆨ임을 바리면 이는 스사로 그 사름된 자격을 바림이라 그런 고로 사름이란 것

407 제2620호(2월 23일자) 논설 미게재.

408 원저작은 양계초의 「가방관자문(呵傍觀者文)」(《청의보》 36호, 1900)임.

은 흔 집에 딕흐야는 흔 집의 칙임이 잇고 흔 나라에 딕흐야는 흔 나라의 칙임이 잇고 셰계에 딕흐야는 셰계의 칙임이 잇슬지니 흔 집의 사름이 각각 그 칙임을 바리면 그 집이 반닷히 픽홀 것이오 흔 나라의 사름이 각각 그 칙임을 바리면 그 나라이 반닷히 망홀 것이오 젼 셰계의 사름이 각각 그 칙임을 바리면 셰계가 반닷히 업셔지리니 방관이라 흐는 것은 그 칙임을 바린다 홈이라

청국 션빅의 글귀가 잇스니

사름을 건지며 만물을 리롭게 흐는 것이 나의 칙임이 아니라 쥬공과 공즈곳흔 셩인의게 잇다 흐얏스며 또 항용흐는 말이 잇스니

각각 사름이 닉 문 압헤 눈만 쓸 것이오 남의 집 지붕 우의 셔리를 알 빅 업다

흐얏스니 이 두어 마딕 말이 방관쟈의 무리의 경뎐이오 문자라 이런 경뎐과 이런 문자가 젼국 사름의 마암 가온딕 깁히 드러가 써러도 썰을 슈 업고 씨셔도 씨슬 슈 업스니 질뎡흐야 말흐면 방관이란 두 글쟈가 젼국 사름의 셩질을 딕표흔 것이라 이것은 곳 무혈셩 숨쟈가 우리나라 사름의 혼자 가진 물건이니 오호ㅣ라 진실로 닉가 이것을 두려워흐노라

방관쟈는 긱위에 셧다는 뜻이라 텬하 일이 쥬인 업는 긱이 잇지 못흐리니 흔 집으로 비유흐면 큰일로는 그 자뎨를 교훈흐며 그 직산을 졍리흐며 젹은 일로는 그 문호를 기폐흐며 그 뎡원을 소쇄흐는 것이 모다 쥬인의 일이니 쥬인은 누구인고 곳 흔집 사름이 다 쥬인이라 흔집의 사름이 다 쥬인의 직칙을 홀 것 갓흐면 그 집이 될 것이오 만약 흔집의 사름이 다 긱위에 셔셔 아비는 자식의게 밀고 즈식은 아비의게 밀거느 형은 아오에게 밀고 아오는 형의게 밀거느 지아비는 안히의게 밀고 안히는 지아비의게 밀 것 갓흐면 이것은 쥬인 업는 집이라 홀 터이니 쥬인 업는 집은 그 픽망흐는 것을 가히 션 자리에 불지로다[409] 나

409 '볼지로다'의 오기인 듯함.

라도 쏘흔 이와 굿흐니 일국의 쥬인은 누구뇨 곳 일국의 인민이 쥬인이라 ᄒᆞ리로다 (미완)

202 1908년 2월 26일(수) 제2622호 별보

방관ᄒᆞᄂᆞᆫ 쟈를 ᄭᅮ지즘 (속)

셔양 각국의 강ᄒᆞᆫ 것은 다름 아니라 일국 인민이 각각 그 쥬인된 직칙을 다ᄒᆞᆷ이로다 우리나라인즉 그러치 못ᄒᆞ야 그 나라의 쥬인이 누구뇨 ᄒᆞ면 감히 ᄃᆡ답ᄒᆞᆯ 슈 업스니 쟝찻 ᄇᆡᆨ셩을 쥬인이라 ᄒᆞ면 ᄇᆡᆨ셩은 말ᄒᆞ되 이것은 관리의 일이오 ᄂᆡ 일이 안이라 ᄒᆞ며 쟝찻 관리로 쥬인이라 ᄒᆞ면 관리ᄂᆞᆫ 말ᄒᆞ되 나는 시위소찬으로 벼살만 잇스면 내 위권이 되고 내 리원이 될 ᄯᆞ름이니 그 다음 일이야 내가 무엇을 알니오 ᄒᆞᄂᆞ니 이갓흠으로 나라이 비록 크ᄂᆞ 마참ᄂᆡ ᄒᆞᆫ 쥬인이 업ᄂᆞᆫ지라 쥬인 업ᄂᆞᆫ 나라ᄂᆞᆫ 죵과 죵이 이에 롱간ᄒᆞ며 도젹이 이에 탈취ᄒᆞᄂᆞᆫ 것이 맛당ᄒᆞᆫ 일이라 시에 갈아ᄃᆡ

그ᄃᆡ가 ᄯᅳᆯ과 안이 잇스되 물 ᄲᅮ리지 아니ᄒᆞ고 쓸지 아니ᄒᆞ며 그ᄃᆡ가 죵과 북이 잇스ᄃᆡ 치지 아니ᄒᆞ고 두다리지 아니ᄒᆞ니 완연히 죽은 쟈라 타인이 이것을 보존ᄒᆞ리라

ᄒᆞ얏스니 이ᄂᆞᆫ 텬리로 반닷히 당ᄒᆞᆯ 바이니 사ᄅᆞᆷ이 엇지ᄒᆞ리오

가령 남의 집 일이ᄂᆞ 남의 나라 일이면 방관ᄒᆞ야도 용혹무괴ᄒᆞᆯ 것은 무엇이뇨 ᄒᆞ면 나ᄂᆞᆫ ᄀᆡᆨ인 연고라 ᄒᆞ려니와 (의협 잇ᄂᆞᆫ 쟈ᄂᆞᆫ 비록 남의 집과 남의 나라를 ᄃᆡᄒᆞ야도 방관ᄒᆞᆷ이 부당ᄒᆞᆫ 것은 아직 물론ᄒᆞ고) ᄂᆡ 집과 ᄂᆡ 나라를 ᄃᆡᄒᆞ야 방관ᄒᆞᄂᆞᆫ 것은 불가라 ᄒᆞᆷ은 무엇이뇨 나ᄂᆞᆫ 쥬인된 연고라 나ᄂᆞᆫ 오히려 방관ᄒᆞ면셔 다시 누로 ᄒᆞ야곰 ᄂᆡ 칙임을 ᄃᆡ신ᄒᆞ기를 바랄가 대져 국가의 셩쇠와 흥망은 그 집이나 나라에 방관쟈가 잇고 업스며 만코 젹은 것으로ᄡᅥ 분별ᄒᆞᄂᆞ니 그

나라 사름에 방관쟈가 업스면 나라는 비록 젹으나 반닷히 흥홀 것이오 그 나라 사름이 다 방관쟈가 되면 나라는 비록 크나 반닷히 망ᄒᆞ리라 이졔 닉가 우리나라 ᄉᆞ만만 인구를 보니 다 방관쟈라 ᄒᆞ겟도다 닉 말을 밋지 아니홀 것 갓흐면 그 당파를 보아도 알지니

일왈 혼돈파라 이 무리는 가히 정신 업는 동물이라 홀지로다 소위 셰계가 엇지 된 것인지 소위 나라이 엇더ᄒᆞᆫ 것인지 아지 못ᄒᆞ며 무엇이 가히 근심홀 것인지 무엇이 가히 두려올 것인지 아지 못ᄒᆞᄂᆞ니 질덩ᄒᆞ야 말ᄒᆞ면 셰상에 당연히 홀 일을 아지 못ᄒᆞᆫ다 홀지라 ᄇᆡ곱흐면 먹고 ᄇᆡ부르면 놀고 곤ᄒᆞ면 자고 ᄭᆡ면 니러ᄂᆞ ᄃᆡ문 안으로 젹은 텬디를 숨고 한 푼을 닷토와 ᄉᆡᆼ명을 바리니 뎌 무리가 임의 일 잇는 쥴을 아지 못ᄒᆞ니 잘 되고 안 될 것을 엇지 알며 임의 나라을 아지 못ᄒᆞ니 망ᄒᆞ고 아니 망ᄒᆞ는 것을 엇지 알니오 비유컨ᄃᆡ 끌는 물 속에 든 고기가 봄 강물이 ᄯᅠᆺᄯᅳᆺᄒᆞᆫ 쥴노 그릇 알며 불 붓는 집에 깃드린 졔비가 ᄒᆡ 돗는 것이 비최이는 쥴노 오히려 의심ᄒᆞᄂᆞ니 피등의 ᄉᆡᆼ존ᄒᆞᆫ 것이 긔계로ᄡᅥ 만든 자 갓ᄒᆞ여 능히 운동은 ᄒᆞ되 그 능히 쥭을 것을 아지 못ᄒᆞ며 뎐긔병에 죽는 쟈 갓ᄒᆞ여 쇠진ᄒᆞ되 그 압흔 쥴을 아지 못ᄒᆞ야 유유ᄒᆞ게 수십 년을 지닐 ᄯᆞ름이니 피등이 비록 방관쟈 ᄀᆞᆺ흐나 일즉 그 방관쟈 된 쥴을 스사로 알지 못ᄒᆞᄂᆞ니라 닉가 지목ᄒᆞ야 방관파라 ᄒᆞ는 쟈 쳥국 ᄇᆡᆨ셩 ᄉᆞ만만 즁에 십분의 팔이 넘을지라 그러나 이것은 ᄒᆞᆫ갓 무식ᄒᆞ고 치산홀 쥴 몰으는 쟈ᄲᅮᆫ 안이니 텬하에 진실로 무식ᄒᆞ고 치산홀 줄 몰으는 쟈에도 혼돈치 안은 쟈 잇스며 ᄯᅩᄒᆞᆫ 능히 유식다ᄒᆞ고 치산ᄒᆞ는 쟈에도 실로 크게 혼돈ᄒᆞᆫ 쟈 잇는지라 ᄃᆡ뎌 닉외 대쇼 관리 수십만과 셩현의 뎨ᄌᆞ ㅣ라 ᄌᆞ칭ᄒᆞ는 수ᄇᆡᆨ만 션비와 텬하에 가득ᄒᆞᆫ 상고가 다 그즁에 열에 아홉은 이 혼돈파에 속ᄒᆞᆫ 쟈니라 (완)[410]

1908년
2월

---

410 내용상 미완이나 '완'으로 표기되어 있음.

방관ᄒᆞᄂᆞᆫ 쟈를 ᄭᅮ지즘 (속)

二왈 위긔파니 이 무리ᄂᆞᆫ 몸만 위ᄒᆞᄂᆞᆫ 쟈ㅣ라 이런 류ᄂᆞᆫ 속담에 일은바 벽력이 압헤 당ᄒᆞ여도 오히려 짐을 붓들고 잇슴과 갓흔지라 일에 당연히 판단ᄒᆞᆯ 것을 아지 못ᄒᆞᆷ이 안이며 나라의 쟝찻 망ᄒᆞᄂᆞᆫ 것을 아지 못ᄒᆞᆷ이 안이나 그러나 이 일을 결단ᄒᆞᄂᆞᆫ 것이 ᄂᆡ게 유익ᄒᆞᆷ이 업스면 오직 방관ᄒᆞᆯ ᄯᅡ름이오 나라이 망ᄒᆞ되 ᄂᆡ게 손히가 업스면 오직 방관ᄒᆞᆯ ᄯᅡ름이라

오계 ᄯᅢ의 풍노가 아침은 량나라이오 져녁은 진나라이로되 오히려 오죠뎡 ᄃᆡ신됨을 ᄌᆞ랑ᄒᆞ고 즁국을 과분ᄒᆞᆯ 의론이 잇슬 ᄯᅢ에 쟝지동이ᄂᆞᆫ 오히려 소죠뎡 ᄃᆡ신을 일치 안킷다 ᄒᆞᆫ 것 이 모다 그 류라 피등이 셰계 즁에 항상 쥬인의 자리에 셔고 손의 자리에 셔지 안은 듯ᄒᆞ나 그러나 공즁의 ᄉᆞ업으로ᄡᅥ 한 몸에 리히를 도모ᄒᆞᆷ에 지나지 안이ᄒᆞ야 그 공즁의게 리히되ᄂᆞᆫ 것은 시죵을 방관ᄒᆞᆯ ᄲᅮᆫ이라 ᄂᆡ가 일즉 일본 신문에 뫼ᄒᆞᆫ 것을 보니 이 무리의 졍형을 과연 그려ᄂᆡ엿ᄂᆞᆫ지라 그 말에 갈아ᄃᆡ

ᄂᆡ가 일즉 료동 반도를 지ᄂᆞᆯ ᄯᅢ에 그 연로의 ᄇᆡᆨ셩을 보고 그 졍틱를 ᄉᆞᆲ히니 피등이 국가 죤망의 위틱ᄒᆞᆷ을 아지 못ᄒᆞᄂᆞᆫ 것 ᄀᆞᆺᄒᆞ여 피등이 일본 군ᄃᆡ ᄃᆡ졉ᄒᆞ기를 젹국으로 보지 안이ᄒᆞ고 상고가 그 물쥬 보ᄂᆞᆫ 것 갓ᄒᆞ야 그 심목 가온ᄃᆡ 료동반도를 일본에 버혀쥬ᄂᆞᆫ 문뎨ᄂᆞᆫ 알 ᄇᆡ 업고 다만 일본 은젼의 가계가 엇더ᄒᆞ며 리히가 엇더ᄒᆞᆫ 것만 아더라

ᄒᆞ엿스니 이것이 실로 리마망량[411]의 형상을 그려 ᄂᆡ인 것이 하우씨의 죵졍에 글ᄌᆞ 박인 것과 갓흔지라 위긔파의 폐를 미루어 보건ᄃᆡ 슈쳔리 디방을 버히며 슈억만 ᄇᆡᆨ상으로ᄡᅥ 그 아문 지쳑에 토디 밧구기를 앗기지 안이ᄒᆞᆷ은 무엇이

411 이매망량(魑魅魍魎): 산천, 목석의 정령에서 생겨난다는 온갖 도깨비. 오기인 듯함.

뇨 ᄂᆡ 나히 임의 륙칠십이라 다만 목젼에 슈 년만 무ᄉᆞᄒᆞ면 한번 눈감은 뒤에야 비록 텬디가 번복ᄒᆞᆫ들 나의 알 ᄇᆡ 안이라 ᄒᆞ야 정치에 폐습을 맛당히 곳쳐야 될 것을 알되 즐겨 곳치지 안이ᄒᆞᆷ은 나의 의식이 잇ᄂᆞᆫ 연고이며 학교와 과거에 당연히 변ᄒᆞ여야 될 것을 알되 즐겨 곳치지 안이ᄒᆞᆷ은 나의 ᄌᆞ손이 츌신ᄒᆞᄂᆞᆫ 길인 연고라 이 무리들은 로ᄌᆞ로ᄡᅧ 셩인을 삼고 양쥬 묵젹으로ᄡᅧ 스승을 삼으니 일국 가온ᄃᆡ 신사 관상을 물론ᄒᆞ고 그 요로를 차지ᄒᆞ고 위권을 잡은 쟈가 다 이러ᄒᆞᆫ 무리라 그런 고로 위긔파ᄂᆞᆫ 가쟝 셰력 잇는 쟈인즉 국즁에 춍명ᄌᆞ뎨와 문인 ᄌᆡᄉᆞ가 그 긔 아ᄅᆡ 모혀 바야흐로 아름다온 싹 돗듯ᄒᆞᄂᆞᆫ 소년ᄌᆞ뎨가 그 악습을 본밧ᄂᆞᆫ 것이 라병 폐병이 그 ᄌᆞ손의게 뎐염ᄒᆞᆷ과 갓치 유독이 텬하에 퍼지나니 이것이 방관파 즁에 가쟝 악폐되ᄂᆞᆫ 쟈이니라

三왈 오호파니 엇지ᄒᆞ야 오호파인고 ᄒᆞ면 피등이 항상 슯흔 탄식과 통곡 류톄로ᄡᅧ 독일무이ᄒᆞᆫ ᄉᆞ업을 삼ᄂᆞᆫ지라 그 얼골에ᄂᆞᆫ 항상 나라를 근심ᄒᆞᄂᆞᆫ ᄐᆡ도가 잇고 그 입에ᄂᆞᆫ ᄯᆡ를 슯허ᄒᆞᄂᆞᆫ 말이 젹지 안이ᄒᆞ야 맛당히 힝ᄒᆞᆯ 일로ᄡᅧ 고ᄒᆞ면 뎌도 ᄯᅩ한 맛당히 힝ᄒᆞ여야 된다ᄂᆞᆫ 말은 ᄒᆞ되 힝치 안ᄂᆞᆫᄃᆡ 엇지ᄒᆞ며 뎌도 ᄯᅩ한 진실로 극히 위ᄃᆡᄒᆞ다ᄂᆞᆫ 말은 ᄒᆞ되 구원치 안ᄂᆞᆫᄃᆡ 엇지ᄒᆞᆯ고 다시 깁히 힐문ᄒᆞ면 뎌ᄂᆞᆫ 말ᄒᆞ되 국운이라 텬심이라 ᄒᆞ야 무가ᄂᆡ하[412] ᄉᆞᄌᆞ가 그 례언이오 좌이ᄃᆡᄉᆞ[413] 한 마ᄃᆡ가 그 실담이라 불 붓ᄂᆞᆫ 것을 보고도 ᄭᅳ기ᄂᆞᆫ 힘쓰지 안이ᄒᆞ고 화셰가 더옥 셩ᄒᆞᄂᆞᆫ 것을 탄식ᄒᆞᆷ과 갓고 사ᄅᆞᆷ이 물에 ᄲᅡ지ᄂᆞᆫ 것을 보고도 건지기ᄂᆞᆫ ᄉᆡᆼ각지 안이ᄒᆞ고 물결이 뒤치ᄂᆞᆫ 것을 통한ᄒᆞᆷ과 갓흐니라 (미완)

412 무가내하(無可奈何): 어찌할 수가 없음. 무가내. 막무가내. 막가(莫可)내하.

413 좌이대사(坐而待死): 앉아서 죽기만을 기다린다는 뜻으로, 아무런 대책도 마련하지 못하고 일이 되어 가는 대로 맡긴다는 말.

방관ᄒᆞᄂᆞᆫ 쟈를 ᄭᅮ지즘 (속)

오호파ᄂᆞᆫ 스사로 방관쟈가 안인 쳬ᄒᆞ나 그러나 타인의 방관은 눈으로ᄡᅥ ᄒᆞ되 피등의 방관은 입으로ᄡᅥ ᄒᆞ야 피등이 나라일을 걱정ᄒᆞ지 안ᄂᆞᆫ 것은 안이로되 다만 국ᄉᆞ로ᄡᅥ 글 짓ᄂᆞᆫ ᄌᆡ료를 삼으며 시국 일을 말 잘ᄒᆞ지 안ᄂᆞᆫ 것은 안이로되 오직 시무로ᄡᅥ 말거리를 삼ᄂᆞᆫ지라 우리가 파란의 멸망ᄒᆞᆫ 사긔와 ᄋᆡ급의 참혹ᄒᆞᆫ 력사를 볼 ᄯᅢ에 엇지 비탄ᄒᆞ지 안이ᄒᆞ리오만은 파란과 ᄋᆡ급에 유익홈이 업ᄂᆞᆫ 것은 다름 안이라 우리가 ᄒᆞᆫ 방관쟈 된 연고ㅣ며 우리가 비률빈이 미국과 혈젼ᄒᆞᆫ 사젹을 들을 ᄯᅢ에 엇지 닐어나 공경ᄒᆞ지 안이ᄒᆞ리오만은 비률빈에 유죠홈이 업ᄂᆞᆫ 것은 우리가 ᄯᅩᄒᆞᆫ 방관쟈인 연고라 ᄒᆞ리니 소위 오호파가 엇지 이와 달으리오 피등은 셰계에 ᄃᆡᄒᆞ야 리로올 것도 업고 ᄒᆡ로올 것도 업슬 듯ᄒᆞ되 그러나 국민의 지긔를 쥭이고 장ᄅᆡ의 진보력을 막아 그 죄가 진실로 젹지 안이ᄒᆞ니 이 무리ᄂᆞᆫ 국ᄂᆡ에서 가장 명사라 칭ᄒᆞᄂᆞᆫ 쟈 즁에 만흐니라

四왈 소마파(우슴 소 ᄭᅮ지즐 마)니 이 무리ᄂᆞᆫ 방관쟈보담 더 후관쟈라 홀지라 항상 남의 등 뒤에 셔셔 더운 말과 찬 소ᄅᆡ로 남을 비평ᄒᆞ야 ᄌᆞ긔만 방관쟈 될 ᄲᅮᆫ 안이라 다른 사ᄅᆞᆷᄭᆞ지 부득불 방관쟈가 되게 ᄒᆞ나니 그 심ᄉᆞ를 보건ᄃᆡ 임의 완고당을 ᄭᅮ지즈면서 ᄯᅩ한 기화당을 ᄭᅮ지즈며 임의 소인을 ᄭᅮ지즈면셔 ᄯᅩ한 군ᄌᆞ를 ᄭᅮ지즈며 로인을 ᄃᆡᄒᆞ면 그 늙고 긔운 업ᄂᆞᆫ 것을 ᄭᅮ지즈며 소년을 ᄃᆡᄒᆞ면 경거망동홈을 ᄭᅮ짓다가 그 셩ᄉᆞᄒᆞᄂᆞᆫ 것을 보면 어린 아ᄒᆡ가 일홈을 엇엇다 ᄒᆞ고 그 ᄑᆡᄒᆞᆫ 것을 보면 ᄂᆡ가 발셔 료량ᄒᆞᆫ ᄇᆡ라 ᄒᆞ야 피등이 항상 지뎡치 못ᄒᆞᆫ 자리에 쳐ᄒᆞᆫ 것은 무삼 일인고 ᄒᆞ니 일을 판단치 못홈으로 지뎡홈이 업스며 항상 방관ᄒᆞᄂᆞᆫ 고로 ᄯᅩᄒᆞᆫ 지뎡홈이 업슴이라 ᄒᆞ리라 임의 ᄌᆞ긔도 일을 ᄒᆞ지 안이ᄒᆞ면셔 항상 일ᄒᆞᄂᆞᆫ 사ᄅᆞᆷ 등 뒤에셔 비웃ᄂᆞᆫ 것이 가쟝 교휼ᄒᆞᆫ 버릇이니 이것으로 말미암아 용감ᄒᆞᆫ 쟈로 ᄒᆞ야곰 긔운이 쥽게 ᄒᆞ고 겁약ᄒᆞᆫ 쟈로 ᄒᆞ야곰 마

암이 죽게 ᄒᆞ나니 다만 사ᄅᆞᆷ으로 ᄒᆞ야곰 마암이 죽고 긔운이 줄게ᄒᆞᆯ ᄲᅮᆫ만 안이라 쟝찻 될 일이라도 피등은 반닷히 소마파로써 져희ᄒᆞ며 임의 된 일이라도 능히 소마파로써 파ᄒᆞ게 ᄒᆞ나니 그런 고로 이 무리ᄂᆞᆫ 세계에 가쟝 음험ᄒᆞᆫ 물건이라 ᄒᆞᆯ지로다 (미완)

205 1908년 2월 29일(토) 제2625호 별보

방관ᄒᆞᄂᆞᆫ 쟈를 ᄭᅮ지즘 (속)

대뎌 남의 쥬견을 ᄇᆡ쳑ᄒᆞᄂᆞᆫ 쟈가 불가ᄒᆞᆫ 것이 안이니 임의 나의 뎡ᄒᆞᆫ 쥬의를 펴고져 ᄒᆞ야 타인의 쥬견을 반ᄃᆡᄒᆞᆷ이니 곳 구미 각국 졍당에셔 흠ᄉᆞ로 알지 안이ᄒᆞᄂᆞᆫ 바라 그러나 뎌 소마파ᄂᆞᆫ 과연 무삼 쥬의가 잇ᄂᆞᆫ고 ᄒᆞ니 비유컨ᄃᆡ 외로온 ᄇᆡ가 대양에셔 풍파를 맛날 것 갓흐면 피등이 바람도 ᄭᅮ짓고 물결도 ᄭᅮ짓고 바다도 ᄭᅮ짓고 ᄇᆡ도 ᄭᅮ짓다가 나죵에ᄂᆞᆫ ᄀᆞᆺ치 ᄇᆡ 탄 사ᄅᆞᆷ을 ᄭᅮ지즈니 만약 이 ᄇᆡ가 무삼 방법으로 풍파를 면ᄒᆞ겟나냐 물으면 피등은 묵묵ᄒᆞ야 ᄃᆡ답을 못ᄒᆞ리니 이것은 다름 안이라 피등은 방관으로써 소마를 힝ᄒᆞᆯ ᄲᅮᆫ인 연고라 슯흐다 방관ᄒᆞᆯ ᄃᆡ위를 일흐면 소마ᄒᆞᆯ 곳도 업스리라

五왈 포기파(사나올 포 버릴 기)니 오호파ᄂᆞᆫ 텬하에 가히 ᄒᆞᆯ 일이 업다 ᄒᆞ되 포기파ᄂᆞᆫ ᄂᆡ가 가히 ᄒᆞᆯ 것 업ᄂᆞᆫ 사ᄅᆞᆷ이라 ᄒᆞ며 소마파ᄂᆞᆫ 항상 남을 ᄭᅮ짓고 나ᄂᆞᆫ ᄭᅮ짓지 안이ᄒᆞ되 포기파ᄂᆞᆫ 항상 남을 의뢰ᄒᆞ고 나ᄂᆞᆫ 바라지 안이ᄒᆞ니 피등의 마암 가온ᄃᆡ ᄯᅳᆺᄒᆞ기를 우리나라 ᄉᆞᄇᆡᆨ죠 인구 즁에 그 삼ᄇᆡᆨ구십구죠 구억구만구친[414] 구ᄇᆡᆨ구십구 인에도 영웅과 지ᄉᆞ가 얼마 잇슬 터이니 셜혹 나 한 사ᄅᆞᆷ이 ᄲᅢ지기로 무삼 관계가 잇스랴 ᄒᆞ리니 이것이 포기ᄒᆞᄂᆞᆫ 파의 폐가 극ᄒᆞ다

414 '천(千)'의 오기.

홀 것은 ᄉᆞ빅죠 인구로 ᄒᆞ야곰 사ᄅᆞᆷ마다 다 제 몸 하나를 쏍아노코 보면 통계ᄒᆞ야 ᄉᆞ빅죠 인구가 쥴디에 한 사ᄅᆞᆷ도 업다 홀지라 그런 고로 나라일은 국민된 쟈ㅣ 사ᄅᆞᆷ마다 각각 그 칙임을 맛흘 것이니 그런 고로 지식이 고명ᄒᆞᆫ 쟈ᄂᆞᆫ 그 칙임이 즁대홀 것이오 아모리 어리셕고 불쵸ᄒᆞᆫ 쟈라도 국가에 ᄃᆡᄒᆞᆫ 칙임이 업다고ᄂᆞᆫ 말ᄒᆞ지 못홀지로다

타국 사ᄅᆞᆷ이 비록 졀대ᄒᆞᆫ 지혜가 잇고 졀대ᄒᆞᆫ 능력이 □스나 다만 그 몸에 당ᄒᆞᆫ 쟈가 국가의 ᄃᆡᄒᆞᆫ 칙임을 다홀 터이오 엇지 털긋만치라도 나의 일을 ᄃᆡ신ᄒᆞ야 쥬리오

비유ᄒᆞ건ᄃᆡ 나ᄂᆞᆫ 밥 먹지 안코져 ᄒᆞ야 잘 먹ᄂᆞᆫ 쟈로 ᄒᆞ야곰 ᄃᆡ신 먹어 달나ᄒᆞ며 나ᄂᆞᆫ 잠자지 안코져 ᄒᆞ야 잘 자ᄂᆞᆫ 쟈로 ᄒᆞ야곰 ᄃᆡ신 자 달나 ᄒᆞ면 그 일이 되겟나뇨 못 되겟나뇨 ᄂᆡ가 비록 어리셕고 불쵸ᄒᆞ나 임의 사ᄅᆞᆷ이 되야 셰상에 낫스니 곳 인류의 일분쟈며 임의 그 나라 빅셩이 되얏스니 또한 국민의 일분쟈라 ᄂᆡ가 ᄂᆡ 몸을 ᄌᆞ포ᄌᆞ기ᄒᆞᄂᆞᆫ 것은 오히려 말ᄒᆞ려니와 인류의 ᄌᆞ격을 더러이며 국민의 톄면을 손상ᄒᆞᄂᆞᆫ 것은 불가ᄒᆞ니 그런 고로 포기파ᄂᆞᆫ 진실로 인도의 죄인이니라

六왈 ᄃᆡ시파(기다릴 ᄃᆡ 써 시)니 이 무리ᄂᆞᆫ 실상은 방관쟈로ᄃᆡ 방관ᄒᆞᄂᆞᆫ 자리에 셔지ᄂᆞᆫ 안이ᄒᆞᄂᆞᆫ 쟈라

대뎌 ᄯᆡ를 기다린다 ᄒᆞᄂᆞᆫ 것은 되고 안이 될 것을 긔필치 못ᄒᆞᄂᆞᆫ 말이라 그런 고로 그 일 될 만ᄒᆞᆫ ᄯᆡ를 기다려야 가히 힝ᄒᆞ리니 만약 ᄯᆡ가 업스면 맛참ᄂᆡ 힝ᄒᆞ지 못홀지라 타인의 방관은 오직 인ᄉᆞ를 방관홈이나 피등의 방관은 텬시를 방관홈이라 대뎌 일홀 만ᄒᆞᆫ ᄶᆡ가 엇지 뎡ᄒᆞᆫ 형질이 잇스리오 일을 ᄒᆞ고져 ᄒᆞᄂᆞᆫ 쟈ᄂᆞᆫ 가히 일ᄒᆞ지 못홀 ᄯᆡ가 업슬 것이며 일을 ᄒᆞ지 안ᄂᆞᆫ 쟈ᄂᆞᆫ 가히 일을 홀 ᄯᆡ가 업슬 것이라 그런 고로 유지ᄒᆞᆫ 인사ᄂᆞᆫ 오직 시셰를 지을 ᄯᆞ름이오 시셰를 기다린다 홈은 듯지 못ᄒᆞ얏노라 ᄃᆡ시파라 ᄒᆞᄂᆞᆫ 무리ᄂᆞᆫ 바람과 물결이 향ᄒᆞᄂᆞᆫ 것을 엿보아 그 겻헤셔 리익을 취홈으로 형셰가 동으로 향ᄒᆞ면 동으로 ᄶᅡ

라가고 셔으로 향ᄒᆞ면 셔으로 ᄯᅡ라가는 것이 본릐 망국민의 본식이오 방관파의 가장 교휼ᄒᆞᆫ 습관이니라 (미완)

3월

206 1908년 3월 1일(일) 제2626호 별보

방관ᄒᆞ는 쟈를 ᄭᅮ지즘 (속)

이상에 로렬ᄒᆞᆫ 여샷 가지 파는 우리나라 사ᄅᆞᆷ의 셩질을 그려ᄂᆡ인 것이라 그 파의 명칭은 부동ᄒᆞ되 그 방관쟈된 것은 일반이라 이러ᄒᆞᆷ으로 우리 즁국 ᄉᆞ만만 인민이 과연 방관쟈 안이 니가 하나도 업스니 우리 즁국에 비록 ᄉᆞ만만 인민이 잇다 ᄒᆞ나 과연 나라 쥬인되는 이가 하나도 업는 나라으로ᄡᅥ 엇지 이 세계 ᄉᆡᆼ존경ᄌᆡᆼ이 최극최렬ᄒᆞ고 일만 귀신이 놀나 엿보고 일ᄇᆡᆨ 호랑이가 틈을 보는 큰 무ᄃᆡ에 셧스니 ᄂᆡ가 그 엇지ᄒᆞ여야 가ᄒᆞᆯ는지 아지 못ᄒᆞ겟도다

여샷 파 즁에 뎨일파 곳 혼돈파는 국민의 ᄎᆡᆨ임이 무엇인지 몰으는 사ᄅᆞᆷ이오 그 아ᄅᆡ 다삿 파 곳 위긔파, 오호파, 소마파, 포기파, ᄃᆡ시파, 는 다 ᄎᆡᆨ임을 ᄒᆡᆼ치 안는 사ᄅᆞᆷ이 되얏스니 이는 혼돈파의 아모것도 몰으는 무리와 일반이라 ᄒᆞᆯ지로다 아지 못ᄒᆞ는 쟈는 오히려 다른 날에 ᄭᆡ다르면 곳 ᄒᆡᆼᄒᆞ기를 바라려니와 만일 알고도 ᄒᆡᆼ치 안으면 이는 하날과 ᄯᅡ 사이에 감히 셔지 못ᄒᆞᆯ 인ᄉᆡᆼ이라 연고로 나는 뎨일파의 사ᄅᆞᆷ ᄭᅮ짓기를 오히려 엿게 ᄒᆞ고 그 아ᄅᆡ 다삿 파의 사ᄅᆞᆷ ᄭᅮ짓기를 가쟝 깁히ᄒᆞ노라

녯젹 어진 사ᄅᆞᆷ 왕양명(王陽明)의 학문으로 의론ᄒᆞᆯ진ᄃᆡ 알고도 ᄒᆡᆼ치 안는 쟈는 맛참ᄂᆡ 아지 못ᄒᆞᆷ이라 ᄒᆞ얏스니 진실로 알기를 지극히 ᄇᆰ게 ᄒᆞᆫ즉 ᄒᆡᆼᄒᆞ기를 반닷히 지극히 용ᄆᆡᆼ스럽게 ᄒᆞᆯ지라 사아나온 범이 뒤에 ᄯᅡ라오면 비록 ᄒᆞᆫ 다

리 져ᄂᆞᆫ 사ᄅᆞᆷ이라도 혹 능히 두어 길 되ᄂᆞᆫ ᄃᆡ 쒸여 건너가며 ᄆᆡᆼ렬ᄒᆞᆫ 불이 리웃 집에 밋츠면 비록 약ᄒᆞᆫ 쟈이라도 혹 능히 무거온 물건을 드ᄂᆞ니 이ᄂᆞᆫ 엇짐이뇨 사아나온 범이나 큰불이 일으면 나의 ᄉᆡᆼ명이 반닷히 업셔질 쥴을 분명히 아ᄂᆞᆫ 연고로다 무릇 나라가 망ᄒᆞ며 죵족이 멸ᄒᆞᄂᆞᆫ 일의 참혹ᄒᆞᆷ이 엇지 사아나온 범이나 큰불에 비ᄒᆞᆯ ᄧᅡ름이리오 나ᄂᆞᆫ ᄉᆡᆼ각ᄒᆞ되 젼국 안에 잇ᄂᆞᆫ 방관쟈가 다 아지 못ᄒᆞᄂᆞᆫ ᄃᆡ셔 나왓다 ᄒᆞ노라 혹 한둘을 알지라도 그 진경은 궁구치 못ᄒᆞᆷ이로다 만일 ᄎᆞᆷ으로 알고 참으로 궁구ᄒᆞ얏스면 비록 그 손을 묵고 그 입을 봉ᄒᆞ얏슨들 엇지 능히 묵묵히 아모 말도 못 ᄒᆞ거나 ᄒᆞᆰ덩어리ᄀᆞᆺ치 감안이 안져 유유히 셰월을 보ᄂᆡ며 ᄐᆡ평가를 부르다가 이 강산을 가져 다른 죵족의 손에 부치고 슈슈방관ᄒᆞ야 벽상에셔 쵸나라 싸홈 구경ᄒᆞ듯 ᄒᆞ야 죽ᄂᆞᆫ 날을 기다리려 ᄒᆞ나뇨 지금 놉흔 벼살을 가지고 두터온 록을 밧으며 션진이니 명ᄉᆞ이니 칭ᄒᆞᄂᆞᆫ 쟈ᄂᆞᆫ 다 나라 가온ᄃᆡ 지나가ᄂᆞᆫ ᄀᆡᆨ이 되야 임의 졀에셔 물너나온 즁과 ᄀᆞᆺᄒᆞ며 문을 닷고 나아오지 안는 지어미 갓ᄒᆞᆯ ᄲᅮᆫ 안이라 피등이 스ᄉᆞ로 그 몸을 도라볼지라도 이 셰상에 몃칠이나 부쳐 잇슬ᄂᆞᆫ지 몰음ᄋᆡ 나라에 ᄃᆡᄒᆞ야 ᄌᆞ연히 과ᄀᆡᆨ이 되엿ᄂᆞᆫ 지라 이 무리의 구ᄎᆞ히 편안코져 ᄒᆞᆷ과 아모죠록 셰상을 일업시 지ᄂᆡ랴 ᄒᆞᆷ은 족히 괴이타 ᄒᆞᆯ 것 업거니와 우리 쳥년들은 쟝ᄅᆡ 나라의 쥬인이 될지라 이 나라로 인연이 가쟝 깁고 젼도가 망망ᄒᆞ야 한이 업스니 이 나라이 흥ᄒᆞ면 우리가 무한ᄒᆞᆫ 영화를 누릴 것이오 이 나라이 망ᄒᆞ면 우리가 쟝찻 그 참혹ᄒᆞᆫ 경광을 당ᄒᆞ야 피ᄒᆞ고져 ᄒᆞ야도 피치 못ᄒᆞ며 도망코져 ᄒᆞ야도 도망치 못ᄒᆞ리로다 우리의 영화ᄂᆞᆫ 다른 사ᄅᆞᆷ이 ᄲᅢ앗지 못ᄒᆞᆯ지오 우리의 참혹은 다른 사ᄅᆞᆷ이 ᄃᆡ신ᄒᆞ야 당ᄒᆞ지 안으리니 이를 ᄉᆡᆼ각ᄒᆞ면 엇지 가히 방관ᄒᆞ리오 연고로 ᄂᆡ가 큰소ᄅᆡ로 ᄲᆞᆯ니 불너 우리 ᄉᆞ만만 인민의게 고ᄒᆞ노라 (완)

1908년 3월

207 1908년 3월 3일(화) 제2627호 논설

상업계의 슯흔 영향

대뎌 상업이라 ᄒᆞᄂᆞᆫ 것은 잇고 업ᄂᆞᆫ 것을 셔로 돕ᄂᆞᆫ 바라 ᄂᆡ게 잇ᄂᆞᆫ 것으로 뎌 사ᄅᆞᆷ의 업슴을 돕고 뎌 사ᄅᆞᆷ의 업ᄂᆞᆫ 것으로 ᄂᆡ게 업슴을 도아 인류 ᄉᆡᆼ활상에 결핍홈이 업고자 하야 고ᄃᆡ 셩인이 일즁에 져ᄌᆞ를 베푸러 교역ᄒᆞᄂᆞᆫ 법을 셰우심이라 그러나 텬죠물은 디방의 긔후의 풍토를 ᄯᅡ라 잇기도 ᄒᆞ고 업기도 ᄒᆞ야 사ᄅᆞᆷ의 능력으로 도뎌히 변통키 어려워 만물을 죠셩ᄒᆞ시ᄂᆞᆫ 대쥬ᄌᆡ 권능에 한갈ᄀᆞᆺ치 맛길 ᄲᅮᆫ이어니와 인죠물은 이와 갓지 안이ᄒᆞ야 텬죠물 ᄌᆡ료를 ᄉᆞᆷ아 사ᄅᆞᆷ의 지혜로 연구홀ᄉᆞ록 필요ᄒᆞ고 신긔ᄒᆞᆫ 물건을 발명됨은 지쟈를 기ᄃᆡ리지 안이ᄒᆞ야도 가히 알지라 물건을 ᄉᆡ로 발명홈은 공업가의 일이오 상업가의 관계가 안이라 홀지ᄂᆞ 상업과 공업은 간졉 직졉의 분별은 업다홀 슈 업스나 그 셩질이 항상 셔로 갓가와 잠시도 멀어질 슈 업나니 공업은 상업이 안이면 그 발명ᄒᆞᆫ 바 물품을 ᄊᆞ아둘 ᄯᅡ름이니 ᄌᆡ졍을 융통ᄒᆞ야 다슈히 제죠치 못홀지오 상업은 공업이 안이면 아모리 부즈런히 ᄆᆡᄆᆡᄒᆞ야 불소 리익을 취코자 ᄒᆞ나 한갓 방황홀 ᄲᅮᆫ이라 그럼으로 상업을 발달코져 ᄒᆞᄂᆞᆫ 나라에셔 공업가의 ᄒᆞᆫ 가지 ᄉᆡ로 발명ᄒᆞᆫ 긔계나 물건이 잇스면 반닷히 젼ᄆᆡᄒᆞᄂᆞᆫ 큰 권을 허락ᄒᆞ야 언의 ᄯᅢ까지던지 젹지 안은 리익을 엇게 홈으로 학문잇ᄂᆞᆫ 쟈가 닷토아 연구하야 금일에 ᄒᆞᆫ 가지를 발명ᄒᆞ면 명일에 두 가지를 발명ᄒᆞ며 금년에 ᄒᆞᆫ 가지를 창죠ᄒᆞ면 명년에 열 가지를 창죠ᄒᆞ야 날이 가고 ᄒᆡ가 갈ᄉᆞ록 ᄉᆡ 긔계 ᄉᆡ 물건이 업ᄂᆞᆫ 것이 업ᄂᆞᆫ 디경에 이르게 홈인 고로 상업이 ᄯᅡ라 흥왕ᄒᆞ야 민심이 쾌활ᄒᆞ고 국셰가 부강ᄒᆞ야 셰계를 웅시ᄒᆞ거ᄂᆞᆯ 슯흐다 우리나라ᄂᆞᆫ 이 ᄀᆞᆺ흔 아름다온 법과 규모를 실힝치 못ᄒᆞ야 ᄒᆞᆫ 가지도 ᄉᆡ로 발명홈이 업슬 ᄲᅮᆫ 안이라 젼의 잇던 것도 ᄎᆞᄎᆞ로 업셔지고 죠곰도 졍미ᄒᆞ도록 변통치 못ᄒᆞ고 속담에 ᄶᅥᆨ자루 쥐고 잇듯ᄒᆞ야 졈졈 쓰지 못홀 물건이 되게 ᄒᆞ니 무엇으로 민심의 쾌활과 국가의 부강홈을 바라리오 볼지어다 우리의 일신상 일용ᄉᆞ물이 쳔에 한 가지라도 우리나라에 졔죠ᄒᆞᆫ 물품이 잇스며 큰 져자 젹은 져자를 물론ᄒᆞ고 진렬ᄒᆞᆫ 것이 만에 한 가지라도 타국에셔 가져오지 안이ᄒᆞᆫ 물화가 잇나뇨 ᄂᆡ 나라에ᄂᆞᆫ 한 가지도 졔죠홈이 업고 타국 것만 쓰고 ᄆᆡᄆᆡᄒᆞ니 이ᄂᆞᆫ 곳 ᄂᆡ가 상업홈이 안이라 타국 상업가의 노례라 ᄒᆞ야도 과ᄒᆞᆫ 말이 안이라 이로좃차 큰 리익은 타국으로 가고 엇ᄂᆞᆫ ᄇᆡ 리익은 지극히 박약함을 인ᄒᆞ야 상업계가 날로 쇼잔ᄒᆞ야 슈만금 자본으로 경영ᄒᆞ던 상업이 몃쳔 몃ᄇᆡᆨ금이 남지 못ᄒᆞ야 ᄎᆡ장이 산갓하여 필경 파산ᄒᆞᄂᆞᆫ 비경이 왕왕 잇셔 남의 나라와 상업을 경징ᄒᆞ기ᄂᆞᆫ 고샤ᄒᆞ고 넉넉지 못ᄒᆞᆫ 상권도 ᄯᅡ에 ᄯᅥ러지ᄂᆞᆫ 디경이 되엿스니 엇지 탄식ᄒᆞᆯ 바 안이리오 이졔 공업이 발달치 못ᄒᆞ야 상업이 쇼잔ᄒᆞᆫ 징거를 들어 말ᄒᆞ고자 ᄒᆞ노니 텰쥬ᄌᆞ와 사긔와 지남쳘 등속은 모다 우리나라에셔 신발명ᄒᆞᆫ 것이라 졍신을 허비ᄒᆞ고 얼마 동안을 연구ᄒᆞ야 비로소 발명ᄒᆞ얏거ᄂᆞᆯ 그 사ᄅᆞᆷ에 ᄃᆡᄒᆞ야 상당ᄒᆞᆫ 특권을 쥬지 안이ᄒᆞ고 한갓 취ᄒᆞ야 리용을 ᄯᆞᄅᆞᆷ인 고로 사ᄅᆞᆷ마다 헛도히 슈고ᄒᆞᆯ 것 업다 ᄒᆞᄂᆞᆫ ᄉᆡᆼ각으로 ᄒᆞᆫ 가지도 다시 발명ᄒᆞᆯ ᄯᅳᆺ을 두지 안이ᄒᆞ고 이왕 발명ᄒᆞᆫ 것도 더욱 아ᄅᆞᆷ답게 진보홈을 도모치 안이ᄒᆞᆫ 고로 ᄌᆞᆼᄅᆡ 타국 사ᄅᆞᆷ의 취용ᄒᆞᆫ 바 되야 텰쥬ᄌᆞ로 연구ᄒᆞ야 동판 셕판ᄭᆞ지 되앗고 사긔로 연구ᄒᆞ야 각항 긔구를 죠셩ᄒᆞ고 지남텰로 연구ᄒᆞ야 시계 ᄌᆞ명죵을 졔죠ᄒᆞ야 도로혀 쳐엄 발명ᄒᆞᆫ 우리나라를 압도ᄒᆞᄂᆞᆫ도다 본 긔ᄌᆞ의 경험ᄒᆞᆫ 바로 말ᄒᆞ건ᄃᆡ 젼라도 세렴은 언의 ᄯᅢ에 발명홈인지 아지 못ᄒᆞ거니와 ᄉᆞ면에 뢰문과 가온ᄃᆡ 쌍희ᄌᆞ와 역근 졔도ᄭᆞ지 몃ᄇᆡᆨ년 이ᄅᆡ로 죠곰도 변통 업시 ᄒᆞᆫ 모양으로 진보치 못ᄒᆞ얏스니 이 한 가지를 밀우어 쳔ᄇᆡᆨ 가지를 가히 알지라 바라건ᄃᆡ 우리 졍부 당국ᄒᆞ신 졔공들은 한 가지 물품이라도 ᄉᆡ로 발명ᄒᆞᆫ 자 잇거던 특별ᄒᆞᆫ 젼ᄆᆡ권을 쥬어 극히 찬셩ᄒᆞ야 졔죠물품이 날로 만하 타국 물품을 슈입지 안이ᄒᆞ고도 일용범ᄇᆡᆨ에 구비치 안음이 업슬 ᄲᅮᆫ더러 ᄂᆡ디에셔 쓰고 남아 외국으로 슈츌ᄒᆞ야 나의 잇ᄂᆞᆫ 것으로 남의 업ᄂᆞᆫ 것을 도아 거대ᄒᆞᆫ 리익을 취도록 ᄒᆞ면 ᄌᆞ연 상업계가 흥왕ᄒᆞ야 국세가 부강

1908년
3월

홈을 불구에 보리라 ᄒᆞ노라

208 1908년 3월 4일(수) 제2628호 논설

보셩학교를 위ᄒᆞ야 탄식홀 일

무릇 당파는 사름 싱긴 이상에 업지 못홀 ᄉᆞ세라 사름의 마암이 강유와 완급이 셔로 갓지 안이ᄒᆞ야 강홈을 됴화ᄒᆞ는 쟈는 강훈 쟈와 지긔가 상통ᄒᆞ고 약홈을 쥬장ᄒᆞ는 쟈는 약훈 쟈와 언론이 상합ᄒᆞ며 완훈 쟈는 급훈 쟈와 합지 안이ᄒᆞ고 급훈 쟈는 완훈 쟈와 합지 안이홈으로 당파가 ᄌᆞ연 논오아 문호를 각립ᄒᆞ고 의견이 갓지 안이ᄒᆞ나 그러나 닉 동포를 위ᄒᆞ는 공익의 일이라든지 닉 나라를 위ᄒᆞ는 츙분훈 ᄶᅢ에 이르러셔는 피ᄎᆞ의 ᄋᆡ체훈 ᄉᆞ상을 도라보지 안이ᄒᆞ고 평화를 쥬장ᄒᆞ야 힘을 갓치ᄒᆞ기로 목뎍을 삼는 고로 뎌 렬강 문명훈 나라마다 당파의 논옴이 손가락을 굽혀 셰힐 슈 업스되 국가와 인민의 질셔가 문란치 안이ᄒᆞ고 무궁훈 힝복을 누리거날 우리나라는 그러치 안이ᄒᆞ야 쳐음에 동셔량파가 이러나 공론을 포기ᄒᆞ며 ᄉᆞ당을 빅호ᄒᆞ고 그 다음에 ᄉᆞ식이니 삼급이니 ᄒᆞ는 명칭으로 각각 당파를 이루어 비상훈 츙돌과 ᄋᆡ민훈 죽엄이 긋칠 늘이 업셔 몃빅 년 이릭로 츙역의 분간과 현우의 츌쳑을 공평정당히 ᄒᆞ지 못홈으로 오늘늘 국권이 ᄶᅢ에 ᄯᅥ러질 디경이되 남의 일과 갓치 슈슈방관ᄒᆞ고 단톄합력ᄒᆞ야 국셰를 붓들고자 ᄒᆞ는 쟈가 업스니 엇지 한심ᄒᆞ고 분탄치 안이ᄒᆞ리오 슯흐다 우리나라의 보셩젼문학교는 국가 문명의 큰 긔관이라 응용시딕가 불원훈 우리 쳥년으로 ᄒᆞ야곰 법률 경제의 필요훈 학문을 쥰비케 ᄒᆞ는 곳이라 교쥬의 의무와 강사의 열심을 뉘 안이 감샤ᄒᆞ야 이 학교의 졈졈 확장되기를 축슈ᄒᆞ얏스리오 불힝히 상년 십이월에 분란훈 의론이 이러나 졸연히 침식이 되지 못ᄒᆞ고 거대훈 나라 ᄌᆡ물로 양셩ᄒᆞ던 학싱이 ᄎᆞ례로 퇴학ᄒᆞ는 디경에 이르럿스니 실로 살점을 버히ᄂᆞᆫ 것갓치 압흐고 분ᄒᆞ도다 이ᄂᆞᆫ 교쥬의 의무가 업셔짐도 안이오 강샤의 열심이 감ᄒᆡ짐도 안이라 오ᄇᆡᆨ 년을 젼ᄅᆡᄒᆞ야 나라의 위긔를 직쵹ᄒᆞ던 당파의 습관을 ᄭᆡ트리지 못ᄒᆞᆫ 연고이니 교쥬편으로 말ᄒᆞᄂᆞᆫ 자ᄂᆞᆫ 긔호당이 우리 셔북사ᄅᆞᆷ을 멸시ᄒᆞᆫ다 ᄒᆞ고 강샤편으로 말ᄒᆞᄂᆞᆫ 쟈ᄂᆞᆫ 셔북당이 우리 긔호사ᄅᆞᆷ을 능모ᄒᆞᆫ다 ᄒᆞᄂᆞᆫ 악감졍올[415] ᄇᆡ틔ᄒᆞ야 국가의 ᄉᆞ상과 교육의 대지ᄂᆞᆫ 젼연히 포기ᄒᆞ고 일시 협감으로 피ᄎᆞ 션동ᄒᆞ니 교쥬와 강사 졔씨의 실심은 그런 바 안일 듯ᄒᆞ나 당파의 풍죵ᄒᆞᄂᆞᆫ 무리ᄂᆞᆫ 됴흔 긔회나 맛낫듯이 량편으로 언단을 쥬작ᄒᆞ야 필경 교쥬가 강샤를 질시ᄒᆞ고 강샤가 교쥬를 불신ᄒᆞ야 아홉 길 싸은 산이 한 삼틔에 공이 이즈러져 국가 젼도의 됴흔 긔관으로 ᄒᆞ야곰 병이 들게 ᄒᆞ엿도다 여보 교쥬시여 거ᄋᆡᆨ의 ᄌᆡ산을 앗기지 안이ᄒᆞ고 교육의 큰 의무를 베풀고져 ᄒᆞᄂᆞᆫ 터에 망국ᄒᆞ든 당론으로 져ᄌᆞ에 셰 번 젼ᄒᆞᄂᆞᆫ 범을 밋지 ᄆᆞᆯ고 아모죠록 ᄂᆡ 몸 ᄂᆡ 마암에ᄂᆞᆫ 합지 안임이 잇슬지라도 학교에 유익ᄒᆞ고 학도의 진보될 일이어던 쳔 사ᄅᆞᆷ의 말을 ᄇᆡ각ᄒᆞ고 ᄒᆞᆫ 목뎍을 달ᄒᆞ기로 일을 삼으시오 강사 졔씨시여 션각ᄒᆞ신 문견으로 쳥년 ᄀᆡ도ᄒᆞ기로 ᄯᅳᆺ을 두시ᄂᆞᆫ 터에 나의 ᄌᆞ유와 나의 ᄒᆡᆼ동은 죠곰 굴실ᄒᆞ고 감손ᄒᆞᆯ지라도 학교의 유익ᄒᆞ고 학도의 진보될 일이어던 욕을 ᄒᆞ던가 ᄲᅡᆷ을 치던가 도모지 상관 말고 ᄉᆞ업ᄒᆞ기로 쥬장ᄒᆞ시오 ᄭᆡ아진 ᄇᆡ 험ᄒᆞᆫ 풍파에셔ᄂᆞᆫ 오월도 한마암이라 ᄒᆞ얏거던 ᄒᆞᆷ을며 갓흔 나라 ᄀᆞᆺ흔 인죵으로 ᄭᆡ아진 ᄇᆡ 험ᄒᆞᆫ 풍파에셔 셔북이니 긔호이니 당파를 논오아 각심ᄒᆞᆯ 겨를이 어ᄃᆡ 잇나뇨 합심ᄒᆞᆯ지어다 교쥬시어 단톄될지어다 강사시여

1908년
3월

415 ‘악감졍올(악감졍을)’의 오기인 듯함.

209 1908년 3월 5일(목) 제2629호 논설

ᄒᆡ숨위 동포를 위ᄒᆞ야 하례홈

사ᄅᆞᆷ이 셰상에 나셔 뎨일 쳐량ᄒᆞ고 원억ᄒᆞᆫ 일은 친쳑을 ᄯᅥ나고 분묘를 버려 타향에 류학홈이라 나의 ᄉᆡᆼ쟝ᄒᆞᆫ 고향은 산쳔도 눈에 익고 도로도 발에 익으며 츄축ᄒᆞᄂᆞᆫ 친구라든지 ᄉᆡᆼ이ᄒᆞᄂᆞᆫ ᄉᆞ무라든지 ᄒᆞᆫ 곳 익지 안음이 업셔 여간 고황을 격드릭도 참아 옴겨 가지 안이ᄒᆞ고 안토즁천(安土重遷)[416]이라 ᄒᆞᄂᆞᆫ 녯말을 굿건ᄒᆞ게 직힘은 인졍의 고연ᄒᆞᆫ ᄉᆞ셰라 ᄂᆡ디에셔 동도 사ᄅᆞᆷ이 셔도로 가든지 남도 사ᄅᆞᆷ이 북도로 가기도 질기지 안이ᄒᆞ거든 ᄒᆞ믈며 나의 ᄉᆞ쳔 년 죠국을 ᄯᅥ나 인죵도 달으고 풍토도 갓지 안이ᄒᆞᆫ 졀원ᄒᆞᆫ 이역에 옴겨 가기를 원ᄒᆞ엿스리오 다만 졍부의 용인홈이 공평치 못ᄒᆞ야 강도와 사ᄌᆞ 갓흔 무리로 방ᄇᆡᆨ슈령을 삼으니 그 학ᄃᆡ와 박탈을 견ᄃᆡ지 못ᄒᆞ야 늙은 부모와 약ᄒᆞᆫ 쳐ᄌᆞ가 구학에 굴을 디경에 이름이 차라히 죠국을 ᄯᅥ나 이역의 고쵸를 당홀지언뎡 치직과 ᄆᆡ질 아ᄅᆡ 육신의 피를 흘니고 ᄉᆡᆼ명을 버리지 못ᄒᆞ리라ᄂᆞᆫ 엇지홀 슈 업ᄂᆞᆫ ᄉᆞ셰를 인ᄒᆞ야 늙은이를 붓들고 어린 것을 잇글어 평ᄉᆡᆼ에 듯도 보도 못ᄒᆞ든 ᄒᆡ삼위로 류리하야 드러간 우리 동포가 슈십만 명 이상에 이르럿스니 그 쳐량ᄒᆞᆫ 신셰와 원억ᄒᆞᆫ ᄉᆞ졍을 누구를 향ᄒᆞ야 하소ᄒᆞ리오 오즉 ᄯᅡ을 두다리고 하ᄂᆞᆯ을 불으지질 ᄲᅮᆫ이로다 뎌 미쥬에 건너간 동포ᄂᆞᆫ 다ᄒᆡᆼ히 예슈교에 ᄇᆰ은 빗을 입어 단톄력이 ᄉᆡᆼ겻슴으로 학교도 챵립ᄒᆞ고 보관[417]도 긔셜ᄒᆞ야 지식이 발달되야 죠국ᄉᆞ상이 로슈에 츙만ᄒᆞ거니와 슯흐다 우리 ᄒᆡ삼위 동포ᄂᆞᆫ 누가 잇셔 학문과 ᄉᆞ상을 ᄀᆡ도ᄒᆞ야 쥬리오 날로 셔편 두럭과 남편 이랑에 로동ᄒᆞ야 한갓 이역에 ᄆᆡ몰홀 ᄯᆞ름ᄲᅮᆫ 안이라 오륙 년 젼에ᄂᆞᆫ 우리나라 사ᄅᆞᆷ과 쳥국사ᄅᆞᆷ의 그곳에 쥬직ᄒᆞᆫ 쟈에

416 안토중천(安土重遷): 고향을 떠나기를 좋아하지 않음.

417 보관(報館): 신문사.

게 아인이 졔한ᄒᆞ야 타국글과 타국말을 엄금ᄒᆞ더니 슈 년 젼부터 이 졔한이 비로소 업서짐ᄋᆡ 뜻잇ᄂᆞᆫ 동포가 계동학교를 창립ᄒᆞ야 보통지식을 교육ᄒᆞ니 실로 어두온 거리에 붉은 촉불이라 ᄒᆞᆯ지나 한낫 촉불이 만집에 빗최기ᄂᆞᆫ 도뎌히 어려옴이라 슈만 명 동포를 한 곳 계동학교로 엇지 일일히 ᄀᆡ도ᄒᆞ리오 긔쟈ᄂᆞᆫ 항상 이를 근심ᄒᆞ던 바이러니 하로ᄂᆞᆫ 한 죠각 붉은 죠희가 ᄎᆡᆨ상머리에 ᄯᅥ러지거날 쌍슈를 밧들어 보니 이ᄂᆞᆫ 곳 ᄒᆡ죠신문 간ᄒᆡᆼᄒᆞᄂᆞᆫ 취지셔라 닑기를 두셰 번 ᄒᆞᆷ에 이러 춤츄기를 스ᄉᆞ로 마지못ᄒᆞ얏노니 대뎌 신문이라 ᄒᆞᄂᆞᆫ 것은 ᄉᆡ로 듯ᄂᆞᆫ다ᄂᆞᆫ 말이니 우리 대한 신셩ᄒᆞᆫ 후례로 늘로 고국의 소식과 륙쥬에 대셰를 ᄉᆡ로 듯고 ᄉᆡ로 보아 국가의 졍신과 인민의 의무를 각각 ᄭᆡ다라 ᄂᆡ국 동포의 희망ᄒᆞᄂᆞᆫ 바를 셩취ᄒᆞ고 타국 사ᄅᆞᆷ의 압시ᄒᆞᆷ을 면ᄒᆞᆯ지니 엇지 하례ᄒᆞᆯ 바 안이리오 그러나 구구ᄒᆞᆫ 졍셩으로 한 가지 옹축[418] ᄒᆞᄂᆞᆫ 쟈ᄂᆞᆫ 신문을 발ᄀᆡᄒᆞ신 동포ᄂᆞᆫ 슈입 슈츌에 리익을 교계치 마르시고 언의 ᄭᆡᄭᆞ지던지 구람쟈의 ᄉᆞ랑ᄒᆞᄂᆞᆫ 마음이 유연히 나도록 힘을 쓰시고 긔ᄌᆞᄒᆞ시ᄂᆞᆫ 동포ᄂᆞᆫ 신금의 다과와 졍신의 슈고를 관계치 마르시고 공직ᄒᆞᆫ 말과 젹당ᄒᆞᆫ 일을 무슨 방법으로든지 유츌유긔ᄒᆞ게 졍탐 등ᄌᆡᄒᆞ야 구람쟈의 취미가 졈졈 나게 ᄒᆞ며 구ᄅᆞᆷᄒᆞᄂᆞᆫ 동포ᄂᆞᆫ 로동ᄒᆞᄂᆞᆫ 틈틈이 신문 보기로 급션무를 삼아 결을 업다 말을 말고 닷토아 ᄉᆞ 보아 신문샤로 ᄒᆞ야곰 날로 번창케 ᄒᆞ시면 비단 그곳 동포의 경ᄒᆡᆼ ᄲᅮᆫ 안이라 실로 우리 이쳔믄 민족의 영광이 되리라 ᄒᆞ노라

418 옹축(顒祝): 잘되게 해 달라고 빎.

지혜와 꾀가 능히 용밍과 힘을 졔어홈 / 북악산하 우시싱

대져 사롬의 용밍과 힘은 하날이 품부ᄒᆞ신 본질에 잇는 고로 가히 빅화 엇지 못홀 것이로ᄃᆡ 지혜와 꾀는 학문 가온ᄃᆡ로부터 긔발되는 것인즉 가히 빅화 엇을 슈 잇다 ᄒᆞ리로다 그런 고로 사롬은 학문이 업게 되면 사롬이라 홀 슈 업다 ᄒᆞ나니 학문은 곳 사롬노릇ᄒᆞ는 원소(原素)라 그 원소되는 학문을 힘쓰지 안이ᄒᆞ고 엇지 지혜와 꾀가 남보다 특이ᄒᆞ기를 바라며 지혜와 꾀가 업고 다른 사롬의 텬부ᄒᆞᆫ 용밍과 힘을 졔어ᄒᆞ기를 바라리오 현금 우리나라 형셰로 말홀진ᄃᆡ 한 가지도 남을 당홀 만ᄒᆞᆫ 것이 업고 다믄 긔약ᄒᆞ는 바는 오작 우리 국민의 지혜와 모략이 긔발되야 그 지략으로나 남을 ᄃᆡ젹ᄒᆞ야 볼가 ᄒᆞ는 터이라 만일 우리 이쳔만 동포가 긔긔히 학문에 유의ᄒᆞ야 그 지혜와 모략이 츙만홀 디경이면 비록 셰계 렬강국에 용밍ᄒᆞᆫ 쟝ᄉᆞ와 힘잇는 션빅가 쳔빅 명이 잇셔 우리를 압시홀지라도 족히 두려올 것이 업슬지로다 쵸한적 항우의 힘으로도 필경 히하에 곤홈을 면치 못ᄒᆞ얏고 삼국젹 려포의 용밍으로도 빅문루에 욕을 면치 못ᄒᆞ얏슨즉 그것이 모다 지혜와 꾀로뼈 졔어홈이오 용밍과 힘으로 능히 일운 것은 안이라 홀지로다 그 지모와 용력의 리ᄒᆞ고 둔ᄒᆞᆫ 증거를 표명ᄒᆞ기 위ᄒᆞ야 비록 미물의 일이나 잠간 긔록ᄒᆞ나니 본인이 이왕 싀골 살 ᄶᅴ에 하로는 이웃집에 놀나갓는ᄃᆡ 그 집 뜰가에 집낙가리를 싸앗고 그 밋헤는 족졔[419]가 삿기를 친지라 맛참 큰 빅암이 그 집낙가리 속에 들어가 족졔비 삿기를 다 잡아먹은지라 기시에 어미 족졔비는 밧게 나아가 무엇을 입에 물고 와셔 삿기를 먹이랴고 굴속에 들어가 본즉 난ᄃᆡ업는 대망이가 삿기를 모다 잡아먹고 그 자리에 업ᄃᆡ려 잇는지라 그 어미 족졔비가 즉시 나아와 어ᄃᆡ를 가더니 얼마 후에 슈족졔비와

419 '족졔비(족제비)'의 오기인 듯함.

갓치 와셔 그 낙가리 궁그로 들어감애 본인은 그 족제비의 거동을 이상히 녁여 유심히 ᄉᆞᆲ히ᄂᆞᆫᄃᆡ 그 족제비 두 마리가 들어가 엇더케 ᄒᆞ얏던지 그 ᄇᆡᆨᄋᆞᆷ이 족제비 뒤를 ᄶᅩᆺᄎᆞ 나아오고 족제비 두 마리ᄂᆞᆫ ᄶᅩᆺ기혀 벌로 다라나ᄂᆞᆫ지라 그 엇지ᄒᆞᄂᆞᆫ 하회를 구경ᄒᆞ기 위ᄒᆞ야 ᄯᅩᄒᆞᆫ 그 가ᄂᆞᆫ 바를 ᄯᆞ라가본즉 압헤셔 ᄶᅩᆺ겨 가든 족제비 두 마리가 큰 논두덕에 ᄯᅮᆯ닌 구멍으로 들어가고 ᄇᆡᆨ암도 ᄶᅩᆺᄎᆞ ᄯᅩᄒᆞᆫ 그 구멍으로 들어가ᄂᆞᆫ 고로 스ᄉᆞ로 ᄉᆡᆼ각ᄒᆞ기를 필경 뎌 두 족제비도 ᄯᅩ ᄇᆡᆨᄋᆞᆷ의 밥이 되얏고나 ᄒᆞ며 얼마 동안을 쥬져ᄒᆞᆯ 즈음에 그 족제비 두 마리ᄂᆞᆫ 다시 나아와 다른 ᄃᆡ로 가ᄂᆞᆫᄃᆡ ᄇᆡᆨ암은 나아오지 안이ᄒᆞᄂᆞᆫ지라 심히 고히 녁이며 이웃집으로 돌아와 여러 친고에게 그 소견를 셜화ᄒᆞᆫ즉 여러 사ᄅᆞᆷ이 다 말ᄒᆞ기를 그 ᄇᆡᆨ암은 아마 죽은 것이라 죽지 안이ᄒᆞ얏스면 ᄯᅩ ᄶᅩᆺᄎᆞ 나오지 안이ᄒᆞᆯ 리도 업고 족제비가 능히 사라 나올 리도 업스리니 아모커나 그 곳을 파고 보ᄌᆞ ᄒᆞ고 광이와 ᄌᆞᆼ가ᄅᆡ를 가지고 가셔 그곳 구멍 우흘 넓게 헤치고 보니 그 족제비가 비록 미물이나 그 지혜와 ᄭᅬᄂᆞᆫ 사ᄅᆞᆷ의 마ᄋᆞᆷ을 능히 감동케 ᄒᆞᄂᆞᆫ도다 그 굴 파노은 형편을 ᄉᆞᆲ힌즉 한 줄기 곳은 굴을 길게 팟스되 그 ᄇᆡᆨ암의 기리만큼 파고 그 곳은 굴 즁간 쟈우에ᄂᆞᆫ 협굴을 파 노앗ᄂᆞᆫᄃᆡ 그 ᄇᆡᆨ암은 허리가 ᄭᅳᆫ어져 죽엇더라 그것을 보고 감안히 츄측ᄒᆞᆫ즉 당쵸에 어미 족제비가 낙가리 밋헤 들어가 ᄇᆡᆨ암이 그 삿기를 잡아먹은 것을 보고 나아와 다른 ᄃᆡ로 간 것은 그 슈족제비를 차ᄌᆞ 한가지 그 굴을 파 노흔 후에 다시 와셔 ᄇᆡᆨ암을 유인ᄒᆞ야 ᄶᅩᆺᄎᆞ오게 ᄒᆞ고 몬져 그 굴로 들어가 쟈우 협굴에 하나식 숨어 잇다가 ᄇᆡᆨᄋᆞᆷ이 들어오기를 기다려 그 허리를 무러 ᄭᅳᆫ허 죽인 것이 분명ᄒᆞ고 그 ᄇᆡᆨᄋᆞᆷ은 한번 그 곳은 굴속에 들어간 뒤에ᄂᆞᆫ 더 ᄂᆞ아가랴 ᄒᆞ되 나아갈 슈도 업고 다시 물너 ᄂᆞ아오랴 ᄒᆞ되 ᄯᅩᄒᆞᆫ 능치 못ᄒᆞᆯ 형편이 분명ᄒᆞᆫ지라 여러 사ᄅᆞᆷ이 그것을 보고 차탄ᄒᆞᆷ을 마지 안이ᄒᆞ며 각각 도라온 일이 잇스니 이ᄂᆞᆫ 족제비의 공교ᄒᆞᆫ ᄭᅬ로ᄡᅥ 대망의 미련ᄒᆞᆫ 힘을 졔어ᄒᆞᆫ 것이라

지혜와 쇠가 능히 용밍과 힘을 졔어홈 / 북악산하 우시싱 (속)

만일 그 쪽졔비로 ᄒᆞ야곰 지혜스러온 쇠를 닉야 그 굴을 빅치ᄒᆞ지 안이ᄒᆞ고 당쟝 분을 익의지 못ᄒᆞ야 리히를 교계치 안코 그 대망이와 ᄌᆞ웅을 결오고ᄌᆞ ᄒᆞ얏스면 그 삿기의 보슈는 식로혀 더마ᄌᆞ 죽지 안이ᄒᆞ얏슬는지도 몰을 일이라 그것으로 미루어 볼지라도 지혜와 쇠가 능히 용밍과 힘을 졔어홀 것이 명확ᄒᆞ고

가량 지모가 잇는 사름과 다만 용력이 잇는 사름으로 ᄒᆞ야곰 젼쟝을 림ᄒᆞ게 드면 그 용력은 한갓 일기인의 리용이 될 ᄲᅮᆫ이어니와 지모라 ᄒᆞ는 것은 능히 쳔빅 명 ᄉᆞ졸의 리용이 되게 홀 능력이 잇슬지니 가히 두렵고 ᄉᆞ모홀 것은 엇지 사름의 지혜와 쇠가 안이리오

슯흐다 금일 우리나라의 비참ᄒᆞᆫ 디위와 우리 동포의 가련ᄒᆞᆫ 경형이 언의 디경에 이르럿는가 그 원인은 우리 국민의 지혜가 열니지 못ᄒᆞᆫ 딕 잇다 홀지로다 우리 젼국인민의 지식 뎡도를 보통으로 의론ᄒᆞ면 아즉도 그 완루ᄒᆞᆫ 습관을 바리지 못ᄒᆞ고 시국의 엇더ᄒᆞᆫ 형편과 리히를 씨닷지 못ᄒᆞ야 쓸딕업시 남을 흉보거나 남을 공격ᄒᆞ는 물을 들으면 마암에라도 상쾌타 일으나니 이는 그 지식이 몽미ᄒᆞᆫ 연고라 물론 나의 강ᄒᆞᆫ 세력이라던지 부ᄒᆞᆫ 지력이라던지 신묘ᄒᆞᆫ 학문이라던지 남보담 특별ᄒᆞ야 실디로 딕적홀 만ᄒᆞᆫ 지료는 쥰비홀 싱각도 안이ᄒᆞ고 한갓 뷔힌 마암으로만 남을 뮈워ᄒᆞ며 뷔힌 말로믄 공격ᄒᆞ면 그 뮈워ᄒᆞ고 공격ᄒᆞ는 것이 쳔빅 번이 잇슨들 누구에게 히될 바 잇스며 누가 겁닐 바 잇스리오

싱각ᄒᆞ야볼지어다 우리 동포여 남의 격동식히는 셔적이나 말을 보고 듯지 말지어다 그것은 다만 나의 렬화만 도도아줄 ᄯᆞ름이오 닉 몸이나 닉 힝실에는 죠곰도 리로올 것이 업나니 그런 리롭지 못ᄒᆞᆫ 것을 보고 들어셔 쟝찻 무엇에

쓰리오 바라노니 우리 동포는 ᄀᆡᄀᆡ히 학문상에 분발심을 ᄂᆡ여 지혜도 ᄀᆡ발ᄒᆞ며 실업도 확쟝ᄒᆞᆯ지로다 학문이 안이면 지혜ᄅᆞᆯ ᄀᆡ발키 어렵고 지혜가 안이면 실업을 확쟝키 어려올지니 엇지 학문을 힘쓰지 안이ᄒᆞ리오 그러ᄒᆞᆫ즉 각죵 셔젹을 만히 보아야 ᄒᆞᆯ지라 신문과 잡지 갓흔 것을 ᄉᆞ셔 볼지라도 ᄂᆡ게 학문될 것을 취ᄒᆞᆯ지오 결단코 남을 훼방ᄒᆞ거나 공격ᄒᆞᄂᆞᆫ 말을 취치 ᄆᆞᆯ지로다 대뎌 우리 동포 즁에 신문이나 잡지ᄅᆞᆯ 구람ᄒᆞᄂᆞᆫ 쟈이 젼국에 몃치 못 되거니와 그 구람ᄒᆞᄂᆞᆫ 동포의 신문 혹 잡지ᄅᆞᆯ 보ᄂᆞᆫ 법이 가쟝 ᄀᆡ탄ᄒᆞᆯ 것은 그 신문긔쟈나 잡지긔쟈ᄂᆞᆫ 로심쵸ᄉᆞᄒᆞ야가며 이 ᄆᆞᆯ 뎌 ᄆᆞᆯ로 지폭의 뷔힌 곳이 업시 긔록ᄒᆞ야 동포의 지식 ᄀᆡ발을 긔도ᄒᆞ얏건마ᄂᆞᆫ 그 보ᄂᆞᆫ 사ᄅᆞᆷ은 대강 잡보 뎨목이나 ᄒᆞᆯ터보고 남을 욕ᄒᆞ거나 론박ᄒᆞᆫ 구졀이 업게 드면 아모것도 볼 것이 업다 ᄌᆡ미가 업다 ᄒᆞ야가며 보리 말니 ᄒᆞᄂᆞᆫ 쟈 거반이라 본인은 항상 그런 경우ᄅᆞᆯ 당ᄒᆞ야 볼젹마다 스ᄉᆞ로 한심ᄒᆞ□ ᄉᆡᆼ각ᄒᆞ기ᄅᆞᆯ 우리 동포 즁에 젹이 ᄀᆡ명되얏다ᄂᆞᆫ 셔울 동포의 지식이 아즉도 이러ᄒᆞᆫ 뎡도에 잇슨즉 먼 싀골 동포의 지식은 언의 디경에 잇다 ᄒᆞ며 이러케 민지가 열니지 못ᄒᆞ니 언의 ᄯᆡ에 국권을 회복ᄒᆞᆯ고 ᄒᆞ야 우탄ᄒᆞᆷ을 금치 못ᄒᆞᆯ ᄯᆡ가 죵죵 잇셧도다

슯흐다 우리 대한뎨국 국민의 의무가 잇ᄂᆞᆫ 동포들은 그런 습관을 바리고 어셔 어셔 학문상에 ᄯᅳᆺ을 두어 용ᄆᆡᆼ과 힘을 졔어ᄒᆞᄂᆞᆫ ᄌᆡ료의 지모ᄅᆞᆯ 발달ᄒᆞ기 비압고 ᄇᆞ라나이다 (완)

212 1908년 3월 8일(일) 제2632호 론셜

경츅의 대지를 알 일

인민이 나라ᄅᆞᆯ 위ᄒᆞ야 경츅ᄒᆞᆷ은 누가 명ᄒᆞ고 가라치지 안이ᄒᆞ고 텬연덕으로 유연히 발ᄒᆞᄂᆞᆫ 졍셩이라 귀쳔과 남녀ᄅᆞᆯ 물론ᄒᆞ고 한 죠각 붉은 졍셩은 일반

인 고로 아모 나라이던지 경졀을 당ᄒᆞ면 그 인민이 각각 경츅홈을 당연ᄒᆞᆫ 직분으로 녁여 그날은 공ᄉᆞ간 ᄉᆞ무를 일톄로 휴식ᄒᆞ고 집마다 국긔를 솟지며 사ᄅᆞᆷ마다 국긔를 들어 만셰를 닷토아 불너 셔로 하례ᄒᆞ고 셔로 츅슈하며 춤추고 노릐ᄒᆞ야 가이업시 질김은 그 나라 인민된 본식이라 ᄒᆞᆯ지어날 우리나라는 ᄉᆞ쳔 년 례의로 유명ᄒᆞᆫ 나라 인민으로 국가를 위ᄒᆞ야 경츅ᄒᆞᄂᆞᆫ 뜻이 남의 나라의 뒤지지 안이ᄒᆞ겟거날 ᄆᆡ양 국가의 큰 경졀을 당ᄒᆞ야도 돈연히[420] 셔로 이져바림 ᄀᆞᆺ치 츅하 한 마듸 ᄒᆞ지 안이ᄒᆞ다가 ᄉᆞ가에ᄂᆞᆫ 경ᄉᆞ가 잇스면 분분히 치하ᄒᆞ야 깃거온 빗이 얼골에 가득ᄒᆞ니 아지 못게라 국가가 ᄉᆞ가보다 즁홈을 모롬인가 간졀ᄒᆞᆫ 셩의를 심즁으로만 츅하ᄒᆞ야 외면에 표시치 안이홈인가 즁심의 깃거히 츅하ᄒᆞᄂᆞᆫ 마암이 잇고보면 외면에 ᄌᆞ연 표시ᄒᆞ야 가리고 십어도 능치 못ᄒᆞᆯ 쌘더러 인민이 국가를 위ᄒᆞ야 경츅홈이 무엇이 그리 비밀ᄒᆞ야 ᄂᆡ심에 감쵸아 보ᄂᆞᆫ 쟈로 아지 못ᄒᆞ게 ᄒᆞ리오 이ᄂᆞᆫ 결단코 인민이 나라 사랑ᄒᆞᄂᆞᆫ 정셩이 업셔 도로혀 ᄉᆞ가를 국가보다 즁히 알미라 ᄒᆞ야도 과ᄒᆞᆫ 말이 안이로다 갑오 이젼은 말ᄒᆞᆯ 것 업거니와 십 년 이후 경쟝ᄒᆞ얏다 ᄒᆞᄂᆞᆫ 시ᄃᆡ로 보면 ᄆᆡ양 경졀을 당ᄒᆞ면 각쳐 상뎜문에 국긔를 모다 달아 경츅ᄒᆞᄂᆞᆫ 듯ᄒᆞ나 이도 쏘한 졍부 지휘를 인ᄒᆞ야 ᄉᆡᆨ칙[421]으로 마지못홈이오 실로 즁심에셔 우러나옴이 안이며 그 외 관인의 집이나 평민의 집에ᄂᆞᆫ 일톄로 요요무문ᄒᆞ고 각 관쳥이나 상뎜에 국긔 단 것을 보면 비로소 셔로 말ᄒᆞ되 오늘이 무슨 늘인가 ᄒᆞ야 ᄌᆞ긔 신분에 죠곰도 관계 업ᄂᆞᆫ 날갓치 녁이니 셩즁 인민은 오히려 남의 집의 국긔를 보아 경졀인지 짐작이라도 ᄒᆞ거니와 문밧 십리가 되지 못ᄒᆞᄂᆞᆫ 향곡으로 ᄂᆡ려가면 더구나 몽ᄆᆡᄒᆞ야 소위 한문ᄌᆞ이나 닑은 션ᄇᆡ라 ᄒᆞᄂᆞᆫ 쟈이나 무식ᄒᆞᆫ 쵸동목슈나 일톄로 국가의 경졀이 무엇인지 인민의 □츅이 무엇인지 나라와 몸이 쳔리나 만리갓

420 돈연(頓然)하다: ① 조금도 돌아봄이 없다. ② 소식이 끊어져 감감하다.

421 색책(塞責): 책임을 면하기 위하여 겉으로만 둘러대어 꾸밈.

치 멀어 관계가 업ᄂᆞᆫ 쥴 알고 등불 하나 켜놋치 안이ᄒᆞ고 심상히 지ᄂᆡ니 그리고 보면 여간 경축ᄒᆞᆫ다ᄂᆞᆫ 경셩이나 그나마 ᄒᆞᆯ 쥴 모로ᄂᆞᆫ 향곡이나 국가 사랑ᄒᆞᄂᆞᆫ 마음은 도모지 업스니 오십 이상 부ᄑᆡᄒᆞᆫ 인물은 치지도외ᄒᆞᆯ지라도 쟝ᄅᆡ에 국가의 동량지ᄌᆡ될 후진쳥년을 무엇으로써 애국ᄉᆞ상을 인도ᄒᆞ며 형식으로 의론ᄒᆞᆫᄃᆡ도 만국의 관□가 호상왕ᄅᆡᄒᆞᄂᆞᆫ 이 시ᄃᆡ에 우리나라 인민은 경절을 당ᄒᆞ야 경축ᄒᆞᄂᆞᆫ 셩의도 업슴을 발표ᄒᆞ야 뵈이니 엇지 붓그럽지 안이ᄒᆞ리오 ᄀᆡ탄ᄒᆞᆯ 바 이에셔 지남이 업더니 요사이 드른즉 금번 건원절에 경축ᄒᆞ기 위ᄒᆞ야 한셩부민이 ᄃᆞᆫ테를 죠직ᄒᆞ고 굉장히 셜비ᄒᆞ야 사ᄅᆞᆷ마다 국긔를 들고 궐문 압에 나아가 만셰를 불은다 ᄒᆞ니 비로소 우리나라 인민들도 ᄋᆡ국ᄒᆞᄂᆞᆫ 졍셩이 업지 안임을 알지라 깃거옴을 ᄭᆡ닷지 못ᄒᆞ야 발로 ᄯᅱ놀고 손으로 춤추어 하례ᄒᆞ노라 우리 대한인민된 동포여 경절을 경축ᄒᆞᆷ은 나라를 위ᄒᆞᆷ이오 나라를 위ᄒᆞᆷ은 ᄂᆡ 집을 위ᄒᆞᆷ이오 ᄂᆡ 집을 위ᄒᆞᆷ은 ᄂᆡ 몸을 위ᄒᆞᆷ이니 ᄂᆡ 뭄 사랑ᄒᆞᆷ으로 나라를 사랑ᄒᆞ고 나라 경축ᄒᆞᆷ으로 ᄂᆡ 몸 경축ᄒᆞᄂᆞᆫ 것을 아라 누가 명령ᄒᆞ며 가라침을 기ᄃᆡ리지 안이ᄒᆞ고 이갓치 셩ᄒᆞᆫ 례식을 거힝ᄒᆞᆷ은 쟝찻 우리 동포가 국권을 만회ᄒᆞᆯ 죠짐이라 ᄒᆞ노라

213 1908년 3월 10일(화) 제2633호 별보

평양유긔(平壤遊記) (一) / 졍운복

평양은 단군과 긔ᄌᆞ의 이천 년 왕도인 고로 력ᄉᆞ상의 고적을 상고ᄒᆞ기 위ᄒᆞ야 한번 구경ᄒᆞᆯ 필요가 잇고 ᄯᅩ 강산의 가려ᄒᆞᆷ과 인물의 번화ᄒᆞᆷ이 우리나라 가온ᄃᆡ 뎨일인 고로 션ᄇᆡ의 흉금을 넓히기 위ᄒᆞ야 한번 구경할 필요가 잇고 ᄯᅩ한 근년 이ᄅᆡ로 문명교육이 젼국 즁에 뎨일 발달ᄒᆞ야 사ᄅᆞᆷ마다 칭찬ᄒᆞᄂᆞᆫ 바인즉 그 뎡도의 엇더ᄒᆞᆷ을 목견ᄒᆞ기 위ᄒᆞ야 한번 구경ᄒᆞᆯ 필요가 잇도다 그러나 본 긔

쟈는 항상 셰ᄉᆞ에 골몰ᄒᆞ야 츄신홀 결을이 업ᄂᆞᆫ 고로 이갓흔 승디를 한번 군경[422]치 못ᄒᆞ고 한탄홀 ᄯᆞ름이러니 지나간 삼월 이일에 셜힝흔 평양군 학무회(學務會)춍회의 부름을 닙은지라 이ᄀᆞᆺ치 됴흔 긔회를 일ᄂᆞᆫ 것이 불가홈으로 ᄇᆡᆨᄉᆞ를 젼폐ᄒᆞ고 삼월 일일 오젼 구시에 경의텰도 일번챠를 타고 직힝으로 류군동열(柳君東說)과 작반ᄒᆞ야 평양의 도달ᄒᆞ엿ᄂᆞᆫᄃᆡ ᄯᆡᄂᆞᆫ 오후 칠시 십오분이라 깃분 마음으로 걸음을 ᄌᆡ촉ᄒᆞ야 뎡거쟝 밧게 나아간즉 사랑ᄒᆞᄂᆞᆫ 친구 ᄉᆞ오인이 반가온 뜻으로 영졉ᄒᆞᄂᆞᆫ지라 이에 손을 잡아 한헌의 인ᄉᆞ를 필ᄒᆞ고 셔로 우스며 말ᄒᆞᄂᆞᆫ 즁에 언의듯 관출부 삼문 밧게 일으러 샤관을 뎡ᄒᆞ고 셕반을 필흔 뒤에 여러 친구의 ᄅᆡ방홈을 닙어 밤이 들도록 담화ᄒᆞ다가 ᄀᆡᆨ이 각각 허여져 가거ᄂᆞᆯ 이에 가만히 누어셔 ᄉᆡᆼ각흔즉 경셩과 평양의 사이ᄂᆞᆫ 오ᄇᆡᆨ오십리라 만일 텰도가 업스면 젹을지라도 륙일을 허비홀 터인ᄃᆡ 불과 십여시간에 도달ᄒᆞ얏스니 셰ᄉᆞ의 변쳔홈과 인공의 발달홈이 가쟝 놀납도다 그러나 이와 갓흔 됴흔 긔계가 우리 동포의 손으로 되지 못ᄒᆞ고 타국사ᄅᆞᆷ의 힘으로 부셜되여 그 권리와 리익이 모다 남의게로 도라가니 우리ᄂᆞᆫ 아모것도 변쳔ᄒᆞ지 못ᄒᆞ며 아모것도 불달ᄒᆞ지 못흔지라 엇지 한심치 안으리오 이갓흔 일을 눈으로 보고 귀로 들으면셔도 오히려 ᄭᆡ닷지 못ᄒᆞ고 신학문이라 ᄒᆞ면 원슈갓치 녁여 아달과 ᄯᆞᆯ을 학교에 보ᄂᆡ지 안코 왼갓일에 녯풍속만 직희랴 ᄒᆞᄂᆞᆫ 동포가 허다ᄒᆞ니 이 일을 쟝찻 엇지홀고 쳔만 가지로 ᄉᆡᆼ각홀 ᄉᆡ 벽상에 걸닌 시계가 셕졈을 친 후에야 간신히 잠이 들어 잘 자고 ᄇᆞᆰᄂᆞᆫ 날 오젼 십일시에 학무회원의 인도로 명륜당에 나아간즉 평양군 각면 각리의 학무위원과 밋 ᄉᆞ범강습ᄉᆡᆼ과 기타 방쳥ᄒᆞᄂᆞᆫ 사ᄅᆞᆷ 병ᄒᆞ야 오륙ᄇᆡᆨ 명이 회집ᄒᆞ고 관출ᄉᆞ 박즁양 씨와 본군슈 ᄇᆡᆨ락균 씨가 츌석ᄒᆞ엿스니 가쟝 셩대흔 회셕이라

본 긔쟈도 류군 동렬과 셕말에 참예ᄒᆞ야 관광ᄒᆞᄂᆞᆫᄃᆡ 몬져 ᄉᆞ범강습ᄉᆡᆼ의 진

422 '구경'의 오기인 듯함.

급쟝(進級狀) 슈여식을 힝ᄒᆞ기로 소장 빅락균 씨를 ᄃᆡᄒᆞ야 ᄉᆞ범강습소 셜치ᄒᆞᆫ ᄅᆡ력과 강습ᄉᆡᆼ 졔씨의 학문 뎡도 엇더홈을 물은ᄃᆡ

214 1908년 3월 12일(목) 제2634호 별보

평양유긔(平壤遊記) (二) / 졍운복

씨가 ᄃᆡ답ᄒᆞ야 갈아ᄃᆡ 이 학무회ᄂᆞᆫ 본군 유지지ᄉᆞ 몃 사ᄅᆞᆷ이 협의ᄒᆞ고 의무교육을 실시코져 ᄒᆞ야 챵립ᄒᆞᆫ ᄇᆡ인ᄃᆡ 각면 각리에 학무위원을 두엇스니 그 학무위원은 다 구학문이 넉넉ᄒᆞᆫ 션비로 쳥년ᄌᆞ뎨를 만히 교육ᄒᆞ다가 오날ᄂᆞᆯ 시셰의 변쳔홈을 ᄭᆡ닷고 신학문을 몬져 연구ᄒᆞᆫ 후에 물너가 각기 ᄌᆞ긔의 동ᄂᆡ 혹 면ᄂᆡ의 후진을 교도ᄒᆞᆯ 목뎍으로 셩ᄂᆡ에 ᄉᆞ범강습소를 셜시ᄒᆞ고 ᄉᆞ범과목을 가라치게 ᄒᆞ얏더니 각쳐의 ᄯᅳᆺ잇ᄂᆞᆫ 션비가 다슈히 모혀 쥬야로 부즈런히 공부ᄒᆞᆫ 사ᄅᆞᆷ이 이ᄇᆡᆨ 명에 달ᄒᆞ얏슨즉 이 일로 인ᄒᆞ야 평양군ᄂᆡ의 일반 인ᄉᆞ의 ᄉᆞ상이 크게 변ᄒᆞ야 신학문에 나아가ᄂᆞᆫ 마ᄋᆞᆷ이 ᄉᆡᆼ겻ᄂᆞᆫ지라 이ᄂᆞᆫ 진실로 평양의 자랑ᄒᆞᆯ 바이라 ᄒᆞ노라 ᄒᆞ거ᄂᆞᆯ 본 긔쟈ㅣ 이 말을 듯고 회셕을 ᄉᆞᆯ펴본즉 ᄉᆞ법강습ᄉᆡᆼ 즁에 나이 오십 이상 되여 ᄇᆡᆨ발이 셩셩ᄒᆞᆫ 사ᄅᆞᆷ이 듬은듬은ᄒᆞᆫ지라 뎌 로경에 갓가온 션비들이 이갓치 분발ᄒᆞ야 신학문에 열심ᄒᆞ니 평양이 젼국 가온ᄃᆡ 가쟝 몬져 열녓다 ᄒᆞ야도 망녕된 말이 안이로다 그러나 다시금 ᄉᆡᆼ각ᄒᆞᆫ즉 평양 인ᄉᆞ의 ᄎᆡᆨ임이 가쟝 즁대ᄒᆞ도다 녯말에 갈아ᄃᆡ 시쵸ᄂᆞᆫ 업지 안이ᄒᆞ것마ᄂᆞᆫ 나죵 잇기ᄂᆞᆫ 듬을다 ᄒᆞ엿스니 평양이 이갓치 아름다온 일홈을 가지고 일층분발ᄒᆞ야 용ᄆᆡᆼ스럽게 나아가지 안이ᄒᆞ면 나죵 잇기를 긔약ᄒᆞ기 어려올가 두려워ᄒᆞ노라 진급쟝 슈여를 맛친 후에 관찰ᄉᆞ와 본 군슈가 ᄎᆞ뎨로 권면ᄒᆞ고 본 긔쟈도 이갓치 셩대ᄒᆞᆫ 회셕에 참예ᄒᆞ얏다가 ᄒᆞᆫ 말이 업지 못ᄒᆞ겟기로 두어 마ᄃᆡ 어리셕은 소견을 셜명ᄒᆞ니 뎡ᄒᆞᆫ 시간이 림ᄒᆞᆫ지라 이에 만셰를 삼호ᄒᆞ야 폐식ᄒᆞ고

1908년 3월

각기 허여져 가셔 졈심을 필ᄒᆞ고 오후 이시에 다시 모혀 학무회 졔반ᄉᆞ무를 쳐리ᄒᆞᆯ ᄉᆡ 엇던 회원 한 분이 닐어나 회쟝을 불으고 발언ᄒᆞ되 본ᄅᆡ 평양에 셔우학회 ᄉᆞ무소가 잇고 ᄯᅩ 학무회가 셜시됨은 일시 ᄉᆞ졍을 인홈이어니와 지금은 경셩□셔 셔우학회와 한북흥학회가 합동ᄒᆞ야 셔북학회가 되고 지회규측을 마련ᄒᆞ얏슨즉 불가불 평양에 지회를 셜립ᄒᆞᆯ지라 지회가 잇슨 이상에ᄂᆞᆫ 학무회를 ᄯᅡ로히 둘 필요가 업스니 학무회 일반회원이 모다 셔북학회 회원이 되여 본군의 교육이 날마다 압흐로 나아가게 홈이 엇더ᄒᆞ뇨 ᄒᆞ고 동의ᄒᆞᆫ즉 만쟝이 일치로 가결ᄒᆞ고 회장은 졍ᄌᆡ명(鄭在明) 씨로 션뎡ᄒᆞᆫ 후 본 긔쟈가 셔우학회의 력ᄉᆞ와 밋 셔북학회의 현상과 쟝ᄅᆡ방침을 간단히 셜명ᄒᆞᆫ 후 폐회ᄒᆞ얏스니 이ᄂᆞᆫ 본 긔쟈의 가쟝 만죡히 녁일 ᄲᅮᆫ 안이라 우리 셔북학회의 일반회원과 밋 국ᄂᆡ의 유지ᄒᆞᆫ 션비가 모다 감샤히 녁일 쥴로 확실히 밋노라 그 잇흔날은 관찰ᄉᆞ와 본 군슈와 밋 여러 친구의 후ᄃᆡ홈을 닙어 종일토록 취포ᄒᆞ고 도라와 평양셩ᄂᆡ와 밋 각 면에 잇ᄂᆞᆫ 학교를 됴샤ᄒᆞᆫ즉 셩ᄂᆡ에 학교 삼십이 쳐가 잇스니 이졔 그 학교의 일홈을 긔록ᄒᆞ건ᄃᆡ

215 1908년 3월 13일(금) 제2635호 별보

평양유긔(平壤遊記) (三) / 정운복

뎨일 보통학교 측량학교 의학교 일어학교ᄂᆞᆫ 과립[423]이오 뎨이 보통학교 일신학교 긔명학교 대동학교 ᄉᆞ슝학교 ᄉᆞ범강습소 리동소학교 로동야학교 명진녀학교ᄂᆞᆫ ᄉᆞ립이오 예슈교대학교 예슈교중학교 쟝ᄃᆡ현소학교 남분외소학교 셔문외소학교 관동소학교 남산현소학교 챵동소학교 녀ᄌᆞ즁학교 녀ᄌᆞ

423 '관립'의 오기.

소학교(ᄉ쳐) 남ᄌ밍학교 녀ᄌ밍학교 신학교는 예슈교회의 셜립이오 셩모녀학교는 텬쥬교회의 셩립이오 외촌각쳐에 잇는 ᄉ립보통학교가 칠십여 쳐이라 기즁에 뎨이보통학교는 관찰ᄉ 박즁양 씨와 민회의원(民會議員) 졔씨가 협의ᄒ고 공공ᄒᆫ 직산을 구취ᄒ야 ᄉ쳔여 원의 거익으로써 대동관을 일신 슈리ᄒ는 즁이라 대동관은 녜로부터 젼릭ᄒ는 긱샤이니 그 집의 굉걸ᄒᆷ이 국즁에 뎨일이라 ᄒ야도 망발이 안일 뜻ᄒ고 또 당음동에 이층으로 건축ᄒᆫ 대가옥을 슴쳔이빅여 원으로 믹입ᄒ야 시립녀학교(市立女學校)를 셜립ᄒᆯ 계획이니 이 두 학교는 젼혀 관츌ᄉ의 열심쥬션과 민회의원 졔씨의 극력찬죠ᄒᆫ 공이라 ᄒᆯ지로다 교육의 긔관이 아즉 완젼치는 못ᄒ나 이와 갓치 셜비되고 죵교의 발달로 의론ᄒ면 남산현 장딕현 ᄉ창현 계젼동 남문외 판동 리간동 칠쳐에 큰 례빅당이 셜립되고 기타 외촌에셔 슈십 인 혹 슈빅 인식 모혀 례빅 보는 쳐소가 륙칠쳐이 잇스니 지식을 빅양ᄒ는 학교가 뎌러ᄒ고 도덕을 존슝ᄒ는 교회가 이러ᄒᆫ즉 일은바 지육(智育)과 덕육(德育)이 아올너 힝ᄒ야 젼국의 모범이 되기를 간졀히 희망ᄒ는 바이니 나의 사랑ᄒ는 평양 동포여 더옥 힘쓸지어다 민회의 셩립됨을 보건딕 평남관츌ᄉ의 도령(道令) 뎨일호로써 민회규측을 반포ᄒ고 평양군닉 신ᄉ로써 죠직ᄒ얏는딕 회장은 변창혁(邊昌爀) 씨오 셔긔장은 일본인 산구묘삼랑(山口卯三郞) 씨를 믹삭 오십 원 월봉으로 고빙ᄒ고 셔긔는 김유틱 씨오 기외에 명여상치위원(名譽常置委員) ᄉ인이 잇고 상치위원 오인은 평양셩닉 오부 면쟝으로 뎡ᄒ고 의원은 각동 동쟝으로 뎡ᄒ야 교육과 위싱과 도로와 기타 모든 일을 ᄌ치졔도(自治制度)로 힝ᄒ랴 ᄒ니 참 아름답도다 이 일이여 우리도 남의 국민과 ᄀᆺᄒᆫ ᄌ격을 보존코져 ᄒᆯ진딕 ᄌ치졔도를 실힝ᄒᆫ 후에야 될지니 슯흐다 젼국 인ᄉ는 평양의 일을 보고 각각 분발ᄒ야 쳣지는 의무교육(義務敎育)을 실힝ᄒ고 둘지는 위싱ᄉ무를 ᄌ담ᄒ며 기타 허다ᄒᆫ 일을 스ᄉ로 다ᄉ린 후에야 빅셩이 편안ᄒ고 교육이 발달ᄒ야 국가를 보존ᄒ며 샤회를 유지ᄒ리라 ᄒ노라 뎨삼일에는 일즉이 밥먹고 쟝군 슈쳘과

1908년
3월

작반ᄒᆞ야 일은바 긔셩팔경(箕城八景)[424]을 구경코져 ᄒᆞ야 쥭장마혜로 몬져 긔ᄌᆞ릉(箕子陵)을 봉심ᄒᆞᆫ즉 숑ᄇᆡᆨ이 울울창창ᄒᆞᆫ 가온ᄃᆡ 직실이 졍쇄ᄒᆞᆫ지라 슈복을 불너 문을 열고 릉압헤 나아가 두 번 졀ᄒᆞ고 울어러 쳠히건ᄃᆡ 릉상 졔절에 긔ᄌᆞ릉 셰 글ᄌᆞ를 삭인 셕비를 셰웟ᄂᆞᆫᄃᆡ 그 비셕에 품ᄌᆞ로 ᄯᅮ른 구멍이 잇ᄂᆞᆫ지라

216 1908년 3월 14일(토) 제2636호 별보

평양유긔(平壤遊記) (四) / 졍운복

이에 슈복을 불너 비셕에 구멍 ᄯᅮ른 연유를 무른ᄃᆡ 슈복은 칠십여 셰 ᄇᆡᆨ블로인이라 허희탄식ᄒᆞ고 ᄃᆡ답ᄒᆞ야 갈아ᄃᆡ 본ᄅᆡ 이 비셕은 긔ᄌᆞ묘라 삭엿ᄂᆞᆫᄃᆡ 임진병화에 일본사ᄅᆞᆷ이 평양에 들어와 젼셩을 쇼탕ᄒᆞᆯ ᄯᅢ에 긔ᄌᆞ묘에 나아가 비셕과 양마셕을 모다 ᄭᅢ싸렷ᄂᆞᆫ지라 임란이 평뎡ᄒᆞᆫ 후에 구멍 셋을 ᄯᅮ러 텰ᄉᆞ로 얽어 ᄆᆡ엿더니 년젼에 ᄌᆞ샹으로 본도 관찰ᄉᆞ를 명ᄒᆞ샤 릉호를 츄봉ᄒᆞ압시고 비셕을 고쳐 삭일 ᄯᅢ에 녯일을 긔념ᄒᆞ기 위ᄒᆞ야 구멍 셋을 ᄯᅮ른 것이니다 ᄒᆞ거날 본 긔쟈ㅣ 다시 무러 갈아ᄃᆡ 그런즉 이젼에 긔ᄌᆞ묘라 삭인 비ᄂᆞᆫ 엇지ᄒᆞ얏나뇨 슈복이 ᄃᆡ답ᄒᆞ되 그것은 릉샹 뒤에 뭇엇ᄂᆞ이다 ᄒᆞ더라 거긔셔부터 셕경을 차자 을밀ᄃᆡ로 향ᄒᆞ고 올나가ᄂᆞᆫᄃᆡ 산북인 고로 어름이 녹지 안이ᄒᆞ야 힝보가 어려온지라 나모가지와 바위돌을 붓들고 긔여셔 문허진 셩쳡을 넘어간즉 나ᄂᆞᆫ 듯ᄒᆞᆫ 루ᄃᆡ 하나이 졀별[425]샹에 섯ᄂᆞᆫᄃᆡ 기동과 쥬초가 일쳥젼징 ᄯᅢ에

---

424 기성팔경(箕城八景)=평양팔경(平壤八景): 평양의 유명한 여덟 가지 경치. ① 밀대상춘(密臺賞春) ② 부벽완월(浮碧玩月) ③ 영명심승(永明尋僧) ④ 보통송객(普通送客) ⑤ 거문범주(車門汎舟) ⑥ 연당청우(蓮堂聽雨) ⑦ 용산만취(龍山晩翠) ⑧ 마탄춘창(馬灘春漲).

대포알에 마저셔 반쪽식 써러젓스며 집웅에 잡초가 만이 나셔 모양이 가쟝 소됴ᄒᆞ니 노는 사름으로 ᄒᆞ야곰 마음을 샹케 ᄒᆞ는도다 녜로써 이졔를 ᄉᆡᆼ각ᄒᆞᆷ애 ᄇᆡᆨ 가지 감동이 틩즁ᄒᆞ야 참아 오ᄅᆡ 멈으르지 못ᄒᆞ고 걸음을 ᄌᆡ쵹ᄒᆞ야 모란봉에 올나 ᄉᆞ면을 숣혀본즉 대동강과 보통강이 좌우로 둘니고 욱야쳔리의 넓은 들이 ᄉᆞ방으로 련ᄒᆞ엿는ᄃᆡ 릉라도의 졀묘ᄒᆞᆷ과 쥬암산의 긔이ᄒᆞᆷ과 쳥류벽의 명승ᄒᆞᆷ이 가위 뎨일강산이오 단군 긔ᄌᆞ의 이쳔 년 왕업을 누린 것이 오연ᄒᆞᆫ 일이 안이로다 다만 한 되는 바는 모란봉상에 잇던 최승뎡이 문허져 업셔지고 그 터만 남앗도다 머리를 도로켜 셔북편을 향ᄒᆞᆫ즉 잔산단록에 루루즁총이 경셩의 ᄋᆡ오기와 방불ᄒᆞᆫ지라 쟝군다려 그 산 일홈을 무르니 쟝군이 우스며 갈아ᄃᆡ 이산 일홈은 션연동이니 ᄌᆞ고 이ᄅᆡ로 기ᄉᆡᆼ의 무덤이 만흔 고로 봄 사이 일긔가 화챵ᄒᆞᆫ ᄯᅢ는 기ᄉᆡᆼ들이 다수히 올나와 울고 제 지ᄂᆡᄂᆞ니라 본 긔쟈ㅣ 이 말을 듯고 가만히 ᄉᆡᆼ각ᄒᆞᆫ즉 사름이 텬디 사이에 남애 남녀가 일반이라 ᄒᆞᆫ가지로 학문을 닥가 나라ᄇᆡᆨ셩의 의무를 다 ᄒᆞ는 것이 올커날 엇지 반닷히 기ᄉᆡᆼ이 되여 유야랑과 풍류ᄀᆡᆨ의 노름거리로 로류쟝화의 일홈을 듯다가 부잘업시 북망산의 외로온 혼이 되얏스니 ᄒᆞᆫ 쥴기 눈물을 ᄲᅮ려 죠샹ᄒᆞᆯ 만ᄒᆞ도다 수 시간을 안져셔 풍경을 완샹ᄒᆞ다가 산하로 나려와 영명사를 차자 들어가니 쟝벽이 붕퇴ᄒᆞᆫ 수간 암ᄌᆞ가 잇는ᄃᆡ 일본 즁 일 명과 한국 즁 일 명이 동거ᄒᆞ나 일본 즁은 법당을 차지ᄒᆞ고 한국 즁은 ᄒᆡᆼ랑사리 ᄒᆞ는 모양이라 일은바 ᄀᆡᆨ반위쥬[426]이니 참 한심ᄒᆞᆫ 일이라

425 '절벽(절벽)'의 오기인 듯함.

426 객반위주(客反爲主): 손님이 도리어 주인 노릇을 함. 주객전도(主客顚倒).

평양유긔(平壤遊記) (五) / 졍운복

슯흐다 우리나라 일이여 우의로 졍치와 아릭로 ᄉ농공상의 업이 모다 부픽ᄒ야 쥬인이 쥬인노릇을 ᄒ지 못ᄒ야 하날이 쥬신 바 금슈강산과 빅쳔만 죵의 왼갓 물건을 닉여버렷슨즉 다른 사롬이 맛하 다ᄉ리는 것이 썻썻ᄒ 일이어날 누구를 원망ᄒ며 누구를 한ᄒ리오 영명ᄉ는 죠고마ᄒ 졀이라 죡히 의론홀 것 업거니와 우리나라의 불교가 크게 부픽ᄒ야 이 갓흔 졀 하나를 능히 관리ᄒ지 못ᄒ니 다른 사롬이 와셔 쥬인 업는 물건 집어 가지는 것이 무엇이 글으다 ᄒ리오 한탄ᄒ기를 마지 안이ᄒ다가 걸음을 옴겨 문밧게 나아간즉 영명ᄉ의 큰 법당은 기동과 셕가릭만 남고 뜰 가온딕 풀이 무셩ᄒ얏스며 그 압헤 잇는 득월루도 역시 붕퇴ᄒ야 문어질 놀이 머지 안으니 보이는 물건마다 소슬ᄒ고 쳐량ᄒ야 긱으로 ᄒ야곰 눈물을 금치 못ᄒ게 ᄒ는도다 집힝이를 의지ᄒ야 고금과 쟝릭ᄉ를 싱각ᄒ는 ᄎ에 쟝군의 인도홈을 ᄯ라 부벽루에 올나보니 뒤에는 모란봉이오 압헤는 대동강 릉라도 쳥류벽이 버려 잇고 경의텰도의 텰교가 강상으로 멀니 보히니 진실로 명승지디라 그러나 이러ᄒ 졀승ᄒ 누각을 맛하 슈보ᄒ는 사롬이 업는 ᄭ닭으로 집웅과 뜰 가온딕 것친 풀이 가득ᄒ엿스니 지금 모양으로 버려두면 몃날이 지나지 안이ᄒ야 최승뎡의 자최를 일으리로다 부벽루의 모양을 의론ᄒ건딕 솜간통 오 간 길억이인딕 북편으로 한 간은 놉흔 마루를 놋코 그 나머지는 모다 박셕[427]을 ᄭ랏는지라 이젼에 평안감ᄉ나 평양셔윤이 우리 사랑ᄒ는 동포의 고혈을 ᄲ라가지고 이 누각에셔 질탕히 놀 ᄯᅵ에 놉흔 마루에는 포진을 거힝ᄒ 후 감ᄉ는 그 즁앙에 안고 렬읍 슈령과 비쟝들이 좌우로 렬좌ᄒ야 기싱과 가긱으로 ᄒ야곰 박셕 신 뜰에셔 노릭ᄒ고 춤츄게 ᄒ든 일

427 박석(薄石): 두께가 얇고 넓적한 돌.

이 눈에 보이는 듯ᄒᆞᆫ지라 그 일을 ᄉᆡᆼ각ᄒᆞ고 털퇴나 독긔를 엇어 부벽루를 파쇄ᄒᆞ랴 ᄒᆞ다가 다시금 ᄉᆡᆼ각ᄒᆞᆫ즉 이는 강산이나 누각의 죄가 안이라 디방관리의 탐학ᄒᆞᆫ 죄라 ᄒᆞᆯ지며 다만 디방관리의 죄가 안이라 우리 일반인민이 무지몽ᄆᆡᄒᆞ야 이런 학ᄃᆡ를 달게 밧은 죄라 ᄒᆞᆯ지로다 그런즉 우리 인민된 쟈가 맛당히 교육을 힘쓰고 실업을 슝상ᄒᆞ야 이 갓흔 루ᄃᆡ를 억만 년ᄭᆞ지 영원히 유지ᄒᆞ야 가며 녯적에 관리가 혼자 즐기던 일을 업시ᄒᆞ고 우리 인민이 ᄐᆡ평ᄒᆡᆼ복을 누려셔 희희락락케 지ᄂᆡ기를 희망ᄒᆞ리로다 마암을 돌녀 쟝ᄅᆡ의 광명ᄒᆞᆫ 희망을 둔즉 앗가 소됴ᄒᆞ던 강산이 변ᄒᆞ야 아름답고 빗난 모양으로 우스며 나를 반기는 듯ᄒᆞ도다 젹은듯 동지 슈십 인이 졈심을 쥰비ᄒᆞ야가지고 올나오는지라

218 1908년 3월 17일(화) 제2638호 별보

평양유긔(平壤遊記) (六) / 졍운복

그늘은 다ᄒᆡᆼ히 일긔가 온화홈으로 잔ᄃᆡ밧에 모혀 안져셔 졈심밥을 필ᄒᆞ고 층계 아ᄅᆡ ᄂᆡ려가니 긔린굴이라 ᄒᆞ는 굴이 잇는ᄃᆡ 부로의 젼ᄒᆞ는 말을 들은즉 녯적에 동명왕(東明王)이 이 굴에셔 나온 긔린을 타고 젼금문(轉錦門)밧 강 가온ᄃᆡ 잇는 죠텬셕(朝天石)이라 ᄒᆞ는 돌 우에 올나 하날ᄭᅴ 죠회ᄒᆞ엿다 ᄒᆞ나 말이 황탄ᄒᆞ야 족히 밋지 못ᄒᆞ겟도다 여러 동지와 산보도 ᄒᆞ며 담화도 ᄒᆞ며 쒸염질도 ᄒᆞ다가 ᄒᆡ가 셔산에 넘어가는 고로 쟝경문(長慶門)으로 나셔셔 청류벽 밋헤 좁은 길로 ᄂᆡ려올 ᄉᆡ 벽상을 치어다보건ᄃᆡ 고금사ᄅᆞᆷ의 일홈을 무슈히 삭여 텬연ᄒᆞᆫ 아름다온 경치가 업셔졋슬 ᄲᅮᆫ 안이라 거긔 일홈 삭인 사ᄅᆞᆷ들을 력력히 헤아려보니 평안감ᄉᆞ 평양셔윤 슌즁군 등이며 근ᄅᆡ로는 관찰ᄉᆞ 군슈 디방진위ᄃᆡ 부령 참령 등이며 기ᄎᆞ는 기ᄉᆡᆼ 혹 기ᄉᆡᆼ의 노ᄅᆡ 션ᄉᆡᆼ이 뎨ᄌᆞ 기ᄉᆡᆼ들과 갓치 렬명ᄒᆞ야 삭인 쟈도 잇고 혹은 엇던 쟈이 기ᄉᆡᆼ과 갓치 일홈을 삭인 것도 잇

스니 참 보기에 히괴ᄒᆞ고 망측ᄒᆞ도다 그 벽에 일홈 삭인 사ᄅᆞᆷ들은 톄반이나 탐관오리로 인민의 기름과 피를 ᄲᆞ라 나라를 망케 ᄒᆞᆫ 무리오 그러치 안으면 쳔기빈나 쳔장부의 더러온 자최ᄲᅮᆫ이어날 무삼 ᄶᅡ둙으로 금슈강산의 텬연ᄒᆞᆫ 경치를 업시ᄒᆞ야 후의 사ᄅᆞᆷ으로 ᄒᆞ야곰 분ᄒᆞᆫ 마음이 나게 ᄒᆞ나뇨 본 긔쟈의 ᄉᆡᆼ각으로ᄂᆞᆫ 폭발약을 만히 사들여 청류벽의 ᄒᆞᆫ 겁질을 벗긴 후에야 평양의 경치가 일층 더 아름답고 국가와 인민의게 죄 지은 무리의 더러온 일홈이 업셔질가 ᄒᆞ노라 뢰공(雷公)이 만일 알음이 잇스면 큰 벽력을 보ᄂᆡ여 청류벽에 일홈 삭인 돌을 모다 ᄭᆡ트려 업시 ᄒᆞ리로다 일홈이라 ᄒᆞᄂᆞᆫ 것은 ᄭᅩᆺ다온 일홈도 잇고 더러온 일홈도 잇슨즉 션ᄒᆞᆫ 일홈만 젼ᄒᆞ고 악ᄒᆞᆫ 일홈은 젼치 안음은 안이로ᄃᆡ 그 벽에 삭인 쟈ᄂᆞᆫ 악ᄒᆞᆫ 쟈를 션ᄒᆞᆫ 쟈로 환롱ᄒᆞ얏기로 본 긔쟈ㅣ 이갓치 분히 녁이ᄂᆞᆫ 바이로다 즁간에 오다가 본즉 박도슌 시혜비(朴道淳施惠碑)라 삭인 것이 잇거날 ᄉᆡᆼ각ᄒᆞ되 이ᄂᆞᆫ 관리가 안이오 일기 박도슌이어날 무삼 은혜를 베푸러 이갓치 비를 삭엿ᄂᆞᆫ고 ᄒᆞ야 동ᄒᆡᆼᄒᆞᄂᆞᆫ 사ᄅᆞᆷ다려 그 ᄉᆞ젹을 무른ᄃᆡ 갈아ᄃᆡ 이ᄂᆞᆫ 본군 셩ᄂᆡ 경곡에 사ᄂᆞᆫ 박도슌 씨인ᄃᆡ 녀름에 대동강이 창일ᄒᆞ면 ᄒᆡᆼ인이 통ᄒᆡᆼ치 못ᄒᆞᄂᆞᆫ 고로 박씨가 ᄌᆞ긔의 ᄌᆡ산을 허비ᄒᆞ야 셕슈를 들여 돌을 ᄭᆡ려ᄂᆡ이고 길을 ᄂᆡ엿ᄂᆞᆫ지라 이 길로 왕ᄅᆡᄒᆞᄂᆞᆫ 곳은 시족방(柴足坊)과 림원방(林原坊) 량방이라 이 길을 낸 후에 시족 림원 량방 사ᄅᆞᆷ들이 그 은혜를 잇지 안이ᄒᆞ기 위ᄒᆞ야 시족방에셔ᄂᆞᆫ 청류박[428]에 박씨의 공적을 삭이고 림원방 사ᄅᆞᆷ들은 젼금문 밧게 비셕을 셰웟나니라 본 긔쟈ㅣ 이 말을 듯고 박씨의 비를 향ᄒᆞ야 ᄒᆞᆫ 번 읍ᄒᆞ고 ᄉᆡᆼ각ᄒᆞ되 청류벽에 삭인 여러 일홈을 모다 ᄶᅡᆨ가버리고 다만 박씨의 일홈만 남겨 두엇스면 후셰 사ᄅᆞᆷ이 박씨의 공익ᄉᆞ업을 모범ᄒᆞ야 나라이 문명ᄒᆞᆫ ᄃᆡ경에 나아가리라 ᄒᆞ얏노라 박씨ᄂᆞᆫ 그 나이 겨오 오십여 셰라 ᄒᆞ니 한 번 방문ᄒᆞ고 그 셩ᄒᆞᆫ ᄯᅳᆺ을 하례코져 ᄒᆞ얏스나 도라올 길이 총총ᄒᆞ야 ᄆᆞ암ᄃᆡ로 ᄒᆞ지 못ᄒᆞᆷ이 한이로다

428 '청류벽(淸流壁)'의 오기인 듯함.

평양유긔(平壤遊記) (七) / 졍운복

인ᄒᆞ야 대동문에 일은즉 삼층 문루가 공즁에 소사 잇ᄂᆞᆫᄃᆡ 그 건츅의 굉걸홈으로ᄡᅥ 우리나라 녯사ᄅᆞᆷ의 미슐(美術)이 엇더ᄒᆞ던 것을 짐작ᄒᆞ겟도다 이 문루가 퇴락ᄒᆞ야도 즁슈ᄒᆞᄂᆞᆫ 사ᄅᆞᆷ이 업ᄂᆞᆫ 고로 일본 거류민들이 대동문 보존회라ᄂᆞᆫ 명식을 죠직ᄒᆞ고 돈을 모하 문루를 대강 슈리ᄒᆞ엿더니 근일 평양에 잇ᄂᆞᆫ 로동쟈의 단톄 즁에셔 협의ᄒᆞ고 각각 돈을 슈합ᄒᆞ되 두목은 삼 원식 ᄂᆡ고 그 남어지 로동쟈ᄂᆞᆫ 일 원식 슈합ᄒᆞ야 이쳔륙ᄇᆡᆨ 원을 일본사ᄅᆞᆷ의게 보ᄂᆡ고 그 문루를 환츄ᄒᆞ야 상즁층에ᄂᆞᆫ 로동야학교를 셜치ᄒᆞ고 하층에ᄂᆞᆫ 각색 상졈을 벌여 그 리익으로 학교 유지비를 삼으려 ᄒᆞᆫ다 ᄒᆞ니 쟝ᄒᆞ도다 이 일이여 긔이ᄒᆞ도다 이 일이여 뎌 로동ᄒᆞᄂᆞᆫ 동포들이 ᄯᆞᆷ흘니고 버ᄂᆞᆫ 돈으로 이 갓흔 ᄉᆞ업을 ᄒᆞ고져 ᄒᆞ니 소위 신ᄉᆞ라 ᄌᆞ칭ᄒᆞᄂᆞᆫ 쟈로 ᄒᆞ야곰 붓그러옴을 익의지 못ᄒᆞ게 ᄒᆞᄂᆞᆫ도다 평양에 뎨일ᄲᅮᆫ 안이라 우리나라에 뎨일되ᄂᆞᆫ 련광뎡은 우편국이 되엿ᄂᆞᆫ 고로 구경치 안이ᄒᆞ고 도라와 려관에셔 자고 잇흔날 오젼 팔시에 긔챠를 타고 ᄯᅥ나오다가 ᄀᆡ셩에셔 일야를 류슉ᄒᆞ고 륙일 오젼 십일시에 ᄀᆡ셩셔 츌발ᄒᆞ야 오후 일시경에 경셩에 도라와 지낸 바를 련일 긔ᄌᆡᄒᆞ얏거니와 여러분의 보시기에 념어 지리ᄒᆞ실 ᄯᅳᆺᄒᆞ와 이에 붓을 멈으르고 본 긔쟈의 희망ᄒᆞᄂᆞᆫ 바를 두어 마ᄃᆡ 긔록ᄒᆞ노라

대뎌 평양이 뎨일강산이라 혹 금슈강산이라 칭명홈은 하ᄂᆞᆯ이 쥬신 산쳔의 경치가 아름다올 ᄲᅮᆫ 안이라 놉흔 다락과 일홈난 뎡ᄌᆞ가 만흔 연고ㅣ라 그러나 지금과 갓치 몃 ᄒᆡ를 지ᄂᆡ면 누각이 하나도 남지 안이ᄒᆞ고 몰슈히 문허져 업셔지리니 슯흐다 평양 인ᄉᆞ여 각각 힘과 졍셩을 다ᄒᆞ야 이 루각들을 보존케 홀지이다 본 긔자의 어리셕은 소견으로ᄡᅥ ᄉᆡᆼ각홀진ᄃᆡ 이 누각들을 보존코져 ᄒᆞ면 과다ᄒᆞᆫ ᄌᆡ졍이 들어갈지니 지금 시ᄃᆡ에 쓸ᄃᆡ업ᄂᆞᆫ 셩쳡[429]을 몰슈히 훼철ᄒᆞ야

돌을 팔면 막대ᄒᆞᆫ ᄌᆡ졍을 만들 것이라 그 돈으로ᄡᅥ 쳣ᄌᆡᄂᆞᆫ 도로를 슈츅ᄒᆞ야 교통을 편리케 ᄒᆞ고 둘ᄌᆡᄂᆞᆫ 약간의 교육비를 보용ᄒᆞ고 셋ᄌᆡᄂᆞᆫ 각 루ᄃᆡ를 슈즙 보죠케 ᄒᆞᆷ이 상칙이라 ᄒᆞ노라 련광뎡은 임의 우편국이 되엿슨즉 ᄌᆡ졍을 구취ᄒᆞ야 그와 갓흔 가옥을 건축ᄒᆞ야 우편국과 상환ᄒᆞ랴 ᄒᆞ면 당로쟈이라도 찬셩ᄒᆞᆯ 쥴로 밋노니 슯흐다 평양 신ᄉᆞ여 여러 가지로 계칙을 ᄉᆡᆼ각ᄒᆞ야 본 긔쟈의 바라ᄂᆞᆫ 마음을 져바리지 ᄆᆞᆯ으소셔 ᄯᅩ 한 가지 부탁ᄒᆞ올 말삼이 잇스니 ᄂᆡ외셩과 밋 즁셩 잇던 터에 슈목을 ᄒᆞᆫ 쥴로 심어셔 억만셰 후ᄭᅡ지라도 셩쳡이 잇던 쥴을 알게 ᄒᆞ며 ᄯᅩ 슈목을 만히 심으면 위ᄉᆡᆼ상에 가쟝 유익ᄒᆞᆫ 일이니 부ᄃᆡ 심상히 녁이지 마시고 실ᄒᆡᆼᄒᆞ시기를 간졀히 바라노라

220 1908년 3월 19일(목) 제2640호 긔셔

경고 동포 / 북부 계동 유만겸(兪万兼)[430]

ᄯᅳᆺ을 결단ᄒᆞ고 일본에 류학ᄒᆞ러 ᄯᅥ나ᄂᆞᆫ 날을 당ᄒᆞ야 한 마ᄃᆡ 글을 붓치노니 우리 동포ᄂᆞᆫ 보실지어다 이졔 우리나라 형편을 보건ᄃᆡ 쳔창만공이라 ᄌᆞᆷ간 그 대ᄀᆡ만 말ᄒᆞ면 ᄃᆡ방의 소요ᄂᆞᆫ 죠셕으로 더ᄒᆞ고 ᄇᆡᆨ셩의 살 슈 업슴은 날과 달로 심ᄒᆞᆫ지라 소위 산림이니 학쟈이니 ᄒᆞᄂᆞᆫ 것은 부족거론이어니와 관리ᄇᆡ의 대악 무도ᄒᆞᆫ 죄와 외국에 됴흔 풍속과 어진 법을 보고 드르며 문명의 학식과 ᄀᆡ진ᄒᆞᄂᆞᆫ 방침을 연구ᄒᆞ엿다 ᄒᆞᄂᆞᆫ 쟈들의 열심이 업슴으로 국권의 약ᄒᆞᆷ이 넓은 바다에 돗ᄃᆡ 업ᄂᆞᆫ 젹은 ᄇᆡ가 풍랑을 맛나 ᄲᅡ지ᄂᆞᆫ ᄃᆡ경에 이름과 ᄀᆞᆺ흐니 엇지

429 성첩(城堞): 몸을 숨겨 적을 감시하거나 공격하기 위해 성 위에 낮게 쌓은 담.

430 유만겸(兪萬兼, 1889~1944): 유길준의 맏아들이며, 연희전문학교 부교장을 역임한 유억겸의 형. 배재학당과 홍화학교 출신. 1917년 도쿄제국대학 졸업 후 총독부 관료 역임.

타국 사ᄅᆞᆷ만 원망ᄒᆞ리오 반구저긔(反求諸己)[431]는 셩인의 가라친 바ㅣ라 이ᄠᅢ를 당ᄒᆞ야 유지지ᄉᆞ는 두 눈에 혈루를 금치 못ᄒᆞ고 우국렬ᄉᆞ는 마암이 압흠을 참지 못ᄒᆞ리로다 슈년 이ᄅᆡ로 셔울셔 발힝ᄒᆞᄂᆞᆫ 신문과 잡지가 십 죵에 이르고 ᄯᅩ 흥왕ᄒᆞᆯ 여망이 잇셔셔 ᄂᆡ가 스ᄉᆞ로 일으되 학교 이외에 교육을 ᄇᆡᆨ셩에게 쥬는 것은 곳 이것이라 이로 말ᄆᆡ암아 어둔 쟈를 ᄇᆞᆰ은 곳에 인도ᄒᆞ고 약ᄒᆞᆫ 쟈를 강ᄒᆞᆫ 곳에 이르게 ᄒᆞ며 유예ᄒᆞ야 결단치 못ᄒᆞ고 부ᄑᆡᄒᆞ야 남어지가 업는 인민으로 ᄒᆞ야금 능히 결단케 ᄒᆞ며 용긔가 나게 ᄒᆞ야 셰계에 문명을 반닷히 황연대각케 ᄒᆞ리라 ᄒᆞ엿더니 불힝ᄒᆞ도다 미구에 몃 가지는 뎡간되고 그 남어지 몃ᄀᆡ는 잇스나 그 형셰가 한 실오ᄅᆡ기의 힘을 면치 못ᄒᆞ고 그 폐간된 ᄭᅡ닭을 연구ᄒᆞ면 혹 ᄌᆡ졍의 곤난을 인연ᄒᆞ야 그러홈도 잇고 혹은 열풍ᄆᆡᆼ파를 익의지 못ᄒᆞ야 그러홈도 잇스니 슯흐다 이 곤난이며 읍흐다 이 풍파여 유유ᄒᆞᆫ 창텬은 이 대한을 쟝찻 망케 ᄒᆞ겟는가 흥케 ᄒᆞ겟는가 그러ᄒᆞ나 넷말에 쥭는 ᄯᅡ에 이른 연후에 산다 ᄒᆞ엿스니 락심치 말지어다 나라 잇고 업는 것은 국민의 용긔와 인ᄂᆡ의 족ᄒᆞ고 부족ᄒᆞᆫ ᄃᆡ 잇스니 용긔는 무엇을 일음이뇨 ᄇᆡᆨ 번 단련ᄒᆞ야 더옥 강ᄒᆞ게 ᄒᆞ며 유진무퇴ᄒᆞ야 일보라도 다른 사ᄅᆞᆷ에게 사양치 안는 자며 인ᄂᆡ라 홈은 십벌불와ᄒᆞ며 쳐음으로부터 ᄭᅳᆺᄭᆞ지 근실로 위쥬ᄒᆞ야 완젼ᄒᆞᄂᆞᆫ 곳에 이름이라 이 우에 쓴 것과 갓치 두 가지가 ᄀᆞᆺ츄어 잇스면 무삼 일이 능치 못ᄒᆞ며 무삼 일이 되지 안이ᄒᆞ리오 공ᄌᆞㅣ 갈아샤ᄃᆡ 작지불이면 ᄂᆡ셩군ᄌᆞ(作之不已乃成君子)라 ᄒᆞ시고 구셰쥬 예슈ㅣ 갈아샤ᄃᆡ 구ᄒᆞᄂᆞᆫ 쟈에게 반닷히 쥬리라 ᄒᆞ셧스니 짓고 구ᄒᆞ면 무삼 일을 이루지 못ᄒᆞ며 법국 나파륜은 사ᄅᆞᆷ이 이 셰상에 나셔 능치 못ᄒᆞᆯ 바가 업다 ᄒᆞ고 덕국 비ᄉᆞᄆᆡᆨ은 스ᄉᆞ로 돕는 쟈를 하늘이 돕는다 ᄒᆞ얏스니 능히 ᄒᆞ고 스ᄉᆞ로 도으면 무삼 일을 못 이루리오 오작 원ᄒᆞ건ᄃᆡ 우리

431 반구저기(反求諸己): 잘못을 자신에게서 찾다. 모든 원인을 자기 자신에게서 찾아 고쳐가다. 『맹자(孟子)』에 나오는 표현.

동포는 독립을 회복ᄒᆞ고 의뢰는 타파ᄒᆞ라 이날이 언의날이며 이 시ᄃᆡ가 언의 시ᄃᆡ뇨 의뢰ᄒᆞ야 쇼은 텬황씨의 시ᄃᆡ에 임의 지나가고 독립을 닷토는 이ᄂᆞᆯ이라 만일 사ᄅᆞᆷ이 잇셔 나에게 물어 갈아ᄃᆡ 네가 무엇으로뻐 의뢰를 파ᄒᆞ고 독립을 경쟁ᄒᆞ랴 ᄒᆞ나뇨 ᄒᆞ면 ᄂᆡ가 크게 소ᄅᆡ질너 갈아ᄃᆡ 용긔와 인ᄂᆡ며 지음과 구ᄒᆞᄂᆞᆫ 것이며 능히 홈과 스ᄉᆞ로 도음이라 ᄒᆞ리로다 동포 동포여 깁히 ᄉᆡᆼ각ᄒᆞ고 힘쓸지어다

다시 한 말을 고ᄒᆞ노니 ᄉᆡᆼ쟝이 대한 우로오 거쳐가 죠국의 ᄯᅡ이라 대한 사ᄅᆞᆷ은 대한 졍신을 잇지 말고 자자근근ᄒᆞ라 고진감ᄅᆡᄂᆞᆫ 리치의 당연홈이니 국가에 유익ᄒᆞᆫ 일이면 비록 몸이 쥭고 집이 망ᄒᆞᆯ지라도 각각 그 직분을 다ᄒᆞ야 대한뎨국 만만셰로 틔극긔를 놉히 달고 셰계에 일등국 되기를 쳔만심츅ᄒᆞ와 일긔 묘소ᄒᆞᆫ 셔ᄉᆡᆼ 유만겸은 졸ᄒᆞᆫ 것을 잇고 감히 이쳔만 동포에게 바라노라

221 1908년 3월 20일(금) 제2641호 론셜

일홈 업ᄂᆞᆫ 영웅 / 탄ᄒᆡᄉᆡᆼ

고금의 력ᄉᆞ를 상고ᄒᆞ건ᄃᆡ 영웅이 무슈ᄒᆞ니 대뎌 영웅이란 쟈ᄂᆞᆫ 텬하 ᄇᆡᆨ셩을 도탄 가온ᄃᆡ셔 건져 그 일홈을 력ᄉᆞ상에 젼ᄒᆞᄂᆞᆫ 쟈이라 영웅은 곳 텬하의 은인이오 ᄇᆡᆨ셩의 은인이로다 그러나 영웅 한 사ᄅᆞᆷ이 능히 큰 ᄉᆞ업을 일우지 못ᄒᆞ고 영웅의 아ᄅᆡᄂᆞᆫ 일홈 업ᄂᆞᆫ 영웅이 허다ᄒᆞᆫ지라 비컨ᄃᆡ 한 ᄀᆡ의 돌이 비록 크나 죡히 뼈 놉흔 셩을 ᄊᆞᆺ치 못홈과 갓ᄒᆞ야 한 ᄀᆡ의 사ᄅᆞᆷ이 비록 영웅의 ᄌᆞ격과 셩인의 지혜가 잇슬지라도 능히 큰 ᄉᆞ업을 일우지 못ᄒᆞᆯ지도다 놉흔 셩으로 ᄒᆞ야곰 뎌갓치 놉흠에 이름은 일홈 업ᄂᆞᆫ 죠각돌이 잇슴이오 영웅으로 ᄒᆞ야곰 뎌갓치 거룩홈에 이르게 홈은 일홈 업ᄂᆞᆫ 영웅이 잇슴이라 영웅의 ᄉᆞ업은 한 사ᄅᆞᆷ의 ᄉᆞ업으로만 알지 말 것이며 다만 ᄉᆞ업ᄲᅮᆫ 안이라 영웅의 ᄌᆞ긔 일신도 한

사름의 가진 바이 안이니 뎌 셩곽이 구름 가온디 놉히 소슴은 그 밋히 잇는 무슈훈 죠각돌을 디표홈이오 영웅이 셰계에 특츌홈도 셰계의 무슈훈 일홈 업는 영웅을 디표홈이라 고로 화셩돈은 무슈훈 일홈 업는 화셩돈이 안이면 능히 뻐 미국의 독립을 일우지 못ᄒᆞ얏슬지며 비ᄉᆞ믹은 무슈훈 일홈 업는 비ᄉᆞ믹이 안이면 능히 덕국의 련방을 일우지 못ᄒᆞ얏슬지니 영웅은 곳 금강셕과 갓ᄒᆞ야 비록 한덩어릴지라도 화학상으로 분셕ᄒᆞ면 여러 분ᄌᆞ를 합ᄒᆞ야 일운 빅라 시험ᄒᆞ야 볼지어라 벽상에 걸닌 시계가 그 외면으로 보면 길고 짜른 두 반울이 셔로 도라가는 간단훈 형톄뿐이나 그 속을 여러보면 머리터럭 갓흔 젹은 박휘와 긔관이 련락ᄒᆞ야 운동홈이니 이는 곳 일홈잇는 영웅은 반울과 갓흐며 일홈 업는 영웅은 젹은 박휘나 긔관과 갓도다 그런즉 영웅을 만드러 운동케 ᄒᆞ는 영웅은 곳 셰계 가온디 숨어 잇는 농부와 역군과 병졸과 소학교 교ᄉᆞ와 로옹과 과부와 고아 등의 무슈훈 일홈 업는 영웅이라 슯흐다 뎌 무리는 나라의 싱명이며 평화의 근본이며 셰계의 은인이라 쳥컨디 영웅을 ᄉᆞ랑ᄒᆞ는 사름은 몬져 일홈 업는 영웅을 ᄉᆞ랑ᄒᆞ며 영웅에게 복죵코져 ᄒᆞ는 쟈는 몬져 일홈 업는 영웅에게 복죵ᄒᆞ며 영웅의 츌셰홈을 희망ᄒᆞ는 쟈는 몬져 일홈 업는 영웅의 츌셰홈을 희망훌지라 연고로 이 셰계에 영웅을 만드는 일홈 업는 영웅이 참영웅이라 ᄒᆞ노라

222 1908년 3월 21일(토) 제2642호 긔셔

뎨국신문을 구람ᄒᆞ시기를 동포형뎨에게 권고홈 / 안악군 김샹규

슯흐다 우리 동포여 이 사름은 본릭 지식이 쳔단ᄒᆞ고 문견이 고루ᄒᆞ오니 여러분 형뎨ᄌᆞ민에게 넉넉히 권고ᄒᆞ올 말삼은 업ᄉᆞ오나 당돌훈 죄를 무릅쓰고 두어 마디 고ᄒᆞ나이다 녯사름의 말에 물건이 불평ᄒᆞ면 운다 ᄒᆞ엿스니 그 말 훈 마디에 디ᄒᆞ야 동포를 향ᄒᆞ는 졍이 더욱 간졀ᄒᆞ온 고로 본인이 가삼의 셔린 ᄉᆞ

졍으로 여러분의 졍즁히 드르심을 원ᄒᆞ노니 광부의 말을 셩인이 반다시 가린다는 뜻으로 용셔ᄒᆞ압시면 본인의 경힝[432]이오며 비단 본인의 경힝ᄲᅮᆫ 안이라 젼국 동포에 경힝이 될가 ᄒᆞ나이다 다름 안이오라 오작 우리 대한뎨국은 고금 ᄉᆞ쳔여 년에 토디도 우리 대한독립의 토디오 인민도 우리 대한독립의 인민이온ᄃᆡ 오날놀 안져 어제를 빗최여보고 작일을 인ᄒᆞ야 금일을 의론ᄒᆞ면 별ᄒᆞᆫ 하날과 다른 ᄯᅡ의 풍긔 격동홈으로 각각 면목이 변쳔ᄒᆞᄂᆞᆫ 극졈에 ᄃᆞᆯ홀 ᄲᅮᆫ 안이라 본인이 본인의 형상을 도라보아도 다른 사름의 손에 희싱을 면치 못ᄒᆞ얏고 본인이 본인의 명식을 의론ᄒᆞ야도 다른 사름의 집에 노례를 속량치 못ᄒᆞ얏스며 본인의 젼일 ᄉᆞ업을 물을진ᄃᆡ 야만의 어두온 힝실과 루츄ᄒᆞᆫ 형ᄐᆡ를 스ᄉᆞ로 지엇ᄉᆞ오니 엇지 하늘을 원망ᄒᆞ며 사름을 허물ᄒᆞ리오 무릇 사름은 스ᄉᆞ로 업슈히 녁인 후에 타인이 업슈히 녁임은 공변된 젼례라 그럼으로 본인은 졍부도 원망치 안이ᄒᆞ고 샤회도 허물치 안이ᄒᆞ고 다만 본인이 본인을 원망ᄒᆞ고 허물ᄒᆞ노니 대뎌 국가라 ᄒᆞᄂᆞᆫ 것은 본인 일신밧게 특별ᄒᆞᆫ 다른 물건이 잇ᄂᆞᆫ 것이 안이오 본인과 밋 타인을 모아 한부분으로 셩립ᄒᆞᆫ 것이오니 본인이 본인의 당ᄒᆞᆫ 의무를 다ᄒᆞ고 대포 한소ᄅᆡ에 봄숨을 ᄡᅵ다라 나라로 더부러 휴쳑[433]을 ᄀᆞᆺ치ᄒᆞᄂᆞᆫ 혈심으로 ᄐᆡ힝산에 험홈을 도라보지 안이ᄒᆞ얏스면 나라이 엇지 오늘 갓ᄒᆞᆫ 경황이 되며 본인이 엇지 이갓치 루명을 엇엇스리오 그ᄲᅮᆫ 안이라 여러분 동포 형뎨게셔ᄂᆞᆫ 일후 ᄉᆡᆼ각이 엇더ᄒᆞ실ᄂᆞᆫ지 본인은 이후를 위ᄒᆞ야 크게 념려ᄒᆞᄂᆞᆫ 일이 잇ᄉᆞ오니 오즉 우리 션죠도 대한독립국 우로즁에셔 ᄉᆡᆼ쟝ᄒᆞ신지라 ᄡᅡ인 풀 것친 산에 형히ᄂᆞᆫ 화ᄒᆞ엿스나 긔쳔년간에 명명ᄒᆞᆫ 령혼은 업셔지지 안이ᄒᆞ얏슬 뜻ᄒᆞ오니 본인의 ᄉᆡᆼ각으로ᄂᆞᆫ 그 ᄌᆞ손이 되야 희싱의 형상으로 노례의 일홈을 ᄡᅴ우고 무삼면목으로 션죠를 디하에 가 뵈오면 션죠게셔 엇지 나의 ᄌᆞ손

432 경행(慶幸): 경사스럽고 다행한 일.

433 휴척(休戚): 평안함과 근심.

으로 용셔ᄒᆞ심이 잇스리오 이는 ᄉᆞ후의 한 가지 대관의 일이 ᄉᆡᆼ젼보다 더홈이오니 슯흐고 슯흐도다 과부의 ᄉᆞ졍은 동모 과부가 아는 것과 일반이라 구구ᄒᆞᆫ ᄉᆞ졍으로 동포의 귀에 요란케 ᄒᆞ압기는 여러분도 이와 ᄀᆞᆺ흔 념려가 잇슬 뜻ᄒᆞ여 ᄌᆞ연히 이 갓흔 ᄆᆞᆯ이 입으로좃ᄎᆞ 나아옴이로소이다 그런즉 엇더케 ᄒᆞ여야 우리갓치 불상ᄒᆞᆫ 인물이 능히 ᄌᆞ유의 능력으로 문명ᄒᆞᆫ ᄆᆞ당에셔 활동ᄒᆞ야 하놀을 우러러보고 ᄯᅡ을 굽어봄애 붓그러온 마암이 업스리오 이는 다만 고원ᄒᆞ야 힝ᄒᆞ기 어려옴에 구ᄒᆞᆯ 것이 안이오 각각 ᄌᆞ긔가 구ᄒᆞ야 ᄌᆞ긔가 힝ᄒᆞᆯ 것이오니 그 구ᄒᆞ고 힝ᄒᆞᆯ 것은 심히 멀고 어렵지 안이ᄒᆞ야 한갓 뎨국신문을 부즈런히 사 보시는 ᄃᆡ 잇다 ᄒᆞ노니 본인의 용렬ᄒᆞᆫ 말이남아 버리지 마옵소셔 대ᄀᆡ 뎨국신문은 우리 벽항궁촌에 부인 목동이라도 보기에 편의ᄒᆞ기를 위ᄒᆞ야 국문으로 번역ᄒᆞᆫ 것이오 허다ᄒᆞᆫ 자미의 언사와 동셔변쳔의 ᄉᆞ상을 론셜ᄒᆞ야 비록 귀와 눈이 어두온 쟈도 능히 춍명케 ᄒᆞ고 취ᄒᆞ야 � ᄭᅮᆷᄭᅮ는 쟈도 능히 놀나 ᄭᆡ다라 습관징과 락심병도 ᄌᆞ연히 쾌복ᄒᆞᆯ 슈가 잇스니 (미완)

223 1908년 3월 22일(일) 제2643호 긔셔

뎨국신문을 구람ᄒᆞ시기를 동포형뎨에게 권고홈 (속) / 안악군 김상규

뎨국신문을 놀로 보고 드르면 우리갓치 미련ᄒᆞ고 어리셕은 인물이라도 완젼ᄒᆞᆫ 사ᄅᆞᆷ이 안이될 리가 업스리로다 셔양 속담에 사ᄅᆞᆷ이 하로 한 그릇 밥은 못 먹을지언뎡 신문을 보지 안이홈이 불가ᄒᆞ다 ᄒᆞ엿스니 우리가 대한국에 나셔 뎨국신문을 보지 안이ᄒᆞ다가 이 세상을 리별ᄒᆞ는 디경이면 ᄌᆞ긔의 ᄉᆞ상을 암ᄆᆡ케 ᄒᆞᆯ ᄯᅡ름 안이라 이 셰상의 허다ᄒᆞᆫ 자미를 아지 못ᄒᆞ나이다 이로좃ᄎᆞ 의론ᄒᆞᆯ진ᄃᆡ 량뎐미답의 허다지산으로 ᄌᆞ손에게 젼홈보다 신문의 론셜로 ᄌᆞ손을 교육ᄒᆞ는 것이 낫고 명쥬보셕의 각ᄉᆡᆨ보물을 눈에 ᄃᆡᄒᆞ는 것보다 신문의 글ᄌᆞ

로 안목의 빗최임이 가ᄒᆞ다 ᄒᆞᆯ 것이어날 지금ᄭᆞ지 신문을 구람ᄒᆞᆯ ᄉᆞ상이 죠곰 도 진보되지 못ᄒᆞᆷ은 다름 안이라 여러분 동포의 의견이 본인과 반ᄃᆡᄒᆞ야 이론 을 고집ᄒᆞ고 억셜을 창츌ᄒᆞᄂᆞᆫ 근인을 말ᄆᆡ암음이니 본인이 이에 신문에 ᄃᆡᄒᆞ 야 젼후를 셜명코져 ᄒᆞ노니 슯흐다 우리 동포여 우리 대한국이 젼일은 엇더ᄒᆞᆫ 시ᄃᆡ며 금일은 엇더ᄒᆞᆫ 시ᄃᆡ뇨 대뎌 여름에 베옷과 겨울에 ᄀᆞᆺ옷은 시ᄃᆡ의 변쳔 ᄒᆞᆷ을 좃츰이라 그와 갓치 우리 대한국의 젼일 ᄅᆡ력을 의론ᄒᆞᆯ진ᄃᆡ 큰 션비와 명 류의 덕망이 거륵ᄒᆞ고 놉흔 ᄌᆡ샹과 명ᄉᆞ의 셩명이 진동ᄒᆞ야 산림은일과 삼한 갑족의 거만ᄒᆞᆫ ᄐᆡ도와 위대ᄒᆞᆫ 위의가 능히 범의 입과 고ᄅᆡ 목구멍의 사오나온 니와 강ᄒᆞᆫ 혀를 썩고 부슈며 극로박회션포의 ᄆᆡᆼ렬ᄒᆞᆫ 형셰를 압도ᄒᆞᆯ 슈단이 잇 셔 동양 삼국에 상등좌를 뎜령ᄒᆞᆯ 뜻ᄒᆞ더니 죵시 아모 소문이 업슬ᄲᅮᆫ더러 다만 오날날 엇은 바ᄂᆞᆫ 이웃 나라에 듯게 ᄒᆞ기도 붓그러온 루명을 엇엇스니 우리 젼 일에 밋고 우러러 ᄒᆡᆼᄒᆞ던 풍속의 효력이 이제 당ᄒᆞ야 과연 엇더ᄒᆞ뇨 슯흐다 우 리 동포여 마른 나무 셕은 ᄌᆡ와 갓흔 죽은 물건이 안이고 보면 둥근 노슈와 모 진 발굼치로 활동ᄒᆞᄂᆞᆫ 물건이 되야 아모죠록 신ᄉᆞ상을 ᄀᆡ발ᄒᆞᆯ 것이어ᄂᆞᆯ 지금 ᄭᆞ지 오히려 ᄭᆡ닷지 못ᄒᆞ고 텬황씨를 안져 말ᄒᆞ고 나무 직히ᄂᆞᆫ 도ᄭᅵ가 되야 결 승지치ᄒᆞ던 졍ᄉᆞ로 렬강을 어거ᄒᆞ고져 ᄒᆞ며 졍감록의 황당ᄒᆞᆫ ᄆᆞᆯ과 시왈부왈 의 울고 짓ᄂᆞᆫ 소ᄅᆡ로 세계에 웅시코져 ᄒᆞ며 륙뎡륙갑의 츅디ᄒᆞᄂᆞᆫ 슐법과 대포 속샤포에 물나온다ᄂᆞᆫ ᄉᆞ술로 우리 대한이 타인의 ᄀᆡ반을 면ᄒᆞᆯ 슈도 엇고 노례 를 속량ᄒᆞᆯ 슈도 잇다 ᄒᆞ야 이것을 좃고 이것을 밋을 ᄲᅮᆫ이니 이 엇지 거북의 등 에 털남을 찻즈며 거울을 등져 빗최임을 구ᄒᆞᆷ과 무엇이 다르리오 현금 시ᄃᆡᄂᆞᆫ ᄐᆡ고젹 미ᄀᆡᄒᆞ던 날과 갓지 안이ᄒᆞ야 뢰셩이 니러나며 번ᄀᆡ가 번쩍여 풍우가 ᄆᆡᆼ렬히 드러오며 한열이 사괴여 침로ᄒᆞᄂᆞᆫ 시ᄃᆡ오니 이럼으로 언ᄉᆞ에 ᄃᆡᄒᆞ야 볼지라도 한 계네를 지나면 ᄯᅩ 한 계네의 층절이 잇고 하로를 지나면 ᄯᅩ 하로 의 비상ᄒᆞᆷ이 ᄉᆡᆼ기ᄂᆞᆫ지라 우리 동포의 신ᄉᆞ상을 발달ᄒᆞᄂᆞᆫ ᄀᆡ관에 ᄃᆡᄒᆞ야ᄂᆞᆫ ᄅᆡ ᄐᆡᄇᆡᆨ이 쳔과 소동파 ᄇᆡᆨ이 잇셔 시부의 톄격으로 귀신을 곡ᄒᆞ게 ᄒᆞᆯ지라도 졈의 효험은 보지 못ᄒᆞ리니 현금시ᄃᆡ에 젹합지 안이ᄒᆞᆯ뿐더러 죵말의 결과는 우리 들의 어육됨을 스ᄉᆞ로 불을 것이오 오작 신셰계에 신졍신을 ᄯᅴ다라 신지식이 츙만케 홈은 한갓 신문 외에는 다시 업고 신문 즁에도 뎨국신문 외에 다시 업다 ᄒᆞ노라 바라노니 우리 동포는 ᄆᆡᆼ셩들 ᄒᆞ시와 이갓치 자미 잇고 효력 잇고 필요 ᄒᆞ며 젹당ᄒᆞᆫ 우리 뎨국신문을 닷토아 사보셔셔 지식 ᄉᆞ상의 활동ᄒᆞ는 힘을 엇 음으로ᄡᅥ 죠국의 졍신을 양셩ᄒᆞ면 결단코 대한뎨국 독립ᄒᆞᆯ 긔쵸가 이 한 쟝 신 문에 잇슴을 보시리니 쳔만 번 쥬의ᄒᆞ실지어다 우리 형뎨ᄌᆞᄆᆡ의 동포시여 (완)

224 1908년 3월 24일(화) 제 2644호 긔셔

평안북도 운산 읍ᄂᆡ 기명 / 표준경

경계쟈 본인은 ᄒᆞᆫ낫 녀ᄌᆞ라 협읍에셔 ᄉᆡᆼ쟝ᄒᆞ야 ᄇᆡ와 아는 것도 본릐 업고 듯고 본 것도 별노 업셔 세월이 가는지 시ᄃᆡ가 변ᄒᆞ는지 국가가 무엇인지 다만 입고 먹으면 ᄉᆞ는 쥴만 녁엿더니 여간 국문ᄌᆞ이나 알기로 ᄒᆞ로 젼녁에는 넘어 심심ᄒᆞ여 뎨국신문 ᄒᆞᆫ 쟝을 어ᄃᆡ셔 비러다 본즉 뎨삼면에 기쟈라 문뎨ᄒᆞᆫ 국문 풍월 모집광고가 잇기로 점즉홈을 무릅쓰고 우슴거리 삼아 변변치 못ᄒᆞᆫ 말을 긔록ᄒᆞ여 보ᄂᆡ엿더니 요힝 방말에 ᄎᆞᆷ예ᄒᆞ야 상풍으로 신문 발송ᄒᆞ심을 입ᄉᆞ 와 ᄆᆡ일 졉견ᄒᆞ온즉 격졀ᄒᆞᆫ 언론과 은근ᄒᆞᆫ 권고에 비록 용졸ᄒᆞᆫ 녀ᄌᆞ나 엇지 감 각홈이 업스리요 그 시면에 가뎡학이라 홈은 사름 사는 집에 늘마다 쓰이는 일 이니 불가불 볼 것이요 외보와 잡보는 방안에 안ᄌᆞ셔도 만리타국 일이며 젼국 ᄂᆡ ᄉᆞ졍이 눈압헤 뵈이는 것갓고 론셜 소셜 긔셔 등은 악ᄒᆞᆫ 일을 징계ᄒᆞ고 션 ᄒᆞᆫ 일을 찬양ᄒᆞ여 사름의 ᄆᆞ압[434]을 흥긔ᄒᆞᆯ 쌘 안이라 ᄌᆞ국의 졍신을 길너 이

434 'ᄆᆞᄋᆞᆷ(마음)'의 오기인 듯함.

1908년 3월

국ᄒᆞᄂᆞᆫ ᄉᆞ상을 발케 ᄒᆞᆷ이요 기타 광고 등은 모든 일을 일죠에 광포ᄒᆞᆷ이니 연ᄒᆞᆫ즉 신문은 셰계에 귀와 눈이라 ᄒᆞ여도 무방ᄒᆞ도다 대뎌 이 셰상에 사ᄂᆞᆫ 사ᄅᆞᆷ이 셰상소식을 모르고 무삼 ᄌᆞ미로 살리요 드른즉 외국사ᄅᆞᆷ은 죠셕밥은 굴물지연졍 신문은 폐치 못ᄒᆞᆫ다 ᄒᆞ더니 참 오른 말이로다 슯흐다 우리 남녀동포 이쳔만에 신문 보ᄂᆞᆫ 이 몃 사ᄅᆞᆷ인고 본인 ᄉᆞᄂᆞᆫ 곳을 두고보아도 쳔분지일도 되지 못ᄒᆞᆯ 듯십흐니 이러ᄒᆞ고 엇지 문명국이 되기를 바라리요 ᄒᆞᆷ을며 뎨국신문은 순국문으로 발간ᄒᆞ여 한문 모로ᄂᆞᆫ 사ᄅᆞᆷ도 보기 쉬우니 우리 젼국 남녀동포ᄂᆞᆫ 문명 ᄒᆡᆼ복을 누리고져 ᄒᆞ거든 각각 이 신문을 구람ᄒᆞ여 몬져 지식을 넓히기를 바라ᄋᆞᆸ고 병ᄒᆞ야 귀샤의 더욱 확장ᄒᆞᆷ을 심츅ᄒᆞ압ᄂᆞ니다

225 1908년 3월 25일(수) 제2645호 론셜

삼림법(森林法)에 ᄃᆡᄒᆞ야 동포의 경셩을 ᄌᆡ쵹ᄒᆞᆷ / 탄ᄒᆡᄉᆡᆼ

우리나라의 산림이 모다 동탁ᄒᆞ야 어ᄃᆡ를 가든지 슈목이 무셩ᄒᆞᆫ 곳이 업스니 우리가 쟝찻 무엇으로써 집을 지으며 방에 불을 ᄯᅢ이리오 가쟝 한심ᄒᆞ고 근심되ᄂᆞᆫ 일이라 그런 고로 본 긔쟈ㅣ 이 일을 들어 젼국 동포의게 경고ᄒᆞᆷ이 ᄒᆞᆫ두 번이 안이로ᄃᆡ 지금ᄭᆞ지 ᄭᆡ닷ᄂᆞᆫ 동포가 잇슴을 보지 못ᄒᆞ얏스니 진실로 한탄ᄒᆞᆯ 바이로다 본년 일월 이십일일에 우리

대황뎨폐하ᄭᅴᄋᆞᆸ셔 삼림법(森林法)을 ᄌᆡ가ᄒᆞ샤 법률 뎨일호로 즁외에 반포케 ᄒᆞᄋᆞᆸ셧ᄂᆞᆫ지라 그 삼림법 부측(附則) 뎨십구됴에 갈아ᄃᆡ 삼림과 산야(山野)를 가진 쟈ᄂᆞᆫ 본법(本法) 시ᄒᆡᆼᄒᆞᄂᆞᆫ 놀로부터 삼 년 안에 삼림과 산야의 디젹(地積)과 면적(面積)의 그림을 쳠련ᄒᆞ야 농상공부대신의게 신고(申告)ᄒᆞ되 만일 이 긔한 안에 신고치 안이ᄒᆞᄂᆞᆫ 쟈ᄂᆞᆫ 모다 국유(國有)로 삼ᄂᆞᆫ다 ᄒᆞ엿스니 슯흐다 우리 동포 즁에 이 법률의 반포된 쥴을 아ᄂᆞᆫ 사ᄅᆞᆷ이 몃 사ᄅᆞᆷ인고 졍부에셔

이 갓흔 법을 마련흔 것을 도모지 몰으고 잇다가 셰월이 흐르는 듯ᄒᆞ야 삼 년이 지나가면 슈십딕 젼릭ᄒᆞ던 션산이나 혹 소유권(所有權)이 분명흔 산이라도 필경은 국유로 도라가리니 그때를 당ᄒᆞ야 아모리 원통흔들 어딕 가셔 호소ᄒᆞ리오 그런즉 이 법을 ᄌᆞ셰히 보고 깁히 연구ᄒᆞ야 미리 농상공부대신의게 신고ᄒᆞ고 슈목을 만히 심으면 쳣직는 ᄌᆞ긔의 가진 바 산판을 일치 안을 것이오 둘직는 슈목이 무셩ᄒᆞ야 엇는 바 리익이 허다ᄒᆞ려니와 그러치 안코 쉼속으로 지나가다가는 젼국의 산과 들이 모다 외국사롬의 손으로 들어가리로다 지금은 시딕가 이젼과 달나셔 이런 법을 마련ᄒᆞ면 그 작뎡흔 긔한에 가셔는 필경 실시ᄒᆞᄂᆞ니 우리나라의 속담에 일은바 고려공ᄉᆞ 사흘이라 ᄒᆞ는 몰을 밋지 말고 졍신들 차리시기를 간졀히 바라ᄂᆞ이다 녯사룸의 말에 갈아딕 십 년의 계교는 나모를 심은이만 곳지 못ᄒᆞ다 ᄒᆞ엿스니 우리의 한 집과 한 몸을 위ᄒᆞ야셔도 불가불 심을 것이오 또한 언의 나라이든지 산과 들에 슈목이 무셩흔 나라는 강ᄒᆞ고 부ᄒᆞᄂᆞ니 나라를 위ᄒᆞ고 사랑ᄒᆞ는 마음이 잇셔도 불가불 심을 것이라 이갓치 관계가 즁대흔 삼림을 도모지 도라보지 안이ᄒᆞ야 다만 버히기만 ᄒᆞ고 심으지 안으면 몸과 집이 망하는 것은 ᄎᆞ치ᄒᆞ고 나라를 엇지 부지ᄒᆞ리오 바라건딕 우리 동포는 이 일이 오날놀 우리의 큰 일인 쥴로 알고 각각 닷토어가며 나모를 심으되 소나모라 ᄒᆞ는 나모는 그 직목인즉 됴흐나 그러나 잘아기를 심히 더딕ᄒᆞ니 외국 나모 죵ᄌᆞ 가온딕 락엽송(落葉松)이나 빅양(白楊)은 우리나라 풍토에 젹당흘 쓴 안이라 잘아기를 솔보담 대단히 빠르게 ᄒᆞ는지라 이 나모의 죵ᄌᆞ를 엇어 심으고져 ᄒᆞ시는 동포가 잇거든 누구시든지 본샤로 긔별ᄒᆞ시면 본샤에셔는 외국 묘목회사(苗木會社)에 위탁ᄒᆞ야 가져오게 ᄒᆞ겟삽ᄂᆞ이다 (미완)[435]

1908년
3월

435 제2653호(4월 3일자)에 이 논설의 속편이 게재됨.

제목 없음[436]

작일 오후 삼시량에 엇던 부인 일명이 쟝옷을 버셔 엽헤 ᄭᅵ고 무엇을 보에 ᄡᅳ고 ᄡᅡ셔 허리에 단단히 ᄆᆡ고 머리터럭은 어즈러온 쑥 갓고 치마ᄂᆞᆫ 갈갈히 ᄶᅵ여지고 적오리 고름은 ᄯᅥ러지고 두 눈에ᄂᆞᆫ 피눈물 흔적이 ᄆᆞᆯ으지 안이ᄒᆞ야 밋친 사ᄅᆞᆷ의 모양으로 본샤에 들어와 슯흔 소ᄅᆡ로 무르되 「여긔가 뎨국신문샤오닛가」 ᄒᆞ거날 본 긔쟈ㅣ 놀나 닐어나셔 문을 열고 무삼 연고로 뎨국신문샤ᄅᆞᆯ 찻나뇨 ᄒᆞᆫ즉 그 부인이 한숨을 ᄯᅡ이 ᄭᅥ지게 쉬고 하날을 불으지즈며 ᄒᆞᄂᆞᆫ 말이 「하도 지원극통ᄒᆞᆫ 일이 잇셔셔 긔명ᄒᆞᆫ 여러 량반의게 호소ᄒᆞ랴 왓삽ᄂᆞ이다」 ᄒᆞᄂᆞᆫ지라 본 긔쟈ㅣ 그 곡직을 알고져 ᄒᆞ야 청ᄒᆞ야 들인 후에 무삼 일인지 젼후ᄅᆡ력을 소상히 말ᄒᆞ라 ᄒᆞᆫᄃᆡ 그 부인이 억ᄉᆡᆨᄒᆞ야 말을 일우지 못ᄒᆞ다가 겨오 졍신을 슈습ᄒᆞ고 갈아ᄃᆡ

본인은 평안도 안쥬 남셩면 농장이라 ᄒᆞᄂᆞᆫ ᄯᅡ에 사ᄂᆞᆫ 김희뎡의 미망인 리소ᄉᆞ이온ᄃᆡ 미망인의 싀부가 ᄌᆡ셰ᄒᆞ얏슬 ᄯᆡ에 지극히 검소ᄒᆞ고 부즈런ᄒᆞ야 슈만금 ᄌᆡ산을 모아셔 망부의게 ᄭᅵ쳐쥬시고 기셰ᄒᆞ신 후 삼상을 밋쳐 마치지 못ᄒᆞ고 본인의 망부가 ᄇᆡᆨ립을 쓰고 단길 적에 보국 민영휘 씨가 평안감ᄉᆞ로 와셔 탐포ᄒᆞᆫ 졍ᄉᆞ로 ᄇᆡᆨ셩의 길음과 피ᄅᆞᆯ ᄲᅡ라들이ᄂᆞᆫᄃᆡ 본인의 망부ᄂᆞᆫ 본ᄅᆡ 슈죠ᄒᆞᄂᆞᆫ 션ᄇᆡ로 건과 잡을 일이 업ᄂᆞᆫ 고로 사ᄅᆞᆷ으로 ᄒᆞ야곰 본인의 어리셕은 싀ᄉᆞ촌을 ᄭᅬ여셔 네 ᄉᆞ촌의 ᄌᆡ물이 다 네 ᄌᆡ물인즉 ᄲᅢ아셔달나고 졍소ᄒᆞ게 ᄒᆞᆫ 후에 박쳔으로 감결을 넘겨 본인의 망부ᄅᆞᆯ 잡아 가도고 ᄐᆡ쟝 곤쟝으로 ᄂᆞᆯ마다 ᄯᅦ려가며 돈을 밧치라 ᄒᆞ오나 싀골사ᄅᆞᆷ의게 무삼 돈이 잇겟습나잇가 집안이 란가

436 민영휘에게 억울하게 토지를 강탈당한 평안도 안주 김희정의 미망인 이소사(李召史)의 사연 소개.

가 되여 엇지홀 쥴을 몰으는 추에 민영휘 씨가 또 사름을 노와셔 망부의게 말호되 돈이 업거든 뎐답문셔라도 호야 밧치라 호기로 망부가 그 형쟝을 견듸지 못호야 식부의 먹지 안코 닙지 안코 애궁스럽게 모와쥰 됴흔 밧 삼십구일경을 신문긔를 빠셔 밧친 후에 간신히 노여나온지라 지물은 쎄앗겻슬지라도 인명이 살앗스니 다힝호다 호야 약간 남은 뎐답을 가지고 닉외 감농[437]을 호야 근근히 지닉가랴 호는 추에 일일은 평안감수가 청호는 고로 가볼 필요가 업스나 만일 안이 가면 무삼 일이 싱길는지 몰나셔 가셔 본즉 민영휘 씨가 됴흔 말로 망부를 달닉되 주네 수촌이 가쟝 불량혼 놈인즉 잡아 가도고 엄히 다수려셔 뎡빅를 보닉겟다 호거늘 망부가 수촌을 사랑호는 마음으로 애걸호야 왈 그것이 어리셕어셔 그러혼 것이오니 두터이 용셔호압소셔 혼듸 감수가 못 견듸는 쳬호고 방송혼 후에 다시 망부를 쐬여 골아듸 주네가 쵸수를 호면 엇더호겟나뇨 호는지라 망부가 또 겁닉여 감당치 못홀 뜻으로 듸답호엿더니 얼마 후에 셔울 사름 둘이 교군을 타고 와셔 참봉 쳡지를 젼호고 돈을 토식호는 고로 수면에셔 빗을 닉여 한 사름의게 숌빅여 량식 쥬여 보닉고 왼집안이 벼살혼 것을 경수로 알지 안코 근심호고 걱정호는 추에 과연 평양 사는 졍모와 또 엇던 사름 하나이 와셔 상납을 밧치라 호며 츄상궃치 위협홈이 부득이호야 남은 밧 이십오일경을 밧치고 (이 말을 호며 눈물이 비오듯 호는 고로 본 긔쟈도 실셩통곡호엿소) (미완)

227 1908년 3월 27일(금) 제2647호 별보

(젼호속)

본 긔쟈의 실셩통곡홈을 보고 겻혜 안젓던 샤원 오륙 인이 모다 눈물을 흘

437 감농(監農): (소작인 따위의) 농사짓는 일을 보살피고 감독함.

니며 치즈ᄒᆞᄂᆞᆫ 사름 칠팔 명이 문밧게 모혀 셔셔 그 광경을 보다가 셔로 도라셔셔 락루ᄒᆞ니 그 부인은 원통ᄒᆞᆫ ᄉᆡᆼ각이 일층이나 더ᄒᆞ야 두 손으로 가삼을 두다리며 목이 메여 흙흙 늣길 ᄯᅢ름이어날 본 긔쟈ㅣ 슈건을 ᄂᆡ여 눈물을 씻고 그 부인을 위로ᄒᆞ며 그 후의 일을 무른ᄃᆡ 그 부인이 가슴을 헛쳐 뵈이며 굴아ᄃᆡ「본인이 그 뎐쟝 ᄲᅢ앗긴 일을 ᄉᆡᆼ각ᄒᆞᆯ 젹마다 눈에 피눈물이 소사나고 흉격이 막혀 호흡을 통치 못ᄒᆞᄂᆞᆫ 고로 항상 주먹으로 두다려 이 모양이 되엿나이다」ᄒᆞ기로 본 긔쟈ㅣ 눈을 들어 ᄉᆞᆲ혀본즉 가삼에 피가 쥴쥴이 밋치고 ᄯᅩ 엇더ᄒᆞᆫ ᄃᆡᄂᆞᆫ 못이 박여셔 엉덜바위 갓흔지라 본 긔쟈ㅣ ᄉᆡᆼ각ᄒᆞ되 불상ᄒᆞ다 뎌 부인이여 오작히 원통ᄒᆞ여야 ᄌᆞ긔의 몸이 압흔 쥴을 몰으고 뎌갓치 ᄒᆞ얏스리오 가쟝 무심ᄒᆞᆫ 바ᄂᆞᆫ 하늘이로다 하늘이 만일 알음이 잇스면 남의 뎐쟝을 억륵으로 ᄲᅢ앗ᄂᆞᆫ 쟈ᄂᆞᆫ 부귀를 누리고 억울ᄒᆞ게 ᄲᅢ앗기ᄂᆞᆫ 쟈ᄂᆞᆫ 뎌굿치 류리ᄀᆡ걸ᄒᆞ나뇨 그 부인이 다시금 말을 니어 갈아ᄃᆡ

그 뎐쟝을 계산ᄒᆞᆫ즉 도합 륙십ᄉᆞ일경이온ᄃᆡ 우리 싀골셔 한 결이라 ᄒᆞᄂᆞᆫ 것을 셔울셔 일일경이라 ᄒᆞᄂᆞᆫ 것보담 대단히 커셔 지금 시셰로ᄂᆞᆫ ᄒᆞᆫ 결이에 엽젼 오륙쳔량식 가ᄂᆞ이다 이갓치 막ᄃᆡᄒᆞᆫ ᄌᆡ물을 일죠에 일코 살 도리가 만무ᄒᆞ야 ᄂᆡ외가 셔로 의론ᄒᆞ고 어린 ᄌᆞ식을 잇쓸고 타도 타향으로 가셔 구걸을 ᄒᆞ여셔라도 잔명을 보죤ᄒᆞ랴 ᄒᆞ얏더니 일가와 친쳑의 만류홈을 인ᄒᆞ야 그 ᄯᅡ에셔 인거ᄒᆞᄂᆞᆫᄃᆡ 민영휘 씨가 우리를 대단히 두호ᄒᆞᄂᆞᆫ 쳬ᄒᆞᄋᆞᆸᄂᆞᆫ지라 지나간 일을 ᄉᆡᆼ각ᄒᆞ오면 절치부심이 되오나 그ᄯᅢ의 형셰로ᄂᆞᆫ 하날과 ᄯᅡ이라 분홈을 참고 ᄋᆞᆸ흠을 견ᄃᆡ여 간혹 영문에 츌입ᄒᆞ며 무삼 쳥을 ᄒᆞ야도 잘 시힝ᄒᆞ야 쥬오나 가을이 되여 타작관이 나려와 타작ᄒᆞᄂᆞᆫ 놀을 당ᄒᆞ면 그것을 참아 볼 슈가 업서셔 문을 걸어닷고 망부가 피를 몃 되식 토ᄒᆞ더니 불과 긔년에 토혈과 울화로 셰상을 ᄯᅥ나온지라 어린 ᄌᆞ식 ᄉᆞ형뎨를 더불고 가난살이를 ᄒᆞ올 ᄯᅢ에 언의 날 언의 시에 민영휘 씨를 ᄉᆡᆼ각지 안이ᄒᆞ엿ᄉᆞ오릿가 그럭더럭 지ᄂᆡ압ᄂᆞᆫᄃᆡ 졈졈 살기가 어려올 ᄲᅮᆫ 안이오라 디하에 도라간 망부의 궁텬지통을 풀고져 ᄒᆞ야 ᄌᆞ식을 민영휘 씨의게 보닉여 그 뎐쟝을 도로 닉여 쥬소셔 흔즉 민영휘 씨의 됴흔 슈단으로 혹 달닉며 혹 위협ᄒᆞ다가 맛참닉 샤음[438]을 식이는지라 이왕지ᄉᆞ를 말ᄒᆞ오면 니가 갈니고 눈에셔 피가 나되 속담에 일은바 빅 쥬고 속 빌어먹는 격으로 곡식셤이나 엇어 먹는 것을 위ᄒᆞ야 못싱긴 ᄌᆞ식이 그져 닉려오고 그 후에 민영휘 씨가 오쥬ᄉᆞ라 ᄒᆞ는 사름을 보닉여 본인을 보려 ᄒᆞ오나 본인이 그 간계를 아는 고로 거절ᄒᆞ고 보지 안이ᄒᆞ얏스며 또 민영휘 씨가 본인의게 편지를 ᄒᆞ고 답쟝을 ᄒᆞ야달나 ᄒᆞ오되 그 편지를 볼 필요도 업고 타일의 증거가 될가 두려워ᄒᆞ야 당쵸에 보지도 안이ᄒᆞ압고 퇴각흔 후 여러 ᄎᆞ례 ᄌᆞ식을 보닉여 차즈려 ᄒᆞ야도 죵시 응락지 안이ᄒᆞ더니 근일에 와셔는 민영휘 씨가 그 뎐쟝을 방믹흔다 ᄒᆞ압기로 본인이 졍월 이십이일에 상경ᄒᆞ야 즉시 민영휘 씨를 가 보고 그 쌍을 도로 달나 ᄒᆞ온즉 혹은 감언리셜로 달닉며 혹은 츄상 갓흔 위엄으로 호령ᄒᆞ며 혹은 돈 쥬고 샷노라 ᄒᆞ며 혹은 벼살식혀 쥬엇노라 ᄒᆞ며 혹은 셰의를 져바리는 한독흔 계집이라 ᄒᆞ오나 (미완)

228 1908년 3월 28일(토) 제2648호 별보

(젼호속)

본 긔쟈ㅣ 붓을 들고 그 부인의 말을 낫낫히 긔록ᄒᆞ다가 물어 갈아딕 무엇이라 달닉며 무엇이라 위협ᄒᆞ더뇨 흔딕 그 부인이 쥬먹올 들어 방바닥을 두다리며 딕답ᄒᆞ되

민보국딕 마마님이 본인다려 뭇기를 「안쥬사는 김도경이 누구시오닛가」

438 사음(舍音): 지주를 대리하여 소작지를 관리하는 사람. '마름'의 이두식 표기를 우리 한자음으로 읽은 말.

ᄒᆞ기에 본인의 싀부라 ᄒᆞ온즉 그 마마가 깜작 놀나며 「아- 그러시오닛가 그러면 ᄂᆡ가 평양 잇슬 ᄯᅢ에 그 량반이 포닥이ᄭᅡ지 만다러 쥬시기로 ᄂᆡ가 부녀의 의를 뎡ᄒᆞ엿더니 오날놀 형님을 맛나뵈오니 반갑삽나이다」 ᄒᆞ며 은근히 ᄃᆡ졉ᄒᆞ오니 이ᄂᆞᆫ 본인을 어리셕은 계집으로 알고 쇠임이오 ᄯᅩ 엇던 ᄯᅢᄂᆞᆫ 요마ᄒᆞᆫ 싀골계집이 대신의 집에 와셔 시악ᄒᆞ니 경무쳥으로 잡아 가도겟다 ᄒᆞ오니 이ᄂᆞᆫ 위협홈이오나 쥭기로 작뎡ᄒᆞᆫ 사ᄅᆞᆷ이 무엇이 무셥겟삽나잇가 ᄯᅩ 셰의를 항상 말ᄒᆞ오니 뎐쟝 ᄲᅢ앗고 셰의를 차자셔야 그 의가 온젼ᄒᆞᆯ 슈 잇겟소 기즁에 가쟝 원통ᄒᆞ고 분ᄒᆞᆫ 말은 네 남편을 살녀가지고 와셔 말ᄒᆞ라 ᄒᆞ오니 쥭은 사ᄅᆞᆷ을 살니ᄂᆞᆫ 직죠도 업슬 ᄲᅮᆫ 안이라 본인의 망부로 말ᄒᆞ오면 그 뎐쟝 ᄉᆞ건으로 인ᄒᆞ야 목숨을 버렷ᄉᆞᆫ즉 본인이 살녀달나고 ᄒᆞᆯ 터인ᄃᆡ 그 ᄃᆡᆨ에셔 살니라 홈은 무삼 말인지 몰으겟삽더이다 그 외에 허다ᄒᆞᆫ 일이 잇ᄉᆞ오되 넘어 귀치안케 녁이실 ᄯᅳᆺᄒᆞ와 다 못ᄒᆞ겟습나이다 그러나 본인이 그 ᄃᆡᆨ에 가셔 이걸복걸도 ᄒᆞ야보고 시악도 ᄒᆞ야보되 죵시 허락이 업ᄉᆞ온즉 본인은 민보국ᄃᆡᆨ에셔 쥭을밧게 다른 도리가 업ᄉᆞ온지라 본인이 쥭ᄂᆞᆫ 것은 족히 앗갑지 안ᄉᆞ오나 여러분은 이 계집이 쥭은 쥴이나 아시압소셔

말을 맛치며 닐어나 졀ᄒᆞ고 ᄀᆞᆯ아ᄃᆡ

여러분은 나라와 동포를 위ᄒᆞ야 공졍ᄒᆞᆫ 믈로ᄡᅥ 본인의 쳘텬지한을 풀게 ᄒᆞ여 쥬시면 디하에 가셔 결쵸보은ᄒᆞ오리다

ᄒᆞ고 나아가거날 본 긔쟈ㅣ 울며 젼송ᄒᆞ고 그 말을 대강 긔록ᄒᆞ야 련삼일을 ᄂᆡ엿삽거니와 츄후라도 그 ᄉᆞ실을 듯ᄂᆞᆫ ᄃᆡ로 다시 긔진ᄒᆞ겟노라

긔쟈ㅣ 갈아ᄃᆡ 우리나라ᄂᆞᆫ 토디가 살지고 긔후의 한난이 평균ᄒᆞ야 산에셔ᄂᆞᆫ 금은동텰이나고 바다에셔ᄂᆞᆫ 왼갓 물고기가 나고 들에셔ᄂᆞᆫ ᄇᆡᆨ곡이 풍등ᄒᆞ되 오늘늘 우리 동포가 이갓치 가난ᄒᆞ고 곤홈은 여러 가지 원인이 잇다 ᄒᆞ니 그 실상은 모다 탐관오리의 죄니 ᄉᆡᆼ각ᄒᆞᆯᄉᆞ록 통분ᄒᆞ도다 본 긔쟈와 밋 여러 샤원이 한가지로 눈물을 흘님은 하날이 쥬신 바 병이지심(秉彝之心)에셔 나온 바

이니 슯흐다 우리나라의 긔군망상ᄒᆞ고 쥰민고ᄐᆡᆨᄒᆞ던 쟈여 반구져긔(反求諸己) ᄒᆞ야 젼의 허물을 고칠지어다 (완)[439]

 1908년 3월 31일(화) 제2650호 긔셔

제목 없음[440] / 최봉강(崔鳳岡)

평안북도 녕변군 읍ᄂᆡ 사ᄂᆞᆫ 최봉강(崔鳳岡)은 두어 쥴 글월을 밧들어

뎨국신문 샤쟝 각하ᄭᅴ 올니오니 사ᄅᆞᆷ이 변변치 못ᄒᆞ며 지식이 업다고 말을 버리시지 마압시고 귀보에 긔ᄌᆡᄒᆞ야 쥬심을 쳔만 바라ᄋᆞᆸᄂᆞ이다

대뎌 오날늘 셰계 각국에셔 발힝ᄒᆞᄂᆞᆫ 신문의 죵류가 허다ᄒᆞ야 신문이 만흔 나라ᄂᆞᆫ 문명ᄒᆞᆫ 나라이오 신문이 젹은 나라ᄂᆞᆫ 야ᄆᆡᄒᆞᆫ 나라이라 신문은 하날에 일월이 잇슴과 사ᄅᆞᆷ의게 이목이 잇슴갓ᄒᆞ니 하날에 일월이 업슨즉 우쥬가 캄캄ᄒᆞ야 흑ᄇᆡᆨ을 분변치 못ᄒᆞᆯ지오 사ᄅᆞᆷ의게 이목이 업슨즉 ᄆᆞ암이 우ᄆᆡᄒᆞ야 시비ᄅᆞᆯ 분간치 못ᄒᆞ리니 하ᄂᆞᆯ에ᄂᆞᆫ 가히 일월이 업지 못ᄒᆞᆯ 바이오 사ᄅᆞᆷ의게ᄂᆞᆫ 이목이 업지 못ᄒᆞᆯ 바이오 셰계에ᄂᆞᆫ 가히 신문이 업지 못ᄒᆞᆯ 바이로다 물읏 신문이라 ᄒᆞᄂᆞᆫ 것은 동셔남북의 형편을 거두어 한 쟝 죠희에 긔록ᄒᆞᆫ 바이니 한 장의 죠희ᄅᆞᆯ 본즉 왼셰상의 형편을 알지라 과연 문밧게 나아가지 안코도 능히 셰계의 대소ᄉᆞᄅᆞᆯ 손바닥갓치 알니로다 듯고 보ᄂᆞᆫ 것이 넓으면 지혜가 더옥 ᄇᆞᆰ다 ᄒᆞᆷ은 녯적 셥인[441]의 말ᄒᆞᆫ 바이니 이 시ᄃᆡᄅᆞᆯ 당ᄒᆞ야 ᄇᆡᆨ셩의 지혜가 ᄀᆡ발ᄒᆞ고 사ᄅᆞᆷ의 마암이 민활ᄒᆞᆫ 연후에야 가히 ᄡᅧ 나라ᄅᆞᆯ 보젼ᄒᆞᆯ지며 가히 써 몸을 안보ᄒᆞᆯ

439 제2649호(3월 29일자) 유실됨. 3월 30일(월)은 정기휴간일임.
440 본문 제1행에 의거하여 필자를 최봉강으로 표기함.
441 '셩인(성인)'의 오기인 듯함.

지라 그 지혜가 기발ᄒᆞ며 마음이 민활코져 ᄒᆞᆯ진ᄃᆡ 신문을 넓히 보는 이만 갓지 못ᄒᆞ도다 그러나 현금 우리나라의 형편을 도라볼진ᄃᆡ 셰상일을 략간 알고 글ᄌᆞ를 대강 짐작ᄒᆞᄂᆞᆫ 쟈즁에 신문을 구람ᄒᆞᄂᆞᆫ 쟈ㅣ 쳔에 하나이나 만에 하나에 지나지 못ᄒᆞ니 엇지 기탄치 안으리오 아모됴록 사ᄅᆞᆷ 사ᄅᆞᆷ이 신문을 보아셔 기기히 붉어질 방법을 강구ᄒᆞ온즉 용이히 될 일 한 가지가 잇스니 각도 각군에셔 날을 긔약ᄒᆞ고 각면 각리의 면장과 리쟝을 모으고 신문의 가쟝 긴요ᄒᆞᆫ ᄉᆞ정을 셜명ᄒᆞᆫ 후에 열집으로 뼈 한 샤(社)를 만달고 그 샤 안에 샤랑 잇ᄂᆞᆫ 집을 신문회람소로 뎡ᄒᆞ고 신문갑은 ᄆᆡ집에셔 하로 품을 허비ᄒᆞ야 나모를 버혀 판즉 그 갑이 족히 륙칠십 젼이 될지라 그 돈을 슈합ᄒᆞ야 국문신문과 밋 한문신문의 션금(先金) 반년치식을 보ᄂᆡ고 신문을 쳥구ᄒᆞ야 날마다 발송케 ᄒᆞ며 그 남은 돈으로ᄂᆞᆫ 셕유를 사셔 등유를 삼고 밤이면 샤ᄂᆡ의 로소가 모혀 글 아ᄂᆞᆫ 쟈ᄂᆞᆫ 보고 무식ᄒᆞᆫ 쟈ᄂᆞᆫ 들어셔 혹 토론ᄒᆞ며 혹 문답ᄒᆞ면 불과 긔년에 사ᄅᆞᆷ의 지혜가 크게 발달ᄒᆞ야 나라이 문명ᄒᆞᆫ ᄃᆡ경에 나아가리라 ᄒᆞ노이다

긔쟈ㅣ 골아ᄃᆡ 오날날 우리 동포 즁에 신문이 무엇인지 일홈 몰으ᄂᆞᆫ 쟈도 허다ᄒᆞ고 일홈은 알지라도 그 리히득실을 아지 못ᄒᆞ야 구람치 안이ᄒᆞ며 심지어 디방관 즁에 국문을 몰나 신문을 못 보겟다ᄂᆞᆫ 쟈도 잇고 ᄌᆡ졍이 부족ᄒᆞ야 볼 슈 업다ᄂᆞᆫ 쟈도 잇ᄂᆞᆫ 고로 본 긔쟈ㅣ 항상 기탄홈을 익의지 못ᄒᆞ야 혹 론셜로 경고도 ᄒᆞ며 혹 필쥬(筆誅)도 ᄒᆞ되 죵시 효험이 업더니 이졔 최봉강 씨의 긔셔를 본즉 그 의견의 힝코 힝치 못홈은 고샤물론ᄒᆞ고 본 긔쟈의 목적을 달ᄒᆞ얏도다 슯흐다 우리 동포가 문명ᄒᆞᆫ ᄃᆡ 나아가 남과 갓흔 권리를 보죤코져 ᄒᆞᆯ진ᄃᆡ 최씨의 말삼과 갓치 신문을 구람ᄒᆞᄂᆞᆫ 사ᄅᆞᆷ이 열 집에 ᄒᆞᆫ 집은 된 연후에야 되리로다

4월

230 1908년 4월 1일(수) 제2651호 긔셔

녀ᄌ 교육의 시급론 / 평양 리지츈

우리 틱죠고황뎨 기국 오뵉십칠년에 셩ᄌ신손이 계계승승ᄒ사 시화셰풍[442]ᄒ고 우슌풍됴[443]ᄒ야 례의법도 유명키는 동방에 뎨일이라 렬죠렬죵의 심은후덕으로써 인민을 빅양ᄒ심애 경향의 명ᄉ들은 츙군익국 졍셩을 다ᄒ고 뎐야의 빅셩들은 씨를 ᄲ려 거둘 ᄯᅢ에 격양가로 노릭ᄒ니 외인침범 ᄉᆡᆼ각업셔 언무슈문[444] 일삼더니 오호-라 현금 동셔 기통에 우렬이 현슈ᄒ니 삼쳔리 강산이 쟝찻 엇지 될고 국가의 위급홈이 죠모에 잇는지라 늬라셔 깁흔 근심이 업스리오 그러나 오날놀 졍형을 보건ᄃᆡ 익국ᄉ상 젼혀 업고 량반가의 지벌 ᄌ랑 산림학ᄌ 도덕 ᄌ랑 호ᄌ탕ᄀᆡᆨ의 풍류 ᄌ랑ᄲᅮᆫ이로다 여보시오 동포 형뎨ᄌᄆᆡ시여 쟝야츈몽 깁흔 ᄌᆷ을 어서 ᄭᆡ여 애국열셩ᄒᆸ세다 녀ᄌ이나 남ᄌ이나 하로밧비 교육ᄒ야 학문을 빅온 후에 지식이 잇슬 터니오 지식이 잇슨 후에 익국지심 졀노 나니 우의로 졍치와 아릭로 농업의 유익홈과 공상의 리익을 못 홀 빅

442 시화세풍(時和歲豐): 나라가 태평하고 풍년이 들어 시절이 좋음.

443 우순풍조(雨順風調): 비가 때맞추어 알맞게 내리고 바람이 고르게 붊. 주로 농사짓기에 알맞게 기후가 순조롭고 좋다는 뜻으로 이르는 말이다.

444 언무수문(偃武修文): 싸움을 그만두고 학문을 닦음.

잇스리오 방금 경징시딕로 일너도 무예를 연습ᄒᆞ얏스면 남ᄌᆞ만 못ᄒᆞ지 안으렷만은 우리나라 습관이 녀ᄌᆞᄂᆞᆫ 남ᄌᆞ의 시임ᄒᆞᄂᆞᆫ 노비갓치 즁궤[445]나 쥬장ᄒᆞ고 간혹 명민ᄒᆞ면 빈계신명[446]이라 ᄒᆞ야 일ᄉᆡᆼ 속박된 몸이 슌종홀 ᄯᆞ름이오 ᄯᅩ한 사ᄅᆞᆷ의 셩질이 각각 달나 션ᄒᆞ고 후ᄒᆞᆫ 사ᄅᆞᆷ도 잇고 간ᄉᆞᄒᆞ고 악ᄒᆞᆫ 사ᄅᆞᆷ도 잇고 무식 불량ᄒᆞᆫ 사ᄅᆞᆷ도 잇ᄂᆞᆫ딕 녀ᄌᆞᄂᆞᆫ 그 남ᄌᆞ에 가진 바 ᄆᆞ음이 불측ᄒᆞᆫ 쥴 알것만은 곳치고 츙셩ᄒᆞ라 권면치 못ᄒᆞ고 다만 숨은 근심이 심간을 상히오니 엇지 한입골슈치 안으며 국가의 관계되지 안으리오 비록 츌즁ᄒᆞᆫ ᄌᆡ지가 잇슬지라도 헛도히 뷘 방을 직희여 침션방적으로 ᄇᆡᆨ 년을 죵ᄉᆞᄒᆞ니 인민된 의무 어딕 잇나 동포 ᄌᆞᄆᆡ여 귀ᄒᆞ신 춍명ᄌᆡ질로 문명발달ᄒᆞ고 보면 남녀동등될 ᄲᅮᆫ 안이라 국권회복 절로 될지니 규즁에 자란 몸 붓그럽다 ᄉᆡᆼ각 말고 ᄌᆞ유독립 힘쓰시오 동물 즁에 귀ᄒᆞᆫ 것은 사ᄅᆞᆷ이 뎨일인딕 비록 남녀의 다름이 잇스나 ᄌᆞ유ᄒᆡᆼ동에 무삼 등분이 잇스리오 셰계 상등인과 우리나라 동포들을 비교ᄒᆞ야 보면 상등인은 눈 하나 더 잇스며 입 하나 더 잇소 량안과 일비일구 일반이오 양슈양극 동일인딕 상하등분 웬일인고 동포 ᄌᆞᄆᆡ여 깁히들 ᄉᆡᆼ각ᄒᆞ시오 상하지분 ᄉᆡᆼ기기ᄂᆞᆫ 학문의 우렬과 지식의 쳔심에 잇슴이니 슯흐다 ᄌᆞᄆᆡ 형뎨여 이쳔만 즁 일분ᄌᆞ된 의무를 일예 일기라도 능학ᄒᆞ야셔 공업을 셰우며 외인의 노례를 면홀지어다 대기 현덕군ᄌᆞ와 동셔양에 유명ᄒᆞᆫ 영웅들도 쳐음에 가라치지 안이ᄒᆞ야 ᄇᆡ홈이 업셧든들 오날날 엇지 명여 두 글ᄌᆞ가 잇스리오 이것은 가라치고 ᄇᆡ호기를 뇌슈에 관쳘ᄒᆞ야 애국ᄒᆞᄂᆞᆫ 졍셩과 ᄌᆞ유ᄒᆞᄂᆞᆫ ᄉᆞ상이 츙만홈이라 녀ᄌᆞ라도 교육ᄒᆞ얏스면 녀즁군ᄌᆞ 이 안이며 규즁호걸 이 안인가 이ᄯᆡ를 일치 말고 열심 교육ᄒᆞ야 남녀동등 ᄒᆞ고 보면 국가의 진보오 가ᄂᆡ에 다ᄒᆡᆼ이니 신학

445 중궤(中饋): 집안 살림 가운데 특히 음식에 관한 일을 맡아 하는 여자.

446 빈계신명(牝鷄晨鳴)=빈계지신(牝鷄之晨)·빈계사신(牝鷄司晨): 암탉이 새벽에 먼저 운다는 뜻으로, 남편을 제쳐놓고 부인이 집안일을 마음대로 처리함을 이르는 말.

문과 신지식을 밧비 밧비 공부ᄒᆞ야 ᄌᆞ유권리 오ᄂᆞᆫ날 녀ᄌᆞ된 우리 몸도 남ᄌᆞ와 병가ᄒᆞ야 ᄐᆡ극국긔 놉히 달고 경츅가 ᄒᆞ압기를 동포 ᄌᆞᄆᆡ의게 지셩츅슈ᄒᆞ압나이다

나는 본ᄃᆡ 평양사ᄅᆞᆷ으로셔 셰상을 아온 지 이십오 년에 금 갓흔 셰월을 속졀업시 허비ᄒᆞ야 불학무식홈이 곤츙에 지나지 못ᄒᆞ나 그러나 경셩에 우거ᄒᆞᆫ 지 ᄒᆞ마 슈년이라 귀보에 게ᄌᆡᄒᆞᆫ 직필 정담을 보아 시국의 변쳔홈을 격분ᄒᆞ야 쳔단ᄒᆞᆫ ᄉᆞ상으로 외람이 격식업ᄂᆞᆫ 말을 대강 긔록ᄒᆞ나이다

231 1908년 4월 2일(목) 제2652호 별보

ᄋᆡ국동지ᄃᆡ표회 발긔 취지셔

그윽히 ᄉᆡᆼ각ᄒᆞ건ᄃᆡ 오날날 우리 한국은 셰계에 슈치당ᄒᆞᆫ 나라이오 오날날 우리 한인은 셰계에 한을 품은 ᄇᆡᆨ셩이라 ᄉᆞ천 년 영광이 ᄯᅡ에 ᄯᅥ러졋스니 이것을 뉘 안이 회복코져 ᄒᆞ며 이천만 ᄉᆡᆼ령이 하날을 불으지즈니 이것을 뉘 안이 슯허ᄒᆞ리오 청컨ᄃᆡ 동포 동포여 동지 동지여 우리가 스ᄉᆞ로 뭇거니와 그 동안 일ᄒᆞᆫ 것이 무엇이며 그ᄃᆡ도 알거니와 쟝ᄅᆡ에 힘쓸 것이 무엇이뇨 형가[447]의 비슈를 다시 구ᄒᆞ나뇨 연ᄐᆡᄌᆞ[448]가 맛참ᄂᆡ 뜻을 이루지 못ᄒᆞ얏고 쟝량의 텰퇴를 쟝찻 원ᄒᆞ나뇨 진시황은 의연히 목숨이 완젼ᄒᆞ도다 그런 고로 국가의 흥망을 판단홈은 결단코 ᄒᆞᆫ 사ᄅᆞᆷ의 손으로 못 ᄒᆞᆯ 바이오 국민의 ᄒᆡᆼ복을 도모홈은 반닷히 ᄒᆞᆫ 샤회의 힘으로 못 ᄒᆞᆯ 바이라 과연 ᄇᆡᆨ셩이 공립ᄒᆞᆯ ᄉᆞ상이 업스면 엇지 죵

---

447 형가(荊軻): 중국 전국시대의 자객으로 진시황제를 암살하려 했던 인물.

448 연태자 단(燕太子 丹): 연나라의 마지막 태자. 연왕(燕王) 희(喜)의 아들. 자객 형가(荊軻)를 시켜 진시황제를 죽이려 했으나 실패함.

족을 상보케 ᄒᆞ며 ᄯᅩᄒᆞᆫ 젼국이 대동ᄒᆞᆫ 쥬의가 업스면 엇지 국가를 보젼ᄒᆞ리오 안으로ᄂᆞᆫ 긔만 명 동포가 활동ᄒᆞ니 듯ᄂᆞᆫ 바 소식이 상쾌ᄒᆞ고 밧그로ᄂᆞᆫ 슈십 쳐 회관이 셜립되니 보ᄂᆞᆫ 바 광경이 쟝ᄒᆞ도다 그러나 쳔빅의 사ᄅᆞᆷ이 셔로 흣허지고 슈삼 년의 소식이 셔로 격졀ᄒᆞ여 비록 비상ᄒᆞᆫ 사변이 이왕 잇섯셔도 온 샤회가 임의 공동ᄒᆞᆫ 의론이 업셧고 ᄯᅩᄒᆞᆫ 졀ᄃᆡᄒᆞᆫ 긔회가 압헤 당ᄒᆞ여도 ᄆᆡ양 동일ᄒᆞᆫ 방칙이 업셧스니 이ᄂᆞᆫ 샤회의 결뎜이오 이ᄂᆞᆫ 국ᄉᆞ의 방히라 이에 우리 (덴버) 디방에 잇ᄂᆞᆫ 무리들이 의향이 이로부터 이러나고 의론이 이로좃차 동일ᄒᆞ여 언의 ᄂᆞᆯ이든지 긔회 잇ᄂᆞᆫ ᄃᆡ로 북미에 잇ᄂᆞᆫ 우리 한인들이 한 번 큰 긔회를 열고 ᄆᆡᄉᆞ를 의론코져 위션 이곳 동포ᄭᅴ 물으ᄆᆡ 열심으로 상응ᄒᆞ고 ᄯᅩ한 부근 각쳐에 통ᄒᆞᄆᆡ 깃븜으로 ᄃᆡ답ᄒᆞ여 본년 일월 일일 하오 팔시에 (덴버)에셔 림시회를 열고 각 동포가 이 일을 의론ᄒᆞᆯ 식

첫ᄌᆡ 회명은 (ᄋᆡ국동지ᄃᆡ표회)로 명ᄒᆞ고 둘ᄌᆡ 회긔ᄂᆞᆫ 본년 륙월 초십일로 뎡ᄒᆞᆫ 후 그 동안 약간 일을 졍돈ᄒᆞ고 이졔 비로소 한 글쟝을 닥가 위션 틱평양 연안과 미국 ᄂᆡ디 각쳐와 및 하와이 군도에 계신 각 동포의게 고ᄒᆞ노니

첫ᄌᆡᄂᆞᆫ ᄃᆡ표회를 발긔ᄒᆞᆫ 쥬의

一 북미에 잇ᄂᆞᆫ 우리 애국 동지들은 무삼 샤회와 언의 단톄를 물론ᄒᆞ고 다만 우리나라 당금 졍형에 ᄃᆡᄒᆞ야 동일ᄒᆞᆫ 힝동을 가지고져 홈

一 이 우에 말ᄒᆞᆫ 바를 실힝ᄒᆞ기 위ᄒᆞ야 우리 동포 잇ᄂᆞᆫ 곳마다 각각 ᄃᆡ표 한 사ᄅᆞᆷ이나 혹 두 사ᄅᆞᆷ을 보ᄂᆡ여 우리의 쟝찻 힝ᄒᆞᆯ 바 일을 의론코져 홈

둘ᄌᆡᄂᆞᆫ ᄃᆡ표회라 일홈지은 리유

一 이 회ᄂᆞᆫ 영구히 두ᄂᆞᆫ 회가 안이오 다만 각쳐로 오ᄂᆞᆫ ᄃᆡ표쟈로 말ᄆᆡ암아 즘시 셩립되ᄂᆞᆫ 고로 북미 대한인 ᄋᆡ국동지ᄃᆡ표회라 ᄒᆞ고 다만 덴버ᄂᆞᆫ 각쳐 ᄃᆡ표쟈를 영졉ᄒᆞ기 위ᄒᆞ야 림시 회의소를 셜립ᄒᆞ고 일홈도 ᄯᅩ한 이와 갓치 뎡홈

셋ᄌᆡᄂᆞᆫ ᄃᆡ표회를 특별히 덴버로 여ᄂᆞᆫ 리유

一 이 회를 특별히 덴버로 열기를 결뎡ᄒᆞᆫ 것은 대기 미국 셔방은 우리 ᄋᆡ국

당에 근거디오 또 ᄉᆞ방에 왕ᄅᆡ가 편리ᄒᆞ나 그러나 특별히 금년 륙월에 미국 합즁정당의 춍의회를 여ᄂᆞᆫ 곳이 되어 미국 안에 잇ᄂᆞᆫ 정당은 졔졔히 다 이곳에 모히ᄂᆞᆫ 고로 이것이 합즁국 셜립ᄒᆞᆫ 후 쳣ᄌᆡ로 되ᄂᆞᆫ 큰 회라 그런 고로 우리도 긔회를 타셔 ᄒᆞᆫ편으로 우리 일을 의론ᄒᆞ며 ᄒᆞᆫ편으로ᄂᆞᆫ 그들에게 ᄃᆡᄒᆞ야 우리 국정을 들어ᄂᆡ고 또한 그들로 ᄒᆞ야곰 한국에 독립홀 만ᄒᆞᆫ ᄇᆡᆨ셩이 잇ᄂᆞᆫ 쥴을 알게 ᄒᆞ고져 홈

넷ᄌᆡᄂᆞᆫ ᄃᆡ표회를 집힝홀 ᄎᆞ례

一 ᄃᆡ표회ᄂᆞᆫ 이 우에 ᄆᆞᆯᄒᆞᆫ 바와 갓치 각쳐로 오ᄂᆞᆫ ᄃᆡ표쟈로 셩립되ᄂᆞᆫ 고로 당시에 회의홀 의쟝과 셔긔도 그ᄯᅢ 션거ᄒᆞ고 오직 모든 범졀은 이곳 림시회에셔 예비홈

다삿ᄌᆡᄂᆞᆫ ᄃᆡ표회의 광고

一 각쳐 동포들은 아모쬬록 힘을 다ᄒᆞ야 ᄃᆡ표쟈 한 사름 혹 두 사름을 보ᄂᆡ기를 바라며 또 혹 언의 곳이든지 동포도 만치 안코 ᄌᆡ정도 어려온 디경이면 다만 공함 한 쟝과 경비 약간으로 이 근쳐에 잇ᄂᆞᆫ 엇던 동포의게 부탁ᄒᆞ야 회에 참예케 홈

一 덴버 림시 회의소ᄂᆞᆫ 각쳐 ᄃᆡ표쟈를 마져들이고 또ᄒᆞᆫ 여러 가지 일을 쥬션ᄒᆞᄂᆞᆫ 고로 그 경비ᄂᆞᆫ 불가불 여러 동지쟈의 얼마즘 도음을 원ᄒᆞ나이다

림시회쟝 박용만[449]

림시셔긔 리관슈

449 박용만(朴容萬, 1881~1928): 대한제국 시기의 계몽운동가. 일제강점기의 독립운동가 언론인.

산림법에 ᄃᆡᄒᆞ야 동포의 경셩을 ᄌᆡ촉홈 / 본보 뎨 이쳔륙ᄇᆡᆨᄉᆞ십오호(속)

샹월 오일에 농상공부 셔리대신이 농상공부령 륙십숨호로ᄡᅥ 국유삼림산야 부분림규측(國有森林野部分林規則) 삼십일됴(三十一條)와 부분림설뎡쳥원셔(部分林設定請願書)의 양식(樣式) 팔호를 뎡ᄒᆞ야 즁외에 반포ᄒᆞᆫ 지 임의 ᄒᆞᆫ 달이 지나되 이 일에 ᄃᆡᄒᆞ야 쥬의ᄒᆞᄂᆞᆫ 사ᄅᆞᆷ이 잇슴을 듯지 못ᄒᆞ얏스며 ᄯᅩᄒᆞᆫ 관보를 보지 안ᄂᆞᆫ 사ᄅᆞᆷ들은 이런 법과 이런 규측이 난 쥴을 젼연히 몰으고 셜혹 관보를 볼지라도 법령과 규측의 문법이 심히 ᄶᅡ다라와 보기 어려오며 알기 어려온 ᄶᅡ닭으로 맛참ᄂᆡ 궁구ᄒᆞ야 보지 안으니 이갓치 ᄒᆞ면 졍부에셔 ᄇᆡᆨ셩의게 편ᄒᆞ고 나라에 리ᄒᆞᆯ 법령규측을 하로 ᄇᆡᆨ 가지식 낸들 무엇에 쓰리오 슯흐다 동포여 이런 일을 등한히 보고 깁히 ᄉᆡᆼ각지 안으면 우리의 몃쳔 년 몃ᄇᆡᆨ 년 동안 젼리ᄒᆞ던 산야(山野)와 삼림이 일죠에 남의 슈즁으로 들어가리니 그ᄯᅢ를 당ᄒᆞ야 누구를 한ᄒᆞ며 누구를 원망ᄒᆞ리오 이 법령과 이 규측 가온ᄃᆡ ᄭᆡ닷기 어려온 구졀이 잇거든 션각쟈의게 광문ᄒᆞ야 긔어히 알아둘지어다 무릇 사ᄅᆞᆷ의 권리라 ᄒᆞᄂᆞᆫ 것은 하날이 평균히 주셧것만은 지식 잇ᄂᆞᆫ 쟈ᄂᆞᆫ 능히 보존ᄒᆞ고 어리셕은 쟈ᄂᆞᆫ 일ᄂᆞᆫ지라 사ᄅᆞᆷ이 ᄒᆞᆫ 번 권리를 일으면 능히 ᄉᆡᆼ명을 보젼키 어려온 디경에 일으러 멸망ᄒᆞ고 말지니 엇지 크게 슯히지 안으리오 셰샹 사ᄅᆞᆷ들이 항용 말ᄒᆞ기를 아모가 아모의 권리를 ᄲᅢ아셧다 ᄒᆞ나 옥작히[450] 변변치 안은 사ᄅᆞᆷ이 ᄌᆞ긔의 권리를 ᄲᅢ앗기리오 ᄌᆞ긔가 능히 ᄌᆞ긔의 ᄒᆡᆼᄒᆞᆯ 바 의무를 ᄒᆡᆼᄒᆞ지 안으면 필경 지식이 잇셔셔 ᄌᆞ긔의 의무를 ᄒᆡᆼᄒᆞᄂᆞᆫ 쟈이 그 권리를 가져가ᄂᆞᆫ 것은 ᄯᅥᆺᄯᅥᆺᄒᆞᆫ 일이라 이제 삼림법으로 말ᄒᆞᆯ지라도 법을 직희지 안코 규측을 발바 ᄒᆡᆼᄒᆞ지 안으면 필경 알고 ᄒᆡᆼᄒᆞᄂᆞᆫ 사ᄅᆞᆷ이 가져갈지라 후에ᄂᆞᆫ 뉘우쳐도 밋지 못ᄒᆞ리니 바라

450 '오작히(오죽)'의 오기인 듯함.

건ᄃᆡ 우리 동포ᄂᆞᆫ 이 일을 심상ᄒᆞᆫ 일로 아지 ᄆᆞᆯ고 크게 쥬의ᄒᆞ야 긔회ᄅᆞᆷ[451] 일치 ᄆᆞᆯ으쇼셔 셰월은 덧업셔 잠간 사이에 삼 년이 되ᄂᆞ니 오늘부터 급히 셔들어도 밋칠ᄂᆞᆫ지 못 밋칠ᄂᆞᆫ지 알 슈 업도다 졍부에셔도 이갓치 국민의게 즁대ᄒᆞᆫ 관계가 잇ᄂᆞᆫ 법령을 반포ᄒᆞ얏스면 관보에만 게ᄌᆡ치 ᄆᆞᆯ고 각 신문에 게ᄌᆡ케 ᄒᆞ며 ᄯᅩ 국문과 한문으로 번억[452]ᄒᆞ야 각도 각군 면면촌촌에 게시ᄒᆞ야 ᄒᆞᆫ ᄇᆡᆨ셩이라도 아지 못ᄒᆞᄂᆞᆫ 폐가 업시ᄒᆞᆯ 것이어날 그러치 안이ᄒᆞ야 다만 관보에만 게ᄌᆡᄒᆞ얏스니 우리 국민 즁에 관보 보ᄂᆞᆫ 쟈ㅣ 몃 사ᄅᆞᆷ이나 잇슬고 우희로ᄂᆞᆫ 졍부가 쥬의치 안코 아ᄅᆡ로ᄂᆞᆫ ᄇᆡᆨ셩이 쥬의치 안으면 이 법령은 ᄒᆞᆫ 문구가 되고 ᄆᆞᆯ지니 엇지 한심치 안으리오 연고로 본샤에셔 명일부터 그 법령과 규측을 일일히 번역ᄒᆞ야 본 신문에 게ᄌᆡᄒᆞ겟ᄉᆞ오니 슯흐다 동포여 졍신차려 볼지어다[453]

233 1908년 4월 5일(일) 제2655호 별보

삼림법(森林法)

뎨일됴 삼림은 각각 그 소유자(所有者)를 의지ᄒᆞ야 뎨실림(帝室林) 국유림(國有林) 공유림(公有林)과 밋 ᄉᆞ유림(私有林) 네 가지로 구별ᄒᆞᆷ

산야(山野)ᄂᆞᆫ 삼림과 ᄀᆞᆺ치 본법을 쓰게 ᄒᆞᆷ

뎨이됴 국유삼림이나 산야를 ᄆᆡᄆᆡᄒᆞ든지 양여(讓與)ᄒᆞ든지 교환(交換)ᄒᆞ든지 빌녀쥬ᄂᆞᆫ ᄯᆡ와 국유삼림의 소산물을 ᄆᆡᄆᆡᄒᆞᄂᆞᆫ 규뎡은 칙령으로ᄡᅥ 뎡ᄒᆞᆷ

국토(國土)를 보안(保安)ᄒᆞ거나 국유림야(國有林野)를 경영ᄒᆞ기 위ᄒᆞ야 보

451 '긔회ᄅᆞᆯ(기회를)'의 오기인 듯함.
452 '번역'의 오기인 듯함.
453 제2654호(4월 4일자) 논설 미게재.

존ᄒᆞᆯ 필요가 잇ᄂᆞᆫ 삼림과 산야ᄂᆞᆫ ᄆᆡᄆᆡ나 양여나 교환이나 빌니ᄂᆞᆫ 일을 ᄒᆡᆼ치 못 ᄒᆞᆷ

뎨삼됴 농상공부대신은 죠림자(造林者)와 그 엇ᄂᆞᆫ 바 리익(利益)을 난호ᄂᆞᆫ 됴건으로써 국유삼림산야의 부분림(部分林)을 셜뎡ᄒᆞᄂᆞᆫ 일도 잇슴

뎨ᄉᆞ됴 부분림의 슈목은 국(國)과 죠림쟈의 공유(共有)로 ᄒᆞ고 그 난호ᄂᆞᆫ 법은 나ᄂᆞᆫ 바 리익을 난호ᄂᆞᆫ 법과 갓치 ᄒᆞᆷ

부분림을 셜뎡ᄒᆞ기 젼부터 ᄉᆡᆼ존ᄒᆞᆫ 슈목은 국(國)의 소유로 뎡ᄒᆞᆷ

뎨오됴 농상공부대신은 이 아ᄅᆡ 긔록ᄒᆞᆫ 바와 ᄀᆞᆺᄒᆞᆫ 곳을 보안림(保安林)으로 만달게 ᄒᆞᆷ

一. ᄯᅡ이 문허져 흘너나가ᄂᆞᆫ 것을 방비ᄒᆞᆯ 필요가 잇ᄂᆞᆫ 곳

二. 사틔 나리ᄂᆞᆫ 것을 방비ᄒᆞᆯ 필요가 잇ᄂᆞᆫ 곳

三. 슈ᄒᆡ(水害)나 풍ᄒᆡ(風害)나 죠ᄒᆡ(潮害)ᄅᆞᆯ 방비ᄒᆞᆯ 필요가 잇ᄂᆞᆫ 곳

四. 눈사틔나 돌이 ᄯᅥ러지ᄂᆞᆫ 위험을 방비ᄒᆞᆯ 필요가 잇ᄂᆞᆫ 곳

五. 물의 근원을 함양(涵養)ᄒᆞ기에 필요ᄒᆞᆫ 곳

六. 어부(魚)(附 물고기 모혀드ᄂᆞᆫ 곳)에 필요ᄒᆞᆫ 곳

七. ᄇᆡ 단이ᄂᆞᆫ 길의 목표(目標) 삼ᄭᅵ에 필요ᄒᆞᆫ 곳

八. 공즁(公衆)의 위ᄉᆡᆼ(衛生)에 필요ᄒᆞᆫ 곳

九. 묘, 샤, 뎐, 궁(廟, 社, 殿, 宮)과 릉침(陵寢)과 원소(園所)와 단(壇)과 밋 유명ᄒᆞᆫ ᄯᅡ이나 고젹(古跡)과 경치(景致)에 필요ᄒᆞᆫ 곳

뎨륙됴 보안림은 몰슈히 버히거나 ᄀᆡ간(開墾)ᄒᆞ지 못ᄒᆞᆷ

뎨칠됴 농상공부대신은 보안림의 벌목을 금지ᄒᆞ거나 제한(制限)ᄒᆞᆷ이 잇슴

뎨팔됴 보안림을 만다ᄂᆞᆫ 일로 인ᄒᆞ야 손ᄒᆡᄅᆞᆯ 닙은 삼림 소유쟈ᄂᆞᆫ 그 벌목을 금지ᄒᆞᄂᆞᆫ ᄯᆡ에 ᄉᆡᆼ긴 직졉 손ᄒᆡ(直接損害)만 보상(補償)ᄒᆞ기ᄅᆞᆯ 쳥구호ᄃᆡ 뎨실림이나 국유림에 ᄃᆡᄒᆞ야ᄂᆞᆫ 보상을 쳥구치 못ᄒᆞᆷ

상항(上項)의 보상은 보안림을 만다ᄂᆞᆫ 일로 인ᄒᆞ야 직졉 리익(直接利益)을

엇은 자가 담칙홈

데구됴 농상공부대신은 보안림을 만단 원인(原因)이 소멸ᄒᆞ거나 공익상(公益上)의 특별ᄒᆞᆫ ᄉᆞ유(事由)가 잇는 ᄯᅢ는 이를 ᄒᆡ제(解除)홈도 잇슴

데십됴 농샹공부대신은 보안림에 필요가 잇는 삼림이나 산야 소유쟈의게 죠림과 밋 보호ᄒᆞ기를 명홈도 잇스며 소유쟈가 샹항을 의지ᄒᆞ야 명령ᄒᆞ는 일을 쥰힝치 안이ᄒᆞᆯ ᄯᅢ는 농샹공부대신이 이 일을 힝ᄒᆞ고 그 부비를 밧으며 혹은 부분림으로 만다는 일도 잇슴

샹항 부분림으로 만다는 쟈는 본법 데삼됴와 밋 데ᄉᆞ됴의 규뎡을 적용(適用)홈

데십일됴 삼림에 ᄒᆡ츙(害蟲)이 ᄉᆡᆼ기거나 혹 ᄉᆡᆼ길 념려가 잇슬 ᄯᅢ는 그 삼림 소유쟈가 이것을 잡아 업시ᄒᆞ든지 예방홈이 가홈

샹항의 경우에는 농샹공부대신이 ᄉᆞᆷ림 소유쟈의게 ᄃᆡᄒᆞ야 ᄒᆡ츙을 잡아 업시ᄒᆞ거나 예방ᄒᆞ는 일을 명령홈도 잇슴

샹항의 명령을 쥰힝치 안이ᄒᆞᆯ ᄯᅢ는 농샹공부대신이 이 일을 힝ᄒᆞ고 그 부비를 밧음도 잇슴[454]

234 1908년 4월 8일(수) 제2656호 별보

삼림법(森林法) (속)

데십이됴 농상공부대신의 허가가 업스면 삼림 산야에 입장치 못홈

데십삼됴 소유쟈의 허락을 밧지 안으면 삼림 산야에 입쟝치 못홈

데십ᄉᆞ됴 디방관이나 경출관리의 허가를 밧지 안으면 삼림산야에 불을 놋

454 4월 6일은 정기휴간, 7일은 임시휴간함.

치 못홈

데십오됴 삼림산야에셔 나는 물건을 도젹흔 쟈는 형법 데륙빅이됴와 및 데륙빅삼됴에 비초어 쳐벌함

데십륙도 타인의 삼림산야에 기간ᄒᆞ거나 불노은 쟈는 형법 데륙빅륙심구됴 단셔(但書삿쥴)를 의지ᄒᆞ야 쳐벌홈

데십칠됴 타인의 소유로 잇는 삼림의 슈목을 상히(傷害)흔 쟈와 삼림을 위ᄒᆞ야 셰운 바 표목을 옴기거나 ᄲᅢ여버린 쟈와 및 데륙됴와 데십이됴로부터 십ᄉᆞ됴ᄭᆞ지의 규뎡과 데칠됴의 명령을 억읜 쟈는 금옥(禁獄)이나 일 환 이상 이빅 환 이하의 벌금에 쳐홈

데십팔됴 본법을 시힝ᄒᆞ기에 필요흔 명령은 농샹공부대신이 이것을 뎡홈

부측

데십구됴 삼림산야의 소유쟈는 본법을 시힝ᄒᆞ는 날로부터 숨 년 안에 삼림산야의 디젹(地積)과 면젹(面積)의 도형을 쳠련ᄒᆞ야 농상공부대신의게 신고(申告)ᄒᆞ되 긔한 안에 신고치 안으면 다 국유로 도라감

데이십됴 삼립법을 반포ᄒᆞ기 젼에 국유 삼림산야에 죵목ᄒᆞ는 허가를 엇어셔 그 효력이 아즉 잇는 쟈는 본법을 시힝ᄒᆞ는 날로부터 일 년 이닉에 부분림셜뎡(部分林設定)ᄒᆞ는 청원셔를 농상공부대신의게 졍ᄒᆞ야 인허를 밧은 쟈는 데ᄉᆞ됴의 규뎡을 의지ᄒᆞ야 부분림을 셜뎡흔 자로 녁임

상항 긔한 안에 청원치 안이흔 쟈는 죵목ᄒᆞ는 허가와 그 효력을 일흠

데이십일됴 삼림법을 본포ᄒᆞ기 젼에 국유삼림의 벌목이나 숨림산야의 딕하(貸下)ᄒᆞ는 허가를 물어셔 그 효력이 아즉 잇는 쟈는 본법을 시힝ᄒᆞ는 날로부터 일 년 이닉에 농상공부대신의게 청원ᄒᆞ야 인증(認證)을 밧음이 가홈

상항을 긔한 안에 청원치 안으면 벌목이나 딕하의 허가가 그 효력을 일흠

데이십이됴 본법은 반포흔 놀로부터 시힝홈

농상공부령 데륙십숨호

국유삼림산야부분림규측(國有森林山野部分林規則)

뎨일됴 삼림법 뎨삼됴를 의지흔 부분림의 셜뎡은 본 규측의 뎡흔 바를 의지홈

뎨이됴 부분림의 셜뎡 디역(地域)은 일만오쳔보 이하됨을 허락지 안이홈

뎨삼됴 부분림의 계속ᄒᆞᄂᆞᆫ 긔한은 빅 년을 지나게 ᄒᆞ지 못홈

샹항의 긔한은 다시 고침을 허홈 (미완)

235 1908년 4월 9일(목) 제2657호 별보

삼림법(森林法) (속)

뎨ᄉᆞ죠 부분림은 벌목ᄒᆞᄂᆞᆫ 긔한 젼에 벌목ᄒᆞ기를 허락지 안이홈 벌목 긔한은 부분림을 셜뎡흔 잇음히부터 이십 년이오 키가 나진 나모를 심은 숩림은 오년 이상으로 홈

뎨오죠 부분림에셔 나는 리익을 난호ᄂᆞᆫ 비례(比例)ᄂᆞᆫ 농상공부대신이 뎡홈

죠림쟈(造林者)의 리익 차지ᄒᆞᄂᆞᆫ 비례ᄂᆞᆫ 십분의 구에 넘지 못홈

뎨륙됴 부분림을 셜뎡흔 후에 텬연(天然)으로 ᄉᆡᆼ쟝흔 슈목은 부분림의 슈목으로 삼음

뎨칠됴 근쥬(根株)ᄂᆞᆫ 특별히 뎡흔 것이 잇ᄂᆞᆫ 외에ᄂᆞᆫ 국(國)의 소유로 홈

뎨팔됴 부분림을 셜뎡코져 ᄒᆞᄂᆞᆫ 쟈ᄂᆞᆫ 뎨일호 양식(第一号様式)과 갓흔 청원셔에 뎨이호 뎨삼호 양식의 죠림예뎡도(造林豫定圖)를 쳠런ᄒᆞ야 농상공부대신의게 졍ᄒᆞ야 허가를 밧음이 가홈

뎨구됴 농상공부대신이 부분림의 셜뎡홈을 허가흘 ᄯᅢᄂᆞᆫ 뎨ᄉᆞ호 양식의 허가증(許可證)을 ᄂᆡ여줌이 가홈

상항의 허가증을 밧은 쟈ᄂᆞᆫ 일쥬일(一週日) 안에 뎨오호 양식의 쳥원셔를

정ᄒᆞᆷ이 가ᄒᆞᆷ

데십됴 농상공부대신은 데륙호 양식의 국유삼림산야부분림ᄃᆡ쟝(國有森林山野部分林臺帳) (존안치부칙)을 만다러 부분림을 등록ᄒᆞᆷ이 가ᄒᆞᆷ

데십일됴 죠림쟈는 부분림셜뎡의 허가를 밧은 날로부터 오십 일 안에 데칠호 양식의 경계표(境界標)를 셰옴이 가ᄒᆞᆷ

데십이됴 죠림쟈는 좌ᄀᆡᄒᆞᆫ ᄉᆞ항에 ᄃᆡᄒᆞ야 부분림을 보증ᄒᆞ는 의무가 잇슴

一. 화ᄌᆡ의 예방과 소방(消防불ᄭᅳ는 일)

二. 도벌(盜伐) 오벌(誤伐) 모인(冒認) 침간(侵墾)과 밋 기타 방ᄒᆡᄒᆞ는 힝위를 예방ᄒᆞ며 금지ᄒᆞ는 일

三. 유ᄒᆡ(有害)ᄒᆞᆫ 동물(動物)이나 식물(植物)을 예방ᄒᆞ며 업시ᄒᆞ는 일

四. 경계표와 밋 기타 여러 가지 표목을 보존ᄒᆞ는 일

五. 텬연으로 나는 어린 나모 보존ᄒᆞ는 일

데십삼됴 됴림쟈는 좌ᄀᆡᄒᆞᆫ 일을 힝ᄒᆞ고져 ᄒᆞ는 ᄯᆡ는 즉시 농샹공부대신의게 고ᄒᆞᆷ이 가ᄒᆞᆷ

一. 부분림에 식목이나 보식(補植)이나 보육(保育)과 기타 죠림에 필요ᄒᆞᆫ 일을 힝ᄒᆞ고 ᄒᆞᆯ ᄯᆡ

二. ᄉᆞ업셜계(事業設計)를 인ᄒᆞ야 일 년치나 혹 젼부(全部)의 식목을 필ᄒᆞᆫ ᄯᆡ

三. 부분림에 잇는 슈목에 ᄌᆡ앙이 □는 ᄯᆡ

四. 부분림의 슈목의 슈효가 줄어진 ᄯᆡ

五. 부분림에셔 나는 물건을 ᄎᆡ취(採取)ᄒᆞ야 슈운ᄒᆞ야 ᄂᆡ기를 필ᄒᆞᆫ ᄶᅢ

六. 부분림에 관리ᄒᆞ는 사ᄅᆞᆷ이나 간슈ᄒᆞ는 사ᄅᆞᆷ을 둘 ᄯᆡ나 혹 ᄀᆡ차ᄒᆞᆯ ᄯᆡ

七. 죠림쟈의 일홈이나 쥬소(住所)를 변경(變更)ᄒᆞᆯ ᄯᆡ

데십ᄉᆞ됴 죠림쟈가 부분림에 관리ᄒᆞ는 사ᄅᆞᆷ이나 간슈ᄒᆞ는 사ᄅᆞᆷ을 둘 ᄯᆡ는 부분림이 계속ᄒᆞ는 ᄀᆡ한 안에 부분림이나 그 근쳐 국유 삼림산야에셔 ᄯᅡ을 ᄀᆞᆯ희여 농상공부대신의 허가를 엇은 후 삼십만보에 일호(一戶)의 비례(比例)로써

ᄆᆡ일호에 ᄃᆡᄒᆞ야 숨천보 이하의 농ᄉᆞ지을 ᄶᅡ을 셜뎡홈도 잇슴

샹항의 농ᄉᆞ짓는 ᄶᅡ은 무료(無料)로 빌녀즘(미완)

236 1908년 4월 10일(금) 제2658호 별보

삼림법(森林法)(속)

뎨십오됴 죠림쟈는 좌기ᄒᆞᆫ 산물(産物)을 취ᄒᆞ는 권리가 잇슴

一. 나모 밋헤 나는 풀, 락엽(落葉) 삭다리

二. 나모열ᄆᆡ, 버셧 죵류

三. 묘목(苗木)을 심은 후 버히는 긔한의 ᄉᆞ분지일 안에 나모를 각고기 위ᄒᆞ야 ᄶᅵᆨ어ᄂᆡ인 나모와 밋 곗가지

뎨십륙됴 죠림쟈가 나모 버힐 긔한에 달ᄒᆞᆫ 부분림을 버혀ᄂᆡ고져 ᄒᆞᆯ ᄯᅢ는 뎨팔호 양식의 청원셔를 농상공부대신의게 졍ᄒᆞ야 허가를 밧음이 가홈

뎨십칠됴 죠림쟈가 뎨십오됴를 의지ᄒᆞ야 산물을 취코져 ᄒᆞᆯ ᄯᅢ는 동됴(同條) 뎨일항(第一項)의 물건에 ᄃᆡᄒᆞ야는 그 ᄯᅳᆺ을 농상공부대신의게 보고ᄒᆞ며 뎨삼항의 물건에 ᄃᆡᄒᆞ야는 농상공부대신의 허가를 밧음이 가홈

뎨십팔됴 부분림의 슈익(收益)은 그 슈목을 판 ᄃᆡ금(代金)으로ᄡᅥ 분슈(分取)홈

국(國)에셔 나모 버히는 긔한 후에 슈목을 보존ᄒᆞᆯ 필요가 잇는 ᄯᅢ는 ᄌᆡ목으로ᄡᅥ 분슈ᄒᆞ되 이런 ᄯᅢ는 죠림쟈와 회동ᄒᆞ야 그 분슈ᄒᆞᆯ 슈목을 지뎡(指定)홈

뎨십구됴 젼됴 뎨일항의 경우에 슈목을 파는 일은 농상공부대신이 ᄒᆡᆼ홈

죠림쟈는 국(國)에셔 분슈ᄒᆞᆯ 부분에 ᄃᆡᄒᆞ야 ᄃᆡ금(代金)을 상납ᄒᆞᆫ 후 특ᄆᆡ(特賣)를 밧음도 잇슴

뎨이십됴 뎨십팔됴 뎨이항의 경우에는 죠림쟈는 농상공부대신이 지뎡ᄒᆞᆫ

긔한 안에 그 분슈ᄒᆞᆫ 슈목을 슈운ᄒᆞ야 닙이 가홈

상항 슈운ᄒᆞ야 ᄂᆡ는 긔한은 삼 년을 넘기지 못홈 단(但) 농샹공부대신이 부득이ᄒᆞᆫ ᄉᆞ졍이 잇는 쥴로 인뎡(認定)ᄒᆞᆯ ᄯᅢ는 긔한을 퇴뎡ᄒᆞ되 일 년은 넘지 못홈

슈운ᄒᆞ야 ᄂᆡ는 긔한 안에 슈운을 필ᄒᆞ지 못ᄒᆞᆫ 슈목은 국(國)의 소유로 도라감

뎨이십일됴 부분림에 손ᄒᆡ(損害)를 더ᄒᆞᆫ 쟈의게 빈상금을 밧은 금익은 리익을 분슈ᄒᆞ는 비례로써 분슈홈

뎨이십이됴 텬지(天災)나 기타 피치못ᄒᆞᆯ ᄉᆞ변을 의지ᄒᆞ야 부분림 셜뎡의 허가가 무효(無效)된 ᄯᅢ는 남아 잇는 슈목은 리익을 분슈ᄒᆞ는 비례로써 분휴홈

죠림쟈가 부득이ᄒᆞᆫ ᄉᆞ유가 잇셔서 부분림 셜뎡의 폐지를 청원ᄒᆞ야 농상공부대신의 허가를 엇은 경우도 ᄯᅩᄒᆞᆫ 상항과 ᄀᆞᆺ흠

뎨이십삼됴 죠림쟈가 부분림을 다른 사ᄅᆞᆷ의게 넘겨쥬거나 뎐당 잡히거나 ᄯᅩ 빌니거나 쓰게 ᄒᆞᆯ ᄯᅢ는 뎨구호 양식의 쳥원서를 농상공부대신의게 졍ᄒᆞ야 허가를 엇음이 가홈 (미완)

237 1908년 4월 11일(토) 제2659호 긔셔

제목 없음 / ᄌᆡ미국 일농부

젼에 영국 황ᄐᆡᄌᆞ가 인도에 가셔 숨삭 동안을 유람ᄒᆞ시는ᄃᆡ 인도 본국 귀족들과 영국 관인들이 구름갓치 모혀 ᄐᆡᄌᆞ를 위ᄒᆞ여 ᄃᆡ졉ᄒᆞᆯ ᄉᆡ 씨불리라 ᄒᆞ는 셩 ᄌᆞᄉᆞ는 돈 륙십만 원을 ᄂᆡ고 기외 타읍 관원도 ᄯᅩ한 이와 갓치 ᄒᆞ며 빈한ᄒᆞᆫ 사ᄅᆞᆷ이라도 다 연죠ᄒᆞ여 거관에 ᄌᆡ물을 앗기지 안이ᄒᆞ엿스니 영국 ᄐᆡᄌᆞ의 ᄃᆡ졉밧은 것은 엇지 영광스러온지 이로 다 말ᄒᆞᆯ 슈 업스며 녯젹에도 이 ᄀᆞᆺ흔 영광은 업스리라 ᄒᆞ는ᄃᆡ 그 아람답게 ᄭᅮ몌여 보기 됴케 ᄒᆞᆫ 것을 ᄃᆡ강 말ᄒᆞᆯ진ᄃᆡ 명랑ᄒᆞᆫ 등불과 화려ᄒᆞᆫ 긔를 달며 귀즁ᄒᆞᆫ 옷을 입고 연셜도 ᄒᆞ며 대연을 빈

셜ᄒᆞ고 ᄯᅩ 한편으로 림시 구경ᄒᆞ기 위ᄒᆞ야 집에 ᄉᆡ로 칠을 ᄂᆡ며 긔긔묘묘ᄒᆞᆫ 집을 만히 지어 사ᄅᆞᆷ의 눈을 즐겁게도 ᄒᆞ며 산양ᄒᆞ기를 시작ᄒᆞ야 나는 ᄉᆡ와 큰 호랑이ᄭᅡ지 잡앗고 ᄯᅩ 각쳐병뎡을 모아 기예운동을 구경ᄒᆞ엿스며 ᄯᅩ 우리 군셩에 ᄒᆞᆫ 일홈난 못이 잇는ᄃᆡ 그 못 속에 오ᄉᆡᆨ 유리로 만든 뎐긔등을 뭇어 빗치 어른어른ᄒᆞ야 보기에 휘황찬란ᄒᆞ게 ᄒᆞ고 ᄯᅩ 연ᄭᅩᆺ 모양으로 유리 뎐등을 만다러 못속에 셰워 련ᄭᅩᆺ 핀 것ᄀᆞᆺ치 ᄒᆞ엿스며 일어와리강에셔 ᄇᆡ노름을 ᄒᆞᆯ ᄉᆡ 륜션회사에셔 ᄐᆡᄌᆞ 타시기 위ᄒᆞ야 ᄉᆡ로 특별히 륜션 일쳑을 쥰비ᄒᆞ야 슈원들을 타게 ᄒᆞ며 ᄯᅩ 죠고마ᄒᆞᆫ 길 가기 위ᄒᆞ야 ᄡᅳᆷ이는 경비가 ᄉᆞ십만 원이나 되엿스며 ᄯᅩ 극히 아름다온 ᄌᆡ목으로 화륜챠 일쳑을 졔죠ᄒᆞ엿난ᄃᆡ 온갖 것이 업는 것이 업시 ᄭᅮᆷ엿스니 사ᄅᆞᆷ들이 말ᄒᆞ기를 박회 우에 ᄉᆡ 대궐이라 ᄒᆞ엿스며 ᄯᅩ 귀ᄒᆞ고 리상ᄒᆞᆫ 물건으로 션물을 만히 들엿스니 영국 황ᄐᆡᄌᆞᄭᅴ셔는 이갓치 풍부ᄒᆞ고 이갓치 화려ᄒᆞ며 됴흔 소ᄅᆡ와 아름다온 풍악만 보고 들엇슨즉 인도는 대단이 부쟈나라으로 알겟스나 그러나 황ᄐᆡᄌᆞᄭᅴ셔 이 셰상 형편을 다 짐작ᄒᆞ여 아신즉 아마 그러케 ᄉᆡᆼ각ᄒᆞ지 안이ᄒᆞ실 듯ᄒᆞ도다 대기 인도난 부강ᄒᆞᆫ 나라에 비교ᄒᆞ면 남북극이 셔로 막혀셔 상거가 먼 것 갓흘지라 인도 인구가 이억 구쳔륙ᄇᆡᆨ만 ᄉᆞ는 즁에 일죠 ᄉᆞᆷ쳔만 명이 엇더케 ᄉᆞ난 것을 보며 흙으로 지은 집이 젹고 더러워 즘ᄉᆡᆼ이라도 그와 갓치는 살지 안이ᄒᆞᆯ 것이오 그 ᄒᆡ진 것이 옷이라 ᄒᆞᆯ 슈 업는 것을 입엇스니 이 무리는 ᄒᆡ마다 무셔운 병으로 알키도 ᄒᆞ며 쥭기도 ᄒᆞ는ᄃᆡ 악ᄒᆞᆫ 병 나는 근원을 상고ᄒᆞ면 다 가난ᄒᆞᆫ 연고라 만일 ᄐᆡᄌᆞᄭᅴ셔 인도 ᄇᆡᆨ셩에 ᄉᆞ졍이 이와 갓흔 쥴을 아셧더면 이ᄀᆞᆺ치 쓸ᄃᆡ업시 허비ᄒᆞ는 돈으로 이갓치 불상ᄒᆞᆫ ᄇᆡᆨ셩들을 위ᄒᆞ야 몹쓸 병 안이 나고 위ᄉᆡᆼ에 유익ᄒᆞᆫ 일을 만히 예비ᄒᆞ셧스면 ᄆᆡ오 됴흘 번ᄒᆞ엿도다 인도의 됴치 못ᄒᆞᆫ 풍속은 상하에 분변이 넘어 현격ᄒᆞ야 웃사ᄅᆞᆷ이 ᄇᆡᆨ셩에 ᄉᆞ졍을 통ᄒᆞ지 못ᄒᆞ는지라 아미타불이라 ᄒᆞ는 셩 가온ᄃᆡ ᄒᆞᆫ 큰 졀이 잇난ᄃᆡ 그 문에 ᄡᅧ 골아ᄃᆡ 샤인과 ᄀᆡᆨ은 이문에 츌입ᄒᆞ지 물나 ᄒᆞ엿는ᄃᆡ 그 졀은 ᄆᆡ오 화려ᄒᆞ되 그 졀 압헤 사는 빅셩들은 다 가난ᄒᆞ고 잘 먹지 못ᄒᆞ야 살은 마르고 눈은 깁히 들어가고 ᄲᅧ만 걸녓ᄂᆞᆫ지라 대기 인도 사ᄅᆞᆷ의 놉고 나즌 것이 학문과 ᄌᆡ죠 잇고 업ᄂᆞᆫ ᄃᆡ 잇지 안이ᄒᆞ며 나라 빅셩을 위ᄒᆞ야 됴흔 일을 만히 ᄒᆞᄂᆞᆫᄃᆡ도 상관이 업고 다만 그 부모에 문벌이 됴흔 ᄃᆡ만 잇스니 그럼으로 하등인의 ᄌᆞ녀ᄂᆞᆫ 공부도 못ᄒᆞ야 뎌의 디위를 ᄯᅥ나셔 더 올나갈 슈가 업다고 셰계가 공론ᄒᆞ든 인도가 엇지ᄒᆞ여 오날이야 슈치를 ᄭᆡ닷고 일심단톄ᄒᆞ야 일변 국권을 회복ᄒᆞ고 귀족을 멸종ᄒᆞ고져 ᄒᆞᄂᆞ뇨 본인도 하등 인물로 ᄒᆡ외에 나온지 삼ᄉᆞ 년에 ᄃᆡ강 들은 ᄃᆡ로 ᄂᆡ디 동포에게 고ᄒᆞ노라

238 1908년 4월 12일(일) 제2660호 별보

삼림법(森林法) (속)

뎨이십ᄉᆞ됴 죠림쟈의 권리(權利)ᄂᆞᆫ 상속(相續)홈을 허홈

뎨이십오됴 농상공부대신은 좌기ᄒᆞᆫ 경우를 당ᄒᆞ야 부분림 셜뎡의 허가를 환슈홈

一. 사위(詐僞)나 오착(誤錯)으로 인ᄒᆞ야 허가홈이 발각된 ᄯᅢ

二. 직목ᄒᆞᄂᆞᆫ 긔한의 시쵸로부터 일 년 안에 ᄉᆞ업을 시작지 안이ᄒᆞᆫ ᄯᅢ나 시작ᄒᆞᆫ 후에 상당ᄒᆞᆫ ᄉᆞ유가 업고 예뎡(豫定)ᄒᆞᆫ ᄃᆡ로 힝치 안이ᄒᆞᄂᆞᆫ ᄯᅢ

三. 나모 심으기를 맛친 후 오 년이 지나도록 셩림(成林)ᄒᆞᆯ 소망이 업ᄂᆞᆫ ᄯᅢ

四. 뎨ᄉᆞ됴, 뎨십륙됴, 뎨십칠됴의 규뎡을 억인 ᄯᅢ나 뎨십이됴의 의무를 힝치 안이ᄒᆞᆫ ᄯᅢ

五. 죠림쟈가 부분림에 ᄃᆡᄒᆞ야 죄를 범ᄒᆞᆫ ᄯᅢ

뎨이십륙됴 부분림 셜뎡의 허가를 환슈ᄒᆞᄂᆞᆫ ᄯᅢᄂᆞᆫ 셜뎡ᄒᆞᆫ 날로부터 디셰를 밧고 현존(現存)ᄒᆞᆫ 슈목은 국(國)의 소유로 홈

단(但) 허가를 환슈ᄒᆞᄂᆞᆫ 원인이 죠림쟈의 칙망이 안인 ᄯᅢᄂᆞᆫ 뎨이십이됴의 젼례를 의지홈

상항에 규뎡은 뎨십됴의 농ᄉᆞ짓ᄂᆞᆫ ᄯᅢ에도 젹용(適用)홈

뎨이십칠됴 국유 삼림산야 부분림에 관ᄒᆞᆫ 문부나 도형이나 초본(抄本)을 엇고져 ᄒᆞᄂᆞᆫ 쟈ᄂᆞᆫ 일 건(一件)에 ᄃᆡᄒᆞ야 십 젼(十錢)의 비례로ᄡᅥ 슈입인지(收入印紙)를 부쳐셔 농상공부대신의게 쳥원홈이 가홈

뎨이십팔됴 부분림을 다른 목뎍에 쓰거나 ᄯᅩᄂᆞᆫ 뎨이십삼됴의 규뎡을 억인 ᄯᅢᄂᆞᆫ 농상공부대신이 오십 원 이하의 벌금을 밧음

뎨이십구됴 뎨십일됴와 밋 뎨십삼됴의 규뎡을 억인 ᄯᅢ나 뎨이십ᄉᆞ됴 뎨이항의 규뎡을 억인 ᄯᅢᄂᆞᆫ 농상공부대신이 죠림쟈나 상속쟈(相續者)의게 십 원 이하의 벌금에 쳐홈

부측(附則)

뎨삼십됴 삼림법 뎨이십됴를 의지ᄒᆞ야 식목허가(植木許可)의 인증(認證)을 밧고져 ᄒᆞᄂᆞᆫ 쟈ᄂᆞᆫ 뎨일호 양식으로부터 뎨삼호 양식ᄭᆞ지를 의지ᄒᆞ야 쳥원셔를 농상공부대신의게 졍홈이 가ᄒᆞᆫ[455]

농샹공부대신이 상항의 쳥원셔를 슈리(受理)ᄒᆞ야 젹당ᄒᆞᆫ 쥴로 알 ᄯᅢᄂᆞᆫ 뎨ᄉᆞ호 양식을 의지ᄒᆞ야 인증을 줌

뎨삼십일됴 본령(本令)은 반포ᄒᆞᆫ 늘로부터 시힝홈

삼림법과 밋 부분림 규측에 관ᄒᆞᆫ 쳥원셔와 인증 등속은 뎨일호로부터 구호ᄭᆞ지 잇스되 도형과 규모가 ᄶᅡ다라와 게지치 못ᄒᆞ오니 유의ᄒᆞ신 동포ᄂᆞᆫ 륭희 이년 삼월 이십ᄉᆞ일과 이십오일 관보를 익히 보아 그ᄃᆡ로 힝ᄒᆞ시읍 (완)

455 '가홈(가함)'의 오기인 듯함.

239 1908년 4월 14일(화) 제2661호 론셜

탐관오리로 빅셩의 기름과 피를 빠던 쟈의게 경고홈

슯흐다 오날늘 우리나라의 국권이 싸에 써러지고 챵싱이 도탄에 빠진 원인을 싱각홀진된 여러 가지가 잇스나 그러나 기즁에 가쟝 큰 원인은 탐관오리의 무리가 빅셩의 기름과 피를 빠라먹음이라 이 일을 싱각ᄒᆞ면 심담이 썰니고 모골이 송연ᄒᆞᆫ 고로 두어 마딕 경고ᄒᆞ노니 고요ᄒᆞᆫ 밤 즘 업슬 썩에 세 번 싱각홀지어다 대뎌 우리 인민은

렬셩죠의 덕화 가온딕셔 싱쟝ᄒᆞ야 권리가 무엇인지 의무가 무엇인지 도모지 몰으고 ᄉᆞ농공샹간의 업을 직희여 요슌의 빅셩과 갓ᄒᆞ야 인군의 힘이 잇는 쥴도 아지 못ᄒᆞ더니 뎌 탐관오리의 무리가 빅셩의 지극히 착ᄒᆞ고 지극히 어리셕은 것을 업수히 녁이고 업는 죄를 얽어셔 옥에 가도고 싸리기를 노례나 우마갓치 ᄒᆞ며 직물을 쐿아슬 젹에 불샹ᄒᆞᆫ 싱명을 얼마나 쥭엿스리오 텬도의 복션화음[456] ᄒᆞ는 리치가 잇스면 그런 무리들은 발셔 디옥에 들어가 억만겁이라도 버셔나지 못ᄒᆞ게 되얏스렷마는 그러치 안이ᄒᆞ야 쐿앗긴 빅셩은 긔한을 불으며 동셔남북으로 류리기걸ᄒᆞ고 쌔아슨 방빅슈령들은 디위와 직산이 쌍젼ᄒᆞ야 뎐장을 광치ᄒᆞ고 고딕광실에 금의옥식으로 조곰도 구차ᄒᆞᆫ 것이 업셔셔 항상 말ᄒᆞ되 나라는 망홀지언뎡 닉 직산이야 어딕 가랴 ᄒᆞ며 무한ᄒᆞᆫ 복록을 누리는도다 그러나 녯말에 골아딕 션악의 보응은 갓가히 갑흐면 몸에 잇고 멀니 갑흐면 ᄌᆞ손의게 잇다 ᄒᆞ엿스니 나라와 빅셩의게 막대ᄒᆞᆫ 죄악을 지은 쟈 엇지 그 복록을 길게 누리리오 ᄌᆞ긔의 몸으로 앙화를 밧지 안으면 ᄌᆞ긔의 ᄌᆞ손이 밧을 것은 썻썻ᄒᆞᆫ 리치라 ᄒᆞ노라 혹쟈ㅣ 믈ᄒᆞ되 그러케 큰 죄악을 지은 무리의게 무엇을 경고ᄒᆞ나뇨 ᄒᆞ나 본 긔쟈는 동포를 사랑ᄒᆞ는 지셩측달ᄒᆞᆫ 말로써 한 번 경

456 복선화음(福善禍淫): 착한 사람에게는 복이 오고 악한 사람에게는 재앙이 옴.

고ᄒᆞ야 그 회과ᄌᆞ신[457] ᄒᆞ기를 그윽히 기다리고 바라노라 그 회과ᄌᆞ신ᄒᆞᄂᆞᆫ 도ᄂᆞᆫ 엇더ᄒᆞ뇨 별로히 다른 방칙이 업고 다만 ᄒᆞᆫ 가지 쉬운 일이 잇스니 이왕에 원이나 감ᄉᆞ로 잇슬 ᄯᅢ에 ᄲᅢ아슨 바 ᄇᆡᆨ셩의 뎐쟝이나 돈을 일일히 계산ᄒᆞ야 원주의게 도로 ᄂᆡ여주고 텬하에 죄를 샤례홈이 가ᄒᆞ도다 만일 그러치 안이ᄒᆞ야 이젼에 가젓던 잔인ᄒᆞ고 악독ᄒᆞᆫ 마암으로 도로 ᄂᆡ여주지 안으면 필경은 그 재물이 그져 업셔지지 안코 큰 화얼을 ᄆᆡᆫ들지니 엇지 깁히 ᄉᆡᆼ각지 안으리오 슯흐다 탐관오리로 ᄇᆡᆨ셩의 고혈을 ᄲᅢ라 부귀를 누리ᄂᆞᆫ 쟈ᄂᆞᆫ 본 긔쟈의 구구ᄒᆞᆫ 츙언을 들을지어다 엇던 사ᄅᆞᆷ의 말과 ᄀᆞᆺ치 그ᄯᅢᄂᆞᆫ ᄲᅢ앗ᄂᆞᆫ 시ᄃᆡᆫᆺ가 ᄲᅢ앗셧거니와 오늘은 도로 주ᄂᆞᆫ 시ᄃᆡ인즉 사ᄅᆞᆷ이 엇지 시ᄃᆡ를 억의고 살니오 ᄯᅩᄒᆞᆫ 근일은 국민의 풍긔가 크게 변ᄒᆞ야 각각 ᄌᆞ긔의 권리를 차즈려 ᄒᆞᆫ즉 재산의 권리ᄂᆞᆫ 사ᄅᆞᆷ의 가장 큰 권리나 엇지 남의게 ᄲᅢ앗기고 가만히 잇스리오 슯흐다 우리 동포여 ᄉᆡᆼ명과 재산의 권리ᄂᆞᆫ 귀쳔이 일반이니 ᄲᅢ앗긴 쟈ᄂᆞᆫ 도로 찻고 ᄲᅢ아슨 쟈ᄂᆞᆫ 도로 주ᄂᆞᆫ 것이 가ᄒᆞ다 ᄒᆞ노라

240 1908년 4월 15일(수) 제2662호 긔셔

제목 없음 / 셔셔 약현 김동완

ᄉᆡᆼ이 본ᄃᆡ 가세가 젹빈ᄒᆞ여 외로히 가도를 슯힘으로 셰상에 학문이 무엇인지 삼강오륜이 무엇인지 돈연부지러니 일일은 이웃집 글방에 가니 모든 학동들이 학문을 강론ᄒᆞ며 졍당히 안젓시니 보기에 대단히 깃부고 부러옴을 측량치 못ᄒᆞ야 ᄉᆡᆼ의 젼졍을 ᄉᆡᆼ각ᄒᆞ니 눈물이 ᄯᅡ에 ᄯᅥ러짐을 ᄭᅢ닷지 못ᄒᆞ더니 그즁에 소ᄉᆡᆼ과 졍의가 교밀ᄒᆞᆫ 학도 하나이 소ᄉᆡᆼ을 바라보다가 위로왈 그ᄃᆡ의

457 회과자신(悔過自新): 지난날의 잘못을 뉘우치고 고쳐 착하게 됨.

져럿틋 슈심홈을 보니 필경 학문을 빅홀 마음이 잇스나 학비가 업셔 져러케 슈심ᄒᆞᄂᆞᆫ가 십흐니 이는 대단 감샤ᄒᆞ나 그ᄃᆡ의 셩품이 어리셕고 우쥰ᄒᆞ도다 남의 공부홈을 부러워 말고 나도 져 사름과 갓치 공부ᄒᆞ야 남을 압두ᄒᆞ리라 싱각ᄒᆞ면 필경은 그ᄃᆡ의 공부가 남만 못ᄒᆞ지 안을 것이오 쏘한 고어에 갈아ᄃᆡ 졍셩이 지극ᄒᆞ면 신명이 돕ᄂᆞᆫ다 ᄒᆞᄂᆞᆫ 말이 잇슬 ᄲᅮᆫ더러 력ᄃᆡ ᄉᆞ긔를 볼지라도 셩현군ᄌᆞ와 영웅호걸지ᄉᆞ가 모다 곤궁히 공부를 셩취ᄒᆞ엿시니 그 ᄅᆡ력을 다 말홀 슈는 업스나 엇던 셩인은 밤에 공부홀 ᄶᅥᆨ 쵹불 켤 형셰가 업셔 기똥버레를 잡아다 놋코 그 붉은 긔운에 공부ᄒᆞᆫ 이도 잇고 쏘한 엇던 셩인은 방벽을 쑬코 죠희 죠각만 바르고 남의 집 쵹불 긔운에 공부ᄒᆞᆫ 이도 잇스며 엇던 셩인은 글시 쓸 죠희가 업셔 글시 쓰던 죠희에 되쓰고 쏘 되쓰고 ᄒᆞ여 미양 먹에 죠희가 졋기에 이르러 공부를 셩취ᄒᆞ여 나라를 도은 이가 비일비직어날 그ᄃᆡᄂᆞᆫ 이런 싱각은 죠곰도 업고 우쥰지심만 품어 한갓 학비가 업셔 공부 못ᄒᆞᄂᆞᆫ 말만 ᄒᆞ니 참 탄식홀 일이로다 우리 동포 즁 엇던 동포ᄂᆞᆫ 루만리 히외에 나아가셔 낫이면 로동ᄒᆞ고 밤이면 공부ᄒᆞ여 죠국을 바라보고 즘든 동포의 졍신을 씨여 독립국을 셰우랴고 쥬야업시 분쥬ᄒᆞ니 그런 일을 보더ᄅᆡ도 공부ᄂᆞᆫ 나의 졍셩에 잇ᄂᆞᆫ 것이오니 그ᄃᆡ도 낫이면 상업에 힘을 쓰고 밤에ᄂᆞᆫ 공부ᄒᆞ면 엇지 남의 학문만 못ᄒᆞ다 ᄒᆞ리오 ᄒᆞ고 쥰졀ᄒᆞᆫ 말로 위로ᄒᆞᄂᆞᆫ지라 싱이 황연대각ᄒᆞ야 일어나 무슈 칭샤ᄒᆞ고 왈 그ᄃᆡ 말삼을 듯ᄉᆞ오니 나의 고루ᄒᆞᆫ 소견이 열녀 어린듯 취ᄒᆞᆫ 잠이 벽력을 맛남갓치 되오니 오작 바라건ᄃᆡ 학문을 널니 가라쳐 쥬심을 바라ᄂᆞ이다 ᄒᆞ니 그ᄶᅥᆨ에 교ᄉᆞ가 우리 둘이 문답홈을 보고 갈아ᄃᆡ 지금 시ᄃᆡᄂᆞᆫ 국문 빅호기가 속홀 것이니 국문을 빅혼 후에 한문을 빅홈이 늣지 안타 ᄒᆞ시기로 싱이 즉시 ᄉᆞ례ᄒᆞ고 그늘밤부터 국문초지 반졀 한장을 ᄉᆞ가지고 기학ᄒᆞ니 (미완)

제목 없음 / 셔셔 약현 김동완 (속)

과연 교ᄉᆞ의 ᄇᆰ으신 셩품으로 ᄉᆡ중젼불학을 ᄭᆡ닷게 ᄒᆞ시니 불과 일삭지ᄂᆡ에 ᄉᆡᆼ의 우쥰ᄒᆞᆫ 지식으로 국문이 불달되여 국문신문 한 쟝을 ᄉᆞ다보니 참 신문은 셰상에 업지 못ᄒᆞᆯ 것인 줄 알겟도다 그ᄯᆡ에 뎨국신문을 ᄆᆡ삭에 한화 삼십 젼식을 ᄂᆡ고 날마다 열람ᄒᆞ니 ᄉᆡᆼ에 암ᄆᆡᄒᆞᆫ 지식이 황연히 ᄭᆡ닷겟도다 그럼으로 신문은 셰계의 이목이오 인민의 대스승이라 ᄒᆞ겟도다 이후로 져녁이면 교ᄉᆞ에게 가셔 녯젹 셩현의 ᄉᆞ젹을 듯더니 일일은 교ᄉᆞ가 ᄀᆞᆯ아ᄃᆡ 너의 공부홈을 보니 지식이 속히 열니겟도다 ᄒᆞ시고 계몽편이란 ᄎᆡᆨ 한 권을 쥬어 가라치니 소ᄉᆡᆼ의 쳔ᄒᆞᆫ 나이 그ᄯᆡ에 십칠 셰라 ᄆᆡ양 어린 학도들에게 죠롱도 만히 밧고 지ᄂᆡ나 교ᄉᆞᄂᆞᆫ 더욱 ᄉᆞ랑ᄒᆞ시고 더욱 권고ᄒᆞ여 열심 교슈ᄒᆞ심애 우금 륙년 동안에 ᄉᆡᆼ에 셩명도 긔록ᄒᆞ고 삼강과 오륜도 짐작ᄒᆞ니 이ᄂᆞᆫ 교ᄉᆞ의 활발ᄒᆞ신 덕의로 오날놀 학문을 죠곰 밧은 연고이니 엇지 교ᄉᆞ의 덕이 안이며 죄쵸에 ᄉᆡᆼ을 위로ᄒᆞ든 학도에 덕이 안이리오 젼일에 ᄉᆡᆼ이 촉하에 홀로 안져 셔칙을 열람타가 다시금 ᄉᆡᆼ각ᄒᆞ니 오륙 년 젼에 단지 밥이나 알고 지ᄂᆡ든 일이 모다 후회가 나셔 슯흠을 익의지 못ᄒᆞ다가 다시 ᄉᆡᆼ각ᄒᆞᆫ즉 금일에ᄂᆞᆫ 그젼보다 지식이 좀 열엿다 ᄒᆞ면셔도 공부를 부실히 ᄒᆞ니 엇지 한심치 안으리오 그리 뎌리 ᄉᆡᆼ각다가 번뇌홈을 익의지 못ᄒᆞ여 월ᄉᆡᆨ을 타셔 문밧글 나셔 가로상으로 지나는데 한곳을 다다르니 무슈ᄒᆞᆫ 사름들이 소위 굴녕이란 노름을 ᄒᆞ며 ᄒᆞᄂᆞᆫ 믈이 혹은 리익도 본다 혹은 심심ᄒᆞ여 소일겸 ᄒᆞᆫ다 ᄒᆞ기로 ᄉᆡᆼ이 위연 튼식ᄒᆞ고 도라와 ᄉᆡᆼ각ᄒᆞ니 참 올치 안인 일이로다 현금 국가ᄉᆞ를 ᄉᆡᆼ각ᄒᆞᆯ진ᄃᆡᆫ 곳 가삼이 답답ᄒᆞ고 정신이 흣터져 일시라도 놀지 말고 학문을 힘쓸 ᄯᆡ에 엇지 ᄒᆞᆯ 일이 업다 ᄒᆞ고 져럿케 가로상에셔 남의 우슴거리를 ᄒᆞ는고 오작 원컨ᄃᆡ 우리 이쳔만 동포가 일심단톄되여 그런 굴녕이란 노름을 ᄒᆞ지 말고 어셔 어셔 학문을 힘써 대한젼국 삼쳔리에 이쳔만 우리 동포 틱극긔를 놉히 들고 대한뎨국 만만셰을 억쳔 년을 불너보셰 쳔든흔 학식으로 외람히 젼국동포의 이목을 더럽계 홀샌더러 말삼의 두셔를 몰으옵고 감히 신문상에 게직케 ᄒᆞ옵나니 인의례지와 애국ᄉᆞ상은 학문에 잇고 헛도히 노는 딕 잇지 안타 ᄒᆞ나이다(완)

242 1908년 4월 17일(금) 제2664호 론셜

번역의 어려옴 / 탄히싱

대뎌 번역이라 ᄒᆞ는 것은 뎌 나라의 말이나 글을 이 나라의 말이나 글로 뒤집어닉는 것이니 가령 우리나라 말로 「사룸」이라 ᄒᆞ는 것을 한어로 번역ᄒᆞ면 「人」이 되고 일어로 번역ᄒᆞ면 「히도」가 되고 영어로 번역ᄒᆞ면 「민」이 되나니 언의 나라 말을 언의 나라 말로 번역ᄒᆞ든지 죠곰도 어려올 것이 업는 듯ᄒᆞ나 그 실상인즉 나라마다 풍속과 습관과 력ᄉᆞ와 문학과 졍치와 법률과 외타 쳔빅ᄉᆞ가 셔로 갓지 안은 ᄶᅡ둙으로 말도 ᄯᅩ한 각각 다른지라 연고로 붓을 들고 외국 글을 번역ᄒᆞ랴면 엇더케 번역ᄒᆞ여야 올을는지 몰으고 슈 시간을 부잘업시 허비ᄒᆞ는 일이 죵죵 잇슴은 일반 외국어를 빅혼 쟈의 한탄ᄒᆞ는 바이라 그러나 깁히 연구ᄒᆞ고 오릭 싱각ᄒᆞ면 엇지 적당흔 말이 업스리오 근릭 우리나라에셔 각죵 셔적과 졍부에셔 제뎡ᄒᆞ야 반포흔 법률과 규측의 문ᄌᆞ를 볼진딕 열에 아홉 이상은 일본사룸이 져작흔 바이나 일본사룸이 긔쵸흔 바이라 이것을 번역홀 ᄯᅢ에 다만 일본 국문을 ᄲᅢ고 우리 국문으로 ᄎᆡ올 ᄯᆞ름이니 그 글을 보고 히셕홀 쟈ㅣ 어딕 잇스리오 이제 한두 가지 전례를 들어 말ᄒᆞ건딕 본년 일월 이십일일에 칙령으로 반포흔 삼림법(森林法) 뎨ᄉᆞ됴에 골아딕 「部分林의 樹木은 國과 造林者의 共有로 ᄒᆞ고 其持分은 收益分收部分에 均케 홈」이라 ᄒᆞ얏스며 뎨오됴 뎨륙항에 골아딕 「魚附에 必要흔 箇所」라 ᄒᆞ얏스니 이 글을 보고 그 뜻을 엇지 알니오 위션 지분(持分)이라 ᄒᆞᄂᆞᆫ 말은 우리나라 말로도 알 슈 업고 한문 뜻으로 풀 슈 업거날 당당ᄒᆞᆫ 법문에 그ᄃᆡ로 긔록ᄒᆞ야 학문의 뎡도가 어리고 나즌 우리 동포다려 알나 ᄒᆞ니 이ᄂᆞᆫ 참 한심ᄒᆞᆫ 일이로다 기즁에 심ᄒᆞᆫ 쟈ᄂᆞᆫ 어부에 필요ᄒᆞᆫ ᄀᆡ소(魚附에 必要ᄒᆞᆫ 箇所)라 ᄒᆞᄂᆞᆫ 말이니 대톄 어부ᄂᆞᆫ 무엇이며 ᄀᆡ소ᄂᆞᆫ 무엇이뇨 이ᄂᆞᆫ ᄇᆡᆨ셩을 가라치고져 홈이 안이라 아모죠록 몰으도록 홈이라 ᄒᆞ야도 가ᄒᆞ도다 시험ᄒᆞ야 이 글을 번역ᄒᆞ던 번역관과 이 법문을 ᄂᆡ각회의에 올녀 토론ᄒᆞ고 의결ᄒᆞ던 대신네들도 아지 못ᄒᆞ리니 아지 못ᄒᆞᄂᆞᆫ 것을 엇지 번역ᄒᆞ엿스며 엇지 의결ᄒᆞ얏ᄂᆞᆫ지 참 구셜부득의 일이로다 또 작일에 엇더ᄒᆞᆫ 신문을 본즉 외국에셔 온 뎐보 가온ᄃᆡ 이호 활ᄌᆞ로 대셔특셔ᄒᆞ되 ᄂᆡ각역할변경(內閣役割變更)이라 ᄒᆞ얏스니 역할(役割)이란 말이 무엇이뇨 신문은 일반공즁의 이목이어늘 이갓치 아지 못홀 말을 긔ᄌᆡ홈은 진실로 한탄홀 바이라 ᄒᆞ노라 이 밧게도 관보에 날마다 등ᄌᆡᄒᆞᄂᆞᆫ 글 가온ᄃᆡ 몰을 문ᄌᆞ가 경셩듬읏ᄒᆞ얏스니[458] 이것이 우리나라 학문계의 큰 붓그러옴ᄲᅳᆫ 안이라 크게 연구홀 문데이기로 우직홈을 도라보지 안코 감히 말ᄒᆞ노니 바라건ᄃᆡ 정부 당국쟈와 일반 교육가가 대단히 쥬의ᄒᆞ야 알아보기 쉽게 번역ᄒᆞ야 쥬시기를 바라노이다

243 1908년 4월 19일(일) 제2666호 론셜

신ᄂᆡ각 죠직의 풍셜 / 탄ᄒᆡ싱

근일 려항간에 풍셜을 젼파ᄒᆞᄂᆞᆫ 쟈ㅣ 잇셔 갈아ᄃᆡ 이등통감이 귀임ᄒᆞᆫ 후에 현 정부 졔공은 물너가고 신ᄂᆡ각이 죠직된다ᄂᆞᆫᄃᆡ 혹은 일진회가 젼슈히 들어간다 ᄒᆞ며 혹은 아모 아모가 아모 아모 대신이 된다 ᄒᆞ야 풍셜이 ᄇᆡᆨ 가지로 나

458 경성드뭇하다: (무엇이)많은 수가 듬성듬성 흩어져 있다.

니 족히 밋을 슈는 업스나 그러나 이 풍셜로 인ᄒᆞ야 민심의 향ᄇᆡ를 거의 짐작ᄒᆞ겟도다 당쵸에 현 정부 졔공이 ᄂᆡ각을 죠직홀 ᄯᅢ는 우희로

션텬ᄌᆞ의 ᄊᆡ시는 륭슝ᄒᆞᆫ 은혜를 닙고 아ᄅᆡ로 일반 국민의 긔ᄃᆡ(期待)ᄒᆞ는 칙망을 지고 밧그로 이등통감의 동의를 엇어 칙임ᄂᆡ각이라 ᄌᆞ칭ᄒᆞ고 ᄇᆡᆨ반 시졍을 ᄀᆡ션(改善)ᄒᆞᆫ다 ᄒᆞ더니 오날놀 일 년이 갓갑도록 ᄇᆡᆨ셩을 엇더케 안무ᄒᆞ얏스며 시졍을 엇더케 ᄀᆡ션ᄒᆞ얏나뇨 ᄂᆡ각 졔공으로 ᄒᆞ야곰 스ᄉᆞ로 뭇고 스ᄉᆞ로 ᄃᆡ답홀지라도 ᄯᅳᆺ과 갓지 못ᄒᆞ얏다 홀지오 일반 국민은 ᄎᆞ치ᄒᆞ고 겻헤셔 보는 사ᄅᆞᆷᄭᆞ지라도 졔공의 칙임 업슴을 한ᄐᆞᆫᄒᆞ리로다 지금 츈졀이 되여 ᄇᆡᆨ셩이 농ᄉᆞ를 즐 지어야 싱명도 보존ᄒᆞ고 국가에 ᄃᆡᄒᆞᆫ 의무로 셰금(稅金)도 밧칠 것이어늘 디방이 녕정치 못ᄒᆞ야 량민이 부모쳐ᄌᆞ를 리산ᄒᆞ고 ᄉᆞ방으로 류리ᄒᆞ야 농ᄉᆞ짓기는 고샤ᄒᆞ고 시각에 목숨을 안보키 어려오되 ᄂᆡ각에 안즌 졔공은 돈연불고ᄒᆞ고 작위와 셰력을 닷토기에 분쥬ᄒᆞᆫ 모양ᄲᅮᆫ이니 이 국가와 이 인민을 쟝찻 엇지홀고 참 한심통곡할 바이로다 연고로 ᄇᆡᆨ셩이 졔공의 물너가기를 기다리고 바라는 마암이 근졀ᄒᆞ야 이갓흔 풍셜을 지어 젼파홈이니 졔공은 엇지 슯히지 안나뇨 녯사ᄅᆞᆷ의 말에 큰 공을 일우는 쟈는 뭇사ᄅᆞᆷ의게 ᄭᅬᄒᆞ지 안는다 ᄒᆞ얏는 고로 졔공 즁에 혹히 이 말을 빙ᄌᆞᄒᆞ야 갈아ᄃᆡ ᄇᆡᆨ셩이 무엇이라고 ᄯᅥ들든지 관계홀 바ㅣ 업다 ᄒᆞ며 ᄯᅩ 우리나라의 지식 업는 ᄇᆡᆨ셩이 엇지 감히 국졍을 의론ᄒᆞ리오 방ᄌᆞ하고 괘심ᄒᆞ다 ᄒᆞ야 ᄇᆡᆨ셩의 오오ᄒᆞ는 소ᄅᆡ를 죠곰도 ᄀᆡ탄치 안이ᄒᆞ나 지금은 녯젹 압졔 졍치를 힝ᄒᆞ던 시ᄃᆡ와 달나셔 뭇사람과 ᄭᅬᄒᆞ지 안으면 큰 공을 일우기 어려온 고로 구미 졔국과 일본이 모다 헌법을 힝ᄒᆞ니 이는 ᄒᆞᆫ 사ᄅᆞᆷ의 주견으로ᄡᅥ 나라를 다ᄉᆞ리지 안코 뭇사ᄅᆞᆷ의 의견을 칙용홈이오 ᄯᅩ 우리나라 ᄇᆡᆨ셩은 과연 지식이 업셔 어리석으나 ᄂᆡ각 졔공도 역시 대한신민인즉 어ᄃᆡ셔 ᄇᆡ와셔 무슴 지식이 그다지 특츌ᄒᆞ리오 그ᄲᅮᆫ 안이라 ᄇᆡᆨ셩이라 ᄒᆞ는 것은 지극히 어리셕은 가온ᄃᆡ 지극히 신령ᄒᆞᆫ 것이 잇셔셔 졍치득실을 능히 판단ᄒᆞ는지라 고로 우리나라 속담에 두메사ᄅᆞᆷ 죠졍일 아듯 ᄒᆞᆫ다는 말이 잇

스니 슯흐다 졔공이여 근일의 풍셜을 심샹홀 쥴로 아지 마시고 크게 씨닷는 바이 잇기를 바라노라[459]

244 1908년 4월 22일(수) 제2668호 별보

평양 대운동회 셩항

본월 십오륙 량일에 평안남도 각학교 싱도의 련합 대운동을 평양셩닉에서 셜힝ᄒᆞ얏는ᄃᆡ 참예ᄒᆞᆫ 학교 슈효는 일ᄇᆡᆨ팔십이 쳐오 싱도 실슈는 ᄉᆞ쳔ᄉᆞᄇᆡᆨᄉᆞ십구 명인ᄃᆡ 그 긔상이 활발ᄒᆞ며 ᄃᆡ오가 졍졔ᄒᆞ고 ᄅᆡ빈과 관광ᄒᆞᄂᆞᆫ 사ᄅᆞᆷ은 숨만여 명에 달ᄒᆞ얏고 셩즁 가로변에는 집마다 국긔와 등을 둘아 싱도 환영ᄒᆞᄂᆞᆫ 뜻을 표ᄒᆞ얏스며 운동ᄒᆞᄂᆞᆫ 마당에 국긔와 교긔는 일광을 가리윗고 라팔과 북소ᄅᆡ는 텬디를 진동ᄒᆞᄂᆞᆫᄃᆡ 이럿틋ᄒᆞᆫ 셩대ᄒᆞᆫ 광경은 긔국 ᄉᆞ쳔여 년에 쳐음이오 교육이 발달홈은 젼국닉에 모범이 될 만ᄒᆞ다 ᄒᆞ고 그즁에 뎨일 하례홀 만ᄒᆞᆫ 일은 평양군경닉 외촌 각방에 셜립ᄒᆞᆫ 학교가 ᄇᆡᆨ여 쳐인ᄃᆡ 박현식이라 ᄒᆞᄂᆞᆫ 싱도는 년금 십ᄉᆞ 셰인ᄃᆡ 계산 경쥬에 일등상으로 시계 일긔를 탓스며 단발ᄒᆞ지 안이ᄒᆞ고 참예ᄒᆞ얏든 학싱들은 그 부모들이 다른 학싱의 단발ᄒᆞᆫ 것을 보고 완고ᄒᆞᆫ 마음이 변ᄒᆞ야 그 자뎨를 닷토아 단발식혓스며 각 학교즁에 뎨일등상은 대동학교오 이등상은 쟝ᄃᆡ현 소학교오 삼등상은 평양 공립보통학교에서 탓는ᄃᆡ 시상품은 큰 시계와 국긔와 디도 셔칙 연필 공칙 등속인ᄃᆡ 각군 각학교 입격싱에게 난호와 쥬고 셔울 셔북학회 춍ᄃᆡ 리동휘 씨가 일반 학싱에게 권면ᄒᆞ고 학싱 춍ᄃᆡ 옥관진 씨가 답샤ᄒᆞᆫ 후 만셰를 부르고 폐회ᄒᆞ얏는ᄃᆡ 셔로 깃버ᄒᆞ야 운동가와 만셰 소ᄅᆡ는 밤식도록 긋치지 안이ᄒᆞ고 즐거히 쒸노는 모양은 참

459 4월 20일은 정기휴간일임. 제2667호(4월 21일자) 논설 미게재.

구경홀 만ᄒᆞ며 셩닉 삼쳐 로동야학ᄉᆡᆼ들은 환영이라고 쓴 긔와등을 들고 칠ᄇᆡᆨ 여 명이 창가와 만셰를 불너 죵로에셔 환영ᄒᆞᄂᆞᆫ 뜻을 표ᄒᆞ얏스며 운동회 경비ᄂᆞᆫ 젼 검ᄉᆞ 안병찬 씨가 일ᄇᆡᆨ삼십여 원을 긔부ᄒᆞ얏고 그 지ᄎᆞ에ᄂᆞᆫ 혹 삼십 원 십 원으로 삼십 젼 이십 젼ᄭᆞ지 각 신ᄉᆞ와 상민과 신문 분젼ᄒᆞᄂᆞᆫ 아ᄒᆡᄭᆞ지 의연ᄒᆞ얏ᄂᆞᆫᄃᆡ 교육을 권장ᄒᆞᄂᆞᆫ 열심은 셔도 인ᄉᆞ를 위ᄒᆞ야 츰 치하홀 만ᄒᆞ더라

긔쟈ㅣ 골ᄋᆞᄃᆡ 금번 평양에셔 셜ᄒᆡᆼᄒᆞᆫ 각학교 대운동회의 셩황은 ᄒᆡ디 일본인의 발ᄒᆡᆼᄒᆞᄂᆞᆫ 평양신보를 의지ᄒᆞ야 그 셩대홈이 젼무후무ᄒᆞᆫ 쥴을 짐작ᄒᆞ얏거니와 이졔 ᄒᆡ디로 죳차오ᄂᆞᆫ 사ᄅᆞᆷ의 목격ᄒᆞᆫ 바를 긔록ᄒᆞ노니 바라건ᄃᆡ 젼국닉 교육에 죵ᄉᆞᄒᆞᄂᆞᆫ 쳠동포ᄂᆞᆫ 이 일을 모범으로 삼고 각각 힘과 졍셩을 다ᄒᆞ야 압흐로 나아가게 홀지어다 오ᄂᆞᆯᄂᆞᆯ 우리의 직칙은 교육 ᄒᆞᆫ 가지를 힘쓰ᄂᆞᆫ 외에 다른 일이 업다 ᄒᆞ노라

245 1908년 4월 23일(목) 제2669호 론셜

셔북학회의 학교 건츅ᄒᆞᄂᆞᆫ 일 / 졍운복

셔북학회에셔 셜립ᄒᆞᆫ 바 셔북협셩학교ᄂᆞᆫ 과뎡이 구비ᄒᆞ고 여러 교ᄉᆞ의 열심 교슈홈으로 인ᄒᆞ야 입학ᄒᆞ기를 원ᄒᆞᄂᆞᆫ 쟈ㅣ ᄂᆞᆯ마다 ᄂᆞᆯ어셔 속셩과와 본과의 학도가 칠십여 명에 달ᄒᆞᆫ즉 교사(校舍)가 심히 좁아 셔로 용납지 못홀 디경에 일은지라 일반 회원이 쥬야로 근심ᄒᆞ더니 근일에 ᄉᆡ로 건츅홀 일을 결뎡ᄒᆞ고 ᄒᆡ교 교쟝 리죵호 씨ᄂᆞᆫ 특별히 일만 환(一萬圜) 회원 죠뎡윤 씨ᄂᆞᆫ 오쳔 환(五千圜) 리갑 씨ᄂᆞᆫ 일쳔환(一千圜) 안병찬 씨ᄂᆞᆫ 일쳔 환(一千圜)을 의연ᄒᆞ고 기외에 일반 회원이 각각 졍셩과 힘을 다ᄒᆞ야 혹 오륙ᄇᆡᆨ 환 슈십 환 삼ᄉᆞ 환ᄭᆞ지 연츌ᄒᆞ야 현금 모힌 돈이 이만 환(二萬圜)에 갓가왓스니 쟝ᄒᆞ도다 이 일이여 아름답도다 이 일이여 리죵호 씨와 밋 여러 회원이 쳥년ᄌᆞ데의 교육을 위ᄒᆞ야 막대

ᄒᆞᆫ 금익을 ᄂᆡ엿스니 본 긔쟈도 회원 즁에 일분ᄌᆞ(一分子)인 고로 감샤ᄒᆞᆫ 마음과 깃분 ᄉᆡᆼ각이 간졀ᄒᆞ야 무엇이라 형용ᄒᆞᆯ 슈 업거니와 감히 어리셕은 소견을 들어 일반 셔북동포의게 경고코져 ᄒᆞ노니 슯흐다 셔북인ᄉᆞᄂᆞᆫ 용셔ᄒᆞ고 볼지어다

대뎌 오날ᄂᆞᆯ 우리의 국가가 쇠미ᄒᆞ고 챵ᄉᆡᆼ이 곤고ᄒᆞᆷ은 교육이 발달치 못ᄒᆞ야 지식이 몽ᄆᆡᄒᆞᆫ 연고이라 그런 고로 ᄯᅳᆺ잇ᄂᆞᆫ 션비가 모다 교육을 쥬쟝ᄒᆞ야 젼국 각쳐에 학교가 날마다 챵립되ᄂᆞᆫ 즁 특별히 셔북이 문명학문을 힘씀으로 사ᄅᆞᆷ이 다 칭송ᄒᆞ나 그러나 그 실샹을 ᄉᆡᆼ각ᄒᆞ면 남의게 칭찬밧을 만ᄒᆞᆫ 갑이 업스니 본 긔쟈의 항샹 두려워ᄒᆞ고 근심ᄒᆞᄂᆞᆫ 바이라 셔북협셩학교로 말ᄒᆞᆯ지라도 셜립ᄒᆞᆫ 이후로 경비가 군졸ᄒᆞ야 유지ᄒᆞ기가 어렵던 ᄎᆞ에 여러 회원의 지셩과 열심을 힘닙어 학교를 ᄉᆡ로 건축ᄒᆞ되 삼ᄇᆡᆨ 명 학도를 양셩ᄒᆞ야 속셩과와 본과에 ᄆᆡ년 삼ᄉᆞᄇᆡᆨ 명식 졸업케 ᄒᆞᆯ 계획인즉 건츅비 외에 긔본금이 업셔셔ᄂᆞᆫ 되지 못ᄒᆞᆯ지라 바라건ᄃᆡ 셔북 인ᄉᆞᄂᆞᆫ 각기 힘ᄃᆡ로 만환부터 몃쳔 환 몃ᄇᆡᆨ 환 몃십 환은 이무가론이고 혹 몃십 젼 몃 젼식이라도 닷토어 ᄂᆡ여 경셩 ᄉᆞ립학교 즁에 뎨일 가ᄂᆞᆫ 학교도 건축ᄒᆞ고 ᄯᅩᄒᆞᆫ 긔본금이 넉넉ᄒᆞ야 영원히 유지케 ᄒᆞ면 셔북동포의 ᄒᆡᆼ복이 이에셔 더 큰 것이 업스니 슯흐다 셔북 인ᄉᆞᄂᆞᆫ 셔북학회 회원이오 안임을 물론ᄒᆞ고 ᄒᆞᆫ 사ᄅᆞᆷ도 루락ᄒᆞᆷ이 업시 다소간 외연ᄒᆞ심을 간졀히 바라노라

246 1908년 4월 24일(금) 제2670호 론셜

공론(公論) / 탄히ᄉᆡᆼ

대뎌 공론이라 ᄒᆞᄂᆞᆫ 것은 글ᄌᆞ와 갓치 공평ᄒᆞᆫ 의론이나 그러나 오날ᄂᆞᆯ 우리나라에셔ᄂᆞᆫ 공과 ᄉᆞ의 구별이 뎡ᄒᆞᆫ 것이 업셔 이 사ᄅᆞᆷ이 공이라 징ᄒᆞᄂᆞᆫ 것ᄂᆞᆯ 뎌 사ᄅᆞᆷ은 ᄉᆞ라 말ᄒᆞ며 뎌 사ᄅᆞᆷ이 ᄉᆞ라 칭ᄒᆞᄂᆞᆫ 것이 이 사ᄅᆞᆷ은 공이라 말ᄒᆞ야

각각 ᄌᆞ긔 일신이나 ᄌᆞ긔의 당파를 두호ᄒᆞᄂᆞᆫ 마ᄋᆞᆷ으로 공을 가져 ᄉᆞ라 ᄒᆞ며 ᄉᆞ를 가져 공이라 ᄒᆞ니 뉘가 그 시비를 판단ᄒᆞ리오 그런즉 무엇을 공이라 ᄒᆞ며 언의 것을 ᄉᆞ라 ᄒᆞ여야 가ᄒᆞ뇨 국가의 휴쳑(休戚)과 동포의 리히를 교계ᄒᆞ야 말ᄒᆞ면 진실로 공이라 ᄒᆞᆯ지오 일신의 리히와 일파의 득실을 교계ᄒᆞ야 말ᄒᆞ면 진실로 ᄉᆞ라 ᄒᆞᆯ지로다 연고로 공론이 힝ᄒᆞᄂᆞᆫ 나라ᄂᆞᆫ 다ᄉᆞ리고 ᄉᆞ론이 힝ᄒᆞᄂᆞᆫ 나라ᄂᆞᆫ 어즈러오니 공ᄉᆞ의 셩쇠ᄂᆞᆫ 곳 셰도의 셩쇠라 엇지 삼가지 안으리오 녜로부터 사아나온 관리가 우에 잇셔 ᄉᆞᄉᆞ 리익을 도모코져 ᄒᆞ면 공론을 뮈워ᄒᆞ야 쥬려(周厲) ᄶᅴ의 방구감방(防口監謗)[460]과 진황(秦皇) ᄶᅴ의 우어기시(偶語棄市)[461]가 다 공론을 업시코져 ᄒᆞᄂᆞᆫ 슈단이오 오날날 구미 각국이 모다 헌법을 뼈셔 국졍의 대소를 모다 공론으로ᄡᅥ 결단ᄒᆞ니 이ᄂᆞᆫ 공론을 닐으키고져 ᄒᆞᄂᆞᆫ 다ᄉᆞ리ᄂᆞᆫ 도ㅣ라 연즉 공론이라 ᄒᆞᄂᆞᆫ 것은 졍부 당로쟈 몃 사ᄅᆞᆷ의 말이 안이오 일반국민의 말이라 ᄒᆞ야도 글음이 업스리로다 그러나 근일 우리 졍부의 관리ᄂᆞᆫ ᄌᆞ긔의 힝ᄒᆞᄂᆞᆫ 일만 올타 ᄒᆞ고 ᄇᆡᆨ셩의 말과 의론을 조곰도 귀에 담지 안이ᄒᆞ니 무엇으로ᄡᅥ 공론을 발케 ᄒᆞ리오 ᄎᆞᆷ 한심ᄒᆞᆫ 일이로다 셜혹 셰력과 졍략으로ᄡᅥ 일시의 공론을 흐릴지라도 쳔직지하에 츈츄지필(春秋之筆)을 잡을 쟈ㅣ 잇스리니 가히 멸치 못ᄒᆞᆯ 바ᄂᆞᆫ 공론이오 업시ᄒᆞ지 못ᄒᆞᆯ 바ᄂᆞᆫ 공론이라 ᄒᆞᆸ흐다 ᄉᆞᄉᆞ일을 힝ᄒᆞ면서 공이라 모칭ᄒᆞ야 이셰사ᄅᆞᆷ[462]의 이목을 갈이오고져 ᄒᆞᄂᆞᆫ 쟈여 츄호라도 국가와 창싱을 근심ᄒᆞ거나 후셰에 츈츄직필을 두려의[463]ᄒᆞ거든 ᄉᆞ론을 막고 공론을 흥케 ᄒᆞᆯ지어다

---

460 방구감방(防口監謗): 언론을 감시함을 가리킴. 서주(西周) 여왕(厲王)이 폭정을 행하여 백성들이 원망하자 비방하는 이들을 감찰하여 처형하였다.

461 우어기시(偶語棄市): '두 사람 이상이 『시경(詩經)』과 『서경(書經)』 등에 대해 이야기 나누면 저잣거리에서 사형시킨다.' 진시황제의 언론 탄압을 위한 악법을 가리킴.

462 '이 셰상 사ᄅᆞᆷ(이 세상 사람)'의 오기인 듯함.

463 '두려워'의 오기인 듯함.

247 1908년 4월 25일(토) 제2671호 론셜

언론의 ᄌᆞ유를 허ᄒᆞᆯ 일 / 탄ᄒᆡ싱

대뎌 물건이 불평(不平)ᄒᆞᆫ즉 운다 ᄒᆞᆷ은 녯사ᄅᆞᆷ의 격언(格言)이라 쵸목과 금슈라도 불평ᄒᆞᆷ이 잇스면 ᄒᆞᆫ 번 울어셔 그 긔운을 발ᄒᆞ거던 함을며 사ᄅᆞᆷ은 만물 가온ᄃᆡ 가쟝 신령ᄒᆞ고 귀ᄒᆞ야 희노ᄋᆡ락(喜怒哀樂)의 칠졍(七情)이 잇고 시비득실의 관계를 판단ᄒᆞᄂᆞᆫ 능력(能力)이 잇ᄂᆞᆫ 고로 그 마ᄋᆞᆷ 가온ᄃᆡ 불평ᄒᆞᆫ 일이 잇스면 문장(文章)이나 언론으로 발표ᄒᆞ야 텬하 사ᄅᆞᆷ의 동졍(同情)을 엇ᄂᆞᆫ 것은 ᄯᅥᆺᄯᅥᆺᄒᆞᆫ 리치어ᄂᆞᆯ 죠뎡에 셧ᄂᆞᆫ 쟈ㅣ ᄉᆞ욕을 ᄎᆡ오고 포위(暴威)ᄅᆞᆯ 펴고져 ᄒᆞ야 인민의 언론을 속박(束縛)ᄒᆞᆷ은 동셔고금 ᄉᆞ긔 가온ᄃᆡ 왕왕히 잇ᄂᆞᆫ 일이라 쳔츄의 션ᄇᆡ가 이 일을 한탄치 안음이 업스되 그 폐단이 오히려 남아잇ᄂᆞᆫ 나라이 허다ᄒᆞ니 엇지 ᄀᆡᄐᆞᆫ치 안으리오 특별히 우리나라에ᄂᆞᆫ 언론의 ᄌᆞ유를 속박ᄒᆞᆷ이 심ᄒᆞ야 션ᄇᆡ의 입을 ᄌᆡ갈먹이고 션ᄇᆡ의 붓을 임의로 놀니지 못ᄒᆞ게 ᄒᆞ니 이것이 목젼의 치안(治安)을 보젼ᄒᆞᄂᆞᆫ 듯ᄒᆞ나 실상인즉 그 울분ᄒᆞᆫ 긔운이 싸이고 ᄊᆞ엿다가 한번 터지ᄂᆞᆫ 날에ᄂᆞᆫ 홍슈(洪水)의 형셰보담 더 심ᄒᆞ야 맛참ᄂᆡ 막기 어렵도다 사ᄅᆞᆷ의 감졍이라 ᄒᆞᄂᆞᆫ 것은 이샹ᄒᆞ야 남이 말나 ᄒᆞᄂᆞᆫ 일은 긔어히 ᄒᆡᆼᄒᆞ고 십고 아모 속박도 업스며 졔한도 업스면 도로혀 스ᄉᆞ로 삼가고 조심ᄒᆞ야 온당ᄒᆞᆫ ᄒᆡᆼ동과 졍대ᄒᆞᆫ 언론으로써 셰도(世道)와 풍속이 아름다올지나 만일 그러치 안이ᄒᆞ야 이를 츙격(衝激)ᄒᆞ거나 속박ᄒᆞ면 분ᄀᆡ(憤慨)ᄒᆞᆫ ᄉᆞ상(思想)이 사나온 불갓치 닐어나 그 결과ᄂᆞᆫ 민졍이 소란ᄒᆞ고 국톄(國體)를 손상ᄒᆞ야 ᄒᆡ의 밋ᄂᆞᆫ 바가 막대ᄒᆞ리니 바라건ᄃᆡ 우리 졍부 당로쟈ᄂᆞᆫ 인민의 언론 ᄌᆞ유를 허락ᄒᆞᆯ지어다

민영휘 씨의게 권고ᄒᆞᆷ / 탄ᄒᆡᄉᆡᆼ

슯흐다 보국 민영휘 씨ᄂᆞᆫ 쳑리(戚里)의 즁신으로 텬은을 편피(偏被)ᄒᆞ야 정권(政權)을 쟝즁에 넛코 ᄉᆡᆼ살여탈(生殺予奪)ᄒᆞᄂᆞᆫ 권세를 쳔단히 쓰다가 맛참ᄂᆡ 일쳥젼징을 닐으켜 망국대부의 일홈을 취ᄒᆞ얏스니 그 죄가 엇지 크지 안으리오 그러나 일ᄌᆞ 이후로 문을 닷고 ᄀᆡᆨ을 샤례ᄒᆞ야 졍계샹(政界上)에 야심을 두지 안코 약간 젼ᄌᆡ를 허비ᄒᆞ야 휘문의슉을 창설ᄒᆞ야 쳥년ᄌᆞ뎨를 교육ᄒᆞᆫ즉 그 일이 족히 써 그 죄를 속ᄒᆞᆯ 수ᄂᆞᆫ 업스되 일반 동포가 씨의게 희망ᄒᆞ기를 포학으로 모은 ᄌᆡ물이라도 공익ᄉᆞ업에 쓴즉 아름다온 일이라 ᄒᆞ야 얼마큼 찬셩ᄒᆞᄂᆞᆫ 쟈ㅣ 업지 안이ᄒᆞ더니 근일에 각 신문에 현젼ᄒᆞᄂᆞᆫ 바ᄅᆞᆯ 보건ᄃᆡ 셰력을 잡아 돌니기 위ᄒᆞ야 츌각ᄒᆞ기ᄅᆞᆯ 운동ᄒᆞᆫ다 ᄒᆞ니 이 ᄆᆞᆯ이 풍셜에 갓가온지라 족히 밋을 수 업스나 만일 과연이면 씨가 젼일에 지은 죄ᄅᆞᆯ 다시 들어ᄂᆡ고져 ᄒᆞᆷ이니 엇지 애셕지 안으리오 본 긔쟈도 씨와 일면지식이 잇ᄂᆞᆫ 고로 감히 두어 마ᄃᆡ 어리셕은 말로 권고ᄒᆞ노니 씨여 세 번 ᄉᆡᆼ각ᄒᆞᆯ지어다 씨의 츌각코져 ᄒᆞᄂᆞᆫ ᄂᆡ용을 들은즉 ᄌᆡ산을 보존ᄒᆞ기 위ᄒᆞᆷ이라 ᄒᆞ니 씨의 교지(狡智)로써 엇지 이갓흔 어리셕은 ᄉᆡᆼ각을 가졋ᄂᆞ뇨 오ᄂᆞᆯ날은 시세가 이젼과 크게 달나셔 비록 대신 디위에 거ᄒᆞ야도 ᄌᆡ산의 권셰ᄂᆞᆫ 평민과 일반이오 텬하 후셰에 악뎡을 ᄭᅵ칠 ᄯᅡ름이리니 물너가 덕을 닥고 지조ᄅᆞᆯ 온량케 ᄒᆞ여야 대동긔년(大東紀年)[464]에 긔록ᄒᆞᆫ 바ᄅᆞᆯ 십분의 일이라도 씨스리라 ᄒᆞ노라

464 『대동기년(大東紀年)』: 한말 윤기진(尹起晉: 1854~?)이 편찬한 편년체의 역사책. 5권 5책. 연판본(鉛版本). 1905년 미국인 선교사 헐버트(H. B. Hulbert)가 위촉·알선하여 윤기진이 편찬했고, 중국 상하이[上海] 미화서관(美華書館)에서 간행했다. 1392년(태조 1)에서 1895년(고종 32)까지의 조선 역사를 서술하고 있다.

249 1908년 4월 28일(화) 제2673호 론셜

닉 나라 것을 소즁히 아는 것이 가흠 / 탄히싱

사름이 셰상에 나셔 칠팔 셰가 되면 가쟝 소즁히 녁이는 바는 나의 부모오 가쟝 즐겁게 아는 바는 나의 집이니 이는 썻썻혼 셩품이라 그러나 교육이 그 도를 엇지 못ᄒ면 닉 것보담 도로혀 남의 것을 소즁히 녁이는 폐단이 싱기는도다 우리나라에셔 ᄌ고 이릭로 한문을 존슝ᄒ는 싸둙으로 인ᄒ야 셩현군ᄌ와 영웅렬ᄉ도 한토 사름 외에는 다시 업는 쥴로 알고 강산의 승디도 한토 외에는 다시 업는 쥴로 알아 항샹 한토 사름과 한토 산쳔의 아름다옴을 흠모ᄒ고 우리나라에는 엇더혼 셩현군ᄌ와 영웅렬ᄉ가 잇는지 엇더혼 명산대쳔이 잇는지 일흠도 아지 못ᄒ며 심혼 쟈는 문쟝이나 시를 지을 쎡에 초목금슈의 일홈이든지 강산루딕의 일홈싸지라도 한토의 것을 쓰면 아름답다 ᄒ고 우리나라의 것을 쓰면 속되다 ᄒ야 닉 것은 도라보지 안코 남의 것만 슝샹ᄒ얏스니 무엇으로 인ᄒ야 닉 나라를 사랑ᄒ는 ᄆ암이 나리오 연고로 국셰의 쇠약홈과 민싱의 곤췌홈이 오날늘과 갓치 되엿는지라 엇지 크게 씌닷지 못ᄒ리오 근년에 일으러는 우리나라 사름의 ᄉ샹이 차차 변ᄒ야 한토를 존슝ᄒ는 폐단은 얼마간 감ᄒ얏스나 그 실샹을 연구혼즉 닉 나라를 존슝ᄒ노라고 ᄉ샹이 변홈은 안이오 청국의 정치가 부픽ᄒ야 셰계 각국에 딕혼 셰력이 약ᄒ야짐으로 청국을 업수히 녁여 그러ᄒ고 이왕에 한토를 존슝ᄒ던 마음을 다른 딕로 옴길 싸름이로다 이제 그 올마간 곳을 솖힐진딘 구미 각국과 및 일본이라 오날날 우리나라를 문명부강혼 디경에 나아가게 ᄒ랴면 부득불 정치졔도와 농샹공업의 모든 것을 구미각국이나 일본을 모범으로 숨을 수밧게는 다른 도가 업스되 넘어 과도히 존슝ᄒ면 문명부강을 빅호는 뎨ᄌ가 되지 안이하고 문명부강의 노례(奴隷)가 되야 빅 번 빅호고 쳔 번 알지라도 효험이 업스리로다 뎌 구미각국과 및 일본이 우리의 션싱인즉 우리가 공경ᄒ고 사랑홈은 가커니와 닉 나라 것은 니져바리고 남의 나라 것만 소즁흔 쥴로 알면 그 폐히(弊害)가 이젼에 한토를 존슝ᄒᆞ던 것과 갓ᄒᆞ야 그 결과는 나라를 보존치 못ᄒᆞᄂᆞᆫ ᄃᆡ 일으리니 슯흐다 우리나라의 신진ᄒᆞᄂᆞᆫ 쳥년 졔군이여 ᄂᆡ 나라 것을 소즁히 녁이ᄂᆞᆫ 졍신을 굿게 가지고 남의 나라의 아름다온 것과 됴흔 것을 본밧을지어다

250 1908년 4월 29일(수) 제2674호 긔셔

제목 없음 / 김틱국

평안남도 안쥬군 남송면 룡쟝리 거ᄒᆞᄂᆞᆫ 십일 셰ᄋᆞ 김틱국[465]은 ᄇᆡᆨ 번 졀ᄒᆞ고 두어 쥴 글월을 밧드러

뎨국신문 샤쟝 각하의게 올니옵나니 하감ᄒᆞ신 후

귀 신문에 게ᄌᆡᄒᆞ야 쥬심을 쳔만축슈ᄒᆞ옵나니다

대뎌 사ᄅᆞᆷ이 하날과 ᄯᅡ 사이에 난 후ᄂᆞᆫ 젼혀 부모의 은덕을 힘닙어 ᄉᆡᆼ쟝ᄒᆞ옵ᄂᆞᆫ 고로 아비를 가라쳐 하날이라 ᄒᆞ고 어미를 가라쳐 ᄯᅡ이라 ᄒᆞ니 사ᄅᆞᆷ의 가쟝 즁ᄒᆞ고 가쟝 긴ᄒᆞᆫ 쟈ᄂᆞᆫ 부모이라 그러나 태국은 젼ᄉᆡᆼ에 무삼 죄악이 즁대ᄒᆞ엿삽든지 이 세상에 난지 셰 살이 차지 못ᄒᆞ야 입으로 간신히 엄마 아바를 차즐 ᄯᅢ에 부친을 여희고 다만 어마니의 손에 길녀나셔 칠팔 셰가 되야 이웃집 동모 아희들과 작난ᄒᆞ며 희롱ᄒᆞᆯ ᄯᅢ에 다른 사ᄅᆞᆷ은 모다 부모가 구존ᄒᆞ야 그 사랑ᄒᆞᆷ을 밧으되 틱국은 홀로 ᄯᅡ만 잇고 하늘이 업기로 항상 로모를 ᄃᆡᄒᆞ야 부친의 하셰ᄒᆞ신 연유를 뭇ᄌᆞ온즉 로모가 눈물을 흘녀 갈아ᄃᆡ 너의 부친은 셔울 사ᄂᆞᆫ 민영쥰이라 ᄒᆞᄂᆞᆫ 사ᄅᆞᆷ의게 뎐쟝 륙십ᄉᆞ일경을 ᄲᅢ앗긴 후 졀통ᄒᆞ고 분ᄒᆞᆷ을 익의지 못ᄒᆞ야 날마다 피를 토ᄒᆞ다가 맛참ᄂᆡ 즁병이 들어 세상을 ᄯᅥ나셧나니

465 3월 26~28일자 별보에 사연이 소개된 이소사의 아들.

라 ᄒᆞ기에 태국이 다시 뭇ᄌᆞ오되 민영쥰은 엇더ᄒᆞᆫ 사ᄅᆞᆷ이기에 우리 뎐장을 무단히 ᄲᅢ아셔갓나닛가 ᄒᆞᆫ즉 로모의 말이 그 량반은 당당ᄒᆞᆫ 보국 판셔로 셰도를 가지고 젼국 ᄇᆡᆨ셩의 기름과 피를 ᄲᅡ라 부귀를 누리ᄂᆞᆫ 량반인ᄃᆡ 년젼에 평안감ᄉᆞ로 ᄂᆡ려왓슬 젹에 너의 부친을 박쳔에 잡아 가두고 ᄂᆞᆯ마다 ᄯᅡ려가며 돈을 밧치라 ᄒᆞᄂᆞᆫ 고로 목숨을 보존코져 ᄒᆞ야 너의 죠부님이 모아쥬신 뎐장을 밧쳣나니라 ᄒᆞᄂᆞᆫ지라 태국이 어린 소견에 ᄉᆡᆼ각ᄒᆞ온즉 셰상에 물건이 각기 님쟈가 잇거날 셰력으로ᄡᅥ ᄲᅢ아셔갈진ᄃᆡᆫ 잔약ᄒᆞᆫ 하향 ᄇᆡᆨ셩이야 엇지 지산을 지팅ᄒᆞ리오 ᄒᆞ야 이 몸이 어셔 잘아거든 민보국을 차자보고 ᄲᅢ앗긴 뎐장을 도로 차즈려 ᄒᆞ옵고 본동에셔 셜립ᄒᆞᆫ 육영학교에셔 쥬야로 공부를 힘ᄊᆞ오나 아즉 나히 어리고 비ᄒᆞᆫ 것이 변변치 못ᄒᆞ와 감히 셰상에 나아가지 못ᄒᆞ옵고 시긔를 기다리압더니 지나간 졍월분에 로모가 그 뎐장을 차자 션친의 원혼을 위로ᄒᆞ겟다 ᄒᆞ고 샹경ᄒᆞᄂᆞᆫ 고로 태국이 비록 나히 어리고 학문이 업ᄉᆞ오되 로모를 ᄯᅡ라가셔 민보국의게 ᄉᆞ리로ᄡᅥ 질문ᄒᆞ면 민보국이 엇지 방식ᄒᆞ리오 ᄒᆞ야 ᄯᅡ라가기를 쳥ᄒᆞ오나 로모가 허락지 안삽ᄂᆞᆫ지라 부득이ᄒᆞ와 집에 잇셔 학교에 단이오나 로모의 소식을 듯ᄉᆞ온즉 민영휘 씨가 죵시 녯 버릇을 곳치지 못ᄒᆞ야 뎐장을 도로 쥬지 안을 모양이오니 로모가 필경 쥭고 도라오지 못ᄒᆞ올지라 태국의 부친이 임의 그 ᄉᆞ건으로 인ᄒᆞ야 원통ᄒᆞᆷ을 품고 ᄒᆞ셰ᄒᆞ얏ᄂᆞᆫᄃᆡ 로모가 ᄯᅩ 쥭으면 민보국은 곳 태국의 불공ᄃᆡ텬지슈라 나히 어리다고 엇지 안연히 안졋스리오 불시에 상경ᄒᆞ야 로모의 ᄃᆡ신으로 ᄉᆞᄉᆡᆼ을 결단ᄒᆞ려 ᄒᆞ오되 년만ᄒᆞᆫ 로죠모의 만류ᄒᆞ심을 인ᄒᆞ야 분ᄒᆞᆷ을 참고 다만 하ᄂᆞᆯᄭᅴ 빌기를 태국의 나히 십오 셰만 되오면 이 뎐장을 차자 그 뎐장에셔 츄슈ᄒᆞᆫ 곡식으로ᄡᅥ 션친의 ᄉᆞ당에 졔ᄉᆞᄒᆞ야 그 령혼을 위로코져 ᄒᆞ옵나이다

251 1908년 4월 30일(목) 제2675호 별보

기셩 각 학교 운동회의 셩황

본월 이십팔일에 기셩학회(開城學會)에서 각 학교 련합 대운동회를 힝ᄒᆞ얏는ᄃᆡ 이제 그 셩황을 긔록ᄒᆞ건ᄃᆡ 당일은 일긔가 가쟝 화챵ᄒᆞ야 송악산하 만월ᄃᆡ샹에 ᄇᆡᆨ화가 만발ᄒᆞᆫ 가온ᄃᆡ 젼후좌우로 군막을 졍졔히 둘너치고 즁앙에는 ᄐᆡ극긔를 놉히 달앗스며 젼면에는 록문(綠門)을 세워 일반 학도와 ᄅᆡ빈을 환영ᄒᆞ는 뜻을 표ᄒᆞ얏스니 그 셜비의 법도 잇슴이 사ᄅᆞᆷ으로 ᄒᆞ야곰 감탄케 ᄒᆞ더라 예뎡(豫定)ᄒᆞᆫ 시간과 갓치 오젼 칠시에 기셩공립보통학교 ᄆᆡ동의슉 보챵학교 영챵학교 광명학교 셔호학교 기셩학당 ᄇᆡ의학교 츈우학당 한영셔원 슝명학교 졍화녀학교 등 각 학교의 학도 쳔여 명이 ᄃᆡ오를 졍졔히 ᄒᆞ야 ᄎᆞ뎨로 입쟝ᄒᆞᆫ지라 팔시에 기회ᄒᆞ고 회쟝 손봉상 씨가 기회의 취지를 셜명ᄒᆞᆫ 후 집합경례, 졍렬힝진, 운동가, 이ᄇᆡᆨ보경쥬(뎨일ᄃᆡ이회), ᄇᆡᆨ보경쥬(뎨이ᄃᆡ뎨삼ᄃᆡ이회), 계산경쥬(뎨일뎨이뎨삼ᄃᆡ일회), 뎨등경쥬(ᄉᆞᄃᆡ이회)를 힝ᄒᆞ고 십이시 반이 됨ᄋᆡ 학도의게 뎜심과 ᄅᆡ빈의게 다과를 공궤ᄒᆞ고 오후 일시 반으로부터 다시 각ᄃᆡ 톄죠, 취물경쥬(뎨ᄉᆞᆷ뎨ᄉᆞᄃᆡ이회), 긔마취모경쥬(뎨이뎨삼뎨ᄉᆞᄃᆡ혼농일회), 고도(뎨일뎨이뎨삼ᄃᆡ각일회), 투구경징(뎨ᄉᆞᄃᆡ단톄), ᄅᆡ빈경쥬 등을 규모가 엄슉ᄒᆞ게 필ᄒᆞ고 만세를 슝호ᄒᆞᆫ 후에 폐회ᄒᆞ얏스니 이는 기셩에 쵸유ᄒᆞᆫ 셩황이라 ᄅᆡ빈은 경셩 평양 량쳐 유지신ᄉᆞ 칠팔인이오 시상품 즁에 특별ᄒᆞᆫ 것은 히디 신ᄉᆞ 리건혁 씨가 교육을 권장ᄒᆞ는 뜻으로 십여 환 가치의 은시표 셰 기를 사셔 운동회에 긔부ᄒᆞ고 계산경쥬 일등 삼인의게 분상ᄒᆞ라 ᄒᆞ얏는ᄃᆡ 그 일등 상을 탄 학도는 ᄉᆞ립보챵학교 학도 림의츈(林宜春) 구창모(具昌模) 슝명학교 학도 ᄇᆡᆨᄐᆡ영(白兌榮) 삼씨러라 또 리건혁 씨가 경셩으로셔 연화ᄉᆞ(烟火師)를 쵸빙ᄒᆞ야 과뎡을 시작ᄒᆯ 적마다 연화를 공즁에 날녀 홍치[466]를 도도고 셩즁 각 호에는 국긔와 등을 달며 도로를 졍쇄히 쓸어 권학ᄒᆞ는 뜻을 보이니 일반 학도의 활블용진ᄒᆞᄂᆞᆫ 긔상이 작년에 비ᄒᆞ면 ᄇᆡᆨ ᄇᆡ나 진보ᄒᆞ고 부즁 ᄌᆞ녀의 문명교육에 열심ᄒᆞᆷ은 다른 디방에 비ᄒᆞ면 크게 발달ᄒᆞ얏스니 이ᄂᆞᆫ 다만 ᄀᆡ셩을 위ᄒᆞ야 하례ᄒᆞᆯ ᄲᅮᆫ 안이라 대한 젼국을 위ᄒᆞ야 치하ᄒᆞᆯ 만ᄒᆞ도다 폐회ᄒᆞᆫ 후에 ᄅᆡ빈즁 김희경 김명쥰 졍운복 윤치호 졔씨가 ᄎᆞ뎨로 권면연셜ᄒᆞ고 륙시경에 각각 산귀ᄒᆞ엿더라

466 ‘흥취(興趣)’의 오기인 듯함.

5월

252 1908년 5월 1일(금) 제2676호 론셜

사름을 팔고 사ᄂᆞᆫ 만풍

대뎌 사ᄅᆞᆷ이 셰상에 남애 하ᄂᆞ님의 품부ᄒᆞ신 바 셩품은 일반이엇마ᄂᆞᆫ 교육의 엇더홈과 ᄉᆡᆼ활의 빈부와 쳐디와 시ᄃᆡ 등의 여러 가지를 인ᄒᆞ야 혹 존귀ᄒᆞᆫ 사ᄅᆞᆷ도 되고 혹 비쳔ᄒᆞᆫ 사ᄅᆞᆷ도 되얏스니 존귀홈으로써 비쳔ᄒᆞᆫ 쟈를 릉멸치 못ᄒᆞ며 비쳔홈으로써 존귀ᄒᆞᆫ 쟈를 원망치 못홈이 인도의 ᄯᅥᆺᄯᅥᆺ홈이라 그러나 야ᄆᆡ(野昧)ᄒᆞᆫ 나라와 음흑(暗黑)ᄒᆞᆫ 시ᄃᆡ에ᄂᆞᆫ 사ᄅᆞᆷ의 사이에 등급(等級)이 만히 잇셔셔 사ᄅᆞᆷ의게 허다ᄒᆞᆫ 명목을 부쳐 혹은 놉다 혹은 낫다 ᄒᆞ니 엇지 한심치 안이ᄒᆞ리오 기즁에 가장 야만의 풍속이라 ᄒᆞᆯ 쟈ᄂᆞᆫ 사ᄅᆞᆷ을 팔고 사셔 노비를 ᄉᆞᆷᄂᆞᆫ 것이라 연고로 오날날 문명각국에셔ᄂᆞᆫ 노비 ᄆᆡᄆᆡᄒᆞᄂᆞᆫ 풍속을 엄금ᄒᆞᆯ ᄲᅮᆫ 안이라 우리나라에셔도 십슈 년 젼부터 노비 ᄆᆡᄆᆡᄒᆞᄂᆞᆫ 일을 죠가에셔 금지ᄒᆞ얏슴으로 형법대젼(刑法大全) 가온ᄃᆡ도 노비라 ᄒᆞᄂᆞᆫ 글ᄌᆞ가 업고 고용ᄒᆞᄂᆞᆫ 사ᄅᆞᆷ으로 뎡ᄒᆞ얏스되 일반 인심이 열니지 못ᄒᆞ야 지금도 경향 각쳐에셔 노비를 랑ᄌᆞ히 ᄆᆡᄆᆡᄒᆞ야 야만의 일을 ᄒᆡᆼᄒᆞᄂᆞᆫ 쟈 ㅣ 부지기슈이니 우리 대한 국민된 쟈의 가장 붓그러온 바이라 엇지 야만의 지목을 면ᄒᆞ리오 이에 본 긔쟈 ㅣ 큰 소ᄅᆡ로 ᄲᅡᆯ니 불너 젼국 동포의게 경고ᄒᆞ오니 사ᄅᆞᆷ을 팔고 사ᄂᆞᆫ 것은 사ᄅᆞᆷ이 ᄒᆡᆼ치 못ᄒᆞᆯ 일인 쥴을 ᄭᆡ다라 다시 야만의 풍속이 업게 ᄒᆞ고 ᄯᅩ 셰젼비(世傳婢)라 ᄒᆞᄂᆞᆫ 것을 두고 ᄃᆡᄃᆡ로 젼ᄒᆞ야가며 부리던 쟈 ㅣ 잇거든 오날부터 즉시 속량ᄒᆞ야 사ᄅᆞᆷ

의 ᄌᆞ유권리를 보존케 ᄒᆞ소셔 남의 ᄌᆞ유를 회복ᄒᆞ야 쥬지 안으면 ᄂᆡ ᄌᆞ유는 차질 도리가 만무ᄒᆞ리니 이는 오늘늘 우리의 가장 몬져 힘쓸 바이라 ᄒᆞ노라 슯흐다 남의 노비된 우리 형뎨자ᄆᆡ여 만일 언의 쥬인이 그ᄃᆡ 등의 ᄌᆞ유를 속박ᄒᆞ고 속량ᄒᆞ야 쥬지 안코 우마와 ᄀᆞᆺ치 부리며 학ᄃᆡᄒᆞ거든 시각을 멈으르지 말고 본 긔자에게 ᄅᆡ고ᄒᆞ면 본 긔쟈ㅣ 어ᄃᆡᄭᆞ지든지 그ᄃᆡ 등의 ᄌᆞ유를 위ᄒᆞ야 긔어히 속량케 ᄒᆞ리니 츄호라도 본 긔쟈의 말을 의심치 말고 하ᄂᆞ님의 쥬신 바 ᄌᆞ유권리를 회복ᄒᆞᆯ지어다 사ᄅᆞᆷ이 ᄌᆞ유를 ᄒᆞᆫ 번 일흐면 셰상에 살지라도 즐거옴이 죠곰도 업는 고로 오날날 셰계 각국 사ᄅᆞᆷ이 ᄌᆞ유를 위ᄒᆞ야 ᄉᆡᆼ명을 버리는 쟈ㅣ 허다ᄒᆞ거늘 그ᄃᆡ 등은 엇지 ᄌᆞ유를 회복코져 안이ᄒᆞ나뇨 오호-라 우리 동포여 남의 ᄌᆞ유를 속박ᄒᆞ지도 말며 ᄂᆡ ᄌᆞ유를 일치도 만 연후에야 우리의 ᄐᆡ평ᄒᆡᆼ복이 완젼ᄒᆞ고 우리의 ᄐᆡ평ᄒᆡᆼ복이 완젼ᄒᆞᆫ 후에야 국가의 영광이 셰계에 빗나리라 ᄒᆞ노라

253 1908년 5월 2일(토) 제2677호 론셜

ᄂᆡ 일은 ᄂᆡ가 ᄒᆞᆯ 일

녯말에 ᄀᆞᆯᄋᆞᄃᆡ 하늘이 사ᄅᆞᆷ을 ᄂᆡ심ᄋᆡ 각각 그 직업을 쥬신다 ᄒᆞ엿스니 우리의 가진 바 직업은 ᄉᆞ농공상을 물론ᄒᆞ고 곳 하늘이 쥬신 바이라 우리가 맛당히 힘과 졍셩을 다ᄒᆞ야 스ᄉᆞ로 닥글 것이오 남의게 밀우지 못ᄒᆞᆯ 것이어날 우리나라 사ᄅᆞᆷ은

렬셩죠의 덕화로 오ᄇᆡᆨ 년 ᄐᆡ평을 누리는 사이에 게으른 습관이 노슈(腦髓)에 깁히 들어셔 맛참ᄂᆡ 하날이 쥬신 바 직업을 스ᄉᆞ로 닥지 안이ᄒᆞ고 신하는 인군의게 밀우며 ᄌᆞ식은 아비의게 밀우며 아오는 형의게 밀우며 아ᄅᆡ사ᄅᆞᆷ은 웃사ᄅᆞᆷ의게 밀우고 웃사ᄅᆞᆷ은 아ᄅᆡ사ᄅᆞᆷ의게 밀우다가 오날늘에 일으러셔는 국

민상하가 모다 직업을 일코 직업을 일ᄂᆞᆫ 동시에 권리를 보존치 못ᄒᆞ게 되얏스니 누구를 한ᄒᆞ며 누구를 원망ᄒᆞ리오 이ᄂᆞᆫ 다만 ᄂᆡ 일을 ᄂᆡ가 ᄒᆞ지 안이ᄒᆞᆫ 허물이라 녯 셩인의 말삼에 사ᄅᆞᆷ이 누가 허물이 업스리오만은 곳치ᄂᆞᆫ 것이 귀ᄒᆞ다 하셧스니 우리 대한국민된 쟈ㅣ 나라의 위ᄐᆡᄒᆞᆷ과 ᄇᆡᆨ셩의 곤ᄒᆞᆷ이 우리의 허물인 쥴을 ᄭᆡ다를진ᄃᆡ 맛당히 시각을 멈으르지 말고 고칠지로다 지나간 일은 다시 의론ᄒᆞᆯ 것이 업거니와 오날부터라도 ᄂᆡ 일은 ᄂᆡ가 ᄒᆡᆼᄒᆞ야 션ᄇᆡ된 쟈는 션ᄇᆡ의 직업을 다ᄒᆞ고 농ᄉᆞᄒᆞᄂᆞᆫ 쟈는 농민의 직업을 다ᄒᆞ고 쟝사ᄒᆞᄂᆞᆫ 쟈는 쟝사의 직업을 다ᄒᆞ고 공업ᄒᆞᄂᆞᆫ 쟈는 공쟝의 직업을 다ᄒᆞ면 불과 십 년에 우리의 일엇던 바 권리를 회복ᄒᆞ야 ᄐᆡ평ᄒᆡᆼ복을 누릴 것이오 만일 구습을 고치지 못ᄒᆞ야 죵시 ᄂᆡ 일을 ᄂᆡ가 ᄒᆡᆼᄒᆞ지 안코 남의게 밀우기로 일을 삼으면 그 결과는 우리의 ᄌᆡ산도 능히 보존치 못ᄒᆞᆯ ᄲᅮᆫ 안이라 동셔로 류리표박ᄒᆞ다가 쥭어도 쟝ᄉᆞᄒᆞᆯ 곳이 업스리니 엇지 두렵고 무셥지 안으뇨 슯흐다 동포여 ᄉᆡᆼ각ᄒᆞ야 볼지어다 우리가 수십 년 젼부터 졍신을 차려 우리의 일을 우리가 ᄒᆞ얏더면 경인, 경부, 경의 간의 텰도를 다른 사ᄅᆞᆷ이 노을 수가 업셧슬 것이오 각쳐의 광산을 타국 사ᄅᆞᆷ의게 허락ᄒᆞ야 쥴 리치가 업셧슬 것이오 우편 뎐신의 권리가 남의 쟝즁에 들어갈 ᄭᅡᄃᆞᆰ이 업셧스리로다 지금이라도 일곱 ᄒᆡ 병에 삼 년 묵은 쑥을 구ᄒᆞᄂᆞᆫ ᄯᅳᆺ[467]으로 느진 것을 한탄치 말고 전국 동포가 각기 ᄂᆡ 일을 ᄂᆡ가 ᄒᆞ면 남은 것을 보존ᄒᆞ기ᄂᆞᆫ 여반쟝이오 이왕 일은 것ᄭᅡ지라도 회복ᄒᆞ기가 어려온 일이 안이니 졍신을 가다듬고 용긔를 분발ᄒᆞ야 ᄂᆡ게 당ᄒᆞᆫ 일이어든 분골쇄신이 될지라도 긔어히 셩공케 ᄒᆞᆯ지어다 우리ᄂᆞᆫ 단군 긔ᄌᆞ의 신셩ᄒᆞᆫ 민족으로 하날이 주신 바 직업과 권리를 엇지 남의게 양두ᄒᆞ리오

467 칠 년 간병에 삼 년 묵은 쑥을 찾는다: 오래 병간호를 하였으나 신통치 않았는데 결국 주변에 흔히 널려 있는 쑥이 효능이 있다는 말. 일상적인 일의 중요함을 일컬음.

다시 언론의 ᄌᆞ유를 의론홈 / 탄히싱

대뎌 사ᄅᆞᆷ은 다른 동물과 달나셔 마ᄋᆞᆷ 가온ᄃᆡ ᄉᆡᆼ각ᄒᆞᄂᆞᆫ 바를 말이나 글로써 낫하ᄂᆡ여 모든 사ᄅᆞᆷ이 듯고 보게 ᄒᆞᄂᆞᆫ 것이니 언론은 곳 하날이 쥬신 바이라 엇지 그 ᄌᆞ유를 속박ᄒᆞ리오 녯젹에 진시황이 사아나온 위엄으로 륙국을 통일ᄒᆞ고 텬하를 호령홀 ᄯᅢ에 션ᄇᆡ의 언론을 밉게 녁여 사셔를 불질으고 유ᄉᆡᆼ을 ᄀᆡᆼ살ᄒᆞ며 사ᄅᆞᆷ 둘이 모혀 셔셔 말ᄒᆞᄂᆞᆫ 쟈 잇스면 목을 버혓스되 진나라의 국죠를 영원히 보존치 못ᄒᆞ고 ᄌᆞ영의게 일으러 망홈을 면치 못ᄒᆞᆫ 고로 후셰의 ᄉᆞ필을 잡ᄂᆞᆫ 쟈ㅣ 진나라의 포학홈을 의론홈에 여디가 업시 ᄒᆞ엿스니 이를 속박홈이 국가를 다ᄉᆞ리ᄂᆞᆫ ᄃᆡ 조곰도 효험이 업슬 ᄲᅮᆫ 안이라 ᄒᆡ의 밋ᄂᆞᆫ 바가 가쟝 크며 ᄯᅩ한 일시ᄂᆞᆫ 금홀지라도 쳔츄만셰 후의 ᄉᆞ필이 황황ᄒᆞᆫ 것이야 엇지ᄒᆞ리오 그런 고로 오날늘 셰계에 문명ᄒᆞ다 부강ᄒᆞ다 칭ᄒᆞᄂᆞᆫ 나라들은 모다 언론의 ᄌᆞ유를 허ᄒᆞ야 엇더ᄒᆞᆫ 션ᄇᆡ가 졍부 당로쟈의 그릇홈을 말이나 글로써 낫하ᄂᆡ면 그것을 듯고 보아셔 그 의론이 공명졍대ᄒᆞᆫ즉 ᄎᆡ용도 ᄒᆞ고 혹시 그 션ᄇᆡ의 의견이 시셰에 합당치 안이ᄒᆞ거나 민심에 억읨이 잇스면 못 들은 톄 못 본 톄홀 ᄯᆞ름이니 무엇을 족히 고긔[468]ᄒᆞ리오 무릇 사ᄅᆞᆷ이 마암에 ᄉᆡᆼ각ᄒᆞᄂᆞᆫ 바를 들어ᄂᆡ여 말ᄒᆞ거나 글짓지 못ᄒᆞ면 분울ᄒᆞᆫ ᄉᆡᆼ각이 십 ᄇᆡ나 ᄇᆡᆨ ᄇᆡ를 격발ᄒᆞ야 맛참ᄂᆡ 큰 화앙이 되ᄂᆞᆫ 일이 ᄉᆡᆼ기나니 국졍을 맛하 다ᄉᆞ리ᄂᆞᆫ 쟈의 크게 쥬의홀 바이로다 그ᄲᅮᆫ 안이라 언의 나라에든지 언의 시ᄃᆡ에든지 션ᄇᆡ라 ᄒᆞᄂᆞᆫ 물건이 ᄭᅳᆫ치지 안이ᄒᆞ야 항상 셰상과 나라를 근심ᄒᆞᄂᆞᆫ ᄭᅡ닭으로 졍치 법률 졔도의 엇더홈과 샤회의 풍속과 밋 만ᄉᆞ를 쥬의ᄒᆞ고 ᄉᆡᆼ각ᄒᆞ야 마암과 ᄯᅳᆺᄃᆡ로 되지 못ᄒᆞ면 혹은 말로써 의견을 발표ᄒᆞ고 혹은 문쟝으로써 셰상을 경셩홀 ᄉᆡ 졍부의 금지홈을 인ᄒᆞ야 ᄌᆞ유를 엇

468 고기(顧忌): 뒷일을 염려하고 꺼림.

지 못훈즉 그 말을 슌히 ᄒᆞ고 그 문쟝을 완곡ᄒᆞ게 ᄒᆞ야 혹 당로쟈를 풍자(諷刺) ᄒᆞ며 혹 인심을 감발케 ᄒᆞᄂᆞᆫᄃᆡ 속담에 일은바 우숨 가온ᄃᆡ 칼이 잇나니 그 말에 무한훈 맛이 잇고 문쟝에 시원훈 의미를 포함ᄒᆞ야 갈ᄉᆞ록 발달ᄒᆞᄂᆞᆫ지라 션ᄇᆡ의 용심홈을 ᄉᆡᆼ각ᄒᆞ면 진실로 불상ᄒᆞ도다 우리 동양 졔국에ᄂᆞᆫ 아즉도 야만시ᄃᆡ의 폐히가 얼마콤 남아 잇셔셔 이런 일 뎌런 일 깁히 ᄉᆡᆼ각지 안코 졍부 당로쟈가 민심의 엇더홈을 도라보지 안코 몃 ᄀᆡ 사ᄅᆞᆷ의 소견으로ᄡᅥ 졍치를 쳔단히 ᄒᆡᆼᄒᆞ고져 ᄒᆞ야 지금도 오히려 언론의 ᄌᆞ유를 속박코져 ᄒᆞ니 이ᄂᆞᆫ 황인죵이 ᄇᆡᆨ인죵의게 릉모를 밧ᄂᆞᆫ 한 가지 원인이라 홀지니 이 나라를 망케 ᄒᆞ며 이 ᄇᆡᆨ셩을 멸케 ᄒᆞ랴면이어니와 만일 나라의 부강을 도모ᄒᆞ고 ᄇᆡᆨ셩의 문명을 발달케 ᄒᆞ고져 ᄒᆞ거든 몬져 언론의 ᄌᆞ유를 허홀지어다[469]

255 1908년 5월 6일(수) 제2680호 론셜

디방 유림의게 경고홈 / 탄히ᄉᆡᆼ

수일 젼에 포쳔군으로 조차 오ᄂᆞᆫ 사ᄅᆞᆷ의 젼ᄒᆞᄂᆞᆫ 말을 들은즉 그 고을에 잇ᄂᆞᆫ 룡연셔원(龍淵書院)[470]에셔 여러 션ᄇᆡ들이 모혀 강회(講會)를 ᄒᆡᆼᄒᆞᄂᆞᆫᄃᆡ 그 근쳐에 잇ᄂᆞᆫ 신야의슉(莘野義塾)[471]과 옥셩의슉(玉成義塾) 학도들이 일졔히 진참ᄒᆞ엿더니 죠우식(趙宇植)이라 ᄒᆞᄂᆞᆫ 쟈이 나서셔 오ᄂᆞᆫ 학도들을 ᄃᆡᄒᆞ야 호령ᄒᆞ되 셔원에 학도가 무삼 일로 완ᄂᆞ뇨 ᄒᆞ고 구축ᄒᆞᄂᆞᆫ 고로 학교 임원과 죠우식

469 5월 4일은 정기휴간일임. 제2679호(5월 5일자) 유실됨.

470 용연서원(龍淵書院): 한음 이덕형과 용주 조경을 제향하는 서원. 1691년 창건. 6.25 등을 거치며 본당만 남고 모두 소실되었다가, 1986년 이후 복원됨.

471 신야의숙(莘野義塾): 이해조의 부친 이철용이 설립한 학교.

사이에 일장풍파가 나셔 서로 힐난ᄒᆞ엿다 ᄒᆞ나 이 일은 적은 일이 안이오 곳 젼국의 큰 문뎨로다 본 긔쟈ㅣ 일즉이 들은즉 디방 각군의 뜻잇ᄂᆞᆫ 션ᄇᆡ들이 학교를 셜립ᄒᆞ야 문명교육을 베풀고져 ᄒᆞ면 유림ᄇᆡ의 져희ᄒᆞᆷ을 당ᄒᆞᆫ다 ᄒᆞ나 오날늘에야 그런 무지몰각ᄒᆞᆫ 무리가 어ᄃᆡ 잇스리오 ᄒᆞ야 항샹 밋지 안이ᄒᆞ얏더니 포천 죠우식의 일을 밀우어 ᄉᆡᆼ각ᄒᆞᆯ진ᄃᆡ 젼국 각 디방에 잇ᄂᆞᆫ 소위 유림들이 학교를 져희ᄒᆞᆫ다ᄂᆞᆫ 말이 허언이 안인 쥴을 거의 짐작ᄒᆞ겟도다 본 긔쟈ㅣ 이 말을 듯고 국가의 젼도를 ᄉᆡᆼ각ᄒᆞᆫ즉 통곡 ᄐᆡ식ᄒᆞᆯ ᄲᅮᆫ 안이라 분긔가 대발ᄒᆞ야 엇지ᄒᆞᆯ 쥴을 몰으다가 붓을 들고 죠우식의 죄를 치노라

대뎌 룡연셔원은 한음 리션ᄉᆡᆼ의 쥬벽으로 룡쥬 죠션ᄉᆡᆼ[472]을 ᄇᆡ향ᄒᆞ신 셔원이라 오날늘 한음 룡쥬 량션ᄉᆡᆼ이 ᄌᆡ셰ᄒᆞ실지라도 우리 국가를 붓들고 우리 창ᄉᆡᆼ을 건지고져 하시ᄂᆞᆫ 마암으로 청년 ᄌᆞ뎨를 교육ᄒᆞ시기에 진심갈력ᄒᆞ실 것은 분명ᄒᆞᆫ 일이어날 뎌 나라이 무엇인지 동포가 무엇인지 몰으며 다만 져의 입과 ᄇᆡ를 위ᄒᆞᄂᆞᆫ 무리들이 감히 유림이로다 칭ᄒᆞ고 셰샹의 풍긔를 어즈러히 ᄒᆞ니 엇지 가통치 안으리오 죠우식으로 말ᄒᆞ면 룡슈션ᄉᆡᆼ의 ᄌᆞ손으로 이갓흔 일을 ᄒᆡᆼᄒᆞ엿스니 이ᄂᆞᆫ 룡쥬션ᄉᆡᆼ의 적ᄌᆞ(賊子)ᄲᅮᆫ 안이라 곳 국가의 죄인이라 ᄒᆞ노라 슯흐다 죠우식이여 ᄉᆡᆼ각ᄒᆞ야 볼지어다 셩인의 문에ᄂᆞᆫ 오ᄂᆞᆫ 자를 막지 안ᄂᆞᆫ다 ᄒᆞ얏ᄂᆞᆫᄃᆡ 학도의 오ᄂᆞᆫ 것을 막고 들이지 안이ᄒᆞ엿스니 이ᄂᆞᆫ 셩인의 문에 용납지 못ᄒᆞᆯ 죄오 효도ᄒᆞᄂᆞᆫ 쟈ᄂᆞᆫ 션인의 뜻과 일을 잘 계슐(繼述)ᄒᆞᆫ다 ᄒᆞ얏ᄂᆞᆫᄃᆡ 룡쥬션

472 용주 조경(龍洲 趙絅, 1586~1669): 조선 중기의 문신 · 성리학자. 윤근수(尹根壽)의 문인으로 김상헌(金尙憲) · 이정구(李廷龜) 등과 교유했다. 1612년(광해군 4) 사마시에 합격했으나, 광해군의 대북정권하에서 과거를 포기, 거창에 물러가 살았다. 인조반정 후 유일(遺逸)로 천거받아 형조좌랑 · 목천현감 등을 지냈고, 1626년(인조 4) 정시문과에 장원, 정언(正言)을 거쳐 지평 · 교리 · 헌납 등을 역임했다. 주자 성리학을 근본으로 하면서도 문사(文史)에도 박학하여 진한(秦漢) 이후의 글을 모두 섭렵했다. 저서로 『동사록』, 『용주집』이 있다.

싱의 뜻을 억의고 일을 힝치 안이ᄒᆞ엿스니 이는 조션의게 불효ᄒᆞᆫ 죄오 타일 국가의 동량과 긔초된 청년을 ᄃᆡᄒᆞ야 질욕ᄒᆞ엿스니 이는 국가 샤회를 멸망케 ᄒᆞ는 죄라 이 세 가지 큰 죄를 짓고 엇지 사ᄅᆞᆷ이라 칭ᄒᆞ리오 본 긔쟈는 죠우식과 일면지식이 업슨즉 은원이 업스되 공분소지에 부득이ᄒᆞ야 말이 과격ᄒᆞᆫ ᄃᆡ 일으럿스니 본 긔쟈의 말을 노엽다 말고 물너가 깁히 ᄉᆡᆼ각ᄒᆞ여 사ᄅᆞᆷ의 도를 닥글지어다

256 1908년 5월 7일(목) 제2681호 론셜

경셩 상업회의소의 흥왕치 못홈을 한탄홈 / 탄히싱

대뎌 오날늘 셰계는 상업시ᄃᆡ라 상업이 흥왕ᄒᆞ면 나라가 부강ᄒᆞ고 상업이 조잔ᄒᆞ면 나라가 빈약홈은 삼쳑동ᄌᆞ라도 아는 바어니와 우리나라는 외국과 통상됴약을 톄결ᄒᆞ고 각쳐에 항구를 열기 시작ᄒᆞᆫ 지 삼십여 년에 외국에 나아가 쟝ᄉᆞᄒᆞ는 사ᄅᆞᆷ 일명이 업고 외국 물건을 직졉으로 슈입ᄒᆞ는 상고가 도모지 업스며 외국 물품을 슈입ᄒᆞ기만 일삼고 ᄂᆡ국 물품을 외국으로 슈츌ᄒᆞ는 것은 쌀 콩 우피 등속 외에 ᄒᆞᆫ 가지도 업스니 진실로 한심ᄒᆞᆫ 일이라 슈년 이ᄅᆡ로 경셩의 상업가들이 이 일을 크게 근심ᄒᆞ야 상업회의소를 조직ᄒᆞ고 상업의 발젼홈을 ᄭᅬᄒᆞ고져 ᄒᆞ얏스니 이는 국가에 막대ᄒᆞᆫ 관계가 잇는 곳이어늘 경셩ᄂᆡ의 상업가 졔씨는 다만 ᄌᆞ기의 리익만 위홀 쥴 알고 공공ᄒᆞᆫ 리익을 몰으며 직졉의 리익만 알고 간졉의 리익을 ᄭᆡ닷지 못ᄒᆞ야 상업회의소 보기를 남의 물건갓치 ᄒᆞ야 돈연히 도라보지 안이ᄒᆞ니 이러ᄒᆞ고셔야 엇지 상업을 진흥ᄒᆞ야 국가를 보존ᄒᆞ리오 슯흐다 경셩ᄂᆡ 상업가 졔씨여 경셩 상업회의소가 잘 발달ᄒᆞ면 여러분의 상업도 조차 발뎔ᄒᆞ야 남과 비견ᄒᆞ는 디경에 달ᄒᆞ려니와 만일 그러치 안코 일향 구습을 직희여 구멍가가나 직희고 안졋다가는 국가는 차치물론ᄒᆞ고 우리의 ᄉᆡᆼ명을 보존키 어려올가 두려워ᄒᆞ노라 혹시 몃만 원 몃쳔 원의 ᄌᆞ본이 잇셔셔

스ᄉᆞ로 부상대고인 톄ᄒᆞᄂᆞᆫ 사ᄅᆞᆷ이라도 외국 사ᄅᆞᆷ의 눈으로 볼진ᄃᆡ 참 가련ᄒᆞᆫ 상ᄃᆡ라 지목ᄒᆞᆯ지니 엇지 붓그럽지 안으뇨 외국사ᄅᆞᆷ이 붓그러온 것은 물론ᄒᆞ고 뎌 평양이나 ᄀᆡ셩 상업회의소보담도 뒤지ᄂᆞᆫ 날에ᄂᆞᆫ 경셩에 상업이라 ᄒᆞᄂᆞᆫ 명ᄉᆡᆨ이 업셔지고 외국 쟝사의 심부름ᄒᆞ기에 지나지 못ᄒᆞ리로다 본 긔쟈ᄂᆞᆫ 이 일을 과도히 근심ᄒᆞᄂᆞᆫ ᄭᆞ닭으로 이 일에 ᄃᆡᄒᆞ야 셜명ᄒᆞᆷ이 여러 번이로ᄃᆡ 한 동포도 경셩ᄒᆞᄂᆞᆫ 모양이 보이지 안으니 본 긔쟈의 졍셩이 부족ᄒᆞᆷ인가 혹시 상업가 졔씨의 고루ᄒᆞᆫ ᄭᅮᆷ을 ᄭᆡ지 못ᄒᆞᆷ인가 어ᄎᆞ어피에 한심통곡ᄒᆞᆯ 바이로다 녯사ᄅᆞᆷ의 말에 먹고 닙을 것이 족ᄒᆞ여야 례졀을 안다 ᄒᆞ엿스니 문명이니 부강이니 ᄌᆞ유이니 독립이니 의론코져 ᄒᆞ면 몬져 의식을 족ᄒᆞ게 ᄒᆞᆯ 것이오 의식을 족ᄒᆞ게 ᄒᆞ고져 ᄒᆞ면 몬져 상업을 발달ᄒᆞ여야 ᄒᆞᆯ 것이오 상업을 ᄇᆞᆯ달ᄒᆞ고져 ᄒᆞ면 상업회의소를 흥왕케 ᄒᆞ여야 되겟기로 두어 마ᄃᆡ 어리셕은 소견을 구구히 베푸오니 슯흐다 상업계에 몸을 더진[473] 동포 졔씨여 깁히 ᄉᆡᆼ각ᄒᆞ야 ᄭᆡ닷ᄂᆞᆫ 바이 잇슬지어다

257 1908년 5월 8일(금) 제2682호 론셜

미ᄉᆞᆯ(美術)과 죵교(宗教)의 관계

동셔양의 고금력ᄉᆞ를 상고ᄒᆞ건ᄃᆡ 미ᄉᆞᆯ이 진보ᄒᆞᆫ즉 나라이 흥왕ᄒᆞ고 미술이 퇴보ᄒᆞᆫ즉 나라이 쇠망ᄒᆞ나니 나라의 흥망셩쇠ᄂᆞᆫ 미ᄉᆞᆯ이 발달ᄒᆞ며 못ᄒᆞᆷ에 잇다 ᄒᆞ야도 과히 망언이 안일 뜻ᄒᆞ도다 그런즉 미ᄉᆞᆯ은 무엇으로 인ᄒᆞ야 나아가며 물너가나뇨 그 나라의 졍치 법률이 ᄇᆞᆰ아셔 ᄉᆞ농공상이 각각 업을 엇게 ᄒᆞᆫ즉 미ᄉᆞᆯ도 조차 ᄇᆞᆯ달ᄒᆞ나 그러나 그 원인과 관계를 깁히 ᄉᆡᆼ각ᄒᆞ고 졍히 연구ᄒᆞ건ᄃᆡ 죵교의 셩쇠에 ᄃᆞᆯ녓다 ᄒᆞᆯ지로다 우리나라로 볼지라도 즁고 이ᄅᆡ로 미ᄉᆞᆯ

473 '던진'의 오기인 듯함.

이 크게 발달ᄒᆞ야 오날늘 셰계에 유명ᄒᆞᆫ 고려 ᄌᆞ긔와 신묘ᄒᆞᆫ 그림과 쳥ᄀᆡ와와 칠긔 등속과 가옥의 건축과 기타 쳔ᄇᆡᆨ 가지에 미슐 안인 것이 업더니 근일에 일으러셔ᄂᆞᆫ 그와 ᄀᆞᆺ치 정교ᄒᆞ던 미슐의 자최도 업셔지고 왼갓 물품이 지극히 츄ᄒᆞ며 지극히 악홈은 탐포ᄒᆞᆫ 관리가 ᄇᆡᆨ셩의 졔죠ᄒᆞᆫ 바 미슐품을 보면 갑 쥬지 안코 ᄲᆡ앗ᄂᆞᆫ 고로 ᄇᆡᆨ셩 가온ᄃᆡ 졍교ᄒᆞᆫ 공예를 가진 쟈가 잇슬지라도 감초고 힝치 안이ᄒᆞᆫ 원인이 잇스나 기즁에 큰 관계ᄂᆞᆫ 죵교가 통일치 못ᄒᆞ야 ᄇᆡᆨ셩의 신앙(信仰)ᄒᆞᄂᆞᆫ 곳이 업슴이라 뎌 고려가 불교(佛敎)로ᄡᅥ 국교(國敎)를 삼아 명산대쳔에 도쳐마다 졀이오 집집마다 승려(僧侶)가 잇셔셔 죵교를 신앙홈이 굿건ᄒᆞᆫ ᄶᆞᄃᆞᆰ으로 ᄉᆞ쳘[474]을 건축ᄒᆞ거나 불젼에 공양ᄒᆞᄂᆞᆫ 물품을 졔조홀 ᄯᅢ에 그 정셩과 지조를 다ᄒᆞ야 진션진미케 ᄒᆞ고져 홈으로 인ᄒᆞ야 미슐이 크게 발달ᄒᆞ얏더니 맛참ᄂᆡᄂᆞᆫ 죵교를 신앙ᄒᆞᄂᆞᆫ 쟈가 졍치를 간셥ᄒᆞ야 나라를 망케 ᄒᆞᆫ 후 우리

ᄐᆡ조 고황뎨게옵셔 텬명을 이으샤 고려의 폐졍을 고치실 ᄉᆡ 그 국졍을 문란케 ᄒᆞ던 불교를 빈쳑(擯斥)[475]ᄒᆞ시고 일반 국민으로 ᄒᆞ야곰 유교를 존슝케 ᄒᆞ심이 인민의 문화가 크게 열녀 효뎨츙신과 인의례지를 슝상ᄒᆞᄂᆞᆫ 풍속은 고려시ᄃᆡ에 비ᄒᆞ면 몃 ᄇᆡ가 나으나 그러나 유교ᄂᆞᆫ 다른 죵교와 달나셔 신앙ᄒᆞᄂᆞᆫ 마암이 적을 ᄲᅮᆫ 안이라 것으로ᄂᆞᆫ 유교를 슝봉홀지라도 속으로ᄂᆞᆫ 불교의 ᄉᆞ상이 얼마큼 남아 잇ᄂᆞᆫ 고로 민심이 통일치 못ᄒᆞ고 미슐이 날마다 퇴보ᄒᆞ야 오날갓치 참아 말홀 슈 업ᄂᆞᆫ ᄃᆡ경에 ᄲᅡ졋스니 진실로 한심ᄒᆞᆫ 바이로다 이제 국가의 젼도를 위ᄒᆞᆫ야[476] 문명부강을 ᄭᅬᄒᆞ고져 홀진ᄃᆡ 몬져 미슐을 권장ᄒᆞ야 공예품이 날로 늘게 홀지오 공예품이 발달케 ᄒᆞ고져 홀진ᄃᆡ 몬져 국민의 죵교 신앙ᄒᆞᄂᆞᆫ 마암을 통일홀지라 죵교에 일으러ᄂᆞᆫ 본 긔쟈ㅣ 편벽도히 언의 죵교가 맛당

---

474 'ᄉᆞ찰(사찰)'의 오기인 듯함.

475 빈척(擯斥): 싫어하여 물리침.

476 '위ᄒᆞ야(위하여)'의 오기인 듯함.

ᄒᆞ다 말ᄒᆞ지 못ᄒᆞ나 오늘놀 시ᄃᆡ와 국졍(國情)에 젹당ᄒᆞᆫ 쟈를 ᄐᆡᆨᄒᆞ야 각기 신앙ᄒᆞᄂᆞᆫ 마암을 굿게 홈이 가쟝 급ᄒᆞ다 ᄒᆞ노라

258 1908년 5월 9일(토) 제2683호 샤셜

본샤의 졍형을 들어 ᄋᆡ독 쳠군ᄌᆞ의게 호소홈

본 신문을 챵간ᄒᆞᆫ 지 십 년에 허다ᄒᆞᆫ 곤난과 무슈ᄒᆞᆫ 층졀을 격금은 본 신문을 애독ᄒᆞ시ᄂᆞᆫ 쳠군ᄌᆞ의 익히 아시ᄂᆞᆫ 바인즉 다시 셜명홀 필요가 업거니와 작년 가을에 부득이ᄒᆞᆫ ᄉᆞ졍으로 인ᄒᆞ야 눈물을 ᄲᅮ려 여러분의게 영결을 고ᄒᆞ얏더니 경향 각쳐의 유지ᄒᆞ신 동포들이 닷토어 의연금을 보ᄂᆡ신 고로 약간 ᄎᆡ쟝을 쳥상ᄒᆞ고 실낫 갓흔 목숨이 오날ᄭᆞ지 지팅ᄒᆞ오나 ᄆᆡ삭 경비의 지츌은 칠팔ᄇᆡᆨ 원이 되고 슈입은 ᄉᆞ오ᄇᆡᆨ 원에 지나지 못ᄒᆞᆫ즉 그 사이의 ᄎᆡ쟝이 역시 슈쳔 원이라 무엇으로ᄡᅥ 이 ᄎᆡ쟝을 감보ᄒᆞ며 이 압헤 무궁ᄒᆞᆫ 경비를 ᄃᆡ당ᄒᆞ리오 날마다 ᄯᅢ마다 신문의 붓을 ᄯᅥ지고 말고 십흐나 다만 애독 쳠군ᄌᆞ의 두터히 사랑ᄒᆞ심을 져바리지 못ᄒᆞ야 하로 잇흘을 부지ᄒᆞ야 가오니 그 마음의 괴로옴과 슈고로옴이 엇더ᄒᆞ리오 바라건ᄃᆡ 쳠군ᄌᆞᄂᆞᆫ 깁히 ᄉᆡᆼ각ᄒᆞ오셔 다년 다월에 젹톄ᄒᆞᆫ 신문 ᄃᆡ금을 일일히 거두어 보ᄂᆡ쥬소셔 본샤의 졍형이 과연 어렵지 안ᄉᆞ오면 우리 동포의 지식을 계발ᄒᆞ며 문견을 넓히기 위ᄒᆞ야 ᄃᆡ금을 밧지 안이ᄒᆞ고 보ᄂᆡ여 들이ᄂᆞᆫ 것이 본샤의 ᄯᅥᆺᄯᅥᆺᄒᆞᆫ 의무이오나 허다ᄒᆞᆫ 셰월에 막대ᄒᆞᆫ ᄌᆡ졍을 계속홀 도리가 만무ᄒᆞ와 다시금 구구ᄒᆞᆫ ᄉᆞ졍을 앙달ᄒᆞ나이다 가령 본 긔쟈의 일신의 먹고 닙ᄂᆞᆫ 것을 위ᄒᆞ야 이갓치 호소홀지라도 쳠군ᄌᆞ의 동포를 사랑ᄒᆞ시ᄂᆞᆫ 간졀ᄒᆞᆫ 마암으로 다소간 연죠ᄒᆞ실 것이어늘 만분지일이라도 국가 샤회를 위ᄒᆞ야 쥬소로 동동쵹쵹ᄒᆞᄂᆞᆫ 신문샤를 위ᄒᆞ야 한 번 도라보시지 안으리오 이왕으로 말ᄒᆞ오면 경향의 도로가 격원홈으로 인ᄒᆞ야 신문 ᄃᆡ금을 부송코져

ᄒᆞ야도 엇지 못 ᄒᆞ얏거니와 지금은 고을마다 우편국의 련락이 잇슨즉 무엇이 그다지 어려오리오 다만 여러분의 쥬의치 안이홈심[477]이라 ᄒᆞ노라

이ᄯᅢ를 당ᄒᆞ야 여러분이 ᄒᆞᆫ 번 힘뻐 쥬시지 안으면 아모리 마ᄋᆞᆷ이 압푸고 가삼이 쓰릴지라도 ᄒᆞᆯ일업시 비참ᄒᆞᆫ ᄃᆡ경에 ᄲᅡ져 다시는 닐어셜 여망이 업겟삽나이다 본 신문의 업셔지는 것이 여러분의 마암에 쾌ᄒᆞ실 것 갓흐면 다시 ᄒᆞᆯ 말이 업스되 츄호라도 이셕히 녁이실 것 갓흐면 특별히 의연은 못 ᄒᆞ실지언뎡 신문 ᄃᆡ금이나 속히 관송ᄒᆞ오셔 본 신문을 영원히 유지케 ᄒᆞ시면 단지 본샤의 다힝ᄲᅮᆫ 안이라 국가의 다힝이오 동포의 다힝이오 샤회의 다힝이라 ᄒᆞ노이다

259 1908년 5월 10일(일) 제2684호 론셜

법관 션택에 ᄃᆡᄒᆞ야 바라는 바 / 탄히ᄉᆡᆼ

녯사ᄅᆞᆷ이 갈아ᄃᆡ 법이라 ᄒᆞ는 것은 텬하가 공평도히 한가지로 둔 것이오 한 사ᄅᆞᆷ의 ᄉᆞᄉᆞ 것이 안이라 ᄒᆞ엿스니 진실로 만고의 밧고지 못ᄒᆞᆯ 말이로다 연고로 언의 나라에든지 언의 시ᄃᆡ에든지 ᄇᆡᆨ셩의 의지ᄒᆞ야 사는 바와 나라의 힘닙어 다ᄉᆞ리는 바는 법률이니 법률은 곳 ᄇᆡᆨ셩과 나라의 명ᄆᆡᆨ이라 엇지 숗히고 ᄉᆞᆷ가지 안으리오 이왕 우리나라의 직판졔도가 완젼치 못ᄒᆞ야 디방에는 방ᄇᆡᆨ슈령이 직판관이 되고 경셩에는 형죠판셔와 한셩부윤이 직판관이 되얏는ᄃᆡ 그 사ᄅᆞᆷ들이 모다 인군의게 츙셩ᄒᆞ고 ᄇᆡᆨ셩을 사랑ᄒᆞ는 마암으로ᄡᅥ 법률을 공평히 ᄡᅥᆺ더면 국가가 ᄐᆡ평ᄒᆞ고 인민이 안락ᄒᆞ얏스렷마는 숗흐다 국운이 불ᄒᆡᆼᄒᆞ야 탐관오리의 무리가 국가와 인민은 몽즁에도 ᄉᆡᆼ각지 안코 다만 ᄉᆞ탁을 ᄎᆡ오고져 ᄒᆞ야 검은 것을 희다 ᄒᆞ며 ᄆᆞᆰ은 것을 흐리다 ᄒᆞᆯ ᄲᅮᆫ 안이라 안으로는 형한

477 '안이ᄒᆞ심(아니하심)'의 오기인 듯함.

량ᄉᆞ의 관원과 밧그로ᄂᆞᆫ 각도 각군 감ᄉᆞ 슈령들이 무셰무력ᄒᆞᆫ ᄇᆡᆨ셩의 고혈을 ᄲᆡ던 결과로 오날늘 나라와 ᄇᆡᆨ셩이 ᄎᆞᆷ아 말ᄒᆞᆯ 슈 업ᄂᆞᆫ ᄃᆡ경에 ᄲᆡ졋ᄂᆞᆫ지라 갑오경장 이후로 ᄌᆡ판졔도를 약간 변경ᄒᆞ얏스나 그 규모가 ᄀᆞᆺ초지 못ᄒᆞ고 법관이 역시 구습을 버리지 못ᄒᆞ야 뢰물과 쳥쵹이 셩ᄒᆡᆼᄒᆞᄂᆞᆫ 고로 ᄉᆞ골 ᄇᆡᆨ셩들이 쳘텬지한을 품고 호소ᄒᆞᆯ 곳이 업셔셔 도로에 호곡ᄒᆞ며 단이ᄂᆞᆫ 쟈ㅣ 무슈ᄒᆞ니 나라와 ᄇᆡᆨ셩을 근심ᄒᆞᄂᆞᆫ 쟈의 항상 통탄ᄒᆞᄂᆞᆫ 바이라 근일 우리 정부 제공이 역시 이 폐ᄆᆡᆨ을 혁신코져 ᄒᆞ야 ᄌᆡ판졔도를 일신 ᄀᆡ혁ᄒᆞᆯᄉᆡ 오ᄂᆞᆫ 륙월 일일부터 공소원(控訴院) ᄃᆡ방ᄌᆡ판소(地方裁判) 구ᄌᆡ판소(區裁判所)가 모다 ᄀᆡ쳥ᄒᆞᆯ 터인ᄃᆡ 각 ᄌᆡ판소의 ᄌᆡ판관을 거진 션ᄐᆡᆨᄒᆞ야 불원간에 셔임ᄒᆞᆫ다 ᄒᆞ니 졍부 당로쟈가 ᄂᆡ외국 법학ᄉᆞ 즁의 지공지졍ᄒᆞᆫ 사ᄅᆞᆷ을 등용ᄒᆞᆷ은 의심이 업거니와 젼셜을 의지ᄒᆞ건ᄃᆡ 일본사ᄅᆞᆷ이 만히 셔입된다 ᄒᆞᆫ즉 필시 통역관을 두어야 될지라 재판관은 그 사ᄅᆞᆷ을 엇을지라도 통역관에 그 사ᄅᆞᆷ이 업스면 무슈ᄒᆞᆫ 폐단이 ᄉᆡᆼ겨셔 원통ᄒᆞᆫ 쟈이 원통ᄒᆞᆷ을 펴기 어려오리니 바라건ᄃᆡ 당로쟈ᄂᆞᆫ 재판관보담 통역관을 지극히 ᄐᆡᆨᄒᆞ고 다시 택ᄒᆞ야 오날늘 재판졔도 ᄀᆡ혁ᄒᆞᄂᆞᆫ 본의를 일치 말게 ᄒᆞ면 국가의 만ᄒᆡᆼ이오 인민의 만ᄒᆡᆼ이라 ᄒᆞ노니 이ᄂᆞᆫ 졍부 당로쟈의게 바라ᄂᆞᆫ 바이오 또 일반 동포의게 희망ᄒᆞᄂᆞᆫ 바ᄂᆞᆫ 이왕에 셰력잇ᄂᆞᆫ 쟈의게 젼재나 뎐답을 억울히 ᄲᆡ앗기고도 그 셰력을 외겁ᄒᆞ야 감히 긔송치 못ᄒᆞ던 쟈ᄂᆞᆫ 재판소의 ᄀᆡ쳥을 기다려 각기 ᄌᆞ긔의 권리를 회복ᄒᆞᆯ지어다

260 1908년 5월 12일(화) 제2685호 론셜

본샤의 졍형을 들어 방관 졔공의게 고홈

본샤의 졍형이 ᄇᆡᆨ쳑간두에 올나 ᄒᆞᆫ 거름을 나아갈 슈도 업고 ᄒᆞᆫ 거름을 물너갈 슈도 업ᄂᆞᆫ ᄃᆡ경에 일은 고로 구구ᄒᆞᆫ 츙곡을 베푸러 졔공의 압헤 고ᄒᆞ오니

바라건디 제공은 솔히쇼셔

대뎌 본 신문은 우리나라 신문 가온디 가쟝 오릭 신문이오 또 슌국문으로 간힝ᄒᆞᄂᆞᆫ 고로 샹즁ᄒᆞᆫ 샤회가 모다 보오니 긔왕 십 년 사이에 국가 샤회를 위ᄒᆞ야 만분지일이라도 힘과 졍셩을 다ᄒᆞ얏ᄂᆞᆫ 쥴로 ᄌᆞ신ᄒᆞᄂᆞᆫ 바이라 제공인들 엇지 본 신문을 사랑ᄒᆞ야 보시지 안으리오 그러나 작년 ᄉᆞ월 이후로 각 관찰도와 밋 각군에 가는 신문 디금이 오늘ᄭᅡ지 젹쳬ᄒᆞ야 슈천 원 거익에 달ᄒᆞ온지라 본샤의 경비가 곤난치 안으면 감히 붓을 들어 고홀 필요가 업스나 오날날 이 디경에 일으러셔ᄂᆞᆫ 례졀과 톄면을 도라볼 결을이 업ᄉᆞ와 임의 공함으로ᄡᅥ ᄉᆞ졍을 고홈이 여러 번이로디 ᄒᆞᆫ 번 답장ᄒᆞ시ᄂᆞᆫ 이도 몃 분이 업슨즉 엇지 분ᄒᆞ고 애둛지 안으리오 부득이ᄒᆞ야 이갓치 고ᄒᆞ오니 쳣지ᄂᆞᆫ 국닉에 몃 ᄀᆡ 업ᄂᆞᆫ 신문을 보존케 ᄒᆞ시며 둘지ᄂᆞᆫ 본 신문을 깁히 사랑ᄒᆞ시ᄂᆞᆫ 마음으로 젹톄ᄒᆞᆫ 신문 디금을 일일히 거두어 보닉쥬소셔 엇더ᄒᆞᆫ 고을에셔ᄂᆞᆫ 몰슈히 관찰도로 보닉엿다ᄂᆞᆫ 답함이 잇ᄂᆞᆫ 고로 그 답함 ᄉᆞ의를 인ᄒᆞ야 관찰도에 공함ᄒᆞᆫ즉 관찰도에셔ᄂᆞᆫ 아즉 슈쇄가 되지 못ᄒᆞ얏다 ᄒᆞ오니 더옥 한심ᄒᆞᆫ 일이로다 제공도 역시 박봉으로ᄡᅥ 허다ᄒᆞᆫ 신문 잡지의 디금과 기타 각항 의연금 등속으로 인ᄒᆞ야 곤난이 비상ᄒᆞ신 쥴 아오나 그러나 속담에 일은바 십시일반으로 제공이 진심진력ᄒᆞ시면 본샤ᄂᆞᆫ 급ᄒᆞᆫ 불을 ᄭᅳ고 압회 유지홀 방칙을 강구ᄒᆞ랴 ᄒᆞ오니 바라건디 제공은 의연금 쥬시ᄂᆞᆫ 일톄로 싱각ᄒᆞ시와 본샤의 군경을 건지시압기 바라노이다

261 1908년 5월 13일(수) 제2686호 론셜

히회(詼諧)의 폐풍 / 탄히싱

대뎌 친구라 ᄒᆞᄂᆞᆫ 것은 사ᄅᆞᆷ의 잠시라도 업지 못홀 것이라 고로 셩인이 오륜을 마련ᄒᆞ야 사ᄅᆞᆷ을 가라치실 식 붕우유신을 의론ᄒᆞ시고 또 벗이라 ᄒᆞᄂᆞᆫ 것

은 그 덕을 벗ᄒᆞᆷ이라 ᄒᆞ얏스니 친구의 소즁ᄒᆞᆷ이 엇더ᄒᆞ뇨 그러나 우리나라에셔 친구 사괴ᄂᆞᆫ 법은 몬져 문벌의 놉고 나짐을 보고 그 다음 나[478]의 만코 적음을 보고 ᄉᆡᆨ목의 엇더ᄒᆞᆷ을 ᄉᆞᆲ힌 후에야 셔로 벗ᄒᆞ니 녯사ᄅᆞᆷ의 일은바 덕을 벗ᄒᆞᄂᆞᆫ 본의가 업도다 ᄯᅩ 공ᄌᆞㅣ ᄀᆞᆯ아사ᄃᆡ 안평즁(晏平仲)[479]은 사ᄅᆞᆷ으로 더부러 사괴기를 잘ᄒᆞ야 사ᄅᆞᆷ을 사괴ᄃᆡ 오ᄅᆡ 공경ᄒᆞᆫ다[480] ᄒᆞ셧스니 사ᄅᆞᆷ을 사괴거든 쳐음부터 나죵ᄭᅡ지 공경ᄒᆞᆷ이 ᄯᅥᆺᄯᅥᆺᄒᆞᆫ 도리어날 우리나라 사ᄅᆞᆷ들은 친구를 사괴일 ᄯᅢ에 처음은 공경ᄒᆞ다가 몃칠이 지나지 못ᄒᆞ야 벗ᄒᆞ기를 시작ᄒᆞ면 공경ᄒᆞᄂᆞᆫ ᄯᅳᆺ은 츄호도 업고 네냐 ᄂᆡ냐 ᄒᆞ며 셔로 회ᄒᆡᄒᆞᆯ ᄯᅢ에 음담ᄑᆡ셜(淫談悖說)이 극도에 달ᄒᆞ야 심지어 어미 아비를 들어 욕ᄒᆞᄂᆞᆫ 모양이 ᄉᆞ대부의 어법갓지 안이ᄒᆞ고 하등 로동쟈보담 심ᄒᆞ야 듯고 보기에 ᄒᆡ괴망측ᄒᆞ니 이것이 엇지 ᄉᆞ군ᄌᆞ의 친구 사괴ᄂᆞᆫ 도리라 ᄒᆞ리오 무릇 사ᄅᆞᆷ이 례졀만 직희면 도로혀 게으른 빗이 나ᄂᆞᆫ 고로 셩인의 례악(禮樂)을 지으심은 례를 힝ᄒᆞᆫ 후에 풍류로써 그 인울(湮鬱)ᄒᆞᆫ 긔운을 펴게 ᄒᆞ야 인ᄉᆡᆼ의 화긔(和氣)를 회복코져 ᄒᆞ심인즉 친구가 셔로 맛나 담화ᄒᆞᆯ ᄯᅢ에도 ᄭᅡ다라온 례졀만 직희지 말고 간간히 ᄌᆞ미잇고 아담ᄒᆞᆫ 말로ᄡᅥ 회ᄒᆡᄒᆞ야 우스며 즐김은 가ᄒᆞ거니와 만일 법도에 넘쳐셔 란ᄒᆞᆫ ᄃᆡ경에 일으면 이ᄂᆞᆫ 회ᄒᆡ가 안이라 곳 릉욕이니 릉욕으로ᄡᅥ 친구를 사괴ᄂᆞᆫ 풍속이 고금텬하에 어ᄃᆡ 잇스리오 이갓치 더러온 풍속이 소위 샹등 샤회라 ᄒᆞᄂᆞᆫ ᄉᆞ대부의 사이에 셩힝하니 우극 한심ᄒᆞᆫ 일이라 그러나 노슈에 깁히 박힌 습관을 일죠에 타파ᄒᆞ기 어려오리니 족히 의론ᄒᆞᆯ 바ㅣ 업거니와 다만 바라건ᄃᆡ 우리 쳥년동포들이여 친구를 사괴여 놀 ᄯᅢ에 야만의 회ᄒᆡᄒᆞᄂᆞᆫ 풍속을 본밧지 말고 셔로

---

478 나이를 뜻함.

479 안영(晏嬰): 중국 춘추 시대 제나라의 정치가(?~BC 500). 자는 평중(平仲)이다. 영공(靈公), 장공(莊公), 경공(景公)의 3대를 섬기면서 재상을 지냈다.

480 『논어』「공야장(公冶長)」에 나오는 표현.

공경ᄒᆞ며 셔로 사랑ᄒᆞ야 물갓치 ᄆᆰ게 ᄒᆞ고 ᄉᆞᆯ갓치 ᄃᆞᆯ게 ᄒᆞ지 말지어다

262 1908년 5월 14일(목) 2687호 론셜

소셜(小說)과 풍속의 관계 / 탄히싱

대뎌 소셜이라 ᄒᆞᄂᆞᆫ 것은 그 죵류가 허다ᄒᆞᆯ ᄲᅮᆫ 안이라 녜로부터 오날날ᄭᅡ지 젼ᄒᆞ야오ᄂᆞᆫ 쟈ㅣ 부지기슈이로ᄃᆡ 엇더ᄒᆞᆫ 것은 인심을 고동ᄒᆞ야 약ᄒᆞᆫ 쟈로 ᄒᆞ야곰 강ᄒᆞ게 ᄒᆞ며 넘어지ᄂᆞᆫ 쟈로 ᄒᆞ야곰 닐어나게 ᄒᆞ고 엇더ᄒᆞᆫ 것은 풍속을 괴란(壞亂)ᄒᆞ야 션ᄒᆞᆫ 쟈로 ᄒᆞ야곰 악ᄒᆞ게 ᄒᆞ며 단졍ᄒᆞᆫ 쟈로 ᄒᆞ야곰 방탕케 ᄒᆞ나니 소셜이 국가 샤회의 풍속에 관계됨은 셩경현젼(聖經賢傳)보다 지지 안는다 ᄒᆞ야도 망녕된 말이 안이로다 그러나 우리나라 려염간(閭閻間)에 힝ᄒᆞᄂᆞᆫ 소셜을 보건ᄃᆡ 항상 한토(漢土) 사ᄅᆞᆷ을 인증ᄒᆞ야 말ᄒᆞ되 아모 ᄯᅡ에 사ᄂᆞᆫ 아모라 ᄒᆞᄂᆞᆫ 사ᄅᆞᆷ이 나이 만토록 슬하에 일졈혈육이 업다가 명산대쳔이나 혹 부쳐의게 긔도ᄒᆞ야 쳔만ᄯᅳᆺ밧게 아달이나 ᄯᆞᆯ을 나은즉 쟝즁보옥으로 사랑ᄒᆞᄂᆞᆫ ᄎᆞ에 불힝히 쌍친을 여희고 무슈ᄒᆞᆫ 고ᄉᆡᆼ을 격글 ᄉᆡ 도승이나 혹 이인을 맛나 텬문디리와 륙도삼략을 공부ᄒᆞ야 년긔가 쟝셩ᄒᆞᆫ 후ᄂᆞᆫ 변방에 난리가 나셔 텬ᄌᆞ가 근심ᄒᆞ고 ᄇᆡᆨ셩이 도탄에 ᄲᅡ져 엇지ᄒᆞᆯ 슈 업ᄂᆞᆫ 디경에 일으면 그 사ᄅᆞᆷ이 나아가 한 칼로 젹병을 물니친 후 대원슈의 인을 차고 ᄉᆞ방을 평졍ᄒᆞᆫ즉 텬ᄌᆞㅣ 그 공을 표ᄒᆞ기 위ᄒᆞ야 무삼 놉흔 벼살을 쥬고 황금 ᄇᆡᆨ금을 만히 상ᄉᆞᄒᆞ며 혹은 부마가 되여 부귀가 일셰에 읏듬이 되야 무한ᄒᆞᆫ 복록을 누릴 ᄉᆡ 대궐 갓흔 됴흔 집에 좌부인 우부인 외에 삼ᄉᆞ 명 혹 칠팔 명의 아름다온 쳡을 두고 이목(耳目)의 됴히 녁이ᄂᆞᆫ 바와 심지(心志)의 즐기ᄂᆞᆫ 바를 다ᄒᆞ다가 칠팔십이나 팔구십이 되면 신션이 되어가ᄂᆞᆫ 자도 잇스며 와셕죵신(臥席終身)ᄒᆞᄂᆞᆫ 쟈도 잇도다 소셜의 일홈과 사ᄅᆞᆷ의 셩명과 시ᄃᆡᄂᆞᆫ 얼마간 다를지라도 그 큰 ᄯᅳᆺ인즉 이 우에 말ᄒᆞᆫ 바

에셔 별로히 다른 것이 업스니 슯흐다 이 일이여 닉 나라 사름의 긔이흔 일을 긔록지 안코 항상 송나라이나 명나라 사름의 일을 들어 말흐얏슨즉 이는 일반 우부우부(愚夫愚婦)로 흐야곰 남의 나라 잇는 쥴만 알게 흐고 닉 나라 잇는 쥴을 몰으게 홈이라 우리나라 사름의 나라 사랑흐는 마암이 부족흔 원인이 소셜에 잇스며 명산대쳔이나 부쳐의게 긔도흐야 낫치 못흐던 즈식을 나앗다 흐니 이는 인심을 고혹케 흐야 무녀 복슐을 확실히 밋게 홈이라 우리나라 사름이 즈긔의 힝홀 바 의무와 직분을 닥지 안이흐고 귀신 셤기기를 일삼는 원인이 소셜에 잇스며 젼장에 나아가 싸홈을 익인즉 그 공으로 부귀공명을 누린다 흐얏스니 이는 션비의 긔운이 비루흐야 쳔츄만셰에 유젼홀 큰 스업은 셰우고져 안이흐고 목젼의 영화를 탐흐게 홈이라 우리나라 사름이 스농공상간에 직업을 힘쓰지 안코 다만 벼살흐기에만 욕심이 간졀흔 원인이 쏘흔 소셜에 잇도다 그런즉 소셜과 풍속의 관계홈이 진실로 막대흔지라 (미완)

263 1908년 5월 15일(금) 제2688호 론셜

소셜(小說)과 풍속의 관계 (속) / 탄히싱

혹쟈ㅣ 말흐되 우리나라의 소위 국문소셜이라 흐는 것은 허탄치 안으면 음란흐야 풍속을 어즈럽게 홈이 심흔즉 진시황의 졍칙(政策)과 갓치 모다 거두어 불살으는 것이 가흐다 흐나 본 긔쟈의 어리셕은 소견으로써 싱각홀진딘 결단코 그러치 안이흐도다 대뎌 소셜은 문장지스들이 당시 사름의 시비득실을 평론흐고져 흐나 도라보고 싀리는 일이 만흔 고로 직셜거로 말흐지 못흐고 공즁루각으로 사름의 셩명을 지어 쳔만가지의 말을 지을 식 혹은 슯흐며 혹은 우슈오며 혹은 무셔오며 혹은 통쾌흐며 혹은 격졀흐야 인졍과 물틱를 그림 그리듯 흔 것이니 허탄흐며 음란흔 것을 엇지 족히 기의흐리오 다만 짓는 쟈의 문장이 능란ᄒᆞ야 사ᄅᆞᆷ으로 ᄒᆞ야곰 울게도 ᄒᆞ며 웃게도 ᄒᆞᆷ이 가ᄒᆞ도다 과연 우리나라의 소셜은 문쟝이 심히 졸ᄒᆞᆯ ᄲᆞᆫ 안이라 ᄉᆞ상이 극히 비루ᄒᆞ야 국가 샤회에 밋치ᄂᆞᆫ 바 영향이 크나 그러나 이ᄂᆞᆫ 녯사ᄅᆞᆷ의 ᄉᆞ상을 표ᄒᆞ야 들어낸 것이니 굿ᄒᆡ여 업시ᄒᆞᆯ 필요가 업고 다만 근ᄅᆡ에 신소셜(新小說)을 짓ᄂᆞᆫ 쟈로 ᄒᆞ야곰 고인의 필법을 본밧지 말고 통쾌ᄒᆞᆫ 문장과 격절ᄒᆞᆫ 언론으로 긔이ᄒᆞᆫ 소셜을 만히 지어 우리나라 일반 인심으로 ᄒᆞ야곰 구습을 일신ᄒᆞ게 고치고 문명ᄒᆞᆫ ᄉᆡ 정신을 가지게 ᄒᆞ면 녯소셜은 ᄌᆞ연히 그림ᄌᆞ와 자최가 ᄭᅳᆫ어지리니 무엇을 족히 근심ᄒᆞ리오 ᄯᅩ 엇더ᄒᆞᆫ 쟈ᄂᆞᆫ 말ᄒᆞ되 국문소셜은 부녀ᄌᆞ의 소일거리에 지나지 못ᄒᆞᆫ다 ᄒᆞ야 슈호지 셔상긔 삼국지를 무상히 ᄌᆞ미잇ᄂᆞᆫ 소셜로 알고 닷토어 보니 이것도 ᄯᅩ한 녯것만 알고 ᄉᆡ 것은 몰으ᄂᆞᆫ 마암과 한문을 존슝ᄒᆞ고 국문을 쳔히 녁이ᄂᆞᆫ ᄃᆡ셔 나왓도다 삼국지 셔상긔가 과연 당시의 문쟝이오 한문소셜 가온ᄃᆡ 긔셔(奇書)라 ᄒᆞᆯ 만ᄒᆞ나 지금 시ᄃᆡ와 우리나라에ᄂᆞᆫ 젹당치 안이ᄒᆞ다 ᄒᆞ노라 엇지ᄒᆞ야 그러뇨 ᄒᆞ면 소셜을 짓ᄂᆞᆫ 쟈ㅣ 인졍의 통투ᄒᆞᆫ 바와 ᄉᆞᄆᆡᆨ의 긴요ᄒᆞᆫ 바와 경치의 핍진ᄒᆞᆫ 바를 말ᄒᆞ고져 ᄒᆞ면 ᄌᆞ긔 나라의 국어가 안이면 도뎌히 능치 못ᄒᆞᆯ지라 그런 고로 우리ᄂᆞᆫ 우리의 국문이 안이면 능히 소셜을 짓지 못ᄒᆞ고 한인은 한문이 안이면 능히 소셜을 짓지 못ᄒᆞᆯ ᄲᆞᆫ만 안이라 보고 알기도 어려옴은 뎡ᄒᆞᆫ 리치어날 이것을 ᄭᆡ닷지 못ᄒᆞ고 오히려 구ᄐᆡ(舊態)를 직희ᄂᆞᆫ 쟈ㅣ 허다ᄒᆞ니 ᄎᆞᆷ ᄀᆡ탄ᄒᆞᆯ 바이로다 바라건ᄃᆡ 우리 동포ᄂᆞᆫ 소셜을 짓든지 보든지 녯 ᄉᆞ상을 버리고 ᄉᆡ ᄉᆞ상을 기를지어다

264 1908년 5월 16일(토) 제2689호 론셜

영션군[481] 합하의게 경고ᄒᆞᆷ / 탄ᄒᆡᄉᆡᆼ

슯흐다 합하ᄂᆞᆫ 황실의친(皇室懿親)으로 일즉이 명망이 죠야에 진동ᄒᆞ야 흠

앙치 안는 쟈ㅣ 업더니 지나간 을미년분에 황칙을 밧들고 외국에 류학ᄒᆞ신 사이에 국가에 일이 만흠으로 인ᄒᆞ야 맛참ᄂᆡ 귀국지 못ᄒᆞ고 십삼 년의 세월을 히외에셔 보ᄂᆡᆯ시 합하로 인ᄒᆞ야 ᄉᆡᆼ명을 버린 쟈도 잇고 ᄌᆡ산을 탕진ᄒᆞᆫ 쟈도 잇고 몸을 감초어 세상에 나셔지 못ᄒᆞᆫ 자도 잇스되 그 사ᄅᆞᆷ들이 합하를 위ᄒᆞ야 츄호도 원망ᄒᆞᄂᆞᆫ 마암은 업고 다만 쥬야로 합하의 귀국ᄒᆞ심을 하ᄂᆞᆯ게 츅슈ᄒᆞ얏스니 이ᄂᆞᆫ 합하의 은혜를 편벽도히 입어 그러ᄒᆞᆷ이 안이라 합하의 덕망과 합하의 영ᄌᆡ로 귀국ᄒᆞ시ᄂᆞᆫ 날에 우희로 우리 황상폐하의 셩의를 밧들고 아ᄅᆡ로 억죠창ᄉᆡᆼ의 바라ᄂᆞᆫ 바를 맛쵸어 이 국가를 ᄐᆡ산반셕갓치 편안케 ᄒᆞᆯ가 ᄒᆞᆷ이라 그런 고로 합하가 귀국ᄒᆞ시ᄂᆞᆫ ᄯᅢ에 ᄂᆡ외국 인민의 눈이 모다 합하의 일신에 모혀 잇더니 합하가 귀국ᄒᆞ신 후에 ᄒᆡᆼᄒᆞ시ᄂᆞᆫ 바 일이 기악과 연희장에 몸을 버려 심지의 즐거온 것과 이목의 됴흔 바를 탐ᄒᆞᆯ ᄯᆞ름인 고로 합하의게 바라고 기다리던 쟈ㅣ 크게 락심ᄒᆞᆯ ᄲᅮᆫ만 안이라 합하의 ᄒᆡᆼ젹이 날마다 각 신문에 등ᄌᆡ될지라도 합하ᄂᆞᆫ 못 들은 톄 못 본 톄ᄒᆞ시고 날로 더욱 심ᄒᆞ야 쳥문이 랑자ᄒᆞ니 누가 합하를 위ᄒᆞ야 ᄋᆡ셕히 녁이지 안으리오 바라건ᄃᆡ 합하ᄂᆞᆫ 셰 번 ᄉᆡᆼ각ᄒᆞ실지어다 합하를 변호ᄒᆞᄂᆞᆫ 쟈ㅣ ᄀᆞᆯ아ᄃᆡ 영선군 합하ᄂᆞᆫ 본시 품ᄒᆡᆼ이 방졍ᄒᆞ신 터인즉 지금 이와 갓치 호협ᄒᆞ게 노ᄂᆞᆫ 것은 도회(韜晦)[482] ᄒᆞᄂᆞᆫ 슈단에 지나지 안ᄂᆞᆫ다 ᄒᆞ나 이ᄂᆞᆫ 둔ᄉᆞ로ᄡᅥ 합하의 허물을 덥ᄂᆞᆫ 말이로다 대뎌 우리나라 황실의친들이 ᄌᆞ고로 왕왕히 도회슈단을 ᄡᅥ셔 몸과 집을 보젼ᄒᆞᆫ 일이 업지 안이ᄒᆞ되 오날날은 시ᄃᆡ가 크게 변ᄒᆞ야 도회슈단을 쓰지 안을지라도 죠곰도 고긔ᄒᆞᆯ 바이 업슴

---

481 영선군 이준용(永宣君 李埈鎔, 1870~1917): 조선의 왕족, 문신, 군인이자 대한제국의 황족, 군인, 교육인. 조선 고종의 형 흥친왕 이재면의 아들이자 흥선대원군의 적장손이다. 영선군의 작위를 받았으며 조선 고종의 조카이자 정치적 라이벌이었다. 조선 말기와 대한제국기에 반외세운동과 반정부운동이 일어날 때마다 이준용은 과단성이 부족한 고종과 병약한 세자(순종)를 대체할 수 있는 인물로서 주목을 받았다.

482 도회(韜晦): ① 자기의 재능·학식·지위·형적 등을 감춤. ② 종적을 감춤.

은 누구든지 다 짐작훌 바이어늘 이약 합하의 고명ᄒᆞ심으로 엇지 통쵹지 못ᄒᆞ시리오 합하의 디위와 합하의 직산을 가지시고도 십여 년 동안을 외국에셔 고싱ᄒᆞ시던 남져지에 그 울칩ᄒᆞ엿던 긔운을 ᄒᆞᆫ 번 펴고져[483] ᄒᆞ시는 일시 허물에 지나지 안을지라 오호-라 합하시여 넷사ᄅᆞᆷ의 말에 사ᄅᆞᆷ마다 허물이 업지 안이ᄒᆞ나 고치는 것이 귀ᄒᆞ다 ᄒᆞ얏스니 본 긔자의 구구ᄒᆞᆫ 츙언을 용납ᄒᆞ샤 크게 ᄭᆡ다르시는 바이 잇기를 바라노이다 오날 우리의 국가가 엇더ᄒᆞ며 우리의 동포가 언의 디경에 잇나잇가

265 1908년 5월 17일(일) 제2690호 론셜

ᄌᆞ녀를 학교에 보ᄂᆡ지 안는 쟈는 국가의 죄인이 됨 / 탄히싱

근ᄅᆡ 우리나라 경향 각쳐의 ᄯᅳᆺ잇는 션비들이 교육의 급홈을 ᄭᆡ닷고 학교를 ᄃᆞ토어 셜립ᄒᆞ나 그러나 ᄯᅳᆺ과 직산이 겸비치 못ᄒᆞᆫ 고로 경비의 군졸홈을 한탄치 안는 쟈ㅣ 업는지라 그 원인을 궁구ᄒᆞ건ᄃᆡᆫ 젼혀 완고몽ᄆᆡᄒᆞᆫ 무리의 죄라 훌지로다 뎌 완고로 ᄌᆞ쳐ᄒᆞ는 쟈의 말ᄒᆞ는 바롤 듯고 힝ᄒᆞ는 바롤 본즉 가쟝 뮈워ᄒᆞ는 것은 학교라 학교롤 엇지ᄒᆞ야 그다지 뮈워ᄒᆞ나뇨 ᄒᆞ면 쳣ᄌᆡ는 머리 ᄭᆞᆨ는 일이오 둘ᄌᆡ는 하날텬 ᄯᅡ디롤 가라치지 안코 가갸 거겨롤 가라치는 일이오 셋ᄌᆡ는 공ᄌᆞ의 도롤 ᄇᆡ반ᄒᆞ고 텬쥬학을 ᄇᆡ호는 쥴로 아는 연고ㅣ로다 비단 완고몽ᄆᆡᄒᆞᆫ 쟈ᄲᅮᆫ 안이라 적이 셰상일을 짐작ᄒᆞ는 쟈도 왕왕히 그런 폐단이 잇셔셔 ᄌᆞ긔의 사랑에 학구션싱을 두고 ᄌᆞ식을 가라칠지언뎡 학교에는 보ᄂᆡ지 안는 쟈ㅣ 만흔 고로 그 부형을 ᄃᆡᄒᆞ야 권ᄒᆞ는 쟈ㅣ 잇스면 둔ᄉᆞ로ᄡᅥ ᄃᆡ답ᄒᆞ되 한문을 좀 더 가라쳐 문리나 나거든 학교에 보ᄂᆡ겟노라 ᄒᆞ니 이는 속담의 일은바 찰

483 '펴고져(펴고자)'의 오기인 듯함.

완고보담 더옥 가증ᄒᆞ도다 대뎌 한문을 ᄇᆡ화 문리가 나랴 ᄒᆞ면 ᄌᆡ죠잇ᄂᆞᆫ 아ᄒᆡ라도 십오 셰가 되도록 산술이 엇더ᄒᆞᆫ 것인지 물리 화학이 엇더ᄒᆞᆫ 것인지 몰으고셔야 약간 한문 글ᄌᆞ이나 알지라도 사ᄅᆞᆷ노릇을 ᄒᆞᆯ 슈 업슬 ᄲᅮᆫ 안이라 문리 나ᄂᆞᆫ 동안에 발셔 정신이 한문에 ᄲᅡ져셔 시ᄃᆡ에 적당치 못ᄒᆞᆫ 사ᄅᆞᆷ이 되리니 한 번 깁히 ᄉᆡᆼ각ᄒᆞᆯ 바이오 ᄯᅩ 학교에셔도 다만 국문만 가라치ᄂᆞᆫ 것이 안이오 국한문 셕근 글을 가라친즉 ᄌᆞ연히 한문을 ᄉᆡ다를지니 굿히여 한문만 가라치고져 ᄒᆞᆷ은 엇지ᄒᆞᆷ이뇨 이것은 사ᄅᆞᆷ을 ᄃᆡᄒᆞ야 핑계ᄒᆞᆷ에 지나지 못ᄒᆞ고 그 실상인즉 ᄌᆞ식의 머리 ᄉᆞᆨᄂᆞᆫ 것을 ᄭᅳ림이라 그 부형된 쟈ᄂᆞᆫ 임의 벼살단일 ᄯᆡ에 머리를 ᄉᆞᆨ근지 오래거날 엇지ᄒᆞ야 ᄌᆞ질ᄇᆡ의 머리 ᄉᆞᆨ기를 이ᄀᆞᆺ치 앗기나뇨 ᄒᆞ면 ᄌᆞ긔ᄂᆞᆫ 머리 ᄶᅡᆨᄂᆞᆫ 리를 아나 그러나 아ᄒᆡ의 어머니나 혹 죠모가 잇셔셔 아달이나 손ᄌᆞ의 머리 ᄶᅡᆨᄂᆞᆫ 것을 만류ᄒᆞ되 장가나 들인 후에 ᄶᅡᆨ자 ᄒᆞ니 상토를 ᄒᆞᆫ 번 틀어보고 ᄶᅡᆨ그면 무엇이 쾌ᄒᆞ리오 부녀ᄌᆞ의 녯 풍속을 ᄉᆞ모ᄒᆞᄂᆞᆫ 어듭고 어리셕은 ᄃᆡ셔 나옴이로다 이와 갓치 여러 가지 ᄉᆞ졍을 인ᄒᆞ야 ᄌᆞ식을 학교에 보ᄂᆡ지 안ᄂᆞᆫ 쟈ㅣ 십에 칠팔이 되니 이것이 다만 그 사ᄅᆞᆷ의 몸이나 집의 흥망에만 관계될 것 갓ᄒᆞ면 족히 의론ᄒᆞᆯ 것이 업스나 그런 무리로 인ᄒᆞ야 국가의 진보를 긔약키 어려온 고로 두어 마ᄃᆡ 경고ᄒᆞ거니와 이러ᄒᆞᆫ 무리ᄂᆞᆫ 곳 국가의 큰 죄인이라 ᄒᆞ노라

266 1908년 5월 19일(화) 제2691호 긔셔

제목 없음 / 픠샹어부

평양 벽이셤이라 ᄒᆞᄂᆞᆫ 셤은 셩ᄂᆡ에셔 ᄉᆞ십리 되ᄂᆞᆫ 곳이니 갑오년 일쳥젼ᄌᆡᆼ ᄯᆡ에 셩ᄂᆡ 부쟈들이 그곳으로 피란간 사ᄅᆞᆷ이 만히 잇셧ᄂᆞᆫᄃᆡ 셩즁 사ᄅᆞᆷ의 의복 음식의 ᄉᆞ치ᄒᆞᆫ 것과 가장즙물의 화려ᄒᆞᆫ 것과 운치 잇고 호강스럽게 지ᄂᆡᄂᆞᆫ 것이 그곳 사ᄅᆞᆷ의 눈과 귀를 놀ᄂᆡ엿ᄂᆞᆫ지라 셩ᄂᆡ 사ᄅᆞᆷ이 나간 후로부터 젼의 업던

음식장사도 만히 ᄉᆡᆼ기고 집안 살임ᄉᆞ리도 점점 사치ᄒᆞ여 가ᄂᆞᆫᄃᆡ 이 셤에 잇던 부쟈의 자뎨ᄂᆞᆫ 고샤물론ᄒᆞ고 농ᄉᆞ짓ᄂᆞᆫ 사ᄅᆞᆷ까지라도 셩ᄂᆡ 사ᄅᆞᆷ의 일을 본밧아 슝ᄂᆡᄂᆡ다가 필경은 그 셤 뎐답이 모다 셩ᄂᆡ 사ᄅᆞᆷ의 손으로 들어가고 본토 사ᄅᆞᆷ은 탕ᄑᆡ무여ᄒᆞᆫ 쟈이 만히 잇ᄂᆞᆫ 것을 목도ᄂᆞᆫ 못ᄒᆞ얏스나 젼ᄒᆞᄂᆞᆫ 말을 ᄌᆞ셰히 듯고 오날ᄂᆞᆯ 우리나라 형편을 밀우어보니 참 벽이셤 사ᄅᆞᆷ과 흡사ᄒᆞ도다 우리나라 관리로 말ᄒᆞᆯ지라도 외국 사ᄅᆞᆷ의 월봉 십분지일을 엇지 못ᄒᆞ것만은 집을 지으면 이삼층 양제집이오 의복을 지으면 세계의 뎨일가ᄂᆞᆫ 복장이오 나갈 ᄯᆡᄂᆞᆫ 마차나 인력거를 타며 기타 음식범절과 세간치례가 셔양 사ᄅᆞᆷ 즁에도 일등 부ᄌᆞ와 갓게 ᄇᆡ치ᄒᆞ엿고 만찬회니 원유회니 오찬회니 ᄒᆞ며 ᄒᆞᆫ 번에 슈쳔 원 슈ᄇᆡᆨ 원을 허비ᄒᆞ며 일반 인민으로 말ᄒᆞᆯ지라도 졔 나라에셔 ᄒᆞᆫ 가지도 지을 ᄉᆡᆼ각은 안이ᄒᆞ고 사셔 쓰기 쉽다고 각ᄉᆡᆨ 의복 ᄎᆞ와 긔명이며 심지어 져짜락까지라도 외국 물건뿐이니 ᄉᆡᆼ각ᄒᆞᆯ지어다 한 푼자리나 쳔 원자리나 그 돈이 한번 남의 슈즁으로 들어가고 보면 시계의 각침 도라가ᄂᆞᆫ 것 갓ᄒᆞ여 한 번 가면 억만년 가더ᄅᆡ도 다시 도라오지 못ᄒᆞᄂᆞᆫ 쥴을 엇지 ᄉᆡᆼ각지 못ᄒᆞ는가 엇던 학교 ᄉᆡᆼ도와 유지ᄒᆞᆫ 사ᄅᆞᆷ들은 그 일을 ᄭᆡ닷고 찰아리 ᄒᆞᆯ 슈 업ᄂᆞᆫ 물건을 ᄉᆞ셔 쓸지언뎡 ᄒᆞᆯ 슈 잇ᄂᆞᆫ ᄃᆡ로ᄂᆞᆫ 변변치 못ᄒᆞ나 우리 물건으로 쓰자 ᄒᆞ고 무명으로 학도의 모자도 지으며 복쟝도 짓고 어룬들의 두루마기도 물들여 지어 입엇ᄂᆞᆫᄃᆡ 도로혀 양젼이나 모직보담 귀ᄒᆞ기가 비ᄒᆞᆯ ᄃᆡ 업ᄂᆞᆫ지라 뎌 외국 사ᄅᆞᆷ들은 슈만리 밧게 와셔 잇것만은 졔 나라 물품을 슈운ᄒᆞ여다 쓰고 우리나라 물건이라고ᄂᆞᆫ 물밧게 사ᄂᆞᆫ 것이 업ᄂᆞᆫᄃᆡ 우리ᄂᆞᆫ 엇지ᄒᆞ야 남의 것 쓰기를 이다지 됴화ᄒᆞᄂᆞᆫ고 ᄂᆡ가 외국 물건을 일죠에 쓰지 말나ᄂᆞᆫ 것이 안이라 우리나라에셔 나ᄂᆞᆫ 물건을 가지고 아모됴록 뎌와 갓치 지으면 멀니셔 슈운ᄒᆞᄂᆞᆫ 것보담 갑도 헐ᄒᆞᆯ 터이니 과히 밋질 리ᄂᆞᆫ 업겟고 셜령 변변치 못ᄒᆞᆯ지라도 ᄂᆡ 나라 것을 ᄉᆞ셔 쓰기를 힘쓰면 ᄌᆞ연 발달되겟고 ᄯᅩ 한 가지 ᄭᆡ다른 것이 잇스니 쳐음에ᄂᆞᆫ 이곳에도 외국사ᄅᆞᆷ들이 만이 와셔 머리 짝ᄂᆞᆫ ᄉᆡᆼ애와 ᄉᆞ탕과 과ᄌᆞ 만드ᄂᆞᆫ 업을 ᄒᆞ더니 근ᄅᆡ에ᄂᆞᆫ

우리나라 사ᄅᆞᆷ도 그 일을 ᄇᆡ와 ᄒᆞᄂᆞᆫ 사ᄅᆞᆷ이 만은 고로 외국 사ᄅᆞᆷ은 우리의 돈을 엇지 못ᄒᆞᄂᆞᆫ지라 이 일을 보더ᄅᆡ도 뎌 사ᄅᆞᆷ들이 우리다려 각ᄉᆡᆨ 물품을 만들지 말나 ᄒᆞᆫ ᄇᆡ 업고 무ᄉᆞᆷ ᄉᆞ업이든지 금ᄒᆞᄂᆞᆫ ᄇᆡ 안이어날 엇지ᄒᆞ야 아모 일도 안이ᄒᆞ고 다만 독ᄒᆞᆫ 말과 부잘업ᄂᆞᆫ 마암으로 살 슈 업다고만 ᄒᆞ니 아모 ᄯᅢ든지 형셰가 셔로 평등되기 젼에ᄂᆞᆫ 동등 ᄃᆡ졉 밧을 ᄉᆡᆼ각 마시고 ᄒᆞᆫ푼자리 옥져 한 ᄀᆡ라도 만드시오 외국 사ᄅᆞᆷ의 ᄉᆡᆼ지ᄒᆞᄂᆞᆫ 일은 모본ᄒᆞ지 안이ᄒᆞ고 쓰ᄂᆞᆫ 일만 모본ᄒᆞ다가ᄂᆞᆫ 벽이셤 사ᄅᆞᆷ의 일이 될 것은 확실ᄒᆞᆫ 리치라 그러나 우리나라 공업 발달ᄒᆞ자ᄂᆞᆫ 일에 ᄃᆡᄒᆞ야ᄂᆞᆫ 실심으로 찬셩ᄒᆞᄂᆞᆫ 이도 업쓸 ᄲᅮᆫ 안이라 도로혀 무엇이 되리오 ᄒᆞ며 흉보난 사ᄅᆞᆷ이 ᄇᆡᆨ에 구십구분이니 참 한심ᄒᆞᆫ 일이로다 ᄂᆡ 나라에셔 졔죠ᄒᆞᆫ 물건으로 먹고 입고 쓰게 되여야 국권을 회복ᄒᆞᆯ 터이니 급급히 각ᄉᆡᆨ 공쟝과 각ᄉᆡᆨ 학문 발달ᄒᆞ기를 힘쓸지어다

267 1908년 5월 20일(수) 제2692호 긔셔

상업ᄒᆞᄂᆞᆫ 동포의게 경고ᄒᆞᆷ / 윤ᄉᆞ즁

우리 동포형뎨 즁 샹업 경영ᄒᆞ시ᄂᆞᆫ 이를 위ᄒᆞ야 감히 어리셕은 의견을 베푸러 고ᄒᆞ노이다 현금 시ᄃᆡᄂᆞᆫ 녜와 달나 의식쥬 셰 가지며 기타 여러 가지 학문과 긔묘ᄒᆞᆫ 긔계를 발명ᄒᆞ야 사ᄅᆞᆷ의 ᄉᆡᆼ활상에 유익ᄒᆞ게 ᄒᆞ거ᄂᆞᆯ 우리 대한은 ᄐᆡ평 오ᄇᆡᆨ 년에 인심이 유약ᄒᆞ야 큰 리익을 강구ᄒᆞᆯ 쥴 아지 못ᄒᆞ고 하ᄂᆞᆯ이 쥬신 바 왼갓 물건을 리용ᄒᆞᆯ 쥴 아지 못ᄒᆞ니 가장 한심ᄒᆞᆫ 일이라 오ᄂᆞᆯ날 뎨일 급션무ᄂᆞᆫ 가옥을 화려히 건축ᄒᆞ고 도로를 쳥결히 소쇄ᄒᆞ야 외국인의 슈치를 면ᄒᆞᆷ이라 ᄒᆞ노라 대뎌 외국 문명ᄒᆞᆫ 안목으로 우리나라 가옥을 보면 ᄌᆞ연 업슈히 녁일 마암이 ᄂᆞᆯ ᄯᅳᆺᄒᆞ도다 그러나 우리나라에ᄂᆞᆫ ᄉᆞ농공상 네 가지 즁에 ᄉᆞ농 두 가지ᄂᆞᆫ 얼마간 잇슬지라도 기외에ᄂᆞᆫ 아모것도 업다 ᄒᆞ야도 가ᄒᆞᆯ ᄯᅳᆺᄒᆞ오 각 쟝

시에도 본국 물품은 다만 곡물뿐이오 기타 일용물품은 다 외국인의 물품뿐이니 그러ᄒᆞ고셔야 엇지 우리 동포의 ᄉᆡᆼ활이 군식홈을 면ᄒᆞ리오 무릇 국가의 문명은 가옥 건츅ᄒᆞᄂᆞᆫ 졔도로뻐 짐작ᄒᆞ나니 우리나라 가옥과 외국 가옥을 보면 텬양지간이니 바라건ᄃᆡ 상점ᄒᆞ시ᄂᆞᆫ 동포들은 쳥결을 쥬의ᄒᆞ야 오예ᄒᆞᆫ 것은 씩씩로 쓰러버리고 간판을 션명ᄒᆞ게 뻐셔 걸고 물건을 ᄎᆞ셔 잇게 벌여 오고가ᄂᆞᆫ 사ᄅᆞᆷ으로 ᄒᆞ야곰 ᄒᆞᆫ 번 다시 도라보게 ᄒᆞ여야 샹업이 흥왕ᄒᆞᆯ지오 샹업이 흥왕ᄒᆞ여야 나라가 부강ᄒᆞ리로다 무릇 문명ᄒᆞ다 홈은 사ᄅᆞᆷ의 ᄉᆡᆼ활 뎡도가 놉하가ᄂᆞᆫ 것을 일음이니 실업에 죵ᄉᆞᄒᆞ시ᄂᆞᆫ 쳠 동포의 깁히 연구ᄒᆞ실 바이라 우리가 비록 가난ᄒᆞᆯ지라도 몃몃 ᄌᆞ본가가 ᄌᆞ본을 합ᄒᆞ야 위션 직조회샤를 창셜ᄒᆞ고 직조긔계를 ᄆᆡ입ᄒᆞ야 각식 필목과 쥬단 모직 등속을 직조 판ᄆᆡᄒᆞ면 막대ᄒᆞᆫ 리익이 ᄉᆡᆼ길 ᄲᅮᆫ 안이라 이 긔계로 인ᄒᆞ야 ᄉᆡᆼ업 업시 놀고 먹ᄂᆞᆫ 쟈가 업을 엇으리니 엇지 큰 ᄉᆞ업이 안이리오 다만 녜로부터 젼ᄒᆞ야오ᄂᆞᆫ 션젼 ᄇᆡᆨ목젼 지젼등의 졸ᄒᆞᆫ 규모를 직희지 말고 문밧게 나아가 셰계 사ᄅᆞᆷ과 ᄒᆞᆫ가지로 경ᄌᆡᆼᄒᆞ시기를 쳔만츅슈ᄒᆞ나이다

268 1908년 5월 21일(목) 제2693호 론셜

츈몽(春夢) / 탄히ᄉᆡᆼ

탄히쟈ㅣ 츈곤을 익의지 못ᄒᆞ야 북창을 반만 열고 의ᄌᆞ를 의지ᄒᆞ야 고금력ᄉᆞ와 동셔형셰를 ᄉᆡᆼ각ᄒᆞᆯ ᄉᆡ 홀연히 몸이 나뷔로 화ᄒᆞ야 공즁으로 올나가다가 긔운이 ᄉᆡ진ᄒᆞ야 두 날ᄀᆡ를 거두고 셰계를 굽어 ᄉᆞᆲ히니 오양(五洋) 륙대쥬(六大洲)가 눈압헤 벌엿ᄂᆞᆫᄃᆡ 그 가온ᄃᆡ 여러 나라이 각각 한 디방을 차지ᄒᆞ야가지고 승픽와 우렬을 닷토ᄂᆞᆫ 즁에 엇더ᄒᆞᆫ 나라ᄂᆞᆫ 젹국을 방비ᄒᆞ랴 ᄒᆞ야 쥬야로 군함대포를 짓기에 분쥬ᄒᆞ고 엇더ᄒᆞᆫ 나라ᄂᆞᆫ 상공업을 발달ᄒᆞ야 슈륙으로 운슈

ᄒᆞ야 가며 오기에 분쥬ᄒᆞ고 엇더ᄒᆞᆫ 나라ᄂᆞᆫ 뎐야(田野)가 열니지 못ᄒᆞ고 인민이 몽ᄆᆡᄒᆞ야 무수ᄒᆞᆫ 리익을 남의게 쎄앗기고 동셔로 류리표박ᄒᆞ기에 분쥬하고 또 엇더ᄒᆞᆫ 나라ᄂᆞᆫ 광대ᄒᆞᆫ 령디(領地)를 엇어 ᄀᆡ쳑ᄒᆞ기에 분쥬ᄒᆞ니 이것이 문명 셰계인지 야만 셰계인지 도모지 알 슈 업ᄂᆞᆫ지라 허희탄식ᄒᆞ고 동방을 향ᄒᆞ고 오다가 벽공(碧空)을 의지ᄒᆞ야 한 곳을 나려다본즉 금슈 갓흔 강산히 삼쳔리에 련ᄒᆞ고 이쳔만 민즁이 림림총총(林林蔥蔥)ᄒᆞ야 셰계 가온ᄃᆡ 한 졀묘ᄒᆞᆫ 나라이라 그러나 살긔가 츙텬ᄒᆞ야 ᄇᆡᆨ셩이 향ᄒᆞᆯ 바를 아지 못ᄒᆞᄂᆞᆫ 즁에 엇더ᄒᆞᆫ ᄃᆡᄂᆞᆫ 삼ᄉᆞ층 양옥이 반공에 소ᄉᆞ잇고 엇더ᄒᆞᆫ ᄃᆡᄂᆞᆫ 궤짝지 갓흔 쵸가가 싸에 붓허 잇고 엇더ᄒᆞᆫ ᄃᆡᄂᆞᆫ 뎐등(電燈)이 황황ᄒᆞ야 밤이 낫 갓고 엇더ᄒᆞᆫ ᄃᆡᄂᆞᆫ 도토리 싹졍이 갓흔 셔양 텰등잔에 셕유불이 반짝반짝ᄒᆞ며 엇더ᄒᆞᆫ ᄉᆞᄅᆞᆷ은 마챠나 인력거에 엄연히 안져 슌샤 헌병이 좌우로 옹위ᄒᆞ야 풍우갓치 몰아가고 엇더ᄒᆞᆫ ᄉᆞᄅᆞᆷ은 교군을 메거나 지게를 지고 쌈을 흘니며 도라단이고 엇더ᄒᆞᆫ ᄉᆞᄅᆞᆷ은 동포를 경셩ᄒᆞ랴고 동셔로 분쥬히 왕ᄅᆡᄒᆞ며 혀가 달코 붓이 달토록 애를 쓰고 엇더ᄒᆞᆫ ᄉᆞᄅᆞᆷ은 텬황씨 시ᄃᆡ를 ᄉᆞ모ᄒᆞ야 공ᄌᆞ ᄆᆡᆼ자의 글이나 닑고 셰상이 흥ᄒᆞᄂᆞᆫ지 망ᄒᆞᄂᆞᆫ지 젼연히 몰으고 엇더ᄒᆞᆫ ᄉᆞᄅᆞᆷ은 우희로 인군을 긔망ᄒᆞ고 아ᄅᆡ로 ᄇᆡᆨ셩을 압제ᄒᆞ야 금은쥬옥을 산갓치 쓰으며 량뎐미답을 ᄉᆞ방에 벌여두고 도쥬셕슝을 부러워ᄒᆞ지 안코 엇더ᄒᆞᆫ ᄉᆞᄅᆞᆷ은 ᄌᆞ긔의 ᄉᆡᆼ명과 ᄌᆡ산을 남의게 다 쎄앗기고 도로에 호곡ᄒᆞ니 쳔ᄐᆡ만상과 형형ᄉᆡᆨᄉᆡᆨ은 오도ᄌᆞ(吳道子)[484]의 필법으로도 능히 그리지 못ᄒᆞᆯ지오 한퇴지(韓退之)[485]의 문장이라도 능히 긔록지 못ᄒᆞᆯ지라 탄희쟈ㅣ ᄉᆡᆼ각ᄒᆞ되 이 강산과 이 인민을 가지고 엇지ᄒᆞ야 남의 보호를 밧ᄂᆞᆫ ᄃᆡ 일으럿나뇨 ᄒᆞ야 이에 ᄉᆞ욕(私欲)이라 ᄒᆞᄂᆞᆫ 큰 불덩어리가 ᄉᆞ면에셔 일시에 폭발

484 오도현(吳道玄): 중국 당대(唐代)의 화가. 호는 도자(道子)

485 한유(韓愈, 768~824): 중국 당(唐)을 대표하는 문장가·정치가·사상가. 당송 8대가(唐宋八大家)의 한 사람으로 자(字)는 퇴지(退之), 호는 창려(昌黎)이며 시호는 문공(文公).

(爆發)ᄒᆞᄂᆞᆫ 소ᄅᆡ에 텬디가 진동ᄒᆞ거ᄂᆞᆯ 탄희쟈ㅣ 졍신을 슈습ᄒᆞ니 한 ᄭᅮᆷ이러라

269 1908년 5월 22일(금) 제2694호 론셜

도젹이라 ᄒᆞᆷ은 무엇을 가라침이뇨 / 탄희ᄉᆡᆼ

작일에 본 긔쟈ㅣ 록음을 구경코져 ᄒᆞ야 죵남산 상봉에 올나 ᄭᅬᄭᅩ리 소ᄅᆡ를 듯고 시흥이 나셔 글을 지으랴 ᄒᆞᄂᆞᆫ ᄎᆞ에 솔나모 사이에셔 사ᄅᆞᆷ의 말ᄒᆞᄂᆞᆫ 소ᄅᆡ가 들니기로 집힝이를 옴겨 두어 거름을 나아간즉 엇던 외국 사ᄅᆞᆷ 둘이 마죠 안져 술을 서로 권ᄒᆞ며 취흥이 도도ᄒᆞ야 셰상일을 통쾌히 평론ᄒᆞᄂᆞᆫ지라 본 긔쟈ㅣ 목말음을 견ᄃᆡ지 못ᄒᆞ야 그 겻헤 안즈며 술 ᄒᆞᆫ 잔을 청ᄒᆞᆫᄃᆡ ᄒᆞᆫ 사ᄅᆞᆷ이 우스며 술을 부어쥬고 갈아ᄃᆡ 그ᄃᆡᄂᆞᆫ 엇더ᄒᆞᆫ 사ᄅᆞᆷ이완ᄃᆡ 몰으ᄂᆞᆫ 사ᄅᆞᆷ의 술자리에 와서 술을 청ᄒᆞᄂᆞ뇨 ᄒᆞ거날 본 긔쟈ㅣ ᄃᆡ답ᄒᆞ되 나는 한국의 ᄒᆞᆫ 셔ᄉᆡᆼ으로 흉즁에 불평ᄒᆞᆫ 일이 만으되 감히 들어ᄂᆡ여 말ᄒᆞ지 못ᄒᆞ더니 지금 그ᄃᆡ 등의 의론이 죵횡ᄒᆞ야 고긔ᄒᆞᄂᆞᆫ 바ㅣ 업슴을 보고 부러온 마음으로 좌셕에 참예ᄒᆞ야 입으로 말은 못ᄒᆞᆯ지라도 귀로 듯기나 ᄒᆞ랴 ᄒᆞᆷ이니 바라건ᄃᆡ 두터히 용셔ᄒᆞ라 그 사ᄅᆞᆷ이 취ᄒᆞᆫ 눈으로 본 긔쟈를 흘겨보다가 가가대소ᄒᆞ고 ᄀᆞᆯ아ᄃᆡ 그ᄃᆡ의 흉즁에 불평ᄒᆞᆷ이 만타ᄒᆞ니 시험ᄒᆞ야 ᄉᆡᆼ각ᄒᆞ라 이 셰상에 사ᄅᆞᆷ의 죵류가 몃 가지나 잇나뇨 본 긔쟈ㅣ 그 뭇ᄂᆞᆫ 의미를 ᄶᅵᆨ닷지 못ᄒᆞ야 쥬져쥬져ᄒᆞ다가 겨오 ᄃᆡ답ᄒᆞ되 다른 나라의 일은 몰으나 우리나라 사ᄅᆞᆷ으로 의론ᄒᆞ면 량반, 즁인, 상인 셰 가지의 등급이 잇고 소위 량반 가온ᄃᆡ도 소론이니 로론이니 남인이니 북인이니 쇼림이니 ᄒᆞᄂᆞᆫ 당파의 구별로ᄡᅥ ᄃᆡ벌의 놉고 나짐이 잇고 그 밧게 허다ᄒᆞᆫ 죵류가 만흐니라 그 사ᄅᆞᆷ이 졍식ᄒᆞ고 ᄀᆞᆯ아ᄃᆡ 오날ᄂᆞᆯ 셰계 각국에 평등쥬의(平等主義)를 창도ᄒᆞᄂᆞᆫ 쟈ㅣ 만흐나 그러나 사ᄅᆞᆷ의 지식과 도덕이 발달치 못ᄒᆞ야 빈부, 강약, 귀쳔, 현우(賢愚) 등 여러 가지 등급이 업셔지지 못ᄒᆞ얏거ᄂᆞᆯ 함을며

귀국과 갓치 등급을 슝상ᄒᆞ던 나라에 엇지 그런 폐단이 업스리오 이는 의론ᄒᆞᆯ 바ㅣ 안이오 셰계 십칠억 인구의 젼톄를 들어 몰ᄒᆞᆯ진뒨 도적놈과 군ᄌᆞ의 두 가지로 구별ᄒᆞᆯ지오 ᄒᆞᆫ 층을 더 나아가 ᄌᆞ셰히 구별ᄒᆞ자 ᄒᆞ면 빌어먹는 놈과 도적놈과 로동쟈(勞動者) 셰 가지에 지나지 못ᄒᆞᆯ지로다 그런즉 그ᄃᆡ나 ᄂᆡ나 다 로동쟈가 안이면 빌어먹는 놈이오 빌어먹는 놈이 안이면 도적놈이 될 것이어늘 그ᄃᆡ가 호올로 ᄭᆡᆺ긋ᄒᆞ고 정직ᄒᆞᆫ 톄ᄒᆞ야 부잘업시 불평ᄒᆞᆫ 마암을 품어 일신을 스ᄉᆞ로 슈고롭게 ᄒᆞ니 진실로 ᄋᆡ둛도다 녯사ᄅᆞᆷ의 말에 눈 먼 사ᄅᆞᆷ 쳔 명 모힌 곳에 눈 둘 가진 사ᄅᆞᆷ이 도로혀 병신노릇을 ᄒᆞᆫ다 ᄒᆞ엿스니 그ᄃᆡ가 비록 정직ᄒᆞᆫ 마암을 가졋슬지라도 도도ᄒᆞᆫ 셰상이 모다 도적놈과 빌어먹는 놈과 로동쟈ᄲᅮᆫ인즉 만일 그ᄃᆡ가 그 셰 가지 즁에 한 가지라도 안이라 ᄒᆞ면 병신이 되여 셰상에 용납지 못ᄒᆞᆯ ᄯᆞ름이니라 (미완)

270 1908년 5월 23일(토) 제2695호 론셜

도적이라 함은 무엇을 가라침이뇨 (속) / 탄히싱

본 긔쟈ㅣ 그 말을 듯고 셰상을 도라보건ᄃᆡ 실샹은 과시 그러ᄒᆞ나 그 말의 과격ᄒᆞᆷ을 분히 녁여 다시금 질문ᄒᆞ되 그ᄃᆡ의 몰과 갓흐면 이 셰상에는 온젼ᄒᆞᆫ 사ᄅᆞᆷ이 업스리니 엇지 그다지 심ᄒᆞ뇨 그 사ᄅᆞᆷ이 앙텬탄식ᄒᆞ여 왈 ᄂᆡ 눈에는 그ᄃᆡ도 역시 한 도적인 쥴로 아노라 본 긔쟈ㅣ 노긔대발ᄒᆞ야 손에 들엇던 집힝이로 ᄯᅡ을 두다려 갈아ᄃᆡ 나는 어려셔부터 셩현의 글을 ᄇᆡ호고 쟝셩ᄒᆞᆫ 후는 동셔양에 넓히 유람ᄒᆞ야 특별ᄒᆞᆫ 지식은 업슬만뎡 마암 가지기를 물ᄀᆞᆺ치 ᄒᆞ야 ᄂᆡ 물건이 안이면 츄호도 취ᄒᆞᆫ 일이 업거날 오날놀 그ᄃᆡ에게 이갓ᄒᆞᆫ 릉욕을 밧으니 그ᄃᆡ는 진실로 무례ᄒᆞᆫ 사ᄅᆞᆷ이로다 그 사ᄅᆞᆷ이 본 긔쟈의 손을 잡으며 위로ᄒᆞ되 과도히 노ᄒᆞ지 몰고 평심셔긔ᄒᆞ야 ᄂᆡ 말을 들을지어다 무릇 도적이라 홈은 무엇을 가라침이뇨 여러 만금 가는 보셕을 도적질훈 쟈이나 남의 빅 훈 기를 쥬인 몰으게 싸 먹은 쟈이나 물건의 대소는 다를지라도 그 마음의 불량홈은 일반이로딕 법을 마련ᄒᆞ는 쟈ㅣ 항상 그 쟝물의 다쇼를 인ᄒᆞ야 죄의 경즁을 의론ᄒᆞ니 이는 녯말에 닐은바 오십보로써 빅보를 우슴이로다 귀국의 형법(刑法)을 볼지라도 역시 도적 다ᄉᆞ리는 률문(律文)이 잇기는 잇스되 그 쓰는 바이 심히 공평치 못홀 쁜 안이라 훈 문구에 지나지 못ᄒᆞ는 쥴로 싱각ᄒᆞ노라 엇지ᄒᆞ야 그러뇨 ᄒᆞ면 밤에 남의 집 담구멍을 뚜르고 돈량이나 쌀되를 가져간 쟈는 푸른 옷을 닙혀 징역식히고 빅쥬야 무죄훈 인민을 잡아다놋코 곤쟝 틱쟝으로 싸려가며 젼곡이나 뎐답을 쎄아슨 쟈는 보국이니 판셔니 ᄒᆞ는 작위(爵位)를 가지고 부귀를 누리되 법이 능히 다ᄉᆞ리지 못ᄒᆞ고 률이 능히 죄주지 못ᄒᆞ니 닉가 평일에 싱각ᄒᆞ기를 귀국 사름은 도적질을 하여야 부귀를 누리는 쥴로 알고 지금 그딕다려 도적놈이라 홈도 그딕를 욕홈이 안이오 그딕를 위ᄒᆞ야 츅슈훈 말이니 바라건딕 그딕는 깁히 싱각ᄒᆞ라 본 긔쟈ㅣ 비록 입이 열이 잇슬지라도 변명홀 말이 업셔 다만 고기를 슉이고 들을 쁜이러니 졸디에 일진광풍이 닐어나며 텬디가 캄캄훈 고로 셔로 인ᄉᆞ홀 결을이 업시 각각 허여져 도라와 그 슈작ᄒᆞ던 바를 긔록ᄒᆞ노니 바라건딕 우리 동포여 찰하리 로동쟈나 빌어먹는 놈이 될지언뎡 도적놈은 되지 안이ᄒᆞ여야 외인의 죠소를 면ᄒᆞ리라 ᄒᆞ노라

271 1908년 5월 24일(일) 제2696호 론셜

학도에게 월샤금을 밧을 일 / 탄히싱

근릭 우리나라 경향 각쳐 학교가 날마다 싱기되 그 유지 방침을 물은즉 공공훈 직산을 써여 부친 것이 안이면 ᄉᆞ방으로 의연금을 모집홈인즉 공공훈 지

산이 엇지 그리 만하셔 학교 혼아를 영원히 지탱케 ᄒᆞᄂᆞᆫ 긔본금이 되며 또 의연금으로 말ᄒᆞ면 뜻이 잇ᄂᆞᆫ 쟈ᄂᆞᆫ 쥐물이 업고 쥐물이 잇ᄂᆞᆫ 사ᄅᆞᆷ은 뜻이 업셔셔 모히ᄂᆞᆫ 바가 심히 령셩ᄒᆞ니 엇지 능히 한 학교로 ᄒᆞ야곰 유시유죵케 ᄒᆞ리오 그런 고로 어ᄃᆡ셔든지 유지지ᄉᆞ의 고심혈셩으로 학교를 시작은 ᄒᆞᆯ지라도 필경은 유지ᄒᆞᆯ 도리가 업셔셔 쥬야근심ᄒᆞᄂᆞᆫ도다 쥐물 가진 쟈로 ᄒᆞ야곰 나라이 무엇인지 ᄇᆡᆨ셩이 무엇인지 우리의 ᄉᆡᆼ명 쥐산이 언의 디경에 잇ᄂᆞᆫ지 알 것 갓ᄒᆞ면 만 원 가진 쟈ᄂᆞᆫ 쳔 원만 ᄂᆡ고 쳔 원 가진 쟈ᄂᆞᆫ ᄇᆡᆨ 원만 ᄂᆡ여도 언의 고을이나 언의 동ᄂᆡ를 물론ᄒᆞ고 학교 한두 ᄀᆡ의 긔본금은 작작유여ᄒᆞ게 되렷만은 슯ᄒᆞ다 쥐물을 만히 가진 쟈들은 교육이 무엇인지 국가가 엇더케 되엿ᄂᆞᆫ지 동포가 언의 디경에 ᄲᅡ졋ᄂᆞᆫ지 도모지 모르고 다만 ᄂᆡ 쥐물의 앗가온 쥴만 알아 억만 년이라도 누리려 ᄒᆞ니 셰상에셔 이런 무리를 가라쳐 슈젼로(守錢虜)니 완고니 ᄒᆞ고 죠롱ᄒᆞ나 본 긔쟈의 눈으로 볼진ᄃᆡ 한 불샹ᄒᆞᆫ 인ᄉᆡᆼ이라 무엇을 족히 의론ᄒᆞ리오 그런즉 학교를 유지ᄒᆞᆯ 방침이 어ᄃᆡ 잇나뇨 일언이폐지ᄒᆞ고 학도에게 월샤금을 밧ᄂᆞᆫ ᄃᆡ 잇다 ᄒᆞ노라 혹쟈ㅣ 말ᄒᆞ되 오날ᄂᆞᆯ 우리나라의 졍형이 월샤금은 고샤ᄒᆞ고 학교에셔 지필묵과 셔칙ᄭᅡ지 당ᄒᆞ야 쥬어가며 권유ᄒᆞ야도 ᄌᆞ녀를 학교에 보ᄂᆡ기를 슬혀ᄒᆞᄂᆞᆫᄃᆡ 만일 월샤금을 ᄂᆡ라 ᄒᆞ면 학도 한아도 안이 오리라 ᄒᆞ나 본 긔쟈의 어리셕은 소견으로ᄡᅥ ᄉᆡᆼ각ᄒᆞᆯ진ᄃᆡ 결단코 그러치 안도다 오날ᄂᆞᆯ 학교ᄂᆞᆫ 곳 이젼의 글방이니 우리가 글방에 단일 적에ᄂᆞᆫ 의례히 강미를 ᄂᆡ엿슨즉 오날ᄂᆞᆯ 월샤금은 곳 이젼에 강미라 무엇을 긔탄ᄒᆞ야 밧지 안으며 무슨 렴치로 월샤금을 ᄂᆡ지 안코 ᄌᆞ녀를 가라치리오 ᄯᅩ한 쥐물을 들이지 안코 ᄇᆡ혼 학문은 갑이 업나니 바라건ᄃᆡ 우리 교육계에 허신ᄒᆞ신 여러 동포ᄂᆞᆫ 긔어히 학도에게 월샤금을 밧게 ᄒᆞ고 학도의 부형되신 동포ᄂᆞᆫ 긔어히 월샤금을 ᄂᆡ여 학교의 유지 방침을 남의게 의뢰치 말고 스ᄉᆞ로 강구ᄒᆞ시압소셔 지금 형편으로 월샤금을 만히 밧을 슈 업거든 ᄒᆞ다 못ᄒᆞ면 한 달에 오 젼 혹 십 젼이라도 긔어히 ᄂᆡ고 긔어히 밧아셔 교육계에 후폐를

막음이 가ᄒᆞ다 ᄒᆞ노라

272 1908년 5월 26일(화) 제2697호 론셜

관찰ᄉᆞ 회의에 ᄃᆡᄒᆞ야 바라ᄂᆞᆫ 바 / 탄히싱

근일 ᄂᆡ부대신이 각도 관출ᄉᆞ를 경셩으로 소집ᄒᆞ야 작일부터 회의를 열엇스니 이ᄂᆞᆫ 우리나라의 쳐음 잇ᄂᆞᆫ 셩ᄉᆞ이라 그러나 ᄌᆞᆨ년 이ᄅᆡ로 디방 각쳐에 의병이 편만ᄒᆞ고 외국 군ᄉᆞ의 왕ᄅᆡ가 빈번함으로 안졋ᄂᆞᆫ ᄇᆡᆨ셩이 잠을 편안히 자지 못ᄒᆞ며 밥을 편안히 먹지 못ᄒᆞᆯ ᄲᅮᆫ 안이라 엇던 사ᄅᆞᆷ은 집을 불 붓치고 동셔로 류리기걸ᄒᆞ며 엇던 사ᄅᆞᆷ은 부모 쳐ᄌᆞ를 리별ᄒᆞ고 하ᄂᆞᆯ을 불으며 ᄯᅡ을 두다리고 ᄯᅩ 엇던 사ᄅᆞᆷ은 무죄히 ᄉᆡᆼ명을 일어바린 일이 허다ᄒᆞ야 보ᄂᆞᆫ 쟈로 ᄒᆞ야곰 눈물이 흐르고 듯ᄂᆞᆫ 쟈로 ᄒᆞ야곰 가삼이 압흐게 ᄒᆞᆫ 지 일 년이 갓가왓스니 오날ᄂᆞᆯ 우리나라에 뎨일 급ᄒᆞ고 큰 문뎨ᄂᆞᆫ 이 일이라 그런즉 관찰ᄉᆞ 졔공이 일도ᄂᆡ의 인심을 진정ᄒᆞ기에 마암과 졍셩을 다ᄒᆞ야 쥬야로 그 방법을 강구ᄒᆞ얏스면 이번 회의를 열기 젼이라도 ᄂᆡ부대신이나 즁앙졍부에 ᄃᆡᄒᆞ야 의견셔도 뎨츌ᄒᆞ얏슬지오 보고셔나 혹 질품셔로ᄡᅥ ᄒᆡᆼ졍 기션에 필요ᄒᆞᆫ 모든 일을 날마다 공문으로 왕복ᄒᆞ얏슬지며 ᄂᆡ부대신도 역시 지령 훈령으로ᄡᅥ 각 디방 관리를 감독 지휘ᄒᆞ얏슬 것이어ᄂᆞᆯ 굿ᄒᆞ야 허다ᄒᆞᆫ 일ᄌᆞ와 막대ᄒᆞᆫ 비용을 허비ᄒᆞ고 관찰ᄉᆞ 회의를 소집ᄒᆞᆷ은 엇지ᄒᆞᆷ이뇨 ᄂᆡ부대신이 친히 관츌ᄉᆞ 졔공의게 디방 형편과 ᄉᆞ졍을 ᄌᆞ셰히 듯고 친히 훈시ᄒᆞᆯ 일이 잇슴을 위ᄒᆞᆷ인 듯ᄒᆞ니 바라건ᄃᆡ 십삼도 관찰ᄉᆞ 졔공이여 모호ᄒᆞᆫ ᄃᆡ답과 막연ᄒᆞᆫ 의견으로 의셕에 참여ᄒᆞ엿다가 려진려퇴(旅進旅退)ᄒᆞ지 말고 각기 관하 각군 인심의 향ᄇᆡ와 시셰의 변쳔을 ᄌᆞ셰히 진슐ᄒᆞ고 공변도히 ᄃᆡ답ᄒᆞ야 즁앙졍부의 대방침을 뎡ᄒᆞ게ᄒᆞ며 의회 의쟝되신 ᄂᆡ부대신도 ᄯᅩᄒᆞᆫ 한두 사ᄅᆞᆷ의 편벽된 의견에 귀를 기우리지 말고 여러 관찰ᄉᆞ의 의견을 넓히 칙용ᄒᆞ야 디방 인민으로 ᄒᆞ야곰 안녕질셔를 회복케 ᄒᆞ소셔 만일 그러치 못ᄒᆞ야 ᄂᆡ부대신이 칙문ᄒᆞᄂᆞᆫ ᄉᆞ항에 ᄃᆡᄒᆞᆫ ᄃᆡ답이 모호ᄒᆞ고 각 관찰ᄉᆞ의 뎨츌ᄒᆞᄂᆞᆫ 의견이 막연ᄒᆞ야 피ᄎᆞ간에 아모것도 엇ᄂᆞᆫ 것이 업스면 이번의 회의가 유익ᄒᆞᆷ이 업슬 ᄲᅮᆫ 안이라 도로혀 ᄒᆡ가 잇스리니 깁히 ᄉᆡᆼ각ᄒᆞ고 크게 쥬의ᄒᆞ야 국가의 위급죤망의 대문뎨를 의뎡ᄒᆞᆯ지어다

273 1908년 5월 27일(수) 제2698호 론셜

고통(苦痛)은 ᄒᆡᆼ복(幸福)의 근본 / 탄ᄒᆡᄉᆡᆼ

녯적 희랍국(希臘國) 력산대왕(歷山大王)[486]의 사랑ᄒᆞᄂᆞᆫ 쟝슈 「안치고나쓰」[487]의 휘하에 한 군ᄉᆞ가 잇ᄂᆞᆫᄃᆡ 즁병이 들어 고치기 어려온 디경에 일으럿스나 그러나 젹병을 맛나 싸홀 ᄯᆡᄂᆞᆫ 그 군ᄉᆞ의 용ᄆᆡᆼ스러온 긔운이 일층 더ᄒᆞ야 항상 승젼ᄒᆞᄂᆞᆫ지라 안치고나쓰 대쟝이 그 군ᄉᆞ를 사랑ᄒᆞᄂᆞᆫ 마음이 더옥 간졀ᄒᆞ고 ᄯᅩ 그 병으로 인ᄒᆞ야 괴로워ᄒᆞᆷ을 불샹히 녁여 ᄉᆞ방으로 넓히 명의를 구ᄒᆞ야 그 병을 다ᄉᆞ리더니 맛참ᄂᆡ 효험을 보아 쾌ᄎᆞᄒᆞᆫ지라 그러나 그 후에 그 군ᄉᆞᄂᆞᆫ 용긔가 져상ᄒᆞ야 다시 쥭기를 결단ᄒᆞ고 싸홈ᄒᆞ지 안을 ᄲᅮᆫ 안이라 심히 나약ᄒᆞ고 겁 만흔 군ᄉᆞ가 되거ᄂᆞᆯ 그 군ᄉᆞ의 친구가 괴히 녁여 그 연유를 무른ᄃᆡ ᄃᆡ답ᄒᆞ야 ᄀᆞᆯ아ᄃᆡ ᄂᆡ가 병들엇슬 ᄯᆡᄂᆞᆫ 쥭ᄂᆞᆫ 것이 두렵지 안이ᄒᆞ야 압헤 무엇을 당ᄒᆞ던지 죠곰도 겁ᄒᆞᄂᆞᆫ 마암이 업셔 용ᄆᆡᆼ스럽게 싸왓거니와 지금은 병이 나앗슨즉

486 알렉산드로스(알렉산더) 대왕(BC 356~323): 마케도니아 왕국의 왕.

487 안티고누스 모노프탈무스(Antigonus Monophthalmus, BC 382~301): 알렉산드로스 대왕의 부하 장군. 알렉산드로스 대왕의 사후 안티고노스 왕조를 세웠다. 별칭인 모노프탈무스는 애꾸눈이란 뜻이다.

고향에 살아 도라가는 날 부모 쳐ᄌᆞ를 다시 맛나볼 ᄉᆡᆼ각이 간졀ᄒᆞ야 젹병을 맛나면 ᄌᆞ연히 용긔가 업셔지노라 ᄒᆞ얏다 ᄒᆞ니 이 말을 밀우어 ᄉᆡᆼ각홀진된 우리의 일평ᄉᆡᆼ 일이 모다 이와 갓흐리로다 여러 가지 근심되는 일과 슯흔 일과 괴로온 일과 압흔 일이 잇쓸 ᄯᅢ는 근심과 슯흠과 괴로옴과 압흠을 면ᄒᆞ고져 ᄒᆞ야 고심과 열셩과 용긔가 평일보담 십 ᄇᆡ나 ᄇᆡᆨ ᄇᆡ가 나셔 ᄋᆡ를 쓰고 힘을 다ᄒᆞ다가 곤난ᄒᆞᆫ 것이 업셔지면 졍셩과 용긔가 모다 풀니나니 녯사ᄅᆞᆷ의 일은바 사ᄅᆞᆷ은 환난에셔 살고 안락에셔 쥭는다 홈이 올토다 오날늘 우리 국민된 쟈는 사ᄅᆞᆷ마다 슯흐며 압흘지니 이 슯흠과 압흠을 면ᄒᆞ고져 ᄒᆞ거던 각기 졍신을 가다듬고 긔력을 ᄂᆡ여 하늘이 쥬신 바 사ᄅᆞᆷ의 직분을 다ᄒᆞ면 필경은 고통ᄒᆞᆫ 일은 물너가고 ᄒᆡᆼ복이 올지로다 만일 이ᄯᅢ를 당ᄒᆞ야셔 오히려 깁히 든 잠을 ᄭᆡ지 못ᄒᆞ고 일시의 편안홈을 탐ᄒᆞ야 ᄇᆡ부르게 먹으며 등더웁게 닙고 용긔와 열셩이 분발치 안으면 필경은 쳔층 디옥에 ᄲᅡ져셔 슈습홈을 엇지 못ᄒᆞ리니 바라건ᄃᆡ 우리 동포는 각기 ᄌᆞ긔의 맛흔 직분ᄃᆡ로 션ᄇᆡ된 쟈는 학문을 연구ᄒᆞ기에 힘쓰고 농ᄉᆞᄒᆞ는 쟈는 농업을 기량ᄒᆞ기에 힘쓰고 쟝사ᄒᆞ는 쟈는 상업을 확장ᄒᆞ기에 힘쓰고 공쟝ᄒᆞ는 쟈는 공업을 발달ᄒᆞ기에 힘써 아모됴록 다른 사ᄅᆞᆷ과 갓치 나아가되 츄호도 질셔(秩序)를 일치 말고 상당ᄒᆞᆫ 슈단과 졍대ᄒᆞᆫ 방법을 ᄐᆡᆨ홀지오 부졀업시 압뒤를 도라보지 안코 망녕된 ᄒᆡᆼ동과 허황ᄒᆞᆫ ᄉᆞ상을 가지지 말지어다

274 1908년 5월 28일(목) 제2699호 론셜

보리집(麥稈)의 리익 / 탄ᄒᆡᄉᆡᆼ

대뎌 보리집은 여름에 쓰는 모ᄌᆞ(帽子)를 만다는 ᄌᆡ료로 근ᄅᆡ 구미 각국의 슈용이 ᄒᆡ마다 늘어가는 고로 일본사ᄅᆞᆷ은 이것을 보고 보리집을 리용(利用)ᄒᆞ

야 년년히 외국에 슈츌ᄒᆞᄂᆞᆫ 슈효가 늘어셔 지금은 일본 무역품(貿易品) 즁 몃 ᄶᅵ 가지 안케 되엿도다

우리나라ᄂᆞᆫ 일본에 비ᄒᆞ면 쟝마지ᄂᆞᆫ ᄯᅢ가 얼마큼 늣고 ᄯᅩ 비가 젹게 옴으로ᄡᅥ 보리집의 빗이(光澤) 심히 곱고 ᄯᅩ ᄯᅡ의 관계로 인ᄒᆞ야 보리집이 가늘고 질기니 보리집의 소산이 일본보담 여러 갑졀이 나은지라 그러나 이갓치 됴흔 물건을 리용홀 쥴 아지 못ᄒᆞ고 녜로부터 농가의 불ᄯᅢᄂᆞᆫ 지료로 허비홀 ᄯᆞ름이오 보리집을 ᄶᆞ셔 모ᄌᆞ를 졔죠ᄒᆞ게 ᄶᆞᆺᄂᆞᆫ 일은 남녀로유(男女老幼)를 물론ᄒᆞ고 능히 홀 일이라 우리나라 사ᄅᆞᆷ의 아모 일업시 노ᄂᆞᆫ 쟈로 ᄒᆞ야곰 이 일을 ᄒᆞ게 ᄒᆞ면 그 엇ᄂᆞᆫ 바 리익이 젹지 안으리로다

현금 일본졍부에셔ᄂᆞᆫ 보리집의 업을 발달케 ᄒᆞ기 위ᄒᆞ야 각 디방관으로 ᄒᆞ야곰 인민을 권유ᄒᆞᆷ이 농가와 상가(商家)의 빈부를 물론ᄒᆞ고 보리집 업을 힘쓰지 안ᄂᆞᆫ 쟈ㅣ 업스며 남녀로유의 노ᄂᆞᆫ 틈에 업을 엇게 ᄒᆞ고 ᄯᅩ한 보리집 만히 나ᄂᆞᆫ 디방에셔ᄂᆞᆫ 소학교에셔 이것을 과뎡으로 가라쳐 늘마다 련습ᄒᆞ게 ᄒᆞᄂᆞᆫ지라 지금 일본에셔 이 업을 엇더케 슝상ᄒᆞᄂᆞᆫ지 알게 ᄒᆞ기 위ᄒᆞ야 근년 신호항(神戶港)[488]에셔 슈츌ᄒᆞᆫ 익슈를 긔록ᄒᆞ건ᄃᆡ 광무 십년 일월부터 십이월ᄭᆞ지 슈츌ᄒᆞᆫ 보리집 ᄶᆞ은 것이 일쳔이ᄇᆡᆨ이십칠만 오쳔이ᄇᆡᆨ팔십륙 필(ᄒᆞᆫ 필은 영쳑(英尺)으로 륙십 야드이니 우리나라 자로 일ᄇᆡᆨᄉᆞ십 쳑가량)에 그 갑이 삼ᄇᆡᆨ오십륙만 삼쳔칠ᄇᆡᆨ륙십칠 원이라 엇지 놀납지 안으리오

ᄯᅩ 근릭 시흥군 영등포에 사ᄂᆞᆫ 우리 동포의 집 삼십륙 호에셔 ᄌᆡ작년 작년 량년 동안에 슈츌ᄒᆞᆫ 보리집을 보건ᄃᆡ ᄌᆡ작년에ᄂᆞᆫ 이십 호에셔 이십오 근에 갑이 오십 원이오 작년에ᄂᆞᆫ 이십오 호에셔 슈츌ᄒᆞᆫ 보리집 일ᄇᆡᆨ칠십오 근에 갑이 삼ᄇᆡᆨ오십 원이라 ᄒᆞ니 이갓치 젼국이 모다 쥬의ᄒᆞ면 일 년 동안에 엇ᄂᆞᆫ 바 리익이 막대ᄒᆞ리라 ᄒᆞ노라 이에 보리집 ᄶᆞᄂᆞᆫ 법과 밋 모ᄌᆞ 만달기 위ᄒᆞ야 ᄶᆞᆺᄂᆞᆫ

488 일본 고베 시.

법을 좌에 긔재ᄒᆞ야 젼국 동포가 모다 알게 ᄒᆞ고져 ᄒᆞᄂᆞ니

一. 보리집을 쓰게 ᄒᆞ랴면 위션 버힐 ᄯᅦ에 쥬의ᄒᆞ야 항용 버히는 ᄯᅦ보담 십일이나 혹 십삼일을 압셔 버힐지니 이는 죠곰 일즉 버히면 광ᄐᆡᆨ이 고음을 위홈이오 ᄯᅩ 죠곰 일즉 버힐지라도 보리ᄡᆞᆯ은 죠곰도 관계치 안이홀 ᄲᅮᆫ 안이라 그 ᄡᆞᆯ의 품질이 도로혀 됴흘지오

二. 보리를 버히거든 직시 ᄯᅡ에 열쎄 너러 말닐지니 이는 집에 물긔가 잇스면 집이 상하야 빗을 일흘 ᄲᅮᆫ 안이라 그 슈효가 쥴어질ᄭᅡ 념려홈이오

三. 보리를 털 ᄯᅦ는 잘 말은 후에 ᄒᆞᆫ 줌식 묵거셔 이삭 ᄭᅳᆺ헤셔 쳣마듸부터 상ᄒᆞ지 안케 이삭만 잘 나닐지니 이는 보리를 털 ᄯᅦ에 쥴기가 ᄭᅦ여지면 못쓰게 됨을 위홈이오 (미완)

275 1908년 5월 29일(금) 제2700호 론셜

보리집(麥稈)의 리익 (속) / 탄히싱

四. 이삭을 잘 나닌 후에 한 마듸를 버혀 볏헤 십분 말니거나 유황물에 ᄉᆞᆱ아셔 포빅홀지니

이는 보리집에 물긔운이 잇슨즉 얼넉졈이 싱겨 못쓰게 됨을 위홈이오

五. 이삭 붓흔 쥴기의 마듸 밋흘 칼로 잘으든지 손톱으로 ᄭᅡᆨᄭᅡᆨ ᄶᅡ되 마듸 밋흘 밧삭 잘은 후에 아리 우가 가즈런ᄒᆞ게 묵거둘지니

이는 마듸 밋흘 밧호 잘으지 안으면 보리집의 갑이 업슴을 위홈이오

六. 것겁질은 이상과 갓치 ᄯᅡᆫ 보리집을 부치 모양으로 펴셔 히에 잘 말니면 직시 버셔질지니

이는 그 원쥴기가 말으는 고로 것겁질이 용이히 버셔짐이오

七. 보리집은 ᄶᅡ셔 말닌 후라도 아모됴록 습긔 업는 곳을 틱ᄒᆞ야 보존홀지

니

이는 습긔가 잇스면 얼넉졈이 싱기나니 마듸를 짜기 젼에는 고간이나 쳠아 밋헤 싸아두어도 관계치 안으되 짠 후는 부피가 크지 안은즉 방안에 두는 것이 가ᄒᆞ도다

대뎌 보리집 짜는 리익을 의론ᄒᆞᆯ진ᄃᆡ 모ᄌᆞ 짓는 ᄌᆡ료는 이삭 달엿던 마듸 한 마듸만 쓰는 것인즉 보리집 ᄇᆡᆨ 근에 쓸 것은 칠팔 근밧게 되지 안는 고로 썰 나모가 별로히 줄지 안코 모ᄌᆞ 졔조ᄒᆞᄂᆞᆫ ᄌᆡ료의 갑은 상등 일근에 이십팔 젼이오 즁등 일 근에 이십 젼이오 하등 일 근에 십륙 젼이니 가량 ᄇᆡᆨ 근이 잇스면 이십팔 원이오 쳔 근이 잇스면 이ᄇᆡᆨ팔십 원이라 그 리익이 진실로 막대ᄒᆞ며

또 보리집 짯는 리익을 의론ᄒᆞᆯ진ᄃᆡ 모ᄌᆞ를 겻게 짯는 일은 부인과 어린 아ᄒᆡ라도 용이히 ᄇᆡ호고 익달ᄒᆞ여지면 ᄒᆞ로 동안에 능히 한 필(일ᄇᆡᆨᄉᆞ십 쳑)올 짜을지오 그 공젼은 삼십 젼 이상을 엇는 고로 농가에셔 보리를 버힐 ᄯᅢ에 그 집을 잘 간슈ᄒᆞ얏다가 ᄎᆞᄎᆞ 틈나는 ᄃᆡ로 마디를 짜고 겨울에 농ᄉᆞ일이 업슬 ᄯᅢ는 짜아 팔면 엇는 바 리익이 집신 삼거나 나모 버혀 파는 것보담 몃 ᄇᆡ가 되리로다

우리나라 전국에 산읍을 졔ᄒᆞ고는 모다 보리를 슝상ᄒᆞ나니 그 보리집을 이와 ᄀᆞᆺ치 리용ᄒᆞ면 일 년에 몃ᄇᆡᆨ만 원의 슈입이 ᄯᅳᆺ밧게 싱기리니 바라건ᄃᆡ 농업에 죵ᄉᆞᄒᆞ시는 우리 동포들은 이 일은 젹은 일로 아지 말고 각기 쥬의ᄒᆞ야 ᄒᆡ마다 발달ᄒᆞ야 압흐로 나아가게 ᄒᆞᆯ지어다 현금 경셩 셔문 외에셔 일본인 동원항삼랑(桐原恒三郎) 씨가 보리집 짯는 교습소를 셜치ᄒᆞ고 ᄌᆞ원ᄒᆞᄂᆞᆫ 사ᄅᆞᆷ을 가라쳐쥬며 또 보리집도 만히 사들인다 ᄒᆞ니 본 긔쟈는 ᄇᆡ호는 사ᄅᆞᆷ이 만키를 바라노라 (완)

영션군 합하의게 통곡ᄒᆞ야 고홈 / 탄히싱

슯흐다 영션군 합하시여 본 긔쟈ㅣ 합하로 더부러 만리 히외에 ᄉᆞ싱과 고락을 ᄀᆞᆺ치 격금이 오륙 년이오 합하로 인연ᄒᆞ야 쥭을 ᄯᅡ에ᄭᆞ지 ᄲᅡ졋다가 실낫 갓흔 목숨을 구ᄎᆞ히 보젼ᄒᆞ야 합하의 귀국ᄒᆞ심을 듯고 밤을 도아 부산항에 ᄂᆡ려가 합하를 봉영홀 식 깃분 마음이 하날에 올을 ᄯᅳᆺᄒᆞ얏고 합하가 입셩ᄒᆞ신 잇흔날 일은 아참에 본궁으로 도라오샤

츈부대감 압헤 반셩ᄒᆞ실 ᄯᅢ에

츈부대감ᄭᅴ셔 합하를 붓드시고 방셩대곡ᄒᆞ시ᄂᆞᆫ 일을 보고 본 긔쟈도 역시 쳬읍ᄒᆞ기를 마지안이ᄒᆞ엿스니 이갓치 깃버홈과 슯허홈은 무삼 연고이뇨 본 긔쟈ㅣ 일즉이 합하의게 큰 은덕을 닙어 그것을 감격히 녁이ᄂᆞᆫ 바도 안이오 합하가 귀국ᄒᆞ시면 본 긔쟈의 일신에 먹고 닙을 것을 합하의게 구ᄒᆞ랴ᄂᆞᆫ 욕심으로 그러홈도 안이오 ᄯᅩ한 합하의 쳔거ᄒᆞ심으로 됴흔 벼살을 엇고져 ᄒᆞᄂᆞᆫ 더러온 마암도 안이오 다만 합하의 덕망과 디위로ᄡᅥ 외국 풍상에 무슈훈 고싱을 격다가 귀국ᄒᆞ셧슨즉 합하의 지긔가 이젼보담 일층 더 견확ᄒᆞ고 품힝이 일층 더 단졍ᄒᆞ야 쳣지ᄂᆞᆫ 집을 잘 다ᄉᆞ려 일가 상하가 츈풍화긔의 즐거옴을 누리시고 둘지ᄂᆞᆫ 우희로

황상폐하의 셩덕을 보충ᄒᆞ시고 아릭로 억죠창싱을 도탄 가온ᄃᆡ셔 건져쥬실가 ᄒᆞ야 하날ᄭᅴ 츅슈홈이러니 합하ᄭᅴ셔 쳔만ᄯᅳᆺ밧게 기싱과 풍류에 ᄲᅡ져 집과 나라를 도라보지 안으려 ᄒᆞ시니 사ᄅᆞᆷ마다 합하를 위ᄒᆞ야 탄식ᄒᆞᄂᆞᆫ도다 함을며 본 긔쟈ᄂᆞᆫ 합하를 의앙홈이 다른 사ᄅᆞᆷ보다 십 빅나 더훈 고로 항일에 약간 츙언을 베푸러 합하의게 경고ᄒᆞ옵고 고치시ᄂᆞᆫ 바이 잇기를 쥬소로 기다리오되 죵시 고치시지 못홀 ᄲᅮᆫ 안이라 더옥 심ᄒᆞ신지라 본 긔쟈ㅣ 한 쥴기 눈물을 ᄲᅮ려 합하를 영별코져 ᄒᆞ오니 바라압건ᄃᆡ 합하ᄂᆞᆫ 깁히 통촉ᄒᆞ시옵소셔

합하ᄭᅴ셔 귀국ᄒᆞ신 지 몃 ᄃᆞᆯ이 못 되야 대원왕 뎐하의 원소ᄅᆞᆯ 면봉ᄒᆞ시고 공덕리에 잇ᄂᆞᆫ 송림(松林)을 일톄 방ᄆᆡᄒᆞ야 자산을 만다시니 합하의 ᄯᅳᆺ이 어ᄃᆡ 잇셔셔 이 일을 ᄒᆡᆼᄒᆞ시나잇가 응당 합하가 말삼ᄒᆞ시기ᄅᆞᆯ 재정이 군졸ᄒᆞ야 그리ᄒᆞ얏노라 ᄒᆞ실지나 본 긔쟈의 룡통ᄒᆞᆫ 소견으로 ᄉᆡᆼ각ᄒᆞ오면 합하ᄭᅴ셔 귀국ᄒᆞ신 후 기ᄉᆡᆼ의게 쥬신 돈이 륙칠쳔 원은 넘을지라 기ᄉᆡᆼ쳡을 둘식 셋식 두시지 안이ᄒᆞ셧드면 재정이 이갓치 군졸ᄒᆞ실 리치가 업슬지오 셜혹 군졸ᄒᆞ실지라도 합하의 덕ᄒᆡᆼ이 ᄂᆞᆯ마다 놉하가시면 듯ᄂᆞᆫ 쟈ㅣ ᄋᆡ식히 녁이려니와 기ᄉᆡᆼ에게ᄂᆞᆫ 하로밤에 슈ᄇᆡᆨ 원식 쥬시기ᄅᆞᆯ 앗기지 안코 졔가ᄒᆞ신ᄂᆞᆫ ᄃᆡᄂᆞᆫ 푼젼이 극난ᄒᆞ다 ᄒᆞ시면 누가 그 말을 올케 들으오릿가 (미완)[489]

489 제2702호(5월 31일자) 논설 미게재. 6월 1일은 정기휴간일임.

6월

277 1908년 6월 2일(화) 제2703호 론셜

영션군 합하의게 통곡ᄒᆞ야 고홈 (속) / 탄히싱

공덕리에 잇는 송림으로 말ᄒᆞ면 대원왕 뎐하ᄭᅴ셔 손소 심으압시고 손소 직ᄇᆡᆨᄒᆞᄋᆞᆸ셔 오늘ᄭᆞ지 슈틱이 상신(手澤 尙新)ᄒᆞ온 고로 무지ᄒᆞᆫ 쵸동 목슈라도 감히 ᄒᆞᆫ 가지를 ᄭᅥᆨ지 못ᄒᆞ며 길가는 ᄒᆡᆼ인이라도 그 송림을 치어다보고

대원왕 뎐하의 녯일을 ᄉᆞ모ᄒᆞ야 눈물을 흘니거늘 엇지 참아 합하의 손으로 그 나모를 버히시나잇가 이는 합하를 위ᄒᆞ야 통곡ᄒᆞ는 바ㅣ 한 가지오

우리나라에 산림이 모다 동탁ᄒᆞ야 경셩 근쳐는 고샤 물론ᄒᆞ고 향곡 깁흔 산즁에라도 슈목이 변변치 못ᄒᆞ야 쟝찻 집 짓고 그릇만 달고 불쎨 나모가 업겟는 고로 죠가에셔도 이 일을 크게 근심ᄒᆞ야 삼림법(森林法)을 제뎡ᄒᆞ야 ᄇᆡᆨ셩으로 ᄒᆞ야곰 슈목을 ᄇᆡ양케 ᄒᆞ고 들에 잇는 션ᄇᆡ들도 이 일을 셔로 권쟝ᄒᆞ는 터인즉 합하도 역시 찬셩ᄒᆞ실 ᄲᅮᆫ 안이라 다른 사ᄅᆞᆷ보담 몬져 ᄒᆡᆼᄒᆞ시와 몽ᄆᆡᄒᆞᆫ 인민의 모범이 되실지어날 모범되시기는 고샤ᄒᆞ고 됴흔 산림을 몬져 버혀 사ᄅᆞᆷ으로 ᄒᆞ야곰 웃게 ᄒᆞ시니 이는 합하를 위ᄒᆞ야 통곡ᄒᆞ는 바ㅣ 두 가지오

리익점으로 말ᄒᆞᆯ지라도 오날날 칠쳔 원어치가 십 년이나 이십 년을 지나면 십 ᄇᆡ나 이십 ᄇᆡ가 되야 막대ᄒᆞᆫ ᄌᆡ물을 엇을 것이어날 미처 잘아기 젼에 버혀 속어에 일은바 소탐대실이 되게 ᄒᆞ시니 이는 합하를 위ᄒᆞ야 통곡ᄒᆞ는 바ㅣ 셰 가지로소이다 이밧게 합하의 근일 ᄒᆡᆼᄒᆞ시는 일에 ᄃᆡᄒᆞ야 통곡ᄒᆞᆯ 바이 허다ᄒᆞᆫ

즉 본 긔쟈의 긔운의 식진ᄒᆞ야 붓을 더지려 ᄒᆞ얏더니 또 들은즉 합하씌셔 기싱 삼ᄉᆞ 명을 더부시고 긔셩 평양 등디로 유람ᄒᆞ러 가셧다 ᄒᆞ니 합하가 십여 년 만에 귀국ᄒᆞ야 디방 인민의 졍황이 엇더ᄒᆞ며 교육이 얼마나 발달ᄒᆞ얏스며 농공상업이 엇더ᄒᆞᆫ 것을 시찰ᄒᆞ시ᄂᆞᆫ 것 갓흐면 다만 합하를 위ᄒᆞ야 하례ᄒᆞᆯ ᄲᅮᆫ 안이라 젼국을 위ᄒᆞ야 하례ᄒᆞ려니와 기악으로 질탕히 놀기를 위ᄒᆞ야 명산대쳔을 차ᄌᆞ가시니 이ᄂᆞᆫ 불가 ᄉᆞ문어타인이라 엇지 한심치 안으리오 바라건ᄃᆡ 합하ᄂᆞᆫ 세 번 ᄉᆡᆼ각ᄒᆞ시압소서 본 긔쟈ㅣ 쳔언 만어로ᄡᅥ 악악히 말ᄒᆞᆯ지라도 합하가 죠곰도 동념치 안으실 줄을 몰으ᄂᆞᆫ 바ㅣ 안이로ᄃᆡ 본 긔쟈의 의무에 묵묵히 지나갈 슈 업ᄉᆞ와 이갓치 고ᄒᆞᆸ고 합하를 영별ᄒᆞᆸ나이다 합하가 번연 ᄀᆡ오ᄒᆞ샤 젼의 허물을 고치시면 본 긔쟈ㅣ 합하의 죵이 될지라도 ᄉᆞ양치 안삽거니와 만일 그러치 못ᄒᆞ시면 합하를 다시 뵈을 리치도 업고 이 갓흔 말로ᄡᅥ 다시 경고ᄒᆞᆯ 리치도 업ᄉᆞ오리니 합하의 존귀ᄒᆞᆫ심으로 본 긔쟈 갓흔 일ᄀᆡ 셔싱을 ᄭᅳᆫᄂᆞᆫ 것은 츄호도 관계치 안커니와 텬하의 ᄯᅳᆺ잇ᄂᆞᆫ 쟈ᄂᆞᆫ 모다 합하의 앙하던 마음이 업셔지리니 한심ᄒᆞ도다 이 일이여 애셕ᄒᆞ도다 이 일이여 압흐도다 이 일이여 슯흐도다 이 일이여 눈물이 압흘 ᄀᆞ리워 알외올 바를 아지 못ᄒᆞ노이다

278 1908년 6월 3일(수) 제2704호 별보

한동년 씨의 모당의 회갑을 밧드러 츅슈홈

경상남도 동ᄅᆡ읍에 거ᄒᆞᄂᆞᆫ 한동년(韓東年) 씨ᄂᆞᆫ 본ᄅᆡ 유지ᄒᆞ신 부인으로 정경의숙(貞靜義塾)을 창립ᄒᆞ고 스ᄉᆞ로 참무(參務)의 소임을 부담ᄒᆞ야 녀ᄌᆞ 교육을 ᄯᅳᆯ쳐 닐으키고져 ᄒᆞ며 또한 그 모부인 셤기기를 지효로ᄡᅥ 홈애 원근이 모다 씨의 교육상 열심과 ᄉᆞ친지효홈을 흠튼ᄒᆞᆫ지라

본년 음력 오월 륙일은 씨의 모부인의 회갑 슈신인 고로 씨가 졍셩과 힘을

다ᄒᆞ야 헌슈ᄒᆞᆯ 의복과 음식을 쥰비ᄒᆞ랴 ᄒᆞᆫ즉 그 모부인이 씨를 불너 경계ᄒᆞ야 ᄀᆞᆯ아ᄃᆡ 사ᄅᆞᆷ이 셰상에 나셔 환갑ᄭᆞ지 살기가 지극히 어려온 즁에 나는 녀ᄌᆞ의 몸이 되여 나라 은혜를 만분지일도 갑지 못ᄒᆞ고 부잘업시 륙십일 셰를 살앗스니 항상 마암에 붓그럽든 ᄎᆞ에 네가 나를 위ᄒᆞ야 헌슈지ᄉᆞ[490]를 차리는 듯ᄒᆞ니 네 도리에는 썻썻ᄒᆞᆫ 일이나 ᄂᆡ 마암에는 심히 불안ᄒᆞᆫ즉 다ᄒᆡᆼ히 너는 나를 위ᄒᆞ야 의복을 작만ᄒᆞ거나 음식을 만다지 말고 그 돈으로ᄡᅥ 반은 뎨국신문샤에 보ᄂᆡ여 경비의 만일을 보ᄐᆡ게 ᄒᆞ고 반은 고아원(孤兒院)에 보ᄂᆡ여 우리 불상ᄒᆞᆫ 동포의 ᄌᆞ손의 교육비로 쓰게 ᄒᆞ라 ᄒᆞ시거날 씨가 그 모부인의 말삼을 듯고 감격ᄒᆞᆫ 눈물을 흘니며 엿쥽되 가셰가 죠곰 넉넉ᄒᆞ면 그 일도 ᄒᆡᆼᄒᆞ고 뎌 일도 ᄒᆡᆼᄒᆞ는 것이 마암에 편안ᄒᆞ겟ᄉᆞ오나 ᄉᆞ졍이 두 가지를 다 ᄒᆡᆼᄒᆞᆯ 슈 업ᄉᆞ온즉 가라치시는 ᄃᆡ로 봉ᄒᆡᆼᄒᆞ오리다 ᄒᆞ고 즉시 져축ᄒᆞ얏든 금화 륙원을 가져 졀반은 고아원으로 보ᄂᆡ고 졀반은 본샤로 보ᄂᆡ엿는지라 그 금익은 비록 삼 원이라도 그 국가 샤회를 위ᄒᆞ는 지셩측달ᄒᆞᆫ 마음은 ᄐᆡ산보다 놉고 하히보다 깁흐니 엇지 감샤ᄒᆞᆫ 마암이 업스리오 긋분 안이라 우리나라 사ᄅᆞᆷ은 본ᄅᆡ 공공ᄉᆞ업을 찬셩ᄒᆞ는 마음이 업슴으로 샤회의 ᄇᆡᆨ쳔 가지 일이 한아도 셩취치 못ᄒᆞ는지라 지ᄉᆞ의 한탄ᄒᆞ는 바이러니 이졔 한동년 씨 모당은 향곡의 로부인으로 이갓치 원대ᄒᆞᆫ ᄉᆞ상을 두엇스니 이는 다만 그 부인을 위ᄒᆞ야 하례홈ᄲᅮᆫ 안이오 곳 국가의 젼도를 위ᄒᆞ야 하례ᄒᆞ며 겸ᄒᆞ야 명일은 그 로부인의 회갑 슈신인 고로 그 ᄉᆞ실을 대강 긔록ᄒᆞ야 ᄡᅧ 그 부인의 ᄇᆡᆨ셰안강ᄒᆞ심을 밧드러 축슈ᄒᆞ노라[491]

490 헌수(獻壽): 환갑잔치 따위에서, 주인공에게 장수를 비는 뜻으로 술잔을 올림.

491 6월 4일 임시휴간.

녀ᄌᆞ의 의복과 단쟝을 급히 ᄀᆡ량홀 일 / 탄히싱

지금 우리나라의 셰틱를 도라보건딕 국가가 언의 디경에 써러졋는지 인민이 언의 싸에 싸졋는지 싱각ᄒᆞ며 근심ᄒᆞᄂᆞᆫ 쟈ᄂᆞᆫ 심히 듬을고 샤치ᄒᆞᆫ 풍속과 방탕ᄒᆞᆫ 힝실이 날로 셩ᄒᆞ야 눈으로 참아 보고 귀로 츰아 들을 슈 업ᄂᆞᆫ 즁에 더옥 녀ᄌᆞ 샤회의 풍속이 크게 문허지고 어즈러워져서 오빅 년 례의를 슝상ᄒᆞ던 일이 한아도 남지 안이ᄒᆞ얏스니 진실로 한심ᄒᆞᆫ 일이로다 녀ᄌᆞ의 의복으로 말ᄒᆞᆯ진딘 오날늘 변쳔ᄒᆞᄂᆞᆫ 시딕를 당ᄒᆞ야 혹은 양복을 닙엇스며 혹은 통치마에 긴 젹삼을 닙엇고 양혜를 신엇스며 혹은 우리나라의 젼ᄒᆞ야 오ᄂᆞᆫ 의복을 닙어 그 규모가 ᄒᆞᆫ결갓지 못ᄒᆞᆯ 쌘 안이라 닷토어 번화하고 샤치ᄒᆞᆫ 것을 슝상ᄒᆞ야 쵸록, 연두, 람, 분홍, 당홍 등의 각식 빗이 사ᄅᆞᆷ의 눈을 얼이고 청국, 일본, 셔양 각국의 왼갓 쥬단 등속을 갑의 다소ᄂᆞᆫ 불계ᄒᆞ고 긔어히 남보담 이상ᄒᆞ고 낫게 ᄒᆞ랴 ᄒᆞ니 이ᄂᆞᆫ 곳 국가를 망ᄒᆞ며 샤회를 어즈럽게 홈이로다 대뎌 의복이라 ᄒᆞᄂᆞᆫ 것은 남녀를 물론ᄒᆞ고 씨긋ᄒᆞ며 단아홈이 위쥬어날 이갓치 화려ᄒᆞᆫ 딕 이른즉 쳣지ᄂᆞᆫ 그 마음이 교만ᄒᆞ야 변변치 못ᄒᆞᆫ 의복을 닙은 쟈를 보면 업슈히 녁이고 둘재ᄂᆞᆫ ᄌᆞ녀가 그것을 본밧으랴 ᄒᆞ고 셋재ᄂᆞᆫ 보ᄂᆞᆫ 사ᄅᆞᆷ이 쳔히 녁이며 웃나니 급히 ᄀᆡ량ᄒᆞᆯ 바이오

단쟝으로 말ᄒᆞ면 혹은 외국 부인의 머리 올니ᄂᆞᆫ 것을 흉닉낸 사ᄅᆞᆷ도 잇고 혹은 우리나라의 녯풍속을 직흰 사ᄅᆞᆷ도 잇고 혹은 분을 켜켜로 발으고 눈셥과 살젹을 먹으로 그리며 입살과 썀을 연지로 다ᄉᆞ려 광딕나 귀신의 모양을 ᄒᆞᆫ 사ᄅᆞᆷ도 잇스니 참 히괴ᄒᆞ도다 이 풍속이여 사ᄅᆞᆷ의 얼골이 잘 싱겻든지 못 싱겻든지 텬연ᄒᆞᆫ 틔도를 직힐 것이어날 그러치 안이ᄒᆞ야 뮈온 얼골을 곱게 뵈이려 홈은 음란홈에 갓가옴이니 엇지 학식이 잇고 졀조 잇ᄂᆞᆫ 부인의 힝ᄒᆞᆯ 바이리오 고로 본 긔쟈ㅣ 큰소릐를 싸르게 질너 젼국 일쳔만 쟈ᄆᆡ의게 고ᄒᆞ노니 의복과 단쟝을 급기 ᄀᆡ량ᄒᆞ야 쳣재ᄂᆞᆫ 샤회의 풍속을 정ᄒᆞ고 둘재ᄂᆞᆫ 집안의 ᄌᆞ녀를 법도

로써 교양ᄒᆞ게 ᄒᆞ시압쇼셔[492]

280 1908년 6월 7일(일) 제2707호 론셜

국문과 한문의 경즁 / 탄히싱

대뎌 글이라 ᄒᆞᄂᆞᆫ 것은 말을 긔록ᄒᆞᄂᆞᆫ 한 긔계에 지나지 못ᄒᆞ나니 말은 글의 근본이오 글은 ᄆᆞᆯ의 가지어ᄂᆞᆯ 오괴ᄒᆞᆫ 션비들이 그 근본과 ᄭᅳᆺ을 ᄉᆡᆼ각지 안코 잇다금 리치 업ᄂᆞᆫ 말을 가져 사ᄅᆞᆷ의 마암을 혹ᄒᆞ게 ᄒᆞᄂᆞᆫ 고로 본 긔쟈ㅣ 국어가 국민을 교육홈과 국가를 보젼홈에 막대ᄒᆞᆫ 관계가 잇ᄂᆞᆫ 바를 들어 의론홈이 한두 번이 안이로ᄃᆡ 오히려 편벽된 의견을 쥬쟝ᄒᆞᄂᆞᆫ 사ᄅᆞᆷ이 업지 안이ᄒᆞ기로 다시 두어 마ᄃᆡ 어리셕은 말로 젼국 동포를 경셩코져 ᄒᆞ노라

향일에 엇더ᄒᆞᆫ 션비가 언의 잡지에 한문과 국문을 의론ᄒᆞ다ᄂᆞᆫ 글뎨로 쟝황히 슈빅 말을 낫하니엿ᄂᆞᆫᄃᆡ 그 글 가온ᄃᆡ 갈아ᄃᆡ 글이라 ᄒᆞᄂᆞᆫ 것은 글은 곳 도오 도ᄂᆞᆫ 곳 글이라 ᄒᆞ엿스니 이 엇지ᄒᆞᆫ 말이뇨 사ᄅᆞᆷ이 셰상에 남애 몬져 ᄆᆞᆯ이 잇고 말이 잇슨 후에 셩인의 도의 말ᄉᆞᆷ을 글로써 긔록홀 ᄯᆞᄅᆞᆷ인즉 공ᄌᆞ의 도를 영어, 법어, 덕어 기타 언의 나라말로 번역ᄒᆞ든지 그 ᄯᅳᆺ이 갓흘지오 예슈의 도를 한어(韓語), 일어, 한어(漢語) 기타 언의 나라말로 번역ᄒᆞ든지 그 ᄯᅳᆺ이 갓흘지라 만일 그 션비의 ᄆᆞᆯ과 ᄀᆞᆺ치 도가 곳 글이라 ᄒᆞ면 공ᄌᆞ의 도ᄂᆞᆫ 한문이 안이면 힝치 못ᄒᆞ고 예슈의 도ᄂᆞᆫ 희랍이나 라마의 글이 안이면 힝치 못홀지나 ᄉᆞ실이 그러치 안이ᄒᆞ야 도ᄂᆞᆫ 엇더ᄒᆞᆫ 시ᄃᆡ에 엇더ᄒᆞᆫ 사ᄅᆞᆷ의 글로 인ᄒᆞ야 닐어낫던지 각국이 모다 ᄌᆞ긔의 말로 번역ᄒᆞ야 츄호도 틀님이 업시 힝ᄒᆞ니 도와 글은 죠곰도 관계가 업고 ᄯᅩ 골오ᄃᆡ 한문을 폐코져 ᄒᆞᄂᆞᆫ 쟈ᄂᆞᆫ 공ᄌᆞ의 도를 폐코져

492 제2706호(6월 6일자) 유실됨.

ᄒᆞᄂᆞᆫ 쟈이라 사ᄅᆞᆷ이 마암과 이목구비가 잇고셔 공ᄌᆞ의 도를 폐코져 ᄒᆞᆫ즉 부ᄌᆞ 군신의 인륜을 폐ᄒᆞᆷ과 ᄀᆞᆺᄒᆞ니 곳 란신역ᄌᆞ라 ᄒᆞ야도 가ᄒᆞ다 ᄒᆞ얏스니 그 말이 갈ᄉᆞ록 심ᄒᆞ야 국가와 인민의게 영향을 밋게 ᄒᆞᆷ이 지극히 크도다 그러나 그 션ᄇᆡᄂᆞᆫ 글이 곳 도오 도가 곳 글인쥴 아ᄂᆞᆫ 고로 ᄯᅩ 이 말이 나옴이라 그 소견의 용렬ᄒᆞᆷ과 의ᄉᆞ의 완우ᄒᆞᆷ이 죡히 더부러 말ᄒᆞᆯ 여디가 업기로 치지도외ᄒᆞ얏더니 근일에 ᄯᅩ 엇던 션ᄇᆡ들이 소위 한ᄌᆞ통일회(漢字統一會)를 발긔ᄒᆞ고 취지셔를 신문상에 공포ᄒᆞ얏ᄂᆞᆫᄃᆡ 심히 아혹ᄒᆞᆫ ᄆᆞᆯ이 만키로 일일히 변명ᄒᆞ야 ᄡᅥ 셰상의 공론을 기다리고져 ᄒᆞ노라 (미완)

281 1908년 6월 9일(화) 제2708호 론셜

국문과 한문의 경즁 (속) / 탄ᄒᆡ싱

한ᄌᆞ통일회의 취지셔의 벽두에 ᄀᆞᆯ아ᄃᆡ 글이 갓ᄒᆞᆫ즉 인륜이 갓다 ᄒᆞ얏스니 진실로 리치 업ᄂᆞᆫ 말이로다 뎌 구미각국은 각각 글이 다르고 ᄯᅩ한 우리나라와ᄂᆞᆫ 대상 부동이로ᄃᆡ 군신 부ᄌᆞ 부부 형뎨 붕우의 인륜이 셔로 갓ᄒᆞᆫ지라 엇지 글의 갓고 갓지 안음으로ᄡᅥ 인륜의 이동이 잇스리오 이것도 역시 도가 곳 글이오 글이 곳 도라 ᄒᆞᄂᆞᆫ 말과 방사ᄒᆞ야 죡히 의론ᄒᆞᆯ 가치가 업ᄂᆞᆫ 바이오 ᄯᅩ ᄀᆞᆯ아ᄃᆡ 지나ᄂᆞᆫ 한문으로ᄡᅥ 국문을 삼고 일본은 가나로ᄡᅥ 국문을 삼고 우리나라ᄂᆞᆫ 반졀로ᄡᅥ 국문을 삼아 ᄀᆞ각 나라 가온ᄃᆡ셔 ᄒᆡᆼᄒᆞ야 ᄇᆡᆨ셩을 편ᄒᆞ게 ᄒᆞ며 풍속을 리롭게 ᄒᆞ되 다만 흠 되ᄂᆞᆫ 바ᄂᆞᆫ 나라 가온ᄃᆡ셔만 갓고 능히 삼국이 갓지 못ᄒᆞᆷ이라 ᄒᆞ얏스니 젼후의 모슌ᄒᆞᆷ이 엇지 이갓치 심ᄒᆞ뇨 삼국이 각각 국문을 가져 ᄇᆡᆨ셩을 편ᄒᆞ게 ᄒᆞ고 풍속을 리롭게 ᄒᆞᆯ진ᄃᆡ 무삼 ᄶᅡᄃᆞᆰ으로 삼국이 셔로 갓치 못ᄒᆞᆷ을 한ᄒᆞ리오

대뎌 나라가 다른즉 말이 다르고 ᄆᆞᆯ이 다른즉 글이 다름은 ᄯᅥᆺᄯᅥᆺᄒᆞᆫ 리치라

우리나라로 믈흘지라도 의쥬로 죠고마흔 압록강 흔아를 격흐야 뎌 언덕에는 청인이 살고 이 언덕에는 우리나라 사름이 살아 아참 져녁으로 셔로 딕흐것마는 그 믈과 글이 셔로 갓지 안이흐고 동릭로 딕마도와 부산 사이를 여듧 시간이면 왕릭흐되 그 말과 글이 셔로 갓지 못흐니 말과 글은 곳 나라를 셰오는 근본이라 흘지어늘 이제 갓기를 원흐니 ᄉ실상으로 되지 못흘 ᄲᅮᆫ 안이라 각기 ᄌ긔 나라의 졍신을 일허바림이니 오날날 시딕의 의론치 못흘 일이라 흐노라 한ᄌ통일회를 죠직흐랴 흐는 사름의 싱각에는 범위를 크게 흐고져 흠인 듯흐나 범위를 크게 흐랴면 라마(羅馬) 글ᄌ 갓흔 것을 튁흐야 셰계문ᄌ통일회를 죠직지 안코 엇지 굿희여 동아 삼국을 의론흐엿나뇨 참아 혹흐는 바이오 ᄯᅩ ᄀᆞᆯᄋᆞ딕 믈의 갓지 안은 쟈를 글로ᄡᅥ 갓게 흐고 풍속의 갓지 안은 쟈를 글로ᄡᅥ ᄀᆺ게 흔다 흐얏스니 이는 다만 의심날 ᄲᅮᆫ 안이라 젼후가 뒤집혀셔 알아 들을 슈 업도다 엇지흐야 그러뇨 흐면 영문이나 법문의 갓지 안이흔 쟈를 말로ᄡᅥ 번역흐야 갓게 흘 슈는 잇거니와 영어나 법어의 갓지 안이흔 쟈야 무삼 글로ᄡᅥ 갓게 흐며 풍속도 ᄯᅩ흔 그러흐야 말로ᄡᅥ 셔로 빅호고 가라쳐 갓게 흘 도리는 잇거니와 글로ᄡᅥ 갓게 흘 슈는 업스리로다 ᄯᅩ ᄀᆞᆯ아딕 구라파 셔편에 부강흔 법국 덕국 등이 각각 국문을 두엇스되 일즉이 라마ᄌ(羅馬字)와 영ᄌ(英字)를 폐흐지 못흐얏다 흐얏스니 이는 대단히 무식흔 말이라 흐노라 (미완)

282 1908년 6월 10일(수) 제2709호 론셜

국문과 한문의 경즁 (속) / 탄희싱

이제 그 무식흔 소이연을 의론흘진딘 녯적에 라마뎨국(羅馬帝國)의 문화가 크게 발달흐고 판도가 지극히 광대흐야 구라파 젼톄가 거진 라마뎨국의 명령졀제를 밧은 고로 각국이 모다 닷토어 로마의 글을 공부흠이 이왕 동양에셔 지

나를 ᄉᆞ모ᄒᆞ야 글노 지나글을 ᄇᆡ호고 풍속도 지나 풍속을 본밧고 기타 ᄇᆡᆨ쳔 가지의 사물이 젼혀 지나로죳차 나옴과 갓ᄒᆞ엿도다 그러나 라마데국이 망ᄒᆞᆫ 후에 각국이 셔로 영웅을 닷톨ᄉᆡ 각기 ᄌᆞ긔 나라의 말을 발달ᄒᆞ야 지금 문화가 크게 열닌 고로 문학을 깁히 연구ᄒᆞᄂᆞᆫ 학쟈 외에ᄂᆞᆫ 라마 글ᄌᆞ를 아ᄂᆞᆫ 쟈ㅣ 듬은 ᄃᆡ 닐으럿스니 우리 동아 삼국도 문화를 열어 뎌 구미의 문명 졔국과 억기를 견쥬고져 홀진ᄃᆡᆫ 속히 한문을 폐ᄒᆞ고 각기 국문을 발달ᄒᆞ여야 될 것이어날 도로혀 압흐로 나아가기ᄂᆞᆫ 고샤ᄒᆞ고 뒤로 물너가고져 ᄒᆞ니 이것이 무식ᄒᆞᆫ 바의 한 가지오 ᄯᅩ 영ᄌᆞ(英字)도 역시 라마ᄌᆞ의 변화ᄒᆞᆫ 바이어날 이것을 아지 못ᄒᆞ고 법국 덕국에 다 국문이 잇스되 라마ᄌᆞ와 영ᄌᆞ를 폐치 안이ᄒᆞ얏다 ᄒᆞ니 이ᄂᆞᆫ 무식홈이 극도에 달ᄒᆞ야 라마ᄌᆞ가 무엇인지 영ᄌᆞ가 무엇인지 분별치 못홈이니 이것이 무식ᄒᆞᆫ 바의 두 가지라 이갓치 어리셕고 이갓치 무식ᄒᆞᆫ 몰로써 텬하의 인심을 현혹케 ᄒᆞᄂᆞᆫ 고로 부득불 쟝황히 변명ᄒᆞ얏거니와 그 실샹을 ᄉᆡᆼ각ᄒᆞ면 여름 버러지로 더부러 어름을 말홈이라 도로혀 붓그러온 바이나 그러나 혹시 엇던 동포가 그 유혹에 ᄲᅡ져 ᄒᆡᆼᄒᆞ기 쉬운 탄탄대로를 버리고 좁은 길로 들어가 무슈ᄒᆞᆫ 곤난을 밧을가 두려워ᄒᆞ야 구구ᄒᆞᆫ 졍셩을 베푸노니 바라건ᄃᆡ 우리 동포ᄂᆞᆫ 국문을 날로 발달케 ᄒᆞ야 각 학교에 쓰ᄂᆞᆫ 교과셔와 밋 ᄇᆡᆨ쳔 가지의 셔적을 모다 국문으로 져슐ᄒᆞᆫ 연후에야 국민의 지식이 크게 나아가고 국가의 권셰가 ᄌᆞ연히 회복되리니 우리의 ᄉᆡᆼ명 ᄌᆡ산도 국문에 달녓고 국가의 흥망셩쇠도 국문에 달닌 줄로 알지어다 (완)

283 1908년 6월 11일(목) 제2710호 별보

쇼학 교육의 ᄃᆡᄒᆞᆫ 의견 / 유길쥰

쇼학은 국민의 근본되ᄂᆞᆫ 교육이라 고상ᄒᆞᆫ 문학을 쥬쟝홈이 안이오 셰샹의 보통지식을 어린 아희의 노슈(腦髓) 가온ᄃᆡ 박이게 ᄒᆞ야 버릇이 셩품이 되야 쟝ᄅᆡ 아름다온 국민이 되게 ᄒᆞᆷ이니 고로 그 교육ᄒᆞᄂᆞᆫ 방법이

첫ᄌᆡᄂᆞᆫ, 국어(國語)로ᄡᅥ 할 일

둘ᄌᆡᄂᆞᆫ, 국톄(國體)에 맛게 ᄒᆞᆯ 일

셋ᄌᆡᄂᆞᆫ, 넓히 밋치기를 도모ᄒᆞᆯ 일

이라 ᄒᆞ노라 대뎌 그 나라의 말로ᄡᅥ ᄒᆞᄂᆞᆫ 소이연은 아희들의 ᄇᆡ호고 익힘이 편ᄒᆞ고 쉽게 ᄒᆞ며 ᄯᅩ ᄂᆡ 나라의 졍신을 길으기 위ᄒᆞᆷ이라 그런 고로 대한국사ᄅᆞᆷ의 아희ᄂᆞᆫ 대한국말을 쓰ᄂᆞᆫ 것이 가ᄒᆞ거ᄂᆞᆯ 근ᄅᆡ에 ᄒᆡᆼ용ᄒᆞᄂᆞᆫ 쇼학교 교과셔를 보건ᄃᆡ 국문과 한문을 셕거 썻스나 한문으로 쥬인을 삼아 음으로 읽ᄂᆞᆫ 법을 취ᄒᆞ고 국문은 토 다ᄂᆞᆫ 쇼용이 되야 국문도 안이오 한문도 안인 ᄒᆞᆫ 가지 이샹ᄒᆞᆫ ᄎᆡᆨ을 지어 ᄂᆡ엿ᄂᆞᆫ지라 이로ᄡᅥ 여러 아희들이 다만 교ᄉᆞ의 입을 ᄯᅡ라 놉흔 소ᄅᆡ로 ᄀᆡ고리 울 듯ᄒᆞ고 혹시 글ᄯᅳᆺ을 무른즉 망연히 운무 가온ᄃᆡ 안져셔 방향을 몰으ᄂᆞᆫ 쟈가 열에 여ᄃᆞᆲ 아홉이 되니 이ᄂᆞᆫ 젼국의 ᄌᆞ녀(子女)의게 ᄋᆡᆼ무ᄉᆡ 교육을 베품이라 엇지 됴흔 결과를 엇으리오 고로 ᄀᆞᆯ아ᄃᆡ 쇼학교의 교과셔ᄂᆞᆫ 젼혀 국어를 쓰지 안음이 올치 안타 ᄒᆞ노라

ᄯᅩ 그 국톄에 맛기를 구ᄒᆞᆷ은 국기의 긔초(基礎)를 굿게 ᄒᆞᆷ과 샤회의 질셔(秩序)를 보젼ᄒᆞ기 위ᄒᆞᆷ이니 가령 군쥬국(君主國)에ᄂᆞᆫ 인군에게 츙셩ᄒᆞᄂᆞᆫ 쥬의를 몬져 ᄒᆞ고 공화(共和)의 ᄉᆞ샹을 고동ᄒᆞ야 닐으키ᄂᆞᆫ 교과셔ᄂᆞᆫ 허낙지 안이ᄒᆞᆷ이오 넓히 밋치기를 도모ᄒᆞᆷ은 젼국의 쳥년ᄌᆞ뎨로 ᄒᆞ야곰 ᄇᆡ호지 못ᄒᆞᄂᆞᆫ 쟈ㅣ 업도록 ᄒᆞᆷ이라 고로 강졔력(强制力)을 쓸지라도 아희들의 부형된 쟈로 ᄒᆞ야곰 교육ᄒᆞᄂᆞᆫ 의무를 세납 밧침이나 징병(徵兵)ᄒᆞᆷ과 갓치 부득불 ᄒᆡᆼᄒᆞ게 ᄒᆞᆷ이니 대ᄀᆡ 이 두 가지ᄂᆞᆫ 여러 말을 ᄒᆞ지 안이ᄒᆞ야도 세샹 사ᄅᆞᆷ이 다 익히 아ᄂᆞᆫ 바일 듯ᄒᆞ도다

이제 우리 쇼학 교육에 ᄃᆡᄒᆞ야 가쟝 어렵고 가쟝 큰 문뎨ᄂᆞᆫ

첫ᄌᆡ, 국문을 젼쥬ᄒᆞᆷ이오

둘지, 한문을 젼폐홈이라

우리나라의 션싱쟝자(先生長者)가 당돌흔 이 말을 흔 번 보면 악흔 식와 사아나온 즘싱의 소릐를 빅쥬에 들온 듯ᄒᆞ야 통마(痛罵)홀지며 몃빅 년 셰젼ᄒᆞ야 오던 보빅를 강도의게 쎽앗긴 듯ᄒᆞ야 분노홀지며 쏘 혹 큰 텰퇴가 머리 우에 써러진 듯ᄒᆞ야 정신이 현황홀지나 나라를 사랑ᄒᆞᄂᆞᆫ 참 ᄆᆞ음으로 국민의 계속자(繼續者)되ᄂᆞᆫ 어린 ᄌᆞ녀의 싹 나ᄂᆞᆫ 지각을 열어주ᄂᆞᆫ 일에 ᄃᆡᄒᆞ야 깁히 싱각ᄒᆞ고 익히 상고흔즉 쏘흔 씨닷ᄂᆞᆫ 바이 잇셔 칙샹을 치고 쾌ᄒᆞ게 녁일 듯도 ᄒᆞ도다 아즉 쟝셩치 못흔 쟈의 창ᄌᆞ에 굿고 짝짝ᄒᆞ야 잘 삭지 안을 음식을 준즉 몸에 리롭지 못ᄒᆞ기ᄂᆞᆫ 고샤ᄒᆞ고 반닷히 일싱의 고질을 엇을지니 이와 갓치 알기 어려온 한문으로써 치연(脆軟)흔[493] 어린 아희의 두노(頭腦)를 흔들어 어즈럽게 ᄒᆞ면 지식이 압흐로 나아가지 못홀 ᄲᅮᆫ 안이라 정신을 모손ᄒᆞ야 큰 병이 되게 홀지라 고로 이 문뎨의 히결(解決)은 싱리샹(生理上)으로도 본인의 언론을 찬셩홀지오녀 (미완)

284 1908년 6월 12일(금) 제2711호 별보

쇼학 교육의 ᄃᆡᄒᆞᄂᆞᆫ 의견 (속) / 유길쥰

그런즉 소학교 교과셔의 편찬은 국문을 젼쥬홈이 가ᄒᆞ뇨 골아ᄃᆡ 그러ᄒᆞ다 그러면 한ᄌᆞ(漢字)ᄂᆞᆫ 쓰지 안음이 가ᄒᆞ뇨 골아ᄃᆡ 안이라 한ᄌᆞ를 엇지 가히 폐ᄒᆞ리오 한문은 폐호ᄃᆡ 한ᄌᆞᄂᆞᆫ 가히 폐치 못ᄒᆞ나니라 갈아ᄃᆡ 한ᄌᆞ를 쓰면 이ᄂᆞᆫ 곳 한문이니 그ᄃᆡ의 젼폐흔다ᄂᆞᆫ 물은 우리의 히득지 못ᄒᆞᄂᆞᆫ 바이로다 골아ᄃᆡ 한ᄌᆞ를 한ᄃᆡ 련ᄒᆞ야 구졀을 만단 후에 비로소 가히 문(文)이라 홀지니 글ᄌᆞ 글

493 치연(脆軟): '취연(脆軟)'의 오기. 무르고 연약함.

ᄌᆞ를 각각 쓰미 엇지 가히 한문이라 ᄒᆞ리오 또 우리가 한ᄌᆞ를 빌어 쓰미 임의 오ᄅᆡ여 그 동화(同化)ᄒᆞᆫ 습관이 국어의 ᄒᆞᆫ 부분이 되얏스니 만일 그 ᄉᆡㄱ음으로 읽는 법을 쓴즉 그 형상은 비록 한ᄌᆞ이나 곳 우리 국문의 부속품(附屬品)과 보죠물(補助物)이라 영국 사ᄅᆞᆷ이 라ᄆᆞ(羅馬)의 글ᄌᆞ를 취ᄒᆞ야 그 국어를 지음과 갓흐니 한ᄌᆞ를 취ᄒᆞ야 쓰ᄂᆞᆫ 연유로 누가 감히 대한국말을 가라쳐 한문이라 ᄒᆞ리오 영문(英文) 가온ᄃᆡ 희랍(希臘)말을 슈입(輸入)ᄒᆞ야 동화(同化)ᄒᆞᆫ 쟈가 잇슴으로 영문을 가져 희랍말이라 칭ᄒᆞᄂᆞᆫ 쟈ᄂᆞᆫ 우리가 듯고 보지 못ᄒᆞᄂᆞᆫ 바이로다

소학교 교과셔에 쓰ᄂᆞᆫ 셔칙은 국문과 한ᄌᆞ를 셕거 ᄡᅥ셔 ᄉᆡㄱ음으로 닑는 법을 취ᄒᆞ면 가ᄒᆞ거니와 이에 ᄃᆡᄒᆞ야 젼국 부로의 참고(參考)에 공ᄒᆞᆯ 쟈ᄂᆞᆫ 언어의 죵류이니 대뎌 세계가 넓고 인류가 만흐되 그 ᄒᆡᆼ용ᄒᆞᄂᆞᆫ 언어를 문법(文法)으로 분셕ᄒᆞᆫ즉

一. 착졀어(錯節語)이니 곳 한어(漢語)나 영어(英語)갓치 우아릭를 교착(交錯)ᄒᆞ야 그 ᄠᅳᆺ을 표ᄒᆞᄂᆞᆫ 쟈이오

二. 직졀어(直節語)이니 곳 우리나라말과 밋 일본말과 갓치 곳게 나려가며 그 ᄠᅳᆺ을 표ᄒᆞᆫ 쟈이라

사ᄅᆞᆷ이 그 ᄉᆡᆼ각ᄒᆞᄂᆞᆫ 바를 소ᄅᆡ로 발ᄒᆞᄂᆞᆫ 쟈ᄂᆞᆫ 말이며 형상으로 표ᄒᆞ야 보이ᄂᆞᆫ 쟈ᄂᆞᆫ 문ᄌᆞ이라 이제 국ᄌᆞ(國字)와 한ᄌᆞ를 셕거 쓰ᄂᆞᆫ 글에 착졀법(錯節法)을 쓰면 이ᄂᆞᆫ 문이 되지 못ᄒᆞ야 한문에 직졀법(直節法)을 쓰ᄂᆞᆫ 것과 갓흔지라 이럼으로ᄡᅥ 음으로 닑는 문이라도 아모됴록 피ᄒᆞ여야 가ᄒᆞ니 ᄉᆡㄱ음으로 닑은 연후에 이 폐단이 스ᄉᆞ로 업어질지라 소학의 교육은 국민 ᄌᆞ뎨의 ᄉᆞ상을 계발ᄒᆞ며 셩질을 도야(陶冶)ᄒᆞ며 긔졀(氣節)을 비양ᄒᆞ야 국가의 그 국가 되ᄂᆞᆫ 톄통을 세오며 민족의 그 민족 되ᄂᆞᆫ 계통(系統)을 계승ᄒᆞ야 이 나라의 가히 사랑ᄒᆞᆷ을 알게 ᄒᆞ며 이 나라의 가히 공경ᄒᆞᆷ을 알게 ᄒᆞ야 이 나라를 위ᄒᆞ야 살게 ᄒᆞ며 이 나라를 위ᄒᆞ야 죽게 ᄒᆞᆯ얀즉 이 나라의 말과 이 나라의 글을 쥬장ᄒᆞ야 쓰지 안

코 가홀가 감히 한 말로뻐 젼국 부형의게 취질ᄒᆞ노라

긔쟈ㅣ 갈아딕 근일에 오괴ᄒᆞᆫ 션빅 즁에 국문과 한문에 관계가 엇더홈을 아지 못ᄒᆞ고 망녕도히 한문을 쥬장ᄒᆞ야 쓰랴 ᄒᆞᄂᆞᆫ 쟈도 잇고 또 혹은 동아 삼국에 한문을 통일ᄒᆞ자ᄂᆞᆫ 쥬의를 가진 쟈도 잇기로 임의 여러 번 박론ᄒᆞ얏더니 이제 유길쥰 씨의 소학 교육에 딕ᄒᆞᆫ 의견서 일편을 보건딕 말과 글의 엇더ᄒᆞᆫ 것을 소상히 히셕ᄒᆞ야 젼국 청년ᄌᆞ뎨의 교육 젼뎡을 근심이 진실로 큰 고로 그 젼문을 긔록ᄒᆞ야 뻐 텬하에 소기ᄒᆞ노니 깁히 싱각ᄒᆞ고 크게 씨다라 한문은 폐ᄒᆞᄂᆞᆫ 것이 가ᄒᆞᆫ 줄로 알지어다

285 1908년 6월 13일(토) 제2712호 론셜

비를 기다림 / 탄히싱

슯흐다 우리나라 사름은 별로히 다른 싱업이 업고 다만 농ᄉᆞ 한 가지로뻐 젼국 이쳔만 인구의 먹고 사ᄂᆞᆫ 긔관을 삼앗스되 농ᄉᆞᄒᆞᄂᆞᆫ 법이 도모지 발달치 못ᄒᆞ야 물 다일 줄을 변변히 아지 못ᄒᆞᄂᆞᆫ 고로 비가 만히 와셔 물이 넉넉ᄒᆞ면 풍년을 졈쳐셔 즐겨 ᄒᆞ고 만일 날이 조곰 감을면 일반 농민이 걱정ᄒᆞ고 근심ᄒᆞ야 엇지홀 쥴을 몰으ᄂᆞᆫ 즁에 작년 가을 이후로 각 디방에 의병이 벌 니듯ᄒᆞ야 약간 곡식 셤이나 잇ᄂᆞᆫ 쟈도 모도 씩앗기고 동셔남북으로 류리표박ᄒᆞ니 함을며 가난ᄒᆞᆫ 빅셩이야 어딕셔 농량을 취딕ᄒᆞ야 금년 농ᄉᆞ를 지으리오 그 슈참ᄒᆞᆫ 졍경과 가련ᄒᆞᆫ 상틱ᄂᆞᆫ 눈으로 참아 볼 슈 업고 귀로 참아 들을 슈 업도다 그런즉 우슌풍됴ᄒᆞ야 풍년이나 들어야 이 빅셩을 도탄 가온딕셔 구원홀 것이어놀 ᄌᆞ츈 이릭루 우틱이 심히 젹어셔 이앙홀 시긔가 되얏ᄉᆞ되 논에 물 한 점이 업고 모자리가 몰나셔 ᄉᆞ면으로 틈이 나ᄂᆞᆫ 디경에 닐으럿스니 불상ᄒᆞ도다 우리 동포여 가긍ᄒᆞ도다 우리 동포여 쟝찻 무엇을 밋고 안도ᄒᆞ리오

오호 창텬이여 대한국민을 도라보샤 흔 쥴기 쾌흔 비를 나려 이쳔만인의 기다리고 바라는 경셩을 위로흐소셔 오날날 우리가 이갓치 곤난흔 싸에 빠진 것은 그 실상을 싱각흐면 우리의 ᄌ작지얼이라 엇지 하날을 한흐며 사름을 원망흐리오만은 지극히 어리셕고 지극히 약흔 것은 사름이라 원통흐고 슯흔 일을 당흐면 미양 하날을 불으짓고 싸를 두다리나니 이와 갓치 어려온 써에 쳐흐야 우희로 싱명과 지산을 보호흐야 쥬는 관리가 업고 아래로 교육과 실업을 지도흐야 쥬는 동포가 업슨즉 다만 의지흐야 밋을 바는 하날이라 하늘이 엇지 우리의 경셩을 져바리시리오 그러나 넷말에 골아디 슈인ᄉ디텬명이라 흐얏스니 바라건디 우리 동포는 의병도 겁니지 물며 일병도 무셔워 흐지 말며 감을도 근심치 말고 각각 부즈런흔 마암과 용밍스러온 긔운으로 농ᄉ짓는 긔계를 슈리흐며 우마를 살지게 흐얏다가 대우방슈천리[494] 흐거든 조곰도 지톄흐지 물고 일졔히 닐어나 골고 심으게 흘지어다 오날날 감으는 것만 근심흐야 아모것도 쥰비흐지 안으면 래일 곳 큰 비가 올지라도 남과 갓치 농ᄉ지을 슈 업고 농ᄉ를 짓지 못하면 비록 풍년이 들지라도 가을에 츄슈흘 것이 업스리니 비를 기다리는 마암이 간졀흠으로써 동포에게 권고흠을 쏘한 간졀히 흐노라

286 1908년 6월 14일(일) 제2713호 론셜

은혜를 베풀면 ᄉ랑을 밧는 일 / 우우싱

남문 밧 시부란쓰 병원장 어비신 박ᄉ[495]가 일간 고국에 단이러 가는 일에

494 대우방수천리(大雨方數千里): 큰 비가 바야흐로 수천 리에 걸쳐 내리다.

495 에비슨(Oliver R. Avison, 1860~1956): 미국 북장로회 의료선교사. 초대 세브란스 병원장. 한국명 어부신(魚丕信).

딕ᄒᆞ야 각 기인으로 동씨를 위ᄒᆞ야 젼별ᄒᆞᄂᆞᆫ 이도 만코 혹 여러 사ᄅᆞᆷ이 모혀셔 젼별ᄒᆞᄂᆞᆫ 이도 만코 혹 각 샤회의 몃 사ᄅᆞᆷ식 합ᄒᆞ야 젼별회를 쥬션ᄒᆞᄂᆞᆫ 곳도 잇스니 동씨ᄂᆞᆫ ᄆᆡ일 젼별회 참여ᄒᆞ기에 분쥬ᄒᆞᆫ 모양이라 혹쟈 ᄆᆞᆯᄒᆞ되 허다ᄒᆞᆫ 외국 사ᄅᆞᆷ에 하필 어비신 씨에 딕ᄒᆞ야 젼별ᄒᆞ기에 그다지 장대ᄒᆞᆫ가 ᄒᆞᆯ지나 무릇 누구던지 은혜 베풀기를 널니 ᄒᆞ면 ᄯᅩᄒᆞᆫ 남의 ᄉᆞ랑ᄒᆞᆷ을 만이 밧ᄂᆞᆫ 것은 ᄌᆞ연ᄒᆞᆫ 리치라

오호라 어비신 씨ᄂᆞᆫ 근본 영국 사ᄅᆞᆷ으로 미국에 가셔 미국 일을 보ᄂᆞᆫ딕 본딕 의학을 졸업ᄒᆞ야 박ᄉᆞ의 학위가 잇슬 ᄲᅮᆫ 안이라 ᄌᆞ션 ᄉᆞ업에 힘을 다ᄒᆞ야 은혜 베풀미 만은지라 그즁에 우리나라에 건너온 이후 리력을 딕강 말ᄒᆞ건딕 셔력 일쳔팔ᄇᆡᆨ구십솜년(계ᄉᆞ년)에 건너와셔 제즁원 의ᄉᆞ로 쳔빙되야 우리 동포의 병든 쟈를 치료ᄒᆞ야 완인되게 ᄒᆞᆫ 것이 만은 일은 일반 인ᄉᆞ의 아ᄂᆞᆫ 바어니와 대기 제즁원에 병인 츌입ᄒᆞᆫ 슈효 됴샤표를 거ᄒᆞ건딕 ᄆᆡ일 평균 슈효로 륙십 명이 된다 ᄒᆞ니 그 사ᄅᆞᆷ을 다 약 쥬고 다 곳친 것은 안이로딕 그즁 삼분일식만 치료ᄒᆞ얏더래도 일 년이면 이쳔일ᄇᆡᆨ륙십 명이니 십륙 년을 통계ᄒᆞ면 삼만 오쳔여 명이오

을미년 괴질이 대치ᄒᆞᆯ ᄯᅢ 우리 졍부에 위탁을 맛하 그 위험을 무릅쓰고 위싱 검역에 젼력ᄒᆞ야 우리 동포의 싱명을 구제ᄒᆞᆷ이 젹지 안코

작년 여름 군딕 히산 변란 시에 십ᄌᆞᄑᆡ를 몸에 걸고 김필슌 씨로 더부러 ᄌᆞ긔의 싱명을 도라보지 안코 비오듯 ᄒᆞᄂᆞᆫ 총포 탄환 가온딕로 평디갓치 왕릭ᄒᆞ며 한일 량국 군ᄉᆞ를 물론ᄒᆞ고 부상ᄒᆞᆫ 쟈를 다려다가 구제ᄒᆞᆫ 쟈 젹지 안코 ᄯᅩ 청년들에 딕ᄒᆞ야 ᄌᆞ긔의 학술딕로 의학을 가라쳐셔 졸업식힌 쟈가 칠 인인딕 모다 여러 ᄒᆡ 공부ᄒᆞ면셔 실디 견습ᄒᆞ야 그 학술이 ᄌᆞ긔와 갓치 되게 ᄒᆞ얏고

ᄯᅩ 동씨ᄂᆞᆫ 제즁원에셔 여러 ᄒᆡ 고심ᄒᆞᆫ 효력으로 미국 ᄌᆞ션가로 유명ᄒᆞᆫ 셰부란쓰 씨가 기부금 십이만 원을 보ᄂᆡ여 남문 밧 병원을 식로히 크게 건츅ᄒᆞ고 긔본금을 셰워 병원의 긔쵸를 확실ᄒᆞ게 ᄒᆞ고 셰부란쓰 씨의 일홈으로 병원 일

ᄒᆞᆷ을 셰부란쓰 병원이라 ᄒᆞ얏스니 이ᄂᆞᆫ 몃 쳔ᄇᆡᆨ 년을 지ᄂᆡ던지 그 병원이 잇ᄂᆞᆫ 동안에ᄂᆞᆫ 셰부란쓰 씨의 공덕을 닛지 말고 긔념ᄒᆞ기 위ᄒᆞᆷ이어니와 병원의 긔초가 그럿케 공고ᄒᆞᆫ 이상에ᄂᆞᆫ 그 병원의 치료밧을 사ᄅᆞᆷ이 얼마인지 알지 못ᄒᆞᆯ지니 그것이 다 어비신 씨의 로심ᄒᆞᆫ 결과로다

그런 여러 가지 일에 ᄃᆡᄒᆞ야 일반 인ᄉᆞ의 감샤ᄒᆞᆫ ᄆᆞ음이 감발ᄒᆞ야 ᄀᆡ인 즁에 은혜 밧고 형셰 됴ᄒᆞᆫ 사ᄅᆞᆷ들이 차례로 젼별회ᄅᆞᆯ 셜ᄒᆡᆼᄒᆞ고 약간 물품으로 졍의ᄅᆞᆯ 표ᄒᆞᄂᆞᆫ 쟈도 만은지라 대뎌 이상 ᄉᆞ실을 보건ᄃᆡ 어비신 박ᄉᆞ가 남에게 은혜 ᄭᅵ친 일이 만은 고로 젼별하ᄂᆞᆫ 쟈들이 헛된 일홈만 취ᄒᆞᆷ이 안이오 각 샤회로 말ᄒᆞ면 어비신 씨가 우리 동포ᄅᆞᆯ 구졔ᄒᆞᆷ이 만은 고로 대신 감샤ᄒᆞᆷ을 표하기 위하야 금월 십륙일에 젼별회ᄅᆞᆯ 셜ᄒᆡᆼᄒᆞᆫ다 하니 우리ᄂᆞᆫ 특별히 그 일에 ᄃᆡ하야 감샤히 녁일 ᄲᅮᆫ 안이라 누구던지 ᄌᆞ션 ᄉᆞ업을 만이하야 그와 갓치 명예 엇고 ᄉᆞ랑밧기ᄅᆞᆯ 힘쓰고 실ᄒᆡᆼ하ᄂᆞᆫ 동포가 만키ᄅᆞᆯ 바라노라

287 1908년 6월 16일(화) 제2714호 론셜

졈ᄑᆡ방지진(鮎貝房之進)[496]은 엇던 자이뇨 / 탄ᄒᆡᄉᆡᆼ

졈ᄑᆡ방지진은 엇더ᄒᆞᆫ 쟈인지 본 긔쟈와 일면 지식이 업거니와 그 언론의 무례망상ᄒᆞᆷ이 한일 량국의 국교(國交)를 방ᄒᆡᄒᆞ며 한일 량국인의 ᄉᆞ교(私交)를 방ᄒᆡᄒᆞᆷ이 극도에 달ᄒᆞᆫ 고로 부득불 한 번 론박ᄒᆞ야 그 쟈의 회과ᄌᆞ신ᄒᆞᆷ과 당로쟈의 쥬의ᄒᆞᆷ을 ᄌᆡ촉ᄒᆞ노라 본월 일일 즌고ᄀᆡ 일한셔방(日韓書房)에셔 발ᄒᆡᆼᄒᆞᆫ 죠션(朝鮮)이라 ᄒᆞᄂᆞᆫ 잡지 뎨ᄉᆞ호에 「한인은 가히 가라칠가 가히 가라치지 못

496 아유카이 후사노신(鮎貝房之進, 1864~1946): 일본의 언어학 및 역사학자. 일본의 주요 한국어(조선어) 연구자 중 한 사람.

홀가(韓人은 可敎乎아 不可敎乎)」 ᄒᆞ는 문뎨를 걸고 즁미 부통감 이하 여러 사ᄅᆞᆷ의 담화를 게직ᄒᆞ얏는ᄃᆡ 기즁에 졈픽방지진이라 ᄒᆞ는 쟈이 「한인은 가히 가라치지 못홀 것」이라 글뎨ᄒᆞ고 말ᄒᆞ야 ᄀᆞᆯ아ᄃᆡ

나는 최초에 교육의 목젹으로 한국에 건너 왓는ᄃᆡ 오날날로 오히려 ᄉᆡᆼ각ᄒᆞ는 즁이니 한인은 가라치지 못홀 것인지 니웃나라의 관계로 홈이 가홀는지 쟝찻 친족의 관계로 홈이 가홀는지 십 년 사이에 하로도 니져버리지 안이ᄒᆞ얏노라 그러나 애둛다 한인은 가히 가라치지 못홀 것으로 인뎡을 홀 슈밧게는 업고 그 다음일은 다 졀망되얏도다 ᄂᆡ가 이십여 년 사이에 몃빅 명의 한인과 교졔ᄒᆞ얏스나 오날ᄭᆞ지 친ᄒᆞᆫ 벗이라고는 한 사ᄅᆞᆷ도 업거든 함을며 부부(夫婦) 친쳑(親戚) 린방(隣邦)의 관계리오 우리가 마암을 다ᄒᆞ야 졍월이나 혹 기타 명졀에 여러 가지 물건을 쥬되 한인은 은혜 갑는 일을 ᄒᆞ지 안코 교졔ᄒᆞ는 사이에 틈을 엿보다 물건을 도젹질ᄒᆞ는도다 친쳑의 관계는 엇더ᄒᆞ냐 ᄒᆞᆫ즉 일본 사ᄅᆞᆷ을 안히 삼은 한인은 항상 무뢰지빈라 계집의 몰을 잘 시힝ᄒᆞ는 고로 대단히 그 남ᄌᆞ(한인)를 신용ᄒᆞ고 한국에 와셔본즉 한 둘이 차지 못ᄒᆞ야 도망ᄒᆞ야 가고 한인의 계집을 안히로 삼은 일본 사ᄅᆞᆷ은 엇더ᄒᆞ냐 ᄒᆞᆫ즉 다시 더 말홀 것 업시 그 아달 ᄯᆞᆯ은 사ᄅᆞᆷ이 되지 못ᄒᆞ는도다 넘어 과도히 말ᄒᆞ면 관계되는 바이 잇스니 그만 긋치고 일본에셔 『에ᄊᆞ』(穢多 빅뎡)이라 칭ᄒᆞ는 것은 곳 한인의 포로(捕虜)이니 그 풍속과 인졍과 도덕의 표쥰(標準)이 서로 ᄀᆞᆺᄒᆞᆫ지라 나도 아모됴록 이상의 일을 실힝ᄒᆞ랴 ᄉᆡᆼ각ᄒᆞ얏스나 지금은 비관(悲觀)에 ᄲᅡ졋노라 그러나 우리 일본 사ᄅᆞᆷ이 쳐치ᄒᆞ지 안이치 못홀 ᄎᆡᆨ임이 잇슨즉 교육상의 슉뎨(宿題)로 두고져 ᄒᆞ노라

ᄒᆞ얏스니 우리 당당ᄒᆞᆫ 단군 긔ᄌᆞ의 신셩ᄒᆞᆫ 후려를 릉멸ᄒᆞ고 모욕홈이 가쟝 심ᄒᆞ도다 뎌 졈픽라 ᄒᆞ는 자는 본ᄅᆡ 일본의 한 랑인(浪人 난봉)으로 우리 나라에 건너온 지 이십여 년에 간샤ᄒᆞᆫ 지혜로 우리 동포를 만히 속여 슈만금의 ᄌᆡ산을 모아 가지고 「고리가시」(高利貸 빗산 변으로 빗 놋는 쟈)를 업으로 ᄒᆞ는 쟈인

즉 그 지물은 곳 우리나라에셔 엇은 것이라 맛당히 우리나라의 은혜를 감동홀 것이어늘 은혜를 감동ᄒᆞ기는 고샤ᄒᆞ고 이갓치 무례망상ᄒᆞᆫ 말로 우리를 욕ᄒᆞ얏스니 엇지 묵묵히 지나가리오 (미완)

288 1908년 6월 17일(수) 제2715호 론셜

졈픽방지진(鮎貝房之進)은 엇던 쟈이뇨 (속) / 탄히싱

졈픽의 말에 골아ᄃᆡ「이십여 년 사이에 몃빅 명의 한인과 교졔ᄒᆞ얏스나 오날늘ᄭᅡ지 한 사ᄅᆞᆷ도 친ᄒᆞᆫ 벗이 업노라」ᄒᆞ얏스니 이는 졈픽가 ᄌᆞ긔의 무도무의홈을 ᄌᆞ복홈이로다 무릇 사ᄅᆞᆷ과 사ᄅᆞᆷ이 사괴여 지ᄂᆡ는 마당에 친ᄒᆞ야지며 셩긔여지는 것이 한 사ᄅᆞᆷ의 능히 ᄒᆞ지 못홀 바이오 두 사ᄅᆞᆷ이 셔로 갓치 ᄒᆞ는 것이라 만일 졈픽로 ᄒᆞ야곰 도덕심(道德心)과 의리심(義理)을 가지고 우리나라 사ᄅᆞᆷ과 사괴엿스면 우리나라 사ᄅᆞᆷ이 맛당히 그 도덕과 의리에 감동ᄒᆞ야 친ᄒᆞᆫ 벗으로ᄡᅥ ᄃᆡ졉ᄒᆞ얏스렷만은 졈픽의 간휼홈과 교오홈이 우리나라 사ᄅᆞᆷ의게 ᄆᆞ암을 허락지 안이ᄒᆞ고 몬져 업시녁이는 거동을 보인즉 누가 그런 무리와 친ᄒᆞ야지리오 이십여 년을 한국에 거ᄒᆞ야 허다ᄒᆞᆫ 한인과 교졔호ᄃᆡ 한 사ᄅᆞᆷ도 친ᄒᆞᆫ 벗이 업슴은 졈픽의 스ᄉᆞ로 도라보아 붓그러올 바이어날 당돌히 도로혀 한인을 칙망ᄒᆞ야 론난ᄒᆞ니 졈픽의 셩힝과 자격을 가히 알지오 ᄯᅩ 갈아ᄃᆡ「우리는 힘을 다홀 ᄃᆡ로 다ᄒᆞ야 경월이나 기타 명졀에 여러 가지 물건을 쥬되 한인은 결단코 은혜를 갑지 안는다」ᄒᆞ얏스니 본 긔쟈의 뭇고져 ᄒᆞ는 바는 졈픽가 한인의게 무삼 물건을 쥴 ᄶᅵᆨ에 무삼 마음으로ᄡᅥ 쥬엇더뇨 대뎌 사ᄅᆞᆷ이 남의게 무삼 물건을 보닐 ᄶᅵᆨ에 졍과 례로ᄡᅥ 보ᄂᆡ면 그 물건이 작을지라도 밧는 사ᄅᆞᆷ이 반닷히 감동ᄒᆞ는 것이오 그러치 안이ᄒᆞ야 ᄌᆞ긔의 리익을 취홀 마암이나 그 사ᄅᆞᆷ을 리용(利用)홀 야심(野心)으로ᄡᅥ 보ᄂᆡ면 물건이 비록 크고 만흘지라도 밧

ᄂᆞᆫ 사ᄅᆞᆷ이 죠곰도 곰압게 ᄉᆡᆼ각지 안ᄂᆞᆫ 것이라 점ᄑᆡ가 평일에 남의게 무엇을 쥴 ᄯᅢ에 항상 ᄌᆞ긔의 리익을 취ᄒᆞᆯ 더러온 마암이나 남을 리용ᄒᆞᆯ 야심으로만 쥬엇스니 그것을 은혜로 ᄉᆡᆼ각ᄒᆞ야 갑을 쟈ㅣ 하날 밋헤 어ᄃᆡ 잇스리오 이ᄂᆞᆫ 한인만 그런 것이 안이라 일인도 그럴 것이오 일인만 그럴 ᄲᅮᆫ 안이라 셰계 각국 사ᄅᆞᆷ이 모다 그럴지로다 그런 물건을 쥬고 은혜 갑기를 기다림은 점ᄑᆡ의 어리셕음이오 ᄯᅩ 점ᄑᆡ가 오날날 슈만금의 ᄌᆡ산을 가지고 신ᄉᆞ로라 ᄌᆡ칭ᄒᆞᆷ은 젼혀 한국과 한인의 쥰 바이라 이갓치 크고 놉흔 은혜를 감동치 안코 무례 망상히 우리 한인을 욕ᄒᆞ니 점ᄑᆡ의 무도무의ᄒᆞᆷ을 가히 알지오 ᄯᅩ ᄀᆞᆯ아ᄃᆡ 「일본 계집을 안ᄒᆡ로 삼은 한인은 대ᄀᆡ 무뢰지ᄇᆡ라 계집의 말을 잘 듯ᄂᆞᆫ 고로 남ᄌᆞ를 ᄯᅡ라 한국에 건너왓다가 몃 달이 되지 못ᄒᆞ야 도망ᄒᆞ야 간다」 ᄒᆞ얏스니 이ᄂᆞᆫ 더옥 무지ᄒᆞᆫ ᄆᆞᆯ이로다 본 긔쟈ㅣ 일즉이 들은즉 일본 사ᄅᆞᆷ들이 한국에 거ᄒᆞᆯ 사이에 소위 한쳐(韓妻)라 ᄒᆞᄂᆞᆫ 것을 두고 ᄇᆡᆨ 년을 긔약ᄒᆞ얏다가 귀국ᄒᆞᄂᆞᆫ 날에ᄂᆞᆫ 인쳔이나 부산에셔 ᄯᅧ여버린다 ᄒᆞᄂᆞᆫ지라 일본 사ᄅᆞᆷᄭᅵ리도 이런 일이 비일비ᄌᆡᄒᆞ야 날마다 신문상에 현쟈ᄒᆞᆷ은 ᄉᆡᆼ각지 안코 만에 한아이나 쳔에 한아 잇ᄂᆞᆫ 한남일녀(韓男日女)의 일을 들어 증거를 삼고져 ᄒᆞᆫ들 누가 그 증거를 밋으리오 ᄯᅩ 그ᄲᅮᆫ 안이라 녀ᄌᆞᄂᆞᆫ 한 번 몸을 허락ᄒᆞ면 ᄇᆡᆨ 년ᄭᆞ지 그 남편을 죠침은 동양 셩인의 가라침이라 일본이나 한국이 한가지로 존슝ᄒᆞᄂᆞᆫ 바이어ᄂᆞᆯ 이졔 일본 계집이 한인 남ᄌᆞ를 셤기다가 ᄃᆞᆯ이 차지 못ᄒᆞ야 도망ᄒᆞ야 감은 일녀의 졍죠(貞操)가 업슴이라 엇지 호올노 남ᄌᆞ만 ᄎᆡᆨ망ᄒᆞ리오 (미완)

289 1908년 6월 18일(목) 제2716호 론셜

졈ᄑᆡ방지진(鮎貝房之進)은 엇던 쟈이뇨 (속) / 탄ᄒᆡᄉᆡᆼ

ᄯᅩ ᄀᆞᆯ아ᄃᆡ 한인의 녀ᄌᆞ를 안ᄒᆡ로 삼은 일본 사ᄅᆞᆷ을 보건ᄃᆡ 당쵸에 그 아ᄃᆞᆯ

ᄯᆞᆯ이 사ᄅᆞᆷ이 되지 안는다 ᄒᆞ얏스니 엇지 그러ᄒᆞᆯ 리치가 잇스리오 사ᄅᆞᆷ이 셰상에 난 뒤에는 부모의 교육이 엇더ᄒᆞᆷ을 인ᄒᆞ야 션ᄒᆞ야지며 악ᄒᆞ야지나니 한녀일남의 사이에셔 난 ᄌᆞ식이 사ᄅᆞᆷ이 되지 안으면 그 허물이 아비된 일본 사ᄅᆞᆷ의게 잇는지라 졈픡가 과시 일인이면 무삼 낫으로ᄡᅧ 한인을 칙망ᄒᆞ나뇨 ᄯᅩ한 일녀일남의 사이에셔 난 ᄌᆞ식은 한아도 지극히 어리셕거나 부랑ᄒᆞᆫ 놈이 업스면 혹시 이런 말ᄒᆞ기도 괴이치 안커니와 본 긔쟈의 눈으로 보건ᄃᆡ 일인ᄭᅵ리 ᄶᅡᆨ 마쵸어 난 ᄌᆞ식 가온ᄃᆡ도 셰계에 업시 어리셕고 간악ᄒᆞ고 부랑ᄒᆞᆫ 쟈이 무슈부지ᄒᆞ니 이것이 엇지 졈픡의 망상ᄒᆞᆫ 말이 안이뇨 졈픡의 ᄆᆞᆯ이 족히 증거될 만ᄒᆞ면 졈픡와 갓치 간힐교쾌ᄒᆞ며 완명무지ᄒᆞᆫ 쟈는 필시 슌젼ᄒᆞᆫ 일인의 픠가 안일가 ᄒᆞ노라 ᄯᅩ 갈아ᄃᆡ 일본에 잇는 예다(穢多 빅뎡)라 ᄒᆞ는 것은 곳 한인의 포로(捕虜)ㅣ라 풍속과 인졍과 도덕의 표쥰이 흡ᄉᆞᄒᆞ다 ᄒᆞ얏스니 이 ᄆᆞᆯ은 우리의 신셩ᄒᆞᆫ 대한 민족을 릉멸ᄒᆞ며 모욕ᄒᆞᆷ이 극도에 달ᄒᆞᆫ지라 족히 박론ᄒᆞᆯ 여디가 업고 다만 ᄉᆡᆼ각건ᄃᆡ 뎌의 소위 예다 가온ᄃᆡ도 졈픡갓치 인졍 업고 도덕 업는 쟈는 업스리로다

본 긔쟈ㅣ 신셩ᄒᆞᆫ 붓을 더럽게 ᄒᆞ야 졈픡의 죄악을 들어 텬하에 공포ᄒᆞ얏거니와 우리 대한 동포여 스ᄉᆞ로 ᄉᆡᆼ각ᄒᆞᆯ지어다 우리로 ᄒᆞ야곰 일즉이 문명 학문을 닥가셔 국가가 부강ᄒᆞ며 인민이 문명ᄒᆞ얏더면 졈픡 갓ᄒᆞᆫ 요마 무뢰지빈가 언감ᄉᆡᆼ심으로 우리를 업시녁여 욕ᄒᆞ리오 우리가 스ᄉᆞ로 교육지 안는 고로 다른 사ᄅᆞᆷ이 가히 교육ᄒᆞᆯ가 가히 교육지 못ᄒᆞᆯ가 ᄒᆞ는 문뎨를 ᄂᆡ여 뎌의 ᄆᆞ암ᄃᆡ로 의론ᄒᆞ게 되엿스니 엇지 한심 통곡ᄒᆞᆯ 바ㅣ 안이리오

슯흐다 우리 동포여 오날늘 졈픡의게 밧은 바 욕을 씻고져 ᄒᆞ거던 부잘업시 졈픡를 욕ᄒᆞ거나 ᄯᅡ리거나 ᄭᅮ짓는 것이 능ᄉᆞ가 안이오 우리가 우리의 의무와 직칙을 다ᄒᆞ야 밤낫으로 쉬지 ᄆᆞᆯ고 아ᄃᆞᆯ ᄯᆞᆯ을 가라치는 것이 상칙이라 ᄒᆞ노라 가라치지 안코셔는 졈픡갓치 어리셕고 완악ᄒᆞᆫ 쟈이라도 능히 당치 못ᄒᆞ리니

ᄉᆡᆼ각ᄒᆞᆯ지어다 우리 동포여

씌다를지어다 우리 동포여

힘쓸지어다 우리 동포여

분발홀지어다 우리 동포여

이갓치 만고에 업는 큰 욕을 보고도 분히 녁일 쥴을 아지 못ᄒᆞ면 엇지 단군 긔ᄌᆞ의 신셩ᄒᆞᆫ 후려라 ᄌᆞ칭ᄒᆞ리오 이에 붓을 더져 통곡ᄒᆞ고 말홀 바를 아지 못ᄒᆞ노이다

290 1908년 6월 19일(금) 제2717호 론셜

정계의 현상을 탄식홈(歎政界現狀) / 탄히싱

근일에 정계가 졸연히 변동ᄒᆞ야 ᄂᆡ부 법부 탁지부 농상공부 ᄉᆞ 대신이 의ᄌᆞ를 셔로 밧고어 일반 인심을 현혹케 ᄒᆞ더니 불과 긔일에 디방에 잇는 일진회원이 다슈히 상경ᄒᆞ야 히회 본부에 대회를 열고 ᄂᆡ각의 춍ᄉᆞ직을 권고ᄒᆞ자는 의안을 일치 가결ᄒᆞ고 긔식이 가장 삼엄ᄒᆞᆫ지라 히회장이 신즁ᄒᆞᆫ 틱도를 취ᄒᆞ고져 ᄒᆞ야 일쥬간을 연구ᄒᆞ기로 공포ᄒᆞᆫ 후 일젼에 궁ᄂᆡ부 대신 리윤용 씨가 소톄ᄒᆞ고 작일은 곳 일진회에셔 연긔ᄒᆞᆫ 일인 고로 히회 춍무원 제씨가 각각 의견셔를 뎨츌ᄒᆞ야 토론ᄒᆞ얏다 ᄒᆞ며 쏘 젼ᄒᆞ는 말을 들은즉 히회에셔 결ᄉᆞᄃᆡ 슈십 인을 션발ᄒᆞ얏다 ᄒᆞ니 그 말은 풍셜에 갓가온 말이라 족히 밋을 슈 업고 쏘 풍셜을 젼ᄒᆞ는 쟈ㅣ 잇셔 갈아ᄃᆡ 현 ᄂᆡ각은 일톄히 ᄉᆞ직ᄒᆞ고 모모씨가 모모 대신으로 ᄂᆡ뎡되엿다 ᄒᆞ니 이 말도 역시 밋을 슈 업거니와 대뎌 일진회로 말ᄒᆞ면 당초부터 현 ᄂᆡ각의 후원이 되여 일의 대소와 시비와 청탁을 물론ᄒᆞ고 ᄆᆡᆼ죵(盲從)ᄒᆞ는 상틱가 잇는 고로 일반 인민이 졍부는 곳 일진회오 일진회는 곳 졍부로 알앗스니 이는 남의 나라의 졍당 ᄂᆡ각과 방불ᄒᆞ얏도다 그러나 오날놀을 당ᄒᆞ야 본즉 안으로 즁앙졍부의 대신 이하 즁요ᄒᆞᆫ 벼살에 일진회원 몃 사ᄅᆞᆷ이 잇

고 밧그로 관찰 군슈에 일진회원 몃 사ᄅᆞᆷ이 잇스되 일반 회원의 졍형을 도라보건ᄃᆡ 의병의게 ᄉᆡᆼ명 ᄌᆡ산을 일흔 쟈ㅣ 무슈ᄒᆞᆫ지라 이에 일진회원이 고양이발의 탄식을 ᄭᆡ다랏는지 홀디에 졍부의 실졍을 론박ᄒᆞ야 춍ᄉᆞ직을 권고ᄒᆞᆫ다 ᄒᆞ니 이는 일진회가 졍당의 본ᄉᆡᆨ을 일헛다 ᄒᆞᆯ지로다 본 긔쟈ㅣ 일즉이 외국의 규례를 본즉 국회에셔 졍부 불신임안(政府不信任案)을 뎨츌ᄒᆞᆫ즉 졍부가 춍ᄉᆞ직을 ᄒᆞ든지 국회를 ᄒᆡ산ᄒᆞ는 일은 잇스되 일ᄀᆡ 졍당이 직졉으로 졍부에 ᄃᆡᄒᆞ야 ᄉᆞ직을 권고ᄒᆞᆷ은 듯지도 못ᄒᆞ고 보지도 못ᄒᆞ얏노라 그런즉 오날늘 일진회의 ᄒᆡᆼ동이 문명ᄒᆞᆫ 법률 범위 안에 잇다 ᄒᆞᆯ 슈 업고 졍부로 말ᄒᆞ면 당초부터 졍당 ᄂᆡ각이 안일ᄲᅮᆫ더러 우의로 황상 폐하의 셩간ᄒᆞ심을 닙어 칙임 ᄂᆡ각을 죠직ᄒᆞ얏슨즉 맛당히 진츙ᄀᆞᆯ력ᄒᆞ야 우의로

셩덕을 돕고 아ᄅᆡ로 창ᄉᆡᆼ을 도탄 가온ᄃᆡ셔 건지고져 ᄒᆞᆯ 것이어날 그러치 안코 ᄉᆞ당을 심으기와 셰력을 쳔단히 ᄒᆞ기로 일삼아 ᄇᆡᆨ셩의 원망ᄒᆞ는 소ᄅᆡ가 하날에 사못치되 쳥이불문ᄒᆞ고 시이불견ᄒᆞ더니 이제 일진회의 반ᄃᆡᄒᆞᆷ을 겁ᄒᆞ야 거연히 대신의 의ᄌᆞ를 ᄯᅥ나고져 ᄒᆞ니 이는 졍부의 톄통을 일흠이로다 졍당과 졍부가 다 의무와 직칙을 온젼히 못ᄒᆞᆫ즉 우리 국가와 우리 인민을 뉘게 부탁ᄒᆞ리오 진실로 통곡ᄒᆞᆯ 바이로다

291 1908년 6월 20일(토) 제2718호 론셜

녀ᄌᆞ의 ᄀᆡ가는 텬리의 떳떳ᄒᆞᆷ / 탄ᄒᆡᄉᆡᆼ

녜로부터 젼ᄒᆞ야 오는 우리나라 풍속 가온ᄃᆡ 여러 가지 ᄀᆡ량ᄒᆞᆯ 일이 허다ᄒᆞᆫ 즁에 가쟝 급ᄒᆞ고 큰 문뎨는 녀자의 ᄀᆡ가ᄒᆞ는 일인 고로 이왕에도 본 긔쟈ㅣ 이 일을 의론ᄒᆞᆷ이 한 번 두 번이 안이로ᄃᆡ 오히려 이 풍속을 고치지 못ᄒᆞ야 젼국 가온ᄃᆡ 쳥년 과거로 무졍ᄒᆞᆫ 셰월을 근심과 슈심으로 보ᄂᆡ는 쟈ㅣ 허다ᄒᆞ니

엇지 사름의 참아 보고 참아 들을 바리오 우리나라 사름은 혼인을 과도히 일즉이 지닉며 기가ᄒᆞᄂᆞᆫ 풍속이 업슴으로 인ᄒᆞ야 다른 나라보담 이팔청츈에 남편을 여의고 인싱의 즐거옴을 엇지 못ᄒᆞᄂᆞᆫ 쟈ㅣ 더옥 만토다 오날늘을 당ᄒᆞ야 이 풍속을 고치고져 ᄒᆞ면 쳣지는 죠혼을 힝치 말지오 둘지는 기가를 허훌지오 셋지는 렬녀(烈女)의 본의를 그릇 히셕지 안케 홈이 필요ᄒᆞ도다 대뎌 렬녀는 불경이부라 홈은 남편이 사라 잇슬 동안에 두 제아비를 고치지 말나는 뜻이오 남편이 죽은 후에 두 번 싀집가지 말나는 뜻은 안이로딕 이 뜻을 잘못 히셕ᄒᆞ야 남편이 죽으면 녀ᄌᆞ는 곳 ᄯᅡ라 죽는 것을 뎨일되는 렬힝이라 ᄒᆞ야 텬ᄌᆞ가 그 마을을 표ᄒᆞ며 제후가 그 문을 표ᄒᆞ야 쳔츄만셰에 유젼케 ᄒᆞ얏는 고로 불힝히 남편이 셰상을 ᄯᅥ나면 년치의 만코 젹음과 가셰의 빈부와 디벌의 귀쳔을 물론ᄒᆞ고 렬녀의 일홈을 엇고져 ᄒᆞ야 남편을 ᄯᅡ라 죽거나 그러치 안으면 일평싱을 규즁에셔 늙으니 진실로 참혹ᄒᆞᆫ 일이로다

하날이 사름을 닉심애 남녀가 일반이어날 엇지ᄒᆞ야 남ᄌᆞ는 여러 번 쟝가들어도 허물치 안코 녀ᄌᆞ는 두 번 싀집가는 일을 붓그럽게 넉이나뇨 우리나라에셔도 본릭 녀ᄌᆞ의 기가를 법률로ᄡᅥ 금ᄒᆞᆫ 일은 업것만은 기가ᄒᆞᆫ 사름의 ᄌᆞ손은 쳥환(됴흔 벼살)을 주지 안는 습관이 ᄒᆞᆫ번 싱김애 벼살로ᄡᅥ 싱명을 삼는 사름들이 엇지 기가ᄒᆞ기를 즐겨ᄒᆞ며 누가 기가ᄒᆞᄂᆞᆫ 쟈로 안히 삼기를 즐겨ᄒᆞ리오 연고로 렬녀는 불경이부라 ᄒᆞᄂᆞᆫ 말과 기가ᄒᆞᆫ 사름의 쳥환을 허락지 안는 일을 하늘이 뎡ᄒᆞ신 률문갓치 직희여 국가 샤회에 막대ᄒᆞᆫ 영향이 밋게 홈이어니와 지금은 시딕가 크게 변ᄒᆞ야 쳣지는 렬녀는 불경이부라 ᄒᆞᄂᆞᆫ 뜻을 남편의 싱젼에 졍졀을 직희여 지극ᄒᆞᆫ 졍셩으로 밧들나 ᄒᆞᄂᆞᆫ 것으로 히셕ᄒᆞ고 둘지는 기가ᄒᆞᆫ 사름의 ᄌᆞ손이라도 문명ᄒᆞᆫ 학문을 닥가 ᄌᆡ지가 잇스면 무삼 벼살이든지 ᄒᆞ게 되엿스니 바라건딕 우리 동포 형뎨자미여 녯풍속을 속히 버리고 문명 신진ᄒᆞᄂᆞᆫ ᄉᆞ상으로 녀ᄌᆞ의 기가홈은 텬리의 ᄯᅧᆺᄯᅧᆺ홈으로 알지어다

1908년 6월

교육과 실업을 아울너 힘쓸 일 / 탄히싱

고ᄅᆡ로 우리나라에 고유ᄒᆞᆫ 교육이 업ᄂᆞᆫ 바ᄂᆞᆫ 안이엇만은 그 교육이 오날놀 시ᄃᆡ와 인심에 합당치 안은 고로 ᄯᅳᆺ잇ᄂᆞᆫ 션ᄇᆡ가 모다 교육을 창도ᄒᆞ야 문명ᄒᆞᆫ 학문을 넓히 베풀고져 ᄒᆞ니 진실로 아름다온 일이라 사ᄅᆞᆷ마다 경셩과 힘을 다 ᄒᆞᆷ이 가ᄒᆞ거니와 녯말에 갈아ᄃᆡ 의식이 족ᄒᆞ여야 례졀을 안다 ᄒᆞ얏스니 만일 교육만 위쥬ᄒᆞ고 실업을 힘쓰지 안으면 무엇을 먹고 닙고 교육을 베풀며 교육을 밧으리오 우리나라 사ᄅᆞᆷ의 소위 ᄉᆡᆼ업이라 ᄒᆞᄂᆞᆫ 것은 농ᄉᆞ짓ᄂᆞᆫ 일밧게 다른 것이 별로 업셧슨즉 엇지 오날날 시ᄃᆡ에 쳐ᄒᆞ야 가난ᄒᆞᆷ을 면ᄒᆞ리오 그런즉 우리의 죠상 ᄯᅢ부터 젼ᄒᆞ야 오ᄂᆞᆫ 농업을 크게 ᄀᆡ량ᄒᆞ야 일반 인민의 산업을 풍족케 ᄒᆞ며 ᄯᅩ 상업과 공업을 발달케 ᄒᆞ야 외국으로 슈츌ᄒᆞᄂᆞᆫ 물품이 만히 ᄉᆡᆼ겨야 우리의 ᄉᆡᆼ명도 보젼ᄒᆞᆯ지오 우리의 교육도 베풀지로다 이제 광무 구년 십년 량년 동안에 외국과 무역ᄒᆞᆫ 실슈를 상고ᄒᆞᆫ즉 광무 구년에 우리나라 각 항구의 슈츌익은 이ᄇᆡᆨ구십만 이천ᄉᆞᄇᆡᆨ 원이오 슈입익은 팔ᄇᆡᆨ삼십만 칠쳔륙ᄇᆡᆨ륙십오 원이며 동 십년에 각 항구의 슈츌익은 오ᄇᆡᆨ칠십만 륙쳔이ᄇᆡᆨ칠십 원이오 슈입익은 일쳔ᄉᆞᄇᆡᆨᄉᆞ십팔만 구쳔이ᄇᆡᆨ륙십일 원이니 슈입익이 슈츌익의 삼 ᄇᆡ에 갓갑도다 이갓치 ᄒᆞ기를 마지 안이ᄒᆞ면 우리가 쟝찻 무엇으로ᄡᅥ 지탱ᄒᆞ리오 일ᄀᆡ인의 일로 말ᄒᆞᆯ지라도 들어오ᄂᆞᆫ 것보담 나가ᄂᆞᆫ 것이 ᄉᆞᆷᄇᆡ ᄉᆞᄇᆡ가 된즉 필경은 몸과 집을 보젼치 못ᄒᆞᆯ지어날 함을며 ᄒᆞᆫ 나라이 이ᄀᆺ고야 비록 외국의 근심이 업슬지라도 우리ᄂᆞᆫ 스ᄉᆞ로 멸망ᄒᆞᆯ지니 바라건ᄃᆡ 우리 동포ᄂᆞᆫ 교육과 실업을 아울너 힘ᄡᅥ서 ᄒᆞᆫ편으로ᄂᆞᆫ 의식지ᄌᆞ를 넉넉히 ᄒᆞ고 ᄒᆞᆫ편으로ᄂᆞᆫ 지식을 닥가 문명 부강에 나아가게 ᄒᆞᆯ지어다

293 1908년 6월 23일(화) 제2720호 긔셔

쳥츈을 규즁에셔 늙지 말 일 / 우우ᄉᆡᆼ

근일 한긔ᄐᆡ심ᄒᆞ야 경향민졍이 오오ᄒᆞ니 비록 초목곤츙이라도 각각 무삼 근심이 잇ᄂᆞᆫ 듯ᄒᆞ거날 함을며 나라을 근심ᄒᆞᄂᆞᆫ 뜻잇ᄂᆞᆫ 션ᄇᆡ어나 도장 가온ᄃᆡ 깁히 들어안자 셰상에 ᄉᆡᆼ겨난 즐거옴을 알지 못ᄒᆞᄂᆞᆫ 쳥년과부들의 회포야 닐너 무엇ᄒᆞ리오 쟝우단튼에 취한 듯 밋친 듯 졍신을 뎡치 못ᄒᆞ더니 홀연이 호졉의 유인홈을 ᄭᆡ닷지 못ᄒᆞ고 한 곳에 다다르니 쥬궁ᄑᆡ궐은 반공에 소ᄉᆞ 잇고 우두라찰이 문ᄋᆞᆸ헤 라립ᄒᆞ얏ᄂᆞᆫᄃᆡ 뎐각을 바라보니 렴왕부 십왕뎐이란 큰 현판을 붓쳣스며 문압헤 여러 쳔만 명 녀ᄌᆞ들이 ᄇᆡ복ᄒᆞ얏ᄂᆞᆫᄃᆡ 뎐상에셔 젼지ᄒᆞ야 각기 소회를 물은ᄃᆡ 그 녀ᄌᆞ들이 아미를 숙이고 붓그러온 ᄐᆡ도로 한 장글을 올니니 대한국 고금 몃ᄇᆡᆨ 년 이ᄅᆡ 쳥년과부로 깁흔 한을 품고 죽은 쟈들의 원졍이라 그 글에 ᄒᆞ얏스되 무릇 하날이 사믈[497]을 ᄂᆡ시ᄆᆡ 남녀를 분별ᄒᆞ시기ᄂᆞᆫ 음양의 리치를 ᄯᆞ라 남녀 즁 한 가지만 업셔도 인죵샤회의 셩립ᄒᆞᆯ 도리가 업ᄂᆞᆫ 연고오니 남녀의 차등이 일호도 업슬 바어늘 우리 대한국에ᄂᆞᆫ 녀ᄌᆞ의 쳔ᄃᆡ가 노례나 달음이 업슬 ᄲᅮᆫ만 안이라 남ᄌᆞᄂᆞᆫ ᄌᆡ취 삼취와 다슈ᄒᆞᆫ 쳐쳡을 임의로 두되 녀ᄌᆞᄂᆞᆫ 두 번 ᄉᆡ집감을 허낙지 안이ᄒᆞ야 한 번 청상만 되면 나라 ᄇᆡᆨ셩된 ᄌᆞ격을 일어바리고 긴 한숨 졀은 탄식으로 셰월을 보ᄂᆡᆯᄲᅮᆫ더러 심한 쟈ᄂᆞᆫ 칠팔 셰오 십ᄉᆞ오 셰를 셩년으로 알고 ᄉᆡ집이라고 보ᄂᆡ여 쥰즉 ᄉᆡ집ᄉᆞ리가 무엇인지 ᄌᆞ식 길으ᄂᆞᆫ 법이 엇더ᄒᆞᆫ지 가쟝 셤기ᄂᆞᆫ 도리가 엇더ᄒᆞᆫ지 몰으다가 이십 셰 ᄂᆡ외에 불힝히 청상이 된즉 달은 강포한 자의 겁욕으로 평ᄉᆡᆼ 신세를 망ᄒᆞᄂᆞᆫ 일과 집안 지친간에 루명은 항다반이오 남편 업시 ᄌᆞ식 나아 죽이ᄂᆞᆫ 쟈 허다ᄒᆞ니 당쟈의 일평ᄉᆡᆼ 원한은 고사ᄒᆞ고 한 계집의 함원도 오월에 셔리 온다거던 한을며

497 '사름(사람)'의 오기인 듯함.

젼국 허다흔 쳥상의 원한은 엇더흐며 쳥년과부로 인종싱산의 감소함과 간혹 은근히 즈식 나아 쥭인 쟈의 참상은 사롬의 참아 홀 바 안이오 국가의 인죵이 감소홀 쁜만 안이라 나라의 화긔가 손상흐야 국운의 쇠진홈을 불으니 이는 유지쟈들의 미양 한탄흐는 바어니와

이젼 기가한 증거로 론란홀진뒤 한무뎨와 뎐분이며 위쳥과 곽광이는 다 아비 달으고 어미 갓흔 형뎨니 그 모친의 기가흔 일이 분명흐고 진나라 리밀과 송나라 한위공의 모친이 다 기가흐얏고 구양슈의 모친이 셰 번 기가흐야 한긔 갓흔 현사을 나앗고 뎡즈 갓흔 현인도 그의 죵미를 기가식혓스며 고려 명현 신슝겸 복지겸 빅운겸 셰 분의 모친이 한 분이오 셕탄 리존오 갓흔 명현의 모친도 일즉이 권양촌에게 기가흐야 영귀흔 아달 오형뎨를 나아 그 즈손의 번셩홈이 지금까지 현혁흐얏고 송우암 김쳥음 갓흔 현인들도 다 기가법을 허흐라 흐얏스나 맛춤닉 뜻을 일우지 못흐얏스니 그런 증거를 보더릭도 기가흐야 국가의 리흔 일은 잇스되 히 되는 일은 업거늘 고금 동셔양 각국에셔 힝치 안는 일을 유독 대한국에셔만 힝흐야 소녀 등 쳥상으로 흐야곰 무궁한 한을 품고 쥭엇스니 다시 셰계에 환싱흐야 깁흔 한을 풀고 셰상의 쳥년과부된 쟈로 흐야곰 소녀 등갓치 원통함이 업게 흐야 쥬시기 바라나이다 (미완)

294 1908년 6월 24일(수) 제2721호 긔셔

쳥츈을 규즁에셔 늙지 믈 일 (속) / 우우싱

염왕이 그 원졍을 밧아 보고 그 녀즈들이 셰상에 잇슬 쎡의 근경을 싱각흐건딕 부쳐 가즌 사롬들은 금슬이 화락흐야 아달도 낫고 쏠도 나아 싀집도 보닉고 장가도 들여 닉외손이 만당흐야 평싱에 한 되는 일이 업것만은 엇지흐야 일즉이 싀집가도 남편이 병신이든지 못싱겻든지 부모가 뎡흐야 보닉는 딕로 갓

다가 불과 몃 ᄒᆡ에 남편이 죽은즉 소위 싀집 식구와는 피ᄎᆞ간 셔어ᄒᆞ야 일ᄀᆡ 지나가든 손님이 잠간 머무ᄂᆞᆫ 모양은 오히려 헐후ᄒᆞ고 싀부모 싀동ᄉᆡᆼ 간에 시스러온 모양은 일동일졍을 마암ᄃᆡ로 못 ᄒᆞ고 무삼 죄 지은 자갓치 죠심ᄒᆞ기에 심쟝이 다 말으고 그러치 안이ᄒᆞ면 안ᄂᆡ 밤즁 엇던 놈의 겁욕이 밋츨가 친족 간에 ᄆᆞᆯ 한마ᄃᆡ를 잘못ᄒᆞ면 공연히 루명을 들을가 혼ᄌᆞ 깁흔 방 찬 벼ᄀᆡ에 신셰를 ᄉᆡᆼ각ᄒᆞ면 눈물이 비가 되고 한숨이 바람되야 쳔만 가지 안이 ᄂᆞᆯ ᄉᆡᆼ각이 업것만은 례절에 구애ᄒᆞ고 부모 형뎨의 안면 보아 가기도 극란ᄒᆞ고 죽자 ᄒᆞ니 쳥츈이라 일평ᄉᆡᆼ 지ᄂᆡᄂᆞᆫ 졍경이 참 사ᄅᆞᆷ으로 ᄒᆞ야곰 참아 못ᄒᆞᆯ 바라 디하에 가셔도 원통ᄒᆞᆷ을 익의지 못ᄒᆞ야 그 슈다ᄒᆞᆫ 과부들이 일졔히 모야 등장ᄒᆞ야 다시 셰상에 나아가 남ᄌᆞ가 되야 나셔 보복지리를 갑고져 ᄒᆞᆷ이라 염왕이 긍측ᄒᆞ고 불상히 녁여 즉시 비지를 나리되 사ᄅᆞᆷ의 ᄒᆡᆼ동거지ᄂᆞᆫ 남녀가 일반이라 남ᄌᆞᄂᆞᆫ 마암ᄃᆡ로 ᄌᆡ취 삼취 ᄉᆞ오취를 ᄒᆞᄂᆞᆫᄃᆡ 엇지ᄒᆞ야 녀ᄌᆞᄂᆞᆫ 두 번 싀집가ᄂᆞᆫ 것을 허락지 안이ᄒᆞ리오 다만 학식이 남ᄌᆞ만 못ᄒᆞᆫ 고로 남ᄌᆞ의 졀졔ᄂᆞᆫ 밧을지언뎡 한 번 싀집갓다가 남편을 일ᄂᆞᆫ ᄯᅢᄂᆞᆫ 규즁에셔 늙ᄂᆞᆫ 것은 인도에 온당치 못ᄒᆞᆫ 일이라 그런 고로 고금 동셔양 각국에셔 모다 ᄀᆡ가법이 잇셔 쳥츈에 과부되면 마암ᄃᆡ로 ᄀᆡ가ᄒᆞ되 긔어히 ᄀᆡ가ᄒᆞ기를 원치 안코 슈졀코져 ᄒᆞᄂᆞᆫ 쟈ᄂᆞᆫ ᄯᅩ한 억지로 강권치 못ᄒᆞ나니 영미국 갓흔 ᄃᆡ셔ᄂᆞᆫ ᄀᆡ가치 안코져 ᄒᆞᄂᆞᆫ 쳥상은 머리털을 베혀 버려셔 슈졀ᄒᆞᄂᆞᆫ 뜻을 표ᄒᆞᆫ즉 다시 ᄀᆡ가ᄒᆞᆷ을 권치 못ᄒᆞ거니와 너의 나라로 말ᄒᆞ면 고려ᄯᅢ에ᄂᆞᆫ ᄀᆡ가법을 시ᄒᆡᆼᄒᆞ얏스되 아모리 슈졀코져 ᄒᆞ나 나라 법률에 구속되야 ᄀᆡ가 안이치 못ᄒᆞ게 ᄒᆞ얏스니 그ᄂᆞᆫ 과도ᄒᆞᆫ 법이오 ᄯᅩ 지금 ᄀᆡ가ᄒᆞ지 안ᄂᆞᆫ 것도 ᄯᅩ한 심ᄒᆞ다 ᄒᆞ려니와 지금은 셰계가 한 집안 갓하셔 온갖 일을 거의 거의 갓게 ᄒᆞᄂᆞᆫ 터인즉 ᄀᆡ가ᄒᆞᄂᆞᆫ 것을 죠곰도 흠졀로 알 쟈ㅣ 업ᄂᆞᆫ지라 이젼에ᄂᆞᆫ ᄀᆡ가ᄒᆞᆫ 사ᄅᆞᆷ의 소ᄉᆡᆼ은 됴ᄒᆞᆫ 벼살을 주지 안ᄂᆞᆫ 고로 ᄀᆡ가만 ᄒᆞ면 그 ᄌᆞ손은 쳔ᄃᆡ 나즌 사ᄅᆞᆷ이 되ᄂᆞᆫ 고로 졈잔은 집 사ᄅᆞᆷ은 ᄀᆡ가도 안이ᄒᆞ고 과부의게 쟝가도 드ᄂᆞᆫ 쟈도 업슨즉 지각 잇고 졈잔은 사ᄅᆞᆷ일ᄉᆞ록 집안에 쳥상이 잇ᄂᆞᆫ ᄯᅢ에ᄂᆞᆫ 곳 어진 사름을 엇어 맛겨 구양슈의 모친이 세 번 싀집가셔 범즁엄 한긔 갓흔 현인 군즈를 나흔 것갓치 ᄒᆞ면 엇지 국가에 다힝이 안이리오 ᄎᆞᄎᆞ ᄒᆞᆯ 도리가 잇슬 것이니 너의는 다 물너가라 ᄒᆞᄆᆡ 시위ᄒᆞ얏던 군병들의 쳥령 소ᄅᆡ에 놀나 ᄭᆡ다르니 몽즁에 지난 일이 력력ᄒᆞᆫ지라 인ᄒᆞ야 그 뎐말을 긔록ᄒᆞ야 세상에 쳥샹둔 쟈와 쳥상된 부녀들로 ᄒᆞ야곰 알게 ᄒᆞ기 위홈이어니와 우리나라의 인죵이 감소ᄒᆞ고 화긔가 업는 근인은 실로 쳥로 쳥년 과부의 원한이 지극ᄒᆞᆫ 연고라 ᄒᆞ겟노다 (완)

295 1908년 6월 25일(목) 제2722호 긔셔

쳥샹의 정샹 / 북쵼 일 과부

본인은 젼싱 차싱에 죄악이 지즁ᄒᆞ야 십ᄉᆞ 셰에 츌가ᄒᆞ얏다가 십오 셰에 남편을 여의고 오날날ᄭᆞ지 열두 ᄒᆡ 동안에 장우단탄으로 무졍ᄒᆞᆫ 셰월을 보ᄂᆡ압더니 근일 귀 신문에 긔ᄌᆡᄒᆞ온 바 「녀ᄌᆞ의 ᄀᆡ가는 텬리의 썻썻홈」이라 ᄒᆞ는 론셜도 보압고 「쳥츈을 규즁에셔 늙지 말 일」이라 ᄒᆞ는 긔셔도 보온즉 진실로 텬리와 인졍에 합당ᄒᆞ온지라 본인의 슯흔 마암이 ᄉᆡ로히 간절ᄒᆞ와 션후 업는 말삼으로 쳥상의 졍형을 대강 들어 두어 쥴 글월을 부치오니 텬하의 어진 마암을 가지신 군ᄌᆞ들은 ᄒᆞᆫ 쥴기 눈물을 ᄲᅮ려 동졍을 표ᄒᆞ야 쥬시압쇼셔

우리나라 십삼도 각군은 차치ᄒᆞ압고 셔울 안에도 쳥상이 허다ᄒᆞᆯ 터이오나 남의 졍상은 ᄌᆞ셰히 알 슈 업ᄉᆞ온 고로 다만 본인의 소경력을 긔록ᄒᆞ노이다

본인은 본ᄅᆡ 우리나라 ᄉᆞᄃᆡ부의 집 즁에 문벌이 현혁ᄒᆞ야 조부는 일즉이 리조판셔로 잇고 부친은 규장각 ᄃᆡ교로 잇슬 ᄶᅢ에 이 셰상에 나셔 금옥갓치 귀히 녁이는 부모의 은덕으로 고히 고히 즐아옵다가 십삼 셰 되던 ᄒᆡ에 부친이 젼라감ᄉᆞ로 가신 후 셕 달 만에 모친을 모시고 젼쥬 감영에 나려가 잇삽는ᄃᆡ 그ᄶᅢ 맛참 릉쥬 목ᄉᆞ의 아달이 인물과 ᄌᆡ화가 절등ᄒᆞ다 홈으로 우리 집에셔 몬져 통

혼ᄒᆞ야 잇음에 삼월에 혼례를 ᄒᆡᆼᄒᆞ압ᄂᆞᆫᄃᆡ 오십삼읍 슈령이 모다 모혓ᄉᆞ오니 위의의 거록홈은 이무가론이압고 혼슈범절이 ᄒᆞᆫ 가지도 남 부러온 것이 업셧ᄉᆞ옴애 부모의 깃버ᄒᆞ심과 남의 칭도홈이 한량업ᄉᆞ온 고로 어린 소견에 ᄂᆡ가 셰상에 데일로 아옵고 스ᄉᆞ로 교만ᄒᆞᆫ 마음이 업지 안이ᄒᆞ압더니 ᄉᆡ집을 가셔 보온즉 층층시하에 여러 ᄉᆡ동ᄉᆡᆼ이 잇ᄉᆞ와 ᄒᆞᆫ 번 웃ᄂᆞᆫ 것과 ᄒᆞᆫ 번 ᄶᅵᆼ그ᄂᆞᆫ 것과 안지며 셔기와 밥 먹으며 잠자기를 ᄒᆞᆫ 가지도 마암ᄃᆡ로 ᄒᆞ지 못ᄒᆞ고 죄지은 사ᄅᆞᆷ갓치 지ᄂᆡ옵고 남편은 나이 겨오 열ᄒᆞᆫ 살이오라 안ᄒᆡ가 무엇인지 몰으고 다만 작난ᄒᆞᄂᆞᆫ 동모로 알고 지ᄂᆡᄂᆞᆫ ᄎᆞ에 잇음히 졍월에 남편이 홍역을 ᄒᆞ압다가 셰상을 ᄡᅧ나옴애 본인은 슯흔지 즐거온지 아지 못ᄒᆞ오되 ᄉᆡ부모와 친부모의 ᄋᆡ통ᄒᆞ심을 보고 잇다금 슯흔 ᄉᆡᆼ각이 불ᄒᆞ압ᄂᆞᆫ 즁에 ᄉᆡ모의 말삼이 본인이 남편을 잡아먹엇다 ᄒᆞ야 뮈워ᄒᆞ시기를 마지 안이ᄒᆞ시오며 그젼에ᄂᆞᆫ 본인의 말이라 ᄒᆞ면 소곰 셤이라도 물로 ᄭᅳᆯ려 ᄒᆞ던 남노녀비가 모다 본인은 업시녁이오니 무삼 일에 마암을 붓쳐 살니오릿가 부득이 ᄒᆞ야 친뎡으로 온즉 부모의 사랑ᄒᆞ시ᄂᆞᆫ 뜻으로 불상히 녁이시ᄂᆞᆫ 마암이 간졀ᄒᆞ시와 날마다 ᄯᅢ마다 등을 얼오만지시오나 대의로 ᄒᆞ시ᄂᆞᆫ 말솜이 네가 임의 츌가ᄒᆞ얏슨즉 비록 남편을 여의엿슬지라도 ᄉᆡᆼᄉᆞ 간에 다 ᄉᆡ집 사ᄅᆞᆷ이니 친뎡에 오ᄅᆡ 잇지 말고 가셔 ᄉᆡ부모를 극진히 봉양ᄒᆞ라 ᄒᆞ압시기에 도로 ᄉᆡ집으로 가오나 눈에 보이고 귀에 들니ᄂᆞᆫ 것이 모다 귀치 안은 것ᄲᅮᆫ이라 그러ᄒᆞ오나 아즉도 부부의 졍리를 몰으ᄂᆞᆫ 고로 그렁 뎌렁 셰월을 보ᄂᆡ압다가 (미완)

296 1908년 6월 26일(금) 제2723호 긔셔

청샹의 졍샹 (속) / 북쵼 일 과부

십팔 셰 되던 ᄒᆡ에 ᄉᆡ모샹을 당ᄒᆞ옴애 하늘이 문허지고 ᄯᅡ이 ᄭᅥ지ᄂᆞᆫ 슯흠이

ᄒᆞᆫ 몸에 겸ᄒᆞ야 물 ᄒᆞᆫ 목음을 먹지 안ᄉᆞᆸ고 밤낫으로 통곡ᄒᆞ온즉 형용이 심히 쵸췌ᄒᆞ야 거의 목숨이 ᄭᅳᆫ치게 되얏ᄉᆞ온지라 일가 샹하와 동리 사ᄅᆞᆷᄭᅡ지 본인을 위ᄒᆞ야 슯허ᄒᆞ며 산쳔쵸목ᄭᅡ지 본인을 위ᄒᆞ야 됴샹ᄒᆞᄂᆞᆫ 듯ᄒᆞ되 그 실샹은 ᄉᆡ모의 하세ᄒᆞ심을 애통ᄒᆞᄂᆞᆫ 것보담 남편 업ᄂᆞᆫ 계집의 신셰가 ᄀᆡ밥에 도토리 된 것이 가삼에 ᄆᆡᆺ치고 쎄에 사못쳐 당쟝에 약을 먹든지 목을 ᄆᆡ여 죽고 십흐되 ᄉᆡᆼ목숨을 ᄭᅳᆫ치 못ᄒᆞ고 근근히 부지ᄒᆞ야 우의로 환거ᄒᆞ시ᄂᆞᆫ ᄉᆡ부를 봉양ᄒᆞ며 아ᄅᆡ로 수다ᄒᆞᆫ 권속을 거ᄂᆞ려 크나 큰 세간 살님을 맛흔 후로부터 가ᄉᆞ에 분쥬ᄒᆞᆷ을 인ᄒᆞ야 슬은 ᄉᆡᆼ국이 얼마큰 감ᄒᆞ오나 봄ᄭᅩᆺ 가을달에 다른 사ᄅᆞᆷ은 즐겨ᄒᆞ것만은 나의 구곡간쟝은 구뷔구뷔 슈심이라 엇던 ᄯᆡᄂᆞᆫ 주먹을 쥐여 가삼도 두다리며 엇던 ᄯᆡᄂᆞᆫ 밋친 사ᄅᆞᆷ갓치 벌ᄯᅥᆨ 닐어나 압뒤ᄯᅳᆯ로 도라ᄃᆞᆫ이기도 ᄒᆞ며 엇던 ᄯᆡᄂᆞᆫ 담ᄇᆡ를 피여 물고 정신업시 안기도 ᄒᆞ며 엇던 ᄯᆡᄂᆞᆫ 자다가 말고 화닥닥 닐어 안져 어ᄃᆡ로 쳔 리 만 리 다라나고 십흔 ᄉᆡᆼ각이 ᄉᆡ압[498] 솟듯 ᄒᆞ오되 풍속과 법률에 거리씨여 이리도 못 ᄒᆞ고 뎌리도 못 ᄒᆞ오니 엇지 인ᄉᆡᆼ이라 칭ᄒᆞ리오 그러나 모진 것은 사ᄅᆞᆷ의 목숨이라 죽지 안코 살아 잇삽ᄂᆞᆫᄃᆡ 즉년 봄에 ᄉᆡ부쎄셔 본인의 마암을 위로ᄒᆞ시기 위ᄒᆞ야 먼 촌 일가의 소목닷ᄂᆞᆫ 아ᄒᆡ 아홉 살 먹은 것을 양ᄌᆞ로 뎡ᄒᆞ야 주시ᄂᆞᆫ 고로 거긔다 정을 부치랴 ᄒᆞ야 사랑ᄒᆞ기를 ᄂᆡ속으로 나은 ᄌᆞ식갓치 ᄒᆞ온즉 그것도 텬뎡ᄒᆞᆫ 인연이온지 그 ᄌᆞ식이 어미 ᄯᅡ르기를 지극ᄒᆞᆫ 정셩으로써 ᄒᆞ야 ᄂᆡ 얼골에 슈심ᄒᆞᄂᆞᆫ 빗이 잇스면 압헤 와셔 어리광을 부려 어미 마ᄋᆞᆷ을 위로코져 ᄒᆞ오며 내가 불평ᄒᆞᆫ 일이 잇셔 밥을 잘 먹지 안이하오면 뎌도 역시 밥을 먹지 안이ᄒᆞᄋᆞᆸ고 애를 쓰오니 목셕이라도 그 효도에 감동치 안을 수 업ᄉᆞ온지라 이에 비로소 아들의게 일신을 의탁ᄒᆞ올 계교로 슈심을 억제ᄒᆞ며 근심을 쓸어 바리고 다만 아달을 엇어 길너 셰샹에 낫던 ᄌᆞ미를 보랴 ᄒᆞ오나 셰샹에 모든 청샹된 자의 정형을 ᄉᆡᆼ각ᄒᆞ올진ᄃᆡ 본인보

498 ‘ᄉᆡ암(샘)’의 오기인 듯함.

담 심훈 쟈는 잇스려니와 나은 쟈는 업슬지니엇지 참아 그져 둘 바이리오 본인은 발셔 나이 삼십이 갓갑삽고 쏘훈 지효의 양주를 엇어 사름의 사는 즐거옴이 잇스오나 젼국 가온딕 허다훈 쳥샹 즁에 가궁후며 참혹후며 잔인훈 쟈ㅣ 무수후야 나라의 화기를 감샹후오니 바라건딕 우리나라의 유지후신 여러 군주는 이 풍속을 하로밧비 고치게 후시압쇼셔 본인은 비록 박명훈 녀주이오나 역시 국민의 일분인 고로 붓그러옴을 무릅쓰고 이갓치 앙달후노이다[499]

499 6월 27일자 별지 호외에 7월 1일까지 기계 수리 및 활자 정리를 위해 임시 정간한다고 광고했으나, 제2724호(7월 2일자) 사설에서는 재정 문제로 정간했다고 언급하고 있음.

7월

297 1908년 7월 2일(목) 제2724호 샤셜

ᄋᆡ독 쳠군ᄌᆞ의게 샤례ᄒᆞᆷ / 탄ᄒᆡᄉᆡᆼ

본 긔쟈ㅣ 작년 여름 이후로 ᄌᆡ품의 용렬ᄒᆞᆷ을 도라보지 안ᄉᆞᆸ고 감히 국민의 일 분ᄌᆞ된 의무를 다ᄒᆞ고져 ᄒᆞ야 본 신문의 붓을 잡고 겸ᄒᆞ야 샤즁의 ᄇᆡᆨ반ᄉᆞ무를 맛하 다ᄉᆞ리ᄋᆞᆸᄂᆞᆫᄃᆡ 가쟝 어려온 것은 ᄌᆡ졍이라 본인의 가난ᄒᆞᆫ 형셰로 능히 ᄌᆞ당치 못ᄒᆞ압고 간혹 유지ᄒᆞ신 귀부인 신ᄉᆞ 졔씨의 의연ᄒᆞ심과 ᄋᆡ독 쳠군ᄌᆞ의 신속히 갑하쥬시ᄂᆞᆫ 바 신문 ᄃᆡ금으로ᄡᅥ 실낫 갓흔 본 신문의 명ᄆᆡᆨ을 보젼ᄒᆞ오나 경향 각쳐에셔 신문 ᄃᆡ금을 만으면 삼ᄉᆞ 년 젹으면 ᄉᆞᆷᄉᆞ 삭 오륙 삭을 건톄ᄒᆞ온즉 ᄂᆞᆯ마다 쓰ᄂᆞᆫ 허다ᄒᆞᆫ 죠희 갑과 우편셰를 무엇으로ᄡᅥ 져당ᄒᆞ리오 연고로 작년 십월 이후에 ᄆᆡ삭 부족ᄒᆞᆫ ᄋᆡᆨ슈가 평균 삼ᄇᆡᆨ여 환식이온ᄃᆡ 동ᄃᆡ셔 취ᄒᆞ야 아참 져녁을 지팅ᄒᆞ압더니 지난달에 일으러셔ᄂᆞᆫ 죠희갑이 삼ᄇᆡᆨ여 환에 달ᄒᆞ옴애 다시 외상을 엇을 슈도 업ᄉᆞ올ᄲᅮᆫ더러 이왕의 진 바 빗을 ᄌᆡ촉ᄒᆞᆷ이 셩화갓ᄉᆞ온지라 ᄇᆡᆨ 가지로ᄡᅥ 쥬션ᄒᆞ고 ᄉᆡᆼ각ᄒᆞ야도 변통이 업ᄂᆞᆫ 고로 부득이 눈물을 ᄲᅮ려 오 일 동안을 뎡간ᄒᆞ압고 경향으로 도라단이며 쥬션ᄒᆞ야 겨오 죠희갑의 삼분지일을 갑고 계속 발간하오니 업다여 바라건ᄃᆡ ᄋᆡ독 쳠군ᄌᆞᄂᆞᆫ 그 사이의 뎡간ᄒᆞ온 허물을 두터히 용셔ᄒᆞ압시고 ᄅᆡ두에ᄂᆞᆫ 다시 그런 일이 업시 ᄂᆞᆯ마다 셔로 ᄃᆡᄒᆞ압게 ᄒᆞ시압소셔 대뎌 본 신문 ᄃᆡ금의 미슈가 ᄉᆞᆷ쳔 환 이상이 되온즉 이것을 잘 슈쇄ᄒᆞ얏ᄉᆞ오면 ᄎᆡ쟝은 다 갑지 못ᄒᆞ올지라도 압흐로 일 년 이상은 군식ᄒᆞᆫ 것이 업시 지ᄂᆡ겟ᄉᆞ오니 아모죠록 속히 구쳐ᄒᆞ시와 본 신문이 날마다 발달케 ᄒᆞ시압기를 하날ᄭᅴ 츅슈ᄒᆞᄋᆞᆸ나이다

298 1908년 7월 3일(금) 제2725호 론셜

교육월보(教育月報)[500]를 하례ᄒᆞᆷ / 탄히싱

근일에 유지 신ᄉᆞ 남궁억 려병현 김용진 홍츙현 리우영 현은 남궁쥰 손창희 김히셕 박일삼 쥬린상 졔씨가 힘을 아올너 교육월보 뎨일호를 발힝ᄒᆞ얏ᄂᆞᆫᄃᆡ 슌국문으로ᄡᅥ 동국력ᄉᆞ 대한디지 만국력ᄉᆞ 만국디지 산술 물리학 위싱론 가뎡요결 한문 쵸학 담셜 여러 과뎡을 ᄎᆞ셔로 긔ᄌᆡᄒᆞ얏스니 아름답도다 이 월보여 쟝ᄒᆞ도다 이 ᄉᆞ업이여 죡히 ᄡᅧ 우리 일반 국민의 지식을 계발ᄒᆞ리로다 본ᄅᆡ 우리나라에ᄂᆞᆫ 교과셔가 업ᄂᆞᆫ 즁에 약간 국한문으로ᄡᅥ 편즙ᄒᆞᆫ 것이 잇스되 문리가 심히 어려워 학교에셔 교ᄉᆞ의 가라침을 친히 밧지 안으면 ᄭᆡ다를 슈 업ᄂᆞᆫ 고로 ᄯᅳᆺ잇ᄂᆞᆫ 쟈의 항상 한탄ᄒᆞᄂᆞᆫ 바이러니 이졔 이 교육월보ᄂᆞᆫ 과연 필요ᄒᆞᆫ 과뎡을 골희여 국문으로 간단히 져슐ᄒᆞ얏슨즉 남녀로소를 물론ᄒᆞ고 누구든지 칙을 ᄃᆡᄒᆞ면 곳 히득ᄒᆞᆯ지라 진실로 우리나라 교육계의 식벽 쇠북 한소ᄅᆡ로다 그러나 히월보 편즙원 졔씨ᄂᆞᆫ 일층 쥬의ᄒᆞ야 과뎡의 뎡도를 죠곰도 더 낫게 ᄒᆞ고 문리를 더옥 슌ᄒᆞ게 ᄒᆞ야 쳐음 보ᄂᆞᆫ 사ᄅᆞᆷ이 알기 쉽게 ᄒᆞ며 국문 쓰ᄂᆞᆫ 법을 깁히 연구ᄒᆞ야 젼국 인민의 모범이 되게 ᄒᆞ시기를 간졀히 바라노이다 근ᄅᆡ 우리나라에 일죵 오괴ᄒᆞᆫ 션비들이 한문을 쥬쟝ᄒᆞ나 대뎌 한문이라 ᄒᆞᄂᆞᆫ 글은 일

500 《교육월보(教育月報)》: 1908년 6월 25일 창간, 1910년 7월 25일 통권 7호를 끝으로 폐간되었다. 편집 겸 발행인은 남궁억, 발행처는 한성교육월보사. 한글 전용과 띄어쓰기를 원칙으로 했으며, 주로 역사·지리·산술·물리학 등 교과서 내용을 다룬 논문을 실었다.

평ᄉᆡᆼ을 ᄇᆡ홀지라도 그 글ᄌᆞ를 다 알기 어렵거ᄂᆞᆯ 언의 결을에 지식을 닥그리오 이갓치 슌국문으로 ᄎᆡᆨ을 져슐ᄒᆞᆫ즉 셜령 국문을 몰으ᄂᆞᆫ 사람이라도 글ᄌᆞ ᄇᆡ호ᄂᆞᆫ 시간은 허비ᄒᆞᆯ 것이 별로히 업고 다만 지식이 압흐로 나아가기를 구ᄒᆞᆯ ᄯᆞ름이라 이 월보를 ᄃᆞᆺ토어 사 보아 ᄒᆞᆫ 사ᄅᆞᆷ도 안 보ᄂᆞᆫ 사ᄅᆞᆷ이 업스면 불과 몃 ᄒᆡ에 국민의 보통 지식이 크게 발달ᄒᆞ야 문명국 사ᄅᆞᆷ을 부러워ᄒᆞᆯ 것이 업슬지라 이에 이 월보를 텬하에 소ᄀᆡᄒᆞ기 위ᄒᆞ야 두어 마ᄃᆡ 어리셕은 소견을 베푸오니 바라건ᄃᆡ 우리 남녀 동포ᄂᆞᆫ 이 월보로ᄡᅥ 지식 구ᄒᆞᄂᆞᆫ 길을 삼으소셔

299 1908년 7월 4일(토) 제2726호 론셜

연회의 폐풍 / 탄히싱

근ᄅᆡ에 관민 상하를 물론ᄒᆞ고 소위 오찬의 만찬회 등 연회가 업ᄂᆞᆫ ᄂᆞᆯ이 업스니 관민 상하 간에 일이 업셔 그러ᄒᆞᆫ지 연회로ᄡᅥ 일죵 ᄉᆞ업을 ᄉᆞᆷ으며 ᄯᅩ한 교제상에 가히 업지 못ᄒᆞᆯ 됴목으로 인뎡ᄒᆞᄂᆞᆫ지 오인이 넉넉히 료히치 못ᄒᆞᄂᆞᆫ 바ㅣ 어니와 오날ᄂᆞᆯ 국보가 간난ᄒᆞ고 민ᄉᆡᆼ이 도탄 즁에 잇거ᄂᆞᆯ 연작이당에 쳐ᄒᆞ야 불이 쟝차 이를 쥴을 알지 못ᄒᆞ고 스ᄉᆞ로 즐거ᄒᆞᆷ과 갓치 일시에 슈십ᄇᆡᆨ원의 금젼을 바리며 일각이 쳔금 갓흔 시간을 허비ᄒᆞ야 육산포림으로 목젼에 즐거옴을 탐ᄒᆞ야 나라를 흥왕케 ᄒᆞ며 ᄇᆡᆨ셩을 편안케 ᄒᆞᆯ ᄉᆡᆼ각은 돈연이 ᄯᅳᆫ구름에 붓쳐 보ᄂᆡ니 가히 길히 탄식ᄒᆞᆷ을 익의지 못ᄒᆞ겟도다

대뎌 연회라 ᄒᆞᆷ은 교제상에 더옥 간친ᄒᆞᆫ 뜻을 표ᄒᆞ기 위ᄒᆞ야 가히 업지 못ᄒᆞᆯ 것이나 담박ᄒᆞᆫ 일ᄇᆡ쥬로 셔로 졍담을 토론ᄒᆞᆷ이 가ᄒᆞ거ᄂᆞᆯ 엇지 슈십ᄇᆡᆨ금을 허비ᄒᆞ야 식젼 방쟝과 기악 풍류를 셩히 베푸러야 간친ᄒᆞᆫ 뜻을 표ᄒᆞᆫ다 ᄒᆞ리오 이ᄂᆞᆫ 다만 금젼을 허비ᄒᆞᆯ ᄲᅮᆫ 안이라 엇더ᄒᆞᆫ 신사나 친구를 ᄃᆡ졉ᄒᆞᆷ에 도로혀 실례가 되리라 ᄒᆞ노니 엇지 ᄡᅥ 그런가 ᄒᆞ면 무릇 교제상에 ᄃᆡᄒᆞ야 엇더ᄒᆞᆫ 경우에

는 그 신ᄉᆞ와 그 친고가 회샤ᄒᆞᄂᆞᆫ 례로 ᄯᅩ한 젹지 안이ᄒᆞᆫ 금젼을 허비ᄒᆞᆯ 터인즉 경졔 곤난ᄒᆞᆫ ᄯᅢ를 당ᄒᆞ야 그다지 필요치 안이ᄒᆞᆫ 비용을 어ᄃᆡ셔 감당ᄒᆞ며 일로ᄡᅥ 폐풍이 되여 사ᄅᆞᆷ마다 연회가 안이면 교졔상에 친ᄒᆞᆫ ᄯᅳᆺ을 표ᄒᆞ지 못ᄒᆞᄂᆞᆫ 줄로 오히ᄒᆞᄂᆞᆫ ᄃᆡ경에ᄂᆞᆫ 그 폐단이 젼국에 파급ᄒᆞ야 인민은 막론ᄒᆞ고 쟝래 진취의 소망이 잇ᄂᆞᆫ 학ᄉᆡᆼ에게 큰 영향이 밋츨가 ᄒᆞ노니 엇지 가히 두렵고 경계ᄒᆞᆯ 빅 안이리오 ᄃᆡ기 우에셔 힝ᄒᆞᆷ은 아릭에셔 본밧ᄂᆞᆫ 것이라 만일 일로ᄡᅥ 폐풍을 일우어 젼국닉 인민이나 학ᄉᆡᆼ계로 ᄒᆞ야곰 연회나 일솜고 업무와 교육을 힘ᄡᅳ지 안이ᄒᆞ면 나라일이 ᄂᆞᆯ로 글너지고 빅셩의 지식이 날로 부픽ᄒᆞ야 쟝찻 언의 ᄃᆡ경에 이를지 측량키 어려오니 사ᄅᆞᆷ이 반닷히 릭두의 일을 넉넉히 ᄉᆡᆼ각할지라 오날날이 무삼 날이며 이ᄯᅢ가 언의 ᄯᅢ인가 풀밧에 머리를 들여 밀고 삼빅륙십일을 신고ᄒᆞ야도 일 년 소득이 빅여 원에 지나지 못ᄒᆞᄂᆞᆫ 농민의 졍상이 가긍ᄒᆞ며 학교에 입학ᄒᆞ야 학문을 힘ᄡᅳ고져 ᄒᆞᄂᆞᆫ 마암이 간졀ᄒᆞ야도 학비를 ᄒᆞᆯ 길 업셔 젹슈공권으로 ᄃᆡ도상에셔 눈물을 ᄲᅮ리ᄂᆞᆫ 학ᄉᆡᆼ의 졍상이 가긍ᄒᆞ며 디방에 도젹이 봉긔ᄒᆞ야 량민을 학살ᄒᆞ고 ᄌᆡ물을 탈취ᄒᆞᆷᄋᆡ 업을 편안히 ᄒᆞ지 못ᄒᆞ고 늙은 부모와 약ᄒᆞᆫ 쳐ᄌᆞ를 붓들고 사방으로 류리기걸ᄒᆞᄂᆞᆫ 량민의 졍상이 가긍ᄒᆞᆫ 오날날 이ᄯᅢ를 당ᄒᆞ야 실업을 쟝려ᄒᆞ며 교육을 권면ᄒᆞ기에도 오히려 결흠이 업거날 손틱더[501] 화월루[502]에셔 막ᄃᆡᄒᆞᆫ 금젼과 귀즁ᄒᆞᆫ 시간을 믹일 연회로 허비ᄒᆞᆷ이 엇지 가ᄒᆞ다 ᄒᆞ리오

이런 고로 본 긔쟈ㅣ 붓을 들어 나라일에 ᄉᆡᆼ각이 업고 연회로 일삼ᄂᆞᆫ 졔 군ᄌᆞᄭᅴ 경고ᄒᆞ노니 일ᄒᆞᄂᆞᆫ 시간에 부즈런히 일ᄒᆞ고 노ᄂᆞᆫ 시간에 유쾌히 노ᄂᆞᆫ 것

---

501 손탁호텔(Sontag Hotel): 대한제국 한성부 정동(오늘날 서울 정동)에 1902년에 세워진 한국 최초의 서양식 호텔. 당시 한성에 체류하던 독일인인 안토니트 존탁에게 운영을 맡겼기 때문에, 호텔 지배인인 그녀의 한국어식 이름을 따서 손탁 호텔이라고 불렀다.

502 화월루(花月樓): 당시 진고개에 있던 일본식 요릿집.

은 우리 무리의 극히 찬셩ᄒᆞᄂᆞᆫ 빅라 친고를 졉ᄃᆡᄒᆞ면 한 잔 술과 한 ᄀᆡ 실과로 북창청풍에 담화가 은근ᄒᆞ고 업무 여가에 심신이 피곤ᄒᆞ면 산간 슈애에 유쾌히 산보ᄒᆞ야 유회를 소창ᄒᆞᆯ지어다

300 1908년 7월 5일(일) 제2727호 론셜

인ᄌᆡ 등용의 어려옴(人材登用難) / 탄ᄒᆡ싱

대뎌 나라의 다ᄉᆞ리고 어즈러옴은 인ᄌᆡ를 엇고 엇지 못ᄒᆞᆷ에 잇ᄂᆞᆫ지라 특별ᄒᆞᆫ 인물이 난즉 가히 ᄲᅧ ᄯᅡ에 ᄯᅥ러진 나라 권셰도 회복ᄒᆞ며 도탄에 ᄲᅡ진 인민의 싱명도 건져ᄂᆡ나니 나라의 흥망과 빅셩의 안위ᄂᆞᆫ 젼혀 사ᄅᆞᆷ이 잇고 업슴에 달녓도다 그런 고로 녯사ᄅᆞᆷ이 사ᄅᆞᆷ 쓰ᄂᆞᆫ 도를 의론ᄒᆞ야 ᄀᆞᆯ아ᄃᆡ 안으로 쳔거ᄒᆞᄂᆞᆫ ᄃᆡᄂᆞᆫ 친쳑을 폐ᄒᆞ지 안코 밧그로 쳔거ᄒᆞᄂᆞᆫ ᄃᆡᄂᆞᆫ 원슈를 폐ᄒᆞ지 안는다 ᄒᆞ얏스니 진실로 만고에 밧고지 못ᄒᆞᆯ 법의 말이라 우리나라의 사ᄅᆞᆷ 쓰ᄂᆞᆫ 일을 볼진ᄃᆡ 쳣ᄌᆡᄂᆞᆫ 나의 일가부치와 문하에 잇ᄂᆞᆫ 식구를 슈용ᄒᆞᆷ에 급급ᄒᆞ고 둘ᄌᆡᄂᆞᆫ 뢰물의 다소와 쳥쵹의 긴헐을 의지ᄒᆞ야 쳔거ᄒᆞᆯ ᄯᆞ름이오 그 ᄌᆡ목의 엇더ᄒᆞᆷ과 지식의 엇더ᄒᆞᆷ은 젼슈히 도라보지 안이ᄒᆞ얏스니 무엇으로ᄡᅥ 나라를 다ᄉᆞ리며 빅셩을 편안케 ᄒᆞ얏스리오 이로 인ᄒᆞ야 맛참ᄂᆡ 국가와 인민이 오날늘 이 디경에 일으럿도다 그런즉 우리 졍부 당로쟈가 지나간 일을 거울ᄒᆞ야 인ᄌᆡ 등용ᄒᆞ기를 힘쓸지라도 오히려 만시지탄이 잇거날 녯 버릇을 버리지 못ᄒᆞ고 ᄒᆞᆫ 번 셰력을 잡으면 친속과 문ᄀᆡᆨ을 구쳐ᄒᆞ기에 분쥬ᄒᆞᆯ ᄲᅮᆫ 안이라 왕왕히 더러온 말이 랑쟈ᄒᆞ니 엇지 ᄐᆞᆫ식ᄒᆞᆯ 바이 안이리오 당로쟈로 ᄒᆞ야곰 지공지경ᄒᆞᆫ 마암이 잇셔셔 안으로 친쳑과 밧그로 원슈를 폐ᄒᆞ지 안을지라도 오늘날 우리나라에 인ᄌᆡ가 핍졀ᄒᆞ야 합당ᄒᆞᆫ ᄌᆞ격을 엇기 어려오리니 바라건ᄃᆡ 당로쟈ᄂᆞᆫ 인ᄌᆡ 구ᄒᆞ

ᄂᆞᆫ 문호를 넓히 열고 지극ᄒᆞᆫ 졍셩으로 구ᄒᆞ소셔 녯 셩인의 ᄆᆞᆯ삼에 열 집 되ᄂᆞᆫ 고을에도 반닷히 츙신이 잇다 ᄒᆞ얏스니 삼쳔리 강산 이쳔만 민족 가온ᄃᆡ 엇지 그 사ᄅᆞᆷ이 업스리오 슯흐다 인지 등용의 직임을 가진 쟈ᄂᆞᆫ 셰 번 ᄉᆡᆼ각ᄒᆞᆯ지어다

301 1908년 7월 7일(화) 제2728호 론셜

습관의 션악 / 탄히ᄉᆡᆼ

녯말에 ᄀᆞᆯᄋᆞᄃᆡ 버릇이 셩품을 일운다 ᄒᆞ얏스니 션ᄒᆞᆫ 버릇은 션ᄒᆞᆫ 셩품을 일우고 악ᄒᆞᆫ 버릇은 악ᄒᆞᆫ 셩품을 일우ᄂᆞᆫ지라 엇지 인ᄉᆡᆼ의 조심ᄒᆞᆯ 바ㅣ 안이리오 셔양의 유명ᄒᆞᆫ 학쟈가 ᄆᆞᆯᄒᆞ되 습관이라 ᄒᆞᄂᆞᆫ 것은 맛치 ᄶᅡ에 ᄯᅥ러지ᄂᆞᆫ 눈과 갓ᄒᆞ야 ᄒᆞᆫ 조각식 ᄒᆞᆫ 조각식 ᄊᆞ이면 필경은 여러 자이 ᄊᆞ여 혹시 사틔가 나려 산이 문허지고 사ᄅᆞᆷ과 짐ᄉᆡᆼ이 쥭ᄂᆞᆫ지라 우리의 습관도 ᄒᆞᆫ 가지식 ᄒᆞᆫ 가지식 ᄊᆞ이면 맛참ᄂᆡ 악ᄒᆞᆫ 셩품이 되여 샤회를 망케 ᄒᆞ며 국가를 멸케 ᄒᆞᆫ다 ᄒᆞ얏스니 우리가 샤회의 일분ᄌᆞ와 국민의 일분ᄌᆞ된 의무를 다ᄒᆞ고져 ᄒᆞᆯ진ᄃᆡᆫ 몬져 습관의 션악을 쥬의ᄒᆞᆷ이 가ᄒᆞ도다

볼지어다 우리가 아ᄂᆞᆫ 사ᄅᆞᆷ의 력ᄉᆞ를 슯혀보건ᄃᆡ 당초부터 협잡으로ᄡᅥ 발신ᄒᆞ던 사ᄅᆞᆷ은 아모리 마암을 고쳣다 ᄒᆞ야도 ᄉᆞᆺᄉᆞᆺᄂᆡ 협잡의 일만 ᄒᆡᆼᄒᆞ고 쳥렴 졍식으로ᄡᅥ 일홈을 엇은 쟈ᄂᆞᆫ 리익으로ᄡᅥ ᄭᅬ일지라도 의리에 합당치 안으면 ᄒᆡᆼ치 안ᄂᆞᆫ도다 그런즉 우리나라의 관리와 인민을 물론ᄒᆞ고 셔로 속이며 셔로 모함ᄒᆞ야 ᄌᆞ긔의 리히만 ᄉᆡᆼ각ᄒᆞ고 국가의 관계ᄂᆞᆫ ᄭᅮᆷ에도 ᄉᆡᆼ각지 안ᄂᆞᆫ 버릇이 몃ᄇᆡᆨ 년 사이에 ᄊᆞ이고 ᄯᅩ ᄊᆞ여 형샹 업ᄂᆞᆫ 물건이 텬디간에 가득ᄒᆞ얏슨즉 ᄆᆡᆼ분ᄋᆞ확[503]의 힘으로도 능히 ᄲᅢ일 슈 업고 쳔 구 텰퇴로도 능히 ᄭᅵ칠 슈 업고 뢰뎡

503 맹분(孟賁): 전국 시대 위(衛)나라 사람. 제(齊)나라 사람이라고도 한다. 대단한 완력과 용

벽력으로도 능히 부스을 슈 업고 황하슈를 길어 다일지라도 능히 씨슬 슈 업스니 무엇으로써 이 악ᄒᆞᆫ 습관을 업시ᄒᆞᆯ고 다만 한 도리ᄂᆞᆫ 십 셰 이젼의 후진 ᄌᆞ뎨를 문명ᄒᆞᆫ 학슐로써 교육ᄒᆞ되 악ᄒᆞᆫ 습관은 츄호도 물들지 안케 ᄒᆞᆷ이 가ᄒᆞ도다 특별히 우리의 쥬의ᄒᆞᆯ 바ᄂᆞᆫ 악ᄒᆞᆫ 습관이 션ᄒᆞᆫ 습관보다 ᄲᅡ르고 쉽게 잘암이라 우리가 후진 ᄌᆞ뎨를 인도ᄒᆞᆯ ᄯᆡ 션ᄒᆞᆫ 습관은 열을 가라치고 악ᄒᆞᆫ 습관은 한아만 보일지라도 그 한아이 능히 열을 익의리로다 그 젼례를 말ᄒᆞᆯ진ᄃᆡ 미국에 유명ᄒᆞᆫ 후링클닝이라 ᄒᆞᄂᆞᆫ 사ᄅᆞᆷ은 여러 ᄒᆡ 동안 인도국에 도라단일 ᄯᆡ에 토인의 집에셔ᄂᆞᆫ 잠을 잘 슈 업ᄂᆞᆫ 고로 밤이면 담요를 뒤집어 쓰고 나모밋이나 들가온ᄃᆡ셔 자더니 집에 도라온 후에도 됴흔 와상에 눕ᄂᆞᆫ 것보담 담요를 쓰고 아모 ᄃᆡ나 누어야 ᄌᆞᆷ이 잘 왓다 ᄒᆞ니 이것이 엇지 버릇이 안이뇨 연고로 사ᄅᆞᆷ의 가쟝 무셔온 바ᄂᆞᆫ 버릇이라 이졔 쳥년ᄌᆞ뎨를 교양ᄒᆞᄂᆞᆫ ᄃᆡ 필요ᄒᆞᆫ 습관을 이 아ᄅᆡ 긔록ᄒᆞ노라(미완)

302 1908년 7월 8일(수) 제2729호 론셜

습관의 션악 (속) / 탄ᄒᆡ싱

뎨일은 마암 가지며 말ᄒᆞ기를 졍직ᄒᆞ게 ᄒᆞ야 털ᄭᅳᆺ만치라도 거즛말을 못 ᄒᆞ게 ᄒᆞᆯ 일

우리나라 사ᄅᆞᆷ의 ᄌᆞ식 길으ᄂᆞᆫ 풍속을 볼진ᄃᆡ 그 우ᄂᆞᆫ 것을 달ᄂᆡ고져 ᄒᆞ야 ᄇᆡᆨ 가지의 거즛말로써 무셥게도 ᄒᆞ고 깃부게도 ᄒᆞᆫ즉 그 아ᄒᆡ가 쳣지ᄂᆞᆫ 어룬의

기를 지닌 용력지사(勇力之士) 중 한 사람.

오확(烏獲): '오획(烏獲)'의 오기. 전국 시대의 진(秦)나라의 용사로 천 균(鈞=3만 斤, 약 1.8t)의 무게를 들어 올렸다고 함.

말을 밋지 안코 둘ᄌᆡ는 그 습관이 그 아ᄒᆡ의게 물들어셔 잘안 후에 집에 잇셔는 부모 형뎨 쳐ᄌᆞ를 속이고 샤회에 나아가셔는 친구를 속이고 죠뎡에 올나셔는 님금과 ᄇᆡᆨ셩을 속이니 거즛말의 습관이 엇지 무셥지 안으리오

데이는 ᄆᆡ일 ᄌᆞᆷ자며 밥 먹으며 공부ᄒᆞ는 ᄃᆡ 일뎡ᄒᆞᆫ 시간이 잇게 ᄒᆞᆯ 일

우리나라 사ᄅᆞᆷ의 ᄌᆞ식 길으는 풍속을 볼진ᄃᆡ 만히 먹이면 살질 쥴만 알고 각ᄉᆡᆨ 음식과 실과 사ᄐᆡᆼ 등속을 ᄯᆡ와 한뎡이 업시 먹이는 고로 어려셔부터 왼갖 병이 골슈에 박여 맛참ᄂᆡ 고치지 못ᄒᆞ며 잠자는 것도 역시 어룬을 ᄯᅡ라 밤에는 늣게 자고 아참에는 늣게 닐어난즉 위ᄉᆡᆼ상에 ᄒᆡ로올 ᄲᅮᆫ 안이라 지긔가 게을너져 잘안 후에도 놀기를 됴하ᄒᆞ고 일ᄒᆞ기를 슬혀ᄒᆞ며 공부ᄒᆞ는 것도 역시 그러ᄒᆞ야 ᄒᆞ는 ᄂᆞᆯ은 ᄯᅢ가 ᄲᅡ지게 ᄒᆞ고 안이ᄒᆞᆯ ᄯᆡ는 열흘식 보름식 놀게 ᄒᆞ니 이것이 오날날 우리 전국 동포의 습관이 되야 무삼 일을 ᄒᆞ든지 일뎡ᄒᆞᆫ 시간이 업셔셔 오날 못ᄒᆞ면 ᄅᆡ일 ᄒᆞ기로 밀우워 가다가 필경은 나라일을 ᄂᆡ손으로 못ᄒᆞ고 남의게 맛겻스니 가히 ᄭᆡ다라 ᄉᆞᆲ힐 바이오

데삼은 모든 일을 아름답게 ᄒᆞ며 ᄭᆡᆺ긋ᄒᆞ게 ᄒᆞᆯ 일

우리나라 사ᄅᆞᆷ의 자식 길으는 풍속을 볼진ᄃᆡ 무삼 일이든지 아모러케나 ᄒᆞ고 굿히여 힘들여 진션진미ᄒᆞ기를 힘쓰지 안는 고로 쳣ᄌᆡ는 몸과 마암 가지기를 아모러케나 ᄒᆞ며 둘ᄌᆡ는 모든 일 ᄒᆞ기를 아모러케나 ᄒᆞ는 습관이 ᄉᆡᆼ겨셔 농상공업이 모다 아모러케나 되고 국가의 법률 정치도 아모러케나 ᄒᆞ다가 오날ᄂᆞᆯ은 아모러케도 ᄒᆞ지 못ᄒᆞ게 되얏슨즉 아모러케나 ᄒᆞ는 습관은 결단코 두지 못ᄒᆞᆯ 바이라

이밧게도 허다ᄒᆞᆫ 악ᄒᆞᆫ 습관이 잇스나 넘어 번거ᄒᆞ고 지리ᄒᆞᆯ가 두려워ᄒᆞ야 가쟝 긴요ᄒᆞᆫ 것 셰 가지만 말ᄒᆞ얏노니 바라건ᄃᆡ 우리 일반 동포는 우리 대한뎨국의 데이세 국민(第二世國民) 될 자를 교양ᄒᆞᆯ ᄯᆡ에 이왕 우리가 가졋던 아습관은 츄호도 가지지 못ᄒᆞ고 션ᄒᆞᆫ 습관만 길너 문명국 인민이 되게 ᄒᆞᆯ지어다 (완)

303 1908년 7월 9일(목) 제2730호 론셜

시정 개션과 인재 / 탄ᄒᆡᄉᆡᆼ

슯흐다 우리 정부 졔공이 우의로 황상 폐하의 부탁ᄒᆞ심을 닙고 밧그로 이등 통감의 지도ᄒᆞᆷ을 밧아 ᄇᆡᆨ반 폐정을 ᄀᆡ션코져 ᄒᆞᆫ 지 일 년이 갓가오되 부잘업시 쓸ᄃᆡ업ᄂᆞᆫ 규측과 법령을 반포ᄒᆞᆯ ᄯᆞ름이오 한 가지도 됴ᄒᆞᆫ 결과를 엇지 못ᄒᆞ얏스니 이ᄂᆞᆫ 엇짐이뇨 정부 졔공이 나라 다ᄉᆞ리ᄂᆞᆫ 도를 몰나 그러ᄒᆞᆷ도 안이오 ᄇᆡᆨ셩이 어리셕어셔 정부의 뜻을 그릇 암도 안이로다 그런즉 무엇을 인연ᄒᆞ야 나라일이 날마다 글너가고 ᄇᆡᆨ셩이 날마다 곤췌ᄒᆞ야 장찻 슈습지 못ᄒᆞᆯ 디경에 일으럿나뇨 이ᄂᆞᆫ 다름 안이라 그 인ᄌᆡ를 엇지 못ᄒᆞᆫ 연고ㅣ라 ᄒᆞ노라 비컨ᄃᆡ 넘어져 가ᄂᆞᆫ 큰 집을 일신 슈리ᄒᆞ랴 ᄒᆞ면 목슈 셕슈 등은 이무가론이고 미쟝이 도ᄇᆡᆨ장이ᄭᆞ지라도 각각 그 사ᄅᆞᆷ이 잇셔야 ᄒᆞᆯ지라 만일 셕슈를 명ᄒᆞ야 기동을 다듬으라 ᄒᆞ고 목슈로 ᄒᆞ야곰 쥬쵸를 다음으라 ᄒᆞ면 엇지 ᄲᅧ 그 역ᄉᆞ를 완젼히 ᄒᆞ리오 오날ᄂᆞᆯ 우리 정부의 ᄒᆡᆼᄒᆞᄂᆞᆫ 일은 목슈가 돌을 다듬고 셕슈가 나모를 다듬을 ᄲᅮᆫ 안이라 돌도 나모도 ᄶᅡᆨ글 쥴 몰으ᄂᆞᆫ 사ᄅᆞᆷ을 모와 놋코 밤낫으로 도형을 ᄂᆡ여 쥬며 쳑슈 치슈를 마련ᄒᆞ야 쥬ᄂᆞᆫ 모양이니 도형과 문셔를 아모리 들여다 본들 속담의 일은바 소경의 단쳥 구경이라 엇지 흑ᄇᆡᆨ을 분변ᄒᆞ리오 혹쟈ㅣ ᄆᆞᆯᄒᆞ되 젼국을 도라보아도 목슈 셕슈가 한 명도 업슨즉 아모 사ᄅᆞᆷ이나 함부로 붓들어셔 식힐 슈밧게 다른 도리ᄂᆞᆫ 업다 ᄒᆞᄂᆞᆫ지라 만일 혹쟈의 말 갓흘진ᄃᆡᆫ 집 역ᄉᆞᄂᆞᆫ 아즉 즁지ᄒᆞ고 목슈 슈셕을 가라침이 가ᄒᆞ다 ᄒᆞ노라 혹쟈ㅣ 또 ᄀᆞᆯ아ᄃᆡ 집이 방금 넘어져 가ᄂᆞᆫᄃᆡ 언의 결을에 목슈 셕슈를 가라치리오 그런ᄃᆡ로 일을 시작ᄒᆞ야 가면서 ᄎᆞᄎᆞ 가라치ᄂᆞᆫ 것이 올타 ᄒᆞ나 녯 셩인의 말에 일곱 ᄒᆡ 병에 ᄉᆞᆷ 년 묵은 쑥을 구ᄒᆞᆫ다 ᄒᆞ얏스니 병든 지 삼 년 후에 쑥을 구ᄒᆞ야 두엇슬지라도 발셔 ᄉᆞᆷ 년이 지나 ᄉᆞ 년이나 되얏슬지니 작년에 졔공이 ᄂᆡ국을 죠직ᄒᆞ실 ᄯᆡ에 시ᄌᆞᆨᄒᆞ얏스면 발셔 일 년이 되얏슬 터이오 오날이라도 늣다 말고 시작ᄒᆞ

면 불과 긔년에 셕슈도 싱기고 목슈도 싱길지어늘 이것은 힝치 안이ᄒᆞ고 부잘업시 시졍 긔셧이라 ᄒᆞᄂᆞᆫ 됴흔 일홈에 취ᄒᆞ야 긔션홀 근본을 닥지 안이ᄒᆞ니 참 긔튼 홀 바이로다 ᄯᅩ 셩인의 말삼에 열 집 되ᄂᆞᆫ 고을에도 츙신이 잇다 ᄒᆞ얏스니 제공이 지공지졍ᄒᆞᆫ 마암으로ᄡᅥ 한 번 밥 먹을 사이에 셰 번식 빅앗고 한 번 머리 감을 사이에 셰 번식 터럭을 묵던 쥬공의 일을 본밧으시면 삼쳔리 금슈강산과 이쳔만 신셩ᄒᆞᆫ 민족 가온ᄃᆡ 엇지 몃 긔의 목슈와 셕슈가 업스리오 시졍 긔션의 아름다온 열ᄆᆡ를 ᄆᆡᆺ게 ᄒᆞ고져 ᄒᆞ거든 관졔 긔혁과 법률 규측을 긔졍치 말고 몬져 그 인ᄌᆡ를 엇고 가라치기에 힘쓸지어다

304 1908년 7월 10일(금) 제2731호 론셜

ᄶᅡ치와 솔개의 시비 / 죵남산하 로구[504]

슯흐다 이 로구ᄂᆞᆫ 죵남산하에셔 풍상을 격근 지 오ᄇᆡᆨ여 년에 아모것도 ᄇᆡ혼 것이 업고 다만 ᄉᆡ 즘싱의 소ᄅᆡ 듯기를 연구ᄒᆞ얏더니 지금은 능히 금슈 회의에 참예ᄒᆞ야 왼갓 연셜을 필긔홀지라도 츄호도 차착이 업ᄂᆞᆫᄃᆡ 슈일 젼에 우연히 죵남산에 올낫다가 ᄶᅡ치와 솔ᄀᆡ의 시비ᄒᆞᄂᆞᆫ 양을 보고 하도 ᄌᆡ미 잇기에 그 대강을 젹어 보ᄂᆡ압나이다

당쵸에 ᄶᅡ치가 죵남산 샹봉에 잇ᄂᆞᆫ 로송나모 우에 집을 짓고 ᄌᆞᄌᆞ손손이 젼ᄒᆞ야 가며 살녀 ᄒᆞ얏더니 쳔만ᄯᅳᆺ밧게 솔긔가 와셔 그 집을 빌니라 ᄒᆞᆫ즉 여러 늙은 ᄶᅡ치가 모혀 의론ᄒᆞ다가 한 어룬 ᄶᅡ치가 말ᄒᆞ되 만일 우리가 솔긔의 말을 듯지 안으면 필경은 솔긔의 강ᄒᆞᆫ 힘으로 우리를 모다 쥭일지니 찰알히 솔긔의 말을 슌죵ᄒᆞ야 집을 빌니고 서로 화합ᄒᆞ야 사ᄂᆞᆫ이만 ᄀᆞᆺ지 못ᄒᆞ다 ᄒᆞᆫᄃᆡ 여러 ᄶᅡ

504 노구(老軀): 늙은 몸.

치가 아모 말도 업거ᄂᆞᆯ 그 ᄭᅡ치의게 동의(同意)ᄒᆞᄂᆞᆫ ᄭᅡ치 몃 마리가 모든 ᄭᅡ치를 ᄃᆡ표ᄒᆞ야 ᄉᆞᆯᄀᆡ와 계약을 ᄆᆡ져 쥰 후로 ᄉᆞᆯᄀᆡ가 그 ᄭᅡ치집에 와셔 ᄭᅡ치의 셰간 살님을을[505] 모다 춍찰ᄒᆞᄂᆞᆫᄃᆡ ᄭᅡ치의 밥 먹고 잠자ᄂᆞᆫ 것과 가고 오ᄂᆞᆫ 것과 울고 즘잠ᄒᆞᄂᆞᆫ 것을 ᄒᆞᆫ 가지도 ᄌᆞ유로 ᄒᆞ지 못ᄒᆞ게 ᄒᆞ니 여러 삿기 ᄭᅡ치들이 어룬 ᄭᅡ치를 원망ᄒᆞ야 혹쟈ᄂᆞᆫ 슈리의 힘을 빌어 ᄉᆞᆯᄀᆡ를 ᄂᆡ여 ᄶᅩᆺ자 ᄒᆞ며 혹쟈ᄂᆞᆫ ᄆᆡ의게 의뢰ᄒᆞ자 ᄒᆞ야 의론이 분분ᄒᆞᆫ지라 기즁에 한 쇼년 ᄭᅡ치가 팔둑을 ᄲᆞᆸᄂᆡ며 여러 ᄭᅡ치를 ᄃᆡᄒᆞ야 연셜ᄒᆞ야 ᄀᆞᆯ아ᄃᆡ

여보 여러분 우리의 ᄃᆡ표된 쟈가 집을 잘 다ᄉᆞ리지 못ᄒᆞ야 우리의 죠상이 바ᄅᆞᆷ과 비를 무릅쓰고 쳔신만고ᄒᆞ야 지은 집을 일죠에 남을 ᄂᆡ여 쥬게 되얏스니 지극히 원통ᄒᆞᆫ 일이나 그러나 만일 슈리나 ᄆᆡ의 힘을 빌어 ᄉᆞᆯᄀᆡ를 ᄂᆡ여 몰면 ᄉᆞᆯᄀᆡᄂᆞᆫ ᄶᅩᆺ겨 나아ᄀᆞᆯᄂᆞᆫ지 몰으되 그 슈리나 ᄆᆡ가 ᄯᅩ 와셔 집을 춍출ᄒᆞᆯ 디경이면 ᄉᆞᆯᄀᆡ보담 십 ᄇᆡ나 ᄇᆡᆨ ᄇᆡ가 심ᄒᆞᆯ지니 우리ᄂᆞᆫ 남의 덕 볼 ᄉᆡᆼ각은 말고 우리 힘과 우리 지식을 길너셔 우리가 스ᄉᆞ로 맛하 다ᄉᆞ리게 합시다

ᄒᆞ니 여러 ᄭᅡ치가 일시에 응죵ᄒᆞᄂᆞᆫ 지라 ᄉᆞᆯᄀᆡ가 그 모양을 보고 괘씸히 녁여 호령ᄒᆞ되 ᄂᆡ가 지금 너의 일을 모다 보숣혀 쥬ᄂᆞᆫ 터인즉 너의가 나를 고맙게 알 것이어ᄂᆞᆯ 그러치 안코 너의가 이갓치 만히 모여셔 부잘업시 지져귀니 너의 죄ᄂᆞᆫ 맛당히 즁률을 쓸 것이로ᄃᆡ 십분 용셔ᄒᆞ노니 너의ᄂᆞᆫ 각각 물너가 먹을 것이나 만히 버러 오라 ᄒᆞ거ᄂᆞᆯ 여러 ᄭᅡ치가 ᄉᆞᆯᄀᆡ의 위엄을 두려워ᄒᆞ야 감히 한 말도 ᄃᆡ답지 못ᄒᆞ고 ᄉᆞ면으로 날나가ᄂᆞᆫ지라 로구ㅣ 이 광경을 보고 ᄉᆡᆼ각ᄒᆞᆫ즉 이 셰상의 경위라 시비라 ᄒᆞᄂᆞᆫ 것은 강ᄒᆞᆫ 쟈의게만 잇고 약ᄒᆞᆫ 쟈의게ᄂᆞᆫ 업ᄂᆞᆫ 것이니 우리 대한 ᄇᆡᆨ셩도 ᄌᆞ유를 엇고져 ᄒᆞ거든 밤낫으로 실력(實力)을 길으ᄂᆞᆫ 것이 가ᄒᆞ다 ᄒᆞ노라

505 원문 표기 그대로 옮김. '을'의 중복 표기.

305 1908년 7월 11일(토) 제2732호 긔셔

보통 지식을 발달홈은 신문에 지나는 것이 업슴 / 평북 텰산읍 졍룡일

슯흐다 국亽의 간우홈과 시국의 소요홈이 자못 아참 져녁을 보젼키 어려운지라 불상한 우리 동포가 젼무후무한 참혹한 화를 당ᄒᆞ야 동서로 류리표박ᄒᆞ거늘 오히려 놉흔 관에 넓은 씌로 무릅 꿀고 안져셔 다른 사룸의 ᄒᆞ는 일은 오랑키의 도ㅣ라 ᄒᆞ고 나만 호올로 군ᄌᆞ인 톄ᄒᆞ야 나는 찰알히 죽을지언뎡 엇지 셩인의 도를 버리고 오랑키의 법을 쓰리오 ᄒᆞ며 ᄯᅢ의 변홈과 일의 밧고임을 도모지 ᄭᆡ닷지 못ᄒᆞ고 감히 완고로ᄡᅥ ᄌᆞ쳐ᄒᆞ는 쟈ㅣ 열에 여ᄃᆞᆲ 아홉이 넘으니 슯흐다 이갓이 쉼쑤는 무리로 더부러 오날늘 세계 경징ᄒᆞ는 마당에 나아가고져 ᄒᆞ니 이는 삼복셩셔에 여러 겹의 갓옷을 닙으며 태산쥰령에 큰 빅를 끌고져 홈과 다름이 업도다 이졔 그 소이연을 궁구홀진된 ᄌᆞ고로 우리나라 일반 남녀의 보통 지식이 발달치 못ᄒᆞ야 우연히 한 춍명한 인물이 나셔 나라에 죠고마한 공이 잇스면 이는 하늘이 닉인 별인물인 쥴 알고 우리 빅셩은 몽상에도 밋지 못홀 바ㅣ라 ᄒᆞ야 부러워홀 ᄯᆞ름이오 한 가지도 모방홀 싱각은 업셧슨즉 무엇으로ᄡᅥ 압흐로 나아감을 엇엇스리오 그러나 이왕의 잘못홈은 후회ᄒᆞ야도 밋지 못홀지라 의론홀 여디가 업거니와 쟝릭의 일을 엇지ᄒᆞ여야 우리의 보통 지식을 발달ᄒᆞ야 ᄡᅥ 나라를 붓들며 동포를 건지리오 그 도가 두 가지 잇스니 쳣진는 골아딕 연셜이나 말 잘ᄒᆞ는 션비가 지극한 경셩과 쓰거온 눈물로ᄡᅥ 사룸의 졍신을 ᄭᆡ오며 ᄉᆞ상을 감발ᄒᆞ야 어졔의 그른 바를 ᄭᆡ닷고 오날의 올음을 힝케ᄒᆞ면 그 효력이 글 닑는 것보담 우승ᄒᆞ도다 그러나 이 효험이 젼국에 넓히 밋치게 ᄒᆞ라면 각도 극군 방방곡곡에 슈쳔 명의 변ᄉᆞ가 잇셔야 ᄒᆞ리니 능히 힝치 묷홀 바이오

둘지는 신문이라 공평정직한 필법으로ᄡᅥ[506] 여론을 딕표ᄒᆞ야 정부법에 권고도 ᄒᆞ며 동포를 지도도 ᄒᆞ야 그 텬직(天職)을 다ᄒᆞ고져 홀 식 세 치 되는 무지

1908년 7월

러진 털과 일곱 치 되는 말은 ᄃᆡ로 대셩질호(大聲疾呼)ᄒᆞ야 오작 국혼(國魂)을 불으며 민권(民權)을 쥬챵ᄒᆞ야 무릇 동포의 복음(福音)은 츄호만치 젹은 것이라도 ᄂᆡ여 버리지 안으며 국가의 모젹(蟊賊)[507]은 크고 작은 것이 한아도 도망치 못ᄒᆞ나니 대뎌 신문은 곳 오날놀의 츈츄라 홀지로다 연고로 나라의 문명과 야미ᄂᆞᆫ 신문의 셩쇠로ᄡᅥ 표쥰을 삼ᄂᆞᆫ지라 엇지ᄒᆞ야 그러뇨 ᄒᆞ면 신문은 보통지식을 발달ᄒᆞᄂᆞᆫ 쳡경이라 ᄒᆞ노라 그런즉 신문의 국가에 ᄃᆡᄒᆞᆫ 텬직이 즁ᄒᆞ고 ᄯᅩ 크며 인민의 신문에 ᄃᆡᄒᆞᆫ 의무가 가쟝 무겁도다 우리나라의 신문 ᄉᆞ업이 령셩ᄒᆞ야 오작 황셩과 뎨국 량 신문이 잇셔 일홈과 실상이 구비ᄒᆞᆫ지라 그러나 황셩은 한문을 셕거 썻슴으로 보통 남녀ᄂᆞᆫ 보지 못ᄒᆞ고 오족 한문에 숙공이 잇ᄂᆞᆫ 쟈ㅣ라야 가히 보고 ᄭᆡ다를지니 젼국 가온ᄃᆡ 보는 쟈ㅣ 몃 사름이나 되리오 (미완)

306 1908년 7월 12일(일) 제2733호 긔셔

보통 지식을 발달홈은 신문에 지나ᄂᆞᆫ 것이 업슴 (속) / 평북 텰산읍 졍룡일

슌연ᄒᆞᆫ 우리나라 말로ᄡᅥ 보기 쉽고 알기 어렵지 안케 긔록ᄒᆞ야 우부우부(愚夫愚婦)와 어린아히들ᄭᆞ지가 보지ᄂᆞᆫ 못홀지라도 듯기만 ᄒᆞ면 알게 ᄒᆞᆫ 연후에야 가히 ᄡᅥ 보통 지식을 긔발홀지니 이와 갓흔 긔관이 되야 스ᄉᆞ로 젼국 동포를 경셩코져 ᄒᆞᄂᆞᆫ 칙임을 담부ᄒᆞᆫ 쟈ᄂᆞᆫ 다만 뎨국신문이 잇슬 ᄯᆞ름이로다

이갓치 큰 직칙과 무거은 소임을 가진 뎨국신문이 확쟝되지 못ᄒᆞ면 우리의

506 조사 '~로써'의 오기인 듯함.

507 모적(蟊賊): 벼의 뿌리를 갉아먹는 벌레를 모(蟊), 줄기를 갉아먹는 것을 적(賊)이라 함. 곧 백성의 재물을 빼앗아 먹는 탐관오리를 비유한 말.

귀와 눈이 어두어지리니 엇지 깁히 싱각홀 바이 안이리오 연고로 본군에셔는 셔리군슈 유진철 씨와 군 쥬ㅅ 정ㅅ학 씨와 신ㅅ 김영틱 리형국 김윤근 림병곤 정귀하 등 졔씨가 여러 ㅊ례 협의흔 결과로 의견이 일치ᄒᆞ야 항상 뎨국신문의 확쟝ᄒᆞ기를 힘쓰더니 다힝히 수월 젼부터 각 동리에 간측히 효유ᄒᆞ야 각각 동리 즁에셔 뎨국신문을 구람케 홀 시 기즁에 학문 잇는 쟈 ᄒᆞᆫ 사름을 신문 강셜위원으로 뎡ᄒᆞ고 날마다 밤이면 동즁 남녀로 유가흔 집에 모여셔 강셜위원의 셜명홈을 들으며 혹 글ᄌᆞ를 아는 쟈는 스ᄉᆞ로 보기를 허ᄒᆞ니 본군 각면 각동에 분젼ᄒᆞ는 신문 슈효가 이빅여 장에 달흔지라 본군으로 쵸ᄎᆞ 시작ᄒᆞ야 젼국이 다 이갓치 ᄒᆞ야 남녀로쇼를 물론ᄒᆞ고 신문을 보거나 듯거나 ᄒᆞ지 안는 쟈ㅣ 업스면 보통 지식이 ᄌᆞ연히 발달ᄒᆞ야 일신과 일가와 일국을 ᄎᆞ뎨로 붓들게 되리니 슯흐다 우리 동포여 싱각홀지어다

긔쟈ㅣ 골아딕 본샤의 정형은 진실로 아참져녁을 보젼키 어려오며 부득이흔 ᄉᆞ경이 잇스면 몃 ᄂᆞᆯ 동안식 뎡간ᄒᆞ얏다가 당힝히 쯧인는 션비의 도움을 엇어 간신히 목젼의 급흔 불을 끄고 계속 간힝ᄒᆞ나 그러나 젼도를 싱각ᄒᆞ면 허다흔 셰월에 엇지 지팅홀는지 정신이 아득ᄒᆞ야 구구흔 정셩을 장황히 셜명ᄒᆞ되 젼국 동포 즁에 동정을 표ᄒᆞ야 쥬는 쟈ㅣ 업더니 이졔 정룡일 씨의 긔셔 젼문을 밧들어 닑은즉 흉금이 쇄락ᄒᆞ야 근심되고 슈고로옴을 능히 니져바리겟도다 젼국 남녀 동포 가온딕 본 신문의 본의를 아시는 이가 몃 사름이 잇스면 본 긔쟈ㅣ 비록 분골쇄신을 홀지라도 직칙과 의무를 다ᄒᆞ야 뻐 동포의 사랑ᄒᆞ시는 바를 만분지 일이나 갑고져 ᄒᆞ오되 사름의 마음과 정셩으로 되지 안는 것은 직정이라 함을 며 본 긔쟈갓치 용우흔 인ᄉᆞ로 엇지 직정을 슌환홀 도리가 잇스리오 다만 하늘을 우러러 탄식홀 ᄯᅡ름이로다 셔양 엇던 션비의 말에 쯧이 잇스면 직물이 업고 직물이 잇스면 쯧이 업다 ᄒᆞ얏스나 쯧잇는 쟈는 맛참ᄂᆡ 일을 일운다는 말도 잇스니 이 쯧을 변치 말고 긔어히 본 신문의 확쟝을 긔약ᄒᆞ오니 젼국 ᄂᆡ의 유지ᄒᆞ신 동포들은 일비지력을 도아 본 긔자의 젹은 쯧을 일우게 ᄒᆞ시옵소셔

한문을 슝샹홈은 의뢰심을 양셩홈과 갓홈 / 탄히싱

자고로 우리나라는 글을 슝상ᄒᆞᄂᆞᆫ 나라이라 ᄒᆞ야 젼국사ᄅᆞᆷ이 륙칠 셰로부터 오륙십 셰까지 ᄉᆞ셔삼경과 졔자ᄇᆡᆨ가를 몰슈 통독ᄒᆞ면 소위 학쟈라 하고 소위 거벽이라 ᄒᆞ야 젹병이 셩 아ᄅᆡ 림ᄒᆞ면 한 죠각 죠희 우에 잇ᄂᆞᆫ 공ᄌᆞ ᄆᆡᆼᄌᆞ로 ᄒᆞ여곰 뎍병을 물니친다 ᄒᆞ니 이것은 일은바 덕으로ᄡᅥ 감화케 ᄒᆞ고 의로ᄡᅥ 복죵케 ᄒᆞᆫ다 홈이라 슈쳔 년 젼의 공자 ᄆᆡᆼ자가 무삼 덕과 무삼 의로ᄡᅥ 슈쳔 년 후의 한국을 보호ᄒᆞ리오 이갓치 몽즁셤어[508]로 셰월을 보ᄂᆡ다가 오날ᄂᆞᆯ 젼국을 드러 외인의 쟝악 즁에 도라가게 ᄒᆞ니 이것은 젼혀 한문을 슝상ᄒᆞᆫ ᄭᅡ닭이라 일로ᄡᅥ 의뢰심을 양셩ᄒᆞ야 노슈 속에 잇ᄂᆞᆫ 연구력을 몰슈히 소멸케 ᄒᆞ니 가령 그 일례를 드러 말ᄒᆞ면 송나라 션비 뎡자 쥬자가 사셔슴경과 졔자ᄇᆡᆨ가에 글귀마다 셜명ᄒᆞ고 글자마다 쥬셕ᄒᆞ야 후인의 연구력을 업시홀 ᄲᅮᆫ 안이라 그 습관이 텬셩을 일우어 졍치 법률과 상공농업과 긔계 제죠 등 ᄇᆡᆨ반 사업에 스ᄉᆞ로 연구ᄒᆞ고 스ᄉᆞ로 발명홀 ᄉᆡᆼ각이 업시 다만 타인을 의뢰ᄒᆞ기로 능사을 삼으니 그 원인은 곳 한문이오 한문은 곳 지나의 국문이라 다른 나라의 국문으로ᄡᅥ ᄂᆡ 나라의 문명을 도모코져 ᄒᆞ야 쥬야로 송독ᄒᆞ고 ᄯᅢᄯᅢ로 구가ᄒᆞ니 이ᄂᆞᆫ 지나의 졍신을 송독ᄒᆞ고 지나의 졍신을 구가홈이라 임의 지나의 졍신이 셰상에 날 ᄯᅢ부터 셰상을 하직홀 ᄯᅢ까지 노슈에 한 경골을 일우엇스니 대한이라 ᄒᆞᄂᆞᆫ 나라이 어ᄃᆡ 잇ᄂᆞᆫ 쥴을 알며 임의 대한의 잇ᄂᆞᆫ 쥴을 아지 못ᄒᆞ니 엇지 그 강토를 보젼ᄒᆞ야 다른 사ᄅᆞᆷ의 침탈을 방어홀 쥴 알니오 그런 고로 본 긔쟈ᄂᆞᆫ 한문을 슝상홈은 청국을 의뢰홈과 갓다 ᄒᆞ노니 근ᄅᆡ에 각국 문물이 슈입ᄒᆞᄂᆞᆫ 영향을 좃차 우

508 섬어(譫語): ① 앓는 사람이 정신을 잃고 중얼거리는 말. ② 사리에 닿지 않는 엉뚱한 말을 비유적으로 이르는 말.

리 국민도 졈졈 한국의 잇는 줄을 씨다름은 다름 아니라 우리나라의 국문을 슝샹ᄒᆞ는 까닭이오니 우리의 국문을 슝샹ᄒᆞ야 우리나라의 잇는 쥴을 알엇슨즉 우리 국문은 우리 자유를 낫는 부모라 자금 이후로 더옥 국문을 슝샹ᄒᆞ되 신문 잡지 등도 슌국문으로 발간ᄒᆞᆫ 쟈를 젼혀 구람ᄒᆞ야 이왕의 의뢰심을 한칼로 버혀 버리고 스ᄉᆞ로 실력을 양셩ᄒᆞ야 독립심을 굿건히 ᄒᆞᆯ지어다

308 1908년 7월 15일(수) 제2735호 별보

희망과 실힝

하와이 호노루루에서 발힝ᄒᆞ는 합셩신보에 긔직ᄒᆞᆫ 바 론셜 일 편이 잇는ᄃᆡ 그 문쟝의 웅혼홈과 ᄉᆞ의의 통달홈이 근릭에 희귀ᄒᆞᆫ 고로 좌에 등직ᄒᆞ노라

녯사ᄅᆞᆷ이 일넛스되 물에 림ᄒᆞ야 고기를 부러워ᄒᆞ는 것이 도라가 그물을 ᄆᆡᆺ는 이만 갓지 못ᄒᆞ다 ᄒᆞ얏스니 지극ᄒᆞ다 이 말이여 과연 그물이 업스면 맛참ᄂᆡ 고기를 엇지 못ᄒᆞ는 고로 고기를 부러워ᄒᆞ며 그물을 ᄆᆡᆺ지 안이ᄒᆞ는 쟈는 용렬ᄒᆞᆫ 욕심으로 한갓 부러워ᄒᆞᆯ ᄲᅮᆫ이니 무삼 유익홈이 잇스리오 이졔 국권 흥복에 노력ᄒᆞᆯ ᄯᅢ를 당ᄒᆞ야 나라를 사랑ᄒᆞᆯ 쥴 아는 쟈는 그 목뎍을 원치 안는 쟈ㅣ 업스나 그러나 만일 그 몸이 위틱ᄒᆞᆫ 가온ᄃᆡ 쳐ᄒᆞ야는 곳 물너가며 다시 갓가히 안이ᄒᆞ니 이것이 고기만 부러워ᄒᆞ는 쟈로 더부러 무엇이 다르리오 간절히 ᄉᆡᆼ각건ᄃᆡ 고기를 부러워ᄒᆞ며 그물을 ᄆᆡᆺ지 안이ᄒᆞ는 쟈는 유익홈은 엇지 못ᄒᆞᆯ지라도 결단코 손히는 업스려니와 뎌 국권을 흥복ᄒᆞ난 경영은 그 원인이 국가 멸망으로 좃차 발ᄉᆡᆼ홈이니 위박ᄒᆞᆫ 졍세가 ᄯᅩᄒᆞᆫ 말지 못ᄒᆞᆯ 일이나 화복의 득실이 호발에 관계ᄒᆞ야 능히 구원ᄒᆞᆫ즉 망국의 슈흠을 밧지 안이ᄒᆞᆯ지ᄋᆞ 그럿치 안이ᄒᆞ면 별종의 화가 ᄯᅡ라 니를지니 일노 인ᄒᆞ야 그물을 ᄆᆡᆺ지 안이ᄒᆞᆫ 자로 더부러 특이ᄒᆞᆫ 분별이 잇도다 ᄃᆡ기 인종 경ᄌᆡᆼ의 공례가 나간즉 쥬인이 되고 물너간즉

노례가 되나니 고금영웅이 이 사이에 쳐ᄒᆞ야 흘닌 피가 얼마나 되며 지은 죄가 얼마나 되나뇨 텬지를 경동ᄒᆞᄂᆞᆫ 슈단이 쳔만 가지로 경영ᄒᆞ여도 그 목뎍은 오작 힝복을 구ᄒᆞᄂᆞᆫ ᄃᆡ 잇스며 그 결과ᄂᆞᆫ 다만 그 화익을 바리ᄂᆞᆫ ᄃᆡ 긋칠 ᄲᅮᆫ인즉 희망이 간절한 자ᄂᆞᆫ 그 함락한 디위가 반ᄃᆞ시 고로온 디경이라 ᄒᆞ로날이라도 희망이 목뎍을 달ᄒᆞ지 못ᄒᆞ면 ᄒᆞ로ᄂᆞᆯ이라도 고경을 버셔나지 못ᄒᆞ야 고경이 깁흘사록 희망이 더옥 간졀ᄒᆞᆯ지나 고경에셔 두류ᄒᆞ야ᄂᆞᆫ 맛참ᄂᆡ 그 마암에 ᄉᆡᆨ인 목뎍을 달ᄒᆞ지 못ᄒᆞᆯ지니 엇지ᄒᆞ야 그러ᄒᆞ뇨 이ᄂᆞᆫ 류련ᄒᆞᆫ ᄯᅳᆺ이 고기를 부러워ᄒᆞᄂᆞᆫ 쟈와 갓치 한갓 희망이 깁흐며 일즉이 실힝은 업ᄂᆞᆫ 연고ㅣ라 분명히 참혹ᄒᆞᆫ 디위를 알고 오히려 복락을 구ᄒᆞ지 안이ᄒᆞᆷ이 쥰연 무지ᄒᆞᆫ 동물에 지닐 것이 업스리니 오호라 인류로 ᄉᆡᆼ겨나셔 당당ᄒᆞᆫ 자강의 능력이 업ᄂᆞᆫ 쟈ᄂᆞᆫ 자유도 찻기를 원치 안ᄂᆞᆫ 특셩이 잇ᄂᆞᆫ 쥴을 확연히 알지로다 오늘 셰계ᄂᆞᆫ ᄉᆡᆼ존경ᄌᆡᆼ의 셰계라 능히 경ᄌᆡᆼᄒᆞᄂᆞᆫ 쟈ᄂᆞᆫ 비로소 ᄉᆡᆼ존의 긔망이 잇스며 졈졈 ᄉᆡᆼ존의 권리가 완젼ᄒᆞᆫ 쟈ᄂᆞᆫ ᄯᅩ한 그 자유를 힝ᄒᆞᆯ지니 열강의 ᄑᆡᆼ창ᄒᆞᆫ 셰력을 헤치며 멍에를 아울너 텬하에 달님이 엇지 용이ᄒᆞ리오 이에 한 사ᄅᆞᆷ이 잇셔 완보로 평디에 힝ᄒᆞ다가 홀연히 좁은 길을 당ᄒᆞ야 뒤에 오난 사ᄅᆞᆷ이 벌갓치 니르면 발연히 힘을 ᄯᅥᆯ치며 엇기를 소사 몬져 츙돌ᄒᆞᄂᆞᆫ 것은 자유의 작용이라 (미완)

309 1908년 7월 16일(목) 제2736호 별보

희망과 실힝 (속)

이를 ᄭᆡ닷지 못ᄒᆞ야 눈을 감고 망연히 서셔 하늘을 우러러 긔도ᄒᆞ여 왈 원컨ᄃᆡ 즁인으로 ᄒᆞ야곰 밀치지 말게 하소셔 ᄒᆞ면 그 희망은 졍히 간졀ᄒᆞ려니와 그 몸은 임의 뎐픽ᄒᆞᆫ지라 여러 사ᄅᆞᆷ이 길을 닷톨 ᄯᅢ에 과연 자유력을 힝ᄒᆞ야 돌연히 나가면 반다시 뎐픽ᄒᆞᆷ이 업슬지어ᄂᆞᆯ 뎌 뎐픽ᄒᆞᆫ 쟈를 볼진ᄃᆡ 자유의 힘을 알고도 오히려 힝치 안이ᄒᆞ니 이런 고로 능히 그 희망을 인ᄒᆞ야 곳 자유를 힝ᄒᆞᆫ 연후에야 가히 ᄑᆡ망ᄒᆞᆯ 근심이 업슬지오 한갓 희망이 잇는 쟈는 ᄇᆡᆨ 번 ᄑᆡ망ᄒᆞ여도 오히려 긋칠 ᄯᅢ가 업스리니 희망의 족히 밋지 못ᄒᆞᆯ 것이 이갓치 두렵도다 뎌 십구셰긔 이후에 구미 쳘학쟈들이 ᄯᅩᄒᆞᆫ 닐넛스되 실힝이 업는 리상(理想)은 츄호도 가치가 업다 ᄒᆞ엿스니 이는 ᄒᆞᆫ갓 희망이 잇는 쟈를 긔록ᄒᆞᆷ이라 감히 바라건ᄃᆡ 동포는 들을지어다 공의 무리는 몬져 스승이 될지니 쳥컨ᄃᆡ 소상히 긔억ᄒᆞ야 오는 쟈를 ᄀᆡ우칠지오 공의 무리는 장차 실업가이 될지니 쳥컨ᄃᆡ 근검히 홍식ᄒᆞ야 군용을 졀제ᄒᆞᆯ지오 공의 무리는 맛참ᄂᆡ 군인이 될지니 쳥컨ᄃᆡ 긔를 두루며 칼을 ᄲᆡ여 도적을 베일지오 공의 무리는 본ᄃᆡ 형셰가 단약ᄒᆞ리니 쳥컨ᄃᆡ 막ᄃᆡ라도 들고 힘을 ᄯᅥᆯ치며 닷토아 나갈지어다 부모 고국에 도라갈 곳이 업는 우리 동포여 이갓ᄒᆞᆫ 공례를 아는가 몰으는가 오날날 이십셰긔에 능히 ᄉᆞ업을 일우는 쟈는 희망이 업슴을 근심치 안이ᄒᆞ고 희망을 실힝치 못ᄒᆞᆯ가 두려워ᄒᆞ나니 일우지 못ᄒᆞ는 희망은 과연 실힝의 빗치 안이로다 ᄂᆡ 일즉이 들으니 즁ᄃᆡᄒᆞᆫ 병은 의원이 가히 치료ᄒᆞᆯ지라도 약을 쓰지 안이ᄒᆞ면 위ᄐᆡᄒᆞ다 ᄒᆞ엿거니와 의원 리치만 엇지 홀노 이갓흐리오 국민의 형셰도 ᄯᅩᄒᆞᆫ 이러ᄒᆞ야 쇠약ᄒᆞᆫ 나라를 인민이 가히 흥복ᄒᆞᆯ지라도 실상으로 힝치 안이ᄒᆞ면 곳 뎐복ᄒᆞ리니 이를 엇지 참아 말ᄒᆞ리오 망국의 착통을 품은 지 임의 십여 년이라 한 번 실ᄑᆡᄒᆞᆫ 후에 얼마나 희망ᄒᆞ얏스며 얼마나 실힝ᄒᆞ엿나뇨 우리 이쳔만 민족의 고심혈셩이 희망과 실힝을 ᄭᆡ닷지 못ᄒᆞᆷ이 안이언만은 뎌 속박에 눌녀 능히 의용을 활동치 못ᄒᆞ니 나의 슯흠이 다만 희망의 사상이 깁흔 자에게 잇도다 이졔 이갓ᄒᆞᆫ 무리를 ᄉᆞ지져 왈 실힝치 안는 쟈는 금슈라 ᄒᆞ며 실힝치 안는 쟈는 로예라 ᄒᆞ면 오죽 혐의와 원망을 ᄆᆡ즈리니 오호라 아모리 ᄆᆡᆼ분의 용략과 골소사이 의긔가 잇슬지나 효리의 ᄋᆡ심이 깁혀 자조 도라보며 경공ᄒᆞᆫ 마암이 윤균ᄒᆞᆫ 긔혈을 막을진ᄃᆡ 다시 더부러 통칙ᄒᆞᆯ 것이 업나니 멀니 반도를 바라며 셰 번 탄식ᄒᆞᆷ을 마지 안이ᄒᆞ노라 (완)

공인(公人)과 ᄉᆞ인(私人)의 구별 / 탄히싱

대뎌 사ᄅᆞᆷ의 사이에 허다ᄒᆞᆫ 계급과 명목이 잇스나 크게 구별ᄒᆞ면 공인과 ᄉᆞ인 두 가지라 그러나 우리나라 사ᄅᆞᆷ은 공인과 ᄉᆞ인의 구별을 아지 못ᄒᆞ고 ᄉᆞ인의 ᄌᆞ격으로ᄡᅥ 공인의 일을 ᄒᆡᆼᄒᆞᄂᆞᆫ 쟈도 잇고 공인의 ᄌᆞ격으로ᄡᅥ ᄉᆞ인의 일을 ᄒᆡᆼᄒᆞᄂᆞᆫ 쟈도 잇ᄂᆞᆫ 고로 우의로 졍치가 문란ᄒᆞ고 아릭로 풍속이 퇴픽ᄒᆞ야 국가와 인민이 오날늘 이 디경에 ᄲᅡ졋도다 그런즉 우리 관민 상하가 한마ᄋᆞᆷ 한ᄯᅳᆺ으로 녯 버릇을 버리고 식 졍신을 가져 잠시도 쉬지 말고 압흐로 나아갈지라도 오히려 몬져 나아간 사ᄅᆞᆷ을 ᄯᅡ르기 어려올 것이어늘 현금 국민의 졍형을 도라보건ᄃᆡ 아즉도 공인과 ᄉᆞ인의 구별을 아지 못ᄒᆞ야 분슈에 당치 안은 일을 ᄒᆡᆼᄒᆞᄂᆞᆫ 쟈와 직칙 밧게 일을 ᄒᆡᆼᄒᆞᄂᆞᆫ 쟈ㅣ 무슈ᄒᆞ니 진실로 한탄ᄒᆞᆯ 바이로다 무릇 공인이라 ᄒᆞᄂᆞᆫ 쟈는 곳 벼살ᄒᆞᄂᆞᆫ 사ᄅᆞᆷ을 가라침이라 사ᄅᆞᆷ의 몸이 일기 한산ᄒᆞᆫ 사ᄅᆞᆷ으로 잇슬 ᄯᅢᄂᆞᆫ 법률 범위만 버서져 나가지 안으면 그 언론과 그 ᄒᆡᆼ동에 ᄌᆞ유를 보젼ᄒᆞ야 닉 마ᄋᆞᆷ과 닉 ᄯᅳᆺᄃᆡ로 ᄒᆡᆼᄒᆞᆯ지라도 한번 벼살을 ᄒᆞ야 몸에 직칙이 잇스면 그 몸은 ᄌᆞ긔의 몸이 안이라 쳣ᄌᆡᄂᆞᆫ 그 몸을 우리

대황뎨폐하씌 밧치고 둘ᄌᆡᄂᆞᆫ 그 뭄[509]을 일반 국민의게 밧쳣나니 몸을 국민의게 허락ᄒᆞᆫ 이후ᄂᆞᆫ 나의 가속과 친쳑과 붕우라도 일반 국민으로 볼 것이 나의 원슈와 나를 반ᄃᆡᄒᆞᄂᆞᆫ 쟈이라도 일반 국민으로 보아 편벽도히 사랑ᄒᆞᆷ과 편벽도히 뮈워ᄒᆞᆷ이 불가ᄒᆞᆫ지라 그러나 우리나라의 당로쟈들은 공인과 ᄉᆞ인의 구별을 젼연히 몰으고 일향 ᄉᆞ인의 ᄒᆡᆼ동이 잇스니 엇지 ᄡᅥ 시졍 기션의 실효를 엇으리오 이제 한두 가지의 젼례를 들어 말ᄒᆞᆯ진ᄃᆡ 한 번 졍부에 들어가 권셰를 잡으면 사ᄅᆞᆷ 쓰ᄂᆞᆫ 길에 온젼히 ᄉᆞ졍을 ᄡᅧ셔 닉 일가와 닉 곁에 와 닉 당파와 닉

509 '몸'의 오기.

식구가 안이면 쎽여 쓰지 안으니 이것이 공인으로뻐 ᄉᆞ인의 일을 힝ᄒᆞ는 바이오 또 본 긔쟈의 목견ᄒᆞᆫ 바로뻐 의론ᄒᆞᆯ지라도 엇더ᄒᆞᆫ 고등관이 엇던 ᄉᆞ인의 청촉을 들엇던지 각 디방 군슈에게 딕ᄒᆞ야 무삼 칙을 잘 파라 주라 편지ᄒᆞ니 이는 공인으로뻐 ᄉᆞ인의 일을 힝ᄒᆞᆯ 쁜 안이라 직칙을 일흠이 심ᄒᆞ도다 몸이 디방관을 통솔ᄒᆞ는 디위에 안져셔 디방 인민의 안녕 질셔를 보젼ᄒᆞ는 딕 결을이 업슬지어늘 언의 결을에 일기 칙 쟝사의 칙 파는 것을 간셥ᄒᆞ야 빅셩으로 ᄒᆞ야곰 칙을 사 보아라 말아라 ᄒᆞ리오 이런 일을 한번 힝ᄒᆞ면 그 통솔 아릭 잇는 디방관이 그 쟝관을 가븨엽게 보아 그 명령이 잘 힝ᄒᆞ지 못ᄒᆞ나니 다만 ᄌᆞ긔의 공인된 ᄌᆞ격이 업셔지는 딕 그치지 안코 그 위신이 짜에 써러지거늘 엇지 슯히지 안나뇨 이밧게도 그와 갓흔 일이 허다ᄒᆞ야 익의여 셰일 슈 업는지라 이 시딕에 쳐ᄒᆞ야 이런 일들을 힝ᄒᆞ고 국고금을 허비ᄒᆞ는 쟈ㅣ 만키로 기탄홈을 견딕지 못ᄒᆞ야 두어 마딕 당직ᄒᆞᆫ 말로뻐 경고ᄒᆞ노니 바라건딕 우리 정부의 당로쟈는 폐일언ᄒᆞ고 몸이 벼살에 거ᄒᆞ거던 이젼에 뮈워ᄒᆞ던 사름이라도 뮈워ᄒᆞ지 못ᄒᆞ며 사랑ᄒᆞ던 사름이라도 사랑ᄒᆞ지 못ᄒᆞᆯ 쥴로 안 연후에야 비로소 공인과 ᄉᆞ인의 구별이 싱겨셔 정치가 유신ᄒᆞ고 풍속이 션량ᄒᆞ리라 ᄒᆞ노라

311 1908년 7월 18일(토) 제2738호 론셜

직권을 람용ᄒᆞ는 폐히 / 탄히싱

우리나라의 오늘늘 이갓치 쇠망ᄒᆞᆫ 원인을 궁구ᄒᆞ건딕 여러 가지가 잇스나 그러나 기즁에 가장 큰 쟈는 직권을 람용홈이라 ᄒᆞ노라 대뎌 정부의 관리가 되여 그 직권 안에 잇는 일을 다 힝치 못ᄒᆞ면 이는 실직(失職) 혹 익직(溺職)이라 칭ᄒᆞ나니 실직이나 익직ᄒᆞ는 쟈는 그 학식과 능력이 부족ᄒᆞᆫ 연고ㅣ라 맛당히 닉치고 다른 인지를 등용ᄒᆞᆯ 여디가 잇거니와 직권을 람용ᄒᆞ거나 월권ᄒᆞ는 쟈

에 일으러는 그 죄벌을 의론ᄒᆞ야 ᄂᆡ칠지라도 그 폐히가 후셰에ᄭᅡ지 흘너가 맛참ᄂᆡ 국가와 인민을 보젼치 못ᄒᆞ게 ᄒᆞ나니 엇지 무셥고 두렵지 안으리오 ᄉᆡᆼ각ᄒᆞ야 볼지어다 우리나라의 몃ᄇᆡᆨ 년 이ᄅᆡ의 졍치는 실직 익직 직권 람용 월권 등 가진 악습이 구비ᄒᆞ야 졍치라 ᄒᆞ는 물건이 속담에 일은바 망둥이 바군이가 되여 오다가 그 결과로 인민이 도탄에 ᄲᅡ지고 국가가 쇠망홈에 일은지라 이에 우리

대황뎨폐하ᄭᅴ압셔

ᄐᆡ황뎨폐하의 션젼(禪傳)ᄒᆞ심을 밧ᄌᆞ와

보위에 올으신 후 ᄂᆡ각 대신으로 ᄒᆞ야곰 ᄎᆡᆨ임ᄂᆡ각을 조직케 ᄒᆞ샤 ᄇᆡᆨ도를 ᄀᆡ혁케 ᄒᆞ압시니 ᄂᆡ각 대신의 직ᄎᆡᆨ이 즁ᄒᆞ고 ᄯᅩ 크도다 ᄆᆞᆺ당히 우의로

셩텬ᄌᆞ의 ᄯᅳᆺ을 밧들고 아ᄅᆡ로 ᄇᆡᆨ집ᄉᆞ를 동독ᄒᆞ야 유신졍치를 ᄒᆡᆼ홀 것이어날 오히려 ᄇᆡᆨ집ᄉᆞ 가온ᄃᆡ 실직 익직은 샹의 물론ᄒᆞ고 직권을 람용ᄒᆞ며 혹 월권ᄒᆞ는 쟈ㅣ 업지 안이ᄒᆞ니 ᄂᆡ각 졔공이 엇지 ᄲᅧ ᄎᆡᆨ임을 온젼히 ᄒᆞ야 우의로 셩의를 보답ᄒᆞ며 아ᄅᆡ로 민망을 흡족케 ᄒᆞ리오 근일ᄉᆞ로 ᄒᆞᆫ 젼례를 말홀진ᄃᆡ 평안북도 룡쳔부윤 유진쳘 씨가 운현궁 소유 뎐토의 증명셔를 ᄂᆡ여 쥰 일에 ᄃᆡᄒᆞ야 ᄂᆡ부 관리가 유진쳘 씨를 쵸치ᄒᆞ야 무슈히 론박ᄒᆞ고 잘못 증명ᄒᆞ얏다는 증거셔를 밧고 그 ᄉᆞ실이 각 신문에 게ᄌᆡ됨의 유진쳘 씨가 ᄯᅩᄒᆞᆫ 변명셔를 보ᄂᆡ여 졍오홈을 쳥ᄒᆞ얏스니 이는 ᄂᆡ부 관리와 밋 유부윤이 ᄒᆞᆫ가지로 실직 익직 직권 람용 월권 등의 ᄎᆡᆨ망을 면치 못ᄒᆞ리로다 셜ᄉᆞ 유부윤으로 ᄒᆞ야곰 잘못 증명ᄒᆞ얏스면 ᄂᆡ부는 디방관을 통솔ᄒᆞ는 직권이 잇슨즉 견ᄎᆡᆨ홈도 가ᄒᆞ고 면관홈도 가ᄒᆞ고 법부로 이죠ᄒᆞ야 론죄홈도 가ᄒᆞ거니와 유부윤을 불너다 노코 증거셔를 밧으니 이는 ᄂᆡ부 관리가 ᄌᆡ판관의 일을 ᄒᆡᆼ홈이오 ᄯᅩ 유부윤으로 말ᄒᆞ면 당쵸에 ᄌᆞᄀᆡ가 몸소 답험ᄒᆞ고 면쟝 동쟝의 보고가 ᄌᆞ직홈은 고샤물론ᄒᆞ고 ᄂᆡ각 춍리대신의 인증이 잇고 겸ᄒᆞ야 뎨실 ᄌᆡ산 졍리국의 이쳡이 잇셔셔 증명셔를 ᄂᆡ여 쥬엇스면 어ᄃᆡᄭᅡ지던지 그 직권을 쥬쟝홀 것이어날 상부 관리의 론박을

두려워ᄒᆞ야 오증(誤證)ᄒᆞ얏노라 ᄒᆞᄂᆞᆫ 증거셔를 ᄲᅧ셔 밧치고 지금이야 신문상의 경오를 쳥ᄒᆞ니 이는 어린 아ᄒᆡ의 희롱과 갓도다 슯흐다 우리 ᄂᆡ각 졔공이여 졔공이 아모리 로심쵸ᄉᆞᄒᆞᆫ들 부하에 이갓흔 관리가 미만ᄒᆞ고셔야 엇지 능히 시졍ᄀᆡ션의 실효를 보리오 바라건ᄃᆡ 졍부 졔공은 샹벌츌쳑을 엄명히 ᄒᆞ야 이갓흔 폐단이 업게 홀지어다[510]

312 1908년 7월 22일(수) 제2741호 론셜

무능ᄒᆞᆫ 관리ᄂᆞᆫ 도틱홈이 가홈 / 탄히싱

근ᄅᆡ 우리나라 벼살단이ᄂᆞᆫ 사ᄅᆞᆷ의 말을 들으면 언필칭 우리야 홀 것 무엇이나 다만 일인 관리의 지휘를 기다릴 ᄯᆞ름이라 ᄒᆞ야 그 셰력 업슴을 한탄ᄒᆞ니 얼ᄂᆞᆫ 듯기에ᄂᆞᆫ 그러홀 ᄯᅳᆺᄒᆞ나 그 ᄂᆡ용을 궁구ᄒᆞ야 슯힌즉 결단코 그러홀 리치가 업도다 몸에 벼살이 잇스면 반닷히 그 직칙이 잇슬지오 그 직칙을 힝코져 ᄒᆞ면 반다시 그 지능과 학식이 필요하니 지능과 학식이 업고셔야 엇지 ᄡᅥ 그 직칙을 다ᄒᆞ리오 연고로 이러ᄒᆞᆫ 무리들은 담ᄇᆡ나 먹으며 잡담이나 ᄒᆞ야 일인 관리의 턱만 치어다보다가 그 샹관이 무엇을 지휘ᄒᆞ면 지휘ᄒᆞᄂᆞᆫ ᄃᆡ로 진션진미케 ᄒᆞ지 못ᄒᆞ고 긔계와 갓치 둘으면 겨오 돌아가고 그치면 가만히 잇슬 ᄲᅮᆫ이니 이런 사ᄅᆞᆷ의게 무엇을 맛겨 힝ᄒᆞ게 ᄒᆞ리오 ᄌᆞ긔의 무능무식ᄒᆞᆫ 것은 ᄉᆡᆼ각지 안코 셰력 업슴을 한탄ᄒᆞ니 본 긔쟈ᄂᆞᆫ 그런 사ᄅᆞᆷ들을 위ᄒᆞ야 탄식홀 ᄲᅮᆫ 안이라 막즁ᄒᆞᆫ 국고금으로ᄡᅥ 쓸ᄃᆡ업시 허비홈을 통곡ᄒᆞ노라 바라건ᄃᆡ 졍부 당국쟈ᄂᆞᆫ 이갓치 무능ᄒᆞᆫ 관리를 일병도틱ᄒᆞ고 신진유위의 션ᄇᆡ를 등용ᄒᆞ야 녯사ᄅᆞᆷ의

510 제2739호(7월 19일자) 논설 미게재. 7월 20일 정기휴간. 제2740호(7월 21일자)는 유실됨.

일은바 죠뎡을 발으게 ᄒᆞ야 ᄡᅥ ᄇᆡᆨ관을 발으게 ᄒᆞ고 ᄇᆡᆨ관을 발으게 ᄒᆞ야 ᄡᅥ 만민을 발으게 ᄒᆞ소셔 만일 그러치 안코 안면이나 당파에 구ᄋᆡᄒᆞ야 무능ᄒᆞᆫ 관리를 가득ᄒᆞ게 두고 국고금만 허비ᄒᆞ면 나라의 졍ᄉᆞ는 발오잡힐 날이 업스리로다 이갓흔 일을 ᄒᆡᆼᄒᆞ랴면 큰 용단과 결심이 잇셔야 ᄒᆞᆯ지니 우리 졍부 당로쟈가 이갓흔 용긔와 결심이 잇슬는지 가쟝 의심될 일이나 일반 국민의 바라는 마음이 이갓기로 두어 마ᄃᆡ 긔록ᄒᆞ야 ᄡᅥ 당로쟈를 경셩ᄒᆞ랴 ᄒᆞ노라

313 1908년 7월 23일(목) 제2742호 론셜

인심을 진졍케 ᄒᆞᆯ 일 / 탄ᄒᆡ싱

오ᄂᆞᆯᄂᆞᆯ 우리나라의 일반 민심을 ᄉᆞᆲ혀보건ᄃᆡ 전국이 물끌틋ᄒᆞ야 오ᄂᆞᆯ 잇고 ᄅᆡ일 잇슴을 아지 못ᄒᆞ며 나 잇고 다른 사ᄅᆞᆷ 잇슴을 ᄉᆡᆼ각지 못ᄒᆞ야 비컨ᄃᆡ 금음밤에 길 가는 사ᄅᆞᆷ이 나모 그림ᄌᆞ나 바위만 보아도 호랑이나 귀신인 줄 알며 바람 소ᄅᆡ나 ᄉᆡ 소ᄅᆡ만 들어도 도적이나 사오나온 즘ᄉᆡᆼ인 쥴 알아셔 촌보도 압흐로 나아가지 못ᄒᆞ고 이리 뎌리로 더듬더듬ᄒᆞ다가 구렁텅이나 ᄀᆡ천에 ᄲᅡ져셔 혹 즁상을 당ᄒᆞ며 혹 ᄉᆡᆼ명을 일허버리는 모양과 갓흔지라 이갓치 지쳑을 분변키 어려온 침침칠야에 동셔남북의 방향을 아지 못ᄒᆞ고 죽을 동 살 동을 몰으는 ᄇᆡᆨ셩을 ᄃᆡᄒᆞ야 엄ᄒᆞᆫ 위력으로ᄡᅥ 호령ᄒᆞᆫ즉 무셔온 마암이 일층 더ᄒᆞ야 엇지 ᄒᆞᆯ 쥴을 몰으며 됴흔 말로ᄡᅥ 달ᄂᆡ인즉 속는 쥴만 알고 밋지 안으니 이 민심을 진졍치 못ᄒᆞ면 법률과 규측으로ᄡᅥ 질셔를 차리고져 ᄒᆞ야도 쓸ᄃᆡ업고 병력이나 경찰권으로ᄡᅥ 위압코져 ᄒᆞ야도 되지 안을지라 그런즉 이 민심을 엇더케 ᄒᆞ여야 가히 ᄡᅥ 위ᄐᆡᄒᆞᆷ을 면ᄒᆞ고 편안ᄒᆞᆷ을 엇게 ᄒᆞ리오 혹쟈ㅣ 말ᄒᆞ되 즁병 든 사ᄅᆞᆷ을 ᄃᆡᄒᆞ야 아모리 약을 쓰며 ᄋᆡ를 쓸지라도 나을 ᄯᆡ가 되여야 낫나니 과연 그ᄃᆡ의 말과 갓치 칠야에 길 가는 사ᄅᆞᆷ 갓흐면 밤이 ᄉᆡ여셔 동텬에셔 ᄐᆡ양이

올나오기를 기다릴 슈밧게 다른 도리는 업다 ᄒᆞ나 틱양이 돗기를 기다리고져 ᄒᆞ면 그 안에 ᄌᆞ상쳔답ᄒᆞ야 사는 쟈ㅣ 업스리니 엇지 손을 묵고 안져셔 히 돗기를 바라리오 인민의 싱명 지산을 보호ᄒᆞ며 안녕 힝복을 도모ᄒᆞᄂᆞᆫ 직칙을 가진 졍부 당로쟈여 홰나 쵸릉의 붉은 불로써 우리의 압길을 인도ᄒᆞ야 우리로 ᄒᆞ야곰 마암을 놋코 의심 업시 단기게 ᄒᆞᆯ지어다[511]

314 1908년 7월 25일(토) 제2744호 론셜

위싱에 쥬의ᄒᆞᆯ 일

츈하츄동을 물론ᄒᆞ고 사ᄅᆞᆷ의 가장 쥬의ᄒᆞᆯ 바ᄂᆞᆫ 위싱이라 고로 문명ᄒᆞᆫ 나라에셔ᄂᆞᆫ 사ᄅᆞᆷ 사ᄅᆞᆷ이 각기 위싱에 쥬의ᄒᆞᆯ ᄲᅮᆫ 안이라 어려셔부터 학교에셔 싱리학을 공부ᄒᆞ야 사ᄅᆞᆷ의 몸이 엇더케 싱겻ᄂᆞᆫ지 엇더케 ᄒᆞ면 강건ᄒᆞᆯᄂᆞᆫ지 엇더케 ᄒᆞ면 병이 될ᄂᆞᆫ지 몰으ᄂᆞᆫ 사ᄅᆞᆷ이 업슴으로 기인의 위싱과 샤회의 위싱과 국가의 위싱이 완젼ᄒᆞ야 기인은 몸 가지기를 ᄭᆡᆺ긋ᄒᆞ게 ᄒᆞ며 음식 먹기를 조심ᄒᆞ고 샤회ᄂᆞᆫ 공동ᄒᆞᆫ 위싱에 힘과 지물을 허비ᄒᆞ야 일반 국민의 안녕을 보죤코져 ᄒᆞ며 국가ᄂᆞᆫ 도로 교량 ᄒᆞ쳔 슈도 등과 기타 허다ᄒᆞᆫ 위싱에 관ᄒᆞᆫ ᄉᆞ업으로 막대ᄒᆞᆫ 국고금을 허비ᄒᆞᄂᆞ니 이ᄂᆞᆫ 국민의게 병이 만흐면 국가 경제에 큰 영향이 잇ᄂᆞᆫ 고이라 그러나 우리나라에ᄂᆞᆫ 고릭로 위싱이란 말도 업다가 근릭에야 비로소 위싱이란 글ᄌᆞᄂᆞᆫ 보되 엇더케 ᄒᆞᄂᆞᆫ 것이 위싱인지 몰으ᄂᆞᆫ ᄶᆞ닭으로 류힝병이 ᄒᆞᆫ 번 싱기면 국가에 막대ᄒᆞᆫ 손히가 싱기ᄂᆞᆫ지라 엇지 두렵고 무셥지 안으리오 함을며 근일은 큰 비 뒤에 습긔가 심ᄒᆞᆫ 즁 더위가 가장 심ᄒᆞ야 조곰 잘못ᄒᆞ면 병이 싱길 ᄶᅵ라 이ᄯᅢ를 당ᄒᆞ야 조심치 안으면 ᄒᆞᆫ 사ᄅᆞᆷ이나 한 집은 고샤 물론

511 제2743호(7월 24일자) 유실됨.

ᄒᆞ고 죵당은 국가에 관계가 되나니 바라건ᄃᆡ 우리 동포는 위싱에 깁히 쥬의ᄒᆞ야 이 사이에 뎨일 흔ᄒᆞ게 먹는 호박 풋고초 외 참외 등속의 신물을 조심ᄒᆞ며 둘지는 먹는 물을 극히 턱ᄒᆞ며 아모조록 링슈로 마시지 말고 쓸여 먹게 ᄒᆞ고 그 다음은 거쳐ᄒᆞ는 집을 ᄭᆡᄭᆞᆺᄒᆞ게 쓸어셔 더러온 물건이 집안에 잇지 안케 ᄒᆞ며 ᄯᅩ 밤에 잠잘 ᄯᅢ에 문을 열어셔 외긔를 들이지 말지어다 이만ᄒᆞᆫ 것은 별로히 힝ᄒᆞ기 어려온 일이 안인즉 각기 쥬의ᄒᆞ야 국가의 힝복을 ᄭᅬᄒᆞ소셔

315 1908년 7월 26일(일) 제2745호 별보

제목 없음 / 무쟝군슈 셔상경(徐相璟)

젼라북도 무쟝군슈 셔상경(徐相璟) 씨가 본 긔쟈의게 글월을 부쳐 셔젹과 신문을 쳥구ᄒᆞ고 겸ᄒᆞ야 본사의 경용이 군졸홈을 근심ᄒᆞ야 십환금(拾圜金)을 긔부ᄒᆞ얏는ᄃᆡ 그 ᄉᆞ의의 간측홈과 쳥년 ᄌᆞ뎨를 교육홈에 열심홈이 족히 모범이 되겟기로 이졔 그 젼문을 등ᄌᆡᄒᆞ야 일반 동포의게 소ᄀᆡᄒᆞ노라

경계쟈 귀 신문 창간이 긔경 십ᄌᆡ에 뎨국 국가의 독립 긔쵸를 공고케 ᄒᆞ며 뎨국 국민의 지식 뎡도를 발달케 ᄒᆞ는 텬하의 대의를 담부ᄒᆞ시니 간간 지셩과 당당 직필이 족히 금셕도 가투오 돈어도 유감ᄒᆞ올지라 병이지셩과 ᄋᆡ국 ᄉᆞ상이 잇는 쟈이야 엇지 흥감 분발ᄒᆞ는 마암이 업스리오 상경의 우ᄆᆡ홈으로도 그 미ᄉᆞ오지는 일일히 히득지 못ᄒᆞ오나 날로 츅호 ᄋᆡ독ᄒᆞ는 마암은 긔쟈의 감식홈과 갈쟈의 감음홈과 갓ᄉᆞ와 일즉이 좌하와 일면지분이 업슴으로 항상 식형지원이 간졀ᄒᆞ온 즁 ᄆᆡ일 보면을 ᄃᆡᄒᆞ야 지우를 졉ᄒᆞ와 붉히 가라치심을 듯ᄌᆞ온듯 구습의 고루홈을 셰쳑ᄒᆞ고 신지의 활발홈을 흡슈ᄒᆞ는 ᄉᆞ상이 유연히 감발홈을 ᄭᆡ닷지 못ᄒᆞ오며 ᄃᆡ긔 국가의 셩쇠는 민지의 명ᄆᆡᄒᆞᆫ ᄃᆡ 잇고 민지의 명ᄆᆡ는 교육 흥폐의 잇나니 현금 국셰의 급업홈과 민지에 우ᄆᆡ홈이 극항에 달ᄒᆞ

야 노례의 비경과 어육의 참화가 박지호흡이오니 엇지 지ᄉᆞ의 통곡틱식홀 비 안이리오 일어바린 국권을 홍복ᄒᆞ고 ᄶᅥ러진 가업을 만회ᄒᆞ랴 ᄒᆞ면 최션 급무가 교육 일ᄉᆞ 외에ᄂᆞᆫ 만무타도오 동셔 렬방을 환고홈애 강약지셰와 문약지별이 다만 교육 여부에 잇슬 ᄲᅮᆫ이오니 우리 뎨국 국민 된 쟈의 일념ᄌᆞᄌᆞᄒᆞ고 슉야동동ᄒᆞ야 부탕도화라도 피치 말고 마졍방죵이라도 ᄉᆞ양치 못홀지라 상경은 직질이 노무ᄒᆞ고 학식이 고루ᄒᆞ야 론인지렬의 비슈치 못ᄒᆞ올지나 외람히 분우지임에 모첨ᄒᆞ야 ᄎᆞ군에 릭이ᄒᆞ온 지 이경 ᄉᆞ 년에 일 졍령과 일 시죠가 미양 분오홈이 만ᄉᆞ와 민싱의 도탄을 징졔가 무술ᄒᆞ고 ᄉᆞ긔의 무미를 긔도가 몰칙ᄒᆞ오니 ᄌᆞ고익직에 쥬야우구ᄒᆞ야 빅한이 쳠의홈을 ᄭᆡ닷지 못ᄒᆞ오며 유아 황상 폐하게압셔 교육의 부진홈을 심우ᄒᆞ사 황황ᄒᆞ신

죠칙이 ᄉᆞ지가 간칙ᄒᆞ압시고 부도훈지가 역부신복ᄒᆞ오시니 근민지직에 직ᄒᆞᆫ 쟈ㅣ 굴력도보ᄒᆞ야 만분지일이나 엇지 딕양치 안이ᄒᆞ리오 구구미침이 격블감긔ᄒᆞᆫ 마음이 업지 못ᄒᆞ야 교육일ᄉᆞ의 념념미히이올더니 다힝히 경닉 유지신ᄉᆞ의 협심찬셩홈을 힘닙어 거년 츈에 일 학교를 군뎌에 셜립ᄒᆞ고 무창(茂昌)이라 명ᄒᆞ야 총쥰ᄌᆞ뎨를 션블ᄒᆞ야 각 과뎡을 교슈홈애 교ᄉᆞ의 열심권도함과 학원의 홍발츄향함이 아직 셩젹의 아름다옴은 족히 일카름즉지 못ᄒᆞ오나 릭두에 작셩지효를 긔망ᄒᆞ더니 (미완)

316 1908년 7월 28일(화) 제2746호 별보

무장군슈 릭함 (젼호속)[512]

불힝히 국보기 디긴ᄒᆞ야 디방의 쇼요가 붕흥홈애 지경이 군졸ᄒᆞ고 하업이

512 제2745호에는 제목 없이 게재되었다가 2746호에는 위의 제목으로 게재됨.

희타ᄒᆞ야 거의 졍폐지경에 일으릿습더니 일반 신ᄉᆞ가 기탄홈을 마지안이ᄒᆞ야 계속 기학ᄒᆞ기를 도모ᄒᆞ야 젼진의 효력을 바라오며 일기 학교로 허다 쳥년의 교육 범위가 극히 협익ᄒᆞ야 다시 읍즁 쳥년의 부로들을 권유ᄒᆞ야 일 학교 창셜홈을 경긔홈애 막불 기연분발ᄒᆞ야 교샤의 위치를 읍뎌에 뎡ᄒᆞ고 유지인ᄉᆞ가 닷토아 의금을 연보ᄒᆞ야 학교의 귀쵸와 경비의 예산을 죠졍ᄒᆞ옴익 교명을 동명(東明)이라 칭ᄒᆞ오니 곳 아동 문명 긔업에 요지를 취홈이오 틱일 기학ᄒᆞ야 보통과로 교슈홈익 학원의 지원 입학쟈ㅣ 오십여 명에 달ᄒᆞ오니 그 깃부고 즐거옴이 측량ᄒᆞ야 비홀 딕 업ᄉᆞ오며 학식의 우믹홈을 불고ᄒᆞ고 교쟝의 임을 담부ᄒᆞ야 일반 교무를 감독ᄒᆞ오니 괴한막심이오며 졔반 교황이 아직 쵸창ᄒᆞ온 즁 가쟝 긴요ᄒᆞ온 교과 셔젹이 미비ᄒᆞ온 것이 만ᄉᆞ와 교육에 곤난이 막심ᄒᆞ오니 교쟝을 담임ᄒᆞ온 의무로 민묵지 못ᄒᆞ야 약간 금익을 연츌ᄒᆞ야 셔젹 즁 최긴급ᄒᆞ온 것으로 위션 구취ᄒᆞ야 미비홈을 도을가 ᄒᆞ오며 귀 신문 데이쳔륙빅오십일호에 광포ᄒᆞ오신 셔젹표에 의ᄒᆞ야 칙명과 가익을 긔록ᄒᆞ와 앙고ᄒᆞ압고 금화 일빅 원을 우편으로 환송ᄒᆞ오니 교육 쥬의의 열심ᄒᆞ시ᄂᆞᆫ 후의를 특별히 드리오샤 괴로오심을 ᄉᆡᆼ각지 말으시고 속히 구무ᄒᆞ오셔 우편 소포로 붓쳐 쥬심을 바라오며 무창 동명 량 학교에 귀 신문을 축호 발송ᄒᆞ오셔 과뎡의 요소를 작ᄒᆞ야 일반 학원으로 ᄒᆞ야곰 숙독 상미ᄒᆞ야 덕셩을 함양ᄒᆞ고 지긔를 고발ᄒᆞ야 츙군 애국ᄒᆞᄂᆞᆫ 목뎍을 도발케 ᄒᆞ야 혼구에 옥쵹과 단항에 보벌을 지으심을 바라오며 이십 원금을 싸로 보닉오니 십 원은 량 학교에 블송홀 신문 일 년 션금으로 령슈ᄒᆞ시고 십 원은 발간ᄒᆞᄂᆞᆫ 경비의 만분지일이나 보용ᄒᆞ실ᄂᆞᆫ지 귀샤 경용의 곤난ᄒᆞ옴을 불승 딕민이오나 마암과 힘이 완젼치 못ᄒᆞ야 약소홈을 잇삽고 송졍ᄒᆞ오니 그 물건을 용셔ᄒᆞ시고 이 미셩을 헤아리심을 바라나이다 만단 츙곡의 회포를 자필로 다 긔록지 못ᄒᆞ와 두어 쥴 쵸쵸히 긋치오니 죠량ᄒᆞ신 후 즉시 회교ᄒᆞ심을 셔셔 기다리오며 죤체 건강 빅복ᄒᆞ오심을 츅슈ᄒᆞ나이니[513]

려하뎡(呂荷亭)[515]을 쥬는 일[516] (젼호쇽)

션싱의 한국문이라 ᄒᆞᆫ 의견을 그윽히 듯건듸 단군 긔ᄌᆞ 이릭로 한문이 동으로 건너온 지가 임의 오릭야 국문과 다름이 업다 ᄒᆞ니 만일 그 건너옴이 오램을 인ᄒᆞ야 국문보다 즁ᄒᆞ다 ᄒᆞ면 멋빅 년 후에는 뎨이 려하졍 션싱이 나셔 반닷히 일문으로 국문의 우희 더ᄒᆞ야 골아듸 일국문이라 ᄒᆞᆯ지며 ᄯᅩ 멋빅 년 후에 뎨삼 려하졍 션싱이 나셔 반닷히 영문으로 국문 우희 더ᄒᆞ야 골아듸 영국문이라 ᄒᆞᆯ지며 기타 아문 학쟈 법문 학쟈 덕문 범문 각죵 학쟈에 허다ᄒᆞᆫ 려하졍

513 어미 '~다'의 오기.

514 제2747호(7월 29일자) 유실됨. 이 발행분에 별보 「려하뎡(呂荷亭)을 쥬는 일」 제1회분이 게재되었을 것으로 추정됨. 제2748호(7월 30일자)는 논설 미게재.

515 여규형(呂圭亨, 1848~1921): 조선 말기부터 일제강점기까지 활동한 한학자·문인. 뛰어난 문장과 해박한 지식, 숱한 기행(奇行)으로 이름을 떨쳤으며, 이건창(李建昌)·김윤식(金允植)·정만조(鄭萬朝) 등과 한문학사의 대미를 장식한 한학자로 평가받는다. 1886년 신기선(申箕善)을 신문할 때에 문랑(問郞)으로서 빠른 문답을 번개 같은 솜씨로 받아 적어 사람들로부터 재능이 뛰어나다는 평을 들었으나, 고종과 민비가 무당 진령군(眞靈君)의 말만 믿고 여씨 성을 가진 사람들을 멀리했기 때문에 하위직에서 벗어날 수 없었다. 또한 민영달(閔泳達)의 연회에 가서 지은 "술은 회수(淮水)와 같고 고기는 산과 같다(有酒如淮肉似山)"는 구절이 임금의 눈에 거슬렸다고 전한다. 얼마 뒤 과거 시험장에서의 일에 연루돼 1893년 금갑도(金甲島)에 유배됐다가, 일제에 의하여 통감부(統監府)가 설치되면서 풀려났다. 서울로 돌아와 사립학교인 대동학교(大東學校)에서 교사로서 학생들을 가르쳤으며, 뒤에는 관립한성고등학교(官立漢城高等學校)의 주임교유(主任教諭)에 임명돼 한문과(漢文科)를 담당하다가 74세에 죽었다. 고전소설 『춘향전』과 『심청전』을 한문으로 번역했으며, 문집에 『하정유고(荷亭遺稿)』 4권이 있다.

516 말미에 필자가 '황희셩(황희성)'으로 표기되어 있음. 이 글은 《대한매일신보》의 논설 필자 중 1인이었던 황희성(黃犧性)이 국한문으로 쓴 「여여하정선생족하(與呂荷亭先生足下)」(《대한매일신보》, 1908.3.15. 기서)를 국문으로 옮긴 것이며, 같은 글이 「여여하정서(與呂荷亭書)」라는 제목으로 《호남학보》(1908.7.25)에도 실린 바 있다.

션ᄉᆡᆼ이 무리로 나셔 각기 소쟝ᄃᆡ로 팔을 ᄡᅢᆸᄂᆡ며 셔로 닷토어 이ᄂᆞᆫ 아국문이라 ᄒᆞ며 혹 덕국문 범국문이라 ᄒᆞ야 이 아름답고 편리ᄒᆞᆫ 국문이 타국문의 부속품이 될 ᄶᅡ름이니 아지 못게라 션ᄉᆡᆼ이여 엇지 허슈아비 짓기를 즐겨ᄒᆞ나뇨 슯흐다 션ᄉᆡᆼ의 마암 둡을 헤라노니 션ᄉᆡᆼ은 한문학 가온ᄃᆡ셔 슈용홈이 가쟝 만은 쟈이 안인가 청년 시ᄃᆡ에 죠츙쟝기(雕蟲長技)를 가져셔 ᄌᆡᄉᆞ의 명여가 남촌에 헌쟈케 ᄒᆞᆫ 것도 한문이오 하로아참 하날못에 풍운을 불어 려씨의 가즁에 한 과경이 ᄯᅩ 나게 ᄒᆞᆫ 것도 한문이오 텬폐엄견(天陛嚴譴)으로 창망ᄒᆞᆫ 외로온 셤에 귀향간 것도 한문이오 술을 방죵히 ᄒᆞ며 밋친 노ᄅᆡ로 평ᄉᆡᆼ을 그릇ᄒᆞ야 십 년 려승지로 ᄶᆡ 맛나지 못ᄒᆞᆫ 한을 품게 ᄒᆞᆫ 것도 한문이오 ᄉᆡᆼ계가 온젼히 업다가 한셩신보에 품 팔녀 호구지칙을 엇게 ᄒᆞᆫ 것도 한문이오 보셩 고등 두 학교에 교ᄉᆞ의 의ᄌᆞ를 차지ᄒᆞ야 ᄇᆡ 가온ᄃᆡ 든 글 오쳔 권을 자랑케 ᄒᆞᆫ 것도 한문이오 지금 대동학회월보[517]에 붓을 잡아 한국문이라 쥬창케 ᄒᆞᆫ 것도 한문이니 션ᄉᆡᆼ은 가위 한문에셔 나고 한문에셔 잘아며 나를 아ᄂᆞᆫ 쟈도 오작 한문이오 나를 죄 주ᄂᆞᆫ 쟈도 오작 한문이라 ᄒᆞᆯ 만ᄒᆞ니 한문이 업스면 션ᄉᆡᆼ이 ᄯᅩ한 업슬지라 연고로 션ᄉᆡᆼ이 죽을 힘을 다ᄒᆞ야 한문을 보호홈은 ᄯᅩ한 은혜를 갑고 덕을 갑ᄂᆞᆫ 진실로 맛당ᄒᆞᆫ 의무로다만은 (미완)

517 여규형의 「論漢文國文」(《대동학회월보》 제1호, 1908.2)을 가리킴.

8월

318 1908년 8월 1일(토) 제2750호 별보

려하뎡(呂荷亭)을 쥬는 글 (젼호속)

다만 넷사룸이 쟝의를 그르다 홈은 진나라에 츙셩홈을 그르다 홈이 안이오 위나라 졍승으로 진나라에 츙셩홈이 그르다 홈이니 만일 쟝의가 위나라 졍승만 안이면 진나라에 츙셩ᄒᆞ고 죠나라에 츙셩홈을 누가 물으며 션싱이 대한 사룸만 안이면 쳥국을 놉히고 일본을 놉힘을 그 누가 가셕타 ᄒᆞ리오 이졔 ᄯᅩ 션싱을 위ᄒᆞ야 계교ᄒᆞ건ᄃᆡ 곳 맛당히 집을 거나리고 셔으로 건너가 동뎡호 우에 일어쥬를 사던지 시상산 가온ᄃᆡ 흔 두둑 슈슈를 심던지 마암의 ᄒᆞ고져 ᄒᆞᄂᆞᆫ 바를 좃친 후에 한낫 무지러진 붓을 쎅여 락셩일벌ᄉᆞ쳔리라ᄂᆞᆫ 글이나 짓고 식견이 죠곰 진보되거던 평싱의 편기ᄒᆞ던 한문으로 져작흔 론셜 셔 긔 등 몃 편만 등츌ᄒᆞ야 깃장에 려하뎡 션싱집 권지젼이라 특셔ᄒᆞ면 션싱의 능ᄉᆞ가 필의리니 글지어다 션싱이어

긔쟈ㅣ 왈 려씨의 문ᄌᆞᄂᆞᆫ 원ᄅᆡ 부취가 촉비ᄒᆞᄂᆞᆫ 횡셜슈셜로 셰상의 공번된 ᄉᆞ지람을 ᄌᆞ취함이니 족히 붓을 들어 론란흘 바 업거니와 황희셩 씨의 필력이 견쟝ᄒᆞ야 빅 려ᄒᆞ뎡 션싱과 쳔 려하뎡 션싱이 잇슬지라도 감히 ᄊᆞ홈을 도도아 자웅을 견코져 못ᄒᆞ리라 ᄒᆞ노라 (완)

직판소 기쳥을 하례홈 / 탄히싱

우리나라에는 고릭로 직판 졔도가 완비치 못홀 뿐 안이라 법을 잡은 사름들이 스촉과 뢰물을 인흐야 막즁 왕법을 좌지우지훈 고로 인민이 싱명 직산을 스스로 보존치 못흐고 셰력 잇는 쟈의게 쎽앗긴 일이 허다흐야 오날늘 피눈물을 흘니며 도로에 호곡흐는 쟈ㅣ 발뒤촉을 니어 끈치지 안으니 엇지 참아 말흐며 참아 볼 바이리오 이에 우리

셩텬즈긔압셔 유스를 명흐샤 법뎐을 기졍케 흐옵시고 졔반 졔도를 문명국의 규례에 의지흐야 대심원 이하의 각 직판소를 신셜흐고 즉일부터 기쳥흐얏스니 이는 곳 쳔직일시의 셩스ㅣ라 죵금 이후로는 법률이 져울갓치 공평흐고 법관의 마암이 물갓치 몱아셔 빅셩의 억울홈과 원통홈을 펴리니 우리 동포의 싱명 직산 보호하는 도가 완젼홈을 하례흐노라 그러나 직판쟝 이하의 판스 검스가 일본 사름이 틱반인즉 그 법관이 다 쳥렴정직흐야 셰력이나 뢰물을 인흐야 법률을 굽힐 리는 업슴을 확실히 밋고 의심치 안으되 다만 남의 나라의 인졍 풍속을 붉히 숣히지 못흐고 구구훈 법뎐의 됴문만 가지고 송안을 판결흐는 폐단이 업지 안이흐리니 이것이 훈 가지 근심되는 바이오 또 언어를 통치 못흐는 고로 통역을 의지흐야 원피고를 사실흐는 마당에 통역이 츄호라도 언의 편을 달호흐면 일의 실샹을 잘못 히셕흐야 빅셩의 원망이 잇슬 념려가 업지 안이흐고 그뿐 안이라 대뎌 직판이라 흐는 것은 그 나라 사름이 그 나라 말로 홀지라도 리치를 닷토는 마당에 허다훈 층졀이 싱기거든 함을며 이 나라 말을 뎌 나라 말로 번역홀 쎄에 호리도 틀니지 안케 홀 수 업는 일인즉 이것이 두 가지 근심흐는 바이라 바라건딕 우리 직판관 되신 졔씨는 쳣지 법문에 구애흐지 말고 인민 풍속을 깁히 숣히고 경히 보며 둘지 통역흐는 말과 번역흐는 문즈를 십분 심신흐야 불상훈 동포의 싱명 직산을 안젼히 보젼흐게 흐압쇼셔

320 1908년 8월 4일(화) 제2752호 별보

의무를 다ᄒᆞ야 권리를 차질 일 / 북산 녀ᄌᆞ 변월당

가뎡잡지 뎨륙호[518]에 엇던 부인의 긔셔 일편이 잇ᄂᆞᆫᄃᆡ 족히 써 녀ᄌᆞ 교육의 ᄉᆡ벽 쇠북이 될 만ᄒᆞ기로 좌에 그 젼문을 등ᄌᆡᄒᆞ노라

우리나라 녀ᄌᆞᄂᆞᆫ 하날이 쥬신 권리를 일흔 지가 슈쳔 년을 지ᄂᆡ야 남ᄌᆞ 압졔 속에 구속이 되야셔 말은 사ᄅᆞᆷ이라 ᄒᆞ나 실샹으로 볼진ᄃᆡ 한 동물(動物)이나 다를 것 업시 일동 일졍을 ᄌᆞ유(自由)로 못 ᄒᆞ고 깁고 깁흔 안방 속에 일평ᄉᆡᆼ을 허송ᄒᆞ니 슯흐다 텬디 개벽ᄒᆞᆫ 후 몃만 년 사이에 엇지 나의 몸이 한 번 나셔 사ᄅᆞᆷ 노릇을 못ᄒᆞ고 쥭으니 엇지 원통치 아니ᄒᆞᆫ가 여보 우리 녀ᄌᆞ 동포들아 나도 녀ᄌᆞ 동포 가온ᄃᆡ 일분ᄌᆞ(一分子)로 ᄆᆡ양 이것을 한ᄒᆞᄂᆞᆫ 바오니 우리가 엇지ᄒᆞ야 권리를 남ᄌᆞ에게 젼슈히 ᄲᆡ앗기엇나 남ᄌᆞ가 우리 권리를 ᄲᆡ셔 가던가 우리가 우리의 권리를 우리 손으로 ᄂᆡ여 쥬엇던가 이리로 ᄉᆡᆼ각ᄒᆞ고 뎌리로 ᄉᆡᆼ각ᄒᆞᆫ즉 결코 남자들이 ᄲᆡ아셔 간 것이 안이라 우리가 내야 쥰 것이로다 엇지 그러냐 ᄒᆞ면 사ᄅᆞᆷ의 권리라 ᄒᆞᄂᆞᆫ 것이 나의 의무를 극진히 ᄒᆞᆫ 후에야 능히 보젼ᄒᆞᆯ 것이오 나의 의무를 극진히 못 ᄒᆞ면 일허버리나니 사ᄅᆞᆷ이 권리를 일흔 이상에ᄂᆞᆫ 불가불 압졔 밧을 슈밧게 업슬지니 그 일혓던 권리를 도로 찻쟈 ᄒᆞ면 엇더케 ᄒᆞ여야 차질가 남ᄌᆞ다려 도로 달나 ᄒᆞ여 볼가 안 될 말이오 그져 달나

518 《가정잡지》는 1906년 6월 25일 창간되어 11월 25일까지 6호분은 결호 없이 발행되었으며, 12월에는 휴간(休刊)했다가 1907년 1월 25일에 제7호가 발간되었다. 이 시기 발행분을 일반적으로 제1년 제1호~제7호라고 부르는데, 유일선의 주도로 발간되었던 것으로 알려져 있다. 이후 《가정잡지》는 다시 1년 가까이 휴간되었다가 1908년 1월 5일 신채호의 주도로 속간호인 제2년 제1호를 발간하게 된다. 제2년 제1호~제7호(1908.1~8) 중 제2·4·5·6호는 유실되어 전하지 않으며, 현전하는 발행분은 제1·3·7호뿐이다. 변월당의 이 글은 제2년 제6호에 수록되었던 것으로 추정된다.

ᄒᆞ면 되겟소 불가불 우리 의무를 극진히 ᄒᆞᆫ 후에 될 것이요 의무라 ᄒᆞᆷ은 무엇이뇨 곳 사ᄅᆞᆷ마다 ᄆᆞᆺᄒᆞᆫ ᄎᆡᆨ임이라 (미완)

321 1908년 8월 5일(수) 제2753호 별보

의무를 다ᄒᆞ야 권리를 차질 일 (젼호속) / 북산 녀ᄌᆞ 변월당

엇더케 ᄒᆞ어야 ᄎᆡᆨ임을 극진히 ᄒᆞᆯ가 ᄆᆞᆯ로 ᄎᆡᆨ임 ᄎᆡᆨ임 ᄒᆞ면 될가 안 될 ᄆᆞᆯ이오 공연히 말로만 ᄎᆡᆨ임 ᄎᆡᆨ임 ᄒᆞ여 권리를 차질 것 갓ᄒᆞ면 오날ᄂᆞᆯ 우리가 차질 ᄯᆡ까지 잇겟소 이왕 몃ᄇᆡᆨ 년 몃쳔 년 젼 부녀들이 차졋겟지 ᄎᆡᆨ임을 극진히 ᄒᆞᄌᆞ ᄒᆞ면 불가불 지식이 잇셔야 ᄒᆞᆯ 것이니 지식은 엇더케 ᄒᆞ여야 엇겟소 반다시 학문이 잇셔야 ᄒᆞᆯ 것이니 지금 우리가 학문을 슝상ᄒᆞ야 지식을 엇고 지식을 엇어 ᄎᆡᆨ임을 극진히 ᄒᆞ고 ᄎᆡᆨ임을 극진히 ᄒᆞ야 권리를 찻고져 ᄒᆞᆯ진ᄃᆡ 이왕의 부녀들보담 아죠 쉽겟소 엇지ᄒᆞ야 그러ᄒᆞᆫ가 이왕에ᄂᆞᆫ 남ᄌᆞ들이 학문이 만허셔 졸쳐로 ᄒᆞ야셔ᄂᆞᆫ 찻기가 어렵거니와 지금으로 볼진ᄃᆡ 남ᄌᆞ들의 학문과 지식이 우리 녀ᄌᆞ보담 벌로[519] 나흘 것 업고 이왕 차지ᄒᆞ엿던 권리 바람에 우리를 압졔ᄒᆞᄂᆞᆫ 것인즉 우리가 몃쳔년 일헛든 권리를 차질 ᄂᆞᆯ이 오ᄂᆞᆯᄂᆞᆯ 우리 손에 달녓다 ᄒᆞᆯ 만ᄒᆞ오 그러나 우리가 이러ᄒᆞᆫ 교ᄃᆡ의 찻지 못ᄒᆞ면 다시ᄂᆞᆫ 찻질 ᄂᆞᆯ이 업슬지니 지금 남ᄌᆞ들도 우리가 학문이 업셔셔 권리를 남ᄌᆞ에게 ᄲᆡ앗긴 것과 갓치 학문이 부ᄌᆞᆨᄒᆞ야 ᄌᆞ긔들의 권리를 타국 사ᄅᆞᆷ에게 ᄲᆡ앗기어 못 밧을 압졔를 밧ᄂᆞᆫ 고로 학문을 슝샹ᄒᆞᄂᆞᆫ 남ᄌᆞ가 만ᄒᆞᆫ즉 이ᄃᆡ로 몃 ᄒᆡ를 지ᄂᆡ여 ᄌᆞ긔들의 권리를 찻ᄂᆞᆫ ᄂᆞᆯ이면 우리 압졔ᄂᆞᆫ 더욱 견ᄃᆡᆯ 슈 업슬지니 우리도 이러ᄒᆞᆫ 교ᄃᆡ에 아모죠록 학문을 슝상ᄒᆞ야 지식을 열고 의무를 다ᄒᆞ야 권리를 찻고 권리를 찻져 몃쳔

519 '별로'의 오기인 듯함.

년 압졔를 벗고 또 남자와 일심동력ᄒᆞ야 남자의 일흔 권리ᄭᆞ지 차져 보면 그 안이 우리 셩명이 ᄉᆞ긔의 빗날가

322 1908년 8월 6일(목) 제2754호 별보

제목 없음

국민의 례복을 의뎡ᄒᆞ기 위ᄒᆞ야 샤회 유지쟈가 국민 례복의뎡회를 셜시ᄒᆞ고 루차 회의ᄒᆞ야 남ᄌᆞ와 부인의 례복을 ᄉᆡ로 만든 일은 이왕 말ᄒᆞ엿거니와 본월 삼일에 그 례복을 즁츄원에 보ᄂᆡ고 또 건의셔를 지어 밧쳣는ᄃᆡ 그 젼문이 여자 ᄒᆞ더라

그윽히 ᄉᆡᆼ각건ᄃᆡ 나라를 다ᄉᆞ리는 졔구를 의론ᄒᆞ는 쟈 반다시 의복과 문물을 몬져 말홈으로 그 의복 톄지의 됴코 글은 것으로 문명과 야만의 뎡도를 비평ᄒᆞ나니 이것으로 보건ᄃᆡ 국민의 의복 졔도가 실노 국가의 관계됨이 즁대ᄒᆞ도다 대ᄀᆡ 국민의 의졔가 두 가지가 잇스니 쳣지는 상복이오 둘지는 례복이니 상복이란 것은 위ᄉᆡᆼ에 편ᄒᆞ며 경졔에 리ᄒᆞ야 늘마다 ᄉᆞᄉᆞ로히 닙는 것이오 례복이란 것은 모양도 보고 례졀도 표ᄒᆞ야 일반 무삼 례식홀 ᄯᅢ에 닙는 것이니 상복을 례식 ᄯᅢ에 공복으로 닙는 것이 불가ᄒᆞ고 례복을 ᄉᆞ샷 평복으로 닙는 것이 불가ᄒᆞᆫ 고로 상복과 례복의 구별이 업지 못홀 것이어늘 지금 국ᄂᆡ에 통용ᄒᆞ는 의복 졔도를 보건ᄃᆡ 국민의 상복이란 것은 남ᄌᆞ의 쥬의와 부인의 통치마밧게 업스니 위ᄉᆡᆼ의 편이홈과 경졔에 리익은 된다 홀지나 다만 례복의 졔도가 업슴으로 졔ᄉᆞ ᄯᅢ나 무삼 연회 ᄯᅢ 갓흔 공식에 닙을 것이 곤난ᄒᆞ야 의식과 례의를 표ᄒᆞ기 극난ᄒᆞᆫ즉 국민 의복의 졔도가 션미ᄒᆞᆫ 디경에 닐ᄋᆞ랴면 통상 례복을 잘 만드는 ᄃᆡ 잇는지라 만일 상복은 비록 아람답다 ᄒᆞ나 례복이 업스면 의북 졔도에 결졈이 안이라 홀 슈 업는 고로 우리들이 그 일에 ᄃᆡᄒᆞ야 깁히 유감이

되야 경셩 닉외의 각 단톄 유지 신ᄉ며 부인들과 협의ᄒ야 국민례복의뎡회를 셜시ᄒ고 우리나라의 원릭 잇던 졔도를 널니 상고ᄒ며 지금 문명 뎡도를 깁히 연구ᄒ야 국민 남녀의 통상 례복을 만들되 그 법식은 닉외국 각식 갓과 신을 구애업시 쓰게 ᄒ고 밧탕은 닉외국 각식 필육을 통용케 ᄒ기로 결뎡ᄒ얏스나 그 실시ᄒᄂᆫ 결과ᄂᆫ 졍부 조쳐를 기ᄃᆡ리옵기 본회에셔 의뎡ᄒᆫ 례복을 쳠부ᄒ와 이에 헌의ᄒ오니 다힝히 잘 밧아셔 ᄲᆞᆯ니 실시케 ᄒ와 인민의 의복 졔도를 완젼케 ᄒ시고 국가의 문명을 증진케 ᄒ심을 바라오

륭희 이년 팔월 삼일

국민례복의뎡회 림시 회장 오세창

즁츄원 의쟝 김윤식 각하

이 헌의셔와 의뎡ᄒᆫ 의제를 즁츄원에 밧친 후 그 실시 여부ᄂᆫ 확실히 알 슈 업거니와 일반 셰인의 평론을 거ᄒᆫ즉 셜혹 졍부에셔 실시ᄒ야 쥬지 안터릭도 인민은 그ᄃᆡ로 실시ᄒᄂᆫ 것이 가타 ᄒᄂᆫ 쟈 만타 ᄒᄂᆫᄃᆡ 그 의복 졔도를 보건ᄃᆡ 남ᄌᆞ의 례복은 이왕 소례복과 방ᄉᆞᄒ고 녀ᄌᆞ의 례복은 셰상 졔도를 참호ᄒ야 대톄ᄂᆫ 남ᄌᆞ의 둘우막이 갓계 ᄒ고 소ᄆᆡᄂᆫ 양복 소ᄆᆡ갓치 누긋ᄒ게 쥴음 잡고 소ᄆᆡ긋도 조곰 이상케 만들고 자우편 무다ᄂᆫ 것과 압셥이 좀 이상ᄒ게 되얏스나 대뎌 션미ᄒ게 된지라 우리ᄂᆫ 그 일이 극히 실시되기를 바라노라

323 1908년 8월 8일(토) 제2755호 론셜

본보의 창간 십쥬년 / 탄희싱

식벽 쇠북 ᄒᆫ 소릭가 ᄶᅥ러진 후 동녁 하날에 붉은 구름이 흣허지고 ᄐᆡ양이 소사 올나옴애 앗가 캄캄ᄒ던 텬디가 변ᄒ야 광명 죠요ᄒ니 일만 마귀가 자최를 감초고 디구샹의 잇ᄂᆫ 왼갓 물건이 일시에 잠을 ᄭᆡ여 활발ᄒᆫ 긔샹과 ᄉᆡ긋ᄒᆫ

정신으로 가며 오며 서며 안즈며 날며 긔ᄂᆞᆫ지라 만일 ᄐᆡ양이 업스면 텬디 간의 삼라만상이 모다 침침쟝야 가온ᄃᆡ ᄲᅡ져 멸망ᄒᆞ리니 엇지 죠물쟈의 큰 ᄯᅳᆺ이 안이리오 그러나 ᄒᆞᆫ 조각 ᄯᅳᆫ구름이 ᄐᆡ양을 갈이오면 텬디가 도로 음침ᄒᆞ고 만물이 슈심ᄒᆞᄂᆞᆫ 듯ᄒᆞᄂᆞ니 이ᄂᆞᆫ ᄐᆡ양이 그 빗을 일음이 안이오 구름이 무심히 ᄌᆞᆷ시간 져희ᄒᆞᆷ이로다

슯흐다 우리나라가 ᄐᆡ평 오ᄇᆡᆨ 년에 풍속이 퇴ᄑᆡᄒᆞ고 인심이 나약ᄒᆞ야 교육이 ᄇᆞᆯ달치 못ᄒᆞ고 션ᄇᆡ의 원긔가 쇠삭ᄒᆞ야 쟝야건곤이 되얏더니

광무 이년 팔월 팔일에 본 신문 뎨일호가 당당ᄒᆞᆫ 대한 국문으로 발ᄉᆡᆼᄒᆞ니 정히 ᄐᆡ양이 동텬데 소사올나옴과 갓ᄒᆞ야 암흑ᄒᆞ던 대한 텬디가 변ᄒᆞ야 명랑ᄒᆞᆫ 대한 건곤이 되야 션ᄇᆡ와 농가와 공장과 상업가가 깁히 든 ᄌᆞᆷ을 일시에 ᄭᆡ야 용ᄆᆡᆼ스러온 긔운과 쾌활ᄒᆞᆫ 정신으로 압흐로 나아가더니 난ᄃᆡ업ᄂᆞᆫ ᄯᅳᆫ구름이 본보의 광ᄎᆡ를 갈이워 무수ᄒᆞᆫ 충절과 허다ᄒᆞᆫ 폐단이 ᄂᆞᆯ마다 ᄉᆡᆼ기고 달마다 ᄉᆡᆼ기ᄂᆞᆫ 고로 본보의 붓을 잡은 쟈의 로심쵸ᄉᆞᄒᆞᆷ이 엇더ᄒᆞ얏스리오 그러나 본보의 정신과 긔ᄇᆡᆨ은 츄호도 변치 안이ᄒᆞ고 십 년의 셰월을 지ᄂᆡ엿더니 금년 금월 금일부터ᄂᆞᆫ 부운이 다 훗허지고 무궁화 ᄉᆞᆷ쳔리 강산에 광명ᄒᆞᆫ 빗을 노을지라 본 긔쟈도 힘과 정셩을 다ᄒᆞ야 우리 이쳔만 동포와 아참마다 셔로 ᄃᆡᄒᆞ야 정치 풍속 실업 교육 기타 각 방면에 ᄃᆡᄒᆞ야 공명정대히 의론코져 ᄒᆞ오니 바라건ᄃᆡ 본보를 애독ᄒᆞ시ᄂᆞᆫ

첨위 자ᄆᆡ 형데시여 국가를 위ᄒᆞ야 ᄌᆞ즁ᄌᆞ애ᄒᆞ심을 축슈ᄒᆞ노이다[520]

520 8월 9~10일은 임시 및 정기휴간. 제2756호(8월 11일자)는 논설 미게재.

지물을 져츅홀 일

대뎌 지물이라 ᄒᆞᄂᆞᆫ 것은 사ᄅᆞᆷ의 먹고 닙고 사ᄂᆞᆫ 큰 긔관이라 ᄒᆞᆫ 사ᄅᆞᆷ이나 ᄒᆞᆫ 집이나 ᄒᆞᆫ 나라를 물론ᄒᆞ고 지물이 넉넉ᄒᆞ면 흥ᄒᆞ고 지물이 핍졀ᄒᆞ면 망ᄒᆞ나니 진실로 소즁ᄒᆞᆫ 물건이로다 연고로 사ᄅᆞᆷ마다 지물을 엇기 위ᄒᆞ야 힘과 졍셩을 다ᄒᆞ나 그러나 그 엇ᄂᆞᆫ 도를 조곰 그릇ᄒᆞ면 지물이 도로혀 지앙을 불너 몸과 집과 나라를 망ᄒᆞᄂᆞᆫ도다

우리나라 사ᄅᆞᆷ들도 지물의 소즁홈을 몰으ᄂᆞᆫ 바ᄂᆞᆫ 안이로ᄃᆡ 그 엇ᄂᆞᆫ 도가 심히 볼으지 못ᄒᆞ야 벼살ᄒᆞᄂᆞᆫ 쟈ᄂᆞᆫ 우의로 인군을 속이고 아릭로 빅셩을 속여 의 안인 지물을 모으고 션비ᄂᆞᆫ 권문셰가에 츌입ᄒᆞ며 협견텸쇼ᄒᆞ야 의 안인 지물을 구ᄒᆞ고 기타에 농공상이 모다 졍도로써 지물 모으기를 경영ᄒᆞᄂᆞᆫ 쟈ㅣ 적은 고로 맛참ᄂᆡ 지물도 모으지 못ᄒᆞ고 부잘업시 몸과 집과 나라를 망케 ᄒᆞ얏스니 엇지 애둛지 안으리오 오날날도 오히려 ᄭᆡ닷지 못ᄒᆞ고 불의의 지물을 구ᄒᆞ기에 구구영영ᄒᆞᄂᆞᆫ 쟈ㅣ 허다ᄒᆞ니 이갓치 ᄒᆞ기를 마지 안이ᄒᆞ면 우리의 몸과 집과 나라를 회복홀 긔약이 업슬지로다 이에 지물 모으ᄂᆞᆫ 도를 의론홀진ᄃᆡ 두 가지의 큰 방법이 잇스니 쳣지ᄂᆞᆫ 힘들여 버ᄂᆞᆫ 것이오 둘지ᄂᆞᆫ 져츅ᄒᆞᄂᆞᆫ 것이라 만일 지물 벌기를 힘들이지 안코 간사ᄒᆞᆫ 지혜로 어리셕은 쟈를 속이거나 포학ᄒᆞᆫ 셰력으로 약한 쟈를 위협ᄒᆞ야 엇으면 법률상의 죄인이 될 ᄲᅳᆫ 안이라 텬도의 보복이 소연ᄒᆞ야 그 지물을 온젼히 직희지 못홈은 고샤물론ᄒᆞ고 갓가오면 긔ᄌᆞ[521] 몸과 멀면 ᄌᆞ손이 멸망ᄒᆞᄂᆞ니 가히 삼가고 죠심홀 바이며 만일 졍당ᄒᆞᆫ 도로써 지물을 엇을지라도 쓰기를 함부로 ᄒᆞ야 져츅지 안이ᄒᆞ면 비록 빅만금이 ᄉᆡᆼ길지라도 이로 더당치 못ᄒᆞ고 필경은 가난ᄒᆞᆫ 것을 면치 못ᄒᆞ리니 ᄯᅩᄒᆞᆫ 삼

521 'ᄌᆞ긔(자기)'의 오기.

가고 조심홀 바이로다 고로 녯글에 갈아ᄃᆡ ᄌᆡ물을 ᄉᆡᆼ기게 홈에 큰 도가 잇스니 버ᄂᆞᆫ 것은 만코 먹ᄂᆞᆫ 것은 젹으며 쓰ᄂᆞᆫ 것은 존졀케 ᄒᆞ면 ᄌᆡ물이 항상 족ᄒᆞ다 하얏스며 또 속담에 갈아ᄃᆡ 틔끌도 모으면 ᄐᆡ산이 된다 ᄒᆞ얏스니 진실로 우리 를 가라친 금셕 갓흔 말이라 그러나 우리나라 사ᄅᆞᆷ의 사ᄂᆞᆫ 것을 볼진ᄃᆡ 버ᄂᆞᆫ ᄌᆞᄂᆞᆫ 젹고 먹ᄂᆞᆫ ᄌᆞᄂᆞᆫ 만으며 ᄉᆡᆼ기ᄂᆞᆫ 것보담 쓰ᄂᆞᆫ 것이 항상 더ᄒᆞ야 져축홀 결 을이 업스니 엇지 ᄒᆞᆫ탄홀 바ㅣ 안이리오 볼지어다 ᄉᆞ농공상을 물론ᄒᆞ고 엇던 사ᄅᆞᆷ의 집이든지 버ᄂᆞᆫ ᄌᆞ가 ᄒᆞᆫ아이면 먹ᄂᆞᆫ ᄌᆞᄂᆞᆫ 열 스물이 되야 십 명 혹 이삼 십 명이 ᄒᆞᆫ 사ᄅᆞᆷ만 치어다보다가 불ᄒᆡᆼᄒᆞ야 그 버ᄂᆞᆫ 사ᄅᆞᆷ이 병이 나든지 멀니 ᄯᅥ나든지 ᄒᆞ면 그 바라던 사ᄅᆞᆷ이 모다 살 방도가 업셔셔 동셔로 류리ᄒᆞ며 또 일시에 ᄌᆞ긔의 졍력이나 셰력으로써 ᄌᆡ물이 ᄉᆡᆼ기면 항상 그러케 ᄉᆡᆼ길 줄로 짐 작ᄒᆞ고 돈 쓰기를 물 쓰듯 ᄒᆞ다가 ᄒᆞᆫ 번 불ᄒᆡᆼᄒᆞᆫ 일이 잇스면 부모 쳐ᄌᆞ를 ᄉᆞ육 홀 도리가 만무ᄒᆞ니 이것이 곳 우리나라 사ᄅᆞᆷ의 큰 문데라 (미완)

325 1908년 8월 13일(목) 제2758호 론셜

ᄌᆡ물을 져축홀 일 (속) / 탄히싱

이 문데에 ᄃᆡᄒᆞ야 긔왕과 현금의 인졍 풍속을 연구홀진ᄃᆡ 우리나라 사ᄅᆞᆷ은 특별히 ᄌᆡ물을 져축ᄒᆞᄂᆞᆫ 마암이 부족ᄒᆞ도다 아모것도 몰으ᄂᆞᆫ 동물 가온ᄃᆡ도 다람쥐 갓흔 것은 가을에 겨을 먹을 것을 져축ᄒᆞ야 두거든 함을며 사ᄅᆞᆷ이 엇지 져축홀 ᄉᆡᆼ각이 업스리오만은 우리나라의 몃ᄇᆡᆨ 년 이ᄅᆡ의 졍치가 ᄇᆡᆨ셩으로 ᄒᆞ 야곰 져축ᄒᆞᄂᆞᆫ 마암이 업게 ᄒᆞ얏도다 엇지ᄒᆞ야 그러뇨 ᄒᆞ면 소위 량반이라 칭 ᄒᆞᄂᆞᆫ 자ᄂᆞᆫ 사ᄅᆞᆷ이야 잘낫든지 못낫든지 안으로ᄂᆞᆫ 삼공륙경과 밧그로ᄂᆞᆫ 방ᄇᆡᆨ 슈령이 모다 ᄌᆞ긔의 물건인즉 셜혹 일시의 빈한홈이 잇슬지라도 죠만간에 벼 살을 엇게 되면 탐포ᄒᆞᆫ 슈단과 압졔ᄒᆞᄂᆞᆫ 위령으로써 잔피ᄒᆞᆫ ᄇᆡᆨ셩의 기름과 피를 쌔라 부귀가 일세를 혼동ᄒᆞ야 직물이 엇더케 싱기ᄂᆞᆫ지 엇더케 업셔지ᄂᆞᆫ지 몰낫스니 직물을 져축ᄒᆞ야 무엇에 쓰리오 연고로 부귀가에셔ᄂᆞᆫ 직물을 져축ᄒᆞᄂᆞᆫ 쟈ㅣ 도모지 업셧고 그 다음은 ᄉᆞ농공상을 물론ᄒᆞ고 쥬야로 애궁스럽게 버러셔 돈량이나 모은즉 셔울로 말ᄒᆞ면 형한 량ᄉᆞᄂᆞᆫ 고샤ᄒᆞ고 남북촌 문무직상의 집 구죵 별빅 등이 사름 잡아가기를 법ᄉᆞ보담 더 심히 ᄒᆞ며 싀골로 말하면 영문 본관 병영 슈영과 기타 거향ᄒᆞᄂᆞᆫ ᄉᆞ대부의 토호가 불상ᄒᆞᆫ 빅셩을 잡아다 달아ᄆᆡ고 왼갓 형벌을 베푸러가며 직물을 쌔아셔가니 언의 못싱긴 사름이 직물을 져축ᄒᆞ얏다가 이갓치 혹독ᄒᆞᆫ 화를 당ᄒᆞ고져 ᄒᆞ리오 다만 아참 먹을 것만 잇스면 져녁 먹을 것이 업셔도 념려치 안코 오날 잇ᄂᆞᆫ 쥴만 알고 릐일 잇ᄂᆞᆫ 쥴은 몰으ᄂᆞᆫ 습관이 젼국 상하에 츙만ᄒᆞ야 드ᄃᆡ여 게으른 마암이 싱기고 게으른 마음으로 인ᄒᆞ야 나약ᄒᆞᆫ 셩질이 싱겨셔 필경은 국가를 쇠망케 ᄒᆞᄂᆞᆫ ᄒᆞᆫ 가지 큰 원인이 되엿도다 그러나 오ᄂᆞᆯ날은 시세가 크게 변ᄒᆞ야 디벌이 아모리 됴흘지라도 상당ᄒᆞᆫ 학식이 업스면 벼살에 올으지 못ᄒᆞᆯ지오 셜혹 올을지라도 이젼과 갓치 빅셩의 직물을 륵탈ᄒᆞ야 ᄂᆡ 것을 만들 슈 업고 단지 등급을 짜라가며 밧ᄂᆞᆫ 월급 외에ᄂᆞᆫ 다른 직물이 업스니 무엇으로써 이젼과 갓치 호의호식을 ᄒᆞ리오 그런즉 그 밧ᄂᆞᆫ 바 월급 가온ᄃᆡ셔 ᄒᆞᆫ 달에 얼마식이라도 져축ᄒᆞ여야 불시의 직앙이 잇슬 ᄯᅢ에 군식홈이 업슬 ᄲᅮᆫ 안이라 ᄯᅩᄒᆞᆫ 영원히 ᄌᆞ녀의 교육비를 뎌당ᄒᆞ리니 벼살단이ᄂᆞᆫ 쟈와 밋 월급 밧ᄂᆞᆫ 쟈의 불가불 져축ᄒᆞᆯ 바이오 (미완)

326 1908년 8월 14일(금) 제2759호 론셜

직물을 져축ᄒᆞᆯ 일 (속) / 탄히싱

기ᄎᆞ에 ᄉᆞ농공샹을 물론ᄒᆞ고 돈이 겻헤 잇슨즉 집어쓰기 쉬온 것이니 아모죠록 절용ᄒᆞ고 남ᄂᆞᆫ 것을 져축ᄒᆞ여야 영원ᄒᆞᆫ 계칙이 되리로다 그런즉 샹하귀쳔이 일톄로 ᄌᆡ물을 져축ᄒᆞᆯ 필요가 잇슴은 다시 더 말ᄒᆞᆯ 것 업거니와 기즁에 더옥 필요ᄒᆞᆫ 쟈ᄂᆞᆫ 로동으로 ᄉᆡᆼ애ᄒᆞᄂᆞᆫ 사ᄅᆞᆷ과 각 학교의 학도라 ᄒᆞ노라 가령 인력거를 ᄭᅳᆯ든지 지게를 지든지 모군 품을 파ᄂᆞᆫ 사ᄅᆞᆷ들은 오ᄂᆞᆯ 벌어 오날 먹고 아참 벌어 져녁 먹고 말면 언의 ᄯᅢ에 그 쳔역을 면ᄒᆞᆯ 도리가 잇스리오 연고로 하로 동안의 번 것을 술 ᄒᆞᆫ 잔식만 들 먹고 그 돈을 져축ᄒᆞ면 십 년 혹 십오 년에ᄂᆞᆫ 진합ᄐᆡ산이 되여 면빈ᄒᆞᆯ 슈도 잇슬 것이오 셜혹 면빈은 못ᄒᆞᆯ지라도 무삼 불ᄒᆡᆼᄒᆞᆫ 일이 잇든지 병이 들지라도 구ᄎᆞᄒᆞᆫ 것이 업스니 엇지 일푼 일리인들 부잘업시 허비ᄒᆞ고 져축지 안이ᄒᆞ리오 ᄯᅩ 청년 ᄌᆞ뎨들로 ᄒᆞ야곰 금젼 져축ᄒᆞᄂᆞᆫ 습관을 길으기 위ᄒᆞ야 어려슬 ᄯᅢ부터 그 부형된 자가 다만 몃 푼식이라도 쉬지 안코 져축케 ᄒᆞ면 그 아ᄒᆡ가 셩인 될 ᄯᅢᄂᆞᆫ 막대ᄒᆞᆫ 돈이 모혀 혹 외국에 류학ᄒᆞᄂᆞᆫ 학비도 되고 혹 ᄉᆞ농공상업의 ᄌᆞ본도 되리니 엇지 아름다온 일이 안이뇨 이제 그 져축ᄒᆞᄂᆞᆫ 방법을 의론ᄒᆞᆯ진ᄃᆡ 이왕에ᄂᆞᆫ 우리나라에 금젼을 져축ᄒᆞᄂᆞᆫ 긔관이 업ᄂᆞᆫ 고로 질그릇으로 만든 벙어리에 모으ᄂᆞᆫ 사ᄅᆞᆷ도 잇셧고 혹은 ᄯᅡ을 파고 뭇ᄂᆞᆫ 쟈도 잇셧거니와 이것은 다 민지 미ᄀᆡᄒᆞᆫ 시ᄃᆡ에 ᄒᆡᆼᄒᆞ던 일이라 오날ᄂᆞᆯ은 각쳐에 은ᄒᆡᆼ도 잇고 우편국도 잇ᄂᆞᆫᄃᆡ 은ᄒᆡᆼ에셔ᄂᆞᆫ 십 젼 이상이면 밧고 우편국에셔ᄂᆞᆫ 일 젼이라도 밧ᄂᆞᆫ 법인즉 가난ᄒᆞᆫ 사ᄅᆞᆷ이나 막벌이ᄒᆞᄂᆞᆫ 사ᄅᆞᆷ은 십 젼 이상을 날마다나 혹 몃칠에 한 번식 져축ᄒᆞᆯ 슈 업스리니 이와 갓치 작은 돈을 져축코져 ᄒᆞᄂᆞᆫ 쟈ᄂᆞᆫ 우편국이 뎨일 됴흔 길이오 그 우에 십 젼 이상을 져축ᄒᆞᆯ 사ᄅᆞᆷ은 각기 신실ᄒᆞᆫ 은ᄒᆡᆼ에 임치홈이 가ᄒᆞ도다(완)

327 1908년 8월 16일(일) 제2760호 샤셜

본샤의 희망

본샤ᄂᆞᆫ 원ᄅᆡ 리익을 위ᄒᆞ야 영업뎍으로 창셜홈이 안이오 두 가지의 큰 희망이 잇스니 쳣재는 일반 국민에게 국문의 소즁홈을 알게 홈에 잇고 둘재는 한문을 능통치 못ᄒᆞ는 남녀 동포의 지식을 계발홈에 잇는지라 그런 고로 십 년 사이에 허다ᄒᆞᆫ 곤난과 무슈ᄒᆞᆫ 비방을 밧을지라도 오히려 그 목뎍을 변ᄒᆞ지 안코 여러 샤원의 고심혈셩과 경향 각쳐 유지 졔씨의 극력 찬죠ᄒᆞ심을 힘닙어 오날늘까지 근근히 지탱ᄒᆞ엿거니와 근일에 들은즉 경셩 닉의 유지 신ᄉᆞ 몃몃 분이 본 신문의 확장되지 못홈을 근심ᄒᆞ야 뎨국신문 유지회를 조직ᄒᆞ얏다 ᄒᆞ니 본샤의 지극히 감샤히 녁이는 바는 무엇이라 형용ᄒᆞ야 말ᄒᆞᆯ 수 업스되 본샤의 구구ᄒᆞᆫ 희망이 잇기로 감히 두어 마듸 앙고ᄒᆞ노이다

대뎌 우리 경셩은 오만여호에 인구가 이십만이 넘은즉 동양의 한 큰 도회라 일을지니 이와 갓흔 대도회에 본샤 신문의 불슈되는 것이 쳔 쟝이 차지 못ᄒᆞ니 엇지 한탄ᄒᆞᆯ 바ㅣ 안이리오 가령 인구가 이십만이면 그 졀반 십만은 빈궁무의ᄒᆞᆫ 쟈로 졔감ᄒᆞ고 그 나머지 십만을 계산ᄒᆞ면 녀ᄌᆞ와 남ᄌᆞ가 각각 오만이 될지라 남ᄌᆞ는 언문 신문을 보지 안는다 ᄒᆞ더ᄅᆡ도 녀ᄌᆞ 오만에서 국문도 아지 못ᄒᆞ는 쟈 이만오쳔을 감ᄒᆞ고 그 ᄌᆞ격과 학식이 능히 신문을 볼 만ᄒᆞᆫ 녀ᄌᆞ의 수효가 이만 오쳔은 넉넉ᄒᆞᆯ 것이어늘 이졔 신문을 구람ᄒᆞ는 이가 쳔 명에 차지 못ᄒᆞ니 이러ᄒᆞ고셔야 엇지 ᄲᅧ 국가의 문명을 긔약ᄒᆞ리오 우리 경셩의 부인 샤회의 현상을 도라볼진ᄃᆡ 하등 샤회는 지극히 분쥬ᄒᆞ고 골몰ᄒᆞ되 샹등 샤회는 젼혀 일이 업고 친구 부인을 모와 가지고 한담셜화ᄒᆞ는 것과 셰칙 닉여다 보는 ᄃᆡ 지나지 못ᄒᆞ는 고로 부인의 지식이 지극히 암ᄆᆡᄒᆞ야 허무ᄒᆞᆫ 무당 소경의 말을 고지 듯고 긔도ᄒᆞ기와 남의 쳐쳡 사이나 고부 사이의 시비를 말ᄒᆞ기로 능ᄉᆞ를 삼으니 그 가뎡에서 잘아는 ᄌᆞ녀가 무엇을 듯고 보고 ᄇᆡ호리오 이는 다만 녀ᄌᆞ의 허물이 안이오 곳 남ᄌᆞ의 불찰이라 ᄒᆞᆯ지니 바라건ᄃᆡ 본 신문 유지회를 조직ᄒᆞ신 졔씨여 본 신문을 참으로 사랑ᄒᆞ시거든 여간 몃쳔 원 몃ᄇᆡᆨ 원의 금익을 긔부ᄒᆞ시기로 ᄉᆡᆼ각지 마시고 일반 샤회의 남녀 동포를 권유ᄒᆞ야 한 사ᄅᆞᆷ도 신문 보지 안는 쟈ㅣ 업게 ᄒᆞ쇼셔

부치 세 자로 / 탄히싱

근일에 엇던 사름의 젼ᄒᆞ는 말을 들은즉 이젼에 세도의 한목 보던 언의 로 직상이 친구를 딕ᄒᆞ야 튼식ᄒᆞ야 갈아딕 「작년ᄭᆞ지 젼라남북도 각군 슈령 즁의 아는 사름과 밋 문하에 여러 힉 단이던 젼라도 사름들에게셔 봉물로 온 부치가 감지우감ᄒᆞ야 칠십여 자로가 되더니 금년에 와셔는 부치 쥬는 사름이 한아도 업고 다만 젼라도 디방에 락향ᄒᆞ야 사는 친쳑의 집에셔 부치 세 자로를 보닉얏기로 홀 슈 업시 시장에 나아가셔 오십여환의치[522]를 사셔 썻슨즉 인심의 효박홈을 가히 알지로다 닉가 쳘난 뒤에 부치 세 자로 싱기는 것은 쳐음 보는 일이어니와 릭년에는 아마 한 자로도 싱기지 못홀 쯧ᄒᆞ다」ᄒᆞ고 셰상이 망홈을 한탄ᄒᆞ더라 ᄒᆞ는지라 본 긔쟈ㅣ 이 말을 듯고 지나간 일을 싱각ᄒᆞ건딕 국틱공의 당년은 눈으로 보지 못ᄒᆞ얏슨즉 고샤물론ᄒᆞ고 근릭 력ᄉᆞ상에 가쟝 현져ᄒᆞᆫ 민씨의 셰도로 말홀지라도 지금 보국 민영휘 씨가 혜당에 경리ᄉᆞ를 겸딕ᄒᆞ야 흔텬동디ᄒᆞ는 셰력을 가졋슬 ᄯᅢ에 그 셰도를 쥬쟝ᄒᆞ는 민영쥰 씨는 다시 말홀 것 업고 그 겻헤 ᄯᆞᆯ닌 여러 민씨와 밋 그 문하에 압근히 단기는 사름ᄭᆞ지라도 그 셰도 바람을 힘닙어 팔도의 슈령 방빅과 각 디방의 부쟈들이 각기 소산물 즁의 진션진미ᄒᆞᆫ 것을 틱ᄒᆞ고 ᄯᅩ 틱ᄒᆞ야 닷호어 셰가로 보닉엿스니 이졔 그 봉물 보닉던 사름들의 본의를 궁구ᄒᆞ야 보면 기즁에 벼살을 구ᄒᆞ는 야심으로 셰가의 환심을 엇고져 ᄒᆞ는 쟈도 잇셧거니와 십의 칠팔은 ᄌᆞ긔의 싱명 직산을 보젼ᄒᆞ고져 ᄒᆞ야 셰가에 의탁홀 쯧으로 ᄌᆞ긔는 닙지 못ᄒᆞ고 먹지 못ᄒᆞ는 물건을 즁가를 쥬고 사셔 항여 다른 사름보담 뒤ᄯᅥ러질가 념려ᄒᆞ야 그리홈인즉 셰력을 가지고 그 물건을 밧는 쟈는 가만히 안져셔 텬하의 물건이 뎌졀로 들어오게 ᄒᆞ는

522 접미사 '~어치'의 오기.

능력을 밋고 스스로 방즈흔 마음이 나셔 만일 쥬지 안는 쟈가 잇스면 아모죠록 그 사름의 허무흔 죄를 얼거 그 지물을 임의디로 쎽아셧스니 그 마암이 쾌흐얏스려니와 갓다 쥬는 쟈와 쎽앗기는 쟈야 엇지 불상치 안으뇨 빅셩이 이갓치 싱명 지산을 보젼홀 도리가 업셔 남의게 의탁흐다가 맛참닉 국력이 쇠미흐야 스스로 다스리지 못흐는 디경에 일으럿스니 슯흐다 뎌 권셰를 가지고 빅셩의 지물을 쎽앗고 남이 갓다 쥬는 것을 렴치업시 밧던 사름이 조곰이라도 량심(良心) 잇고 보면 만분지일이라도 후회흐는 마암이 싱겨셔 그 죄를 즈복흐야 뻐텬하 빅셩에게 샤죄홀 것이어날 (미완)[523]

329 1908년 8월 19일(수) 제2762호 별보

제목 없음

일반 샤회에셔 본샤 찬셩흐기를 위흐야 찬셩회를 죠직흐고 금일 하오 스시로 상업회의소에 회동흔다는딕 그 취지셔가 좌와 여흐니

신문이라 흐는 것은 세계의 귀와 눈이오 보통 교육의 뎨일 긔관이라 이럼으로뻐 그 나라의 문명 뎡도를 그 나라 신문 블달의 엇더흠으로 보나니 뎌 구미각국은 신문의 죵류가 슈만에 달흐고 큰 보관의 발믹되는 슈는 슈십만 믹에 달흐야 농스짓는 사름과 즘싱치는 사름과 챠부와 역부가 구람치 안이흐는 쟈ㅣ업셔 이목을 열고 지식을 구흐야 그 문화의 날마다 나아감이 실로 신문의 효력이라 일을지로다 우리 한국은 젼국닉에 블힝흐는 신문이 삼스죵에 지나지 못흔지라 우리 이쳔만 민족의 안목으로 신문을 구람흐는 뎡도가 뎌 일본 거류민 슈십 만의 일문 신문을 구람흐는 슈에 밋지 못흐니 그 민지의 몽믹흠과 문화의

523 제2763호(8월 20일자)에 속편 게재됨.

유치홈이 크게 민망ᄒᆞ야 탄식홀 바이로다 비록 그러나 년릭 우리 동포의 애국 사상과 교육쥬의가 졈졈 긔발홈은 엇지 몃 가지 보필의 고심혈셩으로 효유경셩훈 효력이 안이라 ᄒᆞ리오 뎨국신문에 일으어는 국문으로 발힝ᄒᆞᄂᆞᆫ 고로 일반 부인 샤회와 하등 샤회를 ᄃᆡᄒᆞ야 지식의 계발홈이 가쟝 만흐니 대뎌 가뎡 교육은 부인 샤회가 근본이오 국민의 보통 긔명은 하등 샤회가 다슈를 졈유ᄒᆞ니 금일 문명 진보의 긔관은 뎨국신문의 효력이 더옥 만타 일을지로다 슯흐다 본월 팔일은 뎨국신문의 창간훈 만 십 년 긔념일이라 침침쟝야에 일졈고등이 풍우를 빅각ᄒᆞ고 광명을 쳐음으로 노아 언론의 속박과 경비의 군졸로 무한훈 곤난을 지ᄂᆡ며 지금ᄭᆞ지 근근유지ᄒᆞ야 십ᄌᆡ셩상을 지ᄂᆡ엿스니 우리 일반 샤회가 그 셩젹을 위ᄒᆞ야 축하ᄒᆞ고 감샤ᄒᆞᄂᆞᆫ 바어니와 목금 ᄒᆡ샤의 곤난훈 경황이 극졈에 달ᄒᆞ야 죠셕을 보존키 어려온 탄식이 잇스니 일반 샤회ᄂᆞᆫ 싱각ᄒᆞ고 싱각홀지어다 우리 대한 셰계에 일죠광션으로 십 년을 발휘ᄒᆞ던 뎨국신문이 금일에 이르러 유지치 못홀 경우이면 문명 긔관의 장차 퇴보ᄒᆞᄂᆞᆫ 영향이 과연 엇더ᄒᆞ며 부인 샤회와 하등 샤회에 이르러ᄂᆞᆫ 어두온 길에셔 촉불을 일허 귀에 들니ᄂᆞᆫ 바 업스며 눈에 뵈이ᄂᆞᆫ 바 업ᄂᆞᆫ 비경에 이를지니 그럼으로 본인 등이 그 유지홈을 도모코져 ᄒᆞ야 찬셩회를 발긔ᄒᆞ고 이에 우러러 고ᄒᆞ오니 각 샤회 쳠군ᄌᆞᄂᆞᆫ 뎨국신문에 ᄃᆡᄒᆞ야 유지 발달의 방침을 십분 강구ᄒᆞ야 찬셩의 실효를 발표ᄒᆞ심을 간졀히 바라ᄂᆞ이다

330 1908년 8월 20일(목) 제2763호 론셜

부치 세 자로(젼호속) / 탄히싱

오히려 ᄭᆡ닷지 못ᄒᆞ고 남이 무엇을 쥬지 안ᄂᆞᆫ다고 인심의 효박홈을 한탄ᄒᆞ니 불상ᄒᆞ다 이 사름들이여 죵금 이후로ᄂᆞᆫ 무죄훈 빅셩을 위협ᄒᆞ야 ᄌᆡ물을 ᄲᅢ

아슬 도리가 업고 ᄯᅩᄒᆞᆫ 언의 디방관이나 ᄌᆡ판관이 그 사ᄅᆞᆷ들의 편지를 인ᄒᆞ야 법률을 억일[524] 리치가 업슨즉 뎌 사ᄅᆞᆷ들이 쟝찻 무엇으로ᄡᅥ 이젼과 갓치 호의호식으로 셰월을 보ᄂᆡ리오 녯사ᄅᆞᆷ의 말에 사치ᄒᆞᆫ ᄃᆡ로 말ᄆᆡ암아 금소ᄒᆞᆫ ᄃᆡ 들어가기 어렵다 ᄒᆞ엿스니 오날ᄂᆞᆯᄭᅡ지 금의옥식으로 지ᄂᆡ던 사ᄅᆞᆷ이 일죠일셕에 악의악식은 ᄒᆞᆯ 슈 업고 돈이라고ᄂᆞᆫ 한 푼도 ᄉᆡᆼ기ᄂᆞᆫ 곳이 업ᄂᆞᆫ 고로 부득불 이왕에 ᄇᆡᆨ셩의 피와 길음을 ᄡᆞᆯ아 사 두엇던 뎐쟝을 파라 ᄡᅳᆯ지라 금년에 한 가지 팔고 명년에 한 가지 팔면 불과 긔년에 남ᄂᆞᆫ 것이 업스리니 그ᄯᆡ에ᄂᆞᆫ 스ᄉᆞ로 ᄯᆞᆷ흘니며 벌 슈도 업고 언의 누가 불상히 녁여 구졔ᄒᆞᆯ 사ᄅᆞᆷ도 업스리로다 이왕에 그 사ᄅᆞᆷ들의 지은 죄를 ᄉᆡᆼ각ᄒᆞ면 국가와 인민의 큰 원슈인즉 그와 갓치 보복을 밧ᄂᆞᆫ 것이 하ᄂᆞᆯ 리치의 ᄯᅥᆺᄯᅥᆺᄒᆞᆷ이라 족히 애호ᄒᆞᆯ 것이 업스나 그러나 그 사ᄅᆞᆷ들도 역시 우리 동포인 고로 구구ᄒᆞᆫ 츙곡의 ᄆᆞᆯ을 베푸러 경고ᄒᆞ노니 셰셰로 부귀를 누리던 사ᄅᆞᆷ들이여 오날부터ᄂᆞᆫ 결단코 남의 공ᄒᆞᆫ 것 바라지 ᄆᆞᆯ고 쳣ᄌᆡᄂᆞᆫ 의복 음식 거쳐 등의 사치ᄒᆞᆫ 버릇을 고쳐셔 지극히 검약ᄒᆞ게 ᄒᆞ며 아달ᄯᆞᆯ들을 졍도로ᄡᅥ 가라쳐 이왕의 지은 죄도 속ᄒᆞ고 일신 일간의 ᄒᆡᆼ복도 도모ᄒᆞᆯ지어다 만일 본 긔쟈의 악악ᄒᆞᆫ 츙언을 용납지 안으면 ᄅᆡ두의 참혹ᄒᆞᆫ 정상을 면치 못ᄒᆞ리라 ᄒᆞ노라 ᄯᅩ 향곡에셔 ᄂᆡ 힘 들여 먹고 닙고 사ᄂᆞᆫ 동포들이여 사ᄅᆞᆷ의 ᄉᆡᆼ명과 ᄌᆡ산은 가쟝 소즁한 물건이라 만일 ᄂᆡ가 스ᄉᆞ로 보젼치 못ᄒᆞ고 다른 사ᄅᆞᆷ을 의뢰ᄒᆞ다가ᄂᆞᆫ 몸과 집이 망ᄒᆞᆯ ᄲᅮᆫ 안이라 필경은 국가ᄭᅡ지 안보ᄒᆞ기 어려온 것이니 오ᄂᆞᆯ부터ᄂᆞᆫ 결단코 남을 밋지 말지어다 나의 몸 가지ᄂᆞᆫ 것과 일ᄒᆡᆼᄒᆞᄂᆞᆫ 것이 졍당ᄒᆞ면 셰력 잇ᄂᆞᆫ 쟈도 두렵지 안코 강ᄒᆞᆫ 쟈도 무셥지 안커ᄂᆞᆯ 무삼 ᄭᅡᄃᆞᆰ으로 앗가온 ᄌᆡ물을 들여 가며 셰력가의 쳥촉을 엇고져 ᄒᆞ리오 지금은 셰상이 녯적과 ᄃᆞᆯ나셔 부잘업시 ᄌᆡ물을 가지고 쳥촉을 엇으려다가ᄂᆞᆫ 올은 일이라도 남이 글으게 알 ᄲᅮᆫ이오 그 일로 인ᄒᆞ야 형법상의 죄인이 되기가 쉬오

524 원문 표기 그대로 옮김. 문맥상 '어길~'의 뜻.

니 부ᄃᆡ ᄂᆡ 일은 ᄂᆡ가 힘ᄒᆞ고 ᄂᆡ가 당ᄒᆞ야 남을 의지ᄒᆞ지 말으소셔 (완)

331 1908년 8월 21일(금) 제2764호 별보

대동학회월보 뎨사호의 론셜을 변론함[525] / 황셩신문 론셜 역ᄌᆡ

대동학회월보 뎨ᄉᆞ호 뎨오호의 론셜을 ᄎᆞ뎨로 본즉 도도ᄒᆞᆫ 슈만 마ᄃᆡ의 말이 고금을 왓다 갓다 ᄒᆞ며 시죵을 지극히 궁구ᄒᆞ야 왕양방ᄑᆡ(汪洋滂沛)ᄒᆞᆷ은 강하의 가을 물이 쏘다짐과 갓흐며 죵횡포치(縱橫鋪置)ᄒᆞᆷ은 무고(武庫)의 창과 칼이 삼렬ᄒᆞᆷ과 갓흐니 이 필력으로ᄡᅧ 렬강국의 대포와 군함을 가히 ᄡᅧ 방어ᄒᆞᆯ 것이오 이 변ᄌᆡ로ᄡᅧ 쳘학가의 리론을 가히 ᄡᅧ 압도ᄒᆞᆯ지니 ᄂᆡ가 무엇을 근심ᄒᆞ며 무엇을 근심ᄒᆞ리오 대한 셰계에 이갓흔 인물이 잇도다 그 사ᄅᆞᆷ은 누구뇨 ᄀᆞᆯ아ᄃᆡ 우산거ᄉᆞ(藕山居士) ㅣ 라

소위 우산거ᄉᆞᄂᆞᆫ 엇던 사ᄅᆞᆷ인지 아지 못ᄒᆞ거니와 대ᄀᆡ 한문가의 거벽이오 지나인의 츙노로다 그 론셜의 대지가 한문을 젼혀 쓰고 국문을 폐ᄒᆞ야 버림에 잇고 녜로부터 우리나라의 문장 져슐이 지나에 밋지 못ᄒᆞᆷ을 ᄀᆡ탄ᄒᆞ얏스니 대뎌 셰계 각국이 다 그 국어와 국문을 발휘 쥬쟝ᄒᆞ야 국셩(國性)을 ᄇᆡ양ᄒᆞ고 민지를 ᄀᆡ발ᄒᆞᆷ으로ᄡᅧ 뎨일 큰 쥬의를 삼거ᄂᆞᆯ 뎌ᄂᆞᆫ 호올로 무ᄉᆞᆫ 마암으로 눈을 부릅ᄯᅳ고 팔을 ᄲᅩᆸᄂᆡ야 ᄀᆞᆯ아ᄃᆡ 국문은 속담이라 반닷히 ᄇᆡᄒᆞᆯ 것이 안이며 한문은 고문(古文)이라 가히 놉히지 안이치 못ᄒᆞ겟다 ᄒᆞᄂᆞᆫ가 이제 국문 쥬쟝의 의론을

---

525 《대동학회월보》 제4~5호(1908.5~6)에 '우산거사(藕山居士)'라는 필명을 쓰는 저자의 「논설」이 연속 게재됨.(3호부터 연재되었던 「애국설(愛國說)」의 속편으로 추정됨) 1908년 8월 20일자 《황성신문》에는 이 글에 대한 반박문의 성격을 띤 「변대동학보 제사호논설(辨大東學報 第四號論說」이라는 제목의 국한문 논설이 실림. 위의 글은 그 순국문 번역문임.

챵도ᄒᆞᄂᆞᆫ 쟈가 엇지 일즉이 한문을 젼폐코져 ᄒᆞᆷ인가 다만 국문을 발달케 ᄒᆞ야 우리의 나라 정신을 보젼ᄒᆞ며 국민의 보통 교육의 편리ᄒᆞᆷ을 ᄌᆞ뢰코져 ᄒᆞᆷ이어ᄂᆞᆯ 뎌ᄂᆞᆫ 국문을 쓸ᄃᆡ업ᄂᆞᆫ 것으로 돌녀보ᄂᆡ고 젼혀 한문만 슝비코져 ᄒᆞ니 우리 국문을 죵갓치 보고 우리나라의 정신을 엄슈히 녁임이 심ᄒᆞ도다

또 뎌가 우리나라의 문쟝이 지나에 밋지 못ᄒᆞᆷ을 한탄ᄒᆞ얏스니 뎌의 의견은 우리 대한에 리ᄐᆡᄇᆡᆨ 두목지 한유 소동파 등이 무슈히 나서 정치상과 교육상에 셔로 자최를 니엇스면 우리나라를 부ᄒᆞ게 ᄒᆞ며 우리나라를 강ᄒᆞ게 ᄒᆞᆯ 줄로 ᄉᆡᆼ각ᄒᆞᄂᆞᆫ가 슯흐다 우리 대한이 ᄌᆞᄅᆡ로 부잘업시 문화만 슝상ᄒᆞ고 실상 쓸 것을 강구치 안이ᄒᆞᆫ 폐로 이갓치 쇠약ᄒᆞ야 능히 스ᄉᆞ로 보존치 못ᄒᆞᄂᆞᆫ 디경에 일으럿거ᄂᆞᆯ 오히려 문쟝의 부족ᄒᆞᆷ으로ᄡᅥ 한탄ᄒᆞ얏스니 한문에 ᄃᆡᄒᆞ야ᄂᆞᆫ 무량ᄒᆞᆫ 욕망이 잇고 특이ᄒᆞᆫ 츙의가 잇스나 국셩을 ᄇᆡ양ᄒᆞᆷ과 민지를 ᄀᆡ발ᄒᆞᆷ에ᄂᆞᆫ 호말도 념려치 안이ᄒᆞᆫ 쟈이니 뎌 갓흔 썩은 션ᄇᆡᄂᆞᆫ 비록 젹여구산이라도 나라와 ᄇᆡᆨ셩에게 죠곰도 유익ᄒᆞᆷ이 업슬지라 그 우활ᄒᆞᆷ과 요망ᄒᆞᆷ은 죡히 더불어 의론ᄒᆞᆯ 것이 업거니와 동보 뎨ᄉᆞ호의 론셜 한 대문은 부득불 변론ᄒᆞᆯ 쟈이 잇기로 이에 또다시 말ᄒᆞ노니 그 글에 ᄀᆞᆯ아ᄃᆡ (미완)

332 1908년 8월 22일(토) 제2765호 별보

대동학회월보 뎨사호의 론셜을 변론함 / 황셩신문 론셜 역ᄌᆡ (속)

단군 천년의 ᄉᆞ긔가 업고 긔ᄌᆞ 천년에 또 ᄉᆞ긔가 업스며 지나ᄂᆞᆫ 진말 한쵸(秦末漢初)에 일으럿스되 우리나라ᄂᆞᆫ 슌비 소흘(循蜚疏흘)[526]의 시ᄃᆡ라 신라의

526 원문 표기 그대로 옮김. '흘'자만 한자(漢子)가 표기되지 않음. 《황성신문》 원문 조회 결과 '순비소흘(循蜚疏迄)'로 표기되어 있음. '순비소흘(循蜚疏迄)'은 '순비소흘(循蜚疏訖)'의

닐어난 것이 한나라 션데 쩍에 잇고 삼국이 아올너 서셔 지나를 통ᄒᆞ얏스되 문헌이 갓초지 못ᄒᆞ고 김부식의 삼국ᄉᆞᄀᆡ가 잘 지엇다 칭ᄒᆞ나 ᄯᅩᄒᆞᆫ 미비홈이 만코 고려의 ᄉᆞᄀᆡ인즉 대신이 칙교를 밧들어 지은 것이 오려 ᄉᆞ데강인즉 유싱의 지은 바로 쥬ᄌᆞ의 강목을 본밧은 바이라 두 칙이 ᄯᅩᄒᆞᆫ 다만 단간란편(斷簡爛篇)을 긔슐홈이오 특별히 ᄒᆞᆫ 집의 뫼을 일움이 지나의 ᄉᆞ가와 갓흔 바이 업도다 이로ᄡᅥ 우리 한국의 글을 빅호ᄂᆞᆫ 쟈ㅣ 어려셔부터 쇼미통감을 익히고 본국 고ᄉᆞ에 일으러셔ᄂᆞᆫ 젼혀 어두어 강구치 안이ᄒᆞ니 이ᄂᆞᆫ 몃쳔릭의 유속이라 연고로 본국 력ᄉᆞ가 도모지 업도다 오날ᄂᆞᆯ 학교가 ᄉᆞ면에셔 닐어남을 당ᄒᆞ야 싀로 편찬ᄒᆞᆫ 본국 력ᄉᆞ가 잇스나 임의 녯 칙의 가히 상고홀 것이 업고 졔동야인의 와젼ᄒᆞᄂᆞᆫ 말이 만커ᄂᆞᆯ 가히 빙신치 못홀 것을 번등홈이오 글이 ᄯᅩᄒᆞᆫ 쇼솔미비ᄒᆞ야 가히 ᄡᅧ 사름을 보이지 못홀지로다

슯흐다 통셰계의 인졍이 다 ᄌᆞ긔 집과 ᄌᆞ긔 나라를 ᄉᆞ모ᄒᆞ며 슝빅ᄒᆞ며 쳔양ᄒᆞ며 포장ᄒᆞ거ᄂᆞᆯ 뎌ᄂᆞᆫ ᄌᆞ긔 집과 ᄌᆞ긔 나라를 홀연히 니져버리며 쳔히 보며 엄치ᄒᆞ며 말살ᄒᆞ니 엇지 인졍 밧게 ᄉᆞ상이 안이리오 우리 대한은 ᄉᆞ쳔년 문명 고국이라 시조 단군이 당요와 병립ᄒᆞ시고 긔ᄌᆞ가 동으로 오샤 쥬무왕과 한쩍에 나라를 셰우샤 팔됴로 가라침을 베푸시고 례의로 풍속을 일움이 ᄉᆞ칙에 소연히 잇고 텬하가 아름다옴을 일컷거ᄂᆞᆯ 뎌ᄂᆞᆫ 지나의 한말 진쇼로ᄡᅥ 우리나라의 슌비 소흘의 홍몽ᄒᆞᆫ 시ᄃᆡ라 ᄒᆞ니 단군 긔ᄌᆞ의 이쳔년은 반고 이상의 시ᄃᆡ라 ᄒᆞᄂᆞᆫ가 삼국 력ᄉᆞ에 박ᄉᆞ와 ᄉᆞ관이 구비ᄒᆞ얏스나 여러 번 병화에 불타 업셔진 것으로ᄡᅥ 당시에 지은 쟈가 업다 ᄒᆞ지 못홀지오 우리 대한의 글 빅호ᄂᆞᆫ 쟈가 어려셔부터 소미통감을 익히고 본국 ᄉᆞ긔를 닑지 안이홈은 지나를 슝빅ᄒᆞᄂᆞᆫ 폐습이라 교육가의 그릇홈이어ᄂᆞᆯ 뎌ᄂᆞᆫ 우리나라 ᄉᆞ가의 량필이 업셔셔 글 빅호

오기. 흘(訖)은 '仡'로도 씀. 역사가 기술되기 이전의 시대를 뜻함. 순비는 태고시대 십기(十紀) 가운데 7기(紀), 소흘은 10기. 『춘추명력서(春秋命曆敘)』에 나옴.

는 쟈가 소미통감을 익힌다 ᄒᆞ얏스니 이는 ᄌᆞ국의 문헌을 멸시홈이 심ᄒᆞᆫ 쟈이오 ᄯᅩ ᄀᆞᆯ아ᄃᆡ 근일 학교의 ᄉᆡ로 지은 력ᄉᆞ가 상고할 것이 업스며 와젼홈이 만코 쇼솔미비ᄒᆞ야 가히 써 사ᄅᆞᆷ의게 보이지 못ᄒᆞ겟다 ᄒᆞ얏스니 뎌의 말과 갓치 본국 력ᄉᆞ는 가히 ᄡᅧ 사ᄅᆞᆷ의게 보이지 못ᄒᆞᆯ 것이라 ᄒᆞᆯ진ᄃᆡ 학교 과뎡에 본국 력ᄉᆞ는 폐지홈이 가ᄒᆞᆯ가

슯흐다 셰계상 일반 국민이 다 ᄌᆞ국의 력ᄉᆞ를 어려셔부터 독습홈으로 ᄂᆡ 나라를 사랑ᄒᆞ는 ᄉᆞ상이 노슈에 밋치어 국가를 ᄃᆡᄒᆞ야 의분심이 잇고 단톄력이 ᄉᆡᆼ기는 것인ᄃᆡ 우리 대한 국민은 어려셔부터 타국 력ᄉᆞ를 독습ᄒᆞ고 본국 력ᄉᆞ는는[527] 폐기ᄒᆞᆫ 고로 애국ᄉᆞ상이 심히 쳔박ᄒᆞ거ᄂᆞᆯ 이졔 본국 력ᄉᆞ를 ᄃᆡᄒᆞ야 뎌럿타시 쳔ᄃᆡᄒᆞ니 이는 일반 국민의 애국심을 업시코져 홈이 안인가 슯흐다 우산거ᄉᆞ여 본국의 문헌도 족히 보잘 것이 업고 본국 력ᄉᆞ도 가히 보잘 것이 업거든 그ᄃᆡ의 ᄒᆞᆫ 집은 ᄌᆞᄌᆞ손손히 글 ᄇᆡᄒᆞᆯ ᄯᅢ에 소미통감만 닑엇스면 무상ᄒᆞᆫ 묘결이오 둘 업는 법문이니 셰셰로 비젼을 짓고 삼가 다른 사ᄅᆞᆷ을 향ᄒᆞ야 셜도ᄒᆞ야 우리 국민을 그릇ᄒᆞ지 말게 ᄒᆞᆯ지어다

333 1908년 8월 23일(일) 제2766호 별보

민영휘 씨의게 보낸 글

신ᄉᆞ 윤효뎡 씨가 민영휘 씨의 근일 ᄒᆡᆼ동을 보고 공분의 격동홈을 금치 못ᄒᆞ야 일쟝 츙고셔를 보ᄂᆡ얏는ᄃᆡ 그 글의 ᄉᆞ의가 ᄉᆞᆷ엄ᄒᆞ고 격졀ᄒᆞ야 족히 샤회 악덕쟈의 뎡문일침(頂門一鍼)이 되겟기로 그 젼문을 번역 등ᄌᆡᄒᆞ노라[528]

527 원문 표기 그대로 옮김. 조사 '는(는)'이 중복 표기됨.

528 참고: 국한문판《대한매일신보》(1908.8.25)에 같은 글이 「兩氏函辭」 이라는 제목(순한문)

경계쟈 효뎡은 미일 세 추례 밥 먹은 후에는 골아디 샤라 갈아디 회라 ᄒᆞ는 사이에 항상 미두몰신ᄒᆞ야 비록 셩취흔 바는 업스나 쏘한 능히 스스로 마지 못ᄒᆞ는지라 소이로 오리동안에 한 번도 나아가 절ᄒᆞ야 뵈옵지 못ᄒᆞ와 권이ᄒᆞ시는 졍을 져바렷스오니 죄가 만ᄉᆞ오며 죄가 만습나이다 그러나 미양 샤회 사름의 평론ᄒᆞ는 말을 인ᄒᆞ야 각하의 일동 일졍과 일션 일악과 지나간 일의 엇더흔 것과 쟝리 일의 엇더홀 것을 자못 날마다 듯습다가 근리에는 거의 하로에 두세 번식 듯ᄉᆞ온즉 스스로 뻐 ᄒᆞ되 각하의 일을 밀우어 알기는 각하가 스스로 아시는 것보담 뒤지지 안을가 ᄒᆞ야 쳣지는 각하를 위ᄒᆞ야 두려워ᄒᆞ며 둘지는 각하를 위하야 애석히 녁이며 셋지는 각하를 위ᄒᆞ야 분히 녁이며 넷지는 각하를 위ᄒᆞ야 붓그러워ᄒᆞ노이다 각하의 십 년 셰도ᄒᆞ시던 민활흔 슈단으로 엇지 오날늘 이갓치 어둡고 완악ᄒᆞ야 신령치 못흠이 잇슬 쥴을 뜻ᄒᆞ얏스리오 진실로 맛당히 만ᄉᆞ를 졔ᄒᆞ고 나앗ᄌᆞ와 뵈온 후 한번 악악흔 물삼을 알욀 것이로디 쏘 싱각건딘 각하가 작은 지혜와 작은 말지됴로뻐 넉넉히 간ᄒᆞ는 말을 막는 능간이 잇셔셔 말 한 마디를 겨오 니면 문득 우직흔 쟈로 ᄒᆞ야곰 긔운이 죽게 ᄒᆞ실지라 연고로 혀를 디신ᄒᆞ야 이갓치 앙둘ᄒᆞ오니 감히 바라압건디 그 우직흠을 용셔ᄒᆞ시고 그 물을 용납ᄒᆞ샤 능히 두 번 싱각ᄒᆞ신즉 나라를 위ᄒᆞ야 다힝ᄒᆞ며 각하를 위ᄒᆞ야 다힝ᄒᆞ며 효뎡을 위ᄒᆞ야 다힝ᄒᆞ거니와 만일 각하가 일향 밋는 바이 잇셔셔 츙셩된 말이 능히 들어가지 못흔즉 효뎡의 각하의게 디ᄒᆞ는 바라는 바가 쓴어지고 각하의 이 셰상에 디ᄒᆞ는 만ᄉᆞ가 다 쉬일지로다 그런즉 효뎡이 결단코 거의 망ᄒᆞ야 가는 필부로 더부러 벗ᄒᆞ지 안코 원컨딘 일셰에 공의 가진 쟈로 더부러 짝ᄒᆞ야 곳 입을 갓치 ᄒᆞ야 죄를 소리 질으며 팔둑을 아올너 타격ᄒᆞ야 뻐 셰상 사름의 공분을 쾌ᄒᆞ게 홀 싸름이로라

으로 게재됨.

1908년 8월

슯흐다 우리 긔호학회의 셜립홈이 엇지 까둙이 업스리오 진실로 소릐를 듯고 물건을 아는 지혜가 잇는 쟈면 거의 우리 긔호 민족을 위ᄒᆞ야 마암이 압흐고 피를 토ᄒᆞ며 소릐를 삼켜 늣기는 졍이 잇슬지라 도라보건ᄃᆡ 이 회의 불젼ᄒᆞ며 못홈이 우리 긔호 민족의 존망과 국가의 흥쇠에 관계가 잇도다 (미완)

334 1908년 8월 25일(화) 제2767호 별보

민영휘 씨의게 보낸 글 (젼호속)

희회를 창립ᄒᆞᆫ 이후로 사름의 눈 잇고 귀 잇는 쟈ㅣ 다 리군죵호(李君鍾浩)로써 거울을 삼아 반닷히 바라는 바를 각하에게 부쳐 갈아ᄃᆡ 우리 회에도 쏘ᄒᆞᆫ 응당 담당홀 쟈ㅣ 잇스리라 ᄒᆞ야 쳔 사름의 귀가 홈게 기우러지고 만 사름의 눈이 갓치 치어다보아 그 바라는 바이 임의 즁ᄒᆞ고 밋는 바이 쏘ᄒᆞᆫ 크되 각하의 긔이ᄒᆞᆫ 셩품이 본ᄅᆡ 남의 권ᄒᆞ는 것을 닙어 움작이는 것을 깃버ᄒᆞ지 안는 고로 감히 긔부라 연보라 ᄒᆞ는 말로써 ᄒᆞᆫ 번 각하의 압헤 베풀지 못ᄒᆞ고 오작 각하의 놉흐신 뜻만 바라고 기다려 늘이 가고 달이 가는 사이에 지금 반년이 넘엇는ᄃᆡ 회관은 공히를 빌어 셔셜ᄒᆞ고 학교는 유지ᄒᆞ는 방칙이 곤난ᄒᆞ고 쏘ᄒᆞᆫ 찬셩원과 쥬무원 등의 열셩으로 담임ᄒᆞ는 쟈ㅣ 업지 안이ᄒᆞ되 다만 각하가 찬 눈과 찬 마암으로 진나라 사름의 팔이ᄒᆞᆫ 것 보듯 ᄒᆞ며 건넌 언덕의 화직 보듯 ᄒᆞ니 그 영향의 밋는 바에 만ᄉᆞ가 와히ᄒᆞᆫ지라 각하가 학회에 ᄃᆡᄒᆞ야는 다만 찬셩치 안이ᄒᆞ는 쟈가 될 쑨 안이라 실로 방히ᄒᆞ는 큰 물건이 되얏스니 각하가 엇지 참아 이것을 ᄒᆞ나뇨 대뎌 학회의 셜립은 젼혀 교육을 위홈이오 교육의 긔관은 젼혀 학교에 잇고 학교의 유지는 젼혀 직졍에 잇는지라 향일에 긔호학교를 챵셜ᄒᆞ는 쳐음에 효뎡이 감히 교쟝의 소임을 만흔 것은 감히 갈아ᄃᆡ 학식과 명망이 능히 이 소임을 감당ᄒᆞ겟다 홈은 안이로ᄃᆡ 스ᄉᆞ로 뼈 ᄒᆞ되 교육 졍신은 사ᄅᆞᆷ에게 뒤지지 안코져 ᄒᆞᆷ이로소이다 그러나 당당ᄒᆞᆫ 민족의 긔호 일ᄀᆡ 학교가 ᄇᆡᆨ 가지로 군졸ᄒᆞ야 ᄀᆡ인의 ᄉᆞ립ᄒᆞᆫ ᄒᆞᆫ 동ᄂᆡ 조고마ᄒᆞᆫ 학교와 다름이 업슨즉 이ᄂᆞᆫ 불가ᄉᆞ문어타인이로다 ᄯᅩᄒᆞᆫ 뉘 붓그러옴이라 ᄒᆞ리오 ᄯᅩ 각하로 ᄒᆞ야곰 특별히 슈만금을 의연ᄒᆞ야 다른 사ᄅᆞᆷ의 손에 위임ᄒᆞᆫ즉 가히 ᄡᅥ 각하의 의무를 다ᄒᆞᆯ가 ᄯᅩᄒᆞᆫ 사ᄅᆞᆷ이 각하에게 바라ᄂᆞᆫ 바이 가히 만족ᄒᆞᆯ가 ᄀᆞᆯ아ᄃᆡ 안이라 고로 이졔 각하를 위ᄒᆞ야 ᄭᅬᄒᆞ든지 국가를 위ᄒᆞ야 ᄭᅬᄒᆞ든지 각하가 이 학교의 교쟝이 되야 긔호의 쳥년을 교육ᄒᆞ야 우리의 국권을 회복ᄒᆞᆯ 인ᄌᆡ를 작셩ᄒᆞᆷ으로ᄡᅥ 스ᄉᆞ로 맛ᄂᆞᆫ 이만 갓지 못ᄒᆞ도다 진실로 이갓치 ᄒᆞᆫ즉 다만 왼 셰상의 바라ᄂᆞᆫ 바이 흡족ᄒᆞᆯ ᄲᅮᆫ 안이라 ᄯᅩᄒᆞᆫ 효뎡이 슯흔 마음을 돌녀 깃버ᄒᆞ며 ᄎᆡᆨ직을 잡고 등ᄌᆞ를 ᄯᅡ라 비록 견마의 슈고롬이라도 죽어도 ᄉᆞ양치 안코 하풍에 츄챵ᄒᆞ리니 아지 못게라 놉흐신 ᄯᅳᆺ이 엇더타 ᄒᆞ올는지 이샹의 베푼 바가 자못 경직 불손ᄒᆞᆷ에 갓갑ᄒᆞ오나 다만 두려워ᄒᆞ건ᄃᆡ 각하의 복뎐(福田)이 넓지 못ᄒᆞ야 능히 이 ᄆᆞᆯ을 거두어 용납지 못ᄒᆞ리라 ᄒᆞ노라 그러나 삼가 회교를 기다려 맛당히 두 번 셰 번을 베풀고져 ᄒᆞ노이다

륭희 이년 팔월 이십일

윤효뎡 ᄇᆡᆨ

민영휘 각하

335 1908년 8월 26일(수) 제2768호 론셜

뎐옥(典獄)의 ᄎᆡᆨ임은 곳 법부대신의 ᄎᆡᆨ임

감옥이라 ᄒᆞᄂᆞᆫ 것은 국가의 형률을 리힝ᄒᆞ기 위ᄒᆞ야 범죄인을 감금ᄒᆞᄂᆞᆫ 곳인즉 그 소즁이 ᄌᆞ별ᄒᆞᆫ지라 고로 법부의 직할로 졔뎡ᄒᆞ야 뎐옥(典獄) 간슈쟝 간슈 등의 모든 관리를 두어 감독케 ᄒᆞ얏스니 그 관리가 포학ᄒᆞ야 죄인을

학ᄃᆡᄒᆞ든지 유약ᄒᆞ야 죄슈를 실포ᄒᆞ든지 ᄒᆞᄂᆞᆫ 폐단이 잇스면 이ᄂᆞᆫ 다만 옥리의 ᄎᆡᆨ임ᄲᅮᆫ 안이라 곳 법부대신의 ᄎᆡᆨ임이라 ᄒᆞᆯ지어ᄂᆞᆯ 근ᄅᆡ 우리나라 경셩감옥셔에셔 죄슈 십ᄉᆞ 명을 실포ᄒᆞᆫ 지 불과 긔일에 량긔탁 씨의 ᄉᆞ건으로 인ᄒᆞ야 외교상 문뎨ᄭᆞ지 야긔ᄒᆞ얏스니 엇지 그 뎐옥을 다만 일이기월 벌봉에 쳐ᄒᆞ리오 이갓치 상벌이 엄명치 못ᄒᆞ고ᄂᆞᆫ 긔강을 셰울 도리가 만무ᄒᆞ도다 지금 ᄇᆡᆨ도 혁신ᄒᆞᄂᆞᆫ ᄯᆡ를 당ᄒᆞ야 우리나라 사ᄅᆞᆷ은 학문과 지식이 부족ᄒᆞᆷ으로 리웃나라의 고명ᄒᆞᆫ 션ᄇᆡ를 만히 연빙ᄒᆞ야 법령을 ᄇᆞᆰ히게 ᄒᆞᆷ이어ᄂᆞᆯ 그 사ᄅᆞᆷ이 이와 갓치 ᄎᆡᆨ임을 무시ᄒᆞ고 다만 국고금만 허비ᄒᆞᆯ진ᄃᆡᆫ 우리 국민된 쟈가 엇지 묵묵히 지나가리오 우즁지 ᄌᆡᆨ작일 아참 죵로 감옥셔에셔 폭동이 닐어나 슈도 이명은 춍살ᄒᆞ고 일명은 즁상ᄒᆞ고 일명은 도쥬ᄒᆞ얏ᄂᆞᆫᄃᆡ 이졔 춍살ᄒᆞ던 졍황을 들은즉 작보에 긔ᄌᆡᄒᆞᆫ 바와 갓치 ᄉᆞ명의 슈도가 도망ᄒᆞ랴 ᄒᆞ야 옥즁이 소요ᄒᆞᆷ으로 각간의 죄슈가 일시에 란동ᄒᆞᆯ 모양인 고로 안ᄌᆡ 간슈가 뷘 총을 삼사방 노코 옥쳔 대월 안ᄌᆡ 삼간슈가 힘을 아올녀 즁문을 굿게 다치고 잇스니 경ᄉᆡᆨ이 심히 위름ᄒᆞᆫ지라 안ᄌᆡ 간슈가 다시 방포ᄒᆞ야 한 명을 죽엿다 ᄒᆞ니 셜ᄉᆞ 죄슈가 문밧그로 도망ᄒᆞ야 나아갓슬지라도 힘과 용ᄆᆡᆼ을 다ᄒᆞ야 ᄯᆞ라 포박ᄒᆞᄂᆞᆫ 것이 가ᄒᆞ고 가쟝 위급ᄒᆞ면 발검ᄒᆞᄂᆞᆫ 것도 부득이ᄒᆞᄂᆞᆫ 일이어날 일시의 경겁으로 아즉도 문안에 잇ᄂᆞᆫ 죄슈를 춍을 노아 죽이니 이것이 엇지 문명 시ᄃᆡ의 ᄒᆡᆼᄒᆞᆯ 바이리오 ᄯᅩ ᄒᆞᆫ 명은 임의 도망ᄒᆞ야 문밧게 나간 후에 리 간슈와 민 간슈가 ᄶᅩ차가ᄂᆞᆫᄃᆡ 구보 간슈가 ᄯᆞ라간즉 간슈 이 명과 슈도 일 명이 어우러져 ᄡᅡ호ᄂᆞᆫ 것을 보고 춍을 들어 곳 노아 당쟝에 죽엿다 ᄒᆞ니 간슈 이 명이 붓들고 다토ᄂᆞᆫ 마당에 한 명이 더 잇스면 슈도가 아모리 용ᄆᆡᆼᄒᆞᆯ지라도 셰 사ᄅᆞᆷ의 힘으로ᄂᆞᆫ 능히 포박ᄒᆞᆯ 슈도 잇고 ᄯᅩᄒᆞᆫ 포박지 못ᄒᆞᆯ지라도 칼로ᄡᅥ 다리나 팔을 ᄶᅵᆨ기가 어렵지 안을 것이어ᄂᆞᆯ 거연히 춍살ᄒᆞ얏스니 셜ᄉᆞ 그 슈도들이 강도라 ᄒᆞ야도 법률로ᄡᅥ 죽임은 가ᄒᆞ거니와 이갓치 춍살ᄒᆞᆷ은 불가ᄒᆞ며 ᄇᆡᆨ쥬 죵로 가온ᄃᆡ셔 슈십 방의 춍을 란불ᄒᆞ야 부근 인민이 경동ᄒᆞᆯ ᄲᅮᆫ 안이라 불ᄒᆡᆼ

ᄒᆞ야 무죄ᄒᆞᆫ 인명이 상ᄒᆞ얏스면 엇지ᄒᆞ얏슬고 진실로 모골이 송연ᄒᆞ도다 이ᄂᆞᆫ 호올노 뎐옥이나 간슈 등의 실직 실칙이 안이오 곳 법부 당국쟈의 칙임 문뎨라 ᄒᆞ노라

336 1908년 8월 27일(목) 제2769호 론셜

토이기 황실의 영단을 흠탄ᄒᆞᆷ

작일 본 신문 외보에 긔직ᄒᆞᆫ 바 토이기국 셔울 군ᄉᆞ탄뎡보 뎐보를 본즉 토이기국 황뎨ᄂᆞᆫ 열심으로 폐정을 기혁코져 ᄒᆞ야 몬져 황실비를 감싱ᄒᆞ시 쓸ᄃᆡ 업ᄂᆞᆫ 궁ᄂᆡ부 관리 륙십ᄉᆞ 명을 졔틱ᄒᆞ고 몃빅 년 젼릐ᄒᆞ던 황실 소유의 목쟝(牧場)을 일톄 폐지ᄒᆞ고 ᄉᆞ복에 잇던 마필은 모다 륙군부로 ᄂᆡ리고 이왕에 춍신과 대신의 무리가 불법 힝위로ᄡᅥ 빅셩의 지물이나 뎐쟝 ᄲᅢ아슨 것을 몰슈히 ᄂᆡ여 쥬게 ᄒᆞ얏다 ᄒᆞ니

상쾌ᄒᆞ도다 이 일이여 영민ᄒᆞ도다 이 인군이여 무릇 나라 졍ᄉᆞ를 기혁ᄒᆞᆯ ᄯᅢ에 빅셩의 마암을 일신케 ᄒᆞ지 안으면 빅셩이 녯 풍속만 사랑ᄒᆞ야 신 법령을 불편ᄒᆞ다 ᄒᆞ되 영걸ᄒᆞᆫ 인군이나 뢰확ᄒᆞᆫ 졍치가가 나셔 범상ᄒᆞᆫ 사ᄅᆞᆷ이 힝치 못ᄒᆞᆯ 것을 힝ᄒᆞ면 어렵지 안케 되나니

대뎌 토이기국은 아셰아와 구라파 사이에 웅거ᄒᆞᆫ 대국이로ᄃᆡ ᄌᆞ고로 젼제 졍치를 힝ᄒᆞ야 인군과 공경대부가 인민을 압제ᄒᆞ야 민력이 쇠잔ᄒᆞ고 국세가 미약ᄒᆞ야 그 위틱ᄒᆞᆷ이 죠셕에 잇ᄂᆞᆫ 고로 텬하의 ᄯᅳᆺ잇ᄂᆞᆫ 션비가 모다 토이기를 위ᄒᆞ야 한탄ᄒᆞ더니 이졔 그 나라 황뎨가 대영단과 대결심으로ᄡᅥ 루빅 년 폐정을 혁신ᄒᆞ라 ᄒᆞᄂᆞᆫᄃᆡ 몬져 그 황실비를 감싱ᄒᆞ야 인군이 스ᄉᆞ로 지물 쓰기를 졀죠 잇게 ᄒᆞ고 ᄯᅩ 몃빅 년 사이에 권문셰가가 잔약ᄒᆞᆫ 인민의 기름과 피를 ᄲᅡ라 부귀를 도모ᄒᆞ던 쟈의 젼지와 뎐답을 일톄히 도로 ᄂᆡ여 쥬게 ᄒᆞᆫ다 ᄒᆞ니 그 빅

1908년 8월

셩이 아모리 완악ᄒᆞ고 어리셕은들 엇지 인군을 사랑ᄒᆞ며 나라에 츙셩홀 마암이 발ᄒᆞ지 안으리오 이 마암이 ᄒᆞᆫ 번 발ᄒᆞ면 나라일은 손바닥을 돌니기 갓흘지니 참 하례홀 바이로다 슯흐다 우리나라에셔도 슈 년 이릭로 시졍기션이라 ᄒᆞᄂᆞᆫ 일홈은 잇스되 실상 아름다온 결과를 엇지 못홈은 엇지홈이뇨 졍부 당로쟈가 졍치의 본말(本末)을 ᄉᆡᆼ각지 안코 날마다 법령 규측을 장마 뒤에 버슷 돗ᄂᆞᆫ 것갓치 발포ᄒᆞ나 ᄇᆡᆨ셩이 다만 불편ᄒᆞᆫ 것만 한탄ᄒᆞ고 유익홈을 ᄭᆡ닷지 못ᄒᆞ니 엇지 ᄡᅧ 기혁의 셩젹이 잇스리오

뎌 토이기국은 녯젹부터 돌궐(突厥)이라 지목ᄒᆞ야 한 오랑캐의 나라로 알던 나라도 오날늘 문명 풍죠(文明風潮)에 밀녀셔 이갓치 텬하 사름의 이목을 놀니게 ᄒᆞ거든 동방례의지국이라 ᄌᆞ칭ᄒᆞ던 당당ᄒᆞᆫ 단군 긔ᄌᆞ의 후예로 오날늘 촘아 말홀 슈 업ᄂᆞᆫ ᄶᅡ에 ᄲᅡ져셔도 오히려 완고ᄒᆞᆫ 버릇을 직희여 진취 ᄉᆞ상이 업ᄂᆞᆫ 쟈와 오히려 졍권 징탈(政權爭奪)에 분쥬ᄒᆞᆫ 쟈와 ᄇᆡᆨ셩의 고혈을 ᄲᅡ라 들여 부귀를 안향ᄒᆞᄂᆞᆫ 쟈ㅣ 젼국에 편만ᄒᆞ얏스니 진실로 한심 통곡홀 ᄲᅮᆫ이 안이라 곳 염연히 이 셰상을 몰으고 십도다 오호 챵텬이여 엇지 우리나라를 사랑치 안으며 우리 민족을 불상히 녁이지 안는고

337 1908년 8월 29일(토) 제2770호 론셜

인삼 입찰(人蔘入札)을 ᄒᆞᆫ탄홈 / 탄희ᄉᆡᆼ

우리나라의 인삼은 ᄌᆡ물 근원의 큰 것이라 년릭로 일본 삼졍물산회사에 위탁ᄒᆞ야 파ᄂᆞᆫ 고로 막대ᄒᆞᆫ 리익이 외국 사름의 슈즁에 들어감을 사름마다 ᄒᆞᆫ탄ᄒᆞ더니 금년부터ᄂᆞᆫ 졍부의 젼ᄆᆡ품(專賣品)으로 뎡ᄒᆞ야 국가의 큰 ᄌᆡ원을 보호ᄒᆞ얏슨즉 인민의 ᄌᆞ유 ᄆᆡᄆᆡ를 허낙ᄒᆞᆫ이만은 갓지 못ᄒᆞ나 다소간 졍리ᄂᆞᆫ 되엿다 홀지라 이왕에 삼졍을 인연ᄒᆞ야 즁간에셔 롱간ᄒᆞᄂᆞᆫ 쟈의 ᄇᆡ를 살지게 ᄒᆞ던

것보다 가장 아름다오나 그러나 향일에 탁지부에서 관보에 공고흔 바를 본즉 기셩 뎨일은힝 지뎜 창고에 쓰인 인삼 일만 일쳔팔빅스십오 근을 닉여 팔 터인즉 사고져 흐는 쟈는 입찰 보증금 십만 원을 밧치고 입출을 뎨츌흔 쟈 즁에셔 가히 입찰훌 만흔 쟈를 지명(指名)흐야 본인의게 통지흔다 흐얏기로 본 긔쟈ㅣ 싱각흐되 우리 동포 가온딕도 능히 십만 원의 보증금을 밧치고 입출의 지명을 밧을 쟈ㅣ 업지 안으리라 흐야 마암에 십분 깃버흐얏더니 본월 이십오일 탁지부 스셰국에서 기찰(開札)흔 결과를 들은즉 지명된 쟈는 삼졍물산회사, 동순틱, 셰창양힝, 유풍덕 네 사름인딕 동슌틱가 오십륙만일쳔 원으로 락찰되엿다 흐니 그윽히 싱각건딕 우리 동포 즁에는 입출흔 사름이 한아도 업셧는 듯흐도다 만일 흔 사름이라도 입찰을 흐얏스면 엇지 외국 사름만 지명흐고 한국 인민은 지명치 안이흐얏스리오

슯흐다 우리 경셩 가온딕 능히 빅만 원의 즈본을 가진 쟈ㅣ 업는가 십만 원의 보증금과 오십륙만일쳔 원의 가금을 족히 판출훌 쟈ㅣ 업지는 안으렷마는 감히 힝치 못흐야 이갓치 리익 잇는 물건을 외인의 슈즁으로 돌녀보닉니 이것이 한탄훌 바의 한 가지오 셜혹 한 사름의 힘으로는 능히 힝치 못훌지라도 외국 사름과 갓치 단합흐는 힘이 잇고 보면 십인 혹 이십인이 즈본을 합흐야 경영훌진딘 어렵지 안을 것이어늘 이것도 쏘한 힝치 못흐니 이것이 한탄훌 바의 두 가지오 셜스 열이나 수물이 즈본을 합흐야 흐고져 훌지라도 평일부터 단합흐야 닉외국의 신용을 엇지 못흐면 입출의 지명을 밧지 못흐리니 오날늘에 비로소 그런 싱각을 둠은 목말음을 림흐야 우물을 파는 것이니 이것이 한탄훌 바의 셰 가지라 우리 동포가 이갓치 직산도 업고 단합력도 업고셔야 엇지 뻐 남과 싱죤을 경징흐리오 싱각훌지어다 우리 동포여

역둔토[529] 관리 규뎡의 딕훈 의견 / 탄히싱

본월 십이일에 탁지부령 뎨이십칠호로뻐 역둔토 관리 규뎡 십이됴를 반포 ᄒᆞ얏ᄂᆞᆫ딕 부측 뎨십일됴에 갈ᄋᆞ딕 본 규뎡은 반포ᄒᆞᄂᆞᆫ 날부터 시힝ᄒᆞᆫ다 ᄒᆞ고 동 뎨십이됴 갈아딕 본 규뎡을 시힝ᄒᆞᆯ 즈음에 역둔토에 농ᄉᆞ를 짓ᄂᆞᆫ 쟈ᄂᆞᆫ 륭희 이년 팔월 금음날 안에 그 뜻을 소관 직무 감독 국장에게 신고(申告)ᄒᆞᆷ이 가ᄒᆞᆷ 이라 ᄒᆞ고 그 ᄭᅳᆺ헤 쏘 ᄒᆞᆫ 구졀을 쳠부ᄒᆞ되 젼항(前項)의 신고를 ᄒᆞᄂᆞᆫ 쟈ᄂᆞᆫ 우션(優先)ᄒᆞᆫ 작인이 되ᄂᆞᆫ 일을 엇ᄂᆞᆫ다 ᄒᆞ얏스니 규뎡의 반포ᄂᆞᆫ 엇지 그리 ᄂᆞ지며 신고의 긔한은 엇지 그리 급박ᄒᆞ뇨

대뎌 졍부에셔 법령이나 규뎡 등을 마련ᄒᆞᆷ은 일반 인민으로 ᄒᆞ야곰 알게 ᄒᆞ 고져 ᄒᆞᆷ이어ᄂᆞᆯ ᄇᆡᆨ셩의 힝ᄒᆞᆯ 만ᄒᆞᆫ 긔한을 헤아리지 안코 신고 긔한을 이십일 닉로 뎡ᄒᆞ얏스니 엇지 민심이 의현(疑眩)치 안으리오 혹쟈ㅣ 말ᄒᆞ되 츄슈ᄒᆞᆯ ᄯᅢ가 머지 안음으로 인ᄒᆞ야 부득불 이갓치 ᄒᆞ엿나니라 ᄒᆞ나 그러나 금년을 츄슈를 ᄒᆞ기 젼에 실시코져 ᄒᆞᄂᆞᆫ 일을 젹을지라도 오월이나 륙월에 반포ᄒᆞ지 안코 팔 월ᄭᆞ지 두엇다가 갑작이 규뎡을 마련ᄒᆞ야 노코 ᄇᆡᆨ셩다려 이딕로 힝ᄒᆞ라 ᄒᆞ면 이ᄂᆞᆫ 속담의 일은바 쟝비 군령이라 ᄇᆡᆨ셩이 언의 겨를에 능히 힝ᄒᆞ리오 이 규뎡 은 ᄇᆡᆨ셩이 힝ᄒᆞ기ᄂᆞᆫ 고샤물론ᄒᆞ고 궁향벽촌에 사ᄂᆞᆫ ᄇᆡᆨ셩은 밋쳐 듯지도 못ᄒᆞ 얏스리로다 우리나라의 디방 졍형을 ᄉᆡᆼ히건딕 즁앙 졍부에셔 무삼 명령을 반 포ᄒᆞᆫ 후 ᄒᆞᆫ 달 젼에ᄂᆞᆫ 고루로 들어 아지 못ᄒᆞ나니 이ᄂᆞᆫ 교통의 불편ᄒᆞᆷ과 디방 힝졍관의 민쳡지 못ᄒᆞᆷ과 일반 민심이 졍부의 명령을 고려 공ᄉᆞ 사흘로 녁이ᄂᆞᆫ

529 역둔토(驛屯土): 교통의 중심지에 설치된 역의 경비를 충당하기 위하여 지급된 전답을 역토(驛土)라 하고, 지방이나 중앙관청의 경비를 충당하기 위해 각 관청에 지급된 토지를 관둔전(官屯田)이라 하는데 이를 합하여 역둔토라 한다.

듸 잇는지라 오날늘 폐졍을 기혁ᄒᆞᄂᆞᆫ ᄯᅢ에 당ᄒᆞ야 인민의 ᄉᆞ졍과 도로의 원근을 도모지 헤아리지 안이ᄒᆞ고 이갓치 긔한을 급박히 ᄒᆞ면 빅셩이 밋쳐 슈족을 놀니지 못ᄒᆞ고 긔한이 지나간 후에야 비로소 경황ᄒᆞ야 엇지ᄒᆞᆯ 줄을 몰으니 참 가련ᄒᆞ도다 우리 빅셩이여 빅셩이 스ᄉᆞ로 ᄭᆡ여 이런 일에 쥬의ᄒᆞ지 못ᄒᆞ며 졍부가 ᄯᅩᄒᆞᆫ 이갓치 우미ᄒᆞᆫ 빅셩 인도ᄒᆞᄂᆞᆫ 법을 아지 못ᄒᆞ니 누구를 힘닙어 ᄉᆡᆼ명 직산을 보존ᄒᆞᆯ가 ᄒᆞᆷ을며 역둔토ᄂᆞᆫ 본릭 국유토디(國有土地)나 그러나 몃빅 년 사이에 ᄉᆞ상ᄆᆡᄆᆡᄒᆞ야 오던 것을 오날늘에 졸연히 이갓ᄒᆞᆫ 규뎡으로ᄡᅥ 구속ᄒᆞ면 그 ᄒᆡ의 밋ᄂᆞᆫ 바가 막대ᄒᆞᆯ지니 졍부 당국쟈가 민졍의 엇더ᄒᆞᆷ과 리ᄒᆡ의 엇더ᄒᆞᆷ을 도라보지 안이ᄒᆞ고 문명ᄒᆞᆫ 나라의 법규를 의방ᄒᆞ야 법규만 반포ᄒᆞ면 나라가 다ᄉᆞ리고 빅셩이 편안ᄒᆞᆯ 쥴 아ᄂᆞᆫ가 참 한심ᄒᆞᆫ 일이로다

9월

339 1908년 9월 1일(화) 제2772호 별보

녯것을 바리고 새 것을 힘쓸 일

우리 동지의 션비들이 발힝ᄒᆞᄂᆞᆫ 교육월보(敎育月報) 뎨삼호 가온ᄃᆡ 론셜 일편이 잇ᄂᆞᆫᄃᆡ 그 뜻이 가쟝 아름다온 고로 본 신문에 등ᄌᆡᄒᆞ야 ᄡᅥ 젼국에 쇼기ᄒᆞ노라

이젼 셩인의 말삼에 날마다 새롭고 ᄯᅩ 늘로 새롭게 ᄒᆞ라 ᄒᆞ엿스니 사ᄅᆞᆷ이 무삼 일에던지 새롭기를 힘쓰지 안코 이젼 것만 고집ᄒᆞ면 아모리 흥왕ᄒᆞ기를 바라더라도 뜻을 이루지 못ᄒᆞ리로다

무릇 텬하 만물이 모다 하ᄂᆞᆯ 리치를 ᄯᅡ라 변ᄒᆞᄂᆞ니 날이 가고 달이 오며 봄이 가고 여름이 오며 금년이 가고 명년이 도라오ᄂᆞᆫᄃᆡ 그 가ᄂᆞᆫ 것은 녯것이오 오ᄂᆞᆫ 것은 새 것이라 침침ᄒᆞᆫ 밤이 가고 쇄락ᄒᆞᆫ 새벽날 오기와 엄동셜한 치위가 가고 화창ᄒᆞᆫ 봄 되기와 어두은 시ᄃᆡ에 문명ᄒᆞ기를 기다리ᄂᆞᆫ 것은 져마다 바라ᄂᆞᆫ 바어니와 이졔 사ᄅᆞᆷ 사ᄂᆞᆫ 샤회상 일도 츈하츄동 ᄉᆞ시의 변쳔ᄒᆞᄂᆞᆫ 리치를 ᄯᅡ라 ᄎᆞᄎᆞ 변ᄒᆞᄂᆞᆫ 줄 몰으게 변ᄒᆞ야 십 년 ᄇᆡᆨ 년 만에 십 년 ᄇᆡᆨ 년 젼 일을 상고ᄒᆞ야 보건ᄃᆡ 그동안 사ᄅᆞᆷ의 의ᄉᆞ 밧게 변ᄒᆞᆫ 일이 만히 잇나니 이ᄂᆞᆫ 사ᄅᆞᆷ이 ᄒᆞ고 십허 ᄒᆞᆫ 것이 안이라 텬디의 ᄌᆞ연ᄒᆞᆫ 리치어ᄂᆞᆯ 어리셕은 인ᄉᆡᆼ들은 다만 이젼에 힝습ᄒᆞ던 일에 물져져[530] 새 것을 보면 변고로 알고 새 일을 ᄒᆞ라면 죽기보다 슬혀ᄒᆞ야 사ᄅᆞᆷ의 근본되ᄂᆞᆫ 교육이 무엇인지 농ᄉᆞ 긔량이 무엇인지

면쥬 항라 문영 베 갓흔 졔죠물 ᄀᆡ량이 무엇인지 각ᄉᆡᆨ 그릇 만드ᄂᆞᆫ 공업 ᄀᆡ량이 무엇인지 외국물건 사 쓰기ᄂᆞᆫ 대단히 힘들지마ᄂᆞᆫ 누가 그런 일 ᄀᆡ량ᄒᆞ기를 권고ᄒᆞ면 ᄃᆡ답ᄒᆞᄂᆞᆫ 말이 이젼에 그러케 안이ᄒᆞ고도 잘 살엇다 ᄒᆞ며 ᄀᆡ량 발달ᄒᆞ기ᄂᆞᆫ ᄭᅮᆷ에도 ᄉᆡᆼ각지 안이ᄒᆞ니 뎌 셰계 만국 형편을 ᄉᆞᆲ혀볼지어다 우리 대한인민밧게 누가 그러케 이젼 것만 됴아ᄒᆞ고 ᄉᆡ 것을 슬혀ᄒᆞᄂᆞᆫ 쟈ㅣ 잇ᄂᆞᆫ가 ᄉᆡ 것을 힘쓰지 안코야 그 편리ᄒᆞ고 긔이ᄒᆞᆫ 뎐보 우편 뎐화 텰도 륜션등 각ᄉᆡᆨ 물건이 어ᄃᆡ셔 ᄉᆡᆼ겻겟ᄂᆞᆫ가 져마다 학문을 ᄇᆡ화 지식이 잇ᄂᆞᆫ 고로 압뒤 리히를 교계ᄒᆞ야 리ᄒᆞᆫ 일이면 ᄒᆡᆼᄒᆞᄂᆞᆫ 고로 오날ᄂᆞᆯ 뎌 디경이 일으럿고 우리ᄂᆞᆫ 이젼 것만 됴화ᄒᆞ고 ᄉᆡ 것을 힘쓰지 안ᄂᆞᆫ 고로 이 디경이 되엿도다 공ᄌᆞ갓흐신 셩인도 셰상이 ᄒᆞᄂᆞᆫ ᄃᆡ로 옴겨간다 ᄒᆞ시고 ᄯᅩ 말삼ᄒᆞ시기를 이 셰상에 나셔 이젼 일만 됴화ᄒᆞ면 몸에 ᄌᆡ앙이 밋친다 ᄒᆞ셧시니 엇지 우리나라 사ᄅᆞᆷ에게 ᄃᆡᄒᆞ야 ᄇᆞᆰ은 거울이 되지 안켓ᄂᆞᆫ가 우리 월보 사랑ᄒᆞᄂᆞᆫ 동포에게 녯적 일을 가라치기 위ᄒᆞ야 시ᄃᆡ의 변쳔ᄒᆞᆷ과 물건의 ᄉᆡ로 발명되고 ᄀᆡ량된 것을 대강 샹고ᄒᆞ건ᄃᆡ ᄐᆡ고젹에ᄂᆞᆫ 사ᄅᆞᆷ이 쳐음 ᄉᆡᆼ겨나셔 지각이 몽ᄆᆡᄒᆞᆷ으로 나무 가지에 깃드리고 과실이나 ᄯᅡ 먹고 글이 업셔 무삼 일을 긔록ᄒᆞ랴면 노ᄭᅳᆫ을 크게 ᄆᆡᆺ고 젹게 ᄆᆡᆺᄂᆞᆫ 것으로 일의 크고 젹은 것을 표ᄒᆞ다가 얼마 만에 불을 발명ᄒᆞ야 화식을 먹고 ᄯᅩ 얼마 만에 글ᄌᆞ를 발명ᄒᆞ야 무삼 일을 ᄃᆡ쪽에 긔록ᄒᆞ고 (미완)[531]

530 문맥상 '물(에) 젖어=물들어'의 뜻으로 추정됨.

531 제2773호(9월 2일자) 유실됨. 전일 별보의 뒷부분이 게재되었을 것으로 추정됨. 제2774호(9월 3일자) 논설 미게재.

노비를 급히 속량ᄒᆞ야 쥴 일

작일 모 신문의 긔ᄉᆞ를 보건ᄃᆡ 츙쳥북도 회덕군 소뎨리 사ᄂᆞᆫ 젼쥬ᄉᆞ 신틱영(申台永) 씨의 집 비부 죠봉갑은 현금 ᄐᆡ뎐에 쥬직ᄒᆞᄂᆞᆫ 일본 슌사 모씨의 집에셔 고용ᄒᆞᄂᆞᆫ 터인ᄃᆡ 수일 젼에 ᄒᆡ 죠가가 신씨를 ᄃᆡᄒᆞ야 그 쳐의 속량홈을 쳥ᄒᆞ되 신씨가 허낙지 안이ᄒᆞ얏더니 그 죠가가 크게 분노ᄒᆞ야 맛참ᄂᆡ 칼을 ᄲᆡ여 신씨를 질너 신씨가 즁상을 닙은지라 신씨가 이 ᄉᆞ실을 들어 경출셔에 고쇼ᄒᆞ야 설치ᄒᆞ기를 쳥ᄒᆞ얏다 ᄒᆞ얏스니

슯흐다 신틱영 씨여 셰샹의 변쳔홈을 ᄭᆡ닷지 못ᄒᆞ고 오날놀ᄭᆞ지 노비를 속량ᄒᆞ야 쥬지 안을 ᄲᅮᆫ 안이라 죠봉갑이 와셔 간쳥ᄒᆞ야도 허낙지 안이ᄒᆞ얏스니 이ᄂᆞᆫ 쳣ᄌᆡ 국법을 범ᄒᆞ얏고 둘ᄌᆡ 인권(人權)을 무시홈이라 엇지 가통치 안으리오 이갓흔 일을 ᄒᆡᆼᄒᆞ고셔ᄂᆞᆫ 죠봉갑 ᄒᆞᆫ 사ᄅᆞᆷᄲᅮᆫ 안이라 왼 셰상사ᄅᆞᆷ이 다 신씨를 칠 것이오 오날놀 사ᄅᆞᆷᄲᅮᆫ 안이라 쳔츄 후의 사ᄅᆞᆷ이 모다 신씨를 ᄭᅮ지즈리로다 신씨가 죠봉갑에게 무상ᄒᆞᆫ 욕을 당ᄒᆞ고도 오히려 후회치 안이ᄒᆞ야 경찰셔에 ᄃᆡᄒᆞ야 셜분홈을 고쇼ᄒᆞ얏스니 엇지 스ᄉᆞ로 붓그럽지 안으뇨

ᄯᅩ 죠봉갑으로 말ᄒᆞ면 굿히여 신씨에게 속량을 쳥홀 필요가 업고 다만 그 안히를 더부러 ᄂᆡ올 ᄯᅡ름이어놀 당당히 ᄒᆡᆼ홀 일은 ᄒᆡᆼ치 안코 부잘업시 쳥ᄒᆞ다가 듯지 안음애 신씨를 칼로 질너 형ᄉᆞ상의 죄인이 되엿스니 진실로 무식ᄒᆞᆫ 무리로다

향일에 본 긔쟈ㅣ 붓을 들어 남의 노례된 동포와 밋 노례를 둔 쟈에게 지성측달한 말로ᄡᅥ 경고ᄒᆞᆫ 바이 잇스되 한 사ᄅᆞᆷ도 귀를 기우려 듯ᄂᆞᆫ 쟈이 업더니 오날 이갓치 불ᄒᆡᆼᄒᆞᆫ 일이 ᄉᆡᆼ겻도다 젼국의 졍형을 도라보건ᄃᆡ 신틱영과 갓치 죵을 ᄆᆡᄆᆡᄒᆞ며 셰젼비를 혹독히 ᄃᆡ졉ᄒᆞᄂᆞᆫ 쟈ㅣ 비일비ᄌᆡᄒᆞ리니 신틱영을 거울로 삼고 사ᄅᆞᆷ으로ᄡᅥ 사ᄅᆞᆷ을 팔고 사ᄂᆞᆫ 야만의 풍속과 하놀이 쥬신 바 사ᄅᆞᆷ

의 권리를 무시ᄒᆞ야 우마나 계견갓치 ᄃᆡ졉ᄒᆞᄂᆞᆫ 금슈의 일을 힝치 말지어다 쏘ᄒᆞᆫ 남의 노비된 쟈ᄂᆞᆫ 쥬인의 속량ᄒᆞ야 쥬기를 기다리지 말고 공명졍대히 물너나온 후에 소위 쥬인이라 ᄒᆞᄂᆞᆫ 사ᄅᆞᆷ이 도로 찻고져 ᄒᆞᆯ지라도 응종치 안으면 어리셕은 사ᄅᆞᆷ들이 혹시 녯 풍속을 의지ᄒᆞ야 법ᄉᆞ에 고쇼ᄒᆞᆯ 뜻ᄒᆞ나 언의 법ᄉᆞ가 이 셰상에 남의 노비를 차자 쥬리오 그ᄲᅮᆫ 안이라 텬하의 어진 마암을 가진 사ᄅᆞᆷ이 모다 남의 노례된 쟈를 위ᄒᆞ야 동졍을 표ᄒᆞᆯ지니 바라건ᄃᆡ 종부리ᄂᆞᆫ 쟈와 종 된 쟈가 각각 썻썻ᄒᆞᆫ 길을 발바셔 국가 샤회에 불힝ᄒᆞᆫ 일이 업게 ᄒᆞ쇼셔

341 1908년 9월 5일(土) 제2776호 론셜

내부관리의 관탕 폐지 / 탄히싱

작일 각 신문의 보도ᄒᆞᆫ 바를 본즉 ᄂᆡ부대신 송병쥰 씨ᄂᆞᆫ 경제상과 밋 집무상에 편리케 ᄒᆞ기 위ᄒᆞ야 갓과 탕건은 폐지ᄒᆞ고 모ᄌᆞ를 쓰라고 ᄂᆡ부 일반 관리에게 훈유ᄒᆞ야 즉일로 시힝케 ᄒᆞ얏다 ᄒᆞ니 쾌ᄒᆞ도다 이 일이 족히 오ᄇᆡᆨ여 년 젼ᄅᆡᄒᆞ던 폐풍을 씨셔 바렷다 ᄒᆞᆯ지로다

대뎌 우리나라의 의관 문물은 대기 명나라의 졔도를 모방ᄒᆞ야 스ᄉᆞ로 례모와 위의 잇슴을 자랑ᄒᆞ나 그러나 그 실상인즉 불편ᄒᆞᆫ 것이 만하셔 오날늘 시ᄃᆡ에 합당치 안은 고로 뜻잇ᄂᆞᆫ 션ᄇᆡ들이 ᄀᆡ량ᄒᆞ기를 쥬장ᄒᆞᆫ 지 오ᄅᆡ되 녯 풍속을 일죠일셕에 고치지 못ᄒᆞ얏고 우즁지 탕건은 관민을 구별ᄒᆞᄂᆞᆫ 표로 쓰ᄂᆞᆫ 것인즉 탕건을 한 번 머리에 언지면 쳣ᄌᆡᄂᆞᆫ 그 마암이 교만ᄒᆞ야 스ᄉᆞ로 평민보담 놉흔 톄ᄒᆞ고 둘ᄌᆡᄂᆞᆫ 그 졍신을 부픠케 ᄒᆞ야 권문셰가에 아텸ᄒᆞ야 분슈밧게 부귀를 도모ᄒᆞ기에 분쥬ᄒᆞᄂᆞ니 오날늘 ᄀᆡ혁시ᄃᆡ를 당ᄒᆞ야 가쟝 몬져 타파ᄒᆞᆯ 바이라 그러나 내부의 관리만 관탕을 폐지함은 만만불가하다 하노라

닉부대신은 국무대신 즁에도 즁요흔 디위인즉 이갓흔 일을 힝코져 흐거든 닉각회의에 뎨출흐야 정부의 일반관리와 밋 젼국 인민으로 흐야곰 일졔히 힝케 홀 것이어늘 이졔 다만 일부를 한흐야 의관을 기량흐니 당당흔 국무대신 즁의 즁요흔 디위로 엇지 일기 스인(一個私人)의 힝흐는 바와 갓흔 일을 행흐리오 이는 송병쥰 씨가 스스로 국무대신의 즈격을 일엇다 흐리로다 혹쟈ㅣ 말흐되 송닉상의 마암도 관민을 물론흐고 일톄히 기량코져 흐나 아즉도 민지가 열니지 못흐야 반딕흐는 쟈가 만은 짜듥으로 빅셩이 스스로 씌닷기를 기다려 즁지흠이오 쏘흔 정부의 일반 관리나 한결갓치 흐랴 흐되 역시 응죵치 안는 쟈가 잇는 고로 즈긔 부하에 잇는 일반 관리로 흐야곰 몬져 힝흐야 다른 마을과 밋 인민의 모범이 되고져 흠이니라 흐나 그것이 본 긔쟈의 불가흐다 흐는 바이로다 무릇 일기 스인은 즈긔의 의견을 왼 셰상에 힝홀 슈 업스면 물너가 한 고을이나 흔 동리나 흐다못흐야 흔 집 흔 몸이라도 힝흔다 흐려니와 국가의 힝정긔관을 맛흔 국무대신으로야 엇지 이갓치 협애흔 쥬의를 가지리오 볼지어다 다른 마을의 관리는 모다 관탕을 쓰고 닉부의 관리만 폐지흐면 그 모양이 대한국 정부의 한 마을과 갓지 안이흐니 이는 녯말에 닐은바 가히 흐야곰 리웃나라에 들니지 못홀 바이라 흐노라 이 의안을 닉각회의에 뎨출흐야 각 대신이 모다 불가라 하고 일반 인민에게 물어 인민이 모다 불가라 흐면 닉싱각에 아모리 됴흘지라도 아즉 즁지흐얏다가 시긔의 도달흠을 기다리는 것이 가흐거늘 국무대신으로 이갓흔 아량(雅量)이 업고 편견을 과단흐야 흔 죠뎡에 선 쟈로 흐야 의관이 이쉭지게 흐니 범스에 통일치 못흠을 가히 밀우어 짐작홀지로다 고로 본 긔쟈ㅣ 악악흔 말을 베푸러 뻐 경고흐노니 국무대신의 디위에 거흔 쟈는 무삼 일이든지 일기 스인과 갓치 경솔치 말기를 깁히 빌고 바라노라

일반 교육계에 경고홈 / 한소년

근일에 경향을 물론ᄒᆞ고 다슈히 학교를 셜립ᄒᆞ되 혹은 언의 단톄에 관할ᄒᆞᄂᆞᆫ 것도 잇고 혹은 기인의 독홀ᄒᆞᄂᆞᆫ 것도 잇셔 각각 청년 ᄌᆞ데를 교육ᄒᆞ기에 열심 노력ᄒᆞᄂᆞᆫ 고로 본인은 손을 들어 쳔만번 츅슈ᄒᆞ고 붓을 들어 쳔만번 찬셩ᄒᆞ엿ᄉᆞ오니 본인의 츅슈ᄒᆞ고 찬셩홈은 다만 학교를 셜립ᄒᆞ야 ᄌᆞ데를 교육ᄒᆞᆫ다 홈에 잇고 그 교육의 취지와 목뎍은 알지 못ᄒᆞ압기로 언의 유지ᄒᆞ신 션비를 맛나 그 학교를 셜립ᄒᆞᆫ 취지와 목뎍을 무른즉 우리나라의 ᄌᆞ릭로 교육이 업ᄂᆞᆫ ᄭᅡ닭으로 인민의 지식이 ᄋᆞᆷᄆᆡᄒᆞ야 졔 몸과 집과 나라의 잇ᄂᆞᆫ 쥴을 알지 못ᄒᆞ기로 학교를 셜립ᄒᆞ고 ᄌᆞ데를 교육ᄒᆞ야 사ᄅᆞᆷ마다 졔 몸과 집과 나라의 잇ᄂᆞᆫ 쥴을 알게 ᄒᆞ면 나라이 자연 문명부강ᄒᆞᄂᆞᆫ 디경에 나아가리라 ᄒᆞ기에 본인은 ᄯᅩ한 그 취지와 목뎍을 치하ᄒᆞ고 찬셩홈을 마지 안이ᄒᆞ엿더니 하로ᄂᆞᆫ 죵로를 지나다가 여러 학ᄉᆡᆼ을 붓들고 그 공부ᄒᆞᄂᆞᆫ 과뎡을 무론즉 졍치라 법률이라 경출이라 ᄒᆞ고 하나토 실업에 뎍당ᄒᆞᆫ 과뎡은 업스니 이ᄂᆞᆫ 실로 교육을 권장ᄒᆞ시ᄂᆞᆫ 졔군ᄌᆞ가 실업이 나라에 뎨일 즁요홈을 알지 못ᄒᆞ야 실업학교를 셜립지 안이ᄒᆞᄂᆞᆫ ᄭᅡ닭인지 본인이 항상 의심ᄒᆞᄂᆞᆫ 비오 만일 본인이 여러분다려 실업의 중요홈을 아시지 못ᄒᆞᆫ다 ᄒᆞ면 필경 여러분의 질칙을 면치 못ᄒᆞ려니와 모 유지사ᄂᆞᆫ 말ᄒᆞ기를 젼국 인민의게 보통 지식을 양셩ᄒᆞᆫ 후에야 상업 공업 농업 등 실업에 죵샤ᄒᆞ기 용이ᄒᆞ리라 ᄒᆞ니 이ᄂᆞᆫ 흉년에 엇지 쌀밥과 고기국을 먹지 안나뇨 ᄒᆞᄂᆞᆫ 말과 갓흔지라 실업을 힘쓰지 안이면 무엇을 먹고 닙고 보통 지식을 양셩ᄒᆞ며 ᄯᅩ 청년 ᄌᆞ데들은 십여 세로부터 이십여 셰ᄭᆞ지 보통 지식을 양셩ᄒᆞᆫ다 홀지라도 필경은 졍치사상을 양셩ᄒᆞᄂᆞᆫ 고로 죵릭 샤회상에 투족ᄒᆞ야 연셜이니 토론이니 인민을 권면ᄒᆞ며 나라일에 열심ᄒᆞᆫ다 ᄒᆞ야 사ᄅᆞᆷ마다 졍치가가 안이면 법률가오 연셜가가 안이면 유지쟈라 칭ᄒᆞ야 젼국 학ᄉᆡᆼ이 ᄂᆡ지 기쳔만 명이라도 상농공 등 실업에 쥬의ᄒᆞᄂᆞᆫ 쟈ㅣ 젼무ᄒᆞ고 ᄃᆡ인셜화ᄒᆞᆯ 시에ᄂᆞᆫ 나라이 쇠약ᄒᆞ며 인민이 피곤홈은 혹 졍부당국쟈의 실칙이라 ᄒᆞ며 혹 인민의 지식이 암ᄆᆡ홈이라 ᄒᆞ야 나라를 근심ᄒᆞ고 ᄇᆡᆨ셩을 사랑ᄒᆞᄂᆞᆫ 마암이 외형에 낫타나 무슈히 탄식ᄒᆞ며 슈식이 만안ᄒᆞ야 ᄂᆡ지 눈물을 흘니ᄂᆞᆫ 쟈ㅣ 잇스니 사ᄅᆞᆷ으로 ᄒᆞ야곰 가히 감복ᄒᆞᆯ 만ᄒᆞ나 그 마음 가온ᄃᆡᄂᆞᆫ 아무것도 업고 다만 쥬관임관의 관직이나 오륙십 원의 월급을 도득ᄒᆞᆯ 사상이니 엇지 한국이라ᄂᆞᆫ 사상이 ᄭᅮᆷ에나 잇스리오 그런즉 우리나라에 가령 이쳔만이 잇다 ᄒᆞ면 졍치가가 이쳔만이오 유지쟈가 이쳔만이니 졍치가와 유지가ᄂᆞᆫ 다 유의유식ᄒᆞᄂᆞᆫ ᄇᆡᆨ셩에 지나지 못ᄒᆞᄂᆞᆫ 지라 이갓치 실업에 쥬의치 안이ᄒᆞ면 소위 유지졔군은 도로혀 나라를 망케 ᄒᆞᄂᆞᆫ 신민됨을 면치 못ᄒᆞᆯ이니 그 리유를 ᄂᆡᆨ히 ᄉᆡᆼ각ᄒᆞᆯ지어다 일례를 드러 말ᄒᆞ면 일본에 류학ᄒᆞᄂᆞᆫ 학ᄉᆡᆼ이 십여 년ᄅᆡ에 실업을 연구ᄒᆞᆫ 쟈ㅣ 몃 사ᄅᆞᆷ이 업스니 눈으로 한국의 형판을 보고 마음에 조국이라ᄂᆞᆫ 사상이 잇스면 엇지 이러ᄒᆞ리오 다만 졍치던지 법률이던지 졸업ᄒᆞᆫ 후이면 본국에 도라오나니 이ᄂᆞᆫ 본국을 사모ᄒᆞ야 도라옴이 안이라 판임이나 쥬임이라ᄂᆞᆫ 벼슬을 ᄯᅡ라 옴이라 ᄒᆞ노니 부국의 강령은 곳 실업이오 실업은 곳 상공농 삼업이라 일반 교육계나 학ᄉᆡᆼ계ᄂᆞᆫ 나라를 사랑ᄒᆞ시거던 실업학교를 셜립ᄒᆞ시고 실업에 뎍당ᄒᆞᆫ 과뎡을 공부ᄒᆞ시오

343 1908년 9월 8일(화) 제2778호 별보

민쇽의 큰 관계

본월 일일에 발힝ᄒᆞᆫ 셔북학회월보 가온ᄃᆡ 밀아ᄌᆞ 류원표 씨의 경력ᄒᆞᆫ 바 이약이 일편[532]이 잇ᄂᆞᆫᄃᆡ 그 ᄯᅳᆺ이 우리나라 풍속에 큰 관계가 잇ᄂᆞᆫ 고로 그 젼문을 번역ᄒᆞ야 좌에 긔지ᄒᆞ노라

밀아ᄌᆞㅣ ᄇᆡᆨ쥬에 한가히 안젓더니 문밧게 교군 한 ᄎᆡ가 ᄯᅥ 들어오며 ᄒᆞᆫ 녀ᄌᆞㅣ 담장소복으로 텬연히 걸어 들어와 공손히 절ᄒᆞ고 자리 겻헤 ᄭᅮ려 안ᄂᆞᆫ지라 밀아ᄌᆞㅣ 의심ᄒᆞ며 괴히 녁이기를 마지 안이ᄒᆞ야 눈을 들어 ᄉᆞᆲ혀보니 나은 이십이 넘엇고 옥 갓ᄒᆞᆫ 얼골과 잉도 갓ᄒᆞᆫ 입살에 미목이 쳥슈ᄒᆞ야 그 죠츌ᄒᆞ고 졈지 안은 ᄐᆡ도가 ᄉᆞ족의 집 부녀 갓ᄒᆞᆫ지라 공경ᄒᆞ야 물어 갈아ᄃᆡ 부인은 뉘 집 녀ᄌᆞ로 무삼 ᄉᆞ고가 잇셔셔 례를 일코 남의 집 남ᄌᆞ를 차잣나뇨 그 녀ᄌᆞㅣ 원통ᄒᆞᆷ이 잇ᄂᆞᆫ 듯 한ᄐᆞᆫᄒᆞᆷ이 잇ᄂᆞᆫ 듯ᄒᆞᆫ 모양으로 옷깃을 염의고 ᄃᆡ답ᄒᆞ야 갈아ᄃᆡ 본인은 남촌에 사ᄂᆞᆫ 권셩 녀ᄌᆞ로 열두 살에 출가ᄒᆞ야 열네 살에 남편을 여의고 의지ᄒᆞᆯ 곳이 업ᄂᆞᆫ 가련ᄒᆞᆫ 신세가 친뎡 부모의 슬하에셔 세월을 헛도히 보ᄂᆡ온 지 지금 팔년이온ᄃᆡ 겨을밤 봄날에 한숨과 눈물을 스ᄉᆞ로 금치 못ᄒᆞ야 국문신문(뎨국신문)을 날마다 보고 마암을 젹이 위로ᄒᆞ압ᄂᆞᆫ 바 향쟈에 ᄒᆡ신문 잡보에 김판셔의 외손녀 홍참판의 과부며나리가 리시죵의 ᄌᆡ취부인으로 륙례를 갓초어 결혼ᄒᆞ얏다 ᄒᆞᆫ즉 김판셔ᄂᆞᆫ 우리나라의 량반으로 갑족이오 원로대신일 ᄲᆞᆫ 안이라 오날ᄂᆞᆯ ᄀᆡ혁시ᄃᆡ에 모든 일이 녯것을 바리고 ᄉᆡ 것을 취ᄒᆞ지 안ᄂᆞᆫ 것이 업슨즉 구부와 구랑이 례ᄒᆞ를 갓초어 두 번 ᄉᆡ집가며 장가드ᄂᆞᆫ 것이 신부와 신랑이 쳐옴으로 ᄉᆡ집가셔 장가드ᄂᆞᆫ 것과 무삼 우렬과 ᄎᆞ등이 잇스리고 근ᄅᆡ 세상에 일과 물건이 모다 녯적에 듯고 보지 못ᄒᆞ던 바이압기 이것이 비록 ᄉᆞ천 년에 업던 일이나 ᄉᆡ 세상의 특별ᄒᆞᆫ 일로 ᄒᆞᆫ 가지 아름다온 풍속이 될가 ᄒᆞ야 과연 마암에 깃버 ᄒᆞ얏더니 그 후에 다시 신문을 본즉 리씨의 집 쟝로와 유쇼가 젹며나리와 젹어미로ᄡᅥ ᄃᆡ졉지 안ᄂᆞᆫ다 ᄒᆞᆫ즉 혼셔지에ᄂᆞᆫ 엇더케 언약을 뎡ᄒᆞ얏ᄂᆞᆫ지 몰으압거니와 세상 텬하에 이갓ᄒᆞᆫ 악ᄒᆞᆫ 소ᄅᆡ가 어ᄃᆡ ᄯᅩ다시 잇ᄉᆞ오릿가 손에 들엇던 신지가 ᄯᅡ에 ᄯᅥ러지ᄂᆞᆫ 쥴을 ᄭᆡ닷지 못ᄒᆞ압고

---

532 유원표(劉元杓)의 「民俗의 大關鍵」(《서북학회월보》 제4호 잡저, 1908.9, 국한문)을 가리킴.

쓸ᄀᆡ가 찌어지ᄂᆞᆫ 듯ᄒᆞ며 가삼이 터지ᄂᆞᆫ 듯ᄒᆞ야 졍신의 아득ᄒᆞ옴이 남편을 여의던 ᄯᆡ보담 십 ᄇᆡ나 더ᄒᆞ온 것이 당초에 이러ᄒᆞᆫ 호소식을 듯지 못ᄒᆞ얏스면이어니와 임의 쳔만뜻밧게 셰상을 경동ᄒᆞᄂᆞᆫ 쇠북소ᄅᆡ를 드럿슬뿐더러 당당ᄒᆞᆫ ᄉᆞ대부의 집에셔 이갓치 희한ᄒᆞᆫ 일을 시작ᄒᆞ얏슴으로 일반 쳥상계의 하늘을 다시 맛나 두 번 셰상에 난 사ᄅᆞᆷ들이 홍리(洪李) 량씨의 큰 은덕을 슝ᄇᆡᄒᆞ야 두 번 싀집가며 두 번 쟝가드ᄂᆞᆫ 쟈의 죠상이 됨을 억만세에 긔념ᄒᆞᆯ 쥴로 알앗삽더니 무졍ᄒᆞᆫ 벼락불이 쳔목비를 ᄭᆡ치온지라 이졔 일으러셔ᄂᆞᆫ 실낫 갓흔 목숨을 구ᄎᆞ히 보존ᄒᆞᆷ이 차랄히 쥭어 몰으니만 갓지 못ᄒᆞ압고 도라보건ᄃᆡ 민츙졍공 갓흐시니ᄂᆞᆫ 나라와 동포를 위ᄒᆞ야 쳔금 갓흔 귀ᄒᆞᆫ 몸숨[533]을 버렷거든 일ᄀᆡ 쳔ᄒᆞᆫ 계집이 쥭어 샤회 풍속에 만분지일이라도 유익ᄒᆞᆷ이 잇슬 양이면 무엇이 앗갑ᄉᆞ오릿가 이에 칼을 가져 ᄌᆞ직ᄒᆞ려 ᄒᆞ압다가 다시금 ᄉᆡᆼ각ᄒᆞ온즉 유지ᄒᆞ신 군ᄌᆞ에게 ᄒᆞᆫ 번 원통ᄒᆞᆫ ᄉᆞ졍을 호쇼ᄒᆞ고 죽음이 늣지 안으리라 ᄒᆞ야 감히 외람ᄒᆞ며 당돌ᄒᆞᆷ을 무릅쓰고 이갓치 고노이다 ᄒᆞ며 슯흔 눈물이 비오듯 ᄒᆞ거늘

밀아ᄌᆞㅣ 그 광경을 보고 모골이 숑연ᄒᆞ야 참혹ᄒᆞᆷ과 불상ᄒᆞᆷ을 익의지 못ᄒᆞ다가 닐어나 절ᄒᆞ고 ᄃᆡ답ᄒᆞ야 ᄀᆞᆯ아ᄃᆡ 대뎌 지금 우리 동포 즁에 이와 갓흔 쳥상이 얼마인지 몰으거니와 일ᄉᆡᆼ에 한을 품고 ᄇᆡᆨ 년을 헛도이 늙게 ᄒᆞᆷ이 쳣ᄌᆡᄂᆞᆫ 졍부의 허물이오 둘ᄌᆡᄂᆞᆫ 우리 무리의 ᄎᆡᆨ망이라 이졔 졍부의 허물러과[534] 우리 무리의 ᄎᆡᆨ망을 ᄌᆞ셰히 말ᄒᆞ리다 (미완)[535]

---

533 '목숨'의 오기.

534 '허물과'의 오기인 듯함.

535 9월 9일 임시휴간.

민쇽의 큰 관계 (속)

지나간 갑오년에 정부에셔 정치와 법률을 일신ᄒᆞ게 고칠 ᄉᆡ 정부 의안 가온ᄃᆡ 과거ᄒᆞᆫ 녀ᄌᆞ의 ᄀᆡ가를 허낙ᄒᆞᆫ다는 됴목이 잇는지라 그ᄯᅢ에 본인이 ᄯᅩᄒᆞᆫ 의견셔로 의안 열됴목을 ᄂᆡ각에 밧쳣는ᄃᆡ 그 의안 뎨이됴에 갈아ᄃᆡ 이졔 정부 부의안 즁에 과거ᄒᆞᆫ 녀ᄌᆞ의 ᄀᆡ가를 허낙ᄒᆞᆫ다는 됴목이 잇슨즉 인셰의 넓고 큰 은뎐이오나 그러나 인정과 ᄉᆞ리의 극직ᄒᆞᆫ 곳을 두로 ᄉᆞᆲ히지 못ᄒᆞ시압고 거연히 이 법을 반포ᄒᆞ셧ᄉᆞ온지 몰으압거니와 대뎌 사ᄅᆞᆷ의 마암이 갓지 안이ᄒᆞᆷ은 ᄯᅩ한 물건의 정이라 뎌 녀ᄌᆞ의 심셩정을 ᄌᆞ셰히 ᄉᆞᆲ히오면 혹은 정졀이 잇고 혹은 더러온 ᄒᆡᆼ실이 잇셔 한결갓치 안음으로 비록 ᄉᆞ랑ᄒᆞ는 어미와 엄ᄒᆞᆫ 아비라도 능히 일치케 ᄒᆞ지 못ᄒᆞ나니 이졔 이 은뎐이 혹은 물 우에 인ᄶᅵᆨ는 것 갓흘가 두려워ᄒᆞ노이다 엇지ᄒᆞ야 그러뇨 ᄒᆞ면 졀ᄒᆡᆼ 잇는 여자는 비록 이 법이 잇슬지라도 반닷히 졀ᄀᆡ를 고치지 안을 것이오 더러온 ᄒᆡᆼ실이 잇는 계집은 비록 이 법이 업셔도 일즉 정졀을 직힌 쟈ㅣ 업스니 오날놀 이 법이 무삼 실효가 잇스리오 대뎌 인정을 깁히 궁구ᄒᆞ야 보건ᄃᆡ ᄒᆡᆼ실의 ᄭᆡᆨ긋ᄒᆞᆷ과 더러옴은 물론ᄒᆞ고 혹은 톄면에 구ᄋᆡᄒᆞ야 ᄌᆞ져ᄒᆞ고 결단치 못ᄒᆞ며 혹은 가셩에 구ᄋᆡᄒᆞ야 ᄯᅳᆺ이 잇셔도 ᄒᆡᆼ치 못ᄒᆞ는 쟈가 십상팔구ㅣ라 오날날 광랑지뎐이 ᄯᅳᆺ밧게 나린즉 정졀도 업고 더러온 ᄒᆡᆼ실도 업는 쟈ㅣ 다ᄒᆡᆼ히 셔로 닐어나 ᄀᆞᆯ아ᄃᆡ 이는 국법의 잇는 바이니 의긔가 뎍확ᄒᆞ다 ᄒᆞ야 즉시 ᄒᆡᆼᄒᆞ고져 ᄒᆞᆯ ᄉᆡ ᄯᅩᄒᆞᆫ 어ᄃᆡ로부터 아름다온 ᄇᆡ필을 구ᄒᆞ야 ᄇᆡᆨ 년을 ᄒᆡ로ᄒᆞᆯ가 죠곰 잘못ᄒᆞ면 기ᄉᆡᆼ이나 슐쟝사에 몸을 버리는 쟈ㅣ 젹지 안으리니 그 부형된 쟈ㅣ 엇지 참아 눈으로 보며 마암에 편안ᄒᆞ리오 그런즉 부모나 형뎨가 친히 쥬션ᄒᆞ야 됴흔 것을 죠차 구쳐ᄒᆞ게 ᄒᆞ니만 갓지 못ᄒᆞ고 ᄯᅩ 집안에 쳥년과부를 두지 못ᄒᆞ는 법측 한 됴목을 졔뎡ᄒᆞ야 발포ᄒᆞᆯ지며 ᄯᅩ 부모의 마암으로 말ᄒᆞᆯ지라도 쳥츈에 호을노 된 ᄌᆞ식을 눈압헤 둠이 누가 참아홀 바ㅣ리오만은 이도 역시 세속과 ᄉᆞ톄에 계관ᄒᆞ야 가히 ᄎᆞᆷ지 못홀 바를 참ᄂᆞᆫ 것이라 이ᄶᅴ에 ᄯᅳᆺ밧게 아름다온 법이 반포되엿슨즉 누가 마음에 쾌히 녁이며 일에 다힝타 ᄒᆞ지 안으리오 죠곰도 녯 풍속에 구애ᄒᆞ지 말고 닷토어 아름다온 ᄉᆡ 풍속을 일우어 특별히 호남ᄌᆞ를 구ᄒᆞ야 광명경대히 혼인홀지니 진실로 완젼ᄒᆞᆫ 법이나 그러나 이 사이에 죠곰 흠졀이 잇스니 무엇이뇨 국법에 청상을 집안에 두지 못ᄒᆞ게 ᄒᆞᆫ즉 녀ᄌᆞ 즁에 혹은 졍졀과 효힝이 쌍젼ᄒᆞ야 결단코 ᄀᆡ가치 안코 ᄯᅩᄒᆞᆫ 그 부모로 ᄒᆞ야곰 죄를 짓지 안케 ᄒᆞ고져 ᄒᆞᄂᆞᆫ 쟈ㅣ면 스ᄉᆞ로 목숨을 버리ᄂᆞᆫ 쟈ㅣ 잇슬 ᄲᅮᆫ 안이라 졀ᄀᆡ도 ᄯᅩᄒᆞᆫ 갓지 안이ᄒᆞ야 하늘에 사못친 렬절은 이무가론이어니와 우리나라의 ᄌᆞ릭로 풍긔가 소위 쳡이라 ᄒᆞᄂᆞᆫ 것은 틱반이나 힝실이 젹은 쟈로 가족이 쳔ᄃᆡᄒᆞ고 향당이 멀니ᄒᆞ며 ᄌᆞ식을 나아도 쳥환을 엇지 못ᄒᆞ며 쥭은 뒤에 남편과 합장ᄒᆞ지 못ᄒᆞᄂᆞᆫ 고로 여간 분수를 직희ᄂᆞᆫ 녀ᄌᆞᄂᆞᆫ 사ᄅᆞᆷ의 쳡이 되고져 ᄒᆞ지 안ᄂᆞᆫ지라 (미완)[536]

345 1908년 9월 12일(토) 제2780호 별보

민속의 큰 관계 (속)

그런즉 오날날 국법이 유신ᄒᆞᄂᆞᆫ ᄯᅢ에 무론모ᄉᆞᄒᆞ고 불가불 인졍의 극도를 깁히 연구홀지라 어리셕은 소견으로ᄡᅥ 말ᄒᆞ오면 남ᄌᆞ가 상빙ᄒᆞ고 홀아비 되야 ᄌᆡ취홀 ᄯᅢ에 규즁쳐ᄌᆞ로 더부러 혼인ᄒᆞᄂᆞᆫ 풍속을 엄금ᄒᆞ야 영영히 막음이 가ᄒᆞ다 ᄒᆞ노라 만일 남ᄌᆞ로 ᄒᆞ야곰 쇼년에 상빙ᄒᆞ고 홀아비 되여 규슈에게 ᄌᆡ취ᄒᆞ지 못ᄒᆞ게 되면 셰부득이ᄒᆞ야 복쳡홀지나 쳡은 졍실의 반렬에 ᄎᆞᆷ여치 못ᄒᆞᆫ즉 죵ᄉᆞ의 ᄉᆞ속을 장찻 엇지ᄒᆞ리오 ᄌᆞ연히 모 판셔의 과녀와 모 참판의 환ᄌᆞ

536 9월 11일 임시휴간.

가 덕동셰젹홈을 싸라 즁믹를 노아 혼인을 의론ᄒᆞ고 납폐친영홀 식 비록 피ᄎᆞ에 직혼이나 그러나 년긔의 상젹홈과 문벌의 갓흠을 각각 스ᄉᆞ로 튁ᄒᆞ야 두 번 쵸례ᄒᆞ고 례를 힝ᄒᆞ게 될지라 그런즉 피ᄎᆞ 직혼으로 무삼 구별이 잇스리오 사ᄅᆞᆷ이 텬디 사이에 나셔 동등의 권리를 보존홀 ᄲᅮᆫ 안이라 진실로 이갓치 ᄒᆞ면 덕힝의 부족ᄒᆞᆫ 쟈이 잇슬지라도 음분ᄒᆞᄂᆞᆫ 폐단과 족쳑 간에 간음ᄒᆞᄂᆞᆫ 변괴가 ᄌᆞ연히 ᄉᆞ러져 업셔지고 나라의 풍속이 엄슉ᄒᆞ며 ᄇᆡᆨ셩의 인륜이 바로 잡힐지니 이졔 이 의안에 환거ᄒᆞᆫ 남ᄌᆞᄂᆞᆫ 규슈에게 직취치 못ᄒᆞᆫ다ᄂᆞᆫ ᄒᆞᆫ 됴목을 셰우쇼셔 홈이 잇셧더니 그ᄯᅴ의 졍부가 칰용치 안이ᄒᆞ얏슨즉 이ᄂᆞᆫ 졍부의 허물이오 하날이 ᄇᆡᆨ셩을 ᄂᆡ심애 지공무ᄉᆞ히 남녀의 권리를 갓치 쥬엇것마ᄂᆞᆫ 남ᄌᆞᄂᆞᆫ 샹쳐ᄒᆞ고 구랑이 되야도 신부에게 ᄌᆞ취ᄒᆞ고 녀ᄌᆞᄂᆞᆫ 샹부ᄒᆞ고 구부가 되면 구랑에게도 오히려 두 번 싀집가지 못홈은 무타ㅣ라 민법과 민속이 셔지 못ᄒᆞ야 이갓흔 인륜의 큰 일을 일뎡치 못ᄒᆞ야 하늘이 쥬신 바 권리를 스ᄉᆞ로 일허버리게 홈이니 이ᄂᆞᆫ 우리 무리의 칰망이라 우리나라 쳘학가의 말에 법이 풍속을 낫치 못ᄒᆞ면 풍속이 법을 낫치 못ᄒᆞᆫ다 ᄒᆞᆫ지라 근일 각반 샤회에 졍당과 민당이 연구ᄒᆞᄂᆞᆫ 즁인즉 죠만간에 문명ᄒᆞᆫ 어진 법이 환연히 풍속을 일우어 공평ᄒᆞᆫ 셰계가 될지니 바라건ᄃᆡ 부인은 너그러히 억제ᄒᆞ야 하날이 쥬신 목숨을 버리지 마실지어다 그 녀ᄌᆞㅣ 눈물을 씻고 두 번 절ᄒᆞ야 ᄀᆞᆯ아ᄃᆡ 오ᄂᆞᆯᄂᆞᆯ에 녀ᄌᆞ의 본분을 일코 이갓치 법밧게 거죠가 ᄒᆡ괴ᄒᆞ얏ᄉᆞ오니 다만 명교의 죄인ᄲᅮᆫ 안이라 륜리샹의 죄인이 되리로소이다 ᄒᆞ고 하직ᄒᆞ고 가ᄂᆞᆫ지라

이졔 오작 원ᄒᆞᄂᆞᆫ 바ᄂᆞᆫ 우리 동포의 형뎨자ᄆᆡ가 본인의 소경력과 의견셔를 직삼 열람ᄒᆞ시고 쳔만 번 궁구ᄒᆞ시와 홍안쳥상의 가련ᄒᆞᆫ ᄇᆡᆨ 년 신셰를 깁히 불상히 녁여 오날ᄂᆞᆯ 유신셰계에 하늘이 쥬신 권리를 유지ᄒᆞ며 복록을 누리게 ᄒᆞ소셔

긔쟈ㅣ ᄀᆞᆯ아ᄃᆡ 밀아ᄌᆞ의 의견이 인졍과 풍속에 젹당홀ᄂᆞᆫ지ᄂᆞᆫ 몰으나 그러나 엇더ᄒᆞ든지 쳥상의 ᄀᆡ가ᄒᆞᄂᆞᆫ 길을 여ᄂᆞᆫ 것은 우리나라의 급무인 고로 그 젼

1908년
9월

문을 번역ᄒᆞ야 지리히 긔직ᄒᆞ얏노니 우리 동포 즁에 쳥상을 둔 쟈는 세 번 ᄉᆡᆼ각홀지어다

346 1908년 9월 13일(일) 제2781호 별보

제목 없음

안죵화, 원경의, 유진형씨 등 ᄉᆞ십 인이 련명ᄒᆞ야 소학교 구역을 뎡ᄒᆞ고 그 구역 안에 잇는 학도 부형으로 ᄒᆞ야곰 교육 의무를 부담케 ᄒᆞ자는 의견셔를 한셩부민회에 데츌ᄒᆞ얏는ᄃᆡ 그 뜻이 심히 아름다워 우리나라 교육계를 일신ᄒᆞ게 홀 만ᄒᆞᆫ 고로 그 젼문을 번역ᄒᆞ야 좌에 게직ᄒᆞ노라

경계쟈 도라보건ᄃᆡ 우리나라 경향에 근ᄅᆡ 보통학교 셜립이 날로 나아가고 달로 셩ᄒᆞ야 후진ᄌᆞ뎨의 교육을 실ᄒᆡᆼᄒᆞ니 국가를 위ᄒᆞ야 다ᄒᆡᆼᄒᆞᆫ 바이오나 혹은 그 방칙에 어두오며 쏘 혹은 그 쥬지를 그릇ᄒᆞ야 일시의 흥긔로 영구히 유지ᄒᆞ는 방침이 업고 인인지ᄉᆞ의 긔부금 의연금 등을 밋을 ᄯᅡ름이니 이는 실로 교육계의 명운에 관계ᄒᆞᆫ 바가 젹지 안이ᄒᆞ온지라 이제 이것을 교졍치 안이ᄒᆞ면 쟝ᄅᆡ의 쇠퇴홈을 면치 못홀 터인즉 엇지 두렵지 안이ᄒᆞ리오 그 교졍ᄒᆞ는 도는 소학교 구역을 뎡ᄒᆞ고 그 구역 안에 잇는 부형으로 ᄒᆞ야곰 그 구역 안에 잇는 ᄌᆞ뎨를 교육ᄒᆞ는 의무를 부담케 홈에 잇ᄉᆞ온 바 오작 우리 한셩은 뎨국의 슈부로 ᄉᆞ방의 시쳠ᄒᆞ는 표쥰되는 ᄯᅡ에 잇셔셔 아즉 구역을 뎡치 못홈이 진실로 뎨일 큰 흠뎜이라 오날놀의 상ᄐᆡ로 가히 ᄒᆞᆫ 학교를 둘 만ᄒᆞᆫ 구역이 혹은 그 거인의 ᄅᆡᆼ담홈으로 셜립홈을 보지 못ᄒᆞ는 곳도 잇스며 혹은 경제의 ᄉᆞ졍에 어둡고 그 셜립을 셔로 닷토어 ᄒᆞᆫ 구역 안에 두셰 학교의 알륵홈이 잇스니 이는 다 교육상에 불ᄒᆡᆼᄒᆞᆫ 형상이로ᄃᆡ 구역을 획뎡홈은 일ᄀᆡ인의 능히 홀 바이 안이며 쏘 일ᄀᆡ 단톄의 능히 홀 바이 안이오라

귀회갓치 한셩 젼톄를 ᄃᆡ표ᄒᆞ시ᄂᆞᆫ 단톄라야 바야흐로 가히 그 권능이 잇다 ᄒᆞ겟스며 그 칙임이 잇다 ᄒᆞ겟삽기 이에 더러온 무리가 련명 졔셩ᄒᆞ야 귀회의 뎐힝ᄒᆞ심을 쳥ᄒᆞ오니 진실로 그런즉 한셩 일계의 교육이 완젼ᄒᆞᆯ ᄲᅮᆫ 안이라 장찻 ᄯᅩᄒᆞᆫ ᄉᆞ방을 풍동ᄒᆞ야 그 효험이 넓히 밋칠지니 어리셕은 소견을 취ᄒᆞ시와 교육상의 굿건ᄒᆞᆫ 긔초를 셰우심을 쳔만번 간졀히 바라노이다

긔쟈ㅣ 갈아ᄃᆡ 문명ᄒᆞᆫ 교육을 베풀고져 ᄒᆞ면 학구(學區)를 획뎡ᄒᆞ고 구ᄂᆡ의 부형으로 ᄒᆞ야곰 의무를 담임케 홈이 필요ᄒᆞᆫ 바ᄂᆞᆫ 본 긔쟈의 항상 쥬장ᄒᆞᄂᆞᆫ 바이러니 이졔 본 긔쟈의 마암을 몬져 엇은 군ᄌᆞ 몃분이 이와 갓흔 아름다온 일을 힝코져 ᄒᆞ야 지셩측달의 의견셔를 한셩부민회에 뎨출ᄒᆞ얏스니 이ᄂᆞᆫ 우리나라 교육계의 ᄉᆡ벽 쇠북 ᄒᆞᆫ 소ᄅᆡ라 바라건ᄃᆡ ᄯᅳᆺ잇ᄂᆞᆫ 군ᄌᆞᄂᆞᆫ 지극ᄒᆞᆫ 졍셩과 ᄯᅳ거온 마암으로 이 일을 찬셩ᄒᆞ야 젼국 교육의 모범이 되게 ᄒᆞ소셔

347 1908년 9월 15일(화) 제2782호 론셜

동양쳑식회샤 위원

동양쳑식회샤ᄂᆞᆫ 한일 량국 사이에 큰 관계잇ᄂᆞᆫ 회샤이라 고로 두 나라 졍부에셔 ᄒᆡ회샤법을 특별히 졔뎡ᄒᆞ야 즁외에 반포ᄒᆞ고 춍지 부춍지와 밋 챵립위원을 션뎡ᄒᆞᆯ 식 두 나라에셔 각기 진션진미ᄒᆞᆫ 사ᄅᆞᆷ을 ᄐᆡᆨᄒᆞ야 ᄒᆡ회샤의 젼도와 량국 인민의 리ᄒᆡ관계를 ᄉᆞᆲ히고 ᄯᅩ ᄉᆞᆲ힐 것이어ᄂᆞᆯ 우리나라 졍부 당로쟈ᄂᆞᆫ 무삼 방법으로ᄡᅥ 사ᄅᆞᆷ을 ᄐᆡᆨᄒᆞᄂᆞᆫ지 부춍지ᄂᆞᆫ 오날ᄂᆞᆯᄁᆞ지 분경 즁에 잇셔 아즉 뎡치 못ᄒᆞ고 임의 션별ᄒᆞ야 일본으로 건너간 쟈에 ᄃᆡᄒᆞ야ᄂᆞᆫ 본월 십이일에 발힝ᄒᆞᆫ 일본 대판죠일신문에 긔ᄌᆡᄒᆞᆫ 바를 본즉 갈ᄋᆞᄃᆡ

이번에 션발ᄒᆞ야 일본으로 보낸 쳑식회샤위원 삼십삼명은 증미부통감 리춍리대신 죠농상공부대신의 간측ᄒᆞᆫ 훈휴를 들엇슨즉 반닷히 대한국의 명여를 발

양홀 쥴로 밋엇더니 경징이 격렬훈 결과로 임명된 위원 삼십삼 명 즁에 실상 실업가는 수 명에 지나지 못후고 남져지 이십구 명은 다 관리 츌신으로 유명훈 쟈인디 닷는 말다갈이라도 쎄여먹을 사룸이 젹지 안이후고 기즁에 함경북도에셔 션츌훈 한홍셕은 유명훈 토호로 싸의 궁벽홈을 타셔 주긔의 고을 군슈를 닉여쫏고 스스로 그 디위를 쎄아슨 후 탐람홈이 무소부지후야 싱민을 도탄에 빠쳐 루거만의 지물을 모앗는지라 밋춤 본간구기 씨가 지무관으로 동도에 부임후야 이 정부의 임명이 업는 가군슈의 죄상을 발각후얏슨즉 맛당히 형법상의 죄인이 될 것인디 엇지후야 버셔낫던지 이번에 그 부쟈의 셰력을 가지고 창립위원에 참여후얏스며 또 강원도에셔 션츌훈 리동근은 삼 년 젼에 츈천부쥬스로 직직후얏슬 씨에 공젼을 만히 나용후고 피신후얏슴으로 여러 히 동안 헌병디에셔 탐지후더니 이번에 갑작이 창립위원으로 발표된즉 탁지부에셔는 크게 놀나 일홈 갓흔 사룸인가 후는 의심이 업지 안이후야 농상공부에 디후야 그 사룸의 리력을 됴샤후야 보닉라 죠회후얏더니 과연 츈천부쥬스로 잇던 리동근이라

후얏스니 슯흐다 오날늘을 당후야도 오히려 뢰물과 쳥쵹과 당파를 닷토어 이갓치 즁대훈 소임을 필경 이갓흔 붓그러온 말이 외국 신문에 올으니 우리 정부 당로쟈시여 엇지 마암에 붓그럽지 안으리오 이상 대판죠일신문에 긔직된 바 두 사룸의 스실이 과연 그러홀진딘 남져지 사룸 숨십일 명도 다 그 사룸을 엇지 못후얏스리니 진실로 통곡홀 바이로다

이 씨가 언의 씨며

아아

이 일이 엇던 일이오

좀들

싱각후야 보시오

현 내각과 민심 / 경셩신문 죠등

작일에 발힝흔 일즈보 경셩신문에 론셜 일편이 잇는디 현 정부와 밋 민심을 풍즈ᄒᆞ며 경셩ᄒᆞ얏기로 그 젼문을 번역 등지ᄒᆞ노라

오국 사름을 것으로 보면 여러 당파가 잇셔셔 각각 졍치상에 디ᄒᆞ는 쥬의와 소견이 다른 듯ᄒᆞ게 보이나 이는 다만 졍권(政權)을 엇고져 ᄒᆞ는 한 슈단에 지나지 안는도다 즈릭로 한국사름은 일관(一貫)흔 쥬의도 업고 국시도 업나니 기인으로 자긔의 권세를 펴기 위ᄒᆞ야 졍권을 엇고져 ᄒᆞ며 국가로는 구ᄎᆞ히 편안홈을 보존ᄒᆞ기 위ᄒᆞ야 만샤뎍(瞞詐的) 외교를 의지ᄒᆞ야 일시를 호도홀 ᄲᅮᆫ이라 고로 뎌 친일당(親日黨)이든지 빅일당(排日黨)이든지 친로파(親露派)이든지 친미파(親米派)이든지 필경 졍권을 닷토는 목표가 될 ᄲᅮᆫ이니라 만일 뎌 무리에게 일괄흔 쥬의가 잇다 ᄒᆞ면 이는 그 목표를 리용ᄒᆞ야 즈긔의 권셰를 펴고져 홈이니 다르게 말ᄒᆞ즈면 곳 간활흔 뎍본쥬의(敵本主義)로다 현금에 잇는 빅일당 갓흔 것도 ᄯᅩ한 그럿타 ᄒᆞ노라 뎌의 무리가 아모리 어리셕을지라도 한국의 오날놀 국력으로ᄡᅥ 일본의 셰력을 능히 빅쳑치 못홈은 잘 아는 바이라 이것을 알면셔 빅일힝동을 그치지 안이ᄒᆞ는 소이연은 필경 뎌의 무리의 항상 쓰는 슈단이라 뎌의 무리는 이것으로ᄡᅥ 졍권을 엇는 슈단을 삼으니 만일 뎌의 무리가 졍권을 엇는 디 잇으면 홀연히 친일당으로 표변홈이 분명ᄒᆞ도다 현니 각파를 지목ᄒᆞ야 친일파라 시비ᄒᆞ고 빅일힝동을 홈은 그 실상은 현 니각을 니여ᄶᅩᆺ고 디신ᄒᆞ야 들어가랴 홈이니 이는 속담에 일은바 쟝슈를 쏘고져 ᄒᆞ면 몬져 말을 쏘라(일본속담) ᄒᆞ는 필법을 의지홀 ᄯᆞ름이로다 이갓흔 무리의 빅일힝동으로ᄡᅥ 일본의 유신ᄒᆞ던 ᄯᅢ의 양이당(攘夷黨)으로 갓치 보는 졍치가가 잇스면 이는 것만 보는 우활흔 소견이라 이등통감도 뎌 무리의 권모슐슈에 여러 번 졍신을 허비흔 듯ᄒᆞ나 근릭에는 크게 그 진상을 간파홈과 갓흔즉 이러흔 빅일파를 진무홈

에는 현 닉각을 변경홀 필요가 잇는 쥴로 감동ᄒᆞ는 듯ᄒᆞ도다 빅일파의 진무는 곳 포도[537]의 진무홈이나 그러나 현 닉각을 죠직ᄒᆞ던 당시의 실상과 ᄉᆞ졍을 인ᄒᆞ야 결단코 타파ᄒᆞ는 용긔가 업고 쳔연ᄒᆞ야 오날놀ᄭᆞ지 일으릿도다 우리 무리는 항상 이등공의 식견이 고명홈을 일커르나 그 결단홈이 부죡홈을 이셕히 넉이노니 현 닉각에 딕ᄒᆞ는 정칙도 역시 결단의 부죡홈이 한 되는 바이라

현 닉각에 딕ᄒᆞ는 민심의 향빅는 엇더ᄒᆞ뇨 그 물망이 업슴은 다만 빅일ᄒᆞ는 일파의 악흔 소리쑨 안이라 일반 민심이 임의 리반(離反)ᄒᆞ엿도다 원릭 한국의 정부는 정권 징탈의 격심홈을 인ᄒᆞ야 아참 져녁으로 변기ᄒᆞ엿는지라 이런 젼례를 계속ᄒᆞ는 현 닉각에 딕ᄒᆞ야는 민심이 온젼히 게을너졋도다 폭도로 의론홀지라도 당국쟈들은 아죠 진뎡되엿다 ᄒᆞ나 지금도 오히려 ᄉᆞ방에 출몰ᄒᆞ야 더지홀 바를 아지 못ᄒᆞ니 이 폭도들은 션동ᄒᆞ는 소위 빅일파로 ᄒᆞ야곰 침묵케 ᄒᆞ는 계칙도 현 닉각을 타파ᄒᆞ고 국민에게 신망 잇는 쟈를 들어 밧고는 것이 리ᄒᆞ리로다 이는 뎌 뎍본쥬의 가진 쟈들을 리용ᄒᆞ야 인심을 인실케 홈이라 민심이 리반흔 닉각을 계속케 홈은 결단코 득칙이 안이로다 정치가는 인심을 식롭게 홈이 필요ᄒᆞ니 민심이 희틱홈은 원긔가 소모ᄒᆞ는 근본이라 우리 무리는 이등통감이 귀임흔 후에 데일챡슈로 현 닉각의 경질(更迭)을 단힝ᄒᆞ기를 간졀히 바라노라

349 1908년 9월 17일(목) 제2784호 별보

대한협회 질문셔

대한협회에셔 동양쳑식회샤법에 딕ᄒᆞ야 정부에 질문ᄒᆞ얏다는 말은 작보에 임의 긔직ᄒᆞ얏거니와 이졔 그 질문셔의 젼문을 번역ᄒᆞ야 좌에 게직ᄒᆞ노라

537 포도(暴徒), 즉 폭도(暴徒).

대뎌 일즉이 동양쳑식회샤의 셜립된다는 말이 국닉에 젼파흔 후로 경향의 여론이 몰셜툿흐야 각각 스스로 의심흐고 두려워흐는 싱각을 품어 혹은 갈아딕 우리나라의 남은 리는 몰수히 히회샤로 들어가리라 흐며 혹은 갈아딕 젼국의 토디가 졈추로 히회샤의 장즁에 써러지리라 흐며 혹은 갈아딕 우리는 쟝릭에 살 곳이 업스리라 흐더니 이번에

직가반포흐신 동양쳑식 회샤법의 졔뎡흔 바를 업다려 보옴이 현금 우리 한국의 신졍을 즈음흐야 텬하의 농스흐는 빅셩이 다 우리 대한 들에 밧 갈고져 흘 식 이는 실상 리익이 피추에 균쳠흐며 은튁이 즁외에 보급흐는 법문이라 흘지나 대뎌 법문은 쥭은 물건과 갓흠으로 이것을 운용흐는 사름의 의견이 엇더흠을 인흐야 혹시 그 히셕의 다른 일이 잇슨즉 법문의 본지를 미리 명확히 흐야 뻐 국민의 의혹을 풀게 흠은 당국쟈의 맛당히 힝흘 의무오 그 의심된 곳을 뭇잡는 것은 쏘흔 국민의 공권이며 함을며 우리 민당은 국민된 분의와 국민의 딕표된 칙임을 아울너 졋슨즉 법령의 의심이 잇는 곳을 질문흐야 국민에게 션포흘 필요가 잇기로 좌기 스항을 뎨출흐야 우러어 질문흐오니 죠량흐시와 속히 상셰히 셜명흐야 쥬심을 경요

一. 본법의 근본 쥬의가 일본사름의 이쥬(移住)를 쟝려흐야 그 스업의 발젼을 쇠흐기 위흐야는 엇더흔 뎡도짜지라도 우리 국민의 리히를 도라보지 못흘 쥬의인지 쏘 혹시 한일 협동의 본지와 리히 공통의 쥬의로 엇더흔 뎡도짜지라도 우리 국민의 산업 방히를 피흐며 피추 후박의 쳐치가 업슬 쑨 안이라 국가 빅 년의 대계로 륭운을 증진흐기에 잇숩는지

二. 일본인 이쥬에 졔한이 업시 동국 각부 현의 이쥬흐기를 즈원흐는 쟈가 몃십빅만인에 달흠지라두 다 이쥬케 흐는 방침인지 쏘흔 모범될 만흔 농민 약간을 뎡한흐야 시험흐야 몬져 이쥬케 흐고 스업 진취의 셩젹이 엇더흠을 쇠흐며 한일 국민의 융화 뎡도를 짜라셔 인시졔직흠도 잇삽는지

三. 쳑식에 필요로 아는 토디를 미슈홀 쎄는 토디 소유쟈의 동의를 기다리지 안이ᄒᆞ고 히회샤에셔 미슈홀 권한이 잇는지 ᄯᅩᄒᆞᆫ 토디 소유쟈의 협의승낙을 구ᄒᆞ야 미슈ᄒᆞ압는지

四. 우리나라 사름의게 빅당ᄒᆞᄂᆞᆫ 쥬쥬 모집은 졍부가 그 응케 ᄒᆞᄂᆞᆫ 방법을 뎡ᄒᆞ얏는지 ᄯᅩᄒᆞᆫ 인민의 지원을 의지ᄒᆞ야 빅당ᄒᆞᆫ 쥬식 슈효가 차지 못홀지라도 이에 그칠 ᄯᆞ름이온지

350 1908년 9월 18일(금) 제2785호 론셜

춍리대신의 량착 / 탄히싱

동양쳑식회샤는 우리나라와 및 일본 사이에 즁대ᄒᆞᆫ 문뎨와 연고로 대한협회에셔 히회샤법을 연구ᄒᆞ야 의심된 뎜을 들어 닉각에 질문홀식 춍디위원 이인이 닉각에 닉왕ᄒᆞ얏슨즉 춍리대신이 맛당히 깃분 마음과 됴흔 얼골로 졉견ᄒᆞ고 그 리히득실을 ᄌᆞ세히 히셕ᄒᆞ야 관민 간에 의ᄉᆞ가 소통케 홀 것이어늘 그러치 안이ᄒᆞ야 쳥ᄒᆞ야 보지도 안코 질문셔를 도로 닉여쥬며 닉각의 상관홀 바이 안인즉 농상공부로 가져가라 ᄒᆞ얏스니 춍리대신은 닉각의 슈위일쁜 안이라 히회샤법을

직가반포할 쎄에 춍리대신이 부셔ᄒᆞ얏스니 엇지 닉각의 관계홀 바가 안이라 ᄒᆞ리오 이는 슈상의 칙임을 져바림이로다 본 긔쟈의 어리셕은 소견으로 춍상의 마음 둔 바를 밀우어 싱각홀진된 두 가지 리유에 지나지 안으리니 민간의 요마ᄒᆞᆫ 무리들이 엇지 감히 춍리대신을 딕ᄒᆞ야 질문셔를 뎨츌ᄒᆞ리오 진실로 히여ᄒᆞ다 ᄒᆞᄂᆞᆫ 교오ᄒᆞᆫ 마암이 안이면 필시 졉견ᄒᆞᄂᆞᆫ 마당에 문답을 귀치 안케 녁여 그리홈이로다 슯흐다 리완용 씨는 일즉이 외국에 놀아 문명졍치의 엇더홈을 대강 짐작홀지니 엇지 민간의 여론을 딕표ᄒᆞᆫ 션비를 업슈히녁이는 ᄆᆞ음으로

졉견홈을 샤졀ᄒᆞ얏스리오 단지 문답의 괴로옴을 피코져 ᄒᆞ야 ᄌᆞ긔의 칙임의 엇더홈을 도라보지 안코 농상공부로 밀운 듯ᄒᆞ니 이러ᄒᆞ고셔야 엇지뻐 우의로

셩텬ᄌᆞ의 뜻을 밧들어 아리로 쥬뎡빅관을 통솔ᄒᆞ며 만민을 다ᄉᆞ리리오 가령 대한협회의 총ᄃᆡ위원 등이 아모것도 몰으는 무리갓흐면 일국 슈상이 되여 민심을 슈습ᄒᆞ는 도리에 슌슌연히 효유ᄒᆞ야 오히ᄒᆞ거나 불평히 녁이는 폐단이 업게 ᄒᆞ는 됴흔 긔회어늘 이것을 힝치 안이ᄒᆞ야 빅셩의 마암이 더욱 의심ᄒᆞ며 더욱 불안케 ᄒᆞ니 이는 총리대신이 졍치가의 아량(雅量)이 업셔셔 사름을 용납지 못홈이오 또 권동진 심의셩 량씨는 셜혹 무지몽믹ᄒᆞᆫ 쟈이라 홀지라도 슈만 명 단톄의 총ᄃᆡ위원이어늘 삼십분 동안이나 기다리게 ᄒᆞ다가 맛참ᄂᆡ 졉견치 안이ᄒᆞ고 그냥 ᄂᆡ여보ᄂᆡ엿스니 이는 총리대신이 스ᄉᆞ로 구습을 버리지 못ᄒᆞ야 션비와 민즁을 ᄃᆡ졉ᄒᆞ는 례졀을 일음이오 히회사는 비록 농상공부에 속ᄒᆞ얏슬지라도 빅셩이 의심ᄒᆞ는 바이 잇셔셔 질문ᄒᆞ는 마당에는 총리대신이 ᄌᆞ청ᄒᆞ야셔라도 셜명ᄒᆞ며 효유ᄒᆞ야 민심이 편안케 홀지어늘 이것을 힝치 안이ᄒᆞ얏스니 이는 총리대신의 칙임이 업슬 ᄲᅮᆫ 안이라 압제 졍치의 구투로 빅셩이야 무엇이라 ᄒᆞ던지 나는 나 홀ᄃᆡ로 ᄒᆞᆫ다는 쥬의니 이는 통이언지ᄒᆞ면 리완용 씨의 국량이 협참홈에 지나지 안는다 ᄒᆞ노라

351 1908년 9월 19일(토) 제2786호 별보

제목 없음

대한협회에서 지나간 총의에 총무 윤효뎡 씨의 의안으로 방금 ᄉᆞ법(司法)의 일신홈을 즈음ᄒᆞ야 히회 ᄂᆡ에 신리강구소(伸理講究所)를 셜치ᄒᆞ고 전국의 원억홈을 펴지 못ᄒᆞᆫ 쟈의 청홈을 응ᄒᆞ야 그 쇼송ᄉᆞ건을 감뎡ᄒᆞᆫ 후 ᄂᆡ외국 변호ᄉᆞ에게 쇼기 위탁ᄒᆞ야 힘과 졍셩이 밋는 ᄃᆡᄭᆞ지 그 신리를 강구ᄒᆞ기로 결의ᄒᆞ

얏는딕 그 의안의 젼문을 번역 등직ᄒᆞ노라

대뎌 국가의 쇠운을 즁믹ᄒᆞ며 인민의 힝복을 젹히ᄒᆞᄂᆞᆫ 자ㅣ ᄒᆞᆫ 가지ᄲᅮᆫ 안이로되 엇지 오날ᄂᆞᆯ 우리나라의 빈약ᄒᆞᆷ과 위망ᄒᆞᆷ을 양셩ᄒᆞ던 원인과 갓흔 쟈ㅣ 잇스리오 긔관이 젼혀 귀족의 슈즁에 들어가 나라의 셩립ᄒᆞᄂᆞᆫ 원리를 강ᄒᆞ지 안으며 셰계에 통히ᄒᆞᄂᆞᆫ 대셰를 ᄉᆡᆨ닷지 못ᄒᆞ고 편ᄉᆞᄒᆞᆫ 의견으로 악착ᄒᆞᆫ 규모를 셩립ᄒᆞ야 사ᄅᆞᆷ을 쓰ᄂᆞᆫ 딕 션악을 뭇지 안코 오작 문벌만 의론ᄒᆞ며 일을 당ᄒᆞᆷ에 곡직을 분변치 못ᄒᆞ고 오작 셰력만 밋어 나라의 법률을 오작 귀족이 임의딕로 조종ᄒᆞ며 단군 긔ᄌᆞ의 신셩ᄒᆞᆫ 민족을 오작 귀족이 노례로 알아셔 죠뎡의 권셰를 잡은 쟈ㅣ 취렴ᄒᆞ기를 일삼으며 디방의 목민지관이 탐포ᄒᆞ기를 힘쓰니 필부가 죄가 업스되 구슬 품기를 셔로 경계ᄒᆞ니 불샹ᄒᆞ다 우리 동포가 엇지 ᄡᅥ 싱명 직산을 보젼ᄒᆞ리오 오날날 삼쳔리 산하와 이쳔만 민족의 싱활ᄒᆞᄂᆞᆫ 뎡도가 쳥쳥링링ᄒᆞ며 소소슬슬ᄒᆞᆫ 현샹을 낫하나게 됨애 과거의 큰 화가 이에 지극ᄒᆞ며 목하의 비ᄉᆡᆨᄒᆞᆫ 운수가 이제 지극ᄒᆞ도다 슯흐다 뎌 탐관오리가 이 싱령을 마암딕로 짓밟으며 ᄯᅳᆺ딕로 살육ᄒᆞ야 그 위권을 펴고져 ᄒᆞ며 그 직리를 탐ᄒᆞᆷ애 곤장과 틱장 아릭 금산이 탕진ᄒᆞ며 쳐량ᄒᆞᆫ 옥 가온딕 원혼을 ᄉᆞᆯ어 보낸 쟈ㅣ 그 수를 헤아리가 어렵도다 뎌 류리ᄒᆞᆫ 쳐ᄌᆞ와 원억ᄒᆞᆫ 친족이 그 ᄲᅢ앗긴 바 직산과 일흔 바 싱명에 딕ᄒᆞ야 날과 밤으로 음읍ᄒᆞᄂᆞᆫ 가온딕 ᄯᅩ 년릭로 외인의 무리ᄒᆞᆷ을 밧아 원통ᄒᆞᆷ이 잇스되 펴지 못ᄒᆞᆫ 쟈ㅣ 만터니 오날ᄂᆞᆯ 졍치의 혁신ᄒᆞᄂᆞᆫ 시운을 즈음ᄒᆞ야 문명ᄒᆞᆫ 외국의 공평ᄒᆞᆫ 법관을 임용ᄒᆞ고 ᄉᆞ법권의 독립을 완젼케 ᄒᆞ야 인민의 싱명과 직산을 보호ᄒᆞᆷ애 륭희 이년 팔월 일일로부터 대한 법계에 ᄉᆡ 일월이 비초엿스니 쟝릭의 인민 힝복은 사ᄅᆞᆷ이 ᄒᆞᆫ가지로 밋ᄂᆞᆫ 바어니와 지나간 사아나은 졍ᄉᆞ에 원통ᄒᆞᆷ을 밧음도 ᄯᅩᄒᆞᆫ 가히 펴지 안이치 못ᄒᆞᆯ지나 항곡 사ᄅᆞᆷ들이 법률의 긔션을 미쳐 아지 못ᄒᆞ고 직판소의 구셩과 민형ᄉᆞ의 쇼송규측을 알기 어려올 ᄲᅮᆫ 안이라 본회ᄂᆞᆫ 이갓흔 ᄉᆞ법의 ᄉᆡ로옴을 긔회ᄒᆞ야 젼국동포의 원억ᄒᆞᆷ을 딕표ᄒᆞ고 싱명직산의 신리를 담임ᄒᆞ기 위ᄒᆞ야 본회 ᄉᆞ

무소 닉에 신리강구소를 셜치ᄒᆞ고 디방 인ᄉᆞ가 닉외국인에 딕ᄒᆞᆫ 신리를 쳥구ᄒᆞ거든 신리강구소 위원이 그 쇼송의 곡직과 당연 여부를 위션 감뎡ᄒᆞ야 법률 범위 안에셔 당연히 신리ᄒᆞᆯ 쟈는 닉외국 쵹탁변호ᄉᆞ에게 극력 교셥ᄒᆞ야 긔어히 신리케 ᄒᆞ야 본회 강령 뎨삼항의 실힝을 속히 도모ᄒᆞ야 젼국 동포가 우리 회에 딕ᄒᆞ야 동졍을 표ᄒᆞᄂᆞᆫ 셩의를 보답ᄒᆞᆷ이 엇더ᄒᆞ올ᄂᆞᆫ지

352 1908년 9월 22일(화) 제2787호 별보

제목 없음

대한협회에셔 닉각총리대신 리완용 씨에게 질문셔와 편지를 보닉엿더니 뜻어본 후에 작환ᄒᆞ얏다ᄂᆞᆫ 말은 젼보에 게직ᄒᆞ얏거니와 대한협회에셔 그 일에 딕ᄒᆞ야 또 닉각 슈상에게 치함ᄒᆞᆫ 젼문이 여좌ᄒᆞ더라

경계쟈 본회에셔 향일 동양쳑식회샤법에 근본뎍 쥬의에 의심이 잇슴으로써 닉각 슈상되ᄂᆞᆫ 각하에게 딕ᄒᆞ야 질문셔를 뎨츌ᄒᆞ니 그 의심된 일은 곳 우리 일반국민의 반닷히 알고져 ᄒᆞᄂᆞᆫ 바인즉 각하가 만일 셩실히 국가를 담임코져 ᄒᆞᄂᆞᆫ 의ᄉᆞ가 잇슬진딘 깃분 마암으로셔 뼈 총딕를 졉견ᄒᆞ고 질문셔를 밧아 이 긔회를 리용ᄒᆞ야 몸소 셜명ᄒᆞ든지 혹 쥬무대신으로 ᄒᆞ야곰 셜명ᄒᆞ든지 그 슈단과 방법의 엇더ᄒᆞᆷ을 물론ᄒᆞ고 그 뜻인즉 국민의 의혹을 어름 풀니듯ᄒᆞ게 ᄒᆞ야 관민이 협심일치ᄒᆞᄂᆞᆫ 틱도로뼈 국가의 리익을 꾀ᄒᆞᆷ이 엇지 각하의 당연ᄒᆞᆫ 도리가 안이리오 엇지ᄒᆞ야 계교가 이에 나오지 안이ᄒᆞ고 얏흔 소견과 좁은 도량으로 총딕의 면회를 샤졀ᄒᆞ고 질문셔를 도로 보닉야 글아딕 이ᄂᆞᆫ 닉각 소관이 아이라 ᄒᆞ신 바 본회ᄂᆞᆫ 오히려 또 각하의 일시 그릇ᄒᆞ심을 너그러히 용납ᄒᆞ고 칙임이 잇ᄂᆞᆫ 바에 응당 이러ᄒᆞᆯ 리치가 업스리라 ᄒᆞᄂᆞᆫ 셔함을 쳠부ᄒᆞ야 질문셔를 두 번 드렷더니 편지ᄂᆞᆫ 뜻어보고 찌어진 봉투에 다시 봉ᄒᆞ야 반각ᄒᆞᆷ에 일

음은 셰계에 통ᄒᆡᆼᄒᆞᄂᆞᆫ 례절을 아지 못ᄒᆞ야 민당을 멸시ᄒᆞ고 민권을 유린ᄒᆞᄂᆞᆫ 긔롱을 면키 어려올지니 각하를 위ᄒᆞ야 깁히 ᄋᆡ셕ᄒᆞ오며 대뎌 이십셰긔에 오날ᄂᆞᆯ은 관존민비(官尊民卑)의 폐습을 타파치 안이ᄒᆞᆷ이 불가ᄒᆞ고 국가의 죠직은 국민으로ᄡᅥ 긔초를 삼ᄂᆞᆫ 썻썻ᄒᆞᆫ 법을 잠시라도 닛지 못ᄒᆞᆯ지며 함을며 우리 나라도 문명의 정치를 모방ᄒᆞ고 셰계의 통측을 의거ᄒᆞ야 시졍 ᄀᆡ션을 발표ᄒᆞ고 유신시ᄃᆡ를 ᄌᆞ칭ᄒᆞᄂᆞᆫ 오날ᄂᆞᆯ을 당ᄒᆞ야 ᄂᆡ각의 슈상되ᄂᆞᆫ 각하가 오히려 녯 ᄉᆞ상을 버리지 못ᄒᆞ며 문명의 ᄒᆡᆼ동을 능히 취치 못ᄒᆞᆷ은 각하를 위ᄒᆞ야 간졀히 통탄ᄒᆞ노라 대ᄀᆡ 민당을 멸시ᄒᆞ며 민권을 유린ᄒᆞᆷ으로ᄡᅥ 공의와 여론을 ᄇᆡ반ᄒᆞ야 고립(孤立)ᄒᆞᄂᆞᆫ ᄂᆡ각의 슯흔 ᄃᆡ경을 ᄌᆞ쵸ᄒᆞᆷ은 다만 각하의 실ᄎᆡᆨᄲᅮᆫ 안이라 곳 국가의 진보ᄒᆞᄂᆞᆫ 긔틀을 지톄케 ᄒᆞᄂᆞᆫ 바이니 본회ᄂᆞᆫ 각하를 위ᄒᆞ야 ᄀᆡ탄ᄒᆞᆯ ᄲᅮᆫ 안이라 실로 국가를 위ᄒᆞ야 ᄀᆡ탄ᄒᆞᆷ을 ᄋᆡᆨ의지 못ᄒᆞ노라 대뎌 아ᄅᆡ 뜻이 우의로 통달ᄒᆞ고 우의 뜻이 아ᄅᆡ로 편 후에 비로소 이에 거국일치의 아름다옴을 보아 공공심을 발휘ᄒᆞᆯ지며 국가의 진흥은 국민의 공공심을 기다림이 가ᄒᆞ거ᄂᆞᆯ 각하ᄂᆞᆫ 그러치 안이ᄒᆞ야 샹하의 뜻이 소통ᄒᆞᆷ을 져희ᄒᆞ며 국민의 하ᄂᆞᆯ이 쥬신 공권을 릉답ᄒᆞ니 이ᄂᆞᆫ 국가를 진흥케 ᄒᆞ고져 ᄒᆞᆷ인지 ᄯᅩᄒᆞᆫ 퇴망케 ᄒᆞ고져 ᄒᆞᆷ인치 실로 각하의 의향을 아지 못ᄒᆞ노라 우리 협회ᄂᆞᆫ ᄯᆡ를 근심ᄒᆞ고 나라를 사랑ᄒᆞᄂᆞᆫ 션비가 쥬의와 방침을 셰우고 단톄를 결합ᄒᆞ야 국민의 ᄉᆞ샹을 통일ᄒᆞ며 국가의 ᄒᆡᆼ복을 도모ᄒᆞᄂᆞᆫ 쟈이니 이ᄯᆡ를 당ᄒᆞ야 정부ᄂᆞᆫ 그 의론ᄒᆞᄂᆞᆫ 바를 기우려 들어셔 시졍에 ᄌᆞ뢰ᄒᆞᆷ은 일은바 공덕이며 일은바 졍의오 ᄯᅩ ᄒᆞᆷ을며 민론을 즁히 녁이고 공의를 존샹ᄒᆞᆷ은 고ᄅᆡ로 나라 다사리ᄂᆞᆫ 도어ᄂᆞᆯ 각하ᄂᆞᆫ 민론과 공의를 존슝히 녁이지 안을 ᄲᅮᆫ 안이라 도로혀 경히 알고 쳔히 ᄃᆡ졉ᄒᆞ야 국민을 노례와 갓치 보ᄂᆞᆫ 교오방ᄌᆞᄒᆞᆫ 녯적 ᄉᆞ상으로 국ᄉᆞ를 관헌의 ᄉᆞ유물로 알면 지금 이십셰긔의 국ᄉᆞ를 쳐리ᄒᆞ며 유신시ᄃᆡ의 정치를 운용ᄒᆞ기에 뎍당치 못ᄒᆞᆷ으로 ᄉᆡᆼ각ᄒᆞ노라 일즉 셰샹의 의론을 드른즉 목하 디방의 쥭게 된 민졍으로ᄡᅥ 당국제공의 견식과 슈완을 츄찰ᄒᆞ건ᄃᆡ 현 ᄂᆡ각은 실로 족히 신앙ᄒᆞᆯ 슈 업다 ᄒᆞ

더니 이졔 각하가 본회에 디ᄒᆞ신 힝동을 보고 셰인의 평판을 졍당홈을 인뎡ᄒᆞ기로 각하에게 다시는 교셥코져 안이ᄒᆞ노니 이는 결단코 국민이 각하를 ᄇᆞ림이 안이라 각하가 국민을 ᄇᆞ리심이니 각하가 엇지 참아 ᄒᆞ시리오 츙후ᄒᆞᆫ 말삼을 다시 고ᄒᆞ야 각하의 바셩[538] ᄒᆞ심을 경고ᄒᆞ노이다

353 1908년 9월 23일(수) 제2788호 별보

일진회론(리용구의 잠ᄭᆡ디) / 경셩신문 번역

일진회쟝 리용구는 무삼 목뎍으로 ᄡᅥ 일본에 건너갓는지 본릭 우리의 아는 바이 안이나 뎌가 일본에 건너간 후로 각쳐에셔 말ᄒᆞᆫ 바 불평담(不平談)이 신문지에 게직됨의 신용 잇는 신문이 뎌에게 동졍을 표ᄒᆞ는 쟈도 젹지 안은지라 이로ᄡᅥ 뎌의 말은 뎨국 국민의 동졍을 넓히 엇어 젹이 셰상의 공론을 불너 닐으키고져 ᄒᆞ는 긔미가 잇스나 이는 신문이던지 국민이 한국 ᄉᆞ졍에 어두온 고로 일진회라 ᄒᆞ는 쟈의 진샹을 아지 못홈이로다 이졔 뎌의 말로 신문에 게직ᄒᆞᆫ 바를 보건ᄃᆡ 리완용 ᄂᆡ각의 실졍(失政)을 들어 말ᄒᆞ는 동시에 통감부가 일진회에 ᄃᆡᄒᆞ는 ᄐᆡ도가 ᄅᆡᆼ담(冷淡)홈을 공격ᄒᆞ며 일진회는 일로젼징의 당시부터 일본을 위ᄒᆞ야 지극ᄒᆞᆫ 힘을 다ᄒᆞ얏스나 통감부는 다만 이를 리용홀 ᄲᅮᆫ이오 보호ᄒᆞ지 안이ᄒᆞ며 특별히 증미부통감은 극히 ᄅᆡᆼ담ᄒᆞᆫ지라 디방 인민은 친일당이라 ᄒᆞ야 뮈워ᄒᆞ고 통감부에셔는 ᄅᆡᆼ담ᄒᆞᆫ ᄃᆡ우를 밧으니 이갓치 ᄒᆞ야셔는 일진회의 셜 곳이 업다 운운ᄒᆞ얏슨즉 진샹을 아지 못ᄒᆞ는 쟈가 들으면 응당 그러홀 ᄯᅳᆺᄒᆞ야 동졍을 표ᄒᆞ는 ᄉᆡᆼ각이 닐어날 ᄯᅳᆺᄒᆞ나 그러나 그 진샹을 아는 쟈로 ᄒᆞ야곰 보면 리용구의 불평담에 지나지 못ᄒᆞ고 일진회의 ᄉᆞ분뎍 원언(私憤的怨言)

538 '반셩(반성)'의 오기인 듯함.

에 지나지 안ᄂᆞᆫ도다 우리 무리ᄂᆞᆫ 리용구의 불평담을 인ᄒᆞ야 세상에 오히ᄒᆞᄂᆞᆫ 쟈ㅣ 잇슬가 ᄒᆞ야 일진회의 진상을 들어ᄂᆡ고 겸ᄒᆞ야 뎌의 무리의 어리셕음을 계발코젹[539] ᄒᆞ노라

대뎌 일진회ᄂᆞᆫ 무엇으로 표목(標目)을 삼고 닐어난 결샤이뇨 일진회의 젼신(前身) 유신회ᄂᆞᆫ 이젼 독립협회의 잔당과 텬도교회의 일부분이 합병ᄒᆞᆫ 쟈이니 졍권 징탈은 본ᄅᆡ 그 표목이라 친일 표방(親日標榜)은 졍권을 엇고져 ᄒᆞᆷ인즉 졍당으로 참된 강령이 업고 졍졍ᄒᆞᆫ 규률이 업ᄂᆞᆫ 한 붕당에 지나지 못ᄒᆞᄂᆞᆫ도다 일로젼징 당시에 군량을 운슈ᄒᆞᆷ에 힘을 다ᄒᆞ야 친일당의 광고를 ᄂᆡ엿스니 그 사이에 다소ᄒᆞᆫ 공로가 잇슴은 ᄉᆞ실이오 일한협약에 ᄃᆡᄒᆞ야도 셩원(聲援)ᄒᆞᆫ 다소의 공로가 잇슴도 ᄉᆞ실이오 궁즁슉쳥에 ᄃᆡᄒᆞ야도 항상 방죠ᄒᆞ야 친일의 광고를 ᄂᆡ임도 ᄉᆞ실이라 뎌의 무리ᄂᆞᆫ 이갓치 ᄒᆞ야 ᄆᆡ양 이등공에게 졉근ᄒᆞ고져 ᄒᆞ얏스나 이등공은 심히 링담히 ᄃᆡ졉ᄒᆞ니 뎌의 무리ᄂᆞᆫ 쥭기로써 졉근칙을 강ᄒᆞ더니 시셰가 일변ᄒᆞ야 이등공도 젹이 일진회에 쥬목ᄒᆞ게 되고 차차 졉근ᄒᆞ게 된지라 이등공과 졉근ᄒᆞᆷ은 졍권에 졉근ᄒᆞᆷ이라 ᄒᆞ야 셩히 이등공을 찬송ᄒᆞ고 ᄌᆞ긔의 셰력을 알게 ᄒᆞ기 위ᄒᆞ야 궁즁슉쳥에 관ᄒᆞᆫ 이등공의 송덕표에 회원 ᄇᆡᆨ만인이라 썻스니 이제 이등공도 뎌의 무리의 과쟝ᄒᆞᄂᆞᆫ 말을 밋고 그 셰력을 인뎡ᄒᆞ야 이를 리용ᄒᆞᆷ에 일으럿노라 (미완)

354 1908년 9월 24일(목) 제2789호 별보

일진회론 (속)

그러나 일진회의 실샹을 말ᄒᆞ자 ᄒᆞ면 과연 ᄇᆡᆨ만명의 회원이 잇ᄂᆞᆫ가 뎌의 무

539 '계발코져'의 오기인 듯함.

리가 빅만이라 칭흔 것은 기실 모씨의 정칙으로 빅만이라 칭케 홀 짜름이오 그 빅만이라 홈은 부보샹 륙십만 명과 텬도교 ㅅ십만 명을 가산ᄒᆞ야 이를 일진회원의 수효라 홈인즉 실샹 일진회원의 수효는 얼마인지 ᄌᆞ세치 안으되 빅만은 고샤물론ᄒᆞ고 십만도 업스며 분명히 회원의 수를 됴사ᄒᆞ면 혹은 오쳔인에도 지나지 못ᄒᆞ리로다 일즉이 이등공이 귀국홀 ᄯᅢ에 쳔명의 회원으로 ᄒᆞ야곰 젼송케 ᄒᆞ기를 협의ᄒᆞ야 이를 모으는ᄃᆡ 모인 쟈ㅣ 겨오 ㅅ십여 명이오 ᄯᅩᄒᆞᆫ 우리 황태ᄌᆞ뎐하가 도한ᄒᆞ셧슬 ᄯᅢ에 다슈ᄒᆞᆫ 회원으로 ᄒᆞ야곰 봉영케 ᄒᆞ고져 ᄒᆞ나 모이는 쟈ㅣ 젹음으로 부득이ᄒᆞ야 품군을 사들여 일진회원이라 칭ᄒᆞ고 연로 각쳐에셔 봉영케 홈이 ᄉᆞ실이라 이로ᄡᅥ 볼지라도 그 회원의 슈가 변변치 안코 그 셰력이 쇠미홈을 츄측홀지로다 뎌의 무리가 말ᄒᆞ는 바와 갓치 실상 빅만의 회원이 잇스면 그 셰력은 결단코 업시녁이지 못홀지며 디방에셔 살히를 당ᄒᆞ는 일도 업고 포도 갓흔 것은 일진회원으로ᄡᅥ 넉넉히 진무홀 ᄲᅮᆫ 안이라 닐어나기 젼에 방어홀지나 그러나 이 우에 말흔 바와 갓치 실상 슈효가 젹음으로 인ᄒᆞ야 그 셰력이 지극히 미약흔지라 그 별동ᄃᆡ(別動隊)로 죠직흔 ᄌᆞ위단은 도로혀 일진회의 ᄂᆡ막(內幕)을 들어ᄂᆡ여 더욱 그 셰력 업슴을 증거ᄒᆞ고 뎌의 무리 회원은 ᄌᆞ긔의 셰력이 업슴으로 인ᄒᆞ야 일본을 의지ᄒᆞ고 디방 인민에게 ᄃᆡ함으로ᄡᅥ 디방 인민은 이 일로 인연ᄒᆞ야 일본을 오히ᄒᆞ야 비일ᄒᆞ는 힝동이 잇는 젼례가 젹지 안토다 혹쟈ㅣ 말ᄒᆞ되 통감부에셔 뎌 무리를 보호ᄒᆞ지 안으면 맛참ᄂᆡ 비일당이 되든지 포도가 될 근심이 잇다 ᄒᆞ나 이는 온젼히 긔국사름의 하날 문허짐을 근심홈과 갓흘ᄲᅮᆫ이로다 뎌의 무리의 셰력이 아모것도 업거늘 무삼 일을 능히 ᄒᆞ리오 아모죠록 다소흔 셰력을 펴고져 ᄒᆞ야 셜립흔 ᄌᆞ위단은 도로혀 그 셰력 업슴을 발표흔지라 지금 다시 증미부통감과 쟝곡천대쟝의 링담홈으로 ᄡᅥ 일진회의 셰력이 쇠망ᄒᆞ얏다 홈은 온젼히 리용구의 즘ᄉᆡᆼᄃᆡ에 지나지 안는도다 일진회의 쇠망은 ᄌᆞ연흔 리치라 근뎌가 업시 과쟝ᄒᆞ던 일진회의 형셰가 쇠홈은 썻썻홈이어늘 통감부의 실졍을 미양 말ᄒᆞ니 통감부가 일진회

1908년 9월

에 딕ᄒᆞᄂᆞᆫ 틱도ᄂᆞᆫ 결단코 실정이 안이며 이등공도 근릭에ᄂᆞᆫ 그 진상을 간파ᄒᆞ야 링담ᄒᆞᆫ 틱도를 취ᄒᆞᆷ이 진실로 ᄆᆞᆺ당ᄒᆞᆷ을 엇은 쟈이라 뎌의 무리가 그 힘을 다ᄒᆞᆫ 일에 딕ᄒᆞ야 보슈ᄂᆞᆫ 발셔 만히 엇은지라 일로젼징에 딕ᄒᆞᆫ 공로이든지 그 후 친일뎍 공로에 딕ᄒᆞ야ᄂᆞᆫ 십분만족ᄒᆞᆫ 상급을 엇엇스니 지금 다시 불평을 말ᄒᆞᆯ 여디가 어듸 ᄯᅩ 잇스리오 이것도 ᄉᆡᆼ각지 안으며 ᄌᆞ긔의 셰력이 미약ᄒᆞᆷ도 도라보지 안코 통감부를 딕ᄒᆞ야 사아나온 말을 ᄂᆡ임은 참월ᄒᆞᆷ이 ᄯᅩᄒᆞᆫ 심ᄒᆞ도다 뎌의 무리ᄂᆞᆫ 크게 ᄭᆡ다를 시긔를 당ᄒᆞ얏것마ᄂᆞᆫ 오히려 영화를 ᄭᅮᆷᄭᅮ니 참 어리셕은 일이로다 (완)[540]

355 1908년 9월 26일(토) 제2791호 론셜

민ᄉᆞ쇼송에 쥬의ᄒᆞᆯ ᄉᆞ항 / 탄히ᄉᆡᆼ

정부에셔 민형쇼송규측(民刑訴訟規則)을 블표ᄒᆞᆫ 지 임의 오릭되 그 법문의 ᄠᅳᆺ이 심히 ᄭᆡ다라와 히셕ᄒᆞ기 어려온 고로 향곡에 사ᄂᆞᆫ 동포들이 왕왕히 규측을 억의여 직판의 시일이 쳔연케 ᄒᆞᄂᆞᆫ 폐단과 혹은 슈리치 안이ᄒᆞᄂᆞᆫ 일이 잇다ᄒᆞ기로 이제 민ᄉᆞ쇼송에 딕ᄒᆞ야 쥬의ᄒᆞᆯ 긴요ᄒᆞᆫ ᄉᆞ항을 좌에 대강 긔록ᄒᆞ노라

쇼장(訴狀)은 반ᄃᆞ시 피고에게로 보ᄂᆡᄂᆞᆫ 것인즉 피고되ᄂᆞᆫ 사ᄅᆞᆷ의 슈효를 ᄯᅡ라 두 벌이나 혹 셰 벌을 쓰며

치급ᄒᆞᆫ 금젼이나 물건갑을 목뎍으로 삼ᄂᆞᆫ 셩질이 갓ᄒᆞᆫ 쇼송은 쇼쟝 ᄒᆞᆫ 쟝에 쓰나니(비컨딕 치급젼 몃 원의 보상을 쳥구ᄒᆞ며 아올너 가권을 환츄ᄒᆞᄂᆞᆫ 일) 이갓ᄒᆞᆫ 경우에ᄂᆞᆫ 치급금의 얼마와 가권의 가익 얼마를 합산ᄒᆞ야 쇼송익을 만달고 이에 상당ᄒᆞᆫ 인지(印紙)를 부치며(만일 그러치 안으면[541] 직판소에셔 슈

540 제2790호(9월 25일자) 논설 미게재.

리치 안이홈) 치급혼 금젼의 쳥구와 토디의 경계를 목뎍을 삼는 쇼송은 셩질이 갓지 안은 고로 이를 흔 번에 뎡ᄒᆞ지 못ᄒᆞ고 반닷히 각각 뎡홀지며

쇼장을 뎨출홀 ᄶᅦ에는 쇼송비를 츙납ᄒᆞ기 위ᄒᆞ야 우표(郵票) 오십 젼 이상 일환의치[542]를 봉투에 봉ᄒᆞ야 쇼장에 쳠련ᄒᆞ되 만일 봉투지에 넛치 안코 쇼장에 부친즉 쇼장을 피고에게 보ᄂᆡ는 부비를 쓰랴고 ᄯᅥ여ᄂᆡ기에 불편홀 ᄲᅮᆫ 안이라 간혹 ᄶᅵ여져셔 쓰지 못ᄒᆞ게 되며 만약 비용을 미리 밧치지 안은즉 지판소에셔 쳐리ᄒᆞ는 일이 심히 번거ᄒᆞ야 쇼송의 지톄될 념려가 잇스며

쇼장에 필요가 업는 일을 쟝황히 긔록ᄒᆞ거나 시비와 경위를 혼잡ᄒᆞ게 말지라 이러혼 폐로 맛참ᄂᆡ 그 ᄯᅳᆺ을 히득지 못ᄒᆞ는도다 대뎌 쇼송의 쥬의는 지판관으로 ᄒᆞ야곰 ᄉᆞ실의 요령을 알게 홈에 잇스며 쇼쟝 쓰는 죠희는 아모됴록 졍혼 인찰지를 쓸지며 글ᄌᆞ는 뎡간 안에 분명히 쓰며

민ᄉᆞ쇼송은 증거를 의지ᄒᆞ야 원피고의 곡직을 판단홈이 만흔 고로 아모됴록 증거물의 등본은 갑뎨긔호증(甲第幾号證)으로 쳠렴홈이 가ᄒᆞ되 ᄉᆞ실과 직졉혼 관계가 업거나 ᄉᆞ실을 쥬장홈에 필요가 업는 것은 도로혀 지판관이 심사홈에 번거홀 ᄲᅮᆫ 안이라 ᄉᆞ실을 그릇 아나니 그런 것은 뎨출치 물며

쇼송 ᄃᆡ리인의 셩명을 쇼장에 병셔ᄒᆞ야 쇼송 ᄃᆡ리의 허가를 신쳥홈이 불가혼지라 곳 쇼송 ᄃᆡ리의 허가명령이 잇슨 후에야 ᄃᆡ리가 될 슈 잇나니 쇼장에는 당ᄉᆞ쟈의 일홈만 쓰며

지판소 잇는 먼 곳에 사는 사름이 쇼장을 뎨출홀 경우에는 지판소 잇는 근쳐에 류슉ᄒᆞ는 곳을 뎡ᄒᆞ고 그 류슉ᄒᆞ는 집을 보명(保明)ᄒᆞ며 답변셔(答辯書)나 쇼송ᄒᆞ는 ᄃᆡ 예비홀 문축은 구두변론(口頭辯論)ᄒᆞ는 젼일에 뎨출ᄒᆞ며

고장신뎨셔(故障申提書) (ᄉᆞ고 잇슴을 신고ᄒᆞ는 글)나 기타 ᄃᆡ송쟈에게 보

541 '안으면(않으면)'의 오기인 듯함.
542 접미사 '~어치'의 오기인 듯함.

1908년 9월

닐 것은 졍부본을 뎨출ᄒᆞ되 우표를 밧치며

강졔집힝(强制執行)의 시힝이나 뎡지나 작쇼나 속힝을 신뎨ᄒᆞ자면 동시에 강졔집힝 이의신뎨셔를 힝홀진뎌[543]

356 1908년 9월 29일(화) 제2793호 별보

대한협회 경고셔

현 정부가 조직된 지 일 년이 넘으되 유신졍치의 아름다온 일홈만 잇고 실상은 아모것도 업ᄂᆞᆫ 고로 젼국의 민심이 늘로 어즈러워 디방이 심히 녕졍치 못ᄒᆞᆫ 가온ᄃᆡ 근일에 단발령을 강졔뎍으로 힝ᄒᆞ라 홈애 인민의 마암이 더욱 불온ᄒᆞ야 각쳐에셔 경보가 늘마다 오ᄂᆞᆫ지라 이에 대한협회에셔 이 일을 근심ᄒᆞ야 작일에 림시 평의회를 열고 결의ᄒᆞᆫ 결과로 졍부에 경고셔를 보낸 젼문이 여좌ᄒᆞ더라

향쟈에 본회에셔 질문셔를 셰 번 보ᄂᆡ여 셰 번 퇴각홈에 최후의 단언ᄒᆞᆫ 바ㅣ 잇기로 그 ᄉᆞ건에 ᄃᆡᄒᆞ야ᄂᆞᆫ 다시 말홀 것이 업시 스ᄉᆞ로 그쳣거니와

대뎌 졍부ᄂᆞᆫ 국졍을 경영ᄒᆞ야 다ᄉᆞ리ᄂᆞᆫ 머리오 각원(閣員)은 셩상을 보필ᄒᆞᄂᆞᆫ 즁신이라 국가의 치란과 국민의 안위가 온젼히 그 식견과 슈단에 달녓나니 만일 머리된 쟈가 공긔를 범람히 쓰거나 즁신된 쟈가 ᄉᆞᄉᆞ 리익을 도모ᄒᆞ야 그 칙임의 즁대ᄒᆞᆷ이 엇더홈을 아지 못ᄒᆞ면 민국의 불힝ᄒᆞ며 불리홈이 이에셔 더 심ᄒᆞᆫ 쟈ㅣ 업ᄂᆞᆫ지라 고로 졍치가의 덕의ᄂᆞᆫ 공명졍대ᄒᆞ야 ᄉᆞᄉᆞ 욕심을 버리고 ᄇᆡᆨ셩과 나라의 리히를 셩실히 판단홈에 잇고 혹시 셰력에 아당ᄒᆞ야 붓흐며 금력(金力)에 ᄭᅳ을니고 ᄌᆞ긔 일신의 디위를 붓들기 위ᄒᆞ야 일반 민즁에게 히를

543 제2792호(9월 27일자) 논설 미게재. 9월 28일은 정기휴간일임.

씨침을 가쟝 경계홈은 스스로 그릇홈으로뻐 민국을 멸망케 홀가 두려워홈이라 시험ᄒᆞ야 뭇노니 닉각 제공은 스스로 붓그러온 곳이 과연 업ᄂᆞᆫ가 민론의 비등홈과 신문의 헌쟈홈은 말홀 것이 업거니와 본회ᄂᆞᆫ 이에 빅셩과 나라의 절박ᄒᆞᆫ 한두 가지 큰 ᄉᆞ건으로뻐 제공의 힝ᄒᆞᄂᆞᆫ 바를 ᄒᆞᆫ번 뎨셩치 안이치 못ᄒᆞ노라

대기 작년에 현 닉각이 셩립ᄒᆞᆫ 후로 젼국 각 디방의 소요가 ᄂᆞᆯ로 심ᄒᆞ야 ᄉᆞ면을 도탄에 모라넛코 어육이 되게 ᄒᆞᄂᆞᆫ 참혹ᄒᆞᆫ 일은 인인군ᄌᆞ의 참아 듯고 보지 못ᄒᆞᄂᆞᆫ 바이라 일본의 파병이 졈ᄎᆞ 이ᄉᆞ단(二師團)에 달ᄒᆞ야 쥬야로 토벌홈에 죵ᄉᆞᄒᆞ며 쏘 헌병을 증파ᄒᆞ고 헌병보죠원을 신셜ᄒᆞ며 다슈ᄒᆞᆫ 슌사를 빅치ᄒᆞ야 국고금을 쇼비홈이 호대ᄒᆞ며 인민의 산업이 탕진ᄒᆞ며 한일상로의 무역이 끈어지며 닉외국 병헌의 로고가 임의 극ᄒᆞᆫ지라 진졍되기를 날로 바룸은 일반이 갓치 ᄒᆞᄂᆞᆫ 바이어날 오히려 진졍될 긔약이 업슴은 엇지홈이뇨 제공이 실심으로 나라일을 근심ᄒᆞ야 뎍당ᄒᆞᆫ 방법을 강구치 안이ᄒᆞᆫ 소이라 홀지로다 그윽히 들은즉 제공이 일즉 말호ᄃᆡ 포도ᄂᆞᆫ 우리나라의 특산물이라 치운 겨울이 되면 ᄌᆞ연히 쇼멸ᄒᆞᆫ다 ᄒᆞ더니 겨울을 지닉고 봄이 도라오며 여름을 보닉고 가을을 당ᄒᆞ도록 오히려 안졍홀 도라[544]가 묘연ᄒᆞ야 언의 세월에나 병헌을 쳘환케 될ᄂᆞᆫ지 예뎡키 어려올 ᄲᅮᆫ 안이라 함을며

셩상폐하ᄭᅴ압셔 신금을 번노히 ᄒᆞ샤 회유진무(懷柔鎭撫)ᄒᆞ시ᄂᆞᆫ

죠칙을 여러 번 나리시되 ᄃᆡ양ᄒᆞ기를 싱각지 안이ᄒᆞ고 시위소찬으로 일을 삼으니 (미완)

544 '도리'의 오기인 듯함.

대한협회 경고셔 (속)

이로 말미암아 보건ᄃᆡ 졔공이 회유진문의 방칙을 능히 ᄉᆡᆼ각ᄒᆞ야 ᄂᆡ지 못홈으로 인ᄒᆞ야 우리나라 포민과 일본 병헌이 ᄊᆞ홈이라 ᄒᆞ야 방관ᄒᆞᄂᆞᆫ ᄃᆡ위엔 스ᄉᆞ로 셔심인가 ᄯᅩ 혹시 포도를 진졍홈은 일본이 맛핫스니 우리 졍부ᄂᆞᆫ 관계가 업다 ᄒᆞ심인가 과연 그러ᄒᆞ면 그름이 ᄯᅩᄒᆞᆫ 심ᄒᆞ도다 일본 쟝졸이 토벌에 죵ᄉᆞ홈은 우리 국권의 일부분을 ᄃᆡ표홀 ᄲᅮᆫ이니 이로ᄡᅥ셔ᄂᆞᆫ 졍부의 칙임과 각신의 의무를 면치 못홀 바이라 이갓치 민심이 불복ᄒᆞ며 소요가 그치지 안이ᄒᆞ야 나라와 ᄇᆡᆨ셩에게 불ᄒᆡᆼ홈과 불리홈이 ᄉᆡᆼ기게 홀지면 현금 문명 각국의 젼례를 볼지라도 각신이 칙임을 지고 스ᄉᆞ로 물너가 그 ᄃᆡ위를 어진 쟈에게 ᄉᆞ양홈이 졍치상의 본의라 홀지라 본회가 일즉 이후로 지금ᄭᆞ지 침묵홈을 직힘은 졔공의 시졍 ᄀᆡ션을 기다리고 바룸이러니 이졔 일 년이 넘도록 더욱 미만ᄒᆞ야 진졍홀 긔약이 업거날 겸ᄒᆞ야 각 디방 인민의 단발을 강졔뎍으로 ᄒᆡᆼ홈은 본말을 젼도홈이라 ᄉᆡᆼ각건ᄃᆡ 지금 시 졍ᄉᆞ가 국민에게 밋부지 못ᄒᆞ야 각각 의심홈과 두려워홈을 품고 소동ᄒᆞ야 뎡치 못ᄒᆞᄂᆞᆫ ᄯᅢ에 갑자기 이갓흔 일을 ᄒᆡᆼᄒᆞ야 더욱 민심을 격앙케 ᄒᆞ니 비유컨ᄃᆡ 불붓ᄂᆞᆫ ᄃᆡ 기름을 부음과 갓도다 단발ᄒᆞᄂᆞᆫ 일은 원ᄅᆡ 본회도 지극히 찬셩ᄒᆞᄂᆞᆫ 바이나 오날늘에 시ᄒᆡᆼ홈은 그 ᄯᅢ가 뎍당치 안은 줄로 ᄉᆡᆼ각ᄒᆞ야 탄식홈을 마지 안이ᄒᆞ노라 졔공은 뎍당ᄒᆞᆫ 방법을 강구ᄒᆞ야 시셰의 변쳔홈과 시 졍ᄉᆞ의 효력으로ᄡᅥ 국민이 스ᄉᆞ로 ᄭᆡ닷게 홈이 가쟝 몬져 힘쓸 바이니 그 스ᄉᆞ로 ᄭᆡ닷ᄂᆞᆫ 마음을 인ᄒᆞ야 스ᄉᆞ로 머리를 ᄶᅡᆨ게 됨은 형셰의 반닷히 일을 바이라 대뎌 졍무ᄂᆞᆫ 사룸의 마암을 ᄀᆡ발홈이 근본이오 형식을 고쳐 삶임이 ᄉᆞᆺ이어날 이졔 졔공이 그 근본을 힘쓰지 안코 그 ᄉᆞᆺ헤 급히 나아가고져 홈은 소위 본말을 젼도홈이 안인가 근ᄅᆡ 졍부 명령의 베푸ᄂᆞᆫ 바와 ᄂᆡ각 졔공의 ᄒᆡᆼᄒᆞᄂᆞᆫ 바를 보건ᄃᆡ 우리나라 젼도에 ᄃᆡᄒᆞ야 근심ᄒᆞ며 념려치 안이치 못ᄒᆞ겟기로 그 ᄒᆞᆫ두 가지를 들어 졔공의 ᄉᆡᆼ각ᄒᆞ심을 바라오니 졔공은 그 즁대ᄒᆞᆫ 칙임을 스ᄉᆞ로 ᄉᆡᆼ각ᄒᆞ시고 샹당ᄒᆞᆫ 죠쳐를 ᄲᆞᆯ니 도모ᄒᆞ시면 우리 국가의 ᄒᆡᆼ복이며 우리 국민의 ᄒᆡᆼ복이로소이다

긔쟈-왈 녯말에 닐넛스되 사ᄅᆞᆷ이 누가 허물이 업스리오 고침이 귀ᄒᆞ다 ᄒᆞ얏스니 오늘날 우리 ᄂᆡ각 졔공이 인민의 이갓흔 공고셔를 보고 번연ᄀᆡ오ᄒᆞ야 단ᄒᆡᆼᄒᆞᄂᆞᆫ 바이 잇스면 가ᄒᆞ거니와 만일 작환ᄒᆞᄂᆞᆫ 것으로 능ᄉᆞ를 삼거나 ᄯᅩ 혹 핑계ᄒᆞ야 갈아ᄃᆡ 쟝ᄅᆡ에 션량ᄒᆞᆫ 방침으로ᄡᅥ 민국을 편안케 ᄒᆞ리라 ᄒᆞ면 밋을 쟈ㅣ 어ᄃᆡ 잇스리오 ᄇᆡᆨ셩이 밋지 안으면 비록 관즁 졔갈량의 지모가 잇슬지라도 베풀 ᄯᅡ이 업나니 바라건ᄃᆡ 졍부졔공은 세 번 ᄉᆡᆼ각ᄒᆞᆯ지어다

1908년 9월

10월

358 1908년 10월 1일(목) 제2795호 별보

단발에 ᄃᆡᄒᆞᆫ 공론 / 탄ᄒᆡᄉᆡᆼ

근일 각 관찰도 군슈회의에셔 강졔덕 단발을 ᄒᆡᆼᄒᆞ기로 결의ᄒᆞ고 모모 군에셔ᄂᆞᆫ 발셔 ᄀᆞᆨ 면쟝을 쇼집ᄒᆞ야 권유ᄒᆞ야 ᄉᆞᆨ게 ᄒᆞᆫ 쟈도 잇스며 혹 륵삭ᄒᆞᆫ 쟈도 잇ᄂᆞᆫ 고로 ᄃᆡ방의 인심이 크게 불온ᄒᆞ야 젹이 진졍되얏던 ᄃᆡ방도 다시 쇼동ᄒᆞ야 안졋ᄂᆞᆫ ᄇᆡᆨ셩이 업을 편안히 ᄒᆞ지 못ᄒᆞ고 심ᄒᆞᆫ 쟈ᄂᆞᆫ 츄슈와 츄경을 온젼히 ᄒᆞᆯ 슈 업다 ᄒᆞ야 란리를 격근 불상ᄒᆞᆫ 인민이 동셔로 리산ᄒᆞ니 이ᄂᆞᆫ 진실로 국가의 큰 문뎨라 엇지 ᄒᆞᆫ 번 ᄉᆡᆼ각지 안으리오 이 일에 ᄃᆡᄒᆞ야 경향의 물의를 관찰ᄒᆞ건ᄃᆡ 조곰이라도 나라를 근심ᄒᆞ고 ᄇᆡᆨ셩을 사랑ᄒᆞᄂᆞᆫ 쟈ᄂᆞᆫ 다 갈아ᄃᆡ 작년에 현 ᄂᆡ각이 조직된 후로 각 ᄃᆡ방에 의병이니 폭도이니 ᄒᆞᄂᆞᆫ 무리가 벌니듯ᄒᆞ야 우리 동포 즁에 ᄉᆡᆼ명 ᄌᆡ산을 손실ᄒᆞᆫ 쟈ㅣ 긔십ᄇᆡᆨ쳔이며 심지어 니웃 나라에ᄭᆞ지 화얼이 미쳐 쟝ᄎᆞᆺ 엇지ᄒᆞᆯ 쥴을 몰으더니 다ᄒᆡᆼ히 가을 이후로 졈졈 안온ᄒᆞ야 가ᄂᆞᆫ 터에 졍부 당국쟈가 단발을 려ᄒᆡᆼᄒᆞᄂᆞᆫ 실칙으로 말ᄆᆡ암아 각 ᄃᆡ방이 물끌틋 ᄒᆞᆫ다 ᄒᆞ며 셰력과 관직에 아부ᄒᆞ야 당국쟈를 달호ᄒᆞᄂᆞᆫ 쟈ᄂᆞᆫ 다 갈아ᄃᆡ 오ᄂᆞᆯᄂᆞᆯ 만ᄉᆞ의 변쳔ᄒᆞᄂᆞᆫ 시ᄃᆡ를 당ᄒᆞ야 형질이 변ᄒᆞᆫ 연후에 ᄉᆞ샹이 변ᄒᆞ며 ᄉᆞ샹이 변ᄒᆞᆫ 연후에 형질이 변ᄒᆞ나니 폭도의 쟝ᄒᆡ도 단발이오 교육의 방ᄒᆡ도 단발이라 만일 단발치 안으면 국가와 인민에게 ᄆᆡᆺᄂᆞᆫ 바 영향이 막대ᄒᆞ야 그 ᄒᆡ가 가장 참혹ᄒᆞ다 ᄒᆞ며 ᄯᅩ ᄀᆞᆯ아ᄃᆡ 단발을 뎨창ᄒᆞᆷ이 삼십 년

이 지낫고

대황데 폐하긔압셔 어발을 짝그신 지 일 년이 임의 지낫거날 시긔가 아즉 일으다 ᄒᆞ니 바다가 말으고 돌이 썩는 ᄯᆡ를 기다릴가 일각이 급ᄒᆞᆫ 시ᄃᆡ에 국민이 스ᄉᆞ로 ᄭᆡ닷기를 기다리지 못ᄒᆞ겟다 ᄒᆞ니 이 두 가지 말은 민당과 졍부당의 셔로 반ᄃᆡᄒᆞᄂᆞᆫ 말인즉 그 시비ᄂᆞᆫ 공편ᄒᆞᆫ 의론을 기다려 판단ᄒᆞᆯ지라 이에 작일 경셩일보(京城日報) 평론을 거ᄒᆞᆫ즉

문명은 외형의 단발을 인ᄒᆞ야 오ᄂᆞᆫ 것이 안이라 일본이 단발을 려ᄒᆡᆼᄒᆞᆫ 것은 일본인의 결발이 반은 깍고 야만시ᄃᆡ의 남은 습관이 잇스며 ᄯᅩ 항상 결발ᄒᆞᆷ을 요구ᄒᆞ엿슨즉 외형으로 보든지 경졔상으로 ᄉᆡᆼ각ᄒᆞ든지 편리치 못ᄒᆞᆫ 리유가 잇셧스나 한인의 결발은 이갓치 편리치 안음이 업고 ᄯᅩ 위ᄉᆡᆼ상으로 볼지라도 한국과 갓치 치위와 더위가 다 극심ᄒᆞᆫ 풍토에셔ᄂᆞᆫ 머리털을 둠으로 인ᄒᆞ야 머리를 잘 보호ᄒᆞᄂᆞᆫ 리로옴이 젹지 안은 줄 ᄉᆡᆼ각ᄒᆞ노라 부잘업시 외양이 갓기를 근심ᄒᆞ야 외관을 고칠지라도 사ᄅᆞᆷ의 마암이 ᄉᆡ롭지 안코 졍신이 향상(向上)치 안으면 필경은 우밍(優孟)의 의관ᄲᅮᆫ이라 나라의 젼진ᄒᆞᆷ에 무삼 효험이 잇스리오 오날늘의 급무ᄂᆞᆫ 단블을 강ᄒᆡᆼᄒᆞᆷ에 잇지 안코 교육을 셩히 ᄒᆞ야 인심을 고치며 산업을 닐으켜 ᄀᆡ인과 나라를 부ᄒᆞ게 ᄒᆞᆷ에 잇ᄂᆞᆫ지라 구구ᄒᆞᆫ 급ᄒᆞ지 안은 문뎨로 인ᄒᆞ야 인민의 쇼요를 야긔ᄒᆞᆷ은 평디에 파란을 닐으킴이니 무모(無謀)의 지극ᄒᆞᆷ이오 유히무익ᄒᆞᆫ 일이라

ᄒᆞ엿스니 이ᄂᆞᆫ 외국사ᄅᆞᆷ이 국외에셔 보ᄂᆞᆫ 공평ᄒᆞᆫ 의론이라 ᄒᆞ노라[545]

545 제2796~2797호(10월 2~3일자) 논설 미게재.

답 국민긔쟈[546]

슯흐다 국민긔쟈여 어리셕다 국민긔쟈여 당돌ᄒᆞ다 국민긔쟈여 보관의 붓을 잡은 쟈ㅣ 국가의 리ᄒᆡ가 엇더ᄒᆞᆫ지 인민의 졍형이 엇더ᄒᆞᆫ지 몰으며 심지어 남의 말을 아라 듯지 못ᄒᆞ고 남의 글을 아라 보지 못ᄒᆞ고 진부ᄒᆞᆫ 한문 글ᄌᆞ이나 얼마간 아ᄂᆞᆫ 것으로써 구구ᄒᆞᆫ 일ᄀᆡ 당파의 편샤ᄒᆞᆫ 의견을 이어 당당ᄒᆞᆫ 젼국 여론의 공졍ᄒᆞᆷ을 결으고져 ᄒᆞ니 속담의 일은바 하로ᄀᆡ아지 ᄆᆡᆼ호를 몰음이라 한편으로 ᄉᆡᆼ각ᄒᆞ면 불상ᄒᆞ고 측은ᄒᆞ야 죡히 더부러 의론ᄒᆞᆯ 가치가 업스나 그러나 만일 그져 버려두면 그 몽ᄆᆡᄒᆞᆷ을 죵시 면치 못ᄒᆞ야 국가 샤회에 영향이 잇겟ᄂᆞᆫ 고로 두어 마ᄃᆡ 간단히 풍유ᄒᆞ야 써 그 완악ᄒᆞ고 어리셕음을 ᄭᆡ치고져 ᄒᆞ노라

국민긔쟈ㅣ 갈아ᄃᆡ 몃 ᄒᆡ 연셜마당에 단발을 쥬쟝ᄒᆞ던 쟈ㅣ 뎨국긔쟈가 안인가 날마다 신문지에 단블을 통론ᄒᆞ던 쟈가 뎨국긔쟈가 안이가 이갓치 쥬챵ᄒᆞ며 통론ᄒᆞ던 쟈로써 이졔 홀연히 반ᄃᆡᄒᆞᆫ즉 그 ᄯᅳᆺ을 투득키 어렵다 ᄒᆞ얏스니 이ᄂᆞᆫ 국민긔쟈가 ᄌᆞ긔의 어리셕음을 ᄌᆞ복ᄒᆞᆷ이로다 대뎌 본 긔쟈의 쥬의와 쥬견은 지나간 ᄂᆞᆯ에만 단블을 쥬챵ᄒᆞ며 통론ᄒᆞᆯ ᄲᅮᆫ 안이라 오날ᄂᆞᆯ도 연셜마당이나 신문지에 일반동포를 권유ᄒᆞᆷ이 곳 본 긔쟈의 직칙으로 알고 혀가 달으며 붓이 무듸지언뎡 ᄉᆞ양치 안이ᄒᆞ거니와 졍부가 강졔뎍이나 압졔뎍으로 단블을 려ᄒᆡᆼᄒᆞᆷ은 역시 본 긔쟈의 어ᄃᆡᄭᆞ지든지 반ᄃᆡᄒᆞᄂᆞᆫ 바이라 엇지ᄒᆞ야 그러뇨 ᄒᆞ면 우리 동포의 지식이 아즉 열니지 못ᄒᆞ야 단블의 리ᄒᆡ를 아지 못ᄒᆞᄂᆞᆫ 고로 슌슌연히 일으고 침침연히 가라친즉 불과 긔년에 젼국이 모다 단발ᄒᆞᆯ지오 기즁에 셜혹 몃 사ᄅᆞᆷ이 안이 ᄉᆡᆨ글지라도 국가샤회에 츄호도 관계가 업도다 오날

546 《국민신보(國民新報)》를 가리킴. 1906년부터 일진회에서 발간한 신문.

날 우리 대황뎨 폐하게압셔 어발을 싹그시압시고 정부 관리와 일반 유지쟈와 경향 각학교의 학도가 놀마다 싹는 것은 본 긔쟈의 주긍ᄒᆞᆫ 말이 안이라 만분 지일이라도 쥬챵ᄒᆞ며 통론ᄒᆞ던 효력이 업다 ᄒᆞ지 못ᄒᆞᆯ지어날 이제 정부 당로 쟈가 졸디에 단발 명령을 려힝ᄒᆞ야 슌히 흘너 나려가는 물을 쑹긔쳐 격동케 ᄒᆞ는 고로 본 긔쟈ㅣ 간측ᄒᆞᆫ 말로써 정부 당국쟈와 밋 이 일을 쥬쟝ᄒᆞ는 일파에게 경고ᄒᆞ얏고 또 경제상으로 볼진된 오날놀 국민이 일톄히 단발ᄒᆞ량이면 삭근 머리에 그져는 갓을 쓸 슈 업슨즉 불가불 탕건을 쓸지오 그러치 안으면 관탕을 모다 폐지ᄒᆞ고 믹고모ᄌᆞ나 납작모ᄌᆞ를 쓸지니 우리 인구 이쳔만에 일쳔만은 녀ᄌᆞ로 치고 또 오빅만은 아히로 쳐도 쟝셩ᄒᆞᆫ 남ᄌᆞ가 오빅만은 되리니 믹고모ᄌᆞ나 납작모ᄌᆞ나 혹 탕건 오빅만 기의 가익이 젹어도 오빅만 원은 될것이오 관탕을 모다 폐지ᄒᆞ량이면 우리나라 상업계의 십분지삼이나 차지ᄒᆞᆫ 갓쟝ᄉᆞ 망건쟝ᄉᆞ 틱건쟝ᄉᆞ가 일시에 ᄌᆡ산을 손실ᄒᆞᆯ 터이니 나라를 경영ᄒᆞ는 쟈의 가장 몬져 싱각ᄒᆞᆯ 바이로다 연고로 본 긔쟈는 갓가오면 십 년 멀면 이십 년을 긔약ᄒᆞ고 불식부지간에 힝케 ᄒᆞ고져 홈이로다 (미완)

1908년 10월

360 1908년 10월 6일(화) 제2799호 론셜

답 국민긔쟈 (속)

국민긔쟈ㅣ 항샹

죠칙 디양을 슈챵ᄒᆞ야 말ᄒᆞ나

죠칙은 샹년 팔월 십륙일에 나리셧는지라 일 년이 넘도록 디양ᄒᆞᆯ 싱각이 업다가 오날이야 디양코져 홈은 엇지홈이뇨 참 히셕ᄒᆞ기 어려온 바이로다 우리

대황뎨폐하의 하늘갓흐신 셩덕으로 국가의 리히와 국민의 졍형을 통찰ᄒᆞ압신 고로 그

죠칙을 나리샤 일반 신민이 스스로 씨닷게 ᄒᆞ압시고 각신을 명ᄒᆞ샤 강제력으로 려힝케 ᄒᆞ시지 안으심이어ᄂᆞᆯ 이제 국민긔쟈ᄂᆞᆫ 셩의의 계신 바를 아지 못ᄒᆞ고 졍부 당국쟈의 실칙을 엄호코져 ᄒᆞ야 무례 무리ᄒᆞᆫ 말을 가져 남을 박론ᄒᆞ랴 ᄒᆞ나 텬하 사ᄅᆞᆷ이 누가 그 의론을 공평타 ᄒᆞ리오 졍부의 명령이 ᄒᆞᆫ 번 나리면 ᄇᆡᆨ셩이 밋기를 금셕갓치 ᄒᆞ야 유공불급ᄒᆞ게 힝ᄒᆞᆯ 것 갓흐면 다시 의론ᄒᆞᆯ 여디가 업시 오날이라도 힝ᄒᆞ고 ᄅᆡ일이라도 힝ᄒᆞ려니와 근일 디방에셔 올나오ᄂᆞᆫ 소문을 듯건ᄃᆡ 엇던 고을에셔ᄂᆞᆫ 각 면쟝을 불너 륵삭ᄒᆞ얏더니 그 면쟝들이 감히 집에 들어가지 못ᄒᆞ고 도로에 방황ᄒᆞᆫ다 ᄒᆞ며 또 엇던 고을에셔ᄂᆞᆫ 십월 일일부터ᄂᆞᆫ 머리를 ᄭᅡᆨᄂᆞᆫ다 ᄒᆞᆫ즉 죽기ᄂᆞᆫ 일반이라 ᄒᆞ야 다시 소요를 닐으킨다 ᄒᆞ니 국민긔쟈ㅣ 본보를 가라쳐 디방 인민을 션동ᄒᆞᆫ다 ᄒᆞ나 졍부의 실졍을 찬죠ᄒᆞ야 시세와 인졍에 합지 안ᄂᆞᆫ 졍령을 힝케 ᄒᆞᄂᆞᆫ 국민긔쟈ᄂᆞᆫ 실샹 인심을 션동ᄒᆞᆯ ᄲᅮᆫ 안이라 국가 젼도에 무궁ᄒᆞᆫ 참화를 ᄭᅵ치ᄂᆞᆫ도다 슯흐다 국민긔쟈여 일편 량심이 잇거든 스스로 뭇고 스스로 ᄃᆡ답ᄒᆞ야 볼지어다 국민긔쟈ᄂᆞᆫ 일진회원이오 국민신보ᄂᆞᆫ 일진회의 긔관인즉 국민긔쟈의 붓으로 쓰ᄂᆞᆫ 글을 곳 일진회의 쥬의라 ᄒᆞᆯ지라 당쵸에 일진회가 단발ᄒᆞᄂᆞᆫ 것으로 큰 목뎍을 삼앗다가 작년 팔월에

죠칙이 나리신 후로 신문에 광고ᄒᆞ되 지금은

황상폐하와 밋 졍부의 일반관리가 다 단발ᄒᆞ얏슨즉 본회의 목뎍을 달ᄒᆞᆫ지라 죵금 이후로ᄂᆞᆫ 머리 ᄭᅡᆨ근 쟈와 안이 ᄭᅡᆨ근 쟈를 물론ᄒᆞ고 입회를 허낙ᄒᆞᆫ다 ᄒᆞ얏기로 본 긔쟈의 ᄉᆡᆼ각에 일진회가 깁히 시세를 슯혀 번연 ᄀᆡ오ᄒᆞᄂᆞᆫ 바이 잇ᄂᆞᆫ가 ᄒᆞ엿더니 오ᄂᆞᆯ날 국민긔쟈의 창도ᄒᆞᄂᆞᆫ 의론을 볼진ᄃᆡ 일시의 졍칙으로 다슈ᄒᆞᆫ 회원을 모집코져 ᄒᆞ야 셰샹을 속이려 ᄒᆞ다가 셰상에 속ᄂᆞᆫ 사ᄅᆞᆷ이 업ᄂᆞᆫ 고로 ᄌᆞ연히 본식이 ᄐᆞ로ᄒᆞᆷ인가 ᄒᆞ노라 본 긔쟈ㅣ 향일에 경셩일보의 평론을 번역 긔ᄌᆡᄒᆞᆷ은 국민긔쟈의 좌졍관텬ᄒᆞᄂᆞᆫ 소견을 열어 쥬고져 ᄒᆞᆷ이러니 ᄭᅵ닷기ᄂᆞᆫ 고샤ᄒᆞ고 그 말에 ᄃᆡᄒᆞ야 변론이 무슈ᄒᆞ니 이ᄂᆞᆫ 국민긔쟈가 동셔를 불변ᄒᆞᆷ이

로다 만일 변호코져 ᄒᆞ면 당당히 경셩일보를 ᄃᆡᄒᆞ야 필젼을 시작홀 것이어늘 그러치 안코 본 긔쟈를 향ᄒᆞ야 쓸ᄃᆡ업ᄂᆞᆫ 말을 너러노앗스니 진실로 ᄒᆞᆫ 우슴거리에 지나지 안ᄂᆞᆫ도다 슯흐다 국민긔쟈여 이졔도 오히려 알아등지[547] 못홀가

본 긔쟈의 반ᄃᆡᄂᆞᆫ 단발을 반ᄃᆡ홈이 안이오 당국쟈가 정치로써 강졔뎍 려힝을 반ᄃᆡ홈이며 ᄯᅩ 이 일을 강졔뎍으로 힝홀진ᄃᆡ 이보담 급션무 되ᄂᆞᆫ 일이 허다ᄒᆞᆫ 고로

당국쟈가 일의 션후와 경즁을 아지 못홈을 반ᄃᆡ홈이로다 슯흐다 국민긔쟈여 경신을 가다듬고 ᄉᆡᆼ각홀지어다 이 글을 보고도 오히려 ᄭᆡ닷지 못ᄒᆞ면 본 긔쟈ᄂᆞᆫ ᄇᆡᆨ 번 쳔 번이라도 ᄃᆡ답ᄒᆞᄂᆞᆫ 슈고를 ᄉᆞ양치 안켓노라 (완)[548]

361 1908년 10월 10일(토) 제2803호 론셜

조혼금지령 려힝(早婚禁止令勵行)

녯글에 니르기를 이십에 가관ᄒᆞ고 삼십에 안히를 둔다 ᄒᆞ얏거날 우리나라 사람이 자ᄅᆡ로 그 글을 읽고 그 가라침을 쏫ᄂᆞᆫ다 ᄒᆞ야 ᄂᆡ지 불학무식ᄒᆞᆫ 사ᄅᆞᆷᄭᅡ지도 그 말을 속담갓치 귀로 듯ᄒᆞ고 입으로 외오되 ᄒᆞᆫ 사ᄅᆞᆷ도 그ᄃᆡ로 실힝ᄒᆞᄂᆞᆫ 쟈ㅣ 업셔 오날날에 니르도록 ᄉᆡᆼ활이 곤난ᄒᆞ고 인구가 감쇼ᄒᆞ야 불원간에 멸죵ᄒᆞᄂᆞᆫ 디경에 니를가 져퍼ᄒᆞ노니 ᄃᆡ뎌 혼인이라ᄂᆞᆫ 것은 인륜의 큰 근본이오 샤회를 조직ᄒᆞᄂᆞᆫ 긔초라 사ᄅᆞᆷ이 남려를 막론ᄒᆞ고 신톄가 건강ᄒᆞ며 정익이 완젼ᄒᆞᆫ 연후에야 ᄉᆡᆼ산이 번식ᄒᆞ야 인구가 증가ᄒᆞᆯ깃거날 세상에셔ᄂᆞᆫ 팔구 셰된 소아로써 부부의 인연을 ᄆᆡ자 안젼의 락을 취ᄒᆞ려 ᄒᆞ니 엇지 이갓치 우ᄆᆡᄒᆞ고

547 '듣지'의 오기.

548 제2800~2802호(10월 7~9일자) 논설 미게재.

알지 못ᄒᆞᄂᆞᆫ 쟈ᄂᆞᆫ 혼인을 일즉ᄒᆞ면 장구ᄒᆞᆫ 시일에 다슈ᄒᆞᆫ 자녀를 ᄉᆡᆼ산ᄒᆞ야 인구가 증가ᄒᆞᆫ다 ᄒᆞᆯ지라도 실은 그러치 안이ᄒᆞ니 완젼히 불달치 못ᄒᆞᆫ ᄉᆡᆼ식이 연연ᄒᆞᆫ 봄풀에 큰 셔리를 더ᄒᆞᆫ 듯하야 삼십이 되지 못ᄒᆞ여셔 임의 신톄가 박약ᄒᆞ고 졍긔이 초진ᄒᆞᆯ 것이오 비록 자녀를 ᄉᆡᆼ산ᄒᆞᆫ다 ᄒᆞᆯ지라도 병신이 안이면 강보즁에셔 즉시 황천긱이 되고 혹은 ᄉᆡᆼ쟝ᄒᆞᆫ다 ᄒᆞᆯ지라도 신톄가 ᄯᅩᄒᆞᆫ 박약ᄒᆞ며 뢰슈가 총명치 못ᄒᆞ야 샤회상 일긔인의 슈효에 들지 못ᄒᆞ리니 이ᄂᆞᆫ 인구의 감소홈이 조혼ᄒᆞᄂᆞᆫ 리유에 잇다 ᄒᆞᆯ지오 사ᄅᆞᆷ이 원ᄅᆡ 학업을 셩취ᄒᆞ야 자유로 ᄉᆡᆼ활ᄒᆞᄂᆞᆫ 뎡도에 니르고 ᄯᅩᄒᆞᆫ 집 다ᄉᆞ리ᄂᆞᆫ 방법을 알어야 혼인ᄒᆞᆫ 연후에 가뎡의 ᄒᆡᆼ복을 누리깃거날 세상에셔ᄂᆞᆫ 학업이 셩취치 못ᄒᆞ고 집 다ᄉᆞ리ᄂᆞᆫ 법을 알지 못ᄒᆞᄂᆞᆫ 팔구 셰의 남녀로ᄲᅥ ᄇᆡᆨ년가약을 ᄆᆡ자 안젼의 완호지물을 ᄆᆡᆫ들어 자유로 ᄉᆡᆼ활ᄒᆞᄂᆞᆫ 방도와 학문을 가라치지 아니ᄒᆞ고 션죠로부터 젼ᄅᆡᄒᆞᄂᆞᆫ ᄌᆡ산 뎐ᄃᆡᆨ을 유젼ᄒᆞᆫ다 ᄒᆞ다가 필경 유의유식ᄒᆞ야 조션 젼ᄅᆡ의 ᄌᆡ산 뎐ᄃᆡᆨᄭᅡ지 탕진무여ᄒᆞ고 ᄉᆡᆼ활의 방도가 믈유ᄒᆞ야 사쳐로 류리기걸ᄒᆞ고 부부상리ᄒᆞᄂᆞᆫ 비참ᄒᆞᆫ 디경에 니른즉 이ᄂᆞᆫ ᄉᆡᆼ활의 곤난홈이 조혼ᄒᆞᄂᆞᆫ 리유에 잇다 ᄒᆞᆯ지로다

그런 고로 셩인이 근심ᄒᆞ시고 작년 이ᄅᆡ로 조혼령을 ᄂᆡ리우샤 일반 인민의 혼인ᄒᆞᄂᆞᆫ 년령을 제한ᄒᆞ시고 조혼ᄒᆞᄂᆞᆫ 폐히를 통거ᄒᆞ셧거ᄂᆞᆯ 니른바 법지불ᄒᆡᆼ은 자상범지라 일국 인민이 앙망ᄒᆞᄂᆞᆫ 교육 긔관이 쥬무쟈(황챠 교육의무쟈로셔)가 법령 ᄂᆡ리ᄂᆞᆫ 즉일에 몬져 법령을 범ᄒᆞ더니 츄후로 교육 션도쟈 즁에셔 역시 효측ᄒᆞ고 도로혀 조혼을 려ᄒᆡᆼᄒᆞ야 졈졈 불학무식ᄒᆞᆫ 인민의게 막대ᄒᆞᆫ 폐히를 밋게 ᄒᆞ니 우악ᄒᆞᆫ 황은을 편피ᄒᆞᆫ 졔공은 조혼을 려ᄒᆡᆼᄒᆞ거니와 우리 일반 사랑ᄒᆞᄂᆞᆫ 동포ᄂᆞᆫ 조혼령을 려ᄒᆡᆼᄒᆞ야 황은을 보답ᄒᆞ옵시다[549]

549 제2804호(10월 11일자) 논설 미게재. 10월 12~13일 정기 및 임시휴간.

변소 개량에 딕ᄒᆞ야 위싱 당국쟈의게 경고홈 / 탄히싱

본릭 우리나라 경셩은 상하와 빈부를 물론ᄒᆞ고 가옥을 건츅홀 쎡에 변소의 셜비가 완젼치 못ᄒᆞ고 ᄯᅩᄒᆞᆫ 농가에셔 걸음의 귀홈을 아지 못ᄒᆞ얏ᄂᆞᆫ 고로 대소변이 도로샹에 랑쟈히 허여져 사ᄅᆞᆷ이 코를 막지 안으면 통힝ᄒᆞ기 어려오되 이것을 ᄒᆞᆫ 번도 ᄀᆡ량치 못ᄒᆞ얏고 근년 이릭로 ᄀᆡ량에 착슈홈이 여러 번이로딕 속어에 일은바 고려 공ᄉᆞ 사흘로 힝ᄒᆞᆫ 지 몃칠에 도로 녯 모양이 되ᄂᆞᆫ지라 연고로 ᄯᅳᆺ잇ᄂᆞᆫ 쟈의 항샹 ᄒᆞᆫ탄ᄒᆞᄂᆞᆫ 바이러니 금년에 우리 경찰 당국쟈가 이것을 크게 ᄀᆡ량코쟈 ᄒᆞ야 슌사를 독려ᄒᆞ야 방방곡곡 가가호호로 도라단이며 혹 효유ᄒᆞ고 혹 강제ᄒᆞᆫ 결과로 경셩닉의 변소를 일신 ᄀᆡ량케 ᄒᆞ얏스니 도로에 오예지물의 흐르며 허여짐이 업셔졋ᄂᆞᆫ지라 그 변소를 고치던 당시에 완악ᄒᆞ고 어린딕은[550] 쟈이 경찰 당국쟈를 원망홈이 업지 안이ᄒᆞ얏스나 이ᄂᆞᆫ 다만 일시의 슈고와 젼푼을 앗기ᄂᆞᆫ 마암에셔 나옴이라 무엇을 족히 ᄀᆡ의ᄒᆞ리오 본 긔쟈도 역시 동즁 무지몰각쟈의 원망ᄒᆞᄂᆞᆫ 말을 듯고 간졀ᄒᆞᆫ ᄯᅳᆺ으로 셜명ᄒᆞ야 긔어히 결힝홈이 가ᄒᆞ다 ᄒᆞ야 경찰관리의 지휘ᄒᆞᄂᆞᆫ 딕로 쥰슈케 ᄒᆞ얏더니 쳔만ᄯᅳᆺ밧게 당국쟈 쥬의홈이 밋치지 못ᄒᆞ얏던지 변소를 ᄀᆡ량ᄒᆞᆫ 이후로 오날ᄂᆞᆯᄭᆞ지 일삭이 갓갑도록 변소를 ᄒᆞᆫ 번도 소졔치 안이ᄒᆞ야 집집마다 대쇼변이 ᄊᆞ이고 ᄊᆞ여셔 쟝찻 엇지홀 쥴을 몰은즉 ᄉᆞ세부득불 문을 열고 밧그로 밀어널지라 만일 이갓치 되면 애쓰고 돈 쓴 공효가 츄호 번졈업시 한셩 시가가 다시 녯쎡와 갓치 골목골목 긔리긔리에 ᄯᅩᆼ이 편만ᄒᆞ야지리로다 변소의 ᄀᆡ량을 지휘ᄒᆞ던 경찰관리의 말을 본 긔쟈도 분명히 들엇거니와 구월 십륙일 이후로 일쥬간에 ᄒᆞᆫ 번식 소졔ᄒᆞ야 간다 ᄒᆞ기로 그 말을 금셕갓치 밋엇더니 불힝히 일과 싱각이 억의여

550 '어리석은'의 오기인 듯함.

일쥬에 일ᄎᆞᄂᆞᆫ 쟈치ᄒᆞ고 십일에 일ᄎᆞ도 업고 이십일에 일ᄎᆞ도 업고 삼십일이 갓가와도 오히려 업스니 조고마ᄒᆞᆫ 통 ᄒᆞᆫ ᄀᆡ를 가지고 엇지 이갓치 오ᄅᆡ 애과ᄒᆞ리오 일즉이 이러ᄒᆞᆯ 쥴 알앗더면 특별히 큰 통을 메여 일 년쯤 두고 쓰을지라도 넘지 안토록 ᄆᆡᆫ드릿스려니와 누가 이러ᄒᆞᆯ 쥴이야 ᄭᅮᆷ에나 ᄯᅳᆺᄒᆞ얏스리오 바라건ᄃᆡ 위ᄉᆡᆼ회 당국쟈ᄂᆞᆫ 이 일을 크게 쥬의ᄒᆞ야 소졔를 려ᄒᆡᆼᄒᆞᆯ지어다 만일 그러치 안으면 그 위ᄉᆡᆼ과 그 쳥결은 다만 외면만 치례ᄒᆞ고 ᄂᆡ용은 이젼보담도 더욱 더럽고 더욱 위ᄉᆡᆼ에 ᄒᆡ가 잇슬지오 ᄯᅩᄒᆞᆫ 고려 공ᄉᆞ 사흘이란 속어ᄂᆞᆫ 업셔질 시긔가 업슬가 ᄒᆞ노라

363 1908년 10월 15일(목) 제2806호 론셜

ᄌᆡ답 국민긔쟈 / 탄희ᄉᆡᆼ

녯적 셩인이 ᄀᆞᆯ아ᄃᆡ 하우ᄂᆞᆫ 불이라[551] ᄒᆞ얏고 ᄯᅩ 갈아ᄃᆡ 사ᄅᆞᆷ으로ᄡᅥ 사ᄅᆞᆷ을 다ᄉᆞ리다가 불가ᄒᆞᆫ즉 그치라 ᄒᆞ얏스나 국민긔쟈ᄂᆞᆫ 옴기지 못ᄒᆞᆯ 하우가 안이오 ᄯᅩᄒᆞᆫ 불가ᄒᆞᆫ 것을 보지 못ᄒᆞ얏기로 다시 간측히 셜명ᄒᆞ야 어ᄃᆡᄭᅡ지든지 그 완악ᄒᆞ며 어리셕음을 ᄭᆡ치고져 ᄒᆞ노라

항일 본 신문에 졍부 당국쟈가 졸디에 단발 명령을 려ᄒᆡᆼᄒᆞᆫ다 ᄒᆞ얏더니 국민긔쟈ㅣ 이 말을 박론ᄒᆞ야 ᄀᆞᆯ아ᄃᆡ 뎨국긔쟈ᄂᆞᆫ 어ᄃᆡ셔 무슨 명령을 보앗ᄂᆞᆫ가 진소위 젼령도 보지 안코 목 ᄆᆡ다ᄂᆞᆫ 격이 안인가 졍부에셔 려ᄒᆡᆼᄒᆞᄂᆞᆫ 단발령을 본 긔쟈ᄂᆞᆫ 오히려 보지 못ᄒᆞ얏고 경시쳥에셔 려ᄒᆡᆼᄒᆞᄂᆞᆫ 단발고시를 본 긔쟈ᄂᆞᆫ 오히려 보지 못ᄒᆞ얏도다 졍부에셔 단발명령을 발표치 안음은 곳 ᄌᆞ유 단발을 권유홈이 안인가 ᄒᆞ얏스니 국민긔쟈의 몽ᄆᆡ무지ᄒᆞ야 족히 더부러 의론ᄒᆞᆯ 가치

551 하우불이(下愚不移): 아주 어리석고 못난 사람의 성질은 변하지 않음.

가 업슴을 졈졈 씨닷겟도다 대뎌 정부의 명령이라 ᄒᆞᄂᆞᆫ 것은 공변도히 들어ᄂᆡ ᄂᆞᆫ 것도 잇고 비밀히 ᄂᆡ명홈도 잇나니 오날날 각도 관찰ᄉᆞ가 여출일구히 각기 관할ᄒᆞᆫ 디방에셔 단발 명령을 려힝ᄒᆞ니 이ᄂᆞᆫ ᄂᆡ부대신의 ᄂᆡ명을 밧음이 뎡녕 무의ᄒᆞ고 만일 ᄂᆡ부대신의 ᄂᆡ명도 업ᄂᆞᆫᄃᆡ 관찰ᄉᆞ가 이러ᄒᆞᆫ 일을 힝ᄒᆞ야 디방이 소요ᄒᆞ면 ᄂᆡ부대신이 의례히 금지ᄒᆞᄂᆞᆫ 명령을 발ᄒᆞᆯ 것이어ᄂᆞᆯ 이것을 힝치 안이ᄒᆞ니 정부가 명령을 발홈과 일반이라 이ᄂᆞᆫ 일의 진상을 의론홈이어니와 외양으로만 보아도 소위 정부라 ᄒᆞᄂᆞᆫ 것은 디방 힝정쳥과 즁앙 정부가 합ᄒᆞ야 일운 것이니 관찰ᄉᆞ가 곳 정부의 일부분이 안인가 국민긔쟈ᄂᆞᆫ 무릉도원에셔 쉼쉬ᄂᆞᆫ 사ᄅᆞᆷ이 안이어든 엇지 이갓흔 명령을 보도 못ᄒᆞ며 듯도 못ᄒᆞ얏스리오 일의 그릇된 쥴을 알면 ᄌᆞ복ᄒᆞᄂᆞᆫ 것이 가ᄒᆞ거ᄂᆞᆯ 오히려 남의게 지ᄂᆞᆫ 것을 붓그러워ᄒᆞ야 ᄃᆡ답ᄒᆞᆯ ᄆᆞᆯ이 업슴애 나ᄂᆞᆫ 그런 명령을 보지 못ᄒᆞ얏노라 ᄒᆞ면 더욱 어리셕음을 낫하닐 ᄲᅮᆫ이로다 슯흐다 국민긔쟈여 깁히 ᄉᆡᆼ각ᄒᆞ야 일즉이 ᄇᆡᆨ긔를 다라 사ᄅᆞᆷ으로 ᄒᆞ야곰 귀즁ᄒᆞᆫ 지면과 시간을 허비치 말게 ᄒᆞᆯ지어다 국민긔쟈가 샹년 팔월에 나리압신

죠칙을 이호 활ᄌᆞ로 번등ᄒᆞ야 본 긔쟈다려 다시 한 번 봉독ᄒᆞ라 ᄒᆞ얏스니 국민긔쟈의 권고가 안이라도 임의 붓이 달코 혀가 ᄃᆞᆯ토록 그 죠칙 ᄉᆞ의를 가져 동포를 권유ᄒᆞ던 바이오 국민긔쟈ᄂᆞᆫ 혹 다른 사ᄅᆞᆷ을 물론ᄒᆞ고

대셩인의 지극하압신 뜻을 밧들어 일반동포를 권유홈은 가ᄒᆞ되 정부가 강제뎍으로 단블을 려힝코져 홈은 불가ᄒᆞ다 홈이어날 국민긔쟈ᄂᆞᆫ 죵시 동셔를 아지 못ᄒᆞ고 즘ᄉᆡᆼᄃᆡ로ᄡᅥ 신문지를 더럽게 ᄒᆞ니 진실로 가셕ᄒᆞ도다 ᄯᅩ 국민긔쟈가 일진회원도 안이오 대한협회원도 안이라 ᄒᆞ얏스니 그런즉 국민신보를 ᄃᆡ표ᄒᆞᆫ 사ᄅᆞᆷ은 엇더ᄒᆞᆫ 사ᄅᆞᆷ이뇨 그 론셜의 붓을 잡은 쟈ᄂᆞᆫ 김가이던지 리가이든지 물론ᄒᆞ고 ᄒᆡ신문을 ᄃᆡ표ᄒᆞᆫ 긔쟈ᄂᆞᆫ 일진회원으로 알앗더니 이졔 일진회원이 안이로라 변명ᄒᆞ니 국민긔쟈ㅣ 일즉이 일진회에셔 퇴회ᄒᆞ얏던가 본 긔쟈ᄂᆞᆫ 듯지 못ᄒᆞ얏노라 슯흐다 국민긔쟈여 텬디간에 가쟝 크고 강ᄒᆞᆫ 것은 지공

1908년 10월

지경흔 말이니 부잘업시 둔ᄉ황론으로뼈 공언경담을 딕항치 물고 물너가 스ᄉ로 닥금이 국민긔쟈의 힝샌 안이라 곳 국가샤회에 다힝이기로 동포를 사랑ᄒ는 ᄆ암에 부득이 다시 흔 번 뎨셩ᄒ노라

364 1908년 10월 16일(금) 제2807호 론셜

쳥결의 ᄃ ᄒ는 쥬의

대뎌 사름은 흔 몸이나 흔 집이나 흔 나라를 물론ᄒ고 항상 건강ᄒ야 병 업는 ᄃ셔 더 큰 힝복이 업는지라 연고로 문명흔 나라에셔는 ᄀ인과 사회와 국가가 한가지로 위싱에 쥬의ᄒ야 입는 바 의복과 먹는 바 음식과 사는 바 가옥을 지극히 쳥결케 ᄒ야 츄호도 더러옴이 업것마는 우리나라에셔는 인민의 지식이 열니지 못ᄒ야 위싱의 관계가 즁대흠을 아지 못ᄒ는 고로 첫ᄌ는 ᄌ죠 목욕ᄒ야 신톄를 ᄭᆡ끗ᄒ게 ᄒ지 못ᄒ며 둘ᄌ는 음식물을 퇵ᄒ지 안코 함부로 먹으며 셋ᄌ는 가옥을 자조 쓸지 안이ᄒ야 오예지몰이 산갓치 ᄊ이되 쓸어버리지 안이ᄒ며 혹 쓸어버리는 쟈는 문 밧기나 담 넘어에 버려셔 공즁의 위싱을 도라보지 안이흠애 도로의 더러옴과 구거(溝渠)[552]의 츄흠이 다른 나라 사름으로ᄒ야곰 보게 흠이 붓그럽더니 경찰 당국쟈가 이를 근심ᄒ야 대쳥결법을 시힝홀 시 위션 변소 ᄀ량의 착슈ᄒ야 가가 호호 문명제도를 치용케 ᄒ니 이는 근릐의 일대 쾌ᄉ라 홀지로다 그러나 소졔ᄒ는 방법이 심히 소루ᄒ야 엇더흔 ᄃ는 혹시 슈슌[553]이 지나도록 소졔ᄒ야 가지 안는 고로 더러온 물건이 가득히 ᄊ이여 심히 괴롭다는 젼셜이 랑자ᄒ기로 일젼 본 신문에 그 경황을 대강 의론

552 구거(溝渠): 빗물이나 허드렛물이 흐르는 작은 도랑.
553 수순(數旬): 수십일.

ᄒᆞ얏거니와 이졔 직졉으로 당국쟈의 말을 들은즉 당국쟈ᄂᆞᆫ 고심쵸ᄉᆞᄒᆞ야 쳥결히 소졔ᄒᆞ도록 쥬의ᄒᆞ고 ᄯᅩ 쥬의ᄒᆞ나 소졔ᄒᆞᄂᆞᆫ 인부들이 한숙지 못ᄒᆞ야 왕왕 ᄲᅢ야놋ᄂᆞᆫ 폐단이 업지 안은 고로 일작에 경관이 각 방곡으로 슌힝ᄒᆞ야 실디의 경황을 시찰ᄒᆞ고 각 히소관 경찰셔로 ᄒᆞ야곰 특별히 쥬의케 ᄒᆞ얏다 ᄒᆞ니 바라건ᄃᆡ 우리 한셩에 거쥬ᄒᆞᄂᆞᆫ 동포ᄂᆞᆫ ᄌᆞ금 이후에 변소를 소졔ᄒᆞ지 안이ᄒᆞ야 견ᄃᆡ기가 어렵거든 부잘업시 불평ᄒᆞᆫ 말을 발ᄒᆞ지 말고 즉 기시로 소관 경찰셔의 통긔ᄒᆞ거나 혹 교변소에 긔별ᄒᆞ야 즉시 소졔케 홈이 가ᄒᆞ다 ᄒᆞ노라 무릇 위싱은 관민을 물론ᄒᆞ고 일치 힝동으로ᄡᅥ 아름다온 결과를 보게 ᄒᆞ면 ᄀᆡ인의 힝복ᄲᅮᆫ 안이라 곳 사회와 국가의 힝복이라 ᄒᆞ노라

365 1908년 10월 17일(토) 제2808호 론셜

제목 없음

우리 한양은

태조 고황뎨게압셔 뎡ᄒᆞ압신 바 억만셰의 뎨도ㅣ라 고로 당시에 길을 닥그며 ᄀᆡ쳔을 파며 셩을 쌋ᄂᆞᆫᄃᆡ 그 규모의 멀고 큰 것이 족히 만셰의 법이 되게 ᄒᆞ얏것만은 후셰의 신민이

대셩인의 ᄭᅵ치신 ᄯᅳᆺ을 법밧지 못ᄒᆞ고 도로와 ᄀᆡ쳔 등을 슈셩치 못ᄒᆞ야 ᄀᆡ쳔가에ᄂᆞᆫ 사ᄅᆞᆷ이 잘 통힝치 못ᄒᆞ게 집을 ᄂᆡ여 짓고 ᄯᅩ한 큰길을 범ᄒᆞ야 짓ᄂᆞᆫ 쟈도 잇스며 심어 작은 골목에 들어가면 사ᄅᆞᆷ이 통ᄒᆞ야 단기지 못ᄒᆞ게 되얏스며 ᄉᆞ산의 슈목을 임의로 작벌ᄒᆞ야 여름 쟝마에 모ᄅᆡ가 ᄂᆡ려 밀니면 ᄀᆡ쳔이 머여 물이 흘니 ᄂᆡ려 가지 못ᄒᆞ며 그ᄲᅮᆫ 안이라 젼후 오예지물은 모다 ᄀᆡ쳔에 ᄂᆡ여다 버리ᄂᆞᆫ 고로 ᄀᆡ쳔이 길길히 머이되 쥰쳔을 힝ᄒᆞᆫ 지 임의 오ᄅᆡ더니 근ᄅᆡ에 경찰 당국쟈의 쥬의홈을 힘닙어 오예지물은 ᄀᆡ쳔에 버리지 못ᄒᆞ게 ᄒᆞ나 ᄊᆞ이고 ᄊᆞ

인 모릭는 불가불 파닉여야 홀지라 이에 당국쟈가 이 일을 단힝코져 ᄒᆞ야 국고금을 지출ᄒᆞ고 일반 인민의 긔부금을 슈렴ᄒᆞ야 쥰쳔과 치도의 대ᄉᆞ업을 경영ᄒᆞ기로 일반 인민이 크게 깃버ᄒᆞ야 뎨도에 광치가 나셔 남의 나라 사름이 보기에 붓그럽지 안케 홀가 ᄒᆞ엿더니 슯흐다 우리나라 관리가 죵시 인슌고식(因循姑息)[554]의 폐풍을 버셔나지 못ᄒᆞ야 기쳔에 모릭를 건져 닉여다가 큰길 한가온딕를 파는 톄ᄒᆞ고 모릭를 펴노으니 거마의 통힝키 어려옴은 고샤물론ᄒᆞ고 사름이 거러단기지 못ᄒᆞ게 ᄒᆞ니 이는 길을 닥는 것이 안이라 도로혀 사오납게 홈이오 기쳔을 파닉엿다 홀지라도 비 ᄒᆞᆫ 번만 오고 보면 도로 흘너닉려가 녯 모양이 될지니 진소위 비도무익(非徒無益)이오 이우히지(而又害之)가 되여 부잘업시 국고금만 허비홀 ᄯᆞ름이니 우리 치도 당국쟈는 세 번 ᄉᆡᆼ각홀지어다 길을 닥고져 홀진딘 놉흔 딕를 파셔 나즌 딕를 머이고 교량의 문허진 것을 슈츅ᄒᆞ야 면목이 일신케 ᄒᆞ며 기쳔을 파고져 홀진딘 오예지물과 모릭를 깁히 파닉여 물이 잘 흐르게 홈이 가ᄒᆞ거늘 오날날 소위 쥰쳔이니 치도이니 ᄒᆞ는 것은 다만 그 일홈만 잇고 실상은 업셔셔 말슴ᄒᆞᆫ 길 한복판을 홉의작 홉의작ᄒᆞ고 기쳔에셔 나는 모릭를 쥬체홀 ᄲᆞᆫ이니 이는 일본사름이 우리를 죠롱ᄒᆞ는 바 죠션식(朝鮮式)이라 엇지 한심치 안이ᄒᆞ리오 이갓흔 쥰쳔과 치도를 힝ᄒᆞ고셔야 무삼 낫으로 인민에게셔 긔부금이라는 명식을 슈렴ᄒᆞ며 언의 ᄇᆡᆨ셩이 닉기를 즐겨ᄒᆞ리오 만일 도로와 교량과 기쳔을 일신ᄒᆞ게 슈츅ᄒᆞ야 론돈 파리와는 갓지 못홀지라도 우리나라의 뎡도와 직졍 범위 안에셔는 홀 슈 잇는 딕로 진션 진미ᄒᆞ게 ᄒᆞ면 우리 한셩시민된 쟈ㅣ 엇지 그 부비를 부담치 안이ᄒᆞ리오 지금 슈렴ᄒᆞ랴 ᄒᆞ는 익슈보담 삼 빅 ᄉᆞ 빅가 될지라도 감히 ᄉᆞ양치 못ᄒᆞ리라 ᄒᆞ노라

554 인순고식(因循姑息): 낡은 습관이나 폐단을 벗어나지 못하고 눈앞의 편안함만을 취함.

연강 각 학교의 련합운동회를 하례홈 / 탄희싱

작일은 가을 하늘이 명랑ᄒᆞ야 ᄒᆞᆫ 졈 구름이 업고 텬긔가 차도 더읍도 안이ᄒᆞ야 가쟝 사ᄅᆞᆷ에게 맛당ᄒᆞᆫᄃᆡ 연강 십팔 학교의 학도 일쳔오ᄇᆡᆨ여 명이 융융ᄒᆞᆫ 화긔와 정졍ᄒᆞᆫ ᄃᆡ오로 훈련원 광활ᄒᆞᆫ 들에 일은 아참부터 회집ᄒᆞ야 동셔로 난호아 군막을 둘너치고 졍면에 놉흔 문을 셰오고 연강 각 학교 련합운동회라 ᄒᆞᄂᆞᆫ 현판을 달앗스며 즁앙에 ᄉᆞ령소 시상소 ᄅᆡ빈석 등을 졍졔히 ᄇᆡ치ᄒᆞ얏ᄂᆞᆫᄃᆡ 귀부인과 밋 신ᄉᆞ의 ᄅᆡ빈 오륙ᄇᆡᆨ 명이 각기 챡셕ᄒᆞᆫ 후 오젼 십시경부터 운동과목을 시작ᄒᆞ야 뎨일에 집합 졍렬을 ᄒᆡᆼᄒᆞᆯᄉᆡ 각 학교 학도가 이렬로 늘어셔셔 경례ᄒᆞᆫ 뒤에 활발ᄒᆞᆫ 긔상으로 운동가를 불으고 뎨이에 본ᄉᆞ령부의 지휘를 ᄯᅡ라 각기 톄조의 위치에 뎡챡ᄒᆞ고 뎨삼에 미용슐 일ᄎᆞ 병식톄조 일ᄎᆞ를 ᄒᆡᆼᄒᆞ고 뎨ᄉᆞ에 도보경쥬 삼회를 ᄒᆡᆼᄒᆞ고 뎨오에 량인삼각 이회를 ᄒᆡᆼᄒᆞ고 오후 이시가 갓가옴애 학도ᄂᆞᆫ 일졔히 허여져 나아가 각기 장셜ᄒᆞᆫ ᄃᆡ로 졈심을 먹게 ᄒᆞ고 남녀 ᄅᆡ빈은 훈련원 대쳥으로 쳥ᄒᆞ여 들여 미리 쥰비ᄒᆞ얏던 바 오찬을 향응ᄒᆞ고 오후 삼시부터 다시 시작ᄒᆞ야 뎨륙에 긔취경쥬 오회를 ᄒᆡᆼᄒᆞ고 뎨칠에 파구 삼회를 ᄒᆡᆼᄒᆞᄂᆞᆫᄃᆡ 황젹(黃赤) 두 반으로 난호아 각기 일뎡ᄒᆞᆫ 쳐소에셔 한 사ᄅᆞᆷ이 한 번식만 더지게 ᄒᆞ고 뎨팔에 역시 황젹 두 반으로 난호아 디구회젼을 ᄒᆡᆼᄒᆞ고 뎨구에 직원 경쥬와 뎨십에 ᄅᆡ빈 경쥬를 ᄎᆞ례로 ᄒᆡᆼᄒᆞᆫ 후 다시 집합 졍렬ᄒᆞ야 동가를 불으고 삼호만셰ᄒᆞ고 각기 허여져 도라가ᄂᆞᆫᄃᆡ 연강 각 학교ᄂᆞᆫ 셜립ᄒᆞᆫ 지오ᄅᆡ지 못ᄒᆞ야 범ᄉᆞ에 쵸챵ᄒᆞᆫ 것이 만코 더욱이 톄죠 갓흔 것은 얼마 가라치지 못ᄒᆞ얏ᄂᆞᆫ 고로 그 운동의 과목도 ᄯᅩ한 뎡도를 ᄯᅡ라 완젼타 ᄒᆞᆯ 슈 업스나 그러나 그 ᅲ보의 졍슉홈과 그 긔상의 활블ᄒᆞᆷ이 죡히 관광쟈로 ᄒᆞ야곰 한번 놀나게 ᄒᆞᄂᆞᆫ도다 이갓ᄒᆞᆫ 법도로ᄡᅥ 쉬지 안코 교육ᄒᆞ면 불과 긔년에 그 학문과 지식이 크게 진보ᄒᆞ야 국가 동량의 ᄌᆡ목이 다슈히 ᄉᆡᆼ길지니 엇지 한 번 하례치 안으리오 슯흐다 각 학교 학도 졔군이여 졔군은 곳 대한국가의 데이셰 국민이라 그 부담흔 바 칙임이 즁대ᄒᆞ고 일반 션비의 희망ᄒᆞᄂᆞᆫ 바가 ᄯᅩ한 원대흔즉 조곰이라도 게으른 마암을 두지 말고 각기 용왕직젼ᄒᆞᄂᆞᆫ 긔기로 왼갓 학과를 열심으로 학습ᄒᆞ야 이십셰긔의 문명흔 국민이 되게 홀지어다 무릇 사름의 쳥츈이라 ᄒᆞᄂᆞᆫ 것은 한번 가면 다시 도라오지 못ᄒᆞ나니 오날늘 쳥년시ᄃᆡ를 일시반각이라도 허송치 말고 밥 먹으며 잠자며 공부ᄒᆞ며 운동ᄒᆞ ᄃᆡ[555] 일뎡흔 시간을 뎡ᄒᆞ야 쳑촌이라도 일치 안키를 간졀히 바라노라[556]

367 1908년 10월 24일(토) 제2813호 론셜

병즁에 ᄡᅵ다름이 잇슴 / 탄히싱

녯글에 ᄒᆞ얏스되 가을바름에 병이 소복(秋風病欲蘇)흔다 ᄒᆞ얏더니 본긔ᄌᆞᄂᆞᆫ 가을바름이 놉흔 이후로 잇던 병이 소복되기ᄂᆞᆫ 고샤ᄒᆞ고 업던 병이 십여일 젼부터 텸발ᄒᆞ야 위셕신음홈으로 날마다 ᄃᆡ면ᄒᆞ던 졔군을 여러 늘 맛나지 못ᄒᆞ오니 하로가 삼츄 갓흔 회포ᄂᆞᆫ 붓을 들어 다 긔록키 어려옵도다 아모죠록 속키 치료ᄒᆞ야 사랑ᄒᆞ시ᄂᆞᆫ 졔군을 반가히 ᄃᆡ면코져 ᄒᆞ야 ᄂᆡ외국 의ᄉᆞ를 쳥요ᄒᆞ야 방약을 잡시홀 ᄉᆡ 혹은 외감이라 ᄒᆞ야 화히홀 약을 쓰며 혹은 ᄂᆡ상이라 ᄒᆞ야 소체홀 약을 쓰며 혹 실열로도 다ᄉᆞ리고 혹 허열로도 다ᄉᆞ리며 표징이니 이징이니 그 집징이 쳔차만별로 갓지 안이ᄒᆞ야 효험은 죠곰도 업고 원긔만 대탈

---

555 원문 표기 그대로 옮김. 문맥상 '운동ᄒᆞᄂᆞᆫ ᄃᆡ(운동하는 데)'로 이해되나 'ᄂᆞᆫ'자(字) 없이 띄어쓰기만 되어 있음.

556 10월 19일 정기휴간. 제2810호(10월 20일자) 논설 미게재. 10월 21일 임시휴간. 제2811~2812호(10월 22~23일자) 논설 미게재.

ᄒᆞ엿ᄂᆞᆫ지라 크게 공겁ᄒᆞ야 의ᄉᆞ를 일병 샤각ᄒᆞ고 쳥보ᄒᆞᆯ 식료품만 시시로 먹으며 병은 다ᄉᆞ릴 ᄯᅳᆺ도 안이ᄒᆞ얏더니 진원이 ᄎᆞᄎᆞ 소복되며 병셰ᄭᆞ지 감ᄒᆡ지 ᄂᆞᆫ지라 침상에 의지ᄒᆞ야 병즁 소경력을 ᄉᆡᆼ각다가 크게 ᄭᆡ다른 바가 잇ᄂᆞ니 슯흐다 일신의 병은 일국의 병과 일반이라 그 다ᄉᆞ리ᄂᆞᆫ 방법도 ᄯᅩᄒᆞᆫ 다름이 업스리니 일신도 ᄉᆡᆼ젼 칠팔십 년 동안에 병이 업기 어렵고 일국도 억만셰 무궁히 병 업기 어려옴은 뎡ᄒᆞᆫ 리치라 나라이 불ᄒᆡᆼ히 병이 들어 팔다리와 갓흔 신하가 완젼치 못ᄒᆞ야 남의 나라와 일반으로 진보치 못ᄒᆞ며 귀와 눈이 어두어 외교통신이 망ᄆᆡᄒᆞ며 병과 비가 불완젼ᄒᆞ야 ᄲᅥᆯ칠 힘이 업스며 금융이 고갈ᄒᆞ야 류통ᄒᆞᆯ 혈ᄆᆡᆨ이 ᄭᅳᆫ어질 디경을 당ᄒᆞ야 만일 병인의 잡시방약ᄒᆞᄂᆞᆫ 일례로 변변치 안이ᄒᆞᆫ 법률가나 정치가에게 위임ᄒᆞ야 률령을 ᄀᆡ뎡ᄒᆞᆫ다 정치를 ᄀᆡ션코져 ᄒᆞ면 국가의 광복ᄒᆞᆯ 날은 묘연ᄒᆞ고 졈졈 쇠약ᄒᆞ리라 ᄒᆞᄂᆞ니 이ᄂᆞᆫ 곳 병인의 진원은 붓들지 안이ᄒᆞ고 용의를 맛기어 ᄂᆡᆼ열 의약으로 병쳐만 다ᄉᆞ림과 일반이라 국가의 병도 본 긔자의 의원을 샤각ᄒᆞ고 쳥보ᄒᆞᆯ 식료만 먹음갓치 ᄉᆡᆼ소ᄒᆞᆫ 졍긱의 슈단으로 다ᄉᆞ림을 깁히 바라지 말고 다만 셔셔히 진원만 소복ᄒᆞᆯ 방침을 ᄒᆡᆼᄒᆞ게 되면 오ᄅᆡ지 안이ᄒᆞ야 원긔가 츙실ᄒᆞ고 ᄇᆡᆨ병이 물너가 건강ᄒᆞᆫ 나라이 될 쥴로 아노라

1908년 10월

368 1908년 10월 25일(일) 제2814호 론셜

디방 동포의 부지 못ᄒᆞᆯ 일

불상ᄒᆞ도다 우리 디방에 동포여 ᄋᆡ달옵다 우리 디방에 동포여 쎄집 가련한 ᄉᆡᆼ에도 비바람을 무릅쓰고 밤즁과 ᄉᆡ벽에 단잠을 못자며 나면 논밧을 갈고 들면 ᄆᆞ소를 먹여 부모 쳐ᄌᆞ로 더부러 근근히 호구ᄒᆞᄂᆞᆫ 즁 그 부즈런홈을 하놀이 감동ᄒᆞᄉᆞ 박토마즉이 송아치바리로 작만ᄒᆞ면 토호강반과 탐관오리가 업ᄂᆞᆫ 죄

를 구함ᄒᆞ야 쟝지슈지ᄒᆞᄂᆞᆫ 바람에 혈육지신의 압흐고 쓰림을 견ᄃᆡ지 못ᄒᆞ야 한평ᄉᆡᆼ 모은 ᄌᆡ산을 일죠에 ᄲᆡ앗기던 우리 동포가 안인가 불상ᄒᆞ도다 우리 디방 동포여 애달옵도다 우리 디방 동포여 텬운이 슌환ᄒᆞ샤 한 번 가면 다시 돌아오지 안이ᄒᆞᄂᆞᆫ 리치ᄂᆞᆫ 업서 갑오경장 시ᄃᆡ가 우리 동포를 위ᄒᆞ야 돌아옴애 그 강도 갓흔 토호와 아귀 갓흔 탐관이 ᄌᆞ연 영ᄌᆞ가 소멸ᄒᆞ고 ᄌᆞ최가 물너가니 쥭다 남은 우리 디방 동포가 비로소 농공상업의 ᄉᆡᆼ애를 ᄌᆞ유로 경영ᄒᆞ야 대한 텬디에 쾌락ᄒᆞᆫ 인민이 되야 ᄇᆞᆯ을 쌧고 ᄌᆞᆷ을 자며 만셰무궁을 노ᄅᆡᄒᆞ던 우리 동포가 안인가 불상ᄒᆞ도다 우리 동포여 애ᄃᆞᆯ옵도다 우리 동포여 그갓치 바라고 그갓치 축슈ᄒᆞ며 ᄆᆡᆨ반ᄎᆞᆼ탕을 고량진미로 알고 삼간모옥을 고대광실로 알아 괴로옴을 참아가며 곱흔 ᄇᆡ를 견데가며 푼돈 홉쌀을 모아가기ᄂᆞᆫ 아모죠록 영구ᄒᆞᆫ 승평일월에 틔끌 모아 ᄐᆡ산 되고 셰ᄂᆡ 모여 대ᄒᆡ 되듯 그 돈 그 ᄊᆞᆯ을 모앗스면 하년하시던지 남과 갓치 유여ᄒᆞᆫ ᄌᆡ산가가 되야 길히 ᄒᆡᆼ복을 누려 보랴던 우리 동포가 안인가 그 력ᄉᆞ를 ᄉᆡᆼ각ᄒᆞ면 ᄲᅧ가 압흐게 불상ᄒᆞᆫ 우리 동포이오 그 졍디를 ᄉᆡᆼ각ᄒᆞ면 살을 어인 듯이 ᄋᆡ달은 우리 동포이어ᄂᆞᆯ 뎌 지각 업고 의리 업고 금슈만 못ᄒᆞᆫ 디방 통역ᄇᆡ와 헌병 보죠원 무리가 외국사ᄅᆞᆷ도 아모죠록 보호ᄒᆞ야 쥬랴 ᄒᆞᄂᆞᆫ 졔 나라 동포를 혹 의병의 간련이라 무함ᄒᆞ야 젼곡 우마를 륵탈ᄒᆞ기도ᄒᆞ며 슈비ᄃᆡ 청구라 ᄌᆞ탁도 ᄒᆞ야 일용범ᄇᆡᆨ을 륵염도 ᄒᆞᄂᆞᆫ 즁 심ᄒᆞᆫ 쟈ᄂᆞᆫ 춍으로 놋코 칼노 질너 경각에 ᄉᆡᆼ명을 살ᄒᆡᄒᆞ것마는 그 유족이 호소ᄒᆞᆯ 곳이 업스며 요ᄒᆡᆼ ᄉᆞ리 아ᄂᆞᆫ 쟈의 지도로 호소ᄒᆞᆷ을 엇으면 급기 심샤ᄒᆞᄂᆞᆫ 마당에 만일 바로 말ᄒᆞ면 이 다음은 도륙을 당ᄒᆞ리라고 텬동갓치 을으니 활에 놀난 ᄉᆡ몸 갓흔 그 유족이 겁ᄂᆡ고 두려워셔 ᄒᆞ랴던 말을 감히 바로 못ᄒᆞ며 혹 담ᄃᆡᄒᆞᆫ 사ᄅᆞᆷ이 잇셔 그 죄상을 직고ᄒᆞ면 불과 몃칠이 못 되야 허무ᄒᆞᆫ 말로 비도라 의병이라 ᄒᆞ야 일문을 멸망ᄒᆞ야 쥬니 가통ᄒᆞ도다 디방 통역이여 극악ᄒᆞ도다 헌병 보죠원이여 외국 사ᄅᆞᆷ은 언어를 불통ᄒᆞᆷ으로 ᄉᆞ졍을 아지 못ᄒᆞ야 무죄량민을 비도로 그릇 아ᄂᆞᆫ 것이 ᄉᆞ실상 십상팔구에 일이어니와 소위 통역과 소위 보죠원은 외국사름이 안이고 우리나라 인죵인즉 우리나라 인민을 보호ᄒᆞ고 구원홈은 텬리에 당연홈이어늘 보호ᄒᆞ고 구원ᄒᆞ기는 고사ᄒᆞ고 사즈와 시랑갓치 향촌 잔민을 진멸코져 ᄒᆞ니 엇지 ᄉᆞ천 년 도덕을 슝상ᄒᆞ던 우리나라에 그갓흔 인죵이 ᄉᆡᆼ겨날 쥴 뜻ᄒᆞ얏스리오 회ᄀᆡ홀지어다 디방 통역이어 경셩홀지어다 헌병 보죠원이어 그ᄃᆡ들도 이천만 우리 동포의 일분ᄌᆞ이라 엇더ᄒᆞᆫ 식견과 엇더ᄒᆞᆫ 심장으로 갓흔 동포를 어육을 만드러 그ᄃᆡ의 한 몸을 살지고져 ᄒᆞᄂᆞᆫ가 당쟝에 아모 일이 업다고 궁흉극악ᄒᆞᆫ ᄒᆡᆼ동을 고치치 안이ᄒᆞ나 소소ᄒᆞ신 텬리가 잇스니 엇지 그 죄를 영구히 도망ᄒᆞ리오 필경 하날이 베이실 늘이 잇슬 것이니 진시 회ᄀᆡᄒᆞ고 진시 경셩홀지어다 녯글에 ᄒᆞ얏스되 사름이 누가 허물이 업스리오마는 곳치는 것이 귀ᄒᆞ다 ᄒᆞ엿나니 어셔 어셔 회ᄀᆡᄒᆞ고 어셔 어셔 경셩ᄒᆞ야 불상ᄒᆞᆫ 동포를 보호ᄒᆞ며 애달은 동포를 구원ᄒᆞ야 그 공을 가지고 이왕의 죄를 신속홀지어다 만일 일향 희미홈을 잡아 ᄭᆡ달음이 업스면 긔ᄌᆞ의 삼엄ᄒᆞᆫ 붓이 날로 그ᄃᆡ등의 죄상을 공포ᄒᆞ야 구구ᄒᆞᆫ 칠쳑의 몸을 텬디 간에 용납지 못ᄒᆞ게 ᄒᆞ리라

369 1908년 10월 27일(화) 제2815호 론셜

디방 동포에게 권고홈

슯흐다 우리 디방 동포여 긔쟈가 우리 동포의 당ᄒᆞᆫ 바 곤난과 소경의 풍파는 늘로 두 귀가 솔도록 드러 아는 바이라 살졈이 ᄯᅥᆯ니게 분홈과 ᄲᅧ에 사모치게 불상홈은 지필을 ᄃᆡᄒᆞ야 무엇이라 긔록홀지 모르거니와 이제 쳔려일득의 츄솔ᄒᆞᆫ 말로 우리 동포를 위ᄒᆞ야 권고ᄒᆞᄂᆞ니 우리나라 속담에 범이 물어가도 정신을 차리라 ᄒᆞ얏나니 그 말이 비록 무식ᄒᆞᆫ 구졀에 지나지 못ᄒᆞ나 그러나 그 뜻인즉 가히 취홀 바ㅣ 잇도다 무릇 사름이 범에게 물녀감이 일즉이 당연히 물

녀갈 일을 범흔 것이 안이라 범의 야심으로 억지로 물어가는 것이니 한번 범에게 물녀가게 되면 그 사름의 싱명은 다시 의론홀 여디가 업슴으로 미양 사름이 범의 소릭만 드러도 먼져 상혼락담ᄒᆞ야 넉넉히 그 범을 잡을 지략을 가지고도 촌만치 시험도 못 히보고 창황망죠ᄒᆞ야 정신까지 차리지 못ᄒᆞ나니 사름의 싱명을 상히ᄒᆞᄂᆞᆫ 일이 엇지 범만 그러ᄒᆞ리오 오늘날 디방 통역과 헌병 보죠원과 기타 협잡빅의 무리히 우리 동포를 침어흠이 범에셔 못ᄒᆞ지 안이홀쌴더러 범의 침노흠은 당흔 쟈 한 사름의 싱명을 상홀 싸름이어니와 이 무리의 침어는 일문이 멸망흔다 일촌이 도튼이 되는 디경이 왕왕 잇스니 우리 동포의 무셥고 두려흠이 범에셔 몃 빅가 더ᄒᆞ야 감히 한 마듸 항거도 ᄒᆞ야 보지 못ᄒᆞ고 오라 ᄒᆞ면 오고 가라 ᄒᆞ면 가며 죽으라 ᄒᆞ면 죽고 살나 ᄒᆞ면 살며 업는 죄로 잇다 ᄒᆞ면 잇는 체ᄒᆞ고 잇는 죄도 업다 ᄒᆞ면 업는 쳬ᄒᆞ며 돈을 밧치라면 밧치고 곡식을 밧치라면 밧치며 기외에 일용범빅에 언의 것이던지 너는 쓰지 말고 가져오라 ᄒᆞ면 죠상에 졔는 지닉지 못ᄒᆞ고 ᄌᆞ녀의 곱흔 빅는 치와쥬지 못흔 듸도 감히 거역지 못ᄒᆞᄂᆞᆫ 즁 포학흔 치찍과 밍독흔 발길에 맛고 치이면셔도 감히 호소ᄒᆞ야 셜문홀 싱의를 ᄒᆞ지 못ᄒᆞ고 다만 싸을 두다리며 하늘을 불으지즈니 이는 다름 안이라 우리 디방 동포가 일즉이 학문이 업셔 ᄉᆞ리를 히득지 못ᄒᆞ고 오작 겁닉고 무셔워흠이 범보다 일칭 더ᄒᆞ야 정신을 차리지 못흔 연고이라 죵금 이후로는 본긔ᄌᆞ의 권고를 등한히 듯지 말고 무리흔 침어를 당치 말지어다 지금은 기명흔 시듸라 이왕 야미ᄒᆞ던 텬디와 갓지 안이ᄒᆞ야 닉국 관리와 외국 병헌이 무죄 량민을 무리히 침탈ᄒᆞᄂᆞᆫ 일이 결코 업나니 아모죠록 일엇던 정신을 십분 가다듬어 후진ᄌᆞ질을 부즈러니 가라쳐 ᄌᆞ긔의 무식ᄒᆞ던 일을 보죠케 ᄒᆞ며 공ᄉᆞ간 법에만 범치 말지니 만일 우리나라 관리 즁 압제의 힝령을 ᄒᆞᄂᆞᆫ 쟈ㅣ 잇거던 상급 관쳥 되는 관출부와 지판소에 호소ᄒᆞ며 일본 병뎡이나 디방 통역이나 헌병 보죠원등이 포학흔 힝동이 잇는 쟈ㅣ 잇거던 일본 슈비듸쟝에게나 군ᄉᆞ령부에 호소ᄒᆞ면 명확히 심사ᄒᆞ며 엄결히 징치ᄒᆞ야 동포 졔군의 지원극통홈을 쾌ᄒᆞ게 신셜ᄒᆞ야 쥬리라 ᄒᆞ노니 ᄉᆡᆼ각ᄒᆞ야 볼지어다 동포 졔군이어 우리나라 상급 관쳥으로 말ᄒᆞ면 그 관쳥 셜립ᄒᆞ기는 누구를 위홈인가 우리 동포를 애호코져 셜립ᄒᆞᆫ 목뎍이니 그 원억홈을 모로면이어니와 알고셔 압졔ᄒᆞ는 쟈를 징치 안이홀 리가 업고 일본 군ᄃᆡ로 말ᄒᆞ야도 지금 한일 량국간 교의가 친밀ᄒᆞ야 피ᄎᆞ에 감졍이 업도록 쥬의홀 ᄲᅮᆫ 안이라 일본은 우리나라보다 먼져 ᄀᆡ명ᄒᆞᆫ 터이라 만일 동포 졔군의 원억ᄒᆞᆫ ᄉᆞ실을 들어 호소ᄒᆞ면 엇지 무명소졸비의 량민 침어홈을 치지도의ᄒᆞ야 량국 교의를 상홀 리치가 잇스리오 아모죠록 졍신을 가다듬어 하늘이 쥬신 무한ᄒᆞᆫ 권리를 일치 말지어다 다시 한 말의 권고ᄒᆞ는 바ㅣ 잇노니 이상의 권고ᄒᆞᆫ 말을 인ᄒᆞ야 평시 ᄉᆞ혐으로 무근지셜을 구무ᄒᆞ야 호소치 말지어다 만일 무함ᄒᆞᆫ 졍젹이 탄로되면 비단 리익이 업슬 ᄲᅮᆫ 안이라 반좌의 즁률을 면치 못홀지니 죠심홀지어다 우리 디방 동포여

370 1908년 10월 28일(수) 제2816호 긔셔

뎨국기쟈에게 하례홈 / 금릉ᄉᆡᆼ

본인은 금릉 한낫 쵸부라 일즉이 학문을 ᄇᆡ오지 못ᄒᆞ고 한갓 산협에 침복ᄒᆞ야 노로와 사슴으로 벗을 삼아 승평텬디에 격양가만 불으고 ᄉᆞ십 년 광음을 보ᄂᆡ더니 슯흐다 우리 국가의 비운이 돌아왓던가 우리 민족의 ᄋᆡᆨ회가 당도ᄒᆞ얏던가 ᄯᅳᆺ밧게 풍진이 ᄉᆞ면에셔 니러나 대한셰계에 비린 피를 ᄲᅮ렷도다 ᄉᆡᆼᄂᆡ에 병화를 모로던 우리 민족이 졸디에 벽력 갓흔 포셩과 비ᄲᅡᆯ 갓흔 ᄐᆞᆫ환에 경혼락담ᄒᆞ야 어린 것을 업고 늙은이를 붓드러 슈풀속 바위틈으로 젼지도지 도망ᄒᆞ야 실낫 갓흔 ᄉᆡᆼ명을 근근히 부지ᄒᆞ더니 일본 슈비ᄃᆡ와 헌병분ᄃᆡ가 곳곳마다 쥬지ᄒᆞᆫ 이후로 통역비와 보죠원의 무리가 쥭다 남은 그 인민을 ᄇᆡᆨ 가지로 학ᄃᆡ

ᄒᆞ야 비바름을 무릅쓰고 쥭도록 농ᄉᆞ지은 곡식과 밤즘을 못 자가며 올을 모아 길삼ᄒᆞᆫ 베필을 욕심것 륵탈ᄒᆞ다가 만일 말 한 마듸라도 거역ᄒᆞ면 의병에 간련이라 일병에게 무함ᄒᆞ면 우리나라 언어를 통치 못ᄒᆞᄂᆞᆫ 일병이 그 쟈의 말을 십분 밋ᄂᆞᆫ 것은 안이로ᄃᆡ 얼마쯤 의심이 나셔 일ᄎᆞ 심샤ᄒᆞ랴 ᄒᆞᆫ즉 그 쟈들은 씌나 맛낫 쥴 알고 일병이 청히 오라면 잡아오란다 ᄒᆞ고 보ᄂᆡ라면 갓우란다 ᄒᆞ고 살니라면 쥭이란다 ᄒᆞ야 열에 한 마듸 ᄉᆞ졍을 바로 통ᄒᆞ지 안이ᄒᆞ니 어리셕고 불상ᄒᆞᆫ 인민이 그 고쵸를 견ᄃᆡ지 못ᄒᆞ야 혹 쥭기도 ᄒᆞ고 혹 병신도 되며 혹 심상궁곡으로 피란을 가니 지금 우리나라 삼쳔리 안에 언의 곳에 그 고통이 업스리오 오다가다 즁로에셔 ᄉᆞ망ᄒᆞᄂᆞᆫ 사름도 젹지 안이ᄒᆞ도다 본인도 여간 직산을 무리히 ᄲᅢ앗기고 부모쳐ᄌᆞ를 졉졔ᄒᆞᆯ 도리가 업셔 도로에셔 방황ᄒᆞ다가 젼젼걸식ᄒᆞ야 경셩으로 올나오니 쳐쳐에 연극장과 집집이 풍류며 강졍과 산ᄉᆞ에 ᄂᆞᆯ로 기악이 랑ᄌᆞᄒᆞ야 그 번화ᄒᆞ고 호긔로온 긔상이 강구연월의 그림 강산이로다 슯흐다 머리를 돌녀 고향을 ᄉᆡᆼ각ᄒᆞ니 참혹ᄒᆞᆫ 경상과 가련ᄒᆞᆫ 졍디가 두 눈에 어리엇거날 일국에 즁심되ᄂᆞᆫ 경셩에셔ᄂᆞᆫ 언의 누가 그 인민을 슈화 즁에 건져닐 공담 한 마듸 ᄒᆞᄂᆞᆫ 것을 두 귀를 기우려도 듯지 못ᄒᆞᆯ너니 감ᄉᆞᄒᆞ도다 우리 뎨국 긔쟈가 디방동포의 못 견ᄃᆡᆯ 일이라 뎨목ᄒᆞ고 크게 소리 질너 통역과 보죠원의 젼후 죄상을 로렬ᄒᆞ야 토죄도 ᄒᆞ고 효유도 ᄒᆞ야 공졍ᄒᆞᆫ 한 붓으로 이쳔만 우리 인민의 원졍을 셰계에 공포ᄒᆞ야 쥬엇스니 감ᄉᆞᄒᆞ도다 우리 뎨국 긔쟈여 이쳔만 우리 인민이 긔쟈가 안이면 누구에게 공론을 다시 드러 보리오 귀보를 랑독ᄒᆞ고 본인의 ᄉᆞ졍을 ᄉᆡᆼ각ᄒᆞ니 틱산즁령을 한 ᄇᆞᆯ로 차 문위듯 텬인깅츰을 한 거름에 ᄯᅱ여 건넌 듯 답답ᄒᆞ던 가삼이 ᄒᆞᆯ디에 시원ᄒᆞ여지니 본인을 밀우어 여러 동포를 ᄉᆡᆼ각ᄒᆞᆯ진ᄃᆡ 그 ᄉᆞ졍이 일호도 틀임이 업슬지라 감히 황무ᄒᆞᆫ 두어 쥴 글로 뎨국 긔쟈의 간측ᄒᆞᆫ ᄯᅳᆺ을 졀ᄒᆞ고 하례ᄒᆞ노니다

연극쟝을 급히 기량홀 일

셔양 정치가가 말흐되 풍속을 기량홈에 속흐기는 연셜이 학교보다 낫앗고 소셜이 연셜보다 나앗고 소셜보다도 더 나은 것은 연극이라 흐니 그 말이 극히 유리흔지라 그럼으로 문명흔 나라에는 연극이 쳐쳐에 잇셔 구경흐는 사름이 놀마다 구름갓치 답지홀 섇 안이라 친왕과 황족의 존즁흔 디위와 정부대관의 고귀흔 신분으로도 죵죵 관람흐며 유지신ᄉ와 농공상업에 죵ᄉ흐는 사름들도 마음이 울젹흐던가 졍신이 로고흐면 각기 연극쟝에 가셔 유쾌히 소창흐며 기타 려항 부녀와 일반 로동쟈들도 다슈히 구경흐야 부지불각 즁에 감각홈도 잇고 경셩홈도 잇셔 ᄌ국의 션악간 력ᄉ와 후박간 풍속이며 나라를 ᄉ랑흐고 동포를 앗기는 여러 가지 싱각이 유연히 싱기나니 이 일로 밀우워 볼진디 연극쟝은 나라마다 업지 못홀 것이라 흐야도 과도흔 말이 안이기로 본 긔쟈도 연극쟝을 어디ᄭ지 찬셩치 안이흐는 바 안이로디 소위 우리나라 각쳐 연극쟝은 남의 나라의 됴흔 취지는 쉬치 안이흐고 한갓 방탕흔 거동과 음란흔 소리로 목젼의 환영을 밧기 위흐야 영원히 히됨은 돌아보지 안이홈으로 연극쟝마다 픽가탕ᄌ와 로류쟝화의 도회쟝이 되야 구경흐는 사름의 ᄉ상을 됴흔 방향으로 인도흐기는 고샤흐야 졈졈 침혹흔 디경에 드러가 국가의 긔쵸될 후진쳥년들이 모다 부랑흔 무리가 되고 믈지니 쟝구히 이와 갓고 보면 남의 나라에는 연극이 업지 못홀 것이라 흐나 우리나라에는 연극이 잇지 못홀 것이로다 그러면 정부나 경시쳥에셔 응당 풍속을 병들게 흐는 각쳐 연극장을 일톄 금지홀 놀이 잇스리니 연극을 셜시흔 제군들이어 불소흔 ᄌ본을 드려 국가 샤회에 큰 방되는[557] 일을 힝치 말고 진시 그 ᄌ본으로 다른 ᄉ업을 흐야 보던지 그러치 못흐면 기

557 '방히되는(방해되는)'의 오기인 듯함.

왕 셜치ᄒᆞᆫ 연극을 일신 ᄀᆡ량ᄒᆞ야 구경ᄒᆞᄂᆞᆫ 귀쳔남녀로 ᄒᆞ야곰 됴흔 ᄉᆞ상이 감발ᄒᆞᆯ 만ᄒᆞᆫ 력ᄉᆞ의 연혁이나 션악을 징찰될 과목을 셜힝ᄒᆞ고 음담픽셜은 일졀 다시 말면 젼일에 비평ᄒᆞ던 사ᄅᆞᆷ이 모다 칭찬ᄒᆞᆯ 것이오 이왕에 안이 보던 사ᄅᆞᆷ이 닷토아 구경ᄒᆞ야 공익으로 ᄆᆞᆯᄒᆞ면 야ᄆᆡᄒᆞᆫ 풍속이 션량홈으로 변ᄒᆞᆯ지오 ᄉᆞ익으로 말ᄒᆞ면 손히를 날로 당ᄒᆞ던 영업에 젹지 안이ᄒᆞᆫ 리익이 싱길 ᄲᅮᆫ 안이라 정부와 경시쳥에셔도 얼마씀 보호ᄒᆞ리니 쥬의ᄒᆞᆯ지어다 연극 쥬인이어 ᄀᆡ량ᄒᆞᆯ지어다 연극 쥬인이여[558]

558 제2818호(10월 30일자) 논설은 검열로 인해 전문 삭제됨. 제2819호(10월 31일자) 논설 미게재. 제2820호(11월 1일자) 유실됨. 11월 2일은 정기휴간일임. 제2821호(11월3일자) 유실됨.

11월

372 1908년 11월 4일(수) 제2822호 미상[559]

제2단락

신졍부를 조직ᄒᆞ고 졍치를 기혁ᄒᆞᄂᆞᆫ 당시에ᄂᆞᆫ 졍치의 션불션은 막론ᄒᆞ고 민심이 한갈갓지 안이ᄒᆞ야 불평쟈도 잇고 반ᄃᆡ쟈도 잇거니와 이갓치 ᄒᆞ로 이틀을 지ᄂᆡ고 ᄯᅩ 이갓치 일 년 이 년을 지ᄂᆡ면 졍부의 덕은 바ᄅᆞᆷ이오 인민의 덕은 풀이라 풀 우에 바ᄅᆞᆷ이 더ᄒᆞ면 눕지 안이ᄒᆞᆯ 쟈ㅣ 업거ᄂᆞᆯ 졔공 각하의 덕틱이 인민의게 보급지 못ᄒᆞ야 쳔여만 ᄉᆡᆼ령이 오히려 졔공 각하의 물너가심을 희망ᄒᆞ니

만일 졔공 각하의 덕틱이 쳔여만 ᄉᆡᆼ령의게 흡족ᄒᆞ얏스면 졔공 각하가 비록 물너가고져 ᄒᆞ실지라도 쳔여만 ᄉᆡᆼ령이 졔셩구가ᄒᆞ야 왈 우리 ᄂᆡ각 졔공이 우리를 바리고 어ᄃᆡ로 가시려뇨 ᄒᆞᆯ 것이오 만일 그러치 못ᄒᆞ면 졔공 각하가 스스로 반셩ᄒᆞ시되 엇지ᄡᅢ 인민의 츄향이 이갓흔고 ᄒᆞ야 아무죠록 민심을 슌죵ᄒᆞᄂᆞᆫ 것이 인민 심리의 즁심뎜 되ᄂᆞᆫ ᄂᆡ각 졔공의 칙임이어날 슯흐다 졔공 각하여

졔공 각하가 우흐로 황상을 보좌ᄒᆞ시고 아ᄅᆡ로 인민의 ᄒᆡᆼ복을 누리게 ᄒᆞᄂᆞᆫ 칙임이 임의 즁ᄒᆞ고 ᄯᅩ한 큰 것은 비록 부인 소자라도 다 아ᄂᆞᆫ ᄇᆡㅣ라 만일 그 칙임을 감당치 못ᄒᆞᄂᆞᆫ 경우가 잇스면 인민 □□□□이 ᄯᅩ한 맛당치 안이ᄒᆞ온

559 자료 훼손으로 표제(논설·별보·기서) 파악 불가능. 최초 10행(제1단락) 복원 불가능.

잇가

제공 각하는 다 정치가라 정치가가 되면 국민의 동정을 엇고져 홈이 정치가의 샹졍이어늘 이졔 제공 각하는 국민의 동졍을 일키로 노력ᄒᆞ시ᄂᆞᆫ가 대뎌 인민은 지극히 미욱ᄒᆞ고 지극히 신셩ᄒᆞᆫ 것이라 녜로부터 국가를 다사리는 쟈ㅣ ᄇᆡᆨ셩으로ᄡᅥ 하날을 삼ᄂᆞᆫ다 ᄒᆞ엿스니 ᄇᆡᆨ셩의 마음은 곳 하날의 마암이라 이졔 제공 각하ᄂᆞᆫ 하날의 마암을 슌죵코져 ᄒᆞ시ᄂᆞᆫ가 슌죵코져 안이ᄒᆞ시ᄂᆞᆫ가

373 1908년 11월 5일(목) 제2823호 론셜

국문 신문을 ᄇᆡ쳑ᄒᆞ고 신문을 구람치 안이ᄒᆞᄂᆞᆫ 동포의게

ᄃᆡ강 한문자이나 아ᄂᆞᆫ 쟈ᄂᆞᆫ 국문 신문은 맛이 업다 ᄒᆞ야 혹은 신문 발송을 뎡지ᄒᆞ라 ᄒᆞ며 혹은 쳥구치 안이ᄒᆞᄂᆞᆫ 신문을 발송ᄒᆞ니 심히 몰경위ᄒᆞ다 ᄒᆞ야 도로혀 신문샤를 칙망ᄒᆞ니 슯흐다 국문신문을 ᄇᆡ쳑ᄒᆞᄂᆞᆫ 동포아

소위 국문이라 홈은 진졍ᄒᆞᆫ 우리나라 문ᄌᆞ가 안인가 그 문ᄌᆞ를 구셩ᄒᆞᆫ 법이 심히 졀묘ᄒᆞ고 간편ᄒᆞ야 무슨 잡지던지 무슨 신문이던지 이 문ᄌᆞ로 긔ᄌᆡᆨᄒᆞ면 이왕 한문을 아ᄂᆞᆫ 쟈ᄂᆞᆫ 다시 말홀 것 업거니와 한문을 알지 못ᄒᆞᄂᆞᆫ 부인이나 어린 아히나 ᄂᆡ지 하등샤회ᄭᅡ지라도 보기에 편리ᄒᆞᆫ 고로 신문샤ᄂᆞᆫ 일반동포의 편리를 도모ᄒᆞ야 국문으로ᄡᅥ 신문을 발힝홈이어늘

이왕 한문을 아는 쟈ᄂᆞᆫ 젼국문으로 발힝ᄒᆞᆫ 신문을 맛이 업기로 국한문을 호용ᄒᆞᆫ 신문만 구람ᄒᆞᆫ다 ᄒᆞᆫ즉 국한문이라 홈은 우리나라 문ᄌᆞ와 쳥국 문ᄌᆞ와 셕거 쓴 것이니 쳥국은 곳 외국이라 우리나라 문ᄌᆞ에 외국 문ᄌᆞ를 호용ᄒᆞᆫ 것을 됴와홀 것 갓흐면

쟝ᄎᆞ 우리 국문에 일문을 호용ᄒᆞ야 국일문 신문을 발힝ᄒᆞ야도 무방홀 것이오

쟝ᄎᆞ 우리 국문에 영문을 호용ᄒᆞ야 국영문 신문을 발힝ᄒᆞ야도 무방ᄒᆞᆯ 것이오 ᄂᆡ지 우리 국문에 아문 법문 덕문을 호용ᄒᆞ야 국아문 국법문 국덕문 신문을 발힝ᄒᆞ야도 무방ᄒᆞᆯ지라 국한문 신문만 됴와ᄒᆞᄂᆞᆫ 동포ᄂᆞᆫ 즐겨 이것을 ᄒᆞ고져 ᄒᆞᄂᆞᆫ가 또 혹은 말ᄒᆞ기를 신문 긔사에 ᄃᆡᄒᆞ야 국한문 신문과 국문 신문의 긔사가 조곰도 다름이 업슨즉 국한문 신문만 보면 국문 신문은 보지 안이ᄒᆞ야도 족ᄒᆞ다 ᄒᆞ나니 본 긔쟈는 말ᄒᆞ기를 국문 신문과 한문 신문의 긔사가 죠곰도 다름 업스니 국문 신문만 보면 국한문 신문은 보지 안이ᄒᆞ야도 족ᄒᆞ다 ᄒᆞ노라

국문과 국한문을 막론ᄒᆞ고 신문은 세계 각국의 형편과 풍속과 ᄂᆡ국 정치의 량부와 득실과 ᄂᆡ지 샤회의 영향과 민간의 고락과 ᄀᆡ인의 션악을 늘마다 슈집ᄒᆞ야 한 죠각 죠희에 비진히 긔ᄌᆡᄒᆞ야 일반 동포의 견문을 넓히되 문박을 나지 안이ᄒᆞ고도 세계의 형편이 소연ᄒᆞ며 션싱이 업시도 가히 지식을 불달ᄒᆞ기 족ᄒᆞᆫ지라 우금 경셩 ᄂᆡ에셔 불힝ᄒᆞᄂᆞᆫ 신문이 게우 사오 죵에 지ᄂᆡ지 못ᄒᆞ고 일ᄀᆡ월 신문갑이 게우 삼사십 젼에 지나지 못ᄒᆞ거날

쥬식에ᄂᆞᆫ 하로밤에 슈십빅 원을 버려도 앗가운 쥴을 알지 못ᄒᆞ고 잡기에ᄂᆞᆫ 한 ᄯᅢ에 슈빅천 원을 일어도 앗가운 쥴을 알지 못ᄒᆞ다가 일ᄀᆡ월 신문갑 삼십 젼이나 사십 젼을 쳥구ᄒᆞ면 돈이 업셔 지출치 못ᄒᆞ니 신문의 발송을 뎡지ᄒᆞ라 ᄒᆞ고 혹은 쳥구치 안이ᄒᆞᄂᆞᆫ 신문을 발송ᄒᆞᆫ다 ᄒᆞ야 신문샤에 질문ᄒᆞ기를 도로혀 능사로 아니 이갓치 ᄒᆞ면 우리나라 젼도의 발달ᄒᆞᆯ 리유가 잇슬 쥴로 자신ᄒᆞᄂᆞᆫ가 우리의 지식과 한문의 암미ᄒᆞᆷ은 고샤ᄒᆞ고 남의 노예만 되기를 달게 녀기ᄂᆞᆫ가 본 긔쟈ㅣ 다시 말을 안이ᄒᆞ고져 ᄒᆞ다가 츙졍의 소불을 이긔지 못ᄒᆞ야 국문 신문을 빙쳑ᄒᆞᄂᆞᆫ 동포와 ᄯᅩᄂᆞᆫ 신문을 구람치 안이ᄒᆞᄂᆞᆫ 동포의게 특별히 경고ᄒᆞ오니 본 긔쟈ㅣ 엇지 다언ᄒᆞᆷ을 됴와ᄒᆞ리오 실로 부득이ᄒᆞᆫ 소이로라

1908년 11월

374 1908년 11월 6일(금) 제2824호 별보

구쥬인이 일본에 디흔 긔셔

만죠보에 긔직흔 바 구쥬인의 긔셔 가온디 한일관계에 디흔 구졀의 츄미 잇는 쟈 한두 흘을 쎽여 역등흐노라

일본은 나라이 젹고 인구가 만은즉 그 한국을 쳑식흐는 것이 졍당흔 쥴로 싱각흐나이다 엇더케 한인을 지빈(支配)흘가 흐는 것이 일본의 한 큰 문뎨나 그 방법은 두 가지가 잇는지라 하나는 영인이 인도인에 디흠과 갓치 토인으로 흐여곰 그 국토와 밀졉케 흠에 잇스니 곳 뎌의 무리를 진살흠에 잇다 흐노이다 만일 진살키 불능흐면 도로혀 뎌의 무리를 지도흐고 교육흐야 일본인과 한인의 리히를 갓치흐야 한 굿건흔 조합원(組合員)을 민드는 디 잇다 흐노이다

만일 한국에 디흔 외국 신문지의 긔사가 뎍실흐면 일본인은 한인과 친흔 벗이 된다 흐는 것보담 출하리 뎍국이 된다 흘 것이오 족하의 국민은 강흔 쟈는 족히 두려울 것이 업다 흐는 것을 아는 지가 임의 오란지라 그러나 실은 뎨일 약한 쟈가 강한 자보담 한층 더 두려운 것을 알지 못흐는 것과 갓도다 나는 민우 실례되는 쥴을 알면셔 족하의 국민에 디흐야 「아무리 강흔 쟈라도 뎨일 약흔 쟈를 디뎍흘 만큼 강흔 쟈는 업다」 흐는 속담을 부쳐 보닉려 흐나이다 「사자도 쥐풀 두려워흔다」는 속담도 싱각나오

375 1908년 11월 7일(토) 제2825호 론셜

법령의 소감(法令의 所感)

통감부를 셜치흔 이릭로 시졍 기션에 착슈흐야 졔반 버졔[560]를 늘마다 반포흐엿슬지라도 우리 한인으로 관찰흐면 죠곰도 효력이 업다고 질언흐야도 가

ᄒᆞ도다

당국쟈가 슈삼 년간에 시졍ᄒᆞᆫ 바를 보건ᄃᆡ 젼혀 일본의 졔도를 모방ᄒᆞᆫ 법령만 졔뎡ᄒᆞᆯ ᄲᅮᆫ이니 풍속과 습관이 갓지 안이ᄒᆞᆫ 우리 한국사ᄅᆞᆷ으로 ᄒᆞ여곰 기동을 부듸친 머리와 강치[561] 졍신이 막막ᄒᆞ야 거의 동셔남북을 분변치 못ᄒᆞᆯ이로다 우리들은 일본의 법률졔도의 션불션으로ᄡᅥ 의론ᄒᆞᄂᆞᆫ 것이 안이라 일본의 법률졔도가 ᄀᆡᄀᆡ이 우리 국민의 두뢰를 감화케 ᄒᆞ야 효력이 진실로 표면에 나타나ᄂᆞᆫ지 엇던지 한 의문(疑問)이 안인가

우리나라ᄂᆞᆫ 자릭로 례의지방이라 칭ᄒᆞᄂᆞᆫ지라 문물뎡쟝이 찬연구비ᄒᆞ야 족히 취ᄒᆞᆯ 쟈ㅣ 만으히 그ᄃᆡ로 실힝만 ᄒᆞ엿스면 결단코 오늘날 이러ᄒᆞᆫ 경우에 ᄲᅡ지지 안이ᄒᆞ엿슬지라 그 졔도로 말ᄒᆞ면 뎡녕 다른 문명국 졔도에 비ᄒᆞ야 족히 붓그러울 것이 업도다

그러나 오늘날 이러ᄒᆞᆫ 경우에 니름은 우리 국민의 병근이 도시 실힝치 못ᄒᆞᆷ에 잇슴이니 진션진미ᄒᆞᆫ 문물뎐장이라도 실힝치 못ᄒᆞᄂᆞᆫᄃᆡ 엇지ᄒᆞᆯ고

병근이 이러ᄒᆞᆫ즉 아무리 완젼ᄒᆞᆫ 법률졔도를 반포ᄒᆞᆯ지라도 실힝케 ᄒᆞᄂᆞᆫ 방법을 강구치 안이ᄒᆞᄂᆞᆫ 이상에ᄂᆞᆫ 아무 효력이 업슬지오 이것을 실힝케 ᄒᆞᄂᆞᆫ ᄃᆡᄂᆞᆫ 간략ᄒᆞ고 용이ᄒᆞᆫ 졔도로ᄡᅥ 국민의 두뢰를 흡족히 감화케 ᄒᆞ야 그 병근을 발거ᄒᆞᆷ에 잇다 ᄒᆞ노니

현금에 소위 문명뎍으로 호번복잡ᄒᆞᆫ 법률졔도를 늘마다 졔뎡ᄒᆞ고 날ᄆᆞ다 발포ᄒᆞᆯ지라도 한갓 지상공문에 지ᄂᆡ지 못ᄒᆞ야 글은 글ᄃᆡ로 잇고 나ᄂᆞᆫ 나ᄃᆡ로 잇ᄂᆞᆫ지라 그런즉 그 법률졔도가 조곰도 유익ᄒᆞᆯ 것이 업스리니

가령 한인 관리와 일인 관리가 한 칙상에셔 사무를 잡을 ᄯᅢ에 일인 관리ᄂᆞᆫ 일본의 풍속과 습관에 뎍당ᄒᆞᆫ 졔도를 응용ᄒᆞᆫ즉 이왕 두뢰에 흡족ᄒᆞ얏스니 족

560 '법계(법제)'의 오기.

561 '갓치(같이)'의 오기.

히 어려울 것이 업거니와 한인 관리는 쟈릐로 듯지 못ᄒᆞ고 보지 못ᄒᆞ던 일본의 제도를 엇지 일죠일셕에 힉득ᄒᆞ야 즉시 그ᄃᆡ로 실ᄒᆡᆼ홈을 어드리오

그런고로 일인 관리가 말ᄒᆞ기를 한국인은 아무것도 알지 못ᄒᆞᆫ즉 부득불 일본인을 관리로 치용ᄒᆞ노라 ᄒᆞ나니 일반[562] 관리는 과연 한국의 풍속과 습관이며 또 일본제도를 모방ᄒᆞᆫ 법률제도가 한국의 풍속과 습관에 ᄀᆡᄀᆡ히 합당ᄒᆞᆫ 쥴로 아는가

ᄃᆡ뎌 법령은 그 나라의 풍속과 습관을 좃차 졔뎡ᄒᆞ며 또는 그 나라에 고유ᄒᆞᆫ 졔도를 됴사ᄒᆞ야 시의를 좃차 가감ᄒᆞ며 또는 간약ᄒᆞ고 편리ᄒᆞ야 실ᄒᆡᆼ키 용이ᄒᆞ게 졔뎡ᄒᆞᆫ 연후에야 근쇼ᄒᆞᆫ 시일로써 일반 국민의 두뇌를 감화케 ᄒᆞ겟거늘

이졔 부지불각에 일본의 법률제도를 제뎡ᄒᆞ야 아참에 반포ᄒᆞ고 져녁에 실ᄒᆡᆼᄒᆞ기를 최촉ᄒᆞ니 이것이 닐온바 ᄇᆡᆨ셩을 가라치지 안이ᄒᆞ고 쥭이는 것과 갓도다 엇지 법령이 일반 국민의 두뇌를 감화케 ᄒᆞ야 즉시 신ᄒᆡᆼ되기를 바라리오 당국쟈는 이에 ᄃᆡᄒᆞ야 도뎌히 쥬의홀 것이로다[563]

376 1908년 11월 10일(화) 제2827호 론셜

각 상뎜에 경고ᄒᆞ는 말

우리 국민의 ᄉᆡᆼ활 뎡도가 곤난ᄒᆞᆫ 것은 각 신문 잡지에 이왕 노노히 셜명ᄒᆞᆫ 바ㅣ니 본 긔쟈ㅣ 다시 셜명홀 것이 업거니와 그 원인은 일반 국민이 게을너셔 놀고 먹고 놀고 닙기를 됴와ᄒᆞᄂᆞᆫ ᄃᆡ 잇다 ᄒᆞ노니 부즈런ᄒᆞ면 반다시 일울 것이

562 '일본'의 오기인 듯함.

563 제2826호(11월 8일자) 논설 미게재.

라 홈은 녯사름의 격담이 잇는지라 사롱공상 사업간에 부즈런이 힘쓰면 엇지 흥왕치 안이ᄒᆞ며 셩공치 못홈을 근심ᄒᆞ리오 근일 경셩닉 우리나라 사름의 경영ᄒᆞᄂᆞᆫ 바 각 상뎜을 목격ᄒᆞᆫ건ᄃᆡ 상뎜의 ᄃᆡ소와 흥셩의 유무를 막론ᄒᆞ고 히만 셔산에 ㅆᅥ러지면 벌셔 젼문을 긴긴폐쇄홈이 힝긱로인은 비록 상업이 번셩ᄒᆞᆫ 죵로 네거리를 지늘지라도 침침 흑동텬의 무인지경을 지나는 것과 갓ᄒᆞ니 상뎜으로 영업ᄒᆞᄂᆞᆫ 쟈ㅣ 하로 이십사시간에 게우 칠팔시 동안을 영업ᄒᆞ고 동지야 긴긴 밤 십오륙시간을 무단히 허비ᄒᆞ며 그즁 우심ᄒᆞᆫ 쟈는 칠팔시 동안의 엇은 바 리익금을 가지고 쥬식가나 잡기쟝에 츌몰ᄒᆞᄂᆞᆫ 것을 보깃스니 이러ᄒᆞ고도 오히려 상뎜이 쟝ᄅᆡ 흥왕ᄒᆞ기를 바랄가

뭇나니 상뎜을 ᄀᆡ셜ᄒᆞᆫ 졔군자는 일락셔산홀 ᄯᅢ에 벌셔 뎐문을 텰가ᄒᆞ고 동지야 긴긴 밤을 무엇으로ᄡᅥ 허비ᄒᆞᄂᆞᆫ가

혹은 야간을 당ᄒᆞ야 상업에 필요ᄒᆞᆫ 학문을 연구ᄒᆞᄂᆞᆫ가 본 긔쟈ㅣ 일즉 듯지 못ᄒᆞ엿고

혹은 쥬간에 발ᄆᆡ홀 상품을 제조ᄒᆞᄂᆞᆫ가 본 긔쟈ㅣ 일즉 듯지 못ᄒᆞ얏고

혹은 경셩닉에 무론 모학과ᄒᆞ고 야학교의 셜시가 다슈ᄒᆞᆫ즉 이것을 죵ᄉᆞᄒᆞᄂᆞᆫ 이 잇는가 이도 ᄯᅩ한 본 긔쟈ㅣ 일즉 듯지 못ᄒᆞ엿슨즉 과연 음식뎜이나 챵기가나 잡기쟝으로 츌몰ᄒᆞᄂᆞᆫ 것은 다시 의심업도다 각 상뎜 졔군아

우리들이 항상 목격ᄒᆞᄂᆞᆫ 바ㅣ어니와 진고ᄀᆡ셔 쟝사ᄒᆞᄂᆞᆫ 일본 상뎜은 밤이 열두시 되도록 등촉이 휘황ᄒᆞ고 오히려 상품을 ᄆᆡᄆᆡᄒᆞᄂᆞᆫ 쟈 잇슴이 우리나라 사름도 야간이면 비록 한인의 상뎜이 그 이웃집에 잇슬지라도 마지 못ᄒᆞ야 진고ᄀᆡ의 일인 상뎜으로 다라가니 물품을 구ᄆᆡᄒᆞᄂᆞᆫ 쟈의 본심이 엇지 한인의 상뎜에셔 리익 엇기를 바라지 안는 바리오만은 상뎜 졔군자가 상업을 게을리 ᄒᆞ야 일반 구ᄆᆡ쟈의 편리를 도모치 안이ᄒᆞᄂᆞᆫ ᄭᆞ닭인즉 슈풀을 위ᄒᆞ야 식를 모라넛는 쟈는 식ᄆᆡ라 ᄒᆞ려니와 일인 상뎜을 위ᄒᆞ야 리익을 모라넛는 이는 우리 한인 상뎜의 졔군자가 안인가 닉외국인을 막론ᄒᆞ고 쟝사ᄒᆞ는 쟈ㅣ 리익

1908년 11월

을 엇고져 홈은 기시상셩이로딕 심력을 허비치 안이ᄒᆞ고 사지를 편안히 ᄒᆞ고 도 오히려 ᄉᆡᇰ활의 풍족ᄒᆞ기를 구ᄒᆞ며 쟝사의 리익을 엇으려 ᄒᆞ니 우ᄆᆡᆨᄒᆞ도다 가셕ᄒᆞ도다 이것이 도시 게으른 데셔 나온 것이 안인가 우리 한인의 각 상뎜 졔군아[564]

377 1908년 11월 13일(금) 제2830호 론셜

군슈의 쳥쵹이 웨 그리 만은고

군슈와 군쥬ᄉᆞ를 쳔보ᄒᆞᄂᆞᆫ 젼권을 관찰ᄉᆞ의게 위임ᄒᆞ고 그 쳔보ᄒᆞᄂᆞᆫ ᄃᆡ로 ᄂᆡ부에셔 셔임ᄒᆞᄂᆞᆫ 고로 근일 디방에 군슈 운동쟈와 군쥬ᄉᆞ 운동쟈의 분경이 날마다 우심ᄒᆞ야 경ᄃᆡ관의 청찰이 관찰ᄉᆞ에 슈즁에 산갓치 싸이고 히도ᄂᆡ의 협잡ᄇᆡ가 관찰도 문젼에 져자를 이루어 소위 관찰ᄉᆞᄂᆞᆫ 청찰을 회답ᄒᆞ고 문ᄀᆡᆨ을 졉견ᄒᆞ기에 막즁ᄒᆞᆫ 공무를 쳐리ᄒᆞᆯ 여가가 업다 ᄒᆞ며 혹은 모군슈 모군 쥬ᄉᆞ가 몃쳔 원 몃ᄇᆡᆨ 원의 쳥쵹젼을 드렷다 ᄒᆞᄂᆞᆫ 부졍ᄒᆞᆫ 소문이 랑자ᄒᆞ니 그 원인은 ᄂᆡ부 쥬무쟈의 실칙이 안닐가

소위 군슈ᄂᆞᆫ ᄇᆡᆨ리의 쥬임을 부담ᄒᆞᆫ 목민지관이오 소위 군쥬ᄉᆞᄂᆞᆫ 군슈를 협찬ᄒᆞ야 군슈의 ᄒᆡᇰ정상에 결뎜을 보츙ᄒᆞᄂᆞᆫ 칙임이 잇스니 곳 군슈의 버금이라 이갓치 칙임이 즁ᄒᆞ고 ᄯᅩ한 크거ᄂᆞᆯ 경ᄃᆡ관이라 ᄒᆞᄂᆞᆫ 것은 ᄌᆞ긔의 식구를 구쳐ᄒᆞ기에 골몰ᄒᆞ야 당쟈의 학문과 지식이 족히 ᄇᆡᆨ리의 즁임을 감당ᄒᆞᆯ 능력이 잇ᄂᆞᆫ지 업ᄂᆞᆫ지 젼연히 도라보지 안이ᄒᆞ며 협잡ᄇᆡ라 ᄒᆞᄂᆞᆫ 것은 곳 디방의 불학무식지도라 ᄌᆞ긔의 능력 유무ᄂᆞᆫ 고사ᄒᆞ고 각각 군슈와 군쥬ᄉᆞ가 되리라 ᄒᆞ야 방계곡경으로 일군의 관할쟈 되기를 좌우도쵹ᄒᆞ되 김슈 리슈은 일군의

564 제2828~2829호(11월 11~12일자) 논설 미게재.

교쥬오 또한 명망이 잇다 ᄒᆞ야 관찰ᄉᆞ를 긔만ᄒᆞ며 혹은 몃ᄇᆡᆨ 원 몃쳔 원으로 관찰ᄉᆞ의 입맛을 달게 ᄒᆞ야 일군슈나 일쥬ᄉᆞ를 도득ᄒᆞ면 닐은바 곳 ᄒᆡ군의 목민지관이라 그러치 안이ᄒᆞ여도 이왕에 군슈나 관찰을 씨고 ᄇᆡᆨ셩의게 호령ᄒᆞ야 ᄇᆡᆨ셩이 두려워ᄒᆞ기를 호랑갓치 ᄒᆞ고 ᄆᆡ워ᄒᆞ기를 샤갈갓치 ᄒᆞ든 것인ᄃᆡ ᄒᆡ군의 목민지관이 된 이상에ᄂᆞᆫ 이젼의 협잡슈단을 리용ᄒᆞ기 더욱 용이ᄒᆞ야 음흉간할홈을 무소부지ᄒᆞ리니 이러ᄒᆞᆫ 목민지관 아ᄅᆡ 인민이 엇지 뼈 지팅ᄒᆞ리오

혹쟈ᄂᆞᆫ 믈ᄒᆞ기를 ᄒᆡ군의 명망이 잇ᄂᆞᆫ 긔지ᄉᆞ인은 그 고을의 사졍과 그 고을 인민의 풍습을 넉넉히 아ᄂᆞᆫ 고로 ᄒᆡ군의 통치쟈를 삼ᄂᆞᆫ 것이 인민과 통치쟈 간에 편리홈이 만을이라 ᄒᆞ나니 엇지 그러ᄒᆞ리오 그 고을의 사졍과 인민의 풍습을 닉히 아ᄂᆞᆫ 고로 협잡 슈단을 롱락ᄒᆞ기가 더옥 용이ᄒᆞ깃다고 본 긔쟈ᄂᆞᆫ 질언ᄒᆞ노라

자ᄅᆡ로 우리나라에셔 목민지관을 양셩치 못ᄒᆞᆫ ᄭᅡ닭으로 여러 가지 폐단이 층싱텹츌ᄒᆞ얏스나 경향을 물론ᄒᆞ고 가히 목민지관의 자격과 능력이 잇ᄂᆞᆫ 쟈를 션턱ᄒᆞ야 ᄂᆡ부에셔 고시셔임ᄒᆞ면 쟝ᄅᆡ에 희망이 얼마큼 잇슬ᄂᆞᆫ지 아지 못ᄒᆞ거니와 만일 각도 관찰사의게 쳔보ᄒᆞᄂᆞᆫ 젼권을 위임ᄒᆞ고 ᄂᆡ부에셔 역시 당쟈의 자격과 능력 유무ᄂᆞᆫ 고샤ᄒᆞ고 쳔보ᄒᆞᆫ ᄃᆡ로만 셔임ᄒᆞ고 보면 젼국 ᄂᆡ의 군슈 군쥬사가 ᄀᆡ시 협잡분경즁으로 나온다 홀지라도 과언이 안일지로다 이것이 닐온바 원숭이다려 나무에 올으라 지시홈과 갓치 관찰사에게 청찰과 협잡ᄇᆡ를 모라녓ᄂᆞᆫ 것이어늘 이에 긔관 신보로뼈 긔소뎍과 죠롱뎍으로뼈 청출하다(請札何多)라ᄂᆞᆫ 뎨목을 놉히 걸엇스니 그 죄칙의 원인은 어ᄃᆡ 잇ᄂᆞᆫ고[565]

565 제2831호(11월 14일자) 유실됨.

본보에 디흔 풍셜

본보 창간이 십유여 년에 쳔만겁을 지나 오늘날에 니르기까지 유지 샤회의 극력 원죠ᄒᆞ심과 익국동포의 열심 구독ᄒᆞ시ᄂᆞᆫ 덕음을 편파ᄒᆞ야 ᄯᅮ러진 벼루에 모즈러진 붓을 ᄭᅩᆺ고 비록 벽력이 뒤에 잇스며 부월이 압헤 당홀지라도 일국의 긔관이 되여 안으로ᄂᆞᆫ 정부의 시조와 졍치의 득실과 법령의 편부를 한 자루 붓으로ᄡᅥ 찬셩ᄒᆞ며 탄힉ᄒᆞ고 밧그로ᄂᆞᆫ 디방의 졍형과 풍속의 변티와 관리의 션악을 한 죠각 죠희로ᄡᅥ 게직ᄒᆞ며 발포ᄒᆞ야 간특지빅로 ᄒᆞ야곰 형영이 구졀케 ᄒᆞ고 탐학지도로 ᄒᆞ여곰 혼담이 구상케 ᄒᆞ야 국가의 안녕을 유지케 ᄒᆞ고 인민의 힝복을 누리게 ᄒᆞ나니 이것은 곳 본보의 효력이라 가히 ᄡᅥ 우리 대한 십슈 년릭의 상셰흔 력사가 되깃고 우리 동포 슈쳔만 인민의 총명흔 이목이 되깃거ᄂᆞᆯ 이졔 본보를 폐간흔다ᄂᆞᆫ 무근의 풍셜을 젼파ᄒᆞ고 본 신문 젼도의 발달을 방히코져 ᄒᆞ니 본 긔쟈ㅣ 이 풍셜을 드름익 붓을 더지고 한 번 탄식홈을 이긔지 못ᄒᆞ노라

이것은 본샤 샤운의 흥왕홈을 질투ᄒᆞ며 본보 보필의 엄졍홈을 긔탄ᄒᆞᄂᆞᆫ 쟈의 구조홈이니 만일 본보로 ᄒᆞ여곰 폐간ᄒᆞᄂᆞᆫ 경우에 니른다 ᄒᆞ면 우리 대한 십슈 년릭의 력사가 소멸홈이 안인가 우리 동포 슈쳔만의 이목을 옹폐홈이 안인가

국가의 력ᄉᆞ를 소멸케 ᄒᆞ고도 국가의 문명이 젼진ᄒᆞ기를 바라며 인민의 이목을 옹폐케 ᄒᆞ고도 인민의 지식이 블달홈을 바랄가

하물며 본보ᄂᆞᆫ 우리나라의 독립흔 긔념으로ᄡᅥ 명칭을 어덧고 우리나라의 고유흔 국문으로ᄡᅥ 긔사를 발간ᄒᆞᄂᆞᆫ 신문이라 문리가 용이ᄒᆞ고 필법이 졍직ᄒᆞ니 그 명칭이 즁대홈을 싱각ᄒᆞ고 그 국문의 슌젼홈을 사모ᄒᆞ야 비록 본보를 빅쳑ᄒᆞᄂᆞᆫ 동포일지라도 본보를 구람홈으로ᄡᅥ 한 의무를 삼고 본보ᄂᆞᆫ 여러동

포의 애국ᄒᆞ시는 츙졍을 발포ᄒᆞ기로써 한 의무를 삼거날

괴이ᄒᆞ다 이 무슨 믈인고

가증ᄒᆞ다 이 무슨 말인고

이왕 십슈 년ᄅᆡ의 쳔신만고ᄒᆞᆫ 것은 본보 쟝ᄅᆡ의 영원ᄒᆞᆫ 긔초를 세움이오 발달ᄒᆞᆯ 비료(肥料)를 ᄊᆞ음이라 그 긔쵸와 그 비료는 쳔ᄇᆡᆨ 년을 지닐지라도 기우러지지 안이ᄒᆞ고 다ᄒᆞ지 안이ᄒᆞ야 한강슈로써 연덕을 삼을지라도 강슈가 오히려 부족ᄒᆞᆯ지오 삼각산으로써 쉬돌을 삼을지라도 필봉이 오히려 둔ᄒᆞᆯ지라 우리 뎨국의 만억년 력ᄉᆞ가 이에 잇고 우리 동포의 ᄉᆞ쳔만 이목이 이에 잇나니 바라노이다 바라노이다 애독ᄒᆞ시는 졔군ᄌᆞ는 본보에 ᄃᆡᄒᆞᆫ 무근의 풍셜을 는만리 부운에 부쳐보ᄂᆡ시고 자금 이후로 더옥 권익ᄒᆞ시며 다슈 구람ᄒᆞ시기만[566]

379 1908년 11월 17일(화) 제2833호 론셜

젹경이 놀로 우심홈

사ᄅᆞᆷ이 항산이 업스면 항심이 업고 항심이 업스면 방벽ᄒᆞ고 샤치ᄒᆞ야 무소불위ᄒᆞ는 경우에 니른다 ᄒᆞ나니 이것은 고금동셔를 막론ᄒᆞ고 인졍의 ᄭᅥᆺᄭᅥᆺᄒᆞᆫ 것이라 닐을지로다 그런데 우리 나라는 자ᄅᆡ로 경향 간에 유의유식ᄒᆞ고 일뎡ᄒᆞᆫ 직업이 업는 쟈ㅣ 만아 쥬식이 안이면 잡기오 잡기가 안이면 아편을 먹는 쟈ㅣ 방방곡곡에 업는 곳이 업스니 이에 소비ᄒᆞ는 금젼이 어ᄃᆡ로부터 나오리오 일로써 죠불려셕ᄒᆞ고 긔한이 도골ᄒᆞ야 필경 무소불위ᄒᆞ는 경우에 니르기

566 원문 표기 그대로 옮김. 예컨대 '바라압니이다'와 같은 종결 어미가 있어야 하나 이 구절에서 끝남.

쉬운지라 드른즉 근일 경셩ᄂᆡ 각쳐에 젹경이 ᄐᆡ심ᄒᆞ야 어느 가로상에셔ᄂᆞᆫ 젹한이 부인의 빈혀를 쌔여 갓다 ᄒᆞ고 모씨가에셔ᄂᆞᆫ 젹한이 틈입ᄒᆞ야 금젼과 의류를 략탈ᄒᆞ야 갓다 ᄒᆞ야 젹경의 업ᄂᆞᆫ 날이 업스니 남녀로소를 불문ᄒᆞ고 밤이면 가로상에 왕ᄅᆡᄒᆞ기도 위험할 ᄲᅮᆫ 안이라 경찰소의 원격ᄒᆞᆫ 곳은 일반 인민이 도뎌히 지보ᄒᆞ기 어렵다 ᄒᆞᆯ지로다 바라건ᄃᆡ 당국쟈ᄂᆞᆫ 일층 쥬의ᄒᆞ되 경찰소의 쵸원ᄒᆞᆫ 곳과 인젹의 ᄅᆡ왕이 희소ᄒᆞᆫ 방곡에ᄂᆞᆫ 각별히 슌ᄒᆡᆼᄒᆞ며 긔찰ᄒᆞ야 부졍ᄒᆞᆫ 무리로 ᄒᆞ여곰 법강을 도탈치 못ᄒᆞ게 ᄒᆞ며 ᄯᅩ 경셩ᄂᆡ의 유의유식ᄒᆞᄂᆞᆫ 쟈ᄅᆞᆯ 엄즁히 됴샤ᄒᆞ야 각각 실업에 나아가게 ᄒᆞ며 비록 협소ᄒᆞᆫ 골목 안에라도 쟝명등을 걸어 인민의 왕ᄅᆡᄅᆞᆯ 안젼히 ᄒᆞᆷ이 필요ᄒᆞ다 ᄒᆞ노라[567]

380 1908년 11월 24일(화) 제2838호 긔셔

경셩 ᄂᆡ외 샹업 졔군에게 경고ᄒᆞᆷ / 긔우ᄉᆡᆼ

오날 우리 사ᄅᆞᆷ이 각각 그 쳐지를 ᄯᅡ라 맛당이 ᄒᆡᆼᄒᆞᆯ 바ᄅᆞᆯ ᄒᆡᆼᄒᆞ지 안니ᄒᆞ고 나의 ᄒᆞᆯ 바ᄅᆞᆯ 남의게 미루거ᄂᆞ 혹은 나가 안이라도 다른 사ᄅᆞᆷ이 ᄒᆞ리라 ᄒᆞ야 셔로 미루고 안이ᄒᆞ면 나의 몸이ᄂᆞ 우리 샤회가 자진ᄒᆞᆯ ᄲᅮᆫ 아니라 필경 타인의게 권리ᄅᆞᆯ 돌녀 보ᄂᆡ고 그 관할하에 잇셔 나의 자유ᄅᆞᆯ 일코 ᄇᆡᆨ슈풍신이 뎐한ᄇᆡᆨ옥 가온ᄃᆡ셔 스스로 탄식ᄒᆞ며 스스로 후회ᄒᆞᄂᆞᆫ 것은 졍녕ᄒᆞᆫ 리치니 우리가 오ᄂᆞᆯ 무슨 일이던지 엇지 남의게 미루거ᄂᆞ 나의 ᄒᆞᆯ 바ᄅᆞᆯ 남의게 미루리요 슯흐다 경셩 ᄂᆡ외에 거쥬ᄒᆞᄂᆞᆫ 실업가 제군이여 ᄉᆡᆼ각ᄒᆞ야 보시오 오ᄂᆞᆯ이 언의 날이며

567 제2834호(11월 18일자) 논설 미게재. 11월 19일 임시휴간. 제2835호(11월 20일자) 논설은 검열로 인해 전문 삭제됨. 제2836~2837호(11월 21~22일자) 논설 미게재. 11월 23일 정기휴간.

이 ᄊᆡ가 언의 ᄊᆡ관ᄃᆡ 이다지 정신을 가다듬지 안이ᄒᆞ고 모든 거슬 손씨르고 방관만 ᄒᆞ기로 ᄒᆞ나뇨 제군이 소유쥬가 되고 제군이 창립ᄒᆞᆯ 의무가 잇ᄂᆞᆫ 경셩상업회의소ᄂᆞᆫ 광무 구년도에 셜립이 되얏다 ᄒᆞ기로 비단 본인이라 일반샤회의 구안지ᄉᆞᄂᆞᆫ 무불찬셩ᄒᆞᆷ은 우리나라갓치 쇼잔ᄒᆞᆫ 상공업을 발젼ᄒᆞ랴면 먼져 실업가가 모히여 각각 의견을 교환ᄒᆞ며 각각 실업 졍도ᄅᆞᆯ 보명ᄒᆞ며 각각 미ᄅᆡ의 상공업을 발젼ᄒᆞᄂᆞᆫ ᄎᆡᆨ임을 담당ᄒᆞ며 각각 의견을 졔츌ᄒᆞᄂᆞᆫ 실업가 졔군의게 긔관이 되ᄂᆞᆫ 상업회의소가 졔일 급션무오 졔일 필요ᄒᆞᆷ으로 인ᄒᆞ야 창셜ᄒᆞᆫ 지 삼ᄉᆞ 년 동안에 ᄒᆡ회의소의 ᄒᆡᆼ동은 일반이 다 살펴 아ᄂᆞᆫ 바이라 져간에 불소ᄒᆞᆫ 셩젹이 만ᄒᆞ얏도다 년젼 ᄇᆡᆨ동화 졍리로 인ᄒᆞ야 발ᄉᆡᆼᄒᆞᆫ ᄌᆡ졍 곤황을 구제ᄒᆞ기 위ᄒᆞ야 그 구졔ᄎᆡᆨ을 기시 졍부 당국쟈의게 헌의ᄒᆞ며 혹은 그 졍리법이 불미ᄒᆞᆷ을 박론ᄒᆞᄂᆞᆫ 문ᄌᆞᄅᆞᆯ 샤회에 반포도 ᄒᆞ며 일변으로ᄂᆞᆫ 일본 동경에 ᄃᆡ표ᄅᆞᆯ 파송ᄒᆞ야 기시 ᄌᆡ졍고문 목하젼의 긔만졍ᄎᆡᆨ과 불법ᄒᆡᆼ위ᄅᆞᆯ 츅죠ᄆᆡᆨ거ᄒᆞ야 여론을 흥긔ᄒᆞᆫ 결과로 일본 졍부에셔 일ᄇᆡᆨ오십만 환을 무리ᄌᆞ 무담보로 십오ᄀᆡ 년을 우리나라 졍부에 ᄃᆡ여ᄒᆞ야 잔ᄑᆡᄒᆞᆫ 실업계에 금융 긔관을 셜비케 ᄒᆞ얏고 일변으로ᄂᆞᆫ 쳔일은ᄒᆡᆼ과 한셩은ᄒᆡᆼ에 무리ᄌᆞ로 자금을 ᄃᆡ부ᄒᆞ야 금륭을 졍리케 ᄒᆞ라고 탁지부에 쳥구ᄒᆞ야 그 효과ᄅᆞᆯ 어덧고 기타 상품진셜관을 셜비ᄒᆞ야 상업 안목을 변화케 ᄒᆞ며 한일은ᄒᆡᆼ 셜립을 권고ᄒᆞ야 긔어히 셩립케 ᄒᆞᆫ 등ᄉᆞ가 잇ᄂᆞᆫ 것은 본인ᄲᅮᆫ 안이라 일반 샤회가 다 손을 드러 찬셩ᄒᆞᄂᆞᆫ 고로 실업가와 기타 방면에셔 다ᄃᆡᄒᆞᆫ 연금을 던져셔 한셩 즁앙에 이층 양옥을 건셜ᄒᆞ기ᄭᆞ지 ᄒᆞ얏더니 지어근일ᄒᆞ야ᄂᆞᆫ 퇴보의 상ᄐᆡ가 잇슬 ᄲᅮᆫ 안이라 ᄂᆡ지 존폐의 문뎨가 ᄉᆡᆼ긴다 ᄒᆞ기로 본인이 그 ᄂᆡ용을 탐문ᄒᆞ니 상업회의소에 쥬체가 되ᄂᆞᆫ 한셩ᄂᆡ에 거쥬ᄒᆞᄂᆞᆫ 일반 실업가가 ᄒᆡ회의소의 회원이 되야 그 경비를 부담ᄒᆞᄂᆞᆫ 것인ᄃᆡ 삼ᄉᆞ 쳔 명이 되ᄂᆞᆫ 실업가가 한 사름도 경비를 부담치 안이ᄒᆞᄂᆞᆫ 고로 자연 경비를 판츌치 못ᄒᆞ야 활동치 못ᄒᆞ고 지금 오부의 회원 ᄌᆞ격이 잇ᄂᆞᆫ 이를 됴사ᄒᆞᆫ다 ᄒᆞ며 긔어히 젼진ᄒᆞᆯ 목뎍으로 현금 일반 임원이 열심 쥬션 즁이라 ᄒᆞ되 다만 탄식ᄒᆞᄂᆞᆫ 바ᄂᆞᆫ 회원이 되야 상업회의소의 쥬인이 될 사ᄅᆞᆷ이 상금도 미ᄀᆡᄒᆞ야 상업회의소의 취지와 목뎍을 모로고 도로혀 반ᄃᆡᄒᆞᄂᆞᆫ 사ᄅᆞᆷ이 만은 고로 샹업회의소의 유지가 ᄆᆡ우 곤난ᄒᆞ다 ᄒᆞᆷ애 잇ᄂᆞᆫ지라 (미완)

381 1908년 11월 25일(수) 제2839호 긔셔

경셩 ᄂᆡ외 샹업 제군에게 경고ᄒᆞᆷ / 긔우싱[568]

본인이 그 ᄆᆞᆯ을 듯고 집에 도라와 일인의 출간ᄒᆞᆫ 경셩신보 일ᄌᆞ보를 졉독ᄒᆞᆫ즉 경셩 한인 상업회의소를 일본인 상업회의소와 합병ᄒᆞ고 경비슈렴ᄒᆞᄂᆞᆫ 구역을 넓힐 필요가 잇셔 지금 의안 즁이라 ᄒᆞ니 여러분 ᄉᆡᆼ각ᄒᆞ야 보시오 ᄂᆡ가 안이 ᄒᆞ고 일후에 남이 관할ᄒᆞ면 스다 달다 ᄆᆞᆯ으시고 실업가 여러분끼리 ᄒᆡ 상업회의소를 죠직ᄒᆞ고 지ᄂᆡᄂᆞᆫ 것이 죠흘지 져 사ᄅᆞᆷ과 합셜ᄒᆞ고 지ᄂᆡᄂᆞᆫ 것이 죠흘지 ᄉᆡᆼ각ᄒᆞ야 ᄒᆞ시려니와 만약 우리 사ᄅᆞᆷ끼리 단합ᄒᆞ아 유지ᄒᆞ야 가ᄂᆞᆫ 것이 죠흔 쥴로 아시거든 됴사 위원이 가기를 기다리지 말고 셔로 권고ᄒᆞ며 셔로 원죠ᄒᆞ야 ᄒᆡ 회의소에 가셔 ᄂᆡ가 회원 ᄌᆞ격이 잇다 ᄒᆞ고 셔로 닷토와 입회ᄒᆞᆯ 것이오 그러치 안이ᄒᆞ고 항상 몽ᄆᆡᄒᆞᆫ ᄉᆡᆼ각으로 아모리 죠흔 ᄉᆞ업이라도 방관만ᄒᆞ러 들면 필경은 뎌 사ᄅᆞᆷ의 운동과 갓치 합셜이 되고 말 터이니 그러면 져 사ᄅᆞᆷ이 합셜ᄒᆞᄂᆞᆫ 것을 강쳥ᄒᆞᆷ이 안이라 ᄂᆡ가 합셜ᄒᆞ기를 ᄌᆞ쳥ᄒᆞᆷ이니 그 ᄯᅢ에 가셔ᄂᆞᆫ 아모리 상관ᄒᆞ기 슬여도 강졔로 회원을 식일 것이오 아모리 회비를 ᄂᆡ기 슬여도 강졔하에 ᄂᆡᆯ 것이니 여러분에게 츙곡ᄒᆞᆷ은 다름 안이라 ᄂᆡ가 ᄒᆞᆯ 것을 내가 ᄒᆞ면 이것을 의무라 ᄒᆞᆯ지오 의무를 ᄒᆡᆼᄒᆞ면 나의 권리를 엇고 나의 권리를 엇으면 내의게 리익이 도라오ᄂᆞᆫ 것이오 내가 ᄒᆞᆯ 바의 의무를 남의게 미루고 안

568 '전호속' 표기는 없으나, 제2838호의 속편임.

이 ᄒᆞ면 권리가 내게 도라오지 안이ᄒᆞᆯᄲᅮᆫ 안이라 내의게 ᄯᅳᆺᄒᆞ지 안이ᄒᆞᆫ 손ᄒᆡ가 우연이 도라오ᄂᆞᆫ 것이니 좀 ᄉᆡᆼ각들 ᄒᆞ야보시오 지금 형편으로 말ᄒᆞ면 상업계가 죠잔ᄒᆞᆯ ᄲᅮᆫ 안이라 당쟝에 푼젼이 시상에 업셔셔 물건 ᄆᆡᄆᆡ가 ᄭᅳᆫ어지ᄂᆞᆫ 경우에 ᄲᅡ졋스니 여러분 ᄉᆡᆼ각에ᄂᆞᆫ 일후에 ᄌᆡ졍이 어ᄃᆡ셔 도라올 쥴로 ᄉᆡᆼ각ᄒᆞᄂᆞ뇨 결단코 그러치 안이ᄒᆞ오 여러분이 모히여서 시상에 돈 업셔진 근본도 ᄉᆡᆼ각ᄒᆞ고 다시 륭통될 방법도 연구ᄒᆞ야 단합력으로 활동ᄒᆞ면 필경은 ᄉᆡᆼ문방이 열일 것이오 그러치 안이ᄒᆞ면 여러분 일ᄲᅮᆫ 안이라 여러분의 ᄌᆞ손ᄭᆞ지 ᄌᆞ진ᄒᆞᄂᆞᆫ 경우에 도라갈 터이니 실업계 졔군이 만약 실업계를 발젼코ᄌᆞ ᄒᆞ시거든 먼져 실업 긔관이 되ᄂᆞᆫ 샹업회의소를 내여버리지 마시압 (완)

382 1908년 11월 26일(목) 제2840호 별보

통감이 청국 흉변에 ᄃᆡᄒᆞᆫ 경고

금회 청국 홉변에 ᄃᆡᄒᆞ야 이등통감의 경고ᄒᆞᆫ ᄆᆞᆯ이 좌와 갓ᄒᆞ더라

이번 동경에셔 오ᄅᆡ 두류ᄒᆞᆫ 것은 마관에셔 한국ᄭᆞ지 ᄐᆡ워쥴 ᄇᆡ가 업ᄂᆞᆫ 것과 ᄯᅩ 금회의 관함식(觀艦式)ᄭᆞ지ᄂᆞᆫ 불가불 보고 가라 ᄒᆞ시ᄂᆞᆫ ᄂᆡ명도 계셔 이럭져럭 한국에 가ᄂᆞᆫ 것이 지테된 소이나 금회 청국 황실의 큰 ᄋᆡᆨ운이 후쟝ᄅᆡ에 ᄃᆡᄒᆞ야ᄂᆞᆫ 별양 큰 일은 업슬 쥴로 ᄉᆡᆼ각ᄒᆞ노라 무론 이것도 단언ᄒᆞ기ᄂᆞᆫ 어려운 것이 이러ᄒᆞᆫ 나라에 이러ᄒᆞᆫ 경우가 북잡ᄒᆞᆫ[569] 국면의 변화ᄂᆞᆫ 자ᄅᆡ로 가히 측량치 못ᄒᆞᆯ 것이오 가히 알지 못ᄒᆞᆯ 것인즉 이졔 아무런 예언쟈라도 이 쟝ᄅᆡ에 ᄃᆡᄒᆞ야 단언ᄒᆞ기 붕능[570]ᄒᆞ도다 그러나 지금 형편에ᄂᆞᆫ 이 우에 큰 풍파가 날 듯ᄒᆞᆫ 증

569 '복잡ᄒᆞᆫ(복잡한)'의 오기인 듯함.

570 '불능'의 오기인 듯함.

험은 뵈지 안이ᄒᆞ니 이 ᄯᅢ에 일본 젼국민은 졍부와 갓히 신즁ᄒᆞᆫ ᄐᆡ도를 가질 것이로다 나ᄂᆞᆫ 엇더턴 큰 일은 업슬 쥴로 ᄉᆡᆼ각ᄒᆞᄃᆡ 량계쵸라 ᄒᆞᄂᆞᆫ 이ᄂᆞᆫ ᄆᆡ우 사리를 안다ᄂᆞᆫ 일물[571]로 드럿던데 원셰ᄀᆡ의 음모가 잇ᄂᆞᆫ 양으로 말ᄒᆞ엿도다 그것은 자우간 엇더턴지 ᄐᆡ후 황뎨 항후 곳 국가의 셰 두목을 일허버린 북경이 목하에 한 번 구을너 암살시ᄃᆡ로 들어가리라 ᄒᆞᄂᆞᆫ 것은 혁명당의 소ᄅᆡ와 갓히 일죵 두려원[572] 말이나 사실은 혹 그ᄲᅮᆫ 안인지도 알 슈 업도다 쳥국의 ᄃᆡ흉번에 ᄃᆡᄒᆞ야ᄂᆞᆫ 목하에 단언ᄒᆞᆯ 시ᄃᆡ가 안이니 십분 주의ᄒᆞ야 가만히 잇슬 것이라 한 사ᄅᆞᆷ의 경거망동이 간혹 졍부 젼톄의 랑픠가 되여 놀날 만ᄒᆞᆫ ᄃᆡ사를 야긔ᄒᆞᄂᆞᆫ 일도 잇ᄂᆞ니라[573]

571 '인물'의 오기인 듯함.

572 '두려운'의 오기인 듯함.

573 제2841호(11월 27일자) 논설 검열로 인해 전문 삭제됨. 제2842~2843호(11월 28~29일자) 논설 미게재. 11월 30일은 정기휴간일임.

12월

383 1908년 12월 1일(화) 제2844호 론셜

민젹법의 필요

한 집의 가쥬가 된 쟈ㅣ 자긔 집의 식구가 얼마인지 그 식구에 디흔 일긔월 일긔년의 의복 음식의 소입이 얼무인지 일용잡비가 얼마인지 젼연히 알지 못흐면 집안의 규모가 문란흐야 필경 그 집이 픽망흐는 딕 니를 것은 다 아는 바ㅣ라 원릭 가쥬가 자긔 가닉의 식구가 얼마인 쥴을 알지 못흐는 경우에는 그 식구에 디흔 의복 음식의 소입과 일용잡비의 얼마 되는 것을 알지 못흘 것은 자연흔 리치니 다시 말흘 것 업거니와 딕뎌 한 나라를 다스리는 것도 한 집을 다스림과 다름이 업슬 것이니 가령 우리나라의 인구가 얼마인가 물으면 누구던지 졍확흔 실슈로 딕답흐는 쟈ㅣ 업는지라 혹은 이쳔만이라 흐고 혹은 일쳔 오십만이라 흐고 혹은 칠빅오십만이라 흐야 (갑)의 딕답과 (을)의 딕답의 현격흔 것은 텬양지간뿐 안이라 우리가 항상 말흐기를 이쳔만 동포라 흐나니 십 년 젼에도 이쳔만이오 십 년 후에도 이쳔만이라 그 이쳔만은 닉지 억만년 되도록 젼국 인구는 증가흐던지 감손흐던지 막론흐고 다만 이쳔만으로 익슈를 뎡흐여 둔 것인가 당국쟈ㅣ 반닷이 이에 쥬의흘 바ㅣ 잇스려니와 우금까지 시졍 긔셔흔다 흐야 법령이 날마다 반포될지라도 유독 민젹법을 발포흐야 젼국 인구의 슈효가 히마다 증가흔다던지 감손흔다던지 흐는 확실흔 됴사표를 보지 못흐깃스니 젼국 인구의 슈효를 알지 못흐고 엇지 슈입 지출의 상당흔 예산을 어드리오 딕뎌 인구의 슈효를 알고져 홀진된 인민의 츌싱(出生)과 사망(死亡)과 이젼(移轉) 등사를 됴사홈이 필요홀 것이라 젼국 인구가 일긔일이나 일긔월이나 일긔년 간에 츌싱이 얼마인지 사망이 얼마인지 이젼ᄒᆞᄂᆞᆫ 쟈가 얼마인지 젼연히 알지 못ᄒᆞ면 정부 당국은 벌셔 그 물건의 본말과 일의 션후를 알지 못홈이로다 물건에 본믈이 잇고 일에 션후가 잇는 것을 알지 못ᄒᆞ면 엇지 뻐 인민을 다ᄉᆞ리는 긔관슈가 되리오 이것은 곳 자긔 가닉의 식구를 알지 못ᄒᆞᄂᆞᆫ 가쥬ㅣ라 그런 고로 본긔자는 오늘늘에 민젹법을 발포홈이 시졍 기션의 뎨일 필요ᄒᆞᆫ 됴건이오 당금의 급션무가 될이라 ᄒᆞ노니 당국쟈ㅣ 혹 쥬의홀 바ㅣ 잇슬는지

384 1908년 12월 2일(수) 제2845호 별보

경셩 소식

▲ 리, 송 량상의 셰력 경징으로 불연간 량씨 간에 분렬ᄒᆞᄂᆞᆫ 슷을 보리라 ᄒᆞᄂᆞᆫ 쟈ㅣ 불소ᄒᆞ나 리완용 씨는 거긔 딕ᄒᆞ야 미우 주의ᄒᆞᄂᆞᆫ 터이라 이왕 박졔슌 씨의 닉각 시졀에 박씨가 리근틱 씨와 셰력을 경징ᄒᆞ던 씩에도 리씨가 그 사이에 극력으로 됴뎡ᄒᆞ야 량씨의 불합ᄒᆞᆫ 것은 량쟈가 다 실픽ᄒᆞᄂᆞᆫ 근인이 된다고 열심으로 경계ᄒᆞ얏다 ᄒᆞ니 현금 당국ᄒᆞᆫ 경우에는 특별히 이에 류의ᄒᆞᄂᆞᆫ 듯ᄒᆞ도다 긔봉(機鋒)이 늘카럽고 밍렬ᄒᆞᆫ 송씨도 간혹 표면뎍 힝동에 죵횡 슐칙을 롱락ᄒᆞᆫ다는 비평이 잇스나 지혜와 모략은 현 닉각 즁에 제일이라 칭ᄒᆞ고 근릭에는 자못 궁즁에도 그 셰력을 핑창ᄒᆞ엿슨즉 이러ᄒᆞᆫ 시긔에 급류즁용퇴(急流中勇退)홀 지혜는 잇슬이로다 경계 형편으로는 극단ᄭᆞ지 밍진(猛進)ᄒᆞ얏다가 써구러지는 정치가의 운명갓치 비참ᄒᆞᆫ 것이 업는지라 잠간 잉화부귀로 힝복이 비상ᄒᆞ든 현영운 씨가 쳘칙 속에서 피눈물을 ᄲᅮ리는 은나라 거울도 목젼에

빗치우는 것이 잇스니 츈츄방강훈 량씨가 후일의 웅비(雄飛)를 긔딕ᄒᆞ기 죡훈즉 그 디위를 런련불샤ᄒᆞᄂᆞᆫ 것이 안이오 또 송씨ᄂᆞᆫ 일이년간을 일본에 만유ᄒᆞ야 일본 죠야의 신사와 교제ᄒᆞ고 그 식견과 학식의 양셩에 힘슬 의향이 잇ᄂᆞᆫ 쥴을 가히 츄측ᄒᆞ야 알깃도다

▲ 후임 ᄂᆡ각의 여러 가지 풍셜 즁에ᄂᆞᆫ 김윤식 씨로 두뢰를 삼고 그 법금에ᄂᆞᆫ 김가진, 쟝박, 유길쥰, 남뎡쳘, 리용구 제씨 등을 튁ᄒᆞ야 련합 ᄂᆡ각갓치 조직훈다ᄂᆞᆫ 풍셜도 용혹무괴로다 김씨ᄂᆞᆫ 원로 즁의 원로로 궁달이 그 뜻을 변치 안이ᄒᆞ고 능히 국즁의 지사를 애경ᄒᆞᄂᆞᆫ 것을 보면 비록 늙엇스나 국사의 풍도가 잇셔 죠야의 셩망을 유지훈다 훔은 실로 허언이 안이로다 통감과 말ᄒᆞ되 긔탄이 업시 간담을 토진ᄒᆞᄂᆞᆫ 이ᄂᆞᆫ 김씨 일인뿐이라고 일반 편론이 쟈쟈ᄒᆞ니 이 일에 ᄃᆡᄒᆞ야ᄂᆞᆫ 통감의 안젼에셔ᄂᆞᆫ 능히 복죵ᄒᆞ고 능히 명령을 봉승홀지라도 물너나와 불평훈 마옴이 잇고 불만훈 틱도가 잇ᄂᆞᆫ ᄅᆡ, 송 량씨ᄂᆞᆫ 도뎌히 기급(企及)지 못홀 바ㅣ라 ᄒᆞ고 김가진 씨ᄂᆞᆫ 이 사이에 어느 궁ᄂᆡ관이 왕방훈즉 그ᄃᆡᄂᆞᆫ 무슨 연고로 빅일당으로 지목밧ᄂᆞᆫ 이 늙은 놈을 찻ᄂᆞ냐 이것이 근ᄅᆡ 희한훈 현상이 안인가 드른즉 통감의 비셔 즁에ᄂᆞᆫ 현 ᄂᆡ각원이 안인 쟈ᄂᆞᆫ 다 빅일당이라고 긔록ᄒᆞ엿다 ᄒᆞ오 그럿타 홀지라도 친일이나 빅일은 경권은 엇고 엇지 못훈 암표(暗標)쁜이라 ᄒᆞ고 실셩ᄃᆡ소ᄒᆞ얏다 ᄒᆞ며 유길쥰 씨ᄂᆞᆫ 국량이 젹고 신경이 극히 질둔ᄒᆞ나 셩질은 정직ᄒᆞ다 ᄒᆞ고 쟝박 씨ᄂᆞᆫ 원긔가 좃고 고담쥰론을 됴와ᄒᆞᄂᆞᆫ 한로야라 각 당파를 ᄃᆡ표ᄒᆞᄂᆞᆫ 인물이 한 집에 모여 살림살이ᄒᆞᄂᆞᆫ 것도 혹은 묘칙이 될는지 알 슈 업도다 자우간 젹년 침톄훈 폐정의 기션은 용이훈 일이 안인즉 통감이 귀임훈 후에 ᄂᆡ각을 기조ᄒᆞᄂᆞᆫ 즁에ᄂᆞᆫ 한국도 졈졈 정돈될 것이로다 (ᄃᆡ판죠일)[574]

574 제2846~2850호(12월 3일~8일자) 논설 미게재. 12월 7일은 정기휴간일임.

1908년 12월

한남녀사가 긔호학회에 ᄃᆡ한 긔셔[575]

광희문 안 한남녀사 김씨가 긔호학회에 돈 일환을 보죠ᄒᆞ고 격졀ᄒᆞᆫ 언론과 웅쟝ᄒᆞᆫ 문쟝으로 만폭 긔셔ᄒᆞᆫ 것이 족히 긔호인사로 ᄒᆞ여곰 일층 감격ᄒᆞᆷ을 마지 못ᄒᆞᆯ지라 이에 그 젼문을 긔재ᄒᆞ야 일반 동포의 청람에 공ᄒᆞ노라

좌졍관쳔으로 심규에 쳐ᄒᆞ야 우쥬를 비예ᄒᆞ니 착소한 흉회에 확츙ᄒᆞᆫ 능력이 젼무ᄒᆞ나 연이나 시국의 풍교를 관ᄒᆞ고 슈필긔회ᄒᆞ야 일셔를 감졍ᄒᆞ압ᄂᆞᆫ 바 현금 셰계풍진이 굉텬동지ᄒᆞ고 륙쥬렬국이 열혈덕으로 경징ᄒᆞ야 문명지식을 션각ᄒᆞᆫ 쟈ᄂᆞᆫ ᄀᆡ명 진보ᄒᆞᆷ이 쾌활ᄒᆞ야 일등국 상등인물로 횡힝우쥬ᄒᆞ고 문명공긔를 흡슈치 못ᄒᆞᆫ 쟈ᄂᆞᆫ 문득 퇴보ᄒᆞ야 함함ᄒᆞᆫ 지탕의 ᄲᅡ져 멸망ᄒᆞᄂᆞᆫ 이 시ᄃᆡ에 최급션무ᄂᆞᆫ 인민을 교육ᄒᆞ야 지식을 ᄀᆡ발케 ᄒᆞᆯ지어ᄂᆞᆯ 유독 아한은 츙효례의지방이요 신셩ᄒᆞᆫ 민족으로 셰계에 유명ᄒᆞ야 칭도ᄒᆞ던 바로 도ᄎᆞ지두ᄒᆞ야 치치우ᄆᆡᄒᆞᆷ이 흑동동 ᄒᆞᆫ가지로 단지이리위의ᄒᆞ야 부지유 삼강오상과 ᄉᆞ유칠졍지의ᄒᆞ고 리욕은 치여열화ᄒᆞ고 명리에만 몰신ᄒᆞ야 이십셰긔 ᄉᆡᆼ존경징ᄒᆞᄂᆞᆫ 시ᄃᆡ의 외인의 릉모ᄒᆞᆷ을 수ᄒᆞ되 분발ᄒᆞᆫ ᄉᆡᆼ각이 호무ᄒᆞᆯᄲᆞᆫ더러 도금 텬디가 변복ᄒᆞ고 산쳔이 비등ᄒᆞ야 건곤이 요양ᄒᆞ고 ᄉᆡᆼ령이 도탄ᄒᆞ야 큰 집이 장차 복쳘ᄒᆞᆯ 경우에 당ᄒᆞ엿스되 취몽이 혼혼ᄒᆞᆷ은 학문이 미ᄀᆡᄒᆞ고 교육이 불흥ᄒᆞᆫ 소이러니 이금의 남ᄌᆞ샤회만 발달ᄒᆞᆯ ᄲᆞᆫ 안이라 녀ᄌᆞᄉᆞ회도 진흥ᄒᆞ야 사름 사름이 문명지식을 연구 발ᄃᆞᆯᄒᆞ야 이 애국ᄉᆞ상이 로수에 츙만ᄒᆞ고 쟝ᄅᆡ에 젼진지망이 진진ᄒᆞ야 용진ᄒᆞᄂᆞᆫ ᄉᆞ상이 조수가 밀고 ᄉᆡ음이 ᄉᆞᆺᄂᆞᆫ ᄃᆞᆺᄒᆞ나 유독 긔호ᄂᆞᆫ 잠영지향으로 문벌은 삼한에 갑족이요 긔ᄀᆡᄂᆞᆫ 우쥬를 흔들고 문쟝은 학ᄒᆡ에 ᄇᆡ를 ᄲᅦ워 츙군애민ᄒᆞᄂᆞᆫ 마암을 독쳔ᄒᆞ며 지위ᄂᆞᆫ ᄉᆞᆷ공륙경에 거ᄒᆞ야 광영이 극

575 같은 글이 《기호흥학회월보》 제5호, 1908.12, 32~34쪽에 역시 순국문으로 게재됨.

한지라 묘당수셕과 디방쟝관이 막비쳔은에 륭셩ᄒᆞ심이요 역막비각도 인민에 쳠앙이어ᄂᆞᆯ 희라 긔호제공은 여ᄎᆞ한 관렴이 젼미ᄒᆞ야 도금 타인에 ᄋᆞᆸ박은 극도에 달ᄒᆞ고 국셰의 경위ᄂᆞᆫ 일발에 지ᄒᆞ야 삼쳔여리 강토가 부침ᄒᆞ야 요양미뎡ᄒᆞᆫ ᄎᆞ 시ᄃᆡ에 긔호의 하여ᄒᆞᆷ을 젹젹무분ᄒᆞᆷ을 탄셕ᄒᆞ더니 쟝ᄌᆡ라 긔호 제공이여 국가의 간위ᄒᆞᆫ ᄊᆡ를 당ᄒᆞ야 ᄀᆡ연히 동심합력ᄒᆞ야 긔호학회를 셜립ᄒᆞ고 월보를 발간ᄒᆞ야 학문이 미ᄀᆡᄒᆞᆫ 인ᄉᆞ들을 교도ᄒᆞᆯ ᄉᆡ 은은ᄒᆞᆫ 츙고와 간간한 권면이 열람ᄌᆞ로 ᄒᆞ여금 탄복ᄒᆞᆷ을 마지 아닐지며 어시호 즁심이 혼열ᄒᆞ야 이슈가ᄋᆡᆨ왈 우리 긔호 졔공ᄭᅦ셔 학회를 셩립ᄒᆞ니 국민의 만ᄒᆡᆼ이라 이로 좃ᄎᆞ 국권의 회복ᄒᆞᆷ과 민지에 ᄀᆡ발ᄒᆞᆷ과 ᄉᆡᆼ령의 안도ᄒᆞᆷ이 모다 긔호에 잇다 ᄒᆞ야 긔호를 신앙ᄒᆞᄂᆞᆫ 마암이 ᄀᆞᆯ망ᄒᆞᆯ지오 젼국 각쳐 학계의 용진무퇴ᄒᆞᄂᆞᆫ ᄉᆞ상과 동긔상구ᄒᆞᄂᆞᆫ 마암을 고동ᄒᆞ야 일층 울흥ᄒᆞ니 연즉 긔호흥학회ᄂᆞᆫ 젼국의 모범이오 학계의 즁심이니 긔호 졔공의 ᄎᆡᆨ임이 막즁ᄎᆞ대ᄒᆞ도다 아한 ᄉᆡᆼᄆᆡᆨ은 인민 교육에 달녓스니 유원 졔공은 로소남녀ᄅᆞᆯ 불ᄐᆡᆨᄒᆞ고 급속히 교육ᄒᆞ야 이쳔만 동포의 신앙ᄒᆞᄂᆞᆫ 마ᄋᆞᆷ을 ᄌᆡ뢰ᄒᆞ고 국권을 회복ᄒᆞ야 외인의 슈모ᄅᆞᆯ 슈치 말고 상보국은ᄒᆞ고 하안려셔ᄒᆞ야 만억 년 무량ᄒᆞᆫ 복락을 국가와 동히 안향ᄒᆞ기ᄅᆞᆯ 함축ᄒᆞ노이다 본인은 년금 이십칠에 학문을 부지ᄒᆞ고 규즁에 칩목ᄒᆞᆫ 일 긔물이나 이쳔만 동포 즁 일분ᄌᆞ로 국민된 의무ᄂᆞᆫ ᄌᆞ직ᄒᆞ니 불가무찬셩이양아졔공일언일ᄉᆡ 수항으로 긔호 졔공의 열신의 셩의ᄅᆞᆯ 찬송ᄒᆞ노이다

이젼 풍교로ᄂᆞᆫ 규즁 아녀ᄌᆞ로 감히 닙을 열어 ᄆᆞᆯ삼을 엇지ᄒᆞ오릿가마는 도금ᄒᆞ와 문명시ᄃᆡ에 건곤의 동등권리가 ᄎᆞ별이 무ᄒᆞᆫ 고로 이쳔만 동포 즁 일분ᄌᆞ된 의무로 우ᄆᆡᄒᆞᆫ 쥬견에 한 쟝 글을 올니ᄂᆞ니 당돌ᄒᆞᆷ을 용셔ᄒᆞ시고 바리지 마시기ᄅᆞᆯ 바라나이다 지화 일환은 ᄉᆞ소ᄒᆞ남아 연죠ᄒᆞ오니 고납을 졀앙 졀앙ᄒᆞ나이다

륭희 이년 음력 십월 이십오일

광희문ᄂᆡ 한남녀ᄉᆞ 김[576]

농업개량의 한 방침

자ᄅᆡ로 우리 한국은 쇄국쥬의(외국과 교통ᄒᆞ지 안ᄂᆞᆫ 것)를 가져 국민 일반이 스스로 ᄆᆡᆫ들어 스스로 슈용ᄒᆞ고 외국과 교통무역ᄒᆞᆷ이 업스며 ᄯᅩᄂᆞᆫ 남북 긔후의 차등이 게우 다섯 도에 지ᄂᆡ지 못ᄒᆞᆫ즉 북방에셔 나ᄂᆞᆫ 농작물에 ᄯᅩ한 남방에도 나지 못ᄒᆞᆯ 것이 안이어날 농작물은 남북의 한뎡이 잇스며 국ᄂᆡ에셔 물품을 교환ᄒᆞᄂᆞᆫ 것이 흥셩치 못ᄒᆞᆫ 고로 교통ᄒᆞᄂᆞᆫ 도로도 가히 볼 만ᄒᆞᆫ 것이 업더니 근일에 니르러ᄂᆞᆫ 점점 교통긔관이 ᄀᆡ통ᄒᆞᆷ으로ᄡᅥ 자ᄅᆡ로 스스로 ᄆᆡᆫ들어 스스로 슈용ᄒᆞ던 농산물로 현금에ᄂᆞᆫ 즁요ᄒᆞᆫ 물산이 되여 미ᄆᆡᆨ 두ᄐᆡ 갓흔 것이 각 항구에셔 슈출되니 금후에 권쟝ᄒᆞ고 지도ᄒᆞᆯ 것은 신즁ᄒᆞᆫ ᄐᆡ도로ᄡᅥ 그 뎍당ᄒᆞᆫ 물품을 ᄀᆞᆯᄒᆡ야 ᄒᆞᆯ지로다

그런ᄃᆡ 관리나 인민이나 경제상 지식과 농업상 두뢰를 가진 쟈ㅣ 업셔 농업에 유익ᄒᆞᆫ 보고셔 갓흔 것도 안이ᄒᆞ고 혹 모범장을 구경ᄒᆞ엿슬지라도 이것을 인민의게 셜명ᄒᆞᄂᆞᆫ 쟈ㅣ 업ᄂᆞᆫ 모양인즉 이로ᄡᅥ 보면 용이히 ᄀᆡ량ᄒᆞᆯ 소망이 업도다

원ᄅᆡ 우리 국민은 자긔 의에 합의ᄒᆞᆫ 쥴로 알면 즉시 그 슝ᄂᆡ를 ᄂᆡᄂᆞᆫ 인민이라 현금 권업 모범장이 잇ᄂᆞᆫ 슈원 근쳐에 가본즉 그 모범쟝의 일ᄒᆞᄂᆞᆫ 것을 보고 그ᄃᆡ로 모본ᄒᆞ야 단칙을 두루고 묘판을 ᄒᆞ엿스니 우리 농민으로 ᄒᆞ여곰 농작의 ᄀᆡ량ᄒᆞᄂᆞᆫ 셩젹이 잇게 ᄒᆞ랴면 그 슝ᄂᆡᄂᆡᄂᆞᆫ 것을 리용ᄒᆞ야 각쳐에 농작 모범쟝을 셜치ᄒᆞ고 농민으로 ᄒᆞ여곰 겻헤셔 견습케 ᄒᆞᄂᆞᆫ 방침을 취ᄒᆞᄂᆞᆫ 것이 농업을 ᄀᆡ량 진보ᄒᆞᄂᆞᆫ ᄃᆡ 뎨일 신속ᄒᆞ다 ᄒᆞᆯ지로다

금년에ᄂᆞᆫ 슈원에 잇ᄂᆞᆫ 고등 농림학교 졸업ᄉᆡᆼ 이십 인을 각쳐에 분ᄇᆡᄒᆞ얏고

576 제2852~2853호(12월10~11일자) 논설 미게재.

금후에도 ᄒᆡ마다 졸업ᄉᆡᆼ이 날 터인즉 자연히 관리도 농업상의 두뢰를 가질 것이오 쟝차 련숙ᄒᆞᆫ 로농이 ᄉᆡᆼ기ᄂᆞᆫ 경우에ᄂᆞᆫ 농업상 쟝ᄅᆡ의 ᄀᆡ량에 유죠ᄒᆞᆷ이 만을 것이라 ᄒᆞᆯ지라도 당금 형편에ᄂᆞᆫ 관리와 농민간에 농업상 두뢰와 경졔상 지식이 업슨즉 다만 각쳐에 모범쟝 갓ᄒᆞᆫ 것을 다슈히 셜치ᄒᆞ야 일반 농민으로 ᄒᆞ여곰 실디로 견습케 ᄒᆞᄂᆞᆫ 것이 농업 ᄀᆡ량의 한 방침일가 ᄒᆞ노라[577]

387 1908년 12월 15일(화) 제2856호 별보

완도 삼림문뎨(莞島 森林問題) / 대판죠일신문 죠등

젼라남도 완도군 완도ᄂᆞᆫ 죠고마ᄒᆞᆫ 섬이나 그러나 그 면적(面積)이 ᄇᆡᆨ여방리(百餘方里)오 ᄒᆡ안션(海岸線)의 쥬위가 ᄉᆞᆷᄇᆡᆨ여 리인ᄃᆡ 그 ᄯᅡ이 심히 기름지고 긔후가 온난ᄒᆞᆫ 고로 슈목이 가장 무셩ᄒᆞ야 그 삼림의 울밀ᄒᆞᆷ이 북으로 ᄇᆡᆨ마산셩(白馬山城)이오 남으로 완도라 ᄒᆞ니 곳 한국 남방에 뎨일 큰 삼림이라 슈십년 이ᄅᆡ로 ᄂᆡ외국 사ᄅᆞᆷ의 ᄌᆞᆷ벌(潛伐)이 셩ᄒᆡᆼᄒᆞ얏스되 오히려 막대ᄒᆞᆫ ᄌᆡ원(財源)이 잇슴으로 인ᄒᆞ야 한일인의 협잡ᄇᆡ와 및 허욕가(虛欲家)가 이 삼림에 ᄃᆡᄒᆞ야 침을 ᄒᆞᆯ닌 쟈ㅣ 무슈ᄒᆞ엿스나 이 삼림은 텬연ᄒᆞᆫ 모범림(模範林)이오 ᄯᅩᄒᆞᆫ 보안림(保安林)이 될 만ᄒᆞᆫ 가치가 잇슴을 인ᄒᆞ야 ᄆᆞᆺ참ᄂᆡ 허가치 안이ᄒᆞ엿더니 일인의 ᄒᆞᆫ 무뢰ᄇᆡ 강등항칙(江藤恒策)이라 ᄒᆞᄂᆞᆫ 쟈이 작년부터 한국에 건너와셔 여러 가지 권리문뎨에 ᄃᆡᄒᆞ야 운동ᄒᆞ다가 완도의 삼림ᄎᆡ벌권을 엇고져 ᄒᆞᄂᆞᆫ 욕심으로 금년 봄에 가ᄋᆡᆨ 십만 원으로ᄡᅥ 벌ᄎᆡ의 허가를 청원ᄒᆞ엿ᄂᆞᆫ지라 이 삼림은 가등즁웅 씨가 궁ᄂᆡ부 고문으로 잇슬 쎡에 도가기ᄉᆞ(道家技師)를 파송ᄒᆞ야 됴사ᄒᆞᆫ 결과로 ᄇᆡᆨ반 원의 가치가 잇다고 시뎡ᄒᆞᆷ을 불고ᄒᆞ고 당시의 농상

577 제2855호(12월 13일자) 논설 미게재. 12월 14일은 정기휴간일임.

공부 당국자가 여러 히 동안 문뎨 되얏던 벌치권을 허가ᄒᆞ기로 묵약(默約)홀 샌 안이라 실디 됴사를 힝홈에 당ᄒᆞ야 기ᄉᆞ 즁모뎐오랑(中牟田五郎)은 강등과 동힝ᄒᆞ야 완도에 출장ᄒᆞᆫ 결과로 보고셔에 그 삼림의 가익이 삼만 원에 지나지 못ᄒᆞᆫ다 ᄒᆞ엿ᄂᆞᆫ지라 그러나 그 ᄶᅢ에 맛촘 대신 ᄎᆞ관 이하의 변동이 잇슴으로 이 운동이 일시 즁지되엿도다 당시에 강등이 당국쟈에게 ᄃᆡᄒᆞ야 운동비로 허비ᄒᆞᆫ 지물이 막대ᄒᆞ고(긔쟈ㅣ 왈 일본 쟝롱 네 기와 일빅삼ᄉᆞ십 원에 상당ᄒᆞᆫ 금시계 오십 기 안인가) 텬진루(天眞樓)에서 이 당국쟈와 밋 기타 관계쟈를 연향(宴饗)홀 ᄶᅢ에 그 호탕ᄒᆞ고 츄루홈이 극도에 달홈은 관긔(官紀)를 문란ᄒᆞᆫ 실증(實證)으로 ᄂᆡ외국인이 모다 아ᄂᆞᆫ 바이라 그러나 당국자가 임의 허가를 언약ᄒᆞ얏슴으로 강등은 금번 이등통감이 귀죠홈을 타셔 동경에셔 그 ᄉᆞ졍을 통감에게 진슐ᄒᆞ고 허가ᄒᆞ기를 간쳥ᄒᆞ얏스나 통감의 공명졍대홈으로 엇지 경경히 허낙홀 리치가 잇스리오 이에 그 간쳥홈을 쳑퇴ᄒᆞ엿스나 강등이 빅반 운동ᄒᆞᆫ 결과로 이등통감도 귀임ᄒᆞᆫ 후에 다시 됴사ᄒᆞ야 쳐결ᄒᆞ기로 뎡ᄒᆞ고 귀임ᄒᆞᆫ 후 직시 농상공부 기ᄉᆞ 도가씨와 밋 이삼 고등관을 히도에 파송ᄒᆞ야 졍세히 됴사케 ᄒᆞ엿ᄂᆞᆫᄃᆡ 그 관리들이 오륙일 젼에 도라와 각각 보고셔를 뎨츌ᄒᆞᆫ 즁 그 삼림의 가익이 결단코 십만 원의 소익(小額)은 안임을 증명ᄒᆞ얏슨즉 강등에게 허가홀 리유가 업슴은 삼쳑동ᄌᆞ라도 능히 알 바ㅣ나 그러나 그 가온ᄃᆡ 여러 가지 비밀ᄒᆞᆫ 일과 츄루ᄒᆞᆫ 소문이 잇슨즉 혹시 허가될ᄂᆞᆫ지 알 슈 업ᄂᆞᆫ지라 엇지 기탄치 안이ᄒᆞ리오

긔쟈ㅣ 갈아ᄃᆡ ᄉᆞ실이 과연 이와 갓흘진ᄃᆡ 곳 국가의 ᄒᆞᆫ 큰 문뎨라 엇지 잠잠코 지나리오 금일은 지면이 허락지 안ᄂᆞᆫ 고로 긔쟈의 우견을 진슐치 못ᄒᆞ나 명일에 그 삼림 문뎨가 경제상 법률상 졍치상에 엇더ᄒᆞᆫ 큰 관계가 잇ᄂᆞᆫ지 의론코져 ᄒᆞ노라[578]

578 제2857호(12월 16일자) 논설 미게재.

병즁 소감(病中所感) / 탄희ᄉᆡᆼ

사ᄅᆞᆷ이 이 셰상에 쳐ᄒᆞᆷ애 긔포와 한난이 골으지 못ᄒᆞᆫ즉 ᄌᆞ연히 질병이 침로ᄒᆞᄂᆞᆫ 고로 오날ᄂᆞᆯ 문명ᄒᆞᆫ 나라 사ᄅᆞᆷ들은 각각 위ᄉᆡᆼ에 크게 쥬의ᄒᆞ야 그 신톄를 강건케 ᄒᆞ나 그러나 본 긔쟈ᄂᆞᆫ 원ᄅᆡ 텬품이 잔약ᄒᆞ고 ᄯᅩᄒᆞᆫ 학문과 지식이 부족ᄒᆞ야 위ᄉᆡᆼ에 쥬의ᄒᆞᆷ이 쥬밀치 못ᄒᆞ야 본년 십월 ᄉᆞ일부터 우연히 병이 들어 쥬야 칠십여 일을 위셕ᄒᆞ얏다가 수삼일 이ᄅᆡ로야 비로소 문밧게 츌입ᄒᆞᆷ으로 그 사이에 본보를 ᄋᆡ독ᄒᆞ시ᄂᆞᆫ 쳠군ᄌᆞ와 오ᄅᆡ ᄃᆡ면치 못ᄒᆞ얏ᄉᆞ오니 엇지 ᄒᆞᆫ 되지 안이ᄒᆞ리오만은 임의 죽지 안코 다시 사랏ᄉᆞ온즉 ᄂᆞᆯ마다 힘을 다ᄒᆞ야 공졍ᄒᆞᆫ 언론으로ᄡᅥ 셰도인심(世道人心)에 만분지일이라도 유익ᄒᆞ기를 바라오니 원컨ᄃᆡ 쳠군ᄌᆞᄂᆞᆫ 일층이나 더 고조ᄒᆞ야 주쇼셔

이에 본 긔쟈의 병즁소감을 긔록ᄒᆞ건ᄃᆡ 사ᄅᆞᆷ의 병과 나라의 병을 다ᄉᆞ리ᄂᆞᆫ 법은 일반이라 ᄒᆞ노라 무릇 사ᄅᆞᆷ이 병들면 맛당히 명의를 구ᄒᆞ야 몬져ᄂᆞᆫ 그 병근을 치고 다음은 원긔를 회복케 ᄒᆞᄂᆞᆫ 것이 ᄯᅥᆺᄯᅥᆺᄒᆞᆫ 도리어ᄂᆞᆯ 우리나라 사ᄅᆞᆷ들은 ᄯᅥᆺᄯᅥᆺᄒᆞᆫ 도리를 ᄭᆡ닷지 못ᄒᆞ고 쇼경으로 ᄒᆞ야곰 졈 치거나 경 읽기와 무당으로 굿하거나 푸닥거리ᄒᆞ기와 명산대찰에 가셔 긔도ᄒᆞ기로 일을 삼다가 ᄆᆞᆺ참ᄂᆡ 병셰가 침즁ᄒᆞ야 엇지 못ᄒᆞᆯ ᄃᆡ경에 일으면 비로소 의원을 쳥ᄒᆞ야 약을 쓰고져 ᄒᆞ니 비록 편작 화타가 잇슨들 엇지 능히 다ᄉᆞ리리오 ᄒᆞᆯ일업시 텬명을 요졀ᄒᆞ야 고아 과부가 호텬통곡ᄒᆞ며 가련ᄒᆞᆫ 졍셰를 탄식ᄒᆞ니 이ᄂᆞᆫ 인인군ᄌᆞ의 참아 듯고 보지 못ᄒᆞᆯ 바어니와 ᄒᆞᆫ편으로 ᄉᆡᆼ각ᄒᆞ면 지극히 어리셕은 사ᄅᆞᆷ의 일이라 가히 우습도다 이졔 우리나라ᄂᆞᆫ 병이 골슈에 들엇ᄂᆞᆫ지라 하로라도 밧비 어진 이원을 쳥ᄒᆞ야 ᄆᆡᆨ도 보이고 약도 ᄡᅥ야 ᄒᆞᆯ 것이어ᄂᆞᆯ 그러치 안이ᄒᆞ고 다만 무당 쇼경비로 ᄒᆞ야곰 경 닑으며 굿ᄒᆞ기로 능ᄉᆞ를 삼으니 엇지 그 병셰의 쾌복ᄒᆞ기를 바라리오 ᄒᆞᆫ편으로 ᄉᆡᆼ각ᄒᆞ면 가히 한심 통곡ᄒᆞᆯ 일이나 ᄯᅩ ᄒᆞᆫ편으로 ᄉᆡᆼ

각ᄒᆞ면 진실로 우슬 만ᄒᆞ도다 슯호다 뎌 무당 쇼경비ᄂᆞᆫ 병의 낫고 안이 낫ᄂᆞᆫ 것은 불계ᄒᆞ고 다만 돈 량과 쌀 되 쌕아셔 먹ᄂᆞᆫ ᄃᆡ 더러온 욕심을 ᄂᆡ여 이날 뎌 날 사름을 속이다가 병인의 목숨이 경각에 잇스면 ᄌᆞ연히 도망ᄒᆞ야 갈 터이나 ᄯᅢ가 임의 느진지라 텬하 명의가 다 모여든들 무엇ᄒᆞ리오 오날늘 우리나라의 형세가 졍히 이와 갓기로 그 감동ᄒᆞᆫ 바를 간단히 긔록ᄒᆞ야 ᄡᅥ 일반 동포를 경셩ᄒᆞ며 겸ᄒᆞ야 집졍쟈에게 경고ᄒᆞ노니 사름의 병은 어진 의원이 안이면 고치지 못ᄒᆞ고 나라의 병은 어진 졍승이 안이면 고치지 못ᄒᆞᆯ지라 시각을 지톄치 말고 무당 쇼경비를 물니치고 어진 의원을 마져 들이기를 바라노라[579]

389 1908년 12월 20일(일) 제2861호 별보

한국쳑식담(韓國拓植談) / ᄃᆡ판죠일 죠등

동양쳑식회샤 총ᄌᆡ 우자쳔즁장이 쳑식회샤에 ᄃᆡᄒᆞᆫ 담론이 좌와 갓하더라

동양쳑식회샤 뎨일의 목뎍은 한국의 부원을 ᄀᆡ발ᄒᆞ야 한국경졔의 독립을 조장ᄒᆞᄂᆞᆫ ᄃᆡ 잇ᄂᆞᆫ 고로 다만 일본인의 리익을 엇고져 ᄒᆞᄂᆞᆫ 쥬의가 안인 일은 특별히 쥬의ᄒᆞᆯ 요뎜이오 뎨이ᄂᆞᆫ 평화뎍 경졔를 발젼ᄒᆞ기 위ᄒᆞ야 특별히 필요ᄒᆞᆫ 것은 한일 량국인이 셔로 화즙ᄒᆞ고 셔로 친익ᄒᆞᄂᆞᆫ ᄃᆡ 잇ᄂᆞᆫ지라 그런데 일본인 즁에ᄂᆞᆫ 한국에셔 엇더ᄒᆞᆫ 힝동이 업ᄂᆞᆫ 것이 안이고 ᄯᅩ 한국인은 싀의ᄒᆞᄂᆞᆫ 마음이 깁고 친압ᄒᆞ기 쉬우니 이러ᄒᆞᆫ 등속을 쥬의ᄒᆞᆯ 바ㅣ로다 본ᄅᆡ 한일 량국인의 관계ᄂᆞᆫ 평슈길(平秀吉) 덕쳔 씨의 시ᄃᆡ를 뎌ᄒᆞᆫ 이외에ᄂᆞᆫ 극히 친밀륭화ᄒᆞᆫ 관계가 잇셧슨즉 이쥬민을 션튁ᄒᆞᄂᆞᆫ 방법도 젼혀 이상에 말ᄒᆞᆫ 취의에 합ᄒᆞ게 ᄒᆞᆯ지로다 세상에셔ᄂᆞᆫ 임의 회사사업의 슌셔가 확뎡ᄒᆞᆫ 것갓치 말ᄒᆞᄂᆞᆫ 쟈ㅣ 잇

579 제2859~2860호(12월 18~19일자) 논설 미게재.

스나 회샤는 아직 뎨일회의 춍회도 업셧고 또 춍직 이하 임원의 임명도 작뎡치 못ᄒᆞ얏슨즉 그 사업의 슌셔는 장차 확뎡ᄒᆞᆯ 터이로다 그러나 어느 사ᄅᆞᆷ이 당국ᄒᆞᆯ지라도 (뎨일) 황무디를 기쳑ᄒᆞ기 위ᄒᆞ야 뎨방(堤防)을 축조ᄒᆞ고 하쳔을 관기(灌漑)ᄒᆞ는 등사도 용이치 안이ᄒᆞᆫ 사업이니 약쇼ᄒᆞᆫ ᄌᆞ본으로 그 목뎍을 달ᄒᆞ기 어렵고 (뎨이) 현금 한국에는 문명뎍 교통긔관이라고 가히 볼만ᄒᆞᆫ 것은 게우 텰도와 뎐신ᄲᅮᆫ이니 그런즉 국도 ᄂᆡ디의 제 방면에 교통긔관을 완젼히 셜비ᄒᆞ는 것이 필요ᄒᆞ노라 그러나 이것을 회샤 사업으로 긔ᄃᆡᄒᆞ는 것은 쳔만부당ᄒᆞ니 이러ᄒᆞᆫ ᄃᆡ사업은 한일 졍부가 공동ᄒᆞ야 시셜 경영ᄒᆞᆯ 것이오 회샤는 간졉으로 보조ᄒᆞᆷ에 지ᄂᆡ지 못ᄒᆞᆯ지며 (뎨삼) 한국에셔 츌ᄌᆞᄒᆞ는 토디는 팔도에 다 잇슬 것인가 혹은 일뎡ᄒᆞᆫ 곳에 한뎡ᄒᆞᆯ 것인가 이것이 실상 문뎨가 될 것이니 회샤 창립 후에 당국쟈가 연구ᄒᆞᆯ 바ㅣ오 기타 회샤는 경셩애 셜치ᄒᆞᆯ지오 금륭의 쥰비로부터 쥬권(株券)을 교부ᄒᆞ는 동사의 여러 가지를 쥰비ᄒᆞᆯ지니 ᄅᆡ츈 오월 뎨일회 춍회ᄭᆞ지에는 다 발표되리로다

390 1908년 12월 22일(화) 제2862호 별보

경셩의 긔괴한 소문 / ᄃᆡ판죠일신문 죠등

완도 ᄉᆞᆷ림 문뎨는 현금 경셩 졍계의 큰 문뎨가 된지라 이왕 허가를 어덧다가 도로 속공된 일로 위ᄒᆞ야 삼만 원의 손히를 닙은 일이 잇는 어느 부쟈가 인쳔에 잇다는ᄃᆡ 인쳔에셔도 금회의 완도 문뎨에 ᄃᆡᄒᆞ야 비샹히 분긔ᄒᆞ여 ᄒᆞ는 쟈가 잇고 완도는 목포 바다의 ᄇᆡᆨ여리 되는 셤인ᄃᆡ 슈목이 울충히 무셩ᄒᆞ니 한국에는 다시 업는 삼림이라 인쳔에 잇는 일본인 말영(末永)모가 이왕 궁ᄂᆡ부에 쳥원ᄒᆞ야 허가를 어덧던 일도 잇는ᄃᆡ 국가의 직원으로 보존ᄒᆞᆫ다 ᄒᆞ고 도로 속공됨애 말영 씨는 삼만여 원의 손히를 닙엇다 ᄒᆞ더니 금회에 강등항칙이라 ᄒᆞ

1908년
12월

는 사름이 농샹공부에 청원ᄒᆞ야 이왕 참여관 회의에셔 인허ᄒᆞ기로 결의ᄒᆞ엿ᄃᆞ ᄒᆞ던 터이오 그 인허를 어드랴고 운동ᄒᆞ던 방법이라 ᄒᆞᄂᆞᆫ 것을 드른즉 실로 한일 량국에 출몰ᄒᆞ야 젼고 미증유ᄒᆞᆫ ᄃᆡ운동을 ᄒᆞ엿도다

뎨일에ᄂᆞᆫ 이등통감을 간졉으로 협박ᄒᆞ고

뎨이에ᄂᆞᆫ 증미부통감의게 달녀 들고

뎨삼에ᄂᆞᆫ ᄂᆡ부차관 강희칠랑 씨의게 납쳠ᄒᆞᆫ 결과

라 ᄒᆞ니 강희칠랑 씨ᄂᆞᆫ ᄂᆡ부차관이 되고 완도 인허ᄂᆞᆫ 농상공부의 소관인ᄃᆡ 강등항칙은 무슨 ᄶᅡ닭으로 강차관의게 납쳠ᄒᆞ엿ᄂᆞᆫ고 져간의 사졍을 잘 알고져 ᄒᆞ면 젼 통감부 춍무쟝관 학원뎡길 씨와 젼 ᄂᆡ부차관 목ᄂᆡ즁사랑 씨의 관계로부터 말삼ᄒᆞ여야 분명ᄒᆞ도다

▲학원씨와 묵ᄂᆡ씨의 반목

학원씨와 목ᄂᆡ씨가 셩난 눈으로 셔로 질시ᄒᆞ던 것은 셰샹이 다 아ᄂᆞᆫ 바ㅣ어니와 이졔 그 원인을 말ᄒᆞ면 일인즉 참 셰소ᄒᆞᆫ 일이라 이왕 학원씨가 춍무쟝관 되엿슬 ᄯᅢ에 목ᄂᆡ씨의 사진 시간이 지톄된 일로 인ᄒᆞ야 학원씨가 하로ᄂᆞᆫ 목ᄂᆡ씨를 힐칙ᄒᆞ되 사진 시간의 지톄된 말로써 ᄒᆞ니 목ᄂᆡ씨가 ᄃᆡ답ᄒᆞ기를 통감부에셔ᄂᆞᆫ 닐을 터이면 그ᄃᆡᄂᆞᆫ 춍리대신이오 나ᄂᆞᆫ 국무대신이라 ᄒᆞᆯ 터이라 ᄂᆡ가 통감부의 한 속료(屬僚)에 불관ᄒᆞ면 나도 사진ᄒᆞᄂᆞᆫ 규측을 직히여 규측ᄃᆡ로 사진도 ᄒᆞ고 사퇴도 ᄒᆞᆯ 것이나 그러나 대신이 된 이샹에ᄂᆞᆫ 그럿치 안이ᄒᆞ야 수다ᄒᆞᆫ 방문긱도 응졉ᄒᆞᆫ즉 하필 관쳥이리오 관뎌에셔 ᄒᆞᆯ지라도 ᄯᅩᄒᆞᆫ 불가ᄒᆞᆯ 것이 업스리로다 ᄒᆞᆫ지라

이러ᄒᆞᆫ 일이 잇슨 이후로 량씨 간에 감졍이 싱겻고 그 후에 목ᄂᆡ씨ᄂᆞᆫ 학원씨의게 ᄃᆡᄒᆞ야 소소ᄒᆞᆫ 일로 셔로 감졍을 ᄂᆡᄂᆞᆫ 것은 아희의 일갓다 ᄒᆞ야 셔로 파의ᄒᆞ기를 말ᄒᆞᆫ 일이 잇스나 학원씨ᄂᆞᆫ 도로혀 목ᄂᆡ씨를 모욕ᄒᆞᄂᆞᆫ 말을 ᄒᆞ엿다 ᄒᆞ고 그 후로ᄂᆞᆫ 량씨 간에 졀ᄃᆡ뎍으로 졀교ᄒᆞ얏ᄂᆞᆫᄃᆡ 학원씨가 면관귀국ᄒᆞ기ᄭᅡ지도 죵ᄂᆡ 파의를 못ᄒᆞ엿다 ᄒᆞ고

▲목ᄂᆡ씨와 송병쥰 씨

학원 목ᄂᆡ 량씨의 관계는 그러ᄒᆞ거니와 목ᄂᆡ 송병쥰 량씨의 관계는 엇더ᄒᆞᆫ가 ᄒᆞ면 송씨가 ᄂᆡ각 대신 된 소이는 목ᄂᆡ씨의 쥬션ᄒᆞᆫ 힘이 만으니 닐을 터이면 목ᄂᆡ씨는 송씨의 은인이라 그런 고로 송씨는 목ᄂᆡ씨의 ᄋᆞᆸ헤셔는 도뎌히 머리를 들 슈 업는 터이 되고 송씨는 지금 한국 뎨일류의 인ᄌᆡ라 대신이 되고셔 차관 압헤 머리를 들지 못ᄒᆞᆯ 것 갓ᄒᆞᆫ 일이 잇는 것을 됴화 안이ᄒᆞ니 그런즉 송씨는 목ᄂᆡ씨로 차관 삼기를 됴화 안이ᄒᆞᆯ지라 그 ᄂᆡ졍을 닉히 아는 학원씨는 이 긔회를 일치 말 것이다 ᄒᆞ고 송씨와 목ᄂᆡ씨 간에 리간을 부치는 동시에 마참 강희칠량 씨가 경무춍장을 그만두고 달니 뎍당ᄒᆞᆫ 소임이 업는 것을 걱쟝ᄒᆞ던 즘인고로 학원씨는 목ᄂᆡ씨 송씨 간에 리간을 부치는 동시에 강씨와 송씨 간에 셔로 결련되기를 힘쓴 결과로 이왕 송씨가 농상공부 대신으로 ᄂᆡ부대신을 젼임됨애 강씨가 그 차관이 되고 목ᄂᆡ씨는 ᄂᆡ부를 써나 농상공부 차관이 되엿도다 (미완)

391 1908년 12월 23일(수) 제2863호 별보

경셩의 긔괴한 소문 / ᄃᆡ판됴일신문 죠등

▲목ᄂᆡ씨와 강씨의 인물

강씨는 경무춍쟝으로 잇던 터이라 경위가 ᄲᅡ르고 령리ᄒᆞ나 목ᄂᆡ씨는 정직ᄒᆞ고 변통이 업는 사ᄅᆞᆷ이오 ᄯᅩ는 공명을 귀히 녁이지 안코 셩실ᄒᆞᆫ 것으로 쥬지를 삼는 인물인 쥴은 근ᄅᆡ에야 게우 아는 사ᄅᆞᆷ의게 알 만ᄒᆞ다고 아는 사ᄅᆞᆷ들이 말ᄒᆞ는지라 일본 ᄂᆡ디에셔는 한 지ᄌᆞ로만 알 만ᄒᆞᆫ 동안에 경셩갓ᄒᆞᆫ 시골에 와셔 게우 그 인격을 알 만ᄒᆞ고 학원씨는 춍무쟝관으로 잇스면셔도 이등통감의게 ᄃᆡᄒᆞ야는 한 마ᄃᆡ의 소견도 쥬쟝ᄒᆞ지 못ᄒᆞ나 도로혀 목ᄂᆡ씨는 혹 그 소견을 쥬쟝ᄒᆞ야 쥬한군 참모쟝 모젼경구랑 씨와 갓히 이등통감의게 곳은 말ᄒᆞ기를 긔탄치 안이ᄒᆞᆫ다 ᄒᆞᆯ지라도 다만 나는 공평이 말ᄒᆞ랴면 목ᄂᆡ씨도 근일에는 통감의게 ᄃᆡᄒᆞ야 이젼과 갓히 직간ᄒᆞ던 예긔가 둔ᄒᆞ여졋다 ᄒᆞ고

▲강씨의 셩공

강희칠랑씨는 이샹에 말ᄒᆞᆫ 관계로ᄡᅥ ᄂᆡ부차관이 되며 ᄂᆡ부대신 송씨는 일진회로 후원을 삼고 ᄂᆡ각으로 드러가며 강씨는 송씨와 결합ᄒᆞ야 ᄂᆡ부차관이 되엿는ᄃᆡ 현금 동경에셔 두류ᄒᆞ는 일진회쟝 리용구씨의 일에 ᄃᆡᄒᆞ야 불가불 믈ᄒᆞᆯ 필요가 잇도다 리용구 씨는 무슨 ᄶᆞ닭으로 동경에 왓는고 무슨 ᄶᆞ닭으로 도라가지 안이ᄒᆞ는고 리씨는 한국에셔 송씨 이샹의 인물이라 뎌는 일진회의 회쟝인ᄃᆡ 뎌가 업스면 일진회는 부지치 못ᄒᆞᆯ지라 령슈되는 송씨는 대신이 되엿스나 일진회는 통치치 못ᄒᆞ고 송씨 이샹에 리용구 씨가 잇기로 일진회가 부지ᄒᆞ여 가는지라 그러나 일진회의 오날날 현상은 돈이 업셔 곤난ᄒᆞ니 송씨는 ᄂᆡ각 대신이 되엿스나 돈은 마음ᄃᆡ로 되지 안이ᄒᆞ고 ᄯᅩ 그 일진회원의게 ᄃᆡᄒᆞ야 각각 디위를 용이히 쥴 슈 업슨즉 송씨의 슈단은 다ᄒᆞ엿고 리씨는 송씨 이샹의 인망이 잇슨즉 송씨보담 더옥 진력ᄒᆞ야 ᄒᆞᆯ 것이니 이것이 리씨가 지금 일본에 두류ᄒᆞ야 용이히 귀국지 못ᄒᆞ는 소이연이로다 (미완)

392 1908년 12월 24일(목) 제2864호 별보

경셩의 긔괴한 소문 / ᄃᆡ판죠일신문죠등

▲리용국[580]의 쇠

리용구 씨가 두류ᄒᆞ는지 수삼삭에 귀국지 안이ᄒᆞ는 것은 뎌가 힝장에 녓코

580 '리용구(이용구)'의 오기.

올 돈이 업는 까둙이라 외면으로는 리씨가 금회의 완도 인허 청원쟈 강등항칙과 관계가 업는 듯ᄒᆞ나 그러나 그것은 외면쑨이오 그 ᄂᆡ용은 크게 관계가 잇스니 뎌가 송씨 이상의 인물되는 바는 이에 잇고 강등이가 강등이 된 바도 ᄯᅩᄒᆞᆫ 이에 잇도다

▲졍양헌의 초ᄃᆡ회

리용구 씨가 동경에 잇슴이 일본의 ᄌᆡ야 졍ᄀᆡᆨ들이 상야 졍양헌(靜養軒)에서 초ᄃᆡ회를 ᄀᆡ셜홈은 셰상이 ᄃᆞ 아는 ᄇᆡ라 그러나 리씨의 초ᄃᆡ회를 ᄀᆡ셜ᄒᆞ는 ᄃᆡ 니른 것은 그러ᄒᆞᆫ 리유가 잇나니 이젼 동경에셔 한국 통감졍치 반ᄃᆡ동ᄆᆡᆼ회가 싱겻는ᄃᆡ 동경에 잇는 ᄃᆡ의사들의 결련ᄒᆞᆫ 것이 칠팔십 명에 달ᄒᆞᆫ지라 이 일이 이등통감의 귀에 드러감애 통감은 그 막긱 ᄂᆡ젼량평 씨로 ᄒᆞ여곰 ᄌᆡ야 졍ᄀᆡᆨ과 리용구 씨를 달ᄂᆡ게 ᄒᆞ여 써 통감졍치 반ᄃᆡ ᄃᆡ의사들을 어러만져 불어 셜시ᄒᆞ라던 통감졍치 반ᄃᆡ파의 회합을 예방ᄒᆞ기 위ᄒᆞ야 사셰 위급ᄒᆞᆫ 동안에 리씨의 초ᄃᆡ회라 ᄒᆞ고 외면을 도말ᄒᆞ야 졍양헌에 ᄀᆡ셜ᄒᆞ엿스니 이것이 ᄂᆡ가 금회의 완도문뎨 인허에 밋츤 뎨일 리유오 강등이가 이등통감을 간졉으로 협박ᄒᆞ엿다 ᄒᆞ는 소이연이로다

▲부통감의게 달녀드러

그런즉 증미 부통감의게는 엇지ᄒᆞ여 ᄃᆞᆯ녀드럿는가 다시 말ᄒᆞᆯ 것 업시 부통감의 마음에 드는 강씨로 다리를 놋코 달녀든 것이라 안이 강씨 한 사ᄅᆞᆷ만 안이라 강씨와 틱젼(澤田) 씨로 다리를 놋코 달녀든 것이로다 강등이가 강씨와 틱젼 씨의게 다리를 노흔 계칙은 엇더ᄒᆞᆫ고 닐을 터이면 말ᄒᆞ기 업렵도다[581] 다만 금시계는 졉의 집의 넘겨다 뵈는 솔나무를 나라 너머셔 다시 남산 아ᄅᆡ까지 득달ᄒᆞ엿도다

▲목ᄂᆡ씨의 곤난과 강씨의 득의

581 '어렵도다'의 오기.

완도사건을 참여관 회의에 뎨출코져 홈애 통감은 당국쟈 된 목닉 농샹공부 차관의게 엇더케 명령호엿는고 뎌는 원릭 정직호고로 이 일에 딕호야는 졀딕뎍으로 반딕호엿도다 자-보라 농상공부 딕신되엿던 시딕에는 송씨가 이 사건을 인허치 안이호엿스나 송씨는 일진회의 직원을 민글기 위이야[582] 이 사건을 허가호고 십기는 헌옷에 솜이로딕 뎌 농상공부대신 시딕에는 허가치 안이호고 목닉씨가 농상공부 차관된 오늘날에 이 사건을 인허호려 호니 그런즉 일진회의 령슈된 송씨는 이제 닉부대신의 디위에 잇는 짜둙으로 외면으로는 알지 못호는 쳑 호되 닉용으로는 각식 방면으로 운동호야 목닉씨로 호여곰 부득이 이 사건으로 허가호게 호고져 호엿스니 그 실리는 자긔가 취호고 그 악명을난 목닉씨의게 끼치고져 홈이라더라 (완)[583]

393 1908년 12월 26일(토) 제2866호 별보

{긔셔쟈의 칙망은 본샤가 맛지 안이홈}
리죵건 씨[584]의게 죠상홈 / 장통방[585]민

우리나라의 인민 다사리는 법은 정부의 당국주와 밋 감사 군슈가 다만 인민

582 '위호야(위하여)'의 오기.

583 제2865호(12월 25일자) 유실됨.

584 이종건(李鍾健, 1843~1930)으로 추정됨: 조선 말기의 무신으로 일제 강점기에 조선귀족 작위를 받았다. 병조판서를 지낸 이규철의 아들로, 무과에 급제한 뒤 우포도대장과 총어사 등 군부의 요직을 지냈다. 민씨 정권 아래서는 민씨 세력의 신임을 받고 순조로운 관직 생활을 했으나, 이후 개화파 득세로 몇 차례 굴곡을 거쳤다. 대한제국 성립 시 박정양 내각에서는 의정부 찬정을 맡았다. 직제 개편 후 경찰과 감옥 업무를 맡은 경무사를 지내는 등 치안 분야를 담당했다.

585 장통방(長通坊): 오늘날 서울 종로 2가 및 관철동 주변.

의 ᄌᆞᆨ산이나 ᄲᆡ아셔 먹고 못된 일만 ᄇᆡᆨ셩의게 가르쳐 그 ᄇᆡᆨ셩을 어두운 곳으로 인도ᄒᆞ야 오늘날 젼무후무ᄒᆞᆫ 참혹ᄒᆞᆫ 지경에 ᄲᅡ지게 ᄒᆞᆫ지라 일노 죠ᄎᆞ보면 이쳔만 동포의 ᄉᆡᆼ각이 분ᄒᆞᆫ 것도 모로고 다만 오날ᄂᆞᆯᄭᆞ지 셩명을 보젼ᄒᆞᆫ 것만 다ᄒᆡᆼ이 녁여오니 엇지 ᄀᆡ탄치 안이ᄒᆞ리오 못된 졍부와 사골갓ᄒᆞᆫ 디방관리의 학ᄃᆡ밧고 돈 ᄲᆡ앗기고 ᄉᆡᆼ명이 파리목숨과 갓치 일코도 부족ᄒᆞ야 심지어 어린 아ᄒᆡᄭᆞ지 쥭이엿스니 이런 참혹ᄒᆞᆫ 화를 당ᄒᆞᆫ 동포가 이쳔만 동포 즁에 삼분에 이나 되야 그 동포가 유리ᄀᆡ걸ᄒᆞᄂᆞᆫ 동포도 잇고 그 혹 화를 당ᄒᆞᆫ 동포도 잇고 그 혹 화즁에 젼지도지ᄒᆞ야 ᄉᆡᆼ명과 집을 보젼ᄒᆞᆫ 동포라도 지금 셰계 만국에셔 모다 ᄇᆡᆨ셩의 평등쥬의와 ᄌᆞ유를 쥬챵ᄒᆞᆷ으로ᄡᅥ 우리나라 동포도 문명졔도를 모방ᄒᆞ야 각 방ᄂᆡ에 민단회를 조직ᄒᆞ야 교육과 위ᄉᆡᆼ과 공역을 ᄒᆡᆼ졍관쳥에셔 지도ᄒᆞ기 젼에 스사로 다사리ᄂᆞᆫ 법을 ᄒᆡᆼᄒᆞ야 일노 모범을 삼아 각 도에도 회가 조직되고 각 항구에 민단이 조직되고 각 군에 군회가 조직되고 각 면에 면회가 죠직되고 각 촌에 촌회가 죠직되고 각 동에 동회가 죠직되야 ᄌᆞ치졔도가 실시되깃기로 몬져 경셩 오부 각방에셔 시작ᄒᆞ야 아모죠록 이 법을 디방 동포가 모방ᄒᆞ야 ᄎᆞᄎᆞ 실시ᄒᆞ기를 희망ᄒᆞᄂᆞᆫ 고로 경셩 오부에 유지ᄒᆞᆫ 동포가 몬져 시작ᄒᆞ야 오부 즁 각방에 혹 량방이 합ᄒᆞ야 단회를 죠직ᄒᆞ고 혹 네 방이 합ᄒᆞ야 단회를 죠직ᄒᆞ얏고 즁부 쟝통방ᄂᆡᄂᆞᆫ 구역이 큰 고로 쟝통방 일방에 단회를 발긔ᄒᆞ야 쟝통방ᄂᆡ에 사ᄂᆞᆫ 동포 즁에 지식이 가이 단회를 죠직ᄒᆞᆯ 만ᄒᆞᆫ 인ᄉᆞ를 ᄀᆞᆯᄒᆡ여 발긔인으로 쳥쳡ᄒᆞ야 유지인ᄉᆞ가 모다 일졔이 합심 단결ᄒᆞ얏거날 쟝통방ᄉᆞᄂᆞᆫ 인ᄉᆞ 즁에 리죵건 씨ᄂᆞᆫ 젼일에 나라의 득죄와 탐학ᄉᆡᆼ령이 한두 가지 안인 고로 죄악이 텬디에 가득ᄒᆞ얏스나 쟝통방ᄂᆡ 여러 유지신ᄉᆞ가 리죵건 씨ᄂᆞᆫ 시셰가 변ᄒᆞ야 혹 ᄀᆡ과쳔션ᄒᆞ얏쓸 듯ᄒᆞ다 ᄒᆞ고 리죵건 씨를 ᄇᆞᆯ긔인에 입녹ᄒᆞ고 총ᄃᆡ위원을 션졍ᄒᆞ야 발긔취지셔를 보ᄂᆡᆺ더니 리죵건 씨가 ᄇᆞᆯ긔문을 바다 보더니 발긔문을 ᄂᆡ여 던지며 ᄀᆞᆯ아ᄃᆡ 검둥이 센둥이 모인 ᄃᆡ 참예ᄒᆞᆯ 슈 업다 ᄒᆞ고 나ᄂᆞᆫ 양반 즁에 놉흔 지위에 쳐ᄒᆞ얏거날 엇지ᄒᆞ야 ᄂᆡ 셩명을 방ᄌᆞ이 발긔문에 입녹ᄒᆞ얏스니 그런 괴이ᄒᆞᆫ 무리가 어ᄃᆡ 잇스리오 ᄎᆞ후에ᄂᆞᆫ 이러ᄒᆞᆫ 문ᄌᆞᄂᆞᆫ ᄂᆡ 집에 가지고 오지 ᄆᆞᆯ나고 호령이 셔리 갓더라 ᄒᆞ니 본인은 리죵건 씨의 혼암ᄒᆞ고 무리ᄒᆞᆫ ᄉᆞ실을 ᄆᆞᆯᄒᆞ노라

리죵건 씨ᄂᆞᆫ 나라도 모로고 인군도 모로고 동포도 모로ᄂᆞᆫ 사ᄅᆞᆷ인즉 이 사ᄅᆞᆷ이 인형을 쓰고 안젓스니 사ᄅᆞᆷ이라고 칭ᄒᆞᆯ가 안이오 사ᄅᆞᆷ이라고 칭ᄒᆞ기 도져히 못ᄒᆞᆯ 것이 젼일 ᄒᆡᆼ위와 금일 시ᄃᆡ에 ᄒᆞᄂᆞᆫ ᄒᆡᆼ위를 보면 엇지 즘ᄉᆡᆼ 즁에도 그 즁 못된 살진 도야지(肥豚)라고 칭ᄒᆞᄂᆞᆫ 것이 리죵건 씨의게 ᄃᆡᄒᆞ야 덕당ᄒᆞᆫ 평판이라 ᄒᆞ깃소 이 밧게ᄂᆞᆫ 맛당ᄒᆞᆫ 평판이 업슬지라

대뎌 금일이 언의 ᄊᆡ인지 모로니 쳣ᄌᆡᄂᆞᆫ 리죵건 씨가 답답ᄒᆞᆫ 인ᄉᆡᆼ이라 ᄒᆞ깃고 둘ᄌᆡᄂᆞᆫ 나라와 동포를 모로니 이 인죵은 우리나라에 쳐음 나ᄂᆞᆫ 인죵이오 셋ᄌᆡᄂᆞᆫ ᄌᆞ식을 모로니 이ᄂᆞᆫ 즘ᄉᆡᆼ만도 못ᄒᆞᆫ 인죵이라 이러ᄒᆞᆫ 사ᄅᆞᆷ은 아모리 ᄉᆡᆼ각ᄒᆞ야도 쓸 곳이 젼혀 업고 다만 박람회에 륙축 죵류와 갓치 집어너코 ᄂᆡ외국 사ᄅᆞᆷ의게 구경식혓스면 됴흘 뜻ᄒᆞ도다 슯흐다 리죵건 씨여 구라파 렬국의 문명ᄒᆞᆫ 풍죠가 날로 드러와 우리 동포가 어두운 디옥을 버셔나고 ᄇᆞᆰ은 텬디에 됴흔 공긔를 마시고 신셩ᄒᆞᆫ 국민이 되어 셰계 민족과 동등 지위에 나아가고져 ᄒᆞᄂᆞᆫᄃᆡ 공즁 단톄에 ᄃᆡᄒᆞ야 비ᄒᆞᆯ ᄃᆡ 업ᄂᆞᆫ 욕셜을 ᄒᆞ야 ᄌᆞ긔에 톄면 손상은 그만두고 그 욕셜이 쟝통방에 ᄉᆞᄂᆞᆫ 인ᄉᆞ의게 ᄒᆞᆫ 것이 안이라 이쳔만 동포가 일쳬히 당ᄒᆞᆫ 욕셜인즉 리죵건 씨의 죄를 의론ᄒᆞ면 이쳔만 동포에게 죄를 지은 사ᄅᆞᆷ인즉 이쳔만 동포가 리죵건 씨의 죄를 필경 셩토코져 ᄒᆞᆯ 터이라 본인은 리죵건 씨의게 ᄃᆡᄒᆞ야 몬져 죠상ᄒᆞ노라[586]

586 제2867호(12월 27일자) 논설 미게재. 12월 28일은 정기휴간일임.

394 1908년 12월 29일(화) 제2868호 론셜

륭희 이년을 젼송홈

셰월이 여류라 륭희 이년이 이에 고별ᄒᆞᄂᆞᆫ도다 망망ᄒᆞᆫ 텬디여 우러러보고 구버보니 한뎡이 업도다 우리 인ᄉᆡᆼ에 그 사이에 긔ᄉᆡᆼᄒᆞ얏스니 묘묘ᄒᆞᆫ 창ᄒᆡ에 향방업ᄂᆞᆫ 일속이라 금시 작비를 ᄭᆡ닷고 쟝ᄅᆡ ᄒᆡᆼ복을 바라ᄂᆞᆫ 동안에 이 인ᄉᆡᆼ ᄇᆡᆨ년을 무졍히 허송ᄒᆞ니 기실은 류슈갓ᄒᆞᆫ 광음이 우리 ᄉᆡᆼ명을 ᄲᆡ앗고 쟝ᄅᆡ의 희망은 우리 인ᄉᆡᆼ을 속임이로다 그런즉 이왕은 막론ᄒᆞ고 쟝ᄅᆡ를 ᄉᆡᆼ각ᄒᆞ리로다

도라보건ᄃᆡ 아한 텬디난 졍치계에도 악마의 ᄒᆡᆼᄒᆡᆼ홈이 업지 안이ᄒᆞ고 교육계에도 악마의 침범홈이 업지 안이ᄒᆞ야 셔로 알력ᄒᆞᄂᆞᆫ 풍습과 셔로 반목ᄒᆞᄂᆞᆫ ᄐᆡ도가 업ᄂᆞᆫ 곳이 업고 업ᄂᆞᆫ ᄯᆡ가 업셔 ᄃᆡ한 십삼도 수쳔만 동포의 유쾌ᄒᆞᆫ ᄉᆡᆼ활과 화충ᄒᆞᆫ 긔샹이 거의 감손ᄒᆞᆫ ᄃᆡ 니르고져 ᄒᆞ니 셜혹 졍부의 조치가 아름답지 못ᄒᆞ고 외인의 학ᄃᆡ가 날로 우심ᄒᆞ다 홀지라도 우리 동포ᄂᆞᆫ 젼도의 희망을 일치 말고 쟝ᄅᆡ의 ᄒᆡᆼ복을 엇기로 자신력을 굿건히 가져 삼쳔리 미려ᄒᆞᆫ 강산은 일초 일목이라도 타인의 손가락을 더럽게 못홀 것이오 수쳔만 신셩ᄒᆞᆫ 국민은 필부필부라도 타인의 침범을 밧지 안이케 홀지라 이것이 우리 동포의 ᄎᆡᆨ임이오 의무인즉 구습을 통거ᄒᆞ고 신지를 발달ᄒᆞ야 륭희 이년의 졍치계와 교육계에 무난히 ᄒᆡᆼᄒᆡᆼᄒᆞ고 침범ᄒᆞ던 쳔만 악마를 퇴송ᄒᆞ고 륭희 삼년의 무궁ᄒᆞᆫ 젼도와 무량ᄒᆞᆫ ᄒᆡᆼ복 즁에셔 우리 동포의 ᄉᆡᆼ활이 유쾌ᄒᆞ며 우리 동포의 지식이 일신ᄒᆞ기를 바라노이다[587]

1908년 12월

587 12월 30~31일 임시휴간.

1월

395 1909년 1월 6일(수) 제2870호 별보[588]

각 디방에 슌슈ᄒᆞ시ᄂᆞᆫ 죠칙

ᄃᆡ황뎨 폐하씌압셔 각 디방의 민졍을 어람출ᄒᆞ시기 위ᄒᆞ야 ᄎᆞ뎨로 슌슈ᄒᆞ실 터인ᄃᆡ ᄌᆡ작일 관보 호외로ᄡᅥ 대죠를 나리심이 좌와 갓더라

죠왈 짐이 ᄉᆡᆼ각건ᄃᆡ ᄇᆡᆨ셩이 나라의 근본이 되ᄂᆞ니 근본이 ᄀᆞᆺ건치 못ᄒᆞ면 나라이 가히 편안치 못ᄒᆞᆯ지라 도라보건ᄃᆡ 짐이 비덕으로ᄡᅥ

부황 폐하의 명령을 밧드러 ᄃᆡ위에 올음으로부터 ᄉᆞᆨ아의 일념이 국세의 급업ᄒᆞᆷ을 편안히 ᄒᆞ고 민ᄉᆡᆼ의 도탄을 구제ᄒᆞᆷ에 잇ᄂᆞᆫ지라 이에 시졍 ᄀᆡ션의 ᄃᆡ결심으로ᄡᅥ 지나간 원년에

종샤에 셔고ᄒᆞᆷ애 젼젼긍긍ᄒᆞ야 감히 죠곰도 게으르지 아이호ᄃᆡ 오직 이 디방의 소요ᄂᆞᆫ 오히려 녕졍치 못ᄒᆞ고 려민의 곤췌ᄂᆞᆫ 그칠 바를 알지 못ᄒᆞ니 언념급차에 마음이 샹ᄒᆞᄂᆞᆫ도다 하물며 이 륭한[589]을 맛나 려민의 곤궁이 더옥 심ᄒᆞᆷ은 눈으로 친히 보ᄂᆞᆫ 것과 갓ᄒᆞ니 엇지 가히 일각인들 참아 금옥(錦玉)에 홀로 편안ᄒᆞ리오 이에 쳑연히 분발ᄒᆞ고 확연히 자단ᄒᆞ야 이제 신년으로부터 몬져 유사 제신을 동솔ᄒᆞ고 몸소 국ᄂᆡ를 슌힝ᄒᆞ야 디방의 졍형을 람찰ᄒᆞ고 젹ᄌᆞ의

588 제2869호(1909년 1월 1일자) 논설 미게재. 1월 2~5일 임시휴간.

589 융한(隆寒): 매우 심한 추위.

고통을 슌문코져 홀 식 짐의 틱즈 틱사 통감 공쟉 이등박문은 짐국에 갈셩ᄒᆞ며 짐궁을 보도ᄒᆞ고 향쟈 하텬 셩염에 우리 동궁의 학식을 넓히기 위ᄒᆞ야 그 로령의 병구를 익기지 안이ᄒᆞ고 일본국 각디에 빅슌ᄒᆞᆫ 공로ᄂᆞᆫ 짐이 항샹 가상ᄒᆞᄂᆞᆫ 바라 이졔 짐의 차힝에 특히 호죵을 명ᄒᆞ야 짐의 디방 급무를 익찬케 ᄒᆞ야 근본을 굿건히 ᄒᆞ고 나라를 편안히 ᄒᆞ야 쎨니 간난ᄒᆞᆫ 국을 구졔ᄒᆞ기로 긔디ᄒᆞ노니 오직 너의 딕소 신민은 다 지실ᄒᆞ라

396 1909년 1월 7일(목) 제2871호 샤셜

흠숑셩덕

크시도다 셩인의 덕이시여 지극ᄒᆞ시도다 셩인의 뜻이시여 빅셩 사랑ᄒᆞ압시기를 젹ᄌᆞ갓치 ᄒᆞ샤 류동셩한을 도라보시지 안으시고 옥지를 쳔리 밧게 옴기샤 민졍의 질고를 몸소 숣히시옵고져 ᄒᆞ오시니 우리 신민된 쟈ㅣ 아모리 완악ᄒᆞ고 어리셕은들 엇지 감동ᄒᆞᄂᆞᆫ 눈물이 흐르지 안으며 우리

대황뎨폐하긔압셔 보위에 오로압신 지 우금 삼년에 늬각 각 대신과 및 빅집ᄉᆞ를 명ᄒᆞ샤 셔졍을 기혁케 ᄒᆞ압시고 만민을 무휼케 ᄒᆞ압실 식 밤과 낫으로 셩려를 허비ᄒᆞ심이 만으시되 뎌 죠뎡 신료가 셩의를 몸밧지 못ᄒᆞ고 국졍을 탁란케 ᄒᆞ며 인민을 도탄에 싸지게 ᄒᆞ야 십상싱늬 이쳔만 싱령의 오오ᄒᆞᄂᆞᆫ 소릭가 하날에 사못찬지라 이에 하날이 놉흐시되 나짐을 드르시고

건단을 확휘ᄒᆞ샤

렬셩죠에 젼례 업ᄂᆞᆫ 셩거를 힝ᄒᆞ샤 친히 빅셩의 졍형을 숣히시고 친히 빅셩의 소릭를 드르시려 ᄒᆞ압시니 우의로 성인의 뜻을 져바리고 아릭로 빅셩의 ᄆᆞ암을 거두지 못ᄒᆞᆫ 죠졍 신료ㅣ 엇지 황공진률치 안으리오 경셩으로부터 부산 마산포ᄭᆞ지의 연론 신민이 남녀로유를 물론ᄒᆞ고 쳐음으로

텬안을 우럴러보며 옥음을 우러러 듯고

셩인의 크신 덕과 지극ᄒᆞ신 뜻을 흠송ᄒᆞ야 만셰를 산호ᄒᆞᆯ 씨에 츙군ᄒᆞᄂᆞᆫ 마암과 애국ᄒᆞᄂᆞᆫ 경셩이 울연히 흥긔ᄒᆞ야 각기 학문과 실업을 힘써셔 몬져ᄂᆞᆫ

셩은 만분지일을 보답ᄒᆞ며 버금은 국가를 틱산반셕갓치 편안케 ᄒᆞ야 우의로

셩인의 마암과 몸을 수고롭게 ᄒᆞ며 아릭로 우리의 ᄌᆞ손이 문명힝복과 ᄌᆞ유 안락을 누리게 ᄒᆞ면 국가의 다힝홈이오 인민의 다힝홈이라 ᄒᆞ노라 이에 손을 들어

셩슈만셰를 축슈ᄒᆞ며

옥톄 안강히 환어ᄒᆞ압심을 비노이다

397 1909년 1월 8일(금) 제2872호 론셜

텰도론(鐵道論) / 탄희싱

오날ᄂᆞᆯ 셰계에 우리 인류의 교통을 편리케 ᄒᆞ며 샹업을 발달케 ᄒᆞᄂᆞᆫ 큰 긔관은 륙디의 텰도와 히샹의 륜션이라 우리나라ᄂᆞᆫ 인민의 지식이 몽미ᄒᆞ고 직력이 핍진ᄒᆞ야 이와 갓치 큰 긔관을 스ᄉᆞ로 셜비ᄒᆞ지 못ᄒᆞ고 쳐음에 미국인의 힘으로 경인텰도를 부셜ᄒᆞ고 다음에 일본인의 힘으로 경부 경의 량 텰도를 ᄎᆞ데로 부셜ᄒᆞ얏스니 우리 대한국민된 쟈의 붓그럽고 탄식ᄒᆞᆯ 바이로다 그러나 이로조차 민지가 발달ᄒᆞ고 샹업이 흥왕ᄒᆞ면 됴약ᄒᆞᆫ 년한에 가셔ᄂᆞᆫ 능히 그 권리를 환츄ᄒᆞ리니 엇지 족히 근심ᄒᆞ리오만은 우리 국ᄂᆡ의 텰도도 일본 ᄂᆡ디의 텰도와 갓치 일본 국유텰도에 속ᄒᆞᆫ 고로 텰도관리국을 두고 국쟝 이하의 허다ᄒᆞᆫ 관리가 잇셔 감독ᄒᆞ며 지휘ᄒᆞᄂᆞᆫ지라 그런즉 언어를 셔로 통치 못ᄒᆞᄂᆞᆫ 우리 동포에게 불편홈이 엇지 적으리오 대뎌 우리나라에 건너와 잇ᄂᆞᆫ 일본 사ᄅᆞᆷ이 만흐나 우리 국민 젼슈에 비교ᄒᆞᆫ 즉 몃십분의 일에 지나

지 못ᄒᆞᆷ으로 텰도를 타ᄂᆞᆫ 쟈도 역시 일본인의 멋십 ᄇᆡ가 되ᄂᆞᆫ도다 그러ᄒᆞ면 모든 일에 ᄃᆡᄒᆞ야 우리나라 사ᄅᆞᆷ의 편리를 도모ᄒᆞᆷ이 쩟쩟ᄒᆞᆫ 일이어날 이제 텰도관리국의 쳐ᄉᆞᄒᆞᆷ을 불진된 여러 가지 규측과 밋 시간표 임금표 기타 허다ᄒᆞᆫ 게시 등속을 모다 일본문으로 쓰니 우리나라 사ᄅᆞᆷ이 엇지 능히 알아 보리오 기즁 경셩 남대문 뎡거쟝 갓ᄒᆞᆫ ᄃᆡ셔ᄂᆞᆫ 지로ᄒᆞᄂᆞᆫ 사ᄅᆞᆷ도 잇고 무러볼 곳도 잇거니와 디방 각 뎡거쟝에ᄂᆞᆫ 지로ᄒᆞᄂᆞᆫ 쟈도 업고 무러볼 곳도 업ᄂᆞᆫ 고로 향곡의 우부우부가 엇지ᄒᆞᆯ 쥴을 모로고 역부나 쟝거슈 등을 ᄃᆡᄒᆞ야 무슨 ᄆᆞᆯ을 물은즉 그 말은 아라듯지 못ᄒᆞ고 귀치 안은 ᄉᆡᆼ각으로 소ᄅᆡ 질너 물니치니 이것이 엇지 문명ᄒᆞᆫ 긔관을 ᄉᆞ용ᄒᆞᄂᆞᆫ 영업쟈의 참아 ᄒᆞᆯ 바ㅣ리오 그ᄲᅮᆫ 안이라 차표를 살 ᄯᅢ에 잔돈을 ᄂᆡ지 안은즉 우슈리를 거슬너 쥴 ᄯᅢ에 몃젼을 부족ᄒᆞ게 쥬ᄂᆞᆫ 폐단이 왕왕 잇스나 슈학 ᄉᆞ샹이 업ᄂᆞᆫ 무식ᄒᆞᆫ 인민이 언의 겨를에 이것을 계산ᄒᆞ며 셜혹 계산은 ᄒᆞᆯ지라도 언어를 불통ᄒᆞᆷ으로 ᄒᆞᆯ일업시 물너가 뒤로 공론ᄒᆞ고 탄식ᄒᆞ니 이것도 역시 문명ᄒᆞᆫ 긔관을 ᄉᆞ용ᄒᆞᄂᆞᆫ 영업쟈의 가히 ᄒᆡᆼ치 못ᄒᆞᆯ 바이니 바라건대 텰도관리국 당국자ᄂᆞᆫ 이갓ᄒᆞᆫ 여러 가지 폐단을 ᄀᆡ량ᄒᆞ야 쳣ᄌᆡᄂᆞᆫ 몽ᄆᆡᄒᆞᆫ 인민을 지도ᄒᆞ며 둘ᄌᆡᄂᆞᆫ 인민의 교통을 편리케 ᄒᆞᆯ지어다

398 1909년 1월 9일(토) 제2873호 별보

우리 상공업가 제공에게 경고ᄒᆞᆷ /경셩 샹업회의소

나라집의 셩ᄒᆞ고 쇠ᄒᆞᆷ은 나라힘이 츙실ᄒᆞ고 츙실치 아니ᄒᆞᆷ에 잇고 나라 힘이 츙실은 나라 ᄇᆡᆨ셩의 근노 즉 상과 공의 업을 ᄀᆡ량ᄒᆞ고 발달ᄒᆞᆷ에 잇도다 우리나라ᄂᆞᆫ 뭇나라와 장ᄉᆞᄒᆞᄂᆞᆫ 일를 여러 시작ᄒᆞᆷ으로붓터 이에 삼십여 년을 지낫스나 여러 ᄇᆡᆨ년의 졍ᄉᆞᄒᆞᄂᆞᆫ 일은 그 맛당ᄒᆞᆷ을 어더 우리 상공인의 업을

도와 쥬지 아니ᄒᆞ고 우리 샹공인은 분발ᄒᆞ야 그 업을 경영치 아니홈으로 실력이 홀 수 업시 되야 나라집의 오날놀 쇠ᄒᆞᆫ 운을 부름에 이른지라 우리 샹인은 ᄉᆡᆼ각홀 일이로다 이러ᄒᆞᆫ 샹공업을 시세가 되야가ᄂᆞᆫ ᄃᆡ로 맛겨두어 도라다보지 안니ᄒᆞ면 우리 이쳔만 동포ᄂᆞᆫ 목숨을 보죤홀 아침 져녁의 한 그릇 밤[590]도 엇기가 극키 어려움에 이를지로다 슬푸다 우리 샹공인은 이에 이르러셔도 한 번 ᄉᆡᆼ각지 안이홀가 이 회의소ᄂᆞᆫ 나라집이 위ᄐᆡᄒᆞᆫ ᄶᅢ를 당ᄒᆞ야 이젼에 빅동돈 밧구ᄂᆞᆫ 일노붓터 이러ᄂᆞᆫ 경졔게의 풍파에 ᄃᆡᄒᆞ야 젹지 안이ᄒᆞᆫ 효험을 ᄂᆡ게 ᄒᆞᆫ 일도 잇거니와 그 후에 우리 샹공업가의 리히 문뎨에 ᄃᆡᄒᆞ야도 리익되게 ᄒᆞᆫ 일이 젹지 안이ᄒᆞ니 이 회의소ᄂᆞᆫ 실노 우리 동포의 사ᄂᆞᆫ 일을 강구ᄒᆞ난 곳이로다 ᄃᆡ져 샹업회의소란 것은 샹공업가의 리익긔관으로 동셔 여러 나라 셔울에 셜치ᄒᆞ야 각기 여러 가지 조흔 일을 ᄒᆞ거던 ᄒᆞ물며 우리나라ᄂᆞᆫ 졍ᄉᆞᄒᆞᄂᆞᆫ 긔관이 갓츄지 못ᄒᆞ고 ᄯᅩ 오히려 ᄉᆡᆼ명 ᄌᆡ산을 보호ᄒᆞᄂᆞᆫ 방법이 편안치 안이ᄒᆞᆫ 이 시ᄃᆡ에 샹공인의 ᄯᅳᆺ을 ᄃᆡ신ᄒᆞ야 우리의 권리와 리익을 널니고 샹공의 업을 ᄀᆡ량ᄒᆞ고 발달ᄒᆞ기를 바람은 목하 샹공업계의 가장 긴급ᄒᆞᆫ 일이오 ᄯᅩ 나라집의 가장 긴급ᄒᆞᆫ 일이 될 시ᄃᆡ리오 이 회의소가 잘 되지 못홈은 우리 동포의 살고 쥭ᄂᆞᆫ 일에 관계홀 ᄲᅮᆫ 안이라 나라의 운이 셩ᄒᆞ고 쇠홈을 좌우ᄒᆞᄂᆞᆫ 일이 ᄉᆡᆼ기나니 우리 ᄃᆡ소 샹공업가ᄂᆞᆫ 이 ᄯᅳᆺ을 바다 마옴을 갓치 ᄒᆞ고 힘을 갓치 ᄒᆞ야 샹공업을 ᄀᆡ량ᄒᆞ고 불달케 ᄒᆞ기에 한마음으로 힘쓰기를 바라노라

본 회의소의 강요

一 이 회의소ᄂᆞᆫ 우리나라 상공업ᄒᆞᄂᆞᆫ 분의 오직 한아 되ᄂᆞᆫ 긔관이요

一 이 회의소ᄂᆞᆫ 우리나라 상공업을 ᄀᆡ량ᄒᆞ고 불달ᄒᆞᄂᆞᆫ 오직 ᄒᆞᆫ나 되ᄂᆞᆫ 긔관이요

590 '밥'의 오기.

一 이 회의소는 우리나라 상공업가의 경영ᄒᆞ야 독립ᄒᆞᆫ 오직 한아 되는 긔관이요

본 회의 사업

一 상공업의 ᄀᆡ션 발달을 도모ᄒᆞ는 방칙을 조사ᄒᆞ는 일

一 상공업의 관한 법률을 ᄀᆡ정ᄒᆞ고 폐지ᄒᆞ고 시ᄒᆡᆼᄒᆞᆷ의 관ᄒᆞ야 리ᄒᆡ득실을 강구ᄒᆞ야 그 관쳥에 의견을 ᄀᆡ진ᄒᆞ고 ᄯᅩ는 표시ᄒᆞ는 일

一 상공업의 상항과 및 통계를 조사ᄒᆞ야 발표ᄒᆞ는 일

一 상공업가의 분의를 즁지ᄒᆞ는 일

一 외국과 거ᄅᆡᄒᆞ는 장사일에 관ᄒᆞ야 그 사ᄅᆞᆷ의 고문이 되야 주션ᄒᆞ는 일

一 샹공업가의 고문이 되야 시셜 경영에 관ᄒᆞ야 조사ᄒᆞ는 ᄎᆡᆨ임이 잇는 일

一 상공업가로 법령 ᄯᅩ는 제도를 곳치고 폐ᄒᆞ고 혹은 아지 못ᄒᆞ는 화를 닙어셔 ᄉᆡᆼ명 ᄌᆡ산에 ᄃᆡᄒᆞ야 불안ᄒᆞᆫ 념려가 잇는 ᄯᅢ는 그 사실을 조사ᄒᆞ야 구ᄒᆞ는 도를 강구ᄒᆞ는 일

一 상공업가에 권리와 리ᄒᆡ에 관ᄒᆞ야 여러 가지 일을 쳐리ᄒᆞ는 일

본 회의소 회원

一 ᄃᆡ한뎨국 신민으로 셔울 오셔 관할구역 안에 사는 상업가는 다 본 회의소의 회원이오

一 회원은 본 회의소의 의원을 션거ᄒᆞ고 ᄯᅩ 의원에 ᄲᅩᆸ피는 권리가 잇소

一 회원은 본 회의소의 경비를 부담ᄒᆞ는 의무가 잇소

一 회원은 샹공업에 관ᄒᆞᆫ 의견을 본 회의소의 말ᄒᆞ는 권리가 잇소[591]

1909년 1월

591 제2874~2875호(1월 10일 및 12일자) 논설 미게재. 1월 11일은 정기휴간일임.

ᄉᆞ립학교 유지칙 / 불혹싱

오날날 우리나라의 가쟝 급ᄒᆞᆫ 것이 교육인 쥴은 사ᄅᆞᆷ마다 아ᄂᆞᆫ 고로 경향을 물론 ᄒᆞ고 완고로 ᄌᆞ쳐ᄒᆞ야 신학문 보기를 구슈갓치 ᄒᆞ던 쟈도 ᄉᆞ상이 일변ᄒᆞ야 ᄌᆞ질을 학교에 보ᄂᆡᄂᆞᆫ 쟈도 잇스며 막ᄃᆡᄒᆞᆫ ᄌᆡ력을 허비하고 지극ᄒᆞᆫ 졍셩을 뻐셔 학교를 충설ᄒᆞᄂᆞᆫ 쟈도 잇스니 이ᄂᆞᆫ 우리 국가 샤회를 위ᄒᆞ야 ᄒᆞᆫ번 크게 하례ᄒᆞᆯ 일이로다 그러나 우리 국민의 농샹공업이 발달치 못ᄒᆞᆷ으로 인ᄒᆞ야 ᄌᆡ졍이 심히 군졸ᄒᆞ고 ᄌᆡ졍이 군졸ᄒᆞᆷ으로 인ᄒᆞ야 왼갓 ᄉᆞ업이 젼진치 못ᄒᆞᄂᆞᆫ 즁에 학교를 유지ᄒᆞᄂᆞᆫ 방법이 특별히 어렵고 곤ᄒᆞ니 ᄯᅳᆺ잇ᄂᆞᆫ 쟈의 항상 근심ᄒᆞ고 ᄐᆞᆫ탄ᄒᆞᄂᆞᆫ 바이라 엇지 ᄒᆞᆫ번 강구치 안으리오 이왕으로 말ᄒᆞ면 우리 나라의 교육 졍도가 심히 어리다 ᄒᆞᆯ 터이로ᄃᆡ 글방이니 셔당이니 셔ᄌᆡ니 ᄒᆞᄂᆞᆫ 명식이 경향 각쳐에 동ᄂᆡ마다 잇고 집마다 잇셔셔 쳥년 ᄌᆞ뎨를 교육ᄒᆞ얏나니 그것은 엇지ᄒᆞ야 몃ᄇᆡᆨ 년 사이에 무엇으로뻐 유지ᄒᆞ얏나뇨 ᄒᆞ면 혹 형셰 잇ᄂᆞᆫ 사ᄅᆞᆷ은 ᄌᆞ긔집 샤랑에 독션ᄉᆡᆼ을 두고 집안의 ᄌᆞ셔뎨질ᄇᆡ를 가라치ᄂᆞᆫ ᄃᆡ 남의 보죠 ᄒᆞᆫ 푼 쳥ᄒᆞᆫ 일이 업고 그러치 안으면 ᄒᆞᆫ 동ᄂᆡ셔 몃 사ᄅᆞᆷ이 협의ᄒᆞ고 션ᄉᆡᆼ을 고빙ᄒᆞ되 각기 명하로 돈이 몃 량이며 ᄊᆞᆯ이나 혹 벼 몃 말을 의례히 슈렴ᄒᆞ야 조곰도 어려옴이 업시 유지ᄒᆞ얏거날 오날ᄂᆞᆯ 학교라 일홈을 지으면 엇지 그ᄃᆡ지 유지ᄒᆞ기가 어려오뇨 가쟝 이상ᄒᆞᆫ 일이로다 이졔 그 원인을 궁구ᄒᆞ건ᄃᆡ 십 년이나 혹 십오 년 젼에 우리 나라 션ᄇᆡ 즁에 오ᄂᆞᆯᄂᆞᆯ 셰계의 형편이 크게 변ᄒᆞᆯ 쥴을 가쟝 몬져 ᄶᆡ닷고 학교를 셜립ᄒᆞ고 신학문을 교슈코져 ᄒᆞ나 무릉도원의 굿게 든 잠을 ᄭᆡ지 못ᄒᆞᆫ 인민이 누가 그 일을 올케 녁이리오 올케 녁이지 안을 ᄲᅮᆫ 안이라 일뎨히 텬쥬학이라 지목ᄒᆞ야 ᄇᆡ호ᄂᆞᆫ 쟈ㅣ 업ᄂᆞᆫ 고로 부득이 ᄒᆞ야 가난ᄒᆞᆫ 사ᄅᆞᆷ의 ᄌᆞ질을 유인ᄒᆞ다십히 ᄒᆞ되 만일 우리 학교에 와셔 공부ᄒᆞᄂᆞᆫ 쟈ㅣ 잇스면 강미를 도모지 밧지 안코 ᄯᅩᄒᆞᆫ 지필묵ᄭᆞ지라도 당ᄒᆞ야 쥰다 ᄒᆞᆷ의 비로소 쥬ᄂᆞᆫ ᄃᆡ

탐ᄒᆞ야 입학ᄒᆞᄂᆞᆫ 쟈이 ᄉᆡᆼ긴지라 그 ᄯᅢ의 일을 ᄉᆡᆼ각ᄒᆞᆯ진ᄃᆡ 지ᄉᆞ의 마암이 얼마나 상ᄒᆞ얏스며 인민의 지식이 얼마나 몽ᄆᆡᄒᆞ얏나뇨 이 풍속이 ᄒᆞᆫ 번 ᄉᆡᆼ긴 후로 오날날ᄭᆞ지 학교라 ᄒᆞ난 ᄃᆡ셔ᄂᆞᆫ 의례히 강이라든지 월샤금을 밧지 안ᄂᆞᆫ 곳으로 ᄉᆡᆼ각ᄒᆞ니 (미완)

400 1909년 1월 14일(목) 제2877호 론셜

ᄉᆞ립학교 유지칙 (속) / 불혹ᄉᆡᆼ

학교를 유지ᄒᆞᄂᆞᆫ 도리가 만무ᄒᆞᆫ 고로 부득히 의연금을 모집ᄒᆞ나 그 모집ᄒᆞᆫ 금익이 심히 령셩ᄒᆞ야 ᄒᆞᆫ 학교를 유지ᄒᆞᆯ 긔본금이 되지 못ᄒᆞ고 다만 일 년이나 혹 반년 경비를 뎌당ᄒᆞᆷ에 지나지 못ᄒᆞ고 ᄯᅩ 다시 누구를 향ᄒᆞ야 의연금을 청ᄒᆞ리오 의연금 ᄂᆡᄂᆞᆫ 사ᄅᆞᆷ으로 론ᄒᆞᆯ지라도 쳥ᄒᆞᄂᆞᆫ 사ᄅᆞᆷ이 ᄒᆞᆫ 사ᄅᆞᆷ 두 사ᄅᆞᆷ 갓흐면 그 형셰ᄃᆡ로 된다 ᄒᆞ려니와 일 년에 몃 ᄎᆞ례식 몃 사ᄅᆞᆷ식 ᄂᆡ랴 ᄒᆞ면 비록 ᄌᆡ산가이라도 이로 슈응키 어려온 일이오 만일 ᄒᆞᆫ 번이라도 슈응치 안으면 셰샹의 평론이 분분ᄒᆞ니 이ᄂᆞᆫ 인정 물틔를 도모지 ᄉᆡᆼ각지 안ᄂᆞᆫ 일이로다 기즁에 엇던 쟈ᄂᆞᆫ 교육이 무엇인지 공익이 무엇인지 국가가 무엇인지 모르고 단지 ᄌᆞ긔 일신의 ᄇᆡ부르고 등 더운 것을 도모ᄒᆞ고져 ᄒᆞ야 교육비와 밋 기타 공익 ᄉᆞ업에 쓰ᄂᆞᆫ 돈은 ᄒᆞᆫ 푼을 ᄂᆡ지 안으니 이러ᄒᆞᆫ 쟈ᄂᆞᆫ 곳 국가 샤회의 큰 죄인이라 족히 인류라 칭ᄒᆞᆯ 것이 업고 교육계에 열심ᄒᆞ시ᄂᆞᆫ 유지 군ᄌᆞᄂᆞᆫ 밧을 팔고 집을 팔아셔 학교를 유지ᄒᆞ야 간즉 그 ᄯᅳㅅ은 진실로 감사 무디ᄒᆞ거니와 밧ᄂᆞᆫ 사ᄅᆞᆷ의 마음에야 엇지 불안ᄒᆞᆷ이 업스리오 그런즉 우리나라 교육계의 발젼ᄒᆞᆷ과 영원ᄒᆞᆷ을 ᄭᅬᄒᆞ고져 ᄒᆞᆯ진 ᄂᆡᆺᄂᆡᆺ 유지 군ᄌᆞ의 단독 힘만 의지ᄒᆞ지 말고 여러 사ᄅᆞᆷ의 힘을 합ᄒᆞ여야 ᄒᆞ리로다 여러 사ᄅᆞᆷ의 힘을 합ᄒᆞᄂᆞᆫ 도ᄂᆞᆫ 엇더ᄒᆞ뇨 쳣지ᄂᆞᆫ 의무교육을 실시ᄒᆞ야 집을 직희고 샤ᄂᆞᆫ 자ᄂᆞᆫ ᄒᆞᆫ 돌에 교육비 얼마식을 의례히 ᄂᆡ게 ᄒᆞᆷ

1909년 1월

에 잇고 둘ᄯᅢᄂᆞᆫ 입학ᄒᆞᄂᆞᆫ 학도가 언의 학교에든지 입학ᄒᆞ랴 ᄒᆞᆯ ᄯᅢ에ᄂᆞᆫ 반다시 그 학교의 규측을 의지ᄒᆞ야 입학금 얼마 월샤금 얼마를 ᄂᆡ게 ᄒᆞᆷ에 잇다 ᄒᆞ노라 이와 갓치 ᄒᆞ면 학교를 건츅ᄒᆞ고 모든 졔구를 셜비ᄒᆞᄂᆞᆫ ᄃᆡᄂᆞᆫ 유지쟈의 긔부금을 청구ᄒᆞᄂᆞᆫ 외에 학교 유지비ᄂᆞᆫ 학부형된 쟈의 부담이 되리니 오ᄂᆞᆯ날ᄭᅡ지 ᄒᆞᆫ 두 샤ᄅᆞᆷ의 힘을 의지ᄒᆞ던 것으로 ᄒᆞ야곰 여러 샤ᄅᆞᆷ이 분담ᄒᆞᆯ진ᄃᆡ 그다지 어려온 일이 안이로다 바라건ᄃᆡ 우리 학부형 되시ᄂᆞᆫ 동포ᄂᆞᆫ 자질을 학교에 보ᄂᆡᆯ ᄯᅢ에 월샤금 얼마ᄂᆞᆫ 의례히 ᄂᆡᆯ 것으로 알고 대한 텬디에셔 삼간 초옥이라도 의지ᄒᆞ고 살면 의무교육비 얼마ᄂᆞᆫ 의례히 ᄂᆡᆯ 것으로 알지어다 만일 그러치 안으면 우리 나라의 ᄉᆞ립학교ᄂᆞᆫ 도뎌히 영원 유지ᄒᆞᆯ 계칙이 업다 ᄒᆞ노라 (완)[592]

401 1909년 1월 20일(수) 제2882호 별보

ᄀᆡ신셔(開申書) / ᄇᆡᆨ형슈

경셩 상업회의소에서 현금 시상에 젼졍이 졀박ᄒᆞᆫ 일죵 원인을 들어 림시 총회에셔 자긔 리유로 의견을 결뎡ᄒᆞ고 탁지부 대신의게 ᄀᆡ신ᄒᆞᆷ이 자와 갓더라

나라의 부강은 인민의 산업 발달에 잇고 인민의 산업 발달은 자금 륭통이 원활ᄒᆞᆷ에 잇고 자금의 륭통은 정부의 지도가 뎍의ᄒᆞᆷ에 잇나니 황차 신긔국에ᄂᆞᆫ 외국 상인의 격렬ᄒᆞᆫ 경징과 구업 확쟝과 신규 시셜이 파다ᄒᆞ야 자금의 슈용이 비젼비사ᄒᆞᆫ 경우를 당ᄒᆞ얏슨즉 이ᄯᅢ를 당ᄒᆞ야 졍부의 지도 죠쳐가 그 보루를 한 번 그릇ᄒᆞ야 완급이 뎐도ᄒᆞ고 뎍부를 ᄉᆞᆲ히지 안이ᄒᆞ면 산업의 쇠잔은 막론ᄒᆞ고 민심의 리산을 난면ᄒᆞᆯ 것은 명약관화ᄒᆞᆫ 바ㅣ라 그러나 우리 나라 상공농 삼계의 유리 상황을 관찰ᄒᆞ건ᄃᆡ 구ᄅᆡ 관습으로 상공은 관금을 이획[593]ᄒᆞ야

592 제2878~2881호(1월 15~19일자) 논설 미게재. 1월 18일은 정기휴간일임.

소규모의 무역이나 공작을 계우 경영ᄒᆞ고 농업은 디방 호농의 ᄌᆞ력을 의뢰ᄒᆞ야 경운ᄌᆞ싱ᄒᆞ더니 일자 경장 이후로 금고 졔도의 신셜을 인ᄒᆞ야 통힝 화폐가 국고에 흡슈된 즁 각죵 관계를 인ᄒᆞ야 국고의 지출금으로 상공계에 륭통ᄒᆞᄂᆞᆫ 슈익이 자못 젹고 또 구화 람발을 인ᄒᆞ야 화천물귀ᄒᆞ더니 화폐 졍리로 믈미암아 화귀물천ᄒᆞ야 ᄌᆡ산을 리용ᄒᆞ기 곤난ᄒᆞᆫ 시ᄃᆡ를 졸당ᄒᆞ야 샹공농계에 ᄌᆞ금이 졀핍ᄒᆞ고 겸ᄒᆞ야 외국샹의 격렬ᄒᆞᆫ 경징과 디방의 만연ᄒᆞᆫ 소요 등을 인ᄒᆞ야 각죵 영업이 젼폐ᄒᆞᆯ 디경에 니를 ᄲᅮᆫ 안이라 경향 부호의 소유 ᄌᆡ산은 부동산ᄲᅮᆫ인ᄃᆡ 이왕 뎐집ᄒᆞᆫ 쟈ᄂᆞᆫ 환츄ᄒᆞᆯ 길이 업고 뎐집지 안이ᄒᆞᆫ 쟈ᄂᆞᆫ 방ᄆᆡ와 뎐집이 다 곤난ᄒᆞᆫ 즁 부ᄎᆡ를 날로 독쵹ᄒᆞ되 판상ᄒᆞᆯ 길이 업셔 쳘뎐 파산ᄒᆞᄂᆞᆫ 쟈ㅣ 만으니 ᄃᆡ기 쳘뎐 파산의 ᄂᆡ용은 자력 업ᄂᆞᆫ 쟈ㅣ 투긔람부ᄒᆞᆫ 소이가 안이오 기실은 자금의 륭통을 엇지 못ᄒᆞ야 일인의 파산이 십인에 파급홈에 잇슴이라 이 시ᄃᆡ를 당ᄒᆞ야 ᄌᆞ금 결핍으로 곤난을 면ᄒᆞ기 불능ᄒᆞ거날 황차 이 난치ᄒᆞᆫ 경우를 당홈이리오 이 경우에 뎍응ᄒᆞᄂᆞᆫ 졍부의 시셜과 조쳐를 보건ᄃᆡ 즁앙과 각 디방에 몃 ᄀᆡ 금륭긔관을 셜치ᄒᆞ고 농공에만 ᄃᆡᄒᆞ야 소익의 ᄌᆞ금을 륭통ᄒᆞᄂᆞᆫ 즁 그 죠쳐가 맛당치 못ᄒᆞ야 그 효력이 크지 안이ᄒᆞ며 또 금륭 소통을 젼쟝ᄒᆞᄂᆞᆫ 즁앙은힝이 그 죠죵을 그릇ᄒᆞ야 륭통을 도모치 안이ᄒᆞ야 도현[594]ᄒᆞᆫ 사세가 가도록 급박ᄒᆞ온지라 이갓치 각즁 원인 관계로 인ᄒᆞ야 금륭이 졀박ᄒᆞᆫ 즁에 이 졀박으로 ᄒᆞ야곰 더옥 증가케 ᄒᆞᄂᆞᆫ 한 즁ᄃᆡᄒᆞᆫ 원인이 또 잇스니 즉 이젼부터 일사 칠궁에셔 관리ᄒᆞ든 각 도쟝과 밋 ᄎᆡ무의 관계쟈 권리쟈 혹 ᄎᆡ권쟈ᄂᆞᆫ 다 상공계의 소위 부호가로 현금 졍황을 당ᄒᆞ야 텰뎐 혹은 파산ᄒᆞᄂᆞᆫ 경우에 니른 쟈ㅣ니 그 권리의 판뎡을 엇더 현물을 리용ᄒᆞ고 그 ᄎᆡ무의 리힝을 밧아 현금을 사용ᄒᆞ야 이갓치 급절ᄒᆞᆫ 사셰의 몃불을 료히ᄒᆞᆯ 쟈ㅣ라 그러코 뎨실유급 국유ᄌᆡ산 됴사

593 이획(移劃): 일정한 돈이나 곡식 가운데서 얼마를 다른 데 몫으로 옮겨 떼어줌.
594 도현(倒懸): ① 거꾸로 매달림. 또는 거꾸로 매닮. ② 위험이 아주 가까이 닥침.

국에셔 본년 ᄉᆞᆷ월에 임의 사뎡ᄒᆞ야 각의를 결뎡ᄒᆞ고 통감부에 경유ᄒᆞᆫ 후 상쥬ᄌᆡ가ᄒᆞ야 작(作)납(納)역(役) 삼 도장은 뎨실유로 인뎡ᄒᆞ고 그 도쟝 쥬에 ᄃᆡᄒᆞ야는 일ᄀᆡ년 슌츄슈익의 삼ᄀᆡ년됴를 증권으로 하부ᄒᆞ고 그 밧긔 투탁 도쟝 륙십여 쳐 토디는 위션 민유로 환급ᄒᆞ고 그 례납ᄒᆞ던 곡포와 돈은 면탈ᄒᆞ기로 ᄒᆞ얏스며 또 뎨실 ᄎᆡ무 일ᄇᆡᆨ륙십여만 원에 ᄃᆡᄒᆞ야는 이왕 됴사를 필ᄒᆞ얏슨즉 ᄎᆡᆨᄌᆡ와 및 됴사에 의쥰ᄒᆞ야 급속 하급ᄒᆞ옴이 맛당ᄒᆞ옵거날 차 등샤의 사졍이 급절ᄒᆞ고 ᄌᆡ가와 사획이 완료ᄒᆞᆷ을 불계ᄒᆞ고 일자 탁지부 림시 ᄌᆡ산 졍리국으로 이속ᄒᆞᆫ 이후로 반년이 지낫스되 엇더케 조쳐ᄒᆞᆷ이 돈무ᄒᆞ야 샹공농 삼계의 금륭으로 ᄒᆞ야곰 더옥 급절케 ᄒᆞ오니 이것이 실로 그 쥬의를 알지 못ᄒᆞᆯ 것이라 ᄃᆡᄀᆡ 그 도쟝은 됴사를 필ᄒᆞᆫ 후에 결뎡이 되여 ᄎᆡᆨᄌᆡ 반포ᄒᆞᆫ 쟈인즉 다시 변통ᄒᆞᆯ 필요가 업슬 ᄲᆞᆫ 안이라 그 ᄎᆡᆨᄌᆡ를 취소ᄒᆞ기 불능ᄒᆞᆫ 경우에 잇스며 ᄎᆡ무는 그즁에 셜혹 불가ᄒᆞᆫ 쟈ㅣ 잇슬지라도 그 춍익이 ᄀᆡ시 불가ᄒᆞᆫ 쟈는 안인즉 그 작납역 삼죵 도쟝에 관ᄒᆞᆫ 증권과 투탁ᄒᆞᆫ 민유디와 민곡과 그 됴사가 완젼ᄒᆞᆫ ᄎᆡ무에 관ᄒᆞᆫ 금익을 급속 하급ᄒᆞ와 그 권리쟈로 ᄒᆞ여곰 륭통케 ᄒᆞ야 금륭이 절박ᄒᆞᆫ 졍셰의 몃 분을 ᄒᆡ탈케 ᄒᆞᆷ이 시의에 뎍당ᄒᆞᆫ 죠쳐로 인뎡ᄒᆞ는 즁 이것이 그 관계된 권리쟈 ᄀᆡ인을 위ᄒᆞᆷ이 안이오 젼국 상업계 젼톄에 ᄃᆡᄒᆞ야 즁대ᄒᆞᆫ 리익이 잇는 쟈로 인뎡ᄒᆞᆷ으로 본 회의소는 이갓치 의견을 ᄀᆡ진ᄒᆞ오니 사죠ᄒᆞ신 후에 즉시 결ᄒᆡᆼᄒᆞ시와 농상공 삼업계 영위쟈로 ᄒᆞ야곰 곤익을 면탈ᄒᆞ고 안도 쥬업케 ᄒᆞ심을 복망

경셩 상업회의소

회두 ᄇᆡᆨ형슈[595]

595 1월 21~25일 음력 설로 인한 임시휴간. 제2883~2892호(1월 26일~2월 5일자) 논설 미게재. 2월 1일은 정기휴간일임.

2월

402 1909년 2월 6일(토) 제2893호 론셜

흠숑셩덕

우리

대황뎨폐하긔압셔 동궁에 계오신 지 삼십여 년에 예학이 슉취ᄒᆞ오실 ᄲᅮᆫ 안이시라 지극ᄒᆞ오신 효도로ᄡᅥ 우리

틱황뎨폐하를 셤기시나 그러나 직졉으로 신민에게 림ᄒᆞ심이 업스시고 구즁궁궐에 오쉭 구름이 깁허셔 일반 신민이 예덕의 엇더ᄒᆞ오심을 ᄌᆞ셰히 아지 못ᄒᆞ더니

보위에 오르신 지 겨오 삼 년에 죠뎡 빅집ᄉᆞ를 명ᄒᆞ샤 각기 직칙을 맛기시읍고 밤과 낫으로 병침이 편안치 못ᄒᆞ샤 이 나라를 엇지 시러곰 닐으키며 이 빅셩을 엇지 시러곰 가라칠고 ᄒᆞ시니 우리 신민된 쟈의 만만 황송ᄒᆞᆫ ᄇᆡ이라 더욱 향일에 디방 민졍의 질고를 친히 사찰ᄒᆞ실 ᄯᅳᆺ으로

대죠를 환발ᄒᆞ옵시고 련ᄒᆞ야 남방 각디에 슌힝ᄒᆞ샤 디방 부로를 옥탑 지쳑에 소견ᄒᆞ옵시고 칙유를 ᄂᆞ리시되

부화ᄒᆞᆫ 것은 버리고

실상스러온 일을 힘쓰며

풍교를 바로잡고

리용 후싱ᄒᆞ야

뼈 나라의 근본을 회복ᄒᆞ라

ᄒᆞ압셧스니 크시도다 셩인의 말삼이시여 대한 강산에 ᄉᆡᆼ육ᄒᆞᆫ 쟈야 엇지 잠시인들 이 말삼을 니즈리오 몃 날이 지나지 못ᄒᆞ야 ᄀᆡ후의 심히 치움을 도라보시지 안이ᄒᆞ압시고 이에 ᄯᅩ 량셔 각디에

슌힝ᄒᆞ압시ᄂᆞᆫ 죠칙을 나리압시고 상월 이십칠일에 남대문 밧 뎡거쟝에셔 옥챠를 어승ᄒᆞ압시고 당일로 평양에 어 도착ᄒᆞ샤 일야를 경슉ᄒᆞ옵시고 익일에 신의쥬에 경슉ᄒᆞ압시고 익일에 의쥬에 경슉ᄒᆞ옵시고 익일에 신의쥬에 경슉ᄒᆞ압시고 익일에 평양에 어찰ᄒᆞ샤 경슉ᄒᆞ압시고 익일에 평양에 쥬련ᄒᆞ압시고 익일에 ᄀᆡ셩에 경슉ᄒᆞ압시고 익일에 환어ᄒᆞ압셧ᄂᆞᆫᄃᆡ 그 사이에 각 디방 셰민의 질고를 일일히 하슌ᄒᆞ옵시며 부로를 다슈히 소견ᄒᆞ압시고 간절ᄒᆞ오신 칙유를 슌슌히 나리오시니 비록 완악ᄒᆞ고 어리셕은 ᄇᆡᆨ셩이 잇슨들 엇지 감격ᄒᆞᆫ 눈물이 흐르지 안으며 ᄊᆡ닷ᄂᆞᆫ 마암이 엄돗지 안으리오

셩인의 덕화의 밋츠심으로 인ᄒᆞ야 삭풍이 름렬ᄒᆞᆫ 의쥬 디방에 일긔가 온화ᄒᆞ야 산쳔쵸목이 화긔를 씌고 일반 인민의 남녀로유가 즐거옴과 깃거옴을 익의지 못ᄒᆞ야 만셰를 환호ᄒᆞ며 손으로 춤추고 발로 쒸염질ᄒᆞ니 이ᄂᆞᆫ 우리나라 ᄀᆡ벽 이ᄅᆡ에 쳐음 잇ᄂᆞᆫ 셩ᄉᆞ로다

슯흐다 우리

대황뎨폐하의 덕화 가온ᄃᆡ셔 ᄉᆡᆼ식ᄒᆞᄂᆞᆫ 우리 동포 제군이여 우리 대황뎨폐하씌압셔 옥테의 슈고로옴을 도라보시지 안으시옵고 변경 벽읍ᄭᅡ지 슌힝ᄒᆞ샤 우리의 몽ᄆᆡ홈을 계블ᄒᆞ시고 우리의 나약홈을 닐으키시고 우리의 풍교를 돈후케 ᄒᆞ시샤 뼈 국가의 근본을 회복ᄒᆞ시랴 ᄒᆞ압시니 우리의 간노가 도디ᄒᆞᆫ들 엇지 ᄉᆞ양홈이 잇스리오 우리가 맛당히 쥬야와 한서를 물론ᄒᆞ고 각기 업을 부즈런히 ᄒᆞ되 교육을 베푸ᄂᆞᆫ 쟈와 밧ᄂᆞᆫ 쟈ᄂᆞᆫ 교육을 힘쓰며 농ᄉᆞᄒᆞᄂᆞᆫ 쟈ᄂᆞᆫ 농ᄉᆞ를 힘쓰며 장ᄉᆞᄒᆞᄂᆞᆫ 쟈ᄂᆞᆫ 쟝ᄉᆞ를 힘쓰며 공업ᄒᆞᄂᆞᆫ 쟈ᄂᆞᆫ 공엽을 힘뻐셔 우리

대황뎨폐하의 셩은의 만분지일을 갑기로 긔약ᄒᆞᆯ지어다

403 1909년 2월 7일(일) 2894호 론셜

숑 어 량씨의 징투 〈건 / 불혹싱

이번에 우리

대황뎨폐하긔압셔 남북 각 디방에 슌힝ᄒᆞ압심은 진실로 젼무후무ᄒᆞᆫ 셩ᄉᆞ이라 연고로 각 디방 신민이 남녀로유를 물론ᄒᆞ고 자연히 깃버ᄒᆞᄂᆞᆫ 마암과 공경ᄒᆞᄂᆞᆫ 졍셩으로뻐

옥가를 봉영봉송ᄒᆞ야 만셰를 환호ᄒᆞᄂᆞᆫ 소ᄅᆡ가 구텬에 달ᄒᆞ엿거날 ᄂᆡ각 대신 즁에 즁요ᄒᆞᆫ 디위에 거ᄒᆞᆫ 송병쥰 씨와 시죵무관 어담씨가 혈긔의 ᄉᆞ분으로 인ᄒᆞ야 크게 징투ᄒᆞ엿다ᄂᆞᆫ 소문이 헌쟈ᄒᆞ야 ᄂᆡ외국 신문지에 늘마다 게ᄌᆡ되되 혹은 어씨가 칼을 ᄲᅢ엿다 ᄒᆞ며 혹은 송씨가 칼을 ᄲᅢ엿다 하며 혹은 어씨의 훈쟝에 송씨의 손가락이 상ᄒᆞ야 류혈이 림리ᄒᆞ얏다 ᄒᆞ며 혹은 송 어 량씨가 다 칼을 ᄲᅢ엿다 ᄒᆞ야 풍셜이 ᄇᆡᆨ 가지로 남애 언의 믈이 젹실ᄒᆞᆫ지ᄂᆞᆫ 알기 어려오나 그러나 송 여 량씨가 크게 징투ᄒᆞ야 칼을 ᄲᅢ고 피가 흐른 것은 감초지 못ᄒᆞᆯ ᄉᆞ실인즉 텬하 만고에 다시 업ᄂᆞᆫ 변괴로다

송씨로 믈ᄒᆞ면 일국 대신의 디위를 가지고 어씨로 말ᄒᆞ면 금즁에 시죵ᄒᆞᄂᆞᆫ 고등무관인즉 셜혹 ᄉᆞ셕에셔라도 여간 ᄉᆞ분으로ᄂᆞᆫ 언힐을 ᄒᆞᆫ다던지 징투를 ᄒᆞᆫ다던지 발검상격ᄒᆞᄂᆞᆫ 일이 잇셔셔ᄂᆞᆫ 일기인의 실톄ᄲᅮᆫ 안이라 곳 젼국에 붓그러온 일이어늘 함을며

옥챠ᄂᆡ 텬폐지쳑지디에셔 이갓흔 일이 잇셧스니 불경의 죄가 이에셔 더 큰 것이 어ᄃᆡ 잇스리오 이ᄂᆞᆫ 다만 어 송 량씨의 불경지죄ᄲᅮᆫ 안이라 죠뎡 문무ᄇᆡᆨ관과 일반 신민의 모다 황송 젼률ᄒᆞᄂᆞᆫ 바이로다

대가가 슌힝ᄒᆞ시ᄂᆞᆫ 사이에ᄂᆞᆫ 일변으로

황상 폐하의 셩려를 허비ᄒᆞ실가 두려워ᄒᆞ며 일변으로ᄂᆞᆫ 일반 인민의 마암이 경농ᄒᆞᆯ가 념려ᄒᆞ야 비밀히 ᄒᆞ야 드러ᄂᆡ지 안옴이 썻썻ᄒᆞᆫ 일이어니와 오날

1909년 2월

놀은 대가가 임의 환어ᄒᆞ압시고 청문이 랑쟈ᄒᆞ야 일반 셰인의 이목을 가리오기 어려온 일인족 정부에셔 엇지 이 일을 묵묵히 간과ᄒᆞ야 아모 죠쳐가 업나뇨

이젼에 만일 이런 일이 잇고 보면 ᄃᆡ계가 닐어나셔 대역부도의 죄를 의론코져 ᄒᆞ얏슬지나 지금은 ᄃᆡ계가 업셔졋슨즉 족히 두려워ᄒᆞᆯ 것이 업다 ᄒᆞ야 일언반ᄉᆞ가 업시 지나가려 ᄒᆞᄂᆞᆫ가

셜ᄉᆞ 정부에셔 이 일을 덥허 가고져 ᄒᆞᆯ지라도 ᄂᆡ외국 신민의 여론이 필경은 용셔치 안으리니 바라건ᄃᆡ 정부 당로쟈ᄂᆞᆫ 엄즁히 사힉ᄒᆞ야 불경지죄를 의론ᄒᆞᆫ 후에야 우의로 우리

황실의 존엄ᄒᆞ심을 가히 보존ᄒᆞᆯ 것이오 아ᄅᆡ로 인민의 황송ᄒᆞᆫ 마암이 젹이 덜닐가 ᄒᆞ노라[596]

404 1909년 2월 10일(수) 제2896호 별보

대한협회 건의서

대한협회에셔 ᄂᆡ부대신 송병쥰이 셔슌 ᄇᆡ죵시에 뎐폐지쳑지디에셔 후쥬작경ᄒᆞ다가 어담씨와 블검 징투ᄒᆞᆫ 일에 ᄃᆡᄒᆞ야 ᄂᆡ각 춍리대신 리완용 씨에게 건의셔를 뎨뎡ᄒᆞ얏ᄂᆞᆫᄃᆡ 춍ᄃᆡ위원 김광제 한긔쥰 량씨를 파송ᄒᆞ고 그 건의셔의 ᄂᆡ용은 좌와 여ᄒᆞ더라

업다려 ᄉᆡᆼ각건ᄃᆡ 우리

대황뎨폐하ᄭᅴ압셔 렬셩죠의 셩덕을 니으시며 국보의 간우ᄒᆞᆷ을 근심ᄒᆞ야 ᄆᆡ운 바름과 ᄊᆞ인 눈의 심ᄒᆞᆫ 치위를 도라보지 안이ᄒᆞ시고 옥톄를 수고롭게 ᄒᆞ

596 2월 8일은 정기휴간일임. 제2895호(2월 9일자) 논설 미게재.

샤 쳔리원뎡에 남슌셔슈ᄒᆞ심은 특별히 일반 인민의 의심ᄒᆞ고 근심홈으로뼈 몸소 먼 디방에 힝힝ᄒᆞ샤 덕의를 션포ᄒᆞ시며 신민을 졉견ᄒᆞ샤 무휼안즙ᄒᆞ시니 령남의 부로들은 집힝이를 붓들고 죠칙을 드르며 관셔의 ᄌᆞ데들은 다리에 둘녀 의용을 우러러 보아 만방이 바름 동ᄒᆞ듯 ᄒᆞ고 여러 가지 의심이 어름 풀니듯 ᄒᆞ니 아름답도다 우리 젼국 ᄇᆡᆨ셩이 누가 감격ᄒᆞ야 눈물을 흘니며 셩인의 덕화의 넓히 져짐을 찬송치 안으리오 뎌 완악ᄒᆞᆫ 아ᄒᆡ와 어리셕은 늙은이도 오히려 깃부고 즐거워ᄒᆞ야 춤추며 쒸놀거든 함을며 몸이 상등 샤회에 거ᄒᆞ고 벼살이 대관에 잇셔셔 일동 일졍이 젼국의 표쥰이 되며 일어 일묵이 만민의 모범이 되는 쟈에 니르러는 맛당히 우리

폐하의 간측ᄒᆞ신 셩의를 몸 밧으며 민국의 급업ᄒᆞᆫ 현상을 념려ᄒᆞ야 ᄇᆡᆨ 빅나 졍신을 가다듬고 십분이나 힘을 다ᄒᆞ야 우리

폐하의 젹ᄌᆞ로 ᄒᆞ야곰 죠뎡의 존엄홈을 알게 ᄒᆞ야 위엄과 은혜가 아울너 힝케 ᄒᆞᆫ 후에야 셩덕이 ᄲᅢ에 사못쳐셔 인군을 사랑ᄒᆞᄂᆞᆫ 마암이 소ᄉᆞᄂᆞᆯ ᄲᅮᆫ 안이라 이 ᄯᅢ가 엇더ᄒᆞᆯ ᄯᅢ며 이 긔회가 엇더ᄒᆞᆫ 긔회뇨 이에 한 번 잘못ᄒᆞ면 만ᄉᆞ가 와ᄒᆡ홈은 졔공도 ᄯᅩᄒᆞᆫ 아실 바이라 이갓치 간우ᄒᆞᆫ ᄯᅢ에 이갓치 듬은 일을 힝ᄒᆞ시니 셜혹 수례를 어거ᄒᆞ고 물을 모ᄂᆞᆫ 무리 가온ᄃᆡ 슐이 취ᄒᆞ야 명분을 범ᄒᆞᄂᆞᆫ 쟈ㅣ 잇슬지라도 맛당히 엄ᄒᆞ게 신칙ᄒᆞ야 조곰이라도 그릇홈이 업게 홈은 사름의 셩품을 가진 쟈의 깁히 밋ᄂᆞᆫ 바이어ᄂᆞᆯ 쳔만 ᄯᅳᆺ밧게 국무대신 즁 디방을 통치ᄒᆞᄂᆞᆫ 위에 잇ᄂᆞᆫ 쟈ㅣ 도로혀 무엄ᄒᆞ며 불경ᄒᆞᆫ 힝동을 방ᄉᆞ히 ᄒᆞ야 ᄂᆡ외국 신문에 헌쟈ᄒᆞ며 인구 젼파에 소문이 랑쟈ᄒᆞ야 젼국 인민으로 ᄒᆞ야곰 분울ᄒᆞ야 침 ᄇᆡᆺ앗고 ᄉᆞ지져 갈아ᄃᆡ 소위 ᄂᆡ부대신 송병쥰은 텬폐지쳑지디에셔 신ᄌᆞ의 분의를 ᄉᆡᆼ각지 안이ᄒᆞ고 소ᄅᆡ 지르고 짓거리기를 곗헤 사름이 업ᄂᆞᆫ다시 ᄒᆞ다가 ᄂᆞᆺ잠ᄂᆡ 칫딘 칼을 ᄲᅦ어 사름을 지르려 ᄒᆞᄂᆞᆫ 거죠가 잇셧스니

슯흐다 옥챠의 지쳑이 본ᄅᆡ 칼날을 번드거리지 못ᄒᆞᆯ ᄯᅡ이며 ᄇᆡ죵ᄒᆞᄂᆞᆫ 근신이 ᄯᅩᄒᆞᆫ 엇지 ᄉᆞ분으로 징투ᄒᆞᆯ 사름이리오 이 소문을 드름으로부터 일반

신민의 남녀로소가 모다 통분 격앙ᄒᆞ야 셔로 말ᄒᆞ되 이로조차 명분이 젼혀 업셔지고 군권이 아조 ᄲᅥ러지니 오날날 졍부 대신은 다 이러ᄒᆞᆫ가 ᄒᆞ야 드듸여 우리

황샹폐하의 치위를 무릅쓰시고 멀니 수고로히 ᄒᆞ신 셩덕을 ᄃᆡ양치 못ᄒᆞᆯ ᄲᅮᆫ 안이라 도로혀 만고에 업ᄂᆞᆫ 변괴를 힝ᄒᆞ야 인심이 크게 불평ᄒᆞᆯ ᄉᆡ 본회ᄂᆞᆫ 그윽히 ᄀᆡ탄ᄒᆞᆷ을 익의지 못ᄒᆞ나 쳐음에ᄂᆞᆫ ᄉᆡᆼ각기를 만일 그 ᄉᆞ실이 업스면 ᄌᆞ연히 변명되리라 ᄒᆞ얏더니 날이 지나갈ᄉᆞ록 졈졈 드러나셔 증거가 소연ᄒᆞ니 이에 인심이 더욱 울불ᄒᆞ며 물의가 크게 비등호ᄃᆡ 법을 맛ᄒᆞᆫ 관원이 일언반ᄉᆞ가 업고 당로ᄒᆞᆫ 신하가 보기를 심상히 ᄒᆞ니 오호 통직라 오ᄇᆡᆨ여 년을 상젼ᄒᆞ야 오ᄂᆞᆫ 국가의 법률과 긔강이 엇지 일죠에 이갓치 업셔지나뇨 대뎌 국무대신은 우의로

셩명을 보필ᄒᆞ며 아ᄅᆡ로 인민을 통솔ᄒᆞ야 담부ᄒᆞᆫ 칙임이 엇더케 쥬대ᄒᆞ관ᄃᆡ 몸소 스ᄉᆞ로 이 갓ᄒᆞᆫ 망유긔극ᄒᆞᆫ 죄를 범ᄒᆞ니 이 일로 미루어 볼진ᄃᆡ 그 도랑 방ᄌᆞᄒᆞᆷ이 쟝찻 언의 디경이 니를ᄂᆞᆫ지 아지 못ᄒᆞ리니 우리

폐하의 신ᄌᆞ된 쟈ㅣ 엇지 묵묵히 지나가리오 그윽히 ᄉᆡᆼ각던ᄃᆡ 각하ᄂᆞᆫ ᄂᆡ각 슈규로 ᄇᆡᆨ관을 통솔ᄒᆞᄂᆞᆫ 칙망이 잇고 젼부를 숣혀 다ᄉᆞ리ᄂᆞᆫ 디위에 쳐ᄒᆞ엿슨즉 반닷히 듯지 못ᄒᆞ거나 아지 못ᄒᆞᆯ 리치가 업거ᄂᆞᆯ 지금ᄭᅡ지 료료ᄒᆞ야 아모 죠쳐가 업스니 각하ᄂᆞᆫ 이것을 샹ᄉᆞ로 아라셔 족히 심칙ᄒᆞᆯ 것이 업다 ᄒᆞᄂᆞᆫ가 나의 칙임이 안이라 ᄒᆞ야 젹발코져 안이ᄒᆞᄂᆞᆫ가 젼국을 인군도 업고 신하도 업ᄂᆞᆫ 디경으로 보아 감히 말ᄒᆞᆯ 사름이 업다 ᄒᆞᄂᆞᆫ가 본회ᄂᆞᆫ 이에 모골이 송연ᄒᆞ고 간담이 부셔지ᄂᆞᆫ 듯ᄒᆞ야 이에 공변된 의견을 갓초어 이갓치 건의ᄒᆞ오니 바라건ᄃᆡ 각하ᄂᆞᆫ ᄲᆞᆯ니 죠쳐ᄒᆞ야 ᄒᆞᆫ편으로 신ᄌᆞ가 되여 그 인군을 공경치 안이ᄒᆞᄂᆞᆫ 죄를 징계ᄒᆞ며 ᄒᆞᆫ편으로 일반 인민의 여졍이 불울ᄒᆞᆷ을 진졍ᄒᆞ며 젼국 상하의 의심을 환연빙석케 ᄒᆞ야 ᄡᅥ 황실의 존엄ᄒᆞ심을 즁히ᄒᆞ소셔[597]

즁츄원은 무엇에 쓰며 원로대신은 어딕 갓나 / 불혹싱

갑오경장 이릭로 즁츄원을 셜시ᄒᆞ고 의쟝이라 의관을 둔 것은 아릭로 일반 ᄉᆞ민의 여론을 캐여 우의로 텬쳥에 달ᄒᆞ게 ᄒᆞ며 정부 당로쟈가 무삼 그릇ᄒᆞᄂᆞᆫ 일이 잇스면 혹 론박도 ᄒᆞ며 혹 건의도 ᄒᆞ야 국졍을 바로 잡자ᄂᆞᆫ 본의나 그러나 불힝히 그 일홈만 잇고 실상은 업셔셔 디방관 가ᄂᆞᆫ 사ᄅᆞᆷ의 츌륙자리를 민드럿더니 년릭에ᄂᆞᆫ 그 관졔를 기졍ᄒᆞ야 의장, 고문, 찬의, 부찬의 등의 허다ᄒᆞᆫ 관원을 두고 나라와 ᄇᆡᆨ셩에게 편의ᄒᆞᆯ 일을 강구ᄒᆞ야 ᄂᆡ각에 건의도 ᄒᆞ며 ᄂᆡ각에셔 ᄌᆞ슌ᄒᆞᄂᆞᆫ 일을 의결도 ᄒᆞ며 국즁에 즁대ᄒᆞᆫ 문뎨가 잇스면 시원임 의관과 찬의를 회동 의결ᄒᆞᄂᆞᆫ 직칙이 잇거날 오날늘 국가에 만고에 업ᄂᆞᆫ 변괴가 나셔 젼국 인심이 분울ᄒᆞ야 물실틋ᄒᆞ되 못 드른 톄 못 본 톄ᄒᆞ고 일언반ᄉᆞ가 업스니 진실로 한심 통곡ᄒᆞᆯ 바이로다

대뎌 ᄂᆡ부대신 송병쥰이 옥챠지밀에셔 슐이 대취ᄒᆞ야 쳐음에ᄂᆞᆫ 광언망셜로 녀관을 릉욕ᄒᆞ다가 맛참ᄂᆡᄂᆞᆫ 시죵무관 어담씨를 ᄃᆡ하야 눈에 군부가 업ᄂᆞᆫ 언어와 힝동으로 징투ᄒᆞ야 필경에 칼을 ᄲᆡ여 어담씨를 찌르려 ᄒᆞ엿스니 이ᄂᆞᆫ 우리나라 기벽 이릭에 쳐음 잇ᄂᆞᆫ 무엄ᄒᆞᆫ 쟈이며 불경ᄒᆞᆫ 쟈이라 이갓흔 무리를 그저 바려두면

신셩ᄒᆞ압신 황실의 존엄을 엇지 보존ᄒᆞ며 쇼가의 긔강을 엇지 부지ᄒᆞ며 만고의 신자를 엇지 징계ᄒᆞ며 이쳔만 신민의 분울홈을 엇지 풀니오

즁츄원 의장 이하 고문과 찬의 졔씨가 이 문뎨를 깁히 연구ᄒᆞ야 ᄂᆡ각에 건의ᄒᆞ야 왕법(王法)을 ᄇᆞᆰ히고 국강을 붓든 연후에야 가히 그 직칙을 다ᄒᆞ엿다 ᄒᆞᆯ지라

597 제2897호(2월 11일자) 논설 미게재.

만일 송병준의 디위와 셰력을 두려워ᄒᆞ야 이 일을 힝치 못ᄒᆞᆯ진ᄃᆡ 더욱이 이셕ᄒᆞ고 통탄ᄒᆞᆯ 바이니 즁츄원을 뷔여 공평 정직ᄒᆞᆫ 쟈에게 ᄉᆞ양ᄒᆞ야 주는 것이 가ᄒᆞ다 ᄒᆞ노라 ᄯᅩ 원로 졔공으로 말ᄒᆞ면 셰셰로 국은을 두터히 닙을 ᄲᅮᆫ 안이라 년치와 작위가 다 놉하셔 국죠 력ᄉᆞ를 ᄌᆞ셰히 아시는 터인즉 오ᄇᆡᆨ여 년 사이에 송병준과 갓치 지극히 무엄ᄒᆞ고 지극히 불경ᄒᆞ 쟈이 잇셧는가 업셧는가 만약 이런 변이 잇고 보면 셜혹 텬춍이 륭슝ᄒᆞ야 용셔코져 ᄒᆞ실지라도 대계가 닐어나고 문무ᄇᆡᆨ관과 밋 팔도유싱이 젹이 명문을 아는 쟈는 상소 극간ᄒᆞ야 긔어희 왕법을 씻슬 것이어날 이제 송병준의 일에 ᄃᆡᄒᆞ야는 엇지 상소 한 쟝이 업나뇨

이 일을 심상ᄒᆞᆫ 일로 아라셔 그러ᄒᆞᆫ가 송병준의 셰력을 ᄭᅳ려 그러ᄒᆞᆫ가 졔공의 나이 늙어 힘이 업셔 그러ᄒᆞᆫ가 동서양과 고금을 물론ᄒᆞ고 황실에 ᄃᆡᄒᆞ야 이 갓치 막대ᄒᆞᆫ 불경지죄를 범ᄒᆞᆫ 쟈에게 ᄃᆡᄒᆞ야 아모 죠쳐가 업시 엄연히 대신의 의ᄌᆞ에 쳐ᄒᆞ게 홈을 듯고 보지 못ᄒᆞ엿나니 소위 일국의 원로라 ᄒᆞ는 즁망을 가지고 국가에 젼무후무ᄒᆞᆫ 변괴가 잇스되 묵묵히 한 말이 업스면 젼국의 여론이 엇더홈은 챠치 물론ᄒᆞ고 쳔츄후셰에 타마ᄒᆞ는 붓그러옴을 면치 못ᄒᆞ리로다 국가의 현금과 쟝릭를 위ᄒᆞ야 두어 ᄆᆞᄃᆡ 악악ᄒᆞᆫ 말을 베풀 ᄉᆡ 눈물이 압흘 가리워 닐을 바롤 아지 못ᄒᆞ노라

406 1909년 2월 13일(토) 제2899호 별보

제목 없음 / 윤하병(尹夏炳)

부평군에 잇는 민츙정공가의 목양 긔지로 인ᄒᆞ야 닉부대신 송병쥰 씨와 상힐홈은 일반이 다 아는 바어니와 윤하병(尹夏炳) 씨가 그 ᄉᆞ실을 소상히 긔록ᄒᆞ야 수ᄇᆡᆨ 쟝을 인쇄ᄒᆞ야 각 쳐에 산포ᄒᆞᆫ 젼문이 여좌ᄒᆞ더라

민범식(閔範植)은 곳 츙졍공 영환 씨의 기친 바 어린 아달이라 부평군에 잇ᄂᆞᆫ 목양 긔지ᄂᆞᆫ 츙졍공이 직셰ᄒᆞ엿슬 ᄯᅢ에 확실이 소유ᄒᆞᆫ 긔지인ᄃᆡ 츙졍공이 하셰ᄒᆞᆫ 후 그 가인 오신묵(吳信默)이 ᄂᆡ뎡에 드러가셔 공동ᄒᆞᄂᆞᆫ 일로 졍경부인ᄭᅴ 고ᄒᆞ야 갈아ᄃᆡ 목양 긔지를 셰력잇ᄂᆞᆫ 사ᄅᆞᆷ에게 ᄲᅢ앗길 념려가 잇ᄉᆞ온지라 당금에 송병쥰 씨ᄂᆞᆫ 그 셰력이 가쟝 크고 션대감ᄭᅴ 은혜를 밧음이 만ᄉᆞ오니 만일 송씨에게 위탁ᄒᆞ야 보관ᄒᆞ오면 후려가 조곰도 업겟삽ᄂᆡ다 ᄒᆞ거ᄂᆞᆯ 졍경부인이 그 말을 신쳥ᄒᆞ려 ᄒᆞᄂᆞᆫ ᄎᆞ에 남뎡관이라 ᄒᆞᄂᆞᆫ 사ᄅᆞᆷ은 민씨의 집 친척으로 일진회의 져명ᄒᆞᆫ 쟈이라 오신묵으로 더부러 엇더케 부동ᄒᆞ얏던지 와셔 ᄆᆞᆯᄒᆞ되 그 긔지를 송씨에게 위탁ᄒᆞᆫ즉 송씨의 말이 빙거ᄒᆞᆯ 분ᄌᆞ가 잇슨 연후에야 그 위탁을 밧겟다 ᄒᆞ니 슴천 원에 파ᄂᆞᆫ 양으로 가문셔를 셩급ᄒᆞᆷ이 무방ᄒᆞ다 ᄒᆞ고 오 남 량인이 뎌의ᄭᅵ리 문셔를 썻ᄂᆞᆫᄃᆡ ᄆᆡ쥬(賣主)ᄂᆞᆫ 민범식의 셩명을 쓰지 안이ᄒᆞ고 그 외숙 박슈영(朴壽永)의 일홈으로 쓰고 국문으로 삭인 「쳔ᄌᆞ쟝」이라 ᄒᆞᄂᆞᆫ 도쟝을 찍엇스니 이 도쟝은 오가가 ᄌᆞ의로 삭여온 ᄉᆡ 도쟝이오 보증인의 셔명 놀쟝은 업고 일ᄌᆞᄂᆞᆫ 광무 십년 이월이라 ᄒᆞ얏ᄂᆞᆫᄃᆡ 그ᄒᆡ 삼월 경에 오가가 룡인군에 ᄂᆞ려간 ᄯᅢ 남씨가 다시 와셔 말ᄒᆞ되 그 긔지를 타인에게 구구히 위탁ᄒᆞ고져 ᄒᆞᆯ 것이 안이라 방금 리죵직(李宗직) 씨가 륙쳔오ᄇᆡᆨ 원에 사고져 ᄒᆞ오니 곳 파라 버리ᄂᆞᆫ 것이 가-다 ᄒᆞ거날 졍경부인의 ᄉᆞ셰ᄂᆞᆫ 밋ᄂᆞᆫ 바ㅣ 이젼 문하에 단이던 사ᄅᆞᆷ의 ᄆᆞᆯᄲᅮᆫ이라 부인의 의향에 소위 송씨에게 위탁ᄒᆞᆫ다 ᄒᆞᄂᆞᆫ 것은 ᄒᆞᆫ 푼도 밧지 못ᄒᆞᆯ 것이오 리씨의 쥬마 ᄒᆞᄂᆞᆫ 갑시 상당ᄒᆞᆫ 듯ᄒᆞᆫ 고로 남씨의 말을 신죵ᄒᆞ야 여슈히 가금을 밧고 신구 문긔를 뎍실히 날쟝ᄒᆞ야 흥셩ᄒᆞᆫ 후에 송씨에게 보낸 가문긔ᄂᆞᆫ 곳 차져오라 ᄒᆞᆫ즉 남씨의 소답이 임의 실상으로 돈을 밧지 안이ᄒᆞ엿스니 그 문긔ᄂᆞᆫ ᄌᆞ연히 휴지가 되엿스나 그러나 곳 차져 밧치리다 ᄒᆞ기에 신지무의ᄒᆞ얏더니 몃 날이 못되여 오가가 이 긔틀을 알고 와셔 말ᄒᆞ되 비록 가락이나 임의 문권을 ᄲᅧ주엇슨즉 다른 곳에 임의로 팔기 어려오리라 ᄒᆞ고 송씨에게 엇더케 말ᄒᆞ얏던지 남씨를 일진회 본부에 잡아 가도고 일변으로 와셔 야료ᄒᆞ며 공동ᄒᆞ며 위협ᄒᆞ더니 뎨삼일 후에 오 남 량인이 갓치 와셔 그 가금 륙쳔오ᄇᆡᆨ 원을 리씨에게 도로 보ᄂᆡ고 송씨에게셔 다시 차즈면 일이 타쳡되리라 ᄒᆞ며 만단ᄋᆡ길[598]ᄒᆞᄂᆞᆫ 고로 그 몰을 의지ᄒᆞ야 부득이 그 돈을 도로 ᄂᆡ여주고 송씨에게 련ᄒᆞ야 ᄌᆡ촉ᄒᆞ되 맛참ᄂᆡ 한푼도 보ᄂᆡ지 안터니 그 ᄒᆡ 가을에 경셩에 잇ᄂᆞᆫ 일본 리ᄉᆞ쳥에셔 한셩부로 교셥ᄒᆞ야 그 긔지갑을 차져 가라 ᄒᆞ기에 즉시 사ᄅᆞᆷ을 보ᄂᆡ여 탐지ᄒᆞᆫ즉 송씨의 보ᄂᆡᄂᆞᆫ 돈이 안이라 리씨에게셔 보ᄂᆡᄂᆞᆫ 돈인ᄃᆡ 그 문긔를 상고ᄒᆞᆫ즉 문셔상에 갑슨 만 원인ᄃᆡ 실익이 팔쳔 원이라 ᄒᆞᆫ 고로 그 리허를 무른즉 만 원은 허쟝 형식이오 실은 팔쳔 원인ᄃᆡ 일쳔오ᄇᆡᆨ 원은 남씨가 즁간에셔 화롱ᄒᆞᆫ 것이라 리씨의 돈을 임의 밧앗슨즉 그 긔지ᄂᆞᆫ 리씨의 긔지라 가문권은 곳 맛당히 작소ᄒᆞ겟기로 여러 번 ᄌᆡ촉ᄒᆞ되 연타ᄒᆞ더니 륭희 삼년 일월 십ᄉᆞ일에 오일 안으로 차져 밧치마 ᄒᆞ고 표지를 련명ᄒᆞ야 ᄡᅥ 주더니 한일을 림ᄒᆞ야 도망ᄒᆞ야 오히려 슷을 ᄂᆡ지 안이ᄒᆞ니 대긔 이 ᄉᆞ유ᄂᆞᆫ 오남 량인의 쥬촉인지 송씨의 지ᄉᆞ인지 오가ᄂᆞᆫ 그 쳔신ᄒᆞᄂᆞᆫ 문인으로ᄡᅥ 구은을 니져 버리고 즁간에 롱간ᄒᆞ야 삼쳔 원 문권은 로졍경부인의 허락ᄒᆞᆫ 바요 팔쳔 원 문권은 소졍경부인의 허락ᄒᆞᆫ 바ㅣ라 하며 가간 불화ᄒᆞᆫ 언단으로 야긔ᄒᆞ야 긔지를 ᄲᅢ앗기게 ᄒᆞ며 남씨ᄂᆞᆫ 졍죵 모발이 민씨의 집에셔 잘안 사ᄅᆞᆷ으로 권문에 아부ᄒᆞ야 쳑의를 불고ᄒᆞ고 민씨의 소유ᄒᆞᆫ 의쥬 쟝토를 속여 팔고져 ᄒᆞ다가 탄로되여 힝치 못ᄒᆞ고 이 긔지를 긔어히 간몰ᄒᆞᆷ에 니르게 ᄒᆞ니 이 두 사ᄅᆞᆷ의 ᄇᆡ은망덕ᄒᆞ고 포쟝화심ᄒᆞᆷ은 셰상이 다 아ᄂᆞᆫ 바어니와 송씨로 말ᄒᆞ면 셰력을 밋고 구의를 도라보지 안으며 욕심을 ᄎᆡ우고져 ᄒᆞ야 타인의 긔지를 보관ᄒᆞ야 주마 ᄒᆞ고 고아 과부를 능멸히 녁여 삼쳔 원 헐가로 만 원 가치의 긔지를 륵탈코져 ᄒᆞ니 셰상 텬하 쳥텬ᄇᆡᆨ일에 뎌러ᄒᆞᆫ 심쟝과 이러ᄒᆞᆫ 간휼이 엇지 잇스리오 비록 가문권이라도 만일 찻지 안으면 리두의 화단을 난측ᄒᆞ기로 방쟝거소ᄒᆞ

598 'ᄋᆡ걸(애걸)'의 오기인 듯함.

압기 이에 광포흠

407 1909년 2월 14일(일) 2900호 별보

보호국과 교육 / 경성일보 번역 등재[599]

본월 구일에 발힝흔 경셩일보(통감부 긔관 신문)에 애급 학싱의 정치운동에 딕흐야 「보호국과 교육」이라 뎨목흐고 일편 경고문을 게진흐야 아국 교육 당국쟈에게 쥬의흐얏는딕 그 대의가 애급을 거울삼아 우리나라 교육계를 엄히 단속케 흐고져 흠인 고로 그 젼문을 좌에 역진흐노라

근일에 도착흔 외국 뎐보에 갈아딕 애급 가이로부[600]에셔는 학싱 간에 정치운동이 니러나니 국민당의 각 신문은 그 학싱의 후원쟈가 되엿다 흐엿도다

익급 국민당이라 흐는 것은 다 아는 바어니와 영국의 통치와 쿠로마경의 졍칙을 만족히 넉이지 안는 애급인의 단톄오 학싱간의 정치운동이라 흠은 여러 말 흘 것 업시 영국정치를 반딕흐는 쟈니 곳 영국을 빅쳑흐는 운동이라 닐을지로다 애급의 쵸동교육은 아직 유감이 업시 잘 되엿다 흘 슈 업고 애급인의 무지몽미흠을 계도지발흐라면 오히려 영원흔 셰월을 허비흐야 싀 시딕가 오기를 기다리지 안이흐면 안 될지로다 이것은 쿠로마경이 향쟈 에치구라부 연셜에도 스스로 말흔 바ㅣ라 그러나 애급인을 위흐야 즁등 이상의 교육긔관을 셜비흠은 막론흐고 그 애급인들이 즁등 이상의 교육을 바다 졸업흔 청년의 슈효도 쏘흔 젹지 안타 흐니 이 다슈흔 청년 졸업싱은 최근 쟝릭에 애급 정치문뎨와 그 힝정에 관계흘 운명을 가진 쟈로다 그런데 이 다슈흔 청년 졸업싱들은 일제

1909년 2월

599 원문에는 제목이 표기되어 있지 않으나 논설 본문 1~2행을 참조하여 제목을 붙임.
600 이집트의 수도인 '카이로(Cairo)'부(府)를 가리킴.

히 애급 국민당 곳 빅영당의 단톄로 드러가 뎌 국민당과 그 힝동을 갓히 ᄒᆞ니 크로마경도 믈ᄒᆞ기를 애급 국민당의 신병사ᄂᆞᆫ 젼혀 이 쳥년 졸업싱의 츌신이로다 ᄒᆞ엿스니 과연 그러면 벽두에 게직ᄒᆞᆫ 바 뎐보로뼈 그 ᄂᆡ용을 알기 어렵지 안이ᄒᆞ도다

ᄃᆡ뎌 ᄋᆡ급 국민당은 불가불 영국의 동졍을 엇고 구쥬 렬국의 위구심(危懼心)을 업게 ᄒᆞᆯ 것이어날 도로혀 경거망동ᄒᆞ야 텬하의 동졍을 일허버리고 애급국과 애급인의게 리익이 업고 ᄒᆡ로옴이 잇ᄂᆞᆫ 것을 야긔홈은 수일 젼에도 샹셰히 셜명ᄒᆞᆫ 바ㅣ라 그런데 피등이 우완ᄒᆞᆫ 힝동을 ᄒᆞᆯ ᄲᅮᆫ 안이라 즁등 이상의 학교를 졸업ᄒᆞᆫ 쳥년들ᄭᅡ지 스스로 이 국민당에 투입홈은 엇진 일인고 이것이 영국이 애급을 통치ᄒᆞᄂᆞᆫ ᄃᆡ ᄃᆡᄒᆞ야 크게 쥬목ᄒᆞᆯ 현상이 안인가

안이라 유독 영국이 애급을 통치ᄒᆞᄂᆞᆫ ᄃᆡ ᄃᆡᄒᆞ야 가히 쥬목ᄒᆞᆯ 현상이 될 ᄲᅮᆫ 안이라 우리가 한국을 통치ᄒᆞᄂᆞᆫ 쟝ᄅᆡ에 ᄃᆡᄒᆞ야도 한 가지 참고ᄒᆞᆯ 사실로 우리들의 쥬목을 야긔ᄒᆞᆯ 가치가 잇도다 완명 미ᄀᆡᄒᆞᆫ 한인의 일부분간에도 지금 오히려 빅일 사샹이 잇슴은 뎍확ᄒᆞ니 우리들이 항샹 유감ᄒᆞᄂᆞᆫ 바이라 이갓히 완젼치 못ᄒᆞᆫ 사샹은 혹 교육의 결과나 기타 제반 방법으로 뼈 민디를 계발ᄒᆞᄂᆞᆫ ᄃᆡ로 좃차 졈졈 구름이 해여지듯 ᄒᆞ고 안ᄀᆡ가 슬어지듯 ᄒᆞᆯ 것이로ᄃᆡ 만일 그 한인을 교육ᄒᆞᄂᆞᆫ ᄃᆡ 단속을 잘못ᄒᆞ면 도로혀 측량치 못ᄒᆞᆯ 화단이 ᄉᆡᆼ기고 한국 신졍에 방히될 일이 잇슬넌지도 알 슈 업도다 우리ᄂᆞᆫ 아직 애급의 교육 상ᄐᆡ가 엇더한 것을 자셰히 알지 못ᄒᆞ나 그러나 애급에셔 즁등 이상의 학교를 졸업ᄒᆞᆫ 쳥년이 도로혀 국민당에 투입ᄒᆞ야 빅영운동에 죵사ᄒᆞ야 경거망동을 하ᄂᆞᆫ 쟈ㅣ 만타 ᄒᆞᄂᆞᆫ 사실로뼈 우리가 한국을 교육ᄒᆞᄂᆞᆫ 당국쟈들의게 ᄃᆡᄒᆞ야 크게 쥬의ᄒᆞ기를 바라ᄂᆞᆫ 바이로라

대한협회 연셜

참샤와 졍론(僭邪와 正論) / 윤효뎡(尹孝定)

근릭 각쳐에셔 연셜이나 토론을 ᄒᆞᄂᆞᆫ 일이 만히 잇스되 틱반 빈 싱각과 리치 의논으로 지식을 셔로 밧고ᄂᆞᆫ 딕 지나지 못ᄒᆞ나 오ᄂᆞᆯ 우리의 회의 연셜은 그와 달나셔 졍당의 본식으로ᄡᅥ 실리실ᄉᆞ에 딕ᄒᆞ야 졍신을 드러닉고 슈단을 시험ᄒᆞᄂᆞᆫ 것이오 이 다음에 연셜ᄒᆞᆯ 세 분은 그 쥬지가 젼혀 졍론으로ᄡᅥ 참람ᄒᆞ고 샤특ᄒᆞᆫ 쟈를 두다릴 터인 고로 본인은 몬져 참샤와 졍론이란 문뎨를 가지고 참샤의 닐어나ᄂᆞᆫ 소이연과 졍론과 능력과 효력이 엇더ᄒᆞᆷ을 통론ᄒᆞ야 이 다음의 연셜을 쥬의ᄒᆞ야 드르시게 ᄒᆞ랴 ᄒᆞ오

본인이 년젼에 일로젼ᄉᆞ를 보다가 려슌구가 함락될 ᄯᅢ에 하ᄂᆞᆯ이 문허지고 ᄯᅡ이 ᄲᅡ지ᄂᆞᆫ 듯ᄒᆞᆫ 대포소릭와 지나의 삼국ᄉᆞ긔를 보다가 하ᄂᆞᆯ을 ᄶᅵ르고 강물을 쓰리ᄂᆞᆫ 듯ᄒᆞᆫ 화광을 대단히 샹쾌ᄒᆞ게 싱각ᄒᆞ야 골아딕 대쟝부로 싱겨나셔 이갓치 시셕과 탄환이 비오듯 ᄒᆞᄂᆞᆫ 마당에셔 한번 ᄊᆞ와 보지도 못ᄒᆞ고 그 포셩과 화광을 보지도 못ᄒᆞᆷ이 엇지 분ᄒᆞ지 안으리오 ᄒᆞ엿더니 오날날 연단 우에셔 졍론이란 긔치를 들고 참샤란 젹병을 쳐 물니치ᄂᆞᆫ 쟝쾌ᄒᆞᆫ 젼쟝에 림ᄒᆞᆷ애 우리의 진셰ᄂᆞᆫ 엇더ᄒᆞ뇨 ᄯᅡ의 동셔와 인죵의 누르고 흰 것을 물론ᄒᆞ고 공명졍대ᄒᆞᆫ 의리를 알며 조심ᄒᆞ고 삼가ᄂᆞᆫ 힝실이 잇ᄂᆞᆫ 쟈ᄂᆞᆫ 다 우리 졍론이란 긔치 아릭로 모여 셜지며 고금텬하에 명분이 무엇인지 의리가 무엇인지 모로고 도량방ᄌᆞᄒᆞᆫ 무리ᄂᆞᆫ 다 젹산으로 들어가고 그 ᄊᆞ호ᄂᆞᆫ 긔계ᄂᆞᆫ ᄒᆞᆫ ᄲᅦᆷ 되ᄂᆞᆫ 필봉(붓칼날)과 세 치 되ᄂᆞᆫ 셜부(혀독긔)에 지나지 안으며 ᄊᆞ홈을 돕ᄂᆞᆫ 셩세ᄂᆞᆫ 쾌담 웅변에 만인의 손바닥이 갓치 우ᄂᆞᆫ 것ᄲᅮᆫ이라 ᄒᆞᆫ 번 ᄶᅵ르고 ᄒᆞᆫ 번 ᄶᅵᆨᄂᆞᆫ딕 슈법이 능란ᄒᆞ야 피 ᄒᆞᆫ 졈이 흐르지 안으며 틱끌 ᄒᆞᆫ 졈이 닐어나지 안으되 이 칼ᄂᆞᆯ과 이 독긔에 ᄒᆞᆫ 번 다 닥치면 ᄡᅥᆨ은 풀갓치 넘어가셔 당셰의 시비와 만년의 더러옴을

면치 못ᄒᆞᄂᆞ니 이는 문명ᄒᆞᆫ 셰상의 공변된 의젼이라 려슌의 포셩과 젹벽의 화광보담 몃 ᄇᆡ가 더 쟝쾌ᄒᆞ다 ᄒᆞ오

대뎌 사ᄅᆞᆷ의 현불초ᄅᆞᆯ 물론ᄒᆞ고 반다시 신톄와 신령ᄒᆞᆫ 셩품이 잇ᄂᆞ니 신톄는 욕심을 쥬쟝ᄒᆞ고 셩품은 의리ᄅᆞᆯ 쥬쟝ᄒᆞᄂᆞᆫ지라 신톄의 욕심에셔 나는 ᄉᆡᆼ각이 심ᄒᆞᆫ즉 호랑의 마암과 ᄉᆞᄌᆞ의 셩품으로 변ᄒᆞ야 맛참ᄂᆡ 참샤로 들어가고 신령ᄒᆞᆫ 셩품에셔 나는 ᄉᆡᆼ각이 발ᄒᆞᆫ즉 쳥텬ᄇᆡᆨ일과 갓흔 졍론이 ᄉᆡᆼ기ᄂᆞ니 본문뎨의 닐은바 참샤와 졍론은 곳 슌님금의 닐은바 인심(사ᄅᆞᆷ의 마암) 도심(도의 마암)의 구별이며 ᄆᆡᆼᄌᆞ의 닐은바 텬리(하날 리치) 인욕(사ᄅᆞᆷ의 욕심)의 판단이며 예수교 신약의 닐은바 마귀 령혼의 분간이라 그런즉 오ᄂᆞᆯ 연단샹의 ᄊᆞ홈은 셩을 치고 ᄶᅡ을 로략ᄒᆞᄂᆞᆫ 목뎍도 안이며 국권을 손익ᄒᆞᄂᆞᆫ 문뎨도 안이라 곳 인류의 ᄉᆡᆼ존을 지팅ᄒᆞᄂᆞᆫ 인심 도심과 텬리 인욕과 마귀 령혼의 큰 젼쟝이라 ᄒᆞ겟소

명분을 범ᄒᆞ며 의리ᄅᆞᆯ 문허치는 것이 참이오 ᄉᆞ욕을 조차 바르지 못ᄒᆞᆫ 것이 샤이니 텬하의 악ᄒᆞᆫ 것이 참샤보담 더 큰 것은 업ᄂᆞᆫ지라 그런즉 텬하의 죄가 참샤에셔 더 심ᄒᆞᆫ 쟈ㅣ가 업슬진ᄃᆡᆫ 국가의 질셔ᄅᆞᆯ 유지ᄒᆞ며 인류의 션악을 직판ᄒᆞᄂᆞᆫ 법률이 이갓흔 범죄쟈ᄅᆞᆯ 다ᄉᆞ릴지어ᄂᆞᆯ 공의와 졍론의 필요는 어ᄃᆡ 잇ᄂᆞ뇨

법률을 쓸 ᄯᅢ에 옥황샹뎨가 대심원을 감림ᄒᆞ시고 십이 ᄉᆞ도가 공소원과 밋 디방 방지판소나 구 지판소의 교의에 느러 안졋스면 소위 샤회의 공의 졍론은 조곰도 필요가 업스나 그러나 아모리 문명ᄒᆞᆫ 나라의 신셩ᄒᆞᆫ 법률이라도 혹시 졍략과 셰력에 끌니는 ᄯᅢ와 ᄉᆞ법관의 불공평ᄒᆞᆷ으로 판결이 잘못되는 ᄯᅢ와 범죄ᄒᆞᆫ ᄉᆞ실은 잇고도 법률이 밋쳐 간셥지 못ᄒᆞᆫ ᄯᅢ에는 반다시 국민의 졍론으로ᄡᅥ 이샹의 폐단을 바로 잡기도 ᄒᆞ며 론란도 ᄒᆞ야 텬하 만고에 밧고지 못ᄒᆞᄂᆞᆫ 텬리 곳 션악 긔강 도리 명분을 붓드러 란신 젹ᄌᆞ와 간흉 음특ᄒᆞᆫ 쟈ᄅᆞᆯ 징계ᄒᆞᄂᆞ니

녯적에는 셩인군ᄌᆞ의 말로ᄡᅥ 텬하 후셰의 사ᄅᆞᆷ을 가라쳣거니와 지금 셰샹에 잇셔셔는 ᄉᆞ민의 ᄯᅥᆺᄯᅥᆺᄒᆞᆫ 셩품을 가지고 시비ᄅᆞᆯ 분변ᄒᆞᄂᆞᆫ 쟈는 다 졍논을 발

ᄒᆞ야 국시를 뎡ᄒᆞᄂᆞᆫ 권리가 당당히 잇ᄂᆞ니 오날이 마당에 모히신 여러분은 지공지졍ᄒᆞᆫ 언논으로써 우리 졍부에 ᄃᆡᄒᆞ야 그 직칙을 다ᄒᆞ지 못ᄒᆞ며 ᄎᆡᆨ임을 포기ᄒᆞᄂᆞᆫ 일을 감독ᄒᆞ며 질문ᄒᆞᆯ 권리가 넉넉히 잇소 ᄯᅩ 법률의 쳐분은 강역과 시ᄃᆡ의 한뎡이 잇셔셔 이 나라의 법률이 뎌 나라에 밋지 못ᄒᆞ며 오날ᄂᆞᆯ 법권이 녯사ᄅᆞᆷ의 죄를 징계ᄒᆞ기 어려오되 오작 졍논의 힘은 동셔 만국의 강역도 업스며 상하 쳔고의 졔한도 업셔 의논을 세오ᄂᆞᆫ 필봉과 셜우로써 텬하 만고와 국가와 기인의 참람 샤특ᄒᆞᆫ 쟈를 일일히 버히고 ᄶᅵᆨ을지니

가ᄉᆞ 오날 우리 졍론의 범위가 넓음을 말ᄒᆞᆯ진ᄃᆡ 부귀를 탐ᄒᆞᄂᆞᆫ 욕심으로 외인의 형셰를 의지ᄒᆞ야 몸을 팔고 나라를 팔던 금고에 허다ᄒᆞᆫ 진회가 ᄉᆞ도의 무리의 머리에도 이 칼날과 이 독긔를 가히 시험ᄒᆞᆯ지며 위권이 혁혁ᄒᆞ고 역적ᄒᆞᆯ 마음이 엄도다셔 눈에 님금이 업던 금고에 허다ᄒᆞᆫ 왕망 조조의 무리의 머리에도 이 칼ᄂᆞᆯ과 이 독긔를 가히 시험ᄒᆞᆯ지며 이십세긔의 문명을 얼골에 바르고 약ᄒᆞᆫ 쟈의 고기를 강ᄒᆞᆫ 쟈가 먹ᄂᆞᆫ 것은 ᄯᅥᆺᄯᅥᆺᄒᆞᆫ 리치라 빙쟈ᄒᆞ야 남의 나라를 망케 ᄒᆞ며 남의 죵족을 멸ᄒᆞᄂᆞᆫ 세계 렬강에 ᄃᆡᄒᆞ야도 덕의의 졍론을 가히 시험ᄒᆞᆯ지며 몃쳔년 젼ᄒᆞ야 오던 조국을 하로 아참에 일코 노례의 치욕과 견양의 잡고 버히ᄂᆞᆫ 것을 염연히 감슈ᄒᆞ야 판도를 회복ᄒᆞᄂᆞᆫ 희망이 아죠 ᄭᅳᆫ어져셔 숨속에셔 사ᄂᆞᆫ ᄋᆡ급이나 월남 갓ᄒᆞᆫ 우리의 젼감되ᄂᆞᆫ 국민에 ᄃᆡᄒᆞ야도 경고ᄒᆞᄂᆞᆫ 졍논을 가히 시험ᄒᆞᆯ지며 남산 쳡경에 밤낫으로 단이며 애걸ᄒᆞ야 일ᄌᆞ 반급을 엇지ᄒᆞ면 엇을가 엇지ᄒᆞ면 일을가 ᄒᆞ며 마른 ᄉᆡᆺ삿기와 썩은 쥐 갓ᄒᆞᆫ 무리에게도 이 칼ᄂᆞᆯ과 이 독긔를 가히 시험ᄒᆞᆯ지며 반쪽 몸둥이와 외로온 그림ᄌᆞ로 호왈 ᄇᆡᆨ만이라 ᄒᆞ야 다른 사ᄅᆞᆷ은 모다 비일당이라 ᄒᆞ고 스ᄉᆞ로 친일이라 칭ᄒᆞᄂᆞᆫ 봄ᄭᅯᆼ과 밤ᄶᅡ마귀의 무리에게도 이 칼ᄂᆞᆯ과 이 독긔를 가히 시험ᄒᆞᆯ지며 일을 의논ᄒᆞᄂᆞᆫ 관원으로써 세력을 두려워ᄒᆞ야 간히 ᄒᆞᆫ 말을 발ᄒᆞ지 못ᄒᆞ며 보국이라 ᄒᆞᄂᆞᆫ ᄃᆡ위를 가지고 나라를 위틔케 ᄒᆞ며 ᄇᆡᆨ셩을 병드리던 쟈와 기타 란륜탐지ᄒᆞ며 긔군망민ᄒᆞ던 허다ᄒᆞᆫ 참샤ᄒᆞᆫ 무리에게 다 가히 이 칼날과 이 독긔를 시험ᄒᆞᆯ지니

1909년 2월

크도다 이 되긔여 쾌ᄒᆞ도다 이 칼날이여

이는 ᄀᆡ인 ᄀᆡ인의 하날이 쥬신 본능이며 샤회 샤회의 고유ᄒᆞᆫ 권리니 국민의 졍논은 곳 국가의 원긔라 국가의 흥망이 젼혀 이에 달엿ᄂᆞ니 이것이 졍논의 능력과 효력이라 임의 말ᄒᆞᆫ 바 졍논의 능력과 효력의 큰 범위로ᄡᅥ 여러 변ᄉᆞ가 ᄎᆞᄎᆞ 말ᄒᆞᆯ 터이니 죵용히 드러쥬시기를 바라오

409 1909년 2월 17일(수) 제2902호 별보

대한협회 연셜

정부의 칙임(政府의 責任) / 권동진(權東鎭)[601]

졍부의 칙임을 의론ᄒᆞᄂᆞᆫ 마당에 당ᄒᆞ야 졍부 제도의 셩질을 말ᄒᆞᆯ진ᄃᆡᆫ 그 나라의 형셰ᄂᆞᆫ 문명국과 반ᄀᆡ국과 미ᄀᆡ국의 구별이 잇스나 그러나 각기 졔 나라 안에셔 힝졍 긔관이 된 칙임은 문명국이나 반ᄀᆡ국이나 미ᄀᆡ국을 물론ᄒᆞ고 다 졔 나라의 국죠를 영원히 보존ᄒᆞ며 졔 나라의 실력을 영구히 완젼케 ᄒᆞ며 졔 나라의 젼도가 무한히 발젼ᄒᆞ기를 ᄭᅬᄒᆞ기ᄂᆞᆫ 그 목뎍이 조곰도 다르지 안소

연고로 우리 국가가 졍부에 ᄃᆡᄒᆞ야 바라ᄂᆞᆫ 바와 졍부가 국가에 ᄃᆡᄒᆞ야 그 바라ᄂᆞᆫ 바를 부담ᄒᆞᆫ 칙임이 ᄯᅩ한 앗가 말ᄒᆞᆫ 목뎍의 범위 가온ᄃᆡ 잇나니

졍부의 칙임된 바 곳 목뎍은 우의로

601 권동진(權東鎭, 1861~1947): 독립운동가. 3·1운동 때 민족대표 33인 중 한 사람이다. 명성황후 시해사건에 연루된 혐의를 받아 일본으로 망명해 11년간 생활했다. 일본에서 사귀었던 손병희의 영향으로 천도교에 입교했다. 입교한 뒤의 도호(道號)는 실암(實菴). 독립선언서에 서명한 천도교 측 15인 중 1인으로 잡혀, 1920년 경성복심법원에서 3년형을 선고받아 서대문형무소에서 옥고를 치렀다. 출옥한 뒤에는 천도교에서 발간하던 잡지 《개벽》의 편집진으로, 또한 신간회의 부회장으로 적극적인 항일민족운동을 전개하였다.

황실을 존즁히 ᄒᆞ야 셩덕을 ᄃᆡ양ᄒᆞ고 아ᄅᆡ로 인민을 보호ᄒᆞ야 ᄐᆡ평 긔상을 일우고 가온ᄃᆡ로 공평ᄒᆞᆫ 졍법을 ᄒᆡᆼᄒᆞ야 만ᄉᆞ가 크게 진취되도록 힘쓸이 곳 당국쟈의 ᄎᆡᆨ임이라 ᄒᆞᆯ지어날

시험ᄒᆞ야 뭇건ᄃᆡ 우리 당국쟈의 오날ᄂᆞᆯ ᄒᆡᆼ동이 능히 그 ᄎᆡᆨ임을 다ᄒᆞ엿다 ᄒᆞ겟소 못ᄒᆞ엿다 ᄒᆞ겟소 소위 당국쟈의 오날ᄂᆞᆯ ᄒᆡᆼ동을 대강 말ᄒᆞᆯ진ᄃᆡ 직작년 녀름 이ᄅᆡ로 오ᄂᆞᆯᄭᅡ지 의병이 각쳐에 벌 닐어나듯 ᄒᆞ야 량민이 도탄에 ᄲᅡ진 참혹ᄒᆞᆫ 형상을 엇지 츰아 말ᄒᆞ리오 이갓치 참혹ᄒᆞᆫ 형상을 ᄂᆞᆯ마다 듯고 날마다 보되 당국쟈가 한 가지 계칙이나 방법을 강구ᄒᆞᆫ다는 ᄆᆞᆯ을 젼연히 듯지 못ᄒᆞ니 아지 못게라 그 진압ᄒᆞᆯ 방칙을 강구ᄒᆞ야도 지식이 밋지 못ᄒᆞ야 그러ᄒᆞᆫ지 왼나라 ᄇᆡᆨ셩이 ᄌᆞ진ᄒᆞ야 업셔지기를 기다려 그 방법을 강구ᄒᆞᆯ 필요가 업다 ᄒᆞᄂᆞᆫ지 만일 지식이 부족ᄒᆞ야 능히 그 방법을 강구치 못ᄒᆞ면 이ᄂᆞᆫ 시위소찬의 ᄎᆡᆨ망을 면치 못ᄒᆞᆯ 것이오 ᄯᅩ 혹시 국민이 ᄌᆞ진ᄒᆞ야 업셔지기를 기다리고 진졍ᄒᆞᆯ 방법을 짐짓 ᄒᆡᆼ치 안이ᄒᆞ면 이ᄂᆞᆫ 우리 국민의 도젹이니 당국쟈도 역시 사ᄅᆞᆷ이어날 엇지 이갓흔 괴악ᄒᆞᆫ 심쟝이 잇스리오 다시 ᄉᆡᆼ각ᄒᆞ면 이ᄂᆞᆫ 벼살을 탐ᄒᆞᄂᆞᆫ 욕심이 잇ᄂᆞᆫ 쟈로 시위소찬의 ᄎᆡᆨ망을 스ᄉᆞ로 불은다 ᄒᆞᆷ이 가ᄒᆞ고

ᄯᅩ 말ᄒᆞᆯ진ᄃᆡ 진졍ᄒᆞᆯ 방법에 ᄃᆡᄒᆞ야 강구치 안을 ᄲᅮᆫ 안이라 온젼히 일본 군ᄉᆞ에게 위탁ᄒᆞ고 그 리ᄒᆡ와 승픽를 아조 모로ᄂᆞᆫ 톄ᄒᆞᆷ을 남의 일갓치 보니 그 가온ᄃᆡ 무슨 묘칙이 잇ᄂᆞᆫ지 진실로 헤아리기 어렵소

ᄯᅩ 이번에

어가가 셔로에 ᄉᆞᆫ슈ᄒᆞ실 ᄯᅢ에 소위 ᄂᆡ부대신이 옥챠 안 텬위지쳑지디에셔 ᄉᆞᆯ이 취ᄒᆞ야 ᄲᅥ들다가 칼을 ᄲᅢ여 시죵 근신과 ᄌᆡᆼ투ᄒᆞ야 무엄ᄒᆞ며 불경ᄒᆞᆷ이 망유긔극ᄒᆞ니 이ᄂᆞᆫ 인군도 업고 신하도 업ᄂᆞᆫ 만고의 변괴라 력ᄉᆞ상으로 말ᄒᆞᆯ지라도 우리나라 즁엽 ᄯᅢ에 어원에셔 과거를 보이실 ᄉᆡ

대가가 친림ᄒᆞ압셧ᄂᆞᆫᄃᆡ 큰 호랑이 한 마리가 갑자기 나옴애 시위ᄒᆞ엿던 신하가 칼을 ᄲᅢ여 쳐 물니쳣더니 그 ᄯᅢ의 법관이 그 죄를 의론ᄒᆞ되 ᄎᆡᆨ교의 나리

1909년
2월

심을 기다리지 안코 ᄌᆞ의로 칼을 ᄲᅦ엿슨즉 무엄ᄒᆞ며 불경ᄒᆞ다 ᄒᆞ야 ᄆᆞᄎᆞᆷ내 류비에 쳐ᄒᆞᆫ ᄉᆞ실이 잇고 ᄯᅩ 일본에셔도 칠팔십 년 젼에 여러 졔후가 졍이 대쟝군(征夷大將軍)에게 졍됴 문안을 들어 갓슬 ᄯᅢ에 길량(吉良)이라 ᄒᆞᄂᆞᆫ 대명(大名)이 쳔야(淺野)라 ᄒᆞᄂᆞᆫ 대명에게 ᄃᆡᄒᆞ야 업시녁이고 욕ᄒᆞᄂᆞᆫ ᄒᆡᆼ동이 잇슴애 쳔야가 칼을 ᄲᅦ여 길량을 치랴 ᄒᆞᄂᆞᆫᄃᆡ 겻헤 잇던 사ᄅᆞᆷ이 만집ᄒᆞ얏더니 궁뎡에셔 칼을 ᄲᅦ임이 대불경이라 ᄒᆞ야 필경에 할복(割腹)을 명ᄒᆞ야 ᄌᆞ살케 ᄒᆞ얏스니 일로ᄡᅥ 볼진ᄃᆡ 언의 나라에든지 궁뎡의 존엄ᄒᆞᆷ이 이갓거날 이번 옥챠 안에셔 범ᄒᆞᆫ 바 죄ᄂᆞᆫ 앗가 말ᄒᆞᆫ 바 두 ᄉᆞ건보담 더욱 큰지라 왕법을 의지ᄒᆞ야 론죄ᄒᆞᆷ이 가ᄒᆞ거ᄂᆞᆯ 지금ᄭᆞ지 당국쟈의 아모 됴쳐가 업스니 대뎌 송병쥰의 ᄒᆡᆼ동을 온당ᄒᆞᆫ 쥴로 ᄉᆡᆼ각ᄒᆞᄂᆞᆫ지 아지 못ᄒᆞ거니와 우리 일반신민의

　황실을 존즁ᄒᆞᄂᆞᆫ ᄉᆞ상으로ᄂᆞᆫ 오날ᄂᆞᆯ 당국쟈가 이 일을 엄호ᄒᆞᄂᆞᆫ 것은 결단코 ᄎᆡᆨ임상에 용셔치 못ᄒᆞᆯ 쥴로 단언ᄒᆞ오

　그런즉 당국쟈가 ᄎᆡᆨ임을 다ᄒᆞ지 안ᄂᆞᆫ ᄃᆡ ᄃᆡᄒᆞ야 이 일이 능히

　황실을 존즁ᄒᆞ며 국가를 진흥ᄒᆞᄂᆞᆫ 즁앙 졍부의 ᄌᆞ격과 가치가 잇다고 ᄒᆞᆯ 슈 업소

　그러면 이갓치 즁대ᄒᆞᆫ ᄎᆡᆨ임을 일흔 쟈다려 무엇이라 일홈ᄒᆞ여야 올킷소 만일 동포를 사랑ᄒᆞᄂᆞᆫ 졍으로 용셔ᄒᆞ야 말ᄒᆞᆯ진ᄃᆡ 시위소찬이라 ᄒᆞ겟스나 당당ᄒᆞᆫ 졍론으로 말ᄒᆞ면 국법을 무시ᄒᆞᄂᆞᆫ 악졍부라 ᄒᆞᄂᆞᆫ 것이 가ᄒᆞ오

　대뎌 졍부ᄂᆞᆫ 졍령을 펴ᄂᆞᆫ 긔관이오 관직은 국가의 공긔어날 이 우에 말ᄒᆞᆫ 바의 갓흔 악졍부를 우리 국민이 엇지 신복ᄒᆞᆯ 리치가 잇스리오 본인은 당국쟈를 위ᄒᆞ야 심히 기탄ᄒᆞ며 국가를 위ᄒᆞ야 우분ᄒᆞᆷ을 금치 못ᄒᆞᆷ으로ᄡᅥ 이에 두어 마ᄃᆡ 변변치 안은 말로 졍부의 ᄎᆡᆨ임을 의론ᄒᆞ엿소

대한협회 경고셔

향일 대한협회에서 닉부대신 송병쥰이 불경지죄를 범흔 일에 딕ᄒᆞ야 왕법을 의지ᄒᆞ야 론죄ᄒᆞ라고 닉각에 건의셔를 뎨뎡ᄒᆞ얏더니 닉각에서 ᄉᆞ실이 그러치 안타ᄒᆞ야 그 건의셔를 작환홈은 다 아ᄂᆞᆫ 바어니와 작일 ᄒᆡ회에서 다시 경고셔를 닉각 춍리대신 리완용 씨에게 뎨뎡흔 젼문이 여좌ᄒᆞ더라

경계자 본월 구일 본회에서 닉부대신 송병쥰이

텬폐지쳑지디에셔 후쥬징투ᄒᆞ야 명분을 범ᄒᆞ며 긔강을 문허치고 대불경대무례를 ᄒᆡᆼ흔 일에 딕ᄒᆞ야 건의셔를 뎨뎡ᄒᆞ야 죠쳐의 엇더홈을 뭇ᄌᆞ왓더니 십일일에 닉각 쥬ᄉᆞ 죠영옥이 와셔 각하의 딕답ᄒᆞᄂᆞᆫ 말삼을 젼호딕 ᄉᆞ실이 그러치 안타ᄒᆞ고 ᄒᆡ 건의셔를 작환ᄒᆞ엿ᄉᆞᆸᄂᆞᆫ지라

그윽히 ᄉᆡᆼ각ᄒᆞ건딕 과연 딕답ᄒᆞ신 말삼과 갓치 ᄉᆞ실이 그러치 안으면 진실로 만ᄒᆡᆼ이어니와 본회가 일즉 이 일에 딕ᄒᆞ야 ᄌᆞ세히 슈탐ᄒᆞ야 그 ᄉᆞ실을 명확히 아라 의심이 업슨 후에 비로소 의론을 발홈이어날 각하ㅣ 이제 비록 동료를 위ᄒᆞ야 그 허물을 덥고져 ᄒᆞ나 그러나 닉외 이목의 듯고 보ᄂᆞᆫ 바와 텬디 귀신의 분ᄒᆞ고 노ᄒᆞᄂᆞᆫ 바에 엇지 그 죄악을 덥흐리오 각하의 딕답ᄒᆞ신 말삼을 가쟝 괴히 넉이노라 대뎌 당일의 ᄉᆞ실을 들어 말ᄒᆞᆯ진딘

一. 쳐소 옥챠의 즁앙실은

어탑이오 그 오른편으로 판쟝문 한아를 격흔 협실은 시죵과 시죵 무관과 녀관의 휴게ᄒᆞᄂᆞᆫ 쳐소이니 이 실닉에셔 만고의 큰 변괴가 불ᄉᆡᆼᄒᆞ엿스며

一. 참관 닉부대신 송병쥰과 시죵무관 어담씨 이외에 겻헤 잇던 사ᄅᆞᆷ은 법부대신 고영희씨 시죵 리교영 씨 시죵무관 리병[illegible] 씨와 밋 녀관 삼인이며

一. ᄒᆡᆼ동 송병쥰이 고영희 씨와 갓치 그 협실에 드러가셔 마조 안져 통음ᄒᆞ다가 졸디에 송병쥰이 어담씨를 딕ᄒᆞ야 릉욕이 무쌍ᄒᆞ며 류리병을 함부로 닉

던져 챠의 창을 씨치고 어씨의 멱살을 잡아 흔드러 훈쟝을 써러치고 례복을 찌즈며 여러 ᄎᆞ례 어씨의 ᄲᅣᆷ을 ᄯᅡ리고 맛참ᄂᆡ 찻던 칼을 ᄲᅢ여 어씨를 찌르려 ᄒᆞ얏스며

一. ᄒᆡ분(解紛) 칼을 ᄲᅢᄂᆞᆫ 마당에 리병규 씨ᄂᆞᆫ 송병쥰을 ᄭᅧ안으며 고영희 씨ᄂᆞᆫ 칼을 ᄲᅢ아셔 칼집에 ᄭᅩ진 후 송을 ᄭᅳ을고 나갓고 평양에 도착ᄒᆞ야 고영희 씨와 춍리대신 리완용 씨가 어담씨를 ᄃᆡᄒᆞ야 송의 잘못홈을 ᄆᆞᆯᄒᆞ며 됴흔 말로 위로홈

이상과 갓흔 ᄉᆞ실이 소연ᄒᆞ야 가히 가리지 못ᄒᆞᆯ지어날 당일에 ᄇᆡ죵ᄒᆞ던 여러 사ᄅᆞᆷ이 모다 숨기고 덥흘 계교로 그 일이 업ᄂᆞᆫ 드시 ᄒᆞ고져 홈이 가ᄒᆞ오릿가 ᄒᆞᆸ흐다 법부대신은 직칙이 ᄉᆞ법에 잇고 몸이 당쟝에 참관ᄒᆞ얏슨즉 그 자리에셔ᄂᆞᆫ 싸홈을 ᄆᆞᆯ니ᄂᆞᆫ 것이 가ᄒᆞ고 죠뎡에 도라 와셔ᄂᆞᆫ 왕법을 의지ᄒᆞ야 론죄홈이 가ᄒᆞᆫ지라 진실로 구각이라도 쳔연치 못할 것이어ᄂᆞᆯ 오날ᄂᆞᆯᄭᆞ지 료료 무문ᄒᆞ니 ᄉᆞ법대신의 직칙이 어ᄃᆡ 잇스며 궁ᄂᆡ부 대신은

황실지근지디에 잇셔셔 무슨 직칙을 가졋스며 무슨 일을 보ᄉᆞᆸ히관ᄃᆡ

뎐폐지쳑지디에 이갓치 ᄑᆡ악ᄒᆞᆫ ᄒᆡᆼ동이 잇게 ᄒᆞ고 보기를 다반갓치 ᄒᆞ야 잠잠코 한 ᄆᆞᆯ이 업스니 그 칙망이 어ᄃᆡ로 도라가리오 무릇 죠뎡 ᄇᆡᆨ관의 실직홈이 그 큰 칙망은 온젼히 각하에게 잇나니 각ᄒᆞᄂᆞᆫ ᄇᆡᆨ관의 슈규로써 통솔ᄒᆞᄂᆞᆫ 디위에 거ᄒᆞ고 보필ᄒᆞᄂᆞᆫ 즁임을 가졋슨즉 ᄇᆡᆨ관 즁에 명분을 범ᄒᆞ거나 긔강을 업수히 녁이거나 직칙을 일커나 ᄉᆞ투를 그릇ᄒᆞᄂᆞᆫ 쟈ㅣ 잇스면 뭇당히 사획ᄒᆞ며 동독ᄒᆞᄂᆞᆫ 것은 곳 각하의 직권이니 엇지 다른 사ᄅᆞᆷ의 경고를 기다리며 함을며 송병쥰의 도랑방ᄌᆞ홈은 국죠 이ᄅᆡ에 쳐음 잇ᄂᆞᆫ 변괴라 네로부터 국권이 타락ᄒᆞᄂᆞᆫ ᄂᆞᆯ에 명분을 범ᄒᆞ며 긔강을 업수 녁이ᄂᆞᆫ 쟈ㅣ 언의ᄯᅢ 업스리오마는 국경이 유신ᄒᆞᄂᆞᆫ 오ᄂᆞᆯᄂᆞᆯ을 당ᄒᆞ야 이갓치 무엄ᄒᆞᆫ 버릇을 가지ᄂᆞᆫ 쟈ㅣ 잇기를 엇지 ᄯᅳᆺᄒᆞ얏스리오 이 버릇을 가히 징계치 안이치 못ᄒᆞᆯ ᄉᆡ 본회ᄂᆞᆫ 국가의 긔강을 위ᄒᆞ야 한심홈을 익의지 못ᄒᆞ야 피를 ᄲᅮ려 츙경을 베푸럿더니 각하ㅣ 크게 ᄭᆡ다라 리[602] 죠쳐ᄒᆞ기를 ᄉᆡᆼ각지 안이ᄒᆞ시고 도로혀 ᄉᆞ실이 그러치 안타 칭탁ᄒᆞ야 허

물을 덥흐며 그른 것을 감쵸어 모호ᄒᆞᆫ 한 말로ᄡᅧ 텬하의 입을 막으며 희롱ᄒᆞᄂᆞᆫ ᄒᆞᆫ 손가락으로 ᄡᅧ 텬하의 눈을 가리시니 가히 ᄡᅧ 하날도 속이며 사름도 속이려니와 그 마암을 속이지 못ᄒᆞᄂᆞᆫ듸 엇지ᄒᆞᆯ고 향일 평양에셔 고씨ᄅᆞᆯ 향ᄒᆞ야 ᄉᆞ실을 무르며 어씨ᄅᆞᆯ 향ᄒᆞ야 지나간 일을 위로ᄒᆞ던 쟈ㅣ 각하가 안이오 뉘닛고 슯흐다 다만 동료 잇슴을 아라 달호ᄒᆞ고

황실 잇슴을 아지 못ᄒᆞ야 타락케 ᄒᆞᄂᆞᆫ가 각하ㅣ 비록

황실의 존엄ᄒᆞ심을 도라 보지 안이ᄒᆞ시나 호올로 죵묘 샤직의 금셕갓치 즁ᄒᆞᆷ을 ᄉᆡᆼ각지 안으며 호올로 텬하 만셰의 공론을 두려워ᄒᆞ지 안나뇨 이제 그 ᄉᆞ실이 분명ᄒᆞ고 확실ᄒᆞ야 다시 ᄑᆡᆼ계ᄒᆞᆯ 여다가 업슨즉 각하ㅣ 또 쟝찻 무삼 ᄆᆞᆯ로 ᄡᅧ 미봉ᄒᆞ며 쟝찬ᄒᆞ려ᄂᆞᆫ가 혹시 각하ㅣ 그 셰염을 두려워ᄒᆞ며 뎌의 낫가족을 거리씨여 찰하리 인군을 져바리ᄂᆞᆫ 죄ᄅᆞᆯ 범ᄒᆞᆯ지언뎡 참람ᄒᆞᆫ 신하의 거스름을 찔닐가 ᄒᆞ야 맛참ᄂᆡ 징벌치 못ᄒᆞᆫ즉 각하ᄂᆞᆫ 비록 시위소찬을 달게 녁이고져 ᄒᆞ나 그 공론이 허락지 안이ᄒᆞᆷ에 엇지ᄒᆞ리오 맛당히 물너가 각하의 손으로 왕법을 문허치지 안이ᄒᆞᆷ이 렬셩조의 셩덕을 갑흐며 황실의 존엄을 보존ᄒᆞᄂᆞᆫ 당당ᄒᆞᆫ 의리라 각하의 고유ᄒᆞᆫ 직권을 가지고 송병쥰의 죄샹을 사획ᄒᆞ야 텬폐에 상쥬ᄒᆞ야 감쳐ᄒᆞᆯ지오 법부대신 고영희 씨와 궁ᄂᆡ부 대신 민병셕 씨의 ᄉᆞ졍에 거리씨여 직칙을 일은 죄ᄅᆞᆯ ᄯᅩᄒᆞᆫ 맛당히 론획ᄒᆞᆯ지라 이 두 가지 분의에 각하ㅣ 엇지 깁히 ᄉᆡᆼ각ᄒᆞ야 ᄌᆞ쳐ᄒᆞ지 안나뇨 본회ᄂᆞᆫ 일졔의 졍론을 가지며 전국의 공분을 ᄃᆡ표ᄒᆞ야 언의 ᄂᆞᆯ 언의 ᄯᅢᄭᆞ지라도 죠쳐의 졍당ᄒᆞᆷ을 기다려 이 불울ᄒᆞᆷ을 편후에야 말지니 각하ᄂᆞᆫ ᄲᆞᆯ니 도모ᄒᆞ심을 바라나이다

602 원문 표기 그대로 옮김. 'ᄭᆡ다라(깨달아)'의 오기인 듯함.

411 1909년 2월 19일(금) 제2904호 별보

대한협회 연셜

단톄뎍 힝동(團體的 行動) / 김광졔(金光濟)[603]

단톄의 힝동을 말ᄒᆞ랴면 단톄의 ᄉᆡᆼ긴 바 근원과 국가에 ᄃᆡᄒᆞ야 직졉 관계가 잇슴을 몬져 셜명ᄒᆞ깃소 대뎌 단톄라 ᄒᆞᄂᆞᆫ 글ᄌᆞ를 ᄒᆡ셕ᄒᆞ면 단이라 홈은 무리가 합ᄒᆞᆫ 것을 닐음이오 톄라 홈은 소용이 구비ᄒᆞᆫ 것을 닐음이니 우리 인류에게 단톄가 필요ᄒᆞ다고 인뎡홈은 다만 샤회상 ᄉᆞ위에만 ᄃᆡᄒᆞ야 지칭홀 ᄲᅮᆫ 안이라 한 몸과 한 집이나 왼나라와 왼셰계가 다 그러ᄒᆞ야 힝동ᄒᆞ고 운위홈에 단톄의 결과가 안이면 몸이 몸 노릇을 못 ᄒᆞ고 집이 집 노릇을 못 ᄒᆞ고 나라가 나라노릇을 못 홈은 명확ᄒᆞᆫ 리치어늘 단톄의 원리를 아지 못ᄒᆞᄂᆞᆫ 쟈들이 캄캄ᄒᆞᆫ 방구셕에 모혀 안져셔 부잘업시 론난ᄒᆞ야 ᄀᆞᆯᄋᆞᄃᆡ 근ᄅᆡ에 소위 샤회라 샤회라 단톄라 단톄라 ᄒᆞᄂᆞᆫ 말이 셩힝ᄒᆞ나 무슨 의거가 잇스며 무슨 효험이 잇나뇨 ᄒᆞ니 본인이 이 말에 ᄃᆡᄒᆞ야 분명히 질언홀 바ㅣ 잇소

사ᄅᆞᆷ이 텬디지간 만물지즁에 가쟝 신령ᄒᆞ고 가쟝 귀ᄒᆞᆫ 바ᄂᆞᆫ 무리를 합ᄒᆞᄂᆞᆫ 능력이 잇ᄂᆞᆫ 연고ㅣ라 ᄒᆞ겟소 혹 쟈ㅣ 이를 반ᄃᆡᄒᆞ야 ᄀᆞᆯᄋᆞ되 사ᄅᆞᆷ의 가쟝 귀ᄒᆞᆫ 바ᄂᆞᆫ 오륜이 잇슴이라 홈은 가ᄒᆞ거니와 무리를 합ᄒᆞᄂᆞᆫ 소이라 ᄒᆞᄂᆞᆫ 말은 금시초문이니 만불근리ᄒᆞ다 홀 터이나 시험ᄒᆞ야 뭇노니 가ᄉᆞ 일ᄀᆡ 사ᄅᆞᆷ으로 ᄒᆞ야곰 망망ᄒᆞᆫ 대디상에 옷독히 혼자 셧스면 그 나ᄂᆞᆫ 것은 짐ᄉᆡᆼ만 갓지 못홀지라 만일 단톄가 안이면 군신의 셔로 맛나ᄂᆞᆫ 것과 부ᄌᆞ의 셔로 닛ᄂᆞᆫ 것과 부부의 셔로 합ᄒᆞᄂᆞᆫ 것과 쟝유의 계급과 붕우의 셔로 사괴임이 어ᄃᆡ로조차

603 김광제(金光濟, 1866~1920): 조선 말기의 관료, 교육자. 대구 광문사 사장과 사립보통학교 교장으로 활동했으며, 서상돈(徐相敦)과 함께 국채보상회를 조직하고 국채보상운동에 앞장섰다.

싱기리오 이를 미루어 싱각홀진딘 오륜도 단톄에셔 근원이 싱겻다 ᄒᆞ야도 가ᄒᆞ도다

고로 셰계상 인류의 모든 일에 ᄃᆡᄒᆞ야 단톄가 가쟝 쥬의홀 것이라 만일 단톄 쥬의를 그르다 ᄒᆞᄂᆞᆫ 쟈ㅣ면 ᄌᆞ긔 몸과 ᄌᆞ긔 집과 ᄌᆞ긔 나라를 스ᄉᆞ로 망케 ᄒᆞᄂᆞᆫ 쟈ㅣ며 ᄌᆞ긔의 단톄로뻐 남의 단톄를 방히코져 ᄒᆞᄂᆞᆫ 쟈도 역시 스ᄉᆞ로 멸망케 ᄒᆞᄂᆞᆫ 쟈ㅣ로다 즁용에 ᄀᆞᆯ아ᄃᆡ 만물이 아울너 싱육ᄒᆞ야 셔로 히ᄒᆞ지 안으며 도ㅣ 아울너 힝ᄒᆞ야 셔로 어그러지지 안ᄂᆞᆫ다 ᄒᆞ얏스니 과연 셩인의 ᄆᆞᆯ삼이오 무릇 우리 졍부도 ᄯᅩᄒᆞᆫ 단톄의 일부분이어ᄂᆞᆯ 엇지ᄒᆞ야 당국 졔공은 당쵸부터 단톄의 원리ᄂᆞᆫ 강구치 안코 ᄀᆞᆯ수록 더옥 오히ᄒᆞ야 남의 단톄를 보면 문득 싀긔ᄒᆞ고 두려운 마암을 ᄂᆡ여 스스로 말ᄒᆞ야 갈오ᄃᆡ 뎌 단톄가 완젼히 셩립ᄒᆞ면 반닷이 ᄂᆡ게 방히가 잇스리라 ᄒᆞ야 ᄇᆡᆨ 가지로 져희ᄒᆞ고 젼국 인민으로 ᄒᆞ야곰 바룸 압헤 써러지ᄂᆞᆫ 솟과 갓치 헤여지기만 긔ᄃᆡᄒᆞ니 이것이 실로 무숨 마암인고 본인은 말ᄒᆞ기를 뎌 우ᄆᆡᆨᄒᆞᆫ 졔공들이 단톄의 쥬의를 오히ᄒᆞᄂᆞᆫ 결과로 그 몸을 스스로 명망[604]케 ᄒᆞ리라 ᄒᆞ오 엇지 뻐 그런고 ᄒᆞ면 졔공들이 이왕 경징 독립ᄒᆞᄂᆞᆫ 뜻을 이갓치 오히ᄒᆞ고 도로혀 그 몸을 멸망케 ᄒᆞ든 증거를 목도ᄒᆞ얏소 경징이라 ᄒᆞᄂᆞᆫ 것은 셰계에 지식과 능력이 우승홈을 닐은 바이어날 져마다 싱각ᄒᆞ기를 남과 싸홈ᄒᆞᄂᆞᆫ 것이 잘 ᄒᆞᄂᆞᆫ 경징이라 ᄒᆞ야 비록 가로상에셔라도 맛나ᄂᆞᆫ 사룸마다 징힐ᄒᆞ야 구타ᄒᆞ고 후욕ᄒᆞ기를 무소부지ᄒᆞ되 외국 사룸의 보고 듯ᄂᆞᆫ ᄃᆡ와 여러 로동쟈가 방관ᄒᆞᄂᆞᆫ 싸에셔 그 붓그러온 쥴을 알지 못ᄒᆞᄂᆞᆫ 쟈ᄂᆞᆫ 졔나라 져자에셔 ᄇᆡᆨ쥬에 황금을 움키ᄂᆞᆫ 쟈가 다만 황금만 보고 사룸은 보지 못ᄒᆞ든 것과 갓흐니 이것은 우승ᄒᆞ랴ᄂᆞᆫ 경징이 안이라 곳 렬징(못낫 놈 □기)이라 ᄒᆞ겟소(방쳥인이 대쇼) ᄯᅩ 독립이라ᄂᆞᆫ 것은 젼국이 단합ᄒᆞᄂᆞᆫ 힘이 잇슨 연후에야 될 것이어날 다만 그 글ᄌᆞ 뜻으로 히셕ᄒᆞ야 ᄀᆞᆯ아ᄃᆡ 나 혼자 한 몸

604 '멸망'의 오기인 듯함.

이 자우로 횡힝ᄒᆞᄂᆞᆫ 것이라 ᄒᆞ야 스스로 외람ᄒᆞᆫ 마암과 야만의 힝위를 방사히 ᄒᆞ나 필경 뜻을 엇지 못ᄒᆞ야 스스로 발광ᄒᆞᄂᆞᆫ ᄃᆡ 니름의 칼을 ᄡᅵ고 심지어 존엄지쳑지디에셔 쥬먹을 ᄂᆡ여 두른들 ᄯᅩ한 어들 것이 무엇 잇스리오 이것은 여러 사름이 단합ᄒᆞᆫ 독립이 안이라 곳 독부의 독립이니(만장이 박장) 독부라ᄂᆞᆫ 것은 이왕 왼나라 사름과 구슈가 된지라 그 독부가 되어셔ᄂᆞᆫ 만일 계엄ᄒᆞᄂᆞᆫ 긔구와 호신ᄒᆞᄂᆞᆫ 병긔가 안이면 촌보라도 문밧게 ᄂᆡ오지 못ᄒᆞᆯ 것이니 이것이 스스로 멸망ᄒᆞᄂᆞᆫ 자가 안이리오 비록 그러나 우리 무리가 이러ᄒᆞᆫ 쟈에 ᄃᆡᄒᆞ야 찰하리 가긍히 넉일지언뎡 족히 론박ᄒᆞᆯ 것이 업도다 가령 두 눈을 가진 쟈ㅣ 쇼경이 잘 보지 못ᄒᆞᆫ다고 죠롱ᄒᆞ야 웃ᄂᆞᆫ 것과 갓ᄒᆞ니 다시 믈ᄒᆞᆯ 것업거니와 단톄에ᄂᆞᆫ 힝동이 잇스며 힝동에도 졍당ᄒᆞ고 졍당치 못ᄒᆞᆫ 구별이 잇스니 단쳬의 졍당ᄒᆞᆫ 힝동은 곳 함편[605]에 치우침이 업고 ᄯᅩ 편당이 업습이니 맛당히 젼국의 공공ᄒᆞᆫ 의론으로ᄡᅥ 쥬장을 삼고 만민의 공농ᄒᆞᆫ 의견으로ᄡᅥ 쥬견을 삼아 가히 셩토ᄒᆞᆯ 쟈ᄂᆞᆫ 무리를 갓치 ᄒᆞ며 가히 구졔ᄒᆞᆯ 쟈ᄂᆞᆫ 마음을 갓치 ᄒᆞ되 맛ᄎᆞᆷᄂᆡ 일단 화긔로ᄡᅥ 한 나라를 지여 민드ᄂᆞᆫ 것이 우리 졍당 단체에 졍당ᄒᆞᆫ 힝동이라 ᄒᆞᄂᆞ이다

412 1909년 2월 20일(토) 제2905호 별보

대한협회 연셜
여론의 가치(輿論의 價値) / 졍운복(鄭雲復)

대뎌 여론의 가치를 알고져 ᄒᆞ면 몬져 여론의 셩질을 강구ᄒᆞᆯ지라 여론이라 ᄒᆞᄂᆞᆫ 말은 그 뜻이 심히 막연ᄒᆞ야 포착ᄒᆞ기 어려오나 영어로 말ᄒᆞ면 ᄎᆞᆯ하리 공

605 '한 편'의 오기인 듯함.

론이라 홈도 가호고 얏가 윤효뎡씨의 연뎨와 갓치 졍론이라 홈도 가호오

엇지호야 그러뇨 호면 졍당치 못호며 공평치 못호 언론은 비록 몃쳔 빅 명이 써들지라도 여론의 셩질이 안이오 지극히 졍당호며 지극히 공평호 언론으로써 샤회에셔 우승호 형셰를 가진 쟈ㅣ아 방가위 여론이라 호오

무릇 여론의 셩질에 두 가지 뜻이 잇스니 한아는 넓은 뜻이오 한아는 좁은 뜻이라 넓은 뜻이라 홈은 공공뎍 문뎨(公共的 問題)에 디호야 ᄌ유로 블표호야 샤회에셔 우승호 형셰를 엇는 의견이오 좁은 뜻이라 홈은 졍치뎍 문뎨(政治的 問題)에 디호야 ᄌ유로 발표호야 샤회에셔 우승호 형셰를 엇는 의견이니 밧고어 말호면 여론은 곳 다슈호 동졍을 엇는 의견이라

비록 됴흔 의견이 잇슬지라도 다만 닉 흉즁에만 감초어 두고 발표치 못호는 쟈는 여론의 셩질이 안이며 혹 다른 사롬의 강졔나 ᄭᅬ임을 밧거나 남의 의견을 ᄯᅡ라가며 말호는 것은 여론의 셩질이 업소

그러호디 언론의 싱겨나는 것은 왼갓 ᄉ물에 디호야 츄리뎍(推理的)을 의지홀 ᄲᅮᆫ 안이라 왕왕히 기인의 디위나 특별호 힝위가 국가 샤회에 영향이 밋게 호는 ᄯᅢ에 감졍뎍(感情的)으로 닐어나는 것이오

그러나 젼졔졍치 아릭는 여론이 항상 젹고 공화졍치나 립헌졍치 아릭는 여론이 항상 만흔 고로 혹 쟈ㅣ 말호되 우리나라 ᄉ쳔년 동안에 젼졔졍치를 힝호얏슨즉 엇지 여론이 잇스리오 호나 이는 오날늘의 현상만 관찰호고 녯젹의 아름다온 풍속은 아지 못호는 말이로다

젼졔졍치 아릭의 인민이 춤졍권이 업슴은 고금동서의 통례나 그러나 우리나라인즉 그러치 안이호야 사론을 심히 존슝호야 ᄉ론이 한번 닐어나면 군쥬의 위권과 졍부의 셰력으로도 능히 누르지 못호얏소

그 리력을 말호자면 죠뎡에는 졍언 지평 쟝령 헌납 집의 ᄉ간 대ᄉ간 동의금 지의금 등의 언관을 두어 군쥬의 득실과 죠뎡의 사졍을 규간호고 들에는 관학 유싱과 및 팔도 유싱이 셔로 련락호야 군쥬의 득실과 죠뎡의 샤졍을 감독호

1909년 2월

논딕 국가 샤회에 즁대혼 문뎨가 나면 죠뎡에셔는 여러 언관들이 상쇼 극간ᄒᆞ고 들에셔는 관학 유싱이 련ᄒᆞ야 샹소를 올니며 팔도에 유통을 돌니다가 군쥬나 혹 집정쟈가 쳥죵치 안으면 관학 유싱이 권학(捲學)ᄒᆞ야 가지고 문외로 나아가면

대가가 친히 문외에 나아가샤 유싱을 무위ᄒᆞ샤 환학케 ᄒᆞ시고 필경은 윤허ᄒᆞ셧스니 우리 나라 인민은 최하등의 무지무식혼 쟈를 제혼 외에는 다른 나라 빅셩보담 우월혼 참정권을 쥬엇는 고로 여논의 힘이 이를 조차 쏘한 심히 컷셧소

여논을 발표ᄒᆞ는 방법은 셜단이나 필단과 기타 여러 가지 힝동을 의지ᄒᆞ나니 곳 연셜 신문 잡지 통신 등이 다 여논을 발표ᄒᆞ는 긔관이라 연고로 이십세긔에는 여논이 크게 발달ᄒᆞ야 엇던 권셰와 엇던 위력을 가진 쟈이라도 능히 여논을 막지 못ᄒᆞ고 셰계 각국이 다 여논을 놉게 보거늘 우리나라는 ᄉᆞ긔가 녯젹보담 쇠퇴ᄒᆞ야 여논을 닐으키는 쟈도 젹고 정치가도 역시 여논을 경ᄒᆞ게 녁이니 한심 통곡홀 바 안이리오 (미완)

413 1909년 2월 21일(일) 제2906호 별보

대한협회 연셜

여론의 가치(輿論의 價値) / 정운복(鄭雲復)[606]

우리나라는 오빅여 년 사이에 경명분 립긔강으로써 나라 다ᄉᆞ리는 큰 법을 삼앗거늘 이제 만고에 업는 대변이 나셔 일기 송병쥰이 텬폐지쳑지디에셔 술이 취ᄒᆞ야 어즈러히 짓거리다가 찻던 칼을 쎅여 시죵 근신을 씨르려 ᄒᆞ고 심지

606 '전호속' 표기는 없으나 제2905호 논설의 연속임.

어 녀관의 치마에 붉은 피를 물드리게 ᄒᆞ얏스니 무엄ᄒᆞ며 불경홈이 엇지 이갓치 지극홈에 니르럿ᄂᆞᆫ고 그러ᄒᆞ되 죠뎡의 언관과 들의 유ᄉᆡᆼ이 츙신이라든지 역젹이라든지 말 한 마듸를 발ᄒᆞ며 상소 한 쟝을 밧치ᄂᆞᆫ 쟈ㅣ 아조 업스니 허다ᄒᆞᆫ 언관과 허다ᄒᆞᆫ 유ᄉᆡᆼ이 다 어듸 갓소(이ᄯᅢ에 변ᄉᆞㅣ 상을 ᄯᅮ다리며 크게 소ᄅᆡ 지르니 방쳥ᄒᆞᄂᆞᆫ 션비 즁에 통곡ᄒᆞᄂᆞᆫ 이가 잇슴) 션비의 긔운이 이갓치 쇠퇴홀 ᄲᅮᆫ 안이라 소위 당국쟈가 눈에 군부가 업ᄂᆞᆫ 송병쥰을 ᄂᆡ버려 두고 뭇지 안으려 ᄒᆞ니

황실의 존엄을 무엇으로ᄡᅥ 보존ᄒᆞ며 죠뎡의 긔강을 무엇으로ᄡᅥ 유지ᄒᆞ며 만고의 신ᄌᆞ를 무엇으로ᄡᅥ 징계ᄒᆞ며 후셰의 타마를 무엇으로ᄡᅥ 면ᄒᆞ리오

근쟈에 일본 궁ᄂᆡ대신은 칠십 늙은이로ᄡᅥ 묘령의 평민 녀ᄌᆞ와 결혼ᄒᆞ랴 ᄒᆞ다가 여론이 비등ᄒᆞ야 ᄉᆞ직을 ᄒᆞᄂᆞ니 면관을 ᄒᆞᄂᆞ니 ᄒᆞ거ᄂᆞᆯ 오날ᄂᆞᆯ 송병쥰의 범ᄒᆞᆫ 바ᄂᆞᆫ 일본 궁ᄂᆡ대신에게 비ᄒᆞ면 ᄇᆡᆨ ᄇᆡ나 쳔 ᄇᆡ나 즁ᄒᆞ되 엄연히 그 디위를 보젼ᄒᆞ야 잇스니 이ᄂᆞᆫ

황실의 존엄이 ᄯᅡ에 ᄯᅥ러지고 ᄉᆞ론의 공졍홈이 아죠 업셔짐이라 슯흐다 ᄎᆞᆼ창ᄒᆞ신 하날이여

말을 ᄒᆞ다가 분홈을 참지 못ᄒᆞ야 다른 말을 만히 ᄒᆞ노라고 연뎨의 본의를 말ᄒᆞ지 못ᄒᆞ엿소

대뎌 여론의 가치ᄂᆞᆫ 두 가지가 잇스니 쳣ᄌᆡᄂᆞᆫ 갈아ᄃᆡ 셰력뎍 가치(勢力的價値)오 둘ᄌᆡᄂᆞᆫ ᄀᆞᆯ아ᄃᆡ 진리뎍 가치(眞理的價値)라 셰력뎍 가치ᄂᆞᆫ 무엇이뇨 이상에 말ᄒᆞᆫ 바와 갓치 국가 샤회에 즁대ᄒᆞᆫ 문뎨가 잇거나 송병쥰과 갓흔 크게 불경ᄒᆞ고 지극히 무엄ᄒᆞᆫ 쟈ㅣ가 잇스면 그 셰력이 아모리 쟝ᄒᆞ며 그 위권이 아모리 셩홀지라도 여론의 셰력으로ᄡᅥ 능히 제지ᄒᆞ나니 이ᄂᆞᆫ 인류의 무상ᄒᆞᆫ 셰력이라 그러나 국법상에 명령권과 강제권은 업스니 이ᄂᆞᆫ 우리의 특별히 쥬의홀 바이오 연고로 여론의 셰력이 사ᄅᆞᆷ의 ᄉᆡᆼ명과 신톄와 ᄌᆞ유에ᄂᆞᆫ 능히 변동케 ᄒᆞ지 못ᄒᆞ고 다만 그 디위와 명여와 ᄉᆞ상에ᄂᆞᆫ 영향을 밋게 ᄒᆞ나니 뎌갓

치 무엄 불경훈 무리에게 딕ᄒᆞ야 여론이 한 번 발ᄒᆞ면 그 디위는 도뎌히 보젼치 못홀지오 만일 사름의 힘으로뻐 능히 졔어치 못ᄒᆞ면 하늘이 반다시 벌을 닉리리다

그런즉 그 명여가 싸에 써러짐은 이무가론이오 디위와 명여를 다 일은즉 인궁반본의 리치로 그 ᄉᆞ상이 한 번 변ᄒᆞ야 오날늘의 죄과를 뉘우쳐 씩다를는지 모로겟소 진리뎍 가치는 무엇이뇨 당국쟈를 능히 비평ᄒᆞ며 능히 감독ᄒᆞ야 빅셩의 소릭는 곳 귀신의 소릭라 ᄒᆞ는 격언과 갓치 오인의 병이 지셩으로뻐 ᄉᆡᆼ각ᄒᆞ고 판단ᄒᆞ야 타인을 화ᄒᆞ게 ᄒᆞ며 쏘 여론이 능히 인민의 지덕의 뎡도를 표시ᄒᆞ오 일진회로 의론홀지라도 ᄎᆞᆼ립ᄒᆞ던 당시에 빅만이라 ᄌᆞ칭ᄒᆞ더니 여론의 진리뎍 가치 곳 동화력(同化力)을 인ᄒᆞ야 졍론으로 도라온 쟈ㅣ 만코 현금 남은 당이 몃 쳔명에 지나지 못ᄒᆞ는 쥴로 ᄉᆡᆼ각ᄒᆞ오

슯흐다 졔군이여 여론의 가치 곳 세력뎍과 진리뎍 두 가지는 오인의 지극히 큰 셰력이오 무상훈 즁보ㅣ라 이 갓흔 셰력과 이 갓흔 즁보를 일코셔야 엇지뻐 집과 나라를 보젼ᄒᆞ리오 이졔로부터 여론 곳 공론이 한 번 불ᄒᆞ거든 갓치 소릭지르고 셔로 응ᄒᆞ야 귀훈 바 셰력과 즁보를 닉여 버리지 물지어다(완)

414 1909년 2월 23일(화) 제2907호 별보

함경남도의 흉년
문쳔군 일딕의 참상

함경남도 문쳔군에셔는 작년 가을에 삼ᄉᆞ십 년 이릭로 쳐음 잇는 큰 슈직로 인ᄒᆞ야 뎐답의 피히가 비상히 만흔 고로 곡식의 츄슈도 이젼보다 십분의 이분에 지닉지 못홈애 그즁 문쳔군닉 명효사(明孝社) 도사(都社) 구산사(龜山社)의 흉년이 다 말홀 슈 업도다 로쇼남녀를 막론ᄒᆞ고 음식을 먹지 못ᄒᆞ야 자유로 문

밧게 힝동치 못ᄒᆞ고 미일 집안에셔 신음을 ᄒᆞᆯ ᄯᆞ름이나 그러나 건장ᄒᆞᆫ 남녀들은 간혹 산즁에 드러가 나무를 븨여 로동ᄒᆞᆯ지라도 음식물은 다만 측ᄲᅮ리를 킈고 도토리 열미를 주어 먹더니 지금은 눈이 ᄊᆞ여 풀ᄲᅮ리와 나무 여름도 어들 슈 업게 된지라 이졔 그 곤궁ᄒᆞᆫ 인민을 자와 갓히 구별ᄒᆞ야 말ᄒᆞ면

一 현직 긔근에 졀박ᄒᆞᆫ 쟈ᄂᆞᆫ 호슈가 二百一十六호 인구가 一千五百四十九인

二 긔근을 견ᄃᆡ지 못ᄒᆞ야 다른 디방으로 이사ᄒᆞᆫ 쟈ᄂᆞᆫ 호슈가 四百八十五호 인구가 七百三十一인

三 쟝ᄅᆡ 긔근을 견ᄃᆡ지 못ᄒᆞᆯ 념려가 잇ᄂᆞᆫ 쟈ᄂᆞᆫ 호슈가 四百八十五호오 인구가 二千四百六十五인이니 이것이 곳 궁민의 ᄃᆡ강 슈효로 인뎡ᄒᆞ면 별로 오착될 것이 업스리로다

그런즉 이것을 구휼ᄒᆞᄂᆞᆫ 방법은 현금 당국쟈가 됴샤ᄒᆞ고 강구ᄒᆞᄂᆞᆫ 즁이라 ᄒᆞ나 그 곤궁ᄒᆞᆫ 인민의게 ᄃᆡᄒᆞ야ᄂᆞᆫ 하로가 삼츄와 갓히 졀박ᄒᆞᆫ 경우라 이졔 그 곤궁ᄒᆞᆫ 뎡도에 ᄃᆡᄒᆞ야 구별ᄒᆞ면 젼에 긔록흠과 갓치 뎨일은 현직 긔근에 졀박ᄒᆞᆫ 쟈 뎨이ᄂᆞᆫ 긔근을 견ᄃᆡ지 못ᄒᆞ야 다쳐로 이젼ᄒᆞᆫ 쟈 뎨삼은 식물이 불일닉에 핍졀ᄒᆞᆯ 념려가 잇ᄂᆞᆫ 쟈인ᄃᆡ 뎨일 현직 긔아를 견ᄃᆡ지 못ᄒᆞᄂᆞᆫ 쟈의 집안에ᄂᆞᆫ 곡식 그릇이 다 공허ᄒᆞ야 죵ᄌᆞ 곡식ᄭᆞ지 다 먹고 혹은 이웃 촌락으로 류리ᄒᆞ야 빌어먹으며 ᄒᆡ변에 잇ᄂᆞᆫ 촌락은 이왕 어업에 죵사치 안이ᄒᆞ든 인민도 부득이 ᄒᆞ야 물고기를 잡아 먹고져 ᄒᆞᄂᆞᆫ 참혹ᄒᆞᆫ 상ᄐᆡ에 ᄲᅡ졋고 산즁에 잇ᄂᆞᆫ 촌락의 인민은 눈히 만히 ᄊᆞ혓슴으로 ᄡᅧ 일싱에 의식의 ᄌᆞ료되든 신지를 ᄎᆡ벌ᄒᆞᄂᆞᆫ 업에 죵사ᄒᆞ기 불능ᄒᆞ고 다쇼간 ᄎᆡ벌ᄒᆞᆫ 것이라도 궁항 벽촌에 젼졍이 핍박하나 결과로 젼혀 판ᄆᆡᄒᆞᆯ 방도가 업셔 비상히 곤난ᄒᆞᆫ 경우에 ᄲᅡ졋고 뎨이에ᄂᆞᆫ 긔근을 견ᄃᆡ지 못ᄒᆞ야 다쳐로 로동ᄒᆞ러 ᄯᅥ나ᄂᆞᆫ 궁민이 잇스나 쳐ᄌᆞ 권속에 결련ᄒᆞ야 용이히 이젼치 못ᄒᆞᄂᆞᆫ 쟈가 오늘날ᄭᆞ지 그 수효를 알 슈 업고 ᄯᅩ 뎨삼은 작년 가을의 츄슈곡이 오ᄂᆞᆫ 사오월의 량ᄆᆡᆨ이 ᄉᆡ로 나기ᄭᆞ지 계속ᄒᆞ기 어려운 쟈니 이것은 뎨일죵 뎨이죵에 비ᄒᆞ면 얼마큼 ᄌᆞ력이 잇ᄂᆞᆫ 쟈로ᄃᆡ 농가에 필요ᄒᆞᆫ 농

우를 팔아 식료를 사고 지금은 그 농우도 살 쟈가 업슴으로 뼈 원산과 기타 도회쳐에 멀니 나가셔 부득이 렴가로 방민혼다 ᄒᆞ니 ᄌᆞ션혼 독쟈 제군은 이에 ᄃᆡᄒᆞ야 문쳔군민의 참혹혼 경경의 ᄃᆡ기를 슯힐지로다[607]

607 제2908호(2월 24일자) 유실됨. 제2909~2912호(2월 24~28일자) 논설 미게재.

자료집 수록 논설 제목 목록
(발간 호수 기준)

자료집 수록 제국신문 논설 제목 목록(발간 호수 기준)

1907년 5월 17일(2407호)~1909년 2월 28일(2912호)

비고 — 6월 7일 이전은 매주 일요일, 이후는 매주 월요일 정기휴간

※ 1907년

연번	날짜	호수	표제	필자	제목	비고
1	5.17	2407	논설	미표기	시국의 변쳔ᄒᆞᆷ을 탄식ᄒᆞᆷ	
2	5.18	2408	논설	미표기	사ᄅᆞᆷ ᄀᆡ쳑이 시급ᄒᆞᆫ 일	
	5.19	정기휴간				
3	5.20	2409	기서	한남산인 신싱뎡	없음	
4	5.21	2410	기서	미표기	나라마다 ᄌᆞ국을 위ᄒᆞ난 혼이 잇ᄂᆞᆫ 일	
5	5.22	2411	논설	미표기	각 사회의 곤란한 상황	
6	5.23	2412	논설	미표기	정부대신의 젼뎡	
	5.24	임시휴간				
7	5.25	2413	논설	미표기	새 정부의 임명과 장래	
	5.26	정기휴간				
8	5.27	2414	논설	미표기	ᄎᆡᆨ임정부의 엇더ᄒᆞᆫ 일	
9	5.28	2415	논설	미표기	신정부 제공에계 경고ᄒᆞᆷ	
10	5.29	2416	논설	미표기	녀ᄌᆞ샤회의 발동	
11	5.30	2417	논설	미표기	국ᄎᆡ보상금 쳐리의 곤란할 일	
12	5.31	2418	논설	미표기	학문으로 사ᄅᆞᆷ의 우렬을 말ᄒᆞᆷ이라	
13	6.1	2419	논설	미표기	즁앙정부관인이 션미ᄒᆞ야가ᄂᆞᆫ 모양	
	6.2	정기휴간				
14	6.3	2420	논설	미표기	각ᄉᆡᆨ샤회를 급히 ᄀᆡ량ᄒᆞᆯ 일	
15	6.4	2421	논설	미표기	정신 차릴 일	3호

16	6.5	2422	논설	미표기	정신 차릴 일 (속)	연속
17	6.6	2423	논설	미표기	정신 차릴 일 (속)	
18	6.7	2424	사설	미표기	본샤의 ᄒᆡᆼ복과 본 긔쟈의 ᄒᆡ임	
19	6.8	2425	사설	미표기	첫인사	
20	6.9	2426	논설	呑海生	박ᄌᆡ(雹災)	
	6.10	정기휴간				
21	6.11	2427	논설	呑海生	공립신보로 모범을 삼을 일	
22	6.12	2428	논설	탄ᄒᆡᄉᆡᆼ (呑海生)	살기를 닷토ᄂᆞᆫ 시ᄃᆡ	
23	6.13	2429	논설	미표기	종목하기를 힘쓸 일	
24	6.14	2430	논설	탄ᄒᆡᄉᆡᆼ	ᄒᆞᆯ 수 업다ᄂᆞᆫ 말을 ᄒᆞ지 말 일	
25	6.15	2431	논설	탄ᄒᆡᄉᆡᆼ	샹품진렬소를 보고 ᄒᆞᆫ탄ᄒᆞᆷ	
26	6.16	2432	논설	탄ᄒᆡᄉᆡᆼ	부즈런히 벌어셔 졀용ᄒᆞᆯ 일	
	6.17	정기휴간				
27	6.18	2433	논설	탄ᄒᆡᄉᆡᆼ	진명부인회를 하례ᄒᆞᆷ	
28	6.19	2434	논설	탄ᄒᆡᄉᆡᆼ	부인의 의복을 ᄀᆡ량ᄒᆞᆯ 일	
29	6.20	2435	논설	탄ᄒᆡᄉᆡᆼ	어린 아ᄒᆡ ᄀᆞ라치ᄂᆞᆫ 법도	2호 연속
30	6.21	2436	논설	탄ᄒᆡᄉᆡᆼ	어린 아ᄒᆡ ᄀᆞ라치ᄂᆞᆫ 법도 (속)	
31	6.22	2437	논설	미표기	챵셜ᄒᆞᆷ이 귀ᄒᆞᆫ 것이 안이라 실시ᄒᆞᆷ이 귀ᄒᆞᆫ 일	
32	6.23	2438	논설	미표기	민권과 신문의 권리	
	6.24	정기휴간				
33	6.25	2439	논설	탄ᄒᆡᄉᆡᆼ	ᄀᆡ셩교육총회를 하례ᄒᆞᆷ	
34	6.26	2440	논설	탄ᄒᆡᄉᆡᆼ	ᄒᆡ산구원을 ᄉᆡᆼ슈에 맛기지 못ᄒᆞᆯ 일	
35	6.27	2441	논설	탄ᄒᆡᄉᆡᆼ	나라 흥망은 정부에 잇지 안코 ᄇᆡᆨ셩의거 잇슴	
36	6.28	2442	논설	탄ᄒᆡᄉᆡᆼ	경셩샹업회의소와 밋 한셩ᄂᆡ 샹업가 제씨의게 경고ᄒᆞᆷ	
37	6.29	2443	논설	탄ᄒᆡᄉᆡᆼ	즁츄원	
38	6.30	2444	논설	탄ᄒᆡᄉᆡᆼ	츄세를 됴하ᄒᆞᆷ은 나라를 망ᄒᆞᄂᆞᆫ 근인	
	7.1	정기휴간				
39	7.2	2445	사설	미표기	정직홍 씨의 ᄌᆞ쳐ᄒᆞᆫ 본의를 오ᄒᆡᄒᆞ지 ᄆᆞᆯ 일	

	7.3	임시휴간				
40	7.4	2446	논설	탄ᄒᆡᆼ	단발에 ᄃᆡᄒᆞᆫ 의견	
41	7.5	2447	논설	탄ᄒᆡᆼ	풍셜	
42	7.6	2448	논설	탄ᄒᆡᆼ	근ᄅᆡ에 처음 듯는 희소식	
43	7.7	2449	기서	한텬민	패가한 래력	
	7.8	정기휴간				
44	7.9	2450	기서	락텬ᄉᆡᆼ	한텬민의게 ᄃᆡ답함	
45	7.10	2451	논설	탄ᄒᆡᆼ	만세보를 위ᄒᆞ야 ᄒᆞᆫ번 통곡함	
46	7.11	2452	기서	정한경	박쟝현 씨의 ᄒᆡᆼ쟝	2호 연속
47	7.12	2453	기서	정한경	박쟝현 씨의 ᄒᆡᆼ쟝 (속)	
48	7.13	2454	논설	탄ᄒᆡᆼ	새벽 쇠북 한 소래	
49	7.14	2455	기서	현지명	남을 원망ᄒᆞ지 말고 ᄂᆡ 허물을 ᄉᆡᆼ각ᄒᆞ야 고칠 일	2호 연속
	7.15	정기휴간				
50	7.16	2456	기서	현지명	남을 원망ᄒᆞ지 말고 ᄂᆡ 허물을 ᄉᆡᆼ각ᄒᆞ여 고칠 일 (속)	
51	7.17	2457	논설	운졍(雲庭)	권리와 의무의 ᄎᆞᆷ뜻을 알 일	2호 연속
52	7.18	2458	논설	운졍(雲庭)	권리와 의무의 ᄎᆞᆷ뜻을 알 일 (속)	
53	7.19	2459	논설	운졍(雲庭)	간험ᄒᆞᆫ 자의 심장 (미완)	
	7.20	2460	미게재			
	7.21	2461	유실됨			
	7.22	정기휴간				
54	7.23	2462	논설	탄ᄒᆡᆼ	전국 동포에게 경고ᄒᆞᆷ	
55	7.24	2463	논설	탄ᄒᆡᆼ	피란가는 쟈를 위ᄒᆞ야 한탄ᄒᆞᆷ	
56	7.25	2464	논설	탄ᄒᆡᆼ	내각 졔공은 홀로 그 ᄎᆡᆨ망이 업슬가	
57	7.26	2465	논설	탄ᄒᆡᆼ	민심 슈습ᄒᆞ기를 힘쓸 일	
58	7.27	2466	논설	탄ᄒᆡᆼ	신협약에 ᄃᆡ한 의견	
59	7.28	2467	논설	탄ᄒᆡᆼ	락심하지 말 일	
	7.29	정기휴간				
60	7.30	2468	별보	미표기	농샹공부대신 송병준 씨의 담화	
61	7.31	2469	별보	미표기	신협약에 관ᄒᆞᆫ 일본 외무대신 림동 씨의 말	

62	8.1	2470	논설	탄ᄒᆡᄉᆡᆼ	당파의 리ᄒᆡ	
63	8.2	2471	논설	탄ᄒᆡᄉᆡᆼ	해산한 군인의게 고함	
	8.3	2472	유실됨			
	8.4	2473				
	8.5	정기휴간				
64	8.6	2474	논설	미표기	상당ᄒᆞᆫ 권리ᄅᆞᆯ 보존코져 ᄒᆞ면 상당ᄒᆞᆫ 지식이 필요ᄒᆞᆷ	
65	8.7	2475	논설	미표기	경셩박람회(京城博覽會)에 츌품(出品)ᄒᆞ기ᄅᆞᆯ 권ᄒᆞᆷ	
66	8.8	2476	논설	미표기	신문지법을 평론함	
67	8.9	2477	논설	미표기	황ᄐᆡ자 ᄎᆡᆨ봉하압심을 봉츅함	
68	8.10	2478	논설	탄ᄒᆡᄉᆡᆼ	단셩사(團成社)를 평론ᄒᆞᆷ	
69	8.11	2479	논설	미표기	동경 고학ᄉᆡᆼ의게 권고ᄒᆞᆷ	
	8.12	정기휴간				
70	8.13	2480	논설	미표기	우리나라 각 황족과 ᄉᆞ대부의 집 규모ᄅᆞᆯ ᄀᆡ혁ᄒᆞᆯ 일	
71	8.14	2481	논설	미표기	만죠보(萬朝報)의 론셜을 론박ᄒᆞᆷ	
72	8.15	2482	논설	탄ᄒᆡᄉᆡᆼ	반ᄃᆡᄒᆞᄂᆞᆫ 쟈ᄅᆞᆯ 뮈워ᄒᆞ지 말 일	
73	8.16	2483	논설	탄ᄒᆡᄉᆡᆼ	쟝사ᄒᆞᄂᆞᆫ 사ᄅᆞᆷ은 공손ᄒᆞᆷ을 위쥬ᄒᆞᆯ 일	
74	8.17	2484	논설	탄ᄒᆡᄉᆡᆼ	봉독(奉讀) 셩죠(聖詔)	
	8.18	2485	유실됨			
	8.19	정기휴간				
75	8.20	2486	논설	탄ᄒᆡᄉᆡᆼ	농업을 개량ᄒᆞᆯ 일	
76	8.21	2487	논설	미표기	동포들 ᄉᆡᆼ각ᄒᆞ야 보시오	
77	8.22	2488	논설	미표기	락심ᄒᆞ지 말고 힘들 쓸 일	
78	8.23	2489	논설	탄ᄒᆡᄉᆡᆼ	ᄌᆞ강 동우 량회의 ᄒᆡ산을 ᄋᆡ셕ᄒᆞᆷ	
79	8.24	2490	논설	미표기	디방 인민은 부동산 증명에 쥬의ᄒᆞᆯ 일	
	8.25	임시휴간(개국기원절 기념)				
	8.26	정기휴간				
80	8.27	2491	사설	미표기	대황뎨폐하의 즉위식을 봉츅함	
	8.28	임시휴간(황제즉위식 기념)				
81	8.29	2492	별보	번역	한국통치의 근본쥬의 (韓國統治의 根本主義)	2호 연속

82	8.30	2493	별보	번역	한국통치의 근본쥬의 (韓國統治의 根本主義) (속)	
83	8.31	2494	별보	탄히싱	박람회를 구경ᄒᆞᆯ 일	
84	9.1	2495	별보	번역	이등통감의 공로	2호 연속
	9.2	정기휴간				
	9.3	임시휴간(만수성절 기념)				
85	9.4	2496	별보	번역	이등통감의 공로 (속)	
86	9.5	2497	별보	미표기	엇지ᄒᆞᆯ 슈 업ᄂᆞᆫ 일	3호 연속
87	9.6	2498	별보	미표기	엇지ᄒᆞᆯ 슈 업ᄂᆞᆫ 일 (속)	
88	9.7	2499	별보	미표기	엇지ᄒᆞᆯ 슈 업ᄂᆞᆫ 일 (속)	
	9.8	임시휴간(황태자 책립 기념)				
	9.9	정기휴간				
89	9.10	2500	논설	졍운복	붓을 들고 통곡ᄒᆞᆷ	
90	9.11	2501	기서	리일졍 (李一貞)	없음	
91	9.12	2502	논설	미표기	놀기를 됴화ᄒᆞᄂᆞᆫ 것은 멸망을 ᄌᆞ취ᄒᆞᆷ	2호 연속
92	9.13	2503	논설	미표기	놀기를 됴화ᄒᆞᄂᆞᆫ 것은 멸망을 ᄌᆞ취ᄒᆞᆷ (속)	
93	9.14	2504	논설	미표기	죽는 것이 맛당ᄒᆞᆫ 일	
94	9.15	2505	기서	평양 김유탁	없음	
	9.16	정기휴간				
95	9.17	2506	논설	미표기	국문을 경ᄒᆞ게 넉이ᄂᆞᆫ ᄭᆞ닭에 국셰가 부픽ᄒᆞᆫ 리유	2호 연속
96	9.18	2507	논설	미표기	국문을 경ᄒᆞ게 넉이ᄂᆞᆫ ᄭᆞ닭에 국셰가 부픽ᄒᆞᆫ 리유 (속)	
97	9.19	2508	논설	탄히싱	법규와 풍속의 관계	
98	9.20	2509	논설	미표기	붓을 던져 신문 ᄉᆞ랑ᄒᆞᄂᆞᆫ 여러 동포에게 쟉별을 고ᄒᆞᆷ	
정간(停刊) 기간(9.21~10.2)						
99	10.3	2510	논설	미표기	본신문 쇽간하ᄂᆞᆫ 일	
100	10.4	2511	논설	탄히싱	나보담 나흔 쟈를 슬혀ᄒᆞᄂᆞᆫ 마암	
101	10.5	2512	논설	탄히싱	신문긔쟈	

102	10.6	2513	논설	탄ᄒᆡᄉᆡᆼ	ᄂᆡ 정신은 ᄂᆡ가 차릴 일	
	10.7	정기휴간				
103	10.8	2514	논설	탄ᄒᆡᄉᆡᆼ	아편을 엄금ᄒᆞᆯ 일	
104	10.9	2515	논설	탄ᄒᆡᄉᆡᆼ	정치ᄀᆡ량보담 풍속ᄀᆡ량이 급홈	
105	10.10	2516	논설	탄ᄒᆡᄉᆡᆼ	(풍속ᄀᆡ량론) (一) 녀ᄌᆞ의 ᄀᆡ가를 허ᄒᆞᆯ 일	
106	10.11	2517	논설	탄ᄒᆡᄉᆡᆼ	(풍속ᄀᆡ량론) (二) ᄂᆡ외ᄒᆞᄂᆞᆫ 폐습을 곳칠 일	
107	10.12	2518	논설	탄ᄒᆡᄉᆡᆼ	(풍속ᄀᆡ량론) (三) 압제혼인의 폐풍을 곳칠 일	2호 연속
108	10.13	2519	논설	탄ᄒᆡᄉᆡᆼ	(풍속ᄀᆡ량론) (四) 압제혼인의 폐풍을 곳칠 일 (속)	
	10.14	정기휴간				
109	10.15	2520	논설	탄ᄒᆡᄉᆡᆼ	(풍속ᄀᆡ량론) (五) 퇴일하는 폐풍을 버릴 일	
110	10.16	2521	논설	탄ᄒᆡᄉᆡᆼ	(풍속ᄀᆡ량론) (六) 위ᄉᆡᆼ에 쥬의ᄒᆞᆯ 일	
	10.17	2522	유실됨			
111	10.18	2523	논설	탄ᄒᆡᄉᆡᆼ	(풍속ᄀᆡ량론) (七) 상업계의 폐풍을 고칠 일	
112	10.19	2524	논설	탄ᄒᆡᄉᆡᆼ	(풍속ᄀᆡ량론) (八) 온돌을 폐지할 일	
113	10.20	2525	논설	탄ᄒᆡᄉᆡᆼ	(풍속ᄀᆡ량론) (九) 음식 먹ᄂᆞᆫ 습관을 고칠 일	
	10.21	정기휴간				
114	10.22	2526	논설	탄ᄒᆡᄉᆡᆼ	청국 지ᄉᆞ의게 권고홈	
115	10.23	2527	별보	윤경원 (尹貞媛)	몸을 밧치ᄂᆞᆫ 정신	2호 연속
	10.24	임시휴간(개천기원절 기념)				
116	10.25	2528	별보	윤경원 (尹貞媛)	몸을 밧치ᄂᆞᆫ 정신 (속)	
117	10.26	2529	논설	탄ᄒᆡᄉᆡᆼ	림피군으로 모범을 삼을 일	
118	10.27	2530	논설	ᄐᆡ극학회원 김락슈	(풍속ᄀᆡ량론) (十) 아ᄒᆡ 길으ᄂᆞᆫ 방법	2호 연속
	10.28	정기휴간				

119	10.29	2531	논설	ᄐᆡ극학회원 김락슈	(풍속ᄀᆡ량론) (十二) 아ᄒᆡ 길으ᄂᆞᆫ 방법(속)	
120	10.30	2532	별보	윤정원 (尹貞媛)	(츄풍일진) (十三)	
121	10.31	2533	별보	윤정원 (尹貞媛)	공겸의 정신(恭謙의 精神)	2호 연속
	11.1	임시휴간(황태자 천추경절 기념)				
122	11.2	2534	별보	윤정원 (尹貞媛)	공겸의 정신(恭謙의 精神) (속)	
123	11.3	2535	기서	포와싱	식산론(殖産論)	
	11.4	정기휴간				
124	11.5	2536	논설	미표기	(풍속ᄀᆡ량론) (十一) 아ᄒᆡ들의 운동을 힘쓸 일	
125	11.6	2537	논설	탄ᄒᆡ싱	경무 당국쟈의게 경고ᄒᆞᆷ	
126	11.7	2538	논설	탄ᄒᆡ싱	ᄌᆡ판소 관리의게 경고ᄒᆞᆷ	
127	11.8	2539	논설	탄ᄒᆡ싱	밤에 젼문을 닷치지 말 일	
128	11.9	2540	별보	미표기	신문의 관계	
129	11.10	2541	논설	미표기	샤회에 나아가 ᄌᆞ존치 말 일	
	11.11	정기휴간				
130	11.12	2542	논설	탄ᄒᆡ싱	영웅호걸이 업슬가	
131	11.13	2543	논설	탄ᄒᆡ싱	젼국 청년에게 경고ᄒᆞᆷ	
132	11.14	2544	논설	탄ᄒᆡ싱	대한협회ᄅᆞᆯ 하례ᄒᆞᆷ	
133	11.15	2545	별보	미표기	청년회관의 샹량식 셩황	
134	11.16	2546	논설	탄ᄒᆡ싱	ᄇᆡᆨ셩의 밋음이 업스면 서지 못ᄒᆞᆷ	
135	11.17	2547	논설	탄ᄒᆡ싱	비ᄅᆞᆯ 무셔워ᄒᆞ지 말 일	
	11.18	정기휴간				
136	11.19	2548	별보	미표기	대한협회 죠직회의 셩황	
137	11.20	2549	논설	탄ᄒᆡ싱	리쳔군슈 리쳘영 (利川郡守 李喆榮) 씨의게 경고ᄒᆞᆷ	2호 연속
138	11.21	2550	논설	탄ᄒᆡ싱	리쳔군슈 리쳘영 씨의게 두 번 경고ᄒᆞᆷ	
139	11.22	2551	기서	미국 포와도 현기운	뎨국신문에 ᄃᆡᄒᆞᆫ 의견	
140	11.23	2552	논설	탄ᄒᆡ싱	한의(漢醫)와 양의(洋醫)ᄅᆞᆯ 의론ᄒᆞᆷ	

141	11.24	2553	논설	탄히싱	션비의 긔운이 뜰치지 못홈을 한탄홈	
	11.25	정기휴간				
142	11.26	2554	논설	탄히싱	귀부인 샤회에 경고홈	
143	11.27	2555	논설	탄히싱	정부 졔공의 칙임을 뭇고져 홈	
144	11.28	2556	논설	탄히싱	일본 당로쟈의게 질문홈	
	11.29	2557	논설	검열로 인해 전문 삭제		
145	11.30	2558	논설	탄히싱	한인이 일본을 의심ᄒᆞᄂᆞᆫ 원인	2호 연속
146	12.1	2559	논설	탄히싱	한인이 일본을 의심ᄒᆞᄂᆞᆫ 원인 (속)	
	12.2	정기휴간				
147	12.3	2560	사설	미표기	본샤의 경형	
148	12.4	2561	논설	탄히싱	의병의게 권고함 (一)	4호 연속
149	12.5	2562	논설	탄히싱	의병의게 권고함 (二)	
	12.6	임시휴간(황태자 지송 관련)				
150	12.7	2563	논설	탄히싱	의병의게 권고함 (三)	
151	12.8	2564	논설	탄히싱	의병의게 권고함 (四)	
	12.9	정기휴간				
152	12.10	2565	논설	탄히싱	엇지ᄒᆞ면 살가	3호 연속
153	12.11	2566	논설	탄히싱	엇지ᄒᆞ면 살가(속)	
154	12.12	2567	논설	탄히싱	엇지ᄒᆞ면 살가(속)	
155	12.13	2568	기서	평양 김유틱	없음	
156	12.14	2569	논설	탄히싱	리치원(李致遠) 씨의 부인의 신의를 감샤홈	
157	12.15	2570	논설	탄히싱	합ᄒᆞᄂᆞᆫ 것이 귀홈이라	
	12.16	정기휴간				
	12.17	2571	미게재			
158	12.18	2572	논설	탄히싱	거울을 달고 물건을 비쵸임 (미완)	2호 연속
159	12.19	2573	논설	탄히싱	거울을 달고 물건을 비초임	
160	12.20	2574	기서	포와류 리경직	계연론(誡烟論)	
161	12.21	2575	기서	긔셩 리면근	문견이 잇셔야 지식이 잇슴	
162	12.22	2576	논설	탄히싱	공립신보(共立新報)와 대동공보(大同公報)를 위ᄒᆞ야 하례홈	

	12.23	정기휴간				
163	12.24	2577	논설	미표기	진남군슈 권즁찬(鎭南郡守 權重瓚) 씨를 위ᄒᆞ야 한번 통곡ᄒᆞᆷ	
164	12.25	2578	논설	탄히싱	동업쟈의 필젼을 ᄒᆞᆫ탄ᄒᆞᆷ	
165	12.26	2579	논설	탄히싱	사회와 신문	
166	12.27	2580	논설	탄히싱	국민의 ᄌᆞ신력이 업슴을 한탄ᄒᆞᆷ	
	12.28	2581호 유실됨. 아마도 28일 발간 후 29~31일 연말 임시휴간(정기휴간일 포함)한 듯함.				
	12.29					
	12.30					
	12.31					

※ 1908년

연번	날짜	호수	표제	필자	제목	비고
167	1.1	2582	기서	평양 김유탁	안과 밧기 서로 힘쓸 일	
	1.2	임시휴간(신년축하)				
	1.3					
	1.4					
168	1.5	2583	논설	탄히싱	새해에 바라난 바	
	1.6	정기휴간				
169	1.7	2584	논설	탄히싱	미쥬에 ᄌᆡ류ᄒᆞᄂᆞᆫ 동포의게 권고ᄒᆞᆷ	
170	1.8	2585	논설	탄히싱	서북 량 학회의 합동을 하례ᄒᆞᆷ	
171	1.9	2586	기서	미표기	없음	
172	1.10	2587	기서	탄히싱	정부명령이 밋업지 안음을 한탄ᄒᆞᆷ (미완)	
	1.11	2588	유실됨			
173	1.12	2589	논설	탄히싱	뎐긔회샤의 불법 힝동을 통론ᄒᆞᆷ	
	1.13	정기휴간				
174	1.14	2590	논설	탄히싱	노듬군의 큰 미쥬	
175	1.15	2591	논설	탄히싱	뎐긔회샤의 무상ᄒᆞᆷ을 다시 의론ᄒᆞᆷ	
176	1.16	2592	기서	경셩 남셔	없음	

				후동 류홍쥬		
	1.17	임시휴간(홍경절 기념)				
177	1.18	2593	별보	미표기	긔호흥학회 취지셔	2호 연속
178	1.19	2594	별보	미표기	긔호흥학회 취지셔 (속)	
	1.20	정기휴간				
179	1.21	2595	별보	김지간	농업을 연구ᄒᆞᄂᆞᆫ 말	
180	1.22	2596	별보	미표기	미국 상항 한인 공립신보샤 의연금 모집 취지셔	2호 연속
181	1.23	2597	별보	미표기	미국 상항 한인 공립신보샤 의연금 모집 취지셔 (속)	
182	1.24	2598	논설	이은우(李恩雨)	나ᄂᆞᆫ 한국 사람	
183	1.25	2599	별보	리우션(李愚璿)	기ᄋᆞ(棄兒) 슈양	
184	1.26	2600	별보	탄히싱	긔호흥학회를 하례홈	
	1.27	정기휴간				
	1.28	2601	유실됨			
	1.29	2602				
185	1.30	2603	별보	박일삼	ᄌᆞ신보(自新報)의 시작	
186	1.31	2604	논설	미표기	과셰를 두 번 ᄒᆞᄂᆞᆫ 악풍	
	2.1	임시휴간(설 연휴 관계)				
	2.2					
	2.3					
	2.4					
	2.5					
187	2.6	2605	기서	김영구	녀학싱 제군의게 권고홈	
188	2.7	2606	논설	탄히싱	싀히에 신슈 점치ᄂᆞᆫ 악풍	
189	2.8	2607	논설	탄히싱	정부 당로쟈의게 경고홈	
190	2.9	2608	논설	탄히싱	ᄂᆡ 몸이 곳 나라오 나라가 곳 ᄂᆡ 몸	
	2.10	정기휴간				
191	2.11	2609	기서	슈표교 리용셥	우리 동포의게 경고홈	
192	2.12	2610	논설	탄히싱	안셩군슈 곽찬은 엇던 쟈이뇨	
193	2.13	2611	논설	탄히싱	청년의게 비단옷을 닙히지 말 일	

194	2.14	2612	기서	ᄌᆡ미국 김군화	열셩이 업스면 합ᄒᆞ지 못ᄒᆞᆷ	
195	2.15	2613	기서	미표기	ᄋᆞ히 어마니를 권면ᄒᆞᆷ	2호 연속
196	2.16	2614	논설	미표기	ᄋᆞ히 어마니를 권면ᄒᆞᆷ (속)	
	2.17	정기휴간				
197	2.18	2615	논설	탄ᄒᆡᄉᆡᆼ	직셩ᄒᆡᆼ년의 악풍	
	2.19	2616	미게재			
198	2.20	2617	잡보	미표기	계양학교 취지서	
199	2.21	2618	논설	미표기	로동 동포의 야학을 권면ᄒᆞᆷ	
200	2.22	2619	논설	탄ᄒᆡᄉᆡᆼ	샹등샤회에 경고ᄒᆞᆷ	
	2.23	2620	미게재			
	2.24	정기휴간				
201	2.25	2621	별보	청국 선ᄇᆡ	방관ᄒᆞᄂᆞᆫ 쟈를 ᄭᅮ지즘	6호 연속
202	2.26	2622	별보	청국 선ᄇᆡ	방관ᄒᆞᄂᆞᆫ 쟈를 ᄭᅮ지즘 (속)	
203	2.27	2623	별보	청국 선ᄇᆡ	방관ᄒᆞᄂᆞᆫ 쟈를 ᄭᅮ지즘 (속)	
204	2.28	2624	별보	청국 선ᄇᆡ	방관ᄒᆞᄂᆞᆫ 쟈를 ᄭᅮ지즘 (속)	
205	2.29	2625	별보	청국 선ᄇᆡ	방관ᄒᆞᄂᆞᆫ 쟈를 ᄭᅮ지즘 (속)	
206	3.1	2626	별보	청국 선ᄇᆡ	방관ᄒᆞᄂᆞᆫ 쟈를 ᄭᅮ지즘 (속)	
	3.2	정기휴간				
207	3.3	2627	논설	미표기	상업계의 슯흔 영향	
208	3.4	2628	논설	미표기	보셩학교를 위ᄒᆞ야 탄식ᄒᆞᆯ 일	
209	3.5	2629	논설	미표기	히ᄉᆞᆷ위 동포를 위ᄒᆞ야 하례ᄒᆞᆷ	
210	3.6	2630	기서	북악산하 우시ᄉᆡᆼ	지혜와 ᄭᅬ가 능히 용ᄆᆡᆼ과 힘을 졔어ᄒᆞᆷ	2호 연속
211	3.7	2631	기서	북악산하 우시ᄉᆡᆼ	지혜와 ᄭᅬ가 능히 용ᄆᆡᆼ과 힘을 졔어ᄒᆞᆷ (속)	
212	3.8	2632	논설	미표기	경축의 대지를 알 일	
	3.9	정기휴간				
213	3.10	2633	별보	정운복	평양유긔(平壤遊記)(一)	7호 연속
	3.11	임시휴간(건원절 기념)				
214	3.12	2634	별보	정운복	평양유긔(平壤遊記)(二)	
215	3.13	2635	별보	정운복	평양유긔(平壤遊記)(三)	
216	3.14	2636	별보	정운복	평양유긔(平壤遊記)(四)	

217	3.15	2637	별보	경운복	평양유긔(平壤遊記)(五)	
	3.16	정기휴간				
218	3.17	2638	별보	경운복	평양유긔(平壤遊記)(六)	
219	3.18	2639	별보	경운복	평양유긔(平壤遊記)(七)	
220	3.19	2640	기서	북부 계동 유만겸	경고 동포	
221	3.20	2641	논설	탄히싱	일홈업는 영웅	
222	3.21	2642	기서	안악군 강샹규	뎨국신문을 구람ᄒᆞ시기를 동포형뎨에게 권고홈	2호 연속
223	3.22	2643	기서	안악군 강샹규	뎨국신문을 구람ᄒᆞ시기를 동포형뎨에게 권고홈 (속)	
	3.23	정기휴간				
224	3.24	2644	기서	표준경	평안북도 운산 읍ᄂᆡ ᄀᆡ명	
225	3.25	2645	논설	탄히싱	삼림법(森林法)에 ᄃᆡᄒᆞ야 동포의 경셩을 ᄌᆡ촉홈	
226	3.26	2646	별보	미표기	없음	3호 연속
227	3.27	2647	별보	미표기	없음 (전호속)	
228	3.28	2648	별보	미표기	없음 (전호속)	
	3.29	2649	유실됨			
	3.30	정기휴간				
229	3.31	2650	기서	최봉강 (崔鳳岡)	없음	
230	4.1	2651	기서	평양 리지츈	녀ᄌᆞ 교육의 시급론	
231	4.2	2652	별보	미표기	ᄋᆡ국동지ᄃᆡ표회 발긔 취지셔	
232	4.3	2653	논설	미표기	산림법에 ᄃᆡᄒᆞ야 동포의 경셩을 ᄌᆡ촉홈 (2645호 속)	2호 연속
	4.4	2654	미게재			
233	4.5	2655	별보	미표기	삼림법(森林法)	삼림법 5호 연속
	4.6	정기휴간				
	4.7	임시휴간(한식 절기 관련)				
234	4.8	2656	별보	미표기	삼림법(森林法) (속)	
235	4.9	2657	별보	미표기	삼림법(森林法) (속)	
236	4.10	2658	별보	미표기	삼림법(森林法) (속)	
237	4.11	2659	기서	ᄌᆡ미국	없음	

				일농부		
238	4.12	2660	별보	미표기	삼림법(森林法) (속)	
	4.13	정기휴간				
239	4.14	2661	논설	미표기	탐관오리로 ᄇᆡᆨ셩의 기름과 피를 ᄲᆡ던 쟈의게 경고ᄒᆞᆷ	
240	4.15	2662	기서	셔셔 약현 김동완	없음	2호 연속
241	4.16	2663	기서	셔셔 약현 김동완	없음 (속)	
242	4.17	2664	논설	탄희ᄉᆡᆼ	번역의 어려옴	
	4.18	2665	미게재			
243	4.19	2666	논설	탄희ᄉᆡᆼ	신ᄂᆡ각 죠직의 풍셜	
	4.20	정기휴간				
	4.21	2667	유실됨			
244	4.22	2668	별보	미표기	평양 대운동회 셩항	
245	4.23	2669	논설	졍운복	셔북학회의 학교 건츅ᄒᆞ는 일	
246	4.24	2670	논설	탄희ᄉᆡᆼ	공론(公論)	
247	4.25	2671	논설	탄희ᄉᆡᆼ	언론의 ᄌᆞ유를 허ᄒᆞᆯ 일	
248	4.26	2672	논설	탄희ᄉᆡᆼ	민영휘 씨의게 권고ᄒᆞᆷ	
	4.27	정기휴간				
249	4.28	2673	논설	탄희ᄉᆡᆼ	ᄂᆡ 나라 것을 소즁히 아ᄂᆞᆫ 것이 가ᄒᆞᆷ	
250	4.29	2674	기서	김ᄐᆡᆨ국	없음	
251	4.30	2675	별보	미표기	ᄀᆡ셩 각 학교 운동회의 셩황	
252	5.1	2676	논설	미표기	사ᄅᆞᆷ을 팔고 사ᄂᆞᆫ 만풍	
253	5.2	2677	논설	미표기	ᄂᆡ 일은 ᄂᆡ가 ᄒᆞᆯ 일	
254	5.3	2678	논설	탄희ᄉᆡᆼ	다시 언론의 ᄌᆞ유를 의론ᄒᆞᆷ	
	5.4	정기휴간				
	5.5	2679	유실됨			
255	5.6	2680	논설	탄희ᄉᆡᆼ	디방 유림의게 경고ᄒᆞᆷ	
256	5.7	2681	논설	탄희ᄉᆡᆼ	경셩 상업회의소의 ᄒᆞᆼ왕치 못ᄒᆞᆷ을 한탄ᄒᆞᆷ	
257	5.8	2682	논설	미표기	미ᄉᆞᆯ(美術)과 죵교(宗敎)의 관계	
258	5.9	2683	사설	미표기	본샤의 졍형을 들어 ᄋᆡ독 쳠군ᄌᆞ의게	

					호소ᄒᆞᆷ	
259	5.10	2684	논설	탄ᄒᆡ싱	법관 션택에 ᄃᆡᄒᆞ야 바라ᄂᆞᆫ 바	
	5.11	정기휴간				
260	5.12	2685	논설	미표기	본샤의 경형을 들어 방관 졔공의게 고ᄒᆞᆷ	
261	5.13	2686	논설	탄ᄒᆡ싱	ᄒᆡ회(詼諧)의 폐풍	
262	5.14	2687	논설	탄ᄒᆡ싱	소셜(小說)과 풍속의 관계	2호 연속
263	5.15	2688	논설	탄ᄒᆡ싱	소셜(小說)과 풍속의 관계 (속)	
264	5.16	2689	논설	탄ᄒᆡ싱	영션군 합하의게 경고ᄒᆞᆷ	
265	5.17	2690	논설	탄ᄒᆡ싱	ᄌᆞ녀를 학교에 보ᄂᆡ지 안ᄂᆞᆫ 쟈ᄂᆞᆫ 국가의 죄인이 됨	
	5.18	정기휴간				
266	5.19	2691	기서	ᄑᆡ샹어부	없음	
267	5.20	2692	기서	윤ᄉᆞ즁	상업ᄒᆞᄂᆞᆫ 동포의게 경고ᄒᆞᆷ	
268	5.21	2693	논설	탄ᄒᆡ싱	츈몽(春夢)	
269	5.22	2694	논설	탄ᄒᆡ싱	도젹이라 ᄒᆞᆷ은 무엇을 가라침이뇨	2호 연속
270	5.23	2695	논설	탄ᄒᆡ싱	도젹이라 ᄒᆞᆷ은 무엇을 가라침이뇨 (속)	
271	5.24	2696	논설	탄ᄒᆡ싱	학도에게 월샤금을 밧을 일	
	5.25	정기휴간				
272	5.26	2697	논설	탄ᄒᆡ싱	관찰ᄉᆞ 회의에 ᄃᆡᄒᆞ야 바라ᄂᆞᆫ 바	
273	5.27	2698	논설	탄ᄒᆡ싱	고통(苦痛)은 ᄒᆡᆼ복(幸福)의 근본	
274	5.28	2699	논설	탄ᄒᆡ싱	보리집(麥稈)의 리익	2호 연속
275	5.29	2700	논설	탄ᄒᆡ싱	보리집(麥稈)의 리익 (속)	
276	5.30	2701	논설	탄ᄒᆡ싱	영션군 합하의게 통곡ᄒᆞ야 고ᄒᆞᆷ	2호 연속
	5.31	2702	미게재			
	6.1	정기휴간				
277	6.2	2703	논설	탄ᄒᆡ싱	영션군 합하의게 통곡ᄒᆞ야 고ᄒᆞᆷ (속)	
278	6.3	2704	별보	미표기	한동년 씨의 모당의 회갑을 밧드러 축슈ᄒᆞᆷ	
	6.4	임시휴간(단오절 기념)				
279	6.5	2705	논설	탄ᄒᆡ싱	녀ᄌᆞ의 의복과 단장을 급히 ᄀᆡ량ᄒᆞᆯ 일	
	6.6	2706	유실됨			
280	6.7	2707	논설	탄ᄒᆡ싱	국문과 한문의 경즁	3호 연속
	6.8	정기휴간				

281	6.9	2708	논설	탄ᄒᆡᄉᆡᆼ	국문과 한문의 경즁 (속)	
282	6.10	2709	논설	탄ᄒᆡᄉᆡᆼ	국문과 한문의 경즁 (속)	
283	6.11	2710	별보	유길쥰	쇼학 교육의 ᄃᆡᄒᆞᄂᆞᆫ 의견	2호 연속
284	6.12	2711	별보	유길쥰	쇼학 교육의 ᄃᆡᄒᆞᄂᆞᆫ 의견 (속)	
285	6.13	2712	논설	탄ᄒᆡᄉᆡᆼ	비를 기다림	
286	6.14	2713	논설	우우ᄉᆡᆼ	은혜를 베풀면 ᄉᆞ랑을 밧ᄂᆞᆫ 일	
	6.15	정기휴간				
287	6.16	2714	논설	탄ᄒᆡᄉᆡᆼ	졈ᄑᆡ방지진(鮎貝房之進)은 엇던 쟈이뇨	3호 연속
288	6.17	2715	논설	탄ᄒᆡᄉᆡᆼ	졈ᄑᆡ방지진(鮎貝房之進)은 엇던 쟈이뇨 (속)	
289	6.18	2716	논설	탄ᄒᆡᄉᆡᆼ	졈ᄑᆡ방지진(鮎貝房之進)은 엇던 쟈이뇨 (속)	
290	6.19	2717	논설	탄ᄒᆡᄉᆡᆼ	졍계의 현상을 탄식ᄒᆞᆷ(歎政界現狀)	
291	6.20	2718	논설	탄ᄒᆡᄉᆡᆼ	녀ᄌᆞ의 ᄀᆡ가ᄂᆞᆫ 텬리의 썻썻ᄒᆞᆷ	
292	6.21	2719	논설	탄ᄒᆡᄉᆡᆼ	교육과 실업을 아울너 힘쓸 일	
	6.22	정기휴간				
293	6.23	2720	기서	우우ᄉᆡᆼ	청춘을 규즁에셔 늙지 말 일	2호 연속
294	6.24	2721	기서	우우ᄉᆡᆼ	청춘을 규즁에셔 늙지 말 일 (속)	
295	6.25	2722	기서	북촌 일 과부	청샹의 졍샹	2호 연속
296	6.26	2723	기서	북촌 일 과부	청샹의 졍샹 (속)	
	6.27	임시정간(停刊)(기계수리 및 활자정리 위해) 6월 27일자 별지 호외 참조				
	6.28					
	6.29					
	6.30					
	7.1					
297	7.2	2724	사설	탄ᄒᆡᄉᆡᆼ	ᄋᆡ독 쳠군ᄌᆞ의게 샤례ᄒᆞᆷ	
298	7.3	2725	논설	탄ᄒᆡᄉᆡᆼ	교육월보(教育月報)를 하례ᄒᆞᆷ	
299	7.4	2726	논설	탄ᄒᆡᄉᆡᆼ	역회의 폐풍	
300	7.5	2727	논설	탄ᄒᆡᄉᆡᆼ	인ᄌᆡ 등용의 어려옴(人材登用難)	
	7.6	정기휴간				
301	7.7	2728	논설	탄ᄒᆡᄉᆡᆼ	습관의 션악	2호

302	7.8	2729	논설	탄ᄒᆡᄉᆡᆼ	습관의 션악 (속)	연속
303	7.9	2730	논설	탄ᄒᆡᄉᆡᆼ	시정 개션과 인재	
304	7.10	2731	논설	죵남산하 로구	까치와 솔개의 시비	
305	7.11	2732	기서	평북 텰산읍 정룡일	보통 지식을 발달ᄒᆞᆷ은 신문에 지나ᄂᆞᆫ 것이 업슴	2호 연속
306	7.12	2733	기서	평북 텰산읍 정룡일	보통 지식을 발달ᄒᆞᆷ은 신문에 지나ᄂᆞᆫ 것이 업슴 (속)	
	7.13	정기휴간				
307	7.14	2734	논설	탄ᄒᆡᄉᆡᆼ	한문을 슝샹ᄒᆞᆷ은 의뢰심을 양셩ᄒᆞᆷ과 갓ᄒᆞᆷ	
308	7.15	2735	별보	미표기	희망과 실ᄒᆡᆼ	2호 연속
309	7.16	2736	별보	미표기	희망과 실ᄒᆡᆼ (속)	
310	7.17	2737	논설	탄ᄒᆡᄉᆡᆼ	공인(公人)과 ᄉᆞ인(私人)의 구별	
311	7.18	2738	논설	탄ᄒᆡᄉᆡᆼ	직권을 람용ᄒᆞᄂᆞᆫ 폐ᄒᆡ	
	7.19	2739	미게재			
	7.20	정기휴간				
	7.21	2740	유실됨			
312	7.22	2741	논설	탄ᄒᆡᄉᆡᆼ	무능ᄒᆞᆫ 관리ᄂᆞᆫ 도틔ᄒᆞᆷ이 가ᄒᆞᆷ	
313	7.23	2742	논설	탄ᄒᆡᄉᆡᆼ	인심을 진정케 ᄒᆞᆯ 일	
	7.24	2743	유실됨			
314	7.25	2744	논설	미표기	위ᄉᆡᆼ에 쥬의ᄒᆞᆯ 일	
315	7.26	2745	별보	무쟝군슈 셔상경 (徐相璟)	무쟝군슈 ᄅᆡ함	2호 연속
	7.27	정기휴간				
316	7.28	2746	별보	무쟝군슈 셔상경 (徐相璟)	무쟝군슈 ᄅᆡ함 (속)	
	7.29	2747	유실됨			
	7.30	2748	미게재			
317	7.31	2749	별보	황희셩 (黃犧性)	려하뎡(呂荷亭)을 쥬ᄂᆞᆫ 일 (속)	3호 연속
318	8.1	2750	별보	황희셩 (黃犧性)	려하뎡(呂荷亭)을 쥬ᄂᆞᆫ 일 (속)	

319	8.2	2751	논설	탄히싱	지판소 기청을 하례홈	
	8.3	정기휴간				
320	8.4	2752	별보	북산 녀즈 변월당	의무를 다ᄒᆞ야 권리를 차질 일	2호 연속
321	8.5	2753	별보	북산 녀즈 변월당	의무를 다ᄒᆞ야 권리를 차질 일 (속)	
322	8.6	2754	별보	미표기	없음	
	8.7	임시휴간(10주년 특집호 발간 준비 관련)				
323	8.8	2755	논설	탄히싱	본보의 창간 십주년	
	8.9	임시휴간(10주년 특집호 발간 관련)				
	8.10	정기휴간				
	8.11	2756	미게재			
324	8.12	2757	논설	탄히싱	직물을 져츅홀 일	3호 연속
325	8.13	2758	논설	탄히싱	직물을 져츅홀 일 (속)	
326	8.14	2759	논설	탄히싱	직물을 져츅홀 일 (속)	
	8.15	임시휴간(기원절 기념)				
327	8.16	2760	사설	미표기	본사의 희망	
	8.17	정기휴간				
328	8.18	2761	논설	탄히싱	부치 세 자로	2호 연속
329	8.19	2762	별보	미표기	없음	
330	8.20	2763	논설	탄히싱	부치 세 자로 (전호속)	
331	8.21	2764	별보	황성신문 론설 역지	대동학회월보 뎨사호의 론셜을 변론함	2호 연속
332	8.22	2765	별보	황성신문 론설 역지	대동학회월보 뎨사호의 론셜을 변론함 (속)	
333	8.23	2766	별보	윤효뎡	민영휘 씨의게 보낸 글	2호 연속
	8.24	정기휴간				
334	8.25	2767	별보	윤효뎡	민영휘 씨의게 보낸 글 (속)	
335	8.26	2768	논설	미표기	뎐옥(典獄)의 칙임은 곳 법부대신의 칙임	
336	8.27	2769	논설	미표기	도이기 함심의 영단을 흠탄홈	
	8.28	임시휴간(순종황제 즉위 1주년 기념)				
337	8.29	2770	논설	탄히싱	인삼 입찰(人蔘入札)을 흔탄홈	

338	8.30	2771	논설	탄히싱	역둔토 관리 규뎡의 ᄃᆡᄒᆞᆫ 의견	
	8.31	정기휴간				
339	9.1	2772	별보	미표기	녯것을 바리고 ᄉᆡ것을 힘쓸 일 (미완)	
	9.2	2773	유실됨			
	9.3	2774	미게재			
340	9.4	2775	논설	미표기	노비를 급히 속량ᄒᆞ야 쥴 일	
341	9.5	2776	논설	탄히싱	내부관리의 관탕 폐지	
342	9.6	2777	기서	한소년	일반 교육계에 경고홈	
	9.7	정기휴간				
343	9.8	2778	별보	밀아ᄌᆞ 류원표	민쇽의 큰 관계	
	9.9	임시휴간(황제 만수성절 기념)				
344	9.10	2779	별보	밀아ᄌᆞ 류원표	민쇽의 큰 관계 (속)	3호 연속
	9.11	임시휴간(추석 명절 관련)				
345	9.12	2780	별보	밀아ᄌᆞ 류원표	민쇽의 큰 관계 (속)	
346	9.13	2781	별보	미표기	없음	
	9.14	정기휴간				
347	9.15	2782	논설	미표기	동양쳑식회샤 위원	
348	9.16	2783	별보	경셩신문 죠등	현 내각과 민심	
349	9.17	2784	별보	미표기	대한협회 질문셔	
350	9.18	2785	논설	탄히싱	총리대신의 량착	
351	9.19	2786	별보	미표기	없음	
	9.20	임시휴간(황후폐하 경절[곤원절] 기념)				
	9.21	정기휴간				
352	9.22	2787	별보	미표기	없음	
353	9.23	2788	별보	경셩신문 번역	일진회론(리용구의 잠ᄭᅩᄃᆡ)	2호 연속
354	9.24	2789	별보	경셩신문 번역	일진회론 (속)	
	9.25	2790	미게재			
355	9.26	2791	논설	탄히싱	민ᄉᆞ쇼송에 쥬의ᄒᆞᆯ ᄉᆞ항	

	9.27	2792	미게재			
	9.28	정기휴간				
356	9.29	2793	별보	미표기	대한협회 경고셔	2호 연속
357	9.30	2794	별보	미표기	대한협회 경고셔 (속)	
358	10.1	2795	별보	탄희ᄉᆡᆼ	단발에 ᄃᆡ한 공론	
	10.2	2796	미게재			
	10.3	2797				
359	10.4	2798	논설	미표기	답 국민긔쟈	2호 연속
	10.5	정기휴간				
360	10.6	2799	논설	미표기	답 국민긔쟈 (속)	
	10.7	2800	미게재			
	10.8	2801				
	10.9	2802				
361	10.10	2803	논설	미표기	조혼금지령 려힝(早婚禁止令勵行)	
	10.11	2804	미게재			
	10.12	정기휴간				
	10.13	임시휴간(계천기원절 기념)				
362	10.14	2805	논설	탄희ᄉᆡᆼ	변소 개량에 ᄃᆡᄒᆞ야 위ᄉᆡᆼ 당국쟈의게 경고ᄒᆞᆷ	
363	10.15	2806	논설	탄희ᄉᆡᆼ	직답 국민긔쟈	
364	10.16	2807	논설	미표기	청결의 ᄃᆡᄒᆞᄂᆞᆫ 쥬의	
365	10.17	2808	논설	미표기	없음	
366	10.18	2809	논설	탄희ᄉᆡᆼ	연강 각 학교의 련합운동회를 하례ᄒᆞᆷ	
	10.19	정기휴간				
	10.20	2810	미게재			
	10.21	임시휴간(황태자 천추경절 기념)				
	10.22	2811	미게재			
	10.23	2812				
367	10.24	2813	논설	탄희ᄉᆡᆼ	병즁에 ᄭᆡ다름이 잇슴	
368	10.25	2814	논설	미표기	디방 동포의 부지 못ᄒᆞᆯ 일	
	10.26	정기휴간				
369	10.27	2815	논설	미표기	디방 동포에게 권고ᄒᆞᆷ	
370	10.28	2816	기서	금릉ᄉᆡᆼ	뎨국긔쟈에게 하례ᄒᆞᆷ	

371	10.29	2817	논설	미표기	연극장을 급히 기량홀 일	
	10.30	2818	논설	전문 검열 삭제		
	10.31	2819	미게재			
	11.1	2820	유실됨			
	11.2	정기휴간				
	11.3	2821	유실됨			
372	11.4	2822	미상	부분 복원 수록함		
373	11.5	2823	논설	미표기	국문 신문을 비쳑ᄒᆞ고 신문을 구람치 안이ᄒᆞᄂᆞᆫ 동포의게	
374	11.6	2824	별보	미표기	구쥬인이 일본에 ᄃᆡᄒᆞᆫ 긔셔	
375	11.7	2825	논설	미표기	법령의 소감(法令의 所感)	
	11.8	2826	미게재			
	11.9	정기휴간				
376	11.10	2827	논설	미표기	각 상뎜에 경고ᄒᆞᄂᆞᆫ 물	
	11.11	2828	미게재			
	11.12	2829				
377	11.13	2830	논설	미표기	군슈의 쳥츌이 웨 그리 만은고	
	11.14	2831	유실됨			
378	11.15	2832	논설	미표기	본보에 ᄃᆡᄒᆞᆫ 풍셜	
	11.16	정기휴간				
379	11.17	2833	논설	미표기	적경이 ᄂᆞᆯ로 우심홈	
	11.18	2834	미게재			
	11.19	임시휴간(묘사 셔고일 관련)				
	11.20	2835	전문 검열 삭제로 인해 표제 및 내용 파악 불가능			
	11.21	2836	미게재			
	11.22	2837				
	11.23	정기휴간				
380	11.24	2838	기서	긔우싱	경셩 ᄂᆡ외 샹업 졔군에게 경고홈	2호 연속
381	11.25	2839	기서	긔우싱	경셩 ᄂᆡ외 샹업 졔군에게 경고홈 (속)	
382	11.26	2840	별보	미표기	통감이 쳥국 흉변에 ᄃᆡᄒᆞᆫ 경고	
	11.27	2841	전문 검열 삭제로 인해 표제 및 내용 파악 불가능			

	11.28	2842	미게재			
	11.29	2843				
	11.30	정기휴간				
383	12.1	2844	논설	미표기	민적법의 필요	
384	12.2	2845	별보	미표기	경셩 소식	
	12.3	2846	미게재			
	12.4	2847				
	12.5	2848				
	12.6	2849				
	12.7	정기휴간				
	12.8	2850	미게재			
385	12.9	2851	별보	한남녀사 김씨	한남녀사가 긔호학회에 되흔 긔셔	
	12.10	2852	미게재			
	12.11	2853				
386	12.12	2854	논설	미표기	농업개량의 한 방침	
	12.13	2855	미게재			
	12.14	정기휴간				
387	12.15	2856	별보	대판 죠일신문 죠등	완도 삼림문뎨(莞島 森林問題)	
	12.16	2857	미게재			
388	12.17	2858	논설	탄희싱	병즁 소감(病中所感)	
	12.18	2859	미게재			
	12.19	2860				
389	12.20	2861	별보	되판 죠일 죠등	한국쳑식담	
	12.21	정기휴간				
390	12.22	2862	별보	되판 죠일신문 죠등	경셩의 긔괴한 소문	3호 연속
391	12.23	2863	별보	되판 죠일신문 죠등	경셩의 긔괴한 소문 (속)	

392	12.24	2864	별보	ᄃᆡ판 죠일신문 죠등	경셩의 긔괴한 소문 (속)	
	12.25	2865	유실됨			
393	12.26	2866	별보	쟝통방민	리죵건 씨의게 죠상홈	
	12.27	2867	미게재			
	12.28	정기휴간				
394	12.29	2868	논설	미표기	륭희 이년을 젼송홈	
	12.30	임시휴간(연말인 관계로)				
	12.31					

※ 1909년

연번	날짜	호수	표제	필자	제목	비고
	1.1	2869	미게재			
	1.2	임시휴간(신년 절기 관련)				
	1.3					
	1.4					
	1.5					
395	1.6	2870	별보	순종황제	각 디방에 슌슈ᄒᆞ시는 죠칙	
396	1.7	2871	사설	미표기	흠숑셩덕	
397	1.8	2872	논설	탄ᄒᆡᄉᆡᆼ	텰도론	
398	1.9	2873	별보	경셩 샹업회의소	우리 상공업가 졔공에게 경고홈	
	1.10	2874	미게재			
	1.11	정기휴간				
	1.12	2875	미게재			
399	1.13	2876	논설	불혹ᄉᆡᆼ	ᄉᆞ립학교 유지ᄎᆡᆨ	2호 연속
400	1.14	2877	논설	불혹ᄉᆡᆼ	ᄉᆞ립학교 유지ᄎᆡᆨ (속)	
	1.15	2878	미게재			
	1.16	2879				

	1.17	2880			
	1.18	정기휴간			
	1.19	2881	미게재		
401	1.20	2882	별보	빅형슈	ᄀᆡ신셔(開申書)
	1.21	임시휴간(음력 설 절기 관련)			
	1.22				
	1.23				
	1.24				
	1.25				
	1.26	2883	미게재		
	1.27	2884			
	1.28	2885			
	1.29	2886			
	1.30	2887			
	1.31	2888			
	2.1	정기휴간			
	2.2	2889	미게재		
	2.3	2890			
	2.4	2891			
	2.5	2892			
402	2.6	2893	논설	미표기	흠숑셩덕
403	2.7	2894	논설	불혹싱	숑 어 량씨의 징투 ᄉᆞ건
	2.8	정기휴간			
	2.9	2895	미게재		
404	2.10	2896	별보	미표기	대한협회 건의셔
	2.11	2897	미게재		
405	2.12	2898	논설	불혹싱	즁츄원은 무엇에 쓰며 원로대신은 어ᄃᆡ 갓나
406	2.13	2899	별보	윤하병(尹夏炳)	없음
407	2.14	2900	별보	셩싱일보 번역 등재	보호국과 교육
	2.15	정기휴간			

408	2.16	2901	별보	윤효뎡 (尹孝定)	대한협회 연셜 참샤와 졍론(僭邪와 正論)	
409	2.17	2902	별보	권동진 (權東鎭)	대한협회 연셜 졍부의 칙임(政府의 責任)	
410	2.18	2903	별보	미표기	대한협회 경고셔	
411	2.19	2904	별보	김광제 (金光濟)	대한협회 연셜 단톄뎍 힝동(團體的 行動)	
412	2.20	2905	별보	졍운복 (鄭雲復)	대한협회 연셜 여론의 가치(輿論의 價值)	2호 연속
413	2.21	2906	별보	졍운복 (鄭雲復)	대한협회 연셜 여론의 가치(輿論의 價值) (속)	
	2.22	정기휴간				
414	2.23	2907	별보	미표기	함경남도의 흉년 문쳔군 일디의 참상	
	2.24	2908	유실됨			
	2.25	2909	미게재			
	2.26	2910				
	2.27	2911				
	2.28	2912				

기획

근대초기매체연구회

2004년부터 《제국신문》, 《황성신문》 등의 근대초기매체에 나타난 지(知)·담론·일상·문화·서사에 대해 연구하고 있다.

편역

강현조 연세대학교 교육개발지원센터 글쓰기교실 선임연구원

권두연 성균관대학교 동아시아학술원 박사 후 연구원

김기란 홍익대학교 국어교육학과 겸임교수

김복순 명지대학교 방목기초교육대학 교수

김현주 한양대학교 기초융합교육원 교수

박애경 연세대학교 국어국문학과 교수

이대형 동국대학교 불교학술원 교수

최기숙 연세대학교 국학연구원 HK교수

《제국신문》 총서 01

제국신문 미공개 논설 자료집 1907.5.17~1909.2.28

첫 번째 찍은 날 2014년 10월 15일

기획 근대초기매체연구회
엮은이 강현조 · 권두연 · 김기란 · 김복순 · 김현주 · 박애경 · 이대형 · 최기숙

펴낸이 김수기
편집 문용우, 김수현, 이용석, 허원
디자인 박미정
마케팅 임호
제작 이명혜

펴낸곳 현실문화연구
등록번호 제2013-000301호
등록일자 1999년 4월 23일
주소 서울특별시 마포구 포은로56, 2층(합정동)
전화 02-393-1125
팩스 02-393-1128
전자우편 hyunsilbook@daum.net
ISBN 978-89-6564-102-5 93900

가격은 뒤표지에 있습니다.

이 도서의 국립중앙도서관 출판시도서목록(CIP)은 서지정보유통지원시스템 홈페이지(http://seoji.nl.go.kr)와 국가자료공동목록시스템(http://www.nl.go.kr/kolisnet)에서 이용하실 수 있습니다.(CIP제어번호: CIP2014026839)